Otto Eichert

Vollständiges Wörterbuch zu den Verwandlungen des Publius Ovidius Naso

Otto Eichert

Vollständiges Wörterbuch zu den Verwandlungen des Publius Ovidius Naso

ISBN/EAN: 9783744683043

Hergestellt in Europa, USA, Kanada, Australien, Japan

Cover: Foto ©ninafisch / pixelio.de

Weitere Bücher finden Sie auf **www.hansebooks.com**

Vollständiges

Wörterbuch

zu den Verwandlungen

des

Publius Ovidius

Von

Otto Eichert
Dr. phil.

Fünfte, revidirte Auflage.

Hannover, 1870.
Hahn'sche Hofbuchhandlung.

Vorwort.

Als ich von der für das deutsche Schulwesen in anerkannter Weise thätigen Verlagshandlung im Jahre 1855 aufgefordert wurde, ein vollständiges Wörterbuch zu den Metamorphosen des Ovid auszuarbeiten, ging ich mit der Absicht ans Werk, den Schüler, welcher doch immer nur als ein solcher zu denken sei, der durch den Ovid der Lectüre der römischen Dichter überhaupt erst zugeführt werden solle, überall da zu unterstützen, wo seine eigenen Kräfte zu einer genauen und scharfen Erfassung des Wortsinnes nicht ausreichend wären. Deshalb ist nicht leicht eine für den Anfänger schwierige Stelle unerklärt geblieben; ja ich habe mir es nicht erspart, wo die synchysis verborum besonders auffallend ist, die Construction der bezüglichen Stelle anzugeben. Auch die mythologischen Notizen, die gerade für das Verständniß der Metamorphosen so wichtig sind, werden kaum etwas vermissen lassen; natürlich aber glaubte ich mich dabei jeder allegorischen Symbolik der einzelnen Mythen enthalten zu müssen.

Ich beabsichtigte jedoch zugleich durch diese meine Arbeit ein Material zu liefern, welches sich für ein lexicon Ovidianum könnte brauchen lassen, an dem es unsrer philologischen Literatur leider noch immer fehlt. Um diesen anderen Zweck zu erreichen, bin ich bemüht gewesen, die sprachlichen und grammatischen Eigenthümlichkeiten des Dichters möglichst vollständig aufzuführen und somit auch denen gerecht zu werden, welche sich tiefer eingehende Studien über die Metamorphosen zur Aufgabe gestellt haben. Dabei konnte es nicht fehlen, daß manche Partieen, besonders die Partikeln, in ausgedehnterem Maße bearbeitet wurden, als für den bloßen Schulzweck erforderlich gewesen wäre. Ein wie ungenügende Unterstützung die vorhandenen indices darboten, wird man durch Vergleichung finden: ich mußte mich hier auf eigne Vorarbeiten stützen.

Zu Grunde gelegt ist der Text der Merkel'schen Recognition; doch finden auch die erheblicheren abweichenden Lesarten ihre Berücksichtigung.

Für den Gebrauch bemerke ich:

1) Um Wiederholungen zu vermeiden, sind die einzelnen Phrasen beim bezüglichen Verbum erklärt, beim Substantivum meist nur angeführt; es ist daher jedesmal das Verbum nachzusehen.

2) Der Ausdruck „pluralis für singularis" ist häufig gebraucht worden, obgleich er ein schiefer ist, der nur die Uebersetzung trifft, nicht die Sache selbst; aber es bot sich keine kürzere Bezeichnung dieser dichterischen Eigenthümlichkeit dar.

3) Die nur bei Ovid vorkommenden Wörter finden sich mit einem Sternchen bezeichnet.

Die fünfte Auflage ist eine sorgfältig revidirte, an mehreren Stellen verbesserte und vermehrte.

Otto Eichert.

A.

ā, *interj.* f. ah.

ā, ăb, *praep. c. abl.*, bezeichnet A) räumlich: 1) das Woher eines Gegenstandes aus der Nähe eines andern, von, von... her, von... aus: redire a flumine 1,588. desilire ab arce 1, 673. victor ab Oechalia (*sc.* rediens) 9,163. ab aure, am Ohre weg 2,311. 624. ab obliquo, seitwärts 10,675; dah. a) bei den Zeitwörtern der Vertheidigung u. Sicherstellung, vor, gegen: defendere ab imbribus 4, 526. a vulnere 9, 383. vindicare a crimine 10,312. tutus ab alquo 1,144. 8,316. a ferro 13,498. — b) des Empfangens, Entlehnens: duritiem capere ab aëre 4, 751. decor est quaesitus ab istis, (nur) Schmuck habe ich durch sie gesucht 12, 90. — c) des Abstammens: domus ducta ab Agenore 3, 257. — d) des Benennens, Ableitens eines Namens 4, 538. 5, 411. 8, 151. 230. dictus ab alquo, benannt nach Jemd. 2, 834. 7, 524. 8, 235. 13, 617. — e) des Anfangens, Beginnens, mit, bei 8, 330. coeptus ab alqua re 8, 190. 276. — f) des Verschiedenseins: quantum distat ab orba 6, 200. 273. — 2) den Ort oder die Seite, von wo aus etwas zur Erscheinung kommt, in, an: a tergo 5,614. ab utroque Oceano 15, 829. funis religatus ab aggere 14, 445. a fronte, auf der Vorderseite 1, 173. a dextra, zur Rechten, rechts 2, 25. a laeva 11,168. ab ortu, im Osten 2,112. a summo vertice, oben am Scheitel 12, 433. ab omni parte, auf allen Seiten, überall 1, 34. 9, 38. ab utraque parte auf beiden Seiten 4, 666. 15, 734. arcus flexus a cornibus, an den Enden gekrümmt 2, 603. ramus ab arbore, Ast eines Baumes 8, 410.

B) von der Zeit: 1) von einem Zeitpunkte hinweg d. i. (unmittelbar) nach: ab imbre 6, 63. a sermone 12, 578. ab aestu 14, 352. ab his, nach diesen Worten 3, 273. 4, 329. 8, 611. 9, 764. — 2) den Anfangspunkt einer Dauer bezeichnend, von... an, seit: ab ortu solis 15, 619. ab aevi principiis 2, 385. ab hoc tempore 13, 236. ab origine mundi 1, 3. — 3) zur Bezeichnung einer Reihenfolge in der Zeit, von... an (gerechnet, gezählt): septimus a Belo 4, 213. quartus ab origine aequorea, der vierte (Abkömmling) vom Meergott als Stammvater an d. i. der Urenkel Neptuns 10, 617. tertius a Jove, Jupiters Urenkel 13, 28.

C) in andern Verhältnissen: 1) zur Angabe des Grundes, auf Veranlassung, in Folge von: a facto, 6, 316. probare alqd a re, nach einer Sache etwas beurtheilen 14, 323. — 2) zur Bezeichnung des Urhebers oder Ursprungs einer Wirkung, von, durch, vermittelst: ignis missus ab illo 2, 378. madescit ab austro 1, 66. cadere (occidere) ab alquo 5, 192. 13, 597. ab illo certior 14, 289. saevior ab objice, 3, 571. tot ab ignibus 1, 254. a caede 4, 163; dah. poet. um einen leblosen Gegenstand als selbsthandelnd oder unmittelbar wirkend zu bezeichnen (wo der *ablat. causae* oder *instrumenti* hinreichend wäre): scopulus operitur ab aequore moto 4, 732; vrgl. 1, 417. 2, 602. 3, 183. 4, 163. 5, 546. 6, 49. 63. 341. 419. 7, 820. 8, 379. 514. 515. 9, 298. 10, 732. 11, 130. 192. 13, 105. 14, 15. 414. 847. invictus a vulnere 12, 167. distinctus ab albo medio, durch eine Blässe in der Mitte 3, 221. ab auro, durch eine goldene Spange 14, 345. ab ansa, vermittelst eines Henkels 8, 645. — 3) hinsichtlich, von Seiten: junctus a sanguine 2, 368 generosus a sanguine 14, 698.

ăbactus, a, um, f. abigo.

Abanteus, a, um, dem Abas (Könige von Argos, Sohne des Lynceus und der Hypermnestra, Enkel des Danaus, Vater des Acrisius) gehörig, Abanteisch 15, 164.

Ăbantĭădēs, ae, *m.* Nachkomme des Abas, Abantiade (f. Abanteus, a, um), Acrisius (als Sohn) 4, 607. = Perseus (als Urenkel) 4, 673. 5, 138. 236.

Ăbăris, ĭdis, *m.* Gefährte des Phineus: *acc.* Abarin 5, 86.

Ăbās, antis *m.* 1) ein Aethiope 5, 126. — 2) ein Centaur 12, 306. — 3) ein Gefährte des Diomedes 14, 505.

abdĭtus, a, um, f. abdo.

Wörterbuch zu Ovid's Metamorph. 5. Aufl.

ab-do, dĭdi, dĭtum, ĕre, („wegthun"), bem Anblick entziehen, verbergen: laqueos 11, 73. vultus frondibus 6, 599. caput undis 9, 97. oceano 15, 30. casside 8, 25; tief hineinstoßen, versenken: ferrum in armo 4, 720. dentes sub inguine 10, 716. — *part.* **abditus,** a) verborgen: abditus silvis 10, 687. 13, 47. 15, 488. penetralibus 8, 458. antris 13, 47. virgultis 14, 349. fronde 2, 557. abdita secreta 2, 748. prolept. ora abdita texit = texit et abdidit 8, 718. — b) abgelegen, entlegen: domus 2, 762. templa 10, 687; *subst.* abdita, entlegene Pfade 4, 777.

ab-dūco, xi, ctum, ĕre, wegführen: capellas, rauben 1, 677.

ăb-ĕo, ĭi, (ĭvi) ĭtum, īre, 1) weggehen, sich entfernen 2, 697. 7, 487. abiturus, beim Scheiden 15, 686; insbes. a) (als Sieger oder Besiegter) davonkommen, entkommen 12, 92 — b) von Zuständen, vergehen, schwinden: abit somnus 7, 643. 9, 472. 15, 664. spes 7, 565. pallor 7, 290. abiit modus, wich 11, 14. — 2) wohin gehen: in nubes 4, 712. in auras 8, 523. in profundum 11, 792. in aëra, verfliegen 3, 398. nefas longius abiit, verbreitete sich weiter 15, 111. vis abiit diffusa per artus, drang sich verbreitend 9, 162; insbes. in etwas übergehen: abit vigor in pedes 8, 255. pondus in pectus 10, 701. tenuatus abit in aëra, verdünnt sich zur Luft 15, 247; dah. in alqd, aus seiner Natur in eine andere übergehen, in etwas verwandelt werden, sich in etwas verwandeln 1, 236. 2, 674. 4, 396. 658. 5, 435. 11, 653. 13, 674. 14, 499. 551. in flammas, in Flammen aufgehen, ganz vom Liebesfeuer ergriffen werden 1, 495.

ăbĭes, ĕtis, *f.* die Tanne 10, 94.

ăbĭgo, ēgi, actum, ĕre (ab-ago), wegtreiben, verjagen: ventos 7, 202. canes 14, 62; insbes. als Raub wegtreiben, rauben: boves 2, 686.

ab-lŭo, lŭi, lūtum, ĕre, abspülen, abwaschen: artus 6, 353. ora 2, 324. manus undā 4, 740. vulnera lymphis 13, 532. quaecunque obnoxia morti 14, 601.

ab-nŭo, nŭi, nūtum, ĕre, durch Zeichen des Kopfes oder der Hand ablehnen, verneinen 12, 524 alqm., nicht anerkennen wollen, verleugnen 10, 221.

ăb-ŏlĕo, ēvi, ĭtum, ĕre, vernichten: opus 15, 872.

ăb-ōmĭnor, ātus sum, āri, (als unheildrohend) wegwünschen: quod abominor, was der Himmel verhüte 9, 677.

abreptus, a, um, *s.* abripio.

abrĭpĭo, pŭi, reptum, ĕre (ab-rapio), wegraffen, rauben: alqm. 7, 732. 10, 160.

ab-rumpo, rūpi, ruptum, ĕre, 1) losreißen: ramos 2, 359. angues crinibus 4, 495. — 2) zerreißen: lora 2, 315. cervicem, durchhauen 8, 764.

abs-cēdo, cessi, cessum, ĕre, (von wo) weichen, sich entfernen 5, 630. 6, 362. alcui, sich Jembs. Macht entziehen 5, 376.

abscīdo, cīdi, cīsum, ĕre (caedo), abhauen, loshauen: pectus jugulo 12, 362.

ab-scindo, cĭdi, cissum, ĕre, losreißen, abtrennen: terras caelo 1, 22.

abs-condo, dĭdi, dĭtum, ĕre, verschwinden lassen, verbergen: alqd alvo 12, 17.

absens, *s.* absum.

ab-sisto, stĭti, ĕre, „wegtreten"; bildl. abstehen, ablassen: mit *infin.* 11, 531. 12, 534. absol. 3, 557.

ab-solvo, solvi, sŏlūtum, ĕre, „ablösen"; dah. freisprechen: alqm culpā 15, 42.

abstēmĭus, a, um (v. temetum, „Wein, Meth"), sich berauschender Getränke enthaltend, enthaltsam 15, 323.

abstĭnĕo, nŭi, tentum, ēre (abs-teneo), 1) zurückhalten: ferrum quercu, mit der Axt verschonen 8, 652. — 2) *intr.* sich einer Sache enthalten, etwas meiden: caelo 10, 532. ab apris 10, 539.

abs-trăho, xi, ctum, ĕre, wegreißen, wegschleppen: alqm. 1, 666. 3, 696. 7, 413. inde 3, 438. gremio genitoris 13, 658. in partes abstrahi, zur Parteinahme fortgerissen werden 5, 93.

ab-sum, āfŭi (abfŭi) ăbesse, 1) nicht zugegen sein, abwesend sein, fehlen 1, 583. 4, 63. gratatibus („unter") 7, 162. testis abest somno 9, 481. *part.* absens, abwesend, entfernt 3, 244. 8, 515. aus b. Ferne 15, 870. absens perii, d. i. getrennt von dir 11, 700. — 2) gemißt werden, abgehen, nicht stattfinden, fehlen: abest risus 2, 778. gratia dictis 13, 127. fiducia formae 14, 32. barba 6, 77. poena metusque aberant 1, 91. sensit abesse dolos 2, 446. jussis mora abesto 3, 563. abest custodia regi 14, 371. abest qui ducat (der Freier) 9, 763. vulnus abest a nobis, bleibt fern von mir 12, 87. finis abest, es ist kein Ende 9, 633. poena laborum abest, ich bin von Strafarbeiten verschont geblieben 9, 22. tres aberant noctes ut . . . fehlten (noch) daran, daß 7, 179. longe abesse alcui, Jemb. gänzlich im Stiche lassen, ihm gar nichts helfen 4, 650. — 3) entfernt sein, fern sein 12, 41. regionibus illis 10, 306. scopulis 4, 709. summo 8, 695. procul margine 10, 55. longe 8, 811. longius 2, 292. (afuērunt 10, 55.)

ab-sūmo, mpsi, mptum, ĕre, aufzehren, verbrauchen: ira absumit vires 3, 693. vires absumuntur, werden erschöpft 1, 543.

15, 353. — 2) verzehren, vernichten: ungula absumitur, verliert sich 1, 742. lacrimis absumi, sich in Thränen verzehren 5, 427.

abundē, *adv.* in reichem Maße, überschwenglich 15, 759.

ab-nudo, āvi, ātum, āre, an etwas Ueberfluß haben, womit erfüllt sein: caligine 2, 764.

ac, s. atque.

ăcanthus, i, *m.* Bärenklau, eine Zierpflanze 13, 701.

Acarnānes, um, *m.* die Acarnanen, Bewohner der Landschaft Acarnanien in Mittelgriechenland: amnis Acarnanum = Achelous 8, 569.

Ăcastus, i, *m.* Sohn des Pelias, König von Jolcos in Thessalien 8, 306; entführt den Peleus wegen der Tödtung seines Halbbruders Phocus 11, 409.

ac-cēdo, cessi, cessum, ĕre, hinzugehen, herantreten 3, 375. 4, 583. ad alqm 2, 446. propius 2, 41. 503. juxta 8, 809; insbes. a) zu einer Thätigkeit schreiten, an etwas sich betheiligen: sacris 3, 691. labori 13, 297. — b) als Zuwachs hinzukommen, hinzugefügt werden 4, 442. eodem 6, 181. super omnia 8, 678. ad iras 3, 72. templis, zum Tempeleigenthum hinzukommen 10, 646. regno, Mitregent werden 14, 804. caelo, in den Himmel eingehen (als Gott) 15, 818. 870. delubris, in die Tempel (als Gott) aufgenommen werden 15, 745. silvis, Zuwachs für d. Wald d. i. Waldbewohner werden 5, 674. 14, 390.

accendo, di, sum, ĕre (ad-cando) in Brand setzen, anzünden: lignum 15, 311. faces 7, 260. orbem 2, 228. flamma ter accensa est, loderte auf 10, 279. — 2) bildl. entflammen, entzünden: alqm 3, 426. amore laudis 11, 527. accensa ira, auflodernd 9, 28.

ac-censĕo, sŭi, sum, ēre, beizählen: accenseor illi, gehöre zu ihrem Gefolge (als deus πάρεδρος σύνναος) 15, 546.

acceptus, a, um, s. accipio.

accerso, īvi, ītum, ĕre (Nebenform zu arcesso), herzuholen, herrufen: alqm 6, 652. 15, 640.

accessŭs, ūs *m.*, Zutritt, Annäherung: virilis 14, 636.

ac-cingo, nxi, nctum, ĕre, umgürten; *pass.* accingi, sich mit etwas gürten, rüsten: ferro 4, 119. telo 4, 666. ense 6, 551. — 2) bildl. accingi, sich zu etwas anschicken od. rüsten: accingere (*imperat.*), rüstig ans Werk! 7, 47.

accĭpio, cēpi, ceptum, ĕre (ad-capio), 1) Dargebotenes annehmen (nicht zurückweisen): pocula data 14, 276. legem 4, 704. arma, anlegen 6, 591. habenas populi, übernehmen 15, 481. orgia, mitfeiern 4, 2; insbes. a) in sich aufnehmen, einnehmen: sucos ore 7, 288. sanguinis haustus 4, 118. epulas 8, 841. locus animas accipit 4, 441. alveus artus fovendos 8, 656. mare einsaugen 3, 686. auras, auffangen 11, 477. — b) bei sich aufnehmen: alqm 6, 334. 11, 270. lecto 10, 465. sinu 14, 743. caelestibus oris 9, 255. — c) mit dem Gehör aufnehmen, vernehmen, hören, erfahren: causam 4, 794. jussa 15, 641. alqd auribus 10, 63. solacia anhören 11, 331. mit abhäng. Frage 7, 758. absol. 14, 318. — d) mit dem Geiste aufnehmen, auffassen: artes, lernen 9, 719. accipio omen, ich nehme es als Vorzeichen auf 7, 620. — e) ins Gemüth aufnehmen: solacia 11, 331. pro stimulis 6, 480 (s. pro). ignes accepti 2, 410. — 2) empfangen, bekommen, erhalten: aurum 7, 466. faciem 14, 506. pennas 14, 501. vitam 6, 357. veniam 11, 401. caelum 14, 844. vulnus 12, 305. ferrum inter duo lumina 12, 315. dicta acceptaque salute, nach Gruß und Gegengruß 14, 11. alqm hostem, zum Feinde nehmen 5, 93. generum 9, 12. socerum 14, 371. Dav. *part.* acceptus, als Adject. freundlich aufgenommen, d. i. angenehm, werth: alcui 12, 153. acceptior 13, 467. acceptissimus 15, 20.

accipĭtĕr, tris, *m.* Habicht, Falk 5, 605. 6, 123. 11, 344. 773.

acclīnis, e, sich anlehnend, angelehnt: colla malo 15, 737.

ac-clīno, āvi, ātum, āre, anlehnen: colla acclinata 10, 268; hinneigen, se in alqm 5, 72. terrae acclinatus 14, 666.

acclīvis, e, (in schräger Richtung) aufsteigend: trames 10, 53. litus 9, 334.

acclīvus, a, um, (in schräger Richtung) aufsteigend: limes 2, 19.

ac-commŏdo, āvi, ātum, āre, anpassen, anfügen: alas humeris 8, 209. purpura fulgorem accommodat uvis, theilt mit 4, 398.

ac-cumbo, cŭbŭi, cŭbĭtum, ĕre, sich zur Mahlzeit niederlegen 8, 660.

accūso, āvi, ātum, āre (ad u. causa), anklagen, anschuldigen: alqm 13, 200. crimine 13, 309.

1. ăcĕr, cĕris, *n.* Ahornbaum 10, 95.

2. ācĕr, cris, cre, (chemisch) scharf: suci 7, 265. favilla non acris, nicht mehr glühend 8, 667. — 2) von äußern Sinnen, scharf: lumen (Blick) 15, 579. naribus, scharfwitternd 7, 806. — 3) von der Willenskraft, feurig, thatkräftig, lebhaft 11, 294. equus 3, 177. 7, 542. 14, 344. animi 2, 86. vultus 9, 788. aetas, rüstig 3, 540. — 4) von der Gemüthsart,

1*

heftig, wütend, wild 3, 566. aper 10, 550. lupus 11, 370. caedes 11, 401. acrior igni 13, 802.

ăcerbus, a, um, „herb von Geschmack"; übertr. schmerzlich, bitter: vulnus 5, 62. 12, 388. mors 14, 187.

ăcernus, a, um, (acer, ĕris), aus Ahornholz, ahornen 4, 487. 12, 254. truncus, Ahornstamm 8, 346.

ăcerra, ae, f. Weihrauchpfanne 13, 703. turis 8, 266.

ăcervus, i. m. aufgeschütteter Haufen: turis 5, 131. morientum 5, 88. caesorum 12, 113. caecus, die dunkle Masse, d. i. das Chaos 1, 24.

Acestēs, ae, m. Trojaner, König von Segesta auf Sicilien, bei welchem Aeneas auf seiner Fahrt nach Italien zweimal gastliche Aufnahme fand 14, 83.

Achaemĕnĭdēs, ae, m. ein in Sicilien zurückgebliebener Gefährte des Ulysses, welchen Aeneas von dort mitnahm 14, 161. 163.

Achaemĕnĭus, a, um, achämenisch d. i. persisch (v. Achämenes, dem Großvater des Cyrus u. Ahnherrn des persischen Königsgeschlechtes der Achämeniden) 4, 212.

Achāĭa, ae, f. Landschaft im Peloponnes, den Römern seit 146 v. Chr. Name von ganz Griechenland als römische Provinz 4, 606. 8, 268. 13, 325.

Achāĭcus, a, um, achäisch, d. i. griechisch 12, 70.

Achāĭs, ĭdis, f. achäisch, d. i. griechisch: acc. plur. urbes Achaidas 3, 511. 5, 306. 15, 293; subst. Land der Achäer, Griechenland 5, 577. genit. Achaidos 7, 504.

Achāĭus, a, um, = Achaicus.

Achĕlōĭăs, f. Achelous.

Achĕlōĭs, f. Achelous.

Achĕlōĭus, a, um, f. Achelous.

Achĕlōus, i, m. der größte Fluß Griechenlands zwischen Aetolien u. Acarnanien, entspringt auf dem Pindus und fließt ins ionische Meer 8, 548. - Dav. 1) **Achĕlōĭus**, a, um, acheloisch; Callirhoë, Tochter des Acheloos 9, 413. — 2) **Achĕlōĭăs**, ădis, f. Tochter des Acheloos: Sirenes 14, 87. — 3) **Achĕlōĭs**, ĭdis, f. = Acheloias; plur. Acheloides, die Sirenen 5, 552.

Achĕrōn, tis, m. Fluß in der Unterwelt, als Flußgott Vater des Ascalaphus 5, 541; für die Unterwelt selbst 11, 504.

Achillēs, is, m. Sohn des Königs Peleus von Phthia in Thessalien und der Meernymphe Thetis (dah. Pelides 12, 619. Haemonius 12, 81.). Seine Mutter hatte ihn, um ihn vom Zuge nach Troja zurückzuhalten, in Mädchenkleidern beim Könige Lycomedes auf der Insel Scyros verborgen. Ulysses aber fand ihn heraus, indem er den für die Töchter des Königs bestimmten Geschenken glänzende Waffen beifügte, bei deren Anblick der kriegerische Sinn des Jünglings hervorbrach. Er zog nun mit gen Troja und starb dort durch einen Pfeilschuß des Paris 8, 309. 11, 265. 12, 73. 582. 13, 443; vocat. Achille 12, 191. 363. 608. 13, 130. - Dav. **Achillēus**, a, um, achilleisch, ... des Achilles 13, 448. 580.

Achillēus, a, um, f. Achilles.

Achīvī, ōrum, f. Achivus.

Achīvus, a, um, achivisch (= achäisch), d. i. griechisch 7, 56. 13, 113. 14, 191; subst. Achivi, ōrum, m. die Achiver, d. i. die Griechen 7, 142. 12, 168. 600. 13, 29. 61. 88. 14, 561.

ăcĭēs, ēi, f. scharfe Schneide, Spitze: hastae 3, 107; übrtr. a) Schärfe, Sehkraft der Augen 7, 584; dah. der Blick, das Auge 2, 776. 3, 381. 4, 464. — b) die (gleichsam eine Schneide darstellende) Schlachtlinie, Schlachtreihe 12, 75; dah. Feldschlacht, Kampf 7, 142. 13, 12. 207.

Ăcis, ĭdis, m. Sohn des Faunus und der Nymphe Symäthis (der Tochter des Flußgottes Symäthus), Liebhaber der Galatea, wird vom eifersüchtigen Polyphem durch ein Felsstück zerschmettert, von den Göttern aber in einen Flußgott verwandelt 13, 750. acc. Acin 13, 861. 874. 884.

Acmōn, ŏnis, m. Gefährte des Diomedes 14, 484 acc. Acmona 14, 497.

Acoetēs, ae, m. (ἀκοίτης, „der Wachsame"), Name des tyrrhenischen Schiffers, unter dessen Gestalt Bacchus den Pentheus täuscht 3, 582. 641.

ăcŏnītum, i, n. die Giftpflanze Sturmhut 7, 419. plur. aconita, Gifttränke 1, 147; griechische Form aconiton 7, 407.

Aconteus (dreisylbig), ĕi, m. ein Aethiope, welcher für Perseus kämpft 5, 201.

acquīro, sīvi, sītum, ĕre, (ad-quaero), sich zu erwerben suchen: vires bello 7, 459.

Acrīsiōnēus, a, um, f. Acrisius.

Acrīsiōnĭădēs, f. Acrisius.

Acrīsius, ii, m. Sohn des Abas, König von Argos, Vater der Danaë, der Mutter des Perseus, wurde von diesem unbeabsichtigt durch einen Wurf der Discusscheibe getödtet 3, 559. 4, 608. 612. Dav. 1) **Acrīsiōnēus**, a, um, dem Acrisius gehörig: arces, die Burg von Argos 5, 239. — 2) **Acrīsiōnĭădēs**, ae, m. Nachkomme des Acrisius, d. i. Perseus als Enkel 5, 70.

ăcrĭŭs, adv. (comp. v. acriter), heftiger 13, 867.

Acrŏta, ae, m. König von Alba in Latium 14, 617. 619.

Actaeōn, ŏnis, m. Enkel des Cadmus, Sohn der Autonoë, wird von der Diana in einen Hirsch verwandelt und von sei-

Actaeus addo 5

nen eigenen Hunden zerrissen 3, 230. 720. *acc.* Actaeonā 3, 243.
Actaeus, a, um, zu Acte ob. **Attica gehörig,** attisch 2, 554. 8, 170. arces, die Burg Athens 2, 720. fratres, d. i. Clytos und Butes 7, 681; subst. Actaea, die Actaerin, d. i. Orithyia 6, 711.
Actĭācus, a, um, in Actium, Vorgebirge u. Stadt in Acarnanien, wo Octavian 31 v. Chr. den Antonius und die Cleopatra zur See schlug und später dem Apollo einen Tempel erbaute 13, 715.
Actŏrĭdēs, ae, *m.* Nachkomme des Actor, Actoride, d. i. a) Patroclus als Enkel des Aegineten Actor, Freund und Zeltgenosse des Achilles vor Troja. Als die Trojaner das Schiffslager der Griechen bestürmten, und die Gefahr aufs höchste stieg, bat er den Achilles, der sich aus Groll gegen Agamemnon des Kampfes enthielt, ihm seine Rüstung zu leihen, um die Feinde zu schrecken. Die Trojaner hielten ihn nun wirklich für den Achilles und flohen; bei ihrer weitern Verfolgung aber wurde Patroclus vom Hector getödtet 13, 273. — b) Crithos, ein Gegner des Perseus 5, 79. — c) *plur.* Actoridae, d. i. Eurytus und Cteatus, Söhne des Königs Actor von Elis 8, 308.
actum, i, *n.* (v. ago), das Geschehene 2, 562. 11, 714 (s. noto); dah. a) Werk, Handlung, That: *plur.* 9, 247 (s. do). 11, 222. ante acta, frühere Thaten 12, 115. segnia acta, lässiges Treiben, Trägheit 12, 500. — b) Ereigniß, Begebenheit 12, 186. 13, 956.
actūtum, *adv.* augenblicklich, sofort 3, 557.
ăcūmĕn, ĭnis, *n.* (v. acuo), jedes spitzzulaufende Ende eines Gegenstandes, Spitze 11, 72; der Lanze 3, 84. 12, 84; des Schnabels 14, 503 (s. pono). rostrum sine acumine, stumpfer Schnabel 2, 376; eines Drachenschwanzes 4, 580; eines Hügels 12, 337. 13, 778.
ăcŭo, ŭi, ūtum, ĕre, schärfen: enses 15, 776.
ăcŭs, ūs, *f.* Nadel: acu pingere, sticken 6, 23.
ăcūtus, a, um, scharf, spitzig: cuspis 1, 470. 4, 299. sagitta 5, 381 (qua, „in Vergleich zu welchem"). jaculum 10, 130. ferrum 8, 245. falx 9, 383. radius 6, 56. cupressus, spitzzulaufend 3, 155. pinus, stachlich 1, 699. — 2) scharf fürs Gehör, grell, hellklingend: vox 3, 224. tinnitus 5, 204. aes 6, 589.
ăd, *praep. c. acc.* bezeichnet 1) räumlich: a) die Richtung wohin, nach, gegen, zu: se convertere ad occasus 14, 386. manus tendere ad aliquem 11, 687. 727. deflere ad superas auras (hinauf zu) 10, 11. surgit (inquit) ad hos (zu ihnen gewendet) 12, 2. 15, 609. — b) die Bewegung nach einem Punkte, zu: recedere ad auroram 1, 61. applicari ad oras, landen an 3, 597; insbes. bis zu: ad sidera 1, 153. ad ima fontis 14, 793. ad humum, bis auf den Grund 5, 588. cinctae ad pectora vestes (bis an) 6, 59. — c) die durch Herankommen bewirkte Nähe, bei, an: ad praesepe 7, 544. constitit ad aras 10, 273. — 2) von der Zeit, bis zu: ad mea tempora 1, 4. ad finem lucis 15, 619. ad fata novissima 13, 478.
3) In andern Verhältnissen bezeichnet ad a) den Zweck, die Bestimmung einer Handlung, zu, für: ad usus 5, 111. ad sacra facienda 3, 702. ad solacia, um zu trösten 6, 413. — b) gemäß, nach: ad numerum, nach dem Takte 14, 520. ad citharam, zur Begleitung der Cither 5, 332. ad carmina (verba), zum Liede 10, 16. 40. — c) unter der äußern Veranlassung, auf welche hin eine Handlung erfolgt, bei, auf, zu Folge: ad haec verba 1, 503. 657. ad voces 5, 509. ad haec, auf diese Worte 8, 576. 12, 542. ad haec legem, auf diese Bedingung hin 10, 574. ad nomen (= nomine audito), beim Namen 3, 245. 4, 145. ad strepitum, beim Geräusch 14, 215. bei. von Gegenständen, unter deren Einflusse etwas geschieht: ad lumina, bei Lichte 4, 220. ad lunae radios 4, 99.
adactus, a, um, s. adigo.
ădămantēus, a, um, stahlhart, ehern: nares 7, 104.
ădămās, ntis, *m.* hartes Eisen, Stahl 4, 281. 453. 7, 412. 15, 813. in pectore ferrum aut adamanta gerere 9, 615.
ăd-ăpĕrĭo, pĕrŭi, pertum, īre, öffnen: januam 14, 740. ora 5, 193.
ade . . ., s. acc . . .
ad-dīco, xi, ctum, ĕre, als Eigenthum zusprechen, zu eigen geben: suos amores, seine Geliebte 1, 617.
ad-disco, dĭdĭci, ĕre, noch dazu lernen 3, 593.
addĭtus, a, um, s. addo.
ad-do, dĭdi, dĭtum, ĕre, 1) wohin thun, geben oder legen: canos in tempora 6, 27. frena (equis), anlegen 2, 121. cornua fronti, anfügen 3, 140. aditus tectis, anbringen 12, 45. turrim moenibus, anbauen 8, 14. nomina (alcui), beilegen 5, 525. 9, 357. beilegen, verleihen: saevitiam 3, 306. aetatem 15, 539. pavorem, einflößen 3, 198. — 2) hinzuthun, hinzufügen: insuper 7, 273. fontes 1, 38. nimbos 3, 301. poenam 3, 4. verba 3, 191. fidem 15, 361. caudam membris 5, 456. verba factis 14, 714. maledicta culpae 5, 667. meritum dotibus 4,

701. scelus in scelus, häufen 8, 484; erhöhen: animos 8, 388. iram 12, 532. aetatem 15, 539. ad ter quinos annos unum addiderat, d. i. war 16 Jahre alt 3, 352. me adde fraternis sepulcris, lege auch mich zu den Brüdern ins Grab 8, 505. se addere in hunc florem, sich ebenfalls in diese Blume verwandeln 10, 208; insbes. a) redend hinzufügen, hinzusetzen: blanditias 7, 816. multa 10, 427. lenimen 11, 449. Pegason 4, 787. mit *acc. c. inf.* 7, 504. im Bilde hinzufügen: ut implerit 6, 110. — b) denkend hinzufügen: huc genus 3, 133. (huc) adde quod, dazu füge daß, dazu kommt daß 2, 70. 13, 117. 854. 14, 684.

ad-dūco, xi, ctum, ĕre, an sich heranziehen: colla lacertis 6, 625. lacertos (um auszuholen) 8, 28; insbes. straff anziehen: nervum 1, 455. 8, 357. arbor adducta 8, 775. adducta brachia (*sc.* mea), die straff angezogenen (umklammernden) Arme 9, 52. macies adducit cutem, zieht zusammen 3, 397. — 2) herbeiführen: puellam, zuführen 10, 441. litora adduci, ans Gestade gebracht werden 3, 598 (f. remus).

ădĕō, *adv.* so sehr, in dem Grade 1, 396. adeo nihil, so gar nichts 5, 273. usque adeo, f. usque.

ăd-ĕo, ii (ivi), ĭtum, īre, herangehen, hinzugehen, sich nahen: litus 14, 157. loca mortis 14, 125. ortus 1, 779. undas 1, 369. limen 3, 274. alquem 4, 258. 7, 7. 9, 108. 10, 15. 651. domos, einsprechen in 8, 628. sacrum, beiwohnen 6, 649. coetus, besuchen 11, 766. manes Stygios, hinabsteigen zu 13, 465. copia adeundi tyranni, Zutritt zu 11, 278. deos monere adire, mit dem Geiste bis zu den Göttern dringen 15, 63; wohin reisen, einen Ort besuchen: urbes 4, 297. Delphos 15, 631. Magnetas 11, 408. Caras 4, 297. quo, wohin dringen 11, 595; insbes. a) sich an Jemd. (bittend, fragend) wenden, ihn (um Rath) angehen: oracula 13, 677. — b) etwas antreten, übernehmen pericula 12, 161. 14. 119.

adf..., f. aff...

adg..., f. agg...

ăd-haerĕo, haesi, haesum, ēre, an etwas festhangen: in corpore 4, 694; übrtr. a) an etwas anstoßen, angrenzen: pectus lateri adhaeret 6, 641. — b) als Anhängsel angehängt sein: in margine 9, 565.

ăd-haeresco, haesi, haesum, ēre, wo hangen bleiben, sitzen bleiben: hic 1, 319; v. Geschossen, stecken bleiben, haften: fronte 5, 38. — 2) wo beständig bleiben, wohnen bleiben 14, 440.

ădhĭbĕo, bŭi, bĭtum, ēre (habeo), wohin halten od. wenden: manus genibus, die Kniee umfassen 9, 216. animum, aufmerken 15, 238. — 2) zu einem bestimmten Gebrauche nehmen, anwenden: alqm ad usus 5, 111. preces 3, 376. blanditias 10, 259. solacia menti, Trost spenden 9, 654. — 3) dazuziehen, zu etwas zulassen: alqm mensis, zur Tafel ziehen 6, 647. in partem pericli, Theil nehmen lassen an 11, 447.

ădhūc, *adv.* bis jetzt, bis jetzt noch 1, 77. 2, 255. 6, 172. 619. 13, 198. 14, 562. adhuc non ob. neque adhuc, (und) noch nicht 1, 356. 5, 453. 506. 6, 418. 669. 9, 273. 13, 166. 408. 15, 205. und nicht mehr 10, 255. nescit adhuc 5, 474. 9, 554. adhuc nullus, noch kein 1, 50. — 2) noch, noch immer 1, 356. 554. 2, 398. 4, 2. 8, 423. 10, 615. 14, 713; noch ferner 13, 378.

ădĭcĭo, f. adjicio.

ădĭgo, ēgi, actum, ĕre (ad-ago), hineintreiben, hineinstoßen: harpen in pectus 5, 70. 12, 452. ferrum per pectus 6, 271. ensem costis 5, 78., fraxinus collo adacta est, drang ein 12, 324.

ădĭmo, ēmi, emptum, ĕre (ad-emo), abnehmen: vincula canibus 8, 332. vestem alcui 2, 461. — 2) entziehen, rauben: alqm 5, 16. vaccam 13, 871. alcui munus 8, 436. deos 13, 376. figuram 2, 474. 8, 615 (f. si). sucos 2, 211. lucem 3, 515. 14, 197. lumen 3, 337. nomen virgineum 8, 591. vires 3, 469. reditum 5, 542. spem 9, 750 (f. res); alqm, entreißen (bes. durch Tod) 4, 142. 11, 273. 331. animae ademptae 2, 644.

ădĭpiscor, adeptus sum, isci (adapiscor), erlangen, erhalten: nomen a tonso capillo 8, 151.

1. **ădĭtus,** a, um, f. adeo.

2. **ădĭtus,** ūs, *m.* 1) Zutritt 14, 652. ad alqm 7, 726. Landung 12, 66. — 2) als Ort, Zugang, Eingang 3, 623. 4, 439. 490. 8, 69. 12, 44. saxa aditu carentia, unzugänglich 3, 226.

ad-jŭcĕo, cŭi, ēre, bei ob. neben etwas liegen, mit *dat.* 7, 382. 11, 728.

ad-jĭcĭo, jēci, jectum, ĕre (jacio), wohin werfen oder thun: mentem dictis, seine Aufmerksamkeit richten auf 14, 319. — 2) hinzuthun, hinzufügen: lapides 7, 266. corpus (Fleisch) 7, 291. vestes 11, 637. sucos 14, 276. opes 13, 434. vocem 11, 671. Pontum populo 15, 756. preces relatis 6, 214. convicia facto 6, 211. iram luctibus 2, 384. stimulos alcui, Jemd. noch mehr aufreizen 1, 245. pondus vermehren 10, 677. animum, steigern 7, 121. 10, 656. nihil, nichts weiter thun 9, 628. adjicis huic animo, zu dieser meiner Denkungsweise bringst du noch hinzu 11, 285; insbes. redend oder denkend hinzufügen

12, 58. huc adjice, füge bei, denke dir noch) 6, 182; hinzuschreiben 9, 570.
ad-jūro, āvi, ātum, āre, zuschwören, eidlich betheuern 3, 659.
adjūtrix, īcis, *f.* Helferin 7, 195.
ad-jŭvo, jūvi, jūtum, āre, helfen, unterstützen: alqm 1, 540. nervos conamine 15, 224. artes 8, 867 (f. sic). ignes, begünstigen 10, 641. formam, nachhelfen 2, 732.
adl..., f. all...
admīrābĭlis, e, bewundernswerth: opus 6, 14.
ad-mīror, atus sum, āri, staunen, sich wundern: alqd, über etwas 13, 913. mit *acc. c. inf.* 2, 209. 13, 307. mit folg. *quod* 13, 915. absol. 1, 644. 3, 662. 15, 564.
admissum, i, *n.*, f. admitto.
ad-mitto, mīsi, missum, ēre, wohin gelangen lassen, an einen Ort zulassen: *alqm* 4, 186. alqm regnis 13, 881. fluctus in verba, strömen lassen 11, 256. nec sol admittitur infra, dringt nicht zur Erde 13, 603. — 2) in freier Bewegung hinschießen lassen, im Laufe beschleunigen: unda se admittit, stürmt einher 11, 512; *part.* admissus, beschleunigt, rasch: passus 1, 532. per crura admissa, über die Schenkel des dahinstürmenden Rosses 6, 237. admissum (*sc.* me) sequitur, dem Fortstürmenden 9, 83. — 3) Unerlaubtes „zulassen"; dah. begehen, verschulden: subst. *part.* admissum, i, *n.* Vergehen, Verbrechen, Schuld 1, 210. 10, 304. 11, 380. 14, 92.
ad-mŏnĕo, ŭi, ĭtum, ēre, an etwas erinnern ob. ermahnen: alqm rei 7, 480. 15, 543; mit *acc. c. inf.* 7, 295. 10, 236. quae pars absit 11, 473. quid possit admonita est ab illo, d. i. durch seinen Anblick 6, 621. — 2) zu etwas ermahnen, auffordern: ut doleret 10, 134. inferre 3, 602; warnen: ne quaerant 2, 565 (admonuisse, aoristischer *infin.*); *pass.* admoneri, sich warnen lassen 10, 625. cedere 6, 150.
admŏnĭtŏr, ōris, *m.* Erinnerer, Mahner: operum, zur Thätigkeit 4, 664.
admŏnĭtŭs, ūs, *m.* (nur *ablat. sing.*) Erinnerung 14, 465. alcjus, an Jemd. 9, 324. — 2) Mahnung, Warnung 3, 566. 12, 360.
admōtus, a, um, f. admoveo.
ad-mŏvĕo, mōvi, mōtum, ēre, nahe an etwas bringen, nähern, heranbringen: tauros templis 7, 593. alqm lecto 10, 463. aris 13, 454. angues curribus, anspannen 5, 643. faces aëno, unterlegen 8, 645. manus (digitos) rei, die Hand auf etwas legen, mit der Hand berühren 10, 254. 511. 11, 115. corpus terrae admotum, ans Land getrieben 11, 724; nahe hinhalten, nähern: os 10, 282. ora ad ora 12, 425. faces 1, 494. ignes taedis 8, 461. flammam 3, 374. aquas 15, 311. oscula, Küsse geben 10, 344. opes Stygiis umbris, d. i. tief vergraben 1, 139. fretum admotum est remis = remi admoti sunt freto, die Ruder berührten das Meer 6, 512. admoto pollice lacrimas siccat, d. i. mit streichelndem Daumen 9, 395. admoto dente, wenn die Zähne die Speisen berührten 11, 124; bildl. a) zur Anwendung heranbringen, anwenden: preces 6, 689. blanditias 6, 631. herbas 10, 188. manus, Hand anlegen 15, 218. — b) beibringen, einflößen: spem 1, 454.
ad-nŭo, ŭi, (ūtum), ēre, zunicken 1, 567. 14, 593. — 2) beifällig zunicken, zustimmen, seine Einwilligung, seinen Beifall kund geben 2, 531. 8, 559. 12, 597. 13, 600. 14, 816. alcui 5, 284. 4, 539. his (verbis) 8, 780. 15, 683; genehmigen, Gewährung versprechen: precibus 8, 352. voto 12, 206. optatis 11, 104. ausis, begünstigen 7, 178.
ăd-ŏlĕo, ŏlŭi, ultum, ēre, „verduften machen"; dah. 1) als Opfer anzünden, verbrennen: honores aris 8, 740. — 2) überh. verbrennen: stipulas 1, 492.
ăd-ŏlesco, ēvi, ultum, ēre, heranwachsen 4, 376.
Ădōnis, is u. ĭdis, *m.* Sohn des cyprischen Königs Cinyras (juvenis Cinyreius 10, 712), von der Venus geliebt, wird durch einen Eber getödtet und sein Blut in die Blume Anemone („Windrose") verwandelt. Zu seinen Ehren feierten jährlich die phönicischen Frauen die Adonien, welches Fest sich über viele Staaten Griechenlands verbreitete 10, 532. *Voc.* Adonī 10, 543. 726.
ăd-ŏpĕrĭo, ĕrŭi, ertum, īre, bedecken, verhüllen: tellus marmore adoperta 8, 702. humus floribus 15, 688. adoperta nubibus 2, 790. lumina somno, geschlossen 1, 714. adoperta vultum, mit verhülltem Gesichte 4, 94.
ăd-ōro, āvi, ātum, āre, „anreden"; dah. insbes. 1) Gottheiten flehend anrufen, anflehen 1, 320. 3, 18. 9, 350. 11, 392. 540. 14, 366. — 2) anbeten, verehren: deos sanguine 8, 226. vino 11, 248.
adp..., f. app...
adr..., f. arr...
ads..., f. ass...
adsc..., f. asc...
adsp..., f. asp...
ad-sto, f. asto.
ad-stringo, f. astringo.
ădūlor, ātus sum, āri, schmeichelnd sich anschmiegen 14, 259. agmen ferarum adulantum 14, 26.

ădultĕr, eri, *m.* Ehebrecher, Buhle 4, 182. 7, 741. 9, 740 (= taurus).
ădultĕra, ae, *f.* Ehebrecherin, Buhlerin 2, 471. 8, 132. patris 10, 347.
ădultĕrĭum, ii, *n.* Ehebruch, 4, 171. 7, 717. 8, 156. 9, 25. Buhlschaft 4, 236. Untreue 2, 545.
ăduncus, a, um, einwärts gebogen, hakenförmig gekrümmt: cornu 3, 533, 4, 392. dens 10, 550. 11, 775. unguis 2, 479. 13, 613. rostrum 8, 147. (Rüssel) 8, 371. ora (Schnabel) 11, 342. hamus 13, 934. ferrum (Pfeilspitze) 9, 128. falx 14, 628. aratrum 2, 286. cymba 1, 293. puppis 3, 651. 14, 550.
ăd-ūro, ussi, ustum, ĕre, anbrennen, sengen: pennas 8, 205. — 2) v. Frost, verletzen: poma 14, 763.
ădusque, *adv.* bis zu einem gewissen Punkte: adusque qua, bis dahin wo 4, 20.
ad-vĕho, xi, ctum, ĕre, herzuführen; *pass* advehi, wohin gelangen: Ortygiam 5, 499. 640.
advĕna, ae, *c.* Ankömmling, Fremdling 3, 561. 7, 39. 10, 226. advena accessit delubris, als fremder Gott 15, 745.
ad-vĕnĭo, vēni, ventum, īre, ankommen 7, 238. 513. 9, 145.
advento, āvi, ātum, āre, eilig od. mit Macht heranziehen, heranrücken 12, 65.
adventŭs, ūs, *m.* die Ankunft 2, 742. 6, 449. 6, 661. adventu, bei der Annäherung 15, 671. wegen der Ankunft 11, 95. sub adventu favoni 9, 661.
adversus, a, um (adverto), entgegengekehrt, gegenüber befindlich, vorn 2, 80. 3, 183. 5, 161. 12, 116. 132. 14, 5. moenia, gegenüberliegenden 14, 5. sedit in limine adverso, vorn auf der Schwelle 2, 814. in adversos armos, vorn in den Bug 8, 419. in pectore adverso, vorn auf der Brust 15, 162. adversa a fronte, vorn auf der Stirn 2, 476. quos perculit adversos, von vorn 12, 312. ibat in adversum hostem, gerade auf den Feind los 8, 403. misit in adversa ora, gerade ins Gesicht 12, 237. fixit cornum in adverso vultu 12, 451. fixit lumina adversâ terrâ, vor sich auf die Erde 13, 541. adversa pectora lassant, Brust gegen Brust 13, 614. per adversas undas, stromaufwärts 15, 732. adverso tramite, auf vor ihnen liegendem Pfade 14, 120. vestes, entgegenstrebend 1, 528. vulnus, auf der Brust 12, 312. nitor in adversum, entgegen (dem Himmel) 2, 72. — 2) von entgegen wehenden Winden, widrig, ungünstig 11, 484.
ad-verto, ti, sum, ĕre, wohin richten od. wenden: cursum Naxon 3, 636. vultus sacris 8, 482. lumina in partem 6, 180. huc carinam, anlegen 15, 719; *pass.*

adverti, wohin steuern: oras 5, 649; bildl. animum advertere, seine Aufmerksamkeit wohin wenden, auf etwas merken: monitis 15, 140; advertens (*sc.* animum), aufmerksam 14, 270.
ad-vŏco, āvi, ātum, āre, zum Beistande herbeirufen: artes secretas 7, 138.
ad-vŏlo, āvi, ātum, āre, herbeifliegen, herbeieilen 6, 249. 11, 348.
ădȳtum, i, *n.* (ἄδυτον), der den Laien unzugängliche innerste Raum eines Tempels, Heiligthum, das Allerheiligste 15, 636.
Acăcīdēĭus, a, um, f. Aeacus.
Acăcīdēs, f. Aeacus.
Acăcus, i, *m.* Sohn Juppiters von der Aegina, Vater des Peleus und Telamon von der Endeis und des Phocus von der Nereide Psamathe, König der Insel Aegina (7, 474), wegen seiner Gerechtigkeitsliebe nach seinem Tode zum Richter der Unterwelt ernannt (13, 25). Er stellt den Athenern Hülfstruppen zum Kriege gegen Minos von Creta 7, 506. 864. *acc.* Aeacon 9, 435. 440. *Dav.* **Acăcīdēius**, a, um, *ἀακιδεῖυς*: regna, d. i. die Insel Aegina bei Athen 7, 472. — 2) **Acăcīdēs**, ae, *m.* Nachkomme des Aeacus, Aeacide, d. i. Peleus 11, 227. 246. 250. 274. 389. 400. 12, 365. Phocus 7, 668. 798. Achilles (als Enkel) 12, 82. 96. 168. 603. 613. 13, 505; *plur.* Aeacidae, die Aeaciden 7, 494. 8, 4. 13, 33. (*Vocat.* Aeacidē 11, 250. Aeacidā 7, 798.)
Acaeus, a, um, auf der Insel Aeäa im tyrrhenischen Meere (Wohnsitz der Circe), äisch: Circe 4, 205.
Acăs, ntis, *m.* Fluß in Epirus, fließt ins ionische Meer 1, 580.
aedēs, (u. aedis), is, *f.* „Wohnraum"; dah. 1) *sing.* Heiligthum, Tempel, Capelle 12, 246. 13, 345. 15, 407. 654. 673. 842. sacra, heiliger Raum 14, 315. — 2) *plur.* Wohnhaus, Wohnung 4, 403. 7, 644. primae, der vordere Theil des Hauses 5, 284.
aedĭfĭco, āvi, ātum, āre (aedes u. facio), bauen: muros 11, 204.
Acēta, ae, *m.* König von Colchis, Sohn des Sonnengottes, Bruder der Circe und Pasiphaë, Vater der Medea, der Chalciope und des Absyrtus 7, 170. *Dav.* **Acētĭās**, ădis, *f.* Tochter des Aeetes, d. i. Medea 7, 9. 326.
Aegaeōn, ŏnis, *m.* ein hundertarmiger Meergott, Sohn des Uranos und der Gäa, Schwiegersohn des Neptun, von den Göttern „Briareus", d. i. der Gewaltige" genannt; *acc.* Aegaeonā 2, 10.
Aegaeus, a, um, ägäisch: aequor, das ägäische Meer oder der Archipelagus zwischen Griechenland und Kleinasien 11, 663. aquae 9, 448.

aegĕr, gra, grum, körperlich **krank**, siech 7, 563. 600. verwundet 12, 373. crutiatibus, gemartert 9, 179. balatus, matt 7, 540. senectus, hinfällig 14, 143. — 2) Leiden verursachend, schmerzlich: luctus 2, 329.

Aegens (zweisylbig), ëi, *m.* König von Athen, Vater des Theseus, den ihm Aethra, Tochter des Königs Pittheus, in Trözen geboren hatte 7, 402. Vom Könige Minos im Kriege besiegt (s. Androgeos), mußte er alle 9 Jahre einen Tribut von 7 Knaben und 7 Mädchen nach Creta schicken, die dort dem Ungeheuer Minotaurus (s. Pasiphae) vorgeworfen wurden. Dem dritten Tribute (8, 171) schloß sich Theseus an, tödtete den Minotaurus, vergaß aber bei der Rückkehr das schwarze Segel seines Schiffes abzunehmen. Als dies Aegeus von fern erblickte, hielt er seinen Sohn für todt und stürzte sich ins Meer. (*acc.* Aegeä 15, 856.) Dav. **Aegīdēs**, ae, *m.* der Aegide, d. i. Theseus 8, 174. 405. 559. 12, 237. 243.

Aegīdēs, s. Aegeus.

Aegīna, ae, *f.* 1) Tochter des Flußgottes Asopus in Böotien, gebar dem Juppiter den Aeacus 7, 616. — 2) Insel im saronischen Meerbusen bei Attica, früher Denopia, jetzt Engia 7, 474.

aegīs, ĭdis, *f.* (αἰγίς), die Aegide, d. i. der mit dem Haupte der Medusa versehene Brustharnisch oder (nach Andern) Schild der Minerva 4, 799. 5, 46. 6, 79. *acc.* aegida 2, 755.

aegrē, adv. mit Mühe, mit Anstrengung 7, 555. — 2) mit innerer Ueberwindung: aegre ferre, übel aufnehmen, über etwas unwillig, erzürnt sein 8, 592. 12, 533.

Aegyptĭus, a, um, ägyptisch: tellus, Aegypten 5, 323. conjunx, d. i. Cleopatra 15, 826.

Aëllō, ūs, *f.* (von ἄελλα, „Sturmwind"), Name 1) einer Harpyie (s. Phineus) 13, 710. — 2) einer Hündin 3, 219.

aemŭlus, a, um, es gleich zu thun strebend: subst. aemula, ae, *f.* Nacheiferin, Nachahmerin 1, 476. — 2) nebenbuhlerisch, neidisch: subst. aemulus, i, *m.* Nebenbuhler 13, 17. aemula, ae, *f.* Nebenbuhlerin, Neiderin: laudis 6, 83.

Aenēădēs, s. Aeneas.

Aenēās, ae, *m.* Sohn des Trojaners Anchises und der Venus, rettet aus dem zerstörten Troja seinen Vater, den er auf den Schultern forttrug (13, 625), seinen Sohn Ascanius und die Schutzgötter der Stadt (penatiger 15, 450) und schifft nach Italien, dem alten Stammlande der Trojaner (13, 678, s. Dardanus). In Sicilien, wo ihn Acestes aufnahm, verliert er seinen Vater durch den Tod (14, 83). Nach Carthago in Afrika verschlagen, findet er gastfreundliche Aufnahme bei der Königin Dido (14, 78). Von dort segelt er nach Sicilien zurück (14, 83) und landet zu Cumä in Italien, wo er mit der Sibylla in die Unterwelt hinabsteigt (14, 101). In Latium vermählt er sich mit der Lavinia, der Tochter des Königs Latinus, siegte im Kriege gegen seinen Nebenbuhler Turnus, König der Rutuler (14, 451. 528), wurde Nachfolger des Latinus und durch seinen Sohn Ascanius oder Julus, welcher Alba Longa erbaute, Ahnherr der Römer. (*acc.* Aeneän 14, 78.) Dav. 1) **Aenĕădēs**, ae, *m.* Nachkomme des Aeneas; *plur.* Aeneadae, die Aeneaden d. i. die Römer 15, 682. 695. — 2) **Aenēĭus**, a, um, äneïsch, ... des Aeneas: virtus 14, 581. nutrix, d. i. Cajeta 14, 441.

Aenēĭus, a, um, s. Aeneas.

aenĕus, a, um, (aes), ehern, kupfern: carchesia 7, 247.

ăēnēus und **ăhēnēus**, a, um, (aes), ehern, kupfern: proles 1, 125.

ăēnus oder **ăhēnus**, a, um, (aes), ehern, kupfern: galea 7, 121. falx 7, 227; subst. aenum oder ahenum, i, *n.* chernes Gefäß, Kessel 6, 645. 7, 262. 279. 282. 319. 349. 8, 645. Färbekessel 6, 61 (s. sentio).

Aeŏlĭdēs, ae, *m.* ein Aeolide, d. i. 1) Athamas als Sohn des Königs Aeolus in Thessalien, welcher Sohn des Hellen, Enkel des Deucalion und Stammvater der Aeolier war 4, 512. — 2) Sisyphus als Sohn desselben Aeolus 13, 26. — 3) Cephalus als Enkel 6, 681. 7, 672. — 4) Misenus, Sohn eines Trojaners Aeolus, Trompeter des Aeneas, wurde von dem auf seine Kunstfertigkeit eifersüchtigen Triton ins Meer gestürzt und auf einem Vorgebirge Campaniens, welches von jetzt an das Misenische hieß, begraben 14, 103. — 5) *plur.* Aeolidae, die 6 Söhne des Aeolus Hippotades (s. Aeolus), welche mit ihren Schwestern vermählt waren 9, 507.

Aeŏlĭs, s. Aeolus.

Aeolĭus, a, um, äolisch, d. i. 1) dem thessalischen König Aeolus gehörig: postes = postes Athamantis (s. Aeolides) 4, 487. virgo, d. i. Canace, Tochter des Aeolus 6, 116. — 2) dem Aeolus Hippotades gehörig (s. Aeolus): antra 1, 262. tyrannus = Aeolus 14, 232. — 3) zu der nach den Aeoliern benannten Landschaft Aeolis in Kleinasien gehörig 7, 357.

Aeŏlus, i. *m.* Sohn des Hippotes (daß. Hippotades genannt), Gott der Winde, welcher seinen Sitz auf den äolischen (liparischen) Inseln im tuscischen

Meere hatte 11, 748. *acc.* Aeolŏn 14, 223. Dav. **Aeŏlis**, ĭdis, *f.* Tochter des Aeolus, d. i. Alcyone 11, 444. 573.

aequālis, e, gleich, gleichmäßig: ictus 11, 463. spatium 2, 26. 8, 248. lacertus, gleich lang 15, 741. flamma, gleich heftig 7, 803. terra non aequalis, ungleichförmig 1, 34. annis, gleich an Alter 1, 750. subst. aequalis, is, *f.* Altersgenossin, Gespielin 5, 394.

aequē, *adv.* auf gleiche Art, ebenso: mit quam 10, 185. atque (als) 10, 221.

aequo, āvi, ātum, āre, 1) gleich machen : mensam, gerade richten 8, 663; dah. a) gleichmäßig vertheilen : jura aequata, gleiche 14, 805. — b) gleichstellen : dentes aequantur dentibus, kommen gleich 8, 288. 2) gleichkommen, erreichen, mit *accus.*: caelum 11, 497. numeros 14, 145. similes annos (corrumpirte Stelle, wofür Heinsius Pylios annos vorschlägt) 15, 838. exempla ipsos aequantia 15, 857. formas imitamine, darstellen 11, 626; gleichen: nebulas 6, 21. columbas 2, 537.

aequŏr, ŏris, *n.* Fläche, Ebene 15, 267. — 2) Meeresfläche, Meer 1, 318. 341. 2, 172. 263. 3, 660. 4, 712. 5, 498. Aegaeum 11, 663. Jonium 15, 699. bildlich magno feror aequore, ich treibe auf hoher See d. i. ich werde in der Betrachtung des reichhaltigen Stoffes weiter fortgerissen 15, 176; *plur.* aequora 1, 282. 2, 6. 265. 872. 3, 538. 4, 366. 634. aequora ponti = pontus 2, 872.

aequŏrĕus, a, um, zum Meere gehörig, des Meeres: aquae 11, 520. undae 12, 580. fluctus 15, 605. origo 10, 617. monstrum, Meerungeheuer 11, 212. pisces, im Meere lebend 10, 78. Britanni, am Meere wohnend 15, 752. naïdes, Meernymphen 14, 557. Thetis, Meergöttin 11, 226. deus(rex)=Neptunus 12, 197. 8, 605.

aequus, a, um, 1) „eben, flach"; dah. übertr. a) günstig, non aequa fata, hart 13, 131. von Personen, wohlwollend, freundlich gesinnt, gewogen 8, 599. nulli (avi) satis aequus, keinen verschonend 11, 344. — b) billig, recht: subst. aequum, i, *n.* Billigkeit: amantior aequi 1, 322. cultor aequi 5, 100. aequo violentior, als recht ist 3, 253. *plur.* aequa, Billiges 7, 174. — 2) von Beschaffenheit gleich, gleichgroß: calor 2, 134. vulnus, gleichstark 9, 720. ex aequo, gleichmäßig 5, 565. gleichweit 3, 145. gleichstark 4, 62; insbes. vom Range, gleichstehend : viro, ebenbürtig 6, 11.

aēr, eris, *m.* die atmosphärische Luft (im Gegens. zu aether) 1, 12. 15. 17. 23. 28. *acc.* aëra 1, 58. 4, 667. 8, 187. 15, 247 (s. que). — 2) Hauch: aëra concipere 1, 337.

aerātus, a, um (aes), mit Erz beschlagen: puppes 8, 103. postes 15, 620. portae 8, 41. — 2) aus Erz, ehern : cuspis 8, 408. hasta aeratae cuspidis („mit") 5, 9.

aerĭpēs, ĕdis, erzfüßig: tauri 7, 105.

āĕrĭus, a, um (aër), in der Luft befindlich: cursus, durch die Luft 6, 709. aurae, wehende Lüfte 9, 219. 10, 178. 14, 127. — 2) in die Luft ragend, luftig: Alpes 2, 226.

aes, ris, *n.* Erz, besond. Kupfererz, dessen man sich früher als des Eisens bediente 1, 98. 4, 176. 15, 810; insbes. die im Altertume sehr geschätzte korinthische Bronce 6, 416; metonym. aus Erz oder Kupfer Verfertigtes : aes clipei, Erzüberzug 4, 783. 12, 96. Helm 8, 32. Trompete 3, 740. fixum, Erztafeln 1, 92. cavum, Kessel 4, 505. 7, 317; Metallbecken, Cymbeln, Klapperschalen: acutum 6, 589. pulsum 14, 537. aera aere repulsa 3, 532. concava 4, 30. tinnula 4, 393; eherne Becken, Kessel u. dgl., durch deren Geräusch man den verfinsterten Monde, den man für bezaubert hielt, glaubte zu Hülfe kommen zu können 7, 208. auxiliaria 4, 333. pendentia, Angelhaken 8, 856. aes fulvum, das eherne Zeitalter 1, 115.

Aesăcus, i, *m.* Sohn des Priamus und der Alexirhoë, verfolgt mit zudringlicher Zärtlichkeit die Nymphe Hesperie und will sie, als diese durch einen Schlangenbiß stirbt, ins Meer stürzen, wird aber von der Tethys in den Tauchervogel verwandelt: *acc.* Aesacon 11, 762. 12, 1.

Aesăr, ăris, *m.* Fluß in Unteritalien bei Croton 15, 23. Dav. **Aesărēus**, a, um, äsarisch: flumen 15, 54.

Aesărēus, a, um, s. Aesar.

aescŭlĕus, a, um, von der Wintereiche: arbor, Wintereiche 8, 410. frons, Eichenkranz 1, 449.

aescŭlus, i, *f.* Wintereiche (mit stets grünem Laube) 10, 91.

Aesōn, ŏnis, *m.* ein thessalischer Fürst, Vater des Jason 7, 84. 110. 162. Dav. 1) **Aesŏnĭdēs**, ae, *m.* Sohn des Aeson d. i. Jason 7, 60. 77. 164. 255. 8, 411. — 2) **Aesŏnĭus**, a, um, äsonisch: heros = Jason 7, 156.

Aesŏnĭdēs, s. Aeson.

Aesŏnĭus, a, um, s. Aesŏn.

aestās, ātis, *f.* Sommer 15, 206; personif. 2, 28.

aestīvus, a, um, sommerlich: umbra, im Sommer 13, 793.

aestŭo, āvi, ātum, āre (aestus), 1) wallen, sieden, strudeln 2, 250. ignis aestuat, lodert auf 4, 64; von Leidenschaften, entbrannt sein, glühen 9, 465. 765. 10, 360.

in aliqua (für) 6, 491. — 2) heiß sein, glühen 15, 208 (doppelsinnig von der Hitze der Jahreszeit und dem Feuer der Jugend); aestuat, es wird ihm heiß 12, 515.

aestŭs, ūs, *m.* „wallende Bewegung"; daß. 1) vom Wasser: wogende Strömung, brandende Fluth 8, 471. maris 14, 52. secundus 13, 630. 728. *plur.* 14, 48. — 2) das Wallen vor Hitze, schwüle, drückende Gluth, Hitze 1, 49. 419. 2, 237. 3, 413. 5, 586. 7, 811. 10, 126. caeli 14, 52. sidereus 6, 341. altus 1, 435. *plur.* 2, 228. 7, 815. ignavi 7, 529; daß. der (schwüle) Sommer 13, 811. *plur.* Gluthen des Sommers 1, 117. übertr. Brand der Wunde 9, 179. — 3) bildl. heftige Gemüthserregung, Feuer der Leidenschaft 14, 352. 700.

aetās, ātis, *f.* (zusammengez. aus aevitas), Lebenszeit, Leben (nach seiner Zeitdauer) 7, 335. 10, 85. 15, 200. 539.(f. addo). volatilis 10, 519; insbes. Menschenalter 12, 188. — 2) Lebensalter, in welchem Jemd. steht, Alter 8, 631. 12, 464. 15, 207. minor aetate jünger 7, 499. par aetate 7, 514. aetas grandior 6, 28. 7, 665; concret, acrior aetas 3, 540. par aetas gleichalterige Zucht 13, 828; insbes. Jugend 7, 26. 716. 9, 719. 10, 547. 615. 14, 142. Greisenalter 8, 631. 686. 12, 448. — 3) Zeitalter 2, 418. 8, 329. aurea 1, 98. 15, 96 (f. nomen). prior, Vorwelt 9, 225. futuri temporis, die Nachwelt 15, 835.

aeternus, a, um, von ewiger Dauer, ewig: mundus 15, 239. lux (Leben) 14, 132. aevum, Ewigkeit 1, 663; unzerstörbar 9, 252. 15, 812; daß. a) von beständiger Dauer, immerwährend, ewig: ver 1, 107. juventa 14, 140. nox 3, 335. carcer beständig 4, 663. undae, unversiegbar 15, 551. aeternum als Adverb, auf ewige Zeit 6, 369. — b) unsterblich 2, 653. aeternus tamen es, unvergänglich (weil jährlich sich erneuernd) 10, 164.

Aethălīōn, ōnis, *m.* (Ἀιθαλίων, „der Hitzige"), ein tyrrhenischer Schiffer 3, 647.

aether, eris, *m.* die obere reine Luft (im Gegens. zu aër), der Aether 15, 195. liquidus 1, 68. altus 1, 81; insbes. a) als Ort der Sterne und Sitz der Götter, Himmelsgewölbe, Himmel 6, 108. 777. 2, 204. 6, 548. summus 2, 178. arduus 1, 151. aureus 13, 587. sacer 1, 254. in aethere ponere, in den Himmel versetzen 10, 162. aethera recludere, die himmlischen Dinge offenbaren 15, 145. — b) (dichter.) die Luft überhpt., d. Luftraum 2, 595. 3, 706. 5, 654. 8, 219. 11, 496. — c) die Oberwelt (im Gegens. zur Unterwelt) 4, 251. (*acc.* aetherā 1, 68. 2, 135. 437. 3, 404. 8, 219. 12, 153. 15, 145.)

aethĕrĕus und **aethĕrĭus,** a, um,

zum Aether oder Himmel gehörig, ätherisch, himmlisch: axis 6, 175. soles 1, 435. sidus = sol 1, 424. nubes 15, 804. aurae, Lüfte des Himmels 4, 700. 5, 512. arces, Himmelsburg 15, 859. sedes, der Himmel als Sitz der Götter 2, 512. 5, 348. 15, 449. 839. tumultus, d. i. Donner u. Blitz 3, 309.

Aethīōn, ōnis, *m.* ein Wahrsager auf der Hochzeit des Perseus 5, 146.

Aethĭops, ŏpis, *m.* ein Aethiope (in Afrika) 2, 236. 4, 669. *acc. plur.* Aethiopăs 1, 778 ; *adject.,* äthiopisch 15, 320.

Aethōn, ōnis, *m.* (Ἀίθων, „Brandfuchs"), Name eines Sonnenrosses 2, 153.

Aetna, ae, u. **Aetnē,** ēs, *f.* („Feuerberg"), der Vulkan Aetna auf Sicilien (jetzt monte Gibello) 2, 220. 5, 352. 442. 13, 868. 877. 14, 1. 160. 188. 15, 340. Dav. **Aetnaeus,** a, um, ätnäisch: tellus = Sicilia 2, 260.

Aetnaeus, a, um, f. Aetna.

Aetōlĭus, a, um, zur Landschaft Aetolien in Mittelgriechenland gehörig, ätolisch: heros = Diomedes 14, 461.

Aetolus, a, um, = Aetolius: arma, des Diomedes 14, 528.

aevum, i, *n.* (αἰών, verwandt mit „ewig"), 1) die Zeit (in ihrer endlosen Dauer), die ewige Zeit 2, 385. dentes aevi 15, 235. per aevum, in aeternum aevum, für ewige Zeiten 5, 227. 1, 663. per longum aevum 14, 379. 15, 353. 621. in longo aevo, durch lange Jahrhunderte 14, 731. longo aevo, durch die Länge der Zeit 15, 306. — 2) (= aetas), Lebenszeit, Leben 9, 423. 15, 400. 874. primus 3, 470. prior 15, 228. incertum 15, 874. flos aevi, blühende Jugend 9, 436 integer aevi, jugendlich frisch an Jahren 9, 441. maturus aevo, reif an Jahren 8, 617. serior nostro aevo, als meine Lebenszeit reicht 15, 868. aevum agere 10, 243. 15, 588. peragere 15, 485. exigere 12, 208. finire 15, 400; insbes. lange Lebenszeit, Alter 3, 445. 7, 167. 8, 712. 529. grandior aevo, ziemlich bejahrt 6, 321. bello major et aevo, an Kriegsruhm und Alter überlegen 12, 623. maximus aevo, der älteste 7, 310. — 3) Zeitalter 1, 128. 10, 502. 15, 20. vetus, Vorzeit 15, 11. nepotum 15, 17. omnibus aevis 2, 649. vestro aevo 12, 169. primo aevo, in frühester Zeit 7, 392. in hoc aevi, bis in diese Zeit 10, 218.

affecto, avi, ātum, āre, eifrig etwas anstreben, wonach trachten: regnum 1, 152. plus 2, 58. spes, hegen 5, 377.

affectŭs, ūs, *m.,* Gemüthsbewegung, Leidenschaft, Regung des Herzens 7, 147. 171. 8, 473.

affĕro, attŭli, allātum, affere, (ad u. fero), **herbeibringen, herbringen, mitbringen**: alqm 7, 660. 13, 345. alqd (secum) 4, 500. 7, 407. 10, 5. alimenta nubibus, zuführen 1, 271. bellum in patriam 12, 6. opem, Hülfe leisten 8, 601. salutem alcui, begrüßen 6, 625. — 2) **verursachen, verschaffen**: requiem 12, 147. famam vati 3, 512.

afficĭo, ēci, ectum, ĕre, (ad u. facio), alqm alqua re, Jemd. mit etwas anthun, ihm etwas widerfahren lassen: alqm poenā, bestrafen 6, 385. — 2) alqm, „auf Jemd. körperlich oder geistig einwirken, ihn afficiren"; dah. schwächen, entkräften 6, 255.

affīgo, xi, xum, ĕre, (ad u. figo), etwas irgendwo befestigen, anheften 5, 26. scopulo 4 553. — 2) **anspießen, durchbohren**: affixa est cum fronte manus (= manus et frons affixae sunt) 12, 387. corpus affixum 12, 571.

afflātŭs, ūs, m. der **Anhauch** 2, 793. 8, 289. **Ausdünstung** 7, 551.

afflīgo, xi, ctum, ĕre, (ad und fligo), einen Gegenstand irgendwo anschlagen: terrae, gegen die Erde schmettern, zu Boden werfen 14, 206. 12, 139.

afflo, āvi, ātum, āre, (ad u. flo), Einem etwas anwehen, anhauchen: crinem 1, 542. venenum afflatum 3, 49. — 2) **hauchend berühren, anhauchen**: alqm. 7, 29. fauces 8, 820. vittas 5, 617. afflata est tellus 6, 704. zeugmat. stipite afflavit et echidnis, berührte . . . und hauchte an 10, 313.

affor, ātus sum, āri, (ad u. for), **anreden, ansprechen**: alqm 1, 350. 2, 783. talibus 14, 807.

affŏrĕ, s. assum.

. **affŭi**, s. assum.

affundo, fūdi, fūsum, ĕre (ad und fundo), **hingießen, hinschütten**; dah. (dichter.) part. **affusus**, von Personen: (an einen Ort) hingestreckt 9, 366. 607. tumulo (*dativ.*) 8, 539.

afŭi, s. absum.

Agămemnōn, ŏnis, m. Sohn des Atreus, Bruder des Menelaos, Gemahl der Klytämnestra, Vater des Orestes, der Electra und Jphigenia, Oberfeldherr der Griechen vor Troja 15, 855. *acc.* Agamemnonā 13, 184. 444.

Agănippē, es, f. eine den Musen geheiligte Quelle in Böotien am Helicon 5, 312.

Agāvē, es, f. Tochter des Cadmus u. der Hermione, Gemahlin des Echion, Mutter des Pentheus, den sie mit Hülfe ihrer Schwestern in bacchantischer Wuth zerreißt 3, 725.

ăgē, s. ago.

Agēnōr, ŏris, m. Sohn des Neptun Bruder des Belus (des Vaters des Aegyptus und Danaus), Vater des Cadmus und der Europa, König in Phönicien 3, 257. Agenore nata = Europa 2, 858. Agenore natus = Cadmus 3, 51. 97. Dav. 1) **Agēnŏrĕus**, a, um, agenoreisch: domus, des Cadmus 3, 308. — 2) **Agēnŏrĭdēs**, ae, m. **Nachkomme des Agenor**, Agenoride d. i. Cadmus 3, 8. 81. 90. 4, 563. Perseus (als Enkel des Acrisius, welcher ein Enkelneffe des Agenor war) 4, 772.

Agēnŏrĕus, a, um, s. Agenor.

Agēnŏrĭdēs, s. Agenor.

ăgĕr, gri, m. 1) **Ackerland, Acker**, urbares Feld 1, 110. 422. 5, 655. 7, 122; insbes. a) im Gegensatz zur Stadt, Land, freies Feld 3, 528. 606. 4, 779. 7, 766. 11, 85. Gefilde, Fluren 1, 601. 7, 362. 7, 534. — b) im Gegens. der Berge, Thal 3, 25. — 2) als **Grundbesitz, Land, Ländereien** 2, 490. 3, 714. 5, 129. 136. 11, 281; dah. agri als Gesammtheit des Grundes und Bodens einer Staatsgemeinde, **Gebiet, Mark, Flur** 2, 684. 709. 6, 317. 8, 281. 11, 98. 13, 571. 14, 342. 422.

aggĕr, ĕris, m. (v. aggĕro, herbeitragen), „**Aufschüttung, zusammengetragene Erhöhung**"; dah. 1) **Damm** 14, 445. 15, 690. **Erdaufwurf, Erhöhung** (als Rednerbühne) 15, 592. — 2) **Holzschicht** 12, 524. **Scheiterhaufen** 9, 234.

aggrĕdĭor, gressus sum, grĕdi, (ad u. gradior), **herangehen**; alqm, sich an Jemd. machen 13, 333; feindlich, **angreifen, überfallen** 5, 238. ferro 5, 659. cominus 12, 482. — 2) bildl. zu einer Thätigkeit schreiten, etwas **unternehmen, beginnen**: nefas 7, 71.

ăgĭlis, e, **behend, hurtig** 2, 720.

ăgĭtābĭlis, e, **leicht beweglich**: aër 1, 75.

ăgĭto, āvi, ātum, āre (v. ago), eifrig treiben, in (rascher) **Bewegung setzen**: jugales 5, 661. **jagen, verfolgen**: damas 10, 539. cervos in retia 3, 356. columbas 11, 300. habenas, schütteln 7, 221. **bewegen**: glebam 15, 555. cacumen 1, 567. hastam, schwingen 3, 667. nubila agitantia fumos, auftreibend 1, 571. ilex agitata, bewegt 7, 586. agitata robora, von den Fluthen erschüttert 1, 303. Charybdis austro agitata, gepeitscht 8, 121. ignes agitati (durch die Bewegung im Fluge dem wirklichen Feuer gleich) angefacht 6, 708. scintilla ventis agitata, angefacht 7, 81; bildl. a) (gleichsam „abhetzen") **quälen, beunruhigen** 6, 595. 9, 410. — b) im Geiste hin-

und herbewegen, im Sinne haben, hegen: spes 7, 336. — c) verrichten, treiben: jocos 3,319. convivia, veranstalten 7, 431.

Aglauros, i, f. Tochter des Cecrops, wird in Stein verwandelt 2, 560. 739. 749. 785.

agmĕn, mĭnis, n. (= agimen v. ago), jede in Bewegung begriffene Menge, Zug, Schaar 2,449. 11,34. Lapitharum 12, 261. comitum 3, 379. captivarum 13, 560. ferarum 11, 21. 14, 46. graniferum 7, 638. stellarum 2, 114. 11, 97. Versammlung 5, 2. 7, 103. — 2) insbes. Heereszug, Kriegsschaar, Heer 3, 535. 5, 151. 161. 6, 423. 8, 38. Heereshaufe 12, 75. Mannschaft 14, 506.

agna, ae, f. Lamm 1, 505. 5, 626. 6, 527.

agnosco, nōvi, nītum, ĕre (ad und nosco), 1) kennen lernen: genus 2, 183. — 2) wiedererkennen, erkennen: alqm 4, 456. 5, 212. 414. 471. 7, 495. 11, 658. vocem 9, 119. gemitum 10, 719. os non agnoscendum, nicht mehr kenntlich 12, 251. — 3) als sein anerkennen: alqm 4, 613. 13, 27.

agnus, i, m. Lamm 7, 311. 320. 13, 827.

ăgo, ēgi, actum, ĕre, A) in **Bewegung setzen**; dah. 1) **treiben, führen**: capellas 1, 076. pisces in hamos 13, 934. rates 15, 754. navem 4, 707. fluctus agunt corpus 11, 564. 721. austris feliciter agi 8, 4. reum agere, anklagen 15, 36. contagia late, weithin verbreiten 7, 551; lenken: currus 2, 62. 388. 5, 402. dracones retro 8, 813. iter (Flug) 2, 715. 8, 225. pinum ad terram, beugen 7, 441. insbes. a) einen **Gegenstand nach innen treiben**: ferrum per viscera, einstoßen 8, 531. pass. agi, eindringen: sagitta acta est 6, 258. fraxinus acta per femur 5, 143. vulnus erat altius actum 10, 527. naris retro acta est, wurde zurückgetrieben 12. 253. — b) von **Pflanzen, nach außen treiben, hervortreiben**, (Triebe) ansetzen: radices 2, 583. 4, 254. ossa agunt robur 10, 492. — 2) in rascher und unwillkürliche Bewegung setzen, **forttreiben, fortreißen**: equos 2, 203. per auras agi 2, 587; schleudern: alqm 9, 223. saxa 14, 183; bildl. wozu treiben, bewegen: in facinus 5, 14. in taedia vitae 10, 625. actus cupidine 10, 182. — 3) beunruhigend treiben, jagen, **verfolgen**: cervum 13, 806. ursam 2, 491. fatis actus 13, 260. longis erratibus actus, lange in der Irre umhergetrieben 4, 567. 15, 771. beunruhigen 14, 750; von Wind und Fluthen, die einen Gegenstand hin und her treiben oder werfen 2, 184. 4, 621. 11, 502. — 3) in räumlicher Ausdehnung etwas anlegen oder treiben (z. B. einen Canal oder Stollen): rimas agere, Risse bekommen, zerspalten 2, 211. 10, 512.

B) von der Zeit, zum **Ablauf bringen, hinbringen, verleben**: quicquam de vitae tempore 11, 699. aevum 10, 243. 15, 589. annos 4, 48. 8, 708. 9, 430. auctumnos 3, 327. agitur alter mensis, ist im Ablauf begriffen 7, 700. saecula vitae vestrae aguntur, sind schon abgelaufen 3, 444. puer bis senis natalibus actis, der 12 Geburtstage (Jahre) zurückgelegt hat. 8, 242. 13, 753. nox acta, verflossen 10, 174. anno acto, im Verlauf des Jahres 6, 571. absol. **leben**: quibus (annis) anxius egi 13, 371.

C) etwas **betreiben** (von allen menschlichen Handlungen): 1) mit Worten etwas betreiben: sua vota 6, 468 (f. sub). grates agere, Dank spenden, danken 2, 152. 3, 24. 6, 435. 484. 10, 291. 681. 14, 596. 15, 48. causam agere, eine Rechtssache verfechten 13, 198. seine Sache führen, sein Recht suchen 9, 533. 13, 5. agitur alqd, es handelt sich um etwas, gilt etwas 5, 372. — 2) **verrichten, betreiben, thun**: alqd 13, 377 (f. per). labores 2, 387. quid 2, 191. 10, 372. 15, 666. quid ages 2, 74. quid agam, was soll ich thun? 8, 506. 5, 211. festum, veranstalten 11, 95. responsa aguntur, gehen in Erfüllung 3, 527. silentia, in Schweigen versunken sein 1, 349. oblivia rei, an etwas nicht gedenken, es übergehen 12, 540 (tibi = a te). curas, Sorge tragen, hegen 9, 107. triumphos, feiern 15, 757; absol. **thätig sein, handeln**: non est lacrimis agendum 6, 611. spectemur agendo, durch Thaten 13, 120. indefessus in agendo, im Vollziehen 9, 199. — 2) **prägnant, ausrichten, bewirken**: quantum 2, 520. nihil 6, 685. nihil agis, es ist umsonst 8, 140. Dav. imperat. ăgĕ, als **ermunternder Zuruf: auf! wohlauf! nun denn!** dic age 12, 177. pone age 8, 433. surge age 11, 669. age gaude 14, 721. age desere 15, 22. age tentemus 12, 490.

Agrē, ēs, f. (von ἄγρα, „Fänger"), in Hund des Actäon 3, 212.

ăgrestis, e, 1) **auf dem Felde befindlich, ländlich**: oreas 8, 787. calami 11, 161. baculum 15, 655. silva, wildwachsend 7, 242. tinea, auf dem Felde lebend 15, 373. subst. agrestis, **Landbewohner, Landmann** 6, 122. 344. 7, 419. 9, 346. 14, 635. — 2) **bäuerisch roh**: saltus, 14, 521. vultus, wild 9, 96. pectus, gefühllos 11, 767. (genit. plural. agrestum 14, 635.)

ăgrĭcŏla, ae, *m.* Landbebauer 11, 210. Säemann (witzig von dem Diener, der das Geheimniß gleichsam wie einen Samen in die Erde gelegt hatte) 11, 192. agricolae sc. dii, Feldgottheiten 8, 276.

Āgrĭŏdūs, ontis, *m.* (von ἄγριος u. ὀδούς, „Wildzahn"), ein Hund des Actäon 3, 224.

Āgyrtēs, ae, *m.* (ἀγύρτης, „Gaukler, Betrüger"), ein Vatermörder, welcher auf der Hochzeit des Perseus getödtet wird 5, 148.

āh oder **ā**, *interject.* bei trauriger Wahrnehmung oder Verwunderung, ah! ach! 2, 489. 6, 386. 621. 8, 139. 9, 531. 10, 632. 15, 490. 587.

ăhēnĕus, a, um, f. **aēneus,** a, um.

ăhēnus, a, um, f. **aēnus,** a, um.

ai, *interject.* Ausdruck der Klage, wehe! ach! 10, 215.

Ājax, ācis, *m.* 1) Sohn des Telamon, stritt mit Ulysses vor Troja um die Waffen des gefallenen Achilles und tödtete sich selbst, als seine Ansprüche nicht anerkannt wurden; aus seinem Blute entsproß die Hyacinthe 13, 2. 390. — 2) Sohn des Oileus, Anführer der Locrer vor Troja 12, 622. 13, 356. Bei Eroberung der Stadt riß er die Kassandra, die weissagende Tochter des Priamus, welche sich in den Tempel der Minerva geflüchtet hatte, bei den Haaren von der Bildsäule der Göttin weg (14, 468).

ăjo (āis, āit etc.) *v. defect.* sagen, in die directe Rede eingeschoben 1, 278. 391. 680. 2, 458. 3, 289. 391. 518. 580. 5, 190. 216. 224. 6, 215; vorgestellt 1, 222. 2, 426. 4, 489. 6, 317. 7, 91. 12, 539. sic ait 8, 618. (singt) 10, 17; nachgestellt 5, 248. 336. 6, 655. 7, 347. 8, 851. 11, 350. 12, 293. 368.

āla, ae, *f.* Flügel, Schwinge 1, 308. 4, 364. 8, 201. 13, 606 (f. praebeo). olerinae, Schwäne 10, 718. von den Flügeln der Götter, die nach Bedürfniß an- und abgelegt werden konnten 1, 264. 671. 2, 708. 4, 616. 699. 724. 5, 288. 6, 707. 8, 627.

Ālastōr, ŏris, *m.* ein Kampfgenosse des Sarpedon: *acc.* Alastora 13, 257.

Alba, ae, 1) *fem.* die Stadt Alba Longa in Latium, von Ascanius, dem Sohne des Aeneas, gegründet 14, 609. Dav. **Albānus,** a, um, albanisch 14, 674. — 2) *masc.* Name eines Königs von Alba 14, 612.

Albānus, a, um, f. Alba.

albens, f. albeo.

albĕo, ēre, weiß sein 6, 380. spumis 7, 263. 11, 501 (f. sterno); *part.* albens, weiß 3, 516. 5, 110. 7, 415. 13, 534. 15, 519.

albesco, ĕre, weiß werden 11, 480.

albĭdus, a, um, weißlich: spuma 3, 74.

Albŭla, ae, *f.* („Weißwasser"), der ältere Name des Tiber 14, 328.

albus, a, um, (glanzlos) weiß (Gegens. ater) 2, 413. 832. 3, 510. 4, 51; *subst.* album, i, *n.* weißer Fleck, Blässe 3, 221. (f. a).

Alcandĕr, dri, *m.* ein Kampfgenosse des Sarpedon 13, 258.

Alcăthŏē, ēs, *f.* dichter. Name von Megara (f. Alcathous) 7, 443.

Alcăthŏus, i, *m.* Sohn des Pelops, Gründer von Megara 8, 8.

Alcē, ēs, *f.* (ἀλκή, die Kraft), ein Hund des Actäon 3, 217.

Alcĭdămās, ntis, *m.* ein Bewohner der cyklad. Insel Cea, dessen Tochter Ktesylla, als sie bestattet werden sollte, als Taube davonflog 7, 369.

Alcīdēs, ae, *m.* Nachkomme des Alceus (des Königs von Tiryns in Argolis, Sohnes des Perseus und Vaters des Amphitryon), Alcide d. i. Hercules als Enkel 9, 13. 51. 110. 217. 11, 213. 12, 538.

Alcĭmĕdōn, ntis, *m.* Name eines Schiffers 3, 618.

Alcĭnŏus, i, *m.* König der Phäaken auf Scheria (Corcyra, jetzt Corfu), entsandte den schiffbrüchigen Ulysses nach Ithaka. Das von dort zurückkehrende Schiff wurde vom Neptun mitten im Meere in einen Fels verwandelt 14, 565.

Alcĭthŏē, ēs, *f.* eine der Minyaden (f. Minyeides) 4, 1. 274.

Alcmēna, ae, u. **Alcmēnē,** ēs, *f.* Tochter des Electryon, Königs von Mycenä, Gemahlin des Amphitryon, gebar dem Juppiter den Hercules 8, 543 (f. Deianira). 9, 23. 276. 281. 313. 396.

Alcōn, ōnis, *m.* bildender Künstler aus Böotien 13, 683.

Alcyŏnē, ēs, *f.* Tochter des Aeolus (11, 748), Gemahlin des Ceyx (f. Ceyx) 11, 384. 473.

Ālēmōn, ŏnis, *m.* (ἀλήμων, „Landstreicher"), ein Argiver, Vater des Myscelus 14, 19. Dav. **Ālēmŏnĭdēs,** ae, *m.* Sohn des Alemon d. i. Myscelus 15, 26. 48.

Ālēmŏnĭdēs, f. Alemon.

ālēs, ĭtis, (von ala), beflügelt: deus 2, 714. Aëllo 13, 710. passus, flüchtig 10, 587. — 2) *subst.* der (größere) Vogel 5, 677. 7, 770. 11, 733. 744. Jovis, der Adler 6, 517. Phoebeius, der Rabe 2, 544. vigil ales cristati oris, der Haushahn 11, 597; als *femin.* 2, 537. 10, 157. 328. 15, 392. Augurvogel 13, 771. regia, der Adler 4, 362; *collectiv.* Vögel, Geflügel 5, 298. 11, 742. 15, 467.

Alexirhoe — **Aloidae** 15

Alexĭrhŏē, ēs, f. Tochter des phrygischen Flußgottes Granicus, gebar dem Priamus den Aesacus 11, 763.

alga, ee, f. Meergras, Seetang 11, 233. 14, 38.

alĭēnus, a, um, einem Andern gehörig, nicht unser, fremd 8, 438. 15, 547. ignes, das nicht für sie bestimmt war 7, 610. — 2) nicht verwandt, fremd 13, 33. 14, 631. 10, 340. sanguine nostro aliena, eine uns nicht Blutsverwandte 9, 326. — 3) ausländisch, fremd: orbis 7, 22. — 4) ungehörig, fremdartig: cornua 3, 139. arma 9, 76.

alĭmentum, i. n. (alo) Nahrung, Nahrungsmittel 1, 137. 2, 288. 5, 342. 656. prima 10, 392. lactis, Milch als Nahrung 3, 315. lacrimae alimenta fuerunt, waren seine Speise 10, 75. — 2) Unterhaltungsstoff, Nahrung: vom Wasser, Feuer u. dgl. 1, 271. 7, 79. 8, 837. flammae 14, 532. 15, 352. soli 7, 416. parentis, die Kräftigung durch seine Mutter (s. Antaeus) 9, 183. vitiorum 2, 769. alimenta furori praebere 3, 479.

ălĭō, adv. anderswohin 12, 57.

ălĭpes, ĕdis, mit Flügeln an den Füßen, fußgeflügelt: equi 2, 48. deus d. i. Merkur 11, 312. subst. alipes, Merkur 4, 756.

ălĭquā, adv. irgendwo, nach irgend einer Seite hin 15, 300.

ălĭquando, adv. endlich einmal 2, 391.

ălĭquī, aliquā, aliquŏd, irgend ein 1, 407. 421. 10, 488. 15, 497. artes, irgendwelche 4, 445. triumphi, einige 15, 757. — 2) inSbes. wenigstens ein (einig) 4, 536. 9, 590. 13, 272. 598. 14, 590. aliqua ex parte, wenigstens zum Theil 13, 656. (fem. aliqua subst. 10, 560. 4, 327.)

ălĭquis, ălĭquid, irgend Einer, irgend Jemand 2, 693. 3, 404. 644. ex illis 8, 128. ex omnibus 8, 765. aliquid, irgend etwas 2, 97. simile 7, 13. sollicitum 7, 454. si aliquid restat 13, 379. ein Theil 6, 198; mit genit. partit.: regni 14, 20. animae 6, 644. novitatis 15, 408. aliquid mei laudare, etwas an mir zu loben 14, 722; insbes. a) wenigstens ein: aliquis usus 2, 332. aliquid, wenigstens etwas 12, 58. — b) collectiv, Mancher, der Eine und der Andre 7, 571. 8, 217. de dis 4, 187. — c) prägn. aliquid, etil Bedeutendes, Großes: est aliquid, es ist nichts Geringes, es heißt etwas, will etwas sagen 12, 93. 13, 241. si numina sunt aliquid, wenn sie etwas bedeuten 6, 543.

alĭter, auf andre Weise, anders: aliter curvans, in anderer Richtung 2, 83. non (haud) aliter, ganz so, ebenso 9, 46. 643. 8, 473. 762. mit folgend. quam 10, 64.

11, 330. quam quum 2, 623. 3, 373. 4, 122. 348. 6, 516. 10, 595. 15, 553. quam si 3, 661. 9, 205.

alĭus, a, ud, ein andrer (unter vielen) 3, 615 (s. qui). 5, 583. 7, 578. aliis aliud obstabat, das Eine stand immer dem Andern entgegen 1, 18. ex aliis alias reparat figuras, aus der einen diese, aus der andern jene Gestalt 15, 253. alias aliasque vires, sehr mannigfache Kräfte 15, 335. plur. alii a) andere, einige 12, 522. 13, 620. alii ... alii, einige ... andre 3, 253. alii ... pars 11, 486. pars ... alii 1, 245. — b) die anderen, die übrigen (= ceteri) 1, 431. 6, 408. 8, 265. 9, 13. 68. 12, 555. omnes alii 3, 620. — c) (= alioquin) außerdem, sonst noch 10, 309. — 2) qualitativ, ein anderer 7, 119. 661. 9, 237. 15, 190; mit folg. ac („als") 13, 958; aliud, ein anderes Wesen 15, 256.

allābor, lapsus sum, lābi (ad-labor), herangleiten: terris, anlanden 14, 243.

allĕvo, āvi, ātum, āre (ad-levo), emporrichten, aufrichten: artus 6, 249. 7, 343. alqm pennis (d. i. zum Vogel gestalten) 8, 544.

allĭgo, āvi, ātum, āre (ad-ligo), anbinden, befestigen: pennas lino 8, 193. ungues cornu, verbinden 2, 670. — 2) umwickeln, umschlingen: caput 4, 364; dah. in der Bewegung hemmen, fesseln, lähmen: artus 1, 548.

allŏquor, cūtus sum, lŏqui (ad-loquor), anreden: alqm 9, 234. 15, 22. talibus 8, 728. 11, 283. tröstend zusprechen 13, 739.

allūdo, si, sum, ĕre (ad-ludo), sich spielend nähern, um Jemd. herspielen 2, 846 (sc. tauro); von Wellen, anspielen, anplätschern 4, 342.

Almo, ōnis, m. ein bei Rom in den Tiber fließender Bach 14, 329.

almus, a, um (alo), nährend, segenspendend: ager 15, 204. dies, erquickend 5, 444. lux 15, 664. — 2) als Epitheton weiblicher Gottheiten, gütig, hold 2, 272. 5, 572. 7, 762. 13, 759. 14, 478. 18, 844. parens d. i. Cybele 14, 546.

alnus, i, f. Erle 13, 790.

ălo, ălŭi, altum (u. alĭtum), ĕre, nähren, ernähren: alqm 9, 339. 13, 214. corpus 8, 878. classem 13, 659. gramen humor alebat 3, 411. hortus alit herbas 14, 690. te commisit alendum, zur Pflege 13, 431. pass. ali alqua re, sich von etwas nähren, von etwas leben 7, 707. 13, 53. 15, 175. — 2) bildl. fördern, nähren: flammas (amoris) 10, 173.

Ălōĭdae, ārum, m. die Aloïden d. i. Otus und Ephialtes, welche Iphimedia, die Gemahlin des Giganten Aloeus, dem Neptun gebar 6, 117.

Alpes, ium, *f.* die **Alpen** 2, 226. Dav.

Alpīnus, a, um, **alpisch, der Alpen** 14,794.

Alphēīas, s. Alpheos.

Alphēnōr, ŏris, *m.* ein Sohn des Amphion und der Niobe 6, 248.

Alphēŏs, i, *m.* der Hauptfluß im Peloponnes, entspringt bei Tegea in Arcadien und fließt durch Elis ins ionische Meer 3, 250. 5, 599. Dav. **Alphēīās,** ädis, *f.* die **Alpheïade,** Beiname der Quellnymphe Arethusa in Sicilien, mit deren Gewässer sich der Alpheos vermischt 5, 487.

Alpīnus, a, um, s. Alpes.

altāria, um, *n.* eig. der Aufsatz auf dem Opferherde (ara) zum Verbrennen der Opferthiere, dah. **Brandaltar, Altar** 5, 36. 103. 7, 588. 12, 258.

altē, *adv.* **hoch,** (bis) in die Höhe 2, 166. 4, 121. 8, 256. *comparat.* altius, zu hoch 2, 136. 8, 225. — 2) tief 6, 266. 10, 527. in der Tiefe 5, 588.

alter, ĕra, ĕrum, *genit.* alterīus, der eine oder andere (von zweien): e fratribus 7, 681. ripa, das andere Ufer 5, 601. altera manus 9, 522. 10, 455. alter... alter, der eine ... der andere 1, 429. 474. 4, 614. 13, 925. — 2) unbestimmt: ein anderer (aber entgegengesetzt einem bestimmten Einzelnen) 2, 388. 513. 3, 679. 6, 383. 7, 41. 8, 74. hic... alter 1, 293. 11, 638. non alter, kein andrer, kein zweiter 5, 130 (s. qui). 5, 578. 11, 635. — 3) der andere, zweite 6, 176. 7, 700. 13, 147. 624. aurora, die nächste, folgende 3, 149. (*genit.* altérīus 2, 682. 5, 78. 673. 7, 41. 757. 11, 10. 13, 946.)

alterno, āvi, ātum, āre, mit etwas abwechseln, etwas wechseln: vices 15, 409.

alternus, a, um, einer um den anderen, abwechselnd 4, 353 (s. duco). 4, 792. 5, 31. 8, 563. 3, 385 (s. imago).

Althaea, ae, *f.* Gemahlin des calydonischen König Oeneus, Tochter des Thestius (dah. Thestias 8, 452), Mutter der Deianira und des Meleager, tödtete sich selbst, nachdem sie den Tod ihres Sohnes veranlaßt hatte (s. Meleager) 8, 446.

altius, s. alte.

altor, ōris, *m.* (alo) **Ernährer, Pfleger** 11, 101.

altrix, īcis, *f.* (alo) **Ernährerin, Pflegerin** (Amme) 11, 683. Ida, der ihn genährt hatte 4, 293.

altus, a, um, 1) **hoch,** a) der Gestalt nach: Bisanor 12, 345. quercus 7, 630. mons 1, 133. unda 1, 289. silva alta (sc. arboribus) 12, 406. 14, 364. signa, erhaben gearbeitet 5, 80. ignis, hochlodernd 13, 600. umbrae, lang (durch das hohe Geweih) 10, 110. alta circumtulit oculos, hoch aufgerichtet, in stolzer Haltung 6, 169; übertr. von Göttern, **erhaben, hehr** 3, 284. 12, 505. 15, 866; vom Geiste, **hoch, erhaben:** mens 1, 76. — b) **hochgelegen, hoch:** stabula 5, 627. 6, 521. 8. 553. nidus 6, 517. via 2, 64. caelum 13, 292. aether 1, 80. 2, 204. sidera 1, 153. astra 15, 147. collum, der Nacken 5, 170. sol, auf der Höhe seiner Bahn 2, 417. sol altissimus, zuhöchst, auf der Mittagshöhe 1, 592. 3, 50. 11, 353. aestus, aus der Höhe 1, 435. fugit alta, durch die Luft 7, 351; dah. häufiges Epitheton der Hauptstädte, **hochragend** 8, 525. 13, 197. 374. 14, 466. 15, 428; *subst.* altum, i, *n.* die Höhe 15, 243. in altum 6, 259. ab alto 4, 788. 9, 177. von oben 7, 441. ex alto 7, 294. — 2) von oben aus betrachtet, tief: aqua 5, 385. fons 5, 574. lacus 5, 405. aequor 2, 236. vorago ventris 8, 843. tellure sub alta, tief unter der Erde 1, 630. defodit alta humo, tief in die Erde 5, 239. alto pectore, aus der Tiefe der Brust 1, 656. alto de corde 2, 622; übertr. tief: quies 7, 186. sopor 7, 667. 8, 817. silentia 1, 349.

ălumna, ae, *f.* s. alumnus.

ălumnus, a, um, (v. alo), der auferzogen wird: numen, der göttliche Pflegling 4, 421; *subst.* alumna, ae, *f.* **Pflegetochter, Pflegling** 10, 383. 415. 2, 527. (Tethys war Ernährerin der Juno gewesen); alumnus, i, *m.* **Pflegesohn, Pflegling, Zögling** 13, 436. 14, 443. 15, 716 (s. tumulo); übertr. alienus alumnus, (von einem andern Baume) entlehnter Setzling, Schößling 14, 631.

alvĕus, i, *m.* „bauchartige Vertiefung"; dah. 1) **Wanne** 8, 653. — 2) **Flußbett** 1, 344. 8, 558. (durch Synäresis zweisylb. 1, 423.)

alvus, i, *f.* jede Höhlung; dah. 1) **Unterleib, Bauch** 4, 575. 12, 389. 13, 732. 893. 14, 59. summa tenus alvo, bis zum Oberleibe 5, 413. matris, Mutterleib 1, 420. genitricis 3, 310. materna 7, 125. 15, 217. — 2) **Magen** 6, 651. 8, 834. 12, 17. 14, 176. 209. 15, 105.

ămārus, a, um, **bitter von Geschmack** 1, 632. 14, 525. 15, 286; übertr. **herb:** luctus 14, 465. pondera senectae, beschwerlich 9, 437.

Ămăthūs, untis, *f.* Stadt auf der Südküste von Cypern, *acc.* Amathunta 10, 220. 531. Dav. ***Ămăthūsĭăcus,*** a, um, amathusisch 10, 227.

Ămăthūsĭăcus, a, um, s. Amathus.

Ămāzōn, ŏnis, *f.* eine **Amazone** aus dem fabelhaften scythischen Weibervolke am Flusse Thermodon in Pontus in Kleinafien: Amazone natus d. i. Hippolytus als Sohn der Amazone Hippolyte 15, 552.

ambāgēs, um, *f.* (*sing.* nur *ablat.* ambage) **Windung**: viarum 8,161; übertr. a) **Umſchweif** der Rede 3, 692. 4, 476. 7, 520. 10, 19 (ſ. pono). — b) **dunkle, räthſelhafte Worte**: verborum novorum, räthſelhafte und ſeltſame Worte 14, 57. Räthſel 7, 761.

ambĭgŭus, a, um (ambĭgo = amb u. ago), „nach beiden Seiten ſich bewegend, ſchwankend"; dah. von der äußern Erſcheinung, bald ſo, bald ſo ſich zeigend, wandelbar, wechſelgeſtaltig: Proteus 2, 9. Sithon 4, 280. lupus, Währwolf, welcher nach dem Glauben der Alten Menſchengeſtalt annehmen konnte 7, 271 (ordne: et prosecta amb. lupi soliti mutare vultus ferinos in virum); übertr. a) **unſchlüſſig, unentſchloſſen, ſchwankend**: lapsus (Maeandri, der bald vorwärts bald rückwärts fließt) 8, 163; paſſiv. **zweifelhaft, ungewiß**: heres 13,129. ambiguum (est), man weiß nicht ob 1, 765. 11, 236. ſubſt. ambiguum, i, *n.* das Ungewiſſe, die Ungewißheit: rumor in ambiguo est 3, 253. in ambiguo est an, man iſt ungewiß ob 1, 537. — b) worauf kein Verlaß iſt, **unzuverläſſig**: auctor 11, 667. aquae, von doppelter Wirkung 15, 333. — c) in der Rede, **doppelſinnig, zweideutig** 9, 588. 7, 821.

ambĭo, ĭi, (īvi), ītum, īre (amb u. eo), um etwas **herumgehen**: locum 5, 624. torum, herumtreten 7, 332. curru, umfahren 5, 361. circulus ambit axem, umkreiſt 2, 517. — 2) **rings umgeben**: cortex ambit uterum 2, 355. silvam plagis, umſtellen 2, 499. baculum nexibus, ſich herumringeln um 15, 659. quercum complexibus, rings umklammern 12, 328. fluctibus, umfluthen 15, 287. terra ambita, rings umfluthet 1, 37. — 3) als Bittſteller herumgehen (nach Art der Amtscandidaten in Rom, um die Stimmen der Bürger zu gewinnen), dah. Jemd. **um etwas angehen**: superos 14, 585. (*imperf.* ambibat 5, 361.)

ambĭtĭo, ōnis, *f.* (ſ. ambio) die **Gunſtbewerbung** 9, 432.

ambĭtĭōsus, a, um, **gunſtbefliſſen, ſich einſchmeichelnd**: ambitiosa fuit, bat ſchmeichelnd (den Vulcan um Waffen) 13, 289. honor, auf Gunſt berechnet 8, 277.

ambō, ae, o, **beide** 2, 225. 4, 154. *accus.* ambos 1, 327. 10, 685. ambo 7, 792.

Ambrăcĭa, ae, *f.* Stadt in Epirus, um welche einſt Apollo, Diana und Herkules ſtritten. Der zum Schiedsrichter erwählte Cragaleus ſprach ſie dem Herkules

zu und wurde dafür vom Apollo in einen Stein verwandelt. Auguſtus erbaute auf dem Vorgebirge Actium am ambraciſchen Meerbuſen dem Apollo einen prachtvollen Tempel wegen ſeines Seeſieges über Antonius und Cleopatra im J. 31. v. Chr. 13, 714.

ambrŏsĭa, ae, *f.* **Ambroſia**, die Nahrung der Unſterblichen 2, 120. 4, 215. 14, 606.

amb-ūro, ussi, ustum, ĕre, rings **anbrennen, verſengen** 2, 209. 9, 174.

ambustus, a, um, ſ. amburo.

Amēnānus, i, *m.* ein auf dem Aetna entſpringender Fluß Siciliens 15, 279.

āmens, tis (mens), **nicht bei Sinnen, beſinnungslos, betäubt** 2, 334. 398. 3, 628. 4, 351. 515.

āmentĭa, Beſinnungsloſigkeit, Betäubung 5, 511.

āmentum, i, *n.* Schwungriemen in der Mitte des Wurfſpießes 12, 321. *plur.* für *sing.* 7, 788.

ămĭcĭo, īcŭi u. ixi, ictum, īre (amb u. jacio), **umwerfen, umnehmen**: ab alis amiciri, bekleidet werden 5, 546. ulmi vitibus amictae, umrankt 10, 100.

ămĭcĭtĭa, ae, *f.* **Freundſchaft** 7, 301.

ămictus, a, um, ſ. amicio.

ămictŭs, ūs, *m.* **Ueberwurf, Obergewand** 4, 313. 10, 1. 14, 165. *plur.* für *sing.* 4, 104. 318. ſchleierartiger Ueberwurf 14, 263.

ămīcus, a, um, **befreundet, geneigt, günſtig**: numen 10, 278. vires 7, 459. aures 4, 77. portus 7, 492. manus 11, 565. ventus amicior 13, 440. amicius arvum 15, 443. vultus, freundlich 3, 457; ſubſt. amicus, i, *m.* **Freund, Gefährte** 13, 69. 14, 496.

ā-mitto, mīsi, missum, ĕre, **loslaſſen, fortlaſſen**: formam terrae, ablegen 15, 556. — 2) unbewußt oder gegen ſeinen Willen fortlaſſen d. i. **verlieren** 5, 519. regna 14, 773. sanguinem 2, 824. colorem 9, 321. formam 15, 556. sensus 10, 499. amissa virtus, entſchwunden 13, 235; insbeſ. durch den Tod **verlieren**: alqm 1, 585. 7, 689. 11, 68. 13, 514. 579. 14, 242. 829.

Ammōn, ōnis, *m.* 1) eine Gottheit, welche auf der Oaſe Siwah in der libyſchen Wüſte in Widdergeſtalt (corniger 5, 17. 15, 309) verehrt, von den Römern aber in den Juppiter umgedeutet u. Juppiter Ammon genannt wurde 4, 671. 5, 328. — 2) ein Aethiope auf der Hochzeit des Perſeus 5, 107.

amnĭcŏla, ae, an Flüſſen heimiſch: salix 10, 96.

amnis, is, *m.* **Strom** 1, 344. 2, 258.

3, 79. Stromgottheit, Flußgott 1, 276. 575. 581. 5, 623. 8, 569. 727. 9, 2.

āmo, āvi, ātum, āre, **innige Zuneigung haben, liebhaben, lieben**: alqm 1, 553. 3, 456. amari alcui (= ab aliquo) 3, 345. 7, 823. 14, 149. *part.* amans, adject.: amantior aequi, mehr Freund dessen, was recht und billig ist 1, 322. subst. der (die) Liebende, der Liebhaber 1, 474. 2, 862. 4, 128. 679. 7, 85. 9, 141. — 2) an etwas **Gefallen finden, etwas lieben**: rus 14, 627. silvas 7, 819. flumina 2, 539. aequor 11, 795.

āmoenus, a, um, **anmutig** (für die Sinne), **lieblich**: umbrae 14, 330.

āmōmum, i, *n.* das **Amomum**, eine asiatische Gewürzpflanze 10, 307. 15, 394.

āmŏr, ōris, *m.* 1) **Zuneigung, Liebe** 1, 469. 2, 847; alicujus, zu Jemd. 3, 464. 8, 124. 9, 731. 10, 155. 13, 756. operis 10, 249. patrius 6, 499. socialis 7, 800. meus, zu mir 9, 511; *plur.* **Liebesgefühle**, feurige Liebe 4, 259. 9, 519. 10, 426. 439. 577. 11, 750. 13, 737. **Liebesverhältnisse, Liebschaften** 1, 461. 4, 170. 191. 276. 5, 576; insbes. a) metonym. die **geliebte Person**, der (die) **Geliebte** 1, 452. 10, 428. *plur.* für *sing.* 1, 617. 4, 137. — b) als Person, der **Liebesgott**, **Amor** (Sohn der Venus) 1, 480. 4, 758. 5, 374. 10, 26. 11. 767. Amores, Liebesgötter 10, 516. — 2) **leidenschaftliches Verlangen, Begierde** nach etwas, **Liebe** zu etwas: laudis 11, 527. praedae 13, 554. loci natalis 8, 184. poenae 8, 450. naturae 13, 946. pugnae, Kampflust 3, 705. caedis, Mordlust 4, 503. 13, 768. habendi, Habgier 1, 131.

Amphīcus, s. Ampycus.

Amphĭmēdōn, ontis, *m.* ein Libyer 5, 75.

Amphīōn, ōnis, *m.* Sohn Juppiters und der Antiope, König in Theben 6, 221. 271. Er war hochberühmt in der Kunst des Saitenspiels, und durch den Zauber seiner Melodien sollen sich von selbst die Steine zur Befestigung Thebens in Bewegung gesetzt haben (6, 178). Amphionis arces = Thebae 15, 427. *acc.* Amphionā 6, 402.

Amphīsŏs, i, *m.* Sohn des Apollo und der Dryope, Erbauer der Stadt Oeta am gleichnamigen Berge 9, 356.

Amphissĭus, a, um, **amphissisch**, d. i. zu Amphissa, einer Stadt der epizephyrischen Lokrer in Unteritalien, gehörig 15, 7[..].

Amphītrītē, ēs, *f.* Tochter des Nereus, Gemahlin Neptuns; dah. metonym. = mare 1, 14.

Amphĭtrўōn, ōnis, *m.* Sohn des Alcäus, Enkel des Perseus, Gemahl der Alkmene, König von Tiryns in Argolis, floh wegen Ermordung seines Schwiegervaters Electryon nach Theben, wo Alkmene dem Juppiter den Herkules gebar 6, 112. Dav.

Amphĭtrўŏnĭădēs, ae, *m.* **Abkömmling des Amphitryon**, d. i. Herkules 9, 140. 15, 49.

Amphĭtrўŏnĭădēs, s. Amphitryon.

Amphrīsĭus, a, um, **amphrysisch**, d. i. zur Stadt Amphrysus in Unteritalien gehörig 15, 703.

Amphrўsŏs, i, *m.* Küstenfluß in Thessalien 1, 580. 7, 229.

amplector, plexus sum, plecti, 1) **mit den Händen oder Armen umfassen, umschlingen**: altaria 5, 103. gradus templi 6, 100. pedes 9, 607. ilia, herumlangen um 12, 486. puppim, umklammern 8, 141. ramos, sich herumschlingen um 12, 22; insbes. **zärtlich umarmen**: alqm 3, 294. 4, 139. 351. 5, 364. 7, 67. ulnis 11, 63. — 2) (wie mit Armen) mit etwas **umgeben, umschließen**: terra amplexa est artus 8, 609.

amplexor, ātus sum, āri (v. amplector), **umfassen, umschlingen**: alqm 11, 328.

amplexus, a, um, s. amplector.

amplexŭs, ūs, *m.* die **Umschlingung** (beim Ringen) 9, 52. (von der Schlange) 3, 48. — 2) die **Umarmung**: amplexus dare 2, 42. 627. 4, 597. 11, 459. amplexu petere 6, 605. amplexibus haerere 7, 143. insbes. eheliche Umarmung, Liebesumarmung 2, 433. 4, 184. 8, 177. sub (in) amplexus alcjus ire, ehelich umarmen 7, 616. 11, 228.

amplĭus, *adv.* (*compar.* v. ample), von der Zeit, **ferner, weiter** 4, 257. — 2) von der Zahl, **mehr**: aut minus (quam) medium aequor aut certe non amplius, d. i. höchstens die Hälfte des Meeres 11, 478. si nihil amplius (sc. faciam), wenn sonst nichts 9, 148.

Ampўcĭdēs, ae, *m.* **Sohn des Ampyx, Ampycide**, d. i. Mopsus 8, 316. 350. 12, 456. 524.

Ampўcus, i, *m.* ein Priester der Ceres 5, 110.

Ampyx, ўcis, *m.* 1) ein Aethiope 5, 184. — 2) ein Lapithe, *acc.* Ampycā 12, 450.

Āmūlĭus. i, *m.* Sohn des Procas, König in Alba, verdrängte seinen Bruder Numitor vom Throne und ließ die Enkel desselben, Romulus und Remus, in den Tiber aussetzen 14, 772.

Āmўclae, ārum, *f.* Stadt in Laconien in Peloponnes mit einem berühmten Apollotempel 8, 314.

Āmўclīdēs, ae, *m.* **Nachkomme des**

Amycus — **anhelo** 19

Amyclae, des Erbauers von Amyclä in Laconien, **Amyclide**, d. i. Hyacinthus 10, 162.

Amўcus, i, m. ein Centaur 12, 245.

Amymōnē, ēs, f. Quelle bei Argos 2, 240.

Amyntŏr, ŏris, m. König der Doloper in Thessalien, Vater des Phönix u. Crantor 8, 307. 12, 364.

Amўthāōn, ŏnis, m. Vater des Sehers und Arztes Melampus 15, 325.

än, conjunct. 1) in doppelgliedrigen Fragen: a) direct: **ober** 3, 205. 8, 134. 9, 147. 11, 659. 13, 641. anne 3, 465. — b) indirect: **ober ob** 1, 223. 586. 765. 4, 47. 49. 5, 31. 7, 23. 10, 610. 660. 11, 235. 739. 15, 70. 541. — 2) in eingliedriger Frage: a) direct (dann eigentlich nur eliptisch, d. h. so, daß aus dem Vorhergehenden als erstes Glied der Frage „ist es nicht so?" zu ergänzen ist): **ober, ober etwa, etwa** 1, 196. 2, 591. 3, 559. 5, 554. 8, 486. 9, 496. 10, 728. 13, 34. 308. 387; affirmativ, **nicht, doch wohl** 11, 320. an (sc. id animi fuit) quod debuit esse, (etwa anders d. i.) doch wohl nicht anders als mir sein mußte 7, 582. vergl. anne 5, 626. — b) indirect: **ob** 3, 346. 4, 132. 6, 208. 10, 221. 254; mit Hinneigung zur Bejahung: **ob nicht** 1, 537. 10, 27. 676. 697.

Ănāphē, ēs, f. eine vulcanische Insel im cretischen Meere 7, 461.

Ănāpis, is, m. ein Fluß Siciliens, als Flußgott Geliebter der Nymphe Cyane, deren Bach er aufnimmt, ehe er in den Meerbusen von Syracus fließt 5, 417.

Ănās, ătis, f. Ente 11, 773.

Ănaxărĕtē, ēs, f. ein cyprisches Mädchen, wird wegen ihrer Sprödigkeit in einen Stein verwandelt 14, 699.

Ancaeus, i, m. ein Arcadier, Theilnehmer der calydonischen Jagd 8, 315. 401. 519.

anceps, cĭpĭtis (caput), **doppelköpfig**: Janus 14, 334. acumen, doppelgipfelig 12, 337 (für acumine ancipitis montis). — 2) was nach zwei Seiten hin einerlei Gestalt hat; dah. securis, zweischneidig 8, 397. — 3) (hinsichtlich des Ausgangs doppelt, dah.) **gefährlich**: via 14, 438.

Anchīsēs. ae, m. Sohn des Capys, Enkel des Assaracus, Vater des Aeneas 9, 425. 13, 640. 680. 14, 118.

ancŏra. ae, f. Anker 1, 297. 15, 265.

Andraemōn, ŏnis, m. Gemahl der Dryope, Sohn des Oxylus 9, 333. 363. — 2) Gemahl der Gorge, der Tochter des Königs Oeneus, Vater des Thoas, des Anführers der Aetoler vor Troja 13, 357.

Andrŏgĕōs, i, m. Sohn des Königs Minos auf Creta, welchen König Aegeus von Athen ermorden ließ, weil er vor dem Feste der Panathenäen in allen Kampfspielen den Preis davongetragen hatte 7, 458.

Andrŏmĕda, ae, f. Tochter des äthiopischen Königs Cepheus und der Cassiope. Ihre Mutter hatte geprahlt, daß sie an Schönheit die Nereiden übertreffe, und Neptun deshalb das Land durch eine Ueberschwemmung und ein Seeungeheuer heimgesucht, welches nach dem Orakelspruche des Jupiter Ammon nur durch Opferung der Königstochter entfernt werden konnte. Cepheus wird von seinem Volke gezwungen, die Andromeda preiszugeben, aber die an einem Felsen der Meeresküste bereits angekettete Jungfrau rettet Perseus und vermählt sich mit ihr. acc. Andromedan 4, 671. 757.

Andrŏs, i, f. eine der cycladischen Inseln 7, 469. 13, 649. 661. acc. Andrŏn 13, 665.

Ānētŏr, ŏris, m. ein Rinderhirt des Peleus 11, 348.

ango, nxi, ĕre, beengen, zusammenschnüren 15, 218; insbes. an d. Kehle würgen 9, 78. — 2) bildl. ängstigen 13, 578.

anguĭcŏmus, a, um, schlangenhaarig: Gorgo 4, 699.

anguĭfer, ĕra, ĕrum, Schlangen tragend: caput 4, 741.

*****anguĭgĕna**, ae, c. (v. gigno), der Drachengeborne: anguigenae, Beiname der aus den Zähnen des martischen Drachen entstandenen Thebaner 3, 531.

anguĭpēs, ĕdis, m. schlangenfüßig: anguipedes, Beiname der Giganten 1, 184.

anguĭs, is, m. (fem. 4, 591), Schlange 3, 32. 4, 454. 585. 619. 5, 642. 7, 223. collectiv 10, 349. Phoebeïus (weil der Sohn des Phöbus in ihr verkörpert war) 15, 742. angues, das schlangenhaarige Haupt der Medusa 4, 803; insbes. das Sternbild Schlange am Nordpole zwischen den beiden Bären 2, 138 (vgl. 3, 45). anguem tenens = Auguitenens ('Οφιοῦχος), der Schlangenhalter, ein Sternbild 8, 182.

angŭlus, i, m. Winkel, Ecke 6, 87. 98. Kante 13, 884.

angustus, a, um, eng, schmal: cornua 5, 410. pontus 11, 195. subst. angustum, i, n. die Enge, insbes. Meerenge 13, 407. 15, 706.

ănhēlītŭs, ūs, m. der (schwere) Athem 7, 555 (f. ignis). 10, 663. oris 4, 72. 5, 617.

ănhēlo, āvi, ātum, āre, keuchen, schnauben 9, 59; transit. hervorschnauben: ignes 7, 116.

2*

ănhēlus, a, um, **keuchend, schnaubend**: equi 4, 633. 15, 418. cursus 11, 347.

Ănĭēn, s. Anio.

Ănīgrŏs. i, *m.* ein schwefelhaltiger Fluß in Elis. Nach der Sage wusch der Centaur Chiron seine durch einen Pfeilschuß des Herkules erhaltene Wunde in demselben, und durch das Gift, womit jener Pfeil bestrichen war, wurde das Wasser verpestet 15, 282.

ănīlis. e (anus), alten Weibern eigen, altmütterlich: forma 6, 43. rugae 14, 96. instrumenta 14, 766. questus ubi ponat aniles, der sie, die Hochbetagte, ihre Leiden klage 9, 276. — 2) **altersschwach**: vox 3, 277. anima 8, 643. passus 15, 533. gremium 10, 406.

ănĭma, ae, *f.* „das Wehende"; dah. 1) **Athem, Hauch** 4, 498. 6, 253. 8, 643. 12, 143. animam laqueo claudere (s. claudo) 7, 604. — 2) das (durch Athmen sich offenbarende thierische) **Leben, Lebensgeist, die Seele** 1, 364. 2, 312. 611. 3, 473. 5, 134. 222. 6, 539. 7, 250. 8, 505. 14, 174. animam exhalare 6, 247. 7, 861. 11, 43. 15, 523. exspirare 5, 106; insbes. als Umschreibung der Person: iners, feige Seele, Feigling 13, 76. fortis, Held (d. i. Protesilaos) 12, 69. nostra = ego 4, 110. pars animae meae 8, 406. — 3) *plur.* animae, die Seelen der Abgeschiedenen, **Schatten, Manen** 4, 441. 7, 612. 8, 488. 10, 41. 14, 411.

ănĭmāl. ālis, *n.* jedes belebte Wesen, beseeltes Geschöpf 1, 76. 84. 12, 503. 15, 342; speciell: **Thier** 1, 416. 2, 636. 9, 733. 10, 537 (s. praeda); collectiv: Thiergattung 14, 93. 15, 120.

ănĭmans, tis, „beseelt, lebendig"; dah. subst. *m. f.* u. *n.* **lebendes Wesen, Geschöpf** 1, 72. 15, 90.

ănĭmo, āvi, atum, āre, beseelen, beleben: cruorem 1, 158. in aliquid, (Lebloses) in Belebtes verwandeln, zu etwas beleben 4, 619. 14, 566.

ănĭmōsus, a, um, muthvoll, beherzt 6, 134. 2, 84; keck, herausfordernd 12, 469. — 2) stolz auf etwas, mit *ablat.* 11, 552. vobis creatis, euch geboren zu haben 6, 206.

ănĭmus, i, *m.* A) das ganze Gebiet des geistigen Lebens im Gegensatz zum Körper und der seelischen Lebenskraft, **Geist**, (vernunftbegabte) **Seele** 1, 725. 7, 44. 15, 318; dah. zur bloßen Umschreibung der Persönlichkeit: animi ferarum = femae 11, 1. — B) die Seele als Inbegriff von Kräften: 1) die denkende Seelenkraft, **Geist** (im engern Sinne), **Verstand** 2, 77. 8, 243. 617. 9, 778. 13, 366. 15, 5. 140. 238. animo, durch Nachdenken 15, 65.

Besinnung 10, 549. sensus animusque 13, 178. — 2) die fühlende Seelenkraft, **Seele, Gemüth, Herz** 1, 166. 2, 384. 482. 602. 4, 129. 761. 8, 469. 9, 279. 540. 11, 624. 13, 165. 287. 14, 78. ferarum 10, 459. animi rogantes, die Herzen der Bittenden 7, 308; *plur.* für *sing.* 2, 39. 3, 720; insbes. a) **Gesinnung, Denkweise** 4, 767. 11, 285 (s. adjicio) 11, 293. — b) Stimmung in Bezug auf ein Unternehmen, **Muth** 3, 54. 559. 5, 195. 9, 433. (s. quo). 745. 12, 373. magnus 5, 184; *plur.* 2, 87. 3, 544. 619. 14, 569. animos dare 5, 47. 12, 242. addere 8, 389. adjicere 10, 656. animi cadunt 11, 537. quid animi est alcui, wie ist Jemd. zu Muthe 1, 359. 5, 626. 7, 582. 14, 177. — c) **hochfahrender Sinn, Stolz**: animi 1, 750. 6, 152. Hochsinn 13, 550. sublimes 4, 421. — d) **Zorn, Unwille** 8, 469. 12, 597. *plur.* 2, 482 (*sc.* Junonis). 6, 688. 8, 583. — 3) die begehrende Seelenkraft, **Herz, Wille** 3, 231. 7, 633. 13, 434. **Lust, Hang, Begierde** 6, 514. 7, 566. animus mihi est, ich habe den Wunsch 5, 150. animus fert, der Geist treibt mich, ich fühle mich getrieben, ich habe Lust 1, 1. 775.

Ănĭo (selten **Ănĭēn**), ēnis, *m.* Fluß in Latium, jetzt *Teverone*, mündet nördlich von Rom in den Tiber 14, 329.

Ănĭus, i, *m.* ein Priesterfürst auf Delos 13, 632.

annē, s. an.

annōsus, a, um, hochbejahrt: senecta 7, 237. 13, 517; von Bäumen 8, 743. 12, 357. 13, 799.

annŭo, s. adnuo.

annus, i, *m.* das natürliche (bürgerliche) **Jahr** 1, 118. 4, 226. 10, 78. volvens 5, 565. acto anno 6, 571. als mythol. Person 2, 25; personificirt 15, 206; *plur.* anni, Zeiten: priores 8, 239. 15, 445. — 2) Lebensjahr 3, 351. 4, 48. 7, 448. 10, 36; *plur.* anni: a) (jedes) **Lebensalter, Alter** 1, 750. 7, 658. 10, 440. 14, 617. 639. 15, 838. juveniles 8, 632. patrii, Lebensdauer des Vaters 1, 148. primi, **Jugend** 7, 216. 8, 313. 9, 399. 12, 183. 13, 596. seniores, höheres Alter 15, 470. seniles, hohes Alter 7, 163. 13, 66. seri 6, 29. 435. veteres 9, 421. — b) insbes. hohes **Alter** 4, 569. 5, 101. 7, 318. 8, 712. 9, 440. 10, 414. 11, 90. 13, 550. **Jugend** 9, 553. 14, 324. (s. per).

annŭus, a, um, 1) ein Jahr dauernd: mora 14, 308. — 2) alljährlich stattfindend, jährlich 10, 219. 431. 727.

ansa, ae, *f.* **Handhabe, Henkel** 8, 654 (s. ab).

ansĕr, ĕris, *m.* **Gans** 2, 539. 8, 684. 11, 599.

Antaeus, i, *m*. ein Riese in Libyen, welcher alle Fremden zum Ringkampfe herausforderte und sie tödtete, weil ihm stets neue Kräfte zuströmten, so lange er die Erde, seine Mutter, mit den Füßen berührte. Herkules hob ihn deshalb empor und erdrückte ihn in der Luft 9, 184.

Antandrus, i, *f*. Hafenplatz in Troas 13, 628.

ante, 1) *praep.* vor: a) örtlich (so daß dem Gegenstande das Gesicht zugekehrt ist): ante domum 2, 490. ante deam 5, 452. ante oculos 2, 188. 7, 72. — b) von der Zeit: ante obitum 3, 137. ante diem, vor dem vom Schicksale bestimmten Lebensende 1, 148. 6, 675. ante mare, vor dem Vorhandensein des Meeres 1, 5. ante exspectatum, eher als erwartet wurde 4, 790. 8, 5. — c) vom Vorzuge: ante alios 5, 476. 8, 23. 10, 120. ante omnes 4, 465. 10, 167. ante cunctos (deos) 11, 578. — 2) *adv.* a) örtlich: voran 8, 213. — b) von der Zeit: vorher 7, 46. 459. 9, 588. 11, 415. 12, 378. 13, 591. ante... quam eher... als 10, 66. 14, 724. eher... als bis 3, 274. 4, 317. 9, 534. 11, 453. 13, 245. 15, 418. eher ... als daß 3, 391. 13, 324; in Beziehung auf Folge oder Gegenwart, vormals, früher 1, 442. 487. 2, 448. 524. 3, 403. quod et ante (sc. fuerat) 8, 255. ante acta, die früheren Thaten 12, 115.

antĕ-ĕo, īvi (ii), ĭtum, īre, vorangehen 11, 65; an Werth od. Rang vorgehen: officium remigis anteit 13, 366 (anteit, zweisilbig gemessen durch Synäresis).

antemna, ae, *f.* Segelstange, Raa 3, 616. 11, 483. 489. 14, 554. 13, 783.

Antēnŏr. ŏris, *m*. ein trojanischer Greis, Freund des Priamus, welcher zum Frieden mit den Griechen rieth. Nach Eroberung der Stadt gründete er Patavium (Padua) in Italien. *Acc.* Antenora 13, 201.

Anthēdōn, ŏnis, *f*. Seestadt in Böotien gegenüber von Euböa 7, 232. 13, 905.

antĭcĭpo, āvi, ātum, āre (ante u. capio), vorwegnehmen, früher nehmen: viam, früher zurücklegen 3, 235.

Antĭgŏnē, ēs, *f.* Tochter des trojanischen Königs Laomedon, verglich sich mit Juno und wurde in einen Storch verwandelt 6, 93.

Antīmăchus, i, *m*. ein Centaur 12, 460.

Antĭphătēs, ae, *m*. König der riesenhaften menschenfressenden Lästrygonen im südl. Latium, 14, 234. 239. 249. domus Antiphatae, die Stadt Formiä 15, 717.

antīquus, a, um, was vor einer gewissen Zeit war und nicht mehr ist, vormalig, früher, einstig: chaos 2, 299. ver 1, 116. figura 1, 437. alveus 1, 423. facies 2, 523. mens 2, 485. vita 4, 445. lis 6, 71. telae 6, 145. casus 8, 259. strenuitas 9, 320. nomen 13, 897. vulnus 14, 477. damna 15, 774. non quicquam antiqui, nichts aus dem frühern Zustande 14, 396. *subst.* antiqui, die Altvorderen, die Alten 15, 271. — 2) (= vetus) was seit langer Zeit besteht, aus der Vorzeit, uralt: arae, 7, 74. 15, 686. silvae 5, 265. crater 12, 236. aes 13, 700. sceptrum 14, 611. mos 15, 41. mater 13, 678 (s. mater).

Antissa, ae, *f.* Hafenstadt auf Lesbos, der Sage nach früher ein eignes Eiland, aber durch ein Erdbeben mit Lesbos vereinigt 15, 287.

antistĕs. ĭtis, *m*. (antesto), Tempelvorsteher, Oberpriester 13, 632 (s. colo).

antistīta, ae, *f*. (antesto) Tempelvorsteherin, Oberpriesterin: Phoebi, d. i. Cassandra 13, 410 (s. Ajax).

Antĭum, i, *n*. Seestadt in Latium, ehemals Hauptstadt der Volsker 15, 718 (zweisilbig Antjum zu messen).

antrum, i, *n*. Grotte 1, 121. 2, 303. 3, 14. *plur.* für *sing.* 3, 177. 8, 822. 13, 811. 14, 104.

Anūbis, is, *m*. ägyptischer Gott, der mit einem Hundskopfe dargestellt wurde 9, 690.

ănŭs, ūs, *f.* alte Frau, altes Mütterchen, Alte 3, 275. 5, 449. 6, 26. 8, 631. 10, 384.

anxĭus. a, um (ango), geängstigt, angstvoll 2, 806. 11, 411. 471. 13, 371. curis 9, 275. beunruhigt, bekümmert 15, 779. pro regno 1, 182. domino rapto ("über") 7, 725. fuit anxia furti, Juno war in Sorgen wegen des Diebstahls d. i. in Sorgen, daß Juppiter sie ihr wieder raube 1, 623.

Āŏnĭdes, um, *f*. die Aonidinnen, d. i. die Musen als Bewohnerinnen Aoniens, der Berggegend Böotiens am Helikon 5, 333. 6, 2.

Āŏnĭus, a, um, zu Aonien, dem Berglande Böotiens, gehörig, aonisch, böotisch: urbes 3, 339. Thebae 7, 763. undae 12, 24. juvenis = Hippomenes 10, 589. *subst.* Aonius, der Aonier, d. i. Herkules, weil Amphitryo König von Theben war 9, 112. *plur.* Aonii, die Aonier, Böotier 1, 313.

Ăpennīnĭgĕna, ae, *c.* (gigno), auf dem Apennin entsprungen: Thybris 15, 432.

Ăpennīnus, i, *m*. der Apennin, die Gebirgskette, welche sich durch ganz Italien zieht 2, 226.

ăpĕr, pri, *m.* Eber, Wildschwein 1, 305. 3, 714. 8, 282. 9, 192. 10, 550.

ăpĕrĭo, rŭi, pertum, īre, 1) Verhülltes aufdecken; *part.* apertus, entblößt, bloß; pectus 2, 339. jugulum 13, 693. matres apertae pectora, mit entblößter Brust 13, 688; insbef. dem Angriffe bloßgestellt: Cygnus, ungedeckt 12, 100; übertr. Unbekanntes, gleichsam Verhülltes kundgeben, eröffnen: furores 9, 602. judicium 8, 706. casus futuros 15, 559. discrimen apertum, offenkundig, deutlich 1, 222. — 2) Verschlossenes öffnen: domos 1, 279. fores 10, 457. cavernas 15, 345. ora venturis fatis, zur Verkündigung künftiger Schicksale 15, 557; *part.* apertus, a) geöffnet, offen: valvae 1, 172. porta 4, 439. circus 12, 102. ora 12, 294. rictus 11, 59. — b) ohne Schranken, offen, frei: caelum 6, 693. aequor 4, 527. 11, 555. pontus 11, 397. mare 8, 165. campi 1, 285. Mars 13, 208 (f. Mars).

ăpertus, a, um, f. aperio.

ăpex, ĭcis, *m.* kegelförmige Spitze: collis 7, 779. verticis 13, 910. flamma apicem duxit per aëra, zog sich gespitzt in die Luft 10, 279.

Ăphărēĭus, a, um, dem Aphareus, Könige der Messenier, zugehörig, aphareïsch: proles, d. i. Idas u. Lynceus 8, 304.

Ăphăreus (dreisylbig), ĕi, *m.* ein Centaur 12, 341.

Ăphīdās, ae, *m.* ein Centaur 12, 317.

Ăpĭdānus, i, *m.* Fluß in Thessalien 7, 228; sein Flußgott 1, 580.

Ăpis, is, *m.* der als Symbol der ägyptischen Gottheit Osiris zu Memphis göttlich verehrte Stier 9, 691.

ăpis, is, *f.* Biene 13, 928. florilegae apes 15, 366. melliferae 15, 383.

Ăpollĭnĕus, a, um, f. Apollo

Ăpollo, ĭnis, *m.* Sohn Juppiters u. der Latona (Latous 6, 384. Letoius 11, 196. Latonigena 6, 160. proles Latoia 8, 15), mit seiner Zwillingsschwester Diana auf der Insel Delos geboren (Delius 5, 329. 11, 174). Er ist der Gott der friedlichen Künste, Erfinder des Bogens (Arcitenens 6, 265) Meister der Weissagung u. Inhaber der Orakel (15, 631), Gott der Heilkunde (1, 521, als solcher Päan genannt 1, 566), des Gesanges und Saitenspiels (10, 108), daher Vorsteher der Musen; endlich, mit dem Helios (Sol) identificirt, der Sonnengott, als solcher Phöbus genannt, und Urheber der durch Hitze entstehenden Pest 3, 421. 7, 389. 10, 209, 11, 306. 13, 171. 715. Apolline natus =Aesculapius 15, 639. Dav. **Ăpollĭnĕus**, a, um, dem Apollo angehörend, ... des Apollo 1,

473. 11, 155. proles = Aesculapius 15, 533. vates = Orpheus 11, 8. urbs, die Hauptstadt der Insel Delos 13, 631.

ap-pārĕo, ŭi, ĭtum, ēre, 1) sichtbar werden, erscheinen, sich zeigen 2, 734. 3, 107. alicui 14, 767. — 2) sichtbar sein 12, 444. non apparens, unsichtbar 4, 391.

1. **appello**, āvi, ātum, āre, anreden, ansprechen: alqm 4, 682; insbef. a) um Hülfe ansprechen, anrufen: deos 15, 867. — b) Jemd. ob. etwas mit dem zukommenden Namen bezeichnen, nennen 8, 798. 9, 229. 466. 3, 591.

2. **ap-pello**, pŭli, pulsum, ĕre, wohin treiben: juvencos ad litora 11, 353. appulit unda (*sc.* corpus) 11, 717.

ap-plaudo, si, sum, ĕre, an etwas schlagen ob. klatschen: corpus palmis 4, 352.

ap-plĭco, āvi, ātum, āre, „anfalten"; dah. 1) anfügen: humeros ad saxa, anlehnen 5, 160. — 2) wo antreiben: angues regionibus 7, 223. *pass.* applicari, wo landen: ad oras 3, 598.

ap-pōno, pŏsŭi, pŏsĭtum, ĕre, hinstellen (zu etw.): mensas 8, 570. mensis appositis, bei aufgetragener Tafel 8, 831; *part.* appositus, a, um, von Oertern: nahe gelegen 4, 601.

***apporrectus**, a, um (von porrĭgo), daneben hingestreckt, daneben gelagert 2, 561.

appŏsĭtus, a, um, f. appono.

ap-prŏpĕro, āvi, atum, āre, etwas beschleunigen, sich (mit etwas) beeilen: intrare 15, 584.

ăprīcus, a, um (v. aperio), der Sonnenwärme ausgesetzt: arbor 4, 331.

aptē, *adv.* „für einen bestimmten Zweck passend"; dah. 1) geschickt 4, 181. 14, 685. zierlich 2, 733. — 2) zur schicklichen Zeit 9, 611.

apto, āvi, ātum, āre, anpassend eine Sache anfügen, anlegen: vincula collo 10, 381. mucronem sub pectus, ansetzen 4, 162. — 2) übertr. zu einem Zwecke anpassend zurechtmachen, mit etwas versehen: pinum armamentis 11, 456.

aptus, a, um, „angepaßt"; dah. zu einer gewissen Bestimmung passend, geeignet, geschickt: a) mit *dat.* („für, zu" etwas) 1, 433. 3, 596. 4, 160. 5, 460. 12, 244. 13, 783. ingenium flammis aptum, empfänglich für 14, 25; alcui passend, geeignet für Jemd. 1, 681. 6, 690. 8, 854. 15, 738. — b) mit *in* u. *b. acc.:* formas aptus in omnes, leicht in alle Gestalten sich verwandelnd 14, 765. sedulitas in hoc apta tibi erit, soll dir dazu förderlich sein 10, 409. — c) absol. tempora 9, 572. saltus (*sc.* venatibus) 2, 498.

Āpŭlus, a, um, aus **Apulien**, einer Landschaft Unteritaliens, **apulisch** 14, 517.

ăpŭd, *praep.* neben, bei (meist bei Personen) 1, 586. loqui apud alqm, in Gegenwart 12, 163.

ăqua, ae, *f.* Wasser 1, 53. 3, 450. 6, 376. *plur.* aquae, Wassermassen, Gewässer 1, 284. 9, 117. aequoreae 11, 520. longae, Wasserstrahlen 4, 124; insbes. Meerwasser, Meer 4, 92. 732. 9, 448.

ăquātĭcus, a, um, 1) am (im) Wasser wachsend: lotos 9, 341. 10, 96. — 2) wasserhaltig, feucht: auster 2, 853.

ăquĭla, ae, *f.* Adler 1, 506. 6, 108.

ăquĭlo, ōnis, *m.* der Nordwind 1, 262. *plur.* 1, 328. 2, 132. 5, 285. 10, 77; als mythol. Person 7, 3 (s. Boreas).

ăquōsus, a, um, wasserreich, feucht: nubes, Regenwolke 4, 622. 5, 570. Piscis, Regen bringend 10, 165.

āra, ae, *f.* (αἴρω = tollo) jede Erhöhung mit platter Oberfläche; dah. 1) Opferherd, Altar 1, 248. 4, 755. 5, 37; *plur.* für *sing.* 1, 374. 7, 74. 591. 8, 763. 9, 160. 782. 11, 584. 12, 152. 271. 15, 132. 686. 723. aras (= deos) placare 15, 574; Ara, das Sternbild „Altar" an der südlichen Hemisphäre 2, 139. (pressa, tief gegen den Horizont gesenkt). — 2) Scheiterhaufen 8, 480.

Ărăbes, um, *m.* die Araber; meton. Arabien 10, 478. (*acc.* Arabās).

Ărachnē, ēs, *f.* eine lydische Jungfrau, berühmt als kunstvolle Weberin, wird in eine Spinne (ἀράχνη) verwandelt, weil sie mit der Minerva einen Wettstreit in ihrer Kunst wagte 6, 5. 133. 150.

ărānĕa, ae, *f.* Spinne 6, 145; meton. Spinngewebe 4, 179.

ărātŏr, ōris, *m.* Pflüger 7, 538. 8, 218. 15, 553.

ărātrum, i, *n.* Pflug 2, 286. 3, 11. 104. 5, 341.

arbĭter, tri, *m.* (ad u. bitĕre = ire), der hinzugeht, um etwas zu sehen od. zu hören; dah. 1) Augenzeuge, Beobachter 2, 458. — 2) Schiedsrichter 3, 332.

arbĭtrĭum, i, *n.* schiedsrichterliche Entscheidung 9, 505. litis 12, 628. — 2) der (bei dieser vorausgesetzte) freie Wille, das Belieben 4, 224. 5, 380. Willkür 2, 234. freie Wahl: muneris 11, 101.

arbŏr, ŏris, *f.* Baum 7, 151 (s. aureus). Jovis, die Eiche 1, 106. Palladis, der Oelbaum 6, 335 (s. cum); collect. 5, 612. 7, 613. 12, 513. 14, 407; inbes. Mastbaum 11, 476. 551. (poet. Nebenform arbōs 4, 459. 11, 46. 13, 820.)

arbŏrĕus, a, um, zum Baume gehörig ... des Baumes 1, 632. 4, 125. 637. 8, 379. 10, 129. 665. sub pondere arboreo = arborum 12, 515.

arbŏs, s. arbor.

arbustum, i, *n.* Baumpflanzung: *plur.* 1, 286. 2, 710.

arbŭtĕus, a, um, vom Erdbeerbaume (Meerkirschenbaume) 1, 104. 13, 820.

arbŭtus, i, *f.* Erdbeerbaum, Meerkirschenbaum 10, 102.

Arcădĭa, ae, *f.* Arcadien, das gebirgige Mittelland des Peloponnes 2, 405. 9, 192 (s. Hercules). 15, 332.

arcānus, a, um (von arceo), „abgesperrt"; dah. geheim, heimlich: res 4, 223. litera 9, 516. sacra 10, 436; subst. arcana, ōrum, *n.* Geheimniß 2, 755. 7, 192. 256. fatorum, das verborgene Schicksal 2, 639.

Arcăs, ădis, *m.* 1) ein Arcadier: bipennifer, d. i. Ancäus, Sohn des Lycurgus 8, 391. adject. **arcadisch**: tyrannus, d. i. Lycaon 1, 218 (*genit.* Arcădŏs). — 2) Sohn Juppiters und der Callisto, wird nebst seiner Mutter in ein Gestirn (Bär und Bärenhüter) verwandelt 2, 468. 497.

arcĕo, ŭi, ĕre, 1) vom Zutritt abhalten, abwehren: alqm 10, 73. somnos, bannen 2, 735; mit *ablat.*: alqm moenibus 4, 608. finibus 4, 648. penatibus 9, 446. manus aris, 11, 584. arceri aris, verdrängt werden von 6, 209. — 2) von etwas abhalten, an etwas verhindern: alqm 2, 505. 11, 59. 9, 319. ab amplexu 9, 751. ventos egressu 11, 747; mit Objectsinfinitiv, verhindern, verhüten 3, 89. 12, 427.

Arcēsĭus, i, *m.* Sohn Juppiters, Vater des Laërtes, Großvater des Ulysses 4, 13. 144.

arcesso, s. accerso.

Arcĭtĕnens, ntis, *m.* der Bogenführer, Beiname des Apollo 6, 265. adject. 1, 441.

Arctŏs, i, *f.* das Bärengestirn, d. i. der große und kleine Bär am nördlichen Polarkreise: *acc.* Arctŏn 2, 132. 3, 595. immunis (expers) aequoris (weil es in unserer Hemisphäre niemals untergeht) 13, 293. 726. *plur.* geminae 3, 45. gelidae 4, 625.

arctus, a, um, s. artus, a, um.

arcŭātus, a, um, bogenförmig gewölbt 11, 590 (dreisilbig zu lesen).

arcŭs, ūs, *m.* Bogen zum Schießen 1, 464. *plur.* für *sing.* 2, 81. 3, 166. 5, 55. 382. 9, 114. 12, 309. 605. arcus flectere 4, 303. sinuare 8, 30. tendere 12, 564. retendere 2, 420; übertr. a) Regenbogen 6, 63. 11, 632. 14, 838. — b) Bogenwölbung 3, 30. 160. — c) jede bogenförmige Krümmung: der Schlange 3, 42. der Scheeren des Scorpion 2, 195. der Meeresbucht 9, 229. 14, 51. aquarum, Wasserberg 11,

568. — d) *plur.* die (fünf) parallelen Himmelszonen 2, 129.

Ardĕa, ae, *f.* Hauptstadt der Rutuler in Latium, wird im Kriege mit Aeneas zerstört, und aus ihrer Asche entsteht der Vogel Reiher (ardea) 14, 573.

ardens, s. ardeo.

ardĕo, arsi, arsum, ēre, 1) brennen, verbrennen 1, 258. 493. 2, 216. 3, 309. ab arsuris carinis, die verbrannt sein würden 13, 274. arsurus iterum Xanthus, der noch einmal brennen sollte 2, 245; *part.* **ardens**, als Adject. glühend, heiß: zona ardentior 1, 46; insbes. a) auf dem Scheiterhaufen (als Leiche) brennen 2, 620. 7, 610. 11, 332. 12, 614. — b) vom Gifte 7, 394. ardens venenum 9, 171. — 2) bildl. leidenschaftlich aufgeregt sein, brennen, glühen: ruere 5, 166. vino 12, 221. quae magis ardeat (doppelsinnig von der Hitze der Jahreszeit und dem Feuer der Begierden in jugendlichen Herzen) 15, 208. ardentia studia, Feuereifer, Heftigkeit 1, 199. insbes. a) **von Zorn entbrannt sein** 6, 609. 8, 355. — b) **in Liebe entbrannt sein, in Liebe erglühen** 3, 426. 4, 62. 5, 602. 14, 691. amore 10, 156. in alqua 8, 50. 9, 725.

ardesco, (arsi), ēre, in Brand gerathen 1, 255. 15, 351. fulmineis ignibus, erblitzen 11, 523; bildl. leidenschaftlich entbrennen: in iras 5, 41. caede ardescunt, werden zur Wuth entflammt 12, 240.

ardŏr, ōris, *m.* „Brand, Gluth"; dah. trop. leidenschaftliche Aufregung, leidenschaftliches Verlangen: multas ardor habebat jungere 10, 81. ar animi, glühender Zorn 8, 469. edendi, Heißhunger 8, 828; insbes. Liebesgluth 7, 76. 9, 502. 562. alcjus („zu") 9, 101. 140; meton. der heißgeliebte Gegenstand, die Flamme Jemds 14, 683.

ardŭus, a, um, **von jäher Höhe, hoch, steil**: via 2, 63. trames 10, 54. mons 1, 316. 9, 220. 12, 521. tumulus 15, 297. moenia 3, 61. latus navis 11, 529. rogus 13, 600. cervix 8, 284. morus, hochstämmig 4, 90. ire in ardua montis auf die steile Höhe des Berges 8, 692. (simul, „mit uns"). — 2) (dichterisch) in der Höhe befindlich, hoch: aether 1, 151. cornua 11, 482. stetit arduus arce 5, 289. arduus in nubes abiit, stieg hoch in die Wolken empor 4, 712. petit arduus arcem, stieg hoch hinauf 2, 306. vacca resupino collo ardua, den zurückgebognen Hals emporstreckend 1, 730. — 3) bildl. **schwer zu erringen**: victoria 14, 453.

ārĕa, ae, *f.* **freier Platz, Fläche**: campi 10, 87. 15, 298; insbes. Tenne zum Dreschen 8, 292.

ărēua, ae, *f.* Sand 2, 586. 7, 361. *plur.* 2, 865. 7, 267. 9, 61. 10, 701. 11, 88. 231. 355. Sandmassen 2, 456. 5, 352. 11, 615. 15, 268. 279; insbes. a) **Sandwüste**: Libycae 4, 617. — b) **Meeresküste, Gestade** 3, 599. 8, 869. 11, 56. 12, 38. 13, 729. litorea 15, 725. — c) der mit Sand bestreute Kampfplatz im Amphitheater, die Arena 11, 26.

ărēnōsus, a, um, sandreich, sandig: Ladon 1, 702. terra, d. i. Libyen 14, 82.

āreo, ŭi, ēre, trocken sein, dürr sein 2, 211. 6, 355. 15, 268 (s. ex). 280. *part.* arens, trocken, dürr: ramus 7, 277. saxa 13, 691. aristae, reif 11, 112. os, vor Durst lechzend 7, 556. 14, 277.

Ărĕōs, i, *m.* ein Centaur 12, 310.

āresco, ārŭi, cēre, trocken werden, vertrocknen 9, 657.

Ārestŏrĭdēs, ae, *m.* Sohn des Arestor, Arestoride 1, 624.

Ărēthūsa, ae, *f.* eine Nymphe der Diana, welche, vom Flußgott Alpheus verfolgt, bei Pisa in Elis in eine Quelle verwandelt wurde, unter dem Meere fortfloß und bei Syracus wieder zum Vorschein kam 5, 409. 496. 573. 625.

argentĕus, a, um, **von Silber, silbern** 2, 108. 10, 114. bildl. proles 1, 114. — 2) von der Farbe, silberweiß, silberglänzend: color 10, 213. fons 3, 407. ales 2, 536.

argentum, i, *n.* Silber 2, 4. 5, 189. 8, 669 (s. caelo).

Argi, ōrum, *m.* die Hauptstadt der Landschaft Argolis im Peloponnes 15, 164.

Argō, ūs, *f.* das nach seinem Erbauer Argos benannte Schiff, auf welchem die Argonauten unter Jason nach Colchis am schwarzen Meere segelten. Es war eine Galeere von 50 Rudern, und Minerva hatte darin von einer redenden Eiche aus Dodona ein Brett angebracht, welches weissagte. Nach vollendeter Fahrt wurde es unter die Sterne versetzt 15, 337.

Argŏlĭcus, a, um, **zur Landschaft Argolis im Peloponnes gehörig, argolisch** 15, 19. 276. urbs, d. i. Argos, die Hauptstadt von Argolis 4, 609. portae, die Thore von Argos 3, 560. — 2) **griechisch** (nach dem Vorgange Homers, weil die Argiver unter Agamemnon den zahlreichsten Theil des Heeres vor Troja ausmachten) 8, 267. 13, 059. 14, 444. fossae, die Verschanzungen des griechischen Lagers vor Troja 12, 149. duces, die Heerführer der Griechen vor Troja 12, 627.

Argŏlĭs, ĭdis, *f.* **aus Argos, argolisch** 9, 276. 313.

Argŏs (nur *nomin.* u. *acc.*), *n.* Hauptstadt der Landschaft Argolis im Peloponnes 2, 240. 6, 414.

argūmentum, i, n. (v. arguo), wodurch etwas deutlich gemacht wird; dah. 1) Kennzeichen, Beweis 4, 762. 8, 745. — 2) der einer schriftlichen oder künstlerischen Darlegung zu Grunde liegende Stoff: Fabel 6, 69. Geschichte 13, 684.

argŭo, ŭi, ūtum, ĕre, „deutlich darstellen"; dah. 1) (als falsch, unhaltbar) behaupten 5, 247. — 2) rügen, tadeln, sententiam 11, 173. mit acc. c. inf. 13, 297. 15, 73. — 3) almq, beschuldigen, bezüchtigen 15, 504.

Argus, i, m. der hundertäugige Wächter, welchem Juno die Bewachung der in eine Kuh verwandelten Jo übergab. Merkur tödtete ihn auf Befehl Juppiters, worauf Juno seine hundert Augen dem Schwanze des Pfau's einverleibte 1, 624.

Arīcīnus, a, um, **aricinisch**: vallis, ein Thal bei Aricia (einer alten Stadt Latiums in der Nähe von Alba Longa) mit Hain und Tempel der Diana, deren Bildniß und mit Menschenopfern verbundenen Cultus Orestes mit seiner Schwester Iphigenia aus Tauris hierher verpflanzt hatte 15, 488.

ārĭdus, a, um, **trocken, dürr**: arva 14, 510. ramalia 8, 644. seges, reif 12, 274. ossa, fleischlos 8, 804. anhelitus, heiß 10, 663. sitis, brennend 11, 129.

ărĭes, ĕtis, m. Schafbock, Widder 6, 117. 9, 732. — 2) als Kriegsmaschine, Sturmbock, Mauerbrecher 11, 509. — 3) Aries, das Sternbild Widder, in welches die Sonne zur Zeit des Frühlingsäquinoctiums aus dem Wintergestirne der Fische tritt 10, 165.

ărista, ae, f. die Spitze an der Aehre, die „Granne"; dah. metonym. Aehre 1, 110. 492. 6, 456. 10, 655. nardi 15, 398.

arma, ōrum, n. im Allg. alles was man zur Hand nimmt, um etwas damit zu verrichten, Rüstzeug, Geräthschaften 5, 591. 11, 35. ratis, Segelwerk 11, 513. — 2) insbes. Waffen: a) zum Schutze des Körpers (Helm, Schild, Harnisch), Waffenrüstung, Wehr 7, 865 (f. cum). 12, 144. 439. Schilde 14, 777. tela armaque, Waffen und Rüstung, Wehr und Waffen 9, 201. 11, 378. arma induere, sich rüsten 11, 382. hostis in armis, gerüstet 12, 65; übertr. Schutzmittel: contra Boream 15, 471. — b) zum Angriff (Schwert, Streitart) 1, 143. 3, 115. 7, 130. 12, 468. arma ferre, kämpfen 4, 609. 12, 621. nulla arma movere, am Kampfe nicht Theil nehmen 12, 320. per arma, mit Waffengewalt 5, 238. armis, durch Gewaltmittel 9, 432. —

3) metonym. a) Krieg, Kampf 1, 126. 5, 4. 102. 12, 432. terrestria 14, 479. in arma venire 13, 34. — b) bewaffnete Mannschaft, Truppenmacht 14, 528. auxiliaria, Hülfstruppen 6, 424. — c) Kriegspartei: neutra arma sequi, keine Partei nehmen, neutral bleiben 5, 91.

armāmenta, ōrum, n. Rüstzeug, Ausrüstung: des Schiffes 11, 456.

Armĕnĭus, a, um, aus Armenien, einer Landschaft Asiens am Euphrat, armenisch 8, 121. 15, 86.

armentum, i, n. (v. aro), Pflugvieh, Großvieh: sing. collectiv 1, 614. 2, 842. 10, 541. 11, 372. 15, 14. dux armenti, der Stier 8, 882; plur. Rinderheerde, Rinder 2, 692. 3, 585. 4, 635. 5, 165. 6, 395. 7, 546. 8, 297. 554. 9, 48. 11, 276. 15, 84. armenta gregesque 1, 513.

armĭfer, ĕre, ĕrum, Waffen tragend, bewaffnet 14, 475. kriegerisch: Leleges 9, 645.

armĭger, ĕra, ĕrum, Waffen tragend: subst. Waffenträger 5, 148. 12, 369. Jovis, d. i. der Adler 15, 386. armigera, Waffenträgerin 3, 166. 5, 619.

armo, āvi, ātum, āre, **ausrüsten, bewaffnen** 3, 304. 14, 464. 7, 347 (in fata, zum Verderben). armarat deus, Vulcan, insofern er dem Achilles seine Waffen geschmiedet hatte 12, 614. part. armatus, bewaffnet 5, 199. 12, 462. dextera ignibus 2, 849. ursi unguibus 10, 540. facies, gerüstet, nämlich durch das einem Helmbusche ähnliche Federbüschel 6, 67[a]. — 2) uneig. gleichsam waffnen, rüsten: se irā 13, 544.

armus, i, m. „Schulter"; dah. von Thieren, Vorderbug 2, 854. 3, 233. 4, 719. 6, 229. 8, 287. 419. 10, 112. 700. 12, 302. 377.

Arnē, ēs, f. eine Thracierin, welche wegen Verraths an ihrem Vaterlande in eine Dohle verwandelt wurde 7, 465.

ăro, āvi, ātum, āre, **pflügen, ackern** 1, 294. 15, 470. Cromyona 8, 435. agri arati 7, 122.

arrīdĕo, si, sum, ēre (ad-rideo), dazu lächeln 3, 459.

arrĭgo, exi, ectum, ĕre (ad u. rego), emporrichten: aures, spitzen 15, 516.

arrĭpĭo, rĭpŭi, reptum, ĕre (ad u. rapio), mit Hast ergreifen, aufgreifen: arcus 5, 64. ensem 13, 386. auras, haschen 10, 59. — 2) übertr. etwas ergreifen, fassen: crinem 4, 558. alqm comā, beim Haare 6, 552.

ars, tis, f. Geschicklichkeit, Kunstfertigkeit, Kunst 2, 638. 3, 645. 4, 183. 5, 310. lanifica 6, 6. fabra 8, 159. Tonkunst 7, 709. 6, 152. canendi 14, 337. Heilkunst 7, 562. medendi 7, 526. Weissagekunst 2,

659. paternae, d. i. des Prometheus, welcher Menschen aus Thon bildete und sie durch Feuer vom Himmel belebte 1, 364. primae, der erste Unterricht 9, 719. ars latet arte sua, ist durch sich selbst künstlich verborgen 10, 252. — 2) insbes. Schlauheit, List 2, 686. 4, 771. 13, 323. — 3) Gewerbe, Kunst 3, 588. 4, 445. 8, 866.

artĭcŭlus, i, m. (v. artus), Gelenk 8, 808.

artĭfex, ĭcis, c. (ars u. facio, Kunstmeister, Künstler 11, 169. 12, 398. artifex simulatorque, kunstfertiger Nachahmer 11, 634; abject. kunstfertig: manus 15, 218. — 2) Urheber einer Sache, Anstifter 6, 615. caedis 13, 551.

1. **artus**, a, um, (v. arceo), knapp, eng: nexus 6, 242. orbis 1, 740. spem ponere in arto, beschränken 9, 683. (sibi = Telethusae).

2. **artŭs**, ūs, m. „Gelenk"; dah. 1) jedes durch Gelenk mit dem Körper verbundene Glied; plur. artus, Gliedmaßen, Glieder (als Extremitäten, also nicht Kopf und Rumpf) 4, 407. 6, 27. 353. 8, 655. 877. 15, 524. primi, Fußspitzen 8, 398. — 2) (dichterisch = membrum) jeder einzelne Theil des Körpers, plur. die Gliedmaßen, der Körper 2, 336. 3, 164. 4, 286. 4, 310. 6, 249. 7, 250. 9, 268. 13, 583. 15, 166.

ărundo, ĭnis, f. Rohr, Schilfrohr 1, 707. 8, 337. 9, 3. 11, 190. arundines, Rohrstäbe 13, 784; metonym. aus Rohr Gemachtes: a) Angelruthe 8, 217. 856. 13, 923. 14, 651. — b) Pfeilschaft 1, 471. Pfeil 5, 384. 8, 382. 10, 526. 11, 325. — c) Hirtenpfeife (σύριγξ), bestehend aus einzelnen mit Wachs verbundenen Rohrpfeifen von absteigender Größe) 1, 684. 11, 154. Tritoniaca, die Flöte 6, 384. — d) Kamm zum Auseinanderhalten der Fäden beim Weben 6, 55.

ăruspex, ĭcis, m. (v. ἱερός u. specio), Opferschauer aus d. Eingeweiden d. Thiere 15, 577.

arvum, i, n. (v. aro), Pflugland, Saatfeld, Feld 2, 791. 3, 584. 7, 129. 11, 33. 15, 125. 554. — 2) Feld, Flur, Aue 1, 598. 4, 87. 714. 7, 101. 12, 137. Gegend 15, 443. plur. arva, Gefilde, Fluren 3, 10. 152. 11, 196. 12, 209. 15, 52. piorum, die Gefilde der Seligen in der Unterwelt (Elysiae domus 14, 111) 11, 62.

arx, cis, f. Anhöhe, Höhe 1, 27. 11, 393. 12, 43. Parnasi 1, 467. Zinne 5, 289. — 2) befestigte Anhöhe, Burg, Feste: a) als Sitz des Herrschers 2, 33; dah. Juppiters Himmelsburg 1, 163. 673. 2, 306. arces aetheriae 15, 858. — b) als Befestigung einer Stadt; dah. oft für diese selbst 2, 794. 6, 70. Cadmeis 6, 217. Minervae, die Acropolis von Athen 8, 250. plur. für sing. 2, 712. 720. 5, 239. 8, 54. 547. 13, 44. 196. 344. 15, 427. Latiae, das Capitol 15, 582.

Asbŏlus, i, m. (ἄσβολος, der „Rußige"), ein Hund des Actäon 3, 218.

Ascălăphus, i, m. Sohn des Acheron und der Orphne, wird in einen Uhu verwandelt, weil er dem Pluto verrieth, daß die geraubte Proserpina in der Unterwelt sieben Granatkörner gegessen habe, wodurch ihr die Rückkehr nach der Oberwelt verwehrt blieb 5, 539.

Ascănĭus, i, m. Sohn des Aeneas und der Creusa, auch Julus genannt, Gründer von Alba Longa in Latium 13, 627. 14, 609.

ascendo, di, sum, ĕre (ad u. scando), hinaufsteigen: huc 13, 780. illuc 8, 17. 11, 394. quo (= in currum) 7, 220. pontus ascendit in plagas caeli 11, 518.

ascensŭs, ūs, m. „das Hinaufsteigen"; dah. metonym. der Ort, auf welchem man wohin steigt, Aufgang: arduus in alto ascensu, auf der hochaufsteigenden Seite 11, 151.

ascisco (adscisco), īvi, ītum, ĕre, Jemd. zu einer Gemeinschaft aufnehmen: sacris urbis, unter die Götter Roms 15, 625.

ăsellus, i, m. Eselchen 4, 27. 11, 179.

Ăsĭa, ae, f. Asien; speciell das Reich von Troja 13, 484. Dav. **Asĭs**, ĭdis, f. asiatisch: terram Asida = Asiam 5, 648. 9, 448.

Asis, f. Asia.

Asōpĭădēs, ae, m. Nachkomme des Asopus (eines böotischen Flußgottes und Vaters der Aegina), Asopiade, d. i. Aeacus (als Enkel) 7, 484.

Asōpis, ĭdis, f. Tochter des Asopis (f. Asopiades), d. i. Aegina: genit. Asopidos 7, 616. acc. Asopida 6, 113.

asper, ĕra, ĕrum, 1) der Oberfläche nach rauh, uneben: loca 1, 510. saxa 6, 76. frons cornu 10, 222. lingua, rauh durch Entzündung 7, 556. crater exstantibus signis 12, 235. acantho, durch erhaben gearbeiteten Acanthus 13, 701; v. Wetter u. Meer, rauh, stürmisch: hiems 11, 490. pontus 15, 720. — 2) v. Charakter, rauh, wild 11, 402. cladibus, erbittert 14, 485. asperior tribulis, stacheliger als 13, 803.

1. **aspergo**, si, sum, ĕre (ad u. spargo), bespritzen: mensas sanguine 5, 40.

2. **aspergo**, ĭnis, f. das Anspritzen, die Bespritzung 1, 572. 3, 86. — 2) was angespritzt wird, der Anspritz, die Bespritzung 4, 729. 14, 796. aquarum 7, 108.

asperitas   Assyrius   27

caedis, das angespritzte Blut 4,125. pontus aspergine tangit nubes, spritzt bis an die Wolken 11, 498. multa aspergine rorare, einen Regen von Tropfen um sich spritzen 3, 683.

aspĕrĭtās, ātis, *f.* „Rauhheit, Unebenheit"; dah. bildl. vom Benehmen gegen Andre, **Rauhheit, Härte** 9, 752. verborum, das Rohe 14, 526.

aspĭcĭo, exi, ectum, ĕre (ad u. specio), wohin **blicken**, Jemd. od. etwas **anblicken, ansehen**: alqm 3, 577. 4, 466. 6, 34. undas venturas, entgegenblicken 8, 164; prägn. prüfend **betrachten** 2, 92. 6, 14. 14, 323. 15, 577; insbes. zornig anblicken 8, 767. — 2) erblicken, ansichtig werden, sehen: alqm (alqd) 2, 32. 443. 714. 3, 486. 4, 783. 7, 384. mit *acc. c. inf.* sehen 5, 672. 7, 672. 11, 80. 15, 200. 554. mit *acc. c. partic.* 2, 228. 3, 356. 7, 624. 11, 753. 12, 529. aspiceres, man konnte sehen 7, 578. — 3) bildl. in **Betracht nehmen, erwägen, bedenken** 5, 190. 7, 70. 13, 591. 15, 765.

aspīro, āvi, ātum, āre (ad u. spiro), „zuhauchen"; dah. (nach einem vom günstigen Winde entlehnten Bilde) **günstig sein, unterstützen**: coeptis 1, 3.

Assărăcus, i, *m.* Sohn des Tros, Großvater des Anchises, Bruder des Ganymedes und Ilus 11, 756.

as-sensŭs, ūs, *m.* **Zustimmung, Beifall** 7, 451. 8, 605. *plur.* Zeichen der Beistimmung (Zunicken, Handaufheben u. dgl., im Gegensatz zu voce) 1, 245.

assentĭo, si, sum, īre (ad-sentio), **beipflichten, beistimmen** 9, 259. 14, 592. precibus, Beifall geben 3, 406.

assĕro, rŭi, sertum, ĕre (ad-sero), „an sich fügen"; dah. etwas sich zueignen, **beanspruchen**: laudes 1, 462. assere me caelo, nimm mich für den Himmel in Anspruch, d. i. thue meine göttliche Abkunft dar 1, 761.

assĭdŭus, a, um, der fortwährend irgendwo ist und etwas betreibt, **unablässig thätig** 4, 463. campus assiduis equis pulsatus, unablässig von Rossen zerstampft 6, 219. — 2) von Handlungen und Zuständen, **unablässig, ununterbrochen**: gemitus 2, 486. caedes 2, 293. motus 5, 179. vertigo 2, 70. nubes 1, 66. aequor, beständig wogend 13, 792.

assĭlĭo, silŭi, sultum, īre (ad u. salio), **an etwas heranspringen**: moenibus, berennen, Sturm laufen gegen 11, 526. aqua assiliens, anplätschernd 6, 107.

assĭmĭlo, *s.* assimulo.

as-sĭmŭlo, avi, atum, āre, **ähnlich machen, nachmachen**: anum, sich gestalten zu 14, 656. chamaeleon assimulat colores, ähnelt sich an, giebt wieder 15, 412. — 2) **für ähnlich halten, vergleichen**: tumultus freto 5, 6. — 3) was nicht ist als wirklich darstellen, vorgeben, **erheucheln**: odium 7, 298.

assisto, stĭti, ĕre, (ad u. sisto), **sich hinstellen, hintreten** 7, 640. 3, 187 (*s.* obliquus). ante aras 8, 480. heros adstitit, trat hervor 13, 125.

as-sŏno, āre, seinen Ton mit dem eines andern verbinden, **dazutönen**: alcui 3, 507.

as-suesco, ēvi, ētum, ĕre, **sich an etwas gewöhnen**; *perf.* assuevi, ich habe mich gewöhnt, bin gewohnt, pflege 8, 335. 11, 315. *part.* assuētus, a, um, a) an etwas gewöhnt: bello feroci 15, 484. amore 13, 554. indulgere 10, 533. — b) woran sich gewöhnt hat, gewohnt: onus 2, 165. arma 2, 603. domus 15, 687. antra 8, 822. cohors, gewöhnlich 11, 89. vultus 11, 690. assueta colla petebat, in gewohnter Weise 4, 597.

assuētūdo, inis, *f.* (verliebter) **Umgang** 10, 173.

assuētus, a, um, *s.* assuesco.

as-sum, adfŭi (affŭi), ădesse, **anwesend sein, zugegen sein** 3, 247. 380. 4, 598. in turba 10, 436. alcui (bei Jemd.) 7, 793. 11, 163. turbae 10, 106. festis 10, 277. monstro, Zeuge der wunderbaren Begebenheit sein 2, 367. aderis, dolentibus, wirst gesellt sein zu (weil die Cypresse vor Trauerhäusern und auf Grabhügel gepflanzt wurde) 10, 142. ducibus aderis, wirst getragen werden von 1, 560. os non aderat, stand nicht zu Gebote, fehlte 5, 467. lac mihi adest, ist mir vorhanden 13, 829. — insbes. a) von Eigenschaften, innewohnen, sich zeigen: vigor adest 9, 790. simplicitas annis 5, 400. decor arti, ist bei der Kunst 6, 18. — b) helfend zur Seite stehen, **beistehen** 3, 713. 7, 198. 10, 673. ausis 10, 641. laboribus 3, 613. dea conjugio adest, ist segnend zugegen 10, 295. — 2) herzukommend erscheinen, **kommen** 2, 497. 3, 102. 528. 4, 692. 5, 46. 7, 219. 492. 9, 200. 11, 349. huc, gekommen sein 2, 513; von der Zeit, kommen, dasein 1, 256. 3, 519. 8, 83. 9, 285. 760. 12, 150. prope adesse 9, 674.

as-sūmo, sumpsi, sumptum, ĕre, **an sich nehmen, annehmen**: alimenta 7, 79. amorem pugnae 3, 705; insbes. sich etwas **anmaßen**: patrem 3, 558. — 2) **bekommen, erhalten**: pennas 15, 384. alas 11, 789. 12, 1. vires 13, 886. robora, gewinnen 15, 421.

Assyrĭus, i, *m.* ein **Assyrer** (in Asien) 5, 60. *plur.* 15, 393.

ast, f. at.
Astĕrĭē, ēs, *f.* Tochter des Titanen Cöus, wird in eine Wachtel verwandelt, weil sie den in Gestalt eines Adlers ihr nahenden Juppiter verschmähte 6, 108.
asterno, ĕre (ad-sterno), **hinstrecken**; *pass.* asterni, sich hinstrecken, hingestreckt liegen: sepulcro 2, 343.
astĭti, f. assisto und asto.
asto, ĭti, āre (ad-sto), (aufrecht) **dastehen** 2, 147. 4, 19. procul 5, 114. arvis 11, 196.
Astraea, ae, *f.* („Sternenjungfrau"), Tochter des Juppiter und der Themis, die als Göttin der Gerechtigkeit im goldenen Zeitalter auf der Erde wandelte und dieselbe von allen Himmlischen zuletzt verließ. Unter den Gestirnen des Thierkreises ist sie die „Jungfrau" (Virgo) 1, 150.
Astraei fratres, die asträischen Brüder, d. h. die Winde als Söhne des Titanen Asträos und der Aurora 14, 545.
Astreus, ĕi, *m.* ein Gegner des Perseus 5, 144.
astringo, nxi, ctum, ĕre (ad-stringo), **straff anziehen, fest zusammenziehen:** vincula 11, 75. von der Kälte, zusammenziehen, starr machen 9, 222. glacies ventis astricta, hart gefroren 1, 120.
astrum, i, *n.* **Sternbild, Gestirn** (nur *plur.*) 1, 73. 316. 8, 193. 11, 309. 15, 787. astris inferre 9, 272. 15, 846. ire per alta astra, mit dem Geiste die Räume des Himmels durchdringen 15, 148.
astrŭo, xi, ctum, ĕre (ad-struo), **aufhäufen** 5, 88.
astŭpĕo, ŭi, ĕre (ad-stupeo), über etwas staunen: sibi 3, 418.
astŭs, ūs, *m.* (nur *abl. sing.* gebräuchl.) **Schlauheit, List** 4, 776. 13, 193. Ränke 7, 419.
Astyăgēs, ae, *m.* ein Gegner des Perseus 5, 203.
Astyănax, actis, *m.* der junge Sohn Hectors und der Andromache, wurde von Ulysses von einem Thurme herabgestürzt 13, 415.
Astylos, i, *m.* ein Centaur 12, 308.
Astypălēŭs, a, um, **astypaleisch**: regna, die sporadische Insel Astypaläa 7, 461.
ăt (alterthümlich ast), *conj.* **aber, doch, dagegen** 1, 472. 3, 646. 570. 4, 158. 5, 533. 13, 80. 305. 14, 457. 484; insbes. a) bei plötzlichen Uebergängen zu einer neuen Erzählung oder zu überraschenden und spannenden Ereignissen 1, 283. 2, 401. 4, 1. 256. 5, 79. 6, 254. 7, 282. 8, 251. 362. 9, 101. 10, 220. 503. 12, 580. 13, 583. — b) beim Uebergange zu einer Aufforderung, **wolan! nun!** 1, 760. 2, 88. 527. 5, 378. 10, 351. 13, 370. 458. 14, 20. — c) beim Ausdrucke des Unwillens oder Schmerzes, **aber, nun gut, nun denn** 1, 557. 4, 654. 8, 279. 10, 724. 12, 367. — d) bei Einwürfen und Einwendungen, **aber ja, aber freilich** 7, 29. 9, 507. at puto, **aber vielleicht** 2, 566. 11, 425; im ironischen Sinne 3, 266. 13, 523; nach Bedingungs- oder Concessivsätze, **aber doch, doch wenigstens** 2, 294. 9, 123. at certe 8, 186. 11, 696. (ast 6, 685. 7, 241. 8, 871. 11, 461. 12, 439. 13, 878.)
Atălanta, ae, *f.* Tochter des Königs Schöneus in Böotien, stellte ihren Freiern die Bedingung, daß ein Wettlauf mit ihr Hochzeit oder Tod entscheide. Hippomenes besiegt sie mit Hülfe der Venus; weil aber beide gegen die Göttin undankbar sind, so werden sie in Löwen verwandelt 10, 565.
ătăvus, i, *m.* **Urältervater**: *plur.* **Ahnen** 14, 117.
āter, tra, trum, **dunkel,** (glanzlos) **schwarz**: ebenus 11, 610. ferrugo 15,789. favilla 13, 604. sanguis 12, 256. vestis 6, 288. 568, 8, 448. equi 5, 360. nox 5, 71.
Ăthămānis, idis, *f.* eine Athamanierin (aus dem südlichen Epirus; wird Athamanthis gelesen, so scheint damit eine Quelle im Lande der Athamanen bezeichnet zu sein) 15, 311.
Ăthămantēus, a, um, f. Athamas.
Ăthămantĭădēs, f. Athamas.
Ăthămantis, f. Athamanis.
Ăthămās, antis, *m.* König in Thessalien, Sohn des Aeolus, Gemahl der Ino, Bruder des Sisyphus, Vater der Helle, des Phryxus, Melicertes und Learchus, Oheim des Pentheus 3, 564. 5, 420. 489. *acc.* Athamanta 4, 467. 471. Dav. 1) **Ăthămantēus**, a, um, athamantisch, ... des Athamas 4, 497. — 2) **Ăthămantĭădēs**, ae, *m.* Sohn des Athamas 13, 919.
Ăthēnae, ārum, *f.* Athen in der Landschaft Attica, von Cecrops gegründet und der Minerva geheiligt (urbs Tritonis 5, 645. arces Tritonidos 8, 547. Palladiae Athenae 7, 723) 5, 652. 6, 421. 7, 507. 8, 262. 15, 430.
Athis, idis, *m.* ein Gegner des Perseus 5, 47. *acc.* Athin 5, 63. 72.
Athōs, *genit.* Athōnis, der über 3000 Fuß hohe Athos in Macedonien am strymonischen Meerbusen 2, 217. *acc.* Athon 11, 554.
Atlantĭădēs, f. Atlas.
Atlantis, f. Atlas.
Atlās, ntis, *m.* Sohn des Titanen Japetus, Vater der Hyaden und Plejaden, mußte zur Strafe das Himmelgewölbe auf seinen Schultern tragen, weil er sich

mit den übrigen Titanen gegen Juppiter empört hatte 2, 296. 6, 174. 9, 273. Nach anderer Sage war er König von Mauretanien in Afrika und wurde vom Perseus, dem er gastliche Aufnahme verweigerte, vermittelst des Medusenhauptes in einen Berg verwandelt 4, 628. 632. 646. 653. 657. (vocat. Atlā 4, 644). — 2) der Berg Atlas in Afrika 4, 772. 15, 149. = Dav. 1)
Atlantĭădēs, ae, m. Nachkomme des Atlas, Atlantide, d. i. Mercur als Enkel 1, 682. 2, 704. 834. 8, 627. Hermaphroditus als Urenkel 4, 368. — 2) **Atlantis**, ĭdis, f. Tochter des Atlas, d. i. die Plejade Maja, die Mutter des Mercur 2, 685.

atquĕ oder **ac**, conj. 1) copulat. und 1, 279. 332. 2, 83. 4, 124. 8, 640. 15, 241. huc atque illuc 2, 357. talibus atque aliis 13, 228. atque ita, s. ita; inèbes. a) erklärend, und zwar 1, 364. 7, 299. 13, 97. — b) Ungleichartiges verbindend, und gleichwohl, und doch 4, 187. 12, 555. 13, 21. 43. 859. 14, 669. — 2) comparativ., als: aeque atque 10, 222. haud (non) secus ac 8, 162. 9, 40. 15, 180. alius ac 13, 959.

Ātrăcīdēs, ae, m. aus Atrar, einer Stadt in Thessalien 12, 209.

Ātreus, (zweisylbig), ĕi, m. König von Argos und Mycenä, Sohn des Pelops, Vater des Agamemnon u. Menelaos 15, 855. Dav. **Ātrīdēs**, ae, m. Sohn des Atreus, Atride, d. i. Agamemnon 13, 189. 230. 365. 439. 655. (major) 13, 359; Menelaos 15, 805. (minor) 12, 623. 15, 162. Atrīdēs, s. Atreus.

ātrĭum, i, n. (hier nur plur.) das Atrium, die Halle, d. h. der vorderste und zugleich größte bedeckte Raum im Hause, früher Hauptaufenthaltsort der Familie, später prunkvolles Empfangs- und Gesellschaftszimmer 1, 172. 2, 114. 5, 3. 10, 595. 14, 260; metonym. Behausung, Wohnung 2, 296. 13, 968.

ātrox, ōcis, „finster aussehend," dah. feindselig: Eurystheus 9, 275.

attactŭs, ūs, m. Berührung 14, 414.

attămen, conj. aber doch 9, 505.

at-tĕnŭo, āvi, ātum, āre (ad u. tenuis), dünn machen: corpus, abmagern 3, 396. attenuatus amore, abgezehrt 3, 489; bildl. vermindern: opes 8, 844.

at-tĕro, trivi, trītum, ĕre, abreiben, losreiben 2, 456.

Attĭcus, a, um, attisch, athenisch 7, 492.

attingo, tĭgi, tactum, ĕre (ad u. tango), „berühren"; dah. vom Orte, erretchen, wohin gelangen: Maenalon 2, 415. moenia 14, 254.

Attĭs, ĭdis, m. ein phrygischer Hirt, wird von der Cybele zu ihrem Priester erwählt, aber in eine Fichte verwandelt, weil er sein Gelübde verletzte 10, 104.

at-tollo, ĕre, emporheben, aufrichten: caput 5, 503. corpus 7, 848. se 2, 822. se in auras 4, 722. oculos humo 2, 448. vultus jacentes 4, 144. lumen ad lumina 10, 294.

attŏnĭtus, a, um, s. attono.

at-tŏno, ŭi, ĭtum, āre, „andonnern", dah. in Bestürzung versetzen, besinnungslos machen, betäuben: mentes 3, 532. pass. 1, 202. 7, 426. partic. attonitus, a, um, bestürzt, betäubt, (vor Schreck) erstarrt 2, 463. 3, 40. 4, 802. 5, 510. 6, 600. alqua re 7, 614. 8, 681. 777. 9, 409. 15, 153. irā 9, 574. erschüttert 11, 709. in Wahnsinn versetzt 15, 326. bezaubert: voce 11, 20.

at-trăho, xi, ctum, ĕre, an sich ziehen, herbeiziehen: nemus 10, 143. alqm, herbeischleppen 3, 563. 7, 313. unā, mit sich fortschleppen 14, 63; bildl. heranziehen: in partes attrahi 5, 93.

attrītus, a, um, s. attero.

auceps, cŭpis, (von avis und capio), Vogelfänger 11, 73.

auctor, ōris, m. und f. derjenige, von welchem etwas herrührt; dah. 1) unmittelbar, Urheber, Veranlasser, Stifter 2, 281. 15, 103. belli 5, 8. facti 9, 206. mortis 8, 493. vulneris 5, 133. funeris 10, 199. (plagae) 3, 329. criminis 15, 40. lucis, Urquell 4, 257. teli, Absender, Schütze 8, 349. (jaculi) 12, 419. muneris, Verleiher, Geber 2, 88. 5, 657. 7, 686. 8, 430. 13, 670. honoris 10, 214. Geberin 7, 157. 10, 673. miscuerat auctorem muneris, d. i. Bacchum = vinum 11, 125. meritorum, Wohlthäterin 8, 108. (legum) Gesetzgeber 15, 833. 8, 101. (artium) Heilkünstler 7, 562; inèbes. a) Erzeuger, Ahnherr, Stammvater 1, 615. 6, 172. 9, 288. 13, 617. generis 4, 640. sanguinis 12, 558. 13, 142. — b) Erbauer, Gründer 15, 9. — c) Vorgänger, Vorbild 15, 103. — d) Erzähler, Berichterstatter 7, 824. 8, 725. 12, 58. Gewährsmann 11, 666. 12, 61. credita res auctore suo est, wegen ihres Gewährsmannes 12, 532. — 2) mittelbar: a) Unterstützer, Beförderer 7, 148. libidinis vetitae 9, 577. — b) Anrather, Rathgeber 10, 8. 13, 218 (auctore, d. i. Jove). viae, Wegweiser 3, 18. Verführer 10, 83. (als femin. 7, 157. 8, 108. 493. 10, 673.)

auctumnālis, e, herbstlich 8, 665. 13, 816.
1. **auctumnus**, i, m. (v. augeo) Herbst 1, 117. 6, 439. 15, 660; als mytholog. Person 2, 29; metonym. a) Herbstsegen 9, 92. — b) Jahr 3, 327.

2. auctumnus, a, um, herbstlich: frigus 3, 729.

auctus, a, um, s. augeo.

audācĭa, ae, f. Beherztheit, Kühnheit 8, 82. 9, 527. 10, 544. si verbis audacia datur, wenn der kühne Ausdruck gestattet ist 1, 175.

audax, ācis (audeo), 1) kühn, beherzt 12, 210. 13, 196. 14, 671. volatus 8, 223. si quid audax petendum est (s. praeceps) 13, 378. — 2) vermessen, keck 3, 623. 5, 451. 8, 399. 10, 544.

audens, s. adeo.

audĕo, ausus sum, ēre, (kühn) wagen: alqd 1, 199. 13, 244; mit *infinit.* 2, 266. 406. 4, 462; *part.* audens, als Adject. zum Wagen bereit, kühn 10, 586. (*praes. conj.* ausim 6, 466. 561. 8, 77.)

audĭo, īvi, ītum, īre, hören, vernehmen: nos 1, 769. querelas 2, 342. crimina in alquo 13, 311. audiri alcui (= ab alquo) 1, 341. 2, 592. 3, 401. 11, 42. 15, 319. auditi caelestes, die man bloß durch Hörensagen kennt 6, 170. *part.* audita, ōrum, *n.* das Gehörte 7, 825. 12, 58. 13, 788. — 2) Gehör geben, gehorchen: alqm. 14, 676. sagitta audit arcum 5, 382. (audierīs 10, 560.)

aufĕro, abstŭli, ablātum, auferre (ab u. fero) wegbringen, wegschaffen, entfernen: quod mortale fuit 4, 539. manus complexibus, entziehen 3, 390. — 2) mit sich fortreißen, entführen: alqm 2, 75. 14, 824. confinia 15, 292. *pass.* auferri, von Personen, fortgerissen werden, entführt werden (durch Wind, Fluthen u. dgl.) 4, 626. 9, 593; ablatus 2, 873. 5, 502. 7, 52. 398. 10, 591. cervus (sc. fluctibus) 1, 306. terris, entrückt 14, 811. aura refert talaria plantis ablata, die Luft entführt und weht zurück 10, 591. — 3) rauben, entreißen: opes agricolis 11, 210. ferrum jaculo 8, 354. ora 4, 771. decorem 9, 98. pudorem 6, 617. animam 9, 180. sensum 14, 177. usum verborum 14, 98. annos 10, 24. dextram, abreißen 3, 722. linguam ense, abhauen 6, 557. guttura cum verbis, Kehle und Wort abschneiden 7, 349. sibi ablatus, seiner bisherigen Gestalt beraubt 5, 546. — 4) aus dem Leben hinwegnehmen, hinwegraffen, vernichten: alqm 8, 709. alqd 9, 263. 15, 157. urbem 14, 575. — 5) (als Lohn der Bemühung) davontragen, erhalten: alqm 12, 405. spolia 13, 158. (abstulērunt 6, 617.)

augĕo, xi, ctum, ēre, vermehren, vergrößern: Cycladas 2, 264. turbam volucrum 5, 301. aquas fletibus 1, 584. animos clamoribus 7, 120. invidiam 15, 536. articulos, mehr hervortreten lassen 8, 808. formam, die Schönheit erhöhen 1, 530. 5, 50. vires augentur 9, 788. amnis nimbis auctus, angeschwollen 9, 105. quinque natalibus auctus, zu 15 Jahren herangewachsen 2, 497.

augŭr, ŭris, *m.* „Vogeldeuter"; dah. Weissager, Seher 3, 349. 512. 12, 18. 307; speciell (= haruspex) Opferschauer 15. 596.

augŭrĭum, i, *n.* 1) Gabe der Weissagung 13, 650. — 2) Auslegung, prophetische Deutung 1, 395.

augŭror, ātus sum, āri, weissagen 3, 519. vermuthen 10, 27.

augustus, a, um (v. augeo), erhaben, Ehrfurcht gebietend: mens 15, 145. gravitas 6, 73. 9, 270.

Augustus, i, *m.* „der Erhabene" Beiname des Cäsar Octavianus und nach ihm aller römischen Kaiser 1, 204. 15, 860. Dav. Augustus, a, um, augustisch, . . . des Augustus: postes 1, 562 (über dem Palastthore des Augustus auf dem palatinischen Hügel hing eine Bürgerkrone aus Eichenlaub und auf beiden Seiten stand ein Lorbeerbaum als arbor triumphalis. caput = Augustus 15, 869.

aula, ae, *f.* 1) Vorhof, Hof 4, 512. 14, 46. — 2) Hofburg 11, 586. 764.

aulaeum, i, *n.* der Theatervorhang, welcher beim Beginn der Handlung herabgelassen wurde, so daß die Bühne sichtbar ward, beim Schlusse aber von unten aufgezogen wurde, um sie zu verdecken: *plur.* 3, 111.

Aulĭs, ĭdis, *f.* Hafenort in Böotien, wo die griechische Flotte nach Troja sich sammelte 12, 10. *acc.* Aulidā 13, 182.

aura, ae, *f.* Luftzug, Lüftchen 1, 107. 4, 136. 7, 810. levis 1, 502. 529. 4, 673. rapida, Wind 3, 209. — 2) (dichter.) überh. Luft 6, 260. *plur.* 1, 135. 2, 154. 3, 21. 43. 5, 294. 15, 416. aurae aërque 15, 246 (s. que). aurae aëriae 9, 219. 10, 178. 14, 127. aethereae 5, 511. 4, 700. in (sub) auras, ans Licht, ans Tageslicht 7, 127. 9, 704. 5, 641. ad superas auras, zu den himmlischen Lüften empor, d. i. zu den oberen Göttern empor 10, 11. efferre sub auras, ans Licht bringen, austragen 11, 184. — 3) Lebensathem, Lebensluft 3, 121. 15, 517.

aurātus, a, um, mit Gold verziert: lyra 8, 15. vestis 8, 448. — 2) aus Gold, golden: telum 1, 470. monilia 5, 52. tecta 8, 701.

aureus, a, um, aus Gold, golden: axis 2, 107. Pactolos, goldhaltig 11, 87. vis, die golderzeugende Kraft 11, 142. Juppiter, in Gold verwandelt (s. Danaë) 6, 113. arbor, an welchem das goldne Vließ hing 7, 151. — 2) goldfarbig, goldschim-

mernb: color 12, 395. deus 15, 669. Phoebe
2, 723. Luna 7, 193. 10, 448. Sol 7, 663.
aether, geſtirnt 13, 587. — 3) übertr. gol=
ben, d. i. überaus ſchön, reizend: Venus 10,
277. 15, 761. aetas, das goldene Zeitalter
1, 89. 15, 96. (aureae 7, 151 u.'aurea 7,
193. 12, 395 durch Synäreſis zweiſylb.)
aurīga, ae, *m*. (v. aurea, „Zaum"
u. ago), Wagenlenker 2, 312. 327.
* **aurīgĕna**, ae, *f*. (v. aurum u. gigno),
der Golderzeugte, d. i. Perſeus (ſ. Danaë)
5, 250.
auris, is, *f*. Ohr 1, 211. auribus ac-
cipere 10, 62. aures praebere, Gehör ſchen=
ken 3, 692. 5, 334. 6, 1. aures capere (er-
gößen) 4, 271.
Aurōra, ae, *f*. die Göttin der Mor=
genröthe, Tochter des Titanen Hyperion,
gebar dem Aſträus den Zephyrus, Boreas
und Nothos, dem Titonus den Memnon.
Sie fährt auf ſafranfarbigem Wagen dem
Helios voran 2, 113. 144. 3, 150. 184.
600. 4, 81. 630. 5, 440. 6, 48. 7, 100.
209. 703. 11, 598. 13, 576; metonym. das
Morgenland, der Orient 1, 61.
aurum, i, *n*. 1) Gold 1, 141. 2, 750.
— 2) metonym. aus Gold Gemachtes:
Goldſtickerei 2, 734. 6, 166. Goldbeſatz 6,
567. goldner Halsſchmuck 9, 411 (ſ. Cal-
lirhoë). Pokal 6, 488. goldenes Vließ 7,
155. 213. goldner Apfel 10, 667. 675.
pluvium, Goldregen 4, 611. — 3) übertr.
a) Goldglanz, Goldfarbe 3, 32 (ſ. et). —
b) goldnes Zeitalter 1, 115. 15, 260.
ausim, ſ. audeo.
Ausŏnĭa, ae, *f*. Land der Aufoner,
eines ſübitaliſchen Urvolks, Auſonien; dich=
ter. = Italia 14, 7. Dav. **Ausŏnĭus**, a,
um, auſoniſch, italiſch 13, 708. 14, 77.
320. 786. 15, 647. 693. Pelorus, weil
gegenüber von Italien gelegen 5, 350.
latiniſch 14, 772.
Ausŏnĭus, a, um, ſ. Ausonia.
auspĭcĭum, i, *n*. (= avispicium) eigtl.
Beobachtung der Weisſagung; daß. 1)
(weil im Kriege nur der Heerführer das
Recht der Auſpicien hatte) die Oberanfüh-
rung: auspiciis alcjus, unter Jemds. An-
führung 15, 822. — 2) Wahrzeichen 10, 8.
auster, tri, *m*. der Südwind: pluvius
1, 66. calidus 7, 532. aquaticus 2, 853.
austrālis, e, ſüdlich: polus 2, 132.
ausum, i, *n*. (audeo), Wagnis, kühnes
Unternehmen 10, 460. 11, 242. plur. 2,
328. 6, 84. 7, 178. 9, 621. 11, 12.
ausus, a, um, ſ. audeo.
aut, *conj*. abſolut entgegenſeßend, oder
2, 424. 5, 519. 10, 33; im zweiten Gliede
negativer Säße 1, 323. 5, 131. 8, 78. 207.
9, 615. 10, 377. 13, 672. aut... aut, ent-
weder... oder 3, 58. theils... theils 7,

288. wenn nicht... ſo 1, 391. 607. ne-
que aut... aut, und weder... noch 9,
556. 12, 345. 14, 462. — 2) wenn das
zweite Glied ſchwächer iſt, oder doch, oder
wenigſtens 7, 68. 13, 380. 14, 193. 197.
— 3) correctiv, oder vielmehr 9, 38. 15,
530. 602. 773. — 4) von dem, was ſein
müßte, wenn das früher Geſagte nicht ſtatt=
haben ſollte, ſonſt, widrigenfalls 4, 336. 7,
699. 10, 52.
autĕm, aber 9, 495.
Autŏlўcus, i, *m*. der Sohn des Mer=
cur und der Chione, Vater der Anticlea,
der Mutter des Ulyſſes, Gemahl der Me-
ſtra; durch ſchlaue Betrügereien in der
alten Sagenwelt berüchtigt, beſaß er von
ſeinem Vater die Gabe, das geſtohlene
Gut durch Verwandlung unkenntlich zu
machen 11, 313. 8, 738.
Autŏnŏë, ēs, *f*. Tochter des Cadmus,
Gemahlin des Ariſtäus, Mutter des Ac=
täon 3, 720. Dav. **Autŏnŏēĭus** a, um,
autoneïſch: heros, b. i. Actäon 3, 198.
Autŏnŏēĭus, a, um, ſ. Autonoë.
autumnālis, e, ſ. auctumnalis.
autumnus, ſ. auctumnus.
auxĭlĭāris, e, Hülfe leiſtend, hülfreich:
undae 1, 275. aera (ſ. aes) 4, 333. dea
9, 699. arma, Hülfstruppen 6, 424. car-
men, Zauberformel zum Beiſtande des
Jaſon 7, 138.
auxĭlĭum, i, *n*. Hülfe, Beiſtand: auxi-
lium ferre 2, 580. 4, 693. auxilio esse,
Hülfe leiſten, beiſtehen 12, 90; concret,
Helfer 4, 737.
ăvārus, a, um, gelbgierig, habſüchtig
2, 759. 7, 466. Troja 11, 208 (ſ. Hesione).
ă-vello, velli u. vulsi, vulsum, ĕre,
abreißen, losreißen: frondes 2, 351. ca-
put 3, 727. corpora truncis 2, 358. avul-
sus tumulis 13, 510.
ăvēna, ae, *f*. Halm des Hafers, Hafer-
rohr 8, 192. structae, die (zuſammengeſeßte)
Hirtenpfeife, die Syrinx 1, 677.
ăvens, ſ. aveo.
Ăventīnus, i, *m*. ein albaniſcher Kö-
nig, von deſſen Grabſtätte der aventiniſche
Hügel in Rom ſeinen Namen hatte 14, 620.
ăvĕo, ēre, ſehr begierig ſein, heftig ver-
langen: accedere 2, 503.
Avernālis, e, zum See Avernus (in
Campanien bei Cumä) gehörig, deſſen
Dünſte den Vögeln tödtlich waren, wes-
halb der Mythus hierher einen Eingang
in die Unterwelt verlegte und den Aver-
nus ſelbſt zu den Gewäſſern der Unterwelt
zählte; daß. nymphae, unterweltlich, dem
Todtenreiche angehörig 5, 540.
Avernus, a, um, averniſch, unterwelt=

aversor

lich (ſ. Avernalis): pallor 4, 487. Juno = Proserpina 14, 114. valles, die Unterwelt 10, 51. ſubſt. Averna, orum, n. die Unterwelt 14, 105.

āversor, ātus sum, āri (averto), „ſich wegwenden" von Jemd. (mit Verachtung oder Unwillen); dah. **abweiſen, zurückweiſen**: petentes 1, 478. 14, 672. rogantem 10, 394.

ā-verto, ti, sum, ĕre, **abwenden, wegwenden**: vultus 5, 179. 6, 642. oculos 2, 770. faciem a moenibus 15, 587. impulsum (me) avertit (a se), durch einen Stoß drehte er mich) um 9, 54. avertere (*imperat. pass.*), wenn du dich wegwendeſt 3, 433; *part.* **aversus**, a, um, als Adject. (mit der Vorderſeite) **abgewendet** 7, 342. 8, 511. 1, 629. passus, rückwärts gerichtet 12, 137. occupat draconem aversum, von hinten 4, 716. aversi (*sc.* a Troja), die zur Heimkehr Gewendeten 13, 229.

ăvĭdus, a, um (aveo), nach etwas leidenſchaftlich verlangend, gierig: a) *c. genit.* 1, 161. 10, 56. — b) *c. infin.* 5, 75. 10, 472. — c) abſolut 2, 719. ungues 4, 717. dens 11, 123. morsus 4, 724. alvus 12, 17. flammae 9, 172. amplexus, innig 7, 143.

ăvis, is, *f.* **Vogel**: noctis, die der Minerva geheiligte Nachteule 2, 564. 11, 25; insbeſ. „Weiſſagevogel"; dah. metonym. **Wahrzeichen, Vorbedeutung** 5, 147. 6, 433. bonis avibus, unter glücklichen Zeichen 15, 640.

ăvītus, a, um (avus), **vom Großvater herrührend, großväterlich**: nomen 9, 708. vires = vires avi (Symaethi) 13, 886. flamme = fulmen Jovis 2, 646. — 2) **ahnherrlich** 6, 650. 13, 524.

āvĭus, a, um (via), **vom Wege abgelegen, entlegen**: stabula 6, 596. ſubſt. avia, orum, *n.* **Abwege, abgelegene Orter** 1, 701. 2, 205. nemorum, entlegene Waldungen 1, 479.

avulsus, a, um, ſ. avello.

avus, i, *m.* **Großvater** 3, 564 (Cadmus). 14, 589. currus avi (des Sonnengottes, deſſen Sohn Aeetes war). 7, 209; übertr. **Vorfahr, Ahnherr** 9, 491. 15, 425.

axis, is, *m.* **die Achſe am Wagen** 2, 107. 317. 15, 522. dah. dichter. **der Wagen** 2, 59. *plur.* 2, 148. 4, 634. — 2) **Weltachſe, Himmelsachſe** 1, 255. 2, 516; dah. metonym. **Himmel** 2, 75. 297. 516. 6, 175. hesperius 4, 214.

B.

Băbўlōnĭus, a, um, **aus Babylon** (am Euphrat in Meſopotamien), **babyloniſch** 2, 248. 4, 44. 99.

bacca (od. bāca), ae, *f.* **Beere**: olivae 6, 81. 8, 295. des Oleaſter 14, 525. des Lotos 9, 341. der Myrthe 11, 234. des Lorbeers 10, 98. Minervae, d. i. Olive 8, 664. 13, 653. — 14) **Perle** 10, 116. 265.

Bacchae, ārum, *f.* die **Bacchantinnen**, Begleiterinnen des Bacchus auf ſeinem Zuge nach Indien, die in Geſellſchaft des Silenus und der Satyrn mit einem Rehfelle um die linke Schulter, einem Epheuſtabe (thyrsus) in der Hand und mit gelöſten wild einherfliegenden Haaren die Bacchusfeſte (orgia) in einer bis zur Unempfindlichkeit geſteigerten Raſerei begingen und dieſe Raſerei andern Weibern mittheilten 4, 25. 9, 642. 11, 89.

bacchantes, *f.* (*part. v.* bacchor, ātus sum, āri, „das Bacchusfeſt feiern"), die **Bacchantinnen** (= Bacchae): *genit.* bacchantum 3, 703. 7, 258.

Bacchēus, a, um, **bacchiſch**: sacra 3, 691. ululatus, bacchantiſch (ſ. Bacchae) 11, 17.

Bacchĭădae, ārum, *m.* die **Nachkommen des Bacchis**, eines korinthiſchen Herrſchers, welche, aus Korinth vertrieben, Syracus in Sicilien gründeten 5, 407.

Bacchĭus, a, um, **bacchiſch**: sacra 3, 518.

Bacchus, i, *m.* **der Gott des ſinnlichen Lebensgenuſſes**, vorzugsweiſe des Weines (4, 14), Sohn des Jupiter und der Semele. Als dieſe in Aſche zerfiel (ſ. Semele), rettete Jupiter das noch nicht ausgetragene Kind und barg es bis zur völligen Zeitigung in ſeiner Hüfte (dah. ignigena, bimatris, bis genitus, iterum satus 4, 12. 3, 317) und übergab es der Ino (3, 313), ſpäter den nyſeiſchen Nymphen (3, 314. 7, 295). Herangewachſen trat er ſeinen ſiegreichen Weltzug an und kam mit ſeinem jubelnden wilden Gefolge bis nach Indien (4, 20. 605). Dann erſt zog er über Thracien nach Griechenland, wo er die Verächter ſeines Cultus, den Pentheus, Lycurgus und die Minyerinnen, ſtraft. Auf der Inſel Naxos findet er die vom Theſeus verlaſſene Ariadne und macht ſie zu ſeiner Gemahlin 8, 177. Dargeſtellt wird er als Bezähmer wilder Thiere (3, 668), auf einem mit Luchſen beſpannten Wagen

4, 24. 15, 413. — 2) metonym. Wein 6, 488. 7, 246. 450. 13, 639.

Bactrĭus, a, um, aus Bactra, der Hauptstadt der persischen Landschaft Bactriana, bactrisch 5, 135.

bacŭlum, i, *n*. Stab, Stock 2, 789. 3, 325. 14, 387. 15, 655.

bālaena, ae, *f*. Wallfisch 2, 9.

bālātŭs, ūs, *m*. das Blöken, Mäckern (der Schaafe u. Ziegen) 7, 319. 320. *plur.* 7, 540.

Bălĕārĭcus, a, um, balearisch; die Bewohner der balearischen Inseln an der spanischen Küste waren berühmt als Schleuderer: funda 2, 727. 4, 709 (f. quantus).

ballista, ae, *f*. Wurfmaschine 11, 509.

baltĕus, i, *m*. Säbelgurt, Wehrgehenk 9, 189.

barba, ae, *f*. Bart 1, 266. 12, 395. 15, 656.

barbărĭcus, a, um, ausländisch (nicht griechisch oder römisch) 6, 576. phrygisch 11, 162.

barbărĭes, ēi, *f*. das Fremdland (im Gegens. zu Rom und Griechenland) 15, 829.

barbărus, a, um, fremdländisch (nicht griechisch, nicht römisch) 6, 423; phrygisch 14, 163. 574; subst. barbara, ae, *f*. Fremdländerin 7, 144. 276. — 2) ohne Gesittung, ungebildet 7, 53. subst. barbarus, i, *m*. Barbar 6, 533.

Battus, i, *m*. ein peloponnesischer Hirt, wird vom Mercur wegen Verraths eines von diesem begangenen Diebstahls in den Stein Index („Probirstein") verwandelt 2, 688.

Baucis, ĭdis, *f*. die Frau des Philemon (f. Philemon): acc. Baucidă 8, 715.

bĕatus, a, um, glückselig, glücklich 3, 136. tempus 7, 797. beatum facere alqm, beglücken 1, 589. 8, 79.

Belĭdes, um, *f*. die Enkeltöchter des Belus (Königs von Aegypten), die Beliden oder Danaiden, d. i. Töchter des Danaus (eines Sohnes des Belus), welcher, mit seinem Bruder Aegyptus in Zwist, nach Griechenland geflohen war, wo er das Reich Argos gründete. Zur Versöhnung schlug Aegyptus eine Vermählung seiner 50 Söhne mit den 50 Töchtern des Bruders vor. Allein Danaus, durch das Orakel bedeutet, daß einer seiner Schwiegersöhne ihn tödten werde, befahl seinen Töchtern, ihre Gatten in der Hochzeitsnacht zu ermorden. Dafür traf sie in der Unterwelt die Strafe, in unaufhörlicher Arbeit mit einem Siebe Wasser in ein durchlöchertes Faß zu schöpfen. Lynceus, der einzige, welcher von seiner Verlobten Hypermnestra verschont worden war, tödtete später den Danaus und folgte ihm in der Herrschaft von Argos, dessen Bewohner bereits den Namen Danaër trugen 4, 463. 10, 44.

bellātŏr, ōris, *m*. Krieger: equus Streitroß 15, 368.

bellātrix, trīcis, *f*. Kriegerin: Minerva, streitbar 8, 264.

bellĭcus, a, um, 1) zum Kriege gehörend: tubicen, Kriegstrompeter 3, 704. ensis, Schlachtschwert 3, 534. — 2) (= bellicosus) kriegerisch, streitbar: Pallas 5, 46. virgo (dea), d. i. Minerva 2, 752. 4, 754.

bellĭger, ĕra, ĕrum (gero), zum Kriege dienend: ensis, Schlachtschwert 3, 534.

bello, āvi, ātum, āre, Krieg führen, kämpfen 5, 101.

Bellōna, ae, *f*. die Göttin des Krieges, Schwester und beständige Begleiterin des Mars 5, 155.

bellua, f. belua.

bellum, i, *n*. (aus duellum, „Zweikampf") Krieg: acta belli domique 12, 185. bello, zur Zeit des Krieges 8, 19. bellum suscipere 14, 450. parare 7, 456. movere 9, 404. gerere 14, 572. trahere 12, 584. ferire 15, 747. deponere 8, 47; übertr. Streit, Zwist 12, 621; metonym. a) Kampf, Schlacht 3, 117. 5, 219. 7, 212. 9, 42. Angriff 11, 14. — b) Kriegsthaten, Kriegsruhm 12, 623. — c) Kriegsheer 12, 25.

bĕlŭa, ae, *f*. großes u. wildes Thier, Unthier 4, 689. 5, 18. 11, 366. 13, 917.

Bēlus, i, *m*. der Gründer des babylonischen Reiches 4, 213.

bĕnĕ, *adv* gut: non bene, übel 1, 9. schmerzlich 14, 79. thöricht 15, 827; *comp.* melius, besser: melius mit *futur.*, es wird besser sein (es wäre angemessener) wenn... 8, 52. 487. 13, 321. 14, 28; mit mehr Recht 13, 133. — 2) gehörig, tüchtig 3, 393. 8, 409. fest 14, 583. — 3) glücklich 14, 675. munus bene cedit 8, 862. — 4) völlig: non bene 12, 616. genau: bene quaerere 3, 141. scire 13, 68. nosse 1, 132. 13, 808. notus, wohl 10, 26. vix bene, kaum recht, kaum völlig, kaum noch 2, 47. 3, 14. 7, 774. 11, 260. 13, 944. 14, 753. 15, 669.

bĕnĕfactum, i, *n*. ruhmvolle That 13, 270. 15, 850.

bĕnignus, a, um, wohlwollend, gütig: fuerit benignior, „wird (dann) gütiger (gegen mich) gewesen sein" (insofern Ajax vorgeschlagen hatte, die Waffen zwischen Diomedes und Ulysses zu theilen) 13, 254.

Bĕrĕcynthĭus, a, um, zu dem der Cybele geheiligten Berge Berecynthus in Phrygien gehörig, berecynthisch: tibia, die mit einem krummen Horne versehene phrygische Flöte 11, 16. heros = Midas als Sohn der Cybele 11, 106.

Běrŏë, ēs, *f.* die Amme der Semele 3, 278.

Biānŏr, ŏris, *m.* ein Centaur 12, 345.

bĭbo, bĭbi, ëre, trinken 3, 416. aquas 15, 334. flumen 15, 281.

bĭbŭlus, a, um, „trinklustig"; dah. 1) einsaugend: radix 14, 632. lana, Farbe einsaugend 6, 9. — 2) was Feuchtigkeit eingesogen hat, feucht: arena 13, 901. medulla 4, 744. nubes 14, 368. talaria 4, 730.

bĭceps, cĭpĭtis (bis und caput), zweiköpfig: Parnasus, doppelgipflig 2, 221.

bĭcŏlŏr, ŏris (bis und color), zweifarbig: myrtus 10, 98. 11, 234. bacca Minervae (grün und schwarz) 8, 664.

bĭcornis, e (bis u. cornu), zweigehörnt: caper 15, 304. Granicus, als Flußgott, die gehörnt dargestellt wurden 11, 763. furca, zweizinkig 8, 647.

bĭdens, tis (bis u. dens), „zweizähnig"; subst. *fem.* ein Opferthier, welches beide Zahnreihen vollständig hat, also zweijährig ist 10, 227. 15, 575.

bĭfīdus, a, um (bis u. findo), zweispaltig: pes 14, 303.

bĭfŏris, e (bis u. foris), zweithürig, zweiflügelig: valvae 2, 4.

bĭformis, e (bis u. forma), zweigestaltig, doppelgestaltet 2, 664. 4, 387. 9, 121. 12, 456. monstrum, der Minotaurus (s. Pasiphaë) 8, 156.

bĭfurcus, a, um (bis u. furca), zweigabelig, zweizackig: ramus 12, 442.

bĭjŭgis, e (bis u. jugum), zweispännig: lynces, Zweigespann 4, 24.

bĭmāris, e (bis u. mare), an zwei Meeren gelegen 5, 407. 6, 419. 7, 405.

*****bĭmāter**, tris, *m.* zwei Mütter habend 4, 12 (s. Bacchus).

bĭmembris, e (bis u. membrum), doppelgliedrig: subst. bimembres, Doppelgestalten d. i. die Centauren (halb Mensch, halb Roß) 12, 240. 494. 15, 283.

bīni, ae, a, je zwei, allemal zwei 1, 626. — 2) von gepaarten Dingen derselben Art: ein Paar, zwei 7, 240. 12, 432. 14, 205. 344.

*****bĭnōmĭnis**, e (bis u. nomen), zweinamig: Ascanius (der auch Julus hieß) 14, 609.

*****bĭpennĭfer**, ĕri, eine Doppelaxt führend 4, 22. 8, 391.

bĭpennis, is, *f.* zweischneidige Axt, Doppelaxt 5, 79. 8, 766. 12, 611.

bis, *adv.* zweimal: bis terque, zweibis dreimal 4, 517. bis duo 13, 642. bis seni 8, 243. bis octoni 5, 50.

Bĭsaltis, ĭdis, *f.* die Tochter des Bisaltes, d. i. Theophane, mit welcher Neptun in Widdergestalt den goldenen Widder des Phrixus erzeugte: acc. Bisaltida 6, 117.

Bĭstŏnĭus, a, um, zum Volke der Bistonier in Thracien gehörig, bistonisch: viri = Thracier 13, 430.

bĭsulcus, a, um (bis u. sulcus) gespalten: pes 7, 113. lingua 9, 65.

bĭtūměn, ĭnis, *n.* Erdharz 9, 660. 14, 792.

*****bĭtūmĭněus**, a, um, erdharzig 15, 350.

blandīmentum, i, *n.* Liebkosung, Schmeichelwort: *plur.* 2, 815.

blandĭor, ītus sum, īri, liebkosen, schmeicheln 9, 569 (s. pavidus); alicui, schmeichelnd bitten 4, 532. 6, 440. 14, 705. — 2) von Dingen: (zum Genuß) anlocken, einladen 10, 555.

blandĭtĭae, ārum, *f.* Schmeichelreden, Schmeichelworte, Liebkosungen 4, 70. 6, 626. 7, 817. 12, 407. blanditias adhibere 10, 259. perdere 1, 531.

blandus, a, um, schmeichelnd, liebkosend: dicta 3, 375. preces 10, 642. os 13, 555. manus 2, 691. lacerti 1, 485. cauda 14, 258. tabella, zärtlich 14, 707. — 2) (zum Genuß) einladend, lockend: aquae 4, 344.

Boebē, ēs, *f.* Stadt u. See in Thessalien 7, 231.

Boeōtĭa, ae, *f.* die Landschaft Böotien in Hellas (nach Apollos Kuh benannt, s. 3, 13) 2, 239.

Boeōtĭus, a, um, böotisch: moenia 3, 13.

Boeōtus, a, um, böotisch: tellus = Böotien 12, 9.

bŏnum, s. bonus, a, um.

bŏnus, a, um, gut, trefflich, tüchtig: arma 13, 40. causa 5, 220. dextera 9, 29. sucus, heilsam 14, 299. pars melior (oder optima), der unsterbliche Theil 9, 269. 15, 875. 14, 604. germana melior parente esse incipit, das Schwestergefühl in ihr wird mächtiger als das Muttergefühl 8, 475. subst. bonum, i, *n.* das Gut: formae, Gabe der Schönheit 10, 563. *plur.* Güter 2, 97. Glücksgüter, Glück 2, 809. 6, 197. Vorzüge 13, 139. meliora, das Bessere, der bessere Theil 7, 20. di meliora velint oder di melius! die Götter mögen es verhüten 7, 37. 9, 497. Insbes. a) schön 1, 502. — b) bieder, redlich 1, 322. — c) wohlwollend, gütig 7, 627. 9, 88. 14, 589. 15, 91. vultus, freundlich 8, 678. — d) Glück bringend, günstig: aves 15, 640 (s. avis). — e) heiter: vultus 5, 501. 7, 862. animo meliore, mit leichterm Herzen 9, 433 (quoque = et quo).

Bŏōtēs, ae, *m.* (βοώτης, „Rinder-

hirt") ein nördliches Gestirn nahe beim Wagen (plaustrum) oder dem Gestirne des großen Bären, daher auch Arctophylax, d. i. Bärenhüter genannt 8, 206. 10, 447. *voc.* Boote 2, 176.

bŏrĕās, ae, *m.* der Nordwind (aquilo) 1, 65. 2, 185. 13, 418. *acc.* borean 15, 471; als mythologische Person Sohn des Asträus und der Aurora, hatte seinen Aufenthalt auf dem Hämus in Thracien; dorthin entführte er die Orithyia, die Tochter des attischen Königs Erechtheus, welche ihm den Calais und Zetes gebar 6, 982. — 2) als Himmelsgegend, der Norden 13, 727.

bōs, bŏvis, *c.* Rind, Ochs, Kuh 6, 323. 1, 612. 4, 97. *abl.* bōbus 15, 618. būbus 14, 3. 15, 12.

bracchĭum i, *n.* der „Unterarm" (bis zum Ellbogen, im Gegens. von lacertus); dah. im Allgem. der Arm 1, 501. 550. 2, 669. quae modo bracchia gessit, crura gerit, die Glieder, die er so eben noch als Arme trug, trägt er jetzt als Beine 5, 455; übertr. a) die Scheere des Scorpions 2, 82. 195. des Krebses 3, 83. 4, 625. 10, 127. 15, 369. — b) Baumast 14, 630. — c) Seitenarm einer Bucht 11, 230. — d) Schenkel des Zirkels 8, 247.

brĕvis, e, nicht lang oder hoch, kurz: via 5, 253. forma 5, 457. mensura 9, 789. spatium 3, 677. Almo 14, 329. — 2) nicht weit oder breit, schmal: scopulus 9, 226. — 3) klein: sigillum 6, 86. — 4) von kurzer Dauer, kurz: tempus 4, 167. hora 4, 696. ver 1, 118. vita 3, 124. usus 3, 367. 10, 737. injuria 3, 267. voluptas 9, 485. in brevi spatio, in kurzer Zeit 1, 411. brevi (spatio), eine kurze Zeit lang 5, 32. 7, 307. transitus, schnell 5, 433. — 5) von der Rede oder Schrift, kurzgefaßt, kurz: carmen 14, 442.

brĕvĭter, *adv.* kurz, mit kurzen Worten 2, 783.

Britanni, ōrum, *m.* die Britannier, Bewohner der Insel England 15, 752.

Brŏmĭus, i, *m.* (Βρόμιος v. βρέμω, „der Lärmende"), Beiname des Bacchus von der geräuschvollen Feier seiner Feste 4, 11.

Brŏmus, i. *m.* ein Centaur 12, 459.

Brŏtĕās, ae, *m.* 1) ein Aethiope 5, 107. — 2) ein Lapithe: *acc.* Broteān 12, 262.

brūmālis, e (v. brūma = brevissima

sc. dies, „die Zeit der kürzesten Tage"), winterlich: horae, die kurzen Winterstunden, weil die Römer in jeder Jahreszeit von Sonnenaufgang bis Untergang 12 Stunden zählten 4, 199.

Būbăsis, ĭdis, *f.* aus Bubasus, einer Stadt in Carien, bubasisch 9, 644.

Būbastis, is, *f.* eine besonders in der unterägyptischen Stadt Bubastus verehrte Göttin (die Artemis der Griechen) 9, 691.

būbo, ōnis, *m.* Uhu: ignavus 5, 550. profanus 6, 432. funereus 10, 453. Stygius 15, 791.

būbus, f. bos.

buccīna, f. bucina.

būcĕrus, a, um (βούκερως), mit Rindshörnern versehen: armenta, Rinderheerden 6, 395.

bŭcĭna, ae, *f.* Signalhorn; dah. die kreiselförmig gewundene Tritonsmuschel, auf welcher Triton bläst 1, 335.

bulla, ae, *f.* jede hohle Aufschwellung; dah. Wasserblase 10, 734. — 2) Kapsel von Gold oder Silber, die als Schmuck getragen wurde 10, 114.

Būris, is, *f.* Küstenstadt in Achaja, versank durch Erdbeben ins Meer: *acc.* Burin 15, 293.

Būsīris, ĭdis, *m.* ein ägyptischer König, welcher alle Fremden opferte und vom Hercules erschlagen wurde: *acc.* Busirin 9, 183.

bustum, i, *n.* (v. buro = uro), „Leichenbrandstätte"; dah. Grabstätte, Grabhügel 13, 452. 6, 665. *plur.* für *sing.* 4, 88. 8, 710. (= manes) 13, 515.

Būtes, ae, *m.* der Sohn des Atheners Pallas 7, 500.

Būthrŏtŏs, i, *f.* Stadt in Epirus, wo Helenus, der Sohn des Priamus, herrschte, welcher die Andromache, die Wittwe seines Bruders Hector, geheirathet und einem von ihm dort erbauten Städtchen den Namen Troja gegeben hatte 13, 721.

buxum, f. buxus.

buxus, i. *f.* (seltener **buxum**, i, *n.*), Buchsbaum 10, 97. Buchsbaumholz 4, 134. 11, 417. 12, 158; meton. Flöte aus Buchsbaum 4, 30. 14, 537.

Byblis, ĭdis, *f.* Tochter des Miletus und der Cyaneë in Kleinasien, wurde wegen unsinniger Liebe zu ihrem Bruder Caunus in eine Quelle verwandelt 9, 454. *acc.* Byblidă 9, 453. 467. 643. *vocat.* Bybli 9, 581. 651.

C.

căcūmĕn, ĭnis, *n.* die äußerste Spitze eines Gegenstandes; dah. von Bäumen, Wipfel 1, 346. 2, 792. 4, 255. 8, 257. 15, 396; von Bergen, Gipfel 1, 310. 4, 659. 6, 311. 9, 93.

căcŭmĭno, āvi, ātum, āre, zuspitzen: aures 3, 195.

cădāvĕr, ĕris, n. (v. cado), Leichnam 7, 602.

Cadmēĭs, s. Cadmus.

Cadmus, i, m. Sohn des phönicischen Königs Agenor, kommt, seine vom Jupiter entführte Schwester Europa suchend (3, 3), nach Griechenland und gründet die Cadmea, die Burg des spätern böotischen Theben (3, 130). Gemahl der Harmonia, einer Tochter des Mars und der Venus (3, 132), und durch sie Vater des Polydorus, der Semele, Agave, Ino und Autonoë geworden, wandert er, durch viele Unglücksfälle in seiner Familie gebeugt, im Alter nach Illyrien aus, wo er und seine Gattin in Drachen verwandelt werden (4, 576). regia Cadmi, d. Burg von Theben 6, 177. — Dav. Cadmēĭs, ĭdis, f. 1) von Cadmus stammend, cadmeisch: domus 4, 545. arx, die Burg Cadmea in Theben 6, 217; subst. die Tochter des Cadmus, Cadmeïde, d. i. Semele: acc. Cadmeïda 3, 287. — 2) thebanisch: matres 9, 304. subst. Cadmeides, die Thebanerinnen 4, 562.

cădo, cĕcĭdi, cāsum, ĕre, 1) herabfallen, sinken: stella cadit de caelo 2, 322. cadunt imbres 11, 516. nimbi 14, 543. lacrimae 6, 505. unda, stürzt herab 11, 556; abfallen, entfallen: ros cadit e capillis 5, 635. colus digitis 4, 229. cadunt saetae 14, 303. tabellae 9, 571. lanae gregibus 7, 541. poma ramis 7, 586. flores tunicis 5, 399. herbae manu 14, 350; insbes. a) von Geschossen, (ohne Wirkung) zur Erde fallen 12, 361. 496. — b) von Gestirnen, sinken, untergehen 11, 594. 14, 711. cadente die, mit sinkendem Tage 4, 627. — 2) umfallen, hinsinken, fallen 1, 508. 7, 827. in pectus 4, 579. in vultus 5, 292. in artus (in d. Kniee) 5, 96. dah. a) im Tode hinsinken, sterben 6, 250. 7, 595. 13, 695. 15, 827. ferro 13, 498. leto 8, 518; insbes. im Kampfe getödtet werden, fallen 3, 119. 5, 39. 109. 119. 154. 7, 142. 12, 68. 13, 501. 14, 573. ab alquo, von Jemds. Hand 5, 192. — b) von Opferthieren, geschlachtet werden, fallen 7, 162. 13, 615. — c) von Städten, in den Staub sinken, untergehen, fallen 12, 20. 13, 173. 404. 13, 375. 14, 573. 15, 428. 440. arces casurae, dem Fall nahe 12, 588. — d) cadere in alqd, sich in etwas auflösen, in etwas vergehen 15, 245. — 3) bildl. an Kraft abnehmen, schwinden, sinken: animi (Muth) cadunt 11, 537; zeugmatisch animi manusque, der Muth schwand und die Hände entsanken 7, 347. fortuna cadit, sinkt dahin 13, 435. eurus, legt sich 8, 2.

*cădūcĭfĕr, ĕri, m. den Herolbstab (caduceus) tragend 8, 627; subst. Träger des Heroldstabes, d. i. Mercur 2, 708.

cădūcus, a, um (v. cado), was herabfällt oder herabgefallen ist: frons 7, 840. 9, 651. lacrimae 6, 396. — 2) zum Abfallen geneigt: flos 10, 738. — 3) bildl. hinfällig, nichtig: spes 9, 597 (das Herabfallen der Schreibtafel schien ihr anzudeuten, daß ihre Hoffnung eitel sei).

cādus, i, m. irdener Weinkrug 13, 243.

caecus, a, um, nicht sehend, blind: bildl. cupido 3, 620. mens, verdunkelt 4, 502. — 2) passiv., was man nicht sehen kann, unsichtbar, verborgen, geheim: vulnus 6, 293. ignis 3, 490. 8, 516. stimuli 1, 726. tabes 9, 174. vulnus, (von ihnen) ungesehen 7, 342. manus, tief eingesenkt 12, 492; bildl. unergründlich: latebrae 1, 388. — 3) wo man nicht sehen kann, finster, dunkel: iter 10, 456. limes 14, 370. nubes 14, 816. specus 7, 409. caverna 5, 639. 15, 299. tecta 8, 158 (s. que). acervus (= chaos) 1, 24. nox 6, 472. 10, 476. 11, 521.

caedēs, is, f. (v. caedo), das Niederhauen, Tödten, das Blutvergießen, der Mord 1, 161. 234. 3, 625. 4, 160. 429. 8, 507. 12, 240. 15, 129. virorum, Ermordung 13, 400. parentis 15, 820. ferarum, Erlegung 2, 442. 15, 106. Opfertod 13, 468. sine caede, ohne Blutvergießen 8, 62. 11, 270. sine caede et sanguine 15, 82. — 2) Blutbad, Gemetzel 12, 298. 599. sanguinea 13, 85. plur. 12, 244. — 3) das gewaltsam vergossene Blut 1, 149. 3, 143. 4, 97. 125. 163. 8, 444. 9, 73. 12, 35. 111. 13, 389. 14, 199. 15, 778.

caedo, cĕcīdi, caesum, ĕre, fällen, niederhauen, umhauen: Bäume 1, 94. 2, 418. 8, 329. 769. 9, 230. 374. 14, 535; dah. a) von Menschen, tödten, ermorden 2, 533. 5, 148. 12, 113. 590. 603. 15, 840. — b) von Thieren, schlachten 13, 637. 15, 141. 695. — 2) zerschneiden, zerstücken: caesa membra 6, 407. caesum caput 15, 795 (s. caput). — 3) hauen, schlagen: equos 2, 399. lacertos 6, 532. Heliades caesae pectora, sich die Brust schlagend 2, 341.

caelāmen, ĭnis, n. halberhabene Arbeit, halberhabenes Bildwerk 13, 291.

caelebs, ĭbis, ehelos, unvermählt 10, 245; von Bäumen, an welchem keine Reben hinaufgezogen sind 14, 663.

caelĕs, ĭtis, himmlisch; plur. caelites, die Himmlischen, die Götter 5, 322. 6, 151.

caelestis, e, himmlisch: solum 1, 73. regnum 1, 152. sedes 4, 447. plaga 12, caelicola — calesco — 37

40. sceptra 1, 595. — 2) göttlich, ... des Gottes (der Götter) 1, 760. 2, 621. 6, 131, 9, 500. monita, Göttergebot 1, 396. 14, 293. numen, Gottheit 1, 367. dona, d. i. des Vulcanus 13, 289. munus, Verleihung der olympischen Ehre 14, 594; subst. caelestes, die Himmlischen, die Götter 4, 594. 6, 72. 171. (*ablat. sing.* caeleste 15, 743; *genit. plur.* caelestum 1, 150.)
caelĭcŏla, ae, *m.* (caelum u. colo) Himmelsbewohner: *plur.* 1, 174. 8, 637.
caelo, āvi, ātum, āre, (mit dem Stichel oder durch Guß) in erhabener Arbeit abbilden: aequora 2, 6. auro 5, 189. — 2) mit erhabener Arbeit schmücken: crateram argumento, mit einer Geschichte in erhabenen Bildwerken 13, 684; *part.* caelatus, a, um, mit erhabenem Bildwerk versehen, erhaben gearbeitet 2, 819. 8, 702. auro 9, 189. caelatus eodem argento, witzig für: aus demselben Thon 8, 668. caelatus imagine mundi, geschmückt mit dem Bilde der Welt in erhabener Arbeit 13, 110.
caelum, i, *n.* der Himmel, die Himmelsluft (= aether) 1, 5. 23. 85. 4, 710. pendens 7, 580. caelo sereno, bei heiterm Himmel 1, 168; als Sitz der Götter 1, 194. 4, 19. 479. 5, 373. 530. 13, 857. 14, 811. 15, 818; daher in Beziehung auf Menschen: die Aufnahme in den Olymp, Himmelsehre, Unsterblichkeit 1, 194. 14, 584. 814. 15, 39. 449. — 2) bildl. das höchste Glück: caelum accipere 14, 844.
Caeneus, ei, *m.* ein thessalischer Heros, war als Tochter des Lapithen Elatus geboren worden und hieß als solche Cänis; Neptun verwandelte sie aber in einen Mann und machte ihn unverwundbar. Er wohnte den calydonischen Jagd bei 8, 305. Im Kampfe gegen die Centauren warfen diese Bäume über ihn und erstickten ihn, er aber entflog als Vogel (12, 507 ff.). *acc.* Caeneu 12, 172. *vocat.* Caeneu 12, 531.
Caenis, idis, *f.* die Tochter des Lapithen Elatus (s. Caeneus) 12, 189. *vocat.* Caeni 12, 470.
caenum, i, *n.* Koth, Schlamm 1, 418.
caerŭlĕus, a, um, u. **caerŭlus**, a, um, dunkelblau, schwarzbläulich: serpens 3, 38. draco 12, 13. tinus 10, 98. coma (weil die Häupter der Berge so erscheinen) 11, 158. caerula caeli, die Bläue, der blaue Dom des Himmels 14, 814; insb. von der Farbe der Flüsse und des (im Süden blauen) Meeres 2, 528. 8, 229. 13, 838. 15, 699; dah. häufiges epitheton der Fluß- und Meergötter 1, 333. 2, 8. 3, 342. 11, 398. 13, 742. 895. 962. frater = Neptunus 1, 275. mater = Thetis 13, 288. — 2) überh. dunkel, schwärzlich: Lucifer 15, 789. sudor 9, 173.
Caesăr, ăris, *m.* der Dictator C. Julius Caesar, im J. 44 v. Chr. ermordet 15, 746. - Dav. **Caesărēus**, a, um, cäsarisch, ... des Cäsar: sanguis 1, 201. penates des Augustus 15, 865.
Caesărēus, a, um, f. Caesar.
caesăriēs, ēi, *f.* das (starke, lang herabhängende) Haupthaar 1, 180. 12, 348. 13, 914. longae barbae, langwallendes Barthaar 15, 656; übertr. vom Laub der Bäume 10, 139.
caespĕs, ĭtis, *m.* (v. caedo) der ausgestochene Rasen 4, 753. 7, 240. 15, 573. — 2) überh. Rasenfeld, Rasen 2, 427. 4, 301. 10, 166. 10, 556. 13, 395.
caestŭs, ūs, *m.* (v. caedo), der Cästus, d. i. der mit eingenähtem Blei versehene Kampfriemen, womit die Faustkämpfer sich Hände und Arme umwickelten; metonym. Faustkampf. 5, 107. 8, 301.
caesus, a, um, f. caedo.
Caīcus, i, *m.* Fluß Mysiens in Kleinasien 2, 243. 12, 111. 15, 278.
Cājēta, ae, *f.* die Amme des Aeneas 14, 443. Ihren Namen erhielt ein Vorgebirge und eine Seestadt in Latium, wo sie begraben wurde (15, 716. 14, 157).
Călăis, ĭdis, *m.* der Sohn des Boreas und der Orithyia, Bruder des Zetes 6, 716.
călămus, i, *m.* 1) Rohrstengel, Rohr 1, 706. 711. — 2) metonym. aus Rohr Gemachtes: Pfeil 7, 778. 8, 30. Angelruthe 3, 587. calami, Rohrpfeife (Syrinx) 11, 161.
călăthus, i, *m.* Handkorb, Körbchen (in Gestalt einer offenen Lilie) 4, 10. 12, 475. 14, 267. *plur.* für *sing.* 5, 393.
Călaurēa, ae, *f.* Insel im saronischen Meerbusen, der Latona geweiht 7, 384.
calcĭtro, āvi, ātum, āre (v. calx), mit den Füßen krampfhaft schlagen (von Sterbenden) 12, 240. 5, 40.
calco, āvi, ātum, āre (v. calx), auf etwas treten: acervos 5, 88. viscera 12, 391. vipera calcata 10, 23. uvas, keltern (mit den Füßen) 2, 29. scopulum, betreten 9, 228. nivem 2, 853.
calcŭlus, i, *m.* Steinchen 5, 589; insbes. der (schwarze oder weiße) Stimmstein, Votirstein 15, 44.
călĕo, ŭi, ēre, heiß sein, glühen 9, 393. sol calet 1, 592; *part.* calens, heiß, sulphur 14, 86. epulae 8, 671. arae 12, 152. bildl. leidenschaftlich glühen 2, 410. desiderio 7, 731. (*part. fut.* caliturus, a, um 13, 590).
călesco, călŭi, ĕre, heiß werden, erglühen 2, 171. 253. 15, 310; bildl. leidenschaftlich erglühen, erbrennen 3, 372.

călĭdus, a, um, **warm, heiß**: fumus 2, 232. cruor 1, 158. sanguis 14, 754. telum caede 8, 443. vulnus 5, 137. pulvis (als Wirkung der Füße), so eben berührt 7, 775. vinum, feurig 15, 324.
călĭtūrus, a, um, ſ. caleo.
cālīgo, ĭnis, f. **Nebeldunſt, Dunkel, Finſterniß** 1, 265. 599. 4, 455. 11, 595.
callĕo, ŭi, ēre (v. callum), **dickhäutig ſein**: venae callent, **werden hart** 2, 824.
callĭdus, a, um, **geſchickt, kunſterfahren** 6, 576. — 2) **liſtig, ſchlau** 4, 93. 7, 300. 11, 73. 13, 323. verſchmitzt 13, 555.
Callĭŏpē, ēs, f. (Καλλιόπη, die „Schönſtimmige"), eine der neun Muſen, die Göttin der epiſchen Dichtung 5, 339.
Callirrhoë, ēs, f. (Καλλιρρόη, „Schönquell"), Tochter des Flußgottes Achelous, Gemahlin des Alcmäon, deſſen Mutter Eriphyle um den Preis eines goldenen Halsbandes den Aufenthaltsort ihres Gatten Amphiaraus verrathen hatte, als dieſer ſich weigerte, am Zuge der Sieben gegen Theben Theil zu nehmen, weil er als Augur wußte, daß er dabei umkommen würde (er verſank in einer Erdöffnung, welche Juppiter durch einen Blitz entſtehen ließ 9, 406). Um den Vater zu rächen, tödtete Alcmäon ſeine Mutter Eriphyle (ultus parente parentem 9, 407) und ſchenkte das verhängnißvolle Halsband ſeiner erſten Gemahlin Arſinoë. Dieſe verließ er jedoch und heirathete die Callirhoë, welche nun ebenfalls den Schmuck zu beſitzen wünſchte. Alcmäon fordert es der Arſinoë ab; ihr Vater Phegeus, König von Pſophis in Arcadien, läßt ihn jedoch auf dem Rückwege von ſeinen Söhnen ermorden. Auf Anflehen der Callirhoë macht nun Juppiter ihre beiden noch jungen Söhne vor der Zeit mannbar, um den Tod des Vaters am Phegeus rächen zu können 9, 414.
callis, is, m. (**ſchmaler, ungeebneter**) **Pfad** 7, 626.
callum, i, n. **harte Haut** 12, 488.
călŏr, ōris, m. **Wärme, Hitze, Sonnengluth** 1, 430. plur. 2, 134; bildl. **Liebesgluth** 11, 305. 14, 24.
Călydōn, ōnis, f. **Stadt Aetoliens im nordweſtlichen Griechenland, Reſidenz des** Oeneus 6, 415. 8, 270. 495. 525. acc. Calydona 9, 147. - Dav. 1) Călydōnis, ĭdis, f. **eine Calydonierin** 8, 527. = Deïanira, Tochter des Oeneus, acc. Calydonĭdă 9, 112 — 2) Călydōnĭus, a, um, **calydoniſch**, heros = Meleager 8, 324. amnis = Achelous 8, 727. 9, 2. regna, **das Reich**, welches Diomedes, Enkel des Oeneus, in Apulien gegründet hatte 14, 512. hasta = hasta Diomedis 15, 769.

Călȳdōnis, ſ. Calydon.
Călȳdōnĭus, a, um, ſ. Calydon.
Călymnē, ēs, f. **kleine Inſel an der Weſtküſte Kleinaſiens** 8, 222.
Cămēnae, ārum, f. (v. cano), **die Camenen, altitaliſche Seherinnen, ſpäter mit den griechiſchen Muſen identificirt** 14, 434. 15, 482.
cămīnus, i, m. **Schmelzofen** 7, 106.
campus, i, m. **freies Feld, Ebene, Blachfeld** 1, 43. 2, 662. 3, 709. **Tummelplatz, Kampfplatz** 6, 694. plur. **Geſilde** 5, 314. 10, 151. — 2) **überh. jede Fläche**: aquae 1, 41. aquarum 1, 315. 11, 356.
Cănăcē, ēs, f. (v. κανανή, „die Lärmerin"), **ein Jagdhund d.** Actäon 3, 217.
cancer, cri, m. **Krebs**: litoreus 15, 369; **als Geſtirn des Thierkreiſes, in welches die Sonne im Hochſommer eintrat** 2, 83. 10, 127; **dah. zur Bezeichnung der ſüdlichen Gegend** 4, 625. — 2) **Krebsgeſchwür** 2, 825.
candens, ſ. candeo.
candĕo, ŭi, ēre (v. caneo), **glänzend weiß ſein**: part. candens, **blendend weiß, ſchimmernd** 11, 314. colla 12, 77. — 2) **weiß glühen, glühend heiß ſein** 2, 297. 9, 170.
candesco, ŭi, ēre, (**weiß**) **zu ſchimmern beginnen** 6, 49. — 2) **zu glühen beginnen, glühend werden** 1, 120. 2, 230.
candĭdus, a, um, **glänzend weiß, blendend weiß** (Gegenſatz niger): favus 8, 677. Sol 15, 30. membra 2, 607. colla 9, 388. equi nive candidiores 8, 373. candida de nigris facere 11, 314. sententia candida facta, **in die glückliche Farbe (der weißen Stimmſteinchen) verkehrt** 15, 47.
candŏr, ōris, m. **die blendend weiße Farbe, das blendende Weiß, insbeſ. der Körperſchönheit** 1, 743. 3, 423. 491. 9, 787. 10, 594. — 2) **Lichtglanz** 1, 169. 4, 332.
Cănens, ntis, f. **eine geſangreiche Nymphe, Tochter des Janus, Gemahlin des** Picus 14, 338. **Der Ort, wo ſie um den Verluſt ihres Gatten ſich in Trauer auflöſte, erhielt den gleichen Namen** 14, 433.
cănens, ſ. caneo.
căneus, ſ. cano.
cănĕo, ŭi, ēre (v. canus), **weißgrau ſein, weiß ſein** 1, 110. canens oliva 6, 81. lilium 12, 411.
cănesco, ēre, **weißgrau werden** 2, 212. **altern** 9, 422.
cănis, is, c. **Hund** 1, 533. 3, 140. 7, 769. 10, 66 (ſ. Cerberus).
cănistrum, i, n. **Rohrkörbchen** 2, 713. 8, 675.
cānĭtĭēs, ēi, f. **die graue Farbe** 1, 238. 7, 289; meton. **das graue Haar** 8, 528. 10, 425 (ſ. sto). 13, 492.

canna, ae, *f.* Schilf, Rohrstengel, (kleineres) Rohrgewächs 2,682. palustris 4, 298. 8,630. tremula 6,326; meton. cannae, die (zusammengesetzte) Hirtenpfeife 11,171.

căno, cĕcĭni, cantum, ĕre, melodische Töne hervorbringen; dah. singen 11,162. carmen 7,138. alqm, besingen 5, 344. 10, 152. bella 5,319. festa, durch Gesang feiern 5, 4. triumphum, den Triumphruf ertönen lassen 1, 561. Hymenaeon 12, 215. canendo, durch Zaubergesang 12,263; insbes. weissagen (ursprünglich in Versen) 2, 639. 12, 455. 15, 147. 450. — 2) (auf Instrumenten) spielen: junctis arundinibus, blasen 1, 683. receptus, zum Rückzuge blasen (= receptui canere) 1, 340.

Cănōpus, i, *m.* einer der ägyptischen Naturgötter, Symbol des Nils, wurde in Gestalt eines bauchigen Wasserkruges mit einem Menschenkopfe verehrt 15,828.

cănŏr, ōris, *m.* Gesang 5,561.

cănŏrus, a, um, klangreich, helltönend, melodisch: aes 3, 704. tubicen 14,102. Triton 2, 8.

canto, āvi, ātum, āre, singen 7, 813; insbes. Zauberformeln anstimmen: carmen cantatum, Zauberspruch 14,369. herbae cantatae, bezaubert (die durch Zaubersprüche ihre Kraft bekommen haben) 7, 98. — 2) blasen: avenis 1, 677.

cantŭs, ūs, *m.* Gesang 3,703. 4,761. 15, 792. Citherspiel 11,15; von Thieren: Geschrei 8, 238. Krähen 11, 597. — 2) insbes. Zaubergesang, Zauberspruch 4, 49. 7, 195. 201. 330.

cānus, a, um, aschgrau, weissgrau, grau: favilla 9,524. lupus 6, 527. seges 10, 655. aristae 6,456. capilli 1, 266. crinis 13, 427. Tethys, altersgrau, greis 2, 509; subst. cani, ōrum, *m.* graues Haar 3,275. 516. 6, 26. 8, 9. 567. 10, 391.

Căpănēus, ĕi, *m.* einer der Sieben vor Theben (um 1225 v. Chr.), wurde beim Ersteigen der Mauer durch einen Blitz getödtet, weil er geprahlt hatte, die Stadt selbst gegen den Willen Juppiters einnehmen zu wollen 9, 404.

căpax, acis, (capio), viel fassend, geräumig: urna 3, 172. urbe 4, 439. puteus 7, 568. pharetra 9, 231. bildl. a) umfassend: animus 15, 5. ingenium 8, 533. — b) empfänglich für etw., befähigt: ad praecepta 8, 243. mentis 1, 76.

căpella, ae, *f.* (kleine) Ziege 1, 299. 676; als Gestirn: sidus pluviale Oleniae capellae 3, 594.

căper, pri, *m.* Ziegenbock 5,329. 13, 832. 15, 114. bicornis 15, 305.

căpesso, īvi, ītum, ĕre (capio) (hastig, eifrig) ergreifen: arma 11, 378.

Căpētus, i, *m.* ein König von Alba in Latium 14, 613.

Căphărēus, ĕi, *m.* Vorgebirge an der südlichen Küste von Euböa, wo die aus Troja heimkehrende Flotte der Griechen Schiffbruch litt, irregeleitet von dem dortigen Könige Nauplius, der sich wegen des Todes seines Sohnes Palamedes rächen wollte 14, 481. *acc.* Caphareă 14, 472. (perpetimur Capharea, d. i. den Schiffbruch bei Caphareus.)

căpillus, i, *m.* Haupthaar: *plur.* 1, 497. 2, 12. 5, 440. hiems alba capillos, mit schneeigem Haupthaar 15, 213. barba rutilis capillis 6, 715. *sing.* collectiv 11, 691. 12, 273.

căpĭo cēpi, captum, ĕre, (räumlich) in sich fassen, aufnehmen: amnes 1, 344. 8, 558. quae cepere tabellae 9, 604. quos Achaja cepit, enthält 8, 268. quantum (formam) ipsa capit, von der Grösse, die sie selbst einnimmt 15, 381. non capiebant funera portae, hatten nicht Raum für 7, 607; (geistig) umfassen: spes animo 11, 118. flammas 6, 466. iram (bemeistern) 6, 610. — 2) einen Gegenstand fassen, ergreifen: baculum 2, 789. arma 3, 115. 13, 36. tela 5, 366. colum 12, 475. munera Cerealia, zu sich nehmen 13, 639. — 3) sich (rechtlich) od. widerrechtlich) in den Besitz von etwas setzen, nehmen: lumen, entwenden 4, 777. poenas verborum, Rache nehmen für die Rede 2, 834; fangen: pisces 8, 854. leporem 6, 518. gefangen nehmen: alqm.3, 540. 575. 8, 101. einnehmen, erobern: arcem 5, 240. urbem 12, 225. 13, 175. 374. moenia 13, 23. rura 5, 277. penates 3, 540. Troja capta, so gut als schon erobert 13, 226; bildl. a) Jemd. (für sich) einnehmen, ihn (an sich) fesseln: alqm 4, 170. 7, 802. 9, 511. aures 4, 271. lumina 14, 373. *part.* captus, a, um, ergriffen, gefesselt 14, 378. cupidine 13, 762. amore 8, 124. ex aequo captae mentes, gleich starke Zuneigung 4, 62; entzückt, bezaubert: formā 10, 529. voce 1, 678. arte 1, 709. dulcedine 11, 170. in figura 14, 771. angelockt: temperie 4, 344. — b) täuschen, überlisten: alqm 6, 112. 7, 301. — 4) (gastlich) aufnehmen (= excipere): alqm 5, 324. — 5) (= suscipere) übernehmen: sceptra 6, 677. moderamina navis 3, 644. — 6) (= accipere) bekommen, erhalten, empfangen: feras 1, 75. vaccam praemia 2, 694. arma 13, 295. munus 7, 296. regna ab alquo 14, 615. 774. honorem 1, 449. praemia 8, 503. 767; insbes. a) durch Verwandlung gewinnen, annehmen: faciem 1,421. 13,605. formam 10, 212. figuras 15, 309. vultus

40 capistrum — carmen

1, 738. vires 7, 417. duritiem 4, 751. lumen, leuchtend werden 15, 847. — b) bildl. von Eindrücken und Empfindungen, die man in sich aufnimmt, über sich kommen läßt, genießen, empfinden: quietem 1, 626. spectacula 3, 246. 7, 780. taedia 9, 617. gaudia 7, 513. 12, 198. gaudia spectatae formae, sich am Anblick der Schönheit weiden 14, 653. spem alcjus, sich Hoffnung machen auf Jemds. Besitz 12, 506. spes capit amorem, nimmt in sich auf, erzeugt 9, 749.

căpistrum, i, *n.* Halfter 10, 125.

Căpĭtōlĭum, i, *n.* das Capitol, d. i. die von den Tarquiniern auf dem capitolinischen Hügel in Rom gegenüber der ältern Burg (arx Tarpeja) erbaute und dem Juppiter, der Juno und Minerva geweihte Tempelburg (nur *plur.*) 1, 561. 2, 538. 15, 589. 828. 841.

căprĕa, ae, *f.* Ziege, Gemse 1, 442.

Căprĕae, ārum, *f.* die Insel Capri an der campanischen Küste, Lieblingsaufenthalt des Tiberius 15, 709.

captīvus a, um, gefangen: pisces 13, 932. ferae, erjagt 1, 475; von Menschen, kriegsgefangen 13, 560. lacerti = lacerti captivorum 13, 667. subst. captiva, ae, *f.* Kriegsgefangene 13, 471. — 2) erbeutet: currus 13, 251. proleptisch: caelum, fast schon erobert 1, 184.

capto, āvi, ātum, āre (v. capio), eifrig nach etwas greifen, etwas haschen: simulacra 3, 432. collum 3, 428. undam 10, 42. crura 9, 37. pisces, zu fangen suchen 8, 217. alqm, eifrig aufsuchen 11, 768. ore plumas, auffangen 8, 198. auras, einathmen 7, 557. spiritum 7, 820. anhelitum 4, 72. — 2) bildl. eifrig wonach streben: prendi et prendere 10, 58. sermonem, anknüpfen 3, 279.

căpŭlus, i, *m.* (capio) Griff, Handhabe: sceptri 7, 506. Degengriff 7, 422. 12, 133. 491.

căpŭt, ĭtis, *n.* Haupt, Kopf: Gorgoneum 4, 618. patrium = Solis 14, 368; meton. 1) Person, Mensch 13, 330. 15, 766. insuperabile, unbesiegbarer Held 12, 613. Augustum = Augustus 15, 869. humanum, ein Sterblicher 14, 131. detestatur caput euntis = euntem 15, 505. — 2) der oberste (äußerste) Theil eines Gegenstandes: Haupt der Blume 10, 192. von Flüssen: Quelle 2, 255. 15, 277. jecoris, eine Erhöhung an der Leber (ein Schnitt darin durch das Opfermesser galt als schlimmes Vorzeichen) 15, 795. — 3) das Leben 1, 763. 9, 296. 8, 94. — 4) das Erste oder Vorzüglichste, das Haupt: orbis (rerum) 15, 435. 736.

Căpўs, ўos, *m.* ein König von Alba in Latium 14, 613.

carbăsus, i, *f. plur.* carbasa, ōrum, *n.* eine Art feiner spanischer Flachs; dah. meton. 1) Gewand 11, 48. — 2) Segel 6, 233. 11, 477. 13, 419. 14, 533.

carcĕr, ĕris, *m.* „Umfriedigung"; dah. Gewahrsam, Kerker: der Winde 4, 663. 11, 431. 14, 224. 15, 301; der Bösen in der Unterwelt 4, 453. — 2) Schranke der Rennbahn 10, 652.

carchēsĭum, i, *n.* gehenkeltes, in der Mitte eingeengtes Trinkgefäß, Becher (hier nur *plur.*) 7, 246. 12, 318. 326.

cardo, ĭnis, *m.* Thürangel 11, 608. 14, 782. cardinem versare 4, 93.

căreo, ŭi, ēre, frei sein von etwas, ohne etwas sein, etwas nicht haben, mit *ablat.*: culpa 7, 724. pudore 3, 552. timore 11, 426. gravitate 2, 162. 15, 242. sensu 12, 325. fine 14, 132. morte, unsterblich sein 15, 158. figura suis (v. sus), frei bleiben von 14, 286. invidia, verschont bleiben von 13, 139. *part.* carens, ohne etwas (seiend): sole 2, 762. gravitate, gewichtlos 1, 67. viribus, kraftlos 7, 851. labe, makellos 15, 130. aditu, unzugänglich 3, 226. Insbes. a) (freiwillig) sich einer Sache enthalten: consorte 10, 246. — b) (unfreiwillig) beraubt sein, ermangeln, entbehren: remigio 8, 228. humore 6, 354. indice 6, 574. praeside 10, 168. munere 7, 693. telo 8, 883. honore 15, 614. luce 14, 725. nox caret igne suo, ist ohne die gewöhnliche Sternhelle 10, 450. te ipsa carebis, wirst (durch Verwandlung) deiner menschlichen Gestalt beraubt sein 10, 566. carens virginitate, beraubt 9, 331. Rhodope nivibus caritura, welches ermangeln sollte 2, 222.

Cărĕs, um, *m.* die Carier, Bewohner der südwestlichsten Landschaft Kleinasiens: *acc.* Carās 4, 297. 9, 645.

cārĭca, ae, *f.* die „carische Feige"; dah. überh. getrocknete Feige 8, 674.

cărīna, ae, *f.* Schiffsboden, Kiel 14, 552; meton. Schiff, Fahrzeug 1, 134. 298. 3, 604. 13, 274.

cărĭtūrus, a, um, *s.* careo.

carmĕn, ĭnis, *m.* der melodische Vortrag, Gesang, Lied 1, 518. 11, 5. 163. 14, 341. 5, 118. vocale 11, 317. vocum, gesungene Lieder 12, 157; von Vögeln 1, 252. 5, 387. 10, 453. — 2) der gesungene Text, Gedicht, Gesang 1, 4. 5, 340; dah. jeder kurze, in rhythmische Form gebrachte Spruch: Vers 9, 793. Orakelspruch, Weissagung 8, 455. Räthselspruch der Sphinx 7, 759. Aufschrift 2, 326. 14, 442. Schrift 6, 582. — 3) Zauberlied, Zauberformel 7, 137. 148. 167. 203 (s. et). 7, 208. 253.

424. 9,300. 10,397. 13, 952. 14, 20. 34. 58. 357. 366. 369. 387. 15, 326. Hecateïa carmina 14, 44.

cāro, carnis, *f.* Fleisch 12, 156. 15, 380 (f. male). *plur.* Fleischstücke 2, 769. 7, 269. 14, 208.

Carpăthĭus, a, um, zur Insel Carpathus (im ägäischen Meere zwischen Aegypten und Rhodus) gehörig, carpathisch: vates, d. i. Proteus 11, 249.

carpo, psi, ptum, ĕre, „rupfweise wegnehmen"; daß. pflücken: flores 9, 342. 5, 392. ab arbore 9, 380. gramen 7, 232. cacumina abreißen 2, 792. abweiden, abfressen: gramen 1, 299. pabula 4, 217. herbas 13, 927. jecur, benagen 10, 43; überh. verzehren: alimenta 15, 478. — 2) (wählerisch und flüchtig) genießen: ver aetatis 10, 85. oscula, (gleichsam vom Munde pflücken) rauben 4, 358. — 3) einen Weg (Strecke für Strecke) zurücklegen: iter 2, 549. 10, 709. 14, 122. viam 3, 12. 8, 208. 11, 139. litora, am Gestade wandeln 12, 196, am Gestade hinfahren 15, 507. mare, über das Meer hinfliegen 11, 752. aethera, durch die Luft fliegen 8, 269. aëra 4, 616. trames carpitur, wird erklimmt 10, 53. — 4) durch Worte benagen, d. i. neidisch herabsetzen, tadeln: opus 6, 129. — 5) allmälig aufreißen, verzehren: (Invidia) carpit et carpitur una, nagend an andern nagt sie zugleich sich, reibt sich auf 2, 781. igni carpi 3, 490. 10, 370.

Cartheīus, a, um, u. **Carthēus**, a, um, carthäisch (Carthäa, Stadt auf der Insel Ceos im ägäischen Meere) 7, 368. 10, 109.

cārus, a, um, kostbar: arena (wegen seines Goldgehaltes) 11, 88. — 2) bildl. theuer, werth, geliebt: soror 9, 368. amplexus 9, 750. pars animae meae carior mihi me 8, 405.

căsa, ae, *f.* einfaches Haus, Hütte 5, 283. 448. 8, 633.

cāsĭa, ae, *f.* die Gewürzstaude Cassia, Mutterzimmet 15, 398.

Cassiŏpē, ēs, *f.* Gemahlin des Cepheus, Mutter der Andromeda 4, 738.

1. **cassis**, ĭdis, *f.* (metallener) Helm 8, 25. 12, 89. 13, 107. 14, 806.

2. **cassis**, is, *m.* Jagdnetz: casses ponere 5, 579.

cassus, a, um, „leer"; daß. nichtig, erfolglos: fertilitas cassa jacet 5, 482.

Castălĭus, a, um, zur Quelle Castalia am Parnasus gehörig, castalisch: antrum, die Orakelhöhle zu Delphi 3, 14.

castănĕa, ae, *f.* Castanie 13, 819.

Castor, ŏris, *m.* Sohn des spartanischen Königs Tyndareus, Bruder der Helena u. des Pollux, mit welchem er als Zwillingsgestirn der Dioskuren den Schiffern als Führer dient. Er war ein kundiger Reiter und Wagenlenker, während Pollux im Faustkampfe sich hervorthat 12, 401.

castra, ōrum, *n.* Kriegslager, Feldlager 8, 41. castra seducere, sich in zwei Heere trennen 13, 611. alcjus castra sequi, sich Jemds. Partei anschließen, auf Jemds. Seite streiten 5, 128. — 2) meton. Kampfgenossenschaft, kämpfende Partei 12, 286. 527. 14, 456.

Castrum, i, *n.* (gewöhnl. Castrum Inŭi), eine Stadt der Rutuler in Latium 15, 727.

castus, a, um, moralisch rein, unschuldig; daß. insbes. keusch, züchtig 2, 544. 711. vultus 4, 799. pudor 13, 480. cruor, jungfräulich 12, 30. signa, Zeichen der Keuschheit 7, 725. — 2) heilig: crines (vom Priester) 15, 675.

cāsŭs, ūs, *m.* das Fallen, der Sturz 8, 259. *plur.* 11, 791. casu, im Fallen 5, 118. Untergang, Sturz 13, 577. — 2) Vorfall, Zufall, Ereigniß 11, 588. 14, 162. 192. 473. casu, durch Zufall, zufällig 6, 359. 7, 84. 14, 324; insbes. Unfall, Unglück 4, 142. *plur.* 1, 648. 15, 494.

cătēna, ae, *f.* Kette, Fessel 3, 700. 4, 176. 7, 412.

cătĕrva, ae, *f.* Haufe, Schaar (v. leb. Wesen) 12, 216.

cătŭlus, i, *m.* (demin. v. catus, Katze), das Junge eines Thieres 13, 547. 836. 15, 379.

Caucăsus, i, *m.* Gebirge Asiens zwischen dem schwarzen und kaspischen Meere 2, 224. *acc.* Caucason 8, 798. - Dav. **Caucāsĭus**, a, um, caucasisch; subst. ein Caucasier 5, 86.

cauda, ae, *f.* Schwanz, Schweif der Thiere 1, 723. 2, 196. 6, 559. 14, 258.

Caulōn, ōnis, *m.* bruttische Stadt in Unteritalien, *acc.* Caulonă 15, 705.

Caunus, i, *m.* Sohn des Miletus, Bruder der Byblis 9, 453.

causa, ae, *f.* Grund, Ursache, Veranlassung 9, 537 (f. nec). pia 6, 496. rerum 15, 68. viae 2, 33. leti 4, 152. luctus 3, 139. 11, 683. doloris 1, 509. (dolendi) 3, 260. amoris, die in Liebe bestehende Ursache, die veranlassende Liebe 2, 836. veneni, Wirkung 4, 520. cibi, Reiz nach Speise 8, 842. — 2) Angelegenheit, Sache (um die es sich handelt, worüber verhandelt oder gestritten wird) 5, 151. 220. 7, 505. 11, 449. publica, das gemeinsame Wohl 12, 29; insbes. Rechtshandel, Rechtssache 8, 59 (f. valeo). 13, 6. 150. causam tenere, durchsetzen 13, 190. prodesse in causam („für") 13, 29. causa prior, der erste Theil des Processes, das Verhör 15, 37.

causor, ātus sum, āri, **als Grund an=
geben, vorschützen** 9, 768.
cautēs, is, *f.* **spitziger Fels, Klippe** 1,
575. 4, 672. 7, 418. 11, 330.
cautus, a, um (caveo), **behutsam, vor=
sichtig** 1, 136. 5, 361. 9, 751.
căvĕo, cavi, cautum, ēre, **sich hüten,
sich vorsehen, vorbeugen,** mit folg. ne 2,
89. 10, 685. alcui, **für Jemd. Vorsicht
anwenden, d. i. für ihn Sorge tragen** 15,
759. — 2) im **Voraus feststellen, anord=
nen:** Parcarum foedere cautum est 5,
532.
căverna, ae, *f.* **Loch, Höhle** 5, 502. 6,
598. 15, 299.
căvo, āvi, ātum, āre, **aushöhlen** 4,
525. rupes cavata 9, 211. parmam gla-
dio, **durchbohren** 12, 130.
cavus, a, um, **gewölbt, gehöhlt, hohl**:
bucina 1, 335. aes 4, 505. 7, 317. parma
12, 89. palma 4, 352. rugae 7, 291. lu-
mina 8, 801. aures 12, 42. tempora 2,
625. 7, 313. 10, 116. 11, 159. 12, 133.
pocula qua cava sunt, **inwendig** 8, 670.
nares, **Nasenöffnungen** 12, 434. palus,
tief 6, 371; insbes. **von Allem, was einen
Gegenstand von allen Seiten leicht ein=
schließt oder umgiebt:** nubes, **umhüllend**
5, 251. 6, 696. nubila 5, 623. 9, 271.
Cāycus, f. Caicus.
Cāystrŏs, i, *m.* **ein durch seine vielen
Schwäne berühmter Fluß Lydiens, welcher
bei Ephesus ins Meer fällt** 2, 253. 5, 386.
Cĕa, ae, *f.* **lateinischer Name der cy=
cladischen Insel Ceos im ägäischen Meere**
7, 368. Dav. Cēus, a, um, **ceïsch** 3, 597.
10, 120.
Cebrēnīs, ĭdis, *f.* **Tochter des Cebren
(eines Flußgottes in Troas), d. i. Hes=
perie**: *acc.* Cebrenida 11, 769.
Cecrŏpĭdēs, Cecrŏpis u. Cecrŏpĭus,
a, um, f. Cecrops.
Cēcrops, ŏpis, *m.* **der Gründer der
Burg von Athen (der Cecropia), um 1550
v. Chr. aus dem ägyptischen Saïs einge=
wandert** 2, 555 (geminus, **weil halb
Mensch, halb Drache**). 2, 784. Cecrope
nata = Aglauros 2, 797. - Dav. 1) Cē-
crŏpĭdēs, ae, *m.* **Cecropide, Nachkomme
des Cecrops** = Theseus, *voc.* Cecropida
8, 550; *plur.* Cecropidae = Athenienses
7, 486. 671. *genit.* Cecropidum 7, 502.
— 2) Cēcrŏpis, ĭdis, *f.* **Tochter des Ce=
crops, d. i. Aglauros** 2, 806. *plur.* Ce-
cropides, **Athenerinnen;** so **Pandions
Töchter Progne und Philomele** 6, 667. —
3) Cēcrŏpĭus, a, um, **cecropisch, athenisch**
6, 70. 446. 11, 93. arces = Athenae
15, 427.
cēdo, cessi, cessum, ĕre, „**vorschreiten,
gehen**"; dah. bildl. **Fortgang haben, von**

Statten gehen, ausschlagen: bene 8, 862.
male 10, 80. cessit exitio, **wurde zum
Verderben** 7, 764. — 2) **von irgendwo
weggehen, zurücktreten, weichen** 3, 81. 89.
9, 43. 12, 134. fonte 5, 311. campis 5,
314. ebur cedit, **giebt nach** 10, 284;
übergehen: in amnem 11, 143. in illas
(bacas) 14, 526. in auras, **entweichen** 14,
848. cedentes aurae, **entweichend** 10, 59.
pudor cessit, **schwand** 10, 241; bildl. a)
(**ohne Kampf**) **nachgeben, weichen** 5, 315.
9, 32. flammis 13, 7. alcui, **zurückweichen
vor** 15, 862. — b) **sich unterordnen, nach=
stehen wollen, sich fügen, weichen**: alcui
1, 752. 6, 6. 32. 151. 9, 13. 16. (ego) nulli
cessura dearum, **die ich Willens bin zu
weichen** 6, 207. **nachgeben** 5, 221. 315.
consiliis (**Klugheit**) 13, 361. — c) im
Range, an Vorzügen nachstehen, weichen:
alcui 1, 464. titulis 15, 855. regno 10,
148. alcui alqua re 2, 539. 5, 529. —
3) „**wohin gelangen**"; dah. bildl. alcui,
an Jemd. **als Besitzthum gelangen, ihm
zu Theil werden** 1, 74. 4, 533. 5, 368.
Cĕlădōn, ntis, *m.* 1) **ein Genosse des
Phineus** 5, 144. — 2) **ein Lapithe** 12, 250.
cĕlĕber, bris, bre, **zahlreich besucht**:
pars (urbis) 13, 696. certamen 1, 446.
undae mergis 8, 625. fontibus, **quellreich**
2, 218. — 2) **durch zahlreiche Versamm=
lung, öffentl. Gepränge verherrlicht, ge=
feiert**: dea 1, 747. Niobe celeberrima
turba comitum, **zahlreich umgeben** 6, 165.
dies festa, **feierlich** 10, 270; dah. **gefeiert,
berühmt** 1, 690. 5, 412. 13, 261. famā,
hochberühmt 3, 339. ingenio artis 8, 159.
cĕlĕbro, āvi, ātum, āre, **einen Ort
zahlreich od. oft besuchen, beleben**: forum
4, 444. domus 10, 118. tempe 7, 372.
silvas 4, 414. 10, 703. ripas carmine
(**erfüllen**) 2, 252. atria celebrantur 1, 172.
fretum, **bewohnen** 14, 558. — 2) **durch
starken Zulauf oder öffentliches Gepränge
verherrlichen, festlich begehen, feiern**: fes-
tum 4, 4. 10, 431. sacra 6, 588. triennia
9, 642. Hyacinthia 10, 218. dapes 5, 113.
alqm, **feiern, verehren** 4, 606. 7, 50. *part.*
celebratus, **als Adject. feierlich**: dies ce-
lebratior 7, 430. — 3) **in Menge od.
eifrig betreiben**: artes 4, 445.
Cĕlennĭus, a, um, **celennisch, zur
Stadt Celenna in Campanien gehörig**:
saxa 15, 704 (**für d. Localverhältniß nicht
passend; am meisten empfiehlt sich die
Conjectur Cocintia saxa, das bruttische
Vorgebirge Cocintum in Unteritalien**).
cĕler, ĕris, ĕre, **schnell, rasch**: sagitta
5, 367. ventus, **Sturmwind** 2, 506. metu
celer, **beflügelt** 11, 774. spe 1, 539.
Celmis, is, *m.* **ein Creter, welcher den
Juppiter in Creta hatte erziehen helfen,**

nachher aber in Stahl verwandelt worden war, weil er ausgesagt, daß Juppiter ein Sterblicher sei: *vocat.* Celmī 4, 282.

cēlo, āvi, ātum, āre, verbergen, verheimlichen: aera (hamum) cibo 8, 856. 15, 476. damnum fronde 9, 100. uterum (vultus) manibus 2, 463. 4, 683. culpam sub imagine 2, 37. sortem 3, 552. pudorem tenebris 2, 595. verba 9, 586. ignes celati 9, 516. se figuris, sich verbergen, sich unkenntlich machen durch 5, 326. celatus imagine satyri 6, 110.

celsus, a, um (cello), emporragend, hoch 8, 205. turris 3, 61. collum 11, 358 (s. sto). cervus (s. in) 10, 358. pectora hochgewölbt 12, 402. celsior loco, auf erhöhterem Sitze 1, 178.

Cenaeus, a, um, cenäisch: Juppiter, weil er auf Cenäum, einem Vorgebirge der Insel Euböa, einen Tempel hatte 9, 136.

Cenchrēis, ĭdis, *f.* Gemahlin des Cinyras, Mutter der Myrrha 10, 435.

censeo, sui, sum, ēre, der Meinung sein, erachten, mit *acc. c. inf.* 4, 1.

censūs, ūs, *m.* eig. die amtliche Abschätzung des Vermögens durch den Censor, „der Census"; dah. meton. Vermögen, Besitzthum, Reichthum 3, 588. 8, 846. 9, 671. 15, 422. *plur.* Schätze, reiche Gaben 7, 739.

Centauri, ōrum, *m.* die Centauren, eine wilde Völkerschaft Thessaliens, nach der Mythe Söhne des Jrion und einer Wolkengestalt, welche Jrion für die Juno hielt (dah. nubigenae 12, 211. 541), vom Kopf bis zum Nabel als Menschen gestaltet, sonst vollkommene Pferdesiguren (dah. gemini, biformes, bimembres, semiferi, quadrupedantes). Hercules besiegte sie, als er beim Centaur Pholus zu Gaste war, und die übrigen Centauren, angelockt durch den lieblichen Duft eines Gefäßes mit Wein, welches Pholus vom Bacchus erhalten hatte, feindlich ins Haus drangen 9, 191. *sing.* Centaurus d. i. Chiron 2, 636.

centimănus, a, um, hundertshändig 3, 303.

centum, hundert: bis centum 5, 208. hyperbolisch (= sehr viele) 8, 532. 11, 253. 13, 784. 953.

Cephălus, i, *m.* Enkel des Aeolus, Gesandter Athens an den Aeacus 6, 681. 7, 493. 8, 4. Er tödtet unwissentlich seine Gemahlin Procris 7, 841 ff.

Cephēnes, um, *m.* eine äthiopische Völkerschaft unter dem Könige Cepheus 4, 764. 5, 1. 97.

Cephēsĭus, s. Cephisias.

1. **Cēpheus** (zweisylb.), ĕi, *m.* Sohn des Belus, Bruder des Aegyptus, Danaus u. Phineus, Vater der Andromeda, König in Aethiopien 4, 738. 5, 12. *acc.* Cepheă 5, 42. - *Dav.* **Cēphēus,** a, um, cepheïsch, äthiopisch: arva 4, 669.

2. **Cēpheus,** a, um, s. Cepheus.

Cēphīsĭăs, ădis, *f.* cephisisch: ora, am Flusse Cephisus in Attica 7, 438.

Cēphīsis, s. Cephisus.

Cēphīsĭus, a, um, s. Cephisus.

Cēphīsus, i, *m.* Fluß in Phocis und Böotien 3, 19; als Flußgott Vater des Narcissus 3, 343, und durch seine Tochter Praxithea, des Erechtheus Gattin, Großvater von acht Enkeln (6, 679), deren einen Apollo in ein Meerkalb verwandelte: *acc.* Cephison 8, 388. - *Dav.* 1) **Cēphīsis,** ĭdis, *f.* cephisisch: *acc.* Cephisidas undas 1, 369. — 2) **Cēphīsĭus,** a, um, cephisisch: subst. der Cephisier, d. i. Narcissus 3, 351.

cēra, ae, *f.* Wachs 1, 711. 10, 285. 11, 514. 15, 169. *plur.* 3, 488. 8, 193. 670. 13, 818. 14, 532; meton. a) die mit Wachs überzogene Schreibtafel, Schreibwachs 9, 522. 529. 565. 597. 601. — b) Wachszelle, Wabe: *acc.* sexangula 15, 382.

Cērambus, i, *m.* flüchtete sich zur Zeit der deucalionischen Fluth auf den Berg Othrys in Thessalien und wurde durch Nymphen in den Hirschkäfer verwandelt 7, 353.

Cērastae, ārum, *m.* (κεράσται, „die Gehörnten"), die Ureinwohner der Insel Cypern, nach der Mythe mit Hörnern versehen (doch hieß die Insel selbst Cerastis, die „Gehörnte", wegen ihrer vielen Landspitzen) 10, 223.

cērātus, a, um, mit Wachs versehen: alae 9, 742. arundo, (durch Wachs zusammengesetzte) Rohrpfeife 11, 154.

Ceraunĭa, ōrum, *m.* (Κεραύνιος, also „Donnergebirge"), ein Gebirge an der Küste von Epirus (s. jedoch Celennius, a, um) 15, 704.

Cerbĕrĕus, a, um, s. Cerberus.

Cerbĕrus, i, *m.* der dreiköpfige Höllenhund, Geburt der Echidna (dah. Echidnea canis 7, 408. Medusaeum monstrum 10, 22, weil Echidna die Medusa zur Mutter hatte) 4, 450. Hercules schleppte ihn an die Oberwelt, und bei dieser Gelegenheit wurde ein Mann durch den bloßen Anblick des Ungeheuers in Stein verwandelt (10, 65) 9, 185. *acc.* Cerberŏn 7, 413. - *Dav.* **Cerbĕrĕus,** a, um, cerberëisch .... des Cerberus: os 4, 501. rictus, cerberusartig 14, 65.

Cercōpes, um, *m.* die Bewohner der Insel Jschia im tyrrhenischen Meere. Sie versprachen dem Juppiter Beistand im

Kampfe gegen den Saturn, lachten ihn aber nach Vorausempfang des ausbedungenen Lohnes aus, weshalb sie in Affen verwandelt wurden, und ihre Insel den Namen Pithecusae, „Affeneiland", erhielt 14, 92.

Cercyon, ŏnis, *m.* ein berüchtigter Räuber in Eleusis, welcher alle Fremden zum Ringkampfe zwang und die Ueberwundenen tödtete. Teseus erschlug ihn 7, 439.

Cĕrĕālis, e, s. Ceres.

cĕrĕbrum, i, *n.* Gehirn 12, 238. 289.

Cĕrēs, ĕris, *f.* Tochter des Saturnus und der Rhea, Schwester des Juppiter, welchem sie die Proserpina gebar, Göttin des Ackerbaues (frugum mitissima mater 6, 118), und in Folge davon Begründerin der Gesetzgebung und Civilisation 5, 341. 276. 655. 660. 8, 274. 771. 10, 431; meton. Getreide 8, 292. 11, 112. Speise 3, 437. munus Cereris, Nahrung 10, 72. - Dav. **Cĕrĕālis**, e, zur Ceres gehörig, der Ceres geweiht 7, 439. 8, 741. semina, Getreidesamen 1, 123. munera, Brod 11, 121. 13, 639.

cerno, crēvi, crētum, ĕre, „sondern, sichten"; dah. 1) mit den Augen unterscheiden, (deutlich) **wahrnehmen, sehen:** alqd 2, 796. 5, 503. alqm 11, 4. 4, 220; mit *acc. c. inf.* 12, 131. 15, 186. 628. 776. mit *acc. c. partic.* 2, 787. 4, 220. 12, 600. cernendus, a, um, sichtbar 15, 844. — 2) geistig **wahrnehmen, einsehen** 15, 628. im Geiste sehen 15, 444.

certāmĕn, ĭnis, *n.* (certo), **Wettkampf, Wettstreit** 5, 301. 665. 8, 793. 13, 19. operum 13, 159. pedum, Wettlauf 12, 304. cursus 7, 792. 10, 560. disci, mit der Wurfscheibe 10, 177. thalami, Wettstreit um die Brautbewerbung 10, 317. heres tanti certaminis, um den so heftiger Streit entsteht 13, 129. *plur.* 5, 314. 6, 42. 52. — 2) überh. **Streit, Kampf** 5, 64. 8, 328. Martis 8, 20. pugnae, (hitziger) Kriegskampf 12, 180.

certātim, *adv.* **um die Wette, eifrigst** 3, 244. 12, 241.

certē, *adv.* **gewiß, sicherlich, in der That** 3, 455. 4, 701. 5, 345. 13, 840. *compar.* certius, gewisser 5, 519. — 2) einschränkend: **doch sicherlich (doch) wenigstens** 1, 195. 2, 423. 543. 3, 266. 5, 616. 7, 28. 10, 400. 488. 11, 321. 441. 12, 540. 13, 387. 14, 30. at certe 8, 186. 11, 696. aut certe non amplius, oder doch höchstens 11, 478.

certĭus, s. certe.

certo, avi, ātum, āre, (wetteifernd) **streiten, kämpfen:** cum aliquo 5, 310. 6, 25. 13, 20. *part.* certatus, a, um, (dichterisch) um was gestritten worden ist 13, 713. — 2) **wetteifern:** superare 5, 394. rigori (mit) 14, 794.

certus, a, um, A) passiv: 1) von Beschlüssen u. dgl., **entschieden, feststehend:** sententia 9, 684. sortes, unabänderlich 15, 647. certa lege, unter der festen Bedingung 5, 531. certum est mihi mit *inf.*, es steht bei mir fest, ich bin fest entschlossen 5, 533. 9, 53. 10, 38. — 2) der äußern Beschaffenheit nach genau bestimmt: limes 1, 69. orbis 6, 225. 12, 468. — 3) **fest, sicher, zuverlässig:** spes 9, 534. moderamen 2, 67. amor 4, 156. mors 5, 29. fiducia 1, 357. pignora 2, 91. fama 15, 58; dah. a) **bestimmt, wahrnehmbar, deutlich:** hinnitus 2, 668. vestigia 4, 106. 10, 710. certa loquens 5, 296. — b) **sicher, untrüglich:** omina 9, 595. signa 9, 600. — c) **sicher treffend, sicher:** sagitta 1, 519. telum 8, 351. hasta 12, 83. spicula 12, 606. arcus 12, 564. impetus 8, 359. vulnera 1, 458. ira, sicher strafend 4, 574. — B) activ: 1) **zu etwas fest entschlossen:** eundi 11, 440. mit *inf.* 9, 43. 10, 394. 428. — 2) einer Sache **gewiß, sicher** (wissend): futurorum 13, 722. errans non certis passibus, ohne ein bestimmtes Ziel 3, 175. alqm certum facere rei, Jemd. wovon in Kenntniß setzen, ihn wovon benachrichtigen 6, 268. 11, 415. certior ab illo (*sc.* factus), benachrichtigt 14, 290.

cerva, ae, *f.* Hirschkuh, Hindin 1, 505. 6, 636. 7, 546. 11, 772. 12, 34.

cervīnus, a, um, vom Hirsche: vellera, Hirschfell 6, 592.

cervix, īcis, *f.* Genick, Nacken 1, 485. 652. 2, 87. 9, 198. *plur.* für *sing.* 1, 542. 4, 717. 6, 175.

cervus, i, *m.* Hirsch 1, 306. 3, 194. 13, 806.

cespĕs, s. caespes.

cesso, āvi, ātum, āre (v. cedo), **saumselig sein, zögern** 2, 279. 6, 421. quid Tartara cessant (*sc.* sich uns zu unterwerfen) 5, 371. *part.* cessatus, a, um, (dichter.) **versäumt:** tempora 10, 669. — 2) im Allg. **unthätig sein, feiern** 4, 37. 13, 326. **ruhen, rasten** 5, 441. 7, 297. 13, 769. arae cessant, stehen müßig, werden vernachlässigt 8, 278.

cessūrus, a, um, s. cedo.

cestus, s. caestus.

cētĕrus, a, um, der (die, das) **übrige:** silva 8, 749. pars 12, 154. animalia 1, 84. nox, der übrige Theil der Nacht 12, 579. *subst.* cetera, ōrum, *n.* das Uebrige 1, 250. 6, 144 (s. habeo). die übrigen Vorzüge 5, 527 (s. ut). 7, 27. die übrige

Gestalt 6, 713. 11, 178. possedit cetera pontus, die übrigen Bewohner 1, 355.
ceu, *adv.* gleich wie, ganz wie 1, 135. 420. 3, 79. 4, 222. 5, 509. 9, 78. 170. 11, 26. 12, 487. 14, 825. 15, 303.
Cēus, a, um, f. Cea.
Cēyx, ȳcis, *m.* Sohn des Lucifer, König von Trachin, leidet auf einer Reise nach Delphi Schiffbruch und wird nebst seiner Gemahlin Alcyone in den Eisvogel verwandelt 11, 272. 411. 739. *acc.* Ceycă 11, 544. 658. 727.
Chāŏnĭs, ĭdis, *f.* chaonisch, d. i. zur Landschaft Chaonia in Epirus gehörig: arbor, die Eiche, weil der durch sein Orakel berühmte Eichenwald des Juppiter im chaonischen Dodona sich befand 10, 90.
Chāŏnĭus, a, um, chaonisch, d. i. 1) epirotisch (f. Chaonis) 13, 717. — 2) aus der Stadt Chaonia in der syrischen Landschaft Commagene 5, 163.
Chăos, ūs, *n.* (v. χαίνω, „weit offen stehen"), der leere unermeßliche Raum unter der Erde, die Unterwelt 10, 30. *ablat.* Chao 14, 404. — 2) bei späteren Naturphilosophen: die ungesonderte Masse der Urstoffe, aus der das Weltall geformt wurde, der Urwust, das Chaos 1, 7. 2, 299.
Chăraxus, i, *m.* ein Lapithe 12, 272.
Chărĭclō, ūs, *f.* eine Nymphe, gebar dem Chiron die Ocyrhoë 2, 636.
Chărops, ŏpis, *m.* ein Trojaner 13, 260.
Chărybdis, is, *f.* ein gefährlicher Meerstrudel in der Meerenge von Sicilien, der Scylla gegenüber, nach der Mythe ein Ungeheuer, welches das Meer einschlürfte und wieder ausspie 7, 63. 8, 121. 13, 730. *acc.* Charybdin 14, 75.
chĕlȳdrus, i, *m* Schildkrötenschlange 7, 272.
Chersĭdămās, antis, *m.* ein Trojaner 13, 259.
Chimaera, ae, *f.* ein fabelhaftes feuerschnaubendes Ungeheuer in Lycien, vorn als Löwe, in der Mitte als Ziege, hinten als Drache gestaltet 9, 647.
*****Chīmaerĭfer**, ĕra, ĕrum, die Chimära hervorbringend: Lycia 6, 339.
Chĭŏnē, ēs, *f.* (χιόνη, „die Schneeweiße"), Tochter des Dädalion, gebar dem Mercur den Autolycus und dem Apollo den Philammon 11, 301.
Chīrōn, ōnis, *m.* Sohn des Saturnus, ein durch Weisheit ausgezeichneter und namentlich in der Natur- und Heilkunde erfahrener Centaur, Lehrer des Hercules, Achilles und Aesculapius. Hercules verwundete ihn aus Versehen mit einem seiner durch das Blut der lernäischen Schlange vergifteten Pfeile (2, 651); weil nun Chiron den Schmerz seiner unheilbaren Wunde nicht ertragen konnte, so trat er seine Unsterblichkeit dem Prometheus ab und wurde als Sternbild an den Himmel versetzt 2, 630. *acc.* Chironă 6, 126.
Chīus, a, um, chiisch (Chios, Insel im ägäischen Meere) 3, 597.
chlămȳs, ȳdis, *f.* die Chlamys, d. i. das griech. auf der rechten Schulter befestigte Oberkleid der Männer 2, 733. 13, 680. 14, 345. 393. Tyria, tyrisches Purpurgewand 5, 51.
Choănĭus, i, *m.* ein Choanier, aus einer arabischen Völkerschlacht 5, 163.
chorda, ae, *f.* Saite: chordas praetentare 5, 339. 10, 145.
chŏrēa, ae, *f.* Rundtanz, Reigen: choreas ducere 8, 581. 746. 14, 520.
chŏrus, i, *m.* „Rundtanz, Reigen"; dah. meton. a) tanzende Schaar, Chor 3, 685. — b) überh. jede sich um einen Führer scharende Menge, Schaar 2, 441. 11, 86. 5, 270 (f. pars).
Chrŏmis, is, *m.* 1) ein Gefährte des Phineus 5, 103. — 2) ein Centaur, *acc.* Chromin 12, 333.
Chrŏmĭus, i, *m.* ein Kampfgefährte des lycischen Königs Sarpedon 13, 257.
Chrȳsē, ēs, *f.* Stadt in Troas 13, 174.
chrȳsŏlĭthus, i, *m.* der Edelstein Chrysolith, Topas 2, 109.
Chthŏnĭus, ĭi, *m.* ein Centaur 12, 441.
cĭbus, i, *m.* Speise 2, 662. 4, 262; insbes. Lockspeise, Köder 8, 856. 15, 476; bildl. Nahrung: furoris 6, 480.
cĭcātrix, īcis, *f.* Wundenmal, Narbe 12, 444.
Cĭcŏnes, um, *m.* ein Volk in Thracien am Hebrus 6, 710. 10, 2. 11, 3. 15, 313.
cĭcōnĭa, ae, *f.* Storch 6, 97.
cĭcūta, ae, *f.* Schierling: viridis, Schierlingsstängel 4, 505.
cĭĕo, cīvi, cĭtum, ēre, „in Bewegung setzen"; dah. herbeirufen, zu Hülfe rufen: alqm 6, 662. 7, 248.
Cĭlix, ĭcis, cilisisch (Cilicien, Landschaft im südlichen Kleinasien) 2, 217.
Cilla, ae, *f.* dem Apollo geweihte, vom Achill zerstörte Stadt in Troas: *acc.* Cillán 13, 174.
Cimmĕrĭi, ōrum, *m.* eine fabelhafte Völkerschaft im äußersten Westen, welche, von hohen Bergen umschlossen, in ewiger Dunkelheit lebte 11, 592.
Cĭmōlus, i, *f.* cycladische Insel im ägäischen Meere 7, 463.
cinctus, us, *m.* f. cingo.
cingo, nxi, nctum, ĕre, kreisförmig umgeben, (rings) umschließen 1, 549. 2,

790. 3, 510. 6, 718. 8, 745. caput luminibus cinctum, rings beſetzt 1, 625; inöbeſ. a) umgürten, gürten: *part*. cinctus, a, um, gegürtet, aufgeſchürzt 1, 695. vestes 1, 382. Scylla canibus, gleichſam umgürtet 7, 64. cinctus vestes ad pectora, aufgeſchürzt bis an 6, 59. — b) bekränzen 1, 451. 2, 27. 11, 159. — c) v. Localitäten, umgeben, einſchließen 1, 39. 97. 2, 6. 3, 708. 4, 301. 5, 388. 10, 530. — d) begleitend umgeben, umringen: cinctus caterva 12, 216. — e) v. d. Schlange, cingi, ſich ringeln 3, 78.

cĭnis, ĕris, *m*. Aſche 2, 216. 8, 641. *plur*. 2, 231. 628. 14, 577; inöbeſ. Todtenaſche 7, 521. 8, 496. 12, 615. 13, 426. 503. 699. sepultus 13, 615. post cinerem, nach d. Verbrennung d. Leichnams 8, 538.

cinnămum, i, *n*. Zimmet: *plur*. 10, 308. 15, 399.

Cĭnyphĭus, a, um, cinyphiſch (Cinyphus, Fluß in Libyen) 7, 272. ſubſt ein Cinyphier 5, 124. 15, 755.

Cĭnyrās, ae, *m*. 1) ein König der Aſſyrier, deſſen Tochter ihre Schönheit über die der Juno ſetzen und deshalb von der Göttin in Stufen ihres Tempels verwandelt wurden: *acc*. Cinyran 6, 98. — 2) König von Cypern, Vater der Myrrha u. des Adonis 10, 299. 338. *voc*. Cinyrā 10, 380. - Dav. Cĭnyrēĭus, a, um, vom Cinyras abſtammend, cinyreiſch: virgo = Myrrha 10, 369. juvenis = Adonis 10, 712. 730.

Cĭnyrēĭus, u, um, ſ. Cinyras.

Cĭpus, i, *m*. ein Römer, welcher die Königswürde ausſchlug 15, 565.

circā, 1) *adv*. rings um 3, 411. — 2) *praep. c. acc*., rings um: quem circa 3, 668. hunc circa 11, 613.

Circaeus, a, um. ſ. Circe.

Circē, ēs, *f*. Tochter des Sol und der Oceanide Perſe, Schweſter des Königs Aeetes in Kolchis, eine Zauberin von ungemeiner Schönheit, wohnte auf einer Inſel an der Weſtküſte Italiens 4, 205. 13, 968. 14, 10. - Dav. Circaeus, circäiſch, ... der Circe 14, 248. 253. 318. 15, 718.

circĭno, avi, ātum, āre, (v. circinus, Zirkel), zirkelrund machen: auras, umzirkeln 2, 721.

circŭĕo, ſ. circumeo.

circŭĭtŭs, ūs, *m*. Umkreiſung, Umkreis 2, 82.

circŭlŭs, i, *m*. Kreis: ultimus, der Polarkreis 2, 516.

circum, 1) *adv*. rings umher, rings um 4, 668. 12, 528 (ſ. circumsono). — 2) *praep. c. acc*., rings um 2, 40. 4, 493. 7, 313.

circum-do, dĕdi, dătum, dăre, 1) herumlegen, herumthun um etwas: alqd alcui rei 1, 37. 631. 4, 181. bracchia collo, um den Hals ſchlingen 6, 479. 9, 605. — 2) mit etwas umgeben, umringen: *part*. circumdatus, a, um, umgeben von etwas, alqua re 2, 272. 5, 251. 6, 127. 310. 326. 8, 621. 13, 643. frontem circumdatus uvis, die Stirn mit Trauben umkränzt 3, 666. corpus amictu, den Leib gehüllt in 4, 313.

circŭm-ĕo, ĭi (īvi), ĭtum, īre, um etw. herumgehen: moenia 2, 402. aras 7, 258. modum 8, 748. — 2) umgeben: oras oleis, einfaſſen 6, 101. umfließen 15, 290. cruribus uber, umſchließen 13, 826. — 3) umringen, umſtellen: alqm 5, 157.

circum-fĕro, tŭli, lātum, ferre, herumtragen, herumbewegen: oculos, umherwenden, umherſchweifen laſſen 6, 169. 15, 674. vultus 3, 241.

circum-flŭo, fluxi, ĕre, etw. ringsumfließen 3, 74. 13, 779.

circumflŭŭs, a, um, ringsumfließend 1, 30. 15, 739. — 2) paſſiv: ringsumfloſſen 15, 624.

circum-fundo, fūdi, fūsum, ĕre, ringsumgießen: aër circumfusus 1, 12. übertr. *pass*. circumfundi, mit *dat*., ſich an einen Gegenſtand andrängen, anſchmiegen 4, 360. collo circumfusa, geſchmiegt um 14, 586. circumfusae texere Dianam, deckten um ſie gedrängt 3, 180. satelles circumfusus, dicht geſchaart 14, 354.

circum-lĭno, lēvi, lĭtum, ĕre, etw. um einen Gegenſtand herumſchmieren, herumſtreichen: alqd alcui rei 3, 373. — 2) mit etwas umſchmieren, alqd alqua re: circumlitus auro, mit Gold überzogen, behaftet 11, 136.

circum-sŏno, āre, umtönen: orbem, umrauſchen 1, 187. circum clangore sonantem durch Tmeſis für clangore circumsonantem (castra), umſchreiend 12, 528.

circumsŏnus, a, um, ringsumtönend: turba canum, ringsum anbellend 4, 723.

circumspectus, a, um (circumspicio), mit Vorſicht erwogen: non circumspectis viribus, mit nicht gehörig berechneten Kräften 5, 171.

circumspĭcĭo, exi, ectum, ĕre (v. specio), rings umherſchauen, ſich rings umſehen 1, 605. 6, 655. 11, 678. — 2) nach etw. umherſchauen, etwas ringsum betrachten: utrumque (*sc*. polum) 2, 294. alqm 5, 72. sedes 15, 738. lucos 5, 265. amictus 4, 318.

circum-sto, stĕti, āre, um etwas herumſtehen, (ſtehend) umgeben: alqm 2, 394. 3, 249. sacra 2, 717. puppim 11, 505.

circum-vēlo, āre, umschleiern, umhüllen 14, 263.

circum-verto, ti, sum, ere, umdrehen: rota circumvertitur axem, dreht sich um 15, 522.

circum-vŏlo, āvi, ātum, āre, um etw. herumfliegen, etw. umfliegen: remos alis 14, 507. spem 2, 719.

circum-volvo, vi, ūtum, ere, etwas herumwälzen ob. rollen: rota circumvolvitur axem, rollt um die Achse 15, 522.

circus, i, m. die länglich runde Rennbahn, (auch zu Thierkämpfen benutzt), der Circus 12, 102.

cīris, is, f. (nach Ovid v. κείρω, „scheeren"), ein Vogel, in welchen Scylla, die Tochter des Nisus, verwandelt wurde 8, 151.

cista, ae, f. Kiste, Kasten 2, 554.

Cithaerōn, ōnis, m. ein Gebirge Böotiens, dem Bacchus heilig 2, 223. 3, 702.

cīthăra, ae, f. Cither 10, 108. citharam movere 5, 112. ora ad citharam movere 5, 332.

cĭtĭus, adv. (compar. v. cito), schneller, rascher 3, 729. 5, 635. 7, 564 (erg. eo). serius aut citius, früher oder später 10, 33.

citrā 1) adv. diesseits, nach dieser Seite: nec citra nec ultra, weder vorwärts noch rückwärts 5, 186. — 2) praep. c. acc. diesseits (eines gewissen Punktes), vor 7, 238. 11, 195; übertr. a) von der Zeit, vor 10, 84. 8, 365. — b) bei Maßbestimmungen, unter, hinter etw. zurückbleibend 10, 607.

cĭtus. a, um, (v. cieo), beschleunigt, rasch 3, 562. Thermodon 2, 249. navis 15, 732. axis 2, 75. plantae 10, 591. fuga 1, 543.

Cīus, a, um, ciisch (Cia od. Ceos, eine der cycladischen Inseln) 3, 597.

cīvīlis, e, den (die) Bürger betreffend, bürgerlich: jura 15, 832. bella, Bruderkämpfe 3, 117. acies 7, 142.

cīvīlĭter, adv. eig. wie es dem Bürger gegen Bürger geziemt; dah. billig: plus quam civiliter 12, 583.

cīvis, is, m. u. f. Bürger, Mitbürger 7, 512. 8, 116. 13, 262.

clādēs, is, f. Schaden, Verlust 2, 281. lucis ademptae 3, 515. Beschädigung: tyranni 13, 565; überh. Verderben, Unglück 3, 191. 6, 654. 7, 562. 8, 541. publica 13, 506. plur. Leiden 9, 176. 13, 577. 14, 485.

clam, adv. insgeheim, heimlich 13, 103. 432. 14, 310.

clāmo, āvi, ātum, āre, laut rufen, schreien 2, 361. 3, 229. alqm. Jemds. Namen rufen, ihn rufen 2, 443. 3, 244. 5, 398. 6, 106. 525. 14, 397. alcui, zurufen 9, 120. nomen, ausrufen 8, 229.

clāmŏr, ōris, m. Geschrei 1, 207. 3, 630. 6, 661. fit clamor sc. ejus, er erhebt ein Geschrei 12, 387; insbes. a) bacchant. Jubelruf, Jauchzen 3, 707. 4, 28. 11, 16. — b) Zuruf, Beifallsruf 4, 735. 7, 120. 8, 389. 15, 731. secundus 8, 420.

clangŏr, ōris, m. (kreischendes) Geschrei der Vögel 12, 528. 13, 611.

Clānis, is, m. 1) ein Centaur, acc. Clanin 12, 379. — 2) ein Gefährte des Phineus, acc. Clanin 5, 140.

Clarius, a, um, s. Claros.

Clărŏs, i, f. Stadt im ionischen Kleinasien mit Tempel und Orakel des Apollo 1, 516. = Dav. **Clărĭus**, a, um, clarisch: deus = Apollo 11, 413.

clārus, a, um, „klar", d. i. hell leuchtend, schimmernd: smaragdi 2, 24. vitrum 4, 355. aurum 13, 105. Lucifer 4, 664. 15, 190. lumina 2, 110. regia 2, 2. templa 11, 359. certamina clara colore suo, in die Augen fallend durch ihre Farbe 6, 86. — 2) fürs Gehör, helltönend, laut: vox 3, 703. latratus 13, 806. ictus 2, 625. plangor 4, 138. — 3) übertr. hervorleuchtend, ausgezeichnet, angesehen, berühmt 2, 569. 5, 652. 6, 8. 425. 10, 686. 15, 3. clarissimus forma 4, 794. verherrlicht 8, 178. erlaucht 1, 174.

classis, is, f. Flotte (nebst Mannschaft) 7, 457. 490. 13, 659. (dichterisch) Schiff 13, 92. 15, 696.

claudo, si, sum, ere, (Offenes) schließen, verschließen: portas 3, 560. fores 4, 453. domos 8, 629. tecta 5, 287. lumina 3, 503. fontes verstopfen 15, 271. clausura fuit, sie würde sicherlich verschlossen haben 14, 784; gleichsam verschließen, versperren, abschneiden: patriam alcui 8, 115. iter 8, 548. vias vitales 2, 828. fugam 6, 572. animam (laqueo), sich den Athem abschneiden, d. i. sich erhängen 7, 604. — 2) einen Gegenstand (wo od. wodurch) einschließen 1, 262. 631. 2, 554. 3, 343. 697. 4, 663. 698. 6, 546. 7, 109. 8, 170. clausus erat pelago, abgesperrt 8, 185. quae urbes clauduntur ab Isthmo d. i. Städte im Peloponnes 6, 419 (dagegen 6, 420 exterius sitae, Städte des nördlichen Griechenlands); clauditur in angustum, verengt sich 13, 407. deum in pectore clausum habere, d. i. vom Gotte erfüllt, ergriffen sein 6, 641; insbes. v. Oertlichkeiten, umschließen, einschließen, (rings) umgeben 1, 568.

claustrum, i, n. (claudo), Schloß, Riegel: portarum 8, 70. urbis, Thor 4, 86.

clāva, ae, f. Keule 9, 114. 236.

clāvĭger, era, erum, (clava u. gero), eine Keule führend: proles Neptuni, d. i. Periphetes, ein berüchtigter Räuber, wel-

cher die Reisenden mit einer eisernen Keule erschlug 7, 437; subst. der Keulenträger, d. i. Hercules 15, 22. 284.
clāvus, i, *m.* Nagel 8, 654.
clēmens, ntis, gelind, mild (v. Wetter): amnis, ruhig (fließend) 9, 116.
clēmentĭa, ae, *f.* eig. Milde des Wetters; dah. bildl. Milde, Gnade 8, 57.
Clĕōnae, ārum, *f.* Stadt in Argolis im Peloponnes 6, 417.
clĭpĕātus, a, um, mit Schild versehen, beschildet 3, 110.
clĭpĕus, i, *m.* u. (seltener) clĭpĕum, i, *n.* der runde Schild 5, 188. 8, 27. (*neutr.*) 4, 782. dominus septemplicis clipei, d. i. Ajax, dessen Schild aus 7 Lagen von Rindshaut mit einem Erzüberzuge bestand 13, 2. clipeum tenere pro classe, vertheidigen 13, 352. clipeus dei (Solis), die Sonnenscheibe 15, 192.
Clītorĭus, a, um, clitorisch (Clitor, Stadt in Arcadien) 15, 322.
clīvus, i, *m.* (sanft aufsteigende) Anhöhe, Hügel 8, 694. clivo = in clivo 8, 191. clivo utroque, durch beide Seitenlehnen 11, 151. clivus mensae, Schrägheit 8, 662.
Clýmĕnē, ēs, *f.* Gemahlin des Merops, gebar dem Sonnengotte den Phaëthon und die Heliaden 1, 756. 765. 2, 37. 333. 4, 204. - Dav. Clymĕnēĭus, a, um, clymeneïsch: proles, d. i. Phaëthon 2, 19.
Clymĕnēĭus, a, um, *f.* Clymene.
Clymĕnus, i, *m.* ein Kampfgenosse des Phineus 5, 98.
clypĕātus, a, um, *f.* clipeatus.
clypeus, *f.* clipeus.
Clytĭē, ēs, *f.* eine in die Sonnenblume (heliotropium, solago) verwandelte Oceanide 4, 206. 256.
Clytĭus, i, *m.* ein Kampfgenosse des Phineus 5, 140.
Clytus, i, *m.* 1) Sohn des Athener Pallas, *acc.* Clytŏn 7, 500. — 2) ein Kampfgenosse des Phineus 5, 87.
cŏăcervātus, a, um, (*part. v.* coacervo), gehäuft: luctus 8, 485.
cŏactus, a, um, *f.* cogo.
cŏāgŭlum, i, *n.* (cogo), „gerinnenmachendes Mittel"; dah. *plur.* Laab, d. i. Stücke von getrocknetem Kälbermagen, womit man die Milch gerinnen machte 13, 830. 14, 274 (f. patior).
cŏ-argŭo, ŭi, ere, etw. in seinem wahren Lichte zeigen: aures, verrathen 11, 193.
Cŏcālus, i, *m.* ein mythischer König in Sicilien, welcher den Dädalus gegen den ihn verfolgenden Minos beschützte 8, 261.
coctĭlis, e (coquo), gebrannt: muri, Backsteinmauern 4, 58.

cōdex, ĭcis, *m.* Baumstamm, Pflock 12, 432.
coccus, a, um, *f.* caecus.
coeles, coelestis, coelicola, coelum, *f.* caeles caelestis, caelicola, caelum.
coenum, i, *f.* caenum.
cŏ-ĕo, ĭi, (ĭvi), ĭtum, īre, zusammengehen, zusammenkommen 6, 412. ad locum 4, 83. huc 3, 386. ad bella, zusammentreffen 9, 42. sich zusammenschaaren 3, 236. 716. 8, 300. 11, 24; insbes. sich gatten, sich paaren 3, 324. 9, 733. 10, 324. 11, 744. — 2) sich vereinigen, zusammenwachsen 2, 670. 4, 377, 7, 179. aequor coit, zieht sich zusammen 5, 410. taedae coissent, ihre Brautfackeln hätten sich vereinigt d. i. Vermählung hätte sie vereinigt 4, 60 (jure, rechtmäßig).
coepĭo, coepi, coeptum, ĕre, anfangen, beginnen: mit *infin.* 1, 221. 3, 106. 4, 394. 6, 717. 10, 137. esse metus coepit, fing an mich anzuwandeln 7, 715; *part.* coeptus, angefangen, begonnen: sacra 12, 14. iter 2, 598. pennae coeptae a minima („mit") 8, 190. marmor, angefangen zu behauen 1, 405. animalia modo coepta, gerade in der Ausbildung begriffen 1, 426. mors, verfucht 10, 417. *subst.* coeptum, i, *n.* das Vorhaben, Unternehmen, Beginnen 9, 616. *plur.* 1, 2. 8, 67. 200. 463. 492. 9, 486. 619; insbes. zu reden beginnen: sic coepit 9, 3.
coeptum, i, *n.* *f.* coepio.
Cŏerănŏs, i, *m.* ein Kampfgenosse des Sarpedon vor Troja, *acc.* Coeranŏn 13, 257.
cŏercĕo, ŭi, ĭtum, ēre (con u. arceo), zusammenhalten, umschließen: orbem 1, 31. capillos 1, 477. 2, 413. coercet utero terga ferarum, sie umschließt mit dem Schooße, d. i. ihr Schooß wird umschlossen von 14, 67. — 2) in der freien Bewegung aufhalten, hemmen: alqm 11, 78. — 3) bildl. in Schranken halten, bändigen: undas 1, 342. ora (frenis), zügeln 5, 643. 6, 226. poena coercet alqm, zügelt 4, 446.
coetus, ūs, *m.* (coëo), Versammlung, versammelte Schaar 2, 465. 3, 403. 11, 766. 13, 898. silentum 15, 66 (f. sileo).
Coeus, i, *m.* ein Titan, Vater der Latona 6, 185 (f. nescio). 6, 366.
cōgĭto, āvi, ātum, āre, überlegen, überdenken 4, 44.
cōgnātus, a, um, blutsverwandt, verwandt: animae 15, 174, corpora 2, 663 (weil der Vater Chiron als Centaur auch zur Hälfte Pferd war). 13, 615 (weil aus einem Theile der Asche des Todten entstanden). exempla, der Verwandten 4, 431 (f. exemplum). sidera d. i. Caesaris 15, 839. latus = latus cognati Alcmaeonis

cognitus   colo   49

(f. Callirhoe) 9, 412. per cognata pectora, bei unsrer Verwandtschaft 6, 498; stammverwandt: moenia (weil Pythagoras schon einmal als Trojaner Euphorbus gelebt haben wollte) 15, 451. litora 13, 678 (f. mater). caelum, weil Erde und Himmel früher vermischt gewesen waren 1, 81.
cognĭtus, a, um, f. cognosco.
cōgnōmĕn, mĭnis, n. Beiname 5, 640 (f. divus).
cōgnosco, ōvi, ĭtum, ĕre (con u. nosco), 1) wahrnehmen, kennen lernen, erkennen, a) durch die Sinne: vultus 11, 467. regna 14, 112. cuncta 9, 777. omnia 13, 247. pondus, spüren 2, 161. alqm, von Angesicht kennen lernen 6, 148. 7, 475. 8, 46 (mihi = a me); sehen 14, 576. 15, 307; hören 13, 655; part. cognĭtus, a, um, als Adject. aa) bekannt geworden, bekannt: res 3, 511. 15, 365. cura 9, 727. compar. cognitius 14, 15. — bb) bewährt, erprobt 12, 69. — b) geistig: genus 2, 183. mores 14, 524. ritus 15, 4. — c) euphem. aliquam, (fleischlich) erkennen 9, 452 (tibi = a te). — 2) (bereits Gekanntes) wiedererkennen, erkennen: alqm. 2, 501. 3, 230. 4, 137. 291. 9, 533. 11, 622. 15, 675. alqd 5, 636. 7, 422. 834. 9, 777. 15, 163. non cognitus, unerkannt 10, 461. non cognoscendus, nicht zu erkennen, nicht erkennbar 7, 723. 9, 263. 15, 539.
cōgo, cŏēgi, cŏactum, ĕre (con u. ago), „zusammentreiben"; dah. a) vereinigen: cornua in orbem 10, 295. — b) Flüssiges verdichten, verdicken: tellus cogitur, verdickt sich 15, 251. lac coactum, geronnene Milch 8, 666. 13, 796. — c) zusammenhalten: agmen, den Zug schließen 2, 114. 11, 97. — 2) bildl. Jemd. wozu nöthigen, zwingen, mit folg. infin. 2, 751. 3, 557. 6, 553. 7, 46 (f. in). 9, 546. 13, 349. nullo cogente (sc. tellurem), ohne Zwang, von selbst 1, 103. pass. 2, 615. 13, 280. lacrimae coactae, unwillkürlich hervorquellend 6, 628.
cŏ-haerĕo, haesi, haesum, ēre, womit zusammenhangen, woran festhangen, mit dativ. 4, 553. 5, 125. 11, 76.
cŏhībĕo, ŭi, ĭtum, ēre, (con u. habeo), zusammenhalten, einschließen: ventos carcere 14, 224. in antris 15, 346.
cŏhors, rtis, f. (geschlossene) Schaar, Gefolge 11, 89.
cŏiens, euntis, f. coëo.
cŏĭtŭs, ūs, m. (coëo), geschlechtliche Vereinigung, Begattung. 7, 709.
Colchi, ōrum, m. die Colchier, Bewohner von Colchis in Asien, östlich vom Pontus Euxinus 7, 120.
Colchis, ĭdis, f. colchisch (f. Colchi);

subst. die Colchierin, d. i. Medea 7, 296. 331. 348.
Colchus, a, um, colchisch (f. Colchi) 13, 24. venena, der Colchierin Medea 7, 394.
col-lābor, lapsus sum, lābi (ohnmächtig, sterbend) zusammensinken 2, 617. 6, 295. 7, 598. 826. 11, 460. in artus, in die Kniee sinken 5, 96.
col-laudo, āvi, ātum, āre, sehr loben, beloben: vocem 10, 365.
collĭgo, lēgi, lectum, ĕre (con u. lego), sammeln: olus 8, 646. equos 2, 398. crinem in nodum 8, 319. collecti flores 5, 399. uvae de vitibus collectae 8, 676. capillos hederā collectus, die Haare mit Epheu zusammengeschürzt 5, 338. — 2) zusammenziehen, einengen: vertex collectus in apicem 13, 910. — 3) bildl. a) in sich ansammeln, gewinnen: rabiem 1, 234 (f. ipse). 9, 212. sitim (bekommen) 5, 446. 6, 341. mentem, zur Besinnung kommen 14, 352. odium collectum a pelice, der (ihr) von der Buhlerin erregte Zorn 3, 258. — b) folgern, schließen 7, 732. 11, 380.
collis, is, m. Anhöhe, Hügel 1, 698. 14, 90, 836. plur. für sing. 14, 846. 15, 560.
col-lŏco, āvi, ātum, āre, wohin legen oder setzen: retia 4, 181. alqm stratis 10, 267. oculos pennis, einsetzen 1, 723. alqm in thalamo, aufnehmen 2, 526. — 2) zurechtlegen, ordnen: chlamydem 2, 734.
collŏquĭum, i, n. Unterredung 13, 552.
col-lūcĕo, ēre, (völlig) erleuchtet sein 4, 403.
collum, i, n. Hals (der Menschen und Thiere) 1, 718. 730. altum, der Nacken 5, 170; plur. für sing. 1, 734. 2, 100. 3, 88. 4, 597. 12, 400. 15, 126.
col-lŭo, lŭi, lūtum, ĕre, benetzen: ora 5, 447.
cŏlo, lŭi, cultum, ĕre, eig. einer Person oder Sache Sorgfalt und Pflege zuwenden; dah. bebauen, bestellen: arva 3, 584. hortos 14, 624. fruges, erbauen 15, 134. poma, ziehen 14, 687 (tibi = a te); part. cultus, a, um, angebaut, wohl gepflegt 2, 710. 5, 535. 14, 656. — 2) einen Ort (mit Vorliebe) bewohnen, sich wo aufhalten 1, 576. 2, 380. 679. 5, 495. 663. 6, 149. 11, 765. 14, 331. 681. 15, 367. 545. 642. — 3) einen Gegenstand hochhalten, ihn pflegen, hegen: aras 3, 733. 6, 209. templa 11, 578. pacem 11, 297 (mihi = a me). sacra, sorgfältig begehen, feiern 4, 32. 15, 679. fidem, ausüben 1, 90. — 4) alqm, Jemd. Pflege und Aufmerksamkeit weihen, sich Jemds. Dienste widmen 1, 694. 14, 333. quo rege homines (co-

4

lebantur et quo) antistite Phoebus colebatur, unter deſſen königl. Obhut die Menſchen und unter deſſen Prieſterthum d. Dienſt des Phöbus ſtand 13,633; insbeſ. von Göttern: verehren 1, 747. 4, 605. 6, 171. 8, 350. 9, 700. 14, 316. qui coluere (deos), coluntur (ab iis), werden von ihnen geehrt 8, 724. zeugmat. rura colebat Panaque, bewohnte ... und verehrte ... 11, 146. — 5) ſchmücken 2, 737. 9, 462. 10, 534.

cŏlōnus, i, *m*. Ackerbauer, Landmann 1, 272. 7, 435; der Stier als Feldbeſteller 15, 142. — 2) Anſiedler, Bewohner 6, 318. 15, 289.

Cŏlŏphōnĭus, a, um, colophoniſch (Colophon, ioniſche Stadt in Kleinaſien) 6, 8.

cŏlŏr, ōris, *m*. Farbe 4, 165. 10, 213; insbeſ. Geſichtsfarbe 2, 601. 3, 99. 6, 304. 9, 536. 10, 459; prägn. ſchöne Geſichtsfarbe, Schönheit 4, 193.

cŏlŭber, bri, *m*. (kleinere) Schlange 11, 775.

cŏlŭbra, ae, *f*. (kleinere) Schlange 4, 475. 492. 784. 6, 559.

cŏlŭbrĭfer, ĕra, ĕrum, Schlangen tragend: monstrum 5, 241.

cŏlumba, ae, *f*. Taube 1, 506; als Vogel der Venus 13, 674. 14, 597. 15, 386.

cŏlumna, ae, *f*. Säule 2, 1. 5, 160. 8, 700.

cŏlus, i, *f*. Spinnrocken 4, 229. 12, 474.

cŏma, ae, *f*. das (lange) Haupthaar 1, 559. 2, 124. serta sumere comā, ins Haar 4, 7. *plur*. 4, 139. 6, 118. 13, 688; übertr. Laub der Bäume 10, 103. 648. 11, 47.

cŏmans, tis, (v. coma) langhaarig: stella, Haarſtern, Komet 15, 749. progenitor, ſtrahlenhaarig, d. i. Lucifer 11, 319.

Combē, ēs, *f*. Tochter des Ophius, Mutter der ätoliſchen Cureten, wurde, als ſie vor den Nachſtellungen ihrer Kinder floh, in einen Vogel verwandelt 7, 383.

com-bĭbo, bĭbi, bĭbĭtum, ĕre, eintrinken, einſchlucken: sucos 7, 287. 13, 944; einſaugen 13, 410. 15, 275. os combibit maculas 5, 455.

cŏmes, ĭtis, *c*. (con u. eo) Begleiter, Begleiterin 8, 175. 10, 173 (*sc.* canum). mortis (leti), Todesgefährte 3, 59. 4, 152. Theilnehmer: sacrorum 11, 94. laborum 8, 165. operis, Gehülfe 3, 129. *plur*. Gefolge 2, 426. 6, 649.

Cŏmētēs, ae, *m*. ein Lapithe 12, 284.

cŏminus, *adv*. (com u. manus), im Handgemenge, in der Nähe 3, 119. 12, 129. 482. 13, 86. concurrere, handgemein werden 5, 89. 12, 595.

cŏmĭto, āvi, ātum, āre (comes), begleiten: alqm 13, 55. gradus 8, 692. vestigia 14, 259. *part*. comitatus, begleitet 2, 441. 845. 3, 215. 9, 687. 10, 9.

cŏmĭtor ātus sum, āri (comes), begleiten: alqm 4, 484. comitans 6, 594. 11, 275. 13, 402.

com-mĕmŏro, āvi, ātum, āre, erwähnen, erzählen: alqd 5, 2. 9, 5. 12, 162.

commendo, āvi, ātum, āre (con u. mando), zur Obhut übergeben, anvertrauen: alqm 6, 495.

commentus, a, um (*part. v.* comminiscor), erdichtet, erlogen: sacra 3, 558. 4, 37. funera 6, 565; ſubſt. commentum, i, *n*. Erdichtung 13, 38. 14, 464. 12, 54. (ordne: milia rumorum, commenta mixta cum veris, vagantur).

com-mĕrĕo, ŭi, ĭtum, ēre, verdienen: poenam 5, 552.

com-mĭnŭo, ŭi, ūtum, ĕre, „klein machen"; dah. bildl. entmuthigen: alqm 12, 472.

commissum, i, *n*. (v. committo), das Anvertraute, Geheimniß 2, 558.

commissus, a, um, ſ. comitto.

com-mitto, īsi, issum, ĕre, zuſammenfügen, verbinden: qua vir equo commissus erat, wo der Mann mit der Roßgeſtalt verwachſen war 12, 478. qua naris fronti committitur, ſich anſchließt 12, 315. *part*. commissus, a, um, zuſammengefügt, verbunden 4, 369. 6, 178. in unum 4, 579. — 2) „zuſammenlaſſen"; dah. von einer dadurch hervorgerufenen Thätigkeit ſelbſt: ſtattfinden laſſen, unternehmen, beginnen: proelia 5, 307. 12, 68. pugnam 5, 75. sermonem, anheben 6, 448. — 3) Unerlaubtes gleichſam an ſich kommen laſſen, verüben, verſchulden: nefas 7, 427. 15, 127. nihil 9, 479. quid 7, 25. committit repelli, läßt's dahin kommen 9, 632. jam nequeo nil commisisse nefandum, ich kann begangene Greuel nicht mehr ungeſchehen machen 9, 626. — 4) wohin laſſen: crus laqueis, hineinſtecken 11, 74 — 5) überlaſſen, anvertrauen: alcui alqd 2, 169. 10, 393. 13, 431. se nocti 13, 342. undis 8, 550. verba tabellis 9, 587. se cerae 9, 601. populus pugnae, ausſetzen 14, 462. amor commissus, anvertraut 10, 418.

commŏdum, i, *n*. 1) Vortheil, Nutzen; publica, das öffentliche Wohl 13, 183. — 2) Vorrecht, Gerechtſame 11, 283.

com-mŏnĕo, ŭi, ĭtum, ēre, nachdrücklich ermahnen: origo te commonuit, dient dir zur Mahnung 12, 472.

com-mŏvĕo, ōvi, ōtum, ēre, ſtark in Bewegung ſetzen: flumina commota 15, 271; bildl. a) erſchüttern, ergreifen: commotus admonitu 9, 324. — b) (leidenſchaftlich) aufregen: ira commota est 6, 549.

commūnĭco, āvi, ātum, āre (communis), Jemb. an etwas Theil nehmen lassen: alqd cum alquo 13, 239.

commūnis, e, (Mehreren oder Allen) gemeinsam, gemeinschaftlich: humus 1, 135. aurae 7, 127. alcui 13, 397. cum aliquo 5, 523. 13, 30. 304. quod commune (nomen) foret, beiden Geschlechtern gemein 9, 710; subst. commune gentis, die gemeinsame Macht 12, 7. plur. communia, gemeinschaftliches Verdienst 13, 271.

commūnĭtĕr, adv. gemeinschaftlich, insgesammt 6, 262.

cōmo, mpsi, mptum, ĕre (co-emo), zusammennehmen, ordnen: capillos 1, 498.

compactus, a, um, s. compingo.

compāgēs, is, f. (compingo), Zusammenfügung, Gefüge: compagines lapidum 3, 30.

compāgo, ĭnis, f. (compingo), Zusammenfügung, Verbindung: cerae 1, 711.

com-pārĕo, ŭi, ēre, sichtbar sein, sich vorfinden: pars non comparens 6, 410.

compăro, āvi, ātum, āre (v. compar, „gleich"), (in der Beurtheilung) gleichstellen: se alcui 13, 338.

compello, āvi, ātum, āre, anreden: alqm 3, 147. 8, 787. 12, 585. 14, 839.

com-pello, pŭli, pulsum, ĕre, antreiben: alqm ad bellum 5, 219.

compendĭum, ii, n. eig. das Ersparte (an Arbeit u. dgl.); daß. inébes. kürzerer Weg, Wegeskürze: montis 3, 234.

compesco, ŭi, ĕre, in Schranken halten, beschränken: bracchia (arborum), beschneiden, stutzen 14, 630. ignes, dämpfen 2, 313. sitim undā, löschen 4, 102. tristitiam, unterdrücken 9, 396.

compingo, pēgi, pactum, ĕre (con u. pango), zusammenfügen: fistula arundinibus compacta 13, 784.

complector, plexus sum, plecti (von plecto), umfassen, umschlingen: colla lacertis 1, 734. membra 10, 407. dextram 6, 494. caput digitis 3, 727. aram 9, 772. alqm, umarmen 7, 144. cortex complectitur inguina, umschließt 2, 353. aratro, umfurchen 15, 619. umfließen 8, 604. 731. — 2) bildl. in Worten zusammenfassen: preces, aussprechen 10, 483.

complĕo, ēvi, ētum, ēre, ausfüllen, anfüllen: urnam 12, 616. aëre tinnitibus 14, 537. atria ululatu 5, 153. atria turbā complentur 5, 3. gloria complet orbem 12, 617. bildl. von der Zeit: erfüllen, vollenden 11, 311. 3, 312. 15, 395. 816.

complexŭs, ūs, m. das Umfassen, die Umschlingung 4, 377. plur. 3, 48. 6, 249. complexibus quercum ambire, rings umklammern 12, 328. — 2) Umarmung 3, 390. complexus dare alcui, umarmen 3, 286. 10, 388.

com-pōno, pŏsŭi, pŏsĭtum, ĕre, zusammensetzen, verbinden: pennas 8, 194. infans componitur, vollendet sich 7, 126. verba, (schriftlich) aufsetzen 9, 521. — 2) vergleichend zusammenstellen, vergleichen: cladi nostrae tuam 15, 530. parva magnis 5, 416. — 3) (sorgfältig) zurechtlegen: vultus, in freundliche Falten legen, dem Gesichte eine freundliche Miene geben 13, 767. mare, beruhigen 8, 857 (s. sic). se, sich schmücken 4, 318. mortuum toro, (zur Schau) ausstellen 9, 504. 14, 753; überh. einen Todten beisetzen, bestatten: alqm eodem tumulo 4, 157. Scironem, zur Ruhe bringen 7, 444.

compōs, pŏtis, einer Sache mächtig: mentis 8, 35.

com-prĕcor, ātus sum, āri, flehen, bitten 10, 640. 12, 285. 14, 379.

com-prendo, (= prĕhendo), di, sum, ĕre, 1) zusammenfassen: chlamydem comprensus ab auro, den Mantel mit goldener Spange zusammengehalten 14, 345; dictis, in Worte zusammenfassen, erzählen 13, 160. — 2) erfassen, ergreifen: alqm 1, 537. linguam forcipe 6, 556. agger comprenditur ignibus 9, 234.

compressus, a, um, s. comprimo.

comprĭmo, essi, essum, ĕre (con u. premo), zusammendrücken: linguam forcipe 6, 556. ora, schließen 6, 294; bildl. unterdrücken, hemmen: murmura 1, 206.

cōnāmĕn, ĭnis, n. 1) der Ansatz (zu einer körperlichen Anstrengung): conamen sumere, den Ansatz nehmen 8, 366; meton. Stützmittel, Stütze 15, 224. — 2) das Unterfangen, der Versuch: conamina mortis 10, 390; prägn. die Anstrengung 3, 60.

cōnātŭs, ūs, m. Versuch, Bemühung 4, 249.

con-căvo, āvi, ātum, āre, rund machen: bracchia, krümmen 2, 195.

concăvus, a, um, rings gehöhlt: aera 4, 30. vallis, tief gehöhlt 8, 334. bracchia, gekrümmt 10, 127. 15, 369.

con-cēdo, cessi, cessum, ĕre, sich entfernen, weichen: tempus puerile concessit juventae 6, 719. operi, Raum geben 8, 393; bildl. a) Jemb. an Vorzügen nachstehen 12, 384. — b) alcui alqd, Jemb. etwas zugestehen, gewähren 5, 222. 10, 344. 12, 394. part. concessus, a, um, erlaubt: ut concessa ament, daß sie (nur) erlaubter Liebe sich hingeben sollen 9, 454.

concentŭs, ūs, m. Einklang, Harmonie 11, 11.

concha, ae, f. Muschel 4, 725. 8, 563. 10, 260. 15, 264. Sidonis, die Purpur-

4*

ſchnecke 10, 267; das ſchneckenförmige Tritonshorn 1, 333.

concĭdo, ĭdi, ĕre, (cado), **zuſammenſtürzen, hinſtürzen** 5, 77. 9, 650; insbeſ. a) verwundet oder todt hinfallen, fallen 5, 117. 7, 538. 12, 392. — b) von Opferthieren, **geopfert werden,** fallen 8, 764. 10, 272. — 2) bildl. ſinken, in Verfall kommen 15, 422.

concĭlĭum, i, *n.* **Vereinigung, Verbindung:** cum aliquo 1, 710. — 2) **Verſammlung** 10, 144. 14, 812; insbeſ. **berathende Verſammlung, Rath** 1, 167. 15, 645 (ſ. que).

concĭpĭo, cēpi, ceptum, ĕre (capio), **zuſammennehmen;** bildl. in Worte zuſammenfaſſen, d. i. (in beſtimmten Formeln, feierlich) **ausſprechen:** verba 10, 290. vota 7, 594. preces 8, 682. 14, 365. — 2) **an ſich nehmen:** flammas (ignem), fangen 1, 255. 15, 348. ignem, ſich erhitzen 7, 108. aquas, an ſich ziehen 1, 271. vires, annehmen 15, 336. — 3) **in ſich aufnehmen:** lacrimas 6, 397. auras, auffangen 12, 569. bucina concipit aëra, nimmt den Hauch auf, d. i. wird geblaſen 1, 337; insbeſ. vom Weibe: (durch Befruchtung) **empfangen:** alqm auro 4, 611. befruchtet werden, ſchwanger werden 1, 431. 3, 268. ex aliquo 10, 329; meton. heirathen 11, 222; *pass.* concipi, erzeugt werden: semine alcjus 10, 328. *part.* conceptus, a, um, erzeugt 10, 503. de lupo 3, 214. concepta crimina, das in Sünde empfangene Kind 10, 470; bildl. a) mit dem Gemüthe **in ſich aufnehmen, faſſen:** flammas 7, 17. amorem 10, 249. ignem, von Liebesgluth ergriffen werden 7, 9. 9, 520. 10, 582. furores mente, von Begeiſterung ergriffen werden 2, 640. iras concipit animo, Zorn erfaßt ſein Gemüth 1, 166. spem, ſchöpfen 6, 554. — b) mit dem Geiſte auffaſſen, **ſich vorſtellen, ſich denken,** den Gedanken an etwas faſſen: alqd mente (animo) 1, 777. 15, 6. nefas, ahnen 10, 403. mit *acc. c. inf.* 2, 77; daß. worauf ſinnen: nefas animo 10, 352. thalamos 7, 22.

con-cĭto, āvi, ātum, āre, **in Bewegung ſetzen, auftreiben:** agmen 14, 239. — 2) **wozu anregen, antreiben,** mit *infin.* 13, 226.

concĭtus, a, um (*part. v.* concĭēo, civi, citum, ēre), **in ſtarke Bewegung geſetzt:** amnis imbribus, erregt 3, 79. sagitta nervo, geſchnellt 6, 243. moles nervo, geſchleudert 8, 357. puppis velo, getrieben 7, 491. flumina, reißend 7, 154; beſchleunigt, ſchnell: navis 4, 706. membra 11, 334. Progne, eilend 6, 594. concita est cursu, ſie ſtürmt im Laufe daher 3, 711. — 2) **erregt, aufgeregt** 4, 519. 6, 158. 7, 829. cupido 10, 690. concitus irā 7, 413.

con-clāmo, āvi, ātum, āre, **laut rufen, aufſchreien** 4, 691. 6, 227. 7, 843. 10, 385. — 2) (Mehrere) **zuſammenrufen, berbeirufen:** socios 13, 73.

concŏlŏr, ōris, **gleichfarbig** 10, 735; mit *dat.* 6, 406. 11, 500.

concordĭa, ae, *f.* **Eintracht:** veneris, Liebesverbindung 13, 875. felix, erfreuliches Bild der Eintracht 8, 303. — 2) von Lebloſem, **Sympathie, Harmonie** 1, 433. quae sit concordia mixtis, wie ſich die gemiſchten vertragen 14, 269.

concordĭtĕr, *adv.* **in Eintracht** 7, 752.

concordo, āvi, ātum, āre (concors), **übereinſtimmen, harmoniren** 10, 147; nervis (*dativ.* „mit") 1, 518.

concors, dis (cor), **einträchtig, harmonirend** 8, 708. pax 1, 25. sonus 5, 664. duo concordes, ein innig verbundenes Paar 3, 473.

con-cresco, crēvi, crētum, ĕre, „zuſammenwachſen"; daß. insbeſ. zu feſter Maſſe **ſich verdichten, ſich verhärten** 9, 220. 7, 416 (concresse — concrevisse). rostro, zum Schnabel 5, 673. saxo, zu Stein erſtarren 5, 202. *part.* concretus, verdichtet: spuma 4, 537. geronnen: lac 12, 436. sanguis 13, 492. zuſammengeklebt 12, 270. 14, 201.

concrētus, a, um, ſ. concresco.

concŭbĭtŭs, ūs, *m.* **Beilager, Beiſchlaf, Liebesumarmung** 10, 353. *plur.* 4, 207, 6, 541. 14, 668.

con-cumbo, cŭbŭi, ĭtum, ĕre, **ſich zuſammenlegen mit Jemd., ihn beſchlafen:** cum alqua 7, 387. alcui, beiwohnen 10, 338.

con-curro, curri, cursum, ĕre, **zuſammenlaufen:** montes concurrunt, ſtoßen zuſammen (ſ. Symplegades) 7, 62; insbeſ. **zum Kampfe aneinander rennen, feindlich begegnen, kämpfen** 9, 46. cum aliquo 13, 87. alcui 7, 30, Marti 13, 275 (ſ. Mars). Latio = (cum Latinis 14, 452. cominus, handgemein werden: alcui, mit Jemd. 5, 89. 12, 595.

concursŭs, ūs, *m.* **das Zuſammenſtoßen** 11, 436. caeli, der Winde und Wolken, d. i. der Donner 15, 811. undarum 15, 337; insbeſ. **das feindliche Zuſammentreffen,** der Kampf 6, 695. 14, 544.

con-custōdĭo, ĭvi, ītum, īre, (ſorgfältig) **überwachen:** poma 9, 190.

concŭtĭo, cussi, cussum, ĕre (con u. quatio), **zuſammenſchütteln, ſtark ſchütteln:** arma 1, 143. 7, 130. 12, 468. caput 2, 50. caesariem 1, 179. tempora 13, 644. torum, aufſchütteln 8, 655. tela, ſchwingen

12, 79. manu concussa signa dare, mit Handbewegung 11, 465. — 2) erschüttern: orbem 2, 849. agros 8, 781. arces 11, 509. moenia 13, 175. fores 2, 768. omnia 2,277. pectus et aegida,erbeben machen 2, 755; erregen, bewegen: freta 6, 691. 7, 200. undas 8, 605.

condĭtĭo, ōnis, *f.* Bedingung, Forderung 10, 569.

condĭtŏr, ōris, *m.* Gründer: • urbis 14, 849. 4, 566.

con-do, ĭdi, ĭtum, ĕre, zusammengeben: zusammenthun: moenia, gründen, erbauen 3, 13. 14, 459. 775. 15, 57. messes, einbringen 15, 126. — 2) wohin legen oder thun: corna condita in faece, eingelegt 8, 665; insbeſ. a) Todte beiſetzen, bestatten 2, 337. 7, 618. 8, 235. 13, 524. 14, 442; uneig. durch Verſchlingen 14, 176. 209. 15, 88. — b) verbergen, verstecken: vultus 2, 330. vultum aequore 11, 255. se in viscera 2, 274. in praecordia 8, 791. alqm nube 15, 804. *pass.* condi, ſich bergen: in corpora 10, 458. terrā 15, 193. *part.* conditus, a, um, verborgen: antro 3, 31. visceribus 15, 219; insbeſ. von Verwandlungen: umſchließend verbergen, umſchließen, umziehen 8, 609. 9, 362. 389. 10, 521. 14, 523. — c) etwas tief einstechen, einstoßen: sceptrum in ima gurgitis 5, 423. venabula in armos 8, 419. inguine 12, 453. flammas in ora 12, 295. ensem in pectus 13, 392. telum pectore 13, 459. digitos in lumina, einbohren 13, 561. stimulos in pectore, eindrücken 1, 727.

con-dūco, xi, ctum, ĕre, zusammenziehen: nubila 1, 572. — 2) vereinigen: ramos cortice, Zweige durch die Rinde vereinigen, d. i. aufeinander pfropfen 4, 375.

con-fĕro, contŭli, collātum, conferre, wohin zusammenbringen: simulacra 10, 694. dentes in corpore, (zusammen) einbeißen 3, 236; insbeſ. a) zum Kampfe aneinanderbringen: pectora pectoribus (ſtemmen) 6, 242. collato Marte, im Handgemenge, handgemein 12, 379. mecum confer (sc. te), kämpfe mit mir 10, 603. — b) zur Vergleichung zusammenbringen, vergleichen: faciem duarum 7, 696. his (rebus a me gestis) 13, 98. cum alquo 13, 6. — 2) wohin bringen: se, ſich wohin begeben 15, 743; insbeſ. in alqd, in etwas verwandeln 4, 278. 12, 145. Lotis contulerat in hanc versos vultus, breiter Ausdruck für in hanc conversa erat 9, 348.

confĭcĭo, fēci, fectum, ĕre (con u. facio), „zusammenarbeiten"; dah. bildl. **aufreiben, entkräften**: confectus senectā 6, 37.

con-fīdo, sus sum, ĕre, zuverſichtlich glauben: mit *acc. c. infin.* 9, 256. feſt vertrauen auf Jemd. oder etwas: figurae 10, 69. alquo 13, 240.

confīnis, e, angrenzend, mit *dativ.* 1, 718. 13, 924.

confīnĭum, i, *n.* Grenznachbarſchaft, Grenzscheide, Grenze (hier nur *plur.*) 12, 40, 14, 7. 15, 291. noctis 13, 592. lucis 7, 706. noctis cum luce (= et lucis), Abenddämmerung 4, 401.

confĭtĕor, fessus sum, ĕri (con u. fateor), eingestehen, bekennen: alqd 7,751. amorem alcui 14, 703. debere (sc. me) salutem 7, 165); insbeſ. eine Schuld eingeſtehen: manus confessae, die ſich (durch bittende Haltung) für überwunden erklären 5, 215. ſubſt. confessus, i, *m.* reuiger Sünder 10, 484. 488. — 2) zu erkennen geben: se 3, 2. Thetis confessa, d. i. in ihrer wahren Geſtalt 11, 264; offenbaren, kundgeben: iram vultibus 6, 35. affectus 7, 171.

con-flŭo, xi, ĕre, zuſammenſtrömen: huc 9, 741.

con-fŏdĭo, fōdi, fossum, ĕre, durchbohren, niederſtechen: alqm 5, 176.

con-frĕmo, ŭi, ĕre, ein unwilliges Gemurmel erheben 1, 199.

con-fŭgĭo, fūgi, fŭgĭtum, ĕre, wohin flüchten, ſeine Zuflucht nehmen: ad alqm 8, 688. ad limina 7, 299.

con-fundo, fūdi, fūsum, ĕre, zusammengießen: omnia ramo, durch einander rühren 7, 278; bildl. a) vereinigen, vermengen: promissa, preces in unum 4, 472. — b) in einander werfen, verwirren: jura et nomina 10, 346. fas nefasque 6, 586. in chaos confundi 2, 299. *part.* confusus, a, um, wirr, verworren: turba 12, 214. verba 2, 666. 12, 55. verworrenes Geſchrei 15, 606. — c) unkenntlich machen, entſtellen: ora 5, 58. vultum Lunae, trüben 14, 367. ossa, zerſchmettern 12, 251. — d) beſtürzt machen, aus der Faſſung bringen: alqm 15, 770.

con-gĕlo, āvi, ātum, āre, „völlig gefrieren machen"; dah. übertr. ſtarr machen, verhärten: rictus in lapidem 11, 60. *intrans.* ſich verhärten 6, 307. 15, 415.

congĕrĭēs, ēi, *f.* (congero), zuſammengehäufte Maſſe, Haufen: silvae, Holzſchicht 9, 235. Brandhaufen 14, 576. disposita, die ungeordnete Maſſe, d. i. das Chaos 1, 33.

con-gĕro, gessi, gestum, ĕre, 1) zuſammentragen, zuſammenhäufen: tura 7, 160. semina 1, 8 (f. eodem). montes, auf einander thürmen 1, 153. verſchlingen: corpus (Fleiſch) 15, 89. viscera in alvum 6, 651; — 2) in Menge werfen: robora

12, 515. arma 14, 777. — 3) bildl. auf
Jemd. häufen, auf Jemd. richten: spem
in alqm 8, 113.
congestus, a, um, ſ. congero.
congrĕdĭor, gressus sum, grĕdi (con
u. gradior), mit Jemd. „zuſammenkom=
men"; insbeſ. im Kampfe, auf Jemd.
losgehen, Jemd. angreifen 9, 31. alcui
12, 76.
congressŭs, ūs, *m.* Zuſammenkunft:
postquam congressus primi sua verba
tulerunt, nachdem das erſte Zuſammen=
kommen ſeine (d. i. die üblichen) Worte
gebracht hatte, d. i. nach der üblichen Be=
grüßung bei der erſten Zuſammenkunft
7, 501.
congrŭus, a, um, paſſend, angemeſſen:
alimenta 15, 478.
conĭcĭo, ſ. conjicio.
conjĭcĭo, jēci, jectum, ĕre (con u.
jacio), vereint werden: tela 5, 42. saxa
14, 240. thyrsos 11, 28. — 2) haſtig oder
mit Gewalt werfen: venabula 12, 454.
jaculum inter ilia 8, 413. torrem in
ignes 8, 512. trabem in hostem 12, 511.
hineinſtoßen: ferrum 3, 90. 7, 338. 13,
476. cultros 15, 735. in guttura 7, 245.
conjŭgĭālis, e, ehelich: jus 6, 536.
festa, Hochzeitsfeſt 5, 3. foedus, Ehebund
11, 743.
conjŭgĭum, i, *n.* „Verbindung";
insbeſ. eheliche Verbindung, Vermählung
7, 69. 9, 722. 11, 298. meum, die Ver=
mählung mit mir 10, 621.
con-jungo, nxi, nctum, ĕre, verbin=
den, vereinigen: dextrae dextram victri-
cem, ſeine Hand in die des Siegers legen
8, 421. conjunctis passibus, neben ein=
ander 11, 64. conjuncta est gloria, iſt
gemeinſchaftlich (nostra, d. i. gloria mea
et amorum) 13, 96. conjuncta tela ferre,
vereint angreifen 11, 378; insbeſ. con-
junctus, a, um, durch Freundſchaft ver=
bunden, befreundet: conjunctior 7, 485.
15, 599. — 3) ehelich verbinden, vermäh=
len 6, 433. 14, 668.
conjunx, ŭgis, *c.* Gatte, Gattin 1,
395. 15, 826. regia, d. i. Juno 9, 129.
14, 592. Proſerpina 10, 46. tuae conju-
gis i. e. Veneris 13, 674. tibi me con-
juge, dir, wenn ich dein Gatte ſein werde,
d. i. dir mit mir vermählt 13, 819. quo
conjuge felix ferar, als ſeine Gattin 7,
60; von Thieren: Weibchen, 9, 48. 10,
326. — 2) Verlobte, Braut 14, 451.
con-jūro, āvi, ātum, āre, „ſich durch
einen Schwur vereinigen"; *part.* conju-
ratus, a) verſchworen: arma, die Waffen
der Verſchworenen 15, 763. — b) zu einem
Unternehmen verbündet, vereinigt: agmina
5, 150. rates 12, 6.

conjux, ſ. conjunx.
coŭl., ſ. coll.
con-necto, xui, xum, ĕre, zuſammen=
knüpfen, verſchlingen: nodos 12, 430. brac-
chia digitis 9, 311.
connexus, a, um, ſ. connecto.
connūbĭum (ob. cōnūbium), ii, *n.* 1)
Vermählung, Ehe: alcjus, mit Jemd. 6,
428 (connubjo zu leſen); *plur.* 1, 480.
12, 194. nostra, mit mir 10, 618. — 2)
Liebſchaft, Buhlſchaft: alcjus, mit Jemd.
1, 490. 11, 226. 14, 69.
cōnor, ātus sum, āri, unternehmen,
verſuchen, (ernſtlich) wollen: mit *infin.* 1,
233. 9, 166. 12, 342; *part.* conatus, a,
um, verſuchend 1, 637. 4, 412. 10, 420.
11, 81. 14, 755.
con-quĕror, questus sum, quĕri, ſich
(heftig) beklagen 9, 147. multa, viel jam=
mern 14, 243.
consanguĭnĕus, a, um, blutsverwandt:
umbrae, der Blutsverwandten 8, 476.
con-scĕlĕro, āvi, ātum, āre, (frevel=
haft) beflecken: oculos videndo 7, 35.
conscendo, di, sum, ĕre (scando),
etwas beſteigen, irgendwohin ſteigen:
equos (d. Wagen) 14, 820. classem 13,
422. antemnas 3, 615 (ſ. qui). aethera
3, 299. in equos 6, 222.
conscĭus, a, um, mitwiſſend, mitbe=
wußt, ſubſt. Mitwiſſer, Zeuge: mit *genit.*
13, 15. arva versi regis conscia, Zeugen
der Verwandlung 7, 385; mit *dat.* (von,
um etwas) 6, 588. 7, 194; ſubſt. conscius
4, 63. conscia ficti 9, 707. — 2) (sibi)
ſich einer Sache bewußt: culpae 2, 593.
facti 8, 530. sceleris 10, 367.
con-sĕnesco, sĕnŭi, ĕre, zuſammen
alt werden 8, 633.
consensŭs, ūs, *m.* Uebereinſtimmung:
magno consensu, einſtimmig 7, 771.
con-sentĭo, si, sum, īre, übereinſtim=
men, gemeinſchaftlich beſchließen 13, 315.
con-sĕquor, cūtus sum, sĕqui, 1)
(auf den Fuß) nachfolgen: alqm 2, 548.
— 2) einholen, erreichen: alqm 6, 235.
9, 126. 10, 672. quodcumque petit 7,
683. motis ignibus ignes consequitur,
ſie holt das Feuer durch geſchwungenes
Feuer ein (inſofern durch das raſche Um=
ſchwingen der Fackel ein ſtetiger Feuerkreis
entſtand) 4, 509; bildl. verbis, mit Wor=
ten erreichen, d. i. vollſtändig wiedergeben,
aufzählen 15, 419.
1. **con-sĕro,** sēvi, sĭtum, ĕre, beſäen,
bepflanzen: arva consita arboribus 1,
598.
2. **con-sĕro,** sĕrŭi, sertum, ĕre, zu=
ſammenfügen: tegmen spinis, zuſammen=
heften 14, 166.
con-sīdero, āvi, ātum, āre, (genau)

betrachten: spatium 3, 95. mit Fragsatz: nachsehen 12, 105.

con-sīdo, sēdi, sessum, ĕre, 1) sich niederseßen, sich niederlassen: in umbra 5, 336. in caespite 13, 931. hoc saxo 1, 679. tergo 2, 869. monte suo 11, 157; insbef. zur Berathung 12, 627. 13, 1. — 2) von Leblosem: einsinken, zusammensinken 13, 408.

consīlium, i, *n*. 1) der gefaßte Beschluß, Entschluß 11, 415. 13, 433; insofern Andere ihm Gehör geben sollen, Rath, Vorschlag 2, 146. 6, 30. 8, 560. 9, 780. consilio manuque, durch Rath und That 13, 205. — 2) der Rath als geistige Eigenschaft: Einsicht, Klugheit 6, 40. *plur*. 13, 361.

con-sisto, stĭti, ĕre, sich hinstellen, stehen 1, 628. 4, 71. 7, 573. 15, 224. in axe 2, 59. limine 4, 486. ad aras 10, 274. ante torum 15, 653. ante oculos, vorschweben 7, 73. — 2) stehen bleiben, Halt machen 2, 22. 5, 255. 280. in colle 14, 822. hic 13, 912. ante domum 2, 766. procul 8, 404. vom Flusse, still stehen 15, 180. frigore, erstarrt sein 9, 662. jaculum fixum consistit, haftet fest 3, 67. ira constitit, legte sich 6, 627. — sich wo aufhalten, verweilen: inter aves 2, 632. super ripam 3, 373. illic, Plaß ergreifen, sich lagern 1, 54. terrā, sich niederlassen 11, 407.

consītor, ōris, *m*. (consero), der Pflanzer: uvae 4, 14.

consītus, a, um, s. consero.

con-sōlor, ātus sum, āri, Muth zusprechen, trösten: alqm 1, 578. 13, 213. quo consolante doleres, wer würde dich in deinem Leide trösten? 1, 360. verba consolantia, Trostworte 15, 491.

con-sŏno, nŭi, āre, laut ertönen: assensu 7, 451.

consŏnus, a, um, zusammentönend, einstimmig: clangor 13, 610.

consors, tis, „gleiches Looses theilhaftig"; dah. geschwisterlich: sanguis, des Bruders 8, 444. consortia pectora, die Schwestern 13, 663; subst. Bruder 11, 347. tori od. talami, Ehegenossin 1, 319. 10, 246. Jovis, Gattin 6, 94.

conspectŭs, ūs, *m*. der Anblick 2, 594.

conspĭcĭo, exi, ectum, ĕre (specio), 1) „aufmerksam betrachten"; dah. *part.* **conspectus**, a, um, als Adject. „bewundert", ausgezeichnet, stattlich 12, 553. conspectior 4, 796. 13, 794. — 2) einer Sache ansichtig werden, etwas erblicken: alqd 1, 640. 2, 794. 4, 669. 12, 526 (mihi = a me). conspiceris caelo, im Himmel unter den übrigen Göttern 4, 19; mit *acc. c. infin.*, sehen 8, 715. 14, 179.

conspĭcŭus, a, um, „in die Augen fallend", stattlich 8, 373. 12, 467.

constantĭa, ae, *f*. Beständigkeit: animi (der Sinnesart) 11, 293.

consterno, āvi, ātum, āre, scheu machen; *pass*. scheu werden 2, 314. Timores consternati, scheu 12, 60.

constĭti, s. consisto u. consto.

constĭtŭo, ŭi, ūtum, ĕre (statuo), errichten, erbauen: sepulcrum 6, 569. moenia (urbem Miletum) 9, 449.

con-sto, stĭti, stătum, āre, „still oder fest stehen"; dah. bildl. bestehen bleiben, unverändert bleiben 15, 258. idem exitus constat, bleibt sich gleich 12, 297. — b) constat, mit *acc. c. infin.*, es steht fest, ist bekannt, ist allgemeine Ansicht 7, 533. 12, 264. 15, 58.

con-strŭo, xi, ctum, ĕre, (zusammenschichtend) aufbauen: nidum 15, 397.

consuesco, ēvi, ētum, ĕre, sich (woran) gewöhnen 15, 463; *perfect.* consuevi, ich bin gewohnt, pflege: sternere 8, 658; *part.* **consuestus**, a, um, a) an etwas gewöhnt: pectora, dessen gewohnt (nämt. vor Schmerz geschlagen zu werden) 13, 491. — b) woran man sich gewöhnt hat, gewohnt: aurae 2, 266. cubilia 11, 259. consuetissima cuique verba 11, 637.

consuetus, a, am, s. consuesco.

consŭlo, lŭi, sultum, ĕre, zu Rathe ziehen, um Rath fragen, befragen: undas 4, 312. oracula 3, 9. sortes 11, 412. exta 15, 576. *part.* consultus, a, um, befragt 10, 363. de alquo 3, 346. — 2) für Jemd. oder Etwas Rath schaffen, sorgen: alcui 2, 141. summae rerum 2, 300. ignibus, lindern 14, 374.

con-sūmo, mpsi, mptum, ĕre, „völlig wegnehmen"; dah. 1) verbrauchen, aufbrauchen: materiam 8, 875. materiam ficti, erschöpfen 9, 768. nox consumpta est, ist vorüber 3, 600; insbef. a) (als Speise) verzehren: viscera 4, 113. — b) nußlos verschwenden: preces 8, 106. tempora cum verbis (= et verba) 2, 575. — 2) übertr. a) zerstören, vernichten: omnia 15, 236. — b) entkräften, abzehren: consumptus senecta 14, 148. lacrimis 9, 663.

con-surgo, surrexi, surrectum, ĕre, aufstehen, sich erheben, sich aufrichten 7, 129. 570. toro 7, 344; von Städten, emporsteigen 15, 431.

1. **contactŭs**, ūs, *m*. Berührung 11, 111. virilis 7, 240. sanguinis, Befleckung 4, 52.

2. **contactus**, a, um, s. contingo.

contāgĭum, i, *n*. (contingo), Berührung, *plur*. terrae 15, 195. — 2) Ansteckung, *plur*. 7, 551.

con-tĕgo, xi, ctum, ĕre, bedecken: lumina 9, 391.

con-temno, mpsi, mptum, ĕre, geringschätzen, verachten: alqm 2, 571. 3, 559. jura 5, 425. cantus 11, 155. munus, verschmähen 14, 141.

contemptŏr, ōris, *m.* Verächter: superûm 3, 514. nostri 11, 7. Olympi 13, 761 (cum dis = et deorum). ferri 12, 170.

contemptrix, īcis, *f.* Verächterin: superûm 1, 161.

contemptŭs, ūs, *m.* Geringschätzung, Verachtung 10, 684. 13, 859. alcjus 2, 527.

con-tendo, di, tum, ĕre, (mit allen Kräften) spannen: arcum 6, 286; bildl. a) „seine Geisteskräfte eifrig nach etwas richten"; dah. *part.* contentus, a, um, angestrengt: mens contenta exsiliis, beschäftigt mit den Gedanken an 15, 515. — b) mit Jemd. sich messen, sich vergleichen: cum alquo 6, 93. — c) (mit Waffen, Handlungen, Worten) wettkämpfen, streiten 5, 315. 9, 6. cum alquo 6, 93. 13, 79. cursu 4, 303. pedibus 10, 570. verbis 13, 9. — d) (zuversichtlich) behaupten, mit *acc. c. inf.* 2, 855.

contentus, a, um, f. 1) contendo. — 2) contineo.

conterminus, a, um, angrenzend, benachbart, mit *dat.* 1, 774. 4, 90. 8, 552. 620. 15, 315.

con-tĕro, trīvi, trītum, ĕre, zerreiben: pabula 4, 44.

con-terrĕo, ŭi, ĭtum, ēre, (heftig) erschrecken: alqm 6, 287.

conticesco, tĭcŭi, ĕre, verstummen, schweigen 6, 293. 10, 430. undae conticuere 5, 574.

contigŭus, a, um (contingo), aneinanderstoßend, angrenzend: domus 4, 57.

contĭnĕo, ŭi, entum, ēre (teneo), „zusammenhalten"; dah. 1) festhalten: hostem 4, 367. ventos carcere, eingeschlossen halten 11, 432. se moenibus, sich halten hinter 13, 208. — 2) (als Inhalt) enthalten 15, 240. — 3) bildl. bezähmen, mäßigen: se male, sich kaum halten können 4, 351. 7, 729; dav. *part.* contentus, a, um, als Adject. „der sich v. leidenschaftl. Verlangen zurückhält", sich begnügend, zufrieden mit etwas, mit *abl.* 1, 103. 226. 744. contentus est, begnügt sich, läßt sich genügen 3, 267. 5, 169. contentus fine, sich beschränkend auf die Grenze 2, 131; mit *inf.* 1, 461. 2, 638.

contingo, tĭgi, tactum, ĕre (tango), (von allen Seiten) berühren: bucinam 1, 340. taurum 2, 860. feram 8, 423. glebam 11, 111. gramen 13, 936. habenas manibus 2, 151. undas pede 2, 457. bestreichen: ora medicamine 2, 123. os ambrosia 14, 607; bildl. me contingit libido, ergreift mich 9, 484. — 2) speisend berühren, kosten, genießen: cibos ore 5, 531. fontem 3, 409. aquas 15, 281. — 3) durch Bewegung erreichen ob. treffen: alqm telo 8, 351. aures, zu Ohren kommen 1, 211. 15, 497. auras, an die Luft kommen 15, 416. vox contingit alqm, dringt zu Jemd. 2, 578; dah. insbes. einen Ort erreichen, wohin gelangen 2, 189. 3, 634. 4, 568. 6, 217. 7, 6. 392. 8, 154. 13, 708. Creten, betreten 8, 100. — 4) bildl. v. Ereignissen: zu Theil werden, glücken: contingit alcui aliquid 1, 404. 2, 57. 3, 133. 269. 321. 4, 748. 9, 761. 11, 268. 582. 13, 194. 13, 353. 526. 832. 14, 138. 15, 443. esse nepoti, Enkel zu sein 11, 220.

1. **contĭnŭo**, āvi, ātum, āre, ununterbrochen fortsetzen: saxa, in Einem fort werfen 14, 240.

2. **contĭnŭo**, *adv.* unverzüglich, sofort 14, 362.

contĭnŭus, a, um (contineo), zusammenhängend: Leucas, festländisch 15, 289. humus, Festland 8, 587.

con-torquĕo, torsi, tortum, ēre, (stark) schwingen, schleudern, v. Waffen 5, 32. 422. 7, 777. 8, 345.

contrā, 1) *adv.* a) gegenüber 6, 605. 7, 587. 14, 661; auf die entgegengesetzte Seite 4, 80. — b) v. correspondirenden Handlungen: dagegen, entgegen 9, 16. 11, 282. 13, 749. ille nihil contra (*sc.* dixit) 5, 30. 12, 232. — c) v. feindl. Entgegenstreben: entgegen, dawider 4, 361. 9, 50. — 2) *praep.* mit *acc.* a) gegenüber 14, 47; (nachgestellt) 14, 17. — b) v. Gegensatze: wider, gegen 2, 757. 7, 411; feindlich 6, 477. 8, 391. 15, 471.

con-trăho, xi, ctum, ĕre, 1) zusammenbringen, zusammenziehen, versammeln: nemus 10, 143. fontes 2, 273. contractus chlamydem, den Mantel zusammengehalten 14, 345; bildl. etwas zu Wege bringen, zuziehen: iram alcui 2, 660. — 2) ins Engere zusammenziehen, verkürzen, verkleinern: tempora veris 1, 116. umbras 3, 144. membra 14, 95. orbem 15, 198; *pass.* sich zusammenziehen 1, 741. 2, 262. in brevem formam, einschrumpfen 5, 458.

contrārĭus, a, um, entgegengesetzt, gegenüberliegend: tellus, 1, 65. 13, 429. in contraria, nach entgegengesetzten Seiten 2, 314. — 2) übertr. von jedem Gegensatze, entgegengesetzt: color albo 2, 541. ignis undis 8, 737. vis vino 15, 324. verba verbis, von entgegengesetzter Wirkung mit 14, 301. contrarius evehor,

fahre entgegen 2, 73. virtus stat contraria monitis, steht entgegen 10, 709. in contraria, ins entgegengesetzte Geschlecht 3, 329. 12, 179; insbef. v. feindl. Gegensätze, entgegen, feindlich: operi 8, 814 flammis 2, 380. flamina, widrig 13, 183. aestus vento, ankämpfend gegen 8, 471.
contrecto, āvi, ātum, āre (tracto), betasten, befühlen 8, 608.
con-trĕmisco, trĕmŭi, ĕre, erzittern, erbeben 1, 199. quercus contremuit 8, 758.
contrĭbŭo, ŭi, ūtum, ĕre, beitragen, beisteuern: alqd 7, 231.
con-tundo, tŭdi, tūsum, ĕre, quetschen: pectus 12, 85. nares, breitquetschen 14, 96.
cōnūbĭum, f. connubium.
cōnus, i, m. die (kegelförmige) Helmspitze, in welcher der Helmbusch steckte 3, 108.
con-vălesco, lŭi, ĕre, erstarken, mächtig werden: ignis convaluit 8, 478.
con-vello, velli, vulsum, ĕre, herausreißen, losreißen 9, 351. 12, 254. robora terrā 7, 204. — 2) zermalmen: dapes dente 11, 123.
conveniens, f. convenio.
con-vĕnĭo, vēni, ventum, īre, zusammenkommen: illuc 1, 577. in arvum 7, 101. ad regem 7, 667. ad busta 4, 88 (verb. statuunt ut conveniant). — 2) zu etwas passen, einer Person od. Sache zukommen, mit dat. 2, 55. 13, 111. non bene, nicht gut zu einander passen 2, 846; dah. part. conveniens, angemessen 9, 553.
converto, ti, sum, ĕre, umwenden, umkehren: virgam 14, 300. se (im Kreise herum) 7, 189. conversa terga fugae dare, d. Rücken zur Flucht wenden 13, 879; wohin wenden, richten: ferrum in virum 8, 768. Martem in alqm 7, 140. colla ad freta 15, 516. se od occasum 14, 386. — 2) das Wesen einer Sache umkehren, etwas verändern, verwandeln 1, 88. in alqd 4, 267. 781. 11, 209. convertor in iram, werde umgestimmt zum Zorn 10, 683.
convexus, a, um, gewölbt: caelum 1, 26. foramina 6, 697. — 2) rings abfällig, abschüssig: vertex in aequora 13, 911. iter 14, 154.
convīcĭum, i, n. lautes Geschrei, Lärm (nur plur.): linguae 11, 601. picae, convicia nemorum, des Waldes Schwätzerinnen 5, 676; insbes. Zankgeschrei, Schimpfreden, Schmähungen 1, 756. 4, 548. 6, 210. 362. 378. 14, 522. convicia jacere 5, 664. fundere in alqm 13, 306. facere alcui, Vorwürfe machen, auf Jemd. schelten 9, 302. 14, 710.
con-vinco, vīci, victum, ĕre, etwas unwiderleglich darthun, erweisen 13, 58 (f. male).
convīva, ae, c. Tischgenoß, Gast 9, 237.
convīvĭum, i, n. gemeinschaftliches Mahl, Gastmahl, Schmaus: plur. 1, 165. 4, 764. 13, 675. convivia agitare 7, 431.
convŏco, āvi, ātum, āre, zusammenrufen 1, 276. 13, 230. 15, 591. (zusammen) herbeirufen: deos Erebo 14, 405.
convulsus, a, um, f. convello.
cŏ-ŏrĭŏr, ortus sum, iri, zusammen sich erheben: ventis coortis (abl. abs.), bei der vereinten Wuth der Winde 11, 512.
cōpĭa, ae, f. (v. con u. ops), „Zusammenfluß v. Hülfsmitteln"; dah. 1) Reichthum an Lebensmitteln, Vorrath 8, 838. 11, 129. rerum 8, 792; von Gegenständen jeder Art: Reichthum, Menge 3, 466. 6, 194 (erg. natorum). procorum 10, 356. — 2) Macht: alcjus, über Jemb. 3, 391. mihi fit copia alcjus, Jemd. kommt in meine Gewalt 13, 332. data est copia mortis, Macht zu sterben 11, 786. copia mundi facta est (equis), freier Spielraum über die Welt ist (ihnen) gestattet 2, 157. — 3) Möglichkeit, Gelegenheit: Martis 13, 208. copia datur 6, 545. 13, 863. 14, 70. soceri, Zutritt zum Schwiegervater 6, 447. teli copia datur, eine Waffe steht zu Gebote 12, 265. copia fit abeundi tyranni, Zutritt zum König ist gestattet 11, 278. — 4) Bona Copia, die Göttin des Ueberflusses, Tochter der Fortuna, welcher Hercules das abgebrochene Horn des Achelous widmete 9, 88.
cōpŭla, ae, f. Koppel, Leitriemen 7, 769.
cŏquo, coxi, coctum, ĕre, kochen; aliquid aere cavo 4, 505. cruor veneno coquitur 9, 171.
cŏr, dis, n. das Herz 5, 384; als Sitz der Gefühle 3, 690. 9, 502. 11, 329. ferum 6, 282. 9, 178. ferrum et scopulos in corde gestare 7, 33; zur Umschreibung der Person: noxia corda, Schuldbeladene 10, 351.
cōrām, adv. in Gegenwart Anderer, vor Aller Augen 9, 560.
corbis, is, f. Korb (aus Ruthen) 14, 644.
Corīnthĭăcus, a, um, f. Corinthus.
Cŏrinthus, i, f. Korinth im Peloponnes am Isthmus 5, 407. 6, 418. - Dav.
Cŏrinthĭăcus, a, um, korinthisch 15, 507.
corneus, a, um, aus Horn, hörnern 1, 697. 8, 545.
cŏrnĭger, ĕra, ĕrum, Hörner tragend, gehörnt: taurus 15, 511. juvenca 13, 926. cervus 7, 701. Ammon 5, 17. 15, 309. Numicius (als Flußgott) 14, 602.
cornix, ĭcis, f. Krähe 2, 548. 7, 274.

cornu, ūs, *n.* Horn am Kopfe der Thiere 1, 641. 7, 429. (collectiv) Gehörn 7, 313. cervi, Geweih 3, 194. 10, 538 (f. in). vires in cornua sumere. seine Kraft in die Hörner legen 8, 882; Horn des Hufes 2, 671. des Schnabels 14, 502. — 2) der Gestalt nach Aehnliches: a) **Kriegshorn** 1, 98. 15, 784. — b) cornua, die Hörner der Mondsichel 1, 11. 2, 117. 344. 453. 3, 682. 7, 179. 530. 9, 689. 10, 296. 479 (f. per). — c) die Arme eines Flusses 9, 774. — d) die Enden des Bogens 2, 603 (f. a). — e) die Flügel einer aufgestellten Jägerschaar 8, 361. — f. Landzunge 5, 410. — g) Segelstange 11, 476. 482. — 3) aus Horn Bereitetes: a) der Bogen 5, 383. 6, 243. 11, 324. *plur.* für *sing.* 1, 455. 5, 56. — b) Hornansatz am untern Ende der phrygischen Flöte 3, 533. 4, 392. 11, 16. — c) **Füllhorn** 9, 91.

cornum, i, *n.* 1) Nebenform zu cornu: das Horn 2, 874. — 2) **Cornelkirsche** (als Frucht), Cornelle 1, 105. 8, 665. 18, 816. — 3) Nebenform zu cornus: Wurfspieß aus dem Holze des Cornelkirschbaumes 8, 408.

cornŭs, ūs, *f.* „Cornelkirschbaum"; dah. meton. Wurfspieß aus Cornelkirschbaumholz 7, 678. 12, 451.

cŏrōna, ae, *f.* Kranz 2, 27. 3, 555. 9, 337. — 2) Krone, Diadem 13, 704. 8, 178 (f. Minois). — 3) übertr. Kreis von Menschen, Versammlung 13, 1.

Cŏrōnae, ārum, *m.* Beiname zweier Jungfrauen, der Metiocha und Menippa, Töchter des Böotiers Orion, welche sich, um eine Pest von Theben abzuwenden, freiwillig opfern ließen, aus der Asche aber als Jünglinge hervorgingen 13, 698.

Cŏrōneus, ei, *m.* König in Phocis, Vater der in eine Krähe verwandelten Corone 2, 569.

Cŏrōnīdēs, s. Coronis.

Cŏrōnis, ĭdis, *f.* Tochter des Phlegyas in Thessalien, vom Apollo Mutter des Aesculap 2, 542. acc. Coronidă 2, 599. - Dav. **Cŏrōnīdēs**, ae, *m.* Sohn der Coronis, Coronide, d. i. Aesculap 15, 624.

cŏrōno, āvi, ātum, are, bekränzen 2, 713. 8, 264. 15, 696. — 2) etwas kranzförmig umgeben, umkränzen 5, 388. 9, 335.

corpŏrĕus, a, um, „körperlich"; insbes. aus Fleisch bestehend 6, 407. dapes, Fleischspeisen 15, 105.

corpŭs, ŏris, *n.* 1) jede Substanz, Masse, Körper 1, 18. 9, 222. 12, 487. corpora, Sandkörner 14, 137. femora = femora 14, 64. genitalia, Zeugungskörper, Urstoffe (= elementa) 15, 239. — 2) der thierische Körper, Leib 1, 428. 3, 33. *plur.* für *sing.* 1, 527. 2, 663. 3, 695. 4, 578. 5, 461. 7, 634. 8, 236. 256. 593. 10, 128. 11, 564; insbes. a) Leichnam 2, 267. 647. 3, 55. 11, 429 (f. sine). fidissima, Leiber meiner Getreuesten 3, 58. *plur.* für *sing.* 2, 326. — b) Fleisch 1, 408 (f. usus). 4, 443. 7, 291. *plur.* 14, 549. Fleisch und Bein 10, 289. — c) Rumpf (im Gegensatze zum Kopfe) 11, 794. 12, 463. — d) zur Umschreibung der Person: corpora, Menschen, Männer 5, 208. 7, 655. 14, 779. mortalia 2, 643. 7, 393. juvenilia, Jünglinge 4, 50. Troica, Trojaner 12, 605. Tyrrhena, Tyrrhener 4, 24; Thiere 15, 109. pantherarum, 3, 669. — 3) Körperschaft, Genossenschaft 1, 186.

corrĭgo, rexi, rectum, ĕre, (con u. rego), „zurechtrichten"; dah. verbessern: vota 2, 89. ceras, wieder glätten 9, 529. cessata tempora, wieder einbringen 10, 670.

corrĭpĭo, ĭpŭi, eptum, ĕre (con u. rapio), „zusammenraffen"; dah. hastig ergreifen: lora 2, 145. viam, stürmen 2, 158. — 2) gewaltsam ergreifen, packen: alqm 9, 217. 12, 17. 13, 560; insbes. a) von physischen Uebeln, ergreifen, dahinraffen: imber corripit segetes 5, 483. corripi flammis (ab ignibus) 2, 210. 8, 514. 12, 274. regia correpta, vom Feuer ergriffen 1, 257. — b) von Leidenschaften, *part.* correptus, ergriffen: cupidine 9, 455. 734. imagine, bezaubert 3, 416. 4, 676. — c) herunterreißen, ausschelten, hart tadeln: alqm 3, 565. 13, 69. 14, 497. fletum 6, 611. — 3) zusammenziehen, verkürzen: moras (= partum accelerare) 9, 282.

cor-rumpo, rūpi, ruptum, ĕre, „verderben", dah. im moralischen Sinne, bestechen: fidem 6, 461.

cor-rŭo, ŭi, ĕre, zusammenstürzen, niederstürzen 2, 403. 5, 126. 8, 776. 13, 601.

cortex, ĭcis, *m. (fem.* 10, 512. 14, 630), Rinde 1, 554. 4, 375. 8, 762. Bast 1, 122.

cortīna, ae, *f.* „Kessel" bes. der kesselförmige Dreifuß der Apollopriesterin zu Delphi 15, 635.

cŏrusco, āre, sich zitternd bewegen: lingua, zügeln 4, 494.

cŏruscus, a, um, „in zitternder Bewegung"; dah. von glänzenden Körpern, blinkend, blitzend 1, 768. 12, 247.

corvus, i, *m.* der Rabe, der Vogel des Apollo 2, 535. 632. 5, 329.

Cŏrȳcĭdes nymphae, die corycischen Nymphen, d. i. die Nymphen der corycischen Berghöhle am Parnassus; *acc.* Corycidăs 1, 320.

cŏrȳlus, i, *f.* Haselstaude 10, 93.

cŏrymbus, i, *m.* Blüthendolde, bes. des Epheu 3, 665.

Cŏrȳthus, i, *m.* 1) ein Aethiope 5, 125. — 2) ein Lapithe 12, 290. — 3) Sohn des

Trojaners Paris und der Oenone 7, 361.
costa, ae, *f.* Rippe 4, 726. 5, 78. 12, 330.
costum, i, *n.* Costwurz, eine orientalische Gewürzpflanze 10, 308.
Cōus, a, um, zur Insel Cos im ägäischen Meere gehörig, coisch 7, 363 (die coischen Weiber waren in Kühe verwandelt worden, weil sie sich für schöner als Venus erklärt hatten).
crābro, ōnis, *m.* die Hornis 11, 335. 15, 368.
Crăgŏs, i, *m.* ein Vorgebirge Lyciens in Kleinasien: *acc.* Cragōn 9, 646.
Crāntŏr, ōris, *m.* der Waffenträger des Peleus 12, 361.
crās, *adv.* morgen 15, 216.
crassus, a, um, dick: sanguis, geronnen 11, 367.
Crătaeīs, ĭdis, *f.* die Mutter der Scylla 13, 749.
crātēr, tēris, *m.* Mischkessel 8, 669 (f. caelo). 13, 701. *acc.* craterā 5, 82. 8, 679. — 2) übrtr. (kesselartige) Eröffnung 5, 424.
crātēra, ae, *f.* Mischkessel 13, 681.
crātēs, is, *f.* „Flechtwerk"; übrtr. Gerippe, Gefüge: spinae 8, 807. laterum 12, 370.
Crāthīs, ĭdis, *m.* Fluß bei Thurii in Unteritalien 15, 315.
creātŏr, ōris, *m.* Erzeuger, Vater 8, 309.
crēber, bra, brum, 1) häufig wiederholt, häufig 9, 538. 10, 508. zahlreich 15, 721. — 2) dicht voll von etwas: arundinibus, dicht bewachsen mit 11, 190.
credo, dĭdi, dĭtum, ĕre, zur Obhut, Beschützung übergeben, anvertrauen: se caelo 2, 378. se ponto 13, 900. 14, 222. se nocti 4, 627. — 2) Jemd. oder einer Sache vertrauen, trauen: sibi (d. i. seiner Wunderkraft) 11, 108. talaribus 4, 731. male mißtrauen 12, 115. — 3) Jemds. Aussage Glauben schenken, ihm glauben: alcui 1, 754 (omnia, in Allem). de alqua re 13, 825 (nil credideris, „du brauchst nicht Glauben zu schenken"). verbis 13, 263. mihi crede, als Betheuerungsformel: trau meinem Worte, glaube mir! 14, 31. 244. 15, 254. crede mihi 1, 361. mihi crede 14, 31. 244. crede 4, 228; *pass.* mit *nom. c. inf.* 1, 749 (huic = ab hac). creditus, nachdem er Glauben (bei ihr) gefunden hatte 7, 98. sed non est credita (ora), dem jedoch nicht Glauben geschenkt wurde 15, 74. — 4) für wahr halten, glauben: alqd 1, 400. 7, 717. 10, 302. 13, 43. mit *acc. c. inf.* 2, 90. 9, 203. 13, 173; *absol.* 2, 330. 3, 311. 7, 690. credentes, die Gläubigen 8, 612. — 5) im Allg. glauben, meinen, mit *acc. c. inf.* 1, 196. 2, 235. 11, 672. 15, 260. credas, man möchte (könnte) glauben 5, 194. 10, 250. 11, 517; nec credideris, glaube auch ja nicht 12, 455. credor mit *nom. c. inf.*, man glaubt daß ich... 4, 320. 5, 49. 6, 474. quem peperisse creditur, welchen geboren haben soll 5, 49. credi mit doppelt. *nomin.* für etwas gehalten werden 1, 696. 2, 39. 3, 610. 9, 625. *absol.* credo, glaub' ich, vermuthlich 9, 611.
credŭlĭtās, ātis, *f.* Leichtgläubigkeit 13, 934. 15, 101. 498; als Person 12, 59.
credŭlus, a, um, leichtgläubig 3, 432. 8, 858. credula res amor est 7, 826.
crĕmo, āvi, ātum, āre, verbrennen 6, 457. 8, 838. Leichname 12, 614. 13, 696. 14, 444.
Crĕnaeus, i, *m.* ein Centaur. 12, 313.
creo, āvi, ātum, āre, hervorbringen, erzeugen 1, 433. 6, 206 (f. animosus). 10, 18. creatus (de) stirpe, entsprossen 1, 760. 3, 543. 14, 699. creatus alquo oder alqua, von Jemd. erzeugt oder geboren, Jemds. Sprößling, Sohn 5, 145 7, 3. 30. 304. 500. 9, 23. 11, 295. 303. 12, 624. 13, 22. 616.
crĕpĭto, āre, stark rasseln od. klappern: crepitans, rasselnd, squama 15, 735. klappernd, rostrum 6, 97. os 11, 735. klirrend, arma 1, 143. 15, 783. rami 10, 648. klingend, lapilli 11, 604.
crĕpo, ŭi, ĭtum, āre, rasseln, klappern 9, 784.
crĕpuscŭlum, i, *n.* (hier nur *plur.*), Dämmerung, Dunkelheit 11, 596. 14, 122; insbef. Abenddämmerung 1. 219, 15, 651.
cresco, crēvi, crētum, ĕre, 1) hervorwachsen, entstehen 3, 110. 8, 191 (clivo = in clivo). moenia crescunt, steigen empor 11, 201. 15, 452. loca, das Land tritt hervor 1, 345; *part.* cretus, a, um, entsprossen, erzeugt: ab origine eadem 4, 607. sanguine 5, 85. 13, 31. semine 15, 760. alqo 8, 307. 13, 750. — 2) heranwachsen, wachsen 1, 421. 4, 376. 8, 155. 290; prägn. in aliquid, sich wachsend zu etwas gestalten, zu etwas verwachsen, wozu werden 1, 550. 2, 479. — 3) zunehmen (an Umfang), sich mehren (an Zahl) 1, 336. 2, 671. 4, 661. 9, 74 (f. malum). 9, 193. v. Monde 1, 11. 15, 198. crescit urbs civibus 7, 512. hiems 11, 490. ignis 8, 522. amor 3, 395. 4, 60. rabies 3, 567. audacia 8, 82. fama 7, 139. seditio 9, 426. pietas 10, 333. mensura ficti 13, 58. bella 11, 13. Roma mutat formam crescendo, durch Zunahme ihrer Macht 15, 434. crescere in caput, in den Kopf hineinwachsen, am Kopfe

dicker werden 5, 547. anni crescentes, die Blüthenjahre 10, 24.

Cressa, ae, *f.* Bewohnerin der Insel Creta, Creterin 9, 703.

Crētaeus, a, um, f. Crete.

Crētē, ēs, *f.* die durch frühe Cultur u. Gesetzgebung unter Minos I. berühmte Insel Creta im Mittelmeere (jetzt Candia) 8, 99. 118. 183. 9, 668. 735. 13, 706. 15, 540. *abl.* Cretā 15, 541. = Dav. **Crētaeus,** a, um, cretisch 9, 666. taurus, der von Neptun dem König Minos geschenkte Stier, welcher die Gegend von Marathon in Attica verwüstete 7, 434.

crētōsus, a, um, kreidereich 7, 463.

crētus, a, um, f. cresco.

crībrum, i, *n.* Sieb 12, 437 (f. sub).

crīmĕn, ĭnis, *n.* Beschuldigung, Anklage, Vorwurf 7, 829. 8, 240. 13, 67. nostro cum crimine, uns zum Vorwurf 13, 46. dicti sibi criminis, der gegen sie erhobenen Beschuldigung (gelogen zu haben) 1, 766. locus est in crimine, gilt für schuldig 7, 576. sine crimine, ohne Vorwurf 3, 551. 13, 57. — 2) Schuld, Vergehen 1, 483. 2, 433. 6, 541. 7, 71. 11, 141. jugulati Phoci, den Ph. getödtet zu haben 11, 267. crimen est in aliquo, Schuld haftet an Jemd. 3, 141. 7, 794. 10, 231; insbes. Verbrechen der Buhlerei, Buhlschaft, Ehebruch 2, 614. 7, 719. 824. 9, 24. 10, 243 (f. per). crimina concepta, das in Sünde empfangene Kind 10, 470. caelestia, die dargestellten Buhlschaften der Götter 6, 131. signat sua crimina, den verbrecherischen Brief 9, 566.

crīnālis, e, zum Haare gehörig: vitta, Haarband 4, 6. 5, 617. 9, 771; subst. crinale, is, *n.* Haarband 5, 53.

crīnis, is, *m.* Haar : crines, die Haare 1, 550. 2, 283 ; *sing.* collectiv 1, 450. 2, 350. 3, 726. — 2) Schweif eines Kometen 15, 849.

crīnītus, a, um, behaart : draconibus, schlangenhaarig 4,771. colubris 6, 119. angue crinitae sorores (f. Erinys) 10, 349.

crista, ae, *f.* Federbüschel ob. Kamm am Kopfe der Thiere 3, 32 (f. et). 6, 672. 7, 150. 15, 669. 683.

cristātus, a, um, mit Federbüschel ob. Kamm (am Kopfe) versehen: draco 4, 599. vigil ales cristati oris, der Hahn 11, 597. — 2) behelmbuscht: cassis cristata pennis 8, 25.

Crŏcălē, ēs, *f.* Nymphe der Diana 3, 169.

crŏceus, a, um, safranfarbig, goldgelb 3, 150. 509. 10, 1.

Crŏcos, i, *m.* Name eines Jünglings, welcher, von der Smilax geliebt, in eine Safranstaude verwandelt wurde 4, 283.

crŏcus, i, *m.* Safran 4, 393.

Crŏmўōn, ōnis, *f.* Flecken in Megaris an der Grenze von Korinth, wurde von einer wilden Sau verwüstet, welche Theseus erlegte ; *acc.* Cromyonā 7, 435.

Crŏtōn, ōnis, *m.* ein Heros in Italien, welcher den Hercules gastlich aufnahm, als dieser mit den Rindern des Geryon ankam. Auf seiner Grabstätte gründete der Argiver Myscelos die Stadt Croton an der Ostküste von Bruttium 15, 15. 55.

crŭcĭātus, ūs, *m.* Marter, Qual 9, 179.

crŭcĭo, āvi, ātum, āre, (v. crux), martern, quälen 2, 651. 3, 694. 9, 292.

crūdēlis, e, gefühllos, grausam 5, 20. 8, 467 (f. nescio). poena 2, 612. gaudia 6, 653. vulnera 13, 531. ara 13, 453. instrumenta 3, 697. conjugium, Verderben bringend 10, 621. crudele *sc.* est, es wäre grausam 1, 617.

crūdēlĭtĕr, *adv.* grausam : crudelius amare, trostloser 3, 442.

crūdēlĭŭs, f. crudelier.

crŭdus, a, um (= cruidus v. cruor), „noch blutig, roh"; dah. grausam 4, 240.

crŭento, āvi, ātum, āre, mit Blut beflecken, blutig machen 8, 424. cruentatus 3, 572. os 4, 104 (inque cruentatus 12, 497, f. incruentatus).

crŭentus, a, um, blutbefleckt, blutig 1, 718. 4, 133. 11, 395. — 2) bildl. blutgierig, blutdürstig : cruentior bello (= quam bellum) 12, 592.

crŭor, ōris, *m.* das (aus der Wunde fliessende) Blut, der Blutstrom 1, 158. 3, 148. 5, 83. quod cruoris = quantum cruoris 13, 482. — 2) Blutvergießen, Mord 4, 161. humanus, Menschenmord 15, 463.

crūs, crūris, *n.* Schenkel, Bein 1, 236. 306. 509. 4, 580. natantia, Schwimmfüße 14, 551.

cŭbīle. is, *n.* (v. cubo), Lagerstätte, Lager; *plur.* für *sing.* 11, 259; insbes. Ehelager 2, 592. 10, 635. 15, 501. sperata cubilia, die gehoffte Vermählung 8, 55.

cŭbĭtus, i, *m.* Ellbogen 12, 343. 14, 501. cubito innixus 8, 727. 9, 518.

cŭbo, ŭi, ĭtum, āre, liegen 11, 612.

culmĕn, ĭnis, *n.* „Spitze, Gipfel"; v. Gebäuden, Dach, Giebel 1, 289. 295. 5, 291. 6, 432. 12, 480.

culpa, ae, *f.* Schuld, Verschuldung 9, 610. 10, 200. est pro culpa, gilt als Vergehen 13, 300; insbes. Schuld der Unkeuschheit, Fehltritt, Fall 2, 37. 452. 546. 593.

culpo, āvi, ātum, āre, (als fehlerhaft) tadeln, mißbilligen : alqm. 3, 256. 10, 681. faciem 11, 322.

cultĕr, tri, *m.* Messer 7, 314. *plur.* für *sing.* 7, 244. 599. 15, 134. 735.

cultŏr, ōris, *m.* (colo), „ber e. Gegenstand hegt u. pflegt"; baḥ. 1) **Bebauer, Pflüger** 1, 425, 7, 653. — 2) **Bewohner** 14, 4. — 3) **Pfleger, Verehrer:** aequi 5, 100. numinis 1, 327.

cultŭs, ūs, *m.* „Abwartung, Pflege" eines Gegenstandes; baḥ. 1) **Anbau**; *plur.* cultus locorum, die (verschiedenen Arten der) Bebauung des Landes 4, 766. — 2) feinere **Lebensweise, Bildung, Cultur** 7, 58; insbes. **Tracht, Anzug, Schmuck** 2, 425. 3, 609. 5, 49. 8, 322. 9, 712. 10, 517. 12, 408. 13, 163. *plur.* 6, 454. 8, 854. — 3) **Verehrung einer Gottheit, Cultus** 5, 279. 6, 314.

1. **cum,** *praep. c. abl.* 1) **mit, sammt, nebst:** cum quo 6, 224. mecum, bei mir 3, 466. cum multis, nebst vielem b. i. außer vielem andern 14, 310. cum his, außer diesen 10, 705. zugleich mit, cum qua 1, 180; insbes. a) von dem, womit Jemd. ober etwas versehen ist: cum vestibus atris 6, 288. 8, 778. cum vili veste 8, 859. quem accipit cum armis (*sc.* instructum) 7, 865. dapes cum sanguine, blutige Speisen 15, 87. effigies nullo cum corpore, körperlos 14, 358. — b) v. gemeinschaftl. Verkehr: loqui cum aliquo 8, 705. quid tibi cum armis, was hast du zu schaffen mit 1, 456. secum *sc.* dixit, bei sich 4, 422. 6, 3. — c) dichter. = et: cum fulminibus ventos = fulmina et ventos 1, 56. cum Cyllene pineta = Cyllenen et p. 1, 217. bracchia cum vultu = br. et vultum 2, 270. cum matre = et matrem Leucotheen 4, 542. tecum ista = te et ista loca 4, 336. cum Eumolpo = et Eumolpo 11, 93; vergl. 2, 470. 575. 3, 561. 4, 14. 546. 735. 6, 161. 335. 345. 535. 7, 348. 744. 8, 430. 9, 436. 450. 10, 240. 12, 331. 13, 99. 761. 14, 428. cum ipso verba imperfecta reliquit, ihn und seine unvollendete Rede 1, 526. — 2) von der Gleichzeitigkeit: cum die, mit Tagesanbruch 13, 677. — 3) v. den eine Handlung begleitenden Nebenumständen ob. gradezu von der Art und Weise einer Handlung, **mit, unter:** cum gemitu 8, 521. 11, 395. cum lacrimis 4, 523. cum stridore 8, 778. cum clamore 8, 389. 9, 65. cum murmure 2, 455. 7, 186. quanta cum fraude 15, 766. nulla cum fine, endlos, ohne Grenzen 13, 755. nostro cum crimine, und zum Vorwurf 13, 46.

2. **cum,** *conjunct.* f. quum.

Cūmae, ārum, *f.* Stadt Campaniens in Unteritalien 14, 104. - Dav. **Cūmaeus,** a, um, **cumäisch** 15, 712. virgo (dux) = Sibylla 14, 135. 121.

Cūmaeus, a, um, f. Cumae.

cumba, f. cymba.

cumque, f. quocumque.

cŭmŭlo, āvi, ātum, āre, **vollhäufen,** anfüllen: viscera mensis 15, 462.

cŭmŭlus, i, *m.* (aufgethürmter) **Haufe, Masse:** pulveris 14, 137. arborum 12, 514. aquarum 15, 508. — 2) übertr. was über das Maß hinzugefügt wird, **Gipfel, Krone:** perfidiae 11, 206. cladis 14, 472 (f. Caphareus).

cūnae, ārum, *f.* **Wiege** 15, 405. 10, 392; meton. früheste Lebenszeit 3, 313. labor cunarum mearum, die ich in der Wiege gelernt habe (Hercules hatte schon als Säugling zwei von der Juno gegen ihn geschickte Schlangen erwürgt) 9, 67.

cunctor, ātus sum, āri, **zaudern, zögern** 2, 105 (f. qua). 4, 652. 5, 32.

cunctus, a, um, **gesammt, ganz**; *plur.* cuncti, ae, **alle insgesammt** 1, 206. 2, 460. 11, 578. a cunctis *sc.* avibus 2, 595. cuncti hominum, die Gesammtheit der Menschen 4, 631; *neutr.* cuncta, **Alles:** ea cuncta 6, 154; bas Weltall 1, 83.

cŭnĕātus, a, um, **keilförmig:** collis 13, 778.

cŭnĕus, i, *m.* **Keil**: *plur.* cunei, Pflöcke zum Zusammenhalten der Balken 11, 514.

cŭpīdo, ĭnis, *f.* (*masc.* 8, 74. 9, 734. 10, 636) **Verlangen, Begierde** nach etwas, mit *genit. objecti* 1, 234. 2, 104. 3, 225. 5, 218. 10, 182; insbes. **Liebesverlangen, Liebe** 8, 74. 143. 10, 636. 14, 29. alcjus, zu, nach Jemd. 4, 346. 9, 455. 13, 762. 906. femineus, zum Weibe 9, 734. — 2) personif. **Cupido,** der Liebesgott, Sohn der Venus 1, 453. 4, 321. 5, 366. 7, 73. 9, 482. 543. 10, 311.

cŭpĭdus, a, um, **verlangend, begehrend:** mit *inf.* 14, 215; insbes. nach Liebe verlangend, liebend 6, 467. 11, 63. amantes, inbrünstig Liebende 4, 679.

cŭpĭo, īvi u. ĭi, ītum, ĕre, (leidenschaftl.) **verlangen, begehren, wünschen:** alqd 1, 490. 3, 466. 8, 834. alqm 3, 353. 425. 10, 316; mit *acc. c. inf.* 1, 212. 13, 330; mit *inf.* 2, 184 (dici Meropis *sc.* filius). 3, 450. 5, 170. 8, 333. 9, 462. posse mori 2, 651.

cŭpressus, ūs u. i, *f.* **Cypresse** 3, 155. 10, 106.

cūr, *adv.* **weshalb, warum:** 1) *relat.* 8, 493. statt propter quem 13, 527. est cur, es ist Grund vorhanden, weshalb 2, 518. 8, 721. 13, 114. — 2) *interrog.* 2, 291. 4, 791. nachgestellt 3, 581. 5, 498. cur non 2, 525. 4, 430. 593. 5, 371.

cūra, ae, *f.* **Sorge, Fürsorge, Sorgfalt** 1, 48. 2, 732. Bestreben 15, 7. 65; mit *genit. objecti:* futuri, Sorge für die Zukunft 13, 363. quietis 3, 437. belli 13, 217. mihi est cura rei, ich trage Sorge für

etwas, bin auf etwas bedacht 11, 297. 13, 764. mit *inf.* 13, 479. alqd mihi curae est, etwas liegt mir am Herzen, ich lasse mir etwas angelegen sein 1, 250. 2, 683; insbes. a) zärtliche Sorge, Theilnahme, Liebe 5, 557. 7, 800. deum (= deorum) 4, 574. alcjus, für Jemd. 2, 406. 5, 516. 6, 535. 10, 623. 11, 422. 12, 602. — b) meton. der Gegenstand zärtlicher Sorge: cura diis pii sunt, sind Lieblinge der Götter 8, 724. — 2) Sorge, Besorgniß, Kummer 1, 209. 2, 779. 3, 318. 8, 81. 5, 500. 9, 275. 10, 75. curam de alquo agere, Sorge tragen um Jemd. 9, 107. Sehnsucht 11, 426. 13, 724. videndi conjugis 14, 385; insbes. Liebesgram, Liebesqual 3, 396. 6, 493.
cŭrūlĭum, i, *n.* Koralle 15, 416. 4, 750.
Cŭres, ĭum, *f.* Hauptstadt der Sabiner in Italien 14, 778. 15, 7.
Cŭrētes, um, *m.* die ältesten Bewohner von Kreta, der Mythe nach aus Regen entstanden: *acc.* Curetas 4, 282. = Dav. **Cŭrētĭs**, ĭdis, *f.* curetisch, cretisch: *acc.* Curetidā 8, 153.
Cŭrētĭs, s. Curetes.
cŭrĭa, ae, *f.* die Curie, Gebäude für Senatssitzungen in Rom 15, 802 (Cäsar wurde in der curia Pompejana ermordet); in Troja 13, 197.
cūro, āvi, ātum, āre, wofür Sorge tragen, sich um etwas bekümmern: litora 10, 529. quid Hymen sit 1, 480. non curare, mit folg. *inf.* sich nicht die Mühe nehmen, nicht wollen 11, 370. 682. 12, 345. 14, 668.
curro, cŭcurri, cursum, ĕre, „schnell sich bewegen"; dah. laufen 1, 511. 2, 168. 586. 7, 755. fliegen 8, 203. fließen 8, 557. 597. fahren, schiffen 3, 663.
currŭs, ūs, *m.* Wagen 2, 104. 7, 208. 219; *plur.* für *sing.* 2, 47. 62. 74. 146. 4, 630. 5, 402. 424. 511. 8, 794. 15, 790.
cursŭs, ūs, *m.* das Laufen, der Lauf 1, 525. 3, 219. 4, 303 (*sc.* cum feris). 10, 560. *plur.* 5, 610. 6, 226. 10, 638. 667. von Flüssen 1, 282. 9, 18. 14, 329. 601. — 2) Flug 2, 721. 838. 4, 787. 6, 709. 3) Reise, Fahrt 3, 636. 8, 3. 15, 13. pelagi, Meeresfahrt 11, 446. — 4) bildl. in cursu esse, Fortgang haben, fortbestehen, 10, 401. 13, 508.
curvāmĕn, ĭnis, *n.* Krümmung, Wölbung 2, 130. falcis 7, 227. spinae 3, 66. ripae 9, 450. clipei 12, 95. arcuatum, gewölbter Bogen 11, 590.
curvātūra, ae, *f.* Krümmung: rotae, Ring 2, 108 (s. summus).
curvo, āvi, ātum, āre, krümmen, biegen: cornu 5, 383. bracchia 2, 82. trabes 7, 441. iter curvat in orbem, er kreist in der Runde 2, 715. ilex glandibus curvata, niedergebeugt 10, 94. curvant alqm anni 9, 435. *pass.* curvari, sich krümmen 3, 93. 10, 699. in montis speciem, sich wölben 15, 509.
curvus, a, um, gekrümmt, rund gebogen, gewölbt: aratrum 3, 11. 15, 123. hamus 4, 720. 11, 342. arcus 9, 114. 11, 229. carina 1, 298. 15, 644. navis 2, 163. arbor 5, 536. salix 5, 594. delphin 2, 265 (curvus *sc.* tergo). limes 14, 380. litus 11, 352. aequor, wie ein Berg gewölbt, sich aufthürmend 11, 505. crinale, gewunden 5, 53. flumen, sich schlängelnd 3, 342. membra, durchs Alter gekrümmt 3, 276.
cuspis, ĭdis, *f.* die Spitze (besonders der Lanze, des Pfeils) 1, 470. 7, 673. 8, 408. hasta aeratae (praeacutae) cuspidis („mit") 5, 9. 6, 78. 7, 131. junci 4, 299; meton. a) Wurfspieß, Lanze, Speer 2, 767. 3, 83. 4, 571. 5, 38. 6, 80. 12, 74. 100. 13, 580. Schwert 6, 673. — b) der Stachel des Scorpions 2, 199. — c) Dreizack des Neptun 12, 580. 594.
custōdĭa, ae, *f.* Wachtposten, Wache 6, 572. 8, 69. 12. 148. regis, Leibwache 14, 371. Wächter 9, 750. 8, 684.
custōdĭo, īvi, ītum, ire, bewachen, hüten: ventos 11, 747.
custōs, ōdis, *c.* Wächter, Wächterin, Hüter, Hüterin 1, 562 (s. Augustus, a, um). 4, 85. 7, 329. 11. 609. armenti 11, 348. Junonius, d. i. Argus 1, 678. — Behältniß (um etwas zu verwahren): turis 13, 703. telorum, Köcher 8, 321.
cŭtis, is, *f.* die Haut (v. Menschen u. Thieren) 2, 583. 3, 64. 276. 4, 577. 6, 387.
Cyănē, ēs, *f.* Nymphe eines Quells bei Syracus in Sicilien 5, 409. 412.
Cyănēē, ēs, *f.* Tochter des Mäander, Mutter des Caunus und der Byblis 9, 452.
Cўbĕlēĭus, a, um, zur Cybele gehörig, cybelëisch 10, 104. 707. (Cybele, ursprüngl. phrygische Göttin, wurde mit der Rhea, der Gemahlin des Saturnus, identificirt und als große Göttermutter (10, 104. 686. 14, 536) verehrt. Geschmückt war sie als Symbol der Erde mit einer Thurmkrone (turrita mater 10, 696) und fuhr mit einem Löwengespann.)
Cyclădes, um, *f.* die Cycladen, d. i. die um Delos im Kreise gelegenen Inseln des ägäischen Meeres: *acc.* Cycladās 2, 264.
Cyclōpes, um, *m.* die Cyclopen, 1) die 3 Söhne des Uranos und der Gäa, welche in den Tartarus verbannt waren. Als Jupiter seinen Vater Saturnus stürzen wollte, holte er sie hervor, und aus Dankbarkeit schmiedeten sie ihm als Gehülfen Vulcans die Blitze 1, 259. 3, 305. — 2) ein wildes Hirtenvolk auf der westlichen Südspitze von Sicilien, Söhne Neptuns 14, 2. 15, 93;

Cyclops   **damnum**   63

inŝbeſ. *sing.* Cyclops, der Cyclop, d. i. Polyphemus 13, 744. 14, 174. 249.
Cȳclops, f. Cyclopes.
Cycnēïus, a, um, **den Cycnus (den Sohn des Apollo und der Hyrie in Ätolien) betreffend**, cyneïſch 7, 371.
1. **Cycnus**, i, *m.* 1) Sohn des Sthenelus, König in Ligurien 2, 367. — 2) Sohn des Neptun, König zu Colonä in Troas 12, 72. 150. 171.
2. **cycnus**, i, *m.* **Schwan** 2, 539. 5, 387. 10, 708. 14, 430. 509.
Cȳdōnēus, a, um, **aus Cydon, einer Stadt auf der Nordküste von Creta, cydoneïſch** = cretiſch 8, 22.
Cygnēïus, a, um, f. Cycneius.
Cygnus, f. Cycnus.
cygnus, f. cycnus.
Cyllărus, i, *m.* ein Centaur 12, 393. *acc.* Cyllaron 12, 408.
Cyllēnē, ēs, *f.* ein Gebirge in Arcadien, Geburtsstätte des Merkur 1, 217. 5, 607. 7, 386. - *Dav.* 1) **Cyllēnēns**, a, um, cyllenisch 11, 304. — 2) **Cyllēnïs**, ĭdis, *f.* cyllenisch: harpe, des Cylleniers, d. i. des Merkur 5, 176. — 3) **Cyllēnïus**, a, um, cyllenisch; ſubſt. der Cyllenier, d. i. Mercur 1, 713. 2, 720. 818. 5, 331. 13, 146. 14, 291.
Cyllēnēus, a, um, f. Cyllene.
Cyllēnīs, f. Cyllene.
Cyllēnïus, a, um, f. Cyllene.
cymba, ae, *f.* Kahn, Nachen 1, 293.
Cymēlus, i, *m.* ein Lapithe 12, 454.
Cynthïa, f. Cynthus.
Cynthus, i, *m.* Berg auf der Inſel Delos im ägäiſchen Meere, wo Apollo u. Diana geboren wurden 2, 221. 6, 204. - *Dav.* **Cynthïus**, a, um, cynthiſch; ſubſt. Cynthia, ae, *f.* die Göttin von Cynthus d. i. Diana 2, 465. 7, 755. 15, 537.
Cȳpărissus, i, *m.* ein Jüngling auf der Inſel Ceos, von Apollo in die Cypreſſe verwandelt 10, 121.
Cȳprïus, a, um, f. Cypros.
Cȳprŏs, i, *f.* die Insel Cypern im Süden von Kleinaſien, Hauptſitz der Verehrung der Venus 10, 270. 14, 696. *acc.* Cypron 10, 718. - *Dav.* **Cȳprïus**, a, um, cypriſch, 3, 220. tellus, Cypern 10, 645.
Cythērea, ae, *f.* die Göttin von Cythera, (einer Inſel im Süden des Peloponnes), d. i. Venus 10, 640. 717. 14, 487. 15, 803. 816.
Cythērēïăs, ădis, *f.* zur cythereïſchen Göttin gehörig (ſ. Cytherea), cythereïſch; *acc. plur.* Cythereiadas 15, 386.
Cythērēïs, ïdis, *f.* die Göttin von Cythera, d. i. Venus (ſ. Cytherea) 4, 288.
Cythērēïus, a, um, **von Cythera** (ſ. Cytherea), cythereïſch: litora 10, 529. heros, Aeneas als Sohn der Venus 13, 625. 14, 584. ſubſt. Cythereia, ae, *f.* die cythériſche Göttin, d. i. Venus 4, 190.
Cythnŏs, i, *f.* eine cycladiſche Inſel im ägäiſchen Meere 5, 252. *acc.* Cythnŏn 7, 464.
Cȳtōrïăcus, a, um, cytoriſch: mons, der an Buchsbaum reiche Berg Cytorus in Paphlagonien 6, 132; dah. pecten, aus Buchsbaumholz 4, 311.

D.

Daedălïōn, ōnis, *m.* Sohn des Lucifer, Bruder des Ceyx, Königs von Trachin 11, 295.
Daedălus, i, *m.* ein geſchickter Bildhauer und Baumeiſter aus der Familie der atheniſchen Könige. Eiferſüchtig auf Perdix, den Sohn ſeiner Schweſter, der mit ihm in Erfindungen wetteiferte, tödtete er ihn (8, 241) und flieht nach Creta, wo er das Labyrinth baut. Als aber König Minos ihn ſelbſt in das Labyrinth einſchloß, um ſich den Beſitz eines ſo nützlichen Künſtlers zu ſichern, entfloh er mit ſeinem Sohne Icarus auf künſtlichen Flügeln nach Sicilien, wobei Icarus ertrank (ſ. Icarus) 8, 159. 9, 742.
dāma (damma), ae, *f.* **Dammhirſch, Gemſe, Reh** 1, 442. 10, 539. 13, 832.
Dămăsichthōn, ōnis, *m.* ein Sohn der Niobe; *acc.* Damasichthonă 6, 254.
damno, āvi, ātum, āre, **verurtheilen, für ſchuldig erklären, verdammen**: alqm 13, 309. 15, 42. se 3, 718. lumina, des Irrthums beſchuldigen 15, 568. damnatus 13, 145 (ſ. Phocus). zu etwas verurtheilen, mit etwas beſtrafen: nocte, mit Blindheit 3, 335. damnari in unam partem (ſ. in) 11, 178. — 2) **verdammen, tadeln, mißbilligen**: alqd 7, 643. 834. 10, 323. 577. 13, 809. tabellas, verwerfen 9, 523. damnandus in uno facto, tadelnswerth 7, 402.
damnōsus, a, um, **Schaden bringend, ſchädlich** 8, 215. 10, 707. 11, 376.
damnum, i. *m.* **Einbuße, Schaden, Verluſt** 2, 213. 5, 476. 7, 552. 9, 193 (ſ. Echidna). *plur.* 11, 379. 15, 548. generis 1, 379. lucis ademptae 4, 197. mei generis, d. i. Aeneae et Trojanorum 15, 775. capitis, Verſtümmelung am Kopfe 9, 100.

speciosum, das glänzende Elend 11,133.
damno esse, zum Schaden gereichen 2,
540. 10,339. — 2) meton. *plur.* damna,
die einzubüßenden Gegenstände selbst, daß,
das gemordete Vieh 11,381. sua damna,
ihre verlorenen Jungen 12,16.

Dănăē, *f.* Tochter des Acrisius, Königs von Argos. Weil diesem ein Orakel verkündigt hatte, daß der Danaë Sohn ihn tödten werde, so schloß er seine Tochter in einen nur von oben zugänglichen Thurm. Juppiter kam aber in Gestalt eines goldenen Regens zu ihr herab, und sie gebar ihm den Perseus 4,611. 6,113. 11,117. - Dav. **Dănăēĭus, a, um, von der Danaë abstammend, danaëisch**: heros = Perseus 5,1.

Dănăēĭus, a, um, *f.* Danae.

Dănăī, *f.* Danaus, a, um.

Dănăus, a, um, eig. zum Danaus gehörig (f. Belides), **danaïsch; daß. griechisch** 13,59. 92. 14,467; subst. **Dănăī,** ōrum, *m.* die Danaër, d. i. die Griechen 12, 13. 69. 13,134. 181. 327. 14,472.

Daphnē, ēs, *f.* die in den Lorbeerbaum verwandelte Tochter des Flußgottes Peneus 1,452.

Daphnĭs, ĭdis, *m.* ein Hirt in Creta, reizte durch Untreue die Nymphe Nomia und wurde deshalb in einen Stein verwandelt 4,277.

daps, dăpis, *f.* (hier nur *plur.*), das (prächtige, reichliche) Mahl, die Speise 5, 113. 6, 664. 8,571. 683. 824. 11,120. 15,87 (f. cum).

Dardănĭs, ĭdis, *f.* **dardanisch,** d. i. trojanisch (f. Dardanus, a, um): *acc. plur.* Dardanidäs 13, 412.

Dardănĭus, a, um, **darnanisch,** d. i. trojanisch (Dardanus, Sohn Juppiters u. der Electra, Stammvater der trojanischen Könige, war nach römischer Dichtung aus Italien nach Troja ausgewandert, daher Italien 13, 678. antiqua mater genannt wird): Julus 15, 767. Roma 15,431. vates = Helenus, Sohn des Priamus 13,335.

dătum, i, *n.* f. do.

Daulĭus, a, um, zur Stadt Daulis in Phocis gehörig, **daulisch** 5, 276.

Daunus, i, *m.* König von Apulien in Unteritalien, Schwiegervater des Diomedes 14,458. 510.

dē, *pracp. c. abl.* bezeichnet das Sichabtrennen eines Gegenstandes von einem festen Punkte; daß, 1) örtlich, **von . . . weg, von . . . her** 4, 516. 5, 120. laeva de parte, von der linken Seite her 14,102. de iisdem partibus 2, 106; **aus**: de sulcis 3, 107. de corpore 5, 95. alto de corde 2, 622. de quo (loco), von wo aus 11, 711; inöbej. **von** (einem höheren Gegenstande) . . . **herab**: de caelo 2, 321. de poste 5, 127. de vertice 11, 503. de turribus 13, 415. zona de poste revincta 10, 379. — 2) in andern Verhältnissen: a) zur Bezeichnung des Ganzen, zu welchem etwas als Theil gehört 1, 325. 3, 361. 687. 5, 136; daß, statt des partitiv. *genit.* 1, 743. 3, 116. 624. 4, 187. 418. 584. — b) zur Angabe des Stoffes, **von, aus** 1, 127. 405. 2, 554. 4, 753. 5, 183. 8, 655. 11, 314. ortus de 10, 735. factus de 1, 575. 5, 317. 7, 358. 9, 368. 14, 313. de viro factus femina 3, 326. alqm efficere puerum de virgine 9, 743. trunci de corpore, verwandelt aus 8, 720; daß, aa) bei den Verbis des Erzeugtseins und Abstammens: natus de alquo (alqua) 2, 555. *4, 422. 7, 32. creatus 14, 699. nasci de stirpe 11, 312. gigni de alquo 14, 616. de semine 1, 748. conceptus de alquo 3, 214. matrem fieri de alquo 3, 270. gravidus de semine 3, 260. alqm avum facere de sanguine 14, 588. — bb) zur Angabe des Volkes ob. Standes, dem Jemd. angehört, **von, aus**: de grege vir 1, 660. profecti de Tyria gente, die tyrischen Auswanderer 3, 35. esse de plebe 6, 10. deus de plebe 1, 595. humili de plebe 3, 583. media de plebe 5, 207. 9, 306. ingenua de plebe 9, 671. vir de Lycia gente 6, 382. 12, 116. 13, 244. — cc) zur Angabe des etymolog. Ursprungs, **von, nach**: suo de nomine 7, 381. de quo tenet nomen 10, 297. de nomine dicere, benennen nach) 14, 434. 13, 648. — c) von der Gemäßheit ob. Norm, nach welcher etw. geschieht, **nach, zufolge**: de more 2, 711. 12, 11. 13, 637. malum de more, ein gewöhnliches Uebel 9, 730. nullis de more funeribus, ohne das übliche Leichengepränge 7, 606. — d) **in Betreff, in Bezug** 9, 107. de armis, um den Besitz der Waffen 12, 621. narrare de (von) 4, 44. queri de (über) 7, 829. dolere de 7, 831. metuere de 7, 68. pugnare de (um) 7, 610. arbiter de lite 3, 332. — c) v. der veranlassenden Ursache, **wegen, durch** 1, 413. 6, 80. 7, 560. 12, 50. 14, 477. de vulnere tardus 10, 49.

dĕa, ae, *f.* **Göttin**: bellica = Minerva 2, 752. silvarum = Diana 3, 163. triplices = Parcae 2, 654. poenarum = Eumenides 4, 481.

dē-bello, āvi, ātum, āre, **völlig besiegen, überwinden** 4, 605.

dēbĕo, ŭi, ĭtum, ēre (de u. habeo), eig. von Jemd. etwas haben, ihm etwas schulden; daß, 1) **zu etwas verpflichtet sein, etwas schuldig sein**: alcui alqd 1, 481. 4, 197. 12, 573; *pass.* deberi, gebühren 13, 355. *part.* debitus, a, um, fchuldig, gebührend 1,137. 6,538; inêbef. a) etwas zu thun (moralifch) **verpflichtet fein, (thun) follen, müffen**: mit *inf.* 4, 195. 7,582 (f. an). 9,748. quo debuit igne, mit gebührendem Feuer 14, 444. debueram, ich hätte follen 9, 591. 602. 729. 12, 445. petiisse (aoriftifch für petere) 6,700. mit Negation: dürfen 3, 137. — b) durchs Verhängniß od. Naturgefetz etwas fchuldig fein d. i. wozu beftimmt fein, auserkoren fein: urbem, eine Stadt zu gründen 15, 444. quos (annos) debuit terrae, die er für die Erde beftimmt war 15,817. omnia debemur vobis, wir alle müffen euch anheimfallen 10, 32. debitus mit *dat.*, wozu beftimmt 13, 54. — 2) für etwas Jemd. **verpflichtet fein**, ihm etwas zu verdanken haben: alqd alcui 7, 164. 14, 3. 4, 76. se, Leben, Rettung verdanken 2, 644. 7, 48.

dēbĭlis, e, fchwach 12, 106.

dēbĭlĭto, āvi, ātum, āre, fchwächen: munus te debilitaturum, welches dich fchwächen wird 13,112.

dēbĭtus, a, um, f. debeo.

dē-cēdo, cessi, cessum, ĕre, weggeben, welchen 4, 91.

dĕcĕm, zehn 15, 423.

dĕcens, f. decet.

dēceptus, a, um, f. decipio.

dēcerpo, psi, ptum, ĕre (carpo), abrupfen, abpflücken: herbas 1, 645. aristas 11, 112. poma (arbore) 10, 649. 5, 536. pabula 13, 943.

dēcerptus, a, um, f. decerpo.

dē-certo, āvi, ātum, āre, (hart) kämpfen: in ultima 14, 804.

dĕcet, uit, ēre, es ziert, fteht wohl an, mit *nom.* der Sache u. *acc.* der Perfon 4, 230. 312. 10, 266. 12, 414 (ordne vellera quae deceant et quae sint elect. ferarum). 13, 850. humeros, ift angemeffen für 1, 457; mit *inf.* der Sache 4, 330. 8, 27; *part.* decens als Adject., reizend, fchön 1, 527. decentior 12, 405. tempora crine, gefchmückt 1, 450. — 2) es ift fchicklich, angemeffen, ziemt fich für Jemd.: alqm 3, 265. 542. 9, 181. 14, 579. absol. 2, 14 (sed talis qualem decet esse faciem sororum). 12, 35.

dēcĭdo, cĭdi, ĕre (cado), herabfallen: arbore 1,106. e flore 9, 345. in mare 1, 308. in terram 12, 569. 14,847. in praeceps 12, 339.

dĕcĭmus, a, um, der zehnte 9, 714. unda, groß, ungeheuer (weil von den heranrollenden Wellen die je zehnte als die größte u. gefährlichste galt) 11, 530.

dēcĭpĭo, ēpi, eptum, ĕre (de u. capio), „wegfangen"; dah. betrügen, täufchen, bethören: alqm 8,132 (f. Pasiphaë). 8, 435. 13, 104. 163. se 9, 747. oculos 3, 431. ora sequentis 7, 783. auris decepta 7, 821. pisces, berücken 3, 587.

dē-clīno, āvi, ātum, āre, (v. geraden Wege) abbiegen, ablenken: alqm 2, 138. cursus, feitwärts lenken 10, 667. se ab aliquo, fich abwenden 7, 88. — 2) *intr.* „abbeugen"; dah. übertr. auf Abwege gerathen, fich verirren: amor declinat 9, 461.

dēclīvis, e (v. clivus), bergabwärts gehend, abhängig, abfchüffig: via 4, 432. ripa 5, 591. Olympus 6, 487. flumen 1, 39; *subst.* declive, is, *n.* abfchüffiger Pfad 2, 206; bildl. iter declive senectae, zum Untergange fich neigend 15, 227.

dēcŏlor, ōris, „der natürlichen Farbe beraubt"; dah. (v. der Sonne) gebräunt, dunkelfarbig: India 4, 21.

dĕcŏr, ōris, *m.* (v. decet), Schmuck, Zierde 9, 98. 12, 90. decori esse, zur Zierde dienen 13, 849. — 2) Anmuth, Liebreiz, Schönheit 1, 488. 6, 18. 7, 733. 10, 589. 12,189. 14,322. 684.

dĕcŏro, āvi, ātum, āre (v. decus), fchmücken, zieren 8, 154.

dĕcōrus, a, um, wohlanftändig, ehrenvoll 9. 6. 13,309. — 2) liebreizend, fchön 2, 773. 6, 167.

dē-cresco, crēvi, crētum, ĕre, (im Wachsthum) abnehmen 1, 345. 2, 292. — 2) vergehen, verfchwinden 1, 740.

dēcrētum, i, *n.* (v. decerno), Ausfpruch, Befchluß (einer Behörde): sororum = Parcarum 15, 781.

dē-curro, curri, cursum, ĕre, (abwärts) laufen: super aequora 14, 50; fließen (ins Meer) 3, 569; auslaufen (zu Schiffe) 9, 591. — 2) *trans.* im Laufe zurücklegen, durchlaufen: metam 10, 597.

dēcursus, ūs, *m.* Ablauf, Herabfturz: aquarum 15, 266.

dĕcŭs, ōris, *n.* (v. decet), Schmuck, Zierde 2, 382. 8, 536. regale, Diadem 9, 690; dah. a) Ehre, Ruhm, Würde 3, 548. pudoris, Schmuck 13, 480. — b) Liebreiz, Schönheit 3, 422. — c) v. Perfonen, Zierde, Krone 2, 725. 8, 317. 12, 612. 14, 833.

dĕcŭtĭo, cussi, cussum, ĕre (quatio), abfchlagen: caput ense 5, 104.

dē-dĕcet, cŭit, ēre, es ziemt fich nicht, fchickt fich nicht: alqm, für Jemd. 9, 689.

dēdĕcus, ōris, *n.* Unehre, Schande 12, 498. 13, 227. 6, 608. meton. fchändender Gegenftand, Schandfleck 11, 184. — 2) Schandthat, insbef. Ehebruch 2,473. 8, 26.

dē-dignor, ātus sum, āri, als unwürdig abweifen, verfchmähen, mit *inf.* 13, 586.

dē-do, dĭdi, dĭtum, ĕre, hingeben, ausliefern: alqm 13, 662. noxae 13, 664.

deduco — dejicio

— 2) „zu eigen geben"; dah. part. deditus, ergeben, beflissen: aequoribus 13, 921.

dē-dūco, xi, ctum, ēre, **wegführen**: boves 6, 322. vestem, wegziehen, abstreifen 3, 480 (ab ora, vom Saume an). 6; 405. 13, 264; mit Zielangabe, wohin führen: alqm 10, 462. ad currus 2, 106. ad latices 5, 263. — 2) **herabführen**: undas in mare 1, 582. mons in aequor deductus, in die Ebene niedergeschwemmt 15, 267. ramos, niederziehen 15, 76. cornua lunae, herabziehen (durch Bezauberung) 12, 263. carinas in freta, ins Meer lassen, in See bringen 6, 445. 8, 104. vela ob. carbasa (sc. ex antennis), herablassen um sie auszubreiten, aufspannen 3, 663. 6, 233. 11, 477. cornua 11, 482; insbef. a) **fortspinnen, abspinnen**: filum 4, 36; übertr. carmen, fortführen 1, 4. argumentum deducitur in tela, wird fortgewebt 6, 69. — b) von oben herab streichen: caesariem 15, 656. crines pectine, kämmen 4, 311.

dēfendo, di, sum, ēre, (Feindliches) **abwehren**: crimen, sich rechtfertigen gegen 13, 303. — 2) übertr. **vertheidigen, schützen**: alqm 6, 464. 9, 39. urbem 11, 526 (urbs defensa = quae defenditur). muros 12, 589. undas ab imbribus („vor, gegen") 4, 526. frondes a morsu 9, 384. factum 12, 232. 13, 314. vocem (den Befehl) 13, 218.

dēfenso, āre, (intens. v. defendo), eifrig **vertheidigen, schützen** 11, 374. 12, 376.

dēfensŏr, ōris, m. **Vertheidiger** 13, 274 (cum defensore, Ajace).

dē-fĕro, tŭli, lātum, ferre, „wegtragen"; dah. mit Zielangabe, wohin **tragen** ob. **bringen**: quo 3, 633. preces ad alqm, 10, 642. jaculum error detulit in Idam, führte gegen 5, 90. pass. deferri, wohin getrieben werden, wohin gelangen 3, 690. 8, 816. wohin verschlagen werden 13, 770. — 2) **herabtragen**: ramalia tecto 8, 645. sub aequora, ins Meer herab 14, 601. deferri, (unterwärts) ans Land getrieben werden 9, 117.

dēfessus, a, um (part. v. defetiscor), **ermüdet** 9, 198.

dēfĭcĭo, fēci, fectum, ēre (facio), „sich losmachen"; dah. 1) intr. a) **zu Ende gehen, ausgehen, aufhören**: silvae deficiunt 9, 649. ars deficit 11, 537. — b) **kraftlos werden, ermatten** 8, 492. 10, 56. 12, 518. 568. tota mente ganz die Besinnung verlieren 9, 636, (sc. animo) muthlos werden 14, 484. — 2) trans. Jemd. **verlassen, im Stiche lassen**: alqm 12, 448. sol deficit (orbem), entzieht sich der Welt, verfinstert sich 2, 382. 4, 200; dah. Jemd. **fehlen, ihm mangeln**: linguam defecerat humor, der Zunge fehlte es an Feuchtigkeit 9, 567; part. dēfectus, a, um, von etwas **verlassen**, einer Sache **beraubt**: sanguine 5, 96. vigore 10, 194; absol. **entkräftet, schwach** 13, 477. amor, erstorben 9, 154.

dē-fīgo, xi, xum, ēre, **hineinheften**: ensem jugulo (= in jugulo), hineinstoßen 13, 436. solo defixa, am Boden geheftet 11, 76.

dē-flecto, xi, xum, ēre, **ablenken**: lumine, abwenden 7, 789.

dē-flĕo, ēvi, ētum, ēre, **beweinen**: alqm 10, 12. 15, 487. fata 7, 388. fontes 2, 239.

dē-flŭo, xi, xum, ēre, **herabfließen, herabgleiten**: a dextro armo, herabsinken 6, 229. — 2) „abfließen"; dah. übertr. **sich verlieren, schwinden** 6, 141.

dē-fŏdĭo, fōdi, fossum, ēre, **vergraben** 4, 242. humo 4, 239.

dēformis, e, **mißförmig, mißgestaltet** 1, 300. 2, 481. 14, 93.

*dēfrēnātus, a, um, **ungezügelt**: cursus 1, 282.

dē-fungor, functus sum, fungi, einer (lästigen) Verrichtung **sich entledigen**, etw. **überstehen**: terrā, das Erdenleben 9, 254.

dēgĕner, ĕris (v. genus), **entartet**: artis („hinsichtlich") 11, 315.

dēgĕnĕro, āvi, atum, āre (v. degener), **aus der Art schlagen, entarten** 6, 635; trans. an **sich ausarten lassen, nicht treu bleiben**: palmas 7, 543.

dē-grăvo, āvi, ātum, āre, **niederdrücken, belasten** 5, 352. 13, 777.

dē-hisco, ēre, **sich spalten, bersten** 13, 890.

Dēĭănīra, ae, f. Tochter des Oeneus, Königs von Calydon in Aetolien, Schwester des Meleagros, Gemahlin des Hercules, dem sie den Hyllus gebar und dessen Tod sie durch ihre Eifersucht herbeiführte (f. Nessus) 9, 9. 138.

dēĭcĭo, f. dejicio.

dĕindĕ, adv. (hier steht zweisylbig) **hierauf, nachher** 1, 353. 5, 593. mox deinde 9, 143. — 2) **nun noch, jetzt noch** 3, 465.

Dēĭŏnīdēs, ae, m. Sohn der Deione, Deionide, d. i. Miletus 9, 443.

Dēĭphŏbus, i, m. Sohn des Priamus und der Hecuba 12, 547.

dējectŭs, ūs, m. das **Herabstürzen**, der **Fall** (eines Gewässers) 1, 571.

dējĭcĭo, ēci, ectum, ēre, **herabwerfen, niederwerfen**: trabes 12, 510. alqm 3, 303. alqm saxo 1, 719. praesepia, **umstürzen** 9, 196. moenia, **zerstören** 12, 109. mentum in pectora, auf d. Brust herab-

schmettern 12, 255. vultum in humum,
senken 6, 607.
dē-lābor, psus sum, lābi, 1) v. leb.
Wesen, herabgleiten: ab acumine montis
12, 337. gradibus 15, 685. herabschweben
2, 838. 3, 101. ab aethere 1, 608. Olympo 1, 212. in terram 14, 838. — 2) v.
Dingen, entfallen, entsinken 2, 600. 5, 469.
*dē-lāmentor, āri, beklagen, bejammern: natam ademptam 11, 331.
dēlātus, a, m. s. defero.
dēlecto, āvi, ātum, āre, erfreuen, ergötzen: alqm 12, 158. spe 15, 203.
dēlectŭs, ūs, m. Auswahl, Unterschied:
nullo delectu, ohne Unterschied (zu machen)
10, 325.
dē-lēnĭo, īvi, ītum, īre, „besänftigen";
daß. Jemd. für sich einnehmen, bezaubern:
carmine 11, 163.
dēlĕo, ēvi, ētum, ēre, vernichten, zerstören: urbem 13, 219. famam 1, 445;
insbes. Geschriebenes auslöschen 9, 524.
sororem, das Wort „Schwester" 9, 528.
Dēlĭa, ae, f. s. Delos.
dēlĭcĭae, ārum, f. Ergötzlichkeiten,
Kurzweil 13, 831.
dēlictum, i, n. Vergehen, Schuld 4,
685. 7, 834.
dēlĭcŭi, s. deliquesco.
dēlĭgo, lēgi, lectum, ĕre (lego), auswählen, auserlesen: alqm socium 14, 678.
delecti tauri, auserlesen 15, 364.
dē-lĭquesco, līcŭi, ĕre, zerschmelzen,
zerfließen 4, 253. flendo 7, 381.
dēlĭtesco, lĭtŭi, ĕre (latesco), sich
verbergen 4, 340.
dēlĭtŭi, s. delitesco.
Dēlĭus, a, um, s. Delos.
Dēlŏs, i, f. Insel des ägäischen Meeres
in der Mitte der Cykladen. Als die eifersüchtige Juno die Erde beschworen hatte,
der ihrer Entbindung entgegengehenden
Latona nirgends einen Ruheplatz zu gewähren, fand diese auf Delos einen Zufluchtsort und gebar hier die Diana und
den Apollo. Seit der Zeit gewann die
Insel, welche vorher unstät im Meere umhergeschwommen war (erratica 6, 333),
eine feste Stelle 6, 191. 8, 221. acc. Delon
3, 597. 9, 332. 15, 541. — Dav. Dēlĭus,
a, um, delisch: subst. Delius, i, m. der
delische Gott, d. i. Apollo 1, 454. 5, 329.
6, 250. 11, 174. 12, 598. 13, 650. Delia,
die delische Göttin, d. i. Diana 5, 639.
Delphi, ōrum, m. Stadt am Parnassus in Phocis, berühmt durch ihr Orakel
des Apollo, wurde für den Mittelpunkt
der Erde gehalten 9, 332. 10, 168. 11, 304.
15, 631. bildl. recludam Delphos meos,
den Schatz meiner göttlichen Offenbarungen 15, 144. - Dav. Delphĭcus, a, um,

delphisch 11, 414. tellus 1, 515. subst. Delphicus, i, m. der delphische Gott, d. i.
Apollo 2, 543. 677.
delphīn, īnis, m. Delphin 1, 302. 2,
266. 11, 237. acc. delphina 6, 120.
delūbrum, i, n. (v. deluo), Tempel
(als Sühnort) 2, 77. 13, 589. plur. für
sing. 1, 373. 8, 707.
dē-lūdo, si, sum, ĕre, „mit Jemd.
sein Spiel treiben", ihn täuschen, foppen: alqm 3, 366. guttur 8, 826.
dēmens, tis, thöricht, sinnlos, wahnsinnig 1, 753. 3, 641. 7, 87. 9, 302. 10, 630.
dēmenter, adv. sinnlos 4, 259 (s. utor).
dēmentĭa, ae, f. Wahnsinn 13, 225.
dē-mergo, si, sum, ĕre, versenken:
dapes in alvum 15, 105. demersa viscera,
verschlungen 6, 664. demersus in undis,
versunken, ertrunken 14, 615.
dē-mēto, messŭi, messum, ĕre, „abmähen", abhauen: caput ense 5, 104.
dē-mitto, mīsi, missum, ĕre, herabschicken, herablassen: cornua 11, 482. nimbos ex caelo 1, 261. currum ab aethere
7, 219. urnam in undas 3, 36. corpus
Stygiae nocti, (zur stygischen Nacht) =
tödten 3, 695. ferrum lacubus (dat.),
eintauchen 12, 278. calculum in urnam,
hinabwerfen 15, 44. alqd in alvum (in
viscera), verschlingen, verzehren 8, 834.
846. puppem, in die Tiefe schleudern 11,
505. rivi se demittunt, fließen herab 8,
334; part. demissus, a, um, als Adject.,
„gesenkt", niedrig, tief: demissior 8, 204.
— 2) gewaltsam hineinbohren, hineinstoßen: ferrum in ilia 4, 119. 12, 441.
ensem in armos 12, 491. telum per pectus 13, 694. — 3) herabhängen, lassen:
caput, senken 10, 192. crinis demissus,
herabhangend 6, 289. monilia demissa
pendebant, hingend herab 10, 112. — 4)
niederschlagen, senken: vultus 10, 367.
oculos 15, 612. vultum animumque, Blick
und Muth sinken lassen 7, 133. spes animo, ins Herz lassen 9, 468.
demo, mpsi, mptum, ĕre (de u. emo),
abnehmen, wegnehmen: alqd. 1, 492. 15,
123. refert demptos esse Aesonis situs,
daß dem Aeson beseitigt worden sei 7,
302. ablegen: als (Helm) 8, 32. pignora
sacrorum 6, 603. sibi instrumenta 14,
766. juga equis 7, 325. vincla pedibus
3, 168. coronam capiti 15, 610. bracchia
cancro 15, 369. ligamina ventis 14, 230.
nidum cacumine 13, 833. infantem ramis
9, 375. pomum arbore, pflücken 11, 113.
14, 689. robora, losreißen 5, 123. — 2)
einen Theil vom Ganzen wegnehmen, entziehen: tempora vitae 14, 732. deme
meis annis (sc. aliquos), nimm einen Theil
meiner Lebensjahre 7, 168. alqd populo,

5*

das Völkchen in etwas verringern 6, 197. sibi vires, seine Kräfte mäßigen 3, 302. — 3) **ausnehmen, abrechnen**: crimina 11, 267. — 4) **benehmen**: demto metu, als die Furcht geschwunden ist 2, 866. honorem, schmälern 13, 16. silentia furto, das Schweigen über den Diebstahl brechen 2, 700.

Dēmŏlĕōn, ontis, *m*. ein Centaur 12, 356. *acc.* Demoleonta 12, 368.

dē-mōlĭor, ītus sum, īri, „niederreißen"; *dah.* **zerstören**: robora aevi 15, 228.

*** dēmūgītus**, a, um, **mit Gebrüll erfüllt**: paludes 11, 375.

dēmŭm, *adv.* 1) **zur Hervorhebung eines Zeitpunktes, gerade, eben**: tum demum, (gerade) da, dann 9, 413. — 2) (von dem, was längst hätte eintreten sollen od. können) **erst** 13, 209. tum demum, da erst, jetzt erst 11, 263. 13, 391. — 3) **vollends, gar** 15, 122.

*** dē-murmŭro**, āre, **hermurmeln**: carmen 14, 58.

dē-nĕgo, āvi, ātum, āre, (entschieden) **verweigern, abschlagen**: alcui alqd 4, 369. 13, 186.

dēni, ae, a, *je zehn*: quater deni, **vierzig** 7, 293.

dēnīque, *adv.* 1) **zuletzt, endlich** 2, 814. 5, 436. 9, 60. — 2) **zur Bezeichnung des letzten und wichtigsten Punktes einer Rede, zuletzt, endlich** 9, 626. 13, 120. 238. 15, 857; *dah.* um eine Auseinandersetzung abzuschließen, **mit einem Worte, kurz** 2, 95. 14, 652. — 3) (= demum) **zur Hervorhebung eines Zeitpunktes, gerade, eben**: modo denique, (nur) eben erst 3, 650. 7, 14. — 4) v. längst Erwarteten, **erst**: tum denique. da erst, dann endlich, jetzt erst 3, 629. 4, 519. 5, 34. 7, 86. 857. 8, 585. 9, 60. 10, 387. 664. 11, 18. tunc denique, da erst 5, 210. 471. nunc denique, jetzt erst 9, 346.

dens, tis, *m.* **Zahn** 2, 776. collect. **Gebiß** 10, 704. apri, **Hauer** 8, 288. 369. 10, 550. Indi, Elephantenzähne 8, 288. Elfenbein 11, 167; übertr. die Zähne der Säge 8, 246. des Weberkammes 6, 58; bildl. dentes aevi 15, 235.

denseo, ŭi, ēre, **verdichten** 13, 605. caelum densetur, umzieht sich 14, 369.

denso, āvi, atum, āre, **verdichten** 13, 605.

densus, a, um, (durch nahe aneinander stehende Theile) **dicht**: tellus 1, 29 (densior his *sc.* est). aër 15, 250. nubes 11, 572. 15, 537. nox 15, 31. silva 15, 488. litus, fest 2, 576. ulmus, dicht verwachsen 2, 557; mit *abl.*, dicht besetzt, reich an 12, 247. 13, 846. caligine, nebelumdunstet 10, 54; dicht bewachsen mit 3, 29. 155.

14, 360. — 2) **in dichter Menge, gedrängt** 2, 717. 11, 360.

dē-nūbo, psi, ptum, ĕre, (aus dem Elternhause weg) **sich verheirathen**: in thalamos 12, 196.

Dēŏĭs, ĭdis, *f.* **Tochter der Deo (Demeter)**, d. i. Proserpina, mit welcher Zeus in Schlangengestalt den unterirdischen Dionysos erzeugte: *acc.* Deoida 6, 114.

Dēŏĭus, a, um, **der Deo (Ceres) geweiht**: quercus 8, 758.

dē-pello, pŭli, pulsum, ĕre, **vertreiben**: stellas 7, 100. noctem 7, 835. Martem a se, abwenden 7, 140.

dē-pendĕo, ēre, **herabhangen**: ex humeris 12, 396. tectis 4, 760. lateri 6, 593.

dē-perdo, dĭdi, dĭtum, ĕre, **verlieren, einbüßen**: usum linguae 5, 562.

dē-pĕrĕo, ĭi, ĭtum, īre, **zu Grunde gehen** 15, 168.

dē-plango, nxi, nctum, ĕre, (durch Schlagen mit den Händen auf Brust und Arme) **beklagen, betrauern**: alqm 4, 546. ipsa suis deplangitur Ardea pennis, Ardea (in einen Reiher verwandelt) klagt selbst um sich (um seinen Untergang) mit Flügelschlagen 14, 580.

dē-plōro, āvi, ātum, āre, **beweinen, bejammern**: alqm 5, 63. deplorati Priamides, d. i. die getödteten 13, 481. — 2) **als verloren aufgeben**: vota jacent deplorata, liegen aufgegeben darnieder 1, 272.

dē-pōno, pŏsŭi, pŏsĭtum, ĕre, **niederlegen**: caput 11, 649. latus in arenis 2, 865. lyram in muris 8, 16. leporem in nido 6, 517; ablegen: pallam 3, 167. radios 2, 41. laurum capillis 6, 202. — 2) **zur Aufbewahrung niederlegen, in Verwahrung geben**; *dah.* depositum, i, *n.* das anvertraute Gut 9, 120; insbes. der der Erde anvertraute Samen 5, 480. — 3) **ablegen, aufgeben, beseitigen**: bellum 8, 47. 14, 571 (deponendi, erg. belli). nomen 15, 543. pavorem 10, 118. metum, entfernen 5, 363. sitim, stillen 4, 98.

dē-posco, pŏposci, ĕre, **mit Ungestüm fordern**: alqm, Jemds Bestrafung fordern 1, 200.

depŏsĭtum, *s.* depono.

dē-prĕcor, ātus sum, ari, „wegbitten", **bittend abwehren, sich verbitten**: hoc unum, diesen einem bitte ich dich zu entsagen 2, 98.

dē-prendo, di, sum, ĕre (aus deprehendo), **ergreifen, erfassen**: alqm 6, 537. 4, 366. 5, 618. se 3, 429. piscem 1, 296. feram 7, 781 (quo *sc.* cursu). navim 1, 663. aquas 4, 459 (tibi = a te). cornua, packen 9, 83. — 2) **überraschen, antreffen**: alqm 7, 581. 11, 772. in gestu deprendi

deprimo — desum

4, 560; inȯbeſ. bei etw. Unrechtem überraſchen, ertappen; *alqm* 1, 606. 3, 362. 4, 184. 13, 304. furta, entdecken 3, 6. conamina 10, 390. — 3) bildl. geiſtig erfaſſen, wahrnehmen, bemerken: curas 2, 94. potentiam 7, 537.

deprĭmo, essi, essum, ĕre (premo), herabdrücken: cornua 9, 83. aratrum, eindrücken 15, 618. carinam, verſenken 14, 185. alqm, niederſchmettern 12, 262. corpus depressum, geſenkt, nach vorn geneigt 3, 672.

Dercĕtĭs, is, *f.* Mutter der babyloniſchen Semiramis, welche ihre Tochter, da ſie ſich des Vaters derſelben ſchämte, ausſetzen ließ und ſich bei Aſcalon in einen See ſtürzte. Hier erbauten ihr die Syrer einen Tempel und verehrten ſie in Geſtalt einer Frau mit einem Fiſchſchwanze: *voc.* Dercetī 4, 45.

dē-rīgesco, gŭi, ĕre, ſtarr, werden, (ganz) erſtarren 2, 348. 5, 186. 233. 14, 754. metu 7, 115. dereguit malis, wurde vor Trübſal zu Stein 6, 303.

dērĭpĭo, rĭpŭi, reptum, ĕre (rapio), losreißen: ensem vaginā, herausreißen 10, 470. (3, 52. 6, 387. 567, 9, 637. 11, 29 lies diripio.)

descendo, di, sum, ĕre (scando), hinabſteigen: antro 3, 14. in undas 1, 95. ferrum descendit in ilia, dringt ein 3, 67; bildl. descendere ad alqm (*sc.* a proavis), Jmds Abſtammung bis auf ihn herab verfolgen 11, 754.

dēsectus, a, um (*part. v.* dē-sĕco, cŭi, ctum, are), abgeſchnitten: gramen 14, 646.

dē-sero, serŭi, sertum, ĕre, „von ſich abreihen"; dah. verlaſſen: einen Ort 1, 422. 4, 293. 478. 5, 252; *part.* desertus, als Adject. v. Oertern: einſam, öde 3, 606. — 2) insbeſ. im Stiche laſſen, (treulos) verlaſſen: *alqm* 3, 478. 8, 113. 224. 14, 160. alqm morte 7, 850. crimen est desertus Nestor, den N. im Stich gelaſſen zu haben 13, 64. dies deseret (*sc.* me), wird zu Ende gehen 15, 418. deserta (*sc.* nutrimentis suis) deseret ignes, wird nicht mehr unterhalten 15, 355.

dēsertus, a, um, ſ. desero.

dēsīderĭum, i, *n.* (heftiges) Verlangen, Sehnſucht: *alcjus*, nach Jmd. 3, 731.

dēsīdĕro, āvi, ātum, āre, ſich wornach ſehnen, etwas begehren: *alqm* 11, 545. *alqd* 14, 689.

dē-signo, āvi, ātum, āre, (zeichnend, webend) abbilden, darſtellen 6, 103.

dēsĭlĭo, silŭi, sultum, īre (salio), herabſpringen: a curru 12, 129. saxo 7, 378. in undas 3, 681. 4, 353. ab arce in terras 1, 674.

dē-sĭno, sīvi u. sĭi, sĭtum, ĕre, wovon ablaſſen, mit etwas aufhören: mit *inf. act.* 5, 308. 8, 263. 13, 350. illud idem *sc.* esse 15, 257; mit *inf. pass.* 1, 616; abſol. 4, 336 (ſ. aut); insbeſ. zu reden aufhören, endigen 2, 47. 816. 4, 167. 6, 215. 8, 725. 15, 669. — 2) *intr.* ſich endigen, aufhören: in piscem 4, 727. in quo desinimus, bei dem wir unſere Strömung enden 8, 597. dies desinet 15, 418. imbres desierant 5, 285.

dē-sisto, stĭti, stĭtum, ĕre, von etw. abſtehen, ablaſſen: bello 14, 567. aufhören: posse moveri 6, 307. abſol. 10, 629.

dēsōlātus, a, um, einſam gelaſſen: terrae, entvölkert 1, 349.

despecto, āre (v. despicio), auf etwas niederſchauen, etw. von oben herab betrachten: agros 2, 710. terras 4, 624. aquas 15, 699. homines 15, 151.

dē-spēro, āvi, ātum, āre, keine Hoffnung haben, woran verzweifeln 10, 371. posse frui 9, 724.

dēspĭcĭo, exi, ectum, ĕre (specio), herabblicken: in agros 1, 601. in valles 11, 504. — 2) *transit.* auf etwas herabblicken: terras 2, 178. nemus 3, 44. hostem 8, 368; insbeſ. mit Verachtung auf etw. herabſehen, verachten, verſchmähen: *alqm* 14, 376. 9, 438. munus 13, 839. despectus, a, um, verſchmäht 3, 404. 4, 206.

dē-spondĕo, di, sum, ēre, „verſprechen"; insbeſ. als Braut verloben: *alcui alquam* 9, 715.

dēstĭno, āvi, ātum, āre, „feſt machen"; dah. wozu beſtimmen: alqm imperio 15, 3; mit *inf.* beſchließen 8, 157. 10, 379.

dēstĭtŭo, ŭi, ūtum, ĕre (statuo), „wegſtellen", dah. verlaſſen, zurücklaſſen: alqm 8, 176.

dē-stringo, inxi, ictum, ĕre, ſtreifen, leicht berühren: aequora alis 4, 562. ritzen, leicht verwunden 8, 382. 10, 526. 12, 101.

dē-strŭo, xi, ctum, ĕre, niederreißen, zerſtören: omnia 15, 235.

dēsuētūdo, ĭnis, *f.* Entwöhnung 14, 436.

dēsuētus, a, um (*part. v.* desuesco), entwöhnt: voces 7, 646. sidera (= quae cernere desuevi) 5, 503.

dē-sum, fŭi, esse, „fortſein, wegſein"; dah. a) nicht Theil nehmen an etwas, bei etwas fehlen: officio 12, 4. — b) v. Dingen, fehlen, abgehen, nicht vorhanden ſein 1, 77. ut cetera desint (ſ. ut) 5, 527. 7, 27. desunt litora ponto 1, 292. verba animo 3, 231. loca vulneribus 3, 237. tela furori 11, 30. quaerenti defuit orbis, es blieb kein Theil der Erde übrig, wo ſie noch hätte ſuchen können 5, 463.

(deerat und deerit zweisylb. durch Synizese 1, 77. 292. 3, 268. 13, 819. 15, 354. defuërunt 6, 585.)

dē-tĕgo, xi, ctum, ĕre, aufdecken, entblößen: artus 9, 169. arcana 2, 756. nervi detecti, offengelegt 6, 389; bildl. aufdecken, enthüllen: mala pectora 7, 741. culpam 2, 546.

dē-tergĕo, si, sum, ēre, abwischen: lacrimas 13, 746.

dětěrĭŏr, us, *genit.* ōris, minder gut, schlechter 1, 115. facies, minder schön 12, 400. deteriora sequi, das Schlechtere wählen 7, 21.

dē-tĕro, trīvi, trītum, ĕre, abreiben 13, 792.

dē-terrĕo, ŭi, ĭtum, ēre, abschrecken, zurückschrecken: *alqm* 10, 600. 14, 296. — 2) abwehren: nefas 8, 766.

dē-testor, ātus sum, āri, (unter Anrufung d. Götter) verwünschen, verfluchen: caput alcjus 15, 505.

dětĭnĕo, ŭi, entum, ēre (teneo), aufhalten, zurückhalten: *alqm* 13, 301; bildl. durch ein Geschäft in Beschlag nehmen, beschäftigen 4, 38. multa loquendo diem euntem sermone, viel plaudernd den Lauf des Tages mit Rede hinbringen 1, 683.

dē-torquĕo, torsi, tortum, ēre, wegdrehen, wegwenden: lumen ab alquo 6, 515.

dětracto, s. detrecto.

dē-trăho, xi, ctum, ĕre, herabziehen, abnehmen: copulam canibus 7, 769. capiti vittam alcui 9, 772. faciem 2, 524. quid me mihi detrahis, warum ziehst du mir die Haut ab 6, 385. virgam ilice, abbrechen 11, 109; bildl. entziehen, benehmen: errorem animis 2, 39.

dětrecto (auch detracto), āvi, ātum, āre, von sich ablehnen, verweigern: militiam 13, 36. — 2) „herunterziehen", herabsetzen, verkleinern: laudem 5, 246. benefacta 13, 271.

dětrītus, a, um, s. detero.

dē-trūdo, si, sum, ĕre, herabstoßen: corpus sub Tartara 12, 523. digitos in ter̄r̄, hineintreiben 11, 72.

dē-trunco, āvi, ātum, āre, vom Rumpfe trennen, abhauen: caput 8, 769.

Deucălīon, ōnis, *m.* Sohn des Prometheus (des „Vorausdenkers"), Vater des Hellen u. Amphictyon, wanderte um 1550 vom Caucasus nach Epirus ein u. führte das dort wohnende Volk nach Thessalien, von wo er die Pelasger vertrieb; daher ihn d. Hellenen als ihren gemeinsamen Stammvater betrachteten 1, 318. — Dav. Deucălīōnēus, a, um, deucalioneïsch: undae, die deucaloneïsche Fluth 7, 356.

Deucălīōnēus, a, um, s. Deucalion.

dĕus, i, *m.* ein Gott, eine Gottheit 3, 291 (f. et); = Amor 8, 325. idem = Vulcanus 12, 614. qui fures terret i. e. Priapus 14, 640. dei superi 7, 853. minores, die niedern Götter 15, 545. alqd in dis est, steht bei den Göttern 7, 24. *genit. plur.* deum 8, 727. 11, 134. 15, 800. mater deum d. i. Cybele 8, 104.

dē-vasto, āvi, ātum, āre, verwüsten: agmina, vernichten 13, 256.

dē-vello, velli, vulsum, ĕre, abreißen: ramum trunco 14, 115.

*dē-vēlo, āre, enthüllen: ora 6, 604.

dē-vĕnĭo, ēni, entum, īre, (von woher) wohin kommen: in Scythiam 8, 797.

dē-vertor, s. divertor.

dēvexus, a, um, abwärts sich hinziehend, gesenkt: arva 8, 330. margo, sich absenkend 9, 334.

dē-vinco, vīci, victum, ĕre, völlig besiegen, überwinden: alqm 9, 80.

dēvĭus, a, um, vom Wege abliegend, entlegen, ungebahnt 1, 676. 3, 146. 370. *subst.* devia, ungebahnte Pfade 4, 778.

dē-volvo, volvi, volūtum, ĕre, herabwälzen: corpora in humum 7, 574. montes corpore, abwälzen 5, 355.

dē-vŏro, āvi, ātum, āre, hinunterschlucken: auras 8, 827. lacrimas introrsus, verschlucken 13, 540.

dē-vŏvĕo, ōvi, ōtum, ēre, „einer Gottheit weihen"; dah. überh. widmen: alcui alqd 14, 683. — 2) (d. unterirdischen Göttern weihen, d. i.) verwünschen, verfluchen 5, 102. 8, 234. 13, 330; *part.* dēvōtus, a, um, dem Fluche geweiht 10, 464.

dexter, tĕra, tĕrum, u. tra, trum, zur rechten Seite befindlich, rechts: thalamus 2, 738. dextris remis adduci, durch Rudern nach rechts 3, 598. dextra parte u. dexteriore parte, rechts 1, 45. 7, 241. ara dexterā Sigaei profundi, rechts vom sigäischen Meere 11, 197. rota dexterior, zu weit rechts (gelenkt) 2, 138; *subst.* dextra, ae, *f.* a) rechte Hand, Rechte 4, 175. 5, 124. dextram dare, Handschlag geben, sich begrüßen 14, 297. 7, 495; überh. Hand 3, 305. 11, 121; prägn. tapfere Hand, Tapferkeit 13, 176. 14, 109. — b) die rechte Seite: dextrā, rechts 1, 171. 5, 167. dextrā lintea dare, zur Fahrt nach rechts 3, 640. a dextra, von rechts her, rechts 2, 25. 3, 161. 5, 252.

Dīa, ae, *f.* „die Göttliche", älterer Name der dem Bacchus geheiligten Insel Naxos im ägäischen Meere 3, 690. 8, 174.

Dīāna, ae, *f.* (mit langem ī 8, 353) Tochter des Jupiter u. der Latona (dah. Latonia 1, 696. 8, 394. 541), mit ihrem Bruder Apollo auf der Insel Delos geboren (dah. Delia 5, 639. Cynthia 2, 465.

dicio

7, 755), war Göttin der Jagd (jaculatrix 5, 375. dea silvarum 3, 163. succincta 3, 156) und des Mondes (nocturna 15, 196). Sie hatte auf d. taurischen Halbinsel einen berühmten Tempel, in welchem ihr alle Fremdlinge geopfert wurden. Dorthin versetzte sie die Tochter Agamemnons als ihre Priesterin (s. Iphigenia). Orestes aber entführte mit seiner Schwester das dortige Bild der Göttin nach Aricia in Latium (dah. Orestea Diana 15, 489), wo sie nach dem fremdländischen Cultus verehrt wurde 1, 487. 695. 3, 156. 6, 415. 8, 272. 578. 11, 321. 12, 35. 13, 185. 14, 331.

dicio, ōnis, *f.* Botmäßigkeit, Gewalt 14, 609.

dīco, xi, ctum, ĕre, sprechen, sagen: dicto vale 3, 501. solatia 10, 133. alcui (zu Jemd.) 1, 558. 2, 816. 5, 115. tibi dicimus, dir sage ich's d. i. dich meine ich 9, 122. crimen alicui, Beschuldigungen gegen Jemd. erheben 1, 766; dixit in der Rede eingeschaltet 1, 377. 486. 590. 2, 50. 428. 3, 590. 4, 524. 11, 250; mit *acc. c. inf.* 5, 42. 664. 14, 439; *pass.* dicor mit *nom. c. inf.*, man sagt daß ich, oder ich soll ... 4, 57. 5, 539. 9, 742. ut dicar pulsa, daß es von mir heißt, ich sei verstoßen 2, 563. dictis quae ... nachdem sie gesagt hatte, was ... 12, 426. dictu mirabile 14, 406. Unbef. erzählen, berichten: cantus 5, 662. talia 1, 713. 6, 401. — b) prägn. beredt sprechen, schön reden 13, 10. — c) mit doppeltem *acc.*, nennen 1, 7. 176. 394. 4, 400. 8, 590; *pass.* dici, genannt werden, heißen 1, 522. 2, 184 (Meropis *sc.* filius). 2, 746. 3, 136. 4, 151. nomine dicere, benennen 7, 474; *part.* dictus, genannt: nomine, nach dem Namen 1, 447. 14, 90. 348. a nomine 5, 411. 8, 235. de nomine 13, 648. 14, 434. ab alquo, nach Jemd. 2, 834. 7, 524. 13, 618. — d) (dichtend) singen, besingen: carmina 5, 344. mutatas formas 1, 1. potestatem 10, 150 (mihi = a me). — e) festsetzen, bestimmen, verabreden: legem 6, 138. 13, 72 (s. lex). dicta arbor 4, 95. dicti equi, die ausbedungenen unsterblichen Rosse, welche König Tros als Ersatz für seinen ihm von Juppiter entführten Sohn Ganymedes erhalten hatte) 11, 213. - Dav. *subst. part.* **dictum**, i, *n.* das Gesprochene, Gesagte, das Wort, die Rede 1, 244. 390. ultima dicta 9, 126. dicta referre 7, 481. Erzählung 4, 389. 6, 1. 14, 319. Gespräch 13, 675. Klage 8, 534. Lehre 15, 67. 479. Ermahnung 2, 103. Befehl 8, 814. falsa, Erdichtungen 7, 616,

Dictaeus, a, um, zum Berge Dicte auf Creta gehörig, dictäisch = cretensisch 3, 2. 223. 9, 717. rex, d. i. Minos 8, 43.

dictum, s. dico.

Dictynna, ae, *f.* (v. δίκτυον, Netz), die „Netzstellerin", Beiname der Diana als Jagdgöttin 2, 441. 5, 619.

Dictys, yos, *m.* 1) ein Schiffer 3, 615. — 2) ein Centaur 12, 334.

dī-dūco, xi, ctum, ĕre, auseinanderziehen, auseinanderreißen: nodos 2, 560. vestem 3, 480 (ab ora, vom Saume an). 6, 405. 13, 264. — 2) losreißen, trennen: humum 8, 587. alqm ab alquo 4, 372.

Dīdymae, arum, *f.* „die Zwillinge", zwei kleine Inseln d. ägäischen Meeres neben Syros 7, 469.

dĭēs, ēi, *c.* (*plur.* nur *m.*) der Tag 2, 331. 4, 399. medius, Mittag 10, 126. 15, 310. ultima, Todestag 3, 136. nocte dieque, Tag u. Nacht 2, 343. 12, 46. in diem, auf einen Tag 2, 48; Dies, als mythol. Person 2, 25; übtr. a) Zeit 15, 216. longa 1, 346. 14, 148. ante diem, vor der Zeit, vor dem bestimmten Lebensende 1, 148. 6, 675. — b) Tageslicht, Tag 4, 358. 7, 411. 13, 602. nitidus 1, 603. alma 5, 444. cadens 4, 627. cum die, mit Tagesanbruch 13, 677.

diffāmo, avi atum, āre (dis u. fama), verlästern: adulterium 4, 236.

dif-fĕro, distŭli, dīlatum, differre, "auseinander bringen"; dah. (v. Zeit nach) verschieben, aufschieben: alqd 2, 863. 3, 174. 4, 350. 6, 52. 12, 8. poenas in idonea tempora 2, 467. spem in tempora noctis 11, 306. tempora 1, 724. 3, 578. 9, 766. 769. distulit ira sitim, machte vergessen 6, 366. — 2) alqm. Jemd. am Leben erhalten, (für die Zukunft) aufsparen, 13, 519. in decimum annum 12, 76.

diffĭcĭlis, e, schwierig, beschwerlich: via 3, 227. causa 13, 190. janua, schwer wiederzufinden 8, 173. — 2) vom Charakter, schwer zu behandeln, unbeugsam, unerbittlich 9, 284.

dif-fīdo, sus sum, ĕre, kein Vertrauen haben, mißtrauen: monitis 1, 397.

dif-fŭgĭo, fūgi, fŭgĭtum, ĕre, auseinander fliehen 8, 298. 7, 257. diffugiunt stellae 2, 114.

dif-fundo, fūdi, fūsum, ĕre, ausgießen, ergießen: freta 1, 36. venenum 10, 24. dolorem, ausströmen lassen 9, 143. *pass.* diffundi, sich verbreiten 9, 162 (s. abeo). 9, 239. — 2) erheitern, aufheitern: animos 4, 766. vultus 14, 272. diffusus nectare 3, 318.

dī-gĕro, essi, estum, ĕre, trennen, sondern: Nilus in septem cornua digestus 9, 774. — 2) vertheilen: poenam digessit in omnes, bewirkte, daß sie auf

Alle vertheilt wurde, zog Allen zu 14, 469. volucres digerit in annos, d. i. deutete sie auf eben so viele Jahre 12, 21.
dīgestus, a, um, s. digero.
dĭgĭtus, i, m. Finger 1, 500. 9, 692 (s. premo). 13, 561. — 2) Fußzehe 2, 375. 6, 143. 8, 398. 14, 502. pedum 11, 71.
dignor, ātus sum, āri, für würdig erachten, würdigen: *alqm alqua re* 1, 194. 3, 521. 4, 326. 8, 568. alqm virum, ihr Gatte zu sein 8, 326. — 2) geziemend finden: alite verti 10, 158.
dī-gnosco, ōvi, ōtum, ĕre, unterscheiden 13, 835.
dignus, a, um, 1) v. Personen, (einer guten oder schlimmen Sache) werth, würdig: a) mit *abl.* 3, 254. 4, 109. 678. 8, 847. dignum esse, verdienen 5, 522. 8, 131. — b) mit *inf.* 1, 241. 2, 43 (s. nego). 4, 320. 7, 697. 8, 127. 10, 336. 14. 833. dignus erat, er wäre würdig 9, 478. 10, 633. 14, 30. — c) mit Relativsatz der Folge 10, 681. — d) absol. 14, 13. 810. 15, 601, copia digna procorum = copia dignorum procorum 10, 356. in domino dignosque Penates, dessen würdig, d. i. schuldig 1, 231 (a. Lesart: in domino dignos P., die ihres Herrn werth waren). — 2) v. Dingen, für Jemd. od. etwas angemessen, würdig 3, 421. 4, 693. 5, 345. 6, 182. 12, 401. poena, verdient 14, 777. facies, schön 6, 458. si dignum est credere, wenn es glaubwürdig ist 3, 311. digna relatu, Erzählenswerthes 4, 793. pudore, Schamwürdiges 13, 307.
dīgrĕdĭor, gressus sum, grĕdi (dis u. gradior), auseinandergehen, sich trennen 9, 42. — 2) von einem Orte weggehen, sich entfernen 10, 2.
dī-labor, psus sum, labi, auseinanderfallen, zerfallen 7, 550. corpus dilapsum per auras, zerrann, zerfloß 14, 825. ungula dilapsa in ungues, auseinandergehend, gespalten 1, 742.
dī-lăcĕro, āvi, ātum āre, zerreißen, zerfleischen: alqm 3, 250.
dī-lănĭo, āvi, ātum, āre, zerfleischen: membra 6, 645. vincula, zerreißen 10, 387.
dīlāto, āvi, ātum, āre (dis u. latus), breiter machen, erweitern: rictus 6, 378.
dīlātus, a, um, s. differo.
dīlĭgo, lexi, lectum, ĕre (dis u. lego), (auserkürend) lieben: *alqm.* 3, 472. 5, 395. 417. 10, 167. *part.* dilectus, a, um, geliebt, theuer 9, 308. ab aliquo 10, 107. alcui 8, 755. 10, 153.
dīlŭvĭum, i. n. (diluo), Ueberschwemmung, Wasserfluth 1, 434.
dīmĭdĭus, a, um, (dis u. medius), halb: luna 3, 682.

dī-mitto, mīsi, missum, ĕre, nach verschiedenen Richtungen ausschicken, entsenden: nimbos ex caelo 1, 261. imbres caelo 2, 310. flagella, ausstrecken 4, 367. aciem in omnes partes, nach allen Seiten hinblicken 3, 381; bildl. hinschweifen lassen: animum in alqd, seine Gedanken worauf richten 8, 188. — 2) (eine Menge) auseinandergehen lassen, entlassen: agmen 15, 692. — 3) aus den Händen lassen, loslassen: puppim 8, 148. Trojam captam, das schon so gut wie eroberte 13, 226. übrtr. fahren lassen, aufgeben: iter 2, 598. cursus 11, 446. curam 1, 209. 13, 217.
dī-mŏvĕo, mōvi, mōtum, ēre, auseinanderbewegen, auseinanderbringen, zertheilen: undas 4, 708. glebas aratro 5, 341. cinerem, durchstöbern 8, 641. — 2) trennend entfernen 11, 617.
Dindȳma, ōrum, n. ein der Cybele heiliger Berg Mysiens in Kleinasien 2, 223.
dī-nŭmĕro, āvi, ātum, āre, abzählen, (genau) berechnen: noctes 11, 574.
Dĭŏmēdēs, is, m. Sohn des ätolischen Königs Tydeus, Schwiegersohn und Nachfolger des Königs Adrastus in Argos, verwundete die Venus vor Troja, als sie ihrem Sohne Aeneas im Gefechte zu Hülfe kam (14, 477). Um sich zu rächen, verführte die Göttin die Gemahlin des Diomedes zur Untreue, weshalb er nach Apulien in Italien auswanderte, dort d. Königs Daunus Tochter heirathete und in dem ererbten Gebiete die Stadt Argos Hippium baute 13, 100. 242. 14, 157. = Dav. **Dĭŏmēdēus**, a, um, diomedisch, . . . des Diomedes 15, 806.
Dĭŏmēdēus, a, um, s. Diomedes.
Dircē, ēs, *f.* Quelle bei Theben in Böotien 2, 239.
directus, a, um, s. dirigo.
dīrĭgesco, s. derigesco.
dīrĭgo, rexi, rectum, ĕre (dis u. rego), 1) „gerade richten"; dah. *part.* **directus**, als Adject., in gerader Richtung laufend, gerade: tuba directi aeris = tuba directa ex aere facta 1, 98. per arcus directos, d. i. in gerader Bahn durch die Himmelszonen 2, 129. — 2) wohin richten: spicula 12, 606. hastam in alqm 8, 66. dentes ad inguina 8, 400. currum in hostem 12, 78.
dīrĭmo, ēmi, emptum, ĕre (dis u. emo), „aus einander nehmen, trennen"; dah. übrtr. (Streitiges) schlichten 1, 21. 5, 314.
dīrĭpĭo, rĭpŭi, reptum, ĕre (dis u. rapio), von einander reißen, zerreißen: membra 3, 721. — 2) (gewaltsam) abreißen: alcui cutem per artus 6, 387. vestem a pectore 9, 637. velamina ex humeris 6, 567. ramos arbore 11, 29. pellem le-

diruo — dissipo — 73

3, 51. direpta terga capri, Bocksschlauch 15, 304.

diruo, rŭi, rŭtum, ĕre, *niederreißen, zerstören*: urbem, 12,551. moenia 3,550. post diruta Pergama, nach Pergamums Zerstörung 13,520.

dirus, a, um, *grauenvoll, grausenhaft, entsetzlich*: bustum 13,452. dapes 6,663. caedes 3,625. crimen 2,589. tormenta 3,694. lues 7, 523. fames 8, 845. manus, verrucht 8,479. superbia, unbändig 3,354. omen, Unheil verkündend 5, 550. factum, Frevelthat, Greuelthat 6, 210. 533. 8,530. subst. dira, *plur. n.* Grauenvolles 10, 300. — 2) v. lebenden Wesen, *furchtbar, grausam* 2, 651. 5, 274. 8, 65. 14, 278.

dīs, ditis, *neutr.* dite, *reich* 2,759; mit *abl.* („an") 2, 77. mit *genit.*: agri, an Land 5, 129.

Dīs, Ditis, *m.* (verwandt mit divus), Beiname des Pluto als des Zeus der Unterwelt (infernus tyrannus 5, 508. rex silentum 5, 356. dominus [rex] umbrarum 7, 249. 10,16), welcher als Sohn der Rhea und des Saturnus (dah. Saturnius 5, 420) ein Bruder des Juppiter u. Neptunus war 4, 438. 511. 5, 384. 395. 15, 535.

discēdo, cessi, cessum, ĕre, *auseinandergehen, sich trennen* 13, 899. — 2) *fortgehen, sich entfernen*: templo 1, 381. procul hinc 9,509. discedens, scheidend 11, 687. 713. 15, 17.

dis-cerno, crēvi, crētum, ĕre, *absondern, trennen*: Nilus discretus in ostia 5, 324. mors discreta, gesondert 11, 699.

discidium, i. *n.* (v. discindo), *Trennung* 5, 530. mariti (von) 14, 79.

disco, didici, ĕre, *lernen, kennen lernen, erfahren*: alqd 14,118. 15,66. loqui 3. 358; mit abhäng. Fragesatze 4,287. 8, 492. 438. 14, 319. 384.

discordia, ae, *f. Uneinigkeit, Zwietracht*: fratrum 1, 60. mentis 9,630. 10, 445.

discors, dis (dis u. cor), *uneinig, zwistig, zwieträchtig*: venti 4,621. concordia 1, 433. semina 1,9. bella. 9, 403; dah. zu einander nicht passend, *verschiedenartig*: fetus, Zwittergeschöpf 8,133 (f. Pasiphaë).

discretus, a, um, f. discerno.

discrīmĕn, ĭnis, *n.* (discerno), *trennender Zwischenraum, Abstand* 8, 577. — 2) bildl. a) *Unterschied, Verschiedenheit* 10, 242. discr. habere (zeigen) 1, 291. facere 10, 517. parvo discrimine, beinahe 7,426. tenues parvi discriminis umbrae, wenig v. einander sich unterscheidende Schattirungen (d. h. mit sanften Uebergängen) 6, 62. — b) *Mittel zur Unterscheidung, Probe, Beweis* 1, 222, — c) der entscheidende und darum gefährliche Moment, *die Gefahr*: vitae 10, 612

dis-cumbo, cŭbŭi, cŭbĭtum, ĕre, (unter Mehreren) sich niederlegen (zu Tische) 12, 212. toris 8, 565. 12, 155.

dis-curro, cŭcurri u. curri, cursum, ĕre, *hier- und dahin laufen, sich zerstreuen*: per silvas 14, 419.

discus, i, *m.* Wurfscheibe, Discus 10, 177.

discŭtĭo, cussi, cussum, ĕre (dis u. quatio), *auseinanderschlagen, zerschmettern* 2, 625. 4, 519. 8, 762. *zerreißen*: tenebras 11, 522. nubem 15, 70.

dīsertus, a, um, *beredt* 13, 228. (in quae, zu welchem, wozu) 13, 383.

dīsĭcĭo, f. disjicio.

disjĭcĭo, jēci, jectum, ĕre (dis u. jacio), *auseinanderwerfen, zerstreuen, zertheilen*: capillos 11,386. nubila 1,328. nubes 10, 179. membra 3, 724 (f. truncus). — 2) *zerschmettern*: ossa 12, 252. vulnere disjectus 12, 366. *zertrümmern, zerstören*: moenia 12, 109. rotam 15, 523.

dis-jungo, nxi, nctum, ĕre, *losspannen*: juvencos 14, 648.

dispăr, ăris, *ungleich, verschieden* 1, 711. 8, 192. 9, 721. alcui 15,329. fistula, abfallend, abgestuft 2, 682.

dispenso, āvi, ātum, āre, *austheilen, vertheilen*: oscula per natos 6, 278.

dispergo, si, sum, ĕre (dis u. spargo), *ausstreuen, zerstreuen* 11, 36.

dispersus, a, um, f. dispergo.

displĭcĕo, ŭi, ĭtum, ēre (placeo), *mißfallen* 8,493. 9,527.

dis-pōno, pŏsŭi, pŏsĭtum, ĕre, *auseinanderlegen, ordnen*: gramina 14, 266. congeriem dispositam secuit, schied durch Vertheilung 1, 32. — 2) (hier u. da) *anbringen, anlegen*: haec 1, 673.

dis-saepio, psi, ptum, īre, (wie durch Umzäunung) *abgrenzen* 1, 69.

dissĭdĕo, sēdi, sessum, ēre (sedeo), „auseinandersitzen"; dah. bildl. *nicht übereinstimmen*: sententia dissidet 15, 648.

dissĭlĭo, sĭlŭi, īre (salio), *zerspringen* 5, 173. 12, 488. bersten 2, 260.

dissĭmĭlis, e, *unähnlich*: alcui 1,252. 7,170 (*sc.* pio animo Iasonis). sui, sich selbst nicht ähnlich 11, 273.

dissĭmŭlātŏr, ōris, *m.* Verhehler: amoris 5, 61.

dissĭmŭlo, āvi, ātum, āre, „unähnlich machen"; dah. *unkenntlich machen, verbergen* 2, 374. 13, 163. se, eine andere Gestalt annehmen 2, 731. — 2) *verheimlichen, verbergen*: gaudia 6, 653.

dissĭpo, āvi, ātum, āre, *zertheilen* 4, 241. venenum, verbreiten 2, 801. latrantes, auseinanderwerfen 8, 344.

dissŏcĭātus, a, um (*part. v.* dissocio), getrennt, abgesondert 1, 25.
distans, ntis, f. disto.
dis-snādĕo, si, sum, ēre, widerrathen, wovon abrathen 1, 619. 2, 53. alcui bellum 12, 307.
dis-tendo, di, tum, ĕre, ausspannen, ausstrecken: bracchia 4, 491. alqm 4, 458. ausdehnen: visceribus distentae matris, d. i. im gespannten Leibe der Mutter 15, 219. uber distentum, strotzend 13, 826.
dis-tinguo, nxi, nctum, ĕre, „durch Punkte begrenzen"; dah. 1) absondern, abtheilen: onus inclusum 1, 47. — 2) auszeichnen, ausschmücken, (bunt) verzieren 3, 665. 5, 266. 11, 167. certamina brevibus distincta sigillis, bunt durch kleine Bildchen, d. i. mit bunten kleinen Bildchen 6, 86. distinctus frontem ab albo, an der Stirn mit Weiß (mit einer Bläfse) gezeichnet 3, 221.
dī-sto, āre, 1) von einander abstehen, entfernt sein: metā („von") 3, 145. terrā idem (eben so weit) 3, 152. spatio 8, 248. 1, 175. 14, 244. *part.* distans, abstehend, entfernt: spatio distante, in der Entfernung 11, 715. ripae loco distantes, weit aus einander stehende Ufer 2, 241. subst. distantia, Entferntes 5, 54; insbes. durch Verwandtschaftsgrade entfernt sein: totidem gradus ab alquo 13, 143. — 2) sich unterscheiden, verschieden sein 6, 67. ab alquo 6, 200. 273. mit *abl.* 7, 439.
di-stringo, nxi, nctum, ĕre, auseinanderziehen: corpus, aufschlitzen 8, 382. pectus 10, 526.
dītis, f. dis.
dītio, f. dicio.
dītissĭmus, a, um, f. dis.
dĭū, *adv.* lange Zeit, lange 1, 70. 3, 549.
dĭurnus, a, um, bei Tage, . . des Tages: curae 8, 83. ministeria 4, 215. ignes, Tagesgluthen 7, 192. currus, Sonnenwagen 4, 630.
dīus, a, um (= dīvus), göttlich: profundum 4, 537.
dĭūturnus, a, um, von langer Dauer, lange lebend: diuturnior 3, 472.
dīva, f. divus.
dī-vello, velli (u. vulsi), vulsum, ĕre, (gewaltsam) zerreißen 4, 112. 8, 877. 11, 38. 13, 865. undam remis, theilen 8, 139. — 2) losreißen: ramum trunco 14, 115.
dĭversus, a, um, „von einander gewendet", dah. 1) nach entgegengesetzter Richtung (hingewandt), entgegengesetzt: sedes 4, 78. vallis 5, 164. diverso petere, d. entgegengesetzte Richtung verfolgen 2, 730. 3, 649. tela diversorum operum, v. entgegengesetzten Wirkungen 1,

469. — 2) nach verschiedenen Richtungen (gewandt), getrennt, verschieden 1, 59. diversus locis, der Oertlichkeit nach verschieden, d. i. an verschiedenen Orten 1, 40. 173. 4, 406. 11, 50. diversis partibus 6, 53. in partes diversas, nach beiden Seiten 5, 419. 11, 262; dah. unterschieden, verschieden, ungleich: formae 1, 416. facies 2, 14. colores 6, 65. forma diversa priori, unähnlich 9, 321. poena diversa (*sc.* a prius constituta) 1, 260. diversa sonare, verschiedenartig 10, 146. nomina diversa trahunt, ziehen nach verschiedenen Seiten 8, 464. — 3) in verschiedenem Lande befindlich, entlegen, entfernt 1, 665. 2, 323. 15, 23.
dī-vertor, versus sum, verti, sich wohin wenden: ad artes, seine Zuflucht nehmen 9, 62.
dīvĕs, ĭtis, reich: a) v. Personen, mit *genit.*: agri 5, 129. mit *ablat.*: formā 6, 452. bubus, bereichert 15, 12. dives magno paratu, reich geschmückt 6, 451. — b) v. sachl. Gegenst.: mundus 2, 95. regia 4, 468. usus 13, 654. humus, ergiebig 1, 137. tellus amomo, fruchtbar an 10, 307. Achaja, mächtig 3, 268. cultus, prächtig 5, 49.
dīvĭdo, visi, visum, ĕre, theilen: annum 5, 565. arma 13, 102.
dīvĭdŭus, a, um, getheilt 3, 682.
dīvīno, āvi, ātum, āre, voraussehen, ahnen 11, 694.
dīvīnus, a, um, göttlich 1, 78. 2, 633. 6, 158. 14, 605.
dīvĭtĭae, arum, *f.* Reichthum, Schätze 15, 81 (f. que). 425.
dīvulsus, a, um, f. divello.
dīvus, a, um, von göttlicher Natur, göttlich 11, 218. 15, 842; subst. diva, ae, *f.* Göttin 1, 623. grata cognomine divae meae, wegen des Beinamens (f. Ortygius) 5, 640. divi, Götter 3, 282. 6, 526. *genit.* divum 6, 542. 8, 739. 12, 561. 14, 807.
do, dedi, datum, dāre, geben: munus 13, 650. oscula 1, 556. vitam 6, 357. poenas, Strafe zahlen, büßen 1, 242. 6, 544. poenas alcui, v. Jemd. gestraft werden 2, 608. 9, 579. nempe dedi (eum) qui ... ich doch wohl habe euch den verschafft 13, 178; subst. *part.* datum, i, *n.* Gabe, Geschenk 6, 433; insbes. a) übergeben, anvertrauen: pomaria servanda, zur Bewachung 4, 647. arcus ferre (= ferendos) 5, 619. summam, übertragen 5, 337. — b) hingeben, überlassen: lintea ob. vela (ventis), die Segel spannen, absegeln, segeln 1, 132. 3, 639 (carinae, ist *genit.*). 7, 40. 8, 175. 13, 401. 14, 437. 15, 177. terga fugae, d. Rücken zur Flucht

wenden 5, 322. 12, 313. terga dare, fliehen 7, 73. 13, 224. 14, 143. frena, schießen lassen 6, 231; hingeben, Preis geben: cruorem 12, 30. 13, 482. 14, 530. 15, 423. exitio alqm 13, 259. leto ob. neci dare alqm, Jemd. den Tod geben, ihn tödten 1, 670. 3, 120. 12, 73. 15, 110 (s. quam). pectus, darbieten 13, 693. alcui dari, Jemd. in die Hände gerathen, in Jemds. Gewalt gegeben werden 14, 331. det mihi se, er stelle sich mir, komme in mein Bereich (aufs Meer) 12, 594. — c) geben, weihen, widmen: tura 3, 733. serta 10, 433. lacrimas (alcui) 2, 341. 11, 720. noctem somnis 7, 663. 12, 579. tempora alcui 13, 302. corpora somno, hingeben 6, 489. pars data est mensis, wurde zur Mahlzeit verwendet 12, 154. — d) geben, d. i. zu sehen geben, sehen lassen: notam 7, 619. signa 1, 220. 7, 725. documenta 1, 415. (cur non) dat, quod turba sequatur, warum giebt er nicht ein Beispiel 13, 221. dare se alcui, sich Jemd. zeigen 3, 295. — e) geben, d. i. zu hören geben, hören lassen: sortem 1, 381. 4, 643. responsa 3, 340. omina 15, 791. signum (Signal) 1, 335. 3, 705. voces, sprechen 9, 584. ertönen lassen, erschallen lassen: balatus 7, 540. sonitum 3, 37. sonum 7, 629. sibila, zischen 4, 494. fragorem, krachen 8, 341. gemitus, Seufzer ausstoßen, seufzen 6, 565. 10, 509. murmura parva, leise murmeln 2, 788. — f) beigeben, beigesellen: alquem comitem 2, 588. se comitem alcui 5, 251. — g) gewähren, vergönnen, gestatten: tempus, Zeit lassen 5, 169. tantum odiis, so weit nachgeben 4, 448. hoc actis datur (*sc.* a vobis), wird gezollt 9, 247. mora dabatur, war mir gestattet 10, 643. si verbis audacia datur, wenn der kühne Ausdruck gestattet ist 1, 175; dichter. mit *inf.* 1, 307. 486. 3, 338. 6, 444. 7, 692. 8, 351. 11, 177. 12, 558. 596. 14, 696. 844. vobis dabitur immunibus esse mali, verschont zu bleiben von 8, 691. — h) wohin geben, thun, legen: alqm in oras 13, 530. in rogos 7, 608. tumulo 3, 679. bracchia ad funes, ausstrecken 3, 679. capillos retro, rückwärts wehen 1, 529. colla retro, zurückbeugen 3, 88. se in pontum, sich stürzen 11, 784. animum in luctus, versenken 2, 384. in medium dare (s. medius) 15, 66. — i) machen, verursachen: bella 7, 212. motus 5, 629. saltus 2, 165. 3, 683. iter, Bahn machen 4, 242. 15, 441. flammas, hell auflodern 2, 811. monimenta, stiften 5, 227. ignes (amorem), einflößen 10, 641. 1, 453. vulnus, beibringen, versetzen 1, 458. 3, 84. 13, 693. messes, erarbeiten 15, 126 (de-

derat *sc.* bos). dat posse moveri, giebt ihnen die Eigenschaft sich zu bewegen 11, 177. dedit quod, bewirkte daß 14, 174. da ne sim femina 12, 202. 206. (dederitis mit langer Penultima 6, 357.)

dŏcĕo, cŭi, ctum, ēre, lehren, unterweisen: alqm 4, 428. 6, 23. 8, 241. alqd 15, 483; mit *abhäng.* Fragsatze 15, 238. alqm alqd, Jemd. über etwas belehren 15, 68; *part.* doctus als Adject. a) gelehrt, kundig 3, 322. 15, 74. doctae sorores (= Musae), weise 5, 255. — b) kunstgeübt, geschickt 3, 168. figere 5, 55. bracchia 6, 60. pollex 11, 169. kunstreich: cantus 5, 662. artes (Mittel) 9, 743. Sirenes, gesangskundig 5, 555. — 2) Aufschluß geben, darlegen, zu wissen thun 1, 210. 8, 575. 10, 651. 13, 686. 15, 172.

doctus, a, um, s. doceo.

dŏcŭmentum, i, *n.* Beispiel, Beweis 1, 415; insbes. warnendes Beispiel 3, 579.

Dōdōnaeus, a, um, dodonäisch, d. i. von Dodona, Stadt in Epirus, d. ältesten Orakelstätte des Zeus, woselbst eine heilige Eiche stand, welcher die Sage weissagende Rede verlieh 7, 623.

Dōdōnĭs, idis, *f.* dodonäisch (s. Dodonaeus): terra, d. i. Dodona: acc. Dodonida 13, 716.

dŏlentĭus, s. doleo.

dŏlĕo, ŭi, ēre, (körperlich) Schmerz empfinden, leiden 9, 305. 10, 510. — 2) geistig: a) Schmerz empfinden, sich betrüben, sich grämen 1, 360 (s. consolor). 10, 133. 11, 425. causa dolendi, des Schmerzes 11, 345 (verb. aliis fit causa dolendi); mit *abl.* (worüber) 14, 242. de pelice 7, 831; mit *acc.* eines *pronom.* 7, 720. 10, 393. 413; mit quod ("darüber daß") 8, 45; mit *acc. c. inf.* 2, 352. 8, 44. 10, 390. 12, 582; *part.* dolens, trauernd, Leid tragend 10, 142 (s. assum). 15, 495, als Adject., schmerzend, schmerzlich: nil dolentius illo (= quam illud) 4, 246. — b) erbittert sein, sich gekränkt fühlen, zürnen 1, 757. 3, 334. 10, 82. successu 6, 130. contemptu 10, 684. quod 5, 24. Semelen gravidam esse 3, 260. causa dolendi, der Erbitterung 2, 614 (s. que). si quis deo doliturus erit, wenn Jemd. Anstoß nehmen wird an ihm als Gott, d. i. an seiner Aufnahme unter die Götter 9, 257. dolens, zürnend, erbittert 2, 399. 11, 68. 13, 330.

Dŏlōn, ōnis, *m.* ein Trojaner, welcher für das Versprechen, die Pferde des Achilles zu erhalten (13, 253), in der Nacht das Lager der Griechen auskundschaften wollte, dabei aber auf Ulysses u. Diomedes stieß und von ihnen getödtet wurde: *acc.* Dolona 13, 98. 244.

Dŏlŏpes, um, *m.* ein Volk im südwestl. Thessalien 12, 364.

dŏlŏr, ōris, *m.* körperl. Schmerz 1, 509. 6, 245. — 2) geistig: a) Schmerz, Betrübniß, Gram, Herzeleid 4, 419. animi 10, 75. dolori esse, zum Schmerze gereichen 1, 246. mit *genit. objecti* („wegen, über") 3, 395. 7, 688. praeteriti Atridae, darüber daß der Atride mit Stillschweigen übergangen worden sei 12, 537. Kränkung 4, 426. 6, 210. *plur.* Leiden 2, 486. 778. — b) Erbitterung, Zorn 9, 151. — c) meton. Ursache des Schmerzes 10, 198. 13, 494.

dŏlōsus, a, um, betrügerisch, trugvoll 14, 92. 15, 473.

dŏlus, i, *m.* List, Betrug 1, 130. 7, 297. anima sine dolis, ohne Arglist 15, 120.

dŏmābĭlis, e (v. domo) bezähmbar, bezwingbar 9, 253.

dŏmestĭcus, a, um, zum Hause, zur Familie gehörig: luctus, eigene Trauer 13, 578. Phoebus, als Hausgott verehrt (weil ihm Augustus auf dem Palatium, wo er selbst wohnte, einen Tempel gebaut hatte) 15, 865. — 2) (von Haus aus) eigen, eigenthümlich: ira 6, 686.

dŏmĭna, ae, *f.* Herrin 4, 5. 6, 579. 9, 312. me sub domina est, ist mir unterthan 6, 178. rerum, Gebieterin der Welt 15, 447; als Schmeichelwort: Herrin = Geliebte 13, 837. — 2) Besitzerin, Eignerin, insbes. die Person in Rücksicht der Glieder ihres Körpers 6, 560. 9, 665. saxum sub imagine dominae, eine Statue, die das Ebenbild der Person trägt 14, 759.

dŏmĭnor, atus sum, āri, herrschen: in alqm, über Jemd. 1, 77. pestis dominatur in moenibus 7, 553.

dŏmĭnus, i, *m.* 1) Herr 8, 635; dah. Gebieter, Herrscher: aquarum 9, 17. umbrarum = Pluto 10, 16. fugerat dominos, den Tyrannen Polycrates u. dessen Bruder Syloson 15, 61; als Schmeichelwort: Gebieter = Geliebter 9, 466. — 2) Besitzer, Eigner 1, 231. 8, 699. 9, 196. 13, 2. 389. 402. 939. Meister 1, 524. 13, 138; insbes. die Person als Besitzer ihrer Gliedmaßen 3, 503. 11, 149.

domo, ŭi, ĭtum, āre, zähmen, bändigen: leonem 7. 374. equos 2, 399. poet. dentem 10, 704. — b) bewältigen, überwinden, bezwingen: serpentem 9, 74. monstrum 8, 171. alqm 9, 98. 183. 15, 752. terras 15, 877. illos jejunia domant, reibt auf 1, 312. poet. partem undis ferventibus, zwingen, d. i. weich kochen 8, 650.

dŏmŭs, ūs, u. (als Locativ) i, *f.* Haus 3, 204 (f. et). 6, 638. domum, nach Hause 10, 442. 12, 354. domo, im Hause 11, 438. domo egredi 4, 484. 6, 590 — 2) jeder Aufenthaltsort, Behausung, Wohnung 1, 171. 4, 779. 5, 261. 8, 158. ventorum 3, 596. Elysiae 14, 111. ultima, der Hades 10, 34. *plur.* für *sing.* 8, 822. 15, 687. v. Körper als Wohnsitz der Seele 15, 159. 458; v. den Quellen der Flüsse 1, 279. — 3) meton. a) Vaterland, Heimath 3, 637. 7, 390. 9, 409. 9, 409. 11, 269. 14, 169. 15, 707. in domum, nach der Gegend der Heimath 11, 547. res domi gestae, in der Heimath 15, 748. acta bellique domique, daheim u. im Kriege 12, 185. — b) Familie, Haus 3, 257. 4, 546. 570. 737. domo parva ortus, aus niederem Geschlechte 6, 13.

dōnĕc, *conj.* 1) so lange als 8, 712. — 2) so lange bis, bis daß: mit *indicat.* 1, 624. 3, 90. 4, 51. 601. 76 189. 8, 299. 9, 411. 11, 249. 13, 37. 14, 259; mit *conjunct.* 11, 139. 15, 442.

dōno, āvi, ātum, āre, schenken: (alcui) alqd 1, 622. 11, 114; (Jemd. zu Liebe) etwas aufopfern 9, 296. ora patris (das Haupt) 8, 116.

dōnum, i, *n.* Gabe, Geschenk 7, 720. 14, 134. privignae (f. Hebe) 9, 416. se dare parva dona, sich selbst als zu kleines Geschenk 7, 754; insbes. Opfergabe, Weihgeschenk 2, 77. 7, 159. 8, 445. 9, 794. 12, 245.

Dorceus, ĕi, *m.* (v. δόρξ, Reh; also „Rehfänger"), Name eines Hundes 3, 210.

Dōris, ĭdis, *f.* Tochter des Oceanus u. der Tethys, Gemahlin des Nereus, Mutter der Nereïden 13, 742. *acc.* Dorida 2, 11. 269.

dorsum, i, *n.* der Rücken der Menschen und Thiere 2, 874.

Dŏrўlas, ae, *m.* 1) ein Nasamone 5, 129. — 2) ein Centaur 12, 380.

dōs, dōtis, *f.* Gabe 5, 15. 10, 646; insbes. a) Mitgabe bei der Heirath, Mitgift 8, 53. conjugii, Preis der Verbindung 14, 298. — b) was die Natur bei der Geburt ertheilt, Gabe, Talent: formae 9, 717. oris 5, 562. corporis, Schönheit 5, 583. *plur.* Vorzüge 4, 702.

dōtālis, e, zur Mitgift gehörig: arva 14, 459; regna 14, 569; als Mitgift (= in dotem) 4, 705. 8, 68.

dōto, āvi, ātum, āre, aussteuern, ausstatten: funeribus, mit Leichengepränge 13, 523; *part.* dotatus als Adject., von der Natur reich ausgestattet: dotatissimus forma 11, 301.

drăco, ōnis, *m.* (größere unschädliche) Schlange, Drache 4, 599. 603. 715. 7, 218. 234 (f. que). 8, 795; vorzugsw. als Wächter von Schätzen 2, 561. 4, 647. 7, 31. 36. 149. 9, 190.

Drŏmăs, ădis, *f.* (δρομάς, „Läuferin"), ein Hund des Actäon 3, 217.

drўăs, ădis, *f.* Walbnymphe (vergl. hamadryas) 2, 507. 8, 746. 777. 11, 49. *acc. plur.* dryadăs 6, 453. 14, 326.

Drўăs, antis, *m.* 1) ein Lapithe 12, 311. *acc.* Dryantă 12, 290. *voc.* Dryă 12, 296. — 2) ein Theilnehmer der calydonischen Jagd 8, 307.

Drўŏpē, ēs, *f.* Tochter des Eurytus, Königs von Oechalia, Schwester der Jole Gemahlin des Andrämon, wird in den Lotosbaum verwandelt 9, 331. 364.

dŭbĭē, *adv.* zweifelhaft 10, 287. non, ohne Bedenken 7, 508.

***dŭbĭtābĭlis**, e, woran gezweifelt wird, zweifelhaft 1, 223. 13, 21.

dŭbĭto, āvi, ātum, āre, im Urtheile hin und her schwanken, ungewiß sein, zweifeln 2, 44 (quoque = et ut eo). 101. 4, 133. 13, 940. mit abhäng. Frage 3, 612. 7, 677. 10, 27 (f. an). 11, 740; hoc, bezweifeln 6, 194. dubitor an, man zweifelt ob ich 6, 208. parens dubitatus 2, 20. — 2) im Entschlusse schwanken, Bedenken tragen, unentschlossen sein, zaudern 2, 461. 3, 206. 4, 704. 5, 335. 7, 307; mit *inf.* 9, 698. 13, 7. 169; mit abhäng. Frage 10, 235. 610. 6, 619. 15, 540. dubito an, ob nicht 10, 676. 697. dubitare facere, unschlüssig machen 10, 357. (eam) dubitare coegi, ich brachte sie zum Wanken 7, 740.

dŭbĭus, a, um, (v. duo), „nach zwei Seiten hin schwankend", dah. 1) vom Urtheile, zweifelnd, unsicher: mens 9, 473. salutis („an") 15, 438. — 2) vom Entschlusse, unschlüssig, unentschlossen: mens 9, 517. mit indir. Frage 4, 44. 5, 167. 8, 441. volat Victoria dubiis pennis 8, 13. affectus, schwankend 8, 473. — 3) *pass.* zweifelhaft, unentschieden, unbestimmt: auctor 12, 61. geniter, nicht sicher bekannt 5, 145. lanugo, kaum sichtbar 9, 398. 13, 754. nox, dämmernd 4, 401. lux, Zwielicht, Morgendämmerung 11, 596. dubium (est), es ist zweifelhaft 6, 678. 10, 659. 11, 717; *subst.* dubium, i, *n.* Zweifel 4, 545 (et ratae non dubium esse de morte Inus). in dubio est, es ist zweifelhaft, ungewiß 1, 396. 8, 45. 10, 374. 12, 522.

dūco, xi, ctum, ĕre, 1) führen, leiten: alqm domum 7, 496. pecudes 13, 781. per litora 3, 607. ad dominam 14, 261. via ducit ad saxa 4, 433. 437. wegführen: quadrupedes praesepibus 2, 121. alqm, mit sich nehmen 11, 697. somnos, herbeiführen 2, 735. rerum ordine duci, sich leiten lassen 13, 161. Titan tempora duxerat per quinque auctumnos, d. i. hatte seinen Lauf gemacht 6, 439; insbef. a) (als Erster) anführen: funera 14, 746; dah. aufführen: choreas 8, 581. 746. 14, 520. pompam 13, 699. — b) als Gattin heimführen, Eine heirathen 2, 525. 9, 498. 763. 10, 680. 12, 210. — 2) ziehen: pondus aratri 7, 119. navem per undas 15, 732; insbes. a) der Länge nach ziehen, ausziehen: stamina 4, 221. fila, spinnen 14, 265. lanas, krämpeln 4, 34. subtemen inter stamina, ausspannen 6, 57. orbem, beschreiben 8, 249. literam, zeichnen 1, 649. arcum tophis, spannen, bilden 3, 160. rimam, bekommen 4, 65. flamma apicem ducit, zieht sich gespitzt 10, 279. littera ducta est, steht geschrieben 10, 216. vitam longius, verlängern 11, 702. — b) „herziehen"; dah. bildl. herleiten, ableiten: genus ab alquo 6, 427. principium 13, 706. primordia ex aliis 15, 391. ortum a loco 5, 494. ductus ab alquo, herstammend von 3, 257. 9, 264. — c) an sich ziehen, anziehen: frena 15, 518. remos, führen 1, 294. alterna bracchia, mit wechselnden Armen schwimmen 4, 353; dah. aa) annehmen, bekommen: colorem 3, 485. pallorem 8, 760. formam 1, 402. — bb) mit sich fortziehen, an sich ziehen, anlocken: animos ferarum 11, 2. imagine duci 8. 123. — d) in sich ziehen, einziehen: anhelitum, holen 7, 555 (f. ignis). einathmen: auras 12, 517. frigus 10, 129. ubera, saugen 9, 358. — e) herausziehen: retia 13, 922. stamina 4, 221. pisces 3, 587. 13, 922 suspiria (a) pectore, ausstoßen 1, 656. 10, 402. — f) verziehen: vultum deae ad fastidia, zum Ekel verziehen 2, 774 (a. Lesart: vultumque ima ad suspiria duxit). — g) „die Summe ziehen, berechnen"; dah. allg. für etwas erachten, für etwas halten: vires ducite vestras, für die eurigen 7, 509.

ductŏr, ōris, *m.* Führer, Anführer: classis 12, 574.

dūdŭm, *adv.* seit einiger Zeit, ohnlängst: jam dudum: a) schon seit einiger Zeit, schon lange 3, 656. 7, 677. 772. 8, 74. 867. 9, 27. — b) ungesäumt, sofort 2, 843. 4, 405. 11, 482. 13, 457.

dulcēdo, ĭnis, *f.* süßer Geschmack, Süßigkeit 14, 275. Lieblichkeit: sanguinis 11, 402. Wohllaut 1, 709. 5, 308. 11, 170.

dulcis, e, süß: nectar 14, 606; *subst.* dulce, is, *n.* süßes Getränk 5, 450. — 2) süß, lieblich, angenehm: dulcior uvā 13, 795. os 12, 577. novitas 4, 284. furta 9, 558. anni 7, 752. onus, theuer 9, 339.

Dŭlĭchĭus, a, um, zur Insel Dulichium bei Ithaka im ionischen Meere gehörig, dulichisch 13, 711. dux = Ulysses 14, 226. manus (vertex) des Dulichiers, d. i. des Ulysses 13, 425. 107.

dŭm, *conj.* 1) von der Gleichzeitigkeit

zweier Handlungen: a) indem, während 1, 592. 677. 2, 111. 3, 206. 4, 37. 5, 201; mit *indicat.* in der oratio obliqua 4, 776. 784. — b) so lange als 1, 314. 2, 89. 6, 684. 715. 7, 525. 8, 609. 883. 10, 310. dum licet 2, 357. 7, 71. — 2) v. d. stetigen Aufeinanderfolge, so lange bis, bis daß: mit *conjunct.* 2, 862. 4, 629. 8, 558. 9, 94. 13, 440; mit *indicat.* 3, 91. 7, 739. — 3) (= dummodo, wofern nur, wenn nur, mit *conjunct.* 10, 310. 342. dumne, wenn nur nicht 10, 318.

dummŏdo, *conj.* v. einer Bedingung in Form eines Wunsches, wenn nur, wofern nur, mit *conjunct.* 5, 521. 8, 510. 9, 30. 479. 14, 590. dummodo . . . non 13, 151.

dūmōsus, a, um, mit Gestrüpp bewachsen 15, 535.

dūmus, i, *m.* Gestrüpp 12, 356.

dŭŏ, ae, o, zwei 1, 316. duo sunt, ist zweierlei 9, 675. — 2) die zwei, beide 5, 441. 7, 696. 800. 9, 780. 15, 115.

dŭŏdēni, ae, a, je zwölf 13, 618.

dŭplex, ĭcis, doppelt 12, 268. 503. proles, beide Söhne 7, 864. et forma duplex, und doch (sind sie) eine Zweigestalt 4, 378.

dŭplĭco, āvi, ātum, āre, verdoppeln: duplicata noctis imago est 11, 550. — 2) zusammenkrümmen: *pass.* (sich) 6, 293.

dūresco, dūrŭi, ĕre, hart werden, sich verhärten 2, 831. 8, 608. 15, 417.

dūrĭtĭa, ae, *f.* Härte 3, 64. 4, 751.

dūrĭtĭēs, ēi, *f.* Härte 1, 401.

dūro, āvi, ātum, āre, hart machen, härten 3, 675. 4, 559. 577. 10, 494. in scopulos, zu Klippen 7, 446. lac, gerinnen machen 13, 830. — 2) *intr.* „hart sein"; dah. fortdauernd bestehen, dauern 10, 218 (s. aevum). 15, 259. ausdauern: in decimum annum 13, 666.

dūrus, a, um, hart 1, 20. ferrum 3, 83. tellus 10, 184. arva 11, 33. litus, fest 2, 576. nexus, lastend, fest 9, 58. cutis, ausgetrocknet 8, 803. praecordia, hartgespannt (mit harter Haut) 7, 559. palatum, versteinert 6, 306. mons, rauh 14, 557; bildl. a) abgehärtet: juvenci 3, 584. genus 1, 414. messor 14, 643. ego dura, ich Starke 9, 545. — b) roh, frech: os 5, 451. — c) hartherzig, unempfindlich, grausam 5, 244. 13, 799. 14, 376. 587. 704. 712. pectus 14, 693. 758. mens 9, 608. streng 9, 556. unversöhnlich 13, 329. vultus, unfreundlich 9, 260. — d) v. Dingen, hart, drückend, mühselig: jussa 7, 14. bellum 13, 296. venatus 4, 307. ministeria 11, 624. schrecklich, hart: sortes 13, 184. fors 10, 619.

dux, dŭcis, *c.* Führer, Führerin: hac duce, unter ihrer Führung 3, 12. me duce, von mir geleitet 8, 208. 14, 112. ducibus Camenis, unter Leitung der C. 15, 482. gregis, Widder 5, 327. 7, 311. armenti, Stier 8, 882. — 2) Heerführer, Feldherr 1, 560. 8, 23. Romanus, d. i. M. Antonius 15, 826.

Dȳmantĭs, s. Dymas.

Dȳmās, ntis, *m.* ein phrygischer Fürst, Vater der Hecuba 11, 761. - Dav. **Dȳmantĭs**, ĭdis, *f.* Tochter des Dymas, Dymantide, d. i. Hecuba: *acc.* Dymantida 13, 620.

E.

ē, *praep.* s. ex.

ĕādem, *adv.* (eigentl. *ablat.*, erg. parte), ebenda 5, 290.

ĕbĕnus, i, *f.* Ebenholz; meton. Gestell aus Ebenholz 11, 610.

ē-bĭbo, bĭbi, ĕre, austrinken: amnes 8, 836. ubera 6, 342.

ĕbrĭĕtās, ātis, *f.* Trunkenheit, Rausch 12, 221.

ĕbrĭus, a, um, berauscht, trunken 4, 26 (s. Silenus).

ĕbŭr, ŏris, *n.* Elfenbein 2, 737. 6, 405. 10, 248; meton. Bildwerke aus Elfenbein 2, 3. 15, 792. Degenscheide 4, 148.

ĕburnĕus, a, um, elfenbeinern 4, 354. (s. signum). 8, 320. 10, 275. — 2) weiß wie Elfenbein: colla 3, 422. 4, 335. terga 10, 592.

ĕburnus, a, um, elfenbeinern 1, 178. 4, 185. 7, 103. 422. 10, 276.

eccĕ, *adv.* siehe, siehe da, da! 11, 693. 12, 520. 13, 692. aspice ecce 2, 93; besonders um auf etwas Unerwartetes, Wunderbares hinzuweisen 2, 496. 3, 101. 4, 96. 706. 7, 104. 279. 14, 530.

Echetlus, i, *m.* ein Centaur 12, 450.

echĭdna, ae, *f.* Otter, Viper, als Attribut der Furien 10, 313. Lernaea, die vielköpfige lernäische Schlange, welche Hercules tödtete. Da er jedesmal an der Stelle eines abgehauenen Kopfes 2 bis 3 neue hervorwachsen sah, so brannte er jede Wunde mit einem Feuerbrande aus. In ihr giftiges Blut tauchte er seine Pfeile 9, 69. 158. — 2) *nom. pr.*, ein Ungeheuer, halb Jungfrau, halb Schlange, Mutter der lernäischen Schlange, der Sphinx und des nen, hauste in einer Höhle. - Dav. **Echidnēus**, a, : canis, d. i. Cerberus 7,

a, um, f. echidna.

um, f. (von ἐχῖνος, „Igel") ein an der Westküste Grieer Mündung des Achelous: s 8, 588.

is, m. (v. ἔχις, „Natter", nsohn") 1) einer der aus nen des Cadmus erwachsGemahl der Agave, Vater 3, 126. 10, 686. Echione eus 3,526. - Dav. **Echīō**-Sohn des Echion, Echiotheus 3, 513. 701. — 2) Mercur, Theilnehmer an en Jagd und am Argo311. - Dav. **Echīonīus**, ch, ... des Echion 8, 345. , f. Echion.

a, um, f. Echion.

, eine Nymphe, welche für waten mit dem Verluste straft wurde, so daß ihr all vergönnt blieb 3,359. 3 verschmäht, schwand sie n und wurde zuletzt in :lt, aber der Nachhall blieb. uid, *pronom. interrog.* mit iffe des Zweifels: **wohl Je**142. 444. ecquid als bloße **vohl?** 8,133. mit Erwarung 12,588.

(v. edo), **gefräßig, ver**end: ignis 9, 202. 14, 541. '2. tempus edax rerum, 15, 234.

lo, essen; **ēdens**, f. **ē-do**,

dīci, ĕre, **erlernen, kennen** :, 639. 7, 99. edidici, ich l3, 246.

f. **ēdo**.

sum, ĕdere u. esse, **essen**, 8. 8,842. 14,194. ardor inger 8, 828.

dĭtum, ĕre, „**herausgeben**, ; 1) mit der Stimme, **aus**3, 238 (f. etsi). questus s 2, 623. mugitus 1,637. . hinnitus 2,669. vagitus ur (Grunzen) 14,280. sot, erschallte 8, 770. — 2) , **aussprechen, sagen**: verba 5, 703. haec 12, 577. 14, a, ich vermag nicht zu sa= geben, verkündigen, erzäh=

len: nomen 3,580. 9,531. ortus 2,43. fata 11, 668. notam 1, 761; mit *acc. c. inf*. 9, 225. 11, 362; mit abhäng. Frage 3, 635. 11, 350. 13, 757. anzeigen: auctorem 8,449; subst. *part*. editum, i, n. Auftrag, Befehl 11, 647. — 3) **hervorbringen, erzeugen, gebären** 1,436. 6,81. 336. 10, 298 (hac = in hac insula). 15, 221. partu 4, 210. 13, 487. partu alcjus, edi, von Einer geboren werden 5, 517. 9, 678. editus, a, um, entstanden, geboren 7, 130. (simul = cum ipsis viris). 7,393. edita alquo, Jembd. Tochter 5,48.

ēdŏcĕo, cŭi, ctum, ēre, (genau) **belehren**: alqm 15, 559. alqd, über etwas genaue Auskunft geben 4, 769.

Ēdōnĭs, ĭdis, *f*. zu den Edonen, einer Völkerschaft im südöstl. Thracien, gehörig, **edonisch**, d. i. thracisch: *acc. plur*. Edonĭdās 11, 69.

ēdūco, āvi, ātum, āre, (ein Kind) **großziehen, erziehen** 3,314. ernähren 8, 830. 15, 97.

ē-dūco, xi, ctum, ĕre, **herausziehen**: ferrum 6, 252 (eductum *sc.* est). 12, 278. telum 12, 422. 13, 393. signa, emporziehen (f. aulaeum) 3, 113. pinum navalibus, von der Werfte ziehen 11, 455. — 2) **heraufführen**: alqm 5, 533. ad auras 5, 641.

Ēĕtīōnēus, a, um, dem Eetion, König von Theben in Cilicien, Vater der Andromache, gehörig, **eetionisch** 12,110.

effectūs, ūs, *m*. **Wirkung** 15, 329.

effĕro, extŭli, ēlātum, efferre, 1) **heraustragen, herausbringen**: jubar 7, 663. caput antro, heraus strecken 3, 37. sub auras, ans Licht bringen, austragen 11, 184. insbes. **zu Grabe tragen**: per funera septem efferor, der Tod der Sieben stürzt mich ins Grab 6, 283. — 2) **emporheben, erheben**: funale 12, 248. ora 4, 450. 5, 180. caput 10, 419. 14, 31. (undis) 5, 487.

ef-fervesco, vi, ĕre, **emporbrausen, aufswimmeln** 1, 71.

effētus, a, um, „**durch vieles Gebären geschwächt**"; dah. übertr. **entkräftet, geschwächt** 7,252. annis 7,312.

effĭcĭo, ēci, ectum, ĕre (ex u. facio), **zu Stande bringen, vollenden**: iter 6, 519. imaginem hominis, ausbilden 7, 129. — 2) **bewirken, hervorbringen**: sonum 1,708. bilden: arcum 3, 30. orbem 7,180. formam 9, 335. ausrichten: quid effeci? 3, 262. mit ut 4,181. 13, 64. mit bloß. *conjunct*. 11, 102. — 3) **mit doppelt. acc.** wozu machen: urbem ... dominam 15, 448. puerum de virgine 9, 744. ex aeterno patientem mortis 2, 654. paupertatem ... levem, erleichtern 8, 634.

effĭgĭes, ēi, *f.* Abbild, Ebenbild 1, 83. — 2) Bild, Gestalt 9, 264. 14, 358.

ef-flo, āvi, ātum, āre, herausblasen: mare naribus 3, 686. ignes, schnauben 2, 85. 7, 104.

ef-flŭo, xi, ĕre, herausfließen, entströmen: aura effluit, geht unbenutzt verloren 6, 233. — 2) übertr. entfallen: urnae manibus 3, 39.

ef-fŏdĭo, fōdi, fossum, ĕre, ausgraben: opes 1, 140. humum 11, 186.

effoetus, a, um, f. effetus.

effrēnus, a, um, „zaumlos"; bildl. zügelloß, unbändig: amor 6, 465.

ef-fŭgĭo, fūgi, ĕre, entfliehen 9, 578. entkommen 12, 484; *trans.* a) vor Jemd. fliehen, ihm entfliehen: alqm 11, 338. entrinnen, entkommen: vulnera 7, 383. morsus 4, 724. ictus 8, 362. necem 7, 424. vim 5, 288. — b) fliehen, vermeiden: leones 10, 707. usum 10, 566. crimen 7, 71. scelus 10, 342. effugit polum, hält sich entfernt von 2, 132.

ef-fulgĕo, si, ēre, hervorleuchten 2, 144.

ef-fundo, fūdi, fūsum, ĕre, 1) ausgießen: vires (Wassermassen) 1, 278; *pass.* effundi, sich ergießen, hervorströmen 1, 144. 570. 6, 253; übertr. b) ergießen: questus in aëra 9, 370. — b) verschwenden, erschöpfen: vires in uno 12, 107. — 2) ausschütten: lapillos 15, 45. — 3) (Zusammengefaßtes) loslassen; *part.* effusus, a, um, als Adject. losgelassen, frei fliegend: matres effusae comas, mit freifliegenden Haaren 13, 688.

egens, f. egeo.

ĕgĕo, ŭi, ēre, nöthig haben, bedürfen: mit *abl.* 2, 67. 13, 71. 362. — 2) (= careo), nicht haben, entbehren: *part.* egens, entbehrend, mit *genit.* 1, 17. 11, 120. 15, 150.

Ēgĕrĭa, ae, *f.* eine der Camenen (f. Camenae), Gemahlin des Numa, deren Hain in der Nähe v. Aricia war 15, 547.

ē-gĕro, gessi, gestum, ĕre, heraustragen, wegschaffen: tellurem (e) scrobibus 7, 243. fluctus (e navi), ausschöpfen 11, 488. sanguis per fletus egeritur, erschöpft sich 10, 136; dapes, von sich geben 6, 664.

egestus, a, um, f. egero.

ĕgŏ, (*dat.* mi = mihi 9, 191. 13, 503), ich 1, 182. 13, 85; *genit.* a) *subject.* parens nostri = noster 7, 617. — b) *object.* mei 3, 464. 7, 745. 9, 123. 14, 719. nostri 3, 391. 8, 581. 9, 428. — c) *partit.* pars mei 15, 875. aliquid mei 14, 722.

ēgrĕdĭor, essus sum, grĕdi (gradior), herausgehen, herauskommen: silvā 3, 388. domo 6, 590. tectis 7, 182. ratibus, aus-steigen, landen 8, 153. — 2) hinaufgehen: altius egressus, zu hoch hinauffahrend 2, 136.

ēgrĕgĭus, a, um (v. grex), „aus der Heerde auserlesen"; dah. ausgezeichnet: egregius formā 5, 49.

ēgressŭs, ūs, *m.* das Herausgehen 11, 748.

ēheu, *interj.* als Ausruf der Klage: ach! 3, 495.

ei, *interj.* weh! ei mihi 1, 523. 6, 227. 7, 843. 8, 491. 9, 520.

*ē-jăcŭlor, ātus sum, āri, auswerfen: aquas 4, 124. se, herausschießen 6, 259.

ējecto, āvi, ātum, āre (v. ejicio), herauswerfen, auswerfen 2, 231. 5, 353. ore dapes, ausspeien 14, 211.

ē-jĭcĭo, jēci, jectum, ĕre (jacio), herauswerfen, auswerfen 11, 615. 7, 282. 13, 536.

ē-lābor, psus sum, lābi, entgleiten, entfallen: manibus 9, 571; *v.* Personen: entschlüpfen 4, 361. alcui 9, 63.

Ēlătēĭus, a, um, vom Elatus abstammend, elateïsch 12, 189. 497.

ēlātus, a, um, f. effero.

electrum, i, *n.* Bernstein 15, 316. *plur.* 2, 365.

Ĕlĕleus (dreisylb.), ĕi, *m.* (v. d. Bacchusrufe ἐλελεῦ), Beiname des Bacchus 4, 15.

ĕlĕmentum, i, *n.* Urstoff, Grundstoff *plur.* 1, 29. 15, 237; übertr. elementa aetatis, die Anfangsgründe (in Künsten u. Wissenschaften) 9, 719.

Ēlēus, a, um, f. Elis.

Ēleusīn, īnis, *f.* Stadt in Attica mit Tempel der Demeter (Ceres), woselbst jährlich die berühmten Mysterien (sacra Eleusina) gefeiert wurden 7, 439.

ēlĭcĭo, ŭi, ĭtum, ĕre (lacio), hervorlocken: venas fontis 14, 789.

ēlīdo, si, sum, ĕre (laedo), herausschlagen, heraustreiben: ignes nubibus 6, 696. 8, 339. animam missis silvis 12, 508. — 2) zerdrücken, zerschmettern 14, 196. 15, 338. aëra pennis, durchschneiden 1, 466; insbes. erwürgen, erdrosseln: alqm 9, 197. faucem 14, 738. fauces, zudrücken 12, 142.

ēlĭgo, lēgi, lectum, ĕre (lego), auswählen, erwählen: alqd 2, 380. 498. tempora 13, 365. ex omnibus unum 10, 318. e fratribus 11, 648. de opibus 13, 626. elige mit abhäng. Frage 9, 25. 548. 12, 200. 14, 135. electus ad sacra facienda 3, 702. electae nymphae, zu Schiedsrichterinnen auserwählt 5, 316. electus, a, um, als Adject., ausgesucht, auserlesen 12, 414 (f. decet).

ē-līmo, āvi, ātum, āre, ausfeilen: catenas 4, 178.

Ēlis, ĭdis, f. die westlichste Landschaft des Peloponnes mit der Hauptstadt Elis 5, 494. 8, 308. In ihrer Nähe lag Olympia, wo jedes fünfte Jahr die berühmten Wettkämpfe zu Ehren des Zeus gehalten wurden 14, 325. In Elis reinigte Hercules die seit 30 Jahren nicht ausgemisteten Ställe des Königs Augias, welcher 3000 Rinder besaß, an einem Tage dadurch, daß er den Fluß Alpheus hineinleitete 9, 187. acc. Elin 2, 679. 5, 608. 12, 550. = Dav. Ēlēus, a, um, elisch 5, 487. flumen, der Alpheus 5, 576.

ēlīsus, a, um, s. elido.

ēlix, ĭcis, m. (v. elicio), Abzugsgraben, Graben 8, 237.

ēlŏquĭum, i, n. Beredtsamkeit 13, 63. 322.

ē-lŏquor, cūtus sum, lŏqui, aussprechen, sagen 3, 257.

Elpēnōr, ŏris, m. einer der Gefährten des Ulysses, welcher in der Trunkenheit vom Palaste der Circe herabstürzte und den Hals brach: acc. Elpenora 14, 252 (s. vinum).

e-lūdo, si, sum, ĕre, 1) (beim Fechten) dem Hiebe od. Stoße ausweichen, ihn pariren: vulnera 12, 104; dah. überh. Jemd. entgehen, entschlüpfen: alqm 8, 687. 1, 692. — 2) sein Spiel mit Jemd. treiben, ihn foppen, täuschen: alqm 6, 103. 8, 870. 11, 117. amores elusi (sc. a se) 13, 737.

ē-lŭo, ŭi, ūtum, ĕre, abwaschen: corpus 11, 141.

ēluvĭes, ēi, f. (v. eluo), Austreten des Wassers, Ueberschwemmung 15, 267.

Ēlўmus, i, m. ein Centaur 12, 460.

Ēlўsĭus, a, um, elysisch: domus, die Wohnungen in Elysium, dem Aufenthaltsorte der Seligen in der Unterwelt 14, 111.

Ēmăthīs, ĭdis, f. aus Emathia, einer Landschaft Macedoniens, emathisch; subst. Emathĭdes, um, f. die Emathidinnen, d. i. die Töchter des Königs Pieros in Macedonien (s. Pieros) 5, 669.

Ēmăthīŏn, ōnis, m. ein Cephene auf der Hochzeit des Perseus 5, 100.

Ēmăthĭus, a, um, aus Emathia, emathisch (s. Emathis), d. i. macedonisch 5, 313. 12, 462. caedes, Blut auf emathischem Boden vergossen (iterum: weil nemlich d. macedon. Landschaft Emathia zuweilen für das ganze nördl. Griechenland gebraucht wurde, sc. betrachtet Ovid Pharsalus u. Philippi als in einer Gegend gelegen) 15, 824.

emensus, a, um, s. emetior.

ē-mentĭor, ītus sum, īri, erlügen, fälschlich vorgeben 5, 188.

ē-mĕreo, ŭi, ĭtum, ēre: ausdienen: annos, durchmachen 15, 226.

ē-mergo, si, sum, ĕre, heraufbringen, auftauchen machen: emersa viscera, heraufgewürgt 6, 664. nox emersa, auftauchend (aus dem Ocean), anbrechend 15, 186. — 2) intr. emporsteigen, auftauchen 3, 684. sedibus Stygiis 14, 155.

ē-mētĭor, mensus sum, īri, „ausmessen"; dah. übertr. einen Raum durchwandern: noctes emensae, die ihren Raum durchlaufen haben 15, 186.

ē-mĭco, ŭi, ātum, āre, herausspringen, hervorspringen: carcere 10, 653. sanguis emicat, spritzt heraus, schießt hervor 4, 121. 6, 260. 9, 130. telum nervo, schnellt ab 5, 67. flamma ex oculis, sprüht hervor 8, 356. — 2) emporspringen, aufspringen 1, 776. schnell emporsteigen 1, 27. 15, 248; von Localitäten, sich (schroff) erheben, hervorspringen 9, 226.

ē-mĭnĕo, ŭi, ēre, hervorragen 15, 697. ponto 4, 690. in partes ambas 5, 139; übertr. vox eminet, tönt durch, macht sich vernehmbar 15, 607.

ēmĭnŭs, adv. (manus) aus der Ferne, von fern 9, 406 (s. licet). 12, 379.

ē-mitto, mīsi, missum, ĕre, herausschicken, herauslassen: Notum 1, 264. fontes 15, 270. corpora e domo 15, 220. ventos, loslassen 11, 433. animam sinu, fliegen lassen 15, 848. saniem, beseitigen, entfernen 7, 338. entsenden, entlassen: suam opem 15, 650. emissus de sede 5, 321; insbes. a) abschleudern, werfen: ferrum 12, 84. — b) von sich geben: vocem, hören lassen 4, 413. 15, 657. lacrimas, vergießen 11, 458.

ēmo, ēmi, emptum, ĕre, kaufen: pass. emi, sich erkaufen lassen 8, 54.

ē-mŏrĭor, mortŭus sum, mŏri, versterben, sterben 3, 391.

ēn, interj. (um Aufmerksamkeit auf Wichtiges od. Unerwartetes zu erregen) siehe da! siehe! 2, 296. 5, 518. 13, 71. 496. en adsum 3, 605. 5, 10. en hic est 11, 7. en adspice 2, 283. 13, 264.

Ēnaesĭmus, i, m. Sohn des Hippocoon, Theilnehmer der calydonischen Jagd 8, 362.

ē-nĕco, cŭi, ctum, āre, (völlig) tödten 4, 243.

ēnectus, a, um, s. eneco.

ēnervo, āvi, ātum, āre, entnerven, entmannen: artus 4, 286.

ēnim, conj. steht postpositiv zur Begründung und Erläuterung einer vorangehenden Aussage: denn, nämlich 1, 250. 9, 4. 13, 315. neque enim, s. neque; dah. a) bei parenthetischen Bemerkungen: denn wirklich, denn allerdings 1, 597. 3, 630. 5,

280. 7, 660. 10, 562. 11, 622. 12, 88. — b) elliptiſch (ſo daß die zu begründende Ausſage zu ergänzen iſt): quid enim profeci, d. i. ich will nicht zanken, denn u. ſ. w. 3, 262. non enim moriemur, d. i. daran thue ich wohl, denn nun u. ſ. w. 9, 131. — c) sed enim, **aber freilich, doch freilich, doch ja** (wobei sed den Hauptgedanken und enim den erklärenden Gedanken anreiht) 7, 687 (sed silet, nam). 9, 248 (sed spernite, nam qui vicit). 11, 13 (sed frustra, nam crescunt). 11, 401 (sed perstat, nam est asper); vgl. 1, 530. 5, 636. 6, 152. 10, 323. 12, 516. 13, 141. 14, 641.
Enīpeus (dreiſylb.), ĕi, *m.* Fluß Theſſaliens, fließt in den Peneus 1, 579. *voc.* Enipeu 7, 229; als Flußgott, in deſſen Geſtalt Neptun die Iphimedia, Gemahlin des Giganten Aloeus, täuſchte 6, 116.
enīsus, a, um, ſ. enitor.
ē-nītor, nisus u. nixus sum, nīti, 1) **ſich emporarbeiten, emporklimmen** 2, 64. — 2) „mit Anſtrengung hervorbringen"; dah. gebären: alqm 2, 637. 3, 344. 9, 453. 11, 316. 761. 13, 743. partus 6, 712. 8, 451. partu alqm 1, 670.
ēnīxus, a, um, ſ. enitor.
Ennŏmŏs, i, *m.* ein Trojaner: *acc.* Ennomon 13, 260.
ēnōdis, e (v. nodus), **ohne Knoten, glatt**: abies 10, 94.
eusis, is, *m.* Schwert 5, 80. 12, 130. *plur.* für *sing.* 15, 806.
ē-nŭmĕro, āvi, ātum, āre, **aufzählen, herzählen** 1, 215.
ē-nūtrĭo, īvi, ītum, īre, **ernähren, aufziehen**: puerum 4, 289.
1. **ĕo**, īvi od. ĭi, ĭtum, īre, **gehen**: huc et illuc 4, 342. venatum in silvas 7, 805. ad solacia (um zu tröſten) 6, 413. wandern 5, 464. wandeln 4, 264 (*sc.* per caeli spatium); rennen, laufen: 2, 203. 10, 588. in rogos, ſich ſtürzen 11, 333. in proelia 14, 545. fliegen 4, 700. kriechen 4, 596. ſchiffen 9, 589. 14, 227. fahren 2, 75. 137. reiſen: certus eundi 11, 440. itum est in viscera terrae, man drang ein 1, 138; insbeſ. a) **weggehen, fortgehen** 6, 323. 15, 505. redit itque, entweicht u. kommt 2, 409. post altaria, entweichen 5, 37. abſegeln 11, 711. 12, 10. 13, 220. 679. spiritus ibat (= exibat), entwich 6, 294. — b) **vordringen, auf etw. losgehen** 8, 378. in hostem 8, 403. ſich ſtürzen gegen: in arma 11, 510. herabſchießen 8, 147. — c) (= abire) **übergehen in etw., d. i. ſich in etw. verwandeln** 15, 458. sanguis it in sucos 10, 493. — d) *imperat.* **i! wohlan! auf!** 15, 23. 364. **höhnend: ſo geh denn!** 12, 475. — 2) v. unperſönl. Subjecten: **ſtrömen, fließen** 1, 111. 2, 456. 3, 568. 5, 587. 15,

278; v. Schiffen, ſegeln 12, 10. 14, 227. 231; v. Geſchoſſen, **fliegen** 8, 349. 695. eundo, im Fliegen 2, 728. plaga longius it, dringt tiefer ein 3, 89. Mulciber it ad carbasa, ſchlägt empor 14, 534. rumor it per oppida, verbreitet ſich 6, 147. pompa it, zieht einher 14, 748. ire per exempla 4, 430 (ſ. exemplum). ad aures, gelangen 12, 427. in poenam, zur Strafe ſchreiten 5, 668. dies, geht vorüber, verläuft 1, 682. 2, 331.
2. **ĕō**, *adv.* **dahin** 7, 780.
ĕōdĕm, *adv.* **an ebendenſelben Ort, ebendahin** 7, 789. 10, 63. 15, 570. **auf einen Raum zuſammen** 1, 8. accedit eodem, dazu kommt noch 6, 181.
Eōus, ā, um, (v. ἠώς, Morgenröthe) **öſtlich** 4, 197. *subſt.* Eous, i, *m.* („der Frühe") Name eines der Sonnenroſſe 2, 153.
Epăphus, i, *m.* **Sohn des Juppiter u. der Io, Erbauer von Memphis in Aegypten** 1, 748.
Ephȳrē, ēs, *f.* **der alte Name von Corinth** 2, 240. 7, 391.
Epĭdaurĭus, a, um, **von Epidaurus** (Stadt in Argolis im Peloponnes, berühmt durch einen Tempel des Aesculap), **epidauriſch** 3, 278. 7, 436. 15, 643. deus, d. i. Aesculapius 15, 723.
Epĭmēthĭs, ĭdis, *f.* **Tochter des Epimetheus** (eines Bruders des Prometheus), d. i. Pyrrha, die Gemahlin des Deucalion: *acc.* Epimethidă 1, 390.
Epīros, i, *f.* **Landſchaft im nordweſtl. Griechenland am ioniſchen Meere** 8, 283. 13, 720.
Epōpeus (dreiſylb.), ĕi, *m.* **ein tyrrheniſcher Schiffer** 3, 619.
ĕpops, ŏpis, *m.* **Wiedehopf** 6, 674.
ē-poto, āvi, pōtum, āre, **austrinken** 5, 453 (neque adhuc = et nondum); übertr. verſchlingen 15, 273.
ēpōtus, a, um, ſ. epoto.
ĕpŭlae, ārum, *f.* **Speiſen, Gerichte** 8, 571. 671. 827. 15, 82. — 2) (reiches) **Gaſtmahl, Schmaus** 8, 832. 12, 244.
ĕpŭlor, atus sum, āri, **ſpeiſen, verzehren**: corpora 15, 110.
Epȳtus, i, *m.* **König von Albalonga in Latium** 14, 613.
ĕqua, ae, *f.* **Stute** 2, 663. 8, 873.
ĕques, ĭtis, *m.* **Reiter** 10, 124.
ĕquĭdem, *adv.* **fürwahr** 2, 282. 7, 513. 8, 479; **dah. in Verbind. mit d. erſten Perſon, meinestheils, meinerſeits** 8, 722. 15, 359.
ĕquīnus, a, um, **zum Pferde gehörig, Pferde-**... 12, 88. 374. fidis ope equina, **auf die Hülfe deiner Pferdefüße (als Centaur)** 9, 125.

ĕquĭto, āvi, ātum, āre, reiten; dah. v. d. Pferdegestalt eines Centauren, traben 12, 468.

ĕquus, i, m. Pferd, Roß 11, 214 (f. Hesione). volucris, d. i. Pegasus 6, 120. equi, Gespann (Rosse u. Wagen) 14, 820.

Ērăsīnus, i, m. Fluß in Argolis 15, 276.

Ĕrĕbus, i, m. („Finsterniß"), die Unterwelt, das Todtenreich 5, 543. 10, 76. 14, 404 (Erebo = ab Erebo).

Ĕrechthēus, a, um, f. Erechtheus.

Ĕrechtheus (dreisylb.), ĕi, m. ein mythischer König Athens, Vater der Orithyia u. Procris 6, 677. 701. 7, 697. — Dav. 1) Ĕrechthēus, a, um, erechtheisch: arces, d. i. Athen 8, 547. — 2) Ĕrechthīdae, arum, m. Nachkommen des Erechtheus, Erechthiden, d. i. Athener 7, 430. — 3) Ĕrechthīs, ĭdis, f. Tochter des Erechtheus, d. i. Procris: acc. Erechthĭdă 7, 726.

ērectus, a, um, f. erigo.

ergō, adv. 1) zur Folgerung, folglich, daher, also 2, 105. 640. 5, 477. — 2) in Fragesätzen als Ausdruck des Unmuths, wirklich? also? 7, 51. 172. 8, 494. 9, 182. 513. 12, 106. — 3) zur Wiederanknüpfung einer unterbrochenen Erzählung, also (sage ich) 1. 177. 434. 3, 370. 8, 637. 13, 620.

Ĕrichthŏnĭus, i, m. Sohn des Vulcan, von keiner Mutter geboren, sondern aus der Erde entsprossen, König v. Athen 2, 553. 9, 424

Ērĭdănus, i, m. griechischer Name des Flusses Padus (jetzt Po) in Oberitalien 2, 324. 372.

Ērĭgdūpus, i, m. (ἐρίγδουπος, der „Lautdröhnende") ein Centaur 12, 453.

ērīgo, rexi, rectum, ĕre (rego), in die Höhe richten, emporrichten: artus (= vos) 9, 386. vultum 1, 86. 14, 107. oculos, aufschlagen 4, 146. pontum, empören 11, 497. pass. erigi, sich aufrichten, sich erheben 1, 745. 10, 378. 13, 234. 14, 303. 15, 737. in latus 9, 518. erigitur in hostem, bäumt sich 12, 374.

Ērĭgŏnē, ēs, f. Tochter des Icarus in Attica, vom Bacchus in Gestalt einer Traube getäuscht, erhängte sich aus Betrübniß über den Tod ihres Vaters (f. Icarus), worauf beide unter die Sterne versetzt wurden, Icarus als Bootes, Erigone als die Jungfrau 6, 125. 10, 451.

ĕrīlis, e, f. herilis.

Ērīnys, ўos, f. Furie, Rachegöttin. Die Furien (euphemist. Eumĕnĭdes, „die Gnädigen", latein. Furiae), Namens Alecto, Mĕgāra u. Tisiphone, waren Töchter der Nacht (4, 451), von abschreckender Gestalt mit Schlangenhaaren (vipereae sorores 6, 662. sorores angue crinitae 10, 349) und wohnten am Eingange des Tartarus, welchen Ort sie nur verließen, um auf der Erde noch lebende Frevler zu verfolgen (deae triplices poenarum 8, 481. vergl. 10, 350), oder um böse Leidenschaften zu erregen u. dadurch zu Greuelthaten zu verführen 4, 490. acc. Erinyn 1, 725. sing. collectiv, die Erinyen 1, 241. 11, 14.

ērĭpĭo, ĭpŭi, eptum, ĕre (rapio), herausreißen, entreißen: torrem ab igne 8, 457. infantem ab alvo 3, 311. alqm flammis 2, 630. fluctibus 14, 476. fibras corpore 15, 136. colla jugo 2, 315. hastile tergo 3, 71. caput collo, abreißen 4, 785. collo vincula 10, 386. animam membris, entraffen 15, 845. morsibus eripi, sich aus den Bissen herausreißen 1, 538; prägn. a) rauben, wegnehmen: deam aede 13, 345. praemia 5, 25. alqm alcui 1, 665. 5, 12. 8, 850. respiramen 12, 143. animam 6, 540. alimenta alcui 9, 184. multa 6, 196. arbitrium 4, 224. posse loqui, den Gebrauch der Sprache 2, 483. humorem 15, 80. fidem, Glauben entziehen 15, 283. oculis, entrücken 7, 776. — b) retten: alqm 13, 80. alcui, vor Jemd. 15, 805. retten aus, befreien von 14, 450 (sc. incendiis). flammis 2, 299. igne 14, 444. damno 11, 133. furiis 15, 327. fatis eripi, dem Untergange entrissen werden 1, 358.

errātĭcus, a, um, umherirrend 6, 333 (f. Delos).

*errātŭs, ūs, m. das Umherirren, die Irrfahrt 4, 567.

erro, āvi, ātum, āre, umherirren, umherschweifen: per nemus 3, 175. per terras 5, 462. in orbe 14. 680. in hortis 5, 535. terris 6, 190. viis 7, 577; v. weidendem Vieh 4, 636. 11, 357. 13, 821. 15, 14. ignis errat pulmonibus 9, 201. flamma per medullas, verbreitet sich 14, 351. ne causae mali errent per latius spatium, d. i. damit die Ursachen des Leides nicht durch weiteren Raum irren, d. i. nicht fern (u. unbestimmt) seien 2, 802. dubiis affectibus errare, schwanken 3, 473. — 2) irre gehen, sich verirren 4, 87; v. Geschossen, fehl treffen 12, 122; bildl. im Irrthum sein, irren 14, 131.

errŏr, ōris, m. 1) das Umherirren, Umherschweifen, die Irrfahrt 14, 484. 15, 771; übertr. die Windung der Flüsse 1, 582. die Irrgänge des Labyrinths, Irrsal 8, 161. 167; bildl. Ungewißheit, Zweifel 2, 39. — 2) das Verfehlen des Weges, das Irregehen 2, 79. 3, 142: dah. a) Fehlwurf 5, 90. nullus est in hasta, die Lanze thut keinen Fehlwurf 12, 83. — b) Irrthum, Täuschung, Wahn 3, 431. 447. 8, 167. 13, 113. nominis 7, 857. plur. Geistesverwir-

6*

rungen, Irrsinn 4, 502; personificirt 12, 59; insbes. Liebeswahn 10, 342.

ē-rŭbesco, bŭi, ĕre, erröthen (besond. vor Scham) 1, 755. 2, 460. 4, 330. dote („über") 5, 584.

ērŭdĭo, īvi, ītum, īre (v. rudis), „von der Rohheit befreien", dah. in etwas unterrichten: (alqm) artes 8, 215.

ē-rumpo, rūpi, ruptum, ĕre, hervorbrechen: clades erumpit in alqm, überfällt 7, 562.

ē-rŭo, rŭi, rŭtum, ĕre, herauswühlen, herausgraben: semina rostro 15, 113. partem pulmonis, herausreißen 6, 253. eruitur oculos, die Augen werden ihm ausgerissen 12, 269. — 2) durchwühlen, aushöhlen: latus, durchbohren 12, 477.

ĕrus, i, m. s. herus.

Ĕrўcīna, s. Eryx.

Ĕrўmanthĭs, s. Erymanthus.

Ĕrўmanthus, i, m. 1) ein Gebirge Arcadiens an d. Grenze v. Elis, acc. Erymanthon 5, 608. - Dav. Ĕrўmanthĭs, ĭdis, f. erymanthisch: acc. plur. Erymanthidās 2, 499. — 2) ein auf dies. Gebirge entspringender Fluß, welcher in d. Alpheus fließt 2, 244.

Ĕrysichthōn, ŏnis, m. Sohn des thessalischen Königs Triopas, wird als Verächter der Götter von der Ceres mit unersättlichem Hunger gestraft: Erysichthone nata, d. i. Mestra 8, 738. acc. Erysichthonā 8, 823.

Ĕrytus, i, m. Gegner des Perseus 5, 79.

Ĕryx, ўcis, m. 1) Gegner des Perseus 5, 196. — 2) Sohn der Venus u. des Argonauten Butes, Erbauer d. Stadt Eryx im westl. Sicilien: sedes Erycis = Sicilia 14, 83. — 3) Berg auf der Westküste Siciliens, berühmt durch seinen Venustempel 2, 221. - Dav. Ĕrўcīnus, a, um, erycinisch: subst. Erycina, ae, f. die Göttin von Eryx, d. i. Venus 5, 363.

escŭleus, a, um, s. aesculeus.

escŭlus, s. aesculus.

ĕt, conj. zur Verbind. v. Wörtern u. Sätzen, und 1, 5. 8, 216; v. seinem Worte getrennt 8, 800. 12, 133. non 5, 667; insbes. a) zur Anknüpfung einer emphatisch. Frage 9, 203. 12, 470. 13, 6. 338. — b) beim raschen Uebergange zu etwas Unerwartetem statt des einschreitenden quum 6, 286. — c) beim gemüthlichen Ausdrucke gewisser Affecte, und nun, und so 1, 367. 11, 289. — d) im negativen Satze die Verneinung fortführend 3, 492. 10, 92. — e) ein Hendiadys bildend: cristae et aurum = cristac aureae 3, 32. frigus et umbrae, kühlender Schatten 7, 809. jus et moderamen, Befugniß zu lenken 2, 48. locus et regna = regna loci 13, 649. verbis et carmine, durch Zaubersprüche 7, 203. precibus et murmure longo, durch lange vor sich hergemurmelte Gebete 7, 251. terra et iners sedes, die unbewegliche Erdenwohnung 15, 148. — 2) auch 1, 2. 38. 43. 54. 2, 262. 3, 421. 501. 4, 149. 428. 536. 5, 417. 8, 203. 279. 10, 27. 13, 262. 14, 346. sed et 13, 319. non et, nicht auch 8, 280; steigernd, sogar 2, 525. 7, 34. 571. 9, 178. — 3) aber 3, 697. 13, 277. 5, 373. 9, 505; nach negativen Sätzen, sondern 2, 73. 11, 705. et (ut) traherent 4, 471. — 4) und fürwahr, und wirklich, und in der That 2, 695. 697. 703. 3, 456. 5, 37. 262. 272. 6, 359. 687. 7, 217. 8, 796. 9, 585. 782. 10, 557. 590. 14, 493. et ille deus (est) timor deorum 3, 291. — 5) explicativ: und zwar 1, 426. 441. 9, 544; dah. eine Epexegese (nähere Bestimmung) anknüpfend, nämlich, das heißt, ob. als bloße Apposition 1, 21. 2, 54. 63. 828. 3, 204. 5, 282. 405. 9, 92. 13, 400. 629. 14, 510. Andromedan et tanti praemia facti, als Lohn seiner tapfern That 4, 757. — 6) correlat. et ... et, sowohl ... als auch, theils ... theils, nicht allein ... sondern auch 1, 329. 613. 759. 3, 266. 446. 5, 225. zwar (wiewohl) ... aber (doch) 8, 506. 14, 270. wie ... so 3, 611. et ... que = et ... et 6, 458. 13, 641; que ... et, s. que; neque ... et, s. neque.

ĕtĕnĭm, conj. denn, nämlich 14, 695.

Ĕthēmōn, ŏnis, m. Gegner des Perseus 5, 163.

ĕtĭăm, conj. (et u. jam), 1) von der Zeit, noch; dah. etiamnum u. etiamnunc, auch jetzt noch, noch immer, noch 1, 357. 2, 147. 4, 744. 5, 203. 6, 312. 7, 490. 497. — 2) einen neuen Umstand beifügend, auch, noch (dazu) 1, 109. 11, 641. hoc etiam, das noch 2, 471. plus etiam, mehr noch 2, 57. 8. 24. — 3) steigernd, sogar, selbst 2, 68. 5, 246. 8, 699. 741. 9, 623. 13, 485. quin etiam, ja sogar 5, 227. 14, 258.

ĕtĭamnum, s. etiam.

ĕtĭamnunc, s. etiam.

Ĕtruscus, a, um, etruskisch: gens, das Volk der Etrusker in Mittelitalien, durch Weissagekunst berühmt 15, 558.

etsi, conj. wenn auch, wenn gleich 2, 322. 4, 317. 3, 238 (etsi non hominis, talem tamen quem ...)

Ĕnāgrŏs, i, m. ein Lapithe 12, 290.

Euan, s. Euhan.

Euboea, ae, f. Insel im ägäischen Meere bei Böotien (jetzt Negroponte) 13, 660. - Dav. Euboīcus, a, um, euböisch 9, 218. Aulis, Euböa gegenüber (in Macedonien) 13, 182. Anthedon 7, 232. 13,

905. urbs, d. i. Cumä in Unteritalien als cubōische Colonie 14,155. cultor aquarum, d. i. Glaucus aus Anthedon 14, 4; subst. **Euboicum**, i, *n.* das cubōische Meer 9, 226.

Euboïcus, a, um, s. Euboea.

Euhan, *m.* Beiname des Bacchus (vom bacchischen Ausrufe εὐάν) 4, 15.

euhoe (zweisylbig), Jubelruf der Bacchantinnen 4, 523. 6, 597.

Euippē, ēs, *f.* die Mutter der Pieriden 5, 303.

Eumēlus, i, *m.* ein Thebaner 7, 390. (die Sage ist unbekannt).

Eumĕnĭdes, um, *f.* „die Gnädigen", euphemistischer Beiname der Furien (s. Erinys) 6, 430. 8, 482. 9, 410. 10, 46.

Eumolpus, i, *m.* (εὔμολπος, „schön singend"), ein thracischer Sänger, Sohn des Musäus, Schüler des Orpheus, stiftete zu Eleusis in Attica den Geheimdienst der Ceres (die eleusinischen Mysterien) 11, 93.

Eupălămus, i, *m.* ein Theilnemer an der calydonischen Jagd: acc. Eupalamon 9, 360.

Euphorbus, i, *m.* ein Trojaner, welchen Menelaos tödtete, und dessen Seele der Samier Pythagoras durch die Seelenwanderung zu besitzen behauptete 15, 161.

Euphrātēs, is, *m.* Fluß in Babylonien 2, 248.

Europā, ae, u. **Europē**, ēs, *f.* Tochter des Königs Agenor in Phönicien, Schwester des Cadmus, wurde von dem in einen Stier verwandelten Jupiter nach Creta entführt und gebar ihm den Minos, den spätern König von Creta 6, 104 (vgl. 2, 833 ff.) - Dav. **Eurōpaeus**, a, um, europisch: dux, d. i. Minos 8, 23. — 2) Europa als Erdtheil 5, 648. 8, 120.

Eurōpaeus, a, um, s. Europa.

Eurōtās, ae, *f.* Fluß bei Sparta in Laconien 2, 247. acc. Eurotān 10, 169.

eurus, i, *m.* „Südostwind"; dah. dichterisch Ostwind 1, 61. 7, 659. 8, 2. 11, 481. 15, 603. plur. 2, 160.

Eurydĭcē, ēs, *f.* Gattin des Orpheus 10, 31. 11, 63.

Eurylŏchus, i, *m.* Gefährte des Ulysses 14, 252. 287.

Eurymēdēs, ae, *m.* Sohn des Eurymus, d. i. Telemus 13, 771.

Eurynŏmē, ēs, *f.* Tochter des Oceanus und der Tethys, Mutter der Leucothoë 4, 210. 219.

Eurynŏmus, i, *m.* ein Centaur 12, 310.

Eurypylus, i, *m.* 1) Sohn Neptuns, König der Meroper auf der Insel Cos zur Zeit des Hercules 7, 363. — 2) Sohn des Euämon in Thessalien, einer der Heerführer vor Troja 13, 357.

Eurystheus (dreisylbig), ĕi, *m.* Sohn des Sthenelus, Enkel des Perseus, König von Mycenä, welcher auf Geheiß der Juno dem Hercules seine 12 Arbeiten auferlegte (s. Hercules) 9, 203. 274.

Eurytĭōn, ōnis, *m.* Sohn des Königs Actor von Phthia, Theilnehmer der calydonischen Jagd 8, 311.

Eurytĭs, s. Eurytus.

Eurytus, i, *m.* 1) König in Oechalia auf Euböa, Vater der Jole u. Dryope 9, 356. - Dav. **Eurytĭs**, *f.* Tochter des Eurytus, d. i. Jole: gen. Eurytidos 9, 395. — 2) ein Centaur 12, 220.

ē-vādo, si, sum, ĕre, über eine Oertlichkeit hinauskommen, sie überschreiten: vada 3, 19. — 2) entkommen: loca mortis 14, 126.

Evander, dri, *m.* Sohn des Hermes und der Carmentis, führte 60 Jahre vor der Eroberung Trojas eine Colonie aus Pallantion in Arcadien nach Italien und siedelte sie auf dem spätern palatinischen Berge Roms an 14, 456.

ē-vānesco, nui, ĕre, schwinden, vergehen 2, 117. 6, 47. 13, 888. 14, 356. in auras 14, 432.

ēvānĭdus, a, um, schwindend: pectora 4, 435.

ē-vĕho, xi, ctum, ĕre, emportragen, emporführen 2, 588. 14, 127; pass. evehor, emporfahren 2, 73. 3, 150.

ē-vello, velli, vulsum, ĕre, herausreißen: ferrum 9, 129. quercum terrā 12, 327. fauces pollicibus, befreien 9, 79.

Evenīnus, a, um, s. Evenus.

ē-vĕnĭo, vēni, ventum, īre, „hervorkommen"; dah. bildl. sich ereignen, geschehen 3, 524. eveniunt optata 6, 370.

ēventŭs, us, *m.* Ausgang, Erfolg: pugnae 13, 278. per eventus suos, bei dem günstigen Erfolge seines Unternehmens 7, 97. — 2) Ausgang, Geschick 7, 353; insbes. trauriges Geschick, Untergang, Ende 10, 600. 13, 506. plur. 13, 575.

Evēnus, i, *m.* Fluß in Aetolien bei Calydon 9, 104. — Dav. **Evenīnus**, a, um, am Evenus wohnend 8, 527.

ē-verbĕro, āvi, ātum, āre, herausschlagen: cineres alis, abschlagen 14, 577.

ē-verto, ti, sum, ĕre, umstürzen, umwerfen: mensas 12, 222. tecta in dominum 1, 231. Athon in aequor 11, 555. — 2) zerstören: Trojam 13, 169; bildl. spem 13, 623.

ēvestīgātus, a, um, aufgespürt, erforscht 15, 146.

ē-vincĭo, inxi, nctum, īre, umbinden, umwinden: evinctus crines, das Haar umwunden 15, 676.

ē-vinco, vīci, victum, ĕre, (mit Mühe und Anstrengung) besiegen, überwinden somnos 1,685. nubes (v. der Sonne) 14, 769; von gefährl. Orten: glücklich daran vorüberkommen: fretum 15,706. remis, glücklich durchrudern 14,76.

Evippe, f. Euippe.

ēvītābĭlis, e, vermeidlich: telum 6, 234.

ē-vīto, āvi, ātum, āre, ausweichen, vermeiden: fraxinus non evitata (sc. a Cygno) 12,123.

ē-vŏco, āvi, ātum, āre, herausrufen, hervorrufen: Auroram 11,598. 4, 630.

ēvoe, f. euhoe.

ē-vŏlo, āvi, ātum, āre, hervorfliegen 1, 264.

ē-volvo, vi, vŏlūtum, ĕre, abwälzen: silvas 12, 519. — 2) auseinanderrollen: vestes 6, 581. quae (= terras, undas, aëra, aethera), entwirren 1, 24; dah. (darstellend) entwickeln, offenbaren: seriem fati 15,152.

ē-vŏmo, ŭi, ĭtum, ĕre, ausfpeien 15, 513.

ēvulsus, a, um, f. evello.

ex ob. **ē** (letzteres nur vor Consonanten), bezeichnet das Woher eines Gegenstandes aus dem Innern eines andern; dah. 1) örtlich: a) aus, von ... aus: e domo 15, 220. e terra, von der Erde auf 9, 318. ex uno nodo, von einem Gewinde ausgehend 8, 247. — b) von ... herab: ex alto 4,623. e scopulo 11,783. ex humeris 12, 396. — c) von ... her: cunctis e partibus 2, 227. — 2) von der Zeit, von ... an, feit: ex illo (sc. tempore), feitdem 3, 394. — 3) zur Angabe des Stoffes, von, aus: ex auro 4, 176. ramei ex auro 4, 638. fieri ex 15, 245. vivere ex rapto, vom Raube 1, 144. — 4) partitiv (zur Bezeichnung des Ganzen, wovon etwas ein Theil ist) von, aus, unter 1, 407. 2, 96. 346. 3, 513. 12, 56. 14, 546. angulus e saxo = saxi 13, 884. — 5) zur Bezeichnung des Ueberganges aus einem Zustande in einen andern, aus: e deo corpus fit 2, 647. ex aeterno patiens mortis 2, 653. e paludosa (humo) humus aret siccis arenis, aus sumpfigem Boden wird dürres Sandland 15, 268. — 6) von der veranlassenden Ursache oder dem Grunde, aus, von, durch, wegen 6, 629. 15, 106; dah. nasci ex alquo 11, 316. parere (gignere) ex alquo 5, 541. 9, 330. esse ex alquo, abstammen von 14, 613; vom etymolog. Ursprunge: nomen habere ex re 13, 569. — 7) zur Bezeichnung der Gemäßigkeit ob. Norm, nach, gemäß, zufolge: ex ordine 2, 109. 14, 473. ex foedere 10, 599. ex voto 15, 687. ex merito, nach Verdienst 5, 200. e more, nach Brauch 14, 156. 15, 593. ex aequo, gleichmäßig (f. aequus) 4, 62. 5, 565. 3, 145. ex alqua parte, theilweis, zum Theil 13, 656.

exactus, a, um, f. exigo.

Exādĭus, i, m. ein Lapithe 11, 266.

ex-aestŭo, āvi, ātum, āre, aufwallen, aufbrausen: bildl. irā 6,623. 13,559. ignis (amoris) exaestuat 13, 867.

exāmĕn, ĭnis, n. Prüfung: legum 9, 552.

exāmĭno, āvi, ātum, āre, untersuchen, prüfen: herbas 14, 270.

exănĭmis, e, entseelt, todt 2,336. 7, 254. 11, 654. — 2) besinnungslos, sterbend 10, 721.

exănĭmo, āvi, ātum, āre, entseelen, tödten: corpora exanimata 2, 268.

ex-ardesco, arsi, ĕre, sich entzünden, sich erhitzen 1, 424; bildl. leidenschaftl. entbrennen 1, 724. 2, 613. 727. 6, 455. 12, 102. irā 13, 545. cupidine 4, 347.

ex-aspĕro, āvi, ātum, āre, rauh machen, uneben machen: fretum, aufwühlen 5, 7 (f. quietus).

ex-audio, īvi, ītum, īre, deutlich hören, vernehmen 4, 144. 7, 645. 11, 19. — 2) auf etwas hören, Gehör geben: preces, erhören 13, 856; absol. exaudi, laß dich bedeuten 9, 122.

ex-caeco, āvi, ātum, āre, unsichtbar machen, pass. unsichtbar werden: flumina excaecata 15, 272.

ex-cēdo, cessi, cessum, ĕre, herausgehen, einen Ort verlassen: tectis 2,751. 9,148. foribus 4,85. caelo 11,571; übertr. verschwinden: notae de pectore excedunt 6,670. cura 14,724. — 2) „über eine Grenze hinausgehen"; dah. (ein Maß) überschreiten, übersteigen: fidem 7, 166. bona mea excessere metum, mein Glück ist über die Furcht erhaben 6, 197.

excelsus, a, um, erhaben, hoch: aedes 15, 842.

excĭdo, ĭdi, ĕre (cado), herausfallen, herabfallen 9, 597. 12, 105; übertr. a) schwinden, vergehen: zeugmatisch mens et opus excidit, schwand ... und entsank 4, 176. vultus plectrumque colorque schwand der heitere Blick u. die Farbe u. entsank das Plectrum 2, 206. — b) aus dem Gedächtnisse entfallen, entschwinden 8, 449. excidit mihi, ich vergaß 14, 138. — c) von Worten: unwillkürlich entfahren, entschlüpfen: scelus ore 7, 172. — d) „aus etw. herausgerathen"; dah. etw. verfehlen, bei etw. verunglücken: alqua re 2, 328.

exciĕo, f. excio.

ex-cĭo, īvi, ītum, īre (v. cieo) auftreiben, aufjagen: suem latebris 10, 711. part. excitus, aufgejagt, aufgeschreckt 8, 338. 11,384. excĭtus, aufgeregt: curis 2, 779.

ex-cĭpĭo, ēpi, eptum, ĕre, (capio),

1) herausnehmen: oculos 1,722. laticem, schöpfen 3,171; bildl. eine Ausnahme machen, ausnehmen: me excepto, mich ausgenommen, außer mir 2,60. 8, 868. — 2) an sich nehmen, aufnehmen: alqm 2,324. 11, 51. electra amnis excipit 2, 366. ora excipiuntur aquā 8,230. pruinas, sammeln 7,268; insbef. a) einen Kommenden aufnehmen, empfangen: alqm 2,68. 7, 300. 402. 668. 13, 949. 14, 260. 850. fessos axes 4, 634. alqm animo domoque 14, 78. — b) als Gatten (Gattin) im Ehelager aufnehmen 3, 285. 9, 333. — 3) auffangen: sanguinem 9,131. auras 11, 477; insbef. a) einen Sinkenden auffangen 8, 252. 594. 10, 186. 11, 785. 12, 423. 13, 481. — b) Geschosse, Hiebe auffangen, abwehren 12, 375. — 4) in der Reihenfolge etw. aufnehmen, sich an etw. anschließen: piscis excipit inguina 13, 915; dah. a) der Zeit nach unmittelbar folgen: excipit auctumnus 15, 209. — b) die Rede Jemds. aufnehmen, d. i. das Wort nehmen, erwiedern 4, 790. 5, 260. 523. 7, 681.

ex-cĭto, āvi, ātum, āre, hervorrufen: alqm 11, 634.

ex-cĭtus, a, um, s. excio.

exclāmo, āvi, ātum, āre, laut rufen, ausrufen, aufschreien 1, 651. 3,117. 8, 341. 13, 538. alcui, zurufen 5, 13.

exclūdo, si, sum, ĕre (claudo), ausschließen: alqm venientem, nicht zulassen 2, 815.

ex-coeco, s. excaeco.

ex-cŏquo, xi, ctum, ĕre, auskochen: ferrum, ausglühen 14, 712.

excŭbĭae, ārum, f. Wache 13, 342.

ex-curro, cŭcurri u. curri, cursum, ĕre, „herauslaufen"; dah. v. Oertlichkeiten, hervorragen, auslaufen: in aequora 13,724.

excūso, āvi, ātum, āre (v. causa), entschuldigen: ignes 2, 397. dolorem 4,256. verba excusantia 9, 215. — 2) als Entschuldigung anführen, vorschützen: vires (seine geringe Macht) 14, 462.

ex-cŭtĭo, cussi, cussum, ĕre (quatio), herausschütteln,herauswerfen: alqm 3,627. curru 15, 524. ignes, herausschleudern 11, 436. venabula rostro, herausreißen 10, 713. — 2) abschütteln, abwerfen: telum 12, 98. ignem de crinibus 12, 281. florem 10, 739. poma 14, 764. amplexus 9, 52. Pelion Ossae 1,155. glandes, schlagen von 7,777; insbef. a) entreißen: agna excussa ore lupi 6, 528. facinus ab ore, den Greuelbecher wegstoßen 7, 423. — b) bildl. austreiben, entfernen, verbannen: metum corde 3, 689. flammas pectore 7, 17. ignes (sc. animo) 9, 746. amores 10, 426. soporem, sich dem Schlafe entreißen 11, 678. Somnus excutit sibi se (somnum), schütteln den Schlaf von sich ab 11, 621. somno excussus, aus dem Schlafe gerissen 9, 695. — 3) (heftig) schütteln: habenas 5, 404. caesariem 4, 492. pennas 6, 703. bracchia, schwingen 5, 596. nubes excussae, erschüttert 8, 339.

exemplum, i, n. was man von etw. abgenommen hat, Abbild, Copie, Probe: hominum 1, 366. — 2) das wovon man etwas abnimmt: a) zur Erläuterung: Beispiel 15, 857. — b) Beispiel, Muster, Vorbild 8, 117. 9, 555. 14, 667. criminis 7, 719. exemplum est, es giebt damit das Beispiel 12, 512. in exemplum trahere, zum Muster nehmen 8, 245; insbef. warnendes Beispiel, Strafbeispiel 3, 732. 6, 83, 401. 10, 685. in exemplo esse, zum warnenden Beispiel dienen 9, 454. ire per exempla cognata = cognatorum, dem Beispiele der Verwandten folgen, d. i. gleiche Strafe leiden wie ihre Verwandten 4, 431. — 3) (ähnliche) Art und Weise 3, 122. exemplo nubis, wie eine Wolke 4,662.

exemptus, a, um, s. eximo.

ex-ĕo, ĭi, ĭtum, īre, herausgehen oder kommen, weggehen, einen Ort verlassen: de sede (= e corpore) 11, 789. e nubibus 5,571. domo 4,86. statione caeli 2, 115. caelo 11, 296. limine („über die Schwelle") 5,44. tecto in agros 14, 342. huc 3, 454. in auras, hervorgehen 7,127. portubus, auslaufen 11,474. puppibus, aussteigen 6,520; von Thieren, hervorstürzen, hervorbrechen 10,711. 11, 366; von Gewässern: hervorströmen 11, 140. 602. abfließen 7, 286. calamus exit ab arcu, fliegt ab 7, 778. sibi postquam spiritus exit (= exiit), nachdem der Lebensathem sie verlassen hatte 6, 294. — 2) hervortreten, hervorwachsen, entstehen, zum Vorschein kommen: colles exire videntur 1, 343. gemini de favilla 13,697. humo 13, 442. de stamine 4, 397. pennae per ungues 5, 671. de parte sepulta 15, 371. — 2) emporsteigen, sich erheben: clangor exit in auras 13, 610. curribus in auras, emporfahren 5, 512. sub auras, emporfliegen 12, 525. vertice aquis, emportragen 4,732. — 3) trans. über einen Ort hinausgehen: valles 10, 52; bildl. überschreiten: modum 9, 632.

exequĭae, s. exsequiae.

exercĕo, ŭi, ĭtum, ēre, 1) in starke Thätigkeit setzen, nicht rasten lassen: undas 14, 556. linguas, emsig rühren 6, 375. spicula, fleißig üben, handhaben 13, 54. antiquas telas, wie früher emsig fortweben 6, 145. pass. exerceri, sich beschäftigen 13, 921; insbef. abmühen, müden, plagen, beunruhigen: aquas 8,166.

guttur 8, 826. tellurem (durch Anbau) 2, 287. curis exerceri 7, 634. 15, 768. pectora rebus vestris exercita sunt, hat für cure Sache gebuldet 13, 265. — 2) eine Thätigkeit betreiben: artes 4, 446. 15, 360. medicas artes, anwenden 2, 618. morsus, versetzen 7, 786; v. Affecten: ausüben, auslassen: iras 12, 583. 13, 614. dolorem 12, 534. odium 5, 245. 9, 275.

ex-hālo, āvi, ātum, āre, aushauchen, ausdünsten: nebulas 4, 434. 11, 596. 13, 604. 14, 370. flammam 15, 343. animam (vitam), die Seele aushauchen, sterben 5, 62. 6, 247. 7, 861. 11, 43. 15, 528; absol. exhalantes, sterbend 7, 581. — 2) *intr.* heraufwehen 7, 810.

ex-haurĭo, si, stum, īre, ausschöpfen, ausleeren: pharetram 1, 443; bildl. erschöpfen, zu Ende bringen: pericula exhausta, überstanden 12, 161. plus exhausto, mehr als das (bereits) Vollbrachte 5, 149.

exhĭbĕo, ŭi, ĭtum, ēre (habeo), „heraushalten": dah. sehen lassen, zeigen: tempora 15, 611. Pallada exhibuit, stellte dar 6, 44. Thetis exhibita est, zeigte sich als 11, 264; dah. a) darstellen, zeigen: notam linguae 14, 526. artem 10, 181. linguam paternam, die freche Sprache des Vaters nachahmen 6, 213. — b) beweisen, bewähren: fidem (Zuverlässigkeit) 7, 323.

ex-horresco, horrŭi, ĕre, aufschaudern, erzittern 4, 135.

ex-hortor, ātus sum, āri, anfeuern, ermuntern: equos 5, 403. 12, 78. se 8, 388; ermuthigen: alqm 9, 305. 15, 152. aufreizen: cives in hostem 13, 234. se in alqm, 10, 685. tauros in alqm, loshetzen 7, 35.

exĭgo, ēgi, actum, ĕre (ago), heraustreiben: ensem, schwingen 5, 171. ferrum per ilia, durch u. durch stoßen 4, 734. hasta exacta est, drang heraus 5, 139. 12, 572; senectam, austreiben 7, 338. — 2) (zu Leistendes) beitreiben, einfordern: poenam, Strafe nehmen, vollziehen 4, 190 (indicii, „wegen"). 8, 125. 14, 478. de alquo, an Jemb. 8, 531; dah. a) fordern, verlangen: id ipsum 5, 21. — b) anfragen, forschen 5, 572. — 3) „einen Ort passiren, einen Weg zurücklegen"; dah. a) etwas vollenden: opus 15, 871. annum, zu Ende führen, sich erschrecken lassen 1, 118. forma exacta, ausgeführt 1, 406. — b) eine Zeit hinbringen, verleben: annos 7, 752. aevum 12, 209. dies exactus erat, war zu Ende 4, 399. — 4) „nach einem Maßstabe abmessen"; dah. nach etwas abwägen, beurtheilen: ritus ad alqd, nach etwas 9, 501; überh. prüfen, untersuchen: opus 14, 268. secum, erwägen 10, 587.

exĭgŭus, a, um, klein, gering, wenig (an Maß und Zahl): labor 6, 486. lapillus 8, 18. lumen 10, 691. locus populo exiguus, zu klein für 4, 442. umbra, verfürzt 3, 50. cruor, spärlich 13, 409. requies, kurz 4, 629. cinis, ein Häufchen Asche 8, 496. exiguum temporis, kurze Zeit 13, 888.

exĭlĭo, ſ. exsilio.

exĭlis, e, schmächtig, dünn: membra 5, 433. digiti 7, 143.

exĭlĭum, ſ. exsilium.

exĭmo, ēmi, emptum, ĕre (emo), herausnehmen: acervo 1, 24. eximi poenae, der Strafe entzogen werden 7, 351.

existo, ſ. exsisto.

exĭtĭābĭlis, e, zum Verderben gereichend, verberblich 6, 257. 8, 425.

exĭtĭum, i, *n.* Untergang, Verderben: conjugis 1, 146. exitio dare alqm, Jemd. den Untergang bereiten 13, 259; meton. Trojae, Verderber 13, 500.

exĭtŭs, ūs, *m.* „das Herausgehen"; dah. a) Ausgang, Ende, Ziel 15, 449. — b) Ausgang, Erfolg 10, 8. 12, 121. 298. 522. 3, 349 (ſ. que). Schicksal 8, 60. 9, 726.

exōrābĭlis, e, erbittlich: index 2, 546.

ex-ordĭor, orsus sum, īri, „ein Gewebe anzetteln"; dah. bildl. beginnen: preces 10, 483.

ex-ōro, āvi, ātum, āre, inständig bitten, durch Bitten bewegen: *part.* exoratus, 5, 418. 9, 700. arae non exoratae, unerbittlich 7, 591.

exorsus, a, um, ſ. exordior.

exōsus, a, um, (sehr) hassend, voll Haß gegen: alqd 1, 483. 7, 367. 524. 14, 92.

ex-pallesco, pallŭi, ĕre, erblassen 1, 543. toto ore 4, 106. 6, 602.

expēdĭo, īvi, ītum, īre, loswickeln, abwickeln: subtemen 6, 57.

ex-pello, pŭli, pulsum, ĕre, heraustreiben, wegtreiben: alqm 4, 651. aethere 2, 595. domo patria 11, 269. juvencos monte 2, 843. zeugmat. expulit animaque rotisque, aus dem Leben zugleich und den Rädern schmettert er ihn 2, 313. sanguis expulit sagittam, trieb heraus 6, 259. 13, 394. sagittam arcu, abschnellen 8, 381. se in auras, sich zur Welt befördern 9, 705. undis expelli, hervorschießen 15, 511; übertr. animam, Seele austreiben, das Leben nehmen 6, 618. quietem, verscheuchen 8, 828.

ex-pendo, di, sum, ĕre abwägen: causam meritis 13, 150.

expērĭens, ntis, ſ. experior.

expērĭentĭa, ae, *f.* Probe, Prüfung: veri, der Wahrheit 1, 225. fide (= fidei) 7, 737.

expērĭor, pertus sum, īri, erproben, prüfen 1, 222. vires 2, 392. — 2) (verfuchsweife) **unternehmen**, (zu thun) **verfuchen**: dare 7, 175. *partic.* experiens als Abject., „unternehmend"; daß. mit *gen.* kundig, erfahren (in): laborum 1, 414. abfol. erfahrungsreich 14, 159.

expers, tis, (pars), an etwas nicht Theil nehmend: belli 5, 91. — 2) etw. entbehrend, ohne etwas, mit *gen.* 2, 381. 15, 202. doloris, frei von 4, 418. cibi, fich enthaltend 4, 262. viri, unvermählt 1, 479. necis, unfterblich 9, 252. aequoris, nie ins Meer tauchend, nie untergehend 13, 727.

ex-pĕto, īvi, ītum, ĕre, nach etwas trachten, etw. begehren, mit *acc.* 9, 48. 13, 741; mit *infin.* 7, 476. 9, 550.

ex-pīlo, āvi, ātum, āre, „ausplündern"; daß. oculos genis, rauben 13, 562.

explĕo, ēvi, ētum, ēre, ausfüllen: orbem 7, 530; bildl. eine Verpflichtung erfüllen: opus, verfehen 3, 649.

ex-plĭco, āvi, ātum u. ŭi, ĭtum, āre, entfalten, entwickeln: orbes 15, 720.

explōro, āvi, ātum, āre, ausforfchen, ausfpähen, unterfuchen: moenia caeli 2, 403. iter motu (durch Unhertaften) 10, 456 mit *acc. c. infin.* 5, 362. mit abhäng. Frage 15, 642. — 2) unterfuchen, prüfen: ventos 9, 592.

ex-pōno, pŏsŭi, pŏsĭtum, ĕre, herausfetzen od. legen: pisces insuper (d. i. auf den Rafen) 13, 933; orbe exponi, ausgefch offen werden von 8, 117; insbef. ans Land fetzen, ausfetzen: alqm 13, 46. arenis expo itus, an den Strand geworfen 11, 56. — 2) ausfetzen, preisgeben: Lilybaeon expo itum zephyris 13, 726. — 3) bildl. mit Vorten auseinanderfetzen, fchildern: causa 4, 469. amores 10, 439.

ex- osco, pŏposci, ĕre, (dringend) fordern: opem votis, erflehen 9, 546. — 2) erforde rn: opes 11, 201.

exp ĭmo, pressi, pressum, ĕre (premo), ausdrücken, auspreffen: liquorem 12, 438. expressum curvamen, herausgedrückt 3, 672. — 2) „durch Abdruck formen"; daß. bildl. nachbilden, darftellen: vultum 11, 636.

exprŏbro, āvi, ātum, āre, zum Vorwurf machen, vorrücken: alcui alqd 13, 69.

*****expugnax**, ācis, bezwingend, wirkfam: herba expugnacior 14, 21.

ex-pugno, āvi, ātum, āre, „überwinden"; bildl. zu Ende bringen, durchfetzen: coepta 9. 619; *part.* expugnans als Adject., wirkfam: herba 14, 21.

exquīro, sīvi, sītum, ĕre (quaero), genau forfchen 10, 394.

exsanguis, e, blutlos: animae 10, 41. umbrae 4, 443. signum 2, 831. — 2) blaß, bleich 9, 224. herbae 4, 267. tabum 15, 627. daß. erblaßt = todt 2, 647. 4, 244. 5, 136.

ex-sătĭo, āvi, ātum, āre, völlig fättigen: clade exsatiatus 8, 542.

ex-sătŭro, āvi, ātum, āre, (völlig) fättigen 5, 19 (exsaturanda, um fich zu fättigen).

exsĕcror, ātus sum, āri (v. sacer), verwünfchen, verfluchen 13, 329. 14, 191. verba exsecrantia 5, 105.

exsĕquĭae, ārum, *f.* (v. exsequor, begleiten), Leichenbegängniß, Leichenzug 13, 687.

exsĕquĭālis, e, zum Leichenbegängniß gehörig: carmen, Grablied 14, 430.

ex-sĕquor, cūtus sum, sĕqui, „verfolgen"; bildl. ausführen: mandata 14, 602.

ex-sĕro, rŭi, rtum, ĕre, hervorftrecken: bracchia aquis 2, 271. caput ponto 13, 838. se, fich (aus Licht) hervordrängen 10, 505. — 2) herausreißen, losmachen: bracchia 9, 57.

exsĭlĭo, ŭi u. ĭi, ultum, īre (salio), herausfpringen, hervorfpringen 3, 670. 7, 320. e vulnere 6, 77. nubibus 6, 696. oculi exsiluere, traten heraus 12, 252. — 2) in die Höhe fpringen, auffpringen 3, 670. 9, 314. loco 14, 406. stratis 5, 35. gremio 10, 410.

exsĭlĭum, i, *n.* (v. exsul), unfreiwillige od. freiwillige Verbannung, Exil 3, 5. 132. 625. 10, 232. 13, 61. Flucht aus dem Vaterlande 15, 515. Leben in d. Fremde 8, 184.

ex-sisto, stĭti, ĕre, hervortreten, zum Vorfchein kommen 2, 264. 3, 110. 5, 413. 13, 893. 15, 274. — 2) (etwas) werden 6, 654. 15, 751.

ex-spătĭor, ātus sum, āri, von d. Bahn abfchweifen 2, 202. 15, 454 (longe, „zu weit"). von Flüffen, austreten 1, 285.

exspecto, āvi, ātum, āre, „nach etwas ausfchauen"; daß. 1) etwas abwarten: ultimam diem 3, 136. haud exspectato vulnere, ohne den Todesftreich abzuwarten 7, 595. — 2) auf etwas warten, harren, etwas erwarten: alqd 3, 378. 7, 812. 9, 722. alqm 14, 418. area exspectat messes 8, 293. flamina exspectata, obgleich erfeint 13, 183. umbrae non exspectatae, unerwartet 15, 564. ora resolvit exspectato sono (*dativ.*), zu der erwarteten Rede 13, 126. ante exspectatum, ehe man es erwartete 4, 790. 8, 5.

exspes (nur im *nom.* gebräuchl.), hoffnungslos, ohne Hoffnung 14, 217.

ex-spīro, āvi, ātum, āre, aushauchen: auras 3, 121. animam 5, 106. *intr.* hervorblafen 15, 300.

ex-spŏlĭo, āvi, ātum, āre, ausplündern, berauben: genas oculis 13, 562.

exstans, f. exsto.

ex-sterno, āvi, ātum, āre, außer Fassung bringen, entsetzen 1, 641. 11, 77.

ex-stĭmŭlo, āvi, ātum, āre, stacheln, aufreizen 5, 165. 6, 459.

ex-stinguo, nxi, nctum, ĕre, auslöschen: flammas 15, 778. lumen 1, 721; bildl. flamma exstincta 7, 77. ignis et dolor exstinctus est (erlosch) 8, 523. nec sitis prius est exstincta quam vita 7, 569; übertr. a) **vernichten, vertilgen:** nomen 1, 201. — b) v. Lebenslicht auslöschen, **tödten:** *pass.* exstingui, sterben 3, 470. exstinctus, getödtet, entseelt, todt 4, 151. 6, 402. 8, 446. 10, 486. 11, 381. 587. 15, 486.

ex-sto, āre, hervorstehen, hervorragen 2, 355. 3, 78. 8, 804. super aequora 11, 358. supra profundum 1, 332. de gutture 6, 236. de pectore 9, 128. silvis (über) 12, 352. colla exstant toris, strotzt v. Muskeln 2, 854; signa exstantia, erhaben gearbeitete Bilder 12, 235. crater exstans altis signis, an dem erhaben gearbeitete Bilder hervortraten, mit erhabenem Bildwerke 5, 81. — 2) meton. **sichtbar sein, vorhanden sein** 8, 861. 13, 569. 14, 73.

ex-strŭo, xi, ctum, ĕre, aufschichten, aufthürmen: acervos 5, 88. mensas dapibus, reich besetzen 11, 120.

exsŭl, ŭlis (v. ex und solum, Boden, Land), ein Verbannter od. (freiwillig) Ausgewanderter 13, 145 (s. Phocus). 15, 589. exsulem esse, in der Verbannung leben 15, 61. exsul trahor, werde aus d. Vaterlande forgeschleppt 13, 510. mit *genit.:* exsul mundi, aus der Welt verbannt 6, 189. — 2) bildl. **beraubt:** mentisque domusque 9, 409.

exsulto, āvi, ātum, āre (v. exsilio), wiederholt **in die Höhe springen, aufspringen** 2, 864. 11, 78. aquae exsultantes, stark hervorsprudelnd 13, 892; insbes. beim Kochen **aufwallen** 6, 645. 7, 263. — 2) bildl. vor Freude ausgelassen sein, frohlocken 6, 283. 514.

ex-surgo, surrexi, surrectum, ĕre, aufstehen, sich erheben 3, 601.

exta, ōrum, *n.* Eingeweide (besond. die edlern der Opferthiere, welche zur Weissagung dienten) 2, 716. 15, 576. 795.

extemplō, *adv.* sogleich, sofort 1, 715. 776. 4, 176. 185. 5, 568. 6, 401.

ex-tendo, di, sum u. tum, ĕre, ausspannen, **ausstrecken**: rostrum 1, 536. humum, ausdehnen 15, 303. latus cursu extentum, im Laufe gestreckt 12, 477. *pass.* extendi, sich ausbreiten 1, 43. *part.* extensus, sich ausdehnend 11, 151. — 2) der Zeit nach **ausdehnen, verlängern**: luctus in aevum 1, 663.

extensus, a, um, s. extendo.

extentus, a, um, s. extendo.

ex-tĕnŭo, āvi, ātum, āre, schwächen, verdünnen: corpus 3, 396. extenuari in aquas, sich verdünnen 5, 429. — 2) bildl. in der Darstellung verkleinern, herabsetzen: facta 5, 320.

extĕrĭus, s. extra.

externus, a, um, „äußerlich"; dah. insbes. hinsichtlich der Familie od. des Staates **fremd, ausländisch** 9, 19. 14, 454. aurae, des Auslandes 13, 406. venus, Liebe zu einer Fremden 14, 380. quid moror externis, bei fremden Beispielen 8, 879; subst. externus, i, *m.* Fremdling 4, 648.

ex-terrĕo, ŭi, ĭtum, ēre, in Schrecken setzen, erschrecken: alqm 1, 638. 4, 488. exterrita nupsi, durch Schrecken eingeschüchtert 5, 418. — 2) fortscheuchen: *alqm* 13, 710.

ex-tĭmesco, tĭmŭi, ĕre, (sehr) in Furcht gerathen, sich fürchten 4, 337. *alqm,* vor Jemd. 2, 503.

extinguo, s. exstinguo.

exto, s. exsto.

ex-tollo, ĕre, emporheben: vultus ad aethera 13, 542.

extrā, *adv.* außerhalb 11, 535. *compar.* extĕrĭus, außerhalb 6, 420 (s. claudo).

ex-trăho, xi, ctum, ĕre, herausziehen: telum de vulnere 12, 119.

extrēmum, *adv.* am Ende, endlich 14, 431.

extrēmus, a, um (*superl.* v. extĕrus, a, um, „außen befindlich"), der äußerste, letzte: pars 5, 172. ora 6, 101. angulus 13, 883; partitiv: cuspis, Spitze der Lanze 2, 767. luna, im letzten Schimmer sichtbar 2, 117. tonitrua, verhallend 12, 52; — 2) entlegenst, entferntest 4, 21. 7, 266. 8, 788. orbis, der entferntest Theil der Erde 2, 254. recessus, innerst 3, 157. — 3) der Zeit oder Reihenfolge nach der äußerste, letzte: pars querelae 2, 665. tempora 6, 675. anni 4, 48.

ex-turbo, āvi, ātum, āre, heraustreiben: animas (*sc.* e corporibus) 15, 175.

exul, s. exsul.

exulto, s. exsulto.

ex-ŭlŭlo, āvi, ātum, āre, aufheulen 1, 233. 4, 521. 6, 597.

exŭo, ŭi, ūtum, ĕre, ausziehen, ablegen: pharetram humero 2, 419. artus mortales 9, 268. vincula sihi, sich abstreifen 7, 773. amplexus, sich losmachen von 9, 52. se monstris, sich befreien von 4, 591. exuit hominem hac, legte vermittelst dieser (Fichte) die Menschengestalt ab, d. i. wurde in diese verwandelt 10, 105. exuor, ich entkleide mich, lege ab, dah. mit *acc.*: cornua 7, 318. — 2) bildl. sich einer Sache entäußern, entledigen: metum 1, 622. animam, aushauchen 14, 777.

ex-ūro, ussi, ustum, ĕre, (völlig) verbrennen: herbas 2, 792. cornua 7, 318.

exŭvĭae, ārum, *f.* (v. exuo), die (abgezogene) Haut eines Thieres, Fell 1, 476. 8, 428.

F.

1. **făbĕr,** bri, *m.* jeder Arbeiter in hartem Stoffe; insbef. Schmied 12, 278.
2. **făber,** bra, brum, künstlerisch, meisterlich: ars, Baukunst 8, 159.

făbrĭcātŏr, ōris, *m.* Werkmeister, Bildner: mundi 1, 57.

făbrĭco, āvi, ātum, āre, (aus hartem Stoff) verfertigen, bilden: crateram 13, 683. tela, schmieden 1, 259. pocula fago fabricata 8, 669.

făbrīlis, e (faber), dem Arbeiter ob. Künstler eigen: dextra, kunstfertig 4, 175.

făbŭla, ae, *f.* Erzählung, Sage 4, 53. 189. 8, 123. Gegenstand der Sage 15, 429; insbef. Dichtung, Mährchen 10, 561.

făcĭēs, ēi, *f.* 1) das Aussehn, das Aeußere, die äußere Gestalt: hominum 1, 160. humana 2, 661. virginis 10, 250. equi 12, 400. hederae 4, 395. aquarum 8, 736. mentis et oris, Stimmung und Miene 5, 568; insbef. Schönheit 5, 582. 6, 182. 7, 716. 10, 548. loci, Anmuth 3, 414. — 2) Antlitz, Gesicht 2, 13. 6, 674. 8, 32. 322. 9, 367. 10, 578. 15, 587.

făcĭlē, *adv.* leicht 14, 697.

făcĭlis, e, thunlich, leicht: cera, leicht zu bearbeiten, geschmeidig 15, 169. deliciae, leicht zu beschaffend 13, 831. titulus, leicht zu erwerben 10, 602. — 2) *act.* zu etwas leicht geneigt; dah. willfährig, gnädig: dii 5, 559. 9, 756.

făcĭnŭs, ŏris, That 9, 150; insbef. Uebelthat, Frevel 1, 242. 4, 471. 5, 14. plenum 15, 469. meton. facinus excussit ab ore, den Greuelbecher 7, 423.

făcĭo, fēci, factum, ĕre (*fut. exact.* faxo 3, 271. 12, 594) machen, thun: opus 14, 268. scelus, verüben 7, 340. nefas 8, 483 sacra, Opfer veranstalten, opfern 3, 26. 7, 244. heilige Feste feiern 3, 702. jussa, ausführen 2, 798. convicia, Vorwürfe machen 9, 302. 14, 710. viam (iter), eröffnen, bahnen 5, 423. 15, 106. quid faciam? (Formel der Rathlosigkeit) was soll ich thun? 3, 465. quid faciat? 1, 617. 2, 187. 356. 3, 204. 6, 572. quicquid factura videtur, was sie auch immer scheint zu wollen 9, 526. facta puta, halte für gethan 4, 477. ne facite, das sei fern! 13, 447. fac mit *conj.* wohlan! 3, 13. facere in alquo („mit") 2, 524.

Insbef. a) machen, verfertigen: signum 14, 313. moenia, erbauen 12, 26. templa 10, 687. aras 15, 733. lanam, bearbeiten 6, 31. facto illo (*sc.* ebore), durch Bereitung dieses Elfenbeins 6, 411. — b) hervorbringen, schaffen: hominem 1, 78. angues, entstehen lassen 4, 803; insbef. von Künstlern: bildend darstellen, mit *acc. c. inf.* 6, 76. 108. 13, 692. — c) zu etwas machen, mit doppelt. *accus.*: alqm ... hostem 5, 94. alquam ... matrem 9, 492. vitium ... iter 4, 69. ora ... silicem 5, 249. ora ... patientia 2, 123. alqm ... attonitum 12, 498. disertum 13, 229. facit utile vinci, macht die Niederlage zum Heil 8, 57; *pass.* fieri mit doppelt. *nom.* zu etwas gemacht werden, etwas werden 2, 51, 237. 377. 4, 557. 600. 7, 124. 11, 82. 109. mit de („aus"): facere fontem de corpore 15, 551. candida de nigris 11, 315; mit ex 2, 647. 10, 700. — d) bewirken, veranlassen, verursachen: vulnus 1, 520. 3, 232. frigora 1, 56. amorem 1, 469. dolorem 4, 419. risum 2, 778. faciem noctis 1, 602. somnos 7, 153. notitiam 4, 59. gemitus 12, 487. conjugium, stiften 10, 295. metum, einflößen 5, 322. invidiam, erwecken 4, 548. ingenium (dichterische Begeisterung) 7, 433. votum, hervorrufen 11, 201. oblivia alcjus, Jemd. in Vergessenheit bringen 4, 208. fidem, Glauben erwecken 6, 566. nomen, Veranlassung geben zu 13, 617. 14, 616. lingua faciente, durch Schuld der Zunge 2, 540; mit *ut* (bewirken, daß) 7, 819. 13, 886. 14, 374. 731. 15, 8. 819; mit ne 12, 283. 14, 354; mit bloß. *conj.* 3, 271. 12, 594. 13, 875. facitote bibat, laßt ihn trinken 9, 377. facitote salutem, heißt ihn begrüßen 9, 378. di facerent forem (essem), möchten die Götter bewirken, daß ich wäre 8, 72. 9, 490; mit *acc. c. inf.* 7, 691. 10, 357. faciendo (ea) capi posse, indem ich bewirkte, daß es erobert werden konnte 13, 374. — e) geben: vires 8, 143. omen 10, 453. nomen 15, 96. aditum 7, 726. copiam 2, 157. 11, 278. arbitrium, überlassen 11, 100. jus caeli alcui, erwerben 15, 39. — f) prägn. leisten, thun: plura 13, 160. fortiter 13, 236. non facienda urbi, was die Stadt nicht leisten kann 7, 485; *absol.* handeln 13, 11. — g) eine Zeit durchmachen, zurücklegen: quinquennia 4, 292. — h) annehmen, den Fall setzen: fac, gesetzt daß, mit *acc. c. inf.* 2, 290.

factum, i, *n.* That, Handlung 5, 525. 3, 629. dei 3, 337. Dianae, näml. die

Senbung beš calybonifchen Eberš 8, 578.
— 2) Vorfall, Ereigniß: mirabile 4, 271.
747. 8, 611. recens 1, 164 (ſ. vulgo).
plur. baš Geſchehene 9, 618.
factus, a, um, ſ. facio u. fio.
fācundĭa, ae, *f.* Geſprächigkeit, Suaba
5, 677. — 2) Wohlredenheit, Berebſam=
keit 7, 505. 13, 137. 382.
fācundus, a, um, wohlredenb, beredt
6, 469. 12, 178. 13, 92. dicta 13, 127.
faex, cis, *f.* eig. Bodenſatz gegohrener
Flüſſigkeiten; bah. übrtr. 1) Schmutz 1,
68. — 2) von eingemachten Sachen: Saft,
Sauce 8, 665.
fāgīnĕus, a, um, von Buchenholz, bü=
chen 8, 654.
fāgus, i, *f.* Buche 10, 92. Buchenholz
8, 669.
falcātus, a, um (v. falx) ſichelförmig,
gekrümmt: ensis 1, 717. 4, 727. cauda
3, 681. sinus 11, 229.
falcĭfer, ĕra, ĕrum, Sichel tragenb
13, 930.
fallācĭa, ae, *f.* Täuſchung, Trug 8, 168.
13, 164.
fallālĭtĕr, *adv.* betrüglich 11, 643.
fallax, ācis, betrüglich, betrügeriſch 3,
1. 638. cibus 15, 476. sollertia 1, 391.
fiducia 11, 430. vultus 5, 279. ränkevoll
7, 326. 13, 712.
fallo, fĕfelli, falsum, ĕre, hintergehen,
täuſchen: alqm 3, 454. 655. 15, 474. quem
nulla fefellerat avis, d. i. der ſich nie in
einem Vogelzeichen geirrt hatte 13, 771.
pass. fallor, ich täuſche mich, irre 1, 607.
13, 641. 644. 774. non fallare putando,
du dürfteſt bich in beiner Meinung nicht
täuſchen 11, 84; inšbeſ. a) um etw. be=
trügen, etw. veruntreuen, betrüglich rauben:
depositum 5, 480. 9, 120. mandata, nicht
vollziehen 9, 697. omen, zu nichte machen
12, 218. — b) verborgen bleiben, v. Jemb.
unbemerkt bleiben, ihm entgehen: alqm
4, 94. 10, 528. 13, 462. lumina 4, 177.
6, 66. aetas fallit, vergeht unbemerkt 10,
519. — c) unmerklich machen: discrimina
8, 577. medias horas sermonibus, ver=
treiben 8, 651. laborem, erleichtern 6, 60.
14, 121.
falsō, *adv.* fälſchlich 11, 662.
falsus, a, um, 1) falſch, nicht recht:
simulacra, nachgebildet 4, 404. honor,
unverdient 5, 319; inšbeſ. a) unwahr, er=
bichtet: genitor 1, 754. pater 9, 24. mun-
dus (= Orcus) 15, 155. pericula 4, 787.
fabula 8, 123. odium 7, 297. manes 6,
569. dicta, Erdichtungen 7, 615. *subſt.*
plur. falsa, (Erdichtetes, Falſches) 9, 138.
10, 427 (ſ. moneo). — b) von bem, was
nicht ſeine wirkliche, ſondern eine verwan=
belte Geſtalt hat, unecht, nicht wirklich,

verwandelt, truggeſtaltet 2, 871. 3, 250. 5,
11. 6, 26. 125. 7, 360. 9, 75. 12, 473. 14,
358. ora non falsa, natürlich 10, 292.
— 2) betrüglich, trügeriſch: avis 5, 147.
os 10, 19. verba, 11, 206. fertilitas falsa
jacet, liegt (alš) trügeriſch barnieber 5,
482. lingua non falsa, wahrheitrebenb
2, 631.
falx, cis, *f.* Sichel 7, 227. 9, 383. 13,
766. — 2) Gartenmeſſer, Hippe 14, 628.
640. 649.
fāma, ae, *f.* Gerede ber Leute, Sage,
Gerücht: vaga 8, 267. loquax 9, 137; mit
genit. objecti 5, 256. 6, 267. 9, 141. 666.
10, 28. fama est, eš geht die Sage 2, 268.
3, 700. 4, 305. fama fert, baš Gerücht
trägt ſich 12, 197. 200; Fama alš mytho=
log. Perſon 12, 43. — 2) baš Urtheil der
Menge, die öffentliche Meinung 7, 146, 9,
556; inšbeſ. objectiv ber gute Ruf, Ruhm
3, 512. 546. 7, 58. 475. 14, 732. operis
1, 445. formae 5, 580. faciendae lanae
6, 30. laborum 9, 14. equus magnae fa-
mae, hoch berühmt 7, 542.
famēs, is, *f.* ber Hunger 11, 371. ci-
borum („nach") 15, 138; alš mytholo=
giſche Perſon 8, 784. *(abl.* fāmē gemeſſen
5, 165. 8, 784. 843. 11, 369. 13, 52).
fămŭla, ae, *f.* Dienerin 4, 5. 14, 311.
fămŭlāris, e, zum Diener gehörig:
alcui jura famularia dare, Sclavengeſetze
geben, d. i. Jemb. zum Sclaven machen
15, 597.
fămŭlus, i, *m.* Diener 3, 694. sacro-
rum 3, 574.
fandus, a, um, ſ. for.
fār, farris, *n.* Dinkel, Spelt (älteſte
Getreibeart ber Römer) 5, 131.
fare, ſ. for.
Farfărus, i, *m.* Fluß im Sabiner=
lande, Nebenfluß beš Tiber 14, 330.
fās, *n. indecl.* waš bem göttlichen und
Naturgeſetze gemäß iſt, Pflicht, Recht: fas
nefasque, Recht und Unrecht 6, 585. 9,
552. neque fas habet, hält'š für unziem=
lich 2, 767. fas est, eš iſt recht 9, 510.
fas piumque est eš ziemt ſich und iſt
pflichtgemäß 15, 867. fas est, mit *inf.*,
eš iſt zuläſſig, geſtattet, erlaubt 2, 57. 645.
4, 428. 5, 417. 6, 649. 9, 385. 748.
fassus, a, um, ſ. fateor.
fastīdĭum, i, *n.* Wiberwille, Ekel, *plur.*
2, 774 (ſ. duco).
fastīgĭum, i, *n.* Giebel beš Dacheš;
inšbeſ. *plur.* ber mit Bildſäulen geſchmückte
Vorbergiebel an Tempeln und Paläſten 1,
373. 2, 3. 15, 672.
fastŭs, ūs, *m.* (ſchnöder, verletzenber)
Stolz, *plur.* 14, 762.
fatālis, e, vom Schickſale beſtimmt:
lex 3, 316. 10, 203. ora 15, 54. — 2) baš

fataliter felix 93

Menschen oder Ortes) be=
ingnißvoll: crinis 8, 85.
signum 13, 381. gleba
a, Schicksalsfäden 8, 453;
Verderben bringend: au=
Callirhoë). tyrannus 15,
ödtlich 5, 182.
lv. dem Verhängnisse ge=
s sum, ēri, bekennen, be=
4, 685. vera 9, 53. amo-
ı ... servatorem, beken=
paupertatem fatendo,
ihre Armuth sich nicht ver=
atendo amare, durch Ge=
12, 407. mit *acc. c. inf.*
l1, 134. cogor superata
rwunden zu bekennen 9,
erkennen geben: se 8, 53.
Gott 12, 601.
a, um, Schicksal verkün=
: os 9, 418.
a, um, Schicksal verkün=
: sortes 15, 436.
um, Schicksal verkündend,
1. 3, 348.
ērum, Tod bringend, tödt=
251. ensis 12, 492.
tum, āre, ermüden: *alqm*
in dente 8, 825. vicina
— 2) plagen, heimsuchen:
ıſſkommen lassen) 5, 485.
von einander gehen, ver=
ımmis fatiscunt, schwin=

(v. for), 1) Götterspruch,
t in fatis, steht im Buche
, 256. — 2) Verhängniß,
)eimnißvolles höheres Ge=
uperabile 15, 807. *plur.*
30. fata dant 7, 692. 10,
534. 11, 408. jubent 15,
548. negant 10, 38. 634.
ıg, Verhängniß, Geschick:
59. se dixit fati iniqui,
unglücklichen Geschick un=
ıglückskind 7, 828. fatum
ot vom Schicksale beschie=
. 2, 655 (f. resto). 9, 336.
ta, Verwandlung 11, 759;
eſtimmtes Lebensziel, Leben
ıa fata, die letzten Augen=
3, 478. — b) Untergang,
ller, gewaltſamer Tod 2,
2. *plur.* 1, 358. 6, 5. 51.
(f. in). 605. 8, 442. 9,
38. 668. 13, 54. 180. 379.
, f. for.
f. Faunus.
ein uralter König in La=

tium, Enkel des Saturnus, Sohn des Pi=
cus, lehrte sein Volk Ackerbau und mildere
Sitten 13, 750; später wurde er mit dem
griechischen Wald= und Heerdengotte Pan
verwechſelt, gleich dieſem vervielfältigt und
mit Hörnern und Bocksfüßen dargestellt 6,
329. 392. 1, 193. - Dav. **Faunigĕna**,
ae, m. vom Faunus abstammend, Sohn
des Faunus, d. i. Latinus 14, 449.
faustus, a, um, von günstiger Vorbe=
deutung, günstig: omen 6, 448. 9, 785.
fautrix, īcis, *f.* Gönnerin, Beschützerin
3, 101.
faux, cis, gew. *plur.* **fauces**, ıum, *f.*
Schlund, Kehle 2, 282. 6, 355. 8, 829. 9,
79. 14, 1. 738.
făvĕo, fāvi, fautum, ēre, geneigt ſein,
gewogen ſein: alcui 6, 328; insbeſ. a) be=
fördern, unterſtützen, beiſtehen: *alcui* 2,
747. 9, 281. 15, 759. 870. ingeniis 8, 252.
timori 7, 721. armis 13, 576. hac pro
parte = huic (Perseo) 5, 153. absol. fa-
veat fortuna, möge (mir) mit Fortuna
günstig sein 13, 334. venti faventes, gün=
ſtig 15, 49. — b) Beifall ſchenken: verbis
suis 3, 388. operi, mit Lust betreiben 15,
367; bei heil. Handlungen, andächtig ſein:
linguis animisque (mit Herz u. Mund) 15,
677. faventes, die Andächtigen 7, 451.
făvilla, ae, *f.* glimmende Aſche, Funken
2, 231. 7, 80. 8, 667. Todtenaſche 13, 697.
Făvōnius, i, *m.* der Weſtwind 9, 661.
făvŏr, ōris, *m.* Gunſt, Zuneigung, Be=
günſtigung 9, 246. 426. — 2) Beifallsruf,
Applaus 10, 656; bei heiligen Handlungen,
Andacht 15, 682.
făvus, i, *m.* Honigſcheibe, Wabe 8, 677.
fax, făcis, *f.* 1) Kienſpan, harziges Holz=
ſcheit 7, 259. 8, 644. Feuerbrand 14, 531;
insbeſ. Fackel 1, 493. 3, 508. als Attribut
der Furien 4, 482. 508. 6, 430. 10, 350.
des Cupido 1, 461. 10, 312. Hochzeitsfackel,
welche der nach dem Hauſe ihres Gatten
geleiteten Braut vorgetragen wurde 10, 6;
daſ. meton. Vermählung 7, 49. — 2) feu=
rige Lufterſcheinung 15, 787. — 3) bildl.
Anreizungsmittel: furoris 6, 480.
faxo, f. facio.
fēcundus, a, um, fruchtbar (v. Ge=
ſchöpfen und der Erde) 1, 419. 2, 472. 7,
417. 9, 70 (f. echidna). 13, 505. fons, waſ=
ſerreich 14, 791. papavera, üppig wuchernd
11, 605; mit *abl.* ergiebig an 3, 31. 8,
222. 10, 220. — 2) übertr. in Fülle vor=
handen, reichlich 1, 680. — 3) befruchtend:
aurum 4, 698.
fĕl, fellis, *n.* Galle 2, 777.
fēles u. **felis**, is, *f.* Katze 5, 330.
fēlīcĭter, *adv.* glücklich 7, 659. 10, 247.
felix, ıcis, Glück bringend, beglückend:
omen 10, 5. signa 7, 620. tempus 7, 511.

sententia, glücklicher Rath 13, 319; von Früchten: herzerfreuend, köstlich 9, 92. 13, 719. 14, 627. — 2) *pass.* beglückt, glücklich 14, 642. studio 5, 267. nato 11, 266. conjuge 6, 681. 7, 799. 9, 333. quo conjuge, als seine Gattin 7, 60. cursus, vom Glück begünstigt 15, 13.

fēmĭna, ae, *f.* Weib (hinsichtl. des Geschlechts) 3, 326. 18, 451 (s. plus) Mädchen 9, 705. 791; collect. d. weibl. Geschlecht 1, 413. cuncti femina virque 6, 314; von Thieren: Weibchen 2, 701. 9, 732. 15, 409.

fēmĭnĕus, a, um, weiblich, Weiber-...: sors 6, 680. tela 8, 392. clamor 12, 226. jactus, des Weibes 1, 413. venus, Weiberliebe 10, 80. Mars, Kampf mit einem Weibe 12, 612. cupido, zum Weibchen 9, 734; non femineum vulnus heldenmüthig 13, 693.

fĕmŭr, ŏris, *n.* Oberschenkel 3, 312. 8, 371. corpus femorum = femora 14, 64.

fĕnestra, ae, *f.* Fensteröffnung 14, 752.

fenīlia, um *n.*, Heuboden 6, 457.

fēnum, i, *n.* Heu 14, 645.

fĕra, s. ferus, a, um.

fĕrālis, e, zu den Todten gehörig: papilio, Sinnbild des Todes (auf Grabdenkmälern) 15, 374; übertr. Tod bringend: dona 9, 213.

fĕrax, ācis, fruchtbar 1, 314. 693; mit *genit.* „an etwas" 7, 470.

fĕrē, *adv.* beinahe, fast 2, 497. 3, 708. 10, 174. 12, 584. — 2) gewöhnlich, in der Regel 7, 804.

fĕretrum, i, *n.* (von fero) „Tragbahre"; insbes. Todtenbahre 3, 508. 14, 747.

fĕrīnus, a, um, vom Wilde,... des Wildes: vellera 11, 3. vultus 7, 270 (s. lupus). caedes 7, 675. 808.

fĕrĭo, īre, schlagen, hauen: alqm 3, 330. ense 12, 389. se 10, 386. pectora 4, 554. 590. 11, 682. subtemen 6, 58. treffen: alqm 12, 479. 566. tympana saxo, werfen auf 12, 481. sol (radiis) ferit cacumina, trifft 7, 804. 9, 93; insbes. tödtlich schlagen, tödten, erlegen 3, 119. 715.

fĕrĭtās, ātis, *f.* wildes Wesen, Wildheit 2, 239. 13, 768. Grausamkeit 8, 601. wilde Kraft 3, 304.

fĕro, tŭli, lātum, ferre, A) tragen: caelum cervice 9, 198. arma contra alqm, d. Waffen führen, kämpfen 4, 609. 13, 269. pro aquo 13, 596. de re 12, 621. tela conjuncta, vereint angreifen 11, 378. in alqm mit den Waffen auf Jemd. eindringen 12, 495; bildl. **tragen**: dolorem corde 11, 329. nomenque curasque 15, 837. onus 15, 820. Insbes. 1) an sich tragen: mortalia 13, 950. nitorem in ore 11, 272. — 2) wegtragen, forttragen, mit sich nehmen:

trabes 8, 551. alqd secum 13, 426. inde 13, 928. solatia ad manes 5, 73. 191. venti ferunt verba, führen davon 8, 135. impune ferre, ungestraft davonkommen, ungestraft bleiben 2, 474. 8, 494. 11, 207. 12, 265. 14, 383; dah. a) (= efferre) begraben: alqm funeribus 7, 606. — b) (= referre) als Lohn, Besitz davontragen, nehmen, erhalten 2, 45. 134. 5, 28. 7, 688. 8, 387. 9, 233. 13, 19. 383. quod petis 11, 287. vulnus 12, 313. partem, Antheil erhalten 12, 154. 14, 24. — 3) als Frucht tragen, hervorbringen 1, 109. 4, 51. 7, 224. 10, 309. 737. 14, 627. monstra 9, 736. miracula 9, 668. — 4) ertragen: pondera 13, 108. onus 15, 403 (s. sum). ventrem 9, 684 (s. sum); bildl. (Lästiges) ertragen, aushalten, dulden: alqd 2, 22. 232. 271. 3, 309. 487. 4, 422. 549. 6, 134. 8, 437. 11, 442. 12, 132. 13, 707. 14, 487. vulnera 2, 287. tela 13, 118. famem 15, 355. sitim 15, 269. mala 1, 669. tormenta doloris 14, 716. flammas 3, 464. paupertatem 8, 634. timorem 1, 360. taedia 13, 214. moram 10, 497. alqm 1, 753. 12, 355. 470. alqd non impune, nicht ungestraft dulden 8, 279; mit Objectssatz 5, 520; mit *acc. c. inf.* 2, 628. 12, 555. aegre ferre, übel aufnehmen, worüber zürnen 8, 592. 12, 533. non ferendus, unerträglich 10, 628. — 5) (tragend) bewegen: manus ad colla, ausstrecken 4, 335. gradus (gressus), schreiten, einherschreiten 6, 275. 8, 38. vago gradus, schweifen 7, 184. pedes (passus) retro, den Fuß wenden, zurückweichen 4, 134. 12, 136. 14, 756. lassos passus, müden Schrittes gehen 14, 120. membra, gehen, sich bewegen 3, 277. 15, 222. sublimia membra, sich emporschwingen 12, 565. vestigia, seine Schritte richten 2, 21. rates, treiben 14 548; bildl. **treiben**: alqm 1, 581. 5, 269. fata ferunt alqm 3, 176. animus fert, der Geist treibt mich, ich fühle mich getrieben ich habe Lust 1, 1. 775; insbes. *pass.* ferri von jeder raschen und gewaltsamen Bewegung: a) **fortgerissen werden, geschleudert werden** 2, 164. 184. 321. 4, 623. in praeceps, jäh herabstürzen 15, 69. in inferius, abwärts gezogen werden 15, 241; bildl. quo (mente) feror, wohin lasse ich mich fortreißen? 9, 509. 10, 320. — b) eilen, rennen, stürmen, stürzen 2, 207. 3, 227. 530; feindl. (in alqm), losstürzen, hervorstürzen, hervorschießen 3, 80. 5, 167. 8, 339. 360. (rasch) fahren 5, 406. segeln, schiffen 6, 513. 7, 67. 11, 443. 13, 628. 15, 702; strömen 8, 582. vox fertur de gutture, entfährt 2, 484. bildl. magno aequore ferri (s. aequor) 15, 176. — 6) erheben: super astra ferri 15, 876; dah. preisen (= efferre) 7, 61 (s. conjunx). 13, 20. —

ferox fetus 95

tragen, verbreiten: fama
trägt sich 12, 197. 200.
inf., man erzählt, sagt
158. 2, 331. 3, 399. 6,
32. alii ferebant 12, 523.
inf., man erzählt, daß
aß ich... 2, 452. 3, 252.
. 10, 240. mutata ferar,
eißen 14, 152.
uxilium 2, 580. opem
sua verba (f. con-
vim (= inferre), Ge=
4. 4, 239. 14, 402. vul-
499. legem, beantragen
m, Stimme abgeben 15,
ferre) darbringen: dona
3, 445. tura superis 11,
589. honorem 10, 682.
29. — 2) bildl. mit sich
si fors tulit, wenn der
97. 11, 751. — 3) hinter=
richten: alqd 1, 756. 11,
acc. c. inf. 6, 470. 14,

on stürmischer Natur";
thvoll, kriegerisch 5, 119.
357. bello 11, 294. —
üthend 1, 758 (f. ille). 4,
dolore 3, 68. bellum
490. ira 11, 323. dicta
ch 14, 377. 715. ferox
Sinnes 8, 613.
n, mit Eisen beschlagen

l, aus Eisen, eisern 8,
tr. a) fest: decreta, un=
.. quo ferrea resto, ich
t eiserner Dauer 13, 516.
1, 721.
f. Eisenrostfarbe, dunkle
4. 15, 789. viridis fer-
13, 960.
Eisen 1, 127. 15, 810;
hllosigkeit 7, 33. 9, 614
meton. a) jedes eiserne
:t 4, 119. 720. 5, 226.
ferrum et ignis, Feuer
Werkzeuge der Gewalt=
ötung 3, 550. 698. 12,
15, 872; Lanzenspitze 3,
3, 90. 5, 39. 132. 12,
fspitze 3, 67. 71. 8, 353.
Pfeilspitze 6, 236. 9, 128.
51. Art 8, 751. 768.
Messer 13, 476. 15, 464.
12. Panzer 13, 392 (qua
dreibgriffel 9, 522. — b)
er 15, 260.
htbar 6, 317. 396. —
b, Frucht schaffend: dea

fertīlitās, ātis, f. Fruchtbarkeit 2, 285.
5, 481.
fĕrŭla, ae, f. Pfriemkrautstengel 4, 26
(f. Silenus).
fĕrus, a, um, ungezähmt, wild, von
Thieren und Pflanzen 7, 373. 11, 56. 511.
13, 917. robora, wildernd 14, 391; subst.
ferus, i, m. wildes Thier 8, 355. 382. 400.
422. 11, 396. fera, ae, f. a) wildes Thier,
Wild 1, 216. 458. 3, 410. 4, 106. 7, 765
(f. pestis). 11, 600. von einem Seeunge=
heuer 4, 713. 719. — b) überh. Thier 1,
75. 2, 78. 4, 780. 15, 83. 167. 222. v. Pferde
6, 77. — 2) übertr. a) wild, grausam, grim=
mig 1, 185. 11, 37. cor 6, 282. ingenium
15, 85. ardor 8, 469. dolor 13, 317. bella
7, 212. facta 3, 248. arma 5, 4. ensis 13,
343. fulmina 2, 61; subst. ferae, die Ra=
senden, die Mänaden 11, 37. — b) schreck=
lich, entsetzlich: sacra 13, 454. praeda 7,
31. regia 4, 438. vultus 13, 767.
fervens, f. ferveo.
fervĕo, bŭi u. ui, ēre, vor Hitze wallen,
glühen, heiß sein 5, 406. 7, 263. 560. 10,
127. part. fervens, glühend, heiß: aurae
2, 229. vulnus, noch warm 4, 120. aquae,
siedend 1, 228. 8, 650; übertr. vom Meere,
aufwallen, brausen 3, 571. 11, 549. 14, 48.
— 2) bildl. leidenschaftlich glühen, aufbrau=
sen: ab ira 2, 602. fervens ira 8, 466.
fervĭdus, a, um, siedend heiß: spuma
8, 287; bildl. hitzig: ingenio 14, 485.
fervŏr, ōris, m. Hitze, Gluth 1, 119.
2, 175; übertr. juventae 15, 209.
fessus, a, um, ermüdet, erschöpft, ent=
kräftet 3, 163. 5, 446. annis 7, 163. curis
8, 83. funeribus 15, 628. sterbend 3, 502.
15, 527; übertr. undae 1, 582. axis 4,
634. carina 11, 393. puppis 6, 519.
festīno, āvi, ātum, āre, eilen, sich be=
eilen 6, 79. trans. vestes, eilends bereiten
11, 575.
festīnus, a, um, eilig, eilend 11, 347.
festum, f. festus, a, um.
festus, a, um, festlich, feierlich: dies 6,
437. 10, 270. tempus 8, 657. pax 2, 795.
ululatus 3, 528. chorea 8, 746. theatrum
3, 111. corona 10, 598. festlich geschmückt
2, 712. 12, 214; subst. festum, i, n. Fest.
4, 390. festum agere 11, 95. celebrare 4,
4. 5, 113. plur. 4, 33. 5, 3. 10, 277. 431.
14, 477.
fetūra, ae, f. junge Zucht, Anwuchs v.
Jungen 13, 827.
fētus, a, um, befruchtet, trächtig: arvum
7, 129. loca ulvis, fruchtbar an 14, 103.
— 2) was geboren hat, Junge geworfen
hat: ursa 13, 803.
fētŭs, ūs, m. das Gebären, die Geburt
1, 433. — 2) Leibesfrucht 8, 133. geminus,
Zwillinge 6, 111. apium, Brut 15, 382.

fibra — fingo

cervae, Hirschkalb 6, 637. olivae, junger Oelbaum 6, 81; v. Pflanzen, Frucht 4, 161. 14, 689. arboreus 4, 125. 10, 665. 14, 625. 15, 97. arbuteus 1, 104. Traube 8, 294.

fibra, ae, f. Faser: radicis 14, 633. — 2) vom thierischen Körper, Fiber 6, 391; dah. überh. Eingeweide 7, 600. 11, 248. 13, 637. 15, 136. 580. 795.

fibŭla, ae, f. Spange, Agraffe 2, 412. 8, 318. 14, 394.

fictĭlis, e (v. fingo), irden, thönern: subst. fictile, is, n. irdenes Gefäß 8, 668.

fĭdēlis, e, treu, ehrlich: sententia 13, 319. monitus, zuverlässig 13, 722.

fĭdēlĭus, adv. (comp. v. fideliter), getreuer, treulicher 7, 563.

1. fĭdes, ĕi, f. (gen. fide 3, 341. 6, 506. 7, 728. 737), Vertrauen zu Jemd. ob. etwas, Glaube 7, 833. 10, 302. non timida, furchtlose Zuversicht 9, 792. fidem facere, Glauben erwecken 6, 566; meton. 1) Redlichkeit, Treue 1, 90. 129. 2, 552. 5, 151. 6, 506. 9, 672. eheliche Treue 7, 721. 728. questa est de fide, über die verletzte Treue 7, 829; personif. Fides, Göttin der Treue 5, 44. — 2) Versprechen (der Treue), Gelöbniß 10, 81 (sc. Eurydicae). 14, 297. pacis 3, 128. fidem dare, einen Eid leisten 7, 46. das gegebene Wort 5, 151. — 3) Glaublichkeit, Glaubwürdigkeit, Wahrheit, 3, 341. 15, 283. polliciti 11, 107. falsa (Täuschung) 12, 567. fidem excedere 7, 166. fidem exhibere 7, 323. res habet fidem, ist glaublich 9, 706. si qua fides (sc. mihi est), wenn ich irgend Glauben verdiene 9, 55. 371. fide majus (res fide major), es ist kaum zu glauben, scheint unglaublich 4, 394. fide (veri) majora, was den Glauben (an die Wahrheit) übersteigt, kaum Glaubliches 3, 660. 7, 648. 12, 545. 13, 651; dah. a) Beglaubigung, Beweis, Bestätigung 15, 361. pacis 12, 365. facti fidem data munera solvit, als Bestätigung daß dies geschehen sei 11, 135 (die Lesart facti fide giebt keinen passenden Sinn). — b) Erfüllung, Erfolge: dicta (vota) fides sequitur 3, 527. 8, 711.

2. fĭdes, is, f. „Darmsaite"; meton. Laute, Saitenspiel 11, 167. plur. 6, 178.

fīdo, sus sum, ĕre, vertrauen, sich verlassen auf etwas, mit dat. u. abl. 7, 545. 8, 370. 9, 125. taedae, auf das Ehebündniß mit Antonius, durch welches Cleopatra Roms Königin zu werden hoffte 15, 827.

fĭdūcĭa, ae, f. Vertrauen, Zuversicht, mit gen. obj. (auf etw.) 7, 309. 8, 88. 9, 120. 721 (sc. conjugii futuri). tantae laudis, so großen Ruhmes theilhaftig zu werden 12, 625. Unterpfand, Sicherheit: regni 8, 10. vitae 1, 356; Selbstvertrauen 5, 309.

— 2) Vermessenheit: formae, Stolz auf 3, 270. 4, 687. 8, 434.

fīdus, a, um, treu, redlich 3, 58 (f. corpus). alcui 2, 745. 4, 281. aures 10, 382. sententia, redlich gemeint 13, 319. nox arcanis fidissima, treueste Hüterin der Geheimnisse 7, 192.

fīgo, xi, xum, ĕre, 1) anheften, befestigen: lacertos post terga 6, 552. linguam ad mentum 12, 458. oscula, aufdrücken 3, 25. 4, 141. oculos (vultum, lumina) in alquo, auf Jemd. heften 4, 196. 7, 87. 10, 601. 13, 456. (terrā) 13, 541; pass. figi, stecken bleiben, haften: in prato 1, 297. palato 12, 253; part. fixus, angeheftet, haftend: cacumine 6, 311. stellae sub aethere 2, 204. aes, die öffentlich angeschlagenen Gesetztafeln 1, 91. spolia, aufgehängt 8, 154. piscis nisi fixus, außer wenn er festhängt 8, 858; insbes. einstoßen, einbohren: mucronem tempore 5, 116. cornua humo, einstauchen 9, 84. dentes in acumine, einbeißen 3, 84. ungues cervicibus, einschlagen 4, 717. cornum in vultu, ins Gesicht stoßen 12, 451. telum in nympha, mit d. Pfeile treffen 1, 472; pass. figi, eindringen: in gutture 5, 173. tellure 8, 413. part. fixus, eingedrungen, haftend 3, 69. 8, 382. in pectore 6, 227. curvamine 3, 66. corpore 9, 206. — 2) durchschießen, durchbohren, treffen: alqm 1, 463. 10, 131. 712. 12, 335. 421. pectus 2, 504. 5, 659. 12, 331. cervicem 3, 92. dextram 5, 124. distantia 5, 55 (f. quamvis). robora rostro, hacken 14, 392. figitur in lumina, wird in die Augen gestochen 12, 268.

fĭgūra, ae, f. Gestalt, Figur (als äußerster Umriß) 1, 436. 2, 698. 7, 722. 15, 169. 253. suis 14, 286. humana 11, 175. — 2) bildl. Beschaffenheit, Natur 15, 308.

fīlĭa, ae, f. Tochter 1, 481. equi 10, 326.

fīlĭus, i, m. Sohn 1, 148. 463.

fīlum, i, n. Faden 4, 54. 396. 8, 173. 15, 372. deducere (ducere) 4, 36. 14, 265. fila, Gewebe 6, 34. d. Lebensfaden, welchen die Parcen spinnen 2, 654. — 2) übertr. Saite 5, 118. 10, 89.

findo, fĭdi, fissum, ĕre, spalten, zertheilen 2, 211. 4, 65. 10, 512. arva 3, 152. nebulas 2, 159. aëra, durchfliegen 4, 667.

fingo, nxi, ctum, ĕre, (künstlerisch) bilden, gestalten, formen: tellurem 1, 82. effigiem 14, 359. in artus, zu Gliedern 15, 381. simulacra, darstellen 11, 628. vultum, eine freundliche Miene annehmen 4, 319. in omnes formas fingi, sich in jede Gestalt umbilden 14, 685. imago ficta, künstlich nachgebildet 14, 323; bildl. a) sich vorstellen, sich denken 6, 492. 11, 118. mit acc. c. inf. 2, 74. 6, 197. 8, 114. 9.

506. 14, 213. — b) erdichten, erlügen: *alqd* 2, 745. 13, 67 (mihi = a me); mit *acc. c. inf.* 15, 502. quem finxit prodere, gab ihm fälschlich Schuld daß 13, 59; *part.* fictus, erdichtet, erlogen 5, 246. 7, 824. 9, 25. 767. 13, 9. 59. 734. 935. 14, 759. vox, Erdichtung 9, 55; verstellt: furor 13, 37. adulter 7, 741. gravitas, erheuchelt 7, 308. gemitus 6, 565; subst. fictum, i, *n.* Erdichtetes, Erdichtung 1, 771. 6, 614. 9, 707. 769. 12, 57.

finio, īvi, ītum, īre, begrenzen 11, 152. cavernas, verschließen 15, 345; übertr. a) begrenzen, beschränken: potestas numero finita 8, 880. — b) beendigen, endigen: bella 15, 747. poenas 1, 735. monitus 2, 103. cum luce dolorem 6, 272. iras 14, 582. metum 15, 602. spatium aevi 15, 874. annum 10, 79. famem, stillen 11, 371. animam, das Leben endigen 7, 591. aevum, sterben 15, 400; absol. aufhören zu reden, endigen 1, 566. 13, 123. 14, 441.

finis, is, *m.* (*fem.* 13, 755) Grenze, Begrenzung 2, 131. *plur.* Gebiet, Land 4, 568. 648. 6, 340. 15, 59. — 2) übertr. Grenze, Ende: operis 6, 82. erroris 14, 484. malorum 1, 733. loquendi 3, 368. finem in acumine ponunt, läuft in eine Spitze aus 14, 503. fine genus, bis ans Knie 10, 536. sine fine, unaufhörlich, ohn' Ende 11, 792. endlos 12, 316. grenzenlos, unermeßlich 7, 306. nulla cum fine, grenzenlos 13, 755. finem facere 6, 102. finem imponere alcui rei 6, 240. 8, 68. 15, 744. finis est dictis 4, 389. finis in ira est 5, 245. labor in fine est, ist am Ende 13, 373. finis (*sc.* temptaminum sororis) abest, die Versuchungen nehmen kein Ende 9, 633; insbes. Lebensende 11, 750.

finitimus, a, um, angrenzend, benachbart 6, 412. 14, 332; subst. finitimus, Grenznachbar 8, 117.

fio, factus sum, fĭeri, 1) werden, entstehen 15, 185. 244. fit fragor 1, 269. murmur 15, 35. *part.* factus, a, um, entstanden, geworden 5, 264. — 2) als *passiv.* zu facio, gemacht werden 6, 18. 4, 66. vestes factae, fertig 6, 17; mit *nom. praedic.*, zu etwas werden 2, 237. 6, 48. durch Verwandlung: 1, 237. 739. 2, 352. ex humeris armi fiunt 10, 700. pectus robora fiunt 11, 82. *part.* factus, verwandelt 5, 264. 15, 263. — 3) geschehen: facto illo, nachdem dies geschehen 6, 411. *part.* facta, ōrum, *n.* Geschehenes 9, 618.

*****firmāmen**, ĭnis, *n.* Stütze 10, 491.

firmo, āvi, ātum, āre, fest machen, stark machen: soporem 1, 715; bildl. a) ermutigen: *algm* 3, 689. animum 9, 745. — b) etwas als wahr bestätigen, bekräftigen: dicta 3, 333. minas 3, 368. promissa 10, 430.

firmus, a, um, stark, fest: moenia 2, 403. obex 14, 780. poples 15, 223. firmissimus irā, am stärksten gerüstet 7, 457.

fistŭla, ae, *f.* Röhre 4, 122 (bleierne Wasserröhre). — 2) die (mehrröhrige) Rohrpfeife, Hirtenpfeife 1, 688. 2, 682. 8, 192. 13, 784.

fissus, a, um, *f.* findo.

fisus, a, um, *f.* fido.

flăgello, āvi, ātum, āre, geißeln, peitschen 3, 94.

flăgellum, i, *n.* „Geißel, Peitsche"; übrtr. die Fangarme des Meerpolypen 4, 367.

flagro, āvi, ātum, āre, brennen, lodern 7, 395. 8, 456. flagrantes arae 7, 258. crinis a lumine flagrans, leuchtend 14, 847; bildl. leidenschaftlich flammen, glühen 2, 104. 4, 347. 6, 460.

flāmĕn, ĭnis, *n.* (v. flo), das Blasen, Wehen des Windes 2, 875. 7, 629. 11, 600. 664. *plur.* 1, 59. 528; meton. Wind 1, 263. 13, 184.

flamma, ae, *f.* Flamme, helles Feuer 5, 353. 9, 233. v. Blitze 1, 230. 2, 325; meton. Hitze 1, 51. 2, 454. — 2) übertr. a) brennende Farbe: rubra, flammendes Roth 11, 368. — b) Brand, Feuerbitze 7, 554. Feuer des Giftes 9, 172. — 3) bildl. brennende Begierde: gulae, brennende Gier 8, 846; insbes. Liebesflamme, Liebesglut: 1, 495. 3, 372. 7, 77. 14, 351. *plur.* 3, 464. 6, 466. 7, 17. 803. 8, 53. 325. 9, 509. 725. 14, 25.

flammĭfer, ĕra, ĕrum, „Flammen bringend", flammend, feurig 5, 442. 14, 796. 15, 849. hinnitus, gluthathmend 2, 155.

flātŭs, ūs, *m.* das Blasen des Windes, der wehende Wind 13, 418. 14, 226. *plur.* 7, 532. 15, 302.

flāvens, ntis (*part. v.* flaveo), goldgelb, gelblich 8, 670. 9, 689. 13, 848. 14, 97.

flāvesco, ĕre, goldgelb od. gelblich werden 5, 560. 8, 701. 9, 36. malae flavescunt, werden blondbärtig 6, 718.

flāvus, a, um, goldgelb, gelblich: arena 14, 448. Lycormas (wegen seines Sandes) 2, 245. cera 3, 487. mel 1, 112; blond 3, 617. 9, 715. 11, 165. Minerva 2, 749. 6, 130. flava comas, blondgelockt 6, 118. 9, 307.

flēbĭlis, e, beweinenswerth, kläglich 7, 518. 13, 620. 14, 748. — 2) klagend, kläglich: queritur flebile, Trauerguten 11, 52.

flecto, xi, xum, ĕre, 1) umbiegen, beugen, krümmen: partes 2, 821. cornua (arcus), spannen 1, 455. 4, 303. 5, 56. sinus, winden 15, 689; *pass.* flecti, medial: sich krümmen oder beugen 1, 409. 3, 672. in anguem 8, 881. in gyrum, im Kreise herumfliegen 2, 718. cera flectitur, läßt sich beugen 10, 286; *part.* flexus, a, um, gebogen, gekrümmt 2, 196. 603 (ſ. a.). 4, 340. 7, 313. curnua aeris flexi = cornua flexa ex aere facta 1, 98; gewundenen: error 8, 160. orbes 9, 64. cannae, geflochten 13,894; bildl. beugen (im Willen), umſtimmen, erweichen: alqm 11, 400. 450. 14, 697. mentem 9, 609. animos (iram Junonis) 2, 482. ira flectitur 1, 378. sententia 11, 439. — 2) wenden, lenken: regimen 3, 594. plaustrum 10, 447. habenas 2, 169 (conſtr. nec scit qua flectat ... nec qua sit iter). aves illuc 10,720. cursus in orbem 6, 225. vestigia ad 1, 372. vultus ad 4, 265. 10, 236. ora retro 3, 188. oculos 8, 696. 7, 584. 10, 57. lumina 5, 232. 8, 865.

flĕo, flēvi, flētum, ēre (flesse = flevisse 6, 404), weinen 1, 367. 3, 652. colonus fleturus, dem Jammer beſtimmt iſt 8, 291. — 2) *trans*. beweinen, beklagen: *alqm* 6, 394. 404. 10, 41. 11, 46. 14, 829. dolores, weinen über 4, 426. *part*. flendus, a, um, beweinenswerth 14, 474.

flesse, ſ. fleo.

flētŭs, ūs, *m.* das Weinen, die Thränen, Zähren 4, 140. 674. 6, 610. *plur*. 1, 584. 4, 693. 10, 136. fletus dare (ausbrechen in) 2, 340. fundere 11, 672.

flexĭlis, e, biegſam: cornu 5, 383.

*****flexĭpēs**, pĕdis, krummfüßig: hederae, ſchlingfüßig 10, 99.

flexŭs, ūs, *m.* Biegung: flexus pati, ſich biegen laſſen 5, 430.

flo, āvi, ātum, āre, blaſen, wehen 7, 664.

flōrens, ſ. floreo.

flōrĕo, ŭi, ēre, in Blüthe ſtehen, blühen 11, 605. *part.* florens als Abject., blühend: poma 14, 764; bildl. blühend, glücklich: Syros 7, 464. Asia 13, 484.

flōrĭdus, a, um, „blumenreich"; übertr. blühend (in Jugendfriſche): floridior 13, 790.

*****flōrĭlĕgus**, a, um, Blumenſaft ſammelnd: apes 15, 366.

flōs, ōris, *m.* Blüthe, Blume 9, 380. collectiv 9, 87; meton. Blüthenſaft 13, 928. — 2) Jugendkraft, Blüthe 7, 216. aevi, blühende Jugend 9, 436. primi, die Blüthe der Jugend 10, 85.

fluctŭs, ūs, *m.* Strömung, Fluth, Welle 1, 134. 8, 586. 11, 507. aequorei 15, 604.

fluĭdus, a, um, fließend, flüſſig: cruor 4, 482. sanguine, triefend von 14, 168; übertr. ſchlaff: lacerti 15, 231. — 2) auflöſend, erſchlaffend; calor 15, 362.

fluĭto, āvi, ātum, āre, fließen, wogen 11, 126; übertr. wallen, flattern 11, 470.

flūmĕn, ĭnis, *n.* fließendes Waſſer, Strömung, Fluth 7, 324. *plur.* 1, 280. 8, 557. 9, 94. 115. fontis 14, 788. — 2) Fluß 1, 39. 2, 637. flumina lactis 1, 111. Flußarme 5, 188. 15, 753; perſonif. Flußgott 1, 577. 5, 47. 576.

flūmĭnĕus, a, um, zum Fluſſe gehörig, ... des Fluſſes: undae 14, 599. volucres, Schwäne 2, 253.

flŭo, xi, xum, ĕre, 1) fließen 8, 163 (ſ. refluo). retro 13, 324. unda fluit capillis (palmis) 1, 266. 11, 117. fluunt lacrimae 3, 203. 4, 582. viscera lapsa, fallen heraus 8, 402. aurum fluit, wird flüſſig 2, 251; insbeſ. von etwas triefen: sudore 9, 57. cruore 7, 343. — 2) bildl. vergehen, wandelbar ſein 15, 178.

flŭvĭālis, e, zum Fluſſe gehörig, Fluß-...: undae 1, 82. anas 11, 773.

flŭvĭus, i. *m.* Fluß 7, 535. 9, 111.

fŏcus, i, *m.* Feuerſtätte, Heerd 8, 641. *plur.* 8, 671; insbeſ. Opferheerd, Altar 4, 753.

fŏdĭo, fōdi, fossum, ĕre, graben: arva, umgraben 11, 33. murum, untergraben 11, 535. — 2) durchſtechen: guttura 7, 315.

foecundus, a, um, ſ. fecundus.

foedo, āvi, ātum, āre, verunſtalten, beſudeln, beflecken: canitiem pulvere 8, 529. sanguine 3, 523. 7, 845. monstris foedari, verunſtaltet werden 14, 60.

1. **foedŭs**, ĕris, *n.* Bündniß, Bund 7, 46 (ſ. in). 469 (ſ. is). 7, 503. Verbindung 15, 460. ex foedere, dem Vertrage gemäß 10, 599. contra data foedera, dem gegebenen Verſprechen zuwider 2, 757. veneris, Liebesbund 3, 294. sociale 14, 380. conjugiale 11, 744. thalami ob. lecti, eheliche Vereinigung, Ehebund 7, 403. 710. 852; abſol. foedera, eheliche Verbindungen 9, 501. — 2) bildl. Anordnung, Geſetz: naturae 10, 353. Parcarum 5, 532.

2. **foedus**, a, um, garſtig, greulich, ſcheußlich: volucris 5, 549. convivia 1, 165. vulnus 12, 366. amor 10, 319. foedum relatu, grauſig zu erzählen 9, 167.

foenilia, um, *n.* ſ. fenilia.

foenum, ſ. fenum.

foetūra, ſ. fetura.

foetus, ſ. fetus.

fŏlĭum, i, *n.* Blatt (von Pflanzen) 4, 742. 10, 208.

fons, ntis, *m.* Quelle 1, 38. 5, 256 (ſ. Pegasus). *plur.* für *sing.* 2, 464. 3, 545.

fontānus, a, um, zur Quelle gehörig: numina 14, 327.

for, fātus sum, fāri (erſte Perſon for ungebräuchlich), ſprechen, ſagen 4, 770. 7, 689. 10, 731. 14, 167. 596. 15, 843. fando, durchs Hörenſagen 15, 497.

*****fŏrābĭlis**, e, durchbohrbar, durchbringlich 12, 170.

fŏrāmĕn, ĭnis, *n.* (gebohrte) Oeffnung 9, 129. 12, 44. (gebohrte) Röhre 4, 30. 123.

forceps, ĭpis, *m.* u. *f.* Zange 6, 556. 9, 78. 12, 277.

forda, ae, *f.* trächtige Kuh 13, 794.

fŏrĕ, ſ. forem.

fŏrĕm, ēs, ĕt, *plur.* forent, *imperf. conj.* (statt fuerem v. fuo, ich bin)=essem: a) in Hypothet. Sätzen 1, 359. 697. 3, 552. 7, 678. 738. 8, 46. 13, 129 15, 534. — b) in Finalsätzen 1, 35. 72. 151. 7, 603. 8, 178. 14, 704. 15, 538. — c) in obliquer Frage 6, 329. 9, 590. 11, 719. 13, 686. — 2) *infin.* fŏrĕ = futurum, a, um esse im *sing.* u. *plur.* 1, 196. 250. 2, 758. 4, 8. quid fore te (*abl.*) credis, was glaubst du wird wohl mit dir werden 9, 75. sic fore, es werde so geschehen 3, 639. omnia fore illius, soll ihm gehören 13, 557.

fŏris, is, *f.* Thürflügel: *plur.* für *sing.* 2, 18. fores, Flügelthür, Doppelthür 1, 563. 2, 113. 3, 699. antri, Eingang 11, 605.

forma, ae, *f.* Gestalt, Form, Figur 1, 17. 8, 870. duplex 4, 378. hominis 1, 405. formae mutatae, Verwandlungen 1, 1. formae deorum = dii 1, 73. ferarum, Thiergebilde, die Sternbilder des Thierkreises 2, 78; insbeſ. ſchöne Gestalt, Schönheit 1, 489. 530. 2, 572. 726. 3, 270. 4, 193. 687. 794. 5, 580. 6, 452. 680. 7, 497. 11, 393.

formīca, ae, *f.* Ameiſe 7, 625.

formīdābĭlis, e, Grauſen erregend, fürchterlich 2, 174. 857. 14, 116.

1. **formīdo,** ĭnis, *f.* Grauſen, Furcht 2, 66. 200. 14, 518. mortis 15, 153; *meton.* Grauſen erregendes Bild, Schreckbild 4, 802.

2. **formīdo,** āvi, ātum, āre, Grauſen empfinden vor etwas, etw. fürchten; *part.* formidatus, a, um, gefürchtet: pennae 15, 475.

formo, āvi, ātum, āre, (einen Stoff) formen, gestalten, bilden 15, 178. terra formata 1, 364. signum e marmore 4, 419. in anguem formatus 9, 63. formatus est cum cornibus, wird dargestellt 5, 328. alqm dictis formare, unterweiſen 3, 288.

formōsus, a, um, ſchöngestaltet, ſchön 4, 18. 7, 84. se formosior ipso, ſchöner als vorher (in der Kindheit) 10, 523. telum 7, 679.

fornax, ācis, *f.* Ofen 2, 229. 7, 107; übertr. Feuerſchlund (des Aetna) 15, 340.

fors, tis, *f.* 1) Zufall, Ungefähr: ignara (blind) 1, 453. si fors tulit, wenn der Zufall es fügte 1, 297. 11, 751. *abl.* forte, *adv*. von Ungefähr, zufällig, gerade 1, 493. 2, 711. 10, 649. si forte, wenn etwa 2, 692. 7, 694. 9, 257. 538. 678. si forte roges 10, 220. 13, 823. ne forte 1, 254. — 2) Fügung, Geſchick 2, 257. 10, 619.

forsĭtăn (= fors sit an), *adv.* vielleicht 10, 467. 14, 150; mit *conjunct.* 2, 76. 5, 333. 7, 816. 9, 610. 10, 560. 11, 291.

fortĕ, ſ. fors.

fortis, e, stark, kräftig: taurus 9, 46. pectora 11, 462. cursu 3, 219. venti 11, 431. arma, tüchtig 7, 865. wirkſam: herba 15, 534. undae 4, 285 (ſ. male). — 2) beherzt, muthvoll, tapfer 13, 23. 340. 451. 10, 543 (fugacibus = in fugaces). 8, 407 (ſ. licet). equi 6, 221. animalia 12, 502 (ſ. res). manus fortis in hoc unum („zu") 4, 149. pectus 2, 754. arma (= arma fortium virorum) 1, 456. facinus 9, 150. facta 12, 575. acta 11, 222; standhaft 7, 76. dicta, energiſch, drohend 4, 652; *subst.* fortia, tapfere Thaten 13, 170.

fortĭtĕr, *adv.* stark, kräftig 9, 28. *compar.* fortius 2, 127. 6, 708. 9, 218. non f. haeret, nicht feſt 4, 27. — 2) muthig, tapfer 13, 237.

fortūna, ae, *f.* 1) der Zufall, das (zufällige) Schickſal 3, 141. 7, 683. belli 8, 12. pugnae, Ausgang 13, 90. certaminis, Glück des Wettlaufs 10, 585; insbeſ. a) Glück 3, 149 (ſ. satis). 13, 435. — b) Miſsgeſchick, Unglück 13, 573. 15, 493. locorum (der Gegend) 4, 566. loci 10, 335. — c) äußere Lage, Zustand, Loos 7, 518. 10, 400 (ſ. que). locorum 15, 261. domus, Glückszustand 13, 525; — d) *meton.* Loos, der (durchs Loos zugefallene) Antheil 5, 368. — 2) perſonif. Schickſalsgöttin, Glücksgöttin 2, 140. 5, 140. 6, 195. 8, 73. 13, 334.

fortūnātus, a, um, beglückt, glücklich 2, 803. 4, 323. herbis, zufrieden mit 15, 98.

fŏrum, i, *n.* öffentlicher Platz in einer Stadt, das Forum 4, 444. 15, 796. 841.

fossa, ae, *f.* Graben, Grube 1, 97. 7, 245. atra sanguinis = fossa atri sanguinis, voll ſchwarzen Blutes 7, 259.

fŏvĕo, fōvi, fōtum, ēre, 1) warm halten, erwärmen: corpus 8, 536. nomen pectore 2, 339. aras ignibus, auf den Altären Feuer unterhalten 7, 427. insbeſ. bähen, baden (um zu ſtärken): artus 8, 655. corpus in unda 15, 532; — 2) pflegen: alqm 2, 617. 7, 818. 13, 450. vulnus 12, 424. bildl. vota animo, hegen 7, 633.

fractus, a, um, ſ. frango.

frăgĭlis, e (v. frango), zerbrechlich: cadi 12, 243. coryli 10, 93.

fragmĕn, ĭnis, *n.* (v. frango), Bruchstück, *plur.* Trümmer: navigii 11, 561. 14, 563. Holzſtücke, Späne 8, 460.

frăgŏr, ōris, *m.* (v. frango), Krachen, Getös (zerbrechender Dinge) 1, 269. 8, 340. 11, 507. aequoris 11, 485. gravi fragore strepitus, laut krachendes Getöſe 11, 365.

frăgōsus, a, um, (v. frango), „brüchig"; daſh. übertr. uneben, rauh: silvae 4, 778.

7*

frāgum, i, n. Erdbeere 1,104. 13,816.
frango, frēgi, fractum, ĕre, zerbrechen, zerschmettern: arborem 11, 551. 12, 340. ensem 5,1%. ossa 12, 343. dentes 3,84. alqm 12,433. arcus aquarum frangitur, berstet, zerplatzt 11, 569. moles fracta dehiscit, springt auseinander 13, 890; bildl. a) schwächen, entkräften: fractus morbo 13, 52. — b) brechen, bändigen: iras 11, 730. animum, erweichen 8, 508.
frātĕr, tris, m. Bruder: caeruleus = Neptunus 1, 275. gemini = Castor et Pollux 8, 372. fratres = Eteocles et Polynices 9, 405. — 2) Geschwisterkind 13,31 (Peleus u. Telamon waren Brüder).
frāternus, a, um, brüderlich, ... des Bruders: sanguis 13, 149 (s. Phocus). manes 8,488. flammae (Solis) 2, 454. undae (Neptuni fratris) 7, 367. — 2) vaterlich: fraterna peto, die Hinterlassenschaft des Vetters 13, 31.
fraudo, āvi, ātum, āre, um etw. bringen, jemd. einer Sache berauben: alqm alqa re 15, 710. 10, 196. artus anima 7, 250. nec origine nomina fraudo, d. i. ich lasse durch den Namen den Ursprung erkennen 7, 654.
fraus, dis, f. Betrug, Trug 9,711. 13, 32. quanta cum fraude, mit welcher Tücke 15, 766. plur. 1, 130. 3, 534.
fraxĭnĕus, a, um, von Eschenholz, eschen: hasta 5, 9. 12, 369.
fraxĭnus, i, f. Esche 10, 93. 7, 677; meton. (eschener) Wurfspieß 5, 143. 12, 122. 324.
frĕmĕbundus, a, um, schnaubend (vor Wuth) 12, 128.
***frĕmĭdus**, a, um, lärmend, tobend: turba 5, 2.
frĕmĭtŭs, ūs, m. (brausender) Lärm 12, 316.
fremo, ŭi, ĭtum, ĕre, dumpf erbrausen, erdröhnen 3, 528. tota domus fremit, summt 12,47; insbes. a) brüllen, heulen 4, 719. 5, 627. 9, 207. v. Pferde: wiehern 3, 704. — b) murmeln (vor Verwunderung) 9, 419. 15. 606. Lydia fremit, hallt wieder von der Kunde 6, 146. — c) von Unwillen murren: fremens, zürnend 1, 244.
frendo, frēsum od. fressum, ĕre, knirschen (mit den Zähnen) 8, 437.
freno, āvi, ātum, āre, mit Zaum versehen, zäumen 7, 220. 11, 237. — 2) zügeln, lenken 10,125.
frēnum, i, n. Zaum, Zügel: frena dare, schießen lassen 6, 231. remittere 2, 186. 191. ducere 15, 519.
frĕquens, ntis, zahlreich: ite frequentes 6, 159; mit abl. reich an 4, 620. 8, 329. 9, 106. 15, 715. — 2) häufig (etw. thuend): redit itque frequens 2, 409.
frĕquento, āvi, ātum, āre, zahlreich besuchen: alqm, umschwärmen 11, 89; daß. von Festlichkeiten, (mit Andern) feierlich begehen, mitfeiern: sacra 3, 581. 691. 732. 4, 37. 10, 436. — 2) häufig besuchen: domos 9, 323. Eurotan 10, 169.
frĕtum, i, n. Meerēsenge, Sund 14, 6. fretum et angusta = fretum angustum 15, 706; übertr. Meer 4, 440. 8, 835. 12, 39. plur. 2, 298. 4, 552. 11, 150.
frīgĭdus, a, um, kalt: sudor 5, 632. horror 9, 290, membra 14, 743.
frīgŭs, ŏris, n. Kälte, Frost 1, 51. 9, 662. vernum 14,763. auctumnum 3,729. plur. 1, 56. 2, 224. Kühlung 5, 390. 7, 809 (s. et). 10, 129; als Person 8, 790; insbes. (poet.) Kälte des Schreckens od. Todes 11,416. 9, 582. letale 2, 611.
frondātor, ōris, m. Laubscheerer, Schneidler 14, 649.
frondeo, ŭi, ēre, belaubt sein 8, 714; frondens, belaubt 4, 7. 8, 295. 756.
frondesco, ĕre, Laub bekommen, sich belauben 4,395. 15, 561.
frondōsus, a, um, reich belaubt: ramus 8, 410.
1. **frons**, dis, f. Laubzweig, Laub 1, 347. 2, 557. 7, 840. plur. 2, 212. 407. 13, 324. 14, 37. arboreae 1, 632. pampineae 3, 667; meton. Laubkranz 1, 449. 3, 542.
2. **frons**, tis, f. Stirn 1, 267. 3, 21; als Ausdruck der Gesinnung 2, 857. 5, 570. — 2) übertr. Vorderseite 4, 527. a fronte, vorn an der Straße 1, 173.
fructus, ūs, m. Ertrag des Bodens, Frucht 11, 32; übtr. Gewinn, Lohn 2, 285.
frūges, s. frux.
frūgĭfer, era, erum, fruchttragend, fruchtreich: messis 5, 656.
***frūgĭlĕgus**, a, um, Früchte sammelnd: formicae 7, 624.
fruor, fructus u. fruĭtus sum, fruī, (mit Behagen) genießen, sich des Genusses oder Besitzes einer Sache erfreuen, mit abl.: somno 2, 779. caelo 15,301. virginitate 1, 487. vita 1, 585. alquo 8, 486. 9, 724. 15, 448.
frustrā, adv. erfolglos, vergeblich 1, 233. 2, 172. 3, 432. — 2) ohne Grund, umsonst 12, 126.
frustum, i, n. Stück (von Speisen), Bissen 14, 212.
frŭtex, ĭcis, m. Strauch, Gesträuch 8, 719. plur. 1, 122. 4. 339. 9, 381.
frŭtĭcōsus, a, um, voll Gesträuch, buschig: vimina, Weidengebüsch 6, 344.
frux, frūgis, f. Frucht (bes. des Feldes) 8, 789. 15, 393. tosta, Brot 11, 120; plur. 1, 109. 2, 288. 8, 274. 15, 76; insbes. (= mola salsa) das Salzmehl, welches den Opferthieren auf die Stirn gestreut wurde 15, 134.

fŭga, ae, *f.* Flucht 1, 544. terga fugae dare, fliehen 5, 323. 12, 313. 13, 879. fuga somni 15, 664. Gelegenheit zur Flucht 6, 518. 572. 14, 219; inŝbef. Flucht aus dem Vaterlande, Verbannung 10, 233. 11, 281.

fŭgax, ācis, flüchtig, dahineilend, fliehend 1, 442. 541. 4, 785. 10, 543 (f. fortis). simulacra, entweichend 3, 432.

fŭgĭo, fūgi, fŭgĭtum, ĕre, 1) fliehen: alqm, vor Jemd. 1, 515. fugientia terga, des Fliehenden 9, 127; *trans.* a) einen Ort u. dgl. fliehen, meiden: litora 14, 247. locum 4, 488. lucem 2, 594. contagia procul 15, 195. — b) meiden, scheuen, verschmähen: vina 15, 323. conjugis usum 10, 565. connubia 14, 69. nomen amantis 1, 474. munera belli 13, 296. quae fugiamus 6, 29 (f. qui). — 2) übertr. a) rasch eilen, enteilen: tempora fugiunt 15, 183. pinus fugiens 11, 468. anima, entweichend 10, 188. 12, 425. — b) vergehen, schwinden: fugit macies 7, 290. color 10, 458. sanguis 14, 755. fugiunt setae 1, 739. vires 7, 859. res me fugit, etwas ist mir (aus dem Gedächtniß) entfallen 12, 183.

fŭgo, āvi, ātum, āre, in die Flucht schlagen, verjagen, vertreiben: alqm 5, 238. 7, 4 (f. Phineus). turbam 10, 569. nubes 1, 263. flammas a classe 13, 8. Aurora fugat ignes 15, 665. effulget tenebris fugatis 2, 144. Lucifer fugat tempora noctis 8, 1. ardorem de corde 9, 502. amorem 1, 469. timorem 7, 605.

fulgĕo, fulsi, ēre, blinken, glänzen, leuchten 1, 470. auro 10, 112. 8, 27. aere 13, 700. v. Gestirnen 2, 509. 722. 7, 180. caelum fulgens, von Sternen funkelnd 2, 17.

fulgŏr, ōris, *m.* der leuchtende Blitz 7, 619; übertr. (heller) Glanz 4, 398. 11, 617.

fulgŭr, ŭris, *n.* das Wetterleuchten, der (leuchtende) Blitz 14, 817. *plur.* 3, 300.

fŭlĭca, ae, *f.* Wasserhuhn 8, 625.

fulmĕn, ĭnis, *n.* der (einschlagende) Blitz, Blitzstrahl 1, 56 (f. cum). 2, 311. 3, 301; übertr. a) glühender Athem 8, 289. — b) zerschmetternde Kraft 10, 550. vires fulminis, dem Blitze gleiche Kraft 1, 305.

fulmĭnĕus, a, um, zum Blitzstrahl gehörig, ... des Blitzes: ictus 14, 618. ignes 11, 523. — 2) vernichtend: rictus 11, 368.

fulvus, a, um, rothgelb, dunkelgelb: arena 2, 865. 10, 716. aurum 10, 648. aes 1, 115. leo 1, 304. lupus 11, 771. arbor fulva comas, mit gelbem Laube 10, 648.

fūmĭdus, a, um, rauchend, dampfend 12, 259. tecta, mit Rauch erfüllt 4, 405.

fūmĭfĭcus, a, um, Dampf machend: mugitus, Dampf aushauchend 7, 114.

fūmo, āvi, ātum, āre, rauchen, dampfen 2, 209. 5, 57. ignibus, von Opferfeuern 12, 215.

fūmus, i, *m.* Rauch, Dampf 2, 232. turis 11, 248. *plur.* 1, 571. 15, 351. 734.

fūnāle, is, *n.* (v. funis), Kronleuchter 12, 247.

functus, a, um, f. fungor.

funda, ae, *f.* Schleuder 2, 728. 4, 518. 710. 14, 825.

fundāmĕn, ĭnis, *f.* Grundlage, Grund 5, 361. 14, 808. fundamina rerum (der Herrschaft) ponere 15, 433.

1. **fundo**, āvi, ātum, āre, gründen: opes (= regnum) 14, 583.

2. **fundo**, fūdi, fūsum, ĕre, gießen, ausgießen, ausströmen lassen: vinum in aras 9, 160. laticem urnis 3, 172. vitam (spumam) cum sanguine 2, 610. 8, 417. lacrimas in nomina (in vulnera) 8, 540. 13, 490. fletus, vergießen 11, 672; *pass.* fundi, sich ergießen 1, 269. cruor humo fusus 10, 210; übertr. a) hinstrecken, niederstrecken: alqm 5, 141. 12, 292. 13, 86. 256. fusus, hingestreckt, gelagert 3, 438. 12, 319. humi 8, 529. agmina fundere, aus dem Felde schlagen 6, 425. — b) (Zusammengefaßtes) lösen, ausbreiten: fusis utrimque capillis, mit ringsum wallendem Haare 9, 90. — c) von der Rede, entströmen lassen: verba 7, 248. 12, 469. 14, 429. convicia, ausschütten 13, 306.

fūnĕrĕus, a, um, Tod bringend: torris 8, 512. bubo, Tod verkündend 10, 453.

fūnestus, a, um (funus), durch eine Leiche verunreinigt: manus, durch Todtentrauer verunreinigt 11, 584. — 2) Trauer bereitend: litera, Trauer verkündend 10, 216; dah. tödtlich, verderblich: domus 7, 575. morsus 11, 373. taxus 4, 432. tabes 3, 49. munus 2, 88.

fungor, functus sum, fungi, etw. verrichten, vollziehen, mit *abl.*: munere (= sacrificio) 10, 273. mandato 8, 821. officio pedum 2, 480. parte laboris 8, 547. epulis, das Mahl beendigen 4, 765. — 2) etw. überstehen: morte, sterben 11, 583. fato, sein Verhängniß erfüllen, den Tod finden 11, 559. simulacra functa sepulcris, Schattenbilder Begrabener 4, 435. 10, 24 (f. que).

fungus, i, *m.* Erdschwamm, Pilz 7, 393.

fūnis, is, *m.* Seil, Tau 3, 679. 8, 775. collect. Tauwerk 3, 628.

fūnus, ĕris, *n.* Leichenbegängniß, Leichenzug, Bestattung 6, 430. 14, 751. 15, 628. 13, 523. *plur.* für *sing.* 6, 565. 13, 696. 14, 746. suprema, letzte Ehre 3, 137. nullis de more funeribus, ohne das gebräuchliche Leichengepränge 7, 606; meton. a) Leiche, Leichnam 6, 282 (f. effero). 6, 285.

8, 484. 13, 518. — b) Tod (bef. gewaltsamer) 7, 565. 10, 199.
fūr, fūris, *m.* Dieb 14, 640.
furca, ae. *f.* (zweizackige) Gabel 8, 647; übertr. *plur.* Stützgabel des Hausgiebels Kragständer 8, 700.
furĭa, ae, *f.* Wuth, Raserei (nur *plur.*) 6, 595 (s. simulo). 15, 327.
furĭālis, e, den Furien angehörig: venenum, Furiengift 4, 506. sacra, Racheopfer 8, 481. — 2) rasend: ausa 6, 84. 11, 12. arma, Ausrüstung (Kleidung und Geräth) der bacchantischen Raserei 6, 591; dah. entsetzlich, gräßlich: caedes 6, 657.
furĭbundus, a, um, wüthend, rasend 4, 512. 13, 871. — 2) von prophetischer Begeisterung erfüllt, verzückt 14, 107.
furĭōsus, a, um, rasend, wahnsinnig: vota 10, 370. furiosior amor 9, 737.
fŭro, ŭi, ĕre, rasen, wüthen, toben 3, 83. 5, 170. 13, 967. 15, 321. dolore 12, 478. contra sua fata 8, 391. furit ardor edendi 8, 828. furens, rasend, tobend 3, 716. 5, 13. 13, 322.
fŭrŏr, ōris, *m.* Wuth, Raserei, Wahnsinn 3, 641. 4, 429. 6, 170. 11, 30. *plur.* 4, 431; insbes. a) Liebeswuth, rasende Lei-

denschaft 3, 350. 479. 6, 480. 7, 10. 9, 512. 10, 355. 397. 14, 16. 701. igneus 9, 541. *plur.* 9, 583. 602. — b) Begeisterung, Verzückung 2, 640.
furtim, *adv.* verstohlen, heimlich 3, 313. 371. 4, 776. 11, 762. 14, 275.
furtīvus, a, um, verstohlen, heimlich: voluptas 4, 327.
furtum, i, *n.* Diebstahl 1, 623. 2, 687. 700. *plur.* 2, 696; meton. das Gestohlene, der Raub: furta nati, d. i. des Thyoneus, eines Sohnes des Bacchus, welcher einigen Hirten einen Stier weggetrieben hatte, den Bacchus zum Hirsch verwandelte 7, 359. — 2) übertr. geheimer Betrug, Ränke, Schliche 3, 7. 11, 313. 13, 32. 104; insbes. (geheime) Buhlschaft 2, 423. 3, 266. *plur.* 1, 606. 9, 558. tori 4, 174.
furvus, a, um, dunkel, finster: antra 5, 541.
fuscus, a, um, dunkel, schwärzlich: nubila 5, 286.
fūsĭlis, e (v. fundo), geschmolzen, flüssig: aurum 11, 126.
fūsus, i, *m.* Spindel, Spille (zum Spinnen) 4, 221. 229. 6, 22.
fŭtūrus, a, um, s. sum.

G.

Gălanthĭs, ĭdis, *f.* eine Dienerin der Alcmene, wird von der Lucina in ein Wiesel verwandelt 9, 306. *acc.* Galanthidă 9, 316.
Gălătēa, ae, *f.* eine Meernymphe, Tochter des Nereus u. der Doris 13, 738. 898.
gălĕa, ae. *f.* der (gewöhnlich lederne) Helm 1, 99. 6, 79. 8, 26. 12, 141. 13, 105. aëna 7, 121.
Gallĭcus, a, um, gallisch: canis, eine Art Windhund, bes. zur Hasenjagd gebraucht 1, 533.
Gangēs, is, *m.* Fluß in Indien 2, 249. 4, 21. als Flußgott 5, 47. - Dav. **Gangētĭcus**, a, um, am Ganges, indisch: tigris 6, 636.
Gangētĭcus, a, um, s. Ganges.
Gănymēdēs, is *m.* Sohn des trojanischen Königs Tros, welchen Juppiter wegen seiner Schönheit durch seinen Adler in den Olymp entführte und ihn zu seinem Mundschenken machte 10, 155. 11, 756. Als Entschädigung erhielt der Vater ein Gespann unsterblicher Rosse (11, 214).
Gargăphĭē, ēs, *f.* ein der Diana geheiligtes Thal in Böotien 3, 156.
garrŭlĭtās, ātis, *f.* Schwatzhaftigkeit 5, 678.

garrŭlus, a, um, schwatzhaft, geschwätzig 2, 547. 3, 360. 8, 237.
gaudĕo, gāvīsus sum, ēre, Freude finden an etwas, sich über etwas freuen, mit *abl.* 1, 235. 476. 2, 634. 3, 258. 5, 583. 8, 126. 223. 9, 709. 15, 87; mit *acc. pronom.* 12, 607; mit *acc. c. inf.* 2, 430. 4, 748. 8, 863. 11, 546; mit bloßem *inf.* 2, 152. 4, 295. 8, 75. 9, 139. 15, 851.
gaudĭum, i, *n.* Freude, Genuß (nur *plur.*) 6, 653. 8, 238. mit *genit. objecti* 13, 463. 14, 653 (s. capio); insbes. Liebesgenuß 4, 350. 368. ˉ 6, 514. 7, 736. 9, 483. 11, 310. Veneris 12, 198.
gĕlĭdus, a, um, eiskalt, (sehr) kalt: venti 9, 220. montes 11, 689. durch Tod 4, 141. 247. 6, 277. vor Furcht, Schrecken 3, 688. 10, 423. — 2) kalt machend, kalt: tyrannus = Boreas 6, 711. mors 15, 153. terror 3, 100. formido 2, 200.
*****gĕmĕbundus**, a, um, seufzend, stöhnend 14, 188.
*****gĕmellĭpăra**, ae. *f.* Zwillingsgebärerin· 6, 315.
gĕmellus, a, um, zwillingsgeboren: proles od. partus, Zwillinge 9, 453. 6, 712. *subst.* gemelli, Zwillinge 11, 316.
gĕmĭno, āvi, ātum, āre, verdoppeln: mercedem 2, 702. aestum 5, 586. faci-

geminus — **gero** 103

nus, wiederholen 10, 471. *part.* geminatus, verdoppelt, doppelt: vulnus 12, 257. ebrietas 12, 221. amor 10, 333. verba 15, 681 (f. refero). ignes, d. i. vulcanisches u. Sonnenfeuer 2, 220.
gĕmĭnus, a, um, zwillingsgeboren 8, 301. fratres 8, 372 (Castor u. Pollux). fetus 6, 111. proles, Zwillingskinder 6, 205. subst. gemini, Zwillinge 6, 336; übertr. a) doppelt, zweifach 3, 663. 4, 161. 6, 538. 8, 472. 9, 193. 10, 64. 12, 502. 14, 725 (f. lux). proles, zwei Junge 4, 514. sidus, Sternenpaar 3, 420; dah. beide, zwei 2, 195. 3, 45. 713. 4, 774. 5, 107. 642. 6, 54. 7, 260. — b) doppeltgestaltet 2, 555 (f. Cecrops); von den halb als Mensch halb als Pferd gestalteten Centauren 2, 630. 6, 126. 12, 449. figura, Doppelgestalt (des Minotaurus, f. Pasiphaë) 8, 169.
gĕmĭtŭs, ūs, *m.* das Seufzen, der Seufzer: gemitus edere od. dare, Seufzer ausstoßen, seufzen 2, 606. 621. 8, 513. 10, 599. e corde trahere 11, 709. gemitum reprimere 9, 163. Gestöhn 5, 154. 10, 719. 13, 38; von Leblosem, Getöse, Klirren 12, 487.
gemma, ae, *f.* der (geschnittene) Edelstein, Juwel 2, 109. 856. 8, 180; meton. a) Siegelring 9, 566. — b) Becher aus Edelstein 8, 572. — 2) übertr. *plur.* die Augen des Pfauenschweifes 1, 723.
gemmo, āvi, ātum, āre, mit Edelsteinen besetzt sein: gemmantia sceptra 3, 264; *trans.* mit Edelsteinen besetzen: gemmata monilia 10, 113.
gĕmo, ŭi, ĭtum, ĕre, seufzen, stöhnen 2, 807. 3, 237. 7, 544. multa, sehr 14, 739; mit *acc. c. inf.* 3, 94; *trans.* beseufzen, beklagen: alqm 13, 483. vitam 13, 464.
gĕna, ae, *f.* Wange (nur *plur.*) 2, 656. 7, 78. 10, 46. 362.
gĕner, ĕri, *m.* Schwiegersohn, Eidam 1, 145. 4, 701. 13, 509.
gĕnĕro, āvi, ātum, āre, erzeugen, hervorbringen 15, 376. generatus alquo, erzeugt, abstammend von 15, 19.
gĕnĕrōsus, a, um, von Geburt edel, vornehm 8, 848. 9, 280. 491. 13, 148; übertr. von guter Art, edel: pruna 13, 818. colles palmite, reich an edlem Wein 15, 710. munus generosi Bacchi, edle Bacchusgabe 4, 765.
gĕnĕtrix, īcis, *f.* Erzeugerin, Mutter 1, 757. sancta deûm = Cybele 14, 536; frugum, d. i. Ceres 5, 490.
gĕnĭālis, e, eig. wodurch man sich u. seinem Genius (Schutzgeiste) gütlich thut; dah. herzerfreuend, wonnig, ergötzlich: uva 4, 14. platanus 10, 95. serta, festlich 13, 929 (data sunt *sc.* inde).

gĕnĭālĭtĕr, *adv.* ergötzlich, fröhlich 11, 95.
gĕnĭtālis, e, zur Zeugung gehörig: corpora. Zeugungsstoffe, Elemente 15, 239.
gĕnĭtīvus, a, um, angeboren: imago, ursprünglich 3, 331.
gĕnĭtŏr, ōris, *m.* Erzeuger, Vater 2, 38. meus, d. i. Apollo 10, 167. qui vocat Auroram = Lucifer 11, 235; als Ehrenbezeichnung: deûm = Juppiter 14, 91. profundi = Neptunus 11, 202. urbis, Gründer 15, 862.
gĕnĭtrix, f. genetrix.
gĕnĭtus, a, um, f. gigno.
gens, tis, *f.* Geschlecht (als Stamm einer Familie) 5, 190. 407. 6, 7. 13, 33; von Thieren 3, 208. — 2) Volksgeschlecht, Volksstamm (als Inbegriff mehrerer Völker) 2, 215. 4, 16. 668. 9, 442. Thracum 13, 565. Thyrrhena 3, 576. Latina 14, 832; meton. Landschaft 4, 209. 15, 829.
gĕnū, ūs, *n.* Knie 1, 730. 9, 209 (f. premo). 8, 182 (f. nitor). 13, 585 (f. procumbo).
*gĕnuāle, is, *n.* Knieband 10, 593.
gĕnŭs, ĕris, *n.* 1) Geschlecht, Stamm, Gattung 10, 552. humanum 1, 203. mortale 1, 188. virorum 7, 745. ferarum 10, 705. avium 15, 387. — 3) v. Dingen, Gattung, Art: leti 3, 350. poenae 8, 782. locorum, Beschaffenheit des Landes 4, 766. — 2) Geburt, Herkunft, Abkunft: 1, 352. 761. 6, 153. 8, 123. 10, 607. 13, 140. magnum 4, 640. genus ducere ab alquo (ableiten) 6, 427; meton. a) Sprößling 2, 743. 4, 609. Nachkommenschaft 3, 133. — b) Menschenschlag 6, 459. 7, 656.
germānus, a, um (v. germen), leiblich, recht (v. Geschwistern); subst. germanus, i. *m.* (leiblicher) Bruder 5, 13. 12, 240. germana, ae, *f.* (leibliche) Schwester 2, 803. 6, 444. 8, 242. 778. 9, 382. melior germana parente, eine bessere Schwester als Mutter 8, 475.
germen, ĭnis, *n.* „Sproß der Pflanze"; übertr. Sprößling 9, 280.
gĕro, gessi, gestum, ĕre, 1) tragen: clipeum 4, 782. onus ore 7. 625; insbes. a) (an sich) tragen, haben: vestes 11, 576. angues 4, 792. cornua 7, 364. lumen fronte 13, 773. tela in pectore fixa 9, 206. spicula cervice pressa 11, 335. signum cervice 3, 16. virginis ora 5, 553. pectora nuda 2, 585. tempora tecta 12, 380. (religata) 14, 645. bracchia 5, 455 (f. bracchium). pennas, annehmen 6, 124. ramum, als Waffe führen 12, 443; dah. *part.* gerens öfters durch „mit" zu übersetzen 3, 216. 4, 135. 11, 752. 14, 314. terga tuta gerens, im Rücken gedeckt 5, 161; ferrum in pectore 9, 615. vulnus

mente 5,427. vires 13,363. mores, zeigen 7,655. nomen, führen 8,575. — b) **Hervorgebrachtes tragen, hervorbringen**: frondis honores 1, 565. silva gerit frondes 11, 615. terra viros 2, 15. Oete arbores 9, 230. — 2) eine Handlung ausführen, verrichten: alqd 11, 489. 13,15. 100. rem, Thaten ausführen 13, 104. bellum, Krieg führen 7, 489. 8,44. 11, 491. 13,613. sensit nescio quid Junone geri, daß Juno irgend einen Streich spiele 9, 309. res gestae, Thaten 15, 748. *pass.* geri, vorgehen, geschehen 3, 316. 9, 309. 11, 489. 12, 62.

gestāmĕn, ĭnis, *n*. was getragen wird, **Bürde, Last** (nur *plur.*) 1, 457. 13, 116. 15,163.

gestĭo, īvi, ītum, īre, „lebhaft sich gebärden"; daß. begierig sein, das Verlangen haben, mit *inf.* 4,130. 6, 664.

gesto, āvi, ātum, āre, **tragen**: alqd 12, 411. 13, 347. mittit gestanda, zum Tragen, zum Schmuck 2, 366. *poet.* ferrum et scopulos in corde 7, 33.

gestŭs, ūs, *m*. Bewegung (der Glieder), Geberde 4, 560. 5, 183. 6, 579. 11, 673. 14, 219.

Gĭgantes, um, *m*. (γίγας, „Riese"), die Giganten, Söhne der Erde mit hundert Armen und Schlangenfüßen (anguipedes 1, 184), bestürmten den Olymp, weil Juppiter ihre Brüder, die Titanen, in den Tartarus geschlossen hatte. Hercules erschoß viele derselben, worauf Juppiter mit seinen Blitzen sie vollends unterwarf und unter Berge begrub; *acc.* Gigantas 1, 152. 5, 319. 10, 150. - Dav. **Gĭgantēus**, a, um, **gigantisch**: membra (fauces), des Giganten Typhöus 5, 356. 14, 1; übertr. **riesenhaft** 14,184.

Gĭgantēus, a, um, s. Gigantes.

gigno, gĕnŭi, gĕnĭtum, ĕre, **erzeugen, gebären, hervorbringen**: alqm 1,439. 2, 570. 5, 302. ex alqua 9,330; *pass.* gigni, erzeugt werden, geboren werden: ex terra 1, 615. de semine 1, 748. de alquo 14, 617. nostro sanguine 2, 90. genitus: erzeugt, geboren: alquo, von Jemd. 5, 74. 187. 6, 221. 666. 10,89. 11,346. alqua 9,432. sorores nocte genitae 4, 452.

glăcĭālis, e, voll Eis, eisig 2,30. 173. 8, 789. 9, 582.

glăcĭēs, ēi, *f*. Eis 1, 120. 2,808. 13, 795.

glădĭus, i, *m*. (messerförmiges zu Hieb und Stoß eingerichtetes) Schwert 5, 185. 12, 130. gladios stringere 7, 333.

glaeba, s. gleba.

glandĭfer, ĕra, ĕrum, Eicheln tragend: quercus 12, 328.

glans, dis, *f*. Eichel 1, 106. 7, 586. 8, 759. collectiv 14, 216; übertr. **Schleuderkugel** 7, 777. 14, 826.

Glaucus, i, *m*. ein Fischer aus Anthedon in Böotien, wird in einen Meergott verwandelt 7, 233. 13, 906. 14, 9. 68.

glēba, ae, *f*. Erdscholle, Scholle 1,425. 3, 106. 6, 220. 11, 29. 145.

glŏbus, i, *m*. Kugel, Klumpen: sanguinus 12, 238.

glŏmĕro, āvi, ātum, āre, knäuelartig zusammenwickeln, ballen: lanam in orbes 6, 19. terram in speciem orbis, abrunden 1, 35. spissa grandine glomerari, sich zu dichtem Hagel zusammenballen 9, 222. *part.* glomeratus, zusammengeballt: viscera 8, 401. frusta vino 14, 212. favilla in corpus 13, 604. — 2) **verdichten**: aqua glomerata 15, 251.

glōrĭa, ae, *f*. Ruhm 3, 654. rerum 4, 649. 15,748. v. Personen: Zierde 12,530.

glōrĭor, ātus sum, āri, sich rühmen, mit *abl.*: illo socero, ihn zum Schwiegervater zu haben 6, 176.

gnātus, a, um, (7, 159. 346. 482. 590. 10, 348. 13, 288) = natus, a, um, s. nascor.

Gnīdŏs, i, *f*. Stadt an der Küste von Carien, berühmt durch den Cultus der Venus: *acc.* Gnidön 10, 531.

Gnōsĭăcus, a, um, zur Stadt Gnosus (Residenz des Minos auf Creta) gehörig, **gnosisch, cretisch** 7, 471. 8, 144. 9, 669. rex = Minos 8, 52.

Gnōsĭus, a, um, **gnosisch, cretisch** (s. Gnosiacus) 3, 208. 8, 40.

Gorgē, ēs, *f*. Tochter des Königs Oeneus in Calydon, Schwester des Meleager und der Deïanira 8, 542.

Gorgō, gŏnis ob. gūs, *f*. vorzugsweise die Medusa, eine der drei Gorgonen (Medusa, Stheno und Euryale), der schlangenbehaarten Töchter des Phorcus und der Ceto, welche am westlichen Ocean wohnten und deren Anblick alles in Stein verwandelte. Von ihnen war allein die Medusa sterblich; diese tödtete Perseus. Aus ihrem Blute entsprangen das Roß Pegasus und Chrysaor (s. Pegasus), so wie die Schlangen Lybiens. Daß auch noch im Tode versteinernde Haupt der Medusa heftete Minerva an ihre Aegide 4, 699. 5, 180. 202. 209. - Dav. **Gorgŏnĕus**, u, um, **gorgonisch** 4, 618. 779. 801. 5, 196.

Gorgŏnĕus, a, um, s. Gorgo.

Gortȳnĭăcus, a, um, aus Gortyna, einer Stadt auf Creta, **gortynisch, cretisch** 7, 778.

grăcĭlis, e, schlank, dünn: capellae 1, 299. cacumen 10,140; zart, fein: catenae 4,176. stamen 6, 54.

grădĭor, gressus sum, grădi, schreiten,

gehen 1, 775. 9, 205. 11, 179. 13, 776. fahren 2, 80.

Gradīvus, i, *m.* (zusammengezogen aus gravidivus, „der gewaltige Gott"), Beiname des Mars 14, 820. 15, 863. (Gradivus gemessen 6, 427.)

gradus, ūs, *m.* 1) **Schritt** 3, 36. 4, 338. gradus ferre, b. Schritte lenken 8, 39; bildl. primi gradus (amoris), die Anfänge der Liebe 4, 59; übertr. von Kämpfern, Stellung, Position 9, 43. — 2) *plur.* **Stufen**: templi 1, 375. 6, 99. 7, 587. 8, 713. 15, 685. per gradus, stufenweise 2, 354; bildl. Grade der Verwandtschaft 13, 143.

Graecĭa, ae, *f.* Griechenland 13, 199. 14, 474.

Grājī, ōrum, *m.* (poet.) die Griechen 13, 241. 402. 414. Grajum = Grajorum 13, 281. *sing.* Grajus, i, *m.* ein Grieche 14, 163. 220. - Dav. **Grājus**, a, um, griechisch 4, 16. 538 (s. Venus). 7, 214. 12, 64. 609. 14, 325. 15, 9. 645.

Grājus, a, um, s. Graji.

grāmĕn, ĭnis, *n.* Gras 1, 299. 10, 87 (s. herba). desectum 15, 646. inexpugnabile, Unkraut 5, 486. *plur.* 2, 407. 9, 656. — 2) übertr. Pflanze, Kraut 7, 137. 14, 266. collect. 7, 152. 14, 34.

grāmĭnĕus, a, um, voll Gras, grasig: margo 3, 162.

grandaevus, a, um, hochbejahrt 5, 90. 7, 160. 8, 520.

grandis, e, groß (der Ausdehnung nach): membra 10, 237. ossa 9, 169. lumina 5, 545. onus 7, 625. elementa, grobkörnig, grob 1, 29. — 2) bejahrt, betagt: grandior aevo 6, 321. aetas, vorgerückt, hoch 6, 28. 7, 665. — 3) bedeutend, stark: ingenium 6, 574.

grando, ĭnis, *f.* Hagel, Schloßen 5, 158. 6, 692. 9, 222. 12, 480. 14, 543.

Grānīcus, i, *m.* Fluß Mysiens in Kleinasien 11, 763.

*****grānĭfer**, ĕra, ĕrum, Körner tragend: agmen, die Ameisen 7, 638.

grānum, i, *n.* Körnchen, Korn 5, 537. 10, 736. tostum 14, 273.

grates, *plur. f.* (nur *nom. u. acc., abl.* gratibus), Dank (bes. gegen Götter): agere, Dank sagen, danken 2, 152. 3, 24. 6, 435. 7, 148.

grātĭa, ae, *f.* angenehmes Wesen, Lieblichkeit, Anmuth: formae 7, 44 (s. is). (dictorum) 13, 127; dah. personif. Gratiae, ārum, *f.* die Göttinnen der Anmuth, die Grazien (Aglaja, Euphrosyne und Thalia), Töchter des Zeus und der Eurynome, Dienerinnen der Venus: *sing.* Gratia collectiv, die Grazien 6, 429. — 2) Gunst, die man erweist, freundliche Gesinnung, Wohlwollen,

Liebe 1, 145. mit *genit. objecti* („zu, gegen") 2, 293. 5, 515. 9, 284. mea, zu mir, gegen mich 2, 293. 6, 440. si qua est ea gratia, wenn du irgend daran (an der gemeinsamen Herrschaft) Gefallen findest 5, 378. Freundschaft 4, 654 (s. parvus). 12, 576; insbes. Dankbarkeit, Dank 2, 562. 693. 5, 14. virtutis („für") 13, 446. promissi (s. plenus) 11, 390. gratia dis, Dank sei den Göttern 7, 511. — 3) object. die Gunst bei Andern, Beliebtheit, Geltung 4, 536 (ponto = in ponto).

grātor, ātus sum, āri, Glück wünschen: alcui 1, 578. 6, 434. 7, 142. sibi 9, 244. — 2) ein Dankfest feiern 7, 162.

grātŭlor, ātus sum, āri, Glück wünschen: *alcui* 10, 306.

grātus, a, um, anmuthig, lieblich 13, 794. vigor 12, 397. — 2) dankbar 14, 171. 307. — 3) Gunst bei Andern besitzend, angenehm, lieb, werth 5, 640. alcui 2, 416. 5, 261. 14, 123. munera 10, 259. loca 10, 230. sors 5, 272. quies 14, 52. pietas 1, 204. loca grata carinis, erwünscht 11, 393. humus, Lieblingsland 2, 709. volucris, Lieblingsvogel 12, 561. ulva grata paludibus, gern wachsend an 6, 345.

grăvĭdus, a, um, „beschwert", dah. 1) schwanger 9, 673. 10, 505. de semine 3, 260. tellus 7, 128. 9, 660. — 2) gefüllt, voll: arista 1, 110. messes, reich 8, 781. schwellend: corymbus 3, 665. fetus 8, 294. oliva 7, 281; mit *abl.* reich an 10, 531.

grăvis, e, 1) schwer, wuchtend, lastend: saxum 13, 26. unda 11, 496. arena 4, 240. lacertus 5, 142. insula, belastend 8, 610; dah. übertr. a) hinsichtlich der Wirkung, schwer, heftig, stark: ictus 12, 288. nimbi 14, 548. morbus 8, 876. vulnus 4, 721. torpor 1, 548. amentia 5, 511. somnus, fest 4, 784. sol, drückend heiß 6, 339. sidus, stürmisches Wetter 5, 281. animae, betäubender Athem 4, 498. — b) schwer wirkend auf das Gehör: dumpf (tönend) 11, 365. 15, 527. sonus, tief 12, 203. — c) ungesund 7, 557. 15, 716. — d) schwer, drückend, schmerzlich: cura 3, 319. 9, 697. mors 3, 471. damnum 7, 552. fuga 2, 306. poena, hart 2, 417. unglücklich, traurig: exitus 10, 8. eventus 13, 506. minari graviora, schwereres Unheil 15, 33. — e) schwer zürnend, feindlich 4, 452. 5, 17. — 2) *pass.* beschwert, schwer: pondere 9, 685. pharetra 9, 113. aqua 7, 570. jaculo 14, 628. habenae auro 6, 223. tellus 7, 355. terra, (von ihm) belastet 12, 118. uterus, schwanger 10, 495. telis, überschüttet 1, 443; dah. a) durch Beschwerde, Krankheit u. dgl. beschwert, ermattet, gebeugt: senectā 7, 299. malis annisque 4, 569. somno, betäubt 1, 224.

3, 608. vino, trunken 10, 438. — b) v. Cha=
rakter, ernſt, würdevoll: senatus 15, 590;
v. Vortrage, ernſt, erhaben: graviore ple-
ctro, d. i. in höherem Schwunge 10, 150.
grăvĭtās, ātis, f, ſchweres Gewicht,
Schwere 1, 30 (ſ. sui). 67. 2, 162. oneris
10, 678. corporis 12, 571; meton. Leibes=
bürde 9, 287. — 2) übrtr. a) Schwerfäl=
ligkeit (in der Bewegung), Steifheit 2, 821.
senilis, des Alters 7, 478. Mattigkeit 11,
618. — b) Schwere, Heftigkeit 15, 321. so-
poris, tiefer Schlaf 15, 21. — 3) v. Betra=
gen und Charakter, a) Würde, Anſtand,
Majeſtät 1, 207. 6, 73. 9, 270. sceptri,
Herrſcherwürde 2, 847. — b) Bedächtigkeit
7, 308.
grăvĭus, adv. (comp. von graviter),
ſchwerer, heftiger 3, 333 (ſ. justus).
grăvo, āvi, ātum, āre, beſchweren, be=
laſten: pennas 8, 205. ramos 13, 812.
part. gravatus beſchwert: oculi morte 4,
145. somno, ſchlummerbetäubt 5, 358. ca-
put, matt 10, 192. — 2) beläſtigen, be=
drängen: invitam (sc. me) 7, 19.
grĕmĭum, i, n. Schooß 7, 66. 13, 658.
787.
gressŭs, ūs, m. das Gehen, der Schritt
3, 17. gressus ferre, (gemeſſen) einherſchrei=
ten 6, 275.
grex, ĕgis, m. Heerde: equarum 2, 690.
pecorum 11, 276; inbeſ. Kleinviehheerde,
Schafheerde 1, 513. 4, 635. lanigeri 3,
585. 6, 395. dux gregis, Widder 5, 327.
7, 311. — 2) Schaar, Haufe 3, 537 (Ge=
folge des Bacchus).
grūs, ŭis, c. Kranich 6, 92.
Grȳneus, (zweiſylb.) ĕi, m. ein Cen=
taur 12, 260.
gŭla, ae, f. Speiſeröhre, Schlund 8,
846 (ſ. flamma).
gurgĕs, ĭdis, m. Waſſertiefe, Strudel
5, 421. 597. 6, 364. 11, 506; übrtr. Ge=
wäſſer, Meer 2, 528. 4, 561. 9, 227. 13,
903. 14, 51.
gutta, ae, f. Tropfen 2, 360. 4, 618. 7,
283; übtr. guttae, (tropfenförmige) Punkte,
Flecken 4, 578. 5, 461.
guttŭr, ŭris, n. Gurgel, Kehle 2, 484.
11, 129; plur. für sing. 3, 73. 626. 11,
753 (ſ. in). 13. 944.
Gȳărŏs, i, f. cycladiſche Inſel im ägä=
iſchen Meere 5, 252. 7, 470.
gȳrus, i, m. Rundung, Kreis (durch
eine Bewegung) 2, 718. 7, 784.

H.

hăbēna, ae, f. „die Halte"; dah. plur.
die Zügel 2, 151. 169. 5, 404. habenas im-
mittere 1, 280. poet. habenas cursus aërii
supprimere 6, 709. — 2) Leitung, Regie=
rung: populi 15, 481.
hăbĕo, ŭi, ĭtum, ēre, haben, beſitzen,
inne haben: aëra habendum permittere,
zum Beſitze 1, 57. hoc terrae, dieſes Stück
Land 5, 135. aliquam, zur Frau haben 9,
497. vir tibi habendus est, du mußt be=
ſitzen 1, 660. clipeo successor est haben-
dus, der Schild muß einen Nachfolger er=
halten 13, 119. amor habendi, Habſucht
1, 131. Ellis habet opus, hat aufzuweiſen,
9, 187; inbeſ. a) an ſich haben, halten,
tragen 1, 558. foetus, 4, 161. jaculum
manibus 7, 756. tumulus nomen habens
12, 2. — b) bei ſich haben: alqm 9, 278.
15, 609. — c) in ſich haben, enthalten 2,
95. 14, 137. semina 15, 375. animas 15,
459; v. Localitäten, aufgenommen haben,
umſchließen, beherbergen: alqm 13, 46.
313. 649. litus mare habet 1, 344. silva
habet deos 1, 694. Athamanta regia ha-
bet, umfängt 4. 468. ripa vestes habet,
barg 5, 602. — d) in Beſitz genommen ha=
ben: cetera venter habet, hat eingenom=
men 6, 144. pontus habet alqm, hat ver=
ſchlungen 1, 361. 11, 701 (ſ. sine); dah.
in ſeiner Gewalt haben, beherrſchen: alqm
1, 197. urbem 8, 8. regnum 8, 495 sum-
mam gentis 14, 622. als Bewohner inne
haben, bewohnen 15, 289. 540. — e) von
äußern und innern Eigenſchaften: (an ſich,
in ſich) haben, zeigen 1, 20 (ſ. sine). 2,
858. 3, 435 (ſ. sui). 7, 775. 10, 702. 11,
689. 15, 306. mores 7, 656; dah. von Bild=
niſſen: darſtellen, enthalten 6, 87. 91. 98.
— f) mit ſich bringen, mit etw. verbun=
den ſein: alqd 6, 29 (ſ. qui). — g) v. Zu=
ſtänden, ergriffen haben, feſſeln: ardor
habet alqm 10, 81. cura 7, 800. horror
habet artus 9, 291. somnus 7, 329. 8, 84.
sopor, 7, 667. — h) mit acc. praedicati,
Jemd. als (zu) etwas haben 3, 129. 4, 4.
deos … faciles, willfährig finden 5, 559.
nos habebit suos, wird uns auf ſeiner
Seite haben 15, 821. — i) wofür halten,
anſehen: succedere fas habet 2, 767.
cognosse satis habet, begnügt ſich 15, 5;
passiv (im Urtheile) wofür gelten 8, 262.
9, 333. 10, 325. inter felices, gerechnet
werden 10, 299. qua potens habitus (est),
wo er im Rufe eines mächtigen Herrſchers
ſtand 7, 460. — k) halten, abhalten: nu-
dum certamen operum habetur, nur über
die Verdienſte wird geſtritten 13, 159. —
l) mit Relativſatz der Folge, haben, wiſſen

habilis   **hasta**   107

6, 612. habeo quod sanet, ein Mittel, welches heilen kann 10, 397. non habebam quod speculares, ich hatte nichts weiter zu erspähen 13, 247. quid habet quod ultra faciat, was kann sie uns noch weiter thun 14, 487; mit *inf.* 9, 658.

hăbĭlis, e, leicht zu handhaben: currus, bequem (zu lenken) 3, 531.

hăbĭtābĭlis, e, bewohnbar 1, 49. 8, 624. 15, 830.

hăbĭto, āvi, ātum, āre, wohnen, hausen: in antris 11, 147. sub rupe 4, 114. silvis 12, 406. habitat quies, herrscht 11, 602. *part.* habitantes, Bewohner 14, 90. — 2) *trans.* bewohnen 1, 195 (*sc.* tutos). 3, 9. tellus habitata viris (= a viris) 13, 430. undae cesserunt habitandae, als Wohnsitz 1, 74.

hăbĭtŭs, ūs, *m.* „das Sichgehaben, das Aeußere"; dah. 1) Anzug, Tracht 14, 643. *plur.* 8, 22. 13, 167. — 2) übtr. natürliche Beschaffenheit, Zustand 4, 766; insbef. Naturell: virorum 4, 768.

hāc, *adv.* (eig. *ablat.* = hac parte ob. via), hier 1, 170. 2, 133. 13, 728. hac... illac da... dort 4, 360.

hactēnŭs, *adv.* (örtlich) bis hierher 13, 700; übtr. a) von der Zeit, bis hierher, soweit 5, 250. 13, 956. — b) in der Rede: soweit, soviel 5, 332. hactenus (erg. dixit) 12, 82. 14, 512. (mit folg. et) 2, 610. 7, 794. 10, 423. durch Tmesis getrennt 5, 642.

haedus, i, *m.* junger Ziegenbock, Böckchen 13, 791. 828. 15, 466; *plur.* Haedi, zwei Sterne im Zeichen des Fuhrmanns, deren Auf- und Untergang Sturm verkündigte 14, 711.

Haemōnĭa, ae, *f.* Hämonien, älterer Name der griechischen Landschaft Thessalien (von Hämon, dem Vater des Thessalus) 1, 568. 2, 543. 8, 813. 11, 229. - Dav. **Haemŏnĭus**, a, um, hämonisch, thessalisch 2, 599. 5, 306. 7, 159. 314. 11, 409. 12, 81. 212. 353. urbs = Trachin 11, 652. juvenis = Iason 7, 132. arcus, das Gestirn des Schützen (Sagittarius, ursprünglich b. Centaur Chiron aus Thessalien, vom Juppiter unter die Sterne versetzt) 2, 81.

Haemŏnĭus, a, um, f. Haemonia.

Haemŏs, i, *m.* Gebirge in Thracien („der große Balkan"), nach der Mythe ein König des Landes, welcher nebst seiner Schwester Rhodope in die gleichnamigen Berge verwandelt wurde, weil sie sich Juppiter und Juno nannten 6, 87. 2, 219. 10, 77.

haerĕo, haesi, haesum, ēre, 1) wo ob. an etwas hängen bleiben, hangen, haften, mit *in* u. d. *abl.* 1, 105. 485. 3, 233. 628. 7, 66. 10, 359; mit bloß. *abl.* 4, 27. 266. 6, 530. 9, 168. 10, 191. 12, 106. 269. 14,

306; mit *dat.* 8, 144; absol. 3, 628. 5, 126. avidis amplexibus, Semb. innig umschlungen halten 7, 143. *part.* haerens, festgeheftet (*sc.* manu in fronte) 12, 388; insbef. a) v. Geschossen: haften, stecken bleiben: in tergo 8, 348 (f. videor). ossibus 3, 71. 12, 370. cervice 6, 236. viscere 6, 290. collibus 15, 560. alae 12, 570. telum curvamine haesurum, welches stecken bleiben sollte 12, 95. — b) an einem Orte festsitzen, verweilen 3, 419. in scopulis 3, 592. in arbore, festhalten an 11, 244. fontibus, unablässig liegen 7, 568. telae, am Webstuhle haften 4, 35. — c) bildl. haften, bleiben: pectore, in der Erinnerung 12, 184. menti, beständig vorschweben 14, 204. amor haeret, haftet fest im Herzen 3, 395. memori haerebis in ore, dein Name wird auf meinen Lippen wohnen 10, 204. — 2) haften, gehalten werden, (wie) festgewurzelt sein 1, 551. 4, 184. 9, 351. solo 4, 266; insbef. durch Verwandlung in Stein mitten in einer Bewegung stocken, starren 4, 560. 5, 183. 14, 756; bildl. a) gefesselt sein: in virgine 2, 410. cupidine 13, 906. — b) (*sc.* animo) stutzen, schwanken 4, 132.

haeres, f. heres.

Halcyŏneus, (vierſylb.), ĕi, *m.* ein Gegner des Perseus 5, 135.

Hălēsŭs, i, *m.* ein Lapithe 12, 462.

hălĭaeĕtŏs, i, *m.* Meeradler, Fischaar 8, 146.

hălĭtŭs, ūs, *m.* Hauch, Athem 3, 75.

Hălĭus, i, *m.* ein Kampfgenosse des lycischen Königs Sarpedon 13, 258.

Hămādryăs, ădis, *f.* Baumnymphe, Hamadryade (sie starben mit ihrem Baume zugleich ab, während die Dryaden od. Waldnymphen längeres Leben besaßen): *acc. plur.* hamadryadas 1, 690. 14, 624.

hāmātus, a, um, mit Haken versehen, hakig: arundo 5, 384. sentis, stachelicht 2, 799. — 2) hakenförmig, gekrümmt: ensis 5, 80. unguis 12, 563.

hāmus, i, *m.* Haken 6, 252; insbef. Angelhaken, Angel 3, 586. 8, 858. 13, 934. 15, 101. 476; übtr. Kralle 11, 342. der gekrümmte Bügel des Schwertes 4, 720.

hăra, ae, *f.* kleiner Stall, Koben 14, 286.

Harpălŏs, i, *m.* (v. ἁρπαλέος, ἁρπάζω), „der Gierige", ein Hund des Actäon 3, 222.

harpē, ēs, *f.* Sichelschwert 5, 69. 176.

Harpyia (dreisylb.), ae, *f.* (v. ἁρπάζω), „die Räuberin", ein Hund des Actäon 3, 215.

hăruspex, f. aruspex.

hasta, ae, *f.* „langer Stab"; dah. a) Thyrsusstab 3, 667. 6, 593. 11, 7. — b) Lanze, Speer 5, 9. 6, 78. 7, 131.

hastīle, is, *n.* Lanzenschaft, Lanze 7, 676. 8, 28. 285. 14, 344.
haud, *adv.* nicht (mit subject. Färbung), nicht eben: haud procul 5, 385. haud aliter, nicht anders, ebenso (bei Vergleichungen) 2, 623. 8, 473. 762. 9, 205. 10, 595. 11, 330. haud secus 9, 40. 12, 102. — 2) gar nicht, keineswegs 2, 34. 5, 540. 7, 595. 9, 405. haud tamen 7, 340. 9, 125. 446.
haurĭo, hausi, haustum, īre, schöpfen: aquas 3, 189. liquores 6, 347. undam 4, 740; übertr. a) aufnehmen, sammeln: pulverem 9, 35. 14, 136. cineres 8, 538. — b) abzapfen, ausströmen lassen: cruorem 7, 333. 13, 331. — c) heraufholen: suspiratus, tief aufseufzen 14, 129. — 2) schöpfend leer machen, ausschöpfen: cratera 8, 679. pocula ore, austrinken 14, 277; übertr. a) aufgraben: terra hausta, Grube 11, 187. cineres, ausgraben 13, 425. pulvis haustus 14, 136. — b) durchbohren, durchstechen: latus 5, 126. 9, 412. pectora 8, 439. femur 8, 371. loca luminis, die Augenhöhlen ausbohren 13, 564. — 3) in sich schöpfen, einschlürfen, trinken: aquas 7, 571. lacus faucibus 15, 320; bildl. in sich aufnehmen, auffassen: alqd oculis pectoris 15, 64. flammas, einathmen 8, 326. ignes pectore 10, 252. dicta auribus, vernehmen 13, 787. 14, 309.
1. haustus, a, um, f. haurio.
2. haustŭs, ūs, *m.* „das Schöpfen", dah. der Trunk, Schluck: aquae 6, 356. Bacchi 7, 450 (f. sumo). sanguinis, Strom 4, 118. arenae, eine Handvoll 13, 526.
Hēbē, ēs, *f.* die Göttin der ewigen Jugend, von der Juno ohne Zuthun eines Mannes geboren (dah. privigna Jovis 9, 416), Gemahlin des Hercules nach seiner Aufnahme in den Olymp, verlieh männliche Jugend 9, 400 (viri = Herculis).
hĕbēnus, f. ebenus.
hĕbĕs, ĕtis, stumpf: mucro 12, 485. ictus 12, 85; bildl. stumpfsinnig 13, 135.
hĕbēto, āvi, ātum, āre, „abstumpfen"; übertr. schwächen: flammas 7, 210. sidera, bleichen, unsichtbar machen 5, 444.
Hēbrus, i, *m.* d. Hauptfluß in Thracien 2, 257. 11, 50.
Hĕcăbē, ēs, u. Hĕcŭba, ae, *f.* Gemahlin des trojan. Königs Priamus, fiel nach Eroberung der Stadt dem Ulysses als Sclavin zu, wurde aber unterwegs in Thracien in einen Hund verwandelt. Ihr Grab (Cynossema, κυνὸς σῆμα, f. 13, 569) wurde auf dem thracischen Chersones nahe bei Sestos gezeigt 13, 423. 549. 556. 575.
Hĕcătē, ēs, *f.* Tochter des Titanen Perses und der Asteria, Göttin der Magie, Beschützerin der Zauberer 7, 74. 174. 241. 14, 405. Die spätere Mythologie dachte drei Gottheiten in ihr vereinigt: am Himmel Luna, auf der Erde Diana und in der Unterwelt Proserpina, dah. sie dreiköpfig dargestellt wurde (triceps 7, 194. triformis 7, 94. 177). - Dav. 1) Hĕcătēĭs, ĭdos, *f.* hecateisch: herba, Zauberkraut 6, 139. — 2) Hĕcătēĭus, a, um, hecateisch: carmina, Zaubersprüche 14, 44.
Hĕcătēis, f. Hecate.
Hĕcătēĭus, a, um, f. Hecate.
Hectŏr, ŏris, *m.* Sohn des trojanischen Königs Priamus, der tapferste der Trojaner, von Achilles getödtet 11, 758. 12, 3. 69. 447. 591. 13, 82. 279. 666. *acc.* Hectora 12, 75. 548. 607. 13, 178. 384. 486. - Dav. Hectŏrĕus, a, um, . . . des Hektor 12, 67. 13, 275 (f. Mars). flammae, das Feuer, womit H. das Schiffslager der Griechen in Brand zu stecken versuchte 13, 7.
Hectŏrĕus, a, um, f. Hector.
Hĕcŭba, f. Hecabe.
hĕdĕra, ae, *f.* Epheu 4, 395. 5, 338. *plur.* Epheuranken 3, 664. 4, 365. 6, 128. 599. 10, 99.
hei, f. ei.
Hĕlĕna, ae, od. Hĕlĕnē, ēs, *f.* Tochter des spartanischen Königs Tyndareus u. der Leda, die schönste Frau Griechenlands. In ihrer Jugend durch Theseus geraubt, von ihren Brüdern Castor u. Pollux aber wieder befreit, wurde sie die Gemahlin des Menelaus, welchem auch Tyndareus das Königreich Sparta hinterließ. Ihre Entführung durch Paris, den Sohn des Priamus, veranlaßte den trojanischen Krieg 13, 200. 14, 669.
Hĕlĕnus, i, *m.* Sohn des Priamus, der Weissagung kundig (Dardanius vates 13, 335. vates Phrygius 13, 720). Ulysses, der ihn gefangen nahm, erfuhr von ihm, daß Troja ohne den Philoctetes nicht erobert werden könne. Er begab sich nach dem Falle Troja's nach Epirus zum Pyrrhus, dem Sohne des Achilles, heirathete die Andromache, die Wittwe seines Bruders Hector, und legte, als ihm nach dem Tode des Pyrrhus ein Theil von Epirus zufiel, daselbst ein neues Troja (simulata Troja 13, 721) an 13, 99. 723. 15, 438. 450.
Hēliădes, um, *f.* die Helladen, Töchter des Helios (Sol) und der Clymene, Schwestern des Phaëthon, werden in Pappeln verwandelt 2, 340. poet. nemus Heliadum, Pappelhain 10, 91. lacrimae, Bernstein 10, 263 (vgl. 2, 364).
Helĭcē, ēs, *f.* 1) Küstenstadt in Achaja, durch Erdbeben vom Meere verschlungen 15, 293. — 2) der große Bär (Arctos), ein nördliches Sternbild 8, 207.

Hĕlĭcēs, ae, *m.* ein Gegner des Perseus 5, 87.

Hĕlĭcōn, ōnis, *m.* Berg Böotiens, dem Apollo u. den Musen geweiht 2, 219. *acc.* Heliconă 5, 254. 663; *poet.* totus Helicon, die Gesangkunst sämmtlicher Musen 8, 533.

Hĕlĭmus, s. Elymus.

Hellē, ēs, *f.* Tochter des Athamas u. der Nephele. Als zur Zeit einer anhaltenden Dürre auf Anstiften ihrer Stiefmutter Ino die Helle nebst ihrem Bruder Phrixus geopfert werden sollten, flohen sie durch die Luft auf einem vom Mercur erhaltenen Widder mit goldenem Felle. Unterwegs fiel Helle herab und ertrank in der nach ihr Hellespontus benannten Meerenge, Phrixus aber fand beim König Aeëtes in Colchis Aufnahme. Das Vließ des den Göttern geopferten Widders wurde in einem Haine des Mars aufgehängt, von wo es später Jason mit den Argonauten nach Griechenland holte 11, 195.

Hellespontus, i, *m.* „das Meer der Helle" (s. Helle), der Hellespont, die heutige Straße der Dardanellen 13, 407.

Hĕlops, ŏpis, *m.* ein Centaur 12, 334.

Hennaeus, a, um, hennäisch: moenia, die Stadt Henna in Sicilien mit berühmtem Tempel der Ceres 5, 385.

herba, ae, *f.* der grüne Halm 8, 290. primis in herbis, im ersten Wuchse 5, 582. herbae graminis, die jungen Sprossen des Grases 10, 87; insbes. a) das junge Gras 1, 681. 2, 420. *plur.* 4, 301. 341. 7, 836 (s. per). 15, 14. Grastriften 4, 635. — b) die junge Saat 2, 792. 15, 202. — c) Kraut, Pflanze 11, 606. 15, 78. 417. herbae, Heilkräuter 1, 522. 10, 188. 15, 534. Zauberkräuter 4, 49. 6, 139. 7, 98. 149. 14, 21. 15, 326.

herbĭdus, a, um, grasreich 8, 282.

herbĭfer, ĕra, ĕrum, Gras tragend, grasreich 14, 9.

herbōsus, a, um, grasig, grasreich 2, 689. 10, 128. 14, 445. ara, grün 15, 574.

Hercŭlēs, is, *m.* Sohn des Juppiter (9, 104. 15, 12) und der Alcmene, der Gemahlin des Amphitryo. Amphitryoniades 9, 140. Tirynthius heros 7, 410. Aonius 9, 112), uneigentlich Enkel des Alceus (Alcides 9, 13), Urenkel des Perseus. Juppiter hatte im Rathe der Götter verkündigt, daß, wer vom Geschlechte des Perseus zuerst geboren werde, über alle Nachkommen des Perseus herrschen sollte. Deshalb beschleunigte die eifersüchtige Juno die Geburt des Eurystheus (s. Eurystheus). Juppiter sprach nun aber die Milderung aus, daß Hercules völlig frei werden könne, sobald er 12 ihm vom Eurystheus auferlegte Arbeiten (bis sex labores 15, 39) verrichte. — Von den Großthaten des Hercules sind 9, 182 ff. erwähnt: er tödtet den Busiris (s. Busiris); er erwürgt den Antäus (s. Antaeus); er raubt die Heerde des Geryon (s. Hiberus); er holt den Cerberus aus der Unterwelt; er fängt auf Creta einen wüthenden Stier; er reinigt die Ställe des Augias (s. Elis); er vertreibt die stymphalischen Vögel (s. Stymphalis); er fängt die Hirschkuh der Diana (s. Parthenius); er besiegt die Amazonen (s. Thermodon); er holt die goldnen Aepfel der Hesperiden (s. Hesperides); er kämpft mit den Centauren (s. Centauri); er bringt einen ungeheuern Eber v. Berge Erymanthus in Arcadien lebendig zum Eurystheus; er tödtet die lernäische Schlange (s. Echidna); er tödtet den thracischen König Diomedes (s. Thrax); er erwürgt den nemeäischen Löwen (s. Nemeaeus); er trägt, während Atlas ging ihm die hesperidischen Aepfel zu holen, für diesen die Last des Himmels. — Hercules wurde von seiner eifersüchtigen Gemahlin Dejanira durch ein Gewand vergiftet (s. Nessus), worauf er sich selbst auf dem Berge Oeta den Scheiterhaufen bereitete und verbrannte. Juppiter verlieh ihm Unsterblichkeit u. die nunmehr versöhnte Juno vermählte ihn im Olymp mit ihrer Tochter Hebe 7, 364. 9, 256. 278. 12, 574. 13, 23. 52. 15, 284. = Dav. **Hercŭlĕus,** a, um, herculisch, ... des Hercules 9, 162. 14, 627. 12, 309. 539. 554. 15, 47. 231. hospes, d. i. Croton 15, 8. urbs, die von Hercules erbaute Stadt Herculanum in Unteritalien 15, 711.

Hercŭlĕus, a, um, s. Hercules.

hērēs, ēdis, *m.* Erbe 13, 129 (s. certamen). nominis 6, 239. 15, 819. studii 3, 589; *poet.* Nachwuchs 9, 72.

hĕrīlis, e, dem Herrn od. der Herrin gehörig: sanguis, des Herrn 3, 140. nomen, der Herrin 10, 502.

Hermăphrŏdītus, i, *m.* Sohn des Hermes u. der Aphrodite, verwuchs mit der Nymphe Salmacis zu einer Person 4, 383.

hērōs, ōis, *m.* Göttersohn, Halbgott, Heros 2, 676. 5, 1. 7, 410. 9, 1. 10, 50. 13, 166. 644; dah. als ehrende Bezeichnung der Fürsten, Heerführer u. dgl., Held, Heros 3, 198. 7, 156. 8, 566. fortissimus, d. i. Ajax 10, 207.

Hersē, ēs, *f.* Tochter des attischen Königs Cecrops 2, 559. 724. 809.

Hersĭlĭa, ae, *f.* Gemahlin des Romulus 14, 830.

hĕrus, i, *m.* Herr (im Ggsz. des Sklaven) 8, 853.

Hĕsĭŏnē, ēs, *f.* Tochter des trojanischen Königs Laomedon, sollte einem Seeungeheuer preisgegeben werden, welches Neptun geschickt hatte, weil ihr Vater sich weigerte, dem Gotte den für die Erbauung der Mauern Trojas ausbedungenen Lohn zu zahlen. Hercules tödtete das Ungeheuer, nachdem er sich zuvor die unsterblichen Rosse des Tros hatte versprechen lassen (s. Ganymedes). Weil aber Laomedon wiederum wortbrüchig wurde, so überfiel Hercules die Stadt mit einer Flotte und eroberte sie (bis perjura moenia Trojae 11, 215), worauf er die Hesione seinem Gefährten Telamon gab, durch den sie Mutter des Teucer wurde 11, 217.

Hespĕrĭdes, um, *f.* die **Hesperiden**, Nymphen auf einer Insel jenseits des Atlas, unter deren Pflege ein Garten stand, in welchem goldne von einem schlaflosen Drachen bewachte Aepfel wuchsen: acc. Hesperidas 11, 114.

Hespĕrĭē, ēs, *f.* Tochter des Flußgottes Cebren im Gebiete von Troja 11, 769.

Hespĕrĭus, a, um, s. Hesperus.

Hespĕrus, i, *m.* der **Abendstern** 5, 441. - Dav. **Hespĕrĭus**, a, um, **hesperisch**, d. i. abendländisch, westlich 2, 258. 325. 4, 214. 628. fretum, Westmeer 11, 258. litus, die Küste des atlantischen Meeres 2, 142.

hesternus, a, um, **von gestern, gestrig** 8, 642.

heu, Ausruf der Klage: **wehe! ach!** 2, 447. 612. 3, 229. 500. 4, 153. 6, 273. heu facinus! o des Frevels 8, 85. heu dedecus 12, 498. heu miser 11, 720.

hĭātŭs, ūs, *m.* (**klaffende**) **Oeffnung**, **Kluft, Schlund** 5, 357. 7, 409. 15, 273. Becken 3, 162; insbes. Oeffnung des Mundes, geöffneter Mund 7, 557. Rachen 11, 60.

hibernus, a, um, **winterlich, des Winters** 5, 158. 11, 745. 13, 793.

Hībērus, a, um, **zur Landschaft Iberia in Hispanien gehörig, iberisch, hispanisch**: pastor, d. i. Geryon, König der Insel Erytheia im gaditanischen Meerbusen bei Spanien, hatte 3 Leiber, 6 Hände u. 6 Füße u. besaß eine Heerde von ungeheuern purpurrothen Rindern, die er durch den Riesen Eurytion und den zweiköpfigen Hund Orthrus bewachen ließ. Hercules tödtete die Wächter und den Besitzer und trieb die Heerde weg 9, 184. boves = boves Geryonis 15, 12. flumen, der westliche oder atlantische Ocean 7, 324.

hīc, *adv.* **hier** 1, 318. 2, 327. 4, 631. 5, 411. 8, 674. 10, 56. 15, 60. hic, d. i. vor Troja 12, 113. hic illic, hier u. dort 7, 581. — 2) **bei dieser Gelegenheit, unter solchen Umständen** 6, 611. 13, 341.

hīc, haec, hŏc, **dieser** (v. dem, was der Redende als ihm gegenwärtig in Raum, Zeit und Vorstellung betrachtet) 13, 179

(s. peto). haec Niobe, die jetzige 6, 273. timor hic, die gegenwärtige 15, 775. hoc terrae, dieses Stückchen Erde 5, 135. hoc muneris, dieses Geschenk 9, 400. his (sc. ludis), in diesen Spielen 1, 448. *abl.* hac (sc. via ob. parte), hier 1, 170. 2, 133. 4, 360; dah. hic im Gegens. zu ille v. dem zuletzt genannten Gegenst. 1, 472. 13, 741. 814. 15, 42. hoc, dieses letztere 11, 582; v. dem, was zwar zuerst genannt ist, aber in der Vorstellung zuerst genommen wird 1, 539. 697. 3, 205. 10, 213; bei Aufzählungen: hic ... ille ob. alter, der eine ... der andre ob. ein andrer 1, 293. 13, 693. 15, 345. hic ... hic 11, 539. 12, 56. hic ... ille ... hic (ein dritter) 6, 295. 3, 48; insbef. a) δεικτικῶς, dieser **hier, dieser da** 1, 768. 11, 751. 13, 8. 801. 821. 14, 676. 15, 187. haec *sc.* Deianira 9, 110. haec omnia, diese ganze Welt 13, 852. — b) **dieser mein** 3, 525. 5, 27. 222. 6, 539. 7, 721. 8, 866. 11, 285. 13, 284. 504. 14, 13. 23. 174. haec injuria, die ich jetzt erlitten habe 12, 201. conjugium hoc, Vermählung mit mir 10, 613. haec mea facundia 13, 137. — 2) **auf Anzuführendes hinweisend: der folgende, dieser** 1, 208. 2, 126. haec, folgende Worte, Folgendes 13, 493. his, mit folgenden Worten 8, 863. 13, 749. — 3) prägn. **von der Art, solch** 1, 225. 2, 285. 4, 524. 5, 111. 6, 433. 12, 618. 13, 525. se hunc reminiscitur, als eines solchen (so jugendlich frischen) 7, 293. — 4) determinirend statt des bei Dichtern verhältnißmäßig selteneren is: 1, 78. 289. 2, 761. 4, 745. 5, 302. 11, 755. 14, 26. hoc magis, desto mehr 11, 438. 14, 302. hoc minus 11, 734.

hĭĕmālis, e, **winterlich**: nimbi 9, 105.

hĭems, ĕmis, *f.* **Sturmwetter, Regenwetter** 11, 490. 521. 13, 709. 14, 481. — 2) **Winter** (als regnichte u. stürmische Jahreszeit für Griechenland und -Italien) 1, 117. 10, 165. 15, 212; als mythologische Person 2, 30; *poet.* **Kälte**: letalis 2, 827.

hinc, *adv.* 1) **von hier, von da** 2, 708. 14, 527. procul hinc 7, 388. 11, 32. **hiervon** 9, 342; übertr. a) **daher** 9, 720. disce hinc, hieraus 14, 319. — b) **hierauf** 1, 218. 269. 5, 107. 160. 12, 268. — 2) **auf dieser Seite, hier** 15, 315. hinc ... illic 15, 270. hinc ... illinc 4, 71.

hinnītŭs, ūs, *m.* **das Gewieher**, *plur.* 2, 154. 669.

Hippăsus, i, *m.* 1) ein Theilnehmer der calydonischen Jagd 8, 313. — 2) ein Centaur: acc. Hippason 12, 352.

Hippŏcŏōn, ontis, *m.* Sohn des Oebalus, Bruder des Tyndareus, König von Amyclä in Laconien 8, 314. 363.

Hippodamas

ās, antis, m. Vater der
mele 8, 592.

ē, ēs, f. Gemahlin des La=
pirithous 12, 210. 224.

s, i, m. Sohn des Theseus
enkönigin Hippolyte, wurde,
esmutter Phädra verleumdet
n Vater verflucht, durch seine
ein Meerungeheuer scheu ge=
u Tode geschleift. Diana ließ
ch den Aesculap wieder ins
und brachte ihn unter dem
is (= bis vir 15, 544) nach
bei Aricia 15, 497.

ēs, ae, m. Sohn des Me=
t die Atalanta im Wettlaufe
658. 690.

s, ae, m. Nachkomme des
otabe, d. i. Aeolus (f. Aeo-
l, 431. 14, 86. 224. 15, 707.

s, i, m. Sohn des Cercyon,
cadien 8, 307.

, um, struppig, zottig: barba
s 12, 280. leo 14, 207. (ca-
mictu 14, 163. hirsuta ca-
mit struppigem Weißhaar
njen 10, 103.

um, struppig, zottig: crinis
13, 850. capellae 13, 927.
25.

, sich aufthun, sich öffnen 1,
en Mund aufthun 11, 566.
nünblich vorbringen, reden:
uch nur den Mund aufzu=
l.

, m. der Hister, die Unter=

a, um, heutig 15, 197.

e, m. 1) ein Cephene 5, 97.
itaur 12, 457.

haedus.

, m. Mensch 1, 78. dique
2, 578. 9, 745. 14, 807.

t, um, geehrt, geachtet 15, 461.

iōnōs, ōris, m. Ehre (die
ob. erweist), Ehrenbezeigung
5. 96. 272. — 2) Werth,
1. virtutis 13, 153. non in
werden vernachlässigt 10, 170.
ore ponere, Ruhm beilegen
Ehrenstelle, Würde, Rang 2,
caeli 1, 194. — 4) Ehren=
eis, Auszeichnung 1, 449. 3,
1, 216. 13, 287. fertilitatis
. virtutis 8, 387. templo-
renschmuck 15, 614. Schmuck
. Opfergabe, Opfer 3, 524.
ris 10, 681. 14, 128. Todten=

ri, atum, āre, ehren: part.
ehrt 2, 515. cani, ehrwürdig

hospes

8, 9. — 2) mit etw. ehren ob. beschenken:
deos sanguine 8, 266. tumulum, durch
Todtengeschenke ehren 14, 84. rus hono-
ratum, Ehrenacker 14, 617.

hōra, ae, f. Stunde 4, 156. 199. 10.
734. — 2) dichter. die Zeit 4, 696. 5, 499.
9, 612. mediae horae 8, 651.

Hōra, ae, f. Name der vergötterten Her=
silia, der Gemahlin des Romulus 14, 851.

Hōrae, ārum, f. die Horen (Irene,
Eunomia u. Dike), Töchter Juppiters u.
der Themis, Göttinnen des Zeitwechsels,
Wächterinnen an der Himmelspforte u.
Dienerinnen des Sol 2, 26. 118.

hordĕum, i, n. Gerste 14, 273 (s. torreo).

horrendus, a, um, s. horreo.

horrĕo, ŭi, ēre, emporstarren, starren:
setae horrent 8, 285; mit *ablat.* von etw.
starren 4, 778. 8, 428. 13, 864; übertr.
a) vor Furcht schaudern, zittern, sich ent=
setzen 6, 530. 602. 10, 414. 460. 11, 458.
15, 516. timore 7, 631. — b) *trans.* vor
etw. schaudern, sich entsetzen: ursos 2, 494;
part. horrendus, als Adject., schauder=
voll, schauerlich, entsetzlich: 1, 216. 3, 38.
7, 8. 14, 43. relatu, schauerlich zu erzählen
15, 298.

horresco, horrŭi, ĕre, von etwas starr
ob. rauh werden: setis 14, 279. villis 2, 478.

horrĕum, i, n. Scheuer, Speicher 8, 293.

horrĭdus, a, um, struppig, rauh: cae-
saries 10, 139. pastor, in wüster Gestalt
1, 514. 2) schaurig kalt: hiems 15, 212.
dah. schauerlich, entsetzlich: arma 1, 126.
horridus ira 6, 685.

horrĭfer, ĕra, ĕrum, Schauder erregend,
schaurig kalt: Boreas 1, 65. 15, 471;
übtr. schauerlich, entsetzlich: Erinys 1, 725.

horrŏr, ōris m. Schauder (vor Schreck,
Angst), Entsetzen 9, 291. 345. 14, 198.

hortāmĕn, inis, n. Aufmunterung 1,
277.

hortātŏr, ōris, m. Aufmunterer, Er=
munterer: scelerum („zu") 13, 45. ani-
morum, Muthanreger 3, 619.

hortātŭs, ūs, m. Aufmunterung, Er=
mahnung 3, 242. 7, 339.

hortor, ātus sum, āri, aufmuntern,
ermuthigen: alqm 10, 466. 13, 193; mit
inf. 8, 215. ansenern, antreiben: equos
5, 421. canes 10, 537.

hortus, i, m. Garten 8, 646. *plur.*
5, 535. 14, 656.

hospĕs, ĭtis, c. 1) Gastfreund (als
Gast u. Gastgeber), Gast 1, 144. 8, 569.
685. Juppiter, „der Gastliche", als Be=
schützer des Gastrechts (ξένιος) 10, 224;
zur vertraulichen Anrede eines Unbekann=
ten: Freund, Landsmann 2, 692. 4, 639.
— 2) Fremdling, Ankömmling 3, 129. 4,
338. 695. 7, 21. 9, 19. 13, 760.

hospĭta, ae, *f.* eine Fremde 5, 493. 6, 190; adject. gaſtlich: tellus 3, 637.

hospĭtĭum, i, *n.* Gaſtfreundſchaft, gaſtfreundliche Aufnahme 4, 642. 7, 403. 15, 724. dei hospitii 5, 45. hospitio recipere, gaſtlich aufnehmen 5, 658.

hostĭa, ae, *f.* Opferthier, Schlachtopfer 13, 452. 15, 112. 735.

hostīlis, e, feindlich, ... des Feindes: agmen 8, 39. busta 13, 515. — 2) feindſelig: ora 5, 628. detestari prece hostili, mit Verwünſchungen 15, 505.

hostīlĭter, *adv.* feindlich, feindſelig 11, 372. 14, 68.

hostis, is, *c.* der (thätlich verfahrende, beſonders der Krieg führende) Feind 1, 458. 6, 276. mit *dat.* 8, 45. 9, 179. collect. 1, 185. 3, 115. 12, 66; als *feminin.* 6, 538.

hūc, *adv.* 1) hierher, hierhin 2, 765. huc atque illuc 2, 357. 10, 376. huc illuc 6, 365. 12, 329. huc adsum, ich bin hierher gekommen 2, 513. — 2) hierzu: addere 3, 133. adjicere 6, 182.

hūmānus, a, um, menſchlich, Menſchen- ...: sanguis 9, 194. caput 14, 131. genus 1, 203. 15, 759. ritus 9, 501.

hūmecto, āvi, ātum, āre, befeuchten, benetzen: gramina rivo 9, 656.

hūmĕo, ēre, feucht ſein, naß ſein: paludibus 15, 269. lacrimis 10, 509; *part.* humens, feucht, naß: tellus 1, 604. oculi, thränenfeucht 11, 464. 14, 734. ſubſt. humentia, das Feuchte 1, 19.

hŭmĕrus, i, *m.* Schulter, Achſel 6, 406. 10, 700. 15, 149.

hūmĭdus, a, um, feucht: humus 5, 390. lumina 9, 536. Ide, quellenreich 10, 71. thauig: nox 2, 143. 11, 607. aer 7, 187.

hŭmĭlis, e, niedrig (nicht hoch): arcus 3, 30. postes 8, 638. Myconos, niedrig gelegen 7, 463. Troja, dem Boden gleich gemacht 15, 424; dah. v. Umfange, klein: Cleonae 6, 417; bildl. v. Range, niedrig: plebs 3, 583. stirps 14, 699.

hūmŏr, ōris, *m.* Flüſſigkeit, Feuchtigkeit, Feuchte 1, 417 (vetus, d. i. die zurückgebliebene). 2, 237. 6, 354. oculorum 5, 233. Meer 1, 30. lacteus, Milch 9, 358. 15, 79.

hŭmus, i, *f.* Erdreich, Boden 1, 136. 345. 8, 258. Grund u. Boden 4, 636. ad humum, bis auf den Grund 5, 588. humi, auf der Erde, am Boden: humi positus 3, 420; bei Verben d. Bewegung: zur Erde, zu Boden 1, 376. 2, 477. 3, 105. 5, 197. 12, 255. humi fusus 8, 529; *ablat.* humo: a) in die Erde, zu Boden 3, 127. 5, 647. 9, 84. humo fusus 10, 210. — b) auf der Erde, am Boden 4, 121. 10, 557. — c) von d. Erde, vom Boden 2, 448. 771. 4, 264. 7, 640. 11, 110. 13, 283. 442. —

2) meton. Land, Gegend 2, 710, 4, 636. media, Mittelpunkt 15, 631.

Hyăcinthĭus, a, um, ſ. Hyacinthus.

Hyăcinthus, i, *m.* Sohn des Debalus, Königs von Sparta (Oebalides 10, 196), Urenkel des Amyclas (Amyclides 10, 162), wurde vom Apollo geliebt und von ihm durch einen unglücklichen Wurf mit der Discusſcheibe getödtet; aus ſeinem Blute ſproßte die blaue Schwertlilie auf, in deren Blättern man die Buchſtaben AI AI als Wehklage des Apollo fand 10, 185. acc. Hyacinthon 10, 217. - Dav. **Hyăcinthĭa**, a, um, hyacinthiſch: ſubſt. Hyacinthia, ōrum, *n.* ein zu Ehren des Hyacinthus alljährlich in Sparta gefeiertes Frühlingsfeſt 10, 219.

Hyădes, um, *f.* (v. ὕω, regnen), die Hyaden, Töchter des Atlas, ein Siebengeſtirn im Kopfe des Stiers, deſſen Aufgang Regen anzeigte: *acc.* Hyadas 5, 595. 13, 293.

hyaena, ae, *f.* Hyäne 15, 410.

Hyălē, ēs, *f.* eine Nymphe der Diana 3, 171.

Hyantēus, a, um, hyanteïſch, d. i. böotiſch (weil die pelasgiſchen Hyanten die alten Bewohner Böotiens waren) 5, 312. 8, 310.

Hyantĭus, a, um, hyantiſch, d. i. böotiſch (ſ. Hyanteus, a, um): ſubſt. Hyantius, i, *m.* der Hyantier, Böotier, d. i. Actäon 3, 147.

hydra, ae, *f.* Waſſerſchlange, Hyder 9, 192 (ſ. Echidna).

hydrus, i, *m.* Waſſerſchlange, Hyder 4, 801. 13, 804.

Hylactŏr, ŏris, *m.* (ὑλάκτωρ, „Beller") ein Hund des Actäon 3, 224.

Hylaeus, i, *m.* (ὑλαῖος, „Waldmann") ein Hund des Actäon 3, 213.

Hylēs, ae, *m.* ein Centaur 12, 378.

Hyleus (zweiſylb.), ĕi, *m.* einer der calydoniſchen Jäger 8, 312.

Hyleus, i, *m.* ein Hyleer, aus Hylä in Böotien 13, 684.

Hyllus, i, *m.* Sohn des Hercules u. der Deïanira 9, 279.

Hylŏnŏmē, ēs, *f.* eine Centaurin 12, 405.

Hymēn, ĕnis (1, 480) oder **Hymĕnaeus**, i, *m.* der Gott der Vermählung, Sohn des Apollo u. der Muſe Calliope 4, 758. 6, 429. 9, 762. 796. 10, 2; meton. Hochzeitslied: *acc.* Hymenaeon 12, 215.

Hymettĭus, a, um, ſ. Hymettus.

Hymettus, i, *m.* Berg in Attica, berühmt durch ſeinen Honig 7, 702. - Dav. **Hymettĭus**, a, um, hymettiſch: cera 10, 284.

Hypaepa, ōrum, *n.* Stadt in Lydien

am Berge Tmolus: parva 6, 13. 11, 152.

Hȳpănis, is, *m.* Fluß in Sarmatien (jetzt Bog) 15, 285.

Hyperbŏrĕus, a, um, hyperboreisch, d. i. im äußersten Norden befindlich (gleichsam jenseits des Boreas) 15, 356.

Hypĕrīōn, ŏnis, *m.* (ὑπερίων, „der über uns Wandelnde"), ein Titane, Sohn des Uranos u. der Gäa, Vater des Helios (Sol), der Selene (Luna) und der Eos (Aurora) 4, 192. 241. — 2) der Sonnengott selbst 8, 564. 15, 407. urbs Hyperionis, d. i. Heliopolis in Unterägypten, berühmt durch ihren Cultus des Sonnengottes 15, 406.

Hypseus (zweisylbig), ĕi, *m.* ein Cephene: acc. Hypsea 5, 98.

Hypsĭpȳlē, ēs, *f.* Tochter des Königs Thoas auf Lemnos zur Zeit des Argonautenzuges, verhalf, als alle Frauen der Insel ihre Männer tödteten, weil sie Sclavinnen ihnen vorgezogen hatten, ihrem Vater zur Flucht 13, 399.

Hȳrīē, ēs, *f.* eine böotische Nymphe, vom Apollo Mutter des Cycnus, wird in einen See verwandelt 7, 371. 380.

I.

i, s. eo.

Iacchus, i, *m.* Beiname des Bacchus v. einem an seinen Festen gesungenen Jubelliede 4, 15.

Ialȳsĭus, a, um, zur Stadt Jalysus auf der Insel Rhodus gehörig, ialysisch 7, 365.

Ianthē, ēs, *f.* Tochter des Cretensers Telestes 9, 715. 797.

Iăpĕtĭdēs, ae, *m.* ein cephenischer Sänger 5, 111.

Iăpĕtīŏnĭdēs, s. Iapetus.

Iăpĕtus, i, *m.* ein Titane, Vater des Prometheus, Epimetheus u. Atlas 1, 82. — Dav. **Iăpĕtīŏnĭdēs**, ae, *m.* Sohn des Japetus 4, 632.

Iăpȳgĭa, s. Iapyx.

Iăpyx, ȳgis, *m.* 1) Sohn des Dädalus, ließ sich im südl. Italien nieder und gab der Landschaft Japygia den Namen 15, 52. — Dav. **Iăpȳgĭus**, a, um, iapygisch: subst. Iapygia, ae, *f.* Landschaft Japygia in Italien 15, 703. — 2) der Japygier, so Daunus als König von Apulien 14, 458. 510.

Iăsīōn, ŏnis, *m.* Sohn Juppiters u. der Plejade Electra, Liebling der Ceres: acc. Iasiona 9, 423.

Iāsōn, ŏnis, *m.* Sohn des Aeson, Königs v. Jolcos in Thessalien. Diesen hatte sein Stiefbruder Pelias aus der Herrschaft verdrängt, und um sich auch des Neffen Jason zu entledigen, trug er ihm auf, das goldne Vließ aus Colchis am schwarzen Meere zu holen (s. Helle). Auf einem Schiffe von nie gesehener Größe (s. Argo) u. mit einer Anzahl der edelsten u. tapfersten Griechen (Hercules, Zethes, Calais, Peleus, Telamon, Orpheus, Castor, Pollux u. f. w.) kam Jason im 1250 v. Chr. zum Könige Aeetes in Colchis, welcher ihm die Aufgaben stellte: zwei feuerspeiende Stiere anzujochen u. mit ihnen ein Stück Feld umzuackern; Drachenzähne zu säen u. mit den aus ihnen hervorwachsenden Männern zu kämpfen; endlich den schlaflosen Drachen zu tödten, welcher das goldne Vließ bewachte. Jason löste diese Aufgaben mit Hülfe der Medea (s. Medea), die mit ihm nach Griechenland entfloh. Hier rächte er sich am Pelias, doch überließ er später dem Sohne desselben, dem Acastus, das väterliche Reich und nahm seinen Wohnsitz in Corinth 7, 5. 26. 48. 175. 397. 8, 302. 349.

Ibērus, a, um, s. Hiberus.

Ibi, daselbst, dort 5, 105. qua ... ibi 1, 300. = in puero 3, 610.

Ibis, ĭdis, *f.* der den Aegyptern heilige Schlangenreißer, Ibisvogel 5, 331.

Īcărus, i, *m.* 1) Sohn des Dädalus, entfloh mit seinem Vater auf künstlichen Flügeln nach Creta (s. Daedalus). Weil aber Icarus der Sonne zu nahe kam, schmolz das Wachs der Flügel, und er stürzte bei der nachher nach ihm benannten Insel Icaria in das ebenfalls nach ihm benannte icarische Meer (Theil des ägäischen Meeres) 8, 195. — 2) der Vater der Erigone, der erste Weinbauer in Attica, wurde von Hirten, die ihre trunkenen Gefährten für vergiftet hielten, erschlagen, vom Juppiter aber als Gestirn (Bootes) an d. Himmel versetzt 10, 450.

icirco, s. idcirco.

Icĕlŏs, i, *m.* (ἴκελος, εἴκελος, „ähnlich"), Name eines Traumgottes: acc. Icelon 11, 640.

Ichnŏbătēs, ae, *m.* (ἰχνοβάτης, „Spurverfolger"), ein Hund des Actäon 3, 207.

ico, īci, ictum, ĕre, durch Stoß, Schlag treffen, schlagen 2, 606. 6, 255. 8, 352. navis icta latus, an d. Seite getroffen 11, 507. aether ictus ululatibus, erfchüttert 3,706. voces vix icto aëre dare, so daß die Luft kaum bewegt wurde d. i. auf kaum hörbare Weise 9, 584.

ictŭs, ūs, *m.* Schlag, Stoß, Hieb: baculi 3, 325. pedis 5, 264. Ruderschlag 11, 463. ictibus, in Stößen, stoßweise 4, 124. fulmineus, Blitzstrahl 14, 618. Wurf 3, 64. 10, 712. 12, 497. cuspidis 12, 74. Schuß 8, 384. Hieb 8, 344. Biß 4, 499. Verwundung 8, 390; poet. der stechende Sonnenstrahl 3, 183. 5, 389. 6, 49.

Īda, ae, u. **Īdē,** ēs, *f.* 1) Berg auf Creta 4, 293. - Dav. **Īdaeus,** a, um, idäisch 4, 277. 289. — 2) Berg Phrygiens in der Nähe v. Troja 2, 218. 10, 71. 11, 762. 12, 521. 13, 324. - **Īdaeus,** a, um, idäisch: 7, 359. 14, 535.

Īdaeus, a, um, s. Ida.

Īdălĭē, ēs, *f.* Beiname der Venus vom Vorgebirge Idalium auf Cypern 14, 694.

Īdās, ae, *m.* 1) ein Cephene 5, 90. — 2) Sohn des Aphareus, einer der calydonischen Jäger 8, 305. — 3) ein Gefährte des Diomedes 14, 504.

idcircō, *adv.* um deswillen, deshalb 8, 751. 11, 449. idcirco ... ut 13, 288.

Īdē, s. Ida.

īdem, ĕădem, ĭdem, 1) ebenderselbe 6, 67 (s. tango). juratus in arma eadem nobis (= atque nos), mit uns, wie wir 13, 50. idem ille, eben jener 12, 119. 15, 257. *acc.* idem = idem spatium, gleichweit 3, 152. *abl.* eādem, ebendaselbst 5, 290. — 2) zugleich, aber auch 1, 562. 8, 135. 12, 614. 13, 499. 798. 14, 72. 15, 182. idem ego 6, 693. 697. (idem = iidem 1, 239. 8, 636. 10, 739. isdem = iisdem 2, 160. 3, 592. 4, 92. 12, 121.)

īdĕō, *adv.* deshalb, deswegen 1, 515.

Idmōn, ŏnis, *m.* Vater der Arachne aus Colophon 6, 8. - Dav. **Idmŏnĭus,** a, um, idmonisch 6, 133.

Idmŏnĭus, a, um, s. Idmon.

Idŏmĕneus, ĕi, *m.* Anführer der Cretenser vor Troja 13, 358.

idōnĕus, a, um, wozu geeignet, passend: tempora 2, 467. 9, 611.

igĭtur, *adv.* demnach, folglich 9, 492. 593. (sarkastisch) 13, 9. — 2) um den Faden der Rede wieder anzuknüpfen, also 3, 332. 12, 608.

ignārus, a, um, 1) etwas nicht wissend, mit etwas unbekannt, unkundig: mit *gen.* 2, 156. 8, 241. 11, 573. 15, 815. parentis, nicht kennend 2, 496; mit *acc. c. inf.* 6, 263. 8, 196; mit Objectssatz: quid agat 2, 191; absol. des Geschehenen od. Bevorstehenden unkundig, nichts ahnend 1, 658. 2, 100. 3, 3. 243. 287. 5, 623. 7, 421. 9, 155. 705. 11, 252. 12, 229. 13, 873. 15, 132. fors ignara, d. blinde Zufall 1, 453. — 2) nicht gekannt, unbekannt: alcui 7, 404.

ignāvus, a, um, 1) träge 5, 550. 11, 593. gravitas, unbehülflich 2, 821. preces, thatenlos 8, 73; insbes. feig: letum, eines Feigen, ruhmlos 8, 518. — 2) träg machend, erschlaffend: aestus, 7, 529. frigus 2, 763.

ignesco, ĕre, brennend ob. feurig werden 15, 847.

ignĕus, a, um, feurig, brennend 15, 341. vis caeli (= aether) 1, 26. Juppiter, in Gestalt des Feuers 6, 113; bildl. glühend, heiß: furor 9, 541.

ignĭfer, ĕra, ĕrum, Feuer tragend: axis 2, 59.

*****ignĭgĕna,** ae, *m.* (v. gigno) der Feuergeborene (Bacchus) 4, 12 (s. Semele).

ignĭpēs, ĕdis, feuerfüßig: equi 2, 392.

ignis, is, *m.* Feuer 1, 53. 15, 243. *plur.* 2, 220. 4, 246. 5, 106. Feuerbrand 3, 698. 12, 296; insbes. a) Feuer des Scheiterhaufens 7, 610. 613. 9, 234. 250. 13, 687. supremi 2, 620. 13, 583. — b) Opferfeuer 1, 374. 4, 759. 7, 427. 12, 215. — c) Hochzeitsfackel: socii, Vermählung 9, 796. — d) Feuer des Blitzes, Blitz 1, 254. 2, 281. 313. 378. 396. 3, 303. 6, 696. 8, 339. 11, 436. trisulci 2, 849. — e) Sonnenfeuer 1, 417. 4, 194. 8, 205. *plur.* Sonnenstrahlen: Phoebei 5, 389. siderei 1, 778. diurni, Tageslicht 7, 193. — 2) übrtr. a) Glanz, Schimmer, Licht: Aurorae 4, 629. Sternenlicht, Sternenhelle 10, 450. 11, 520. patris (des Vaters) 11, 452. nocturni 4, 81. siderei 15, 665. superi, Sterne 15, 248. — b) Feuer der Augen 1, 498. 3, 33. 8, 284. 15, 674. — c) innere Entzündung: ductus anhelitus igni, mit Gluth geholter Athem, heißer Athem 7, 555. — d) brennendes Gift 9, 202. — 3) bildl. Liebesfeuer, Liebesgluth 2, 410. 3, 490. 4, 64. 195. 6, 492. 708. 7, 747. 9, 457. 465. 516. 10, 154. 369. 524. 641. 11, 225. 445. 13, 867. 14, 375. corporis ("zu") 10, 253. ignes trahere, Feuer fangen 4, 675. concipere 7, 9. 9, 520. 10, 582. (*abl.* igni 1, 53. 229. 3, 490. 7, 555. 10, 369. 13, 606. 802.)

ignōbĭlĭtās, ātis, *f.* geringe Herkunft, niederer Stand 6, 319.

ignōrantĭa, ae, *f.* Unkunde: veri 7, 92.

ignōro, āvi, ātum, āre, nicht kennen, nicht wissen: mit abhäng. Frage 1, 642. 4, 438. 7, 679. 13, 913. petat hunc an illum (ob ... oder ob) 5, 31. quid facit ignorans 10, 637.

ignosco, nōvi, nōtum, ĕre, (in u. nosco), „nicht wissen wollen"; dah. verzeihen: alcui 7, 85. 8, 491. 13, 189.

ignōtus, a, um (in u. gnotus), unbekannt, fremd 1, 88. 2, 203. alae, ungewohnt 8, 209. oculos sibi ignotos, die er (der Schlaf) nie vorher berührt hatte 7, 155; subst. ein Unbekannter 11, 720. — 2) unberühmt 5, 540. 9, 670; dah. v. Stande, niedrig, gemein 12, 600.

īlex, ĭcis, *f.* Steineiche 1, 112. 9, 665.

īlĭa, um, *n.* Unterleib, die Weichen 3, 67, 216. 4, 119. 8, 413. 12, 340. 441.

Īlĭăcus, a, um, f. Ilion.

Īlĭădēs, ae, *m.* der Ilier, Trojaner, b. i. Ganymedes 10, 160. — 2) Sohn der Ilia od. Rhea Silvia b. i. Romulus 14, 781. 824.

īlĭcĕt, *adv.* sofort, alsbald 15, 396.

Īlĭŏn, i, *n.* (*fem.* 14, 467) poetischer Name für Troja (f. Ilus) 6, 95. 13, 408. 505. = **Īlĭăcus, a, um,** ilisch 11, 766. 12, 599. 13, 196.

Īlĭōneus, (viersylbig), ěi, *m.* ein Sohn der Niobe 6, 261.

Īlīthyia (viersylbig), ae, *f.* (Εἰλείθυια, „die Kommende"), Tochter Juppiters und der Juno, Göttin der Geburten (die römische Juno Lucina) 9, 283.

illāc, *adv.* da, dort 4, 360. 435. 8, 186.

illaesus, a, um, unverletzt 2, 826. 12, 489.

illĕ, illa, illŭd, jener (im Gegensatz zu hic von entfernteren oder entfernt gedachten Gegenständen) : ex illis scopulis 5, 26. illis armis 13, 179. illo tempore 5, 19. ex illo, seitdem 3, 394. illa Niobe, die ehemalige 6, 273. illa ripa, das jenseitige 9, 109. vox illa fuit, das war nunmehr seine Stimme 3, 202; insbes. a) δεικτικῶς, jener dort 2, 702. 3, 714. 8, 574. 9, 297. — b) mit Auszeichnung von dem, bedeutsam od. bekannt ist 2, 848. 4, 226. 571. 5, 366. 7, 440. 11, 41. 12, 608. 13, 512. ille (tu) 12, 608. ille ego liber, ich sonst doch so freimüthig 1, 757. ille parens, ein solcher Vater 8, 847. (*genit.* illīus gemessen 8, 815. 11, 564. 14, 492. 15, 822.)

illīc, *adv.* an jenem Orte, dort 4, 298. = in aëno illo 7, 264. hic illic, da u. dort 7, 581. illic... illic 2, 316.

illīdo, si, sum, ĕre, (laedo) an etwas schlagen, schmettern: funale fronti 12, 250. repagula ossibus 5, 121.

*****illĭmis, e,** (v. limus), ohne Schlamm: fons 3, 407.

illinc, *adv.* von dort her, von dort 15, 165. — 2) auf jener Seite 4, 71. hinc... illinc 1, 618. 11, 152.

il-lĭno, lēvi, lĭtum, ĕre, (in u. lino), womit bestreichen, überziehen: ceris 8, 670.

illĭtus, a, um, f. illino.

illūc, *adv.* dorthin 1, 577. 15, 166. illuc et illuc 11, 357.

il-lucesco, luxi, ĕre, anfangen zu leuchten: dies illuxit, brach an 7, 431.

il-lūdo, si, sum, ĕre, seinen Spott mit etwas treiben, etwas verspotten: artes 9, 66. absol. 3, 650. — 2) zum Besten haben, täuschen: cervos pennis 15, 475.

illustris, e, strahlend: caput 2, 50.

illuxisse, f. illucesco.

Illyrĭcus, a, um, zur Landschaft Illyrien am adriatischen Meere (nördlich von Epirus) gehörig, illyrisch 4, 568.

Īlus, i, *m.* Sohn des Tros, Bruder des Assaracus u. Ganymedes, Vater des Laomedon, Erbauer von Troja (Ilium) 11, 756.

imāgo, ĭnis, *f.* Bild, Abbild: caeli 2, 17. mundi 13, 110. Jovis 6, 74. sponsi 5, 229. Asiae florentis 14, 484. captae urbis 12, 225. mortis, Darstellung 10, 726. opposita speculi, Gegenbild d. Spiegels 4, 349. aquae, Spiegelbild 13, 840. 15, 566. alternae vocis, der Wiederhall 3, 385; insbes. a) Scheinbild, Trugbild, Vorspiegelung 1, 754. 2, 37. 6, 103. 110. amicitiae 7, 301. sacri (Vorwand) 14, 80. — b) Traumbild 9, 480. somni 7, 649. 8, 424. 9, 686. 13, 216. noctis 9, 474. — 2) Bild, Erscheinung, (äußere) Gestalt 1, 213. 3, 331. 6, 122. 13, 273. 15, 178. 259. hominis 7, 128. matris 9, 264. Truggestalt: tauri 3, 1. 6, 103. cervi 3, 250. Satyri 6, 110. sine imagine, gestaltlos 1, 87; oft zur bloßen Umschreibung: imago speculi = speculum 4, 349. solis = sol 14, 768. lunae = luna 4, 202. formae = forma 4, 676. noctis = nox 11, 550. — 3) Vorstellung, Gedanke an etwas: ponti 11, 427. caedis 8, 507. temporis 14, 204. facti 8, 96. tota est in imagine poena, lebt ganz in der Vorstellung der Strafe 6, 586. 13, 546.

imbellis, e, zum Kampfe untauglich, unkriegerisch 13, 98. 109. plectrum 5, 114.

imbĕr, bris, *m.* Regenguß, Platzregen 5, 282. *plur.* 3, 79. 4, 526. 5, 285. 11, 516. Unwetter 6, 231. (*abl.* imbri 4, 282.)

Imbreus (zweisylbig), ěi, *m.* ein Centaur 12, 310.

imbrĭfer, ĕra, ĕrum, Regen bringend: austri 13, 725.

imbŭo, ŭi, ūtum, ĕre, befeuchten, benetzen: sanguine 9, 153. nectare 4, 252.

*****ĭmĭtāmĕn, ĭnis,** *n.* Nachahmung 11, 626. *plur.* 4, 445. 15, 200.

ĭmĭtātŏr, ōris, *m.* Nachahmer: fulminis 14, 618.

ĭmĭtor, ātus sum, āri, 1) nachahmen: alqm 14, 638. 14, 521. aves 8, 195. nachschwatzen 5, 299. *part.* imitatus mit passiver Bedeutung, nachgeahmt: voluptas 9, 481; insbes. darstellen, ausdrücken:

8*

gemitus 10, 206. — 2) v. Leblosem, ähnlich sein: *part.* imitans u. imitatus, ähnlich, mit *acc.* 2, 2. 8, 736. 9, 340. 13, 818. metas, kegelförmig 10, 106. lunam, mondförmig 9, 783.

im-mādesco, dŭi, ĕre, feucht werden 1, 158. 6, 396.

immānis, e, ungeheuer groß, ungeheuer, 2, 10. 8, 422. 15, 508. studium 5, 678. acta, außerordentlich 9, 247. — 2) furchtbar, fürchterlich: animis 8, 583.

immansuētus, a, um, unbändig, wild 4, 237. 14, 249. ingenium 15, 85.

immĕdĭcābĭlis, e, unheilbar: vulnus 1, 190. 10, 189. malum 2, 825.

immĕmŏr, ŏris, uneingedenk, mit *gen.* 8, 535. mei 13, 445. nostri 8, 581. sui, seiner Würde 10, 171. immemor ambagum, nicht mehr gedenkend 7, 761. absol. undenkbar, unerkenntlich 10, 682. 14, 173. 15, 122.

immensus, a, um, unermeßlich groß, unermeßlich: mundus 2, 35. aether 10, 1. labor 1, 728. sitis 13, 768. potentia 8, 618. viscera, bodenlos 8, 829; subst. immensum, i, *n.* der unermeßliche Raum 4, 621. in immensum, ins Unendliche, ungeheuer 2, 220. 4, 661.

im-mergo, si, sum, ĕre, eintauchen, versenken: nautas pelago 4, 423. manus, hineinstecken 13, 563.

immĕrĭtus, a, um, nichts verschuldet habend, schuldlos, unschuldig 4, 531. 670. 12, 550. parens, d. i. Acrisius, der es (um d. Perseus) nicht verdient hatte 5, 237.

im-mĭnĕo, ēre, über etwas herragen, herüberragen 4, 459. aequoribus 4, 525. ponto, sich über das Meer hin bäumen 4, 690. caelum imminet orbi, hängt herab über 2, 7. aër imminet his, liegt über diesen 1, 52. apex imminet arvis, erhebt sich über 7, 779. — 2) übertr. nahe sein, durch seine Nähe bedrohen 7, 785. tergo 1, 542. — 3) bildl. wonach (gleichsam sich hinneigend) streben, trachten, mit *dativ:* exitio alcjus 1, 146. imminet exitio, droht Verderben 8, 370.

im-misceo, scŭi, xtum ob. stum, ēre, einmengen, einmischen, mit *dativ:* ima summis, mit dem Obersten mischen 7, 278. fulgura ventis immixta 3, 300. angues alternis crinibus immixti, wechselnd mit Schlangen durchmischt 4, 792.

immissus, a, um, s. immitto.

immītis, e, hart, grausam, erbarmungslos 4, 671. 7, 438. 8, 110. hasta 8, 66. urna 15, 44. fata 13, 260. facta 14, 714. sanguis, grausam vergossen 13, 532. bestia, wild 7, 793.

im-mitto, mīsi, missum, ĕre, 1) hineinschicken, wohin gelangen lassen: coronam caelo, an den Himmel versetzen 8, 179. pestem Thebis, zusenden 7, 763. filis aurum, einweben 6, 68. dies immissus, eindringend 5, 358; inabes. wohin werfen, schleudern: alqm flammis 6, 615. angues 4, 496 (erg. in regem et reginam). lanceam costis 12, 330. *pass.* immitti, sich hineinwerfen: undis 4, 357. arenae, auf den Sand springen 3, 599. — 2) freilassen, schießen lassen: habenas 1, 280. immisso volatu, mit beschleunigtem Fluge 4, 718. — 3) „frei wachsen lassen"; dah. *part.* immissus, lang herabhangend: barba 12, 351. capilli 5, 338 (s. colligo). 6, 168.

immŏ, *adv.* berichtigend: (nicht bloß dies, sondern) vielmehr, ja sogar 7, 512.

immōbĭlis, e, „unbeweglich"; bildl. empfindungslos 13, 801.

immŏdĭcus, a, um, unmäßig groß 6, 673. 8, 808.

im-mŏrĭor, tŭus sum, mŏri auf ob. bei etwas sterben: sorori 6, 296. aquis 7, 571.

immortālis, e, unsterblich 2, 649.

immōtus, a, um, unbewegt, unbeweglich 3, 418. 5, 199. 15, 339. oculi 2, 502. vultus 14, 593; bildl. ungerührt: aures 15, 465.

immūnis, e, 1) frei von Diensten, dienstfrei: tellus 1, 101; inabes. ohne Besteuer, unbesteuert 7, 229. — 2) mit *genit.,* frei von etwas, verschont von etwas: operum (von Arbeit) 4, 5. aratri (unberührt von) 3, 11. mali 8, 690 (s. do). necis 9, 253. aequoris, d. i. niemals untergehend 13, 293.

immunītus, a, um, unbefestigt: Sparte, mauerlos 10, 169.

im-murmŭro, āre, hineinmurmeln, mit *dativ:* terrae 6, 558. 11, 187. undis 11, 567. agmen immurmurat, murrt gegen mich 3, 646.

im-mūto, āvi, ātum, āre, umändern, verändern: figuram 7, 722. formas 15, 455.

īmo, s. immo.

impār, āris, ungleich, ungerade: pes 8, 661. coloribus, verschieden 10, 95. — 2) jemd. nicht gewachsen, ungleich: viribus 5, 610. certamen, ungleich 11, 156.

impătĭēns, ntis, unfähig zu ertragen, mit *genit.:* oneris, sich sträubend gegen 7, 211. viae, unfähig, die Anstrengung der Reise zu ertragen 6, 322. irae, seines Zornes nicht Herr 13, 3. nympharum, unvermögend, die Gesellschaft der Nymphen zu ertragen 4, 260 (a. Lesart: nymphaei, „meidend"). viri, abhold, verschmähend 1, 479. absol. ungeduldig 14, 716.

impăvĭdus, a, um, unerschrocken, beherzt 14, 820. 15, 100.

impĕdĭo, īvi. ĭi, ītum, īre (v. pes), „an den Füßen fesseln"; 1) verwickeln, verstricken: crura visceribus 12, 392; bildl. verhindern, abhalten, hemmen: alqm 9, 329.

557. 10,678. opus 8,200. cursum 1,703. ictus 8,390. illud 3,205. jussa 11,484. sacra gemitu, ſtören 15,490. vocem, erſticken 13,745. — 2) umſchlingen, umwinden: remos 3,664. cornua sertis 2,868. amplexu, umarmend umſchlingen 2,433.

im-pello, pŭli, pulsum, ĕre, (an etwas) ſtoßen, ſchlagen: aequora remis 3,657. chordas pollice 10,145. tympana palmis 4,29. auras mugitibus, erſchüttern 3,21. — 2) fortſtoßen, forttreiben: ratem 15, 697. puppes 8,103. unda impellitur unda 15,181. quem super impulsum resupino pectore vertit, über dieſen warf er ihn durch einen Stoß rücklings nieder 12,138. impulsum (me) avertit, durch einen Stoß drehte er mich um 9,53. flammas impellere in penates, ſchleudern 12,552. sagittam nervo, abſchnellen 11,325. capilli impulsi, flatternd 1,529.

im-pendo, di, sum, ĕre, aufwenden, verwenden, daranwenden: regnum 6,463. nihil sanguinis in socios, keinen Tropfen Bluts für die Genoſſen 13,266. *part.* impensus, (reichlich) verwendet, dah. als Adject. reichlich: cura impensior, angelegentlicher, eifriger 2,405.

impensa, ae, *f.* Aufwand: cruoris, Aufopferung 8,63.

impensius, *adv. (comp. v.* impense), angelegentlicher, eifriger 6,314. 7,323.

imperceptus, a, um, unentdeckt: mendacia 9,711.

imperfectus, a, um, unvollendet, unvollſtändig: verba 1,526 (ſ. cum). animalia 1,427. infans, noch nicht ausgetragen 3,310.

*imperfossus,a,um,undurchbohrt 12,496.

imperium, i, *n.* Gebot, Befehl 4,472. imperio (imperiis), auf Geheiß 7,373. 9,279. — Herrſchergewalt, Herrſchaft 5, 372. 15,3. Achaidos 7,504 (peti *sc.* a Minoë); meton. Reich 2,371.

impĕro, āvi, ātum, āre, gebieten, befehlen: alcui alqd 3,562. 11,629; mit *conj.* 1,670. 13,659; mit *infin. act.* 2, 118. 3,4; mit *acc. c. inf.* 8,461. 14,831. —2) beherrſchen, mit *dat.*: equis, bändigen 2,170. irae 9,28.

impervius, a, um, unwegſam, nicht durchgängig: amnis 9,106.

impĕtĕ, ſ. impetus.

impĕtŭs, ūs, *m.* (*abl.* impĕtĕ 3,79. 8, 359), 1) die vorwärtsſtoßende Bewegung, der (anſtürmende) Schuß, Anlauf 3,79. 7, 784 (ſ. suus). 8,359. caeli, reißender Umſchwung 2,73.; von Gewäſſern: Sturz, Strömung 11,530 (ſ. decimus). — 2) der heftige Drang, Trieb 1,581. 2,356. mihi impetus est, es treibt mich, ich habe Neigung, leidenſchaftliches Verlangen, mit *inf.*

2,663. 5,287. 6,641. 8,38. 11,332; insbeſ. Wildheit, wilder Trieb 2,203. 10,551.

impiĕtās, ātis, *f.* Pflichtvergeſſenheit, Gottloſigkeit 4,4; gegen Verwandte, Liebloſigkeit 8,477 (ſ. pius).

impĭger, gra, grum, unverdroſſen, rüſtig 8,311. für's Adverb, hurtig, flugs 1, 467. 779.

impius, a, um, pflichtvergeſſen, gewiſſenlos, ruchlos 1,200. 3,629. 656. 6,482; von Dingen, verrucht: ensis 7,396. 14, 802. incendia 13,718. ora 14,237. semina, blutſchänderiſch 10,469.

implācābilis, e, unverſöhnlich 4,452.

implācātus, a, um, unbeſänftigt: gula, unerſättlich 8,845.

im-plĕo, ēvi, ētum, ēre, 1) vollfüllen, anfüllen: alveum aquis 8,653. lumina lacrimis 4,684. lintea ventis 9,592, nemus ululatibus 3,180. auras hinnitibus 2,155. ripas querelis 2,372. aures sermonibus 12,56. Thebas sanguine, überſtrömen 12, 110. deos muneribus, d. Göttern reiche Gaben darbringen 7,428. vias errore, zahlreiche Irrgänge anlegen 8,166; inbeſ. a) mit etwas beſetzen: caudam gemmis 1,723. aures villis 11,176. puppes remige 8, 103. — b) ein Maß ausfüllen 8,749. orbem (vom Vollmonde) 2,344. 7,530. 11,453. — c) befruchten: aliquam 4,698. 6,111. 11,265. uterum 9,280. — 2) bildl. ausfüllen, anfüllen, erfüllen: orbem meritis 12,546. silvas implebo (mit der Erzählung der That) 6,547. fama implet urbes 9,667. diem sermonibus 7,662. convivia dictis 13,676. annum, vollenden 9,338; insbeſ. a) ſättigen, befriedigen: zeugmatiſch terras odiumque (erfüllen und . . . ſättigen) 9,135. — b) thätig erfüllen, vollbringen: partes (ſeine Obliegenheiten) 1,245.

im-plĭco, ŭi, ĭtum, u. āvi, ātum, āre, umſchlingen, umwickeln: alqm 3,343. 4, 362. bracchia collo, um den Hals ſchlingen 1,762. se rosā, ſich das Haar mit Roſen durchflechten 12,411.

im-plōro, āvi, ātum, āre, anflehen: alqm 13,65. opem, erflehen 8,269.

implūmis, e, ohne Gefieder 6,716.

im-plŭo, ŭi, ĕre, auf etwas regnen: silvis adspergine, benetzen 1,573.

im-pōno, pŏsŭi, pŏsĭtum, ĕre, hineinlegen ob. ſetzen: ramum flammis 8, 462. alqm carinae, aufs Schiff bringen 6,511. alqm caelo, an den Himmel (als Sternbild) verſetzen 2,507. in den Himmel d. i. unter die Götter 4,614. 14,811. ebur, einſetzen 6,410. — 2) darauf legen ob. ſetzen: pedem 8,425. montem 9,56. ora virgis 4,743. igni laticem 7,327. torum lecto 9,656. velamina salici 5,

594. fratri capillos (als Todtengabe) 3, 506. (mortuum) lecto 14, 753. sagittam (calamum) nervo 8, 30. 381. super alqd 1, 67. 2, 17. manum dorso, aufstemmen 2, 875. cibos mensis, auftischen 1, 230. 15, 73. radios comae, ums Haar legen 2, 124. ore imposito fratri, mit dem Antlitz auf den Bruder sinkend 6, 291. imposita cervice clavae, mit dem Nacken auf die Keule gelehnt 9, 236. — 3) bildl. a) aufbürden, auferlegen: onus 15, 820. poenas 2, 522. leges 8, 102. — b) anlegen: manum ultimam rei, die letzte Hand anlegen, etwas beendigen 8, 201. 13, 403. finem rei, ein Ende setzen, beendigen 6, 240. 8, 68. 15, 744. — c) beilegen: nomen 7, 70. 9, 708. majestatem, verleihen 4, 541.

importūnus, a, um, beschwerlich, gefährlich 14, 481. — 2) v. Charakter, rücksichtslos, unverschämt 2, 475. unheilvoll 4, 481. fata, hart 10, 634.

imprĭmo, pressi, pressum ĕre (in u. premo), eindrücken, aufdrücken: gemmam 9, 566. pollicem (sc. staminibus) 8, 453. hastam, aufstemmen 2, 786.

im-prŏbo, āvi, ātum, āre, mißbilligen, tadeln: choreas 14, 521.

imprŏbus, a, um, „nicht gut beschaffen"; dah. 1) schlecht, bös 4, 370. — 2) frech, verwegen 6, 136. 13, 112.

improvīso, adv. unvorhergesehen 14, 161.

imprūdens, ntis, nicht ahnend, unwissend 3, 425. 8, 65. — 2) unvorsichtig 10, 130. 182.

impūbis, e, nicht mannbar: anni 9, 417. genae, unbärtig 3, 422.

im-pugno, āvi, ātum, āre, bekämpfen: meritum et fidem 5, 151.

1. **impulsŭs**, ūs, m. der (fortbewegende) Stoß, Anstoß 4, 708. 3, 61.

2. **impulsus**, a, um, s. impello.

impūnĕ, adv. ungestraft, ungeahndet 5, 119. 6, 318. 13, 233. impune ferre: ungestraft dulden 8, 279. ungestraft davonkommen, ungestraft ausgehen 2, 474. 8, 434. 11, 207. 12, 265. 14, 383. — 2) ohne Gefahr 13, 741. 761. ohne Gefahr für mich 15, 538.

impūnis, e, ungestraft, ungeahndet 4, 800. 11, 67.

im-pŭto, āvi, ātum, āre, (als Verdienst od. Schuld) anrechnen, zuschreiben: mortem annis 15, 479 (sc. si ipsi moriendum est). equis natum, d. i. den Tod des Sohnes 2, 400.

imus, a, um, s. inferus.

in, praep. I) mit acc. (nachgestellt 1, 35. 11, 228) bezeichnet 1) die Bewegung in das Innere eines Gegenstandes oder gegen ihn hin, in, nach, auf: itum est in viscera terrae 1, 138. tura in aras ferre 1, 248. tecta evertere in alqm (auf) 1, 231. hastam mittere in alqm, gegen 5, 33. 12, 86. pendebat in auras, schwebte in die Luft gehoben 8, 145; dah. von der bloßen Richtung, gegen, nach... zu, nach: in latus campi jacere 10, 674. manus tendere in undas 4, 556. in omnes partes 1, 667. in partes ambas 5, 139. in latus obliquum adstitit, schräg nach der Seite gewendet, schräg einwärts gebogen 3, 187. in domum, nach der Gegend der Heimath 11, 547. in terram, nach... hin 14, 281. in latum, in die Breite 1, 336. in rectum 2, 715. in adversum 2, 72. in contraria 2, 314. — 2) von der Zeit: a) (bis in welche Zeit hinein?) in... hinein, bis: in breve tempus 13, 528. in decimum annum 13, 666. in hoc aevi, bis zu dieser Zeit 10, 218. — b) (für welche Zeit?) für, auf: dilatus in decimum annum 12, 76. in idonia tempora 2, 467. in tempora noctis 11, 306. in diem, auf einen Tag 2, 48. in futurum, für die Zukunft 1, 735. — 3) in andern Verhältnissen: a) zur Angabe des Uebergangs in eine andere Gestalt oder in einen andern Zustand, in: mutare in 1, 1. abire in 1, 236. vertere in 4, 125. transferre in 15, 420. glomerare in 1, 35. formatus in anguem 9, 63. fingere in artus, zu Gliedern 15, 381. in frondem crescere, zu Laub wachsen 1, 550. in ungues 2, 479. in caput (s. cresco) 5, 547. — b) zur Bezeichnung des Gegenstandes, worauf eine Handlung oder Gemüthsstimmung gerichtet ist, gegen (im freundlichen und feindlichen Sinne): in alqm 1, 235. 10, 544. 13, 388. 504. odium in 12, 544. bella in se 7, 212. — c) zur Angabe des Zweckes oder der Bestimmung einer Handlung, zu, für: in usum 6, 410. in tumulos 7, 613. in ictus 8, 757. in exitium 7, 406. in foedera 7, 46. factus in haec munera 11, 28. in haec verba 2, 282. in quae (verba) 13, 228. in talia pondera 13, 286. in facinus 5, 14. in bella 15, 821. in vota 14, 489 (s. locus). in vulnera 4, 150. in hoc 4, 149. 8, 77. 10, 408. multum est in vota, für die Erfüllung meiner Wünsche 9, 629. in causam, für diesen Rechtsstreit (d. i. um ihn zu gewinnen) 13, 29. in verba paratus, sich anschickend zum Reden 13, 568. se parare in nefas 6, 613. in fata, zum Verderben 7, 346. in mea vulnera pugno, ich ringe nach dem, was mich verwunden muß, trachte nach meinem eignen Leide 7, 738. in odium Circes, aus Haß gegen 14, 71. in tot lumina,

für (zum Gebrauche für) so viele Augen 1, 720. — d) von der Norm, nach welcher eine Handlung eingerichtet wird, **gemäß**, **nach**: in speciem, nach Art 3, 685. 15, 509. in faciem hederae 4, 395. in vicem (vices), wechselweise 9, 36. 4, 72. — e) **hinsichtlich**, in **Ansehung**: spatiosus in guttura, langhalsig 11, 753. celsus in cornua, mit hochragendem Geweih 10, 538. damnari in unam partem, in Bezug auf einen Körpertheil 11, 178.
II) mit *abl.* bezeichnet in 1) das Sein in od. auf einem Gegenstande, **in**, **auf**, **an**: in alvo 1, 420. in ulmo 1, 296. in Argis 15, 164. in Anthedone 13, 905. hostis in armis, bewaffnet 12, 65. — 2) von der Zeit, **im Verlauf**, **während**, **innerhalb**: in brevi spatio 1, 411. parvo in tempore 2, 668. 12, 512. longo in aevo 3, 445. 14, 731. primo in aevo 3, 445. 14, 731. primo in aevo 3, 470. in ipso cursu 3, 199. in epulis, beim Schmause 8, 832. in petendo, während er zustößt 5, 185. in illo tempore, unter jenen Zeitumständen 1, 314. — 3) übrtr. a) von Umständen od. Verhältnissen, in welchen sich etwas befindet oder unter welchen etwas geschieht, **in**, **bei**, **unter**: in illo tempore 1, 314. in illo malo 2, 332. in tantis opibus 15, 91. in tantis malis 2, 334. in tanto fremitu 12, 316. in rege tamen pater est, obwohl König fühlt er sich doch als Vater 13, 187. — b) zur Bezeichnung der Person oder Sache, in oder an welcher etwas ist, sich als Eigenschaft zeigt oder welcher etwas angehört, **in**, **an**: color in illis 10, 213. mirum est in illo 12, 174. pars est in illo (Tydide), bleibt ihm 13, 351. in dis est, steht bei den Göttern 7, 24; daß. zuweilen zur Umschreibung des *genit.*: census in illo = illius 9, 671. vgl. 7, 682. 10, 651. 737. 13, 102. 311. 654. 14, 269. — c) zur Angabe der Klasse, worunter etwas gehört, **unter**: in his 1, 426. 5, 8. 13, 145. in illis 2, 495. 4, 273. 5, 99. in quibus 13, 164. in omnibus 10, 318. in vetitis numerant 10, 435. — d) zur Bezeichnung des Objects, an welchem eine Handlung zur Erscheinung kommt, oder der Person, an welcher die Gesinnung Andrer sich (objectiv) zeigt, **an**, **gegen**: quod in Phoronide fecit 2, 524. vires effundit in uno 12, 107. armis uti in aliquo 1, 442. 12, 121. aestuare in aliquo 6, 490. saevus in pelice 4, 547. pietas in conjuge 6, 635. odium in prole exercere 9, 274. uri in aliquo 7, 21. ardere in aliquo 8, 50. 9, 725. amor in illa 4, 234. sibi modum Veneris facere in aqua 4, 258 (f. modus). in figura alcjus capi, von Jemds. Gestalt gefesselt sein

14, 770. — e) in **Ansehung**, in **Betreff** 5, 81 (f. pondus). damnandus in uno facto 7, 402. fratres (Eteocles et Polynices) pares fient in vulnere, b. i. werden im gegenseitigen Kampfe fallen 9, 405.

Ĭnăchīdēs, f. Inachus.

Ĭnăchĭs, f. Inachus.

Ĭnăchus, i, *m.* Sohn des Oceanus und der Tethys, Vater der Jo, Stromgott, König und Gründer der Stadt Argos im Peloponnes 1, 583. 642. - Dav. 1) **Ĭnăchīdēs**, ae, *m.* Nachkomme des Inachus, Inachide, b. i. Epaphus als Sohn der Jo 1, 753. Perseus als Abkömmling der Könige von Argos durch seine Mutter 4, 720. — 2) **Ĭnăchĭs**, ĭdis, *f.* **inachisch**: *acc. plur.* Inachidas 1, 640; subst. die Tochter des Inachus, b. i. Jo 1, 611. 9, 687.

ĭnaequālis, e, **ungleich**: portus (an Größe) 5, 408. auctumni, veränderlich 1, 117.

ĭnămābĭlis, e, **unliebenswürdig**, **unlieblich**: regnum (Unterwelt) 4, 477. 14, 590.

*ĭnămbĭtĭōsus, a, um, **anspruchslos**: rura 11, 765.

ĭnămoenus, a, um, **anmuthlos**, **unfreundlich**: regna (Unterwelt) 10, 15.

ĭnānis, e, 1) **leer**: currus 2, 166. alvus 12, 392. orbis luminis 14, 200. sepulcrum 6, 568. ubera, welf 10, 391. lacerti, marklos, kraftlos 15, 229; **verödet**, **öde**: orbis 1, 348. Tartara 11, 670. 12, 522. 619. regna Ditis 4, 510. corpus inane animae, entseelt 2, 611. 13, 388; subst. inane, is, *n.* der leere Raum, die Luft 4, 718. 6, 230. 9, 223. *plur.* 2, 506; insbes. **körperlos**, **wesenlos**: simulacra, Dunstgebilde, Scheingebilde 3, 668. cibus, geträumt 8, 826. — 2) bildl. **nichtig**, **eitel**, **unnütz**: tympana 3, 537. vulnera 3, 83. inferiae 12, 3. spes 7, 336. inania morti munera, unnützes Todtenopfer 2, 340. reditus, vergeblich gehofft 11, 576. fürs Adverb, nutzlos, vergeblich 2, 575. 8, 134.

ĭnānĭter, *adv.* **vergeblich** 2, 618.

ĭnărātus, a, um, **ungepflügt**: tellus 1, 109.

ĭn-ardesco, arsi, ere, **entbrennen**: specie 7, 83.

Ĭnărīmē, ēs, *f.* dichterischer Name der Insel Aenaria an der campanischen Küste, jetzt *Ischia* 14, 89.

Ĭnarsi, f. inardesco.

*ĭnattĕnŭātus, a, um, **unvermindert**, **ungeschwächt**: fames 8, 844.

ĭnaurātus, a, um, **vergoldet** 13, 701.

ĭn-călesco, călŭi, ere, **warm werden**, **heiß werden** 2, 175. 9, 161. 15, 107; von Affecten, **erglühen**, **entbrennen** 2, 87. 574.

3, 371. deo, vom Gotte begeistert werden 2, 641.
*in-calfācĭo, ēre, erwärmen 15, 735.
iu-candesco, dŭi, ēre, heiß werden, erglühen 2, 728. 12, 12.
incānus, a, um, ganz grau 8, 802.
incautus, a, um, unbedachtsam, unvorsichtig 8, 378. 13, 104.
in-cēdo, cessi, cessum, ēre, (gemessen) einherschreiten, wandeln, gegangen kommen 2, 445. 772. 4, 739. 6, 453. 9, 91. 10, 49.
incendĭum, i, n. Feuersbrunst, Brand (hier nur plur.) 2, 215. 331. 13, 718. 15, 350; übrtr. Feuerbrand, Fackel 14, 539.
incendo, di, sum, ēre, anzünden 14, 792; bildl. zu Liebe entzünden 3, 426.
inceptum, s. incipio.
incertus, a, um, ungewiß, unzuverlässig: aevum 15, 874. signa haud incerta, untrüglich 15, 782. sagitta, unsicher treffend 5, 382. sol, unsicher 2, 808. — 2) der Erkenntniß nach nicht feststehend, unbestimmt: medicamen, unbekannt, geheim 4, 388. auctor in incerto est, es ist ungewiß, wer den Wurf that 12, 419; daß. von Personen: a) (in der Erkenntniß) ungewiß, zweifelhaft 4, 132. — b) im Entschlusse schwankend, unentschlossen, unschlüssig 15, 666. mens 9, 630; poet. aquae 8, 166. navis 8, 472.
incesso, cessīvi u. cessi, ēre, (feindlich) angreifen: alqm 13, 566. 14, 402; übrtr. mit Worten angreifen, anklagen, bedrohen 5, 102. 13, 232.
incessŭs, ūs, m. das Einhergehen, der Gang, plur. 11, 636.
incestus, a, um, unzüchtig 4, 388.
incĭdo, cĭdi, cāsum, ēre (cado), in oder auf etwas fallen: arae 5, 104. undis, hineinsinken 4, 198. in alqm, auf Jemd. stoßen, ihm (zufällig) begegnen 2, 500. — 2) von Krankheiten, befallen: alcui 7, 524.
incīdo, cīdi, cīsum, ēre (caedo), einschneiden, mit dativ: dentes ferro 8, 245. verba ceris, (mit d. Schreibgriffel) einritzen 9, 529.
incingo, nxi, nctum, ēre, umgürten: angue incingi, sich umgürten 4, 483. fons incinctus hiatus, am Becken eingefaßt 3, 162; umkränzen: aras verbenis 7, 242. pass. incingi, sich bekränzen 14, 720. incinctus cornua, an den Hörnern bekränzt 13, 894.
incĭpĭo, cēpi, ceptum, ēre (capio), anfangen, beginnen: mit infin. 3, 671. 6, 255. 8, 475. incipit sc. scribere 9, 523; part. inceptus, begonnen: fila 6, 34. labor 13, 297. bellum 13, 217. partus 9, 301. subst. inceptum, i, n. das begonnene Werk, Beginnen 6, 50. 7, 145; insbes. zu reden beginnen, anheben 3, 377. alcui,

zu Jemb. 3, 673. 9, 281. aliquid, von etwas 8, 714. — 2) intr. (sich) anfangen, den Anfang nehmen: silva incipit a plano 8, 330. barba est incipiens, ist im Sprossen 12, 395.
in-cĭto, āvi, ātum, āre, anreitzen: oculos 3, 431.
in-clāmo, āvi, ātum, āre, zurufen, rufen 14, 179.
in-clīno, āvi, ātum, āre, etw. wohin neigen, beugen: temonem 11, 257. genua arenis 11, 355. cursus super arces, einwärts beugen 2, 721. aquas ad litora, leiten 11, 208. oppida inclinata, versunken 15, 295.
inclĭtus, a, um, s. inclutus, a, um.
inclūdo, si, sum, ēre (claudo), einschließen, verschließen: alqm 6, 524. domo 8, 158. limina portis 12, 45. cervos pinnis 15, 475. aestus nubibus 7, 529; part. inclusus, eingeschlossen; nimbi 1, 269. cavernis 15, 299. tela pharetrā 5, 620. venti tergo bovis 14, 225. aequor cornibus 5, 410. unda 13, 903. onus (sc. caelo) = terra 1, 47. flammae 6, 466; übrtr. a) (einschließend) bedecken: bracchia pinnā 4, 408. — b) beschließen, beendigen: inclusus piscibus annus (insofern die Sonne am Ende des Winters in dieses Sternbild eintrat) 10, 78.
inclŭtus, a, um (v. clueo = κλύω, „ich werde genannt"), berühmt, rühmlich bekannt 8, 549. 9, 229. 12, 173. 13, 178.
incoeptus, a, um, begonnen: partus 9, 301. bellum 13, 217. labor 13, 207. subst. incoeptum, i, n. das Beginnen 7, 145.
incognĭtus, a, um, unbekannt, nie gesehen 1, 439. 2, 46.
incŏla, ae, c. Einwohner, Bewohner 1, 512. 8, 720. 731. 13, 904.
in-cŏlo, ŭi, cultum, ēre, bewohnen: Othryn 12, 174.
incŏmĭtātus, a, um, unbegleitet, ohne Begleitung 7, 185.
*incommendātus, a, um, unempfohlen: tellus, keiner Schonung empfohlen, preisgegeben 11, 434.
incomptus, a, um (v. como), ungekämmt, ungeordnet 4, 261. 9, 789.
inconcessus, a, um, unerlaubt 9, 638. 10, 153.
inconsōlābĭlis, e, untröstbar: vulnus, durch keinen Trost heilbar 5, 426.
iuconstantĭa, ae, f. Unbeständigkeit: rerum 13, 646.
inconsumptus, a, um, unverzehrt 7, 592. juventus, unversehrt, ewig 4, 17.
in-cŏquo, xi, ctum, ēre, abkochen: sucos 7, 265.
incrēmentum, i, n. Anwuchs, Saat: populi futuri 3, 103.

in-crĕpo, ŭi, ĭtum, āre, ertönen laffen: nubes, erdröhnen laffen 12, 52. — 2) anfahren, fchelten: alqm 3, 646. 5, 195. terras 5, 474. aevum, (unwillig) klagen über 8, 529. — 3) antreiben, ermuntern: equos ictu 14, 821.

in-cresco, crēvi, crētum, ĕre, anwachfen, einwachfen: cuti 4, 577. ligno 14, 565. membris 8, 610. — 2) wachfen, zunehmen: flumen increscit 11, 48. dolor 9, 704.

***incrŭentātus**, a, um, unbeblutet: inque cruentatus durch Tmefis = et incruentatus 12, 497.

in-cŭbo, bŭi, bĭtum, āre, auf etwas liegen, mit *dativ*: terrae 1, 634. herbis 4, 314. humero 6, 593. nidis, fißen auf (um zu brüten) 11, 746.

inculpātus, a, um, unbefcholten, untadelig: comes 2, 588. vita 9, 673.

incultus, a, um, unangebaut: ager 7, 534.

in-cumbo, cŭbŭi, cŭbĭtum, ĕre, 1) fich auf etwas legen, lehnen: tecto, fich niederlaffen 6, 432. palmae, fich anlehnen 6, 335 (f. cum). hinfinken auf etwas: loco 2, 338. corporibus 6, 277. ferro, fich ins Schwert ftürzen 4, 163. 14, 81. telo 12, 428. fich über etw. hinneigen, beugen: toro 10, 281. lecto 11, 657. hunc super 15, 21. ad vos, fich herabneigen 9, 385. — 2) bildl. fich anftrengen 10, 657.

incūnābŭla, ōrum, *n*. „die Windeln"; dah. meton. a) Geburtsort, Wiege 8, 99. — b) erfte Kindheit, Wiege 3, 317.

in-curro, curri, cursum, ĕre, auf Jemd. losftürmen, ihn angreifen, mit *dat.*: armentis 7, 546. abfol. anrennen 5, 196. 198. 7, 62.

incurso, āvi, ātum, āre, an etwas anrennen, anlaufen, mit *dativ* 1, 303. 2, 205. 14, 190.

incursŭs, ūs, *m*. der Anlauf, Anfturm, Angriff: v. Thieren 3, 82. 8, 340. 11, 510. undarum 11, 496. aquarum 11, 730. turbinis 11, 551; bildl. a) Angriff, Mißgefchick: sospes ab incursu 10, 401. — b) Anfchlag, (rafcher) Entfchluß 9, 152.

incurvo, āvi, ātum, āre, krümmen: incurvata dolore membra 6, 245.

incurvus, a, um, gekrümmt, krumm: carina 14, 534. agger 15, 690. lumbi 8, 804. incurva resedit, fich kauernd 14, 659.

incustōdītus, a, um, unbewacht, ungehütet 2, 684. 3, 15.

1. **indāgo**, ĭnis, *f*. die Umftellung, Einfchließung eines Jagdreviers 7, 766.

2. **indāgo**, āvi, ātum, āre, auffpüren: amores 1, 462.

indĕ, *adv*. 1) örtlich: von dort, von da 2, 714. 3, 438. 4, 385. 6, 323. (= de curru) 2, 152. (= de cortice) 2, 364. (= ex Creta) 10, 1. (= ex illis undis) 1, 371. (= ex pectore) 6, 664. inde vidit (= ex solio) 2, 31; dah. a) von Perfonen: inde (= a matertera) datum 3, 314. — b) partitiv, davon: bina inde (= eorum) 1, 626. pars inde (= membrorum) 6, 645. (= lactis) 13, 829. multos inde (= eorum) 7, 515. — 2) hierauf 1, 181. 3, 106. 4, 495. 5, 251. 9, 221. 14, 609. 15, 401. — 3) caufal, daher, in Folge davon 1, 414. 3, 400. 5, 356. 6, 399. 12, 444. inde (= bibendo) graves 7, 570.

indēfessus, a, um, unermüdet 9, 199.

***indēflētus**, a, um, unbeweint 7, 611.

***indējectus**, a, um, nicht herabgeworfen: domus potuit resistere indejecta, ohne einzuftürzen 1, 289.

***indēlēbĭlis**, e, unvertilgbar, unvergänglich: nomen 15, 876.

***indēplōrātus**, a, um, unbeweint 11, 670.

***indēstrictus**, a, um, ungestreift, unverletzt 12, 92.

***indētonsus**, a, um, unbefchoren, mit langem Haupthaare 4, 13.

***indēvītātus**, a, um, unvermieden: telum, unausweichbar 2, 605.

index, ĭcis, *m*. Anzeiger, Angeber 2, 546. 706. 13, 34 (f. sub). facti 6, 574. criminis 7, 824. pectoris laesi, verrätherifches Kennzeichen 9, 535.

Indi, ōrum, *m*. die Inder (in Afien) 1, 778. - Dav. **Indus**, a, um, indifch: dentes, Elephantenzähne 8, 288. Elfenbein 11, 167. fubft. Indus, i, *m*. ein Inder 5, 47.

Indĭa, ae, *f*. Indien (in Afien) 4, 21. 606. 15, 413.

indĭcĭum, ĭi, *n*. Anzeige, Entdeckung, Verrath 4, 190. 5, 542. sceleris 6, 578. laquei 10, 417. corporis mutati 1, 650. suae vocis, das mit d. Stimme Verrathene 11, 188. paternum, d. i. Solis 14, 27 (vgl. 4, 171). indicium rubor est, Anzeichen 7, 555. indicium rei facere, etwas verrathen 9, 586.

1. **indĭco**, āvi, ātum, āre, anzeigen, entdecken: alcui alqd 4, 237. 688. 10, 406. mit abhäng. Frage 15, 668. mit *acc. c. inf.* 15, 596.

2. **in-dīco**, xi, ctum, ĕre, anfagen, ankündigen: bellum alcui 6, 92.

indĭgĕna, ae, *c*. (indu = in u. gigno), eingeboren, einheimifch, inländifch 6, 330. 14, 343. 15, 11; fubft. Eingeborner 2, 840. 10, 644. 15, 558.

indĭgĕs, ĕtis, *m*. (indu = in u. gigno), Heimathsgott, d. i. ein einheimifcher nach feinem Tode vergötterter Heros 14, 608. *plur*. 15, 862.

indīgestus, a, um (v. digero), ungeordnet 1, 7.

indignor, ātus sum, āri, etwas für unwürdig halten, worüber unwillig sein, entrüstet sein, mit *acc. c. inf.* 11, 787. 14, 391; mit bloßem *inf.* 10, 604; abſol. 6, 204. 7, 377. 9, 337 (quoque = et ut eo). 14, 40. alquo indignante, mit Jembs. Widerſtreben, zum Unwillen Jembs. 2, 645. 15, 535. = Dav. a) *part.* indignans, unwillig, entrüſtet, zürnend: ora 1, 181. lingua 6, 555. verba 6, 584. freta 11, 491. ursi, zornig, brummend 12, 354. — b) *part.* indignandus, Unwillen verdienend: vestis non indignanda lecto (*dat.*), worüber die Lagerſtätte (als über eine für ſie zu koſtbare) nicht unwillig ſein durfte 8, 659.

indignus, a, um, 1) zu etw. unbefugt: palmae, grauſam 10, 723. — 2) etwas (Gutes od. Schlimmes) nicht verdienend: laedi 1, 508; abſol. nicht ſchuldig, unſchuldig 1, 631. 4, 138. indigni (*sc.* quibus supplicet), die Unwürdigen 6, 367. — 3) was Jemd. nicht verdient, unverdient: nex 10, 627. parenthetiſcher Ausruf: indignum! unverdientes Glück! 5, 37.

in-do, dĭdi, dĭtum, ĕre, hineinſtecken: digitos amentis 7, 788.

indoctus, a, um, ungelehrt, ungebildet 5, 308.

indōlesco, dŏlŭi, ĕre, über etw. Schmerz empfinden, ſich betrüben, ſich gekränkt fühlen: facto 4, 173. id ipsum 2, 469; mit *acc. c. inf.* 2, 789. 9, 261; mit quod 11, 105; abſol. 3, 495.

indŏmĭtus, a, um (domo), ungebändigt, wild: juvenci 13, 798. irae 5, 41. ignis 10, 370. — 2) unbezwingbar: dextra 13, 355.

indōtātus, a, um, ohne Aussteuer, unausgeſtattet 4, 758 (ſ. et); übrtr. corpora, d. i. ohne Todtengeſchenke 7, 609.

in-dūco, xi, ctum, ĕre, herbeiführen: nubila 7, 202. — 2) etwas über einen Gegenſtand ziehen (um ihn zu bedecken): nubes terris 2, 307. tenebras rebus, Finſterniß über die Welt verbreiten 2, 395. 15, 652. marmora rebus, mit Stein umziehen 15, 314. membris formam humanam, mit menſchl. Geſtalt bekleiden 7, 642. facies inducitur illis una, eine Geſtalt umſchließt ſie, d. i. beide Körper wachſen zu einer Geſtalt zuſammen 4, 374. aequor summis arenis inductum est, bedeckt nur oben den Sand 11, 231; *part.* inductus, was über etwas gezogen iſt: nubes (*sc.* caelo), überhängend 1, 263. 11, 498. caligo, umzogen 1, 599. cortex, darüber wachſend 9, 391. terra, umſchließend 3, 608. favilla, bedeckend 7, 80. inducto pal-

lore, während Bläſſe den Körper überzog 14, 755. inductā umbrā, weil Dunkel den Himmel überzogen hatte 11, 549; etwas mit etw. überziehen: bracchia pinnā 4, 408. inductus cornibus aurum, an den Hörnern mit Gold überzogen 7, 161. 10, 271.

indulgĕo, si, tum, ēre, nachſichtig ſein, nachgeben: furori alcjus 9, 512. animo (dem Zorne) 12, 598. animis (den Gelüſten) 7, 566. sibi, ſich gütlich thun 10, 534. amori, ſich hingeben 9, 596. lacrimis, freien Lauf laſſen 9, 142.

indŭo, ŭi, ūtum, ĕre, 1) anziehen, anlegen, ſich womit bekleiden: vestes 11, 574. lugubria 11, 669. arma, Rüſtung, Waffen anlegen 11, 382. 13, 291. 14, 799. scalas, über den Kopf nehmen 14, 650. stipes induit frondes, bekleidet ſich mit Laub 7, 281. tellus induit figuras, nimmt an 1, 88. *pass.* induor medial: ich ziehe mir an, bekleide mich mit, mit *acc.* (des Kleidungsſtückes) 4, 483. 6, 568. 11, 589. 14, 45. faciem, annehmen 2, 425. 850. formam 11, 203; *part.* indutus mit *acc.,* angethan mit, bekleidet mit 1, 270. 5, 51. 7, 182. 14, 262. — 2) Jemd. etwas anlegen, ihn mit etwas bekleiden: alcui insignia Bacchi 6, 599. humeris virus, das Giftgewand um die Schultern legen 9, 158. vultum (alcui), beilegen, verleihen 8, 854. induit ilia fractae (orno), zog die Weichen über den Baumſtumpf, d. i. ſpießte ſie an den Baumſtumpf 12, 340. induit toris lacertos, umklammert die Wampen 9, 82. induitur aures, wird mit Ohren bekleidet 11, 179.

in-dūresco, dūrŭi, ĕre, hart werden, ſich verhärten 4, 745. 9, 219. 10, 241. saxo, zum Stein 5, 233. trunco 10, 105.

in-dūro, āvi, ātum, āre, hart machen, härten 6, 692. 11, 60. 14, 503.

Indus, a, um, ſ. Indi.

indūtus, a, um, ſ. induo.

ĭnemptus, a, um (v. emo), ungekauft: corpus, ohne Löſegeld 13, 471.

ĭn-ĕo, ĭi (īvi), ĭtum, īre, 1) hineingehen, wohin gehen, einen Ort betreten: mit *acc.* des Ortes 4, 328. 7, 723. 10, 695. 14, 752. 15, 722. convivia, kommen zu 4, 764. fretum, befahren 14, 437; von männlichen Thieren, beſpringen: pecudes 10, 327. — 2) bildl. eine Thätigkeit antreten, beginnen: certamina 10, 177. foedus Veneris, vollziehen 3, 294.

ĭnermis, e (v. arma), unbewaffnet, ohne Waffen 3, 553. 5, 175. 13, 103.

ĭners, tis (v. ars), „ungeſchickt"; dah. 1) nutzlos: pondus 1, 8. arbor cecidit iners, wirkungslos 12, 361. — 2) un-

thätig, unkräftig, träge: bracchia, unrüh=
rig 5, 548. Styx, träg fließend 4, 434.
passus, fchwerfällig 2, 772. sedes, unbe=
weglich 15, 148 (f. et). non iners volun-
tas, emfig befliffen 8, 678 (f. neque). fri-
gus, träge machend, erftarrend 8, 790;
fubft. inertes, Schwächlinge 10, 602. —
3) **feigherzig, feig**: anima 13, 76. brac-
chia 5, 175. letum, ruhmlos 7, 544. fubft.
Feigling 5, 225. 7, 332.

ĭnēvītābĭlis, e, **unausweichbar**: ful-
men 3, 301.

ĭnexcūsābĭlis, e, **keiner Entfchuldi=
gung fähig**: tempus inexcusabile (est),
läßt keine Ausflüchte zu 7, 511.

ĭnexōrābĭlis, e, **unerbittlich**: odium
5, 244.

*****ĭnexperrectus**, a, um (v. exper-
giscor), **unerwacht, unerwecklich** 12, 317.

ĭnexplētus, a, um, **unerfättlich**: lu-
men 3, 439.

ĭnexpugnābĭlis, e, **unüberwindlich**:
pectus Amori 11, 767. gramen, unaus=
rottbar 5, 486.

ĭnexspectātus, a, um, **unerwartet**
12, 65.

infāmātus, a, um, **übel berufen, be=
rüchtigt** 14, 446.

infāmĭa, ae, f. **übler Ruf, Schimpf,
Schande** 1, 211. 215. 2, 707; concret:
saeculi nostri, Schandfleck 8, 97.

infāmis, e, **übel berufen, berüchtigt** 4,
285. 5, 148. 7, 269.

infans, ntis (v. for), **„der nicht reden
kann"**; dah. jung, unmündig 7, 54. 9, 414.
ossa, des Kindes 4, 518; fubft. (kleines)
Kind 2, 561. 642. 15, 221. (im Mutter=
leibe) 3, 310. 7, 126. 10, 503.

infaustus, a, um, **unheilvoll, unglück=
lich** 3, 36.

1. **infectus**, a, um (v. facio), **unvoll=
endet** 4, 10. 6, 202.

2. **infectus**, a, um, f. inficio.

infēlix, īcis, **unglücklich** 2, 179. 3, 723.
7, 861. — 2) **Unglück bringend, unheilvoll**
4, 490.

infĕrĭae, ārum, f. **Todtenopfer** 8, 490.
11, 381. 12, 3. 367. 13, 428. 516. 615
(f. cinis).

infĕrĭus, f. infra u. inferus.

infernus, a, um, **„unten befindlich"**;
insbef. unterirdifch 11, 506. sedes, Un=
terwelt 3, 504. 4, 433. rex = Pluto 2,
261. 5, 508.

in-fĕro, tŭli, illātum, ferre, 1) **hin=
eintragen** oder **bringen**: lumen 10, 473.
11, 680. latices (sc. in navem) 3, 601;
alqm astris, zu den Sternen (in den
Olymp) emportragen 9, 272. 15, 846. pia-
cula, darbringen 6, 569. — 2) bildl. an=

thun, zufügen: dedecus 6, 609. morsus,
verfetzen 11, 58.

infĕrus, a, um, **„unten befindlich", der
untere"**; insbef. **in der Unterwelt befind=
lich**, unterirdifch 1, 189. — 2) compar. **in-
fĕrĭor**, a) **der untere**: in inferius, nach
der Tiefe, nach unten 15, 241. — b) ge=
ringer, fchwächer 13, 587. 11, 760. viribus
4, 653. virtute 9, 62. his non inferiora,
nicht weniger ftolze Worte 6, 702. — 3)
superl. **īmus**, ā, um, a) **der unterfte** 8,
193. pars 4, 525. solum 4, 297. radices
montis 15, 548. suspiria, tief 2, 774. ty-
rannus, der Unterwelt, d. i. Pluto 4, 444.
sedes terrae, die Unterwelt 5, 321; fubft.
imum, i, n. **das Unterfte**: ab imo, von
unten 9, 352. ex imo, vom Grunde auf
11, 499; plur. ima, das Unterfte 7, 278.
der Grund, die Tiefe 2, 265. 11, 557; mit
genit.: ima gurgitis 5, 421. fontis 14,
793. lacunae 8, 335; insbef. ima, die
Unterwelt 10, 47. — b) partitiv, der un=
terfte Theil, unten 1, 569. 4, 162. 6, 343.
11, 177. 12, 315. 440. gurges, unterfte
Tiefe 6, 364. cauda, Schwanzfpitze 3, 93.
terra, unterfte Rand der Erde 15, 192.
e pectore imo, aus der Tiefe der Bruft
2, 655. 10, 402. pulmonibus imis, tief
in den Lungen 9, 202.

infesto, āvi, ātum, āre, **unficher machen,
gefährden**: latus 13, 731.

infestus, a, um, **unficher, gefährdet** 4,
620. — 2) **feindfelig, feindlich** 8, 272. 15,
805. alcui 13, 328.

infĭcĭo, fēci, fectum, ĕre (facio), **„mit
etwas anmachen"**; dah. 1) **benetzen, färben**
2, 832. 4, 487. 10, 596. 15, 191. alqa re
3, 143. 183 (nubibus infectis ab ictu
solis adversi). 6, 64. infectus villos, das
zottige Haar gefärbt 11, 396; diem, ver=
dunkeln 13, 602. — 2) **verpeften, vergif=
ten** 2, 784. 3, 76 (f. vitio).

in-fīdus, a, um, **treulos, unverläffig**:
portus 13, 710.

in-flxo, xi, xum, ĕre, **hineinheften,
hineinftoßen**: telum .13, 393. naris est
infixa palato, blieb im Gaumen ftecken
12, 253.

infirmus, a, um, **kraftlos, fchwach** 6,
27. 10, 407. 12, 570.

infit, v. defect. (= incipit), **„er fängt
an"**; insbef. **er fängt an zu reden, er re=
det**: alcui, zu Jemd. 2, 511.

infĭtĭor, ātus sum, āri (fateor), **ver=
leugnen, abläugnen**: pretium 11, 205. pro-
les haud infitianda parenti, den der Va=
ter nicht verleugnen darf 2, 34.

inflātus, a, um, f. inflo.

in-flīgo, xi, ctum, ĕre, **an etwas an=
fchlagen**: cratera viro 5, 83.

in-flo, āvi, ātum, āre, **auf etw. blafen**:

bucina inflata, geblasen 1, 340. buxum inflatum 14, 537. — 2) aufblasen: collum inflatum 6, 377.

īnfrā, adv. unterhalb, unten 4, 668. nach unten, auf die Erde 13, 603. erat infra (sc. magis), war niedriger 2, 277. comp. inferius, weiter unten, niedriger 2, 208 (suis sc. equis). inferius quam (als wo) 12, 420. egressus inferius, zu tief 2, 137.

īnfrāctus, a, um, s. infringo.

īnfringō, ēgi, actum, ĕre (frango), umbiegen: part. infractus, umgebogen, gekrümmt: cornu 11, 16. — 2) einbiegend brechen, umbrechen: violas 10, 191. cornu 9, 86; bildl. schwächen, mildern: ira infracta 6, 627. — 3) an etwas anschlagen: cratera alcui, anschmettern 5, 83.

īn-fundō, fūdi, fūsum, ĕre, auf etwas gießen, hineingießen, eingießen: animas terrae 1, 364. pass. infundi, sich ergießen: pontus infusus, überströmend 7, 355. poet. humeris infusa capillos, die Schultern umwallet von 7, 183. — 2) pass. infundi, sich an etwas anschmiegen: collo 11, 386.

īn-gĕmĭnō, āvi, ātum, āre, verdoppeln, wiederholen 1, 653. voces 3, 369.

īn-gĕmō, mŭi, ĕre, seufzen, stöhnen 1, 164. ingemuit limen 4, 450. solum 14, 407.

īngĕnĭōsus, a, um, talentvoll, geschickt: ad furtum 11, 313.

īngĕnĭum, ĭi, n. die angeborne Natur, Temperament, Gemüthsart 1, 126. 14, 485. 15, 85. Herz 13, 188. 14, 26. — 2) Verstand, Geist 8, 254. 533. 11, 148. 13, 362; insbes. Genie, Scharfsinn, Erfindungsgeist 3, 159. 6, 575. 13, 137. 305. plur. 7, 760. 15, 146. Talent 8, 252, artis fabrae, Talent in der Baukunst 8, 159. ingenium facere, die dichterische Begeisterung erregen 7, 433; concret ingenia, geistreiche Männer 2, 795.

īngēns, ntis, sehr groß, gewaltig, mächtig, bedeutend: taurus 8, 763. quercus 8, 743. crater ingens in pondere (s. pondus) 5, 82. passus 13, 776. flamen 11, 664. clamor 6, 661. vox, lautes Geschrei 8, 432. anhelitus, stark 5, 616. dedecus 12, 498. nomen 3, 512. ausa 7, 178. irae 1, 166. verba, prahlerisch 13, 340. Achilles, gewaltig 11, 265.

īngĕnŭus, a, um, freigeboren, freibürtig 9, 671.

īn-gĕrō, gessi, gestum, ĕre, auf etwas tragen od. werfen: insulam membris 5, 546.

īngrātus, a, um, unangenehm 2, 780 (sc. sibi). — 2) unerkenntlich, dankbar 2, 488. 4, 76. 5, 475; pass. wofür man keinen Dank erntet, danklos, unersprießlich: odores 2, 626.

īngrĕdĭor, gressus sum, grĕdi (gradior), einhergehen, einherschreiten 2, 442. 791. 4, 28. curru, einherfahren auf 13, 252. — 2) hereintreten 7, 498. 864; mit acc. einen Ort betreten 1, 219. 7, 724. 11, 259. colles, besteigen 14, 846. undas, beschreiten 14, 48. aethera pennis (curru), in den Aether fliegen (fahren) 2, 835. 532.

īnguĕn, ĭnis, n. die Dünnen, Weichen (an den Hüften), der Unterleib 5, 132. 10, 715. 12, 454; plur. 2, 353. 8, 400. 9, 353; meton. Schamglied 14, 640 (s. Priapus).

īn-haerĕō, haesi, haesum, ēre, an etw. festhangen oder haften: tergo 9, 54. cervice 11, 403. sonus inhaesit saxo, blieb haften 8, 16. telum inhaeserat illi 12, 427. in vertice crinis inhaerebat, hing 8, 10. similis inhaesuro, scheinend an ihm zu hängen 1, 535. nomen inhaeret scopulis, haftet an 7, 447. studio operatus inhaesi, war erpicht auf mein Gewerbe, lag aufmerksam meinem Gewerbe ob 8, 865.

īnhĭbĕō, ŭi, ĭtum, ēre (habeo) zurückhalten, hemmen: equos 2, 128. 202. bipennem 8, 766. cruorem 7, 849. fugam 1, 511. concubitus, verhindern 9, 124. alqm, (von einem Entschlusse) zurückhalten 3, 565.

īnhŏnēstus, a, um, ehrlos, schändlich: inhonesta vela parare, zur ehrlosen Flucht 13, 224.

īnhŏnōrātus, a, um, ungeehrt 8, 280. 13, 41.

īnhospĭtus, a, um, ungastlich: tecta 1, 218. 15, 15. regna 11, 284. Syrtis, unwirthlich, unbewohnbar 8, 120.

īnhŭmātus, a, um, unbeerdigt 7, 608.

īnĭcĭō, s. injicio.

īnĭmīcus, a, um, feindselig, feindlich, mit dat. („gegen") 7, 63; verderblich: ignes 8, 461. aequora 14, 470. subst. inimica, ae, f. Feindin 6, 283. poet. pectora, des Feindes 5, 35.

īnīquus, a, um (v. aequus), 1) (in sich) „ungleich"; dah. vom Terrain, uneben, beschwerlich: mons 10, 172 bildl.; sich nicht gleich bleibend, nicht gelassen: non iniqua mente, mit Gleichmuth 8, 634. — 2) „einem Andern ungleich"; dah. bildl. a) unbillig, ungerecht: ira 5, 245. cursus 10, 575. parteiisch: judex 13, 190. oculi 9, 476 (s. quamvis). — b) übelgesinnt, feindlich 7, 523. 828 (s. fatum). 9, 296. 308. alcui 10, 611.

īnjĭcĭō, ēci, ectum, ĕre (jacio), an od. auf etwas werfen, legen: vincula collo 9, 78. bracchia collo 3, 389. bracchia caelo 1, 184. nubem super alqm 5, 622. insulam membris 5, 346. Aetne faucibus injecta 14, 1. capilli humeris injecti, über die Schultern wallend 11, 770. flores, hinstreuen 15, 688. manum alcui injuria

die Hand auf Jemd. legen (um ihn nach römischer Rechtsfitte als Eigenthum in Anspruch zu nehmen), d. i. sich Jemd. zueignen 13, 170.

injūria, ae, *f.* Unrecht, Beleidigung, Kränkung 2, 472. 5, 525 (hoc factum non injuria est). thalami, Beschimpfung 3, 267. Gefühl erlittener Kränkung 9, 150. Entehrung (einer Jungfrau) 12, 201.

injuste, *adv.* ungerecht 2, 378 (f. memor).

injustus, a, um, ungerecht, unbillig 14, 772. sententia 11, 173. bellum 5, 210. ferrum, vermessen 13, 444. regna, unrechtmäßig erworben 5, 277. injusta justa', die ungebührliche Gebühr, d. i. die durch ungerechte Grausamkeit veranlaßten letzten Ehren (Gebräuche der Bestattung) 2, 627.

inl..., f. ill...

inm..., f. imm...

*ˈ**innābīlis**, e (v. no), undurchschwimmbar: unda 1, 16.

innātus, a, um (v. innascor), angeboren: libido 6, 458. murex, angewachsen 1, 332.

in-necto, xŭi, xum, ĕre, umflechten, umschlingen: fauces laqueo 10, 378. 11, 252. colla lacertis 11, 240. crinem lauro 6, 161.

in-nītor, nixus u. nīsus sum, nīti, sich auf etw. stützen ob. lehnen, mit *ablat.* 1, 178. 8, 218. 727. 9, 518. 14, 655. 15, 726. mit *dativ.* 13, 819. arenae, fußen auf 3, 599. alis, schweben auf 7, 401.

innixus, a, um, f. innitor.

innŏcŭus, a, um, unschädlich: herba 14, 299. animal 15, 121. — 2) unsträflich 1, 327. 9, 373.

innoxĭus, a, um, unschuldig 9, 628.

in-nūbo, psi, tum, ĕre, hineinheirathen: thalamis nostris, an meine Stelle als Gattin treten 7, 856.

*ˈ**innūbus**, a, um, unvermählt, ehelos 10, 567. 14, 142. laurus, jungfräulich (f. Daphne) 10, 92.

innŭmĕrus, a, um, unzählig, zahllos 1, 436. 4, 668.

innuptus, a, um, unvermählt, jungfräulich 1, 476.

Īnō, ūs, *f.* Tochter des Cadmus, Gemahlin des Athamas, Erzieherin des Bacchus, stürzt sich im Wahnsinn mit ihrem Sohne Melicertes von der Klippe Moluris (einem der berüchtigten Scironischen Felsen) bei Megaris ins Meer, worauf beide in Meergottheiten, Ino als Leucothee, Melicertes als Palämon, verwandelt werden 3, 313. 4, 431. 528. - Dav. **Inous**, a, um, inoisch, der Ino 3, 722. 4, 497.

*ˈ**inobrūtus**, a, um, unverschüttet, nicht verschlungen 7, 356.

insequor 125

ĭnobservātus, a, um, unbeobachtet, unbemerkt 2, 544. 4, 341.

ĭnŏpīnus, a, um, unvermuthet 4, 232.

ĭnops, ŏpis, hülflos 7, 2. 13, 510. 14, 217; insbef. mittellos, arm, dürftig 1, 312. 3, 466. 8, 848. armselig 8, 822. 13, 428. — 2) relativ, arm an etwas, mit *gen.*: somni cibique, schlaflos und ohne Nahrung zu nehmen 14, 424. mentis, ohne Besinnung, verstandslos 2, 200. 6, 37. consilii, rathlos, zwecklos 9, 746.

ĭnornātus, a, um, ungeschmückt, schmucklos: capilli 1, 497. 5, 472. crines 9, 3.

Ĭnōus, a, um, f. Ino.

inp..., f. imp...

inquam, f. inquio.

inquĭno, āvi, ātum, āre, besudeln, verunreinigen 14, 56.

inquĭo, gew. **inquam**, is, it, sagen: der directen Rede eingeschaltet 1, 736. 2, 385. 3, 59. 5, 618. alcui, zu Jemd. 12, 309. 14, 37; der direct. Rede nachgestellt 3, 348. 8, 281, 10, 142. 11, 207. 12, 485. mit d. Subject 3, 605. 11, 207; zur Hervorhebung eines Wortes: sag' ich 13, 284.

inquīro, sīvi, situm, ĕre (quaero), nach etw. fragen ob. forschen: auctorem 1, 616; mit Fragsatz 1, 512. 9, 552. in orbem, über den Weltkreis hin 12, 63. in annos patrios (bei Astrologen, Wahrsagern) nach der Lebensdauer des Vaters 1, 148.

inr..., f. irr...

insānĭa, ae, *f.* Wahnsinn, Raserei 3, 536. 670. 4, 528; persönif. 4, 485.

insānus, a, um, wahnsinnig, rasend: Erinys 11, 14. cursus 3, 711. auster 12, 510. amores 9, 519.

inscĭus, a, um, unwissend, unkundig 2, 148. 15, 11. abfol. des Geschehenen unkundig, ohne es zu wissen ob. zu ahnen, unbewußt 4, 675. 5, 624. 8, 515. 9, 157. 10, 526. 14, 362. non inscius, mit Wissen, mit Absicht 8, 66.

in-scrībo, psi, ptum, ĕre, 1) auf etw. schreiben, einzeichnen, mit *dativ*: foliis 10, 215. 13, 398; dah. (auf der Anklageschrift) als Urheber von etw. bezeichnen: deos sceleri 15, 128. dextra leto inscribenda est, ist als Ursache deines Todes zu bezeichnen 10, 199. — 2) „bezeichnen", daß, anzeigen, kenntlich machen 6, 74.

in-sculpo, psi, ptum, ĕre, mit dem Meißel eingraben: cornua postibus 15, 621.

in-sĕco, cŭi, ctum, āre, einschneiden 6, 58.

insectus, a, um, f. inseco.

in-sĕquor, cūtus sum, sĕqui, folgen: alqm 8, 141. lumine pinum, nachblicken 11, 468. — 2) verfolgen 1, 504. 511. 10, 715. saxum morsibus 13, 568. ora manibus, losfahren, losschlagen auf 12, 234. crimen, strafen 8, 130.

1. **in-sĕro**, rŭi, rtum, ĕre, 1) hineinfügen, hineinstecken: digitos amento 12, 321. caput (laqueo) 14, 737. bracchia, hineindrängen (sc. zwischen meine Brust u. die Arme des Gegners) 9, 57. subtemen inseritur medium, wird mitten hindurch geschossen 6, 56. oculos in pectora, eindringen lassen 2, 94. — 2) daruntermischen, einmischen: arma mercibus 13, 116. nomina Aeacidis 13, 33. se bellis 3, 117.

2. **in-sĕro**, sēvi, sĭtum, ĕre, „hineinsäen", dah. einpropfen: virgam cortice 14, 631.

in-sībĭlo, āre, hineinpfeifen ob. säuseln (v. Winde) 15, 603.

insĭdĭae, ārum, f. Hinterhalt 13, 106. 14, 446. gefahrvolle Oerter, drohende Gefahren 2, 78; bildl. Nachstellung, Hinterlist 1, 131. 15, 102. insidias struere alcui, nachstellen 1, 198. insidiis petere alqm, Jemd. eine Falle stellen 9, 623.

insĭdĭor, ātus sum, āri, im Hinterhalte auflauern: alcui 13, 212.

insĭdĭōsus, a, um, trugvoll, gefährlich: limina 7, 744. pocula 14, 294.

in-sīdo, sēdi, sessum, ĕre, sich worauf setzen: digitos insidere membris, sich eindrücken 10, 257.

insigne, s. insignis.

insignis, e, (durch ein Abzeichen) kenntlich, womit geschmückt, wodurch ausgezeichnet 1, 768. 7, 103. 8, 33. 429. 14, 315; subst. plur. insignia, n. Abzeichen 3, 286. 6, 598. 9, 776. — 2) sich auszeichnend: jaculo, im Speerwerfen 8, 306.

insĭlĭo, lŭi, sultum, īre (salio), hinein- oder hinaufspringen, mit dativ 8, 142. 367. 12, 346. huc 11, 731,

in-sisto, stĭti, ĕre, sich auf etwas stellen, auf etwas treten: margine 5, 598. aggeribus 15, 593. humeris 15, 149. digitis 8, 398. super fluctus, schweben 5, 558. sich niederlassen: ramis 5, 299. castris 8, 52.

*****insŏlĭdus**, a, um, nicht dicht, schwach: herba 15, 203.

insŏlĭtus, a, um, ungewohnt: labor 10, 554.

insomnis, e, schlaflos: draco 9, 190.

in-sŏno, ŭi, āre, ertönen 6, 695. aufrauschen, rauschen 4, 689. pennis 13, 608. calamis, blasen auf 11, 161.

insons, ntis, unschuldig an etwas, mit genit. 13, 149.

insōpītus, a, um, „uneingeschläfert"; dah. schlaflos, wachsam: draco 7, 36.

inspĭcĭo, exi, ectum, ĕre (specio), betrachten, v. Opferschauer, besichtigen, beschauen: exta 15, 577. fibras 15, 137. — 2) erblicken, schauen 12, 42.

in-spīro, āvi, ātum, āre, in etwas blasen: conchae 1, 334. — 2) trans. einhauchen: virus 2, 800. animas 4, 498. se alcui 8, 819.

instăbĭlis, e, nicht fest stehend: locus 6, 191 (s. Delos). naves, unstät 2, 164. aures, beweglich 11, 177. — 2) nicht zum Stehen geeignet, unbetretbar: tellus 1, 16.

instăr, n. indecl. „Gestalt"; dah. mit genit. a) nach Art, ganz so wie 4, 135. 13, 851. — b) so gut als, anstatt 6, 443. 12, 266. quod deorum est instar, was so gut ist als Götter 14, 569. mihi numinis instar eris, wirst mir als Gottheit gelten 14, 124.

instīgo, āvi, ātum, āre, aufreizen, anhetzen: agmen 3, 243.

*****in-stĭmŭlo**, āvi, ātum, āre, aufreizen: verbis alqm 14, 495.

instĭtŭo, ŭi, ūtum, ĕre (statuo), einrichten, anordnen: ludos 1, 446.

in-sto, stĭti, āre, andrängen, eindringen, losstürmen: alcui, auf Jemd. 9, 59. 12, 134. 14, 238. absol. 5, 162. 602. 12, 231. 338. 12, 73. boves instant, drängen vorwärts 11, 358. ora instantia, bedrohend 3, 82; dah. a) von Zeit und Umständen, nahe sein, bevorstehen 9, 770. 15, 794. alcui 8, 772. — b) mit Bitten drängen, in Jemd. dringen 4, 685. 7, 323. 10, 391. 412. 568.

in-stringo, nxi, ctum, ĕre, anbinden: fides gemmis instricta (And. instructa), eingefaßt 11, 167.

instrūmentum, i, n. Geräthschaft, Werkzeug: necis 3, 698. mortis 10, 385. anilia, Tracht eines alten Weibes 14, 767.

in-strŭo, xi, ctum, ĕre, 1) zurichten, ausrüsten: convivia 4, 763. bella gerunt sine viribus illis instructa, ohne mit jenen Streitkräften ausgerüstet zu sein 14, 529. munus instruit remorari Tartara, stattet mit der Kraft aus den Tod aufzuhalten 7, 276. se irā, rüsten 13, 544. womit versehen: magos herbis 7, 196. mensas epulis 8, 571. fides gemmis instructa, geschmückt 11, 167. — 2) unterweisen: alqm 8, 203. 6, 591. 15, 479.

insuētus, a, um, ungewohnt: campus (näml. des Pfluges, weil es heiliges Gebiet war) 7, 119.

insŭla, ae, f. Insel, Eiland 6, 334. Thybridis, die Tiberinsel zwischen dem Capitol und Janiculum, mit e. Tempel des Aesculap. 15, 625. 740 (s. nomen).

insulto, āvi, ātum, āre (v. insilio), auf etwas herumspringen: fluctibus 1, 134.

in-sum, fŭi, esse, an oder auf etwas

fein: cornua inerant fronti 9, 688; von Eigenschaften, inwohnen 10, 616.
in-sŭo, sŭi, sūtum, ĕre, **einnähen**: infantem femori 3, 312.
insŭpĕr, *adv.* **oberhalb, oben** 14, 263 (auf dem Kopfe). 13, 933 (auf d. Nasen). — 2) **obendrein, noch überdieß** 5, 24. 6, 362. 7, 273.
insŭpĕrābĭlis, e, **unüberwindlich** 12, 613. fatum, unvermeidlich 15, 807.
in-surgo, surrexi, surrectum, ĕre, **sich erheben** 11, 530. bildl. sich (feindlich) gegen etwas erheben: regnis 9, 445.
in-tābesco, bŭi, ĕre, **allmählig hinschwinden** 2, 780; übrtr. **schmelzen** 3, 487. 14, 826.
intactus, a, um, **unberührt** 1, 101.
intĕger, gra, grum, **unversehrt, unverstümmelt** 6, 411 (f. facio). 13, 118. — 2) **vollkräftig, frisch**: aevi, jugendlich frisch an Jahren 9, 441. annis 5, 80.
intellĭgo (intellego), exi, ectum, ĕre, 1) (mit dem Verstande) **erkennen, verstehen**: causam mortis 10, 380. arma (hinsichtl. b. Bildwerke) 13, 295. carmina 7, 759. vocem 10, 365. mit abhäng. Frage 6, 83. mit *acc. c. inf.* **merken, wissen** 5, 29. os intellectum sensibus (*dat.*), verstanden von 11, 42. — 2) **wahrnehmen, empfinden**: ignes 9, 457. pars parum intellecta, wenig verständlich 2, 666.
intempestīvus, a, um, **unzeitig** 4, 33. 10, 689.
intemptātus, a, um, f. intentatus.
in-tendo, di, tum, ĕre, 1) **ausspannen, ausstrecken**: bracchia 10, 58. manus 8, 107. palmas 6, 533. coronas postibus, anheften 14, 709. — 2) **mit etwas bespannen**: telas stamine, den Aufzug über die Webstühle spannen 6, 54. — 3) bildl. animum rei, auf etwas richten 6, 5; *part.* intentus, als Adject., einer Sache (aufmerksam) zugewendet: luctibus 13, 621.
intentātus, a, um, **unversucht** 10, 585 (relinquitur mihi = a me).
intento, āvi, ātum, āre (v. intendo), **ausstrecken**: manus 5, 671 (*sc.* in nos).
intentus, a, um, f. intendo.
inter, *praep. c. acc.* **zwischen, unter** (d. i. umgeben von, in der Mitte von) 4, 219. 7, 344; bei Verben der Bewegung, **zwischen hinein** 8, 376. 412. — 2) v. d. Zeit, **während, unter**: inter officium 12, 32. inter opus 7, 539. 8, 210. inter mandata 6, 505. — 3) **zur Angabe der Klasse oder Anzahl, unter** 10, 299; daß. statt des partitiv. *gen.* 1, 690. 5, 412. 9, 716. 12, 185. 14, 624. — 4) **zur Angabe eines Verkehrs, zwischen**: proelia inter 12, 536. inter se, unter einander, mit einander, gegenseitig 1, 389. 712. 4, 679. 6, 507. 9,

299. 12, 430. 13, 835. (nachgestellt 10, 49. 12, 176.)
intercĭpĭo, cēpi, ceptum, ĕre (capio), **aus der Mitte wegnehmen**: colla 6, 379; übertr. (gleichsam v. Munde weg) **wegraffen, entreißen, rauben**: titulos 8, 433. res (Eigenthum) 9, 122. Cererem in spicis 8, 292. spem anni 15, 113. neci interceptus 10, 477.
inter-dīco, xi, ctum, ĕre, **untersagen, verbieten**: orbem alcui 6, 333 (vergl. 6, 186). spes interdictae 10, 336.
interdŭm, *adv.* **zuweilen, manchmal** 2, 321. 14, 708. modo... interdum, f. modo. nunc... interdum, f. nunc.
intĕrĕā, *adv.* **unterdessen, inzwischen** 1, 388. 7, 262.
intĕr-ĕo, ĭi, ĭtum, īre, **zu Grunde gehen, untergehen, umkommen** 2, 306. 3, 546. 15, 165.
intĕrĭmo, ēmi, emptum, ĕre (emo), „aus der Mitte herausnehmen"; dah. aus dem Wege räumen, **tödten** 13, 245 (f. sic).
intĕrĭŏr, ōris, *neutr.* interiŭs, der innere: spatium 7, 670. *superl.* intimus, a, um, der innerste: praecordia 4, 507. 6, 251. ossa, Mark u. Gebein 11, 416.
intĕrĭŭs, 1) *adv. compar.* (v. intra), inwendig 6, 306. — 2) *neutr.* v. interior.
inter-mitto, mīsi, missum, ĕre, **aussetzen, unterbrechen**: laborem 3, 154. verba intermissa, abgebrochen 1, 746.
internōdĭum, i, *n.* **Raum zwischen zwei Gelenken, Gelenkhöhle** 6, 256. 11, 793.
interrĭtus, e, um, **unerschrocken** 5, 506. 13, 198. 15, 514. leti, vor dem Tode 10, 616.
inter-rumpo, rūpi, ruptum, ĕre, **unterbrechen**: querellas 11, 420.
inter-sĕro, sĕrŭi, sertum, ĕre, **dazwischenfügen, hinzufügen**: oscula verbis 10, 559.
inter-texo, xŭi, xtum, ĕre, **einweben**: flores hederis 6, 128.
inter-vĕnĭo, vēni, ventum, īre, (unterbrechend) **dazwischenkommen, dazwischentreten, mit** *dativ*: sollicitum intervenit laetis 7, 454. dicenti nox 8, 82. verbo plangor, d. i. zwischen jedem Worte schlug sie die Brust 11, 708.
in-texo, xŭi, xtum, ĕre, **hineinweben**: notas filis 6, 577. aurum vestibus 3, 556. 6, 166. — 2) **umflechten, umschlingen** 4, 365. frondes filis, umspinnen 15, 372.
intĭbum, i, *n.* **Endivie (eine Salatpflanze)** 8, 666.
intĭmus, a, um, f. interior.
in-tingo, nxi, nctum, ĕre, **eintauchen**: faces intinctae 7, 260.
in-tŏno, ŭi, āre, **donnern**: Jupiter intonat 2, 311. unpersönl. 14, 542.

intōnsus, a, um (v. tondĕo), unbeschoren 1,564. 12,585; comas, mit unbeschornem Haupthaar, daß, (weil die griechischen Knaben ihr Haar erst verschnitten, wenn sie mannbar wurden) noch nicht mannbar 6, 254.

in-torquĕo, torsi, tortum, ēre, drehen, winden: intorti funes 3, 679. — 2) schwingen, schleudern: jaculum 5, 90.

intortus, a, um, f. intorqueo.

intrā, praep. c. acc. innerhalb (eines Raumes) 6, 309. 7, 55. in... hinein 6, 600. 11,524. — 2) v. d. Zeit, innerhalb, binnen 11, 651. 13, 887.

in-trĕmo, ŭi, ēre, erzittern, erbeben 1, 284. 7, 629. 12, 371. 15, 635. genua intremuere 2, 180. 10, 458.

intrĕpĭdus, a, um, unerschrocken, unverzagt: pro se 9,107. vultus 13,478.

intro, āvi, ātum, āre, hineingehen, einen Ort betreten: in hortos 14, 656. in sinus (einlaufen) 7, 492; mit bloßem acc. 1, 593. 3, 308. 5, 237. 7, 331. 9, 309. 13, 631. 15, 583. domus est intrata 9, 11. 13, 197 (mihi = a me). sinus, eindringen 7, 814. wo landen: litora 13,24. Sicaniam 13,723.

intrŏĭtŭs, ūs, m. Eingang 4, 774.

introrsūs (= introversus), adv. nach innen, innerlich 13, 539 (mit devorat zu verb.)

intŭbum, i, n. f. intibum.

in-tŭmesco, mŭi, ēre, aufschwellen, anschwellen 1, 419. 8, 582. 10, 733; bildl. vor Stolz sich blähen 5, 305. zornig werden 2, 508.

intŭs, adv. inwendig, drinnen 2, 560. 11, 534. 12, 48. habes, hast in dir 6, 655. daheim 4, 32. im Innern, im Herzen 2, 94. 9, 465. 541. ducitur, hinein 10, 457.

ĭnultus, a, um (v. ulciscor), ungerächt 8, 280. 9, 131 (f. neque). 9, 415. ungestraft: dolores 4, 426. talia 7, 762.

in-undo, āvi, ātum, āre, überströmen: guttur 14, 195.

ĭn-ūro, ussi, ustum, ēre, anbrennen, ansengen: sanguis inustus 12, 275 (vulnere = in vulnere).

inustus, a, um, f. inuro.

ĭnūtĭlis, e, unnütz, unbrauchbar: corpus, kampfunfähig 12, 344. — 2) übrtr. schädlich, verderblich: arbitrium 11, 100. sibi inutilior, weniger auf seinen Vortheil bedacht 13, 38.

in-vādo, si, sum, ēre, wohin eindringen: pinum 11, 533; dah. a) feindl. überfallen, angreifen 14, 780. 11, 260. me tremor invasit 14, 210. — b) gewaltsam in Besitz nehmen: Scythiam 1, 65.

invălĭdus, a, um, kraftlos 9, 443.

invectus, a, um, f. inveho.

in-vĕho, xi, ctum, ēre, wohin führen, tragen, bringen: mare invectae (sc. lingua et lyra), ins Meer schwimmend 11, 54. invectus rotis, fahrend 3, 150. leonibus, gezogen 14, 538. columbis 14, 597.

in-vĕnĭo, vēni, ventum, īre, 1) auf etwas kommen, etwas (zufällig) finden, antreffen: alqd 5, 587. 1, 426. alqm 14, 399. 4, 797 (inveni sc. aliquem); pass. sich finden, erscheinen 8, 470; bildl. zu etwas kommen, etwas erlangen: ignes, zum Brennen kommen 10, 7. Gluth annehmen 2, 729. — 2) (durch Suchen) auffinden: alqm 1, 586. 654 (repertā, als jetzt, da du gefunden bist). 3, 4. 11, 63. 13, 179. januam 8, 173. ora fluminis, erreichen 15, 54; bildl. a) entdecken, erkennen, mit acc. c. inf. 2, 552. — b) ausfindig machen: alqd 3, 255. 10, 156. 372. subst. part. inventum, i, n. Erfindung 1, 521.

inventum, f. invenio.

in-vergo, ēre, (als Opfer) daraufgießen 7, 246.

invĭcēm, f. vicis.

invictus, a, um, unbesiegt, unbesiegbar 5, 107. 7, 792. 12, 167.

in-vĭdĕo, vīdi, vīsum, ēre, 1) mit scheelem Blicke ansehen: victibus priorum, mit Widerwillen betrachten 15,104. — 2) auf Jemd. neidisch sein, ihn beneiden: alcui 9,463. absol. 4, 234. 5, 657. 8, 250. — 3) übrtr. etwas mißgünstig versagen: non invidere, gewähren 4,157.

invĭdĭa, ae, f. Neid, Mißgunst 10, 584. 14, 229. muneris (wegen) 15, 537; als mythol. Person 2, 760. 770. — 2) Haß, üble Nachrede 5, 66. 12, 626 (f. que). 13, 139. invidiam facere alcui, Haß erregen gegen Jemd. 4, 548. in invidia esse, verhaßt sein 6, 403. invidiae esse, zum Vorwurfe gereichen 10, 731 (f. muto). victoria est invidiae non ferendae, wird für mich mit unerträglichem Haß verbunden sein 10, 628.

invĭdĭōsus, a, um, 1) neidisch, mißgünstig 15, 234. voll Bitterkeit 5, 513. — 2) beneidet, Neid erregend 4, 795. 8, 277. 9, 10. 11, 88. 13, 414. alcui 6, 276. verhaßt, widerwärtig 7, 603. 8, 144.

invĭdus, a, um, neidisch, mißgünstig: paries 4,73. jura 10, 331; übrtr. ungünstig: aura 10, 642. nox coeptis 9, 486.

invīsus, a, um (v. invideo), verhaßt: alcui 6, 415. 10, 552. 9, 639 (deserit patriam sine hac spe invisam).

invīto, āvi, ātum, āre, einladen: somnos, herbeilocken 11, 604.

invītus, a, um, wider Willen, ungern, widerwillig 5, 492. 9, 679. 15, 614. invitus probabit, wenn auch ungern 9, 258. oculi 6, 628. ignes 8, 514. ora invita (= invitae virginis), wider ihren Willen 6,

gern gewährend 2, 152.
der den Willen Jemds.,
:uß 6, 336. 8, 395. 10,
ıd, sich sträubend 4, 239.
58. invitum collum =
ıtris 9, 605. pectora =
ueri 4, 359.
, unwegsam, ungangbar:
ıora, unbefahrbar 12, 9.
ch: templa 11, 414. ora

ātum, āre, anrufen, zu
a 10, 640. 11, 562. alcui,
561.
ŗŏlūtum, ĕre, auf etwas
per (über ihn, den Cä-
2) übrtr. einhüllen: fumo

beim Anruf: he! 4, 513.
:r Freude: juchhei! 3, 713.
Schmerze: o! ach! 3, 442.
hter des argivischen Kö-
ird vom Juppiter geliebt
:n der Eifersucht der Juno
·andelt. Juno übergiebt
hundertäugigen Wächter
eibt sie, nachdem Mercur
tte, durch Wahnsinn auf
·oden umher, bis sie nach
ıo sie ihre Gestalt wieder
phus gebar und göttlich
·es. Io 1, 584. 628.
Sohn des Jphicles, Bru-
ndiger Gefährte des Her-
seinem Alter durch die
des Hercules wieder ver-
399. 430.
um, zu Jolcos, der Va-
in Thessalien, gehörig,

ochter des Königs Eury-
auf Euböa, welcher sie
rach, der ihn im Bogen-
:n würde. Hercules be-
ıber den verheißenen Lohn
r Dechalia eroberte, den
u. die Jole seinem Sohne
ɔlin gab 9, 140. 278. 394.
, ionisch 14, 334. aequor
ɔß Ionium, das ionische
von Griechenland 15, 50.

e, f. Tochter des Aga-
· Clytämnestra, sollte zur
werden, weil ihr Vater
Haine der Diana getödtet
erzürnte Göttin nun die
nelte Flotte der Griechen
nde zurückhielt. Zu ihrer
n Ulysses und Diomedes
·andt, welche der Mutter

vorredeten, ihre Tochter solle mit dem Achilles vermählt werden. Am Opferaltare jedoch schob die Göttin eine Hindin an die Stelle der Jungfrau unter und brachte diese nach Tauris, wo sie ihr als Priesterin diente 12, 31.

Iphĭnŏus, i, m. ein Centaur 12, 379.

Iphis, ĭdis, 1) fem. Tochter des Lygdus und der Telethusa in Creta, wurde als Knabe erzogen und vor ihrer Vermählung mit der Janthe in einen Mann verwandelt 9, 668. voc. Iphi 9, 715. 745. — 2) masc. der Großvater des vorigen 9, 709. — 3) ein Jüngling aus Cypern 14, 699. acc. Iphin 14, 753.

Iphītīdēs, ae, m. Sohn des Iphitus 13, 257.

ipsĕ, a, um, selbst: ipse ego 15, 160. ab ipso, von ihm selbst, d. i. von seiner eignen Gemüthsart (nicht von außen her) 1, 233. ex ipsis, aus ihrer eignen Gestalt 4, 781. nostra ipsorum corpora, unsre eigenen 15, 214. et ipse, auch selbst, ebenfalls 6, 3. 12, 213. 13, 223. 574; insbes. a) zur Bezeichnung der Hauptperson, Hauptsache oder des vorzüglichsten Theils einer Mehrheit 1, 178. 232. 283. 2, 390. 3, 182. 4, 740. 5, 370. 12, 62. 15, 634. ab ipsa sc. terra 1, 40. — b) zur Bezeichnung des Ganzen im Gegensatz eines Theiles: ipsa (lingua) 6, 558. sine ipsa (Thisbe) 4, 103. — 2) gerade, eben, just 1, 426. 2, 282. 3, 47. 567. 8, 739. 11, 10. 169. 13, 105. hoc ipsum 9, 725. id ipsum 2, 468. 5, 20. hoc ipso loco 11, 692. ipso illo tempore 4, 207. ipsa fuit Beroë, war die völlige Beroë 3, 278. — 3) selbst, sogar 1, 215. 3, 69. 11, 701. 12, 620. 13, 475. 503. 759. 14, 795. 15, 144. 179. ipso nomine, durch den bloßen Namen 9, 442. ipso visu, durch den bloßen Blick 7, 366. — 4) selbst, in Person 3, 701. 6, 42. 8, 784. 10, 277. 13, 140. 14, 781. mündlich 9, 601. mit eignen Augen 8, 622. 12, 171. — 5) von selbst, von freien Stücken 1, 101 (s. per). 2, 382.

ira, ae, f. Zorn, Erbitterung 1, 378. maris 1, 330. 12, 36. caeli 14, 471. fulminis 15, 811. Jovis = fulmen 15, 871; mit genit. objecti ("über, gegen") 1, 765. 4, 235. 277. plur. 1, 166. 2, 175. 3, 72. 5, 41. 9, 273. 12, 583. 14, 582. aequoris 11, 729.

īrācundus, a, um, jähzornig, zornmüthig: vox 2, 483. leo 15, 86.

īrascor, irasci, zürnen: alcui 13, 186. 14, 41. montibus, wüthen gegen 9, 209; mit folg. quod 6, 269.

īrātus, a, um, zornig, erzürnt 2, 568. 3, 494. spreto amore ("wegen, über") 7, 375.

Iris, is, *f.* Tochter der Electra und des Thaumas (virgo Thaumantea 14, 845. Thaumantias 4, 480. Thaumantis 11, 647), Göttin des Regenbogens und Geschäftsträgerin der Juno (Iris Junonia 14, 85); sie hatte im Auftrage der den Troern feindlichen Juno die gefangenen Trojanerinnen beredet, die griechische Flotte in Brand zu stecken, Juppiter aber löschte das Feuer durch Regen). Sie trägt ein buntes Gewand (11, 589), spannt den Regenbogen als ihren Weg zur Erde aus (11, 590. 14, 838) und zieht mit den Hörnern desselben aus den Flüssen Wasser auf, um Regenwolken zu bilden (1, 271); 11, 630. *acc.* Irin 14, 830. *voc.* Iri 11, 585.

****irreprehensus**, a, um, **untadelhaft**: responsum, wahr 3, 340.

irrequietus, a, um, **nie ruhend, unruhig, rastlos** 1, 579. 5, 443. 13, 730. sors 2, 386.

irrevocatus, a, um, **nicht zurückzurufen, nicht abzuhalten**: a caede 11, 401.

ir-rideo, si, sum, ēre, **verlachen, verhöhnen, verspotten**: alqm 8, 612. 5, 115. vota 1, 221.

irrigo, āvi, ātum, āre, **bewässern**: fibras undis 14, 633.

****irritamen**, ĭnis, *n.* **Anreizungsmittel, Reizmittel** 12, 103. 13, 434. amoris 9, 133.

irritamentum, i, *n.* **Anreizungsmittel**: malorum, zum Bösen 1, 140.

irrito, ăvi, ātum, āre, **reizen, erregen**: alqm 14, 494. ad iram 8, 418. rabiem 3, 566. amores 1, 462; insbes. **zum Zorne reizen**; *part.* irritatus, **aufgereizt, erbittert** 2, 805. 13, 565. 967.

irritus, a, um (v. ratus), **ungültig** 3, 336. 10, 52. — 2) **vergeblich, wirkungslos**: labor 1, 273. oscula 3, 427. incendia 14, 539; dichterisch für das Adverb 5, 38. 7, 589. 11, 541. 12, 587; *subst.* irrita, ōrum, *n.* **Vergebliches** 7, 484. 11, 40.

ir-roro, āvi, ātum, āre, **bethauen, beträufeln, benetzen**: crinem aquis 7, 190. *intransit.* lacrimae irrorant foliis, träufeln herab 9, 369. — 2) **anträufeln, ansprengen**: liquores capiti 1, 371.

ir-rumpo, rupi, ruptum, ĕre, **hereinbrechen, eindringen**: portas 15, 598. *absol.* 11, 538; bildl. nefas irrupit in aevum 1, 128.

is, ĕa, ĭd, **er, sie, es, der, die, das** 3, 127. 10, 214. 11, 160. 13, 884. eam 5, 521. ejus (selten bei Dichtern) 8, 16. eo, dadurch 14, 293. dem Prädicatsnomen im Geschlechte assimilirt 6, 102. 694. 10, 572; insbes. a) determinat. dieienige 3, 185. 13, 141. 15, 64. — b) prägn.: **ein solcher, derartig** 7, 43. foedera 7, 486. cura 13, 593.

Isis, is u. ĭdis, *f.* eine ägyptische Göttin, Gemahlin des Osiris, von den Griechen mit der Jo identificirt (dah. Inachis 9, 687): *vocat.* Isi 9, 773.

Ismarius, a, um, **zum Berge Ismaros in Thracien gehörig**, ismarisch, thracisch 2, 257 (*sc.* amnes). 9, 642. 10, 305. rex, d. i. Polymestor, König in Thracien 13, 530.

Ismenis, *f.* Ismenos.

Ismenius, a, um, *f.* Ismenos.

Ismenos, i, *m.* 1) der älteste Sohn der Niobe 6, 224. — 2) Fluß bei Theben in Böotien 2, 244. - Dav. a) **Ismenis**, ĭdis, *f.* eine **Ismenide**, d. i. eine Thebanerin 3, 169. 733. 4, 31. 562. 6, 159. — b) **Ismenius**, a, um, ismenisch, thebanisch; *subst.* ein Thebaner 13, 682.

Isse, ēs, *f.* Tochter des lesbischen Königs Macareus 6, 124.

isse = ivisse, *f.* eo.

iste, a, ud, **dieser, jener** (nach der zweiten Person hin gedacht), dieser dein od. euer 1, 457. 488. 2, 54. 597. 4, 203. 9, 243. iste tuus 7, 820. 13, 117. ista relinquo, diesen Ort 4, 336. ista feres, dein Leid 15, 495; zur Bezeichnung des Gegners 13, 11. 19, 58. 157. 237.

Ister, *f.* Hister.

Isthmus, i, *m.* „Landenge"; vorzugsweise die korinthische Landenge, der Isthmus 6, 419. *acc.* Isthmon 7, 405.

ita, *adv.* 1) **auf diese (bezeichnete) Art**, so 1, 69. 5, 534; in dieser Stellung 5, 214. ita ... ut 2, 184. atque ita, bei raschen Uebergängen zu einer neuen Handlung (= quo facto od. quo dicto), somit, nun 1, 228. 377. 711. 2, 657. 3, 22. 118. 4, 476. 6, 136. 8, 194. 426. 10, 407. 611. 13, 251. 560. 15, 17. — 2) **folgendermaßen**, also 1, 350. 2, 278. 7, 517. 9, 242.

Italia, ae, *f.* **Italien** 15, 191. 701. - Dav. 1) **Italicus**, a, um, italisch 14, 17. 15, 9. — 2) **Italus**, ā, um, italisch 15, 59.

Italicus, a, um, *f.* Italia.

Italus, a, um, *f.* Italia.

iter, itinĕris, *n.* **das Gehen, der Weg** (den man macht), die Reise 11, 233. Fahrt 6, 519. Flug 2, 547. 714. 730. 8, 225.— 2) der Weg (welcher wohin führt), Straße 7, 170. 10, 709. iter dare, Weg bahnen, Durchgang gewähren 4, 241. 15, 441. iter vocis, Kanal, Durchgang 2, 830. 4, 69. 9, 370. animae 12, 142; bildl. declive senectae 15, 227. sceleri iter facere, anbahnen 15, 106.

itero, āvi, ātum, āre, **wiederholen** 3, 496. 12, 47. iterant jactata (semina), streuen wiederholt 4, 749. janua iterata, wieder erreicht 8, 172 (nullis = a nullis).

iterum, *adv.* **wiederum, zum zweiten Male** 1, 208. 9, 232 (f. Philoctetes). iterum iterumque, wiederholt 11, 619.

Ithăca, ae, u. **Ithăcē**, ēs, *f.* Insel im ionischen Meere, Vaterland des Ulysses 13, 711. 14, 169. = Dav. **Ithăcus**, a, um, ithacisch 13, 512; subst. der Ithaker, d. i. Ulysses 13, 98. 103.

Ithăcus, a, um, f. Ithaca.

iturus, a, um, f. eo.

Ithȳs, yos, *m.* Sohn des Tereus und der Progne 6, 437. 620. *acc.* Ithyn 6, 636. 652.

Iūlĭus, f. Iulus.

Iulus (dreisylbig), i, *m.* Sohn des Aeneas (f. Ascanius), Stammvater des Romulus 14, 583. 15, 447. 767. = Dav. **Iūlĭus**, a, um, iulisch, Benennung einer römischen gens, welche den Iulus als ihren Ahnherrn betrachtete; zu ihr gehörte der Dictator Cäsar, der deshalb 15, 842 „der Julier" heißt.

Ixīōn, ŏnis, *m.* König der Lapithen in Thessalien, Vater des Pirithous (8, 403. 613. 13, 210. 338). Zur Tafel der Götter zugezogen, versuchte er die Keuschheit der Juno; Juppiter schob ihm aber eine Wolkengestalt unter, mit welcher er die Centauren erzeugte (12, 504). Zur Strafe wurde er in der Unterwelt auf ein beständig umrollendes Rad geflochten 4, 461. 10, 42. *acc.* Ixiona 4, 465. = Dav. **Ixīŏnĭdēs**, ae, *m.* Sohn des Ixion, Ixionide, d. i. Pirithous 8, 566.

Ixīŏnĭdēs, f. Ixion.

J.

jăcĕo, ŭi, ēre, liegen: in solo 2, 420. saxo 6, 100. humo 4, 121. ante pedes 11, 13. super corpora 14, 207. multa tellure (f. tellus) 8, 422; v. Thieren: circa alqm, sich gelagert haben 3, 669; obscön: cum aluquo 2, 598. 3, 363; insbef. a) matt od. kraftlos darnieder liegen 8, 451. 15, 221. terrā 7, 578. — b) **todt, entseelt darnieder liegen** 1, 720. 4, 244. 7, 521. 548. 8, 496. 13, 495. jacens 12, 430. — c) **begraben liegen**, (im Tode) ruhen 1, 156. 14, 621. — d) **besiegt darnieder liegen, überwunden liegen** 1, 720. 5, 98. 9, 197. 12, 442. 13, 178. patria superata jacet 8, 114. victa jacet pietas 1, 149. ops 7, 527. unterliegen 11, 308. vota coloni jacent deplorata, liegen vernichtet 1, 273. fertilitas jacet 5, 482. — e) **in Schutt und Trümmern liegen** 13, 505. — f) **schlaff, lose hängen**: crines jacebant per colla 2, 673. pars jacet humeris 4, 493. lora jacentia 2, 201. — g) **am Boden haften, gesenkt sein**: vultus jacet 10, 194. vultus jacentes, gesenkt 4, 144. oculi 11, 618. — h) **von Localitäten, gelegen sein, liegen** 1, 338. 2, 179. 4, 772. 8, 577; von Völkern, wohnen 15, 829. — i) **niedergeschlagen sein, in Betrübniß liegen**: Calydon jacet 8, 525.

jăcĭo, jēci, jactum, ēre, werfen, schleudern: lapides post terga 1, 394. tela 8, 390. arma humo 3, 127. semina, ausstreuen 5, 485. vestem procul, wegwerfen 4, 357. se, sich stürzen 5, 291. — 2) bildl. in der Rede hinwerfen, fallen lassen, vorbringen: verba 15, 780. convicia 5, 665.

jactātŭs, ūs, *m.* das Hin- u. Herwerfen: pennarum, das Schwingen 6, 703.

jacto, āvi, ātum, āre, (wiederholt ob.) mit Haft) werfen, schleudern: ossa post tergum 1, 383. fulmina 2, 308. incendia 14, 539. saxa saxis (= in saxa) 15, 348. — 2) hin und her werfen, hin und her bewegen: bracchia 5, 596. colla 3, 726. corpora 3, 685. robora, rütteln 12, 329. vultus (corpus) in sanguine, wälzen 5, 59. 10, 721. schwingen: faces 4, 508. pennas 2, 835. 4, 789. alas 4, 700. crines, fliegen lassen 11, 6. crines jactantur, flattern 10, 592; insbef. von Sturm und Fluth, umhertreiben, umherschleudern: alqm 13, 709. *pass.* 4, 535. 11, 441. 664. 700. 14, 560. 15, 772. — 3) bildl. a) in der Rede fallen lassen, vorbringen: verba 2, 816. — b) prahlen, sich rühmen: talia („so") 12, 476. mit *acc. c. inf.* 9, 23 (Juppiter, quo te jactas creatum esse). carmina alcui, anpreisen 11, 153.

jactūra, ae, *f.* „das Ueberbordwerfen"; dah. der Verlust 5, 401. rei 1, 246. 9, 98.

jactŭs, ūs, *m.* das Werfen, der Wurf: pomi 10, 671. telorum 13, 566. femineus, des Weibes 1, 413.

***jăcŭlābĭlis**, e, zum Werfen geeignet: telum, Wurfspieß 7, 680.

jăcŭlātŏr, ōris, *m.* Werfer, Schütze 12, 350.

***jăcŭlātrix**, īcis, *f.* Schützin, Jägerin 5, 375.

jăcŭlor, ātus sum, āri, den Wurfspieß schleudern: jaculante Mopso, durch den Wurf des M. 12, 456; überh. werfen, schleudern: saxa 14, 184. silicem in hostes 7, 139. fulmina 2, 61.

jăcŭlum, i, *n.* Wurfspieß 2, 414. 3, 54.

jăm, *adv.* jetzt, nunmehr, nun 2, 363. 1, 335. 15, 871. jam ... jam, bald ...

bald 1, 111. 9, 466. — 2) bereits, schon, 1, 344. 2, 662. 3, 19. jam nunc 13, 19. jam tum 13, 921. jam tunc 3, 345. jam pridem 14, 758. — 3) sofort, sogleich 8, 756. jam jam, sehr bald, im nächsten Augenblicke 12, 588. 14, 203. jam jamque 1, 535. 11, 723. — 4) jetzt endlich 3, 717. 11, 66. jam modo, nur endlich 13, 838. — 5) bei Negationen, mehr, weiter: non jam (jam non, neque jam), nicht mehr 2, 231. 3, 678. 701. 4, 243. 382. 5, 522. 6, 264. 8, 231. 305. 10, 529. 11, 406, 14, 165. jam jam non, nun nicht mehr 8, 136. nil jam 9, 367. vix jam, kaum noch 2, 863. 10, 62. jam nequeo, ich kann nicht mehr 9, 626. 13, 303.

jamdūdum, s. dudum.

*Jānīgĕna, ae, *f.* Tochter des Janus (s. Janus), d. i. Canens, Gemahlin des Picus 14, 381.

jānŭa, ae, *f.* Thür, Pforte 8, 173. 11, 608. bildl. leti 1, 662.

Jānus, i, *m.* altitalischer Gott (nach griechischer Sage mit dem Jon verwechselt und als solcher für den Sohn des Apollo und der Creusa, der Tochter des attischen Königs Erechtheus und Gemahlin des Kuthus gehalten; dah. Ionius 14, 334). Als Gott alles Beginnens und Anfangens leitete er die Abwechselungen der Jahreszeiten und die menschlichen Schicksale, insbes. die Begebenheiten des Krieges. Auf dem capitolinischen Berge in Rom stand sein von Numa erbauter Tempel, welcher während der Dauer eines Krieges geöffnet blieb und erst nach Beendigung desselben geschlossen wurde. Dargestellt wird der Gott mit zwei Gesichtern, weil er in die Vergangenheit und Zukunft schaut 14, 334. — 2) Janusthor, ein überwölbter Durchgang, Portal 14, 785. 789.

jĕcŭr, jecŏris u. jecinŏris, *n.* Leber 7, 273. 10, 43 (s. Tityos).

jējūnĭum, i, *n.* das Fasten (nur plur.) 1, 312. 5, 534; übertr. Hunger 4, 263. 8, 820. 831. 11, 370. 15, 83. 95.

jējūnus, a, um, hungrig, nüchtern: Fames 8, 791.

jŏcōsus, a, um, scherzhaft 3, 332.

jŏcus, i, *m.* Scherz, Spaß: jocos agitare 3, 320.

jŭba, ae, *f.* Mähne (nur plur.) 2, 674. 6, 237. 10, 699. 12, 89.

Jŭba, ae, *m.* König von Numidien, hatte sich an die Partei des Pompejus angeschlossen u. wurde von Cäsar bei Thapsus besiegt 15, 755.

jŭbăr, ăris, *n.* strahlendes Licht der Himmelskörper, Lichtglanz 7, 363; insbes. Sonnenlicht 1, 768. 15, 187; meton. strahlender Himmelskörper, Stern 15, 841.

jŭbĕo, jussi, jussum, ēre, sagen, daß etwas geschehen soll, befehlen, heißen: a) mit *acc.* der Person und *inf. act.*, Jemb. etwas befehlen, thun heißen 3, 26. 4, 8. 5, 660. 7, 225; *pass.* jubeor, man befiehlt mir, es wird mir geheißen, ich soll 1, 394. 10, 441. 13, 953. 14, 437. quod (*sc.* fieri) erit jussus, was zu werden du ihm befehlen wirst 14, 686. *part.* jussus, geheißen, aufgefordert 7, 331. 374, 8, 753. auf Befehl, auf Geheiß 7, 257. 331. — b) mit *acc. c. inf. pass.* (wenn die handelnde Person nicht genannt ist) 6, 437. 8, 103. 13, 122. 14, 273; — c) mit bloßem *infin.* 3, 701. 9, 596. 13, 217. 419. — d) mit *conjunct.* 4, 111. 8, 792. 11, 587. 627. — e) mit *accus.* der Sache: etwas anbefehlen 4, 477. 11, 493. 14, 686. *part.* jussus, a, um, geboten, befohlen: labor 9, 26. receptus 1, 340. verba, Befehle 2, 743. auf Geheiß, dem Befehle gemäß, wie (ihm, ihr, ihnen) befohlen war 1, 399. 2, 844. 3, 105. 130. 697. 4, 32. 6, 163. 11, 142. 591. 15, 680. subst. jussum, i, *n.* Befehl, Gebot, Anordnung: jussa deae 1, 385. 2, 119. jussa facere, vollziehen 2, 798. 3, 154. 9, 307. jussi potens 4, 510. — f) absol. 1, 281. 6, 162. 8, 636. 9, 198.

jūdex, ĭcis, *c.* Richter, Schiedsrichter 1, 93. 11, 156 (s. sub). 13, 190. versus, d. i. Cragaleus, welcher als Schiedsrichter die Stadt Ambracia, um deren Besitz Apollo, Diana und Hercules stritten, dem letzteren zuerkannte und deshalb vom Apollo in einen Stein verwandelt wurde 13, 715. me judice, nach meinem Urtheile 2, 428. 10, 613. hac judice, nach ihrem Urtheile 8, 24.

jūdĭcĭum, i, *n.* Richterspruch, Entscheidung 11, 172. — 2) Willensmeinung, Beschluß 8, 706.

jŭgālis, e, zusammengespannt; *subst.* jugales, Gespann 5, 661. — 2) übtr. ehelich: jura 7, 715. lux, Hochzeitstag 9, 760. taedae, Vermählung 1, 483. sacra, Hochzeitsfeier 7, 700. dona, Ehegeschenk 3. 309.

jūgĕrum, i, *n.* Morgen Landes, Ju... (240 Fuß lang und 120 Fuß breit) 1, 459. plur. jugera, ūm, 4, 458.

jŭgŭlo, āvi, ātum, āre, „abstehlen", dah. erstechen, tödten 9, 151. 11, 267. 12, 81. 484. 15, 467.

jŭgŭlum, i, *n.* „Schlüsselbein": dah. Hals, Kehle 1, 227. 5, 78. 6, 643. 7, 286.

jŭgum, i, *n.* Joch (Querholz am Vorderende der Deichsel, welches auf dem Nacken der Zugthiere ruhte) 1, 124. 2, 109. 162. 315, 3, 11. 7, 118. 324. 12, 77; meton. Gespann (Ochsen) 12, 432. — 2) Webebaum 6, 55. — 3) Gebirgsjoch, Anhöhe,

Gipfel 1, 62. 2, 427. 3, 239. 4, 658. 733. 7, 102. 9, 647 (f. qui). 10, 172. 535. 14, 425. montis 11, 138.

juncōsus, a, um, **voll Binsen, binsenreich**: litora 7, 231.

junctūra, ae, *f.* **Verbindung**: genuum, **Beuge** 2, 823. verticis, Naht 12, 288. Schwimmhaut 2, 375.

juncus, i, *m.* **Binse** 4, 299. 6, 345. 8, 336.

jungo, nxi, nctum, ĕre, **verbinden, vereinigen, zusammenfügen**: arundines 1, 683. membra 6, 408. manus 9, 314. calamos inter se 1, 712. dextras inter se 6, 507. dextra dextrae jungitur, man begrüßt sich durch Handschlag 6, 448. oscula, sich gegenseitig küssen 9, 560. Küsse geben 2, 357. 430. 6, 626. 9, 458. 10, 362. crescendo jungi, zusammengewachsen 4, 376; *pass.* jungi, sich anschließen an, mit *dat.* 12, 299. 566. pes cum pede junctus est, Fuß schließt sich an Fuß 9, 44. juncta est lateri deae, geht zur Seite 2, 449. luna junctis cornibus, mit vereinigten Hörnern (zur Zeit des Vollmondes) 2, 244. 7, 530. femina juncta tauro, nebst dem Stiere 2, 701. juncto volumine, mit vereinigten Windungen (mit einander) 4, 600. templa juncta parenti (= templis parentis), gemeinschaftlich mit d. Mutter 1, 749. ars juncta cum viribus 8, 29. 10, 181. mors, gemeinschaftlich 5, 73; insbes. a) **anspannen, anschirren**: equos 2, 118. cygni juncti 10, 708. juncti boves *(sc.* aratro), Ochsengespann 14, 3. columbae, Taubengespann 14, 597. — b) corpus alcui, sich mit Jemd. (fleischlich) vereinigen 9, 470. — c) v. Localitäten, *part.* junctus, **angrenzend, benachbart**, mit *dat.* 2, 132. 11, 363. 14, 785. noctes junctae *(sc.* diebus), folgend 11, 96. — 2) bildl. „vereinigen"; insbes. a) in Liebe **verbinden, vermählen** 6, 433. 8, 632. 9, 487. 10, 29. 464. alqam alcui, mit Jemd. 5, 379. 7, 697. sibi face sollemni 7, 49. foedere thalami 7, 403 *(sc.* eam sibi). 13, 752. se (alcui) 10, 82. 14, jungi alcui 10, 333. 14, 762. 851. junctus, vermählt 14, 665. pectora junctissima, eng verbunden, unzertrennlich 10, 70. — b) durch Freundschaft oder Verwandtschaft **verbinden** 1, 353. 6, 428. junctus alcui, verwandt mit 2, 368. 13, 201. 15, 724. sanguine, blutsverwandt 9, 498. junctissimus, nahe verwandt 9, 549. comes, innig verbunden 5, 60. — c) durch **Bündniß verbünden**: sibi 7, 461. foedere junctus 15, 460.

Jūno, ōnis, *f.* 1) Tochter des Saturnus u. der Rhea (dah. Saturnia 1, 722. 2, 531. 3, 271.), Schwester u. Gemahlin des Zeus (2, 466. 3, 266. 13, 574), oberste Göttin im Olymp (regia conjunx 6, 332), Vorsteherin der Ehen (pronuba 6, 428. 9, 762). Ihr Attribut ist der Pfau (1, 722. 15, 385) 1, 270. 2, 469. 3, 263. 320. 362. 4, 421. 548. 6, 91. 337. 7, 523. 9, 21. 284. 796. 10, 161. 11, 578. 14, 829. 15, 744. - Dav. a) **Jūnōnĭgĕna**, ae, *m.* **Sohn der Juno**, d. i. Vulcan 4, 173. — c) **Jūnōnĭus**, a, um, **der Juno gehörig, junonisch** 1, 678. 8, 220. 9, 400. 14, 85. — 2) Juno Averna = Proserpina 14, 114.

Jūnōnĭgĕna, f. Juno.

Jūnōnĭus, a, um, f. Juno.

Juppĭtĕr, *gen.* Jŏvis, *m.* Sohn des Saturnus u. der Rhea (dah. Saturnius 8, 703. 9, 242), Bruder des Neptunus, Pluto, der Juno, Vesta und Ceres. Weil Saturnus seine Kinder verschlang, wurde er heimlich auf Creta, nach andrer Sage in Arcadien, aufgezogen (8, 99. 2, 405). Später entthront er seinen Vater und theilt sich mit seinen Brüdern in den Besitz der Welt, wobei ihm durch's Loos die Herrschaft über Himmel und Erde zufiel. Er ist dah. der Beherrscher der Götter u. Menschen (rector deum 13, 599. 2, 848. deum genitor 14, 91. divum hominumque parens 14, 807), der Gott der Wettererscheinungen (Tonans 1, 170. 2, 466. 11, 198), der Beschützer der Fremden und des Gastrechts (J. Hospes 10, 224), und mit ihm beginnt das silberne Zeitalter auf Erden (1, 114). Unter den Bäumen ist ihm die Eiche heilig (1, 106. 7, 623), unter den Vögeln der Adler, der seine Blitze trägt (Jovis ales 6, 517. praepes 4, 714. regia ales 4, 362. armiger 15, 386; vergl. 12, 560) 1, 588. 2, 422. 4, 282. 5, 12. 327. 6, 111. 7, 615. 8, 626. 9, 24. 10, 148. 11, 756. 13, 28. 145. 15, 70. 858. — 2) meton. **Himmel**, (freie, hohe) **Luft** 2, 377. loci 13, 707. sub Jove, unter freiem Himmel 4, 260.

jurgĭum, i, *n.* **Wortwechsel, Zank**: *plur.* 2, 424. 3, 261.

jūro, āvi, ātum, āre, 1) *intr.* a) **schwören**: per alqm (aliquid), bei Jemd. od. Etwas 7, 97. 9, 371. 13, 558. 1, 188. 3, 638. 5, 316. — b) **sich zu etwas verschwören**: in facinus 1, 242. juratus in arma, der zu den Waffen geschworen hat 13, 50 (f. idem). — 2) *trans.* a) **eidlich versichern, schwören**: falsa, falsch schwören 13, 559. mit *acc. c. inf.* 1, 769. 14, 648. — b) **schwörend anrufen**, bei etw. **schwören**: undas 2, 101. dis juranda palus, bei dem die Götter schwören müssen 2, 46.

jūs, jūris, *n.* 1) **Recht** (nach Gesetz und Brauch), **Gesetz** 10, 131. naturae 4, 279. locorum 14, 118. jura civilia, bürgerl. Rechtsverfassung 15, 833. conjugalia, eheliche Pflichten 6, 536. 7, 715. parentum,

Verpflichtungen 7, 503. 8, 499; jure, auf
rechtmäßige Weise 4, 60. jura dare (red-
dere) Gesetze geben, Rechtssprüche ertheilen
1, 576. 13, 25. 14, 823. aequata jura dare
populis, gleiche Gesetze geben, nach gleichem
Rechte regieren 14, 806. jura famularia
dare alcui, Sclavengesetze geben d. i. Jemd.
zum Sclaven machen 15, 597; Jus als
mytholog. Person 5, 44; insbes. was recht
und billig ist, Schicklichkeit 9, 551. 10, 355.
— 2) subject. Befugniß, Anspruch, Anrecht
auf etw. 3, 622. sepulcri 13, 472. caeli
15, 39. muneris, das Recht zu schenken
8, 436. spolium mei juris, worauf ich
ein Recht habe, die mir gebührt 8, 426;
insbes. a) Vorrecht, Gerechtsame 9, 500.
parentum 10, 321. fontis 5, 426. — b)
Recht, Gewalt, Macht 6, 270. 8, 739.
equorum (über) 2, 48. corporis 15, 874.
in aequora (über) 13, 919. alcui jus est
transire 8, 730. pars maxima juris, das
meiste Recht (zu befehlen) 3, 622. alqd
juris vestri est, gehört euch, ist euch unter-
than 10, 37. 725.
jussum, i, f. jubeo.
justē, adv. mit Recht, gebührend: com-
par. justius 15, 588. mit mehr Recht 4, 692.
justĭtĭa, ae, f. Gerechtigkeit 6, 678.
justus, a, um, gerecht 4, 547. 8, 101.
oculi 13, 70. rechtschaffen 7, 399. 8, 704.
14, 245. — objectiv: a) rechtmäßig, ge-
recht, gegründet: arma 7, 458. bella 8, 58,
alimenta 8, 874. ira 6, 2. curae 15, 768.
preces 1, 377. 3, 3. gravius justo (als
recht ist) 3, 333. subst. justa, orum, n. das
Gebührende, Billige 13, 466. 14, 787. insbes.
die herkömmlichen Gebräuche der Bestattung
2, 627 (f. injustus). — b) gehörig, hin-
länglich: pondus 2, 163. anni 10, 36. forma,
wohlbeschaffen 2, 732. ulterius justo,
mehr als recht ist, zu dringend 6, 470.

jŭvĕnālis, e, jugendlich: vis 15, 465.
jŭvĕnālĭtĕr, adv. nach Jünglingsart
7, 805. mit Jugendkraft 10, 675.
jŭvenca, ae, f. junge Kuh, Färse 1,
611. 3, 15. 13, 926.
jŭvencus, i, m. junger Stier 1, 124.
7, 359. 13, 798.
jŭvenesco, vĕnŭi, ĕre, ins Jünglings-
alter eintreten 9, 431.
jŭvĕnīlis, e, jugendlich 1, 564. 8, 632.
12, 465. opus, Jünglingswerk 6, 241. cor-
pora, Leiber der Jünglinge 4, 50. 8, 556.
juvenilior suis annis, als sein Alter er-
warten läßt 14, 639. pugnus, kräftig
3, 626.
jŭvĕnīlĭtĕr, adv. nach Art der Jugend
7, 805. mit Jugendkraft 10, 675.
jŭvĕnis, e, jugendlich, jung, 1, 531. 11,
99. anni, Jugend 7, 295. 14, 139; subst.
Jüngling 3, 352. 10, 523; insbes. juvenes,
Schiffsmannschaft 4, 707. 11, 461.
jŭventa, ae, f. das jugendliche Alter,
die Jugend 4, 17. 6, 719. 10, 84; personif.
die Göttin der Jugend 7, 241.
jŭventūs, ūtis, f. jugendliches Alter,
Jugend 4, 17; meton. junge Mannschaft,
Jünglinge, Jugend 3, 124. 7, 514. 10, 316.
12, 553. 14, 637.
jŭvo, jūvi, jūtum, āre, helfen, unter-
stützen: alqm 7, 814. 10, 586. 15, 679. al-
qua re 1, 275. 9, 781. vitā, nützen 15, 119.
quid juvat, was hilft od. frommt es 7, 858.
13, 965. — 2) ergötzen, vergnügen 3, 554.
5, 582. erquicken 7, 814; unpersönl. juvat
alqm, es ergötzt, macht Vergnügen, mit
inf. 6, 17. 370. 7, 797. 8, 138 (sc. te). 9,
485. 12, 162. 15, 93. 147.
juxtā, adv. in der Nähe, daneben 7,
622. 12, 235. accedere, nahe herantreten
8, 809.

L.

lăbĕfăcĭo, fēci, factum, ĕre, wankend
machen, erschüttern 2, 402. jaculum 3, 70. ar-
bor labefacta 8, 774. robora 12, 329; bildl.
erschüttern: animus labefactus 10, 375.
lābes, is, f. Fleck, Flecken 15, 130. to-
tus sine labe, am ganzen Körper flecken-
los 2, 537.
lābo, āvi, ātum, āre, wanken, schwan-
ken 2, 163. 5, 362. 11, 514; bildl. a) dem
Untergange nahe sein, wanken 15, 477. —
b) von der Gesinnung, wanken 6, 629.
lăbŏr, ōris, m. Anstrengung, Mühe, an-
strengende Arbeit 1, 773. 4, 216. 5, 446.
fugae 1, 544. labor est, es kostet Mühe 2,
128. → 2) Beschwerde, Strapaze 1, 414.
8, 500. 14, 158. 478. 15, 121; insbes. a)
Anstrengung der Jagd, Jagdgeschäft
3, 154. 174. 5, 586. 7, 812. 8, 546. 565.
10, 554. — b) Feldarbeit 15, 124. — c)
Kriegsarbeit, Kampf 4, 739. 5, 243. 12, 20.
146. 13, 297. 373. — 3) Drangsal, Noth,
Leiden 4, 531. 570. 7, 837. Schmerz 9, 299.
— 4) meton. Arbeit, Werk, That 1, 273.
2, 387. 9, 14. 22 (f. poena). 67. 277. 15, 39.
lābor, psus sum, lābi, leicht u. schnell,
besond. niederwärts sich bewegen; dah. 1)
gleiten, schweben: pennis 8, 51. schwimmen
5, 596. 11, 51. 14, 8. v. Gewässern, rinnen,
fließen 1, 189. 2, 406. 455. 5, 387. 504.
11, 138. 603. 13, 954. 15, 275. irrigat

labentibus undis, mit zufließendem (herbeigeleitetem) Waſſer 14, 633; kriechen 4, 493. 15, 721. somnus labitur in artus, bringt ein 11, 631. frigus per artus, verbreitet ſich 2, 824; bildl. a) worauf verfallen, wohin gerathen: quo labor! 9, 520. b) v. d. Zeit, vergehen, verfließen 10,519. 15, 179. — 2) ausgleiten, ſtraucheln 5, 77. — 3) herabgleiten, herabfallen: ab arbore 3, 410. ab aethere 14, 846. tergo 4, 101. herabfahren 14, 821. herabfließen 22, 412. herabfallen 8, 251. lacertis 3, 699. lacrimae genis labuntur, rinnen (träufeln) herab 2, 656. 10, 262. poet. per iter declive senectae, hinabgleiten 15, 227. — 4) hinſinken, beſ. in den Tod ſinken 10,196. 7, 859. 13, 477. in cineres 2, 628.

lăbōrĭfer, ĕra, ĕrum, Mühen ob. Arbeiten ertragend 9, 285. 15, 129.

lăbōro, āvi, ātum, āre, arbeiten, ſich abmühen 9, 754 (ſ. ut). 15, 367; mit *inf*. ſich bemühen, darnach ſtreben 3, 565. 10, 413. 13, 285. 809. pro alquo, beſorgt ſein 15, 816. — 2) in Noth ob. Gefahr ſein 1, 258. 2, 296. — 3) *trans*. bearbeiten, bereiten 3, 158.

Lăbrŏs, i, *m*. (λάβρος, „der Gierige") ein Hund des Actäon 3, 224.

lābrum, i, *n*. Lippe 8, 802.

lac, ctis, *n*. Milch 1, 111. 9, 377. coactum 8, 666. 13, 796. v. Pflanzen: Milchſaft 11, 606.

Lăcedaemŏnĭus, a, um, zur Stadt Lacedämon oder Sparta im Peloponnes gehörig, lacedämoniſch 15, 50.

lăcer, ĕra, ĕrum, zerriſſen, zerfleiſcht, zertrümmert 3, 522. 11, 403. artus 9, 169. currus 2, 318. tabulae 11, 428. arces, einſtürzend 11, 509; verſtümmelt: corpus 6, 562. 9, 195. 15, 532. caput cornu (*abl*.), des Hornes beraubt 9, 97. — 2) zerreißend, zerfleiſchend: morsus 8, 877.

lăcĕro, āvi, ātum, āre, zerreißen, zerfleiſchen: vestem 11, 726. capillos 14, 420. viscera 4, 424 (nati = Penthei, matri = Agavae). laceratus comas, ſich ausraufend 13, 534. — übertr. peinigen: alqm fame 8, 784.

lăcerta, ae, *f*. Eidechſe 5, 458.

lăcertōsus, a, um, muskulös, kräftig: coloni 11, 33.

lăcertus, i, *m*. der Oberarm (von der Schulter bis zum Ellbogen) 1, 501. 14, 304. summus 6,409; metonym. der (ganze) Arm 1, 236. 555. 4, 707. 5, 142. 15, 231; übrtr. a) Scheeren des Scorpions 2, 196. — b) Arme eines Fluſſes 15, 741.

lăcesso, īvi, ītum, ĕre, reizen, angreifen: alqm 9, 38. 10, 546. 12, 228.

Lachnē, ēs, *f*. (λάχνη, „Wollhaar") ein Hund des Actäon 3, 222.

Lăcīnĭus, a, um, vom Vorgebirge Lacinium bei Croton in Unteritalien (berühmt durch einen Tempel der Juno), laciniſch 15, 13. 701.

Lăcōn, ōnis, *m*. ein Laconier, als Hundename 3, 219.

Lăcōnis, ĭdis, *f*. laconiſch, lacedämoniſch 3, 223.

lăcrĭma, ae, *f*. Thräne: lacrimis obortis 1, 350. 4, 684. 7, 689. lacrimas tenere 2, 796. lacrimae turis, das herabträufelnde Harz der Weihrauchſtaude 15,394.

lăcrĭmābĭlis, e, thränenwerth, beweinenswerth 2, 796. bellum 8, 44.

lăcrĭmo, āvi, ātum, āre, Thränen vergießen, weinen 3, 460. 7, 863. 13, 132. ebur lacrimat, thränt 15, 792.

lăcrĭmōsus, a, um, Thränen erregend: fumus 10, 6. funera jammervoll 14, 746.

lactĕo, ēre, ſaugen; lactens vitulus 2, 624. 10, 227. catulus 13, 547. annus, Nahrungsſaft einſaugend 15, 201.

lactĕus, a, um, milchig: humor, Milch 9, 358. 15, 79. — 2) milchfarbig, milchweiß: via, Milchſtraße 1, 169 (ſ. nomen).

lacto, āvi, ātum, āre, Milch geben, ſäugen: ubera lactantia 6, 342. 7, 321. — 2) Milch trinken, ſaugen: vituli lactantes 10, 227.

lăcūna, ae, *f*. Vertiefung, Lache 8, 335.

*****lăcūno**, āvi, ātum, āre, mit vertieften Feldern (lacunar) verzieren: summa (die Decke) 8, 563.

lăcus, ūs, *m*. Trog, Kufe, insbeſ. Kühltrog der Schmiede 9, 171. 12, 278. — 2) See, Weiher, Teich, Lache 1, 38. 5, 385. *plur*. für *sing*. 5, 405. 6, 364. 7, 371. 15, 320.

Lādōn, ōnis, *m*. 1) Fluß in Arcadien, Nebenfluß des Alpheus 1, 702. — 2) (von λάζομαι, faſſen, alſo „Faßan"), ein Hund des Actäon 3, 216.

laedo, si, sum, ĕre, verletzen, beſchädigen: alqm. 14, 40. vulnere 4, 602. cor 12, 421. medullas telo 1, 473. ferrum 12, 131. silva laesa 2, 408. — 2) bildl. verletzen: pudorem 2, 450. 7, 751. foedera 14, 380. amores, tränken, ſtören 4, 191. pectus laesum (*sc*. amore), verwundet 9,535. ignis, getränkte Liebesgluth 13, 867; insbeſ. beleidigen, kränken: alqm 1, 387. 608. 2, 518. 4, 192. 14, 384. laedor fortuna loci, ich leide durch die Ungunſt des Landes 10, 335.

Laelaps, ăpis, *m*. (λαῖλαψ, „der Stürmende"), Name eines Hundes 3, 211. *acc*. Laelapa 7, 771.

Lāërtēs, ae, *m*. Sohn des Arceſius, Gemahl der Anticlea, Vater des Ulyſſes 12, 625. 13, 144. = Dav. 1) **Lāërtĭădēs**, ae, *m*. Sohn des Laertes, d. i. Ulyſſes

13, 48. — 2) **Lāërtīus**, e, um, laërtiſch: heros = Ulysses 13, 124.
Lāërtīădēs, ſ. Laertes.
Lāërtīus, a, um, ſ. Laertes.
Laestrȳgōn, ŏnis, *m.* ein Läſtrygone (die Läſtrygonen, menſchenfreſſende Rieſen, wohnten in der Gegend von Formiä in Campanien) 14, 233. 237.
laetābĭlis, e, erfreulich 9, 255.
laetĭtĭa, ae, *f.* Fröhlichkeit, Freude 10, 444. laetitiae esse, zur Freude gereichen 8, 430; als Perſon 12, 60.
laetor, ātus sum, āri, fröhlich ſein, ſich freuen: alqa re, über etwas 5, 65. 7, 425. 9, 444. mit *acc. c. inf.* 8, 44. 15, 451.
laetus, a, um, fröhlich, erfreut, froh: animus 4, 761. frons 5, 570. clamor 15, 731; mit *abl.* („über") 2, 634. 8, 384. 569. 9, 784. malo, über das, was ihr Unheil werden ſollte 3, 292. — 2) object. erfreulich 15, 572. triumphus, herrlich 13, 252. 14, 719. ſubſt. *plur.* laeta, *n.* Glück 7, 454.
laevus, a, um, link: manus 5, 351. latus 13, 730. ara laeva profundi, links von 11, 197. (a) laeva parte, auf der linken Seite, links 7, 357. 8, 220. laevis remis fugere, (ſ. remus) 15, 703; ſubſt. laeva, ae, *f.* a) linke Hand, Linke 4, 782. 8, 321. 15, 163. — b) die linke Seite: laevam petere, nach links fahren 3, 642. laevā, zur Linken, links 1, 171. 5, 167. a laeva, links 11, 168. a dextra laevaque, zur Rechten u. Linken 2, 25.
Lāĭădēs, ae, *m.* Sohn des Laius, Laiade, d. i. Oedipus. Er befreite Theben von der Sphinx, einem vor der Stadt hauſenden Ungeheuer, halb Jungfrau, halb Löwe, welches die Vorübergehenden tödtete, wenn ſie das Räthſel: „was iſt am Morgen vierfüßig, am Mittage zweifüßig, am Abende dreifüßig"? nicht zu löſen vermochten. Oedipus fand in dem Worte „Menſch" die Löſung: die überwundene Sphinx ſtürzte ſich in einen Abgrund und die Thebaner erwählten ihren Befreier zum König 7, 759.
lambo, bi, bĭtum, ĕre, lecken, belecken 1, 646. 3, 57. 15, 380.
lāmentābĭlis, e, beklagenswerth 8, 262.
lāmĭna, ae, *f.* Metallplatte 9, 170. fulva, Goldblech 11, 124.; insbeſ. Schwertklinge 5, 173. 12, 488.
lampăs, ădis, *f.* Fackel, Kerze 4, 403. 12, 247.
Lampĕtīdēs, ae, *m.* ein cepheniſcher Sänger 5, 111.
Lampĕtĭē, ēs, *f.* (Λαμπετίη, „die Leuchtende"), eine der Heliaden, der Schweſtern des Phaëthon 2, 349.

Lāmus, i, *m.* König der Läſtrygonen (ſ. Laestrygon) 14, 233.
lāna, ae, *f.* Wolle 4, 54. fama faciendae telae, in Wollarbeiten 6, 31. lanam mollire 2, 411. *plur.* 6, 9. 7, 541. lanas ducere 4, 34.
lancĕa, ae, *f.* Lanze 3, 53. 12, 330.
languĕo, gŭi, ēre, matt, kraftlos ſein 12, 318. amor languet, läßt nach, nimmt ab 7, 82.
languesco, langŭi, ĕre, ermatten, erſchlaffen: dolor languescit, nimmt ab 8, 523.
languĭdus, a, um, ermattet, erſchlafft 2, 454. lumina 1, 716.
languŏr, ōris, *m.* Erſchlaffung, Ermattung, Mattigkeit 11, 611. 648; insbeſ. Unpäßlichkeit, Krankheit 7, 547. 9, 767.
lānĭfĭcus, a, um, Wolle zubereitend: ars, Webekunſt 6, 6.
lānĭger, ĕra, ĕrum, Wolle tragend, wollig: greges 3, 585. 6, 395. 7, 540. pecudes 13, 781; ſubſt. laniger, Widder 7, 312.
lănĭo, ăvi, ātum, āre, zerreißen, zerfleiſchen: mundum 1, 60. alqm 7, 349. 8, 147. membra 14, 195. ora 12, 563. crinem 2, 350. vestem a corpore, losreißen 11, 681. laniata pectora plangere, durch Schlagen zerfleiſchen 6, 248. *part.* laniatus, (ſich) zerreißend: sinus 2, 335. comas, zerraufend 4, 139. 6, 531.
lānūgo, ĭnis, *f.* (v. lana), Flaum des Bartes, Milchbart 9, 398. 12, 291. 13, 754.
Lāŏmĕdōn, tis, *m.* König von Troja, Sohn des Jlus, Vater des Priamus, der Antigone und Heſione 6, 96. 11, 757. *acc.* Laomedonta 11, 200. - Dav. **Lāŏmĕdontēus**, a, um, laomedontiſch, d. i. trojaniſch 11, 196.
Lāŏmĕdontēus, a, um, ſ. Laomedon.
lăpĭdōsus, a, um, ſteinig, ſteinreich 1, 44. 15, 23.
lăpillus, i, *m.* Steinchen 8, 18. 10, 260. 11, 604. 15, 41.
lăpis, ĭdis, *m.* Stein 4, 660. 12, 137.
Lăpĭtha, ae, *m.* ein Lapithe 12, 250. *plur.* die Lapithen, ein noch rohes, aber bereits Ackerbau treibendes Volk um den Pindus und Othrys in Theſſalien 12, 261. 536. - Dav. **Lăpĭthaeus**, a, um, lapithiſch 12, 530. — 2) **Lăpĭthēus**, a, um, lapithëiſch 12, 417. 14, 670 (quae... movit, d. i. Hippodame).
Lăpĭthaeus, a, um, ſ. Lapitha.
Lăpĭthēus, a, um, ſ. Lapitha.
lapsus, a, um, ſ. labor.
lapsŭs, ūs, *m.* jede leichte u. raſche Bewegung, Flug 6, 216. von Flüſſen: der Lauf 8, 163. *plur.* 9, 95.

lăquĕus, i, *m.* Schlinge, Strick 4, 177. 7, 604. 14, 735. 15, 473.

largus, a, um, reichlich 4, 759. 11, 516.

Lārissaeus, a, um, von Larissa, Stadt Thessaliens am Peneus, larissäisch 2, 542.

lascīvĭo, ĭi, ītum, īre, (durch Hüpfen und Springen) ausgelassen sein: lascivit fugā, springt lustig davon 7, 321.

lascīvus, a, um, muthwillig, ausgelassen 1, 456. 3, 685. 13, 791.

lasso, āvi, ātum, āre, matt machen, ermüden 10, 554. 13, 614. *pass.* ermatten 1, 308. 2, 577. 13, 902.

lassus, a, um, matt, ermüdet 3, 413. 5, 585. os, lechzend 10, 663.

lātē, *adv.* weit hin, weit umher, weit und breit 1, 268. 2, 318. 4, 436.

latĕbra, ae, *f.* Schlupfwinkel, Versteck 3, 443. 10, 710. silvarum 1, 475. nemoris 4, 601. ferarum 1, 216. 593; bildl. vom Ausdrucke, Dunkelheit: verba obscura caecis latebris, dunkel durch räthselhafte Fassung, in dunkle Räthsel gehüllt 1, 388.

lătĕo, ŭi, ēre, 1) verborgen sein: sub massa 1, 70. in nubibus 13, 582. herbā 11, 775. succi furtim latent sub dulcedine, d. i. können durch die Süßigkeit nicht durchgeschmeckt werden 14, 275; sich verborgen halten, sich verbergen: sub antris 2, 269. post clipeum 13, 79. in corvo 5, 329. vepre 5, 628. silvis 3, 205. — 2) bildl. verborgen sein 9, 711. 10, 252 (s. ars); *part.* latens, heimlich, geheim 2, 545. 7, 554. 8, 325. 9, 573; insbes. a) unbekannt sein 4, 287. 6, 438. 7, 525. 576. 15, 72. 147. — b) geborgen sein 15, 546.

lătex, ĭcis, *f.* jede Flüssigkeit; dah. Wasser 3, 171. 7, 327. *plur.* 3, 601. 4, 353. 5, 263. 636. Saft 14, 56. meri, Wein 13, 653. Palladii, Oel 8, 275.

Lătĭāris, s. Latium.

Lătīnus, i, *m.* König von Laurentum in Latium, Schwiegervater des Aeneas 14, 449. — 2) König von Alba in Latium, Sohn des (von Ovid übergangenen) Aeneas Silvius, Enkel des Silvius 14, 611.

Lătīnus, a, um, s. Latium.

lătīto, āvi, ātum, āre, sich versteckt halten 14, 214. rupe 9, 211. per tecta 4, 405. sidera latitantia, verborgen 10, 449.

Lătĭum, i, *n.* Landschaft Mittelitaliens (jetzt Campagna di Roma) 14, 452. - Dav. 1) **Lătĭāris**, e, latinisch 15, 481. — 2) **Lătīnus**, a, um, latinisch 2, 366. 14, 623. res, der latin. Staat 14, 610. — 3) **Lătĭus**, a, um, latinisch, römisch 1, 560. 14, 326. 832. 15, 486. arces, das Capitol 15, 582.

Lătĭus, a, um, s. Latium.

Lătōis, s. Latona.

Lătōĭus, a, um, s. Latona.

Lātōna, ae, *f.* (griech. *Λητώ*) Tochter des Titanen Cöus (6, 366. Titanis 6, 185. Titania 6, 346) und der Phöbe, Mutter der Diana und des Apollo (gemellipara diva 6, 315) 6, 160. 336. 13, 635. - Dav. 1) **Lătōis**, ĭdos, *f.* latonisch; subst. = Diana 8, 278. — 2) **Lătōĭus**, a, um, latonisch; subst. = Apollo 11, 196. — 3) **Lătōnĭgĕna**, ae, c. Kind der Latona: duo = Apollo und Diana 6, 160. — 4) **Lătōnĭus**, a, um, latonisch; subst. Latonia = Diana 1, 696. 8, 394. 541. — 5) **Lătōus**, a, um, latonisch 6, 274. subst. Latous = Apollo 6, 384. — 6) **Lētōis**, ĭdos, *f.* letoisch 7, 384. — 7) **Lētōĭus**, a, um, letoisch 8, 15.

Lătōnĭgĕna, s. Latona.

Lătōnĭus, a, um, s. Latona.

Lătōus, a, um, s. Latona.

lātrātŏr, ōris, *m.* der Beller 9, 690.

lātrātŭs, ūs, *m.* Bellen, Gebell 3, 207. 7, 362. *plur.* 2, 491. 3, 231. 7, 414. 13, 806. latratus edere, ausstoßen 4, 451.

Lātreus, ĕi, *m.* ein Centaur 12, 463.

lātro, āvi, ātum, āre, bellen 7, 65. 791. latrasse Dymatida, daß sie als Hund gebellt habe, d. i. in einen Hund verwandelt worden sei 13, 620. subst. *part.* latrans, Beller, Hund 8, 412.

lătro, ōnis, *m.* Räuber 7, 444.

lātus, a, um, breit, ausgedehnt, weit: discus 10, 177. campus 1, 315. agri 5, 655. terrae 2, 307. aequora 11, 443. aurum (Goldbesatz) 6, 567. fracta est latissima (= latissime), wurde weit gespalten 12, 434. in latum, in die Breite 1, 336. latius possidere, weitere Strecken Landes 5, 131 (quo, „im Vergleich mit welchem").

lătus, ĕris, *n.* die Seite (am Körper der Menschen u. Thiere) 4, 726. 6, 592. in latus, auf die Seite 6, 229. 9, 518. in latus obliquum adstitit, bog den Körper schräg zur Seite 3, 187. latus mutare, sich auf die andere Seite werfen 13, 937; meton. Leib 2, 376. 865. 3, 23. 14, 710. Brust 12, 572. — 2) übrtr. Seitenfläche eines Gegenstandes, Seitenrichtung, Seite: = Apollo 11, 475. 507. 529. campi 10, 674. collis 13, 779. insulae 15, 740. latere sinistro, linfs 7, 471. in omne latus, nach allen Richtungen hin 9, 239. ensem in latus obliquat, kehrt schräg auf die Seite (um einen Seitenhieb zu führen) 12, 485.

laudo, āvi, ātum, āre, loben, preisen, rühmen: alqm 12, 548. faciem 10, 515. laudemur et ipsae, wir wollen uns ebenfalls loben lassen 6, 3; *part.* laudatus als Adject., gepriesen, gerühmt virgo 9, 716. vultus 5, 59. pavo 13, 802. signa 12, 398.

laurĕa, ae, *f.* Lorbeerbaum 1,566. — 2) Lorbeerkranz 2, 600.

Laurens, ntis, zur Stadt Laurentum in Latium gehörig, laurentisch 14, 336. 342. 598.

laurus, i, *f.* Lorbeerbaum, Lorbeer 1, 450. 15,634. innuba 10, 92; meton. Lorbeerkranz 6,161. 201. *abl.* lauru 14,720.

laus, dis, *f.* Lob, Ruhm 5,66. 12,625. *plur.* 1,462. 6, 6. 13,824. pedum, der Schnelligkeit 10,563. — 2) ruhmvolle That, Verdienst 8,263. *plur.* 13, 824.

Lāvīnĭa, ae, *f.* Tochter des laurentischen Königs Latinus, Gemahlin des Aeneas 14, 570.

Lāvīnĭum, i, *n.* Stadt in Latium, von Aeneas erbaut 15, 728.

lăvo, lāvi oder lāvāvi, lăvātum, lautum u. lōtum, āre, waschen: palmas undis 11,116. ora fontibus 12, 413. vultum lacrimis, baden 9, 680. mare lavit arenas, bespült 7, 267.

lĕa, ae, *f.* Löwin 4,102. 9,648. 14,255.

lĕaena, ae, *f.* Löwin 4, 97. 514. 9, 615. 13, 547.

Lĕarchus, i, *m.* Sohn des Athamas und der Ino 4, 516.

lēbēs, ētis, *m.* Kessel, Becken (zum Kochen) 12, 243.

Lēbynthŏs, i, *f.* eine der sporadischen Insel im ägäischen Meere 8, 222.

lectus, a, um, f. lego.

lectus, i, *m.* Lagerstatt, Bett 7,572. 11, 657; insbes. Brautbett, Ehebett 7, 710. 852. 10, 437. 11,471. meton. Vermählung 6, 429. — 2) Speisesopha 8, 656. — 3) Leichenbett, Bahre 8, 537. 14, 753.

Lēda, ae, *f.* Gemahlin des spartanischen Königs Tyndarus, gebar dem Jupiter, welcher sich ihr in Gestalt eines Schwanes genähert hatte, die Helena und den Pollur 6, 109.

lēgātus, i, *m.* Gesandter 14, 527.

lēgĭtĭmus, a, um, gesetzmäßig, rechtmäßig: conjunx 10,437.

lĕgo, lēgi, lectum, ĕre, „Stück für Stück wegnehmen"; dah. 1) zusammenlesen, sammeln: flores 4, 315. fraga 1, 104. herbas 14, 347. poma 14,650. vimina 6, 344. soporem 11, 607. volucres semina legunt, picken weg 5, 485. — 2) eine Localität durchwandern, durchstreifen: saltus 5, 579. vestigia, die Spur verfolgen 3, 17; insbes. an einem Orte vorbeisegeln 14, 89. 15, 705. 709. — 3) auslesen, auswählen: alqm 13, 242. 14, 251. viros ad bella 7, 669. sibi locum 1, 27. tempora 9, 611; *part.* lectus, als Adject. auserlesen, stattlich, trefflich 6, 322. 8, 300. 10, 315. 13, 640. — 4) (mit den Augen auffammeln, d. i.) lesen 1,92. 2, 338. 6, 582. 9, 575 (sibi = a se). 10, 208. 11, 429. 15,814. 878.

Lĕlĕgēĭs, *f.* Leleges.

Lĕlĕgēĭus, a, um, *f.* Leleges.

Lĕlĕges, um, *m.* die Leleger, ein über Hellas und Kleinasien zerstreuter pelasgischer Volksstamm: *acc.* Lelegas 9, 645. - *Dav.* 1) Lĕlĕgēĭs, ĭdis, *f.* lelegisch 9, 652. — 2) Lĕlĕgēĭus, a, um, lelegeïsch: 8, 6. moenia, i. Megara 7, 443.

Lĕlex, ĕgis, *m.* einer der calydonischen Jäger (Narycius und Troezenius heros genannt, letzteres wahrscheinlich von einem spätern Aufenthalte in Trözen) 8, 312. 567. 617.

Lemnĭcŏla, ae, *m.* Bewohner von Lemnos, d. i. Vulcanus: stirps Lemnicolae, d. i. Erichthonius 2, 757.

Lemnĭus, f. Lemnos.

Lemnŏs, i, *f.* Insel des ägäischen Meeres, Hauptsitz des Vulcanus 13, 46. 313. - *Dav.* Lemnĭus, a, um, lemnisch: *subst.* der Lemnier, d. i. Vulcanus 4,185.

Lēnaeus, i, (*Ληναῖος*, „Kelterer", v. *ληνός*, Kelter), Beiname des Bacchus 4, 14. 11, 132.

lēnĕ, *adv.* (gewöhnl. leniter), sanft, gelinde: lene spirans 9, 661. *comp.* lenius 2, 809. 3, 569. 8, 355. 9, 764.

lēnīmĕn, ĭnis, *n.* Linderungsmittel, Trost 6, 500. 11, 450.

lēnĭo, īvi, ītum, īre, lindern, mildern: dolores 13, 317. vulnera 13, 599. alqm, besänftigen 1, 738. 12, 35. umbras sanguine 8, 476.

lēnis, e, sanft, gelind, mild: nardus 15, 398. aura 7, 811. auster 11,192. tepor 2, 811. volatus 12, 527. somnus 8, 823. Amphrysos, sanft fließend 1, 580.

lēnĭus, *adv.* f. lene.

lentē, *adv.* langsam 3,15. 11, 179.

*lentiscĭfer, ĕra, ĕrum, Mastixbäume hervorbringend 15, 713.

lentus, a, um, biegsam, geschmeidig (d. i. nicht spröde). schwank: salix 8, 336. palma 10, 102. vimen 15, 563. spina 3, 66. arcus 2, 419. hastile 8, 28. cornua 4, 68. aurum 6, 68. habenae, dehnbar 15, 520. — 2) zäh (d. i. nicht weich): cortex 9, 353. 10, 736. radix 11, 78; bildl. spröde, unbeugsam 13, 800. fastus 14,761. — 3) langsam: passus 2,572. mors, langsam sich nahend 13, 236. tabes, langsam wirkend 2,807. amor, matt 7, 82.

lĕo, ōnis, *m.* Löwe 10, 704. 13, 538; als Sternbild im Thierkreise 2, 81.

lĕpŭs, ŏris, *m.* Hase 1, 533. 5, 629. 6, 517.

Lerna, ae, *f.* See in Argolis im Peloponnes, wo Hercules die vielköpfige lernäische Schlange tödtete 1, 597. - *Dav.*

Lernaeus, a, um, lernäisch: echidna 9, 69. 158. venenum, das Gift der lernäischen Schlange, womit Hercules seine Pfeile bestrichen hatte 9, 130.

Lernaeus, a, um, f. Lerna.

Lesbŏs, i, f. Insel des ägäischen Meeres bei Jonien 11, 55. acc. Lesbon 2, 591. 13, 173.

lētālis, e, tödtlich: ensis 13, 392. undae 11, 515. frigus, Kälte des Todes 2, 611. hiems 2, 827. carmen, Tod verkündend 10, 453.

Lēthaea, ae, f. Gemahlin des Olenos 10, 70.

Lēthaeus, a, um, f. Lethe.

Lēthē, ēs, f. (λήθη, „Vergessenheit"), Fluß der Unterwelt, aus welchem die Gestorbenen Vergessenheit alles Vergangenen tranken: aqua Lethes, d. i. (gleich dem Lethe) Vergessenheit bringendes, einschläferndes Wasser 11, 603. - Davon **Lethaeus, a, um, lethäisch**: sucus, betäubend, einschläfernd 7, 152.

lētĭfer, ěra, ěrum, Tod bringend, tödtlich: ictus 8, 362. flatus 7, 532. dextra 12, 606. vestis 9, 166. locus 5, 133.

lēto, āvi, ātum, āre, tödten: corpora letata 3, 55.

Lētōis f. Latona.

Lētōius, a, um, f. Latona.

lētum, i, n. Tod 4, 462. 7, 544. 8, 518 (f. sine). leto dare, dem Tode übergeben, tödten 1, 670. 3, 120. 547. 5, 479. 6, 297. 11, 374. 12, 72. 344. 378. 463. 535.

Leucās, ădis, f. Insel im ionischen Meere bei Acarnanien: acc. Leucadă 15, 289.

Leucippus, i, m. Bruder des Aphareus, einer der calydonischen Jäger 8, 306.

Leucŏn, ōnis, m. (v. λευκός, „der Weiße"), ein Hund des Actäon 3, 218.

Leucŏnŏē, ēs, f. eine der Töchter des Minyas 4, 168.

Leucōsĭa, ae, f. Insel des tyrrhenischen Meeres bei Unteritalien 15, 708 (dreisylbig zu messen).

Leucothĕē, ēs, f. Name der Ino als Meergöttin 4, 542 (cum matre Leucothee = et matrem dixit Leucotheen).

Leucŏthŏē, ēs, f. Tochter des babylonischen Königs Orchamus 4, 196.

1. **lĕvis, e, glatt**: stamen 4, 221. colla 10, 698. coma 12, 409. jaculum 2, 414. levior 13, 792. non levis, rauh 8, 561.

2. **lĕvis, e, leicht (dem Gewichte nach)**: pondus 1, 53. stipulae 1, 492. hasta (= thyrsus) 6, 593. levis haeserat (= leviter) 12, 570; daß. von allem Körperlosen: aër 11, 732. aura 3, 43. 11, 6. 14, 432. populi (sc. umbrarum), luftige Schaaren 10, 14. — 2) übtrt. a) leicht der Bewegung nach, behend, schnell, flüchtig: venti 15, 346. saltus 3, 599. 7, 767. hora 15, 181. currus, leicht beweglich 2, 150. 5, 645. 10, 717. pollex, gewandt 4, 36. 6, 22. — b) leicht der Wirkung nach, sanft, schwach, gelind: aura 1, 529. 4, 673. 6, 233. 15, 697. ignis 3, 488. tactus 4, 180. umbra 5, 336. fulmen 3, 305. leise: strepitus 7, 840. stridor 4, 413. — c) leicht, unbedeutend, gering: munus 1, 620. donum 13, 702. damnum 14, 197. vulnus 3, 87. 8, 346. poena 10, 698. carmen 11, 154. lyra, scherzhaft, tändelnd 10, 152. — d) der moralischen Wirkung nach, leicht, nicht drückend: luctus 1, 655. paupertas 8, 634. — e) von der Gesinnung, unbeständig, unstät: animus 10, 376. vulgus (sc. rumorum), windig 12, 53.

lĕvĭtās, ātis, f. die Leichtigkeit 1, 28. 2, 164. 10, 738. 13, 606.

lĕvĭtĕr, adv. leicht, schwach 8, 667. 11, 508. levius, mit geringerer Schwere 11, 554; leviter velle, nicht ernstlich genug 9, 622. dolere, wenig 10, 133.

lĕvo, āvi, ātum, āre, 1) in die Höhe heben, emporheben: alqm 4, 410. 5, 675. 8, 380. se de caespite, sich erheben 2, 428. part. levatus, aufgerichtet, sich aufrichtend 3, 440. tellure 14, 302. cubito 11, 621. pennis, sich aufschwingend 2, 159. 8, 212; insbes. abheben, abnehmen: terga suis 8, 647. einen Hängenden (vom Stricke) lösen 6, 135. 14, 741. — 2) (durch Heben) erleichtern: casum 11, 791. colla, abschirren 8, 798. baculis levatus, unterstützt 8, 693. entlasten, entledigen, befreien: ramos ponderibus 15, 404. corpora veste 10, 176. alquam partu 9, 698. levari (sc. partu), entbunden werden 9, 312. 315. — 3) bildl. a) erleichtern, mindern, erträglich machen: opus 4, 39. cladem 2, 281. luctus 13, 514. 15, 547. amorem 14, 12. metus 10, 466. poenam 3, 338. sitim, stillen 15, 322. curas sitimque, vertreiben 12, 156. curis levatus, befreit 5, 500. — b) erfreuen: luctu alcjus levari 5, 21.

lex, lēgis, f. Verordnung, Gesetz 1, 90. 15, 28. leges dare 5, 343. 10, 330. ferre 15, 833. lex fatalis, Verhängniß 3, 316, 10, 203. — 2) Regel, Ordnung, Art und Weise 15, 71. sine lege, regellos, ohne Ordnung 2, 204. 11, 489. ungeordnet 1, 477. lex poenae, Art 6, 137. — 3) Vertrag, Bedingung 2, 556. 4, 704. 5, 531. 7, 8. 8, 101. 10, 50. 574 (f. ad). certaminis 10, 572. nascendi, Bestimmung bei der Geburt 2, 650. legem sibi dicere, sich selbst sein Urtheil sprechen 13, 72.

lĭbens, ntis, willig, freudig 14, 721. 9, 244.

lĭbentĕr, adv. willig, gern: comp. libentius 3, 386.

lĭbentĭŭs, f. libenter.

līber, bri, *m.* Bast 1, 549. 9, 389.
līber, ĕra, ĕrum, frei v. Jembs. Gegenwart, ungestört 3, 337. — 2) frei vom Zwange, ungezwungen, ohne Zwang 13, 465. sanguis, ohne Zwang vergossen 13, 469. bracchia, ungefesselt 13, 668. caelum, weit 15, 301. aqua, frei fließend, d. i. das Meer 1, 42. fama, unabhängig 15, 853. est mora libera nobis, steht frei, ist erlaubt 2, 143. non est patientia libera 5, 667. — 3) freimüthig, ungebunden 1, 757 (s. ille).
Līber, ĕri, *m.* urspr. ein altitalischer Gott der Befruchtung, später mit Bacchus identificirt 3, 520. 528. 636. 4, 17. 7, 295. 360. 8, 177. 11, 105. 13, 650.
lībĕro, āvi, ātum, āre, befreien: aures arboribus 11, 158. ensem vaginā, aus der Scheide ziehen 6, 551.
lībertās, ātis, *f.* Freiheit, Erlaubniß: loquendi 9, 559.
lĭbĕt od. lŭbĕt, bŭit u. bĭtum est, ēre, es beliebt, kommt die Lust an, ich (du er) will, mit *dat.* der Person und *inf.* 13, 766. 3, 229. 9, 631. 10, 341, 556.
lībīdo, ĭnis, *f.* sinnliche Begierde, Wollust 6, 458. 562. 9, 483. 577. 10, 154.
lībo, āvi, ātum, āre, etwas von einer Sache wegnehmen; dah. 1) schöpfen: liquores 1, 371. undas e fontibus 3, 27. — 2) (leicht) berühren: arenam pede 10, 653. 3) zu Ehren eines Gottes ausgießen, dah. überh. weihen, opfern 8, 275.
lībro, āvi, ātum, āre, „wägen"; dah. 1) ins Gleichgewicht bringen: tellus ponderibus librata, im Gleichgewicht erhalten 1, 13. corpus in alas, in die Flügel hinein (zwischen den Flügeln) in die Schwebe bringen 8, 201. — 2) in Schwung bringen, (wuchtend, balancirend) schwingen: jaculum 7, 787. cornum 8, 409. fraxinum 5, 142. telum in ictus 8, 757. fulmen 2, 311. malleum 2, 624. discum 10, 178.
Lĭbўcus, a, um, s. Libye.
Lĭbўē, ēs, *f.* Libyen, d. i. das nördliche Africa; dah. poet. = Africa 2, 237. - Dav.
Lĭbўcus, a, um, libysch 4, 617. 14, 77.
Lĭbўs, ўos, *m.* libysch (s. Libye); subst. der Libyer 5, 75. 328. — 2) Name eines tyrrhenischen Schiffers 3, 617. 676.
lĭcentia, ae. *f.* „Freiheit, Ungebundenheit"; dah. Zügellosigkeit, Ausgelassenheit: ponti 1, 309.
lĭcĕt, cŭit u. cĭtum est, ēre, es ist erlaubt od. vergönnt, ich (du, er) kann oder darf: a) mit *dat.* der Person u. *inf.* als Subject 1, 661. 2, 280. 3, 336. 13, 95; mit *dat.* des Prädicats bei esse: licet (nobis) esse fortibus 8, 406. — b) mit *neutr. pronom.* od. *adj.* als Subject 6, 203. 7, 147, 9, 551. 10, 329. — c) mit *acc. c. infin.* 2, 622. 13, 885. — d) mit *conjunct.*: tibi licet narres, du magst erzählen 3, 193; vergl. 2, 567. 9, 480. 15, 808. licet adspicias, du kannst sehen 14, 322. sic amet licet, so möge lieben 3, 405. sit locus ipsa licebit, sie selbst möge werden 8, 602. — 2) licet od. licebit mit *conjunct. concessiv.*, mag es auch sein daß, mag immerhin, wenn gleich 2, 429. 8, 185. 755. 9, 741. 13, 18. 862. 14, 171. 355. 686; mit tamen 2, 58. 4, 370. 8, 394. 13, 63. 328. mit *partic.* licet remotus, obgleich 15, 62.
Līchās, ae, *m.* Diener des Hercules 9, 155. 211. 229.
lĭgāmĕn, ĭnis, *n.* Band 14, 230.
Lĭgdus, i, *m.* der Vater des Iphis 9, 670. 684.
lignĕus, a, um von Holz, hölzern 10, 694.
lignum, i, *n.* Holz 1, 556. 8, 132. (s. Pasiphaë). Lanzenschaft 8, 354. 12, 106. 371.
1. lĭgo, āvi, ātum, āre, binden, anbinden: manus post terga 3, 575. pedes pennis, Flügel an die Füße 4, 665 (s. pars). alqm. fesseln 4, 186. radice, festwurzeln 11, 70. — 2) verbinden, zubinden 2, 375. vulnera 7, 849. guttura laqueo, zuschnüren 6, 134; bildl. verbinden, vereinigen 1, 25. 9, 550.
2. lĭgo, ōnis, *m.* Hacke 11, 36.
Lĭgŭrēs, um, *m.* eine ital. Völkerschaft in Gallia cisalpina 2, 370.
ligustrum, i, *n.* die Rainweide, ein Strauchgewächs 13, 789.
līlĭum, i, *n.* Lilie 4, 355. 5, 392. 10, 191. 212. 262. 12, 411.
Lĭlўbaeŏn, i, *n.* westliches Vorgebirge Siciliens 5, 351. 13, 726.
limbus, i, *m.* Saum, Borte (am Kleide) 2, 734, 5, 51, 6, 127. 10, 593.
līmĕn, ĭnis, *n.* Schwelle der Thüre 4, 486. 12, 281. 14, 709; meton. a) Eingang, Thür 5, 43. 8, 168. 12, 45. — b) Haus, Wohnung, Aufenthalt 3, 274. *plur.* 7, 298. 744. 13, 628. 14, 456. 742. — c) Gemach 7, 331.
līmĕs, ĭtis, *m.* Grenzrain (zwischen zwei Feldern), Grenze 1, 69. 136. — 2) Weg, Pfad, Straße 2, 19. 699. 7, 443. Bahn eines Kometen 15, 849. der Sonne (d. i. der Thierkreis) 2, 130. curvus, d. i. der Regenbogen 14, 830. Flußbett 8, 558.
Limnātē, ēs, *f.* eine Nymphe, Tochter des Ganges 5, 48.
līmōsus, a, um, schlammig 1, 634. 6, 381, 7, 6. 8, 237.
līmus, i, *m.* Schlamm, Morast 1, 347. 424. 6, 365. 15, 375.
Līmўrē, ēs, *f.* Stadt im südl. Lycien am Flusse Limyrus 9, 646.
lingua, ae, *f.* 1) Zunge 3, 34, 14, 525. bisulca 9, 65, linguam solvere 3, 261;

meton. **Rede, Worte**: magica, Zauberworte 7, 330. Geschwätzigkeit 5, 551. paterna, die Frechheit der Zunge des Vaters 6, 213. Ruhmredigkeit 4, 670 (f. Andromeda). 2) übrtr. Landzunge 13, 724.

līnĭger, ěra, ěrum, **in Leinen gekleidet**: turba (sacerdotum) 1, 747.

linquo, līqui, ěre, **wo zurücklassen**: virus in corpore 11, 776. alqm, im Stiche lassen 13, 72. nervi liquerunt eum, versagten ihm den Dienst 8, 364. talia inulta, ungestraft lassen 7, 762. — 2) **einen Ort hinter sich lassen, verlassen** 2, 835. 13, 630. 14, 4. 15, 703. 724.

Linternum, i. *n.* **Stadt Campaniens** 15, 714.

lintěum, i, *n.* „**leinenes Tuch**"; dah. **Segel** 9, 592. lintea dare (*sc.* ventis), die Segel spannen 7, 40. 3, 640 (dextrā, rechts, d. i. zur Fahrt nach rechts).

līnum, i, *n.* „**Flachs, Lein**": dah. meton. a) **Faden, Schnur** 8, 193. Angelschnur 3, 586. 13, 923. — b) **Tau** 14, 554. — c) *plur.* **Garn** 7, 768. **Netz** 3, 148. 153. 7, 807. 13, 931.

lĭquěfăcĭo, fēci, factum, ěre (līquefăcĭunt gemessen 7, 161) **flüssig machen, schmelzen**: tura 7, 161; *part.* liquefactus, aufgelöst 4, 175. 13, 830. liquefacta medullas, aufgelöst im Marke 14, 431. — 2) übrtr. *pass.* liquefieri, hell werden 3, 486.

lĭquěo, lĭqui od. licŭi, ěre, **flüssig sein**: undae liquentes 8, 457. — 2) „**durchsichtig sein**"; dah. bildl. **liquet, es leuchtet ein, ist klar**, mit *acc. c. inf.* 11, 718. 14, 842.

lĭquesco, licŭi, ěre, **flüssig werden, schmelzen** 5, 431 (f. quisque); *insbes.* **durch Fäulniß verwesen** 7, 550.

līquĭdus, a, um, **flüssig, fließend**: aqua 15, 246. venenum 4, 500. Bacchus, Wein 7, 246. 13, 639. sorores, Schwesternajaden, die Nymphen des Ladon 1, 704. *subst.* liquidum, i, *n.* **Flüssiges** 5, 454. — 2) übrtr. **durchsichtig, klar, hell**: aqua 4, 354. amnis 6, 400. faex 8, 665; dunstlos, heiter: caelum 1, 23. aether 1, 67. 2, 532. aër 4, 667. aurae 12, 525.

1. **lĭquor**, lĭqui, **flüssig sein, fließen**: liquitur, sie träufelt (Thränen) 6, 312. in lacrimas, in Thränen zerfließen 15, 549; übrtr. **vergehen, hinschwinden** 2, 808. 3, 490.

2. **lĭquor**, ōris, *m.* **Flüssigkeit**: spissus, Saft 12, 437; *insbes.* **Wasser** 1, 371. 4, 300. 6, 347. liquores, Gewässer 15, 318.

Lĭrĭŏpē, ēs, *f.* **eine Nymphe, Mutter des Narcissus**, 3, 342.

līs, litis, *f.* **Streit, Zank** 1, 21. 3, 332. 6, 71. 12, 628. lites, Zankgeschrei 6, 375.

lītěra, ae, *f.* **Buchstabe, Schriftzug** 1, 649. 10, 216. 13, 397 (nämL AI, f. Hyacinthus); meton. **Brief** (= literae) 9, 516. **Aufschrift, Grabschrift** 11, 706.

līto, āvi, ātum, āre, **unter günstigen Anzeigen opfern**: sacra 14, 159. — 2) übrtr. v. Opfer selbst, **günstige Anzeigen geben** 15, 794.

lītŏrěus, a, um, **am Gestade befindlich**: arena, des Gestades 15, 725, cancer, uferbewohnend 15, 369. 10, 127.

littěra, f. litera.

lītŭs, ōris, *n.* **Strand des Meeres, Gestade** 1, 42. 344; übertr. **Ufer eines See's** 7, 231.

līvěo, ēre, **bleifarbig od. bläulich sein** 2, 776. 4, 715. 13, 817. liventia bracchia (*sc.* a plangendo), blaugerungen 5, 279. prolept. tundunt pectora liventia (= ut liveant), schlagen blau 8, 535.

līvŏr, ōris, *m.* **bläuliche Farbe, bläulicher Fleck** 10, 258; bildl. **Mißgunst, Neid** 6, 129. 10, 515.

lŏco, āvi, ātum, āre, **wohin legen, setzen, stellen**: inter utrumque (dazwischen) 1, 50. cornua in arbore, befestigen 11, 476. colle locatus, gelegen 14. 89. alquis templis locatur, ihm werden in Tempeln Bildsäulen errichtet 15, 818.

lŏcus, i, *m.* 1) **Ort, Stelle, Platz** 1, 27. 2, 241 (f. disto). celsior loco = celsiore loco (sedens) 1, 178. diversa locis = diversis locis (f. diversus). medius loco, in der Mitte des Raumes (befindlich) 2, 31. locum dare, **Platz machen** 8, 673; **Obdach** 8, 628. loca luminis, Augenhöhlen 13, 564; *insbes.* **Land** 7, 57. 10, 335. **Geburtsort, Vaterland** 5, 498. 6, 7. locus et regna, Land und Herrschaft 13, 649; *plur.* loca, **Gegend, Oertlichkeit, Land** 1, 345. 510. 4, 436. 566. 6, 121. 7, 353. 10. 230. 14, 361. mortis, Todesbezirk 14, 126. — 2) bildl. **Stelle, Statt**: in locum alcjus, an Jemds. Stelle 1, 130. est locus in vota, Gebete sind am rechten Orte 14, 489. quis locus Ajaci, was will hier A. bedeuten? 13, 156.

lŏlĭum, i, *n.* **Schwindelhafer, Lolch** 5, 485.

longaevus, a, um, **hochbejahrt** 10, 462.

longē, *adv.* **weithin, fernhin, weit** 4, 777, 11, 772 (mit relicto zu verb.). von weitem 10, 719. longe despectare, aus weiter Entfernung 4, 623. longe esse (= longe abesse), weit entfernt sein 10, 664. 11, 479. 794. longe abesse 8, 811; *comp.* longius 2, 292. 8, 349. vestigia longius exstant, in weitere Entfernung hin 8, 861. — 2) v. der Zeit, **lange** 3, 120. 4, 230. 11, 703. — 3) **weit, bei weitem**: longe potentior 4, 325. longe gratissimus 12, 586. alcui longe abesse od. esse, Jemd. gänzlich im Stiche lassen, ihm gar nichts helfen 4, 649. 8, 435.

longīus, f. longe.

longus, a, um, 1) lang: trabs 3, 78. palla 2, 672. via 11, 424. clivus 8, 694. pompa 1, 561. antrum, tief 3, 37. dextra, lang ausgestreckt 12, 486. gradus, lang ansteigend 7, 587. ululatus, lang gezogen, weithin tönend 3, 706; daß. ausgedehnt, weit, groß: caelum 6, 64. aequora 3, 538. 13, 961. freta 7, 67. 8, 142, flamina, mächtig 14, 339. — 2) v. d. Zeit, langdauernd, lang, langwierig: annus 1, 273. dies 7, 661. tempus 7, 280. mora 10, 734. regna 10, 35. bellum 12, 5. labor 5, 611. sermo 3, 364. jejunia 1, 312. dolor 14, 716. curae 9, 275. potentia 2, 416. crimen, ewig 8, 240; longum adverbial: lange Zeit 5, 65.

lŏquax, ācis, plauderhaft, geschwätzig: lingua 2, 540 (f. facio). fama 9, 137.

lŏquor, cūtus sum, lŏqui, sprechen 2, 483 (f. eripio). pro alqo 13, 138. materia loquendi, des Gespräches 12, 159. non habeat quo loqueretur, kein (anderes) Sprachwerkzeug 5, 467; mit accus. a) sprechen, sagen: vera 10, 20. ficta 1, 771. magna, groß sprechen, prahlen 1, 751. 9, 31. 13, 222. multa loquendo, unter vielem Geplauder 1, 682; loquendo mit acc. c. inf., indem ich ihr davon vorrede 7, 615. — b) nennen, verkündigen: nomen 1, 648. facta 6, 545. furta, verrathen 2, 696. arma! schreien, rufen 12, 241.

lōrīca, ae, f. lederner Panzer 3, 63 (f. modus). 12, 117.

lōrum, i. n. Riemen 10, 114; insbes. Zügel 2, 127. 145. 200. 315. 15, 524.

Lōtis, ĭdis, f. eine Nymphe, welche in den Lotosbaum verwandelt wird 9, 347.

lōtŏs, i, f. der Lotosbaum in Libyen: aquatica 9, 341. 10, 96. acc. loton 9, 365.

lŭbĕt, lŭbīdo, f. libet etc.

lūbrĭcus, a, um, schlüpfrig, glatt 4, 599.

lūcĕo, xi, ēre, hell sein, leuchten 1, 239. 2, 24. lympha lucens, durchsichtig 4, 297.

lūcĭdus, a, um, hell, leuchtend: amnis 2, 365. Pleias (als Gestirn) 1, 669; übtr. glänzend weiß 13, 795.

Lūcĭfĕr, ĕri, m. der Morgenstern, als mythol. Person Sohn des Atlas und der Aurora, Vater des Ceyr und Dädalion 11, 271. 295. 346). Er ist als Aufseher des Sternenheeres am längsten am Himmel sichtbar (2, 115. 11, 296) und reitet auf weißem Pferde der Aurora voran (15, 189) 2, 723. 4, 629. 665. 8, 2. 11, 98. 570. 15, 789.

Lūcīna, ae, f. ("die ans Licht fördernde Göttin"), Geburtsgöttin der Römer, bald in der Person der Juno, bald der Diana gedacht 5, 304. 9, 294. 698. 10, 507.

*****luctĭsŏnus,** a, um, traurig klingend 1, 732.

luctor, ātus sum, āri, 1) kämpfen, ringen 6, 108. 242. 694; übtr. a) sich anstrengen, abmühen, mit *infin.* 5, 354. 6, 556. 12, 483. 15, 300. 519. pectora luctantia (*sc.* evellere) 12, 331. — b) widerstreben: oscula luctantia 4, 358. — 2) bildl. (innerlich) mit sich kämpfen, widerstreben 7, 10. 14, 701.

luctŭs, ūs, m. Trauer 2, 329. mit *gen. objecti* 13, 578. *plur.* 2, 384 (f. do). 4, 160. 13, 621; als Person 4, 484. — 2) meton. Veranlassung zur Trauer 1, 655. tradit suos luctus, die eigene Trauer, d. i. das Gewand, welches ihr selbst Trauer bringen sollte 9, 155.

lūcus, i, m. Hain als heiliger Bezirk 2, 76. 7, 95. 15, 793. *plur.* für *sing.* 5, 265. 8, 742. — 2) (poet). Wald 3, 35. 5, 391. 11, 190. 13, 845.

lūdo, si, sum, ĕre, sich spielend hin und her bewegen, spielen 1, 639. 5, 392. cum alquo 13, 834. v. Fischen 3, 685. v. Mäander 2, 246. 8, 162. ager ludit coloribus 15, 205; tändeln, spielen 10, 200. — 2) mit Jemd. sein Spiel od. seinen Spott treiben, ihn foppen, täuschen: alqm 3, 403. 6, 113. 124. — 3) ausweichen, entgehen: canes 7, 770.

lūdus, i, m. Spiel 10, 182. sacri, die pythischen Spiele, alle 5 Jahre auf der krissäischen Ebene bei Delphi zu Ehren des pythischen Apollo gefeiert 1, 446.

lŭes, is, f. Seuche 7, 523. 15, 626.

lūgĕo, xi, ctum, ēre, trauern 8, 525. 6, 532. alqm, betrauern 1, 585. 6, 402. 10, 141 (nobis = a nobis) 11, 47.

lūgŭbris, e, zur Trauer gehörig: subst. lugubria, um, n. Trauerkleider 11, 669. — 2) trauernd 2, 334. 4, 691. — 3) Trauer verursachend, unheilvoll 6, 485. ara, kläglich 10, 225.

lumbus, i, m. Lende 8, 804.

lūmĕn, ĭnis, n. Licht (eines leuchtenden Gegenstandes): solis 1, 135. sideris 14, 847. Aurorae 7, 835. ad lumina *sc.* caeli 10, 293. lumina solis, Tage 14, 424; insbes. a) Licht, Leuchte, Fackel 13, 473. 11, 680. 14, 419, ad lumina (*sc.* lampadum) bei Licht, 220. — b) Licht, Glanz: argenti 2, 4. — c) Licht eines Ortes, Helle: recessus luminis exigui 10, 691. — d) Lebenslicht, Leben: vitale 14, 175. — e) Augenlicht 3, 337. 517; meton. Auge 4, 775. 13, 772. 851. 14, 189. *sing.* collectiv. 1, 740. 2, 470. 752. 787. 857. 3, 439. 5, 159. 6, 515. 9, 27. 10, 293. 11, 468. 13, 564. 15, 580. *plur.* die Augen 1, 625. 714. 720 (f. in). 3, 420. 4, 177. 347. 674. 5, 134. 6, 247. 304. 7, 579. 8, 160. 801. 9, 131. 537. 13, 133. 14, 728.

lūna, ae, *f.* der Mond 2, 117. 3, 682. 4, 99. 7, 268; als Göttin Schwester des Sol, verschmolz im spätern Cultus mit der Diana, die als Mondgöttin Phöbe genannt wurde 2, 203.10, 449. 14, 367.

lūnārĭs, e, zum Monde gehörig, Mond=...: cornua 2, 453. 9, 688. 10, 296. currus, der Luna 15, 790.

lŭo, lŭi, lūtum, ĕre, „waschen, reinigen"; dah. eine Schuld löschen oder zahlen: poenam, Strafe erleiden 3, 625. 8, 689.

lŭpus, i, *m.* Wolf 1, 237. 3, 214. solitus mutare vultus ferinos in virum, d. i. der Währwolf, von dem man glaubte, daß er Menschengestalt annehmen könne 7, 271.

lūrĭdus, a, um, blaßgelb, leichenblaß 11, 654, 14, 747. 791. 15, 786. — 2) übtrt. leichenblaß machend: horror 14, 198. aconita, Tod bringend 1, 147.

lustro, āvi, ātum, āre, 1) glänzend machen"; dah. durch Sühnopfer (bes. durch Besprengung) reinigen, entsühnen: alqm 4, 480. 7, 261. 10, 398. 13, 951. 14, 605. — 2) „beleuchten"; dah. übtrt. a) besichtigen, durchspähen: omnia 5, 464. alqm, nach Jemd. spähen 5, 622, — (besichtigend) durchwandern, durchstreifen: terras 1, 213. pascua 6, 324. avia nemorum 1, 479. agros 7, 235. von der Sonne: signa (caelestia) 6, 571. von Vögeln, fliegend umkreisen: castra 12, 527. rogum 13, 610.

lustrum, i, *n.* (v. luo = lavo), eig. Morast; dah. übtrt. Aufenthalt der Thiere im Walde, Wildbahn, Wald 3, 146.

lŭsŭs, ūs, *m.* das Spielen, das Spiel 8, 199. 10, 182. 14, 556.

lūtĕus, a, um, hellgelb, golbgelb: sulphura 15, 351. Aurora 7, 703, 13, 589.

lŭtŭlentus, a, um, kothig 1, 434.

lux, lūcis, *f.* 1) das (in der Natur verbreitete) Licht, Sonnenlicht 1, 17. 2, 35. 4, 91. 258. 9, 93. 795. edi in lucem, geboren werden 15, 221; dah. a) Tageslicht, Tag 1, 772. 4, 400. 414. 15, 664. luce, bei Tage 1, 630. 2, 807. 11, 24. 13, 100. 15, 334. sub luce, gegen Morgen 1, 494. lucem videre, leben 9, 779. — b) als Zeitabschnitt, Tag 4, 262. 7, 662. 8, 564. 13, 204. 14, 227. jugalis 9, 760. illa luce 7, 85. — 2) übtrt. a) Lebenslicht, Leben 6, 272. aeterna 14, 132. carendum est gemina luce, d. i. des Lebens und der Geliebten 14, 725. — b) Augenlicht, Gesicht 3, 515. 14, 197. — b) bildl. a) die Augen Aller, die Oeffentlichkeit 2, 594. — b) Heil, Hülfe 11, 393.

luxŭrĭēs, ēi, *f.* üppiges Wachsthum: luxuriem premere (einschränken) 14, 629.

luxŭrĭo, āvi, ātum, āre, 1) üppig sein, (in Fülle) strotzen: membra luxuriant 7, 292. — 2) üppig sein, muthwillig sein: serpens luxuriat 9, 267.

Lyaeus, i, *m.* (*Λναῖος*, „der Sorgenlöser"), Beiname des Bacchus 4, 11. 8, 274. 11, 67.

Lўcābās, ae, *m.* 1) ein tyrrhenischer Schiffer 3, 624. 673. — 2) ein Assyrer 5, 60. — 3) ein Centaur 12, 302.

Lўcaeus, i, *m.* Berg in Arcadien, dem Juppiter und Pan heilig 1, 217. 698. - Dav. Lўcaeus, a, um, lycäisch 8, 317.

Lўcaeus, a, um, *f.* Lycaeus, i.

Lўcāōn, ŏnis, *m.* Sohn des Pelasgus, Vater der Callisto, König in Arcadien, wird in einen Wolf verwandelt 1, 198. 221. acc. Lycaona 2, 526. - Dav. Lўcāŏnĭus, a, um, lycaonisch 1, 165. subst. Lycaonia, die Lycaonierin d. i. Callisto 2, 496.

Lўcāŏnĭus, a, um, *f.* Lycaon.

Lўcētus, i, *m.* ein Gegner des Perseus 5, 86.

Lўcēum, i, *n.* ein Gymnasium vor Athen (später Lehrort des Aristoteles) 2, 710.

Lўcĭa, ae, *f.* Landschaft Lycien im südöstl. Kleinasien 4, 296. 6, 317. 340. 9, 645. - Dav. Lycĭus, a, um, lycisch 4, 296. 6, 382. 12, 116; subst. Lycier 13, 255.

Lўcĭdās, ae, *m.* ein Centaur 12, 310.

Lўciscē, ēs, *f.* (v. *λύκος*, also „Wolfshündchen") ein Hund des Actaeon 3, 220.

Lўcĭus, a, um, *f.* Lycia.

Lўcormās, ae, *m.* 1) Fluß in Aetolien 2, 245. 2) ein Gast auf der Hochzeit des Perseus 5, 119.

Lўcōtās, ae, *m.* ein Centaur: acc. Lycotan 12, 350.

Lyctĭus, a, um, aus Lyctus, Stadt im nördl. Creta, lyctisch, cretisch 7, 490.

Lўcurgus, i, *m.* König der Edonier in Thracien, widersetzt sich dem Bacchuscultus, weshalb ihn der Gott von Pferden zerreißen (nach Andern ans Kreuz nageln) läßt 4, 22.

Lўcus, i, *m.* 1) Fluß bei Colossä in der kleinasiat. Landschaft Phrygien 15, 273. 2) ein Centaur 12, 332. — 3) ein Kriegsgefährte des Diomedes 14, 504.

Lуdĭa, ae, *f.* die kleinasiatische Landschaft Lydien 6, 146. - Dav. Lуdus, a, um, lydisch 6, 11. 11, 99.

Lуdus, a, um, *f.* Lydia.

lympha, ae, *f.* das (klare) Wasser 3, 173. 5, 449. *plur.* 2, 459. 3, 451. 13, 531.

lymphātus, a, um, wahnsinnig, rasend 11, 3.

Lyncestĭus, a, um, im Lande der Lyncestier im südwestl. Macedonien, lyncestisch 15, 329.

Lynceus (zweisylb.), ĕi, *m.* Sohn des Aphareus, Bruder des Idas 8, 304.

Lyncīdēs, ae, *m.* der Lyncide, d. i. Perseus, dessen Großvater Acrisius als Sohn des Abas ein Enkel des Lynceus, des mit der Hypermnestra (einer Tochter des Danaus) vermählten Sohnes des Aegyptus, war 5, 99. 185. 4, 767 (wo die besten Handschriften geben: quaerit Lyncides moresque animumque virorum. Quae simul edocuit etc., und dann W. 770 nach Haupt's Vorschlag statt Perseu zu lesen ist Cepheus).

Lyncus, i, *m.* König in Scythien, von der Ceres in einen Luchs verwandelt 5, 650.

lynx, cis, *c.* Luchs 3, 668. 4, 25. *acc. sing.* lynca 5, 660. *acc. plur.* lyncas 15, 413.

lȳra, ae, *f.* Lyra, Laute 4, 760. 5, 118. 8, 16; übrtr. Gesangweise, Gesang 10, 152.

Lyrcēus, a, um, am Berge Lyrcēus in Argolis, wo der Inachus entspringt, lyrcēisch 1, 598.

Lyrnēsius, a, um, von Lyrnesus, einer Stadt in Mysien (wo Achilles die Briseis erbeutete), lyrnesisch 12, 108. 13, 176.

M.

Măcărēis, idis, *f.* Tochter des Macareus auf Lesbos: *acc.* Macareida 6, 124.

Măcăreus (dreisylbig), ĕi, *m.* 1) ein Centaur 12, 452. — 2) ein Kampfgenosse des Ulyss's, welcher auf der Rückkehr von Troja auf der Küste von Cajeta in Italien zurückblieb und sich an den dort landenden Aeneas anschloß 14, 159. 441. *voc.* Macareu 14, 318.

Măcĕdŏnĭus, a, um, (Quantität nach dem griech. Μακηδόνιος), macedonisch 12, 466.

măcĭēs, ēi, *f.* die Magerkeit 2, 775. 7, 290.

macto, āvi, ātum, āre, opfern, schlachten 4, 755. 13, 185. 15, 114. 364. — 2) tödten 4, 23.

măcŭla, ae, *f.* Fleck, Flecken 5, 455.

măcŭlo, āvi, ātum, āre, beflecken, besudeln: sanguine 1, 719. 7, 315. 15, 107.

măcŭlōsus, a, um, gefleckt: vellus 3, 197. tigris 11, 245.

mădĕfăcĭo, fēci, factum, ĕre, befeuchten, benetzen: terram odore 4, 253. *pass.* mădĕfīo, factus sum, fĭĕri 15, 824. madefactus sanguine 4, 126. 481. 5, 76. 12, 301.

mădĕo, ŭi, ēre, naß od. feucht sein, von etwas triefen: alqua re 1, 149. 3, 148. 6, 628. 11, 519. 13, 389. lina madentia 13, 931.

mădesco, mădŭi, ĕre, naß werden, triefen 1, 66. guttis 14, 408. lacrimis 6, 628. 10, 46. 11, 418. pennae maduere graves aspergine, wurden naß u. schwer 4, 729.

mădĭdus, a, um, feucht, benetzt, triefend: alqua re 2, 198. 3, 555. 14, 708. auro, golddurchfeuchtet 11, 145.

Maeandrĭus, a, um, s. Maeandros.

Maeandrŏs, i, *m.* Fluß bei Milet im westl. Kleinasien, sprüchwörtlich geworden wegen seiner vielen Krümmungen 2, 246. 8, 162. 9, 451. - *Dav.* **Maeandrĭus,** a, um, mäandrisch: juvenis, d. i. Caunus, Enkel der Mäandros von mütterlicher Seite 9, 574.

Maenădes, s. Maenas.

Maenăla, ōrum, s. Maenalos.

Maenălĭus, a, um, s. Maenalos.

Maenălŏs, i, *m.* u. **Maenăla,** ōrum, *n.* Gebirge Arcadiens 1, 216. *acc.* Maenalon 2, 415. 442. - *Dav.* **Maenălĭus,** a, um, mänalisch, arcadisch 5, 608.

Maenās, ădis, *f.* (Μαινάς), eine bacchantisch Begeisterte, eine Bacchantin 11, 22.

Maeŏnĭa, ae, *f.* Mäonien, Landschaft Lydiens; dah. a) = Lydien 6, 149. — b) = Etrurien oder Tyrrhenien (weil die Etrurier aus Lydien stammten) 3, 583. - *Dav.* **Maeŏnĭs,** idis, *f.* Lydierin, d. i. Arachne 6, 103. — 2) **Maeŏnĭus,** a, um, mäonisch, d. i. a) lydisch 2, 252. 6, 5. — b) etrurisch, tyrrhenisch 4, 423.

Maera, ae, *f.* eine sonst unbekannte Frau, die in einen Hund verwandelt wurde 7, 362.

maerĕo, ēre, 1) tief betrübt sein, trauern 10, 444. raptam deam, über d. Raub b. Göttin 5, 426. *part.* maerens, betrübt, trauernd 8, 779. 11, 81. — 2) klagen, jammern 14, 429. mit folg. quod 8, 519. talia („so") 1, 664.

maestus, a, um, von Trauer erfüllt, trauernd, betrübt 3, 298. 11, 272. 711. sonus 11, 734. frons 5, 569. genae 6, 304. clamor, Trauergeschrei 8, 447. querelae, Klageruf 3, 239.

măga, ae, *f.* Zauberin 7, 195.

măgĭcus, a, um, zauberisch, magisch: arma 5, 197. fraudes 3, 534. ritus 10, 398. os, beschwörend 14, 58. lingua, Zaubersprüche 7, 330.

măgis, *adv.* 1) in höherem Grade, mehr 15, 503 (s. ne). hoc magis, desto mehr 11, 439. 14, 302. tanto magis, um so mehr 5, 602. quo magis, je mehr 3, 372. 11, 437. 722. damit desto mehr 1,

757. 9,337. 14,695. non magis... quam, nicht sowohl... als vielmehr, kaum so sehr... als 11, 218. 15, 747; zur Umschreibung des compar. 1, 182. 2; 856. 7, 130. 12, 174. 15, 317. — 2) vielmehr 15, 774. lieber 4, 47.

magister, tri, m. Lehrer 9, 718.

magistra, ae, f. Lehrerin 6, 24 (s. offendo).

magnanimus, a, um, hochherzig, beherzt, muthvoll 2, 111. 12, 230. 13, 298.

Magnētes, um, m. die Magneser. Bewohner der Landschaft Magnesia in Thessalia: acc. Magnetäs 11, 408.

magnilŏquentia, ae, f. das Großsprechen, Prahlen 14, 493.

magnilŏquus, a, um, großsprecherisch, prahlerisch: os 8, 396.

magnus, a, um, (compar. major, superl. maximus) groß, dem Umfange ob. der Ausdehnung nach, weit: aper 3, 714 (s. qui). urbs 2, 370. aequor 15, 176. caelum 1, 176. mundus 15, 67; dah. epitheton ornans der Hauptstädte 7, 553. 11, 137. 15, 426; insbes. a) der Zahl oder Menge nach groß, bedeutend, beträchtlich: numerus 14, 496. copia 8, 838. pars 1, 311. vires majores corpore („als im Verhältniß zu seinem Körper") 11, 343. abl. magno, um hohen Preis, theuer 8, 489. magno stare, theuer zu stehen kommen 7, 487. 10, 547. 12, 68. 14, 493. — b) fürs Gehör groß, d. i. laut: vox 3, 382. clamor 5, 670. murmur 8, 551. 9, 40. — 2) übrtr. a) major, älter 7, 500. 13, 359. bello major et aevo, an Alter und Kriegsruhm größer 12, 623. maximus, der älteste 2, 347. aevo 7, 310. — b) groß, bedeutend: fama 6, 31. vires 4, 417. nomen 10, 608. honos 13, 96. suscepta 11, 200. periculum 8, 269. dolor 8, 517. labor, schwierig 7, 8. majora, höhere Dinge 15, 5. — c) durch Macht, Rang oder Verdienst groß, mächtig, erhaben, berühmt 5, 507. 662. 6, 195. Juppiter 1, 748. Juno 3, 263. Hercules 9, 134. rex 2, 844. maximus deus = Amor 7, 55. genus 4, 640. maxima rerum 13, 508 (s. res). — d) großfahrend, großprahlerisch: magna loqui, großsprechen, prahlen 1, 751. 9, 31. 13, 222.

magus, i, m. Zauberer 7, 195.

Maja, ae, f. eine der Plejaden (s. Plejades), Mutter des Mercur: Maja natus = Mercurius 2, 685. 11, 303.

majestäs, ätis, f. Hoheit, Majestät 2, 847. 4, 540.

māla, ae, f. Wange 6, 718. 9, 398. 12, 291. 13, 754.

male, adv. schlecht, übel: male uti, üblen Gebrauch machen 7, 440. ruchlos,

Wörterbuch zu Ovid's Metamorph. 5. Aufl.

sündhaft 7, 397. 10, 503. unrechtmäßig 5, 240. — 2) (Jemd. oder sich selbst) zum Verderben, zum Unheil unglücklicher Weise 2, 148. 9, 493. 10, 80. 438. 11, 102. 136. 13, 58. mir zum Verderben 8, 509. — 3) nicht gehörig, nicht genug, nicht recht 12, 115. kaum noch 4, 351. 6, 467. 7, 728. male haerere, locker 3, 730. 10, 738. caro male viva, eine nur schwaches Leben habende Fleischmasse 15, 380. male sanus, nicht recht bei Sinnen, verblendet, rasend 3, 474. 4, 521. 9, 600. undae male fortes, entmannend 4, 285. — 4) ohne Erfolg, vergeblich 9, 190. 15, 770.

mălĕdīco, xi, ctum, ēre, schimpfen, lästern, schmähen: alcui 13, 298. 6, 376.

mălĕdictum, i, n. Lästerwort, Schmähung 5, 666.

mălignē, adv. böswillig, übelwollend 13, 270.

mălignus, a, um, boshaft, mißgünstig 6, 365. 10, 329.

mallēus, i, m. Hammer, Schlagbeil 2, 623.

mālo, mălŭi, malle, lieber wollen, mit inf. 6, 659. 10, 610. mit acc. c. inf. 9, 26. 12, 546. mallem, ich möchte wohl lieber 2, 182. 660. 12, 611. 13, 56; mit conjunct. 9, 467 (s. quam).

mălum, i, n. s. malus, a, um.

mālum, i, n. Apfel 8, 675. 10, 677.

1. mālus, i, m. Mastbaum 11, 470. 476. 14, 533. 15, 737.

2. mălus, a, um (comp. pejor, superl. pessimus), schlecht (von Art): vena 1, 128. sors, werthlos 13, 485. pejora, Schlimmeres 1, 587. 14, 488; insbes. a) moralisch schlecht: conjunx, falsch 7, 744. pectora, treulos 7, 741. — b) heillos, unselig: pignora 8, 490. sors 14, 489 (s. res), ardor 10, 342. = subst. mălum, i, n. a) Uebel, Krankheit 2, 825. 7, 525. Schmerz 9, 164. vis mali, des Giftes 9, 161. — b) Uebelthat 1, 140. — c) Verderben, Unheil, Unglück 1, 289. 3, 292 (s. luctus). 6, 288. leidiges Geschenk 11, 106. malo esse, Unheil bringen 2, 597. crescere malo, durch ihren Verlust 9, 74. plur. Leiden, Trübsal 2, 334. 4, 569. 11, 573. 12, 542. Drangsale 5, 244.

mandātum, i, n. Auftrag, Befehl 8, 821. mandatum dare 9, 681. referre 6, 449. peragere 7, 502. 11, 629. exsequi 14, 602.

1. mando, āvi, ātum, āre (v. manus u. dare), auftragen, anbefehlen: causam alcui 7, 505. 13, 199. lacrimas 6, 471. mit folg. conjunct. 9, 157. 14, 23. absol. 6, 504. 9, 679. 13, 271. — 2) anheimgeben, überlassen: cetera Fortunae 2, 140. membra fugae, fliehen 11, 334.

10

2. **mando**, di, sum, ĕre, **kauen, zermalmen** 14, 211. 15, 92 (f. vulnus). 15, 142.

mānĕ, *adv.* **früh morgens** 2, 63. 7, 703. 15, 193. mane erat 11, 710.

mănĕo, mansi, mansum, ēre, **irgendwo bleiben** 1, 504. loco 14, 70. — 2) **irgendwas oder irgendwie bleiben, verharren, fortdauern, fortbestehen** 1, 17. 159. 330. 14, 288. per aevum 5, 227. omnibus aevis 2, 650. manet imperfossus 12, 496. sine vulnere 3, 62. in hoc renovamine 8, 730. manet regina, **sie ist noch Königin** 13, 545. dum corpus manet, **so lange er noch nicht bestattet ist** 8, 536; insbes. **stehen bleiben, unzerstört bleiben** 1, 288. 8, 114. 697. 9, 41. — 3) *trans.* Jemb. **als Schicksal erwarten, ihm bestimmt sein, bevorstehen**: alqm 4, 695. 9, 49. 726. exitus manet urbem 8, 60. quos funera manent, **denen ein Begräbniß (und dadurch Ruhe nach dem Tode) beschieden ist** 11, 540.

mānes, ium, *m.* **die Seelen der Verstorbenen, Schattengeister der Todten, Manen** 4, 437. 7, 206. Stygii 5, 116. 13, 465. fraterni 8, 488. **von Einer Person** 6, 569. 13, 448. 14, 105. suos manes, **sich selbst als Schattengeist in d. Unterwelt** 9, 406. — 2) **die Unterwelt** 1, 586. 2, 303. 5, 73. 6, 699.

mănĭfesto, āvi, ātum, āre, **deutlich zeigen, offenbaren**: alqm 13, 106.

mănĭfestus, a, um, „**handgreiflich**"; **dah. augenscheinlich, sichtbar, offenbar, deutlich**: via 1, 168. vestigia 2, 133. forma 1, 404 (f. ut). signa 5, 468. umbra 11, 688. crimina 3, 268. ira 6, 313. libido 9, 483. manifesta videre, (**Alles**) **deutlich sehen** 9, 695. manifesta rea est, **ist überführt** 7, 741. sibi nondum manifesta est, **ist sich (ihrer Liebe) noch nicht klar** 9, 464.

māno, āvi, ātum, āre, **fließen, rinnen** 5, 634. 9, 665. ex arbore 10, 500. de mole 13, 887. inde 2, 360. palato 3, 85; **dah.** alqua re, **von etwas fließen, überströmen, triefen**: tabo 6, 646. sanguine 13, 629. guttis 14, 515. fletu 4, 674. — 2) *trans.* **fließen lassen**: lacrimas 6, 312.

Mantō, ūs, *f.* **Tochter des thebanischen Sehers Tiresias** 6, 157.

mănŭs, ūs, *f.* **Hand**: vincere manu, **im Faustkampfe** 1, 448. consilio manuque, **durch Rath und That** 13, 205; insbes. a) **bewaffnete Hand, persönliche Tapferkeit**: manu fortis, **persönlich tapfer** 13, 360. — b) **schaffende Hand**: manus adhibere, (**schaffende**) **Hand anlegen** 15, 218. manum ultimam imponere rei, **die letzte Hand an etwas legen, etwas vollenden**: coeptis 8, 201. bello 13, 403. **Menschenhand, Künstlerhand (im Gegensatz zur Natur)** 2, 856. 12, 729. — c) **Macht, Gewalt**:

vita est in manibus vestris 7, 335. nate, manus meae, **der du meine Rechte bist** 5, 365. — 2) übertr. **Schaar, Rotte** 1, 200. 3, 656. 8, 300. 13, 382.

Mărăthōn, ōnis, *f.* **Flecken in Attica, woselbst Theseus den cretischen Stier erlegte** 7, 434.

marcĕo, ŭi, ēre, „**welk sein**"; dah. übrtr. **kraftlos sein (vor Alter)** 7, 314.

marcĭdus, a, um, **welk**: lilia 10, 192.

măre, is, *n.* **Meer** 1, 5. terram complexum 8, 731. utrumque = Aegaeum et Ionium 7, 395; meton. **Meerwasser** 3, 686. Oceani 7, 267.

Mărĕōtĭcus, a, um, **zum See Mareotis in Unterägypten gehörig, mareotisch** 9, 773.

margo, ĭnis, *m.* (u. *f.*) **der Rand**: (aulaeorum) 3, 114. (cerae) 9, 565. fontis 3, 162. ripae 1, 729. 5, 598. terrarum 1, 14. telluris 10, 55.

mărīnus, a, um, **zum Meere gehörig, Meer...**: conchae 15, 264. dii 13, 964. nymphae 14, 566. virgo 11, 228.

mărīta, ae, *f.* **Gemahlin** 12, 609.

mărītus, i, *m.* **Gemahl, Gatte** 1, 146. 606. mariti esse, **einem Gatten angehören** 10, 358.

Marmărĭdes, ae, *m.* **ein Marmaride, aus Marmarica, Landschaft in Nordafrika, zwischen Aegypten und Cyrene** 5, 125.

marmŏr, ŏris, *n.* **Marmor** 1, 405. 11, 359. Parium 3, 419. — 2) überh. **Stein** 5, 183. 214. 11, 404. 12, 487. 15, 314; meton. **Steinbild** 5, 234. 7, 790. *plur.* 6, 312. **Grabstein** 2, 338.

marmŏrĕus, a, um, 1) **aus Marmor, marmorn** 1, 177. 4, 675. 15, 672. Paros, **von Marmor glänzend** 7, 465; übrtr. **marmorweiß**: pollex 13, 746. palmae 3, 481. — 2) **steinern**: ara 9, 160.

Mars, tis, *m.* **der Kriegsgott, Sohn Jupiters und der Juno** 3, 132. 4, 171. 8, 20. 12, 91; meton. a) **Kampfgetümmel, Kampf** 7, 140. 13, 11. 360. 14, 246. parentalis 13, 618. apertus, **offene Feldschlacht** 13, 208. sine Marte 3, 540. 14, 450. Marte togaque = belli domique 15, 746. suo Marte, **durch gegenseitigen Kampf** 3, 123. collato Marte = armis collatis, **im Handgemenge, handgemein** 12, 379. femineo Marte cadere, **im Kampfe mit einem Weibe** 12, 610. Hectoreo Marti concurrere, **mit Hector im Kampfe zusammentreffen** 13, 275. • Dav. **Martĭus**, a, um, **martisch**: miles = milites Romani, **als von Romulus, dem Sohne des Mars, abstammend** 14, 798. anguis, **dem Mars heilig** 3, 32.

Marsya, ae, *m.* **Marsyas, ein Fluß in Phrygien, fließt in den Mäander. Der**

Sage nach entstand er aus den Thränen der Satyrn und Nymphen, welche den Satyr Marsyas beweinten, als dieser den Apollo zum musikalischen Wettstreite herausgefordert hatte, von ihm aber besiegt und geschunden worden war 6, 400.

Martius, a, um, s. Mars.

mās, *gen.* māris, *m.* **männlich**: subst. Mann 1, 321. Knabe 9, 676. 10, 84. von Thieren: Männchen 9, 737. 15, 410.

massa, ae, *f.* **Klumpen, Masse** 5, 81 (s. in). 11, 112 (*sc.* auri). lactis coacti, d. i. Käse 8, 666; vom Chaos 1, 70.

māter, tris, *f.* **Mutter**: deûm, d. i. Cybele 10, 104. 686. frugum = Ceres 6, 118. matrem facere alquam 9, 492. fieri de alquo 3, 269; von Thieren 12, 16. 15, 380. von der Erde (als Allgebärerin) 2, 274. 15, 91; insbes. ältere verheirathete **Frau** 7, 363. 8, 527. 9, 304. 10, 431. 11, 69. 13, 412. 512. 560. 688. 15, 729. matres nurusque 3, 529. 4, 9. 12, 216. — 2) übrtr. **Stammland** 13, 678 (s. Dardanus). — 3) meton. **Mutterliebe, Mutterherz** 9, 463.

mātĕrĭa, ae, u. **mātĕrĭēs**, ēi, *f.* der (materielle) **Stoff, das Material** 2, 5. Brennstoff, Zunder 2, 213. 15, 348; insbes. **Vorräthe, Lebensmittel** 8, 876; bildl. a) der geistige **Stoff**: vatum 15, 155. loquendi, der Unterhaltung 12, 160. ficti, zu erdichteten Vorwänden 9, 769. — b) **Veranlassung, Ursache**: pro materia, dem Gegenstande gemäß 3, 334. 10, 133.

mātĕrĭēs, s. materia.

māternus, a, um, **mütterlich**, ... der **Mutter**: lingua (s. Andromeda) 4, 670. alvus 7, 125. 15, 217. pars 9, 251 (s. pars). fiducia maternae formae, Stolz der Mutter auf ihre Schönheit 4, 687. tempora, Zeit der Schwangerschaft 3, 312.

mātertĕra, ae, *f.* **Mutterschwester** 2, 746. 3, 313. 719. 4, 417 (= Ino).

mātrōna, ae, *f.* (verheirathete ehrbare) **Frau** 14, 833. alcjus, Gattin 2, 466. 5, 508. 6, 581.

mātūresco, tūrŭi, ĕre, **heranreifen, heranwachsen** 11, 191. nubilibus annis, zum heirathsfähigen Alter 14, 335.

mātūrus, a, um, **reif, gezeitigt**, von Früchten 3, 485. 8, 291. 13, 795; übrtr. a) dem Lebensalter nach **reif, gereift**: autumnus 15, 210. animo et aevo, an Verstand und Jahren 8, 617. maturior annis, älter 14, 617; insbes. zum **Tode reif, bejahrt** 10, 36. senecta, hohes Alter 3, 347. — b) zur **Geburt reif**: infans 7, 127. pondus 9, 685; dem Gebären nahe, hochschwanger 9, 282. venter 11, 311. — c) **früh, zeitig**: sum maturior illo, bin eher als er gekommen 13, 300.

mātūtīnus, a, um, **morgendlich, Morgen...**: tempora 13, 581. pruinae 3, 488. radii, der Morgensonne 1, 62. arena, am Morgen (wo die Thierhetzen in den Amphitheatern begannen) 11, 26.

Māvors, tis, *m.* alter und dichterischer Name des Mars 7, 101. 14, 806. scopulus Mavortis, der Marshügel oder Areopagus neben der Acropolis in Athen 6, 70; meton. **Kriegsmacht, Heer** 8, 7. 61. - Dav. **Māvortĭus**, a, um, **mavortisch, martisch**: proles, die Thebaner, weil sie aus den Zähnen der Schlange des Mars entstanden waren 3, 531. subst. **Marssohn** d. i. Meleager 8, 437.

Māvortĭus, a, um, s. Mavors.

Mēdēa, ae, *f.* (Μήδεια, „weise Frau, Zauberin"), Tochter des Aeetes, Königs in Colchis, und der Okanide Idyia (dah. Aeëtias 7, 9. 326. Colchis 7, 296. 301. 331. 348. Phasias 7, 298), folgte dem Jason nach Thessalien, wo sie durch ihre Zauberkünste den Aeson, den Vater des Jason, verjüngte (7, 162 ff.) und grausame Rache am Pelias, dem Oheim ihres Gemahls, nahm (7, 297 ff.). Sie entfloh hierauf mit Jason nach Corinth, wo Jason sie verstieß und die Glauke, Tochter des dortigen Königs Creon, heirathete. Um sich zu rächen, sandte Medea der Glauke ein Gewand und einen Goldkranz, durch deren Zauberkraft sie verbrannt wurde (7, 394), tödtete ihre und Jasons Kinder, zündete die Königsburg in Corinth an und floh nach Athen, wo sie Gemahlin des Königs Aegeus wird (7, 402). Fast hätte sie diesen verleitet, seinen Sohn Theseus, der als Fremdling nach Athen gekommen war, zu vergiften (7, 404 ff.). Sie floh hierauf nach Colchis zurück, wo sie ihrem durch seinen Bruder entthronten Vater wieder zur Regierung verhalf 7, 11. 41. 70. 257. 285. 406.

mĕdĕor, ēri, **heilen**: alcui 14, 23. ars medendi, Heilkunst 7, 526. subst. *part.* medens, Arzt 7, 561. *gen. plur.* medentum 15, 629. — 2) zu **Hülfe kommen, abhelfen**: labori 7, 838. timori 9, 775.

mĕdĭcābĭlis, e, **heilbar** 1, 523.

mĕdĭcāmĕn, ĭnis, *n.* **Heilmittel, Arznei** 15, 533. Salbe 2, 122. — 2) **Zaubermittel, Zaubertrank** 4, 388. 6, 140. 7, 262. 311. 14, 285. Zauberkraut 7, 116.

mĕdĭcātus, a, um, mit **Zaubermittel bestrichen**: virga, Zauberruthe 1, 716.

mĕdĭcīna, a, *f.* **Heilkunst** 1, 521.

mĕdĭcus, a, um, ·**heilend**: ars, Heilkunst 2, 618.

mĕdĭōcris, e, **mäßig groß**: aqua 6, 343.

mĕdĭtor, ātus sum, āri, **über etwas nachsinnen, etwas überdenken**: *part.* meditatus, ausgedacht, überdacht 7, 727. 9, 521.

mĕdĭus, a, um, in der Mitte befindlich, der mittlere ob. mittelste: humus 15, 630. collis 7, 779. zona 1, 49. terrae 2, 6. quercus, der Eichenkranz in der Mitte 1, 563. subtemen inseritur medium, mitten hindurch 6, 56. media plus parte, mehr als zur Hälfte 1, 501. 3, 43 (sc. corporis). mediā tellure (abl. abs.), so daß das Land in der Mitte liegt, rings um das Land 15, 741. Phoebus medius, auf der Mittagshöhe, mittäglich 11, 594; von Personen: in der Mitte, mitten 6, 72. medius resedit 13, 780. medius loco, in der Mitte des Raumes 2, 31. medius in consilio 10, 144. medius inter 7, 345. 12, 39. dichter. mit doppeltem *genit*. „in der Mitte zwischen" 5, 409. 644. 8, 182. 10, 174. locus juguli medius summique lacerti, d. i. das Schulterblatt 6, 409. — Insbes. a) partitiv (zur Bezeichnung des mittelsten Theils): orbis, Mitte des Erdkreises 10, 168. ensis, Schneide des Schwerts 12, 484. nox, Mitternacht 7, 184. ossa mediae cervicis, in der Mitte des Nackens 5, 121. medii per aequora ponti, mitten durch die Meerfluth 2, 872. medios in hostes, mitten hinein 8, 338. medios in agros, gerade herab auf die Gegend 1, 601. medio agmine, mitten in der Versammlung 5, 1. medio sulco 7, 539. medio orbe, mitten am Himmel 1, 592. 14, 53. media tenus alvo, bis an den halben Leib 13, 893. — b) subst. medium, i, *n.* die Mitte 2, 417. 3, 29. 510. 8, 677. 10, 601. 11, 235. medio = in medio 2, 137. 11, 610; übtr. die Oeffentlichkeit, Gemeingut (was gleichsam in der Mitte liegend Allen zu Gebote steht): in medium referre, zur gemeinsamen Unterhaltung, zum Besten geben 4, 41. omnia in medium discenda dare, zum wissenschaftlichen Gemeingut machen, öffentlich lehren 15, 66. — 2) von der Zeit: tempus (od. hora), Zwischenzeit 9, 134. 8, 651. spatium noctis, Mitternacht 9, 686. breve erat medium tempus, d. i. nach kurzer Pause 4, 167. anni medii temporis, die mittleren Lebensjahre 15, 226. dies, Mittagszeit, Mittag 3, 144. 10, 126. 15, 309. aestus, Mittagshitze 7, 811. 13, 811. pauca mediis sermonibus locutus, in Zwischengesprächen, d. i. vorher 7, 674. medium noctis, Mitternacht 10, 368. — 3) bildl. a) die Mitte haltend (zwischen zwei Extremen), in der Mitte stehend 15, 211. si quid medium mortisque fugaeque, zwischen Tod und Flucht 10, 233. plebs (od. vulgus), das Volk (die Leute) mittleren Standes, gewöhnlicheren Schlages 5, 207. 9, 306. 7, 432. 11, 283. — b) vermittelnd zwischen: fratris et sororis 5, 564.

Mĕdōn, tis, *m.* 1) ein tyrrhenischer Schiffer 3, 671. — 2) ein Centaur 12, 303.
mĕdulla, ae, *f.* Mark (in Knochen u. Pflanzen) 4, 744. 14, 208. 15, 309.
Mĕdūsa, ae, *f.* die Gorgone Medusa (s. Gorgo) 4, 655. 743. 781. 5, 69. 217. 246. = Dav. Mĕdūsaeus, a, um, medusäisch 5, 249. fons, die Quelle Hippocrene (s. Pegasus) 5, 312. praepes = Pegasus 5, 257. monstrum, d. i. Cerberus als Geburt der Echidna, der Tochter des von d. Medusa abstammenden Chrysaor 10, 22.
Mĕdūsaeus, a, um, s. Medusa.
Mĕgărēĭus, a, um, s. Megareus.
Mĕgăreus (dreisylbig), ĕi, *m.* Sohn des Neptunus, Vater des Hippomenes, aus Onchestus in Böotien 10, 605. = Dav. Mĕgărēĭus, a, um, megareïsch: heros = Hippomenes 10, 659.
mĕl, mellis, *n.* Honig 8, 222. *plur.* 1, 112. 14, 274. 15, 80.
Mĕlampūs, ŏdis, *m.* (μελάμπους, „Schwarzfuß"), ein Hund des Actäon 3, 206. 208.
Mĕlanchaetēs, ae, *m.* (v. μέλας u. χαίτη, „der Schwarzzottige"), ein Hund des Actäon 3, 232.
Mĕlăneus (dreisylbig), ĕi, *m.* (v. μέλας, „der Schwarze"), 1) ein Hund des Actäon 3, 222. — 2) ein Centaur 12, 306.
Mĕlanthō, ūs, *f.* eine Meernymphe, Tochter des Deucalion, welche Neptun in Gestalt eines Delphins überlistete 6, 120.
Mĕlanthus, i, *m.* ein tyrrhenischer Schiffer 3, 617.
Mĕlās, ănis und ănŏs, *m.* Fluß in Thracien (s. Mygdonius) 2, 247.
Mĕlĕăgros, i, *m.* Sohn des Königs Oeneus in Calydon und der Althäa, Bruder der Deïanira, erlegte den calydonischen Eber, tödtete aber dabei im Streite die beiden Brüder seiner Mutter, die Thestiaden Plexippus und Toxeus. Althäa machte deshalb dem Leben ihres Sohnes dadurch ein Ende, daß sie ein Holzstück den Flammen übergab, an welches die Parzen bei der Geburt des Meleagros den Schicksalsspruch geknüpft hatten, er werde so lange leben, als dasselbe vom Feuer unversehrt bleibe 8, 299. 385. 515. 9, 149. *acc.* Meleagron 8, 270.
Mĕlĭcertēs, ae. *m.* Sohn des Athamas und der Ino, wird in einen Meergott verwandelt und heißt als solcher Palämon (bei d. Römern Portunus): *voc.* Melicerta 4, 522.
mĕlĭŏr, s. bonus.
mĕlĭŭs, *adv.* s. bene.
mellĭfer, ĕra, ĕrum, Honig eintragend: apis 15, 383.
membrāna, ae, *f.* Häutchen, Haut 4, 407. Balg der Schlange 7, 272.

membrum   mensis   149

i. *n.* Glied, als Theil des
)ers 3, 724. 6, 408. 11, 50.
Schamtheile 6, 616. *plur.*
Glieder, der Körper 3, 277.
12, 565. 13, 905. 14, 148.
übrtr. **Theil, Glied** 1, 33.
). nemorum 14, 541.
se, **sich an etwas erinnern**:
97. 12, 542. 13, 280. 15,
: plura 12, 184. haec 13,
12, 461. alqm 3, 445. 11,
c. inf. 12, 453; parenthe-
160. — 2) **eingedenk sein,**
irasci 7, 545. quid fue-
acc. c. inf. 13, 616. 14, 724.
ais, *m.* Sohn d. Tithonus
riamus) und der Aurora,
iopien, wird vom Achilles
ödtet 13, 579. Aus seiner
a eine Art schwarzer Ha-
emnoīdes), welche jedes
opien nach Troja kommen
Grabhügel des Memnon
ämpfen (13, 618).
s, f. Memnon.
s, **eingedenk, sich erinnernd,**
genit. 2, 378. 4, 642. 8,
13, 58. 570. 14, 249. 562.
4, 730. nostri 8, 581. sui,
als Tochter eines Königs)
aemor ausorum, uncinge-
it *acc. c. inf.* 9, 149. 14,
ing. Frage 3, 543; absol.
15, 451. mens (Erinne-
nimus 9, 778. 14, 813. os
re memori ore, mit getreu
orten, d. i. herzlich 6, 508;
Wohlthat eingedenk, dank-
9, 245. — b) einer Krän-
grollend, erbittert 3, 494.
ch 12, 583. 14, 694. poena,
14, 477 (f. Venus). — 2)
ernd: tabellae, Gedenktä-
hgeschenke zur Erinnerung
der Götter) 8, 744.
s, e, **erwähnungswürdig,**
olium 4, 615. munus 14,
nomen 6, 12. 10, 608. nu-

is, a, um, f. memoro.
i, ātum, āre, **in Erinne-**
pia verba 14, 813. — 2)
blen, anführen, berichten:
519. 10, 209. 13, 13. 14,
c. inf. 2, 176. 3, 318. 4,
ass. mit *nom. c. inf.* man
), du u. f. w.) 2, 684. 15,
giger Frage 11, 280; subst.
um, i, *n.* das Gesprochene,
4. memorandus, a, um,
ta 13, 936.

Mĕnălēus (dreisylbig), ĕi, *m.* ein Ce-
phene auf d. Hochzeit d. Perseus 5, 128.
mendācĭum, i, *n.* **Unwahrheit, Lüge** 9,
139. 711.
mendax, ācis, **unwahr, lügenhaft:** os
9, 322. — 2) übrtr. v. Sachen: **täuschend,
betrüglich, falsch:** umbra pietatis 9, 460.
amicitia, erheuchelt 7, 301. forma, Trug-
gestalt 3, 439. pennae (durch Verwand-
lung) angenommen 10, 159.
Mendēsĭus, a, um, **aus Mendes,** einer
Stadt Aegyptens an einer der Nilmün-
dungen 6, 144.
mendōsus, a, um, **fehlerhaft** 12, 399.
Mĕnĕlāus, i, *m.* Sohn des Atreus
(Atrides 15, 805. minor Atrides 12, 623.
15, 162), Bruder des Agamemnon, Gemahl
der Helena, König von Sparta 13, 203.
Mĕnĕphrōn, ŏnis, *m.* ein Arcadier 7,
386.
Mĕnoetēs, ae, *m.* ein Lycier 12, 116. 127.
mens, ntis, *f.* **Sinn, Denkart, Charak-
ter, Gesinnung** 2, 369. 833. 8, 767. — 2)
Gemüth, Herz, Geist, Sinn 1, 55. 357. 4,
62. 200. 5, 427. 8, 613. 9, 520. 609. 635.
654. 10, 244. 301. 445. 11, 421. 702. 15,
26. 682. non iniqua, Gleichmuth 8, 634.
mente placida, mit ruhiger Seele 13, 214;
insbes. a) Gesinnung (gegen Jemd.) 7,
620. materna, Muttergefühl 8, 499. pa-
tria 12, 582. — b) **Wille** 6, 629. mentes
deorum, Rathschluß 15, 137. — c) **Muth,
Herz** 10, 616. 15, 514. — d) (= animus)
Leidenschaft 5, 14. 10, 320. Zorn 12, 369.
— 3) **Geist (als Denkvermögen), Verstand**
2, 485. 3, 203. 4, 499. 6, 510. 7, 521. 13,
363. 14, 204. 15, 63. 327. 451. alta 1, 76.
sana 8, 36. stolida 11, 149. augusta 15,
145. mente concipere 1, 777. mentem
dictis adjicere 14, 319. mentis inops 6,
37. mentis exsul 9, 409; insbes. a) **Be-
wußtsein, Besinnung, Geist** 3, 99. 4, 175.
11, 723. mentis inops, sinnlos 2, 200.
mentem colligere, zur Besinnung kom-
men, sich sammeln 14, 352. mens redit
6, 531. 9, 583. 13, 958. 14, 519. — b)
Gedächtniß 12, 472. 13, 788. — 4) **Ver-
nunft** 7, 20. sana 8, 36.
mensa, ae, *f.* **Tisch, Tafel:** mensis
imponere, (als Speise) auftischen 15, 72.
1, 230. mensas superorum tangere,
Tischgenosse der Götter sein 6, 173. men-
sam removere, die Tafel aufheben 13,
676; meton. a) **Speise, Gericht** 6, 647.
15, 462. secundae, Nachtisch 8, 673. 9,
92. — b) **Mahlzeit, Mahl** 7, 662. men-
sis dare, zur Mahlzeit verwenden 12, 154.
mensis appositis, vor besetzter Tafel 8, 831.
mensis, is, *m.* **Monat** 5, 567. 7, 700;
als Person 2, 28. (*gen. plur.* mensum
8, 500).

mensŏr, ōris, m. Feldmesser 1,136.
mensūra, ae, f. Maß, Größe 5, 458.
(gloriae) 12, 618. ficti 12, 57. roboris
umfang 8, 748. capillorum, Länge 9,
789. posterior, die Länge der Hinterfüße
15, 378.
mensus, a, um, f. metior.
menta, ae, f. Münze, Krausemünze 8,
663; in diese wurde die Nymphe Menta,
Tochter des Cocytus und Geliebte des Plu=
to, von der Proserpina verwandelt 10,729.
mentĭor, ītus sum, īri, lügen, erlügen:
gloriam 4, 650. mit acc. c. inf. 1, 615.
8, 251. 9, 706 (puerum sc. esse); fälsch=
lich vorgeben: causam 11, 281. sacrum
6, 648. mentiar nisi..., ich will Lüg=
nerin heißen, wenn nicht... 2, 514. part.
mentitus, mit passiver Bedeutung: erlo=
gen, erdichtet 10, 28. 439. — 2) zur Täu=
schung annehmen: figuras 11, 253. figura
mentita, zur Täuschung angenommen 5,
326.
mentum, i, n. das Kinn 11, 620. 12,
141. 458.
mĕo, āvi, ātum, āre, wandeln: qua
sidere lege mearent 15, 71.
mercēs, cēdis, f. Lohn, Belohnung 2,
702. operis, („für") 11, 214. mercede
stupri (apposit. zu caelo), als Lohn der
Buhlschaft 2, 529. qua mercede, zum
Lohn wofür 7, 688. 12, 473.
Mercŭrĭus, i, m. Sohn Jupiters
und der Maja, einer Tochter des Atlas
(dah. Maja creatus 11, 303. Atlantiades
2,704. Cyllenius 1,713), Gott des Genies,
Reisebote der Götter und Führer der ab=
geschiedenen Seelen in die Unterwelt, des=
halb mit Fußflügeln (alipes 4, 756. 11,
312) und einem Heroldstabe (caducifer 2,
708) dargestellt 2, 741. 4, 288. 754.
mĕrĕo, ŭi, ĭtum, ēre, u. mereor,
itus sum, ēri, 1) einer Sache würdig
sein, etwas verdienen: triumphos 15,757.
dari (meruisse eum dari illa praemia)
9, 258; im üblen Sinne, verschulden, ver=
dienen: hoc 2, 279. quae 13, 49. poenam
3, 654. 10.154. 14, 469. supplicium 5,
666. 10, 484. exitium 2, 290. necem 2,
393. nefas 9, 372. eventus 13, 575; mit
inf. 1, 243. 8, 127. 15, 112. merui reus
esse 13, 314. cur pereat 8, 492. — 2)
sich etwas zu Schulden kommen lassen, et=
was verbrechen: quid 2, 291. 15, 116.
nihil 5, 492. subscribi 9, 563. — 3) sich
um Jemd. Verdienste erwerben, verdient
machen: bene de alquo 7, 854. (s. per).
- Dav. part. merens, der etwas verdient,
der (die) Schuldige 8, 116; meritus, a,
verdient, gebührend: honor 8,387. 13,594.
fama 3, 511. poena 8,689. dicta 6, 660.
— b) activ (von mereor), verdient habend,

nach Verdienst 11, 130. lingua, schuldig
11,325. nihil meritus, unschuldig 2,707.
mergo, si, sum, ĕre, eintauchen, unter=
tauchen, versenken: bracchia in aquas 3,
429. ratem in ima 11, 557. alqm in un=
dis 7, 349. in aere 7, 317. corpus sub
aequore 14, 548. rates sub aequore 14,
548. alqm aqua (aquis) 10, 697. 14,
482. vertice 8, 556. mersus palude 8,
696. cavernis 5, 639. res mersae, die
versunkene Welt 1, 380. mersura fu=
erat, sie würde gewiß versenkt haben
14, 72. pass. mergi medial, untertauchen:
in flumine 7, 324. sub aequore 13, 878.
aquis 5, 595. illo (aequore) 11, 795;
übrtr. a) hineinsenken, versenken: rostra
in corpore 3, 249. viscera in sua (vis=
cera), verschlingen 14, 204. — b) ver=
bergen: vultus in cortice 10, 498.
mergus, i, m. der Taucher (ein Vogel)
8, 625. 11, 753.
Mērĭŏnēs, ae, m. der Wagenlenker des
Cretensers Idomeneus vor Troja 13, 359.
mĕrĭtō, adv. nach Verdienst, billiger
Weise, mit Recht 5, 271. 8, 50. et merito
..., und zwar mit Recht (sc. geschieht
mir dies) 6, 687. 9, 585.
mĕrĭtum, i, n. verdienstvolle Hand=
lung, Verdienst, Wohlthat 4, 702. 5, 14.
28. 151. 7, 45. 166. 12, 546. 13, 152. —
2) Schuld, Vergehen 2, 551. 8, 503. ex
merito, nach Verdienst 5, 200.
Mermĕros, i, m. ein Centaur 12, 305.
Mĕrops, ŏpis, m. König von Aethio=
pien, Gemahl der Clymene, der Mutter
des Phaëton 1, 763. 2, 184 (Meropis sc.
filius).
mĕrus, a, um, lauter, unvermischt,
rein: ros 4, 268. undae, reines (nicht
mit Wein vermischtes) Wasser 15, 323.
vinum, unvermischt (mit Wasser) 15, 331.
subst. merum, i, n. „unvermischter Wein";
dah. überh. Wein 3, 608. 8, 572. 9, 238.
11, 90. 13, 653. 14, 274. sensus redeunt
a mero, aus der Trunkenheit 3, 631,
merx, cis, f. Waare: femineae, weib=
liche Schmucksachen 13, 166.
Messānĭus, a, um, zur Sadt Messana
(jetzt Messina) in Sicilien gehörig, messa=
nisch 14, 17.
Messāpĭus, a, um, zum Lande Messa=
pia (Apulien und Calabrien in Unter=
italien) gehörig, messapisch 14, 513.
Messēnē, ēs, f. Hauptstadt der Land=
schaft Messenien im Peloponnes 6, 417. -
Dav. Messēnĭus, a, um, messenisch 2,
679. 12, 549.
Messēnĭus, a, um, s. Messene.
messis, is, f. Ernte: a) als Zeit zur
Angabe einer Jahresfrist 14, 146. — b)
als einzuerntendes oder eingeerntetes Ge=

messor — **Minerva** 151

treibe 11, 113. 614. *plur.* 5, 486. 656.
8, 293. 15, 126. Aehren 8, 781.
messŏr, ōris, *m.* Schnitter 14, 643.
mēta, ae, *f.* „kegelförmige Figur";
insbef. in der Rennbahn, **Spitzsäule, Meta**
(am Ende des Rennplatzes) 10, 106 (f.
imitor). 664. 15, 453; dah. a) **Rennbahn**
10, 597 (f. novus). — b) **Grenzstein,**
Grenze 2, 142. sol distabat metā utrā-
que, von der östlichen und westlichen
Grenze (zur Mittagszeit) 3, 145.
metallum, i, *n.* Metall 10, 220. 531;
meton. Bergwerk 15, 707.
Mĕthymnaeus, a, um, methymnäisch:
Lesbos (so genannt nach Methymna, einer
ihrer bedeutendsten Städte) 11, 55.
Mētīōn, ŏnis, *m.* Vater des Syeni-
ten Phorbas 5, 74.
metĭor, mensus sum, īri, **messen, ab-**
messen: annum 4, 226. animo utrumque
2, 188. — 2) übrtr. (= emetiri) eine
Strecke **durchmessen, durchwandern**: aquas
carina, durchschiffen 9, 448. duas partes
lucis (= diei), zurücklegen 8, 564.
mĕto, messŭi, messum, ĕre, **abmähen**:
aper metit vota coloni 8, 291.
mĕtŭo, ŭi, ūtum, ĕre, **sich fürchten,**
besorgt sein 13, 341. de conjuge (wegen,
um) 7, 68. — 2) *trans.* **fürchten, befürchten**:
alqd 3, 281. 4, 646. 5, 359. 7, 830. 15,
812. sublimia (scheuen, meiden) 8, 259.
alqm 10, 349. 13, 114. (f. sum); mit folg.
ne („daß") 8, 64. 10, 258; *part.* metuen-
dus, furchtbar: virago metuenda belli
(im Kriege) 2, 765. multa ac metuen-
da minari, viel Unheil drohen 15, 24;
insbef. a) **sich scheuen** (etwas zu thun),
nicht wagen mit *infin.* 1, 745. 2, 860. —
b) alqm, **Ehrfurcht haben** vor Jemd. 6,
177. metuens deorum, gottesfürchtig 1, 323.
mĕtŭs, ūs, *m.* **Furcht, Besorgniß**: mit
gen. objecti („vor") 2, 492. 8, 465. 10,
482. 15, 503. 517. *plur.* 1, 736. 10, 466.
482. metum facere alcui 5, 322. 14, 256.
ponere 3, 634. 4, 128. 5, 226. 11, 390.
deponere 5, 363. — 2) meton. **Furcht**
erregender Gegenstand, Schreckniß 4, 111.
mĕus, a, um, mir zugehörig, mein 2, 42.
(f. nego). per deos meos, bei den Göt-
tern der Unterwelt (denen ich verfallen
bin) 7, 853; im object. Sinne: gratia
mea, Liebe zu mir 2, 293. 6, 441. amor
meus 9, 511; *subst.* mei, die Meinigen
4, 534. 7, 618. meum est, es ist meine
Gewohnheit 13, 271. es ist mein Werk,
mein Verdienst 13, 173. 237; insbef. a)
als **Liebkosungswort**: **mein, geliebt** 14,
761. — b) **meiner mächtig** 3, 689.
mi = mihi, f. ego.
mĭco, ŭi, āre, **sich zuckend bewegen,**
zucken: micat vena 6, 390. radix linguae
6, 557. linguae micant, züngeln 3, 34.
crura micantia, rasch sich bewegend 9,
37. — 2) übrtr. **blitzen, funkeln, strahlen**:
sidera micant 7, 188. 325. aurum mi-
cans 2, 2. oculi igne micant, sprühen 3,
33. 8, 284. oculi igne micantes, strahlend
1, 498. fulmina micantia, zuckend 11, 522.
Mīdās, ae, *m.* Sohn des Gordius u.
der Cybele, König in Phrygien, Schüler
des Orpheus 11, 174. *acc.* Midan 11, 92.
162.
mīgro, āvi, ātum, āre, umziehen, wan-
dern: in varias figuras 15, 172.
mīlĕs, ĭtis, *m. u. f.* **Soldat, Krieger**
5, 201; im Gegensatze zum Anführer:
Gemeiner, Kriegsknecht 13, 367; collect.
Krieger, Kriegsvolk, Mannschaft 1, 99. 5,
276. 7, 456. 510. 865 (f. cum). 8, 358.
12, 64. 13, 662. 15, 592. Martius 14, 799.
Kriegsmacht 14, 772. — 2) übrtr. **Tra-**
bantin, Begleiterin 2, 415.
Mīlētis, f. Miletus.
Mīlētus, i, *m.* Sohn des Apollo und
der Deïone, Vater des Caunus und der
Byblis, Erbauer der Stadt Milet in Jo-
nien 9, 444. - Dav. **Mīlētĭs**, ĭdis, *f.*
Tochter des Miletus, d. i. Byblis: *acc.*
Miletida 9, 635.
mīlĭtĭa, ae, *f.* **Kriegsdienst** 13, 37;
meton. **Kriegszug, Krieg** 12, 180. pars
militiae, Theilnehmer an 7, 483. 11, 216.
mille, **tausend**; dah. von einer großen
Zahl = sehr viele, unzählige 1, 443. 5,
380. 596. 6, 617. 7, 726. 11, 302. 589.
12, 44. 13, 119. *plur.* milia, **Tausende**:
tot 1, 325. serpentum 7, 534. rumorum
12, 55. Grajorum 13, 241.
Mīlon, ōnis, *m.* ein Athlet aus Cro-
ton von so ungeheurer Körperkraft, daß
er einen Stier mit einem Schlage seiner
Faust tödten und ihn auf seinen Schultern
forttragen konnte 15, 229.
mīlŭus, i, *m.* **der Weihe**, ein Raub-
vogel 2, 716.
Mīmās, antis, *m.* Vorgebirge in Jonien,
der Insel Chios gegenüber 2, 222.
mĭnae, ārum, *f.* **Drohungen** 2, 397. 3,
368. 4, 651.
mĭnax, ācis, **drohend, voll Drohungen**:
boves cornu 11, 37. animi 6, 688. vox
2, 483. verba 1, 91. 5, 669. monstrum,
Unglück drohend 15. 573.
Mĭnerva, ae, *f.* die am Waldbach
Triton in Böotien aus dem Haupte Ju-
piters geborne Göttin der Weisheit, der
Wissenschaften und Kunstfertigkeiten (Tri-
tonia 2, 783. Tritonis 7, 127. Jove nata
6, 51). Sie ist unvermählt (Pallas 6, 129.
Virgo 14, 468. flava virago 6, 130). Den
Krieger verleiht sie in der Schlacht Klug-
heit und Muth (bellatrix 8, 264. armifera

14, 475. bellica Pallas 5, 46. bellica virgo 2, 752. belli metuenda virago 2, 765) 2, 709. 749. 788. 4, 755. 798. 8, 275. 14, 475. Mit Neptun im Streite, wer von beiden für die Stadt des Cecrops das Nützlichste hervorbringen könne und dadurch das Recht erhalten solle, ihr den Namen zu geben, schuf sie den Oelbaum (Palladis arbor 6, 335. baccae Minervae 8, 664. 13, 653); während Neptun eine Quelle hervorspringen ließ. Die Götter sprachen der Minerva den Sieg zu, und die Stadt erhielt von ihr den Namen Athen (Palladiae Athenae 7, 723. grata Minervae humus 2, 709. arces Minervae = acropolis Athenarum 8, 250). Auch war sie Schutzgöttin der Stadt Troja, deren Schicksal nach dem Ausspruche des Orakels von dem Besitze eines hölzernen vom Himmel gefallenen Bildes der Göttin (signum penetrale Minervae 13, 337. 381) abhing. — 2) meton. Werk der Minerva, Wollarbeit 4, 33.

minister, tri, *m.* Diener 2, 837. quo ministro, durch dessen Dienstleistung 9, 233; insbes. Opferdiener 2, 717. 12, 31.

ministerium, i, *n.* Dienst, Verrichtung 2, 750. diurna, Tagesgeschäft 4, 216. scelerisque artisque, Ausübung der (Steuermanns-) Kunst und des Frevels 3, 645.

ministra, ae, *f.* Dienerin 9, 90. 306. 14, 705.

ministro, avi, atum, are, „bedienen, besorgen"; dah. darreichen, geben: Jovi nectar 10, 161. tura 2, 289. arma 15, 471.

minitor, atus sum, ari, drohen: vulnera cuspide 2, 199. minitantia ora 12, 348.

Minois, s. Minos.

minor, atus sum, ari, drohen, androhen: bellum 7, 488. 13, 662. proelia 2, 859. indicium 10, 417. multa 3, 193. nescio quid crudele 8, 467. mit *acc. c. inf.* 15, 827. verba minantia, Strafgesetze 1, 91.

Minos, ois, *m.* Sohn Juppiters u. der Europa, Gemahl d. Pasiphaë, Vater des Androgeos u. der Ariadne, Bruder des Rhadamantus, König und Gesetzgeber in Creta, nach seinem Tode Richter in der Unterwelt 7, 456. 472. 8, 6. 152. 9, 437. *acc.* Minoa 9, 441. • Dav. **Minois**, idis, *f.* Tochter des Minos, d. i. Ariadne, welche dem Theseus, als er ins Labyrinth eindringen und den Minotaurus erlegen wollte, einen Knaul Bindfaden gab, den er am Eingange befestigen und beim Weitergehen abwickeln sollte, um sich so durch die Irrgänge wieder zurückzufinden. Theseus entführte sie Ariadne, nachdem er den Kampf gegen den Minotaurus glücklich bestanden hatte, ließ sie aber unterwegs auf der Insel Naxos zurück, wo Bacchus sie fand und zu seiner Gemahlin erhob 8, 174. Ihre an den Himmel versetzte Krone bildet ein nördliches aus 9 Sternen bestehendes Gestirn (8, 178).

Minturnae, arum, *f.* Stadt in Latium an der sumpfigen Mündung des Liris 15, 716.

minuo, ui, utum, ere, verkleinern: artus 7, 317. corpus 8, 878 (minuendo, dadurch, daß er ihn verminderte, verzehrte). ramalia, klein machen 8, 645. — 2) mindern, schwächen: laborem 4, 295. 7, 208. vires 5, 374. gaudia 13, 463. luctus 15, 639. pudorem 10, 454.

minus, 1) *adv.*, s. parum. — 2) *adj.*, s. parvus.

Minyae, arum, *m.* ein griechischer Volksstamm im nördl. Böotien, benannt nach dem Könige Minyas, dem Erbauer von Orchomenos. Ihre Herrschaft erstreckte sich zugleich über das südliche Thessalien, wo sie die Hafenstadt Jolkos am pagasäischen Meerbusen besaßen. Da die Fahrt nach dem goldenen Vließe von hier ausging, so werden die Argonauten auch Minyer genannt 6, 720. 7, 1. 115. 120.

Minyeias, adis, *f.* Tochter des Minyas (s. Minyeides) 4, 1.

Minyeides, um, *f.* die Töchter des Minyas, (Königs von Orchomenos in Böotien), Namens Leucippe, Arsippe und Alcithoë, die als Verächterinnen des Bacchus in Fledermäuse verwandelt werden 4, 32. *acc.* Minyeidas 4, 425.

Minyeius, a, um, minyeisch: proles, die Töchter des Minyas (s. Minyeides) 4, 389.

mirabilis, e, wunderbar: factum 4, 271. 9, 394. non este mirabile, mit *acc. c. inf.* 8, 136; mirabile als Ausruf: o Wunder! 3, 326. — 2) bewundernswerth 3, 424.

miraculum, i, *n.* Wunderding, Wunder (nur *plur.*) 5, 181. 9, 667. 11, 346. tanti monstri 7, 294. Wundergestalt 2, 193. 3, 673.

mirandus, a, um, s. miror.

mirator, oris, *m.* Bewunderer: rerum 4, 641.

miror, atus sum, ari, sich wundern, sich verwundern, staunen: mit *acc.*, über etwas 1, 301. 2, 353. 7, 320. 627. 8, 578. 698. 12, 168. alqm 14, 505. vosne mirer, soll ich mich über euch wundern? 3, 538; mit *acc. c. inf.* 1, 603. 3, 199. 7, 370. 12, 87. 14, 162. 389. potuisse (*sc.* hoc superos) 6, 269; mit folg. quod 2, 858; mit abhäng. Frage 3, 51. *part.* mirandus, wunderbar: factum 7, 758. — 2) bewundern, anstaunen: *alqd* 2, 111, 3, 424. 503. 4, 641. 6, 82. 10, 590. 15, 67. alqm 7, 434.

mīrus, a, um, wunderbar, erstaunlich, außerordentlich: res 6,320. ars 10,247. fatum 9,327. magis mirum 7,130. 12, 174. 15, 317. mira loquor 7,549. mirum est mit acc. c. inf., es nimmt Wunder 6, 583. 11, 371. 12, 539. mirum nisi, es sollte mich wundern wenn nicht, d. i. unstreitig, wohl gar 7, 12. mirum ob. mira res als Ausruf: o Wunder! 7, 790. 11, 51. 13, 893.

misceo, miscŭi, mistum oder mixtum, ēre, 1) mischen, vermischen, vermengen; spectat in niveo mixtum candore ruborem, in der schneeigen Weiße die damit vermischte Röthe 3, 423. miscere *alqd cum alqua re* 14, 273. *part.* mixtus 1, 51. 4, 728. 5, 454. 12, 54. 256. 14, 606. miscendus 12,321; *pass.* misceri, medial, sich mischen: cum undis 11,520. bildl. iram cum luctu, vereinigen 13,549. otia cum venatibus, abwechseln lassen 4, 307. *alqd alqua re* 11,125 (f. auctor). 14, 44. mixtus 1,82. 3,491. 4,652. 6,626. 8, 674. 9,130. 11,595. 14, 216. *alqd alcui rei*: fletum cruori 4, 141; audacia mixta pudori 9, 527. honor mixtus oneri, verbunden mit 2, 634. — 2) vereinigen: mixta corpora, aneinander geschmiegt 4, 373. se alcui miscere, sich im Liebesgenuß mit Jemd. vereinigen 5, 638. 13, 866. — 3) beigesellen: mixtus juvencis 2,850. matres mixtae viris 3,529. ursae mixtae lupis 14, 255. — 4) (Getränke) mischend zubereiten, mischen: aconita 1, 147. 7, 406. pocula 10, 160. carchesia 12, 318. — 5) in Aufruhr bringen, aufregen: freta 11, 491. renovata proelia, erneutes Kampfgewirr erregen 5, 156.

mīser, ĕra, ĕrum, beklagenswerth, kläglich, elend 7, 4. me miserum, o ich Unglücklicher! wehe mir! 1, 508. 3, 201. 8, 138. res, Unglück, Trübsal, Elend 6, 575. 7, 614. 15, 632. pudor, bemitleidenswerth 10, 411. — 2) von Leidenschaften, jammervoll, übertrieben, heftig: amor 14,703. furor 3, 479. querelae 2, 342.

mĭsĕrābĭlis, e, beklagenswerth, kläglich: pater 2, 329. funus 14, 751. fatum 6, 90. miserabile visu, ein Mitleid erregender Anblick 13, 422. molitur poenas poenae miserabile, welche Mitleid erregen könnte 8, 783. — 2) klagend, kläglich: carmen 5, 118. 6, 582.

mĭsĕrandus, a, um, f. miseror.

mĭsĕrĕor, ĭtus sum, ēri, mit Jemd. Mitleid haben, sich Jemds. erbarmen: *alcjus* 4,534. 9,561. 780. 14,12. caeli 2,294.

mĭsĕror, ātus sum, āri, bemitleiden, beklagen: *alqm* 6, 135. 189. 11, 784. laborem, Mitleid haben mit 4, 531; *part.*

miserandus, beklagenswerth 1, 359. 4,110. 9, 143. alcui 6, 276. 9, 178.

mītĕ, *adv.* sanft, gelind: mitius ferre, ruhiger 15, 495.

mītesco, ēre, mild werden: flamma 15, 78; bildl. sanft werden 14, 697.

Mĭthrĭdātēus, a, um, mithridatisch: nomina, Ruhm der Mithridate, der Könige von Pontus, namentlich des Mithridates VI. oder des Großen, des vieljährigen gefährlichen Feindes der Römer, der von Pompejus, sowie sein Sohn Pharnaces von Cäsar überwunden wurde 15, 755.

mītis, e, mild: alimenta 2, 288. 5, 342. 15, 81. 478. oliva 7, 277. sucus 14, 690. auctumnus 15, 210. natura mitior 1, 403. 2) übrtr. sanft, freundlich, gütig, gnädig 1, 380. 2, 435. 4, 31. 5, 497. 6, 118. 8, 262 (f. habeo). 9, 422. 10, 510. 11, 134. verba 2, 816. taurus, zahm 2, 860. zärtlich: lacrimae 6, 505 ingenium 13, 187.

mītĭus, f. mite.

mītra, ae, *f.* turbanartige Kopfbinde Mitra 14, 654.

mitto, mīsi, missum, ĕre, 1) gehen machen: currum, sich bewegen lassen, lenken 5, 645; dah. schicken, senden: alcui vestem 9, 154. auxilium 11, 387. salutem 9, 531. electra gestanda, zum Schmuck liefern 2, 366. alqm ad arces 13,196. in sedes 14, 98. sub Tartara 11, 670. ad Pergama capienda 12, 445. alqm sorori visendam, zum Besuche der Schwester 6, 441. epulas foci misere, lieferten 8, 671. alqm ad umbras (= tödten) 6, 676. 12, 257. alqm neci, tödten 7, 606. 15, 109. subst. missi, die Gesandten 15, 644. — 2) von sich lassen, loslassen: canem 7, 774; bildl. unterlassen: mitte precari (= desine) 3, 614. — 3) entfenden, werfen, schleudern: lapidem 1, 399. molarem 3, 60. thyrsum 3, 712. silvas 12, 508. fulmen 1, 154. jaculum 5, 54. sagittam (schießen) 8, 696. 9, 127. discum in auras 10, 179. caput in oras 6, 659. arma in hostes 13, 121. pinum in hostem 12, 358. clavam trans ripam 9, 114. mittens, der Schütze 8, 347; werfen, stürzen: alqm in Tartara 1, 113. inaequora 3, 627. 4, 23. in undas 9, 218. de turribus 13, 415. ex arce 8, 251. se a saxo 11, 340. se super pontum 4, 530. 11, 790. e turribus 8, 40. — 4) von sich geben, vernehmen lassen: sibila 3,38. 15, 670.

Mnēmŏnĭdes, der Schwester der Mnemosyne (f. Mnemoniden, d. i. die Musen 5, 280. acc. Mnemonidas 5, 268.

Mnēmŏsўnē, ēs, *f.* (μνημοσύνη, „Gedächtniß"), Tochter des Uranos u. der Gäa, gebar dem Juppiter die 9 Musen 6, 114.

* **mŏdĕrāmĕn**, ĭnis, *n.* Lenkungsmittel:

navis, Steuerruder 3, 644. 15, 726. — 2) Lenkung, Leitung 2, 67. 13, 362. equorum 2, 48. rerum (des Staates) 6, 677.

mŏdĕrātĕ, *adv.* gemäßigt: *comp.* moderatius 1, 510.

mŏdĕrātŏr, ōris, *m.* der Mäßiger: nec moderator adest, der dem Uebel Schranken setzen könnte 7, 561. — 2) übrtr. Lenker, Regierer: equorum, d. i. Phoebus 4, 245. arundinis 8, 856.

mŏdĕrātus, a, um, das rechte Maß haltend, gemäßigt, mäßig 14, 619. oscula 2, 431. guttur 15, 330. amor 4, 234. Ajax, bescheiden 13, 356 (f. Ajax).

mŏdĕror, ātus sum, āri, ein Maß setzen, mäßigen: amori 9, 653. — 2) übrtr. lenken, regieren 3, 593. dracones 8, 795. habenas 6, 223. linum 13, 923. cuncta (das Weltall) 1, 83.

mŏdestus, a, um, sittsam: vultus 4, 682.

mŏdĭcus, a, um, mäßig, d. i. nicht allzu groß, nicht allzu stark: murus 8, 621. strepitus 3, 569. zephyri 15, 699.

mŏdŏ, *adv.* 1) nur, bloß 1, 325; dah. a) mit *conjunct.* nur, wenn nur 4, 702. 5, 272. 527. 7, 177. 8, 38. 12, 265. 13, 863. 14, 13. utinam modo 5, 343. modo ne, nur nicht 13, 135. — b) mit *imperat.* nur, doch nur 3, 557. 8, 488. 691. 11, 251. 13, 465. 15, 583. 659. jam modo, nur endlich 13, 838. — c) si modo, wenn anders, mit *indical.* 1, 760. 775. 2, 330. 3, 284. 5, 524. 11, 452. 12, 394. 14, 356. 843; mit *conjunct.* 1, 647. 6, 454. — d) nur irgend, wenigstens: quantum modo femina possit 2, 434. — 2) v. der Zeit: a) nur eben, so eben, eben noch, jüngst 1, 87. 299. 410. 426. 459. 551. 566. 2, 263. 648. 3, 121. 4, 396. 5, 428. 6, 274. 7, 513. 8, 454. 852. de modo viginti, von zwanzig, die so eben noch da waren 3, 687. modo denique, so eben erst 3, 650. 7, 15. — b) bald darauf 10, 522. — c) modo ... modo, bald ... bald 2, 206. 414. 866. 4, 280. 5, 483. 6, 123. 7, 781. modo ... interdum 2, 189. modo ... nunc 8, 290. 506. 10, 123. 11, 64. 243. 13, 922. 15, 769. modo ... modo ... modo 4, 721. 8, 881. modo ... modo ... interdum 4, 197. 11, 499. 12, 410. modo ... modo ... nunc 6, 663. 10, 187. modo ... interdum ... nunc 3, 77. 13, 541. modo ... nunc saepe 9, 766. modo ... saepe ... nunc 4, 310. interdum ... modo ... interdum 12, 518. modo ... modo ... nunc ... saepe 8, 732. modo ... nunc ... modo ... saepe 6, 371. nunc ... nunc ... modo ... modo 8, 873.

mŏdŭlor, ātus sum, āri, "nach dem Takte abmessen"; dah. übrtr. rhythmisch, melodisch singen: carmen 11, 154. 14, 431. *part.* modulatus, gehörig abgemessen: verba dolore, nach dem Schmerze gestimmte Worte, Klagegesang 14, 428.

mŏdus, 1, *m.* Maß, Umfang: trunci 8, 748; übrtr. a) Maß, Ziel 15, 493. amoris 10, 377. non modus est (*sc.* mali) 9, 172. modus abiit, es war kein Maß und Ziel 11, 14. is modus est, hiermit war der Arbeit ihr Ziel gesetzt 6, 102. Veneris modum fecit in illa, setzte seiner Liebeslust bei ihr ein Ziel, d. i. er verließ sie 4, 258. modum exire, Maß und Ziel überschreiten 9, 631. — b) Zeitmaß, Takt 3, 618. — c) Tonweise, *plur.* modi, Töne 10, 147. — d) Art, Weise: modo loricae, nach Art eines Panzers, wie mit einem Panzer 3, 63. quo modo, auf welche Weise, wie 1, 360. 13, 215. talibus modis, auf folgende Art 1, 181. 4, 54. quocunque modo, wie auch immer 1, 628.

moenĭa, um, *n.* (v. munio) Mauern (als Bollwerk) 3, 449. 550. 12, 26. stabulorum 6, 573. caeli 2, 401. navis, Schiffswände 11, 532. — 2) meton. a) Stadt 6, 710. 7, 443. 628. nova = Carthago 14, 82. Graja = Croton 15, 10. moenia ponere 5, 408. 9, 634. condere 3, 13. 14, 459. constituere 9, 449. — b) Wohnsitz, Palast 6, 600. 14, 253.

moereo, s. maereo.

moestus, a, um, s. maestus.

mŏlāris, is, *m.* "Mühlstein"; dichter, großer Stein, Steinblock 3, 59.

mŏlēs, is, *f.* 1) Last, schwere Masse 5, 347. silvarum 12, 523. tororum 15, 230. clipei, gewichtiger Schild 13, 75. rudis, Klumpen (vom Chaos) 1, 7. Nemeaea, das nemeäische Unthier 9, 197 (f. Hercules). corpora obruta mole sua, von der eigenen Bergeslast (die sie aufgethürmt hatten) 1, 156; insbes. a) Damm, Wehr 1, 279. 11, 729. — b) Felsriff, Klippe 2, 12. 13, 916. 923. — c) Felsstück, Steinblock 8, 357. 9, 40. 13, 887. 890. saxae 12, 283. Felsmauer 4, 773. — d) (massenhaftes) Bauwerk, Bau 4, 773. 15, 433 (f. sub). mundi 1, 258. — 2) bildl. a) Last, Größe: mali 11, 494. pondera tantae molis, eine so schwere Last (der Regierung) 15, 1. — b) Anstrengung 15, 765.

mōlīmĕn, ĭnis, *n.* große Anstrengung, Bemühung 6, 694. 12, 358. sceleris, eifrige Betreibung 6, 473. molimina rerum, Staatsumwälzungen 15, 578. tabularia molimine vasto, von ungeheurem Bauwerk 15, 809.

mōlĭor, ītus sum, īri, durch Kraftanstrengung in Bewegung setzen: currum, emportreiben 2, 135. sagittas in pectus, (tief hinein) schießen 5, 367. — 2) (Schwieriges) ins Werk setzen, zu Stande bringen: moenia, erbauen 11, 199. triumphos, zurüsten 14,

719. letum alcui, bereiten 4, 462. — 3) (mit Mühe) unternehmen, verſuchen. beabſichtigen: mit *inf.* 2, 582. 12, 249. 15, 804. quid molior 10, 320. genus poenae, ſinnen auf 8, 782. (*imperf.* molibar 2, 582).
mōlītŏr, ōris, *m.* Bewerkſtelliger: ratis, Erbauer 8, 302.
mollesco, ĕre, weich werden, die Härte verlieren 10, 283; bildl. unmännlich werden, weibiſch werden 4, 386.
mollĭo, īvi und iī, ītum, īre, weich machen, erweichen: ceram 8, 199. 226. humus mollit semina 7, 123. artus aquis, (weich) kochen 1, 229. herbas flammā 15, 79. humum foliis, weichpolſtern 4, 742. lanam trahendo (vellera tractu), durch Krämpeln ſchmeidigen, verfeinern 2, 411. 6, 21. glebas, auflockern 6, 220; *pass.* molliri, weich werden, erweichen 1, 402. 5, 429. 14, 549; bildl. a) unmännlich machen, weibiſch machen: membra 4, 381. — b) beſänftigen, erweichen: alqm 5, 244. 13, 323. tela cantu mollita 11, 15. (*imperf.* mollibat 6, 21. 8, 199.)
mollis, e, geſchmeidig, weich: limus 6, 365. fretum 14, 558. corpus 6, 221. cerebrum 12, 436. pluma 10, 269. comae 14, 554. velamina 4, 345. ulva 8, 655. liber 9, 388. muscus 8, 562. arena 2, 577. tilia, mit zartem Laube 10, 92. fragum, mürb 13, 816. ora, lenkſam 10, 125. corpus ulnis mollibus attollo d. i. ſanft 7, 848. ſubſt. mollia, Weiches 1, 20; von der Luft, ſanft wehend: aurae 15, 512. zephyri 13, 726; bildl. a) ſanft, behaglich: somni 1, 685. otia 1, 100. — b) matt, weichlich: languor 11, 648. ſubſt. molles, Weichlinge 3, 547. — c) ſanft, zärtlich: preces 3, 376. vultus 10, 609.
mollĭtĕr, *adv.* weich, ſanft 11, 785.
Mŏlossus, a, um, moloſſiſch: gens, die Völkerſchaft der Moloſſer im öſtlichen Epirus 1, 226. rex, d. i. Munichos, deſſen drei Söhne, von Räubern überfallen, in ein hohes Gebäude flüchteten und, als dieſes in Brand geſteckt wurde, in Vögel verwandelt davonflogen 13, 717.
Molpeus (zweiſylb.) ĕi, *m.* ein Gegner des Perſeus 5, 163. *acc.* Molpea 5, 168.
mŏly, yos, *n.* ein fabelhaftes Kraut von geheimer Wunderkraft 14, 292.
mōmentum, i, *n.* Bewegungskraft, Bewegungsdruck 4, 180. — 2) übrtr. „Bewegungsdauer"; dah. Zeitabſchnitt", insbeſ. Augenblick (als kürzeſte Zeitabſchnitt), Minute 15, 185. — 3) bildl. a) Schwankung: animus momenta sumit utroque (= in furorem atque rationem), neigt ſich (ſchwankend) nach beiden Seiten 10, 376.— b) Beweggrund, Beſtimmungsgrund 11, 285.
mŏnēdŭla, ae, *f.* die Dohle 7, 468.

mŏnĕo, ŭi, ĭtum, ēre, 1) Jemb. auf etwas aufmerkſam machen, ihm Vorſtellungen machen, ihm etwas zu bedenken geben: aures conjugis (= conjugem) 9, 674. scit se non falsa moneri (*sc.* a nutrice), daß ihr begründete Vorſtellungen gemacht werden 10, 427; insbeſ. a) ermahnen, wozu rathen, wozu auffordern, mit *acc.* der Sache: eadem 15, 32; mit folg. ut 8, 204; mit *inf.* 7, 256. — b) abmahnen, warnen 6, 52. 9, 599. 10, 708. 14, 247; mit folg. ne 15, 491. monendo, durch Warnungen 6, 40. 10, 542. *part.* monitus, gewarnt 3, 732. — 2) andeuten, verkündigen: vera 13, 775. mit *acc. c. inf.* 15, 795.
mŏnīle, is, *n.* Halsband, Halsſchmuck: *plur.* 5, 52. 10, 113. 264.
mŏnīmentum, i, *n.* (v. moneo), Erinnerungszeichen, Denkmal, (nur *plur.*) mit *gen. objecti* („an") 4, 161. 550. 10, 725. monimenta dare, ſtiften 5, 227. stirpis, Spuren 1, 159; insbeſ. Grabmal 13, 524.
mŏnĭtum, i. *n.* Erinnerung, Belehrung (nur *plur.*) 2, 126. 14, 293. 15, 140. Warnung 10, 709; insbeſ. Göttergebot 1, 397.
mŏnĭtŭs, ūs, *m.* Erinnerung, Ermahnung, Mahnung 13, 723. monitu alcjus, auf Jemds. Geheiß 13, 216. *plur.* 2, 103. 8, 210. deorum 7, 600.
mons, ntis, *m.* Berg 1, 44. 3, 408. 7, 63 (ſ. Symplegades).
monstro, āvi, ātum, āre, zeigen, weiſen: alqud 1, 591. 3, 602. 14, 115. alqm 13, 417. — 2) anzeigen: furta 4, 174. aurum relictum (*sc.* in Troja) 13, 552.
monstrum, i, *n.* widernatürliches Wahrzeichen der Götter 15, 571. — 2) übrtr. jeder über das Maß des Natürlichen hinausgehende, Grauſen erregende Gegenſtand: culpae, ſchußliche Verſchuldung 10, 553. monstra liquidi veneni, Gifttrank von ſchrecklicher Wirkung 4, 500; insbeſ. a) Wundergeſtalt, Schreckgeſtalt, Ungeheuer 1, 437. 4, 488. 615. 745. 5, 241. 8, 170. 9, 736. 10, 22. 11, 211.13. 912. 14, 60. 414. 15, 517. biforme, d. i. der Minotaurus (ſ. Pasiphaë) 8, 156. *plur.* für *sing.* 4, 591. 5, 216. 459. 11, 391; dah. v. Charakter: Scheuſal 8, 100. — b) wunderbare Verwandlung 2, 367. 9, 667. 12, 175. 14, 567. *plur.* 2, 675. miracula tanti monstri, das Wunder einer ſo merkwürdigen Verwandlung 7, 294.
montānus, a, um, auf Bergen befindlich, Berg...: gramen 2, 841. fraga 1, 104. cacumen 1, 310. antrum 11, 147. numen 6, 331. 8, 786.
*montĭcŏla, ae, *c.* Bergbewohner: Silvani 1, 193.
mŏnŭmentum, ſ. monimentum.
Mŏnўchos, i, *m.* ein Centaur 12, 499.

Mopsŏpĭus, a, um, zu Μοψοπία (d. i. Attika, nach einem alten attischen Könige Μοψοπυς) gehörig, **mopsopisch**: juvenis = Triptolemus 5, 661. muri, Athen 6,423.

Mopsus, i, *m.* Sohn des Ampyx, Seher der Lapithen 12, 456. 528 (8, 316. 350).

mŏra, ae, *f.* 1) **Verzögerung, Verzug, Aufenthalt** 1, 167. 2, 143. poenae 6, 215. opis 10, 643 (s. do). tempus morae, Verzugsfrist 11, 651. morā spectandi, durch den Verzug, den das Anschauen verursacht 4, 199. quae mora sit sociis, warum sie verziehen 3, 51. in judice nulla mora est, der Richter ist bereit, am Richter fehlt's nicht 11, 161. nulla mora est (sc. in me), ich bin bereit 13, 458. nec plenā longior horā facta mora est, es dauerte nicht länger als eine volle Stunde 10, 735. nec mora (est), ohne Verzug, unverzüglich, sofort 1, 717. 3, 46. 4, 120. 344. 481. 6, 636. 7, 320. 8, 416. 830. 9, 166. 10, 159. 11, 324. 13, 225. 954. 14, 273. 845. (haud mora) 6, 53. 14, 362. (nulla mora est) 1, 369. parva mora est, epulasque foci misere, nach kurzem Verzuge lieferte der Heerd 8, 671. parva mora est sumpsisse, es dauert nicht lange, u. er hat genommen 1, 671. mora est (od. longa mora est) mit *inf.*, es wäre weitläufig, es würde zu lange aufhalten 1, 214. 3, 225. 5, 207. 463. 13, 205. moram pelle (rumpe oder tolle), säume nicht! 2, 838. 7, 48. 10, 659. 13, 556. 15, 583. moram trahere, **Verzögerung herbeiziehen** 9, 767. moras quaerere, **Verzug suchen** 2, 461. 11, 461. facere, **Verzug verursachen** 8, 548. moras corripere 9, 282. moras tuas damnes, dein Zögern 13, 808. — 2) die Zeit, sofern sie eine Weile währt, **Zeitraum, Dauer**: belli 8, 21. laboris 12, 20. annua 14, 308. medii mora temporis, **Zwischenzeit** 9, 134. morā, mit der Zeit, allmählig 1, 402. 13, 890. 15, 362.

mŏrātus, a, um (v. mos), (irgendwie) **geartet**: venter male moratus, ungenügsam 15, 95.

morbus, i, *m.* **Krankheit** 7, 537. 601. 8, 876. 13, 322.

mordĕo, momordi, morsum, ēre, in eigtl. **beißen**: jaculum 5, 143. hastile 3, 69. arenas, in den Sand beißen, zur Erde fallen 9, 61. insbes. **kauen**: pabula dente 13, 943. vitem, benagen 15, 114. — 2) übrtr. (gleichsam beißend) **zusammenhaken**: fibula mordebat vestem 8, 318. 14, 394 (ordne: aurum quod fibula fuerat et vestem momorderat). — 3) **bildl. nagen, quälen**: dolore morderi 2, 806.

mŏrĭbundus, a, um, **sterbend** 5, 84. 6, 291. 7, 851. 10, 716. 12, 118.

mŏrĭor, mortŭus sum, mŏri, **sterben**: vulnere 10, 131. moriturus 7, 544. 9, 606. artus morientes 12, 423. vultus 10, 194. lumina 9, 391. acervi morientum 5, 88. segetes moriuntur, sterben ab 5, 482. (*inf.* archaistisch moriri 14, 215.)

mŏror, ātus sum, āri, **zögern, säumen** 10, 661. 13, 517; mit *inf.* 13, 531. non plura moratus, ohne länger zu zaudern 12, 322. 4, 230. — 2) **irgendwo verweilen, sich aufhalten, verbleiben** 8, 810. 9, 147 ibi 11, 712. sede 15, 667. cum alquo, bei Jemd. 14, 312. in una sede, bei einander wohnen, sich zusammen vertragen 2, 816. paulum moratus, nach kurzem Verweilen 8, 810. 10, 32. morando, mit der Zeit, allmählich 1, 421; daß. a) wo **haften**: telum orbe moratum est, blieb stecken 12, 97. oculi (vultus) tellure morati, auf den Boden geheftet 13, 125. 14, 106. — b) wobei **verweilen**: in hac parte (sc. narrationis), bei diesem Punkte 7, 303. externis, bei fremden Beispielen 8, 879. — 3) *trans.* **aufhalten, zurückhalten, verzögern**: alqm 7, 520. 14, 473 (sc. vos). fugientem 13, 907. flumina 14, 339. vincula morantia, die Schnur, die ihn zurückhält 7, 773. arma, hemmen 12, 446. truncum crescentem, das Wachsen 9, 361. vota, den Wünschen im Wege stehen 8, 71.

Morpheus (zweisylb.), ĕi, *m..* (v. μορφή. „Gestaltenbildner"), der **Traumgott**, Sohn des Schlafes 11, 671. acc. Morphēa 11, 635. 647.

mors, tis, *f.* der **Tod** 1, 224. loca mortis, **Todtenreich** 14, 126. *plur.* mortes, **Todesarten, Todesgefahren** 11, 538. — 2) meton. der **Todte** 2, 340.

1. **morsus,** a, um, s. mordeo.
2. **morsŭs,** ūs, *m.* **Biß** 3, 48. 4, 113, 7, 786. morsus inferre, Bisse versetzen 11, 58.

mortālis, e, **dem Tode unterworfen, sterblich** 10, 18 (s. quisquis). artus 9, 268. corpus 3, 308. forma 11, 203. genus, das **Menschengeschlecht** 1, 188. 260. vulgus, die **Sterblichen** 11, 640. semina, **Menschensaat** 3, 105. córpora, Sterbliche, Menschen 2, 643. 7, 392. der **Menschen, der Sterblichen**: pectora 4, 201. 6, 472. jacta 14, 729; *subst.* mortalis, **Sterblicher, Mensch** 1, 223. 2, 579. 9, 16. *plur.* 1, 96. 247. 5, 550. 6, 31. 15, 75. mortalia, der **sterbliche Theil** 13, 950. — 2) einem **Sterblichen zukommend, menschlich, irdisch**: sors 2, 56. malum, natürlich (d. i. nicht von den Göttern verhängt) 7, 525. non est mortale, ist nicht Sache eines Sterblichen 2, 56. *subst.* mortalia, um,. *n.* das **Thun der Menschen** 13, 70.

mōrum, i, *n.* **Maulbeere** 4, 127. — 2) **Brombeere** 1, 105.

mōrus, i, f. Maulbeerbaum 4, 90.
mōs, mōris, m. Gebrauch, Brauch, Sitte 2, 345. 6, 648. 15, 41. novi moris sacra, neu aufgebrachter Gottesdienst 3, 581. e more ob. de more, nach Brauch 2, 711. 12, 11. 13, 637. 14, 156. 15, 593. malum de more, ein gewöhnliches Uebel 9, 730. nullis de more funeribus (s. funus) 7, 606. — 2) Lebensart, Sitte 4, 767. *plur.* mores, Sitten, Charakter, Sinn 7, 655. 696. 717. 735. 14, 524. 15, 834. — 3) übrtr. Art und Weise: miro more 13, 670. *abl.* more mit *genit.*, nach Art, wie 1, 745. 4, 518. 722. 5, 122. 7, 387. 14, 207. 778.
mōto, āvi, ātum, āre, (aus movito von moveo), hin und her bewegen: stagna 4, 46. lacertos 11, 674.
mōtŭs, ūs, m. Bewegung 9, 7. 10, 7. 11, 75. 12, 568. pedum 14, 739. capitis 8, 780. oris 3, 461. undae 11, 739. terrae, Erdbeben 12, 521. Erschütterung 1, 284. motus dare ob. reddere, sich bewegen, sich regen 5, 629. 6, 308. motu, durch Tasten 10, 455. tempora labuntur assiduo motu, in ununterbrochenem Verlaufe 15, 179. — 2) bildl. Gemütsbewegung, Erregtheit 2, 763. insanus, Wahnsinn 3, 711. divinus, göttliche Begeisterung 6, 158.
mōvĕo, mōvi, mōtum, ēre, 1) in Bewegung setzen, bewegen: saxa 7, 205. silvas 12, 520. terram 1, 180 (cum qua, „zugleich mit welchem"). caput 8, 604. linguam 9, 65. qua pedem movi, wohin ich den Fuß setzte 5, 634; schütteln: tempora 3, 516. capillos 4, 475. colubras 4, 475. schwingen: pennas 2, 547. 15, 99. alas 2, 719. 8, 216. talaria 4, 667. crinem per aëra, werfen 3, 726. moenia, erschüttern 3, 62. aras 9, 782. solum, erbeben machen 15, 672. urbs mota est, erbebte 15, 798. terram, auflockern, umbrechen 3, 102. limum, aufwühlen 6, 365. bracchia, rühren 6, 60. bracchia in herbas, niedersinken lassen 2, 669. manus in viscera, stoßen 12, 492. ora, kauen 8, 825 (s. vanus). ora (alcui), lösen 15, 143. alqm, treiben 1, 531; *pass.* moveri motibus: sich bewegen, sich regen 2, 821. 3, 106. 4, 552. 10, 251. 11, 177 (s. do). 13, 936. 15, 344. 555; venae moventur, pulsiren 6, 307; *part.* motus, in Bewegung gesetzt, bewegt 1, 707. 7, 585. 11, 192. 13, 419. dextera, bewegbar 5, 186. ignes, geschwungen 4, 509 (s. consequor). undae, aufgeregt, empört 5, 7. digiti, regsam 14, 264. — Insbes. a) vom Saitenspiel u. Gesang, bewegen, rühren: fila sonantia 10, 89. nervos ad verba, zum Gesänge 10, 40. citharam cum voce, unter Begleitung von

Gesang 5, 112. vocalia ora ad citharam, zur Cither singen 5, 332. carmine vocem, die Stimme im Gesang erheben 10, 147. — b) arma movere, die Waffen rühren, kämpfen 5, 197, 9, 76. 15, 763. pro alquo 5, 219. contra alqm 11, 391. nulla arma, nicht Theil am Kampfe nehmen 12, 320.
2) herbeibewegen: moti voce ministri, herbeigezogen 11, 679. — 3) fortbewegen, fortschaffen, entfernen: codicem 12, 432. se, sich wegrühren, sich fortbewegen: humo 4, 264. hinc 2, 817. Aurora se movet (movetur), bricht auf, bricht ab 14, 228. 6, 48. loco moveri, sich aus der Heimath entfernen 5, 498. — 4) bildl. a) Eindruck auf Jemd. machen, ihn ergreifen: alqm 7, 28. 8, 725. 9, 439. 10, 548. 13, 201. 582. reverentia alcjus me movet, ich hege Ehrfurcht gegen Jemd. 2, 510. 9, 123; insbes. aa) erregen, aufregen: alqm 3, 707. 9, 641. praecordia 4, 507. animum 13, 165; beträuben 9, 327. begeistern: deus ora movet 15, 143. motus, erregt 1, 776. — bb) überraschen, in Erstaunen setzen, in Verwunderung setzen: alqm 1, 395. 7, 758. 8, 612. 11, 379. 12, 175. — cc) (zum Mitgefühl) bewegen, rühren, erweichen: alqm 1, 381. 2, 579. 5, 516. 6, 358. 535. 7, 169. 711. 8, 112. 10, 615. 643. 11, 444. 13, 470. 573. 869. 14, 220. animos 3, 720. saxa 6, 547. 13, 48. verba motura silices, welche hätten erweichen können 9, 303. *part.* motus 2, 6, 387. 5, 621. 9, 416. 14, 751. 15; 550. — dd) beunruhigen, erschüttern, erschrecken, ängstigen: alqm 5, 181. 9, 185. 11, 719. formidine 14, 518. pectora 15, 636. Alcyone movet Ceyca, beunruhigt ihn, ist Gegenstand seiner Sorge 11, 544. tonitrua motura mentes, die erschüttern sollten 1, 55. — ee) Jemd. wozu antreiben, bewegen, bestimmen: alqm 1, 531. ut laudem cum sanguine penset 13, 192. motus, bestimmt 5, 283. — b) wankend machen, ändern: fatum 15, 808. — c) umwandeln, verwandeln: formam 8, 729. — d) machen, daß etw. gleichsam in Gang ob. zum Vorschein kommt, erregen, erzeugen, beginnen, verursachen: bella 9, 404. 12, 621. proelia 14, 670. ea, diesen Kampf 5, 45. tonitrus 2, 308. soporem 11, 307. risum 2, 778. iram 8, 355. 11, 323. dolorem 5, 401. 11, 289. flammas 3, 464. nebulas 7, 424. alqd, etw. ausrichten 11, 40; beginnen: carmen 10, 149. 14, 21. lacrimas movet atque lacertos, vergießt Thränen und bewegt die Arme 11, 674; motus, erregt, verursacht, erzeugt: insania 3, 536. suspiria 9, 537 (s. nec).

mox, *adv.* bald, bald darauf, bald nachher 1, 109. 403. 2, 861. 3, 108. mox deinde

9, 143. primo ... mox, zuerst ... alsdann 1, 222. 2, 336. 13, 607. 14, 519. primum ... mox 1, 581. 8, 504. 14, 72. 15, 556.

mucro, ōnis, *m.* Spitze (des Schwerts) 4, 162. 12, 485; meton. Schwert 1, 227. 5, 116.

mūgio, īvi, ītum, īre, brüllen 1, 746. 2, 851; übrtr. krachen, erdröhnen 7, 206.

mūgītŭs, ūs, *m.* Gebrüll 1, 732. *plur.* 3, 21. 5, 165. 7, 114. 15, 465. mugitus edere 1, 637. 7, 597. 14, 409. dare 15, 510.

mulcĕo, si, sum, ēre, 1) streicheln, streichen: palearia 7, 117. colla mulcenda praebere, zum Streicheln 10, 118; (sanft) berühren, virgā capillos 14, 295. anfächeln, durchsäuseln: zephyri mulcebant flores 1, 108. somnus mulcet alqm, umfächelt 8, 824. — 2) bildl. a) ergötzen, bezaubern: alqm 2, 683. aures 5, 561. mentes 10, 301. — b) besänftigen, beruhigen: alqm dictis 1, 391. feras 14, 339. aquas 1, 331. corpora, erquicken 11, 625.

Mulcĭbĕr, ĕris u. ĕri, *m.* (v. mulceo, „Erweicher der Metalle"), Beiname des Vulcan 2, 5. 9, 423; meton. Feuer 9, 263. 14, 533.

*****multīcăvus,** a, um, viellöcherig: pumex 8, 561.

multĭfĭdus, a, um (v. findo), vielfach gespalten: faces 7, 259. 8, 644.

*****multĭfŏrus,** a, um (von foris), mit vielen Oeffnungen, viellöcherig: buxus 12, 158.

multĭplex, plĭcis, vielfältig: domus, vielgängig, d. i. das Labyrinth 8, 158 (s. que).

multo, *adv.* s. multus.

multum, *adv.* s. multus.

multus, a, um, 1) *adject.* a) viel: ministri 14, 705. dies 12, 146. arena 15, 714. silva 8, 776. 14, 514. massa 5, 81 (s. in). multa tellure jacere, im Liegen einen großen Raum bedecken 8, 422. tela grandine plura, zahlreicher als Hagel 5, 158. silva plurima, der dichteste 14, 361. plurimi, sehr viele 1, 425. 3, 251. coma, sehr dicht 13, 844. plurima in ore nantis Alcyone est, am häufigsten 11, 562. — b) intensiv: stark, heftig: qui (deus) plurimus ussit 9, 624. sol plurimus est, glüht am stärksten 14, 53. amnis plurimus, hoch angeschwollen, am vollsten 8, 582. — 2) subst. multum caeli, ein großer Raum des Himmels 2, 187. multum cruoris, viel Blut 14, 529. *abl.* multo, um Vieles, weit; multo altior 11, 513. multo plura 6, 196. multo justius 15, 588; *plur.* multa, Vieles 1, 682. 14, 308. multa ac metuenda 15, 24. plus, mehr 2. 57. 8, 834. plus quam vicina, d. i. nicht bloß die Nachbarschaft 1, 573. plus est, es will mehr sagen 15, 752. plus vigoris, mehr Lebenskraft 9, 790. plus invidiae 5, 65. plus feritatis 8, 137. *plur.* plura, mehr 6, 284. 8, 834. haec et plura (*sc.* dixit) 14, 198. plurima, sehr Vieles 4, 43. 15, 307. — 3) *adv.* a) **multum,** sehr: multum miseri 4, 155. — b) **plus,** mehr 8, 24. plus (quam) media parte, mehr als zur Hälfte 1, 501. 3, 43 (*sc.* corporis). plus omnibus te amo, mehr als Alle 14, 676. plus quam civiliter 12, 583. plus homine currere, schneller als ein Mensch 11, 337. plus quam femina, muthvoller als ein Weib, über die Schwäche ihres Geschlechts erhaben 13, 451.

mundus, i, *m.* Weltall, Welt (als Inbegriff der Ordnung) 1, 3. 258. 2, 35. triformis (aus Erde, Himmel u. Meer bestehend) 15, 859. triplex 12, 40; insbes. a) Himmel 2, 116. 157. — b) Unterwelt 15, 150. opacus 5, 507. sub terra positus 10, 17.

mūnīmĕn, ĭnis, *n.* Befestigungsmittel, Schutzwehr 4, 773. 13, 212.

mūnĭo, īvi, ītum, īre, befestigen, schützen: portus aggere 15, 690. latus navis (durch Verstopfen der Ruderlöcher) 11, 487.

mūnŭs, ĕris, *n.* (zu leistende) Obliegenheit, Verrichtung, Geschäft: belli 13, 296. haec in munera, zu solchem Gebrauche 11, 28. — 2) Gefälligkeit, Gunsterweisung, Liebesdienst 9, 4. 10, 37. munere alcjus, durch Beistand 7, 93. 8, 502. 14, 774. munere noctis, durch Hülfe der Nacht, von der Nacht begünstigt 10, 476. sortis, durch Gunst des Looses 13, 277; munera dare, Gunst gewähren 4, 383; insbes. der letzte Liebesdienst (an Verstorbene): sine munere vestro, d. i. ohne daß ihr mir die Augen zudrückt 9, 390. — 3) Geschenk, Gabe 1, 620. 2, 88. 99, 3, 288. 9, 400 (s. hic). 13, 112. 832. frugum 5, 475. 15, 122. caeleste = caeli 14, 594. Bacchi = vinum 4, 765. 12, 578. Cereris, Speise 10, 74. naturale, Naturgabe 14, 685. sum muneris tui, ich verdanke dir mein Leben 14, 125. *plur.* für *sing.* 2, 55. 106. 4, 383. 8, 95. 11, 104. 135. 13, 652. publica, Gemeingut 6, 351. Cerealia, Brod 11, 122. Speise 13, 639; insbes. a) Opfergabe, Weihgeschenk 7, 428. 8, 266. 9, 791. 10, 273. — b) Leichengeschenk, Todtenopfer 2, 341. 13, 525.

Mūnychīus, a, um, zum Hafenorte Munychia bei Athen gehörig, munychisch 2, 709.

mūrex, ĭcis, *m.* Purpurschnecke, Purpurmuschel: collect. 1, 332. 8, 563; meton. Purpurfarbe 6, 9. 11, 166.

murmŭr, ŭris, *n.* 1) v. Menschen: dumpfes Gemurmel 5, 597. 7, 645. 9, 421. 13, 124. 350. murmura verborum 10, 382.

vocis 12, 49. von Betenden 6, 203. 327. 7, 251 (f. et). Geflüster 4, 70. 83. unwilliges Gemurr 8, 431. 1, 206. murmura dare 2, 788. — 2) v. Thieren, dumpfes Gebrüll 10, 702. Geknurr 13, 567. Grunzen 14, 281. — 3) dumpfes Geräusch: 7, 186. buxi, dumpfer Schall 14, 537; v. Gewässern: Gemurmel, Rauschen, Gebraus 2, 455. 5, 587. 8, 552. 9, 40. 11, 330. 603. Rauschen des Waldes 15, 604.
murmŭro, āvi, ātum, āre, murmeln, lallen: flebile 11, 53.
murra, f. myrrha.
mūrus, i, m. Mauer 4, 48. 8, 14; meton. Stadt 6, 423. 15, 616. patrii = Argos 5, 236. = Tiryns 9, 103. — 2) bildl. Schutzmauer, Schutz: Grajum murus, Achilles 13, 281.
Mūsa, ae, f. die Muse: plur. Musae, die neun Musen, Töchter Juppiters u. der Mnemosyne (der Göttin des Gedächtnisses, dah. Mnemonides 5, 268), Göttinnen der freien Künste (doctae sorores 5, 255). Sie hatten ihren Sitz auf dem Parnassus in Phocis an dem begeisternden Quell Castalia, und auf dem Helicon in Böotien bei den Quellen Aganippe und Hippocrene (dah. deae Helicona colentes 5, 663. deae Thespiades 5, 310. Aonides 5, 333) 5, 294. 337. 25, 622. Musa parens, d. i. Calliope als Mutter des Orpheus 10, 148. (Die Namen und verschiedenen Beschäftigungen der einzelnen Musen:
Clio lehrt die Geschichte der Völker; tragische Spiele
- Sind der Melpomene heilig, komisches liebet Thalia;
Schlachtengesänge tönt der Calliope stolze Trompete;
Tänzer beschützt Terpsichore, Flötenspieler Euterpe;
Erato singet der Liebenden Glück; Urania wandelt
Unter den Sternen; Polymnia herrscht im Reiche der Redner.)
muscus, i, m. Moos 1, 374. 8, 562.
mustum, i, n. junger Wein, Most: poet. ter centum musta, Weinlesen, Herbste 14, 146.
mūtābĭlis, e, veränderlich: pectus, lenksam 2, 145.
mūtĭlo, āvi, ātum, āre, verstümmeln: mutilata colubra 6, 559.
Mŭtĭna, ae, f. Stadt in Oberitalien (jetzt Modena), wo Antonius, welcher gegen den Willen des Senats den Decius Brutus aus der Statthalterschaft Oberitaliens verdrängen wollte, vom Octavian und den Consuln Hirtius und Pansa geschlagen wurde 15, 823.
mūto, āvi, ātum, āre, 1) ändern, verändern: nomen 9, 487. mutata ferar 14, 152 (f. fero); insbef. umgestalten, verwandeln: alqm 1, 704. 14, 15. 15, 165. mutatus 1, 650. 4, 270. 5, 456. 8, 610. heros mutatus invidiae erit, d. i. die Verwandlung des Heros 10, 731; mutando, durch Verwandlung 1, 547; constr. a) mit in u. b. acc. („in, zu" etwas) 1, 409. 611. 3, 329. 4, 801. 5, 636. 7, 270 (f. lupus). 467. 8, 150. 9, 319. 10, 728. 14, 93. 550. formae mutatae in nova corpora, Verwandlungen 1, 1. e nigro color est mutatus in album 15, 46. eurus mutatur in austros, setzt um in 7, 660. — b) mit abl. (in etwas) 4, 397. 11, 404. 742. 15, 390. quo mutet eos, in welche Gestalt 10, 235. membra tauro mutatus, zum Stier umgestaltet 9, 81. mutatus juvenco 6, 115. — 2) wechseln, vertauschen: diem 9, 599. vias 15, 344. patriam 15, 29. latus, sich auf die andere Seite werfen 13, 937. amores mutantur, die Liebe wechselt ihren Gegenstand 14, 39. alqd cum re, mit etwas vertauschen: manus cum pedibus, die Hände zu Füßen gestalten 3, 196. figuram cum papilione, sich zum Schmetterlinge gestalten 15, 374. alqd re oder cum re, gegen etwas eintauschen: Aesoniden cum rebus 7, 60. Mycenida cervā, vertauschen mit 12, 34. atras auratis vestibus, die goldenen Gewänder mit schwarzen 8, 448.
mūtus, a, um, stumm 9, 655. 10, 389. os 6, 574. corpus 11, 736. — 2) übrtr. wo kein Laut vernommen wird, still, lautlos: quies 11, 602. silentia, tiefe Stille, Todesstille 4, 433. 7, 184. 10, 53.
mūtŭus, a, um, wechselseitig, gegenseitig 3, 123. 7, 141. 800. 14, 771. dicta 1, 655. 8, 717.
Mўcălē, ēs, f. 1) Mutter des Lapithen Orios 12, 263. — 2) Vorgebirge Joniens der Insel Samos gegenüber 2, 223.
Mўcēnae, ārum, f. Stadt in Argolis im Peloponnes, Residenz des Agamemnon 6, 414. 15, 426. - Dav. **Mўcēnis**, ĭdis, f. die Mycenerin, d. i. Iphigenia, Tochter des Agamemnon: acc. Mycenida 12, 34.
Mўcŏnŏs, i, f. cycladische Insel im ägäischen Meere: acc. Myconōn 7, 463.
Mygdŏnĭs, ĭdis, f. mygdonisch; dah. (weil die Mygdonen aus Thracien nach Phrygien u. Lydien eingewandert waren) = lydisch 6, 45.
Mygdŏnĭus, a, um, mygdonisch, thracisch (f. Mygdonis) 2, 247.
Mўlēus, a. um, aus Mylis, einer Stadt auf der Nordküste Siciliens 13, 684.
mўrīca, ae, f. die Tamariske, ein strauchartiges Gewächs 10, 97.
Myrmĭdŏnes, um, m. die Myrmidonen

Volksstamm der Insel Aegina, der Sage nach aus Ameisen (μύρμηκες) entstanden. Sie wanderten später zum Theil nach Phthia in Thessalien aus 7, 654.
myrrha, ae, *f.* der Myrrhenbaum, eine arabische Balsamstaude 10, 310. 15, 399. — 2) **Myrrhenöl, Myrrhe** 3, 555. 4, 393. 5, 53. 10, 501.
Myrrha, ae, *f.* Tochter des Cinyras, Mutter des Adonis 10, 312.

myrtētum, i, *n.* **Myrtengebüsch** 9, 335.
myrtĕus, a, um, **von Myrten**: silva, Myrtenwald 11, 234.
myrtus, i, *f.* **Myrtenbaum, Myrte** 10, 98.
Myscĕlos, i, m. Sohn des Argivers Alemon, Gründer der Colonie Croton in Unteritalien 15, 20.
Mysus, a, um, zur Landschaft Mysien im nordwestlichen Kleinasien gehörig, **mysisch** 15, 277.

N.

Năbătaeus, a, um, den Nabatäern, einem Volke des petraïschen Arabiens, gehörig, **nabatäisch**: regna 1, 61; subst. Nabataeus, i, *m.* ein Nabatäer 5, 163.
Naīus, ädis, u. **Nāis,** ïdis, *f.* **Wassernymphe, Flußnymphe, Najade** 4, 49. 329. 356. *plur.* Naiades 4, 304. 6, 329. 14, 328. Naides 1, 642. 2, 325. 3, 506. 9, 87. 14, 786. *acc.* Naidäs 9, 657. — 2) übrtr. überh. **Nymphe** (Hamadryade, Dreade, Nereide) 1, 691. 4, 289. 8, 579. 10, 9. 514. 11, 49. aequoreae 14, 557. *acc.* Naidäs 6, 453. 9, 657.
Nāis, s. Naias.
năm, *conj.* **nämlich, denn** (zur Erläuterung und Begründung einer Aussage) 1, 22. 185. 318. 2, 5. 11, 217; dah. insbes. a) beim Uebergange zu einer das Vorhergehende erläuternden Erzählung 2, 5. 329. 536. 4, 551. 6, 157. 8, 189. 9, 669. 11, 150. 15, 487. — b) in parenth. Sätzen, die eine Versicherung enthalten 1, 2. 318. 2, 345. 8, 860. 12, 86. 14, 813. 15, 131. (postpositiv 9, 669. 11, 162. 192.)
namque, *conj.* (in verstärkter Bedeutung von nam = καὶ γάρ), **denn nämlich, denn fürwahr** 1, 361. 687. 3, 519. 5, 149. 10, 605. 738. 14, 841; zur Erläuterung eines Ausspruchs eine Erzählung anreihend 3, 351. 8, 241. 273. 9, 103. 285. 10, 109. 11, 221. (postpositiv 8, 273. 10, 515. 14, 312.)
nanciscor, nactus sum, cisci, (zufällig, gelegentlich) **erlangen, bekommen, finden, einer Sache theilhaftig werden:** alqd 3, 606. 7, 416. 9, 573. 12, 511. 13, 548; insbes. a) alqm, **antreffen** 6, 693. 10, 438. — b) von Localitäten, **antreffen, erreichen,** wohin gelangen 1, 232. 2, 455. 6, 603. 13, 902. 14, 372. 440.
nans, ntis, s. no.
Năpē, ēs, *f.* (νάπη, „Waldthal"), ein Hund des Actäon 3, 214.
Năr, Nāris, *m.* Nebenfluß des Tiber 14, 330.
Narcissus, i, *m.* Sohn des böotischen Flußgottes Cephisus und der Nymphe Liriope, verschmäht die Liebe der Nymphe Echo, die deshalb von Gram verzehrt zum Gestein wird, in dem nur noch der Widerhall lebt. Narcyssus erblickt sein eignes Bild in einer Quelle und verliebt sich in dasselbe; er verschmachtet und wird in die Blume Narcisse verwandelt 3, 346.
nardus, i, *f.* die **Narde,** eine wohlriechende Pflanze Indiens 15, 398.
nāris, is, *f.* **Nasenloch, Nase** 3, 675. 5, 138. 6, 141. 12, 253. 315. *plur.* Nasenlöcher 12, 435. Nase 3, 212. 7, 806. 14, 95. Nüstern 2, 85. 3, 686. 7, 104. 15, 513.
narrātum, s. narro.
*****narrātŭs,** ūs, *m.* **Erzählung** 5, 499 (ordne: veniet hora tempestiva narratibus meis cur loco mota sint).
narro, āvi, ātum, āre, **erzählen, schildern**: vires dei 4, 418. crimen parenti 2, 813. de alquo 4, 44. miracula de alquo 11, 346; mit abhäng. Frage 4, 130; mit *acc. c. inf.* 2, 599. 3, 192. 13, 843; *pass.* narror, man spricht von mir 14, 731. mit *nom. c. inf.* man erzählt von mir, daß ich ... 15, 312; *part.* narratum, i, *n.* das Erzählte 12, 57.
Narycĭa, s. Narycius.
Nărycĕïus, a, um, aus **Naryx,** einer Stadt der ozolischen Locrer in Mittelgriechenland, **narycisch** 8, 312. heros, d. i. Ajax, Sohn des Oileus aus Naryx 14, 468. Narycia (sc. urbs), die von den ozolischen Locrern in Unteritalien gegründete Colonie Locri 15, 705.
Năsămōnĭăcus, a, um, zu den Nasamonen, einer Völkerschaft im nördl. Afrika, südwestlich von Cyrenaica, gehörig, **nasamonisch** 5, 129.
nascor, nātus sum, nasci, **geboren werden, erzeugt werden, entstehen** 15, 255. de Cecrope 2, 555. de tigride 7, 32. 9, 613. de conjuge 15, 836. de pellice 2, 469. 4, 422. de stirpe 11, 312. e Phoebo 11, 316. de sanguine natus, entsprossen aus 4, 786. 15, 447. e sanguine 1, 162.

e caede 9,73; mit *abl.*: materno sanguine 5,259. Jove natus, vom Jupiter erzeugt, Jupiters Sohn 1,673. rege Molosso 13, 717. Jove nata, Tochter Jupiters 5, 297. Maja natus, Sohn der Maja 2,686. matre Laconide, geboren von 3, 223. sorore avoque natus 10,521. — 2) geschaffen werden, entstehen, wachsen 1, 78. de corpore 7, 370. de viscere 15, 366. natae per bracchia pennae 5, 548. pennae cum corpore natae 6, 714. pennae natae in corpore 8, 543. umbrae natae 5, 591. nebulae (*sc.* ex fluminibus) 13, 602; *v.* Gewächsen: wachsen, hervorsprossen 1, 108. 4, 742. 7, 418. 13, 396. 815. 14, 38. 763. — 3) insbes. *part.* **natus**, a, um: a) geboren, subst. natus, i, *m.* Sohn 2, 52. 13, 641. 7, 359 (f. furtum). 9, 408 (= Alcmaeon, f. Callirhoe); *plur.* nati, Söhne 3, 134. 6, 278. 7, 159. Kinder 6, 198. 338. 13, 645; von Thieren, Junge 3, 215. nata, ae, *f.* Tochter 1,482. 2, 269. 13, 661 (duabus *sc.* natis). Jovis, d. i. Minerva 4, 800. — b) zu etwas geschaffen, (von der Natur) zu etwas bestimmt, zu etwas geeignet ob. geschickt: Cithaeron natus ad sacra 2, 223. canor natus ad mulcendas aures 5, 561. sinistra nata ad furta 13,111. lingua nata in perjuria 14,99. Parthenope nata in otia 15, 711. pecus natum in tuendos homines 15, 117; mit *dat.*: anima laboribus nata 9,180; mit *inf.* 15, 121.
nātālis, e, die Geburt betreffend: origo, ursprüngliche Entstehung 12, 471. 13, 609. solum (locus), Geburtsland, Vaterland 7, 52. 8,184. subst. natalis, is, *m.* Tag der Geburt 9, 285. *plur.* natales, Geburtstage, dichter. = Lebensjahre 2, 497. 14, 138. natales agere 8,242. 13,753.
nātīvus, a, um, natürlich (im Gegensatz des Künstlichen): arcus 3,160. pumex 10, 692.
nāto, āvi, ātum, āre, schwimmen 11, 566. 13, 899. crura natantia, Schwimmfüße 14, 551. crura apta natando 15, 376. — 2) übtr. schwanken, schweben: ante oculos natant tenebrae 12, 136. oculi sub nocte natantes, (im Tode) brechend 5, 71.
nātūra, ae, *f.* die Natur als Schaffendes, Bildendes 6, 350. 15, 218. 253. 270. melior (Naturkraft) 1, 21. im Gegensatz zur Kunst 3, 159. 11, 235. — 2) Natur, d. i. Urstoff, Substanz 1, 6. Element 15,354. altera (= aqua) 13,946. — 3) Natur, d. i. Beschaffenheit, Wesen (eines Dinges) 1, 403. 3, 376. 5, 205. 10, 67. aetheris 15, 194. rerum 15, 6. Gestalt 12, 394 (illi = illorum, Centaurorum). duplex, Doppelgestalt 12, 503. —

4) **Natur**, d. i. Gesetz der Natur, Ordnung der Welt 4, 279. 8, 189. 9, 758. 10, 353. 15, 63. 68.
nātūrālis, e, von der Natur verliehen: munus 14, 684. — 2) der Natur gemäß, natürlich; malum 9, 730. pavor 10,117.
naufrăgus u. **nāvĭfrăgus**, a, um, der Schiffbruch erlitten hat, schiffbrüchig 11, 668. 719. naufragus interiit, durch Schiffbruch 11, 686. simulacra, Bilder des Schiffbruchs 11, 628. — 2) Schiffbruch bewirkend, schiffzerschellend: fretum 14, 6.
Nauplĭādēs, ae, *m.* Sohn des Nauplius, Naupliade, d. i. Palamedes (f. Palamedes) 13,39. 310.
nauta, f. navita.
nāvăle, is, *n.* Standort der Schiffe, Werfte 3, 661. *plur.* 11, 455.
nāvĭfrăgus, f. naufragus.
nāvĭgĭum, ii, *n.* Fahrzeug, Schiff 11, 561. 14, 553.
nāvĭgo, āvi, ātum, āre, schiffen, segeln 1, 296. aequor, durchschiffen 15, 50.
nāvis, is, *f.* Schiff 2, 163. 4, 706. acc. navim 11, 663.
nāvĭta u. contrah. **nauta**, ae, *m.* Schiffer 1, 133. 11, 475. 15, 294.
Naxŏs, i, *f.* die größte der cycladischen Inseln im ägäischen Meere, dem Bacchus geheiligt 3, 640. 649. *acc.* Naxon 3, 636.
1. **nĕ**, enklitische Fragepartikel, gewöhnlich dem betonten Worte angehängt: 1) in directen Fragen 1, 653. 2, 74. 285. 3, 532. 5, 14. 7, 38. 69. 9, 213. 429. 514. 10, 347. 14, 173. 15, 768. quone, wohin 3, 476. ne ... an 3, 304; disjunct. ne ... ne (oder) 3, 538. 15, 503; bloß im zweiten Gliede 9, 147. im bejahenden Sinne, nicht? 9, 186. 10, 681. — 2) in indirecten Fragen, ob? 1, 249. ne ... an 1, 585; im zweiten Gliede, oder ob? 1, 578. 5, 167. 6, 329. 678. 8, 44. 635. 10, 563. 13, 756. ne ... ne, ob ... oder ob? 3, 256. 13, 912.
2. **nĕ**, *adv.* der Verneinung, nicht: a) in imperativen und optativen Sätzen, mit *imperat.* 1, 597. 2, 101. 3, 116. 5, 335. 6, 30. 7, 507. 10, 352. 12, 309. 13, 321. 447. 15, 140; mit *conjunct.* 1, 508. 7, 856. — b) daß nur nicht, daß nicht etwa 1, 508. 2, 88. 13, 271. tantum ne, 8, 54. 9, 21. modo ne 13, 135. dum ne 10, 318 (f. dum). — 2) *conj.* zur Bezeichnung einer negativen Absicht oder einer beabsichtigten negativen Wirkung, damit nicht, daß nicht: rogare ne 7, 250. orare ne 14, 704. optare ne 10, 583. velle ne 4, 470. admonere ne 2, 525. ne non ≙ ut 1, 34. 9, 589. 735. 10, 12. 13, 465. ne nulla monimenta manerent, damit wenigstens ein Andenken bliebe 1,159; elliptisch, d. i. mit Er-

11

gänzung des Satzes: „so erwähne ich" od. „so sage ich" 13, 656. 15, 453; insbes. a) nach Ausdrücken der Furcht und Besorgniß, daß 1, 254. 2, 69. 444. 5, 357. 7, 16. 715. 8, 64. 10, 56. 258. 14, 285. — b) nach den Verbis „zusehen, untersuchen", ob nicht etwa 2, 402. — c) (= ita ut non ob. quin) ohne daß 2, 75.

Nebrŏphŏnus, i, *m.* (νεβροφόνος, „Hirschtödter"), ein Hund des Actäon 3, 211.

nĕbŭla, ae, *f.* Dunst, Nebel, Nebelwolke 1, 54. 267. 2, 159. 4, 434. 6, 21. 12, 598.

nĕc, *f.* neque.

nĕco, āvi, ātum, āre, tödten: alqm 3, 49. 8, 688. 9, 679.

nĕcŏpīnus, a, um, unvermuthet: mors 1, 224. — 2) nichts vermuthend 12, 596.

nĕctăr, ăris, *n.* Nectar, als Trank der Götter 3, 318. 6, 356. 10, 161. als Götterbalsam 4, 250. 10, 732. 14, 606. — 2) übertr. als gesteigerter Ausdruck für jedes süße, liebliche Getränk: Milch 15, 117. Wein 1, 111.

nectărĕus, a, um, nectarisch: aquae, Nectar 7, 707.

necto, xŭi u. xi, xum, ĕre, zusammenknüpfen, zusammenschlingen: catenas 7, 412. manus 8, 747. bracchia nodis vipereis nexa, umschlungen 4, 491.

Nĕdymnus, i, *m.* ein Centaur 12, 350.

nĕfandus, a, um (v. for), „nicht auszusprechen"; dah. ruchlos, verrucht, heillos: caedes 15, 174. sacra 10, 228. concubitus 6, 540. domus 6, 601. dapes 15, 75. ferrum 8, 439. manus 3, 731. 13, 203. nil nefandum committere 9, 626.

nĕfās, *indecl. n.* was gegen göttliches Gebot und sittliches Gefühl streitet: Unrecht, Sünde, Frevelthat 1, 129. 392, 6, 613. fas nefasque, Recht u. Unrecht 6, 585. 9, 551. nefas committere 7, 427. 15, 127; ungerechte Strafe 9, 372. das Unheilige des sterblichen Wesens 13, 952. — 2) concret v. Personen, Greuel, Scheusal 10, 307.

neglectus, a, um (*part. v.* negligo), vernachlässigt: capilli, ungeordnet 2, 413.

nĕgo, āvi, ātum, āre (von ne u. ajo), „nein sagen"; dah. 1) verneinen, leugnen, in Abrede stellen: alqd 2, 568. 6, 193; mit *acc. c. inf.* 4, 3. 10, 25. 139; sagen oder versichern, daß nicht... 2, 693. 3, 573. 13, 575. *pass.* negor mit *nom. c. inf.*, man sagt, daß ich nicht... 10, 323. non dignus es negari meus esse, als mein Sohn verleugnet zu werden 2, 42. — 2) versagen, verweigern: alcui alqd 2, 52. 385. 6, 187. 7, 445. 10, 487. 634. 12, 568. 13, 35. 14, 527 (s. fero). 15, 648. fidem indicio 7, 833. requiem, keine Ruhe gestatten 1, 541. 12, 135. ventis vela, entziehen 11, 487. alqm alcui, Jemds. Besitz verweigern 10, 619. 13, 131. ˈse alcui videndum, Jemdm. seinen Anblick entziehen 1, 771. alcui oder se alcui, Jemdm. Gegenliebe verweigern, sich Jemds. Liebe entziehen 9, 752. 13, 741; mit *inf.*, sich weigern, nicht wollen 14, 250.

Nēlēĭus, a, um, *f.* Neleus.

Nēlēus, a, um, *f.* Neleus.

Nēleus (zweisylb.), ĕi, *m.* Sohn des Neptunus u. der Tyro, Vater des Nestor, König von Pylos in Elis 2, 689 (Nelei zweisylb. durch Synizesis). - Dav. 1) Nēlēĭus, a, um, neleïsch; subst. der Neleïer, d. i. Nestor 12, 577. — 2) Nēlēus, a, um, neleïsch 6, 418. 12, 558. — 3) Nēlīdēs, ae, *m.* Sohn des Neleus, Nelide 12, 553.

Nēlīdēs, *f.* Neleus.

Nĕmĕaeus, a, um, zur Stadt Nemëa in Argolis gehörig, nemeäisch: moles, der durch Geschosse unverwundbare Löwe, welchen Hercules zwischen seinen Armen erstickte 9, 197. vellus = vellus leonis Nemeaei 9, 235.

Nĕmĕsē, ēs, *f.* Stadt in Unteritalien 15, 52.

nēmo, ĭnis, *m.* u. *f.* Niemand 2, 389. 3, 137. 15, 600.

***nĕmŏrālis**, e, im Walde befindlich, waldig 3, 157. 14, 331.

nĕmŏrōsus, a, um, waldreich 9, 165. 14, 822; übertr. baumreich, dichtbelaubt: silvae 10, 687.

nempĕ, *conj.* hebt eine Behauptung als keines Beweises bedürftig hervor: doch wohl, nämlich, offenbar, freilich 2, 474. 664. 4, 194. 7, 53. 66. 9, 497. 737. 13, 93. 178. 339. 759. 15, 352.

nĕmŭs, ŏris, *n.* Waldtrift, Wald, Hain 1, 568. 2, 438. 4, 601. 7, 75. 8, 744 (s. unus). Heliadum 10, 91; Gebüsch 8, 340.

nĕo, nēvi, nētum, nēre, spinnen 8, 453.

Nĕoptŏlĕmus, i, *m.* (v. νέος u. πόλεμος, „junger Krieger"), Beiname des Pyrrhus, des Sohnes des Achilles u. der Deïdamia, der Tochter des Königs Lycomedes auf Scyros 13, 455.

Nĕphēlē, ēs, *f.* eine Nymphe im Gefolge der Diana 3, 171.

Nĕphēlēĭs, ĭdis, *f.* Tochter der Nephele, der ersten Gemahlin des Athamas, Nepheleïde 11, 195.

nĕpōs, ōtis, *m.* Enkel 3, 134. = Ascanius 13, 680. = Romulus 14, 810. nepotes = Romulus et Remus 14, 773. — 2) dichter. Nachkomme 6, 138. 15, 17. 444. 835.

neptis, is, *f.* Enkelin 4, 531. 7, 401.

Neptūnĭus, a, um, *f.* Neptunus.

Neptūnus, i. *m.* Sohn des Saturnus, Gemahl der Amphitrite, Bruder des Jup-

piter und Pluto. Ihm fiel bei der Verloosung der Welt das zweite Loos zu, die Herrschaft über das Meer u. alle Gewässer (dah. deus pelagi 6, 75. rector pelagi 4, 798. aequoreus rex 8, 604. rex aquarum 10,606). Als Zeichen dieser Würde führt er den Dreizack (Tridentifer 8, 595; vergl. 11,202) 2, 270. 4, 533. 6, 115. 8, 602. 851. 10, 606. 12, 26. 198. 558. = Dav.
Neptūnĭus, a, um, neptunisch 12, 72. heros = Theseus, für dessen Vater von Einigen nicht Aegeus, sondern Neptun gehalten wurde 9, 1. proles = Hippomenes, als Urenkel Neptuns 10, 639. 665.
nĕque od. **nĕc** 1) **und nicht, auch nicht, und auch nicht** 2,174. 241, 12, 70. nec ullus, und kein 4, 441. nec quicquam, und nichts 1, 8. nec unquam, und niemals 10, 409. nec aut... aut, und weder ... noch 9, 556. 12, 345. 14, 462; insbes. a) die Verbindung bezieht sich auf das Nomen, die Negation aber auf das Epitheton: nec inhospita tecta = et tecta non inhospita 15, 15. nec iners voluntas = et voluntas non iners 8, 678. nec levibus tophis = et tophis non levibus 8, 561; oder die Verbindung bezieht sich auf den ganzen Satz, die Negation nur auf ein einzelnes Wort: nec renovatus ager canebat = et canebat ager non renovatus 1, 110. nec dubium de morte ratae = et ratae non dubium (esse) 4, 545. neo longo tempore induit = et induit non longo tempore 7, 280. nec iniqua mente = et aequa mente 8, 634. nec vina longae senectae = et vina non longae senectae 8, 672. nec causā mota patenti = mota non causā patenti 9, 537; vergl. 4, 230. 7, 508. 8, 355. 9, 792. 11, 201. 492. 12, 65. 15, 539. neque ad huc = et nondum, und noch nicht 5, 453. 506. 6, 418. 669. 8, 423. 9, 273. 13, 166. 408. 15, 205. — b) die zu ait od. inquit gehörende Verbindungspartikel ist mit einer Negation in der angeführten Rede zu nec vereinigt: nec longius ibitis = et ait: non longius ibitis 5, 414; vergl. 9, 131. 10, 569. 11, 263. — c) nach vorangehender allgemeiner Negation, **noch, und, oder** 1, 322. 2, 412. 846. 4, 372. 6, 7. 7, 777. 9, 432. 11, 767. 15, 393. 650. — d) beim *imperat.* für et ne oder neve 1,462. 2,464. 3, 117. 477. 5, 281. 7, 508. 8, 93. 433. 550. 9, 122. 11, 669. 13, 263. 839. 846. 14, 376. 15, 474. nec ... nec 2, 135; beim *conjunct.* der Willensäußerung 2,129. 8, 434. 792. 9, 380. 510. 533. 698. 11, 253. 12, 455. 13, 139. 15, 175. nec ... neu 8, 710. — e) nec non, **und auch, und nicht minder, ingleichen** 1, 613. 2, 615. 6, 462. 7, 230.

318. 13, 368. 14, 98. 15, 279. 427. nec non et, **und ebenso auch** 7, 432. 8, 749.
2) **aber nicht, jedoch nicht, und doch nicht** 1, 132, 2, 72. 377. 3, 429. 4, 76. 202. 5, 89. 7,115. 8,836. 9,761. 11,174. 12,293. 13, 957. nec jam, aber nicht mehr 3,701. 4, 243. — 3) **und zwar nicht** 1, 594. 3, 96. — 4) **und daher nicht** 4, 730. 12, 65. — 5) **nämlich nicht, denn nicht** 9, 70. 14, 790. 15, 638. — 6) (= ne ... quidem) **selbst nicht, nicht einmal** 1, 274, 661. 4, 153. 11, 211. 471. — 7) **nicht**: neque tamen, doch nicht, dennoch nicht 2,14. 6, 150. 7, 171. 8, 77. neque enim, denn nicht 1, 680. 2, 22. 7, 607. 13, 564. — 8) correlat. **nec ... nec**, sowohl nicht ... als auch nicht, weder ... noch 2, 54. 6, 188. 15,445. nicht ... daher nicht 14, 130; **neque ... et,** einerseits nicht ... andrerseits, theils nicht ... theils 2, 42. 9, 21. 620. zwar nicht ... doch 4, 378. 14, 841; **neque ... que,** nicht ... und dagegen, nicht ... vielmehr 2, 231. 811. 3, 524. 9, 435. (postpositiv 1, 306. 6, 4. 12, 285.)
nĕquĕo, ivi u. ii, itum, ire, **nicht können, nicht im Stande sein**: hoc 9, 503; mit *inf.* 1, 409. 2, 488. 9, 626. 13, 872. jam nequeo, ich kann nicht mehr 9, 626. 13, 303.
nēquīcquām, s. nequiquam.
nēquĭdquām, s. nequiquam.
nēquīquām, adv. **vergeblich, umsonst** (d. i. ohne etwas zu erreichen) 4, 78. 5, 33. 438. 8, 827. 11, 738.·
Nērēĭs, s. Nereus.
Nērēĭus, a, um, s. Nereus.
Nērētum, i, *n.* Stadt in Unteritalien, unsern Tarent 15, 51.
Nēreus (zweisylb.), ĕos u. ĕi, *m.* Sohn des Pontus und der Gäa, Gemahl der Doris, Vater der Nereïden, eine alte weissagende Meeresgottheit 11, 361. 12, 24. 13,742. acc. Nereā 2, 268. 12, 94; meton. = Meer 1, 187. - Dav. 1) **Nereĭs,** ĭdis, *f.* Tochter des Nereus, Nereide, d. i. Thetis 11, 259. 12, 93. Galatea 13, 749. voc. Nerei 13, 858. acc. Nereïdā = Psamathe 11, 380. *plur.* Nereïdes, die (fünfzig) Töchter des Nereus, die Nereïden, Nymphen des Mittelmeeres 1, 302. 5, 17. 11, 361. 13,899. 14, 264. (Nereïs genennen 11, 380. 12, 93. 13, 899.) 2) **Nērēĭus,** a, um, **nereïsch**: juvenis = Phocus als Sohn der Nereide Psamathe (und des Aeacus) 7, 685. genetrix = Thetis 13, 162.
Nērītĭus, a, um, **zum Berge Neritos auf der Insel Ithaca gehörig, neritisch, ithacisch**: navis, das ithacische Schiff, d. i. das Schiff des Ulixes 14, 563; subst. Neritier, Ithaker 14, 159. — 2) **zur Insel Neritos bei Ithaca gehörig, neritisch**: domus = insula Neritos 13, 712.

11*

nervōsus, a, um, voll Sehnen, sehnig: poples 6, 256.
nervus, i, *m.* Flechſe, Sehne, Muskel 6, 389. 8, 364. 9, 174. 12, 567. 15, 224. 525; übtrt. 1, 518. 5, 340. 10, 16. 40. 108. 11, 5. — b) Bogenſehne, Bogen 1, 455. 5, 67. 6, 243. 286. 8, 381. 10, 108. 11, 324. Sehne der Wurfmaſchine (ballista) 8, 357.
nescĭo, īvi u. ĭi, ītum, īre, nicht wiſſen: futura 2, 660. furtum 2, 423; mit *acc. c. inf.* 4, 563; mit abhäng. Fragſaße 1, 514. 585. 2. 234. 3, 430. 721. 5, 166. 9, 554. non nescio, recht gut wiſſen 12, 27; insbſ. nescio qui (ob. quis), quae, quod (ob. quid) als Ausdruck der Unbeſtimmtheit oder auch Geringſchätzung: ich weiß nicht welcher, d. i. irgend ein, irgend welcher, irgend wer 1, 590. 3, 457. 5, 597. 6, 382. 7, 12. 62. 822. 839. 8, 467. 9, 309. 492. 11, 52. 716; mit verächtlichem Ausdrucke 1, 461. 6, 185 (ordne: et audete praef. mihi Titanida, satam nescio quo Coeo). 7, 39. 13, 844. nescio quid, ein Geringes 12, 616.
nescĭus, a, um, nicht wiſſend, unwiſſend, unkundig: mit *genit.* 1, 614. 9, 336. servati (= eum servatum esse) 7, 380. voti, nicht wiſſend, was ſie wünſchen ſolle 10, 481; mit *acc. c. inf.* 12, 1; mit abhäng. Fragſaße 1, 578. 2, 869. 4, 330. 9, 49. 155; abſol. 2, 58. 503. 8, 66. 14, 131 (*sc.* quae sim).
Nessēus, a, um, ſ. Nessus.
Nessus, i, *m.* ein Centaur, welcher vom Hercules durch einen ſeiner vergifteten Pfeile getödtet wurde, weil er ihm die Deïanira entführen wollte. Sterbend gab er dieſer den Rath, einige Tropfen ſeines Blutes aufzubewahren als wirkſames Mittel gegen jede Untreue ihres Gatten. Als Hercules Oechalia erobert hatte und die ſchöne Jole, die Tochter des Königs Eurytus zu Oechalia, gefangen hinwegführte, wurde Deianira eiferſüchtig und ſandte ihm ein mit dem giftigen Blute des Neſſus befeuchtetes Gewand, welches den Tod des Helden herbeiführte 9, 101. 11, 308. - Dav. **Nessēus,** a, um, neſſeïſch, ... des Neſſus 9, 153. 12, 154.
Nestŏr, ŏris, *m.* Sohn des Neleus, König von Pylos im Peloponnes 8, 313, 12, 169. *acc.* Nestorā 13, 63.
neu, ſ. neve.
neuter, tra, trum, *genit.* neutrīus, keiner von beiden 4, 379. 5, 91 (ſ. arma).
nevĕ ob. **neu,** *conj.* 1) als negirende Fortſetzung nach einem *imperat.* oder *conjunct.* der Willensäußerung, und nicht, auch nicht 4, 223. 5, 491. 9, 563. 10, 352. 546. 13, 136. 472. 748. 15, 402. 777. nec...

neu, und weder ... noch 8, 710. — 2) und daß nur nicht 11, 430. 13, 472. — 3) und daß nicht (= et ne, ſo daß et den regierenden Satz anknüpft): ne velit = et rogant ne velit 2, 395. neu sit = et precamur ne sit 5, 516; vergl. 7, 850. 9, 415. neve ... ait = et ait, ne 11, 136; und damit nicht 1, 72. 151. 445. 2, 138. 482. 693. 802. 4, 87. 716. 800. 7, 137. 297. 8, 794. 11, 30. 14, 464; elliptiſch, b. h. mit Ergänzung von scito oder dicam 6, 40. 7, 520. 10, 679. 11, 430. 13, 306. 14, 16. 32. 131. 473. 759.
nex, nĕcis, *f.* gewaltſamer Tod, Mord 3, 698. 12, 311. neci dare alqm, tödten 12, 459. 15, 110. neci mittere 15, 109. 7, 606. neci occumbere 15, 499. — 2) der natürliche Tod 7, 328. 10, 64.
nexĭlis, e (v. necto), zuſammengeknüpft: plaga 2, 499. hedera, verſchlungen 6, 128.
nexus, a, um, ſ. necto.
nexŭs, ūs, *m.* Umſchlingung, Verſchlingung, Windung: des Epheu 3, 664. von Ringkämpfern 6, 242. 9, 58. von Schlangen 3, 41. 15, 659.
nī, *conj.* (= nisi), wenn nicht, wofern nicht 5, 465. 6, 362. 13, 662. 14, 73. 15, 388. 522.
nīdŏr, ōris, *m.* Duft, Dunſt 12, 153.
nīdus, i, *m.* Neſt 12, 15. nidum facere 8, 257. construere 15, 397.
nĭger, nigra, grum, ſchwarz, dunkelfarbig (Gegenſ. candidus): nigrior pice atra 12, 402. sanguis 12, 326. nubes 10, 449. nox 15, 187. tabum 2, 760. venenum 2, 198. halitus 3, 76. vulnus 1, 444. ara, geſchwärzt 6, 325. nigra pedes, ſchwarz an den Füßen 7, 468. facere candida de nigris, aus ſchwarz weiß machen 11, 314. — 2) übtr. düſter, finſter: Dis 4, 438.
nĭgrans, ntis (*part.* v. nigro, „ſchwarz ſein“), ſchwarz: alae 2, 535,
nĭgresco, grŭi, ĕre, ſchwarz werden 2, 581. 3, 671.
nĭhĭl, contrahirt **nīl,** *indecl.* n. nichts: quod nihil est, ein Nichts 7, 830. illa nihil (contra) *sc.* dixit 5, 30. 12, 232. nihil opis, keine Hülfe 7, 644. 12, 661. nil sanguinis, kein Tropfen Blut 13, 266. nil sui, nichts Eigenes, kein eigenes Weſen 3, 435 ; — 2) adverbial, in keiner Hinſicht, durchaus nicht 10, 189. 565. 14, 24. (nihil mit langer Endſylbe 7, 644.)
nīl, ſ. nihil.
Nīleus (zweiſylb.), ĕi, *m.* ein Gegner des Perſeus 5, 187.
Nīlĭgĕna, ſ. Nilus.
Nīlus, i, *m.* der Nil in Aegypten, entſpringt aus unbekannten Quellen (2, 254) und ergießt ſich in ſieben Mündungen

(septemfluus 1, 423. septemplex 5, 187) ins Meer 1, 728. 5, 324. 9, 774. 15, 753. - Dav. **Nīlĭgena,** ae, c. am Nil geboren, ägyptisch 1, 747.

nimbōsus, a, um, stürmisch: turbo 11, 551.

nimbus, i, m. Platzregen, Sturzregen 1, 261. 269. 3, 300. 9, 105. — 2) Regenwolke 1, 328.

nĭmĭs, adv. zu sehr, allzusehr 1, 494. 7, 15.

nĭmĭus, a, um, übermäßig, zu groß, zu viel: sol 5, 483. vinum 14, 252 (s. vinum). vires 8, 347. levitas 2, 164. pietas 6, 629. amores 10, 577. hoc si nimium (erat) 4, 75. non erat hoc nimium, dies wäre nicht zu viel gewesen 13, 222. nimium feritatis, zuviel wilde Kraft 3, 304. — 2) nimium als adv. a) zu sehr 1, 547. nimium potens 3, 292. 8, 614. nimium durus 7, 14. memor 13, 58. certus 12, 564. diu 6, 38. hostiliter 14, 68. — b) gar sehr, überaus 4, 49. 5, 582. 9, 462. 10, 363.

Ninus, i, m. König von Assyrien, Gemahl der Semiramis 4, 88.

Niŏbe, es, f. Tochter des phrygischen Königs Tantalus (dah. Tantalis 6, 211), Gemahlin des thebanischen Königs Amphion, überhebt sich ihres Kinderreichthums gegen die Latona. Apollo tödtet deshalb ihre 7 Söhne durch seine Pfeile, Diana ihre 7 Töchter; Amphion ersticht sich in Verzweiflung und Niobe wird in einen Thränen vergießenden Felsen auf dem lydischen Berge Sipylus verwandelt 6, 148.

Nīseius, a, um, s. Nisus. (s. †.

nĭsĭ, conj. verneint bedingend: 1) wenn nicht, wofern nicht 3, 521. 6, 209. 7, 29; mit conjunct. 1, 400. 13, 848. 5, 36. 269. 8, 376; bei Betheuerungen: mentiar (ich will Lügnerin sein), nisi videritis 2, 514; quod nisi, s. quod. — 2) außer, nach Negationen: non (nec) ... nisi 5, 529. 7, 236, 8, 657. 9, 251. 13, 744. nemo (nullus) nisi 2, 687. 6, 207. nil nisi 1, 743. 9, 367. nisi quem (risum) = praeter eum quem 2, 778. numquam nisi, stets nur 1, 442. 13, 222; nach Fragen mit negat. Sinne: 7, 26. 10, 61. 234. quid faciat, nisi eat, was soll sie (anderes) thun, als daß sie geht 2, 356; nisi quod, ausgenommen daß, nur daß 2, 451. 4, 673. 13, 486. 895. 14, 784; nisi si, außer wenn, wenn anders nicht, es müßte denn sein daß 5, 20. 615. 10, 200. 14, 177. 561.

Nīsus, i, m. König von Megara in Griechenland, Vater der Scylla (s. Scylla) 8, 8. — Dav. **Nīseius,** a, um, nisëisch: virgo, d. i. Scylla 8, 35.

nīsus, a, um, s. nitor.

1. **nĭtens,** s. niteo.
2. **nĭtens,** s. nitor.

nĭteo, ŭi, ēre, blinken, glänzen 2, 736. 6, 65. 10, 115. 647. ore 11, 690. part. nitens als Adject. blinkend, glänzend: frondes auro 4, 637. flos nitentior ostro 10, 211. palla, schimmernd 14, 262. — 2) übrtr. prangen: arx opibus nitens 2, 795. herba nitens, üppig 15, 202. juvenca, wohlgenährt, schmuck 1, 610.

nĭtĭdus, a, um, blinkend, glänzend, schimmernd: aurum 9, 689. ensis 10, 475. ebur 2, 3. pisces 1, 74. palaestra (vom Oel, womit die Ringkämpfer sich salbten) 6, 241. oliva 7, 470. laurus 14, 720. undae 3, 407. aula 11, 764; von der Sonne: leuchtend 4, 348. 14, 768. 15, 30. 187. ortus 2, 112. ignes (Sterne) 8, 180. dies, heiter, hell 1, 603. 8, 1. — 2) übrtr. schön: caput 13, 838. von Thieren, wohlgenährt, schmuck: vacca 2, 694. 9, 47.

1. **nĭtŏr,** ōris, m. Glanz, Schimmer 4, 231. 233. galeae 13, 105; leuchtende Schönheit 1, 552. 11, 271.

2. **nītor,** nīsus u. nixus sum, nīti, sich auf etwas stemmen od. stützen: cubito 8, 727. eo (scopulo) 4, 733. in capulo 7, 506. Nixus genu, „der Knieende" (Engönäsi, ὁ ἐν γόνασι καθήμενος ἀνήρ), ein Stern der nördlichen Hablkugel 8, 182; insbes. prägn. a) von Ringenden: contra, sich entgegenstemmen, dagegen ringen 4, 361. 9, 50. — b) beim Gebären, in Wehen liegen, Wehen haben 9, 302. 10, 508. — c) sich vorwärts drängen, vorwärts streben: (in) terra 13, 937. in adversum (d. i. von Osten nach Westen) 2, 72. ad alqm ore, hinstreben 3, 452. — 2) bildl. sich anstrengen, sich (angestrengt) bemühen: mit inf. 2, 618. 11, 702. 13, 333. nititur pugnatque resurgere 5, 349. nituntur clivo vestigia ponere, erklimmen mit Anstrengung 8, 694.

nĭveus, a, um, schneeweiß, schneeig: columba 13, 674. vacca 5, 330. lac 13, 829. marmor 14, 313. ebur 10, 247. candor 3, 423. luna, hell 14, 367.

nĭvōsus, a, um, schneereich 5, 313.

nix, nĭvis, f. Schnee 1, 50. 8, 373. plur. 2, 222. 6, 692. 8, 555. 9, 221. 15, 69.

Nixi, ōrum, m. die drei Geburtsgottheiten, welche von den gebärenden Frauen angerufen wurden, und deren knieende Statuen zu Rom auf dem Capitol sich befanden 9, 294.

1. **nixus,** a, um, s. nitor.
2. **Nixus genu,** s. nitor.
3. **nixūs,** ūs, m. die Geburtswehen 9, 300.

no, nāvi, nāre, schwimmen 1, 304. 2, 11. 6, 334. 8, 104. 9, 110. in undis 15, 336. part. nans 11, 562. 785.

nōbĭlis, e, berühmt: Corinthus aere 6, 416. — 2) edel, von edler Herkunft 8, 543. dei, die Götter höheren Ranges, im Gegensatz zu den Göttern zweiten Ranges (dei minorum gentium) 1, 172. — 3) von edler Art, edel 2, 690. 13, 794.
nōbĭlĭtās, ātis, *f.* vornehme Geburt, Adel 9, 672. 13, 22. altera nobilitas, ein andrer hoher Ahn 13, 147. — 2) adeliger Sinn, Adel 7, 44.
nōbĭlĭto, āvi, ātum, āre, berühmt machen: templa nobilitata, berühmt 15, 702.
nŏcens, f. noceo.
nŏcĕo, cŭi, cĭtum, ēre, schädlich sein, hinderlich sein, schaden: alcui 2, 572. 6, 195. 682. turba (*sc.* jacientium) nocet jactis (*sc.* telis) 8, 390. aliquis nocuit (*sc.* arte magica), hat dich behext 10, 398. nocet mit *inf.*, es ist ein Unglück (für Jemd.) 1, 662. 6, 38. 9, 478. 15, 131. *part.* nocens, als Adject.: a) schädlich, verderblich 1, 141. 2, 800. 7, 526. 14, 56. — b) schuldig (eines Vergehens) 4, 110. 10, 69.
nocturnus, a, um, nächtlich, bei Nacht: canes 15, 797. ignes, Sterne 4, 81. Diana = Luna 15, 196.
nōdōsus, a, um, voll Knoten, knotig: lina 3, 153. 7, 807. robur, knorrig 6, 691. 12, 349.
nōdus, i, *m.* der (schürzende, verbindende) Knoten 9, 560. 8, 247. 11, 430. als Haarputz 3, 170. 8, 319. viperei, Gewinde 4, 491. — 2) der Knoten am Holze 7, 678.
Noëmōn, ŏnis, *m.* Kriegsgefährte des lycischen Königs Sarpedon: *acc.* Noëmona 14, 258.
nōlo, nōlŭi, nolle, nicht wollen: quod nollem, was ich freilich nicht wünschen würde (*sc.* wenn es auf mich ankäme) 13, 863. illa (tellus) quidem nollet (te genuisse), würde nicht gewollt haben (*sc.* wenn es hätte sein können) 1, 438. noli promittere, versprich nicht 11, 662. fateri nolle, verhehlen wollen 4, 686. tibi nubere nulla nollet, keine würde sich weigern 10, 622; mit *acc. c. inf.* 13, 486. 15, 220. data (esse) praemia nolet, wird nicht mißgönnen 9, 257; mit *conj.* 9, 475. 10, 632.
nōmĕn, ĭnis, *n.* Name, Benennung 4, 145 (f. ad). 13, 570 (f. Hecuba). 13, 686 (f. Thebae). virgincum, d. i. die Jungfrauschaft 8, 591. *plur.* für *sing.* 8, 508. 10, 739 (f. Adonis). 14, 396. 616. res sine nomine, unnennbar 7, 275. munus sine nomine, ohne es zu nennen 3, 288; via „lactea" nomen habet, hat den Namen „Milchstraße" 1, 169; vergl. 6, 400. 15, 740. cui fecimus „aurea" nomen (statt aureae), die wir die goldene genannt haben 15, 96. nomine, mit Namen, Namens 1, 317. 5, 386. 9, 8. nomine divorum, unter dem Namen 3, 282. nomine dicere, benennen 2, 840. 10, 644. a ob. de nomine alcjus dicere, nach Jemd. benennen 5, 411. 8, 235. 13, 648. 14, 434. nomen gerere 8, 575. habere ex re 13, 569. nomen trahere ab alquo (ob. ab alqua re) 4, 291. 415. 8, 230. (unde) 10, 223. nomen tenere 10, 297. 502. 11, 795; vom Namen der Gestorbenen auf Grabsteinen 2, 338. 11, 429. 707. *plur.* Namenszüge 8, 540. — 2) Name, d. i. Geschlecht, Volk: Romanum (eig. Alles, was Römer heißt) 1, 201. Pelasgum 12, 613. — 3) bildl. a) Name, d. i. Ruhm, Ruf, Ansehn 3, 512. 6, 12. 8, 267. 9, 442. 670. 10, 608. 11, 760. 15, 825 (f. Siculus). 876. — b) Veranlassung, Ursache: aetatis nomine, des Alters wegen 10, 467. — c) der bloße Name als Gegensatz des Wirklichen 15, 154. 430.
nōmĭno, āvi ātum, āre, nennen, benennen 11, 641. 13, 699. — 2) beim Namen nennen, rufen 4, 144. 11, 567.
nōn, *adv.* nicht 1, 98. 3, 534. 584. 11, 600. non tamen, f. tamen; nec non, f. neque; non invidere, gewähren 4, 157. non evitabile, unvermeidlich 6, 234. non vanus, zuverlässig 8, 721. non temptare unversucht lassen 10, 12. non sinere, verbieten 13, 219. non in dichter. freier Stellung 3, 584. 5, 79 (= non ense petit). 5, 440 (= non Aurora). 6, 254 (= non simplex vulnus afficit). 6, 714 (non una natas). 8, 532. 10, 628 (non ferendae). 11, 760 (non inferius nomen); insbes. in der Frage = nonne 15, 199. 285. 308.
Nōnācrīnus, a, um, von Nonacris (Stadt und Berg im nördlichen Arcadien), nonacrinisch, d. i. arcadisch: hamadryades 1, 690. virgo, d. i. Callisto, Tochter des arcadischen Königs Lycaon, vom Juppiter Mutter des Arcas, wird von der Juno in eine Bärin verwandelt, vom Juppiter aber als Bärengestirn an den Himmel versetzt 2, 409.
Nōnācris, a, um, nonacrisch d. i. arcadisch (f. Nonacrinus); *subst.* Nonacria, ae, *f.* Nonacrerin, d. i. Atalanta 8, 426.
nondūm, *adv.* noch nicht 1, 94. 370. 6, 415.
nonnĕ, Fragepartikel, nicht? 5, 375. 9, 598. 15, 362. 382.
nōnus, a, um, der neunte 2, 253. 7, 234. 14, 228.
nōram = noveram, f. nosco.
Nōrĭcus, a, um, norisch (Noricum, römische Provinz südl. von der Donau,

öftl. vom Inn, berühmt durch Eisenwerke) 14, 712.

nōrim = noverim, ſ. nosco.

nōs, ſ. ego.

nosco, nōvi, nōtum, ĕre, (durch den äußern oder innern Sinn) kennen lernen, erkennen: partes 15, 529. patrios penates 1, 773. *perf.* novi, ich habe kennen gelernt = ich kenne, ich weiß: alqm 9, 508. 13, 808 (*sc.* me). se 13, 840. 14, 356 (me = potentiam meam). ventos 1, 132. 11, 437. litora 1, 96. furta mariti 1, 606. nomina equorum 2, 192. jura 9, 551. plurima 4, 43. quis usus sit 14, 270. sich verstehen auf etwas: proelia 13, 210. clipei caelamina 13, 291. — 2) wiedererkennen, erkennen: alqm 7, 651. 11, 659. 14, 161. voce nosci 14, 153. = *Dav. part.* **nōtus,** als Adject., a) bekannt: deus 10, 26. vestis 4, 117. venus utraque 3, 323. alcui 4, 304. 5, 468. notior sibi 14, 679. res notissima 2, 591. notum facere mit *acc. c. inf.*, bekannt machen 12, 64. fieri, bekannt werden 2, 473. notum habere, erprobt haben 15, 439; ſubſt. nota, orum, *n.* Bekanntes, Offenkundiges 2, 570. — b) gewohnt: vada 1, 370. juga 3, 239. locus 7, 576. manus 14, 849. — c) prägn. **allbekannt, berühmt:** delubra 13, 634. Dryope notissima formā 9, 330. übel bekannt, berüchtigt: feritate 1, 198.

nosse = novisse, ſ. nosco.

noster, tra, trum, unſer 6, 352. 7, 39. vix ea nostra voco, uns angehörig, das Unſrige 13, 141.

nŏta, ae, *f.* 1) Zeichen: notas reddere, die Zeichen (Winke) erwiedern 11, 466. Wundmal 11, 9; insbeſ. Schriftzeichen, Buchſtaben 6, 577. — 2) Kennzeichen, Merkmal, Zeichen 2, 452. 8, 160 (*sc.* viarum). generis 1, 761. linguae 14, 525. caedis, Spur 6, 670; insbeſ. Götterzeichen, Wahrzeichen: veri 7, 600. notam dare fulgore 7, 619.

nŏtābĭlis, e, bemerkbar 1, 169.

nōtĭtĭa, ae, *f.* Bekanntſchaft 4, 59. loci, Kenntniß 7, 57.

nŏto, āvi, ātum, āre, 1) mit Zeichen versehen, bezeichnen: rubor ora notat, färbt 4, 329. 6, 46. crura notant sentes, ritzen 1, 509; insbeſ. a) schreiben 9, 524. — b) alqm, Jemb. in der Rede bezeichnen, auf Jemb. anspielen 9, 261. — 2) übrtr. bemerken, wahrnehmen, beobachten: si forte notasti 9, 538. haec 10, 597. lacrimas alcjus 3, 459. vitium 4, 67 (nulli = a nullo). alqm venientem 2, 740. qualis foret aura 9, 590. spinae in fronte notatae 8, 244. — 3) sich etwas merken, sich etwas einprägen: numerum 12, 461.

visu (mit den Augen) 15, 660. audita mente 13, 788. jussa memori animo 9, 778. verba 14, 813. fata animo 15, 814. alqd oculis 3, 595. acta notata oculis, das was hier geschehen war und sich ihren Augen eingeprägt hatte 11, 714.

nōtus, a, um, ſ. nosco.

Nŏtus, i, *m.* der Südwind 1, 264.

***nŏvātrix,** īcis, *f.* die Erneuerin, Veränderin: rerum 15, 252.

nŏvem, neun 4, 262. 7, 247. 10, 434.

nŏvēnī, ae, a, je neun 8, 171. — 2) (dichter.) neun 12, 97.

nŏverca, ae, *f.* Stiefmutter 1, 147. 15, 498. = Juno 6, 336. 9, 15. 135. 181.

nŏviens, *adv.* neunmal 5, 304. 10, 296. 11, 529. 13, 952. ter noviens 14, 58.

nŏvĭtās, ātis, *f.* die Neuheit, die Ungewöhnlichkeit, das Ungewöhnliche einer Erscheinung 15, 408. monstri 8, 156. 12, 175. facti mirandi 7, 758. rerum 2, 31. mali 11, 127. furoris 3, 350. ungewöhnliches Ereigniß 8, 681. dulcis, eine wegen ihres ungewöhnlichen Inhalts angenehme Erzählung 4, 284.

nŏvo, āvi, ātum, āre, erneuern: repetitum vulnus, wiederholt neue Wunden schlagen 12, 287; *pass.* novari, sich erneuern: momenta cuncta novantur 15, 185; übrtr. a) verändern, verwandeln: corpus 8, 879. formam 8, 853. 11, 261. faciem 2, 674. 4, 541. 15, 255. fata (bis, weil Chiron aus einem Heros ob. Halbgotte sterblich wurde, aber nach seinem Tode göttliche Ehre empfing) 2, 648. naturam, die Gesetze der Natur ändern 8, 189. naturae jure novato, d. i. gegen die Ordnung der Natur 4, 279. — b) etwas Neues erſinnen 9, 145.

nŏvus, a, um, **neu, jung, friſch:** pabula 10, 122. herbae 14, 347. serta 2, 868. cera 13, 818. conjunx 5, 152. nupta 7, 394. lux 13, 592. tempora 15, 184. ver (als Anfang des Jahres) 2, 27. 15, 202. fontes, neu hervorſprudelnd 15, 270. serpens, verjüngt (durch Häutung) 9, 266. manes, die Schattengeiſter Neuverſtorbenen 4, 436. miles, neu ausgehoben 7, 864; insbeſ. von verwandelten Gegenſtänden, neu entſtanden, neu geſchaffen 1, 439. 554. 2, 365. 377. 3, 115. 4, 425. 5, 674. 6, 381. 7, 124. 401. 864. 8, 609. 10, 206. 310. 11, 789. 14, 309. 499. 15, 562. nova fata, Verwandlung 11, 759; übrtr. a) neu von Art, (bis dahin noch) unbekannt, ungewohnt: deus 4, 417. Liber 3, 520. fluctus 1, 310. latratus 7, 362. 13, 406. rigor 4, 746. vis 7, 19. sacra 3, 732. mos, neu aufgebracht 8, 581. noch nie empfunden: ignis 4, 195. irae 2, 175. — b) ungewöhnlich, unerhört, ſeltſam, wunderbar:

vox 1, 678. semina 4, 573. monstrum 9, 666. fons 14, 798. pestis 9, 200. venus 9, 727. votum 3, 468. factum 8, 96. verba 14, 57. cursus 7, 780. res, **Wundereregniß** 12, 498. 15, 552. — c) *superl.* novissimus, a, um, der äußerste, letzte (in einer Reihenfolge): signa pedum 4, 544. plaga 10, 373. verba 2, 363. 3, 361. 11, 256. 12, 203. 14, 717. hora 4, 156. lux 1, 772. tempora 11, 757. fata 13, 378. fortuna (Loos) 5, 368. regna, die Unterwelt 14, 111. caeli statione novissimus exit, als der letzte, zuletzt 2, 115. 11, 296; partitiv: cauda, Spitze des Schwanzes 3, 681. crura, unterster Theil der Beine 13, 963. meta, der letzte Theil der Rennbahn 10, 597.

nox, noctis, *f.* **Nacht**: densissima.15, 31. media 7, 184. nocte, zur Nachtzeit, des Nachts 1, 224. 2, 806. nocte dieque, Tag und Nacht 2, 343. 4, 260. 12, 46; als mythologische Person: die Nachtgöttin, Tochter des Chaos, Schwester und Gemahlin des Erebos, Mutter der Furien 4, 452. 7, 192. 14, 404. — übtr. a) **Dunkelheit, Finsterniß** 14, 471. Stygia, die Unterwelt 3, 695. — b) **Nacht der Augen, Blindheit** 3, 335. 7, 2. — c) **Todesnacht, Tod** 1, 721. 3, 503. 5, 71. — d) nächtlicher Liebesgenuß 7, 739. — e) was in der Nacht geschieht: pro nocte, für das nächtliche Auskundschaften 13, 253. — 3) bildl. **Verblendung, Unverstand, Blindheit**: caeca 6, 473. animi 6, 652.

noxa, ae, *f.* **der Schaden**, den man zufügt od. leidet 15, 334; übtr. a) **Schuld, Vergehen** (als Folge des angerichteten Schadens) 1, 214. — b) **Strafe**: noxae dedere, zur Bestrafung ausliefern 13, 663.

noxius, a, um, **schuldig, sträflich**: corda 10, 351.

nūbēs, is, *f.* **Wolke** 1, 54. cava 6, 696. atra 12, 52. aquosa 4, 622. 5, 571; insbef. die Wolkenhülle, durch welche die Götter sich und Andere dem Anblicke der Menschen entziehen 2, 790. 3, 273. 5, 251. 631. 6, 217. 11, 591. 12, 32. 15, 537. 804.

nūbifer, ĕra, ĕrum, **Wolken tragend**: Apenninus 2, 226.

nūbigĕna, ae, *c.* **Wolkensprößling, Wolkenkind**: *plur.* nubigenae, die Centauren als Kinder des Irion von einer Wolkengestalt (f. Centauri) 12, 211. 541.

nūbila, orum, f. nubilus.

nūbĭlis, e, **heirathsfähig, mannbar** 11, 302. anni 14, 335.

nūbĭlus, a, um, **wolkig, bewölkt**: Auster 11, 663. subst. nubila, orum, *n.* **Wolken, Gewölf** 1, 268. 328. 357. 2, 209. 5, 286. 11, 435. humida 8, 3. cava 5, 623. 9, 271. nubila conducere 1, 572. inducere 7, 202. trahere 3, 300. pellere 6, 690;

übtr. a) **dunkel, finster**: via nubila taxo, düster umschattet 4, 432. Thybris umbrā 14, 447. antra multā silvā 14, 514. — b) **finster, traurig**: vultu 5, 512.

nūbo, psi, ptum, ĕre, "sich verhüllen"; dah. von der Braut (welche verhüllt dem Bräutigam übergeben wurde): sich für den Bräutigam verhüllen, d. i. Jemd. heirathen, sich mit Einem vermählen: alcui 5, 418. 10, 621. nubimus ambae, wir freien uns beide als Bräute 9, 763. *part.* nuptus, vermählt: alcui 6, 634. poet. von der Weinrebe, die am Baum hinaufgezogen ist 14, 666; subst. nupta, ae, *f.* die Vermählte 12, 223. nova, d. i. Eurydice 10, 8. Glauce 7, 394 (f. Medea).

nūdo, āvi, ātum, āre, **entblößen**: corpora 1, 527. canos 10, 391. faciem 8, 32. cacumina nudata (*sc.* aquis), nicht mehr bedeckt 1, 346. — 2) **berauben**: alqm armis 12, 439.

nūdus, a, um, 1) **entblößt, bloß, nackt** 2, 28. 3, 178. capilli 4, 261. 7, 183. humus 4, 261. ferrum 6, 236. 666. nudus pedem (vestigia), nackt an den Füßen, barfüßig 7, 183. 8, 570. ora, unbehelmt 12, 479. arbor, kahl 13, 691. lacerti nudi (*sc.* alis), flügellos 8, 227. — 2) **beraubt** einer Sache, mit *gen.* 12, 512. — 3) bildl. **bloß, ausschließlich**: certamen 13, 159 (f. habeo).

nullus, a, um, **kein**: nullo cum murmure, ohne irgend ein Geräusch 7, 186. nullo dilectu, ohne Auswahl 10, 324. nullis funeribus, ohne Leichenfeier 7, 607. et nullis inclusit limina portis = neque ullis portis 12, 45; insbef. a) so gut wie kein, **unbedeutend, gering** 8, 683. 14, 197. — b) nullus sum, ich bin verloren, es ist aus mit mir 11, 579. vellem nulla forem, wäre ich doch todt! 9, 735. Hector nullus erat, lebte noch nicht 12, 447. — 2) subst. **Keiner, Niemand**: nulla 10, 621. 11, 545. *dat.* nulli 4, 67. 6, 207. 8, 783. 10, 650. 15, 844. nulli = nulli rei 1, 17. nullis priorum 8, 172. vindice nullo, ohne Bestrafer 1, 89. nullo cogente, ohne daß Jemd. (die Erde) zwang, d. i. von selbst 1, 103. vrgl. 2, 202. 3, 383. 700. 7, 684. 13, 781. 15, 212. 555.

nŭm, Fragepartikel: 1) **denn? etwa? wohl?** 4, 571. 9, 743. 12, 573. 13, 158. 15, 530. numquid, etwa? 8, 46. — 2) in abhäng. Frage: **ob?** 12, 105. 13, 941.

Nŭma, ae, *m.* (Pompilius), der zweite König Roms, v. Geburt Sabiner 15, 4. 481.

nūmen, ĭnis, *n.* (zusammengezogen aus nuimen von nuo, mit dem Kopfe nicken od. winken), der "(angedeutete) Wille";

numerabilis   nympha   169

bah. 1) inšbef. der göttliche Wille, das Göttergebot 15, 28. — 2) die göttliche Macht, das göttliche Walten, Allmacht (der Götter) 1, 545. 10, 690. 15, 546. Bacchi 4, 416. Nereidum 5, 17. Herculeum 15, 47. superorum 1, 411. deûm 11, 134. numina divum 6, 542. 8, 739. — 3) das göttliche Wesen, die göttliche Würde, göttliche Hoheit, Göttlichkeit, Gottheit 6, 172. 14, 589. *plur.* für *sing.* 5, 279. 6, 4. 44. 315. — 4) concret Gottheit, Gott, Göttin 1, 368. 377. 2, 395. 428. 653. 3, 524. 560. 611. 638. 4, 8. 702. 5, 566. 6, 203. 313. 7, 95 (et per numen quod f. in illo luco). 9, 371. 10, 278. 11, 263. 540. promissa firmat numine (*sc.* jurato), d. i. durch Eidschwur 10, 430. numen alumnus, der göttliche Pflegling 4, 421. mundi 10, 17. aquarum 4, 532. 5, 428. pelagi 11, 392. ponti 5, 369. ruris 2, 16. montis 1, 320. silvarum 6, 392. vatum 15, 622. montanum 6, 331. rustica 1, 192. fontana 14, 328. terrena (= subterranea), die unterirdischen Mächte 7, 248. *plur.* für *sing.* 3, 291. 15, 650. 675. *sing.* collectiv, Mächte, Gottheiten, Götter 1, 327. 4, 452. 8, 786. 15, 128.

nŭmĕrābĭlis, e, zählbar 5, 588.

nŭmĕro, āvi, ātum, āre, zählen: fibras 6, 391. gentes, herzählen 15, 830. — 2) unter etwas zählen, zu etwas rechnen: alqd in vetitis 10, 435.

nŭmĕrus, i, *m.* Zahl, Anzahl 1, 47. numeri majoris amici (corripimus), ich und der Genossen Mehrzahl 14, 496. *abl.* numero, an Zahl 5, 298; unbestimmt: Anzahl, Menge, Schaar 2, 446. 3, 624. 4, 791. 5, 555. 11, 525; übtr. a) der Theil (eines Ganzen) 1, 428. 7, 126 (f. per). — b) Takt: ad numerum, nach dem Takte 14, 520.

Nŭmīcĭus, ĭi, *m.* Küstenfluß in Latium, welcher bei Ardea ins tyrrhenische Meer mündet 14, 328. 599.

Nŭmīdae, ārum, *m.* die Numidier, eine nordafrikanische Völkerschaft im heutigen Algier, wurden unter ihrem Könige Juba nebst d. pompejanischen Partei i. J. 46 v. Chr. von Cäsar besiegt 15, 754.

Nŭmītŏr, ŏris, *m.* Sohn des Procas, Bruder des Amulius, Großvater des Romulus und Remus, König von Alba in Latium 14, 733.

numquām, *adv.* niemals 2, 182. numquam ullo tempore 14, 586. numquam nisi, stets nur 1, 442. 13, 222.

numquid, f. num.

nunc, *adv.* jetzt 1, 278. etiam nunc 1, 357. 2, 147. 13, 195. 231. jam nunc 14, 175. nunc quoque, jetzt noch, auch heute noch 2, 706. 4, 750. 5, 328. 677, 7, 656. 9, 226. 664. 11, 144. bis jetzt noch 9, 755. nunc... nunc, jetzt... jetzt, bald... bald 2, 864. 4, 360. 622. 725. 7, 64. 8, 165. 733. 873. 13, 543. nunc... interdum 15, 280; übtr. a) unter so bewandten Umständen, nun 1, 58. 660. 6, 184. 11, 700. 13, 375. — b) nun aber, so aber 1, 365. 10, 339.

nuncŭpo, āvi, ātum, āre, benamen, nennen 14, 608.

nunquām, f. numquam.

nuntĭa, ae, *f.* Botin, Verkündigerin: Junonis 1, 270. vocis 11, 585. cladis 6, 654. leti 14, 726. luctus 5, 549.

nuntĭo, āvi, ātum, āre, ankündigen, melden: alqd 5, 4. 11, 666.

nuntĭus, i, *m.* Bote, Verkündiger: cladis 11, 349.

nūper, *adv.* unlängst, neulich, vor Kurzem 1, 80. 688. 2, 515. 8, 240.

nŭrŭs, ūs, *f.* Schwiegertochter, Schnur 6, 39. 183. 8, 542 (= Deïanira). 9, 325 (= Iole). 9, 416 (f. Hebe). — 2) übtr. (bichter.) junge Frau 2, 366. 6, 45. 588. 9, 644. 1, 3. 15, 486. matresque nurusque 3, 529. 4, 9. 12, 216.

nusquām, *adv.* nirgends 1, 587. 3, 433. — 2) nirgendshin 2, 776. 6, 515.

nūto, āvi, ātum, āre, mit dem Kopfe nicken (von Schlafenden) 1, 717. 11, 620. — 2) hin und her schwanken 3, 108; bildl. animus nutat huc atque illuc 10, 375.

***nūtrīmen**, ĭnis, *n.* Nahrungsmittel, Nahrung 15, 354.

nūtrĭo, īvi od. ĭi, ītum, īre, nähren: membra 4, 216. ignem foliis 8, 643. populus nutrita solo 15, 590. nutriri ventis, sich nähren von 15, 411; bildl. amorem sperando 1, 496. ignes 6, 493.

nūtrix, īcis, *f.* Nährfrau, Amme 3, 278. 4, 324. 10, 382. 14, 157 (f. Cajeta). nutrices 7, 295 (f. Nyseïs); bildl. Ernährerin: nox nutrix curarum 8, 81.

nūtŭs, ūs, *m.* das Winken, der Wink (mit Kopf, Augen, Finger) 2, 849. 3, 460 (nutu = nutui). 3, 642. 4, 63.

nux, nŭcis, *f.* Nuß 8, 674.

Nyctēĭs, ĭdis, *f.* Tochter des böotischen Königs Nycteus, Nycteïde, d. i. Antiope, welche dem Juppiter den Zethus und Amphion gebar: *acc.* Nycteïda 6, 111.

Nyŕēlĭus, i, *m.* (Νυκτέλιος, „der Nächtliche"), Beiname des Bacchus, wegen der nächtlichen Feier der Orgien 4, 15.

Nycteus (zweisylbig), ĕi, *m*, ein Kriegsgefährte des Diomedes 14, 504.

Nyctĭmēnē, ēs, *f.* Tochter des lesbischen Königs Epopeus, wurde wegen einer Missethat ihres Vaters von der Minerva in eine Nachteule verwandelt 2, 590. 593.

nympha, ae, und **nymphē**, ēs, *f.* Nymphe. Die Nymphen, welche die verschiedenen Naturwirkungen repräsentirten, dachte man sich als Halbgöttinnen, zwar nicht unsterblich, aber doch von langer Lebensdauer; ihr Aufenthalt waren theils die Gewässer (Naïades), theils die Berge (Oreädes), theils die Wälder und Bäume (Dryädes, Hamadryädes) 1, 320. 472. 504. 576. 701. 744. 2, 16. 238. 636. 3, 314. 357. 403. 4, 347. 5, 316. 412. 540. 6, 15. 9, 347. 652. 11, 153. 14, 264. 333. pelagi 4, 747. 13, 736. marinae 15, 566.

nymphaeum, i, *n.* **Nymphenhain**: impatiens nymphaei (meidend) 4, 260.

Nȳsēis, ĭdis, *f.* den Berg Nysa in Indien bewohnend, **nysäisch**: nymphae, die Nymphen, welchen Bacchus, nachdem ihn zuerst Ino aufgezogen hatte, zur weiteren Erziehung übergeben wurde 3, 314.

Nȳseus (zweisylbig), ĕi, *m.* „der Nysäer", Beiname des Bacchus (s. Nyseis) 4, 13.

O.

ō! *interj.* **o! ach!** 9, 487. o superi 1, 196. o ego 2, 520. 8, 51. 9, 487. o gratissime 12, 586. dique o communiter omnes 6, 262. Juppiter o 7, 615. o matrem conjunge felicem 10, 422. o faveas 3, 613. o utinam 1, 363. 3, 467. 8, 501. per o tua lumina 14, 372.

ŏb, *praep.* mit *acc.,* **wegen:** ob hoc, deswegen, d. i. der Zierde wegen 12, 91.

ŏb-ambŭlo, āvi, ātum, āre, **umhergehen, herumspazieren:** in herbis 2, 851. Aetnam, umherlaufen auf 14, 188.

obc..., s. occ...

ob-dūco, xi, ctum, ĕre, **womit überziehen, bedecken:** vultus obducti, umwölkt 2, 329. übrtr. luctus annis obducti, verharscht 12, 543.

ŏb-ĕo, ii u. īvi, ĭtum, īre, „**herumgehen"**; dah. (herumgehend) **umgeben:** chlamydem limbus obibat 5, 51. umziehen, überziehen: ora cacumen obit 1, 552. ora pallor 11, 418.

obf..., s. off...

ōbĭce, *ablat.* s. objex.

obĭcĭo, s. objicio.

ŏbĭtŭs, ūs, *m.* **Untergang** (der Gestirne) 15, 310; bildl. **Untergang, Tod** 3, 137. 15, 151.

objecto, āvi, ātum, āre, **zum Vorwurf machen, vorwerfen:** alcui alqd 2, 400 (natum, d. i. den Tod des Sohnes).

objex, objĭcis u. ŏbĭcis, *m.* (v. objicio), „**das Vorgeschobene"**, dah. **Riegel** 14, 780. Damm 3, 571.

objĭcĭo, ēci, ectum, ĕre (jacio), **entgegenwerfen, vorwerfen**: nubem oculis, vor die Augen ziehen 12, 32. alcui nubem, in Gewölk hüllen 15, 537. Erinyn oculis animoque, vorschweben lassen 1, 725. — 2) bildl. als **Schuld vorwerfen, vorhalten, vorrücken:** tenebras 3, 516. digna pudore alcui 13, 308; subst. *partic.* objecta, ōrum, *n.* **Vorwurf, Schuld** 13, 312.

***oblectāmen,** ĭnis, *n.* **Ergötzung, Ergötzlichkeit** (nur *plur.*) 9, 342. hominum oblectamina, Trost, Beruhigung 11, 412.

ob-lĭgo, āvi, ātum, āre, „**anbinden"**; bildl. **verbindlich machen, verpflichten:** obligor (*sc.* vobis), ich bin (euch) dafür verpflichtet 9, 248.

ob-lĭno, lēvi, lĭtum, ĕre, **bestreichen, überschmieren:** *part.* oblĭtus, **besudelt:** spumis 15, 519. leaena oblita rictus (am Rachen) 4, 97. 11, 367.

oblīquo, āvi, ātum, āre, **schräg richten:** oculos 7, 412. ensem in latus 12, 486 (s. latus).

oblīquus, a, um, **seitwärts gerichtet, schräg, schief:** temo 10, 447. lumen 2, 787. ictus 8, 344. 10, 712. bracchia, seitwärts gewandt 5, 215. in obliquo inguine, in der schrägen Neigung der Weiche 5, 132. adstitit in latus obliquum, schräg nach der Seite zu, mit dem Körper schräg einwärts gebogen. 3, 187. saxa, querliegend 8, 551; gekrümmt: ripae 1, 39. cursus 9, 18. ab obliquo, von der Seite, seitwärts 10, 675. in obliquum, in die Quere, schräg 2, 130 (nämlich schräg durch die heiße Zone zwischen den beiden gemäßigten).

oblītus, a, um, s. oblino.

oblītus, a, um, s. obliviscor.

oblīvīscor, lĭtus sum, visci, **vergessen:** alcjus 13, 276. rei 7, 543. 8, 140. 13, 550. 763; mit *inf.* 2, 439. 4, 677. 15, 453; mit *acc. c. inf.* 14, 186; mit Fragsatz 2, 493. 14, 559.

oblīvĭum, ii, *n.* **Vergessenheit:** *plur.* 4, 502. meriti 7, 45. oblivia agere (s. ago) 12, 539. oblivia alcjus facere, Jemd. in Vergessenheit bringen 4, 208.

ob-mūtesco, tŭi, ĕre, **verstummen** 13, 538.

obnoxĭus, a, um, **unterthan, gehorsam:** jussis 15, 853. facies, unterwürfig 5, 235. — 2) (einem Uebel) **unterworfen, preisgegeben:** morti 14, 600. iisdem fatis 11, 742.

ŏb-ŏrĭor, ortus sum, ŏrīri, **zum Vorschein kommen, entstehen** 5, 202. 10, 67.

tenebrae sunt obortae oculis (vor den Augen) 2, 181. lacrimae obortae, hervorbrechend 1, 350. 2, 656. 4, 684. 6, 495. 7, 689. 10, 419. 11, 458. 13, 539.

obp..., ſ. **opp...**

ob-rŭo, rŭi, rŭtum, ĕre, **überdecken, überſchütten:** tumulos 1, 309. alqm 13, 884. tellure 11, 198. fluctibus 11, 210. undā 11, 569. crescens arbor pectora obruerat 10, 496. obrui oceano 9, 594. obrutus ponto 7, 355. cumulo 12, 514. mole 1, 156. — 2) **insbeſ. einſcharren, vergraben:** tauros 15, 364. obruta verba 11, 193. mecum est obruta gratia virtutis 13, 446. semina obruere, unterſcharren 1, 124.

obscēnus, a, um (von caenum oder coenum, „Koth"), „häßlich, garſtig"; dah. übrtr. **unſtätig, unzüchtig** 3, 537. 10, 238. dicta 14, 522. flammae 9, 509. spes 9, 468. lectus 10, 465. Salmacis obscenae undae, deren Gewäſſer entmannt 15, 319. ſubſt. obscena, ōrum, *n.* Schamglied 9, 347.

obscūrus, a, um, **düſter, dunkel:** antrum 4, 100. trames 10, 54. forma obscura reddita est, wurde verdunkelt 3, 475. von Geſtirnen, verfinſtert 4, 201. 11, 570; bildl. a) **dunkel, unbekannt:** res 6, 319. Pallas, verkappt 6, 36. — b) **dunkel, unverſtändlich, räthſelhaft:** verba latebris caecis 1, 388. carmen 14, 57. vates (die Sphinx, wegen der Dunkelheit ihrer Räthſel) 7, 761.

obsēquĭum, ii, *n.* **Willfährigkeit, Nachgiebigkeit** 3, 293. aquarum, willfährige Strömung 9, 117.

ob-sĕquor, cūtus (quūtus) sum, sĕqui, **willfahren, zu Willen ſein** 1, 488.

ob-sĕro, sēvi, sĭtum, ĕre, **beſäen;** *part.* obsĭtus, mit etwas beſäet, bedeckt 4, 725. 11, 234. 13, 719.

ob-servo, āvi, ātum, āre, **merken, beobachten:** res observata colonis (= a colonis) 15, 373. — 2) **hüten:** armenta 1, 514.

obsĕs, ĭdis, *m.* u. *f.* **Geiſel** 1, 227. 8, 48.

obsessus, a, um, ſ. obsideo.

obsĭdĕo, sēdi, sessum, ēre (sedeo), „bei etwas ſitzen"; dah. 1) **beſetzt halten:** aditum 4, 490; **insbeſ. einſchließen, belagern:** Mutina obsessa 15, 822. artus obsessi, die gleichſam belagerten Glieder 5, 632. — 2) **umgeben:** Trachas obsessa palude 15, 717. palus salictis, beſetzt 11, 363. — 3) **inne haben:** corpus frigore, ergriffen, eingenommen 9, 582.

ob-sisto, stĭti, stĭtum, ĕre, **ſich entgegenſtellen** 3, 623. 4, 490. 5, 420. — 2) **ſich widerſetzen, widerſtehen:** alcui 1, 58. 15, 599. animae fugienti den Flucht des Lebens hindern 12, 425.

obsĭtus, a, um, ſ. obsero.

ob-sto, stĭti, stātum, stāre, **entgegenſtehen, im Wege ſtehen:** alcui 3, 92. 568. 4, 203. 11, 616. obstantes nebulae 2, 159. silvae 3, 80, colubrae, überS Geſicht hängend 4, 475. — 2) **hinderlich ſein, widerſtreben, ſich widerſetzen:** alcui 1, 18. 4, 73. 5, 77. 7, 12. 8, 410. 9, 148. 12, 182. conatibus 4, 249. incoepto 7, 145. officio 6, 422. fata obstantia 13, 373. remi obstantes, (der Bewegung) widerſtehend 3, 676. indignatur obstari animae, daß man ſein Leben aufhalte, ihn zu ſterben hindere 11, 788.

ob-strĕpo, pŭi, pĭtum, ĕre, **dazwiſchen rauſchen, dazwiſchen ertönen** 4, 392. — 2) **übertönen:** sono citharae 11, 18.

ob-strŭo, xi, ctum, ĕre, **vorbauen:** saxa obstructa, im Wege ſtehend 3, 570. — 2) **unzugänglich machen, verſperren:** terras et undas 8, 186.

obstrūsus, a, um (*part. v.* obstrudo, verbergen), **verhüllt:** pullo 11, 48.

ob-stŭpesco, stŭpŭi, ĕre, in **Beſtürzung ob. in Erſtaunen gerathen, erſtaunen** 1, 384. 3, 644. 7, 322. 8, 616. 12, 18. formā 2, 726.

ob-sum, fŭi, esse, **entgegen ſein, hinderlich ſein, ſchaden:** alcui 7, 562. 11, 320; abſol. 9, 494 (ſ. unus). mater obest, iſt mir hinderlich 13, 463.

obtĭcesco, tĭcui, ĕre (v. taceo), **verſtummen** 14, 523.

obtūsus, a, um (*part. v.* obtundo, „abſtumpfen"), **abgeſtumpft:** telum 1, 471.

ob-umbro, āvi, ātum, āre, **beſchatten** 13, 845. 14, 837.

ŏbuncus, a, um, **einwärts gebogen, gekrümmt:** pes (aquilae) 6, 516.

ŏbustus, a, um, (v. uro), **angebrannt:** sudes, im Feuer gehärtet 12, 299.

ob-verto, ti, sum, ĕre, **etwas hinwenden, zukehren:** arcus in alqm 12, 605. se ad alqm 5, 231. remos lateri, quer über Bord legen (um nicht mehr zu rudern) 11, 475. vento (sc. undis), wenden (um rückwärts zu fahren) 3, 676. quo (= in puerum) obvertit saevam mentem cum lumine, richtet auf ihn den Blick voll Ingrimm 2, 470; *part.* obversus, hingewandt, hingekehrt: ad austros 13, 725. faciem obversus in agmen, mit dem Geſichte gewendet 12, 467.

obvĭus, a, um, **begegnend, entgegen (kommend, gehend):** obvium alcui esse, begegnen 15, 764. ire, entgegengehen 7, 111. entgegen fahren 2, 75. ruere 15, 730. procedere 7, 515. viam carpere 11, 138. obvia lumina portare, entgegentragen 14, 419. ligna obvia subsedit 10, 497. flamen obvium, entgegenwehend 1, 528.

oc-callesco, callŭi, ēre, harte Haut bekommen: rostro, sich zum Rüssel verhärten 14, 282.

occāsŭs, ūs, *m.* der Untergang der Sonne 1, 354. — 2) als Himmelsgegend, der Abend, der Westen 5, 445. *plur.* 2, 190. 4, 626. 14, 386.

occĭdo, cādi, cāsum, ĕre (cado), „niederfallen"; dah. insbes. sterbend hinsinken, sterben, (im Kampfe) fallen 5, 144. 6, 10. 301. 7, 24. 43. 440. 10, 10. 11, 662. 684. 14, 742. 805. vulnere 6, 265. ab alquo, von Jemdś. Hand fallen 13, 597. occidit una domus, ging zu Grunde 1, 240.

occĭdŭus, a, um, untergehend (v. Gestirnen): Phoebus 14, 416. sol 1, 63. — 2) dem Tode nahend: senecta 15, 227.

occŭlo, cŭlŭi, cultum, ĕre, verbergen, verstecken: caput 2, 255. alqm antris 3, 315. terras caligine 1, 600. juvencum sub imagine cervi 7, 360. *part.* occultus, als Adject., verborgen, geheim: sagitta 12, 596. dolor 2, 806.

occultē, *adv.* heimlich, unvermerkt 10, 519.

occulto, āvi, ātum, āre (v. occulo), verbergen, verstecken: boves silvis 2, 686.

occultus, a, um, s. occulo.

occumbo, cŭbŭi, cŭbĭtum, ĕre, niedersinken, sterben 7, 437. 12, 457. neci, dem Tode erliegen 15, 499. ferro 12, 207.

occŭpo, āvi, ātum, āre (v. ob u. capio), 1) einen Gegenstand oder Ort in Besitz nehmen, einnehmen, sich bemächtigen: saxum (spiritus) occupat artus 14, 757. 15, 166. pars occupat digitos, wird von den Zehen eingenommen 14, 502. anguis totum occupat, nimmt die ganze Gestalt ein 4, 585; ersteigen, erklimmen: cacumen 1, 667. collem 1, 293. scopulum 4, 528. murum 11, 528; bildl. einnehmen, überkommen, ergreifen: tremor occupat artus 3, 40. oculos nox 1, 721. cupido (horror, pavor) alqm 10, 690. 12, 135. 14, 198. somnus corpora 7, 635. sudor artus, ergießt sich über 5, 632. rumor orbem sermonibus, erfüllt 6, 147. communia occupare, sich zueignen 13, 272 (ne, „daß nur nicht"). — 2) übrtr. a) (feindlich) überfallen, angreifen: alqm 3, 48. 4, 716. — b) Jemd. (mit seiner Thätigkeit) zuvorkommen, überraschen: alqm 8, 399. 11, 239. 12, 343.

oc-curro, cŭcurri u. curri, cursum, ĕre, entgegen kommen, begegnen: *alcui* 3, 10. 7, 476. Maeandros sibi occurrens, sich in seinem Laufe wieder begegnend 8, 164.

occursŭs, ūs, *m.* das Entgegenkommen, Begegnen: luporum 14, 256. stipitis occursu, durch Aufstoßen an 15, 523.

Ocĕănus, i, *m.* das die ganze Erde umgebende Weltmeer, der Ocean 9, 594. 13, 292. mare Oceani 7, 267. uterque, der westliche und östliche 15, 830; als mythologische Person Sohn des Uranos und der Gäa, Gemahl der Tethys, Vater der Oceaniden 2, 510. 9, 449. 13, 951.

ōcĭor, ōris, *neutr.* ocius (*superl.* ocissimus, a, um), schneller 1, 502. 541. 7, 776. ocior conscendere 3, 615 (f. qui).

ōcĭus, *adv.* „schneller"; dah. (schneller als gewöhnlich, d. i.) recht schnell, schleunigst 1, 242. 12, 226.

octāvus, a, um, der achte 3, 327.

octōni, ae, a, je acht 13, 753. bis octoni, sechzehn 5, 50.

ŏcŭlus, i, *m.* Auge: oculos tollere (attollere) 11, 464. 13, 125. 2, 448. 6, 606. erigere 4, 145. flectere (reflectere) 8, 696. 10, 57. 7, 341. demittere 15, 612; bildl. oculi pectoris (des Geistes) 15, 64. ante oculos ponere 2, 803. ante oculos constiterant 7, 72. ante oculos stat (mihi) alquis, ich erinnere mich lebhaft an Jemd. 12, 429. — 2) übrtr. Leuchte: mundi 4, 228.

Ocyrhŏe, ēs, *f.* die weissagungskundige Tochter des Centauren Chiron, wurde, weil sie das Schicksal ihres Vaters u. des jungen Aesculap vorhersagte, in ein Pferd verwandelt 2, 638.

ōdi, isse, hassen: alqm 8, 116. se 2, 383. vitam 7, 583.

ŏdĭum, i, *n.* Haß: in alqm 12, 544. cum alquo, gegen Jemd. 7, 297. alcjus, gegen Jemd. 13, 756. 14, 71 (f. in). tyrannidis 15, 61. meri, Widerwille gegen 15, 328. paternum, Haß gegen den Vater 9, 274. odio esse, verhaßt sein 2, 438. *plur.* 4, 448 (f. do).

ŏdŏr, ōris, *m.* Geruch 7, 236; insbes. a) Wohlgeruch 4, 253. Specereien, Balsam 14, 605. *plur.* 2, 626. 4, 759. 15, 400. — b) Gestank 7, 548.

ŏdōrĭfer, ĕra, ĕrum, wohlriechende Specereien hervorbringend: gens (Land) 4, 209.

ŏdōro, āvi, ātum, āre, wohlriechend machen: aëra fumis, durchduften 15, 734; *part.* odoratus, wohlriechend, duftend 4, 250. 8, 226. 10, 732. ignes, weihrauchduftend 15, 574.

ŏdōrus, a, um, wohlriechend: flos 9, 87.

Odrysĭus, a, um, zur Völkerschaft der Odrysier in Thracien gehörig, odrysisch, thracisch: rex, d. i. Tereus 6, 490; subst. der Odrysier, Thracier, d. i. Polymestor 13, 554.

Oeagrĭus, a, um, öagrisch: nondum Oeagrius Haemos, damals noch nicht unter der Herrschaft des thracischen Königs Oeagrus, des Vaters des Orpheus 2, 219.

Oebălĭdēs, ae, *m.* Sohn des Debalus (Königs von Sparta, Vaters des Tyndarus, Großvaters der Helena), Debalide, d. i. Hyacinthus 10, 196.

Oebălĭus, a, um, öbalisch (s. Oebalides): vulnus, Wunde des Debaliden Hyacinthus 13, 396.

Oechălĭa, ae, *f.* Stadt auf der Insel Euböa, welche Hercules zerstörte (s. Iole) 9, 136 (s. ab). - Dav. **Oechălīs**, ĭdis, *f.* eine Dechalierin: *plur.* 9, 331.

Oechălĭdes, s. Oechalia.

Oeclĭdēs, ae, *m.* Sohn des Decleus, Declide, d. i. Amphiaraus, ein berühmter Seher in Argos, der sich weigerte am Zuge gegen Theben Theil zu nehmen, weil er einen unglücklichen Ausgang voraussah. Seine Gattin Eriphyle aber, durch ein kostbares Halsband bestochen, verrieth seinen Versteck. Auf der Flucht aus der unglücklichen Schlacht vor Theben wurde Amphiaraus mit seinem Wagen von der Erde verschlungen 8, 317.

Oedĭpŏdĭōnĭus, a, um, dem Dedipus, Sohn des Lajos und der Jocaste, König von Theben, gehörig, ödipodionisch: Thebae 15, 429.

Oeneus (zweisylbig), ĕi, *m.* König von Calydon, Vater des Meleagros, Tydeus und der Deïanira 8, 486. *acc.* Oeneā 8, 273. - Dav. 1) **Oeneus**, a, um, öneïsch: agri, Gefilde von Calydon 8, 281. - 2) **Oenīdēs**, ae, *m.* Nachkomme des Oeneus, Denide, d. i. Meleagros 8, 414. Diomedes (Sohn des Tydeus, als Enkel) 14, 512.

Oeneus, a, um, s. Oeneus.

Oenīdēs, s. Oeneus.

Oenŏpĭa, ae, *f.* Insel im ägäischen Meere, später Aegina genannt 7, 472. - Dav. **Oenŏpĭus**, a, um, önopisch, äginetisch 7, 490.

Oenŏpĭus, a, um, s. Oenopia.

Oetaeus, a, um, s. Oete.

Oetē, ēs, *f.* (*masc.* 9, 165. 204), das Detagebirge zwischen Thessalien und Mittelgriechenland 2, 217. 9, 230. - Dav. **Oetaeus**, a, um, ötäisch, thessalisch: flammae, die Flammen des Scheiterhaufens auf dem Deta, auf welchem Hercules sich verbrannte 9, 249. rex, d. i. Ceyx, als König von Trachin in Thessalien 11, 383.

offendo, di, sum, ĕre (ob u. fendo), anstoßen: pes offensus, strauchelnd 10, 452 (das Anstoßen des Fußes an der Schwelle galt als böses Omen). — 2) bildl. *pass.* offendi, an etwas Anstoß nehmen, sich wodurch verletzt od. beleidigt fühlen 5, 453; *part.* offensus, a, um, beleidigt, gekränkt, empört, zurückgestoßen 2, 519. indicio 14, 27 (vgl. 4, 171 ff.). repulsā 14, 42. tantā magistrā, d. i. beleidigt dadurch, daß man die Minerva für ihre Lehrerin hielt 6, 24. sacris nefandis 10, 228. vitiis 10, 244.

offensa, ae, *f.* erlittene Kränkung, Verdruß: offensā repulsae, aus Verdruß über 15, 503. — 2) Haß, Feindschaft: in alqm 12, 544. mei, gegen mich 7, 745.

of-fĕro, obtŭli, oblātum, offerre, entgegentragen: arma 14, 800. ora conjugis, zeigen 14, 842. se, entgegenkommen, sich nähern: alcui 1, 644. — 2) darbieten, preisgeben: praedam 3, 246. se ad pericula 13, 42.

offĭcĭum, i, *n.* Dienstleistung, Dienst 2, 385. 9, 109. 10, 418. pedum 1, 744. 2, 480. tegminis, was zur Beschützung des Körpers dient 12, 92. nonus in officio, beim Anbieten des Dienstes, im Erbote 13, 277; insbes. a) Dienstwilligkeit, Liebesdienst, Liebesbeweis 2; 286. 6, 250. 7, 337. 8, 489. 9, 308. Wohlthat 8, 131. der letzte Liebesdienst an Todten 12, 4. — b) Höflichkeit, Aufwartung 6, 422. turbae sequentis, Ehrengeleit 15, 692. — 2) Verrichtung, Geschäft, Dienst: remigis 13, 367. sacri, Opferdienst 12, 33.

Oileus (dreisylbig), ĕi u. ĕos, *m.* König der Locrer, Vater des Ajax, welcher, zum Unterschiede vom gleichnamigen Sohne des Telamon, Ajax Oïleos genannt wird 12, 622.

ŏlĕa, ae, *f.* Delbaum: *plur.* oleae, Delbaumzweige 6, 101.

ŏlĕaster, stri, *m.* der wilde Delbaum, Dleaster 14, 525.

Ŏlĕnĭdēs, ae, *m.* Sohn des Dlenos, Dlenide: Tectaphos 12, 433.

Ŏlĕnĭus, a, um, aus der Stadt Dlenos in Achaja, olenisch: Capella, die Ziege Amalthea, die den Juppiter als Kind gesäugt hatte und als Gestirn an den Himmel versetzt wurde, welches zur Regenzeit aufging 3, 594.

Ŏlĕnŏs, i, *m.* Gemahl der Lethäa, welche aus Stolz auf ihre Schönheit alle Göttinnen verachtete. Als Dlenos die beleidigten Himmlischen bat, ihren Zorn gegen ihn zu wenden, wurden beide Gatten in Stein verwandelt 10, 69.

ŏlens, ntis (*part. v.* oleo), wohlriechend, duftend: mentha 10, 729. — 2) stinkend: olentia sulphure stagna 5, 405.

Ŏlĭărŏs, i. *f.* Insel im ägäischen Meere 7, 469.

ōlim, *adv.* „zu jener Zeit"; dah. 1) von der Vergangenheit, einst, ehemals 7, 292. 406. 8, 624. schon längst 2, 466. — 2) von der Zukunft, dereinst 15, 434. — 3) die jeweilige Wiederholung bezeichnend, zu Zeiten, zuweilen, manchmal 11, 508. 14, 429.

ŏlīva, ae, *f.* Olive (als Frucht) 7, 281. 470. — 2) Olivenbaum, Oelbaum 6, 81. 7, 277. 498. 8, 295. Olivenstab 2, 681.

ŏlīvum, i, *n.* (dichter.), Oel 10, 176.

ŏlŏr, ōris, *m.* Schwan 7, 372. 379.

ŏlōrīnus, a, um, vom Schwane; alae, des Schwanes 6, 109. 10, 718.

ŏlŭs, ĕris, *n.* Küchenkraut, Kohl 8, 647.

Ŏlympus, i, *m.* 1) Berg im nördlichen Thessalien 1, 154. 2, 225. 7, 225; Wohnsitz der Götter, dah. dichterisch = caelum 1, 212. 2, 60. 6, 487. 9, 499. 13, 761. — 2) berühmter Flötenbläser, Schüler des Marsyas 6, 393.

ōmĕn, ĭnis, *n.* 1) (gute oder schlimme) Vorbedeutung, Anzeichen, Omen: vanum 2, 597. dirum 5, 550. felix 10, 5; meton. das (ominös) Verkündete 15, 587. — 2) Glückwunsch (als gute Vorbedeutung): omen fallere 12, 218. reddere omina votis, die Wünsche mit Glück verheißenden Worten erwiedern 14, 272. faustum, freundliche Begrüßung 6, 448.

omnĭpŏtens, tis, allvermögend, allmächtig: pater = Juppiter 1, 154. 2, 304. 401. 3, 336. 9, 271; subst. der Allmächtige 2, 505. 14, 816.

omnis, e, 1) all, jeder: calculus 5, 589. omnia pontus erat 1, 292. erat omnia vulnus 15, 529. omnia debemur vobis (wir insgesammt) 10, 32. omnia, alles Mögliche 3, 281. 9, 541. alles Uebrige 4, 593. das Weltall 4, 169. non omnia, nicht lauter Dinge 6, 28. memoratis omnibus (*neutr.*) 4, 688. — 2) ganz (mit Rücksicht auf die einzelnen Theile): tellus 6, 703. caelum 1, 261. 11, 550. caput 2, 40. turba 3, 122. salus 3, 647.

Onchestĭus, a, um, aus Onchestus in Böotien, onchestisch 10, 605.

ŏnĕro, āvi, ātum, āre, beladen, belasten: stipes oneratur olivis 7, 281; *partic.* oneratus: bracchia telis 3, 109. agri messibus 8, 781. arbutus pomo 10, 101. tempora pudore 11, 180 (f. pudor).

ŏnĕrōsus, a, um, lastend, schwer 1, 53. 9, 54. 15, 240. nec hasta potest non onerosa gravisque esse, noch kann die Lanze anders als zu drückend und zu schwer sein 13, 108; bildl. beschwerlich, drückend: sors 9, 676.

ŏnŭs, ĕris, *n.* 1) Last, Bürde 2, 165. 681. 15, 403 (f. sum). plaustri, Ladung 12, 282. onus inclusum, die vom Himmel umschlossene Erde 1, 47. oneri esse, zur Last sein 10, 195; insbes. Leibesbürde, Leibesfrucht 10, 506. 513. uteri 10, 481. — 2) bildl. Last, Bürde, Beschwerde 2, 634. 12, 626 (f. que). 15, 820. Gegenstand der Sorge 5, 523.

ŏpācus, a, um, 1) beschattet, schattig:
herba 3, 438. valHis 11, 277. antrum 13. 777. unda 14, 330; übrtr. dunkel, finster: terra 11, 607. mater 2, 274. Tartara 10, 20. caligo 10, 54. crepuscula 14, 122, mundus, Unterwelt 5, 507. — 2) beschattend, schattig: silva 8, 376 (ordne: nisi saetiger isset inter opacas silvas, loca nec jaculis pervia nec equo). 10, 567.

ŏpĕrĭo, pĕrŭi, pertum, īre, überdecken, bedecken: collum 10, 496. scrobem 11, 189. alqm alis 4, 425. operiri ab aequore 4, 732. plumis 5, 672. operti arbore montes 5, 612. litus opertum alga 11, 233.

ŏpĕror, ātus sum, āri, einer Beschäftigung obliegen; *part.* operatus, beschäftigt mit etwas, einer Sache obliegend, mit *dat.*: studiis Dianae 7, 746; absol. aufmerksam, eifrig 8, 865.

ŏpĕrōsus, a, um, 1) „thätig"; dah. übrtr. von Medicamenten: wirksam, wirkend 14, 22. — 2) durch viel Arbeit zu Stande gebracht, mühevoll, kunstvoll: templa 15, 667. moles mundi, der kunstvolle Bau des Weltalls 1, 258.

Ŏpheltes, ae, *m.* ein tyrrhenischer Schiffer 3, 605.

Ŏphĭās, ădis, *f.* eine Ophiade, aus d. ätolischen Volke der Ophier 7, 383.

Ŏphĭōnīdēs, ae, *m.* Sohn des Ophion, Ophionide 12, 245.

Ŏphĭūsĭus, a, um, zur Insel Ophiusa (alter Name für Cypern) gehörig, ophiusisch, cyprisch 10, 229.

ŏpĭfer, fĕra, fĕrum, Hülfe bringend, helfend: deus = Aesculapius 15, 653; subst. der Hülfreiche 1, 521.

ŏpĭfex, ĭcis, *m.* Werkmeister, Bildner: rerum (des Weltalls) 1, 79. Künstler 8, 201.

ŏpīnus, a, um, f. necopinus.

ŏportet, ŭit, ēre, es muß, es gebührt sich: ut oportuit, wie es sich gebührt hätte 7, 729.

op-pĕrĭor, pĕrītus u. pertus sum, īri warten, mit folg. dum („bis") 9, 96.

oppĭdum, i, *n.* Stadt 1, 97. 5, 355. 15, 295.

op-pōno, pŏsŭi, pŏsĭtum, ĕre, entgegensetzen, entgegenhalten: bracchia 9, 93. molem clipei, vorhalten 13, 75. genu (costis) entgegenstemmen 5, 383. 12, 347. manum fronti, die Stirn mit der Hand schützen 2, 276. 12, 386; *part.* oppositus, entgegengehalten, entgegenstehend: imago speculi 4, 349. nubes 10, 179. 14, 768. Rhegion, gegenüberliegend 14, 47.

opportūnus, a, um, bequem gelegen, geeignet: latebra 3, 443. populus 10, 555.

opprĭmo, pressi, pressum, ĕre (premo), niederdrücken, zudrücken: ora, zuhalten 3, 296; prägn. niederschlagen, erschlagen; alqm 12, 262. 284; bildl. a) opprobrium · orbis

bedrängen: vultus oppressi, von Angst bedrückt 2, 275. — b) überwältigen 5, 150. 12, 533.

opprŏbrĭum, i, *n.* „Beschimpfung": dah. meton. a) Schmähung, Schmähwort 1, 758. — b) concret: der Schimpf: generis, d. i. Minotaurus (f. Pasiphaë) 8, 155.

op-pugno, āvi, ātum, āre, bestürmen, gegen etwas ankämpfen: molem 9, 41. carinam 11, 531.

ops, ŏpis, *f.* (*sing.* nur im *gen.*, *acc.* u. *abl.* gebräuchlich), jedes fördernde Mittel; dah. 1) Macht, Vermögen, Kraft 6, 700. gemina ope currere, mit doppelter Kraft (durch Segel u. Ruder) 3, 663. ope lactis alere, mit Milch 9, 339; insbef. *plur.* opes, a) Vermögen, Reichthum, Schätze 1, 140. 2, 795. 3, 590. 6, 181. 426. 8, 844. 11, 128. 146. 13, 434. 626. 15, 91. Habe 11, 209. Geldmittel 11, 201. — b) politische Macht, Herrschaft 14, 583. 773. Orci, das mächtige Reich des Orcus 14, 117. — 2) Hülfe, Beistand 1, 648. 2, 617. 676. 5, 213. 7, 38. 787. 8, 269. 9, 546. 10, 643. 11, 542. ope alcjus 7, 199. 354. ope virginea (= virginis, Ariadnes, f. Minois) 8, 172. ope equina 9, 125. ope Paeonia 15, 535. nihil opis, keine Hülfe 7, 644. opem ferre alcui, helfen, beistehen 1, 380. 545. afferre 8, 602; concret, Hort, Helfer 15, 650.

Ops, Ŏpis, *f.* die altitalische Göttin der Erde, Beschützerin des Feldbaues, später identisch mit der Rhea: *acc.* Opim 9, 498.

optābĭlis, e, wünschenswerth 9, 759.

optātum, f. opto.

opto, āvi, ātum, āre, wünschen, verlangen: munus 11, 100. necem 4, 115; mit *inf.* 4, 188. 316. 5, 559. 10, 364. 11, 128. 13, 708; mit ut 3, 280. 11, 565. 581; mit ne 10, 583; mit bloßem *conjunct.* 2, 141. 7, 512. 10, 275. 14, 587; *subst. part.* optatum, i, *n.* das Gewünschte, der Wunsch: *plur.* 6, 370. 11, 104. 14, 136. — 2) insbef. zur Gattin (zum Gatten) begehren: aliquam 8, 325. 10, 622. 12, 192.

1. **ŏpŭs**, ĕris, *n.* 1) Arbeit, Werk 3, 129. 4, 39. 390. *plur.* 4, 5. 664. Jagdbarbeit 3, 151. 147. Ackerbau 11, 34. inter opus, während des Feldbaues 7, 539. Beschäftigung, Geschäft 2, 411. 3, 649. 8, 815; insbes. a) Bauwerk, Bau 11, 205. vom Labyrinth 8, 160. populator operis nostri, der von uns erbauten Mauern 12, 593 (vergl. 11, 202 ff.). — b) künstliche Arbeit, Kunstwerk, Bildwerk 4, 175. 675. 6, 14. 10, 249. 254. opus tantae artis (die Waffen des Achilles) 13, 290. Kunstarbeit 2, 5. 111. — c) Schriftwerk, Dichtung 15, 871. — 2) Werk, That 1, 415. 3, 728. 5, 269. 7, 436. 8, 393. 9, 187 (habet, hat aufzuweisen). 12, 187. 13, 159 (f. nudus). 15, 751. — 3) Wirkung: hastae 12, 112. tela diversorum operum 1, 469.

2. **ŏpŭs**, *indecl.* „das Nöthige"; dah. opus est, es ist nöthig, es (man) bedarf einer Sache: alcui alqua re 4, 476. 8, 78. 10, 565 (f. nil). 15, 639. fine nil opus est, nicht ist mir gedient mit einer Beendigung meiner Liebe 14, 24; absol. sic opus est, so thut es Noth 1, 279. 2, 785.

ōra, ae, *f.* 1) Rand, Saum 3, 480 (f. deduco). 5, 398. 6, 101; insbes. Küste, Küstenland 3, 597. 5, 649. 7, 407. 438. 8, 788. 10, 2. 15, 9. — 2) mit Begriffserweiterung, der von einer Grenze umschlossene Raum, Gegend, Land 5, 649. 9, 19. 13, 682. caelestes, Himmelsräume 9, 254. supra, Oberwelt 10, 26.

ōrācŭlum, i, *n.* Orakelspruch, Orakel (nur *plur.*) 1, 321. 392. 491. 3, 8. als Ort 1, 321 (das delphische Orakel am Fuße des Parnassus). Phoebi 3, 8. 13, 677. 15, 631. — 2) übrtr. Weissagung, weiser Gedanke: augustae mentis 15, 145.

ōrātor, ōris, *m.* „Sprecher"; dah. Unterhändler, Gesandter (mit mündlichen Aufträgen) 13, 196.

orbātor, ōris, *m.* Verwaiser (Berauber der Kinder oder Eltern): Achilles, nostri orbator, der uns kinderlos macht 13, 500.

orbis, is, *m.* Kreis, Zirkel, Runde 2, 715. 4, 508. 8, 416. orbem ducere 8, 249. flectere (equitare) in orbem, im Kreise herum 6, 225. 12, 468; insbes. Kreislauf der Sonne 1, 592. 11, 353. 14, 15. — b) Kreisschwingung des Himmels 2, 73. — c) kreisförmige Bewegung der Schlange, Windung, Ringelung 3, 41. 77. 9, 64. 15, 720. — 2) der volle Kreis, Scheibe, runde Fläche 1, 35. genuum, Kniescheibe 8, 808; insbes. a) Weltkreis, Weltall 1, 6. 770. 2, 382. 849. 12, 39. 63. 15, 177. — b) Erdkreis, Erde: telluris 15, 652. terrarum 2, 7. 8, 117. absol. 1, 31. 187. 203. 324. 348. 521. 727. 2, 227. 254. 514. 642. 3, 6. 4, 624. 5, 463 (f. desum). 6, 333. 7, 59. 9, 741. 10, 167. 12, 617. 13, 588. 14, 680. 15, 191. 271; dah. Umkreis, Bezirk, Land, Gegend 8, 98. 100. peregrinus 1, 94. diversus 2, 323. Hesperius 4, 628. magnus 6, 147. alienus 7, 22. fecundus 8, 821; meton. Menschengeschlecht 2, 642. — c) Sonnenscheibe 4, 348. Mondscheibe 2, 344. 453. 7, 180. 530. 10, 296. 11, 453. 15, 198. 312. — d) Radscheibe, Rad 9, 123 (f. Ixion). 10, 42. — e) Discusscheibe 10, 183. — f) Rundung des Auges, Auge: luminis 1, 740. 2, 752. absol. 13, 853 (vergl. 4, 228). Augenhöhle 14, 200.

g) **Knauf** (Wolle) 6, 19. — h) **Lage des runden Schildes**, der aus mehreren über einander gelegten Fellen mit einem Erzüberzuge bestand 12, 97.

orbo, āvi, ātum, āre, (einer nothwendigen Angehörigkeit) **berauben**: orbata praeside pinus 14, 88; **insbes. Eltern der Kinder berauben, verwaist machen**: patres 2, 391. leaena catulo orbata, beraubt 13, 547.

orbus, a, um, (einer nothwendigen Angehörigkeit) **beraubt, ohne etwas, mit** *abl.* 1, 72. 247. 13, 41. 195 (f. suus); **mit** *gen.* 3, 518. 13, 595. 14, 189; **insbes. kinderlos, verwaist** 5, 27. 6, 98. 200. 212. 301. 8, 487. 11, 380. 13, 647.

Orchămus, i, *m.* König von Babylonien, Gemahl der Eurynome, Vater der Leucothoë 4, 212.

Orchŏmĕnŏs, i, *f.* Stadt in Arkadien 6, 416. *acc.* Orchomenŏn 5, 607.

Orcus, i, *m.* der **Orcus**, Gott u. Herrscher in der Unterwelt, b. i. Pluto 14, 116. Die Unterwelt (sedes silentum 15, 772) war geschieden in den Aufenthaltsort der Seligen (Elysiae domus 14, 111. arva piorum 11, 62) u. den Tartarus, den Ort der Strafen (sedes scelerata 4, 456). Charon brachte die Seelen der Abgeschiedenen auf einem Kahne in die Unterwelt (portitor 10, 73); dort angekommen fielen sie dem Urtheilsspruche der Todtenrichter Minos, Rhadamanthus u. Aeacus (1, 25) anheim. (Flüsse der Unterwelt: Lethe, Styx, Acheron, Phlegethon, Cocytus, Avernus.)

ordĭor, orsus sum, īri, **anheben** (in der Rede), **beginnen**: fabulam 4, 44. dicere 4, 167. loqui 4, 320. 6, 26. *alcui*, **zu Jemd. zu reden beginnen** 5, 300.

ordo, ĭnis, *m.* 1) **Reihe, Ordnung**: (dentium) 3, 34. radiorum 2, 108. ordinibus geminis, auf zwei Reihen Ruderbänke 11, 462. Reihenfolge 15, 249. rerum 13, 161. sanguinis (Geschlechtsfolge) 13, 152. ordine perpetuo, in fortlaufender Geschlechtsreihe 11, 755. in ordine ponere, an einander legen 8, 189. sine ordine, durcheinander 8, 389. 14, 266. ordine nullo, außer der Ordnung (bald den, bald jenen) 6, 277. ex ordine, nach der Reihe 2, 109. 7, 650. 8, 747. 12, 211. 14, 473. 15, 733. ordine, der Reihe nach 5, 335. 7, 520. 9, 5. 11, 96 (f. jungo). 13, 932. — 2) **Ordnung, geregelte Weise** 2, 168. 9, 438.

Orēăs, ădis, *f.* (von ὄρος, „Berg"), **Bergnymphe, Dreade**: *acc.* Oreadă 8, 787.

Orĕsītrŏphus, i, *m.* (ὀρεσίτροφος, „auf den Bergen genährt"), ein Hund des Actäon 3, 233.

Orestēus, a, um, **orestëisch**, b. i. des Orestes, des Sohnes Agamemnons und der Clytämnestra, welcher nach vollbrachtem Muttermorde auf Befehl der Götter in Begleitung seines Freundes Pylades seine Schwester (f. Iphigenia) nebst dem Bilde der Diana aus Tauris entführte und letzteres nach Italien in die Nähe von Aricia brachte, wo die Göttin nach dem fremdländischen Cultus verehrt wurde 15, 489.

orgĭa, ōrum, *n.* die **Bacchusfeier, die Orgien** 4, 1. 11, 93.

Orībăsus, i, *m.* (᾿Ορείβασος, „Bergsteiger"), ein Hund des Actäon 3, 210.

oriens, f. orior.

orīgo, ĭnis, *f.* **Ursprung, Entstehung**: mundi 1, 3. fulminis 15, 69; metonym. **Urheber** 1, 79. 5, 262. — 2) **Abstammung, Geburt**: patruelis 1, 352. natalis 12, 471. 13, 609; meton. **Geschlecht** 1, 186. **Stammvater, Ahnherr** 10, 617 (f. a). 11, 755. ab origine Beli, vom Ahnherrn Belus an 4, 213.

Orīōn, ōnis, *m.* ein riesenhafter Jäger aus Hyria in Böotien, welcher nach seinem Tode als Sternbild an den Himmel versetzt wurde, in Gestalt eines Mannes mit gezücktem Schwerte und einem Gürtel von glänzenden Sternen. Das Aufgehen dieses Gestirnes verkündete Sturm 8, 207. 13, 294. Orione natae 13, 692 (f. Coronae.)

orĭor, ortus sum, īri (*praes.* nach der dritten *conjug.*), 1) **von Gestirnen: aufgehen, sichtbar werden** 1, 774. 4, 665. 8, 11. 11, 594. *part.* **oriens**, ntis, *m.* (*sc.* sol), „die aufgehende Sonne", meton. **Morgenland, Orient** 4, 20. 56. 7, 266. 10, 316; von Winden: **sich erheben** 2, 160. — 2) übertr. **hervorkommen, entstehen**: ab his oriuntur cuncta 1, 431; von Pflanzen: **hervorwachsen, aufsprießen** 10, 166. 212. 735. 7, 408; insbes. **geboren werden, abstammen** 6, 437. *part.* ortus, geboren, entsprossen 9, 26. in montibus 14, 326. 557. undis 3, 402. Corintho 5, 407. domo parva 6, 13.

Orĭos, i, *m.* ein Lapithe: *acc.* Orion 12, 262.

Orīthÿia (viersylb.), ae, *f.* Tochter des attischen Königs Erechtheus, wird vom Boreas geraubt 6, 683. 7, 695.

Ornēus, i, *m.* ein Centaur 12, 302.

orno, āvi, ātum, āre, **schmücken**: collum 5, 52. tempora frondibus 6, 163. alqm relatis (armis) 13, 122. ornata capillos, das Haar geordnet (habend) 11, 385.

ornus, i, *f.* **Bergesche** 10, 101. 12, 339.

Ornȳtĭdēs, ae, *m.* Sohn des Ornytus, Ornytide, einer der calydonischen Jäger 8, 371.

ōro, āvi, ātum, āre, bitten, flehen: *alqd*, um etwas 1, 648. 733. 7, 748. 8, 779. 14, 219. alqm 14, 405. socer orandus erat, er war durch Bitten zum Schwiegervater zu erlangen 6, 701; mit ut 1, 704. 6, 499. 10, 405. 11, 399. 15, 633; mit ne 7, 850. 853. 14, 704; mit bloßem *conjunct.* 1, 764. 14, 106. 15, 646. 668; mit *inf.* 6, 413.

Ōrontēs, ae u. is, *m.* der Hauptfluß Syriens 2, 248.

Orpheus (zweisylb.), ĕi, *m.* ein berühmter mythischer Sänger in Thracien, Sohn des Apollo und der Muse Calliope (dah. vates Threïcius 11, 2. Rhodopeïus 10, 11. Apollineus 11, 8), Gemahl der Eurydice, brachte frühzeitig religiöse Cultur nach Griechenland 10, 64. 79. 11, 66. 92. *acc.* Orpheā 11, 5. 23. *voc.* Orpheu 11, 44. - Dav. **Orphēus**, a, um, orphisch,... des Orpheus 10, 3. 11, 22.

Orphēus, a, um, s. Orpheus.

Orphnē, ēs, *f.* (ὄρφνη, „Finsterniß") eine Nymphe der Unterwelt, Gemahlin des Acheron, Mutter des Ascalaphus 5, 539.

orsus, a, um, s. ordior.

ortus, a, um, s. orior.

ortŭs, ūs, *m.* 1) der Aufgang der Gestirne: solis 6, 49. lucis 15, 619. Pallanidos 15, 700. absol. Aufgang der Sonne 1, 354. ortu, bei Sonnenaufgang 15, 310; meton. als Himmelsgegend, Sonnenaufgang, Morgengegend, Osten 2, 112. *plur.* 2, 190. 4, 626. 5, 445. 14, 386. patrii, Aufgangsort des Vaters 1, 779. — 2) übrtr. Ursprung, Abstammung: fluminis 11, 139. maternus 13, 148. ortu Samius, von Geburt 15, 60. *plur.* 2, 43. ortus ducere, abstammen 5, 494.

Ortȳgĭa, ae, u. **Ortȳgĭē**, ēs, *f.* 1) kleine Insel bei Sicilien, auf welcher ein Theil der Stadt Syracus lag 5, 499. 640. — 2) der ältere Name der Insel Delos 15, 337. - Dav. **Ortȳgĭus**, a, um, ortygisch: dea = Diana, weil sie auf Delos geboren worden war 1, 694.

Ortȳgĭus, a, um, s. Ortygia.

1. **ōs**, ōris, *n.* 1) Mund 3, 360. 5, 466. 7, 4. alquis est in ore alcjus ob. alcui 7, 708. 11, 544. 562. haeret in ore 10, 204. os supremum 8, 521 (s. superus). falsum, täuschende Rede 10, 19. uno ore einstimmig 12, 241; *plur. für sing.* 1, 181. 339. 3, 295. 7, 190. 8, 229. 11, 665. 12, 295. Lippen 5, 332. 446; von Thieren, Maul, Rachen 2, 85. 3, 76. 4, 104. 501. 729. 5, 629. 7, 29. 14, 63. Schnabel 7, 274. 11, 342. 15, 397; meton. a) Antlitz, Gesicht 2, 303. 775. 3, 423. 4, 106. 5, 234. 451. 11, 690. sublime 1, 85. *plur. für sing.* 1, 93. 552. 2, 122. 481. 3, 187. 6, 47. 12, 516. ante ore vertitur, vor Augen 5, 274. Gesichtszüge 5, 58. prägn. Schönheit 7, 28. — b) Haupt, Kopf 4, 450. 5, 249. 292. 11, 57. cristatum 11, 597. *plur.* 4, 656. 743. 771. 5, 180. 8, 429. 9, 648. — c) Gestalt 5, 637. 9, 399. — 2) meton. Oeffnung, Mündung: saxi 13, 892. (fontis) 1, 281. fluvii 15, 54. 274. Jani, Eingang 14, 790.

2. **ŏs**, ossis, *n.* Knochen, Gebein 4, 519. 5, 39. Mark u. Gebein 14, 700. intima 11, 417. sub ossibus, im innersten Marke 2, 410; insbes. die Gebeine Gestorbener 1, 387. 2, 336. 7, 445. 11, 707. 15, 56. ossa cinisque jacent 7, 521.

oscŭlum, i, *n.* die (wie zum Küssen gespitzten) Lippen, das Mündchen, der Mund (nur *plur.*) 1, 449. 3, 451. 6, 479. 9, 386. 13, 491. — 2) „Mäulchen", d. i. Kuß 4, 335. 6, 278. 7, 729. 9, 539. 10, 344. 559. oscula dare 1, 556. 4, 222. 10, 256. carpere 4, 358. figere 3, 25. jungere 2, 357.

Ōsīris, is u. Idis, *m.* die Hauptgottheit der Aegypter, Symbol der befruchtenden Kraft der Sonne u. des Nils, Gemahl der Isis, wurde von seinem Bruder Typhon getödtet und zerstückt, worauf Isis unter Klagen die Theile seines Leichnams aufsuchte, die sie alle bis auf einen fand und wieder zusammensetzte 9, 693.

Ossa, ae, *f.* Berg in Thessalien, dem Olymp gegenüber 1, 155. 2, 225. 7, 224. - Dav. **Ossaeus**, a, um, vom Ossa, ossäisch: ursa 12, 319.

Ossaeus, a, um, s. Ossa.

ostendo, di, sum u. tum, ēre (ob u. tendo), „vorhalten"; dah. sehen lassen, zeigen: signum 13, 381. vultus 3, 112. caelo terras 1, 329. digito, hinzeigen 8, 574; bildl. darthun, zeigen: quid furor valeat 4, 430.

ostento, āvi, ātum, āre, (*frequent.* v. ostendo), wiederholt auf etwas hinweisen: alqm 13, 351.

ostentum, i, *n.* Wunderzeichen 4, 565.

ostĭum, i, *n.* (v. os), Mündung eines Flusses 2, 255. 5, 324. 15, 728.

ostrum, i, *n.* Meerschneckenblut, Purpur 8, 8. Tyrium 10, 211.

Ōthrys, yos, *m.* Berg in Thessalien 2, 221. 7, 225. 12, 513. *acc.* Othryn 7, 353. 12, 173.

ōtĭum, i, *n.* Muße (nur *plur.*) 1, 100.

4, 307. 5, 333; übrtr. **ruhiges Leben, friedliche Beschäftigung** 15, 711.
ŏvīle, is, *n.* **Schafstall, Hürde** 13, 827.
ŏvis, is, *f.* **Schaf** 13, 927. 15, 116.

ŏvo, āvi, ātum, āre, **jauchzen, frohlocken**: successu („über") 12, 298. 13, 85.
ōvum, i, *n.* **Ei** 8, 258. 667. 15, 387.

P.

pābŭlum, i, *n.* **Nahrung, Futter** (nur *plur.*): caelestia 4, 217; bildl. dederat gravi nova pabula morbo, **Nahrung** 8, 876; insbef. **Futterkräuter, Gras, Kräuter** 2, 212. 7, 284. 10, 121. 13, 943. 14, 43. 408.
pācālis, e, **zum Frieden gehörig, friedlich**: olea 6, 101. laurus 15, 591.
pācātus, a, um, f. paco.
Pachȳnŏs, i, *f.* **das südliche Vorgebirge Siciliens** 5, 351. 13, 725.
pācĭfer, fĕra, fĕrum, **Friede bringend**: subst. **Friedensstifter, Beiname des Mercur** 14, 291.
păciscor, pactus sum, păcisci, **ein Abkommen treffen, versprechen**: mit acc. c. inf. 7, 739. part. pactus, **verabredet, bestimmt**: arbor 4, 116. taeda 9, 722. conjunx, **verlobte Braut** 14, 451. — 2) **ein Abkommen treffen, sich ausbedingen**: pretium 7, 306. aurum pro moenibus 11, 204. quod est pactus 5, 28; mit folgendem *ut* 4, 703; mit *inf.* 9, 425.
pāco, āvi, ātum, āre, **zum Frieden bringen, beruhigen**: aequor 15, 723. Isthmon, **sicher machen** (vor Räubern) 7, 405; *part.* pacatus, als Adject., **friedlich, ruhig**; mare 13, 440. 15, 723. **friedlich gesinnt** 4, 31.
Pactōlĭs, f. Pactolos.
Pactōlŏs, i, *m.* **ein goldhaltiger Fluß in Lydien**: acc. Pactōlŏn 11, 87. - Dav. Pactōlĭs, ĭdis, *f.* **paktolisch**: nymphae 6, 16.
pactum, i, *n.* **Abkommen, Verabredung** 4, 91. pacto stare („bleiben bei") 2, 818.
pactus, a, um, f. paciscor.
Pādus, i, *m.* **Fluß in Oberitalien, jetzt** Po 2, 258.
Paeān, ānis, *m.* **Beiname des Apollo zur Bezeichnung seiner heilenden Macht** 1, 566. — 2) übrtr. **ein Hymnus auf Apollo, dah. überhaupt Jubelgesang, Siegesgesang**: Paeana vocare 17, 720.
paenĕ, *adv.* **fast, beinahe** 1, 443. 13, 647. p. simul 5, 395. p. puer 9, 398; mit *perf. indicat.* 2, 439. 4, 677. 7, 727. 12, 218. 14, 181. mit *plusquamperf. indicat.* 15, 85.
paenĭtet, f. poenitet.
Paeŏnĕs, um, *m.* **die Päonier, eine Völkerschaft im nördlichen Macedonien**: acc. Paeonās 5, 313. - Dav. *Paeŏnĭs, ĭdis, *f.* **eine Päonierin** 5, 303.
Paeŏnĭs, f. Paeones.
Paeŏnĭus, a, um, **den Päon** (d. i. den Apollo als Gott der Heilkunde) **betreffend, päonisch**: ope Paeonia, **des Apollo** 15, 535.
Paestum, i, *n.* **eine wegen ihrer Rosenzucht berühmte Stadt der Lucaner in Unteritalien** 15, 708.
Pāgăsaeus, a, um, **zu Pagasa** (einer Seestadt Thessaliens, wo die Argo erbaut wurde) **gehörig, pagasäisch**: silva 12, 412. puppis (carina), **das Schiff Argo** 7, 1. 13, 24. subst. Pagasaeus, i, *m.* **der Pagasäer** 8, 349.
Pălaemōn, ŏnis, *m.* **Name des Melicertes** (Sohnes des Athamas u. der Ino) **nach seiner Verwandlung in einen Seegott** 13, 919. acc. Palaemona 4, 542.
Pălaestīnus, a, um, **aus Palästina, einer Landschaft Syriens** 5, 145; subst. Palaestini, orum, *m.* **die Palästiner** 4, 46.
pălaestra, ae, *f.* **Ringschule, Ringplatz** 6, 241.
pălām, *adv.* **öffentlich, vor aller Welt** 9, 638.
Pălămēdēs, is, *m.* **Sohn des euböischen Königs Nauplius** (Naupliades 13, 39. 310), **half die griechischen Fürsten zum Zuge nach Troja anwerben und entdeckte den verstellten Wahnsinn des Ulysses** (f. Ulixes). **Dieser rächte sich dadurch an ihm, daß er im Lager vor Troja heimlich Geld in dem Zelte des Palamedes vergrub und ihn nun beschuldigte, er habe sich von den Feinden bestechen lassen, worauf ihn die Griechen zum Tode verurtheilten** 13, 56. acc. Palameden 13, 308.
pălans, f. palor.
Pălātīnus, a, um, f. Palatium.
Pălātĭum, i, *n.* **der palatinische Berg in Rom, welcher zuerst bewohnt wurde, das Palatium**: collis Palati 14, 333. 822. — 2) (weil Augustus seine Wohnung auf dem Palatium hatte) **Kaiserburg, Kaiserpalast**: Palatia caeli 1, 176. - Dav. Pălātīnus, a, um, **palatinisch**: colles 15, 560. gens = Romani 14, 622.
pălātum, i, *n.* **Gaumen** 3, 85. 6, 306. 12, 253. 15, 141.
pălĕăr, āris, *n.* **die herabhängende**

Haut am Halse des Stieres, **Wamme, Wampe**: *plur.* 2, 854. 7, 117.

Palīci, ōrum, *m.* Zwillingssöhne Juppiters und der Nymphe Thalia, denen die Stadt Palica auf Sicilien und zwei See'n daselbst geheiligt waren 5, 406.

Palīlis, e, die altitalische Hirtengöttin Pales betreffend, **palilisch**: festa, das Palilienfest, welches am 21. April als am Tage der Gründung Roms gefeiert wurde 14, 774.

palla, ae, *f.* das lange Obergewand der römischen Frauen 2, 672. 3, 167. 4, 483. 14, 262. — 2) übertr. als Kleidung der Götter, Talar 6, 705. 11, 166.

Pallădĭus, a, um, s. Pallas.

Pallantĭăs, ădis, *f.* Nachkömmlingin des (Titanen) Pallas, d. i. Aurora 9, 421. 15, 191.

Pallantis, ĭdos, *f.* = Pallantias 15, 700.

1. **Pallăs**, ădis, *f.* (παλλάς = πάλλαξ, „Mädchen") griechischer Name der Minerva der Römer 2, 553. 567. 3, 102. 5, 46. 336. 6, 23. 26. 8, 252. *gen.* Pallados 12, 360. *acc.* Palladă 5, 263. 375. 6, 86. 12, 151. terrae a Pallade dictae, Athen (s. Minerva) 2, 834. arces Palladis, die Acropolis in Athen 2, 712. Palladis arbor, der Oelbaum 6, 335 (s. cum). — 2) das Palladium, d. i. das hölzerne Bild der Pallas in Troja, welches von Ulysses und Diomedes heimlich geraubt wurde, weil man glaubte, es sei vom Himmel gefallen und mache die Stadt, so lange es in ihrem Besitze bleibe, uneinnehmbar 13, 99. - Dav. **Pallădĭus**, a, um, der Pallas gehörig, palladisch: Athenae 7, 723. arces, die Burg Athens 7, 399. latices, Oel 8, 275.

2. **Pallās**, ntis, *m.* Sohn des Pandion, Bruder des Königs Aegeus von Athen, Vater des Clytos und Butes 7, 500. 665.

Pallēnē, ēs, *f.* Halbinsel und Stadt Macedoniens am thracischen Meerbusen 15, 356.

pallĕo, ŭi, ēre, 1) blaß sein, bleich sein 2, 824. 7, 209. 11, 691. glanzlos sein: musco 1, 374. von der Sonne, sich verfinstern 4, 203; insbes. vor Furcht bleich sein, erblassen 6, 522. 7, 136. 345. 10, 381. timore 2, 180. metu 8, 465. 9, 111. — 2) übertr. gelb sein: auro 11, 110. cortex pallens 5, 537. arva pallentia glebis auro madidis 11, 145.

pallesco, pallŭi, ĕre, blaß werden, erbleichen 2, 180. 8, 759. 14, 407.

pallĭdus, a, um, blaß, bleich: bracchia 14, 734. corpora 15, 627. ora pallidiora buxo 4, 135.

pallŏr, ōris, *m.* die blasse Farbe, Blässe 8, 760. 11, 418. Avernus 4, 487. pallor hiemsque, das Fahl des Winters 4, 486; als mythologische Person 8, 790.

palma, ae, *f.* die (flache) Hand 2, 341. 10, 723. 11, 116. 13, 411. cava 4, 352. 9, 35. — 2) Palmbaum, Palme 6, 335. 10, 102. 15, 396; meton. a) Palmfrucht, Dattel: rugosa 8, 674. — b) „Palmzweig"; dah. Siegespreis, Sieg 6, 50. 7, 543.

palmēs, ĭtis, *m.* Weinranke, Rebschoß 4, 397. 8, 294; meton. Weinstock, Rebe 14, 663. 15, 710.

palmĭfer, fĕra, fĕrum, Palmen tragend, palmenreich: Arabes (= Arabien) 10, 478.

pālor, ātus sum, āri, hin und her schweifen: bildl. palantes homines (in Irrthum und regellosen Neigungen) 15,150.

palpĭto, āvi, ātum, āre, zucken, zappeln 6, 560.

palpo, āvi, ātum, āre, (mit der flachen Hand) klopfen, streicheln 2, 867.

pālūdōsus, a, um, sumpfig 15, 268 (s. ex).

pălūs, ūdis, *f.* Sumpf, Pfuhl 11, 363. cava 6, 371. Stygia 1, 737. dis juranda palus = Styx 2, 46. — 2) See (als stehendes Gewässer) 15, 358.

pălūster, tris, e, im Sumpfe wachsend, Sumpf...: calami 1, 706. canna 4, 298. 8, 630. junci 8, 336. fulica, in Sümpfen lebend 8, 625. — 2) sumpfig: silva 11, 366. undae 14, 103.

Pamphăgus, i, *m.* (παμφάγος, „Alles fressend, gefräßig"), ein Hund des Actäon 3, 210.

pampĭnĕus, a, um, mit Weinlaub versehen: vitis 10, 100. frondes, Weinlaub 3, 667.

pampĭnus, i, *m.* u. *f.* belaubte junge Weinranke, Weinlaub 4, 397.

Pān, Pānos, *m.* arcadischer Wald- und Hirtengott (deus pecoris 11, 160), Erfinder der Syrinx (Hirtenflöte), dargestellt mit Hörnern, Schwanz und Bocksfüßen 1, 699. semicaper 14, 515. *acc.* Pana 1, 705. 11, 147. 171. *plur.* Panes, dem Pan ähnliche Wald- und Feldgottheiten 14, 638.

Panchaeus, a, um, zur (fabelhaften) Insel Panchaja im erythräischen Meere an der Ostseite Arabiens gehörig, panchäisch: rura 10, 478.

Panchāĭus, a, um, panchäisch (s. Panchaeus): tellus 10, 309.

Pandīōn, ōnis, *m.* Sohn des Erichthonius, König von Attica, Vater des Erechtheus, der Progne und Philomela 6, 426. 436. 666. *acc.* Pandiona 9, 676. - Dav. **Pandīŏnĭus**, a, um, pandionisch: Athenae 15, 430.

Pandīŏnĭus, a, um, s. Pandion.

pando, pandi, pansum und passum,

12*

ēre, aus einander breiten, ausbreiten: capilli passi, aufgelöst, fliegend 4, 521. 5, 513. 6, 531. 9, 772. 11, 49. comae passae 2, 238. — 2) bildl. v. d. Rede, eröffnen, kundthun, erzählen: casus 14,221. nomen 4, 680; mit abhängiger Frage 15, 622.

Pandrŏsŏs, i, f. Tochter des athenischen Königs Cecrops 2, 559. 738.

pandus, a, um, gekrümmt, gebogen: naris 3, 674. rostrum 10, 713. 14, 282. 15, 112. cornua 10, 271. rami 14, 660. asellus 4, 27. rami pondere pandi 14, 660.

Pānomphaeus, i, m. (Πανομφαῖος, „Urheber aller Orakel"), Beiname des Jupiter, unter welchem ihm auf der Küste von Troas zwischen dem sigäischen und rhötöischen Vorgebirge ein Altar errichtet war 11, 198.

Pănŏpē, ēs, f. Stadt in Phocis am Cephissus 3, 19.

Pănŏpeus, (dreisylbig), ĕi, m. einer der calydonischen Jäger 8, 312.

panthēra, ae, f. Pantherthier, Panther 3, 669.

Panthŏīdēs, ae, m. Sohn des Panthoos, Panthoide: Euphorbus 15, 161.

păpāvĕr, ĕris, n. Mohn 10, 190. plur. 11, 605.

Păphĭus, a, um, f. 2. Paphos.

1. **Păphŏs**, i, m. Sohn des Pygmalion, Gründer der Stadt Paphos auf Cypern: acc. Paphon 10, 297.

2. **Păphŏs**, i. f. Stadt auf der Insel Cypern mit dem ältesten und berühmtesten Tempel der Venus: acc. Paphon 10, 530. - Dav. **Păphĭus**, a, um, paphisch, cyprisch; heros, d. i. Pygmalion 10, 290.

pāpĭlĭo, ōnis, m. Schmetterling 15, 374.

* **păpȳrĭfer**, fĕra, fĕrum, die Papyrusstaude hervorbringend: Nilus 15, 753.

pār, păris, 1) einem anderen Gegenstand gleichkommend, gleich: pes 8, 662. aetas 9, 718. 13, 828 (f. aetas). spatium 10,175. exemplum 3,122. amor 4,192. 12, 416. forma 6,680. animus formae 14, 324. annis animisque 7, 658. aetate 7, 514. par utrumque fuit 13, 758. pares in vulnere fratres 9, 405 (f. in). se paribus alis tollere, in gleichmäßigem, ruhigem Fluge 2, 708; insbes. a) gleichaltrig: alcui 10,441. Actoridae, Zwillingsbrüder 8, 308. — b) gleichstark, Jemd. (an Stärke) gewachsen: alcui viribus 4, 653. insequitur parem (sc. cursu), den gleich schnellen 7, 785. — 2) sich selbst gleich: par aut eadem forma 15, 196. sibi par est, erreicht sich selbst, d. i. das Maß seiner eigenen Größe 12, 619 (hac sc. mensura gloriae). — 3) subst. par, n. ein Paar: columbarum 13, 833.

Păraetŏnĭum, i, n. Hafenstadt des ägyptischen Lybien 9, 773.

părātŭs, ūs, m. Zubereitung, Zurüstung 4, 763. veniam orant nullis paratibus, für die geringe Aufwartung 8, 683; insbes. Pracht, Prunk der Kleidung 6, 451. 454.

Parcae, ārum, f. die Parzen, Schicksalsgöttinnen (tres Sorores 15,808. triplices Sorores 8, 452. veteres Sorores 15, 781), Namens Clotho, Lachesis und Atropos, Töchter der Nacht, welche den Lebensfaden der Menschen spannen und über die Satzungen des Schicksals wachten 5, 532.

parco, pĕperci (selten parsi), parcĭtum u. parsum, ēre, mit etwas sparsam umgehen, etwas schonen, verschonen: faden mit dat.: sparsam gebrauchen 2,127; übertr. a) Jmd. oder etwas schonen, verschonen: alcui 1, 311. 9, 728. 14, 531. Trojae 12, 25. pudori 10, 412. absol. 2, 361. 6, 264. parcite luminibus, wahret eure Augen 5, 248. — b) etw. unterlassen, sich hüten, mit infin. 10, 545. 15, 75. 174.

parcus, a, um, haushälterisch, sparsam: genus 7, 656.

1. **părens**, tis, m. u. f. Erzeuger, Erzeugerin, Vater, Mutter 2, 20. 4, 155. 7, 503. 617. 10, 300. 332. (Mutter) 1, 393. 749. 2, 496. 8, 475. 9, 183 (f. Antaeus). parens = Apollo 15, 722. parente = Eriphyle 9, 407 (f. Callirhoe). uterque parens, beide Eltern 13, 147. plur. Eltern 3, 580. 583. 9, 493. v. Thieren 11, 744. 15, 366; insbes. als ehrende Benennung der Götter 4, 15. 15, 48. divumque hominumque == Juppiter 14, 807. alma = Cybele 14, 546. — 2) übrtr. Großvater 5, 237 (= Acrisius, f. Proetus. plur. Vorältern 7, 503.

2. **pārens**, tis, f. pareo.

părentālis, e, zur Todtenfeier des Erzeugers gehörig: Mars, Kampf zu Ehren des todten Erzeugers 13, 619 (f. Memnon).

pārĕo, ŭi, ĭtum, ēre, gehorchen: alcui 13, 449. 15, 582. jussis 1, 385. monitis 2, 126. absol. 4, 225. 8, 636.

păries, ĕtis, m. Wand 4, 66. 73.

* **părīlis**, e, gleichförmig, gleich: aes 10, 115. aetas 8, 651. letum 5, 478. ars 7, 305. honor 8, 568. cupido 14, 29.

părĭo, pĕpĕri, partum, ĕre, gebären 2, 609. 5, 304. 6, 187. 9, 323. alqm 5,48. 9, 676. alcui 14, 334. ex alquo (von) 541; part. pariens, f. die Gebärende 9, 283. 10, 507; übrtr. a) hervorbringen: tellus animalia peperit 1, 417. — b) erwerben: gloriam 12, 293. victoriam 13, 348 (mihi = a me).

Păris, ĭdis, *m.* Sohn des trojanischen Königs Priamus und der Hecuba, veranlaßte durch seine Entführung der Helena den trojanischen Krieg, während welches er durch einen Pfeilschuß den Achilles tödtete und später selbst durch den Bogen des Philoctetes fiel 12, 4. 13, 501. 15, 805. *acc.* Parin 12, 601. 13, 200.

părĭtĕr, *adv.* auf gleiche Weise, ebenso 7, 637. 15, 183. pariter ... et ob. que, ebensowohl ... als 5, 267. 8, 583. 10, 678. 11, 369. 556. 12, 597. 13, 539. — 2) von der Gleichzeitigkeit ob. Gemeinschaft: zu gleicher Zeit, zugleich, zusammen 1, 369. 2, 445. 4, 376. 6, 504. 7, 414. 9, 583. 11, 305. 442. 12, 418; mit folg. cum 2, 610. 698. 3, 92. 99. 6, 272. 10, 294. 14, 662. 850. pariter mit folg. que ... que, zugleich ... und 2, 312. 505. 601. 11, 328. 12, 238. 15, 25. pariter et ... et 2, 674. 11, 556. pariter ... pariter 6, 617. 8, 323. 759. 10, 722. 11, 442. 12, 36.

Părĭus, a, um, *s.* Paros.

parma, ae, *f.* eig. kurzer runder Schild der leichten Fußtruppen und der Reiterei; daß. dichter. übrtr. der **Schild** (überhaupt) 12, 89. 130. 13, 167.

Parnāsĭs, *s.* Parnasus.

Parnāsĭus, a, um, *s.* Parnasus.

Parnāsus, i, *m.* der dem Apollo und den Musen geheiligte Berg Parnaß in Phocis, an dessen Fuße Delphi lag und der castalische Quell entsprang 1, 317. 467. 11, 339. biceps 2, 221. - Dav. 1) **Parnāsĭs**, ĭdis, *f.* parnassisch: laurus 11, 165. — 2) **Parnāsĭus**, a, um, parnassisch: templa 5, 278. Themis, als Vorsteherin des Orakels zu Delphi 4, 643.

păro, āvi, ātum, āre, 1) zubereiten, vorbereiten, rüsten, Vorkehrungen wozu treffen: a) mit *acc.*: rogum 2, 619. thalamos alcui 1, 658. vela 13, 224 (s. inhonestus). bella 7, 456. sacra 9, 136. insidias 15, 765. letum alcui 15, 762. tela, ergreifen 3, 46. jugulum, bereit halten, darreichen 6, 553. membra pugnae, kampffertig halten 9, 34. vincla, herrichten 4, 183; sich wozu anschicken: alqd 6, 618. fugam 3, 47. facinus 9, 150. vim 2, 576. 5, 288. 14, 770. im Schilde führen: alqd 13, 246. se parare, sich zu etwas vorbereiten, zu etwas entschlossen sein, worauf denken: se in omne nefas 6, 613. cruori (zum Blutvergießen) 15, 463. talia mihi fata parari, daß mir bestimmt sei 14, 213. transitus inde paratur, bereitet sich vor 15, 469. mors parata, vorbereitet, beabsichtigt 10, 384; *part.* **parātus**, als Adject., bereit zu etwas, fertig zu etwas: ad vim 11, 294. in verba, zum Sprechen sich anschickend 13, 568. paratior (*sc.* ad concubitum), geeigneter 5, 603; bereitwillig: exspectare 3, 377. ad talia sacra, dienstbar bei 14, 311. — b) mit *inf.* etwas zu thun sich anschicken, etwas beabsichtigen, gedenken, wollen 1, 183. 225. 249. 2, 350. 3, 115. 5, 182. 15, 34. parans 4, 479. 7, 132. 9, 119. — 2) zu Wege bringen, sich verschaffen, erwerben: falsam speciem viri 12, 473. fructum multo sudore 11, 32. exempla, aufsuchen 9, 508. inferiae magno paratae, theuer erkauft 8, 489.

Părŏs, i, *f.* eine der cycladischen Inseln im ägäischen Meere, berühmt durch ihre Marmorbrüche 8, 221. *acc.* Paron 7, 465. - Dav. **Părĭus**, a, um, parisch 3, 419.

Parrhāsĭs, ĭdis, *f.* aus Parrhasia, einer Landschaft Arcadiens, parrhasisch; *subst.* die Parrhasierin, d. i. Callisto 2, 460.

Parrhāsĭus, a, um, parrhasisch, arcadisch (s. Parrhasis); *subst.* Parrhasier, Arcadier 8, 315.

pars, tis, *f.* 1) Theil: domus 2, 737. maxima pars (*sc.* hominum), die Meisten 1, 311. 3, 643. pars (*sc.* corporis), Körpertheil, Glied 2, 820. 4, 797. 6, 411. 9, 647. 11, 178 (s. in). 13, 479. 14, 65. 283. 15, 378. hac in parte, bei diesem Theile ihrer Erzählung 7, 303. materna parte, hinsichtlich des mütterlichen Theils, d. i. seines sterblichen Körpers 9, 521. in una parte, in diesem einzigen Punkte 15, 854. in hac parte, in diesem Stücke 10, 302. pro parte, zum bestimmten Theile 11, 287. ex aliqua parte, zum Theil wenigstens 13, 656. Abtheilung, Ecke 6, 85. 91; *insbes.* a) pars, ein Einzelner, Einer (einer Vielheit): pars una ducum = unus ducum 13, 51. horum 14, 482. comitum mearum 2, 426. nympharum 5, 577. pars mearum = una mearum 9, 696. militiae, einer der Kriegsgefährten, Theilnehmer des Kriegszuges 7, 483. 11, 216. rerum tuarum, ein Glied deines Reiches 9, 20. pecoris, ein Stück der Heerde 14, 288. pars meorum, einer von meinen Unterthanen (d. i. mit ihnen gestorben) 7, 583; collect. ein Theil, Einige 2, 11. 3, 255. 15, 648. boum 11, 355. de nobis 11, 373. 6, 221. mit *plur.* des Prädicats 4, 561. 6, 221. 646. 7, 604. pars ... pars 4, 272. 444. 493. 6, 645 (inde = membrorum). 8, 331. pars ... alii 1, 244. 3, 255. alii ... pars 11, 486. hae ... illae ... pars 11, 30. — b) parte ... parte, theilweis ... theilweis 3, 483. — c) *acc.* partim ... partim, theils ... theils 1, 40. 228. 436. 5, 189. 646. 7, 226. 15, 526.

2) übrtr. a) **Antheil**: major pars sit Diomedis in illis (= illorum) 13, 102. sua pars est in illo (Tydide), bleibt ihm

13,351. in partem adhibere, Theil nehmen lassen 11,447. pars hic (= in navi) mihi maxima juris, hier habe ich das meiste Recht 3, 622. ventura in partem chori nostri, die du unsers Chors Genossin sein würdest 5,270. in partem leti venire, am Tode Theil haben 7, 564. alqd venit in partem cum aliquo, kommt zur Theilung mit Jemb., ist mit Jemb. gemeinschaftlich 8,427. — b) Partei 5, 152. 12, 147. 14, 530. 568. abstrahi in partes, zur Parteinahme 5, 93. — c) „Rolle" des Schauspielers; dah. überh. Obliegenheit, Pflicht: partes implere 1, 245. — d) Ort, Seite, Gegend 2,160. 227. 5,139. 230. 11,490. 13, 696. 954. parti *sc.* parietis 4, 79. dextra parte 1, 45. laeva parte 7,241. 5,162. tempora a dextra parte = dextra tempora 12, 272. pedes ab utraque parte = utrumque pedem 4, 666. nulla in parte, nirgends 14,398. hac parte, hier 2,317. 8, 566. diversis partibus, an verschiedenen Orten 6, 53. ex (ab) omni parte, von allen Seiten, überall 4, 367. 1, 34. 9, 38. ab utraque parte, auf beiden Ufern 15, 734. laterum e parte duorum, von zwei Seiten her 15, 740. in omnem partem, nach allen Seiten hin 3, 70. in nullam partem 8,864. in omnes partes 1, 667. 3, 381. 4, 660.

Parthāōn, ŏnis, *m.* Sohn des Agenor, König in Calydon, Vater des Oeneus u. der Deïanira 9, 12. - Dav. **Parthāōnĭus**, a, um, parthaonisch: domus, des Oeneus 8, 541.

Parthēnĭus, a, um, parthenisch: nemus, Gebirge auf der Grenze von Argolis und Arcadien, wo Hercules eine im Lauf unermüdliche, der Diana gehörige Hirschkuh mit goldenem Geweih und ehernen Füßen fing 9, 188.

Parthĕnŏpē, ēs, *f.* älterer Name der Stadt Neapolis in Unteritalien, von der Sirene Parthenope, die dort begraben sein soll 15, 712. - Dav. **Parthĕnŏpēĭus**, a, um, parthenopeïsch: moenia = Parthenope 14,101.

Parthĕnŏpēĭus, a, um, f. Parthenope.

partĭceps, cĭpis, theilnehmend; subst. Theilnehmer: operum 3, 147.

partim, f. pars.

partĭor, ītus sum, īri, theilen: usum luminis 4, 775. urbem populis, zutheilen 7, 653.

1. **partus**, a, um, f. pario.
2. **partŭs**, ūs, *m.* das Gebären, die Geburt 2,472. 8,504. *plur.* (Geburtswehen) 9,300. partu edere alqm, gebären 4, 209. 5, 517. 9, 678. 13, 486. partu reddere 15, 379. partu eniti 1, 669; meton. a) Geburtszeit 9, 674. — b) Leibesfrucht, Kind 6, 712. *plur.* für *sing.* 8, 451. partu levare, entbinden 9, 698.

părŭm, *adv.* (*compar.* minus), zu wenig, nicht genug: justus 4, 547. moderatus 15, 330. valere 7, 137. intelligi, kaum noch 2, 666. credere, noch nicht völlig 5, 213. parum est 5, 666. 6, 3. 8, 69. — 2) *comp.* **mĭnus**, weniger: minus violentus 3, 717. incertus 5, 382. impius 6, 482. me minus uno, mich abgerechnet 12, 554. nec minus, und ebenso 2, 340. 13, 358. quoque minus = et ut eo minus, f. quo.

parvus, a, um, klein (der Ausdehnung nach): caput 6,142. casa, zu klein 8,699. arena, wenig 7,361. cibus, gering 8,855; übrtr. a) der Zeit nach, klein, kurz: tempus 2, 668. 6,442. mora 1, 671. 8, 671; dah. v. Alter, jung 4,281. parva, als Kind 11,438. minor 7, 476. 12, 623. 13, 827. aetate 7, 499. minimus 6, 299. 13, 529. — b) dem Werthe nach, klein, gering, unbedeutend: dona 7, 753. opes 11, 201. parvi esse, wenig gelten 4, 654. — c) dem Grade, der Stärke, der Bedeutung nach, klein, gering: potestas 3, 367. ignis 11, 445. labor 9, 675. infamia 1, 215 (f. verus). gloria 1, 465. vires, schwach 7, 859. *subst.* parva, orum, *n.* Kleines, Geringes 2, 214. 5, 417. minus saevitiae, weniger 3, 306. minus juris 8, 738. e minimo crescere 9,139. minimum laudis, sehr geringer Ruhm 13, 76; dah. insbef. aa) fürs Gehör, schwach, leise: vox 4, 412. 11, 187. 12, 49. murmur 2, 788. 4, 70. 83. — bb) vom Range oder Stande, gering, niedrig: numen 14, 589. minores dii 15,545. minorem esse aliquo, Jemb. nachstehen, geringer sein 13, 354. 15, 858. — cc) demüthig, bescheiden: verba 6, 151 (f. verbum). verba minora deā, als sie für eine Göttin sich ziemen 6,368.

pasco, pāvi, pastum, ĕre, weiden: greges 6, 395. *pass.* pasci, (auf der Weide) sich nähren, weiden 1, 630. gramine 2, 841. frondibus 1, 632. capellae pastae, weidend 3, 408. — 2) übrtr. ernähren, nähren, unterhalten: feram exitio pecorum (f. pestis) 7, 765. monstrum sanguine 8,170. flammas 14, 467. amorem 9, 749. jejunia, stillen 4, 263. ignis pascitur per artus, frißt weiter 9, 202. — 3) bildl. weiden, ergötzen: lumina 14,728. pasci, sich weiden, sich ergötzen: dolore 6, 280. cladibus 9, 176.

pascŭa, ōrum, *n.* Weideland, Weide, Triften 1, 597. 2, 689. 4, 214. 6, 324.

Pāsĭphăē, ēs, *f.* Tochter des Helios (Sol), Gemahlin des Königs Minos in

Creta, Mutter des Androgeus, der Phädra und Ariadne, gebar aus unnatürlicher Liebe zu einem Stiere (9, 736) den Minotaurus, ein Ungeheuer mit Stierkopf u. Menschenleib, welchen Minos in das Labyrinth einschloß und mit Menschenfleisch füttern ließ (s. Theseus) 8, 136. — Dav. **Pāsĭphăēĭus**, a, um, pasiphaëisch: subst. Pasiphaeia, ae, *f.* Tochter der Pasiphaë, d. i. Phädra, Gemahlin des Theseus, Stiefmutter des Hippolytus 15, 500.

Pāsĭphăēĭus, a, um, s. Pasiphae.

passim, *adv.* (v. pando), weit und breit, allenthalben, aller Orten 2, 193. 4, 779. 12, 54. allenthalben hin, nach allen Seiten hin 14, 629. 680. 15, 150. 365. — 2) ohne Sonderung, wirr durcheinander 1, 57. 7, 567. 11, 613. 15, 729.

1. **passus**, a, um, s. 1) pando. — 2) patior.

2. **passŭs**, ūs, *m.* Schritt 1, 532. 15, 212. passu tardo incedere 10, 49. (inerti) 2, 772. lentis passibus spatiari 2, 573. passus ferre 12, 137. 14, 120.

pastōr, ōris, *m.* Hirt 1, 513. 6, 114.

pastōrĭus, a, um, zum Hirten gehörig: pellis, Hirtenpelz 2, 680. sibila, Hirtengepfeife 13, 785.

pastus, a, um, s. pasco.

Pătărēus, a, um, zur Hafenstadt Patara in Lycien gehörig, woselbst ein Orakel des Apollo war, pataräisch 1, 516.

pătĕfăcĭo, fēci, factum, ĕre, aufmachen, öffnen: valvas 4, 185. fores 2, 112. 819. vias aquarum 1, 284. sulcum aratro, aufreißen 3, 104. — 2) sichtbar machen: orbem radiis 9, 795.

pătĕo, ŭi, ēre, offen sein, offen stehen: domus patet 12, 46. atria 4, 763. ora ventis (*dat.*) 7, 557. ferrum (= lorica) 13, 392. rima 11, 515. clipeus plagis, klafft 13, 119. terra rapinae, öffnet sich 5, 492; übrtr. a) offen stehen, zugänglich sein: aether 5, 654. caelum 8, 186. Crete 8, 118. limes 7, 444: dah. zu Gebote stehen: alcui 11, 284. 14, 133; v. Personen: patere alcui, für Jemds. Bitten zugänglich sein, ihm geneigtes Gehör geben 10, 483. 488. — b) eine Blöße bieten 4, 725. — c) sich erstrecken, sich ausdehnen 1, 241 (s. qua). 15, 877. campus late patens 6, 218. cornua 10, 110. — d) sichtbar sein: signa patent 3, 114. nervi 6, 389. turris patens 11, 393; dah. offenbar sein, am Tage liegen 1, 518. 8, 155. crimen patet 2, 462. 13, 312. 15, 37. patuit quid facundia posset, es zeigte sich 13, 383. facinus patens, offenbar 13, 311. non patens causa, verborgen, geheim 9, 537 (s. neque).

păter, tris, *m.* Vater 13, 187 (s. in); von Thieren 10, 326; meton. Vaterliebe: rex vicit patrem 12, 30; übrtr. a) als Würdename der Götter 1, 163. 11, 132. 13, 669. magnus 7, 617. optimus 7, 627. omnipotens 1, 154. 2, 304. rectorque paterque 9, 245. 15, 860. (deûm) 2, 848. — b) patres, der Senat 15, 486. 645; die Vornehmen, Patricier 7, 431.

pătĕra, ae, *f.* (flache) Trinkschale, Opferschale 9, 160. 13, 704. 15, 575.

păternus, a, um, väterlich, . . . des Vaters: currus 2, 47. domus 11, 437. indicium 14, 27 (s. indicium). manes 14, 105. artes 1, 363 (s. ars). odium, gegen den Vater 9, 274; subst. paternum, i, *n.* väterliches Erbtheil 3, 591.

pătĭens, s. patior.

pătĭentĭa, ae. *f.* Ertragung, Ausdauer 9, 164. 14, 486. — 2) übrtr. „Nachgiebigkeit"; dah. a) Nachsicht, Geduld 5, 667. — b) im üblen Sinne, Mattherzigkeit, Indolenz 5, 373 (s. qui).

pătĭor, passus sum, păti, erdulden, ertragen, über sich ergehen lassen: vincla 6, 553. velamina 7, 558. moram 4, 350. vim 4, 233. vix me patiuntur, lassen sich meine Leitung gefallen 2, 86. posse pati volui, ich wollte mich drein ergeben 10, 25. *part.* patiens, als Adject. erduldend, fähig zu ertragen, mit *gen.*: flammae 2, 123. laborum 7, 656. 5, 611. oneris 7, 211. patientior essem contemptus hujus, ich würde leichter diese Verachtung ertragen 13, 859. — Insbes. a) eine Zeit aushalten, durchleben: novem saecula 6, 274. — b) obscön, sich hingeben: venerem 14, 141. bovem 9, 740. tergo marem, sich bespringen lassen von 15, 410. — 2) etwas erleiden, auszustehen haben, von etwas betroffen werden: alqd 11, 442. 12, 202. 474. mala 15, 157. ultima 14, 483. necem 10, 627. poenam 1, 243. 4, 467. vim 9, 332. 11, 309. 12, 197. senectutem 14, 144. vulnera, erleiden, empfangen 6, 297. 12, 171. 386. 13, 391. proelia, bestehen 13, 117. jugum, zu tragen haben 3, 11. repulsam, erfahren 2, 97. 3, 289. soporem, in Schlaf fallen 15, 321. eadem passi, Leidensgenossen 14, 285. lac coagula passum, welche das Laab erlitten hat d. i. zu Käse verdickt ist 14, 274. patiens mortis, dem Tode unterworfen 2, 653. — 3) leiden, geschehen lassen, gestatten: hoc 7, 32. id 8, 502. nefas 10, 352. tangi 1, 644. flexus, sich biegen lassen 5, 430; mit *acc. c. inf.*, lassen 1, 644. 3, 412. 7, 287. 856. 8, 99. 443. 11, 175. 14, 400. 15, 615. 846; absol. 5, 377. 8, 497. me patiente, mit meinem Zulassen 14, 540.

Pătrae, ārum, f. Hafenstadt Achaja's im Peloponnes (jetzt Patras) 6, 417.

pătrĭa, ae, f. Vaterland, Geburtsort, Heimath 3, 583. 5, 652. 13, 399.

pătrĭus, a, um, vaterländisch, heimathlich: montes 4, 293. agri 14, 476. sedes 15, 22. dei 13, 412. mos 6, 648. 12, 11. — 2) väterlich,... des Vaters: flumen 1, 588. ripa 9, 450. 11, 769. anni 1, 148. femur 3, 311. metus 2, 92. amor 6, 499. ra 7, 457. penetrale 15, 34. caput =. patris Solis 14, 368. ignes = patris Luciferi 11, 452. mens, Vaterherz 12, 582. muri, Vaterstadt 5, 236. 9, 103. decus, der Ahnherrn 3, 548.

pătrŭēlis, e, vom Vaterbruder stammend: origo, Ursprung vom Vaterbruder her 1, 352. subst. patruelis, m. Vaterbrudersohn, Vetter 4, 462. 13, 157. — 2) vetterlich: dona, des Blutsfreundes 13, 41.

1. pătrŭus, i, m. Vaterbruder, Oheim 5, 23. 379. 13, 596. = Neptunus 4, 532.

2. pătrŭus, a, um, dem Vaterbruder gehörig, des Oheims: animus 12, 597. cor 11, 328 (ordne: quem dolorem... tuli et [quae] solatia dixi).

pătŭlus, a, um (v. pateo), offenstehend, offen: fenestra 14, 752. os 15, 513. rictus 6, 378. hiatus 11, 60. nares 3, 686. — 2) breit, weit, geräumig: canistrum 8, 675. lacus 2, 379. fossa 7, 245. hiatus 3, 162. ramus 7, 622. arcus 8, 30. arbor, breitastig 1, 106.

paucus, a, um, wenig: subst. plur. pauci, Wenige 14, 496. pauca, n. Weniges 15, 308. wenige Worte 7, 674. 8, 705. haec pauca 7, 852. — 2) einige, etliche: oscula 14, 658.

paulātim, adv. allmälig, gemach, nach und nach 2, 827. 866. 15, 236.

paulum, adv. ein wenig, etwas 2, 277. 3, 81. 440. ein Weilchen, kurze Zeit 8, 673. 810.

pauper, ĕris, unbemittelt, arm 3, 586. 13, 824 (f. sum). voluntas non pauper, nicht karg 8, 678.

paupertās, ātis, f. Armuth 8, 633.

păvĕfactus, a, um, geschreckt, geängstigt 9, 314. 13, 878. 15, 636.

păvĕo, pāvi, ēre, vor Furcht beben, zagen, sich fürchten 2, 169. 9, 214. metu 9, 249. terrore 2, 398. 13, 230. novitate (wegen) 2, 31; mit folg. ne 5, 356; mit inf., sich scheuen 1, 386; part. pavens, bebend 1, 376. 6, 527. entsetzt 8, 89.

pāvi, f. pasco u. paveo.

păvĭdus, a, um, vor Furcht bebend, zagend, angstvoll 3, 688. 5, 438. metu 6, 706. os 1, 386. murmur 6, 327. timor, bang 7, 630. formido 2, 66. neutr. als Adverb., pavidum blandiri, schüchtern 9, 569.

pāvo, ōnis, m. Pfau 2, 532. 13, 802.

păvŏr, ōris, m. bebende Furcht, Angst, Scheu 3, 198. 10, 66. 117. 12, 135; personificirt 4, 485.

pax, pācis, f. Friede 3, 128. 14, 803. flumina pacem habent 9, 94; vultus habet pacem, zeigt friedliche Gesinnung 2, 858. vom Schlafe: pax animi, Seelenberuhiger 11, 624. — 2) Erlaubniß: pace alcjs, mit Jemds. Genehmigung 7, 705.

pecco, āvi, ātum, āre, sich vergehen, sträflich handeln, sündigen 3, 718. 7, 748. 11, 132. quod („daduch daß") 9, 458. quid 10, 231.

pecten, ĭnis, m. Kamm 4, 311. 12, 409. Weberkamm, Kammlade 6, 58. — 2) das Zusammenfalten der Hände: digiti pectine juncti 9, 299.

pecto, xi, xum, ĕre, kämmen: capillos 13, 765. crines 13, 738. angues de crinibus 4, 454.

pectŭs, ŏris, n. 1) Brust 6, 641. plur. für sing. 2, 93. 584. 777. 6, 243. 12, 402. 13, 694; dah. a) als Sitz der Gefühle, Herz, Brust 1, 495. 8, 464. 9, 614. 11, 768. Sinn 2, 145. miles sine pectore, ohne Herz und Gefühl 13, 290. plur. für sing. 6, 281. 7, 28. 10, 444. 11, 411. — b) Seele, Geist, Verstand 6, 472. 13, 326. 369. 15, 479. oculi pectoris 15, 64. Gedächtniß 12, 185. — c) zur Umschreibung der Person 8, 84. mortalia pectora = mortales 4, 201. consortia = sorores 13, 663. junctissima, eng verbundene Herzen 10, 71. dura 14, 693. perjura, der Meineidige 2, 705. per cognata pectora, bei unsrer Verwandtschaft 6, 498. — 2) übrtr. Magen 6, 663.

1. pĕcus, ŏris, n. das Vieh, als Gattung gedacht 1, 680. 2, 288. 9, 384. 11, 248. 15, 116. deus pecoris 11, 160. setigerum 14, 288; plur. Herden 7, 764; insbes. Kleinvieh, Schafe 11, 276. 13, 763. 821 (multae sc. oves).

2) pĕcus, cŭdis, f. das einzelne Stück Vieh, Thier 7, 316. 15, 580. plur. Herden 1, 235. 286. 3, 214. 11, 600. 15, 458. lanigerae 13, 781; insbes. ein Stück Kleinvieh, Schaf 8, 296. 15, 84. Ziege 10, 327.

pĕdes, ĭtis, m. zu Fuße (gehend) 14, 364.

pĕdĭca, ae, f. Fußschlinge, Sprenkel 15, 473.

Pēgăsŏs, i, m. das geflügelte Musenpferd, welches aus dem Blute der getödteten Medusa entsproß und durch dessen Hufschlag die Musenquelle Hippocrene auf dem Helicon entstand (5, 256). Zugleich mit ihm erwuchs aus demselben Blute der menschengestaltete Chrysaor („Gold-

Schwert"), der bei seiner Geburt ein goldenes Schwert trug 5, 262. acc. Pegason 4, 786.

Pĕlăgōn, ōnis, *m.* ein Theilnehmer der calydonischen Jagd: acc. Pelagonă 8, 360.

pĕlăgus, i, *n.* **Meer** 2, 273. 11, 702. rector pelagi = Neptunus 1, 331. 4,798. deus pelagi 2, 574. 6, 75.

Pĕlasgī, ōrum, *m.* die **Pelasger**, die ältesten Bewohner Griechenlands, welche von den hellenischen Stämmen verdrängt wurden; dah. dichterisch = Graeci 7, 133. 12, 19. 13, 13. 128. 572. 14, 562. 15,452. - Dav. **Pĕlasgus**, a, um, **pelasgisch, griechisch** 7, 49. 12, 7. 612. 13, 268.

Pĕlasgus, a, um, f. Pelasgi.

Pĕlătēs, ae, *m.* 1) ein Libyer auf der Hochzeit des Perseus 5, 124. — 2) ein Lapithe 12, 255.

Pĕlethrŏnĭus, a, um, vom Waldthale Pelethronium am Peliongebirge in Thessalien, **peletbronifcb**: subst. der Pelethronier 12, 452.

Pēleus (zweisylbig), ĕi u. ĕos, *m.* Sohn des Aeacus auf Aegina (Aeacides 11, 274), Bruder des Telamon und Phocus, Gemahl der Nereide Thetis, Vater des Achilles, König von Phthia in Thessalien 7, 477. 8, 380. 11, 217. 266. 12, 193. 366. 388. 13, 151. 155. acc. Peleă 11, 379. 407. 15, 856. voc. Peleu 11, 284. 349. - Dav. **Pēlīdēs**, ae, *m.* Sohn des Peleus, **Pelide**, d. i. Achilles 12, 605. 619.

pēlex, f. pelles.

Pēlĭăcus, a, um, f. Pelion.

1. **Pēlĭās**, f. Pelion.

2. **Pēlĭās**, ae, *m.* Bruder des Aeson, dem er die Herrschaft über Jolcos in Thessalien geraubt hatte, wird von seinen eigenen Töchtern getödtet, welche Medea, um an dem Oheim ihres Gemahls Rache zu nehmen, durch das Versprechen getäuscht hatte, mit Hülfe ihrer Zauberkünste den des alten Blutes entleerten Körper wieder zu beleben und zu verjüngen 7, 298.

Pēlīdes, f. Peleus.

Pēlĭŏn, ĭi, *n.* Berg in Thessalien, südlich vom Ossa 1, 155. 7,224. 352. 12, 513. - Dav. 1) **Pēlĭăcus**, a, um, **pelisch**: cuspis, die Lanze des Achilles 12,74. — 2) **Pēlĭās**, ădis, *f.* **pelisch**: hasta, d. i. des Achilles 13, 109.

Pellaeus, a, um, zur Stadt Pella in Macedonien gehörig, **pellaisch**: arva 5, 302. subst. Pellaeus, i. *m.* der Pelläer 12, 254.

pellex, ĭcis, *f.* **Buhlin**, (ob. im Verhältniß zur Gattin) **Nebenbuhlerin** 4,235. 277. 547. 7, 524. 831. 9,151. Tyria, d. i. Europa 3, 258. sororis 6, 537. 606. matris 10, 347. de pellice natus, Bastard 4, 422.

pellis, is, *f.* **Fell, Haut** (von Menschen und Thieren) 4, 6 (f. Bacchae). 6, 390. 10, 494. lupi 12, 381. ursae 12, 319. leonis 3, 53. Balg der Schlange 3, 64. 7, 237. 9, 266. pastoria, Hirtenpelz 2, 680.

pello, pĕpŭli, pulsum, ĕre, **stoßen, schlagen**: aes 14, 536. lyram, rühren 10, 205. nervos ad carmina 10, 16. Haemos aquilonibus pulsus, erschüttert 10, 77. — 2) **forttreiben, vertreiben**: alqm 2, 530. 3, 547. ab urbe 3, 624. ab agris 14, 476. urbe 15,594. regnis 10, 486. nubila 6, 690. 7, 201. lucem 15, 651. tenebras 7, 703. omina procul, fernhalten 15, 588. *part.* pulsus, verstoßen 2, 525. tutelā 2, 563; bildl. **verscheuchen, vertreiben, bannen**: famem glande 14, 216. amentiam 5, 511. macies pulsa 7, 290. ardor pulsus 7, 76. pelle moram, spute dich 2, 838. 7, 48. 10, 659. pulso pudore, ohne Scham 6, 375.

Pĕlŏpēĭas, f. Pelops.

Pĕlŏpēĭus, a, um, f. Pelops.

Pĕlops, ŏpis, *m.* Sohn des Königs Tantalus in Phrygien, Vater des Pittheus, Atreus und Thyestes, wurde von seinem Vater geschlachtet und den Göttern, um ihre Allwissenheit zu prüfen, als Speise vorgesetzt. Die Götter belebten ihn aber wieder, und Ceres ersetzte ihm die eine Schulter, welche sie, vertieft in den Schmerz um ihre verlorene Tochter, verzehrt hatte, durch eine elfenbeinerne. Später wanderte Pelops nach der Halbinsel Griechenlands (Peloponnes) ein und wurde dort Schwiegersohn und Nachfolger des Königs Oenomaus in Elis 6, 404. 411. - Dav. 1) **Pĕlŏpēĭăs**, ădis, *f.* **pelopeïsch**: Mycenae 6, 414. — 2) **Pĕlŏpēĭus**, a, um, **peloḥeïsch, phrygisch**: arva 8, 622.

Pĕlōrŏs, i, *m.* Vorgebirge an der Nordostküste Siciliens 13, 727. 15,706. Ausonius (weil es der Südspitze Italiens gegenüberliegt) 5, 350.

Pĕnātes, ĭum, *m.* altlatinische Schutzgottheiten der Familie, so wie des aus dem Familienverbande erwachsenen Staates, denen im Innern des Hauses (im impluvium) ein Altar errichtet war 1, 231. 15, 864. — 2) meton. **Haus, Wohnung, Heimath** 5, 155. 650. 7, 574. 9, 446. 639. 12, 551. parvi 8, 637. patrii, Palast des Vaters 1, 773. hos habeo penates, ich habe hier meine Heimath 5, 496. trado patriaeque meosque penates, mein Vaterland und mein Haus 8, 91. penates ponere, die Penaten aufstellen, d. i. den Wohnsitz aufschlagen 1, 174. 3, 539.

****pĕnātĭger**, gĕra, gĕrum, **die Penaten tragend**: Aeneas, welcher die Penaten Trojas nach Italien rettete 15, 450.

pendĕo, pĕpendi, ēre, 1) hangen 1, 120. 6, 232. 10, 475. in cornibus 1, 652. arbore 4, 331. collo 10, 113. veste 5, 68. circum tempora 11, 159. super ramos 8, 722; inêbef. a) herabhängen, niederhängen: ex humero 8, 320. e poste 5, 127. mit bloß. *ablat.* 1, 497. 2, 854. 4, 179. pendens vestis 4, 395. remi pendentes 11, 475. chlamys pendet 2, 733. nubila pendentia 1, 268. caelum pendens, ſchwer herabhängend 7, 580. litus pendet, hängt über 11, 233; ſchlaff herabhängen 15, 231. — b) ſchweben 4, 363. in aëre 1, 12. pendere putares pectus (weil faſt kein Bauch da war) 8, 807; v. Fliegenden 11, 341. 12, 566. pennis 6, 667. 7, 379. in aëre 1, 12. in aura 8, 202. aëre 5, 676. aethere 2, 726. super arenas 4, 617. per auras 9, 219. in auras 8, 145 (ſ. in). aequore, ſchwimmen 11, 746. antra saxo pendentia, gewölbt 13, 810. — 2) bildl. a) in Unruhe ſein: metu, in Furcht ſchweben 11, 351 (trepidi oris, *gen. qualitatis*). — b) unentſchieden ſein: pendet belli fortuna 8, 12. — c) wovon abhängig ſein: ab uno praeside 14, 809. ex una origine, ausgehen 1, 186.

pendo, pĕpendi, pensum, ēre, „herabhangen laſſen", beſ. die Wagſchalen beim Wägen; dah. 1) zuwägen, zutheilen: herbas (*sc.* famulis) 14, 270. ſubſt. *part.* pensum, i, *n.* die den Sclavinnen für den Tag zugetheilte Wolle zum Spinnen, dah. Tagarbeit, Aufgabe 4, 10. data pensa trahere, das aufgegebene Geſpinnſt abſpinnen 13, 511. — 2) (weil früher das Metall bei Zahlungen zugewogen wurde) zahlen: tributum 8, 263. poenam, Strafe leiden, büßen 4, 670. 10, 232. 599.

pendŭlus, a, um, herabhangend: palearia 7, 117.

Pēnēĭs, ſ. Peneus.

Pēnēĭus, a, um, ſ. Peneus.

Pēnĕlŏpē, ēs, *f.* Gemahlin des Ulyſſes 13, 511. Penelopes socer = Laërtes 8, 315.

pĕnĕtrābĭlis, e, durchdringlich, durchdringbar: corpus nullo telo 12, 166. — 2) durchdringend, durchbohrend: telum 5, 67. fulmen, zerſchmetternd 13, 857.

pĕnĕtrālis, e, innerlich: signum Minervae, im Innern des Tempels befindlich (das Palladium, ſ. Pallas) 13, 337; ſubſt. penetralia, ium, *n.* die innern Räume, innern Gemächer 1, 574. 6, 646. 8, 458. 11, 593; inêbeſ. der den Penaten geweihte Theil des Hauſes, Hauskapelle 1, 287. 12, 245. *sing.* penetrale patrium, die väterlichen Penaten 15, 35.

pĕnĕtro, āvi, ātum, āre, in etwas eindringen, hineinkommen: ad urbem 15, 8. ad undas 3, 272. lumen penetrat in Tartara 2, 260. vapor ad ima 14, 793. nidor in aethera 12, 153. jaculum ad aurem 12, 336. vox ad aures 12, 42. tremor in artus 10, 424. morbus ad viscera 7, 601.

Pēnēus u. Pēnĕŏs, i, *m.* der Hauptfluß Theſſaliens und überhaupt ganz Griechenlands, entſpringt auf dem Pindus und fließt durch das wegen ſeiner Schönheit berühmte Thal Tempe 1, 569. 2, 243. 7, 230. - *Dav.* 1) Pēnēĭs, ĭdis, *f.* peneïſch: undae 1, 544. ſubſt. Peneis, Tochter des Peneus, d. i. Daphne (nympha Peneis 1, 472). *voc.* Peneï 1. 504. — 2) Pēnēĭus, a, um, peneïſch; Daphne 1, 452. arva 12, 209. ſubſt. Peneïa, ae, *f.* Tochter des Peneus, d. i. Daphne 1, 525.

pĕnĭtŭs, *adv.* tief innen 2, 753. penitus penitusque, tief und tiefer 2, 179.

penna, ae, *f.* Feder (beſ. Schwungfeder des Flügels und des Schwanzes) 1, 722. 5, 671. *plur.* Gefieder 2, 536. 5, 560. 11, 785. Feder am Pfeile 6, 258. am Helme 8, 25. — 2) *meton.* Flügel, Fittig, Schwinge 2, 376. *plur.* 1, 267. 2, 159. 4, 47. 6, 713. 8, 205. 823. draconum 7, 234. vipereae 7, 391. Flügelſchuhe des Mercur und Perſeus 1, 675. 4, 665. 729. 5, 11; bildl. pennis adjutus Amoris 1, 540.

pennātus, a, um, beflügelt: serpens 7, 350.

penso, āvi, ātum, āre (*intens.* v. pendo), „mit etwas aufwägen"; dah. übrtr. 1) ausgleichen, vergelten: titulus meritis nostris pensandus, als Vergeltung für 13, 372. vulnus vulnere, bezahlen, büßen 5, 94. — 2) erkaufen: laudem cum sanguine (*sc.* filiae) 13, 192.

pensum, i, *n.* ſ. pendo.

Pentheus (zweiſylbig), ĕi, *m.* Sohn des Echion und der Agave (einer Tochter des Cadmus), König von Theben, wird als Verächter des Bacchuscultus von ſeiner Mutter und andern Bacchantinnen zerriſſen 3, 514. *acc.* Penthea 3, 706. 712. 4, 22. - *Dav.* Penthēus, a, um, pentheïſch, des Pentheus: caedes 4, 429.

Penthēus, a, um, ſ. Pentheus.

Pĕpărēthŏs, i, *f.* eine der cycladiſchen Inſeln im ägäiſchen Meere 7, 470.

pĕr, *praep.* mit *acc.* 1) von der Bewegung durch ob. über einen Raum, durch, durch ... hindurch, über ... hin: per humum 4, 573. per urbem 13, 695. per campos 1, 285. per hostes 8, 88. 13, 345. ingredi per Maenalon, über ... hin 2, 441. per crura volvitur 6, 237. remeat per arcus 11, 632. in terram delapsa per arcus 14, 838. per terras iter est, geht zu Lande 11, 425. per undas advehor, unter ... weg 5, 498. auf dem Wege durch: per auras 9, 219. per aequora 14, 478. — 2) von der Verbreitung über eine Raumweite ob. nach vielen Seiten hin, über ... hin, längs ... hin, rings in, in (auf) ... umher: per tecta 4, 405. per juga 2, 109. par vias 6, 158. per agros 4, 779. per colla 3, 169. per utrumque humerum 6, 168. per artus 9, 162. per fauces 8, 829. per ungues 5, 671. per litus 12, 113. pennae natae per bracchia (über ... hin) 5, 548. per terras, auf Erden 3, 316. per aras, rings an Altären 6, 171. per orbem, in der ganzen Welt 1, 521. 5, 481. per corpus, durch den ganzen Körper 10, 67. per urbes, rings in den Städten, in allen Städten 1, 749. 3, 339. 511. 6, 11. 7, 49. 12, 191. per silvas, in Wäldern hier und dort 10, 567. per herbas (sc. fusus, vergl. 3, 438), im Grase gelagert 7, 836. per Achivos, mitten unter die A. 12, 600. per gentes, bei 4, 16. dispensat per omnes, an 6, 278. — 3) von der Zeit: a) durch ... hindurch, lang: per saecula 15, 446. per novem luces 4, 262. per aevum 5, 227. 15, 621. per novem redeuntis cornua lunae, neun Monden lang 10, 479. — b) während, im Verlaufe: per spatium nascendi 1, 426. primos per annos 7, 798. per tot annos 13, 266. per iter 14, 154. per somnum 11, 675. per tenebras 4, 93. per tot labores 5, 243. 4) zur Angabe des Werkzeuges ob. Mittels, vermittelst, durch: per bracchia 5, 675. per compendia montis 3, 234. per vulnera 3, 123. 251. 7, 141. per jurgia 3, 262. per lumen 2, 181. per oculos 3, 440. per sucos 7, 215. per damnum 9, 193 (s. Echidna). per arma, mit Waffengewalt 5, 238. von Personen: per matrem 13, 146. per quem 4, 227. 5, 27. per me 1, 517. 7, 40. 13, 178. per me haud impune, von meiner Seite nicht ungestraft (s. Thersites) 13, 233. per se, ohne Jemds. Zuthun, von selbst 1, 102. 8, 680; dah. a) zur Bezeichnung dessen, wovon die Möglichkeit einer Sache abhängt, vermöge: per annos, vermöge seiner Jugend 14, 324. per fata licet, ist durch Geschick gestattet 13, 885. — b) zur Bezeichnung der Art und Weise, wie etwas geschieht, mit, in, unter: per muta silentia, unter lautlosem Schweigen 10, 53. per crimen, in Verbrechen, verbrecherisch 10, 243. per dedecus, in Schande, schimpflich 9, 26. per vim, gewaltsam 12, 223. 6, 608. per sinus, in Windungen 15, 721. per fletus, unter Thränengüssen 10, 136. per luctus, mit Trauer 13, 744. per gradus, stufenweise 2, 354. per vices,

wechselweis, abwechselnd 4, 40. per suos numeros, nach seinen einzelnen Theilen, Theil um Theil 7, 126. — 5) bei Bitten und Schwüren, bei, um ... willen 1, 188. 763. 768. 3, 638. 5, 316. 6, 477. 498. 7, 94 (ordne: per sacra et per numen quod foret in luco illo). 7, 852 (s. meus). 9, 371. 10, 392. 11, 452. 14, 704; von seinem acc. getrennt 3, 658. 10, 29. 14, 372. das Substantiv durch einen Satz umschrieben: per si quid merui, wenn ich mich irgend verdient gemacht habe 7, 854. per si quid superest, wenn noch etwas übrig ist 13, 377.

pĕr-ăgo, ēgi, actum, ĕre, „durchführen", dah. a) ein Raum durchwandern: sol duodena peregit signa 13, 618; von der Zeit, hinbringen, durchleben: annos 10, 36. aevum 15, 485. mollia otia, in behaglicher Ruhe leben 1, 100. — b) eine Thätigkeit ausführen, vollenden, vollziehen: quicquid superi voluere 8, 619. causam priorem (der Untersuchung) 15, 36. justa 2, 627 (s. injustus). facta matrum, das Thun, d. i. die Todtenklage 14, 745. regnum (Regierung) 15, 485. dicta 8, 815. edita 11, 647. mandata 7, 502. 11, 629. 14, 460. jussa 2, 119. imitamina, nachahmen 15, 200. annua simulamina plangoris, jährlich die Trauer nachahmen 10, 727. vicem, den Wechsel (mit der Nacht) vollziehen 4, 218. vices, Wechsel durchmachen 15, 238. — c) redend ausführen: (d. Reihe nach) aussprechen: talia 6, 619. indicium corporis mutati, Kunde geben von d. Verwandelung 1, 650. querellas, vernehmen lassen 4, 413.

pĕr-ăro, āvi, ātum, āre, durchfurchen: ora rugis 14, 96. — 2) (mit dem Griffel auf der Wachstafel) schreiben: talia 9, 564.

per-bĭbo, bĭbi, ĕre, (ganz) einsaugen: lacrimas 6, 397.

per-călesco, călŭi, ĕre, durchhitzt werden 1, 418.

per-cello, cŭli, culsum, ĕre, niederschlagen, zu Boden schlagen: alqm 5, 58. 98. 12, 312.

per-censĕo, ŭi, ēre, „durchmustern"; übtr. durchwandern: orbem 2, 335.

percĭpĭo, cēpi, ceptum, ĕre (capio), annehmen, in sich aufnehmen: semen 11, 144. aestum ossibus 14, 700. rigorem ramis 4, 746. auras, auffangen 8, 228. — 2) übtr. empfinden, genießen: gaudia 7, 455.

per-curro, cŭcurri µ. curri, cursum, ĕre, durchlaufen: stamina radio 4, 275. stantes aristas, drüber hinlaufen 10, 655.

percussus, a, um, s. percutio.

percŭtĭo, cussi, cussum, ĕre (quatio), durchstoßen, durchstechen: terram tridente

1, 283. terra percussa de cuspide 6, 80. percussa victima, durchstochen 15, 134. — 2) schlagen, treffen, hauen, schießen: alqm 5, 98. 3, 213. caput verbere virgae 14, 300. pectora palmis 3, 481. 5, 473. lacertos plangore 4, 138. ora manu 11, 681. frontem 6, 133. angues 3, 330. robora 11, 82. colla securi 15, 126. aëra pennis 10, 159. 11, 732. alqm in cor, schießen 5, 384. cor sagittā, treffen 6, 266. pectine percusso, mit anschlagendem Kamm 6, 58. soles ab imbre percussi, zurückgeworfen, gebrochen 6, 63; insbes. a) ein musicalisches Instrument anschlagen, rühren: nervos 5, 340. 11, 5. — b) schlagen, in Bewegung setzen: pennas, schwingen 1, 466. unda percussa, erschüttert 4, 530.

perdix, ĭcis, c. Rebhuhn 8, 237.

per-do, dĭdi, dĭtum, ĕre, 1) zu Grunde richten, verderben: figuram mutando 1, 547. alqm 3, 264. 9, 102. 547. 729. unglücklich machen 7, 693. vertilgen, tödten 1, 188. 224. 261. 3, 544. 4, 108. 149. perdite tantum, tödtet sie nur, d. i. verzehret sie nicht auch 15, 477; insbes. verschwenden, unnütz vergeuden: blanditias 1, 531. tempora precando 11, 286. spicula sanguine plebis, durch Tödten des geringen Volks 12, 601. — 2) einer Sache verlustig gehen, etwas verlieren: undas 4, 463. frondes 9, 373. omnia 13, 527. colorem 3, 100. notas veri 7, 601. figuram 4, 409. 13, 672. formam 13, 405. quod amas 3, 433 (avertere = si averteris). alqm 13, 496.

per-dŏmo, ŭi, ĭtum, āre, (gänzlich) bewältigen: serpentem 1, 447.

per-dūco, xi, ctum, ĕre, wohin führen, herführen 13, 323.

pĕrĕgrīnus, a, um, ausländisch, fremd: ripa 2, 337. terra 3, 24. orbis 1, 94. arena 13, 526. amnis 8, 836. serpens 9, 694 (denn Creta war ohne Schlangen). cruor, der Fremdlinge 9, 182. peregrina colo Sicaniam, als Fremde 5, 495.

pĕremptus, a, um, s. perimo.

pĕrennis, e (v. annus), eig. „das ganze Jahr hindurch dauernd"; dah. übrtr. fortdauernd, unvergänglich 15, 875. sidus 8, 177. sceptrum 15, 585. adamas, fest 15, 813.

pĕr-ĕo, ĭi (īvi), ĭtum, īre, zu Grunde gehen, verloren gehen, untergehen, 1, 240. 2, 214. 15, 254. labor anni perit 1, 273; v. Personen, umkommen, sterben 7, 522 (s. quotus). 13, 580. 14, 618. periturus, der umkommen, sterben soll, zum Untergange bestimmt ist 2, 280 (sc. mihi). 3, 292. 579. 5, 20. 11, 26. 696. 13, 881. Pergama peritura 13, 168. — 2) vereitelt werden, nicht zu Stande kommen 8, 55.

pĕr-erro, āvi, ātum, āre, durchirren, durchschweifen: terras 15, 53. orbem, 3, 6. freta classe 7, 460. populos 11, 645. Caras 9, 645.

per-fĕro, tŭli, lātum, ferre, „bis ans Ziel tragen"; dah. überbringen: alqd ad alqm 6, 580 (s. rogo); übrtr. a) (bis ans Ende) beibehalten, bewahren: intrepidos vultus ad fata 13, 478. — b) ertragen, erleiden: dolorem 12, 538 (s. dolor). pericula 14, 560.

perfĭcĭo, fēci, fectum, ĕre (facio), vollenden: stamina 6, 578; übrtr. von der Zeit, durchleben: annos 15, 817.

perfĭdĭa, ae, f. Treulosigkeit, Unredlichkeit 11, 206.

perfĭdus, a, um, treulos, unredlich 2, 704. 6, 539. 13, 246. lumina, des Treulosen 13, 561.

per-fŏro, āvi, ātum, āre, durchbohren: duo pectora, nämlich des Rosses und des Mannes, weil beide an der Brust zusammengewachsen waren 12, 377.

perfringo, frēgi, fractum, ĕre (frango), durchbrechen, zerschmettern: tempora 12, 273. Olympum 1, 154.

per-fundo, fūdi, fūsum, ĕre, übergießen, (über und über) benetzen, bespritzen: fossas sanguine 7, 245. Penates 5, 156. membra cruore 2, 607. alqm polentā 5, 454. nomen lacrimis 2, 339. vultum (aquis) 3, 190. artus rore, baden 3, 164. ensis perfunditur sanguine, trieft von 7. 396. terra sanguine perfusa, überströmt 1, 157.

Pergāma, ōrum, n. Pergamum, die Burg von Troja, dah. für Troja selbst 12, 445. 591. 13, 169. 219. 320. 349. 374. 520. 14, 467. soli mihi Pergama restant, für mich allein dauern die Leiden von P. noch fort 13, 507. Pergama rapta, die entführten Heiligthümer von P. 15, 442.

Pergus, i, m. ein See in Sicilien bei der Stadt Henna 5, 386.

per-horresco, horrŭi, ĕre, „ganz rauch werden"; dah. 1) vom Meere, hoch aufwogen, empört werden 6, 704. — 2) sich sehr entsetzen, schaudern, erbeben 1, 203. clamore perhorruit Aetne 13, 877.

pĕrīclum = periculum.

Pĕrīclўmĕnus, i, m. Sohn des Neleus, Bruder des Nestor 12, 556.

pĕrīcŭlum u. zusammengez. **pĕrīclum**, i, n. Gefahr 13, 204. (tecum sc. suscepti). noctisque hostisque 13, 243. cursus 4, 787. ponti 14, 439. falsi mundi 15, 155. pericula adire 14, 119. se offerre ad pericula 13, 42. exhausta pericula 12, 161. meo periclo, auf meine Gefahr, mit Gefahr für mich 10, 545. — 2) meton. Gefahr bringender Gegenstand: sua, die Dinge, die ihm Gefahr bringen werden 8, 196. suum, den ihnen Gefahr drohenden Eber 8, 333.

Perīmēlē, ēs, *f*. Tochter des Hippodamas, Geliebte des Flußgottes Acheloüs, wird von ihrem Vater ins Meer gestürzt, aber vom Neptun in eine Insel verwandelt 8, 590.

pĕrĭmo, ēmi, emptum, ĕre (emo), „gänzlich wegnehmen"; dah. tödten 3, 97. 13, 255. 521.

Pĕrĭphās, ntis, *m*. 1) ein König von Attica vor Cecrops Zeit, wurde vom Jupiter, weil ihm von den Menschen seiner Gerechtigkeit und Unsträflichkeit wegen göttliche Ehre erwiesen wurde, in einen Adler verwandelt, und seine Gemahlin Phene in einen Falken: *voc*. Periphā 7, 400. — 2) ein Lapithe: *acc*. Periphanta 12, 449.

perjūrĭum, ii, *n*. falscher Eid, Meineid, (nur *plur*.) 11, 206. 14, 91. 99.

perjūrus, a, um, eidbrüchig, meineidig: moenia 11, 215 (f. Hesione). pectora, der Meineidige 2, 705.

perlūcens, f. perluceo.

per-lūcĕo, luxi, ēre, durchscheinen, hervorscheinen: fibrae perlucentes 6, 391. — 2) durchsichtig sein, *part*. perlucens, durchsichtig: amictus 4, 313. ala 4, 411.

perlūcĭdus, a, um, durchsichtig: fons 3, 161. bulla 10, 733. cornua 2, 856.

per-lŭo, lŭi, lūtum, ĕre, waschen, baden: artus fonte 4, 310; *pass*. perlui, sich baden: lymphā 3, 173.

per-mănĕo, mansi, mansum, ēre, (fortwährend) bleiben, verbleiben 9, 788. 12, 24. 15, 328. innuba permaneo 14, 142. fortdauern 15, 305.

per-mātūresco, mātūrŭi, ĕre, völlig reif werden 4, 165.

per-miscĕo, miscŭi, mistum u. mixtum, ēre, durcheinander mischen, vermischen: cruorem generi cum sanguine soceri 14, 802.

per-mitto, mīsi, missum, ĕre, (bis ans Ziel) werfen, schleudern: scopulum in undas 14, 182. limen in hostem 12, 282. — 2) übrtr. überlassen, übergeben: aëra habendum, zum Besitze 1, 58.

per-mulcĕo, mulsi, mulsum u. mulctum, ēre, streicheln, streichen: colla 4, 599. 7, 221. comas, glattstreichen 2, 733. — 2) übrtr. sanft berühren: lumina virgā 1, 716.

pernox, ctis, die Nacht hindurch: luna pernocte, bei nächtlichem Mondscheine 7, 268.

pĕrōsus, a, um, sehr hassend, voll Haß gegen etwas, mit *acc*. 2, 379. 4, 414. 7, 745. 8, 183. 11, 146. 14, 693.

perpĕtĭor, pessus sum, pĕti (per u. patior), erdulden, aushstehen: multa 7, 5. 12, 38. imbrem 14, 472. — 2) dulden, leiden, geschehen lassen: mit *acc. c. inf.* 3, 622; mit *inf.*, perpetiar memorare, will mich überwinden 14, 466.

perpĕtŭō, *adv*. fortwährend, beständig 10, 97.

perpĕtŭus, a, um, aneinanderhangend, ununterbrochen: carmen 1, 4. ordo 11, 755. cornu, ungespalten 2, 671. dentes, Reihe von Zähnen 8, 246. — 2) von der Zeit, fortwährend, beständig: ver 5, 391. nox 7, 2. virginitas 1, 486. flos aevi 9, 436. poenae 4, 467. honores 1, 565. axis, in Einem fort sich drehend 15, 522.

perquīro, quīsīvi, quīsitum, ĕre (quaero), eifrig aufsuchen: alqm 3, 3.

Perrhaebus, a, um, aus Perrhäbia, einer Landschaft Thessaliens; *subst*. Perrhaebus, i, *m*. ein Perrhäber, Thessalier 12, 172.

per-rumpo, rūpi, ruptum, ĕre, durchbrechen, durchdringen: cratem laterum 12, 370.

Persēïs, ĭdos, *f*. Tochter der (Oceanide) Perse, d. i. Hecate 7, 74.

Persēïus, a, um, f. Perseus.

Persĕphŏnē, ēs, *f*. griechischer Name der Proserpina 5, 470. 10, 15. 730.

per-sĕquor, cūtus (quutus) sum, sĕqui, (eifrig, rasch) folgen: alqm 4, 151. 551; feindl. verfolgen 8, 378. — 2) übtr. eine Handlung fortsetzen, ausführen: scelus 8, 774; insbef. einen Gegenstand in der Rede verfolgen, (ausführlich) berichten: dicta 8, 534. omnes, aufzählen 12, 590.

Perseus, (zweisilbig), ĕi, *m*. Sohn des Juppiter und der Danaë, der Tochter des Königs Acrisius von Argos (dah. Acrisioniades 5, 70. Danaeius heros 5, 1. Agenorides 4, 772. Abantiades 4, 673. Lyncides 4, 767. Inachides 4, 720). 4, 639. 697. 5, 16. 248. *acc*. Perseā 4, 611. 5, 30. 33. *voc*. Perseu 4, 770. 5, 190. 216. - Dav. **Persēïus**, a, um, perseïsch, des Perseus: castra 5, 128.

Persĭs, ĭdis, *f*. das Perserland, Persien in Asien (als Stammland der Perser); *acc*. Persidā 1, 62.

perspĭcĭo, spexi, spectum, ĕre, prüfend in Augenschein nehmen, genau betrachten: opus 2, 112. terras hominumque labores 2, 405. serpentem 15, 660. herbas, mustern 7, 226. — 2) bildl. (geistig) durchschauen, erkennen: omnia animo 15, 65.

perspĭcŭus, a, um, durchsichtig, hell: aquae 5, 588. liquor 4, 300.

per-sto, stĭti, stătum, āre, **feststehen, stehen bleiben** 3, 385. 15, 339. — 2) übrtr. **Bestand haben, unverändert bleiben** 15, 177. 237. — 3) bildl. wobei **beharren, beharrlich fortfahren**: in incepto 6, 50. in verbere remorum 3, 662. in acri caede 11, 402. prohibere 6, 361. certare 13, 77; absol. bei seinem Entschlusse beharren 3, 701. 4, 368. 14, 568.

per-stringo, nxi, ctum, ĕre, **zusammenschnüren**: utrum, einschließen 10, 495.

per-terrĕo, ŭi, ĭtum, ēre, **sehr in Schrecken setzen**: part. perterritus, sehr erschreckt, erschrocken 2, 254. 9, 141. 11, 771.

pertĭmesco, tĭmŭi, ĕre, **sehr in Furcht gerathen, sich sehr fürchten**: mit acc., vor etwas 1, 638. 2, 495. 9, 445; mit folg. ne 14, 186; absol. 1, 641. 14, 440. 15, 34.

pĕr-ūro, ussi, ustum, ĕre, **brennen, sengen**: echidnam 9, 74.

per-vĕnĭo, vēni, ventum, īre, **wohin kommen, wo ankommen**: in urbem 11, 652. Cypron 10, 718. ad tumulum 4, 95. ad regem 8, 89. huc 2, 765; übrtr. von Dingen, wohin gelangen, wohin bringen: ignis pervenit ad ossa 7, 748. honos ad superos 8, 276. angulus ad illum, erreichte ihn 13, 883. pestis ad colonos, ergriff 7, 552. dolor ad Danaos, durchdrang die Danaer 13, 181. ad aures alcjus pervenire 5, 256. 7, 694. 8, 134. 9, 8. 10, 383. verba non pervenientia aures, zu den Ohren 3, 462. oscula non pervenientia contra, die nicht hinüber gelangten 4, 80.

per-vĭdĕo, vīdi, vīsum, ēre, **überschauen**: omnia 14, 375.

pervĭgil, lis, **stets wachend**: draco 7, 149. **schlaflos** 10, 369.

pervĭus, a, um, **Durchgang gestattend, durchgänglich**: loca equo 8, 377 (s. opacus). 14, 361. vento 2, 762. humus flatibus 15, 302. ora verbis 5, 194. aether, Weg durch die Luft 5, 654. tellus, unterirdischer Gang 5, 501. loca gladio, Stelle, wo d. Schwert eindringen kann 12, 483. pervia tempora fecit, durchbohrte 12, 335.

pēs, pĕdis, m. **Fuß des Menschen und Thieres**: pedem referre 2, 439. pedem retro ferre 4, 134. 14, 756. pede venire, zu Fuß 5, 654. certamen pedum, Wettlauf 12, 304. laus pedum, der Schnelligkeit 10, 563. pedibus vinere (contendere), im Wettlaufe 1, 448. 10, 570. pedibus utilis, tüchtig im Laufe 3, 212. timor sub pedibus est, ist überwunden 14, 490. — 2) **Fuß** des Tisches 8, 661. 12, 254. des Speisesophas 8, 656.

pestĭfer, féra, férum, **verpestet**: rictus 3, 74. venter 1, 459; übrtr. **Verderben bringend, tödtend**: ignis 8, 477. fames 8, 784. manus 4, 496.

pestis, is, f. **Seuche, Pest** 7, 553. — 2) übrtr. **Verderben, Unheil** 9, 200. Qual 9, 177; **Verderben bereitendes Raubthier** 7, 764 (ein Fuchs vom Gebirge Taumessus bei Theben).

pĕto, īvi u. ĭi, ītum, ĕre, 1) nach etwas langen, reichen, greifen: corpus 11, 675. quod petis, est nusquam 3, 433. praedam pedibus, zu erreichen suchen 1, 534. colla, umschlingen, sich anschmiegen an 6, 640. 4, 597. amplexu alqm, Jemb. umarmen 6, 605 (a. Lesart amplexum petere, s. unten). flamma petit artus, ergreift 9, 240. quo abis petitus, wenn man dich faßt 3, 455; dah. im feindlichen Sinne: a) auf Jemb. losgehen, einstürmen, ihn angreifen, bedrohen: alqm 7, 135. 9, 39. 15, 766. ense 5, 80. ferro 13, 444. facibus ora 10, 350. insidiis, nachstellen 9, 623. ipsa petenda mihi est, ich muß an sie selbst 3, 263. anguis os petit, schießt los auf 11, 57. inperium petitur, es ist abgesehen auf 7, 504. — b) nach einem Gegenstande zielen, hauen, schlagen: alqm 5, 31. 12, 122. ense 12, 130. gladio 5, 185. muros 8, 358. quodcumque petit, wonach er zielt 7, 683. quod petitur (sc. a me), wornach ich ziele 8, 351. tergum petitum, wonach er gezielt 8, 348. volucres, schießen 13, 53. saxa lapide, werfen 8, 18. taurus petit irritamenta, stößt gegen 12, 103. — c) **verfolgen**: umbram praedae 14, 362. — 2) nach einem Orte oder Gegenstand **hinstreben, hineilen, ihn aufsuchen, sich wohin begeben**: mit accus. des Ortes 1, 590. 2, 379. 761. 844. 4, 704. 5, 254. 278. 460. 6, 668. 10, 280. 714. 11, 87. 471. 13, 638. 968. 14, 447. 15, 23. 506. diversa, die entgegengesetzte Richtung verfolgen 2, 730. Euboea natis petita est, die Töchter enteilten nach E. 13, 661. portas, sich nähern 14, 780. arcem, ersteigen 2, 306. aethera, emporsteigen in 2, 437. alta, in die Höhe steigen 15, 243. summa, nach der Höhe gehen 2, 206. ima, nach der Tiefe 2, 265. mons petit astra, ragt auf zu den Sternen 1, 316. aequor petere, dem Meere zufließen 6, 399. terras petere, sich der Erde zuneigen 2, 166. terrena, erdwärts fliegen 2, 730; insbes. wohin fahren, segeln, steuern 3, 597. 13, 678. 720. 14, 178. 15, 506. 708. laevam, nach links 3, 642. diversa, nach entgegengesetzter Richtung 3, 649. quae terra petitur carinā, wohin segelt das Schiff 14, 164.

3) etwas **holen gehen, holen**: aliquid 13, 378 (s. praeceps). vellera 6, 721. arma 13, 122. aurum 10, 676. lapides

7,266. saxum (*sc.* delapsum) 4,460. undas 3, 27. gemitus de corde, heraufholen 2,622. petisses, du hättest holen sollen 5, 26. 15, 637. — 4) etwas zu erreichen suchen, erstreben, nach etwas trachten: salutem 1,534. famam 6,30 (tibi = a te). conjugium 10, 613 (s. hic). thalamos 6,700. praemia 10,582. auram, aufsuchen 7,811. somnum, Schlaf suchen 13,676. amplexum, umarmen wollen 6, 605. auxilium ab hoste, Hülfe beim Feinde suchen 5,179. letum alcjus, Jemd. nach dem Leben trachten 15,108. quos (ictus) petit *sc.* turba, beabsichtigt 8, 390; insbes. a) begehren, wünschen: alqd 4, 206. 7, 811 (mihi = a me). 8, 824. 839. 9,4. 748. 13,112. 14, 664. magna 2, 54. aequa 7, 174. irrita 7, 484. justa 13,466. quid hac arce petisti, was suchst du 2, 33; mit *inf.*, wünschen 8, 421. 14, 571; *part.* petitus, ersehnt, erwünscht, begehrt 3,455. portus 8,5. terra 3,635. thalami 11, 250. socer 9, 11. deus 15, 666; insbes. aliquam (aliquem), zur Geliebten (zum Geliebten) begehren, um Eine (Einen) sich bewerben 1,478. 3, 426. 4, 697. 9, 25. 514. 627. 12, 404. 13, 735. 755. 14, 327. petor alcui = ab aliquo, ich werde von Jemd. umworben 2, 571. 10, 576. petens, Bewerber, Freier 1, 478. 9, 513. 14, 672. — b) beanspruchen, verlangen, fordern: arma 13, 97. 13, 180 (illis armis, für jene Waffen). praemia 13, 16. fraterna 13, 31. — c) um etwas ansuchen, sich etwas erbitten, um etwas bitten: opem 8, 271. pignora 2, 91. munus 2, 44. fidem pacis 3, 128. meliora 11, 105. justa 14, 787. quod petis 11, 287. hospitium 4, 642. requiem 8, 628. pacem 15, 823. favorem 14, 706. juvenes annos 14, 139. opem 8, 271. hanc munus, als Geschenk 1, 616. annos ab Jove 9, 413; mit folg. ut 6, 352. 477; mit bloßem *conjunct.* 11, 281; absol. 7, 306. populus petens 3,450. petita, ōrum, *n.* das Erbetene, der Wunsch 14, 110. — d) aufsuchen, wählen: alqm 2, 567. quis te petit (*sc.* socium) 13, 238. horam vacantem 9, 612. Numam petitum (*sc.* a Romanis) 15, 480. — e) zu wissen verlangen, fragen 3, 340. 7, 687.

Petraeus, i, *m.* ein Centaur 12, 327.

Pettălus, i, *m.* ein Kampfgenosse des Phineus 5, 115.

Peucetius, a, um, zur Landschaft Peucetia in Apulien (an der Ostküste von Italien) gehörig, peucetisch: sinus 14,513.

Phaeāces, um, *m.* die Phäaken, Bewohner der Insel Scheria (später Corcyra, jetzt Corfu) 13, 719.

Phaedĭmus, i, *m.* Sohn der Niobe 6, 239.

Phaeŏcŏmēs, ae,*m.* ein Centaur 12,431.

Phaestĭäs, ădis, *f.* eine Einwohnerin der cretischen Stadt Phästos, phästiade: acc. plur. Phaestiades 9, 716.

Phaestĭus, a, um, zur Stadt Phästos auf Creta gehörig, phästisch: tellus 9,669.

Phăēthon, ontis, *m.* (Φαέθων, „der Leuchtende"), Sohn des Sol und der Oceanide Clymene, starb durch einen Blitz Jupiters, weil er auf dem von seinem Vater erbetenen Sonnenwagen fahrend, aber der Lenkung der Sonnenrosse nicht gewachsen, der Erde zu nahe kam und sie in Brand setzte 1,751. 2, 34. 179. 227. 319. *acc.* Phaethonta 2, 342. - Dav. a) **Phăēthontēus**, a, um, phaēthontisch: ignes, die Flammen, die den Ph. verzehrten 4, 246. — b) **Phăēthontis**, tĭdis, *f.* phaēthontisch: volucris, der Schwan (weil in diesen Cygnus, der Sohn des Sthenelos, wegen seiner allzugroßen Trauer um den Phaēthon verwandelt worden war, s. 2, 367 ff.) 12, 581.

Phăēthonteus, a, um, s. Phaethon.

Phăēthūsa, ae, *f.* (Φαέθουσα, „die Leuchtende"), Schwester des Phaēthon, eine der Heliaden 2, 346.

Phantāsŏs, i, *m.* (v. φαντάζω, „Gaukler"), ein Traumgott, Sohn des Schlafes 11, 642.

phărētra, ae, *f.* Köcher (zur Aufbewahrung der Pfeile) 1,443. 468. 3,166; *plur.* für *sing.* 1, 559. 4, 306. 8, 22. 10, 518. 15, 624.

phărētrātus, a, um, köcherbewaffnet: Diana 3,252. puer = Cupido 10,525.

Phărŏs, i, *f.* kleine Insel bei Alexandria in Aegypten, später durch Nil=Anschwemmung mit dem Festlande vereinigt, berühmt durch den Leuchtthurm, welchen König Ptolemäus Philadelphus daselbst errichten ließ 15, 287. *acc.* Pharon 9,773.

Pharsālĭa, ae, *f.* die Gegend von Pharsalus in Thessalien (wo bereits Cäsar die Entscheidungsschlacht gegen Pompejus gewonnen hatte) 15, 823 (s. Emathius).

Phāsĭās, s. Phasis.

Phāsis, ĭdos, *m.* Fluß in Colchis am schwarzen Meere 2, 249. 6, 6. - Dav. **Phāsĭās**, ădis, *f.* phāsisch, colchisch: subst. die Colchierin, d. i. Medea 7, 298.

Phēgēĭus, a, um, dem Phegeus (Vater der Alphesibōa, der ersten Gemahlin des Alcmaon, die von ihrem Gatten verstoßen wurde) gehörig, phegeīsch: ensis 9,412 (s. Callirhoë).

Phēgiăcus, a, um, bei der Stadt Phegia in Arcadien (später Psophis), phegisch 2, 244.

Phēnē, ēs, f. die Gemahlin des Peri=
phas (f. Periphas) 7, 399.
Phĕnĕŏs, ī, f. See in Arcadien bei
der gleichnamigen Stadt, deſſen Waſſer
durch ſeine Kälte ſchädlich war, daher er
Styx genannt wurde: acc. Pheneön 15,
332.
Phŏrētīădēs, ae, m. Sohn des Königs
Pheres von Pherä in Theſſalien, **Phere=
tiade**, d. i. Admetus 8, 310.
Phĭălē, ēs, f. eine Nymphe der Diana
8, 172.
Philammōn, ŏnis, m. Sohn des Apollo
und der Chione 11, 317.
Phĭlēmŏu, ŏnis, m. ein gottesfürchti=
ger Greis in Phrygien, Ehegatte der Bau=
cis, bewirthet gaſtfreundlich den Juppiter
und Mercur, weshalb ihr Haus von den
Göttern in einen Tempel umgeſtaltet wird.
Sie ſelbſt, als ihr Lebensende gekommen
war, werden in Bäume verwandelt 8, 631.
acc. Philemona 8, 714.
Philippī, ōrum, m. Stadt in Mace=
donien, wo Octavianus und Antonius i.
J. 42 v. Chr. den Brutus und Caſſius
beſiegten 15, 824.
Philoctētēs, ae, m. Sohn des Pöas
in Theſſalien (Poeante satus 9, 233. Poe-
antia proles 13, 45), zündete den Scheiter=
haufen an, auf welchem Hercules ſich ver=
brannte, und erbte dafür deſſen Bogen
und Pfeile. Auf dem Zuge nach Troja
verwundete er ſich mit einem dieſer in das
Gift der lernäiſchen Schlange getauchten
Geſchoſſe, und Ulyſſes, um die Griechen
von ſeinem Schmerzgeſchrei und dem übeln
Geruche der beſtändig eiternden Wunde
zu befreien, gab den Rath, ihn auf der
Inſel Lemnos auszuſetzen, wo er kümmer=
lich durch die Jagd von Vögeln ſein Leben
friſtete (13, 45). Da aber nach einem
Orakel Troja ohne die Pfeile des Hercules
nicht erobert werden konnte, ſo wurde er
im zehnten Jahre des Krieges von Ulyſſes
ins griechiſche Lager geholt (13, 399 ff.)
13, 320.
Phĭlŏmēla, ae, f. Tochter des attiſchen
Königs Pandion, Schweſter der Progne,
wird in eine Nachtigal verwandelt 6, 451.
475. 503. 553. 572. 601. 643. 658.
Philȳrēīus, a, um, philyrēiſch: heros,
der Centaur Chiron, Sohn der Oceanide
Philyra (und des Saturnus) 2, 676. tecta,
Behauſung des Chiron auf dem Pelion
in Theſſalien 7, 352.
1. **Phīneus** (zweiſylbig), ĕi, m. 1) Bru=
der des äthiopiſchen Königs Cepheus,
Oheim der Andromeda und mit dieſer
verlobt 5, 8 ff. acc. Phineā 5, 92. 210.
voc. Phineu 5, 93. 224. - Dav. **Phīneus**,
a, um, phineïſch, des Phineus: manus 5,
109. — 2) König von Salmydeſſos in
Thracien, der Weisſagung kundig. Weil er
ſeine Söhne, durch ihre Stiefmutter ver=
leitet, hatte blenden laſſen, ſo ſtraften ihn
die Götter mit Blindheit und peinigten
ihn außerdem durch die Harpyien, geflü=
gelte Unholdinnen mit Jungfrauenantlitz
(virgineae volucres), welche ihm alle
Speiſen vor dem Munde wegfraßen oder
mit ihrem Kothe beſudelten. Durch die
geflügelten Söhne des Boreas, Zetes und
Calais, welche ſich unter den Argonauten
befanden, wurden die Harpyien in ferne
Länder verjagt 7, 3.
2. **Phīneus**, a, um, ſ. 1. Phineus.
Phīnīs, ĭdis, f. die Gemahlin des Pe=
riphas (ſ. Periphas): voc. Phinī 7, 399.
Phlĕgĕthontĭs, ĭdis, f. zum Fluſſe
Phlegethon in der Unterwelt gehörig,
phlegethontiſch: lympha 5, 544. unda 15,
532.
Plĕgōn, ontis, m. (φλέγων, „der Flam=
mende"), eines der Sonnenroſſe 2, 154.
Phlegraeōs, i. m. ein Centaur: acc.
Phlegraeōn 12, 378.
Phlĕgraeus, a, um, phlegräiſch: campi,
die phlegräiſchen Felder in Campanien in
der Nähe des Veſuv, wo die Giganten
den Blitzen des Juppiter und Hercules
unterlagen 10, 151.
Phlĕgyae, ārum, m. räuberiſcher Volks=
ſtamm in Böotien, welcher den Tempel
von Delphi beraubte und die dorthin
Reiſenden gefährdete 11, 414.
Phlĕgyās, ae, m. ein Kampfgenoſſe des
Phineus: acc. Phlegyān 5, 87.
Phŏbētŏr, ŏris, m. (φοβήτωρ, „der
Furchterregende"), ein Traumgott, der auch
Icelos hieß: acc. Phobetora 11, 640.
phoca, ae, u. **phŏcē**, ēs, f. Meerkalb,
Robbe 1, 300. 2, 267. 7, 389.
Phōcăīcus, a, um, 1) aus Phocäa,
einer Seeſtadt Joniens, phocäiſch: murex
6, 9. — 2) phociſch: tellus, d. i. die Land=
ſchaft Phocis (ſ. Phocis) 2, 569.
phōcē, ēs, ſ. phoca.
Phōceus, a, um, ſ. Phocis.
Phōcis, ĭdis, f. Landſchaft in Mittel=
griechenland, zwiſchen Böotien und Aeto=
lien 1, 313. = Dav. **Phōceus**, i, m. ein
Phocier 11, 348.
Phōcus, i, m. Sohn des Königs Aea=
cus und der Nymphe Pſamathe, wird von
ſeinen Brüdern Telamon und Peleus, auf
Anſtiften ihrer Mutter Endeïs, durch einen
Wurf der Discusſcheibe umgebracht 7, 477.
668. 11, 267. 381.
Phoebē, ēs, f. die Schweſter des Phö=
bus, d. i. Diana 1, 476. 2, 415. 6, 216.
12, 36; als Mondgöttin 1, 11. 2, 723.
Phoebēïus, a, um, ſ. Phoebus.

Phoebēus, a, um, f. Phoebus.
Phoebus, i, *m.* (Φοῖβος, „der Leuchtende"), Beiname des Apollo als Sonnengottes 1, 451. 752. 2, 24. 3, 8. 6, 122. 215. 486. 7, 324. 8, 31. 350. 9, 444. 10, 132. 162. 11, 58. 164. 303. 13, 501. 632. 677. 14, 133. 15, 191. 418. 631. 865. soror Phoebi = Diana 5, 330. 15, 550. antistita Phoebi = Cassandra 13, 410 (f. Ajax); meton. Sonne 3, 151. 4, 349. 715. 11, 595. 14, 416. litora sub utroque jacentia Phoebo, unter der aufgehenden u. untergehenden Sonne, im Often u. Westen 1, 338. - Dav. 1) **Phoebēïus**, a, um, **phöbëiſch, des Phöbus**: ales, der Rabe (als Weisfagevogel) 2, 545. juvenis = Aesculāpius, als Sohn des Phöbus 15, 642. anguis 15, 742. Byblis, als Enkeltochter des Phöbus 9, 663. — 2) **Phoebēus**, a, um, **phöbeiſch, des Phöbus**: sortes 3, 130. Rhodos, dem Phöbus geweiht 7, 365. ignes, Strahlen der Sonne 5, 389.

Phoenīces, um, *m.* **Phönicier**, Bewohner der afiatifchen Landfchaft Phönicien am Mittelmeere: acc. Phoenicas 3, 46.

Phoenissa, ae, *f.* **phönicifch** (f. Phoenices): Tyros 15, 288.

Phoenix, īcis, *m.* 1) Sohn des Amyntor aus Theſſalien, Begleiter des Achilles nach Troja 8, 307. — 2) der fabelhafte Vogel **Phönix**, welcher der Sage zufolge ein Alter von 500 Jahren erreicht und ſich dann ſelbſt in ſeinem Neſte verbrennt, worauf aus ſeiner Afche ein junger Phönix entſteht: acc. phoenica 15, 393. 402.

Pholus, i. *m.* ein Centaur 12, 306.

Phorbās, antis, *m.* 1) ein Waffenſgefährte des Phineus 5, 74. 78. — 2) ein Lapithe 12, 322. — 3) der Anführer der Phlegier (f. Phlegyae) 11, 414.

Phorcīdes, um, *f.* Töchter des Meergottes Phorcus oder Phorcys: sorores, die phorcidifchen Schweſtern, d. i. die beiden Gräen, Unholdinnen in Geſtalt alter Weiber, welche gemeinfchaftlich nur ein Auge und einen Zahn beſaßen und den Zugang zu ihren Schweſtern, den Gorgonen, bewachten: acc. Phorcidas 4, 775.

Phorcȳnis, ĭdos, *f.* **Tochter des Phorcys** (f. Phorcides), d. i. d. Gorgone Meduſa 4, 743; meton. das Haupt der Meduſa: acc. Phorcynidă 5, 230.

Phŏrōnis, ĭdos, *f.* die **Phoronide**, d. i. Jo, ſo genannt von ihrem Ahn Phoroneus, einem Könige von Argos 1, 668. 2, 524.

Phrixēus, a, um, **phrixifch**: vellera, das goldene Vließ, welches Phrixus, der Sohn des Athamas, nach Colchis brachte (f. Helle) 7, 7.

Phrȳges, um, *m.* die **Phrygier**, Bewohner der kleinaſiatifchen Landfchaft Phrygien 11, 91; = Trojani, (weil Troja in Klein=Phrygien lag) 12, 70. 612. 13, 389. 435. 15, 452. - Dav. **Phrȳgĭus**, a, um, **phrygiſch** 6, 166. 8, 162. 621. trojaniſch 10, 155. 11, 203. 12, 38. 148. 13, 44. 244. 337. 432. 579. 721. 14, 547. 562. 15, 444; fubſt. Phrygia, ae, *f.* die Landfchaft Phrygien in Kleinaſien, eingetheilt in Groß= und Kleinphrygien 6, 146. 177. 13, 429.

Phthīa, ae, *f.* Hauptſtadt der theſſaliſchen Landſchaft Phthiotis, Reſidenz des Peleus 13, 156.

Phȳleus (zweiſylbig), ĕi, *m.* Sohn des Königs Augeas in Elis 8, 308.

Phyllēus, a, um, aus der theſſaliſchen Stadt Phyllos, **phyllëifch**: juvenis = Caeneus 12, 479.

Phyllīus, i, *m.* ein Freund des Cycnus, der aus Liebe zu dieſem und auf ſein Gebot einen gewaltigen Löwen ohne Hülfe eiferner Waffen tödtete, zwei ungeheure Geier fing und mit der Hand einen Stier zum Altare des Zeus ſchleppte. Hercules der ihm bei dieſem letzten Unternehmen beiſtand, bewirkte, daß ſeine Liebe zu dem Cycnus ſich in Verachtung verwandelte, worauf dieſer ſich zu tödten verſuchte, vom Apollo aber in einen Schwan verwandelt wurde 7, 372.

piācŭlum, i, *n.* Sühnopfer 6, 569.

pīca, ae, *f.* Elſter 5, 299. 676.

pĭcĕa, ae, *f.* Pechföhre, Kiefer 3, 155. 9, 659. 10, 101.

pĭcĕus, a, um (v. pix), pechſchwarz: caligo 1, 265. 2, 233. nubes 11, 549. venenum 2, 800.

1. **pīcus**, i, *m.* Baumhacker, Specht 14, 314.

2. **Pīcus**, i, *m.* ein altitaliſcher Heros, Sohn des Saturnus, Großvater des Latinus 14, 320. 336.

Pīĕros, i, *m.* Fürſt von Pella in Macedonien, deſſen neun Töchter, von den Muſen im Wettgeſange beſiegt, in Elſtern verwandelt wurden 5, 302.

pĭĕtās, ātis, *f.* 1) Pflichttreue, pflichtmäßige Gefinnung 1, 204. — 2) zärtliche Liebe gegen Angehörige, Zärtlichkeit 1, 149. 9, 383. 15, 549. pietas in conjuge 6, 635; insbeſ. Kindespflicht, kindliche Dankbarkeit, kindliche Liebe 6, 503 (si ulla est sc. tibi). 7, 72. 169. 336 (sc. nobis). 10, 321. 333. 366. 14, 109. 443; Elternliebe, Vatergefühl 9, 679. 12, 29. Mutterliebe 6, 629. 8, 508; Geſchwiſterliebe 9, 460. 13, 663. — 3) Barmherzigkeit, Schonung 15, 109. 173.

pĭger, gra, grum, verdroſſen, träg: senectus 10, 396. piger frigore, ſtarr 2, 174. radix, unbeweglich 1, 551.

pĭgĕt, ŭit, ēre, es verdrießt, es gereut, mit *acc.* der Person und *genit.* der Sache: laborum piget, sie gereuen mich (actorum mihi = a me actorum) 2,386; mit *inf.* 2,183 (*sc.* eum). 5,221 (*sc.* me). 9,631. 11,778. 13,808 (*sc.* te). absol. 6,386.

pignĕror, ātus, sum, āri (v. pignus), als Unterpfand nehmen: omen 7,621.

pignŭs, ŏris, *n.* bedungenes Pfand, Unterpfand von Personen u. Sachen 14, 679. pacis 8,48. 12,365. fide (= fidei) 6,506. amoris 8,92. veri 5,247. pignus dare 2,38. 91. 3,283. 15,683; insbes. a) Gegenstand der Wette, Preis 6,77. — *plur.* pignora, von Kindern und Enkeln, Liebespfänder 3,134. 8,490. 11,543. *sing.* 5,523. — 2) bildl. Kennzeichen, Beweis: formae 7,497. sacrorum, Zeichen der Feier 6,603.

pigrē, *adv.* träg, langsam 2,771.

pila, ae, *f.* Ball: picta, der mit bunten Streifen verzierte Spielball der Mädchen 10,262.

Pindus, i, *m.* Berg in Thessalien an der Grenze von Macedonien und Epirus 1,570. 2,225. 7,225. 11,554.

pīnētum, i, *n.* Fichtenwald 1,217. 15, 604.

pīnĕus, a, um, von Fichtenholz, fichten: texta 14,530.

pingo, nxi, ctum, ĕre, 1) malen: aliqd tabulā 10,516. pictus, bemalt: carina, (gewöhnl. mit d. Bilde eines Gottes am Vordertheile) 3,639. 6,511. buntfarbig, bunt: conus 3,108. mitra 14,654. pavo 2,532. uvae 4,398. pila, buntgestreift 10, 262. panthera, buntgefleckt 3,669. arcus, farbig 14,838. pharetra (mit eingelegter Arbeit) verziert 2,421. 4,306. — 2) (bunt) sticken 6,71. 93. acu 6,23. pictus, gestickt: vestes 3,556. 6,131. frena 4,24. strata 8,33. limbus 10,593.

pinguesco, ĕre, fett werden, sich mästen 15,89.

pinguis, e, fett: olivum 10,176. alimenta 15,352. lampas, harzig 4,402. sanguine, feist, gemästet 9,194. — 2) v. Verstande, schwerfällig, stumpf 11,148.

pinna, ae, *f.* Feder, bes. der Flügel und des Schwanzes: pinnis includere, durch Federlappen, d. i. mit bunten Federn behangene Seile, um das Wild zurückzuscheuchen 15,475; übtr. a) Flügelhaut der Fledermäuse 4,408. — b) Floßfeder, Flosse 3,678. — c) Spitze eines Landes, Vorgebirge 13,724.

*pinnĭger, gĕra, gĕrum, mit Flossen versehen: piscis 13,963.

pīnŭs, ūs (u. i), *f.* Fichte, Föhre 7, 442. hirsuta vertice 10,103; meton. Fichtenkranz 1,699. 14,638. Fackel 5,442. Schiff 2,185. 3,621. 11,456. 468. 533. 14,88. 248. 15,742.

pĭo, āvi, ātum, āre, durch Opfer versöhnen: busta 13,515. mortem morte, sühnen 8,483.

Pīraeus, a, um, zum athenischen Hafenorte Piräeus gehörig, piräisch 6,446.

Pīrēnĭs, ĭdis, *f.* zu der den Musen heiligen Quelle Pirene auf der Burg von Corinth gehörig, pirenisch: *acc. sing.* Pirenĭdă Ephyren, d. i. Corinth 7,391. *acc. plur.* Pirenidās undas 2,240.

Pīrĭthŏus, i, *m.* Sohn des Jrion (Ixione natus 12,210), König der Lapithen in Thessalien, Gemahl der Hippodame, vertrauter Freund des Theseus 8, 303. 404. 12,218. 330.

Pīsa, ae, *f.* Stadt in der peloponnesischen Landschaft Elis 5,494. - Dav. **Pīsaeus,** a, um, pisäisch 5,409.

piscātŏr, ōris, *m.* Fischer 14,651.

piscis, is, *m.* Fisch 1,74. 8,857. 13, 915. collectiv 2,13. — 2) der Gestirn im Thierkreise: „die Fische", in welches die Sonne an d. Grenzscheide des früheren mit dem Monat März beginnenden röm. Jahres trat: aequorei Pisces 10,78. collectiv Piscis aquosus 10,165.

piscōsus, a, um, fischreich 10,531. 12,10.

Pīsēnŏr, ŏris, *m.* ein Centaur 12,303.

Pĭtănē, ēs, *f.* Hafenstadt in der kleinasiatischen Landschaft Aeolis 7,357.

Pithēcūsae, ārum, *f.* (v. πίθηκος, Affe also „Affeneiland"), Insel im thyrrhenischen Meere nahe bei Cumä 14,90.

Pitthēĭus, a, um, s. Pittheus.

Pitthĕus, a, um, s. Pittheus.

Pittheus (zweisilbig), ĕi, *m.* Sohn des Pelops, Vater der Aethra, der Mutter des Theseus, König von Trözen in Argolis 8, 622. - Dav. **Pitthēĭus,** u. (zusammengez.) **Pitthĕus,** a, um, pittheïsch: Troezen 6, 418. 15,296. 506.

pĭus, a, um, 1) pflichtgetreu 5,152. pium est mit *inf.* es ist pflichtgemäß 15, 867. — 2) fromm, redlich, gewissenhaft 8, 631. 10,354. 431. 13,640. pius et sceleratus 3,5. 9,408 (s. Callirhoë). mens 8,767. vota 1,221. prex 6,161. favor 15,681. subst. pii, die Frommen 8,724. arva piorum, die Gefilde der Seligen, die elysischen Gefilde (s. Orcus) 11,62. — 3) gegen Eltern, Kinder, Verwandte: zärtlich liebend, treu ergeben, liebevoll, zärtlich 4,551. 6,474. frater 11,329. soror 8,520. conjunx 13,301. metus 11,389. querelae 11,420. jura (Verpflichtungen) 8,499. lacrimae 6,535. 13,621. causa 6, 496. fraus 9,711. officium 6,250. militia 7,482. verba, väterlich 14, 813. impietate pia est, durch Verletzung der Mutterpflicht ist sie liebevolle Schwester 8,477; insbef. kindlich gesinnt, voll kindlicher Liebe, kindlich 7, 172. 339. 10, 366. 13, 626. 15,405. amor 10,451. oracula pia sunt, verletzen nicht die kindliche Liebe 1, 392.

pix, pícis, *f.* Pech 12, 402. 14, 532.

placābĭlis, e, versöhnlich: ira sacris 10, 399.

plăcĕo, ŭi, ĭtum ēre, gefallen: alcui 1, 512. crimen (esse) placere putavi 5, 584. via tibi placeat, wähle dir den Weg 2, 129. sibi placere, von sich eingenommen sein, sich brüsten 2,58 (s. licet). 13, 862. herbae placitae, die ihr beliebten 7,226. — 2) placet mit oder ohne *dat.* der Person: man findet für gut, man beschließt, mit *inf.* 1, 367. 3, 322. 5, 525; mit *acc. c. inf.* 11, 391. 14, 804. placet poena, er beschließt eine Strafe 1, 260. mors, sie beschließt zu sterben 10, 378. si placet hoc, wenn dies dein Wille ist 2, 279.

plăcĭdus, a, um, sanft, mild, friedlich: a) von lebenden Wesen 4, 603. 7, 369. 11, 623. 13, 927. 15, 116. gnädig 8, 57. 598. — b) von leblosen oder abstracten Gegenständen: zephyri 1, 107. austri 8, 3. pennae 8, 823. lapsus 9, 95. somnus 6, 489. 7, 153. quies 9, 469. sanft fließend: amnis 1, 702. undae 13, 899. dies, windstill 11, 745. tenor, langsam 3, 113. mens, ruhig, gelassen 13, 214. freundlich: dicta 1, 390. 4, 652. vultus 15, 692. pectus, freundlich gesinnt 15, 657. placido ore, mit freundlichem Tone 3, 146. 8, 703. 11, 282.

plăcĭtus, a, um, s. placeo.

plăco, āvi, atum, āre, besänftigen, versöhnen, bes. durch Opfer: alqm 7, 251. 12, 151. 13,461. manes 13, 448. aras ignibus (= deos sacris) 15,574. iram 12, 28. aequora, beruhigen 11, 432. jejunia, stillen 15, 94; *part.* **placatus** als Adject., „versöhnt", dah. gnädig, freundlich 4, 31. 14, 593.

1. **plăga**, ae, *f.* Schlag, Streich, Hieb, Stoß 3, 88. 5, 175. 13, 119. vestra, der euch trifft 3, 328.

2. **plăga**, ae, *f.* 1) Gegend, Bezirk: caeli 11, 518. caelestes 12, 40. Erdstrich, Zone 1, 48. — 2) Jägernetz, Stellgarn: *plur.* 2, 499. 7, 768.

plango, nxi, nctum, ĕre, (mit Getöse) schlagen: terram vertice 12,118. matrem (= terram) pectore 3,125. medial: volucris plangitur, schlägt sich mit den Flügeln 11, 75; insbef. aus heftiger Trauer die Brust, Arme u. s. w. schlagen: pectora 2, 584. 6, 248. 13, 491. lacertos 9,637. femur 11, 81; dah. reflex. plangere u. medial plangi, sich vor Trauer schlagen 3, 505. 5, 675. 8, 527.

plangŏr, ōris, *m.* das (geräuschvolle) Schlagen 3, 498; insbef. das Schlagen auf Brust, Arme u. s. w. zur Bezeigung der Trauer, Schläge der Trauer 4, 138. 554. 6,532. 11,709. 14,749; dah. lautes Trauern, Wehklage 4, 694. 10,727. plangorem dare, sich vor Trauer die Brust schlagen, laute Trauerklage anstimmen 2, 346. 8,447. 14, 421.

planta, ae, *f.* Fußsohle 2, 736. 6,107. 10, 591.

plānus, a, um, flach, eben: campus 6, 218. Seriphos 7, 464. area campi 10, 86. 15, 297; subst. planum, i, *n.* Ebene 8, 330.

plătănus, i, *f.* Platane 10, 95. 12, 14. 13, 794.

plaudo, si, sum, ĕre, 1) klatschen, schlagen: pennis 8, 238; insbef. Beifall klatschen: sibi plaudere crepitante rostro, sich selbst mit dem Schnabel Beifall klappern 6, 97. — 2) *trans.* etwas schlagen, an etwas klatschen: pectora manu 2, 867. alas, klatschend schlagen 14, 507. 577.

plaustrum, i, *n.* Lastwagen 12, 282; als Gestirn, der Wagen oder der große Bär (s. Bootes) 2, 177. 10, 447.

plausŭs, ūs, *m.* das Händeklatschen 11, 17; insbef. Beifallklatschen, Beifall 4, 735. 10, 668.

plebs, ēbis, *f.* der große Haufe, das (niedere) Volk 11, 645. humilis 3, 583. media 5, 207. 9, 306. 11, 283. ingenua 9,671. esse de plebe 6, 10; übrtr. deorum, die Schaar der niederen Götter 1, 173. deus de plebe, eine Gottheit niederen Ranges 1, 595.

plectrum, i, *n.* der Lautengriffel (womit die Saiten der Cither angeschlagen wurden), das Plectrum 2, 601. 5, 114. 11, 168; meton. Gesangsweise: plectro graviore cecini, mit höherm Schwunge 10, 150.

Plēĭădes, um, *f.* die sieben Töchter des Atlas und der Oceanide Pleïone, die Pleiaden, welche am Himmel das Siebengestirn bildeten; ihre Schwestern waren die Hyaden: acc. Pleiadas 13, 293. Pleiadum soror, d. i. die Hyade Dione 6, 174. *sing.* Pleias, d. i. Maja, die Mutter des Mercur 1, 670.

Plēĭăs, s. Pleiades.

Plēĭŏnē, ēs, *f.* Tochter des Oceanus und der Tethys, Gemahlin des Atlas, Mutter der Pleïaden, mithin durch die Maja Großmutter des Mercur 2,743.

plēnus, a, um, voll: camini 7, 106.

amnes 1, 344. vela 7, 491. cera, vollgeschrieben 9, 564. strotzend: uber 15, 117. venae 3, 73. guttur 12, 325; mit *gen.*, voll von etwas 2, 113. 763. 9, 238. 14, 10. 15,103. loca plena metus (timoris) 4,111. 10, 29. vox plena terroris, schreckenvoll 2, 484. sonus plenus querelae, klagevoll 11, 734. animi, muthvoll 5, 184; mit *abl.* 6, 509. 8, 358. 9, 195. 694. 13, 198. annus plenus successibus, reich an Erträgnissen 8, 273 (anni z. verb. mit primitias frugum); insbes. schwanger: uterus 3, 268. 344. alcjus, von Jemd. 10, 469. — 2) übrtr. a) zahlreich: verba plenissima, vollströmend 10, 290. — b) vollständig, voll: luna 7, 180. orbis 7, 531. 10, 296. hora 10, 734. anno pleno, nach Vollendung eines Jahres 11, 191. facinus 15, 469. somni, fest 7, 253. plena est gratia promissi, vollständig ist mein Dank auch schon für das Anerbieten 11, 390.

plērumquĕ, *adv.* meistens, insgemein 12, 277.

Pleurōn, ōnis, *f.* Stadt in Aetolien 7, 382. - Dav. **Pleurōnĭus**, a, um, aus Pleuron 14, 494.

Pleurōnĭus, a, um, s. Pleuron.

Plexippus, i, *m.* Sohn des Thestius, Bruder des Althäa, Oheim des Meleagros 8, 440.

plūma, ae, *f.* Flaumfeder, *plur.* der Flaum, das (zarte) Gefieder 2, 374. 5, 545. 672. 6, 529. 8, 198. 10, 269. 13, 796. 14, 499. 15, 357. *sing.* collect. 2, 583. 4, 410. 5, 553. 6, 670. 8, 150. 11, 791. 14, 395.

plumbĕus, a, um, bleiern: glans 14, 825.

plumbum, i, *n.* Blei 1, 471. 4, 122; meton. Bleikugel 2, 727. 4, 710.

plūmeus, a, um, aus Flaumfedern, flaumig: torus 11, 611.

plūrĭmus, a, um, s. multus.

plūs, s. multus.

plŭvĭālis, e, zum Regen gehörig: aqua, Regenwasser 8, 335. sidus, Regen bringend 3, 594. fungi, durch Regen erzeugt 7, 393.

plŭvĭus, a, um, regnicht, regenhaft: pluvio caelo, bei Regenwetter 10, 733. auster, Regen bringend 1, 66. aurum, Goldregen (s. Danaë) 4, 611.

pōcŭlum, i, *n.* Becher, Pokal (nur *plur.*) 7, 421. 8, 670. 10, 160. 14, 295.

Poeantĭădēs, s. Poeas.

Poeantĭus, a, um, s. Poeas.

Poeās, antis, *m.* Sohn des Thaumacus, Vater des Philoctetes: Poeante satus = Philoctetes 9, 233. - Dav. 1) **Poeantĭădēs**, ae, *m.* Sohn des Pöas, Pöantiade, d. i. Philoctetes 13, 313. — 2) **Poeantĭus**, a, um, pöantisch: proles = Philoctetes 13, 45.

Poemĕnīs, ĭdis, *f.* (ποιμήν, „Hirt"), ein Hund des Actäon 3, 215.

poena, ae, *f.* eig. „Lösegeld" für eine Blutschuld; dah. Rache, Strafe: poenarum deae, die Rachegöttinnen (s. Erinys) 8, 481; mit *gen. objecti* („wegen, für") 2, 833. 4, 190. 671. 8, 772. 10, 303. hostis, die der Feind verdient 6, 538; mit *gen. epexeget.*: versae figurae, der Verwandlung 10, 234. jussorum laborum, Bestrafung durch auferlegte Arbeiten 9, 22. poenam exigere 4, 190. 8, 125. capere 2, 833. imponere 2, 521. poenā afficere 6, 385. in poenas ire, zur Bestrafung schreiten 5, 668. poenam subire 5, 200. luere 8, 689. solvere 1, 209. pendere 4, 671. 10, 232. pati 4, 467. dare, Strafe leiden, gestraft werden 1, 243. alcui, Strafe von Jemd. erhalten 2, 608. 6, 544. 9, 579.

poenīcĕus, a, um, s. punīceus.

poenītĕt, tŭit, ēre, es reut Jemd. etwas: alqm alcjus rei 2, 612. 5, 210. 10, 461. ripae, unzufrieden sein mit 15, 278; mit *inf.* 2, 49. 4, 614.

pŏlenta, ae, *f.* Gerstengraupen 5, 450. 454.

Pŏlītēs, ae, *m.* Gefährte des Ulysses 14, 251.

pollens, ntis (*part. v.* polleo, „vermögen"), mächtig: matrona 5, 508. herba, wirksam 7, 196.

pollex, ĭcis, *m.* der Daumen 4, 34. 5, 339. 6, 22. 8, 453. 9, 79.

pollĭcĕor, cĭtus sum, ēri, versprechen 7, 309. *subst. partic.* pollicitum, i, *n.* das Versprochene, das Versprechen 11, 107.

pollĭcĭtum, i, *n.* s. polliceor.

pollŭo, ŭi, ūtum, ere (v. luo), besudeln, beflecken: ora cruore 15, 98. populos afflatu 2, 794. penates 5, 155; bildl. entweihen: sacros fontes 2, 464. foedus naturae, verletzen 10, 353.

pŏlus, i, *m.* der Pol als Endpunkt der Erd- und Himmelsachse 2, 131. 173. 295. rotati poli, die Umdrehung des Himmels 2, 75.

Pŏlўdaemōn, ŏnis, *m.* ein Gefährte des Phineus: *acc.* Polydaemona 5, 85.

Pŏlўdămās, ntis, *m.* ein trojanischer Held; *acc.* Polydamanta 12, 547.

Pŏlўdectēs, ae, *m.* König der cycladischen Insel Seriphos, nahm die von ihrem Vater in einem Kasten aufs Meer ausgesetzte Danaë nebst ihrem Kinde auf und erzog den jungen Perseus, wurde aber später von diesem durch das Medusenhaupt versteinert, weil er die Danaë zur Ehe mit sich zwingen wollte: *voc.* Polydecta 5, 242.

Pŏlўdōrēus, a, um, s. Polydorus.

Pŏlўdōrus, i, *n.* der jüngste Sohn

Polymestor — **pono** 197

des Priamus und der Hecuba, wurde, um ihn der Kriegsgefahr zu entziehen, nebst vielen Schätzen dem thracischen Könige Polymestor anvertraut, von diesem aber nach der Eroberung Troja's aus Habsucht getödtet 13, 432. 530. 536. - Dav. **Pŏlўdōrēus**, a, um, polydorisch, des Polydorus: sanguis 13, 629.

Pŏlўmestŏr, ŏris, *m.* König auf dem thracischen Chersones, Gemahl der Ilione einer Tochter des Priamus 13, 430. acc. Polymestorā 13, 551.

Pŏlўpēmōn, onis, *m.* Vater des berüchtigten Räubers Sciron, Großvater der Alcyone, welche wegen Buhlschaft von ihrem Vater ins Meer gestürzt und in den Eisvogel (ἀλκυών) verwandelt wurde 7, 401.

Pŏlўphēmus, i, *m.* der einäugige Cyclop Polyphem auf Sicilien, wird vom Ulysses, nachdem er einige Gefährten desselben verzehrt hatte, geblendet 13, 765. acc. Polyphemŏn 13, 772. 14, 167.

pŏlўpus, i, *m.* Vielfuß, Meerpolyp 4, 366.

Pŏlyxēna, ae, *f.* Tochter des Priamus und der Hecuba, wird auf dem thracischen Chersones den Manen des Achilles geopfert 13, 448. 460.

pōmārĭum, i, *n.* Obstgarten, *plur.* 4, 646. 14, 635.

Pōmōna, ae, *f.* die Göttin des Obstbaues 14, 623.

pompa, ae, *f.* 1) feierlicher Aufzug 2, 725. 9, 687. Triumphzug 1, 561. Leichenzug 14, 749. pompam ducere 13, 699. — 2) was bei feierlichen Aufzügen vorangetragen wird, Schaugepränge, Festschmuck 10, 219.

pōmum, i, *n.* Baumfrucht, Obstfrucht, Obst 11, 113. poeniceum, Granatapfel 5, 536; *sing.* collectiv 4, 132. 165. 10, 101; *plur.* 4, 51. 89. 7, 586. 9, 87. 92. 13, 719. 812. 14, 627. 15, 77; Aepfel 3, 483. 4, 638. 9, 190 (s. Hercules). 10, 650.

pondŭs, ĕris, *n.* 1) Gewicht eines Körpers, Schwere 1, 26 (s. sine). aratri 7, 118. crater ingens in pondere multae massae, bedeutend im Gewichte der großen Masse, d. i. von gewaltiger Schwere 5, 81; *plur.* 1, 13. 10, 677. habentia pondus, was Schwere hat, Schweres 1, 20 (s. sine); bildl. a) Gewicht, Bedeutsamkeit: somnia pondus habent 9, 496. — b) Last, Bürde 15, 1 (s. moles). pondera senectae 9, 438. — 2) schwerer Körper, Masse, Last 1, 8. 10, 181. 12, 509. 514. 13, 108. 286. Bürde 3, 621. Leibesmasse 10, 701. (schwerer) Stein 13, 86. Preßgewicht 12, 437 (s. sub). auctumni, Fülle des Herbstes 14, 660; insbes. Leibesbürde, Leibesfrucht 9, 289. 685. 704.

pōno, pŏsŭi, pŏsĭtum, ĕre, 1) setzen, legen, stellen: stipitem in flammam 8, 452. canos ad tempora (anlegen) 3, 275. 14, 655. pedes in margine 3, 114. dextram in stipite 1, 553. vestigia in undis 2, 871. signum aede, aufstellen 14, 315. vestigia (terrā), schreiten 14, 49. vestigia clivo, hinanklimmen 8, 694. tapetes, hinbreiten 13, 638. *part.* positus: a) gestellt, aufgestellt: Horae spatiis aequalibus 2, 26. gemmae, angebracht 2, 109. aegis in pectore 2, 754. herbae positae foenilibus, aufgespeichert 6, 457. positi sine lege capillis, ungeordnet 1, 477. positis tellure capillis, mit den Haaren den Boden deckend 9, 650. hasta, eingestemmt 8, 366. — b) von Localitäten, wo gelegen, liegend: sub terra 10, 17. medio in orbe 10, 168. prope litora 13, 909. Indi sub ignibus sidereis, wohnhaft 1, 778. — 2) insbes. a) ein Geräth hinstellen, aufstellen: mensam 5, 40. 8, 661. 11, 119. 12, 211. sedile 8, 639. lectum 8, 537. casses 5, 579. plagas 7, 768. aënum positum, über's Feuer gestellt 7, 262. — b) hinlagern, hinstrecken: corpora ibi 1, 300. in ripa 14, 427. in terra 10, 128. in rate 15, 693. latus in limine 14, 709. praecordia in terra 7, 559. caput in puppe 15, 727. membra solo 6, 246. se toro 11, 472. genu, niederbeugen 1, 729. 6, 346. humi positus, gelagert 3, 420. positum esse, gelagert sein, lagern 2, 173. — c) = componere, auf dem Todtenbette hinbetten, aufbahren 9, 504. — d) einen Leichnam beisetzen: corpora tumulo 8, 236. 14, 621. — e) als Weihgeschenk niederlegen, weihen: serta 8, 723. fratri capillos, als Todtenopfer weihen 3, 506. — f) als Speise oder Trank aufsetzen, vorsetzen: Bacchum in auro 6, 489. merum in gemma 6, 572. baccam 8, 664. epulas mensis 6, 488. — g) wohin versetzen: hic, hierher 15, 542. hac sede penates 3, 539. alqm in aethere, in den Himmel versetzen 10, 162.

3) prägn. a) errichtend aufstellen, errichten, erbauen, gründen: urbem 3, 130. 15, 59. moenia 5, 408. 9, 634. 12, 587. 15, 9. opus 8, 160. templa 4, 606. fundamina 15, 433. focos 4, 753. penates 1, 174. 3, 539. — b) ablegen, von sich legen, niederlegen: velamina 2, 460. 3, 192. (de corpore) 4, 345. vestem 2, 462. cassidem 14, 806. pennas 1, 675. (e corpore) 11, 652. alas 8, 627. telum 1, 330. tabellas 9, 525. fulmina 2, 391. frondes 11, 46. laurum capillis 6, 202. os viri 5, 637. imaginem tauri 3, 1. pone age 8, 433.

ova in sepibus, legen 8, 258. pellem, abstreifen 7, 237. arma, ruhen lassen 12, 147. — 4) bildl. a) etwas wohin setzen, stellen: ante oculos 2, 804. spem in arto, beschränken 9, 683. alqm in falso honore, Jemb. unverdiente Ehre beilegen 5, 320. poni post alqm, Jemb. nachgestellt werden 2, 564. finem ponere (in acumine), endigen 14, 503. — b) feststellen, bestimmen: poenam alcui 15, 29. — c) worauf gründen: salus posita est in te uno, beruht auf dir allein 3, 648. — d) ablegen, entfernen, von sich thun: fastus 14, 762. fervorem 15, 209. questus 9, 276. senectam 9, 266. ablegen, verlieren: maciem 7, 642. canitiem 7, 289. rigorem 5, 430. 10, 283. duritiem 1, 401. iram, aufgeben 8, 474. curas, sich entschlagen 9, 697. dolores morte, endigen 3, 471. verbannen: timorem 10, 408. metum 1, 736. 3, 634. 5, 226. 14, 110. metu nondum posito, noch nicht frei von Furcht 4, 128. positā querelā, ohne Klage 4, 233. posito pudore, ohne Scham 7, 567. positis ambagibus, ohne Umschweif 10, 19.

pontĭfex, ĭcis, *m.* Oberpriester, Pontifer 15, 763 (J. Caesar war pontifex maximus, Oberpontifer).

pontus, i, *m.* „die Tiefe"; dah. meton. das Meer 1, 15. 292. 11, 195. 15, 507. ponto, auf dem Meere 4, 536.

Pontus, i, *m.* der Pontus, Königreich im nördlichen Kleinasien am Pontus Eurinus (schwarzen Meere), das Reich der Mithridate 15, 756.

pŏplēs, ĭtis, *m.* Kniebeuge, Kniekehle, Knie 6, 256. 7, 191. 9, 298. 10, 458. 13, 477.

*****pŏpŭlābĭlis**, e, zerstörbar 9, 262.

pŏpŭlāris, e, zu demselben Volke gehörig, landsmännisch, inländisch, heimathlich: oliva 7, 498. flumen 11, 54. flumina, des Landes, d. i. Thessaliens 1, 577. caedes, Blut der Anwohner 12, 111; subst. Landsmann 9, 20. Landsmännin, Volksgenossin 12, 191. 6, 150.

pŏpŭlātŏr, ōris, *m.* Verheerer, Zerstörer: Trojae 13, 655. operis 12, 593.

pŏpŭlĭfer, fĕra, fĕrum, Pappeln tragend, pappelreich: Spercheos 1, 579.

pŏpŭlor, ātus sum, āri, verheeren, verwüsten: terras 1, 249. capillos 2, 319.

1. **pōpŭlus**, i, *f.* Pappel 5, 590. 10, 555.
2. **pŏpŭlus**, i, *m.* Völkerschaft 14, 805. Achivus 13, 113. Thracum 10, 83. gentes cum suis populis, mit ihren Stämmen 2, 215; übtr. a) Menge, Schaar, Haufen 3, 116. 4, 442. 9, 245. 12, 499. natorum 6, 198. 11, 633. Schwarm 13, 612. leves populi *sc.* umbrarum 10, 14. — b) Bevölkerung, Volksmenge, Volk 1, 252. 7, 101; insbes. im Gegensatze zum Oberherrn 11, 645 (s. que). 13, 191. 14, 463. 15, 486. 509. Heer 13, 474; meton. Stadt 7, 481.

porrīgo, rexi, rectum, ĕre (pro u. rego), vor sich hinstrecken, ausstrecken: bracchia 1, 14. 11, 83. (alcui) 3, 458. (caelo, gen Himmel) 1, 767. lacertos 15, 741. manus in undas 4, 557. membra iu spatium 2, 197; von der Lage: frontem in aequor 4, 527. *pass.* sich ausstrecken: collum a pectore longe porrigitur 2, 375. — 2) ausbreiten, ausdehnen: alas per bracchia 8, 544. membrana per artus porrigitur, breitet sich aus 4, 408. radix per ungues 10, 491. in longam alvum porrigi, sich strecken 4, 575; übtr. hinhalten, verlängern: horas 4, 199. — 3) (der Länge nach) hinstrecken: alqm in herbis 7, 254. — 4) hinreichen, barreichen: herbas 1, 645. munera 8, 95. flores nato 9, 343. aconita nato 7, 420. oscula lymphis 3, 451. flores ad ora 2, 861.

porta, ae, *f.* das Thor 3, 560. 8, 70. 12, 45. Taenaria, Eingang 10, 13.

portendo, di, tum, ĕre (pro u. tendo), „hervorstrecken"; dah. in der Religionssprache, ankündigen, prophezeien 15, 571.

*****portentĭfer**, fĕra, fĕrum, Scheusal schaffend: venena 14, 55.

portentĭfĭcus, a, um (v. portentum n. facio), Scheusal schaffend: venena 14, 55.

portĭtŏr, ōris, *m.* Fährmann: portitor arcuerat, d. i. Charon, welcher die abgeschiedenen Seelen derer, welchen ein Begräbniß auf Erden zu Theil geworden war, über den Styr schiffte und dafür eine kleine Münze (δανάκη) als Fährgeld erhielt, die man dem Gestorbenen in den Mund zu legen pflegte 10, 73.

porto, āvi, ātum, āre, tragen: natos in sinu 6, 338. sacra canistris 2, 713. sidera caudā 15, 385. alqm secum, mit sich fortführen 7, 157.

portŭs, ūs, *m.* Hafen 11, 231. *plur.* 3, 634. 6, 445. 7, 158. *(abl.* portibus 11, 474. portubus 13, 710.)

posco, pŏposci, ĕre, sich ausbitten, verlangen, fordern: alqd 2, 97. 759. 10, 638. 11, 542. pretium pro nocte 13, 253. taurum ... praemia (als Geschenk) 7, 376. dextras ... pignus 6, 506. ensem sibi 13, 387. aevum alcui 9, 424. solatia tumulo (*sc.* filii) 7, 483. filia monstro poscitur (*sc.* ab oraculo) 11, 212. delenda Pergama, die Zerstörung Troja's 13, 219. vitam, ums Leben flehen 9, 607. alquem, herbeifordern 13, 230; mit *acc.* der Person und Sache, etwas von Jemd.: alqm aurum 9, 411 (s. Callirhoë). opem quemque 5, 213 (s. quisque); *pass.* poscor mit *acc.* der Sache, man verlangt von mir: poscor Laelapa 7, 771. segetes poscebatur humus. man forderte dem Boden ab 1,138. abſol. poscor, ich werde aufgefordert (zur Erzählung, zum Geſange) 4, 274. 5, 333. poscimur, man verlangt uns, man fordert mein Erſcheinen 2,144; mit *inf.*: sacerdotes esse poscimus 8, 708; insbeſ. a) zum Kampfe herausfordern: cum quo concurreret 13, 87. — b) um Hülfe anrufen: numina 7, 248.

*pŏsĭtŏr, ōris, *m.* Erbauer 9, 449.

pŏsĭtŭs, ūs. *m.* Lage; von Haaren: die Friſur 2, 412.

possĭdĕo, sēdi, sessum, ēre, in Beſitz haben, beſitzen: res 7, 59. omnia 8, 187. aequor sub pectore, einnehmen 4, 690.

possīdo, sēdi, sessum, ĕre, in Beſitz nehmen, einnehmen: arces 5, 239. ultima 1, 31. cetera 1, 355; *perf.* possedi, im Beſitze haben: latius, weitere Strecken Landes beſitzen 5, 130 (quo, „im Vergleich zu welchem"). thalamum, bewohnen 2, 739.

possum, pŏtŭi, posse, vermögen, können, mit *inf.*: curvare 7, 441. tangi 7, 387. potero gratus esse 14, 171. mirantem potuisse (*sc.* hoc superos) 6, 269. quos potuit solos *sc.* tollere 1, 731. eripitur posse loqui, die Fähigkeit der Rede 2, 483. reliquit posse queri, das Vermögen zu klagen 14, 100. dederat posse sumere figuras 12, 556. dat posse moveri, macht beweglich 11, 177; mit aoriſtiſch. *inf.* 2, 565. 608. 5, 225. 8, 63. 15, 459. 542. poteram (potui), ich hätte können 1, 679. 2, 451. 608. 4, 257. 8, 47. 833. 9, 124. 488. 535. 604. 12, 446. 13, 248. 14, 30. 15, 598. possis, man könnte (wohl) 5, 6. 437. 6, 390. 8, 323. 12, 620. 13, 664. posses, man könnte 7, 85. 8, 468. 9, 288. 10, 526. 13, 685. 15, 529; mit *accus.*: hoc 7,167. quid 12, 70. 13, 382. tantum 7, 116. 9, 429. 14, 34. 285. quantum 9,150. quod potuit, denn dies (allein) vermochte ſie 4, 684. — 2) über ſich gewinnen, vermögen 2,116. 7,173. 341. 9,514. 10,25. 11,185. 15,467. — Dav. *part.* potens als Adject.: a) vermögend, mächtig, gewaltig: natura 9, 758. nimium potens (*sc.* precibus apud Jovem) 3, 292. potentem facere, obſiegen machen (*sc.* cursu) 10, 603. — b) Macht beſitzend, mächtig 1, 173. 7, 460. 14,574. 15, 446. armis 6, 678. opibus virisque 6, 426. generis natisque 13, 509. nobilitate, überlegen 13, 22. — c) mächtig wirkend, wirkſam, kräftig: herba 4, 49. verba 2, 482. manus 1, 671. tactus 11, 308. contactus 11, 111. 308. Vulcanus, die Macht des Feuers 9, 251. momenta, gewichtvoll 11, 285. votum, erfolgreich 8, 745. — d) einer Sache mächtig, über etwas herrſchend: diva potens uteri, geburtsbwaltend 9, 315. — e) einer Sache theilhaftig: voti 8, 80. cornum futurum potens voti, im Begriff das gewünſchte Ziel zu erreichen 8, 409. jussi potens, nachdem ſie erreicht hat, was ihr befohlen war 4, 510. — f) dem es nach Wunſche geht, glücklich 4, 325. 8, 56. 10, 340. tanto potentior, Glück auf! 14, 657.

post, 1) *praep. c. acc.* hinter: post altaria 5, 36. post clipeum 13, 79. post tergum 1, 383. 2, 187. post vestigia 1, 399; übrtr. a) von der Zeit, nach 1, 125. 346. 4, 246. post talia dicta 1, 776. post tela educta 12, 422. post Hectora, nach Hektors Tode 12, 607. post omnia, nachdem ſie alles verloren hatte 13, 405. post haec, hernach, hierauf 5, 434. 8, 668. post ea 6, 139. 15, 25. — b) vom Range, nach, nächſt: primus post regem 5, 97. poni post alqm, nachgeſtellt werden 2, 564. — 2) *adv.* von der Zeit, nachher: longo post tempore, in langer Zeit nachher 7, 494. 9, 570. 10, 180. 14, 218.

postĕrus, a, um, nachfolgend, kommend: lux 9, 795. Aurora 4, 81. 7, 100. 15, 665. lumina Aurorae 7, 835. nox 10, 471. — 2) *compar.* posterior, die hintere: mensura, das Maß der Hinterfüße 15, 378.

posthāc, *adv.* künftig, hinführo 9, 402.

postis, is, *m.* Thürpfoſte 5, 120. 10, 379. *plur.* Thür 2, 767. 7, 602. 8, 638. 11, 114. 14, 709. 15, 621. (*abl.* posti 5, 120).

postmŏdŏ, *adv.* bald nachher 12, 5.

post-pōno, pŏsŭi, pŏsĭtum, ĕre, nachſetzen: alqm alcui 6, 211.

postquăm, *conj.* nachdem: mit *perf.* 1, 24. 205. 2, 445. 3, 35. 4, 147. 5, 39. 6, 404. 549. 7, 180. 10, 441. 11, 718. 12, 516. 13, 453. 14, 460; mit hiſtor. *praes.* 2, 404. 11, 680. 15, 628; mit *imperf.* (um einen eingetretenen Zuſtand zu bezeichnen) 1, 113. 6, 294. 7, 10. 11, 718; mit *plusqpf.* 8, 875.

postŭlo, āvi, ātum, āre, fordern, verlangen: aurum sibi 2, 751. ut capiat 13, 295. quo postulat usus, wohin das Bedürfniß es erheiſcht 13, 215.

pŏtens, ſ. possum.

pŏtentia, ae, *f.* Kraft, Gewalt, Wirkung: morbi 7, 537. formae 10, 573. herbarum 1, 522. 14, 14. linguae 7, 330. plagae 3, 328. — 2) Macht, Gewalt, Anſehen 2, 416. 520. 4, 427. regni 6, 153. 13, 758. caeli = deorum 8, 618. mea, nate, potentia, der du meine Macht bist, durch den ich meine Macht ausübe 5, 365. Herrschergewalt 15, 877. rerum, Weltherrschaft 2, 259.

pŏtestās, ātis, *f.* Kraft, Wirkung: linguae 3, 366. — 2) das Vermögen etwas zu thun: novandi corporis 8, 880. — 3) Macht, Gewalt, Herrschaft 2, 522. Jovis 10, 149. proxima caelo brachylog. = proxima potestati caeli 4, 533.

1. **pŏtĭŏr**, ōris, *neutr.* potius (*compar.* v. potis, e, „vermögend, mächtig"), vorzüglicher 13, 35. 369. lieber 14, 169.

2. **pŏtĭŏr**, ītus, sum, īri (3. *sing.* hier stets pŏtītur gemessen; poteremur 13, 130. poterentur 14, 641), 1) theilhaftig werden, sich bemächtigen, erlangen, mit *abl.*: praeda 8, 86. auro 7, 156. sagittis 13, 334. cervice 9, 60. thalamis 11, 250. petitis 14, 110. optatis 14, 136. auso, das Wagstück vollbringen 11, 242; erreichen: votis 11, 265. 13, 251. spe, das Ziel seiner Hoffnung 11, 527; insbes. a) von Localitäten, einen Ort erreichen, wo anlangen: monte 5, 254. vertice 11, 339. urbe 15, 406. litore 11, 55. arena 12, 38. 13, 729. — b) sich in Jemds. Besitz setzen, ihn gewinnen (besond. v. Liebesgenusse): alquo 3, 405. 9, 797. 11, 217. 14, 641. amore 10, 428. domo nataque, er erreicht den Wohnsitz (des Latinus) und gelangt zum Besitz der Tochter (desselben) 14, 449. non sum potiunda, ich bin nicht zu gewinnen 10, 569. non est potiunda tibi, darfst sie nicht besitzen 9, 753. — 2) besitzen: sceptro 15, 585. armis 13, 130. voto, erreicht haben 9, 313.

pŏtĭŭs, *adv.* vielmehr, lieber 5, 166. 8, 55. 9, 599. 10, 232. 12, 163.

pōto, āvi, ātum u. pōtum, āre, trinken: liquores 6, 347. flumina, aus Flüssen 1, 634. *part.* potus, getrunken 15, 313. 334.

pōtus, a, um, f. poto.

prae, *praep. c. abl.* „vor"; dah. bei Vergleichung, **im Vergleich mit**, gegen... gehalten: prae se (= prae suis cantibus) 11, 155.

prăeăcūtus, a, um, vorn gespitzt, vorn geschärft 7, 131 (f. cuspis).

praebĕo, ŭi, ĭtum, ēre (prae u. habeo), 1) darreichen, überlassen: pectora plaudenda (zum Schlagen) 2, 866. colla mulcenda 10, 119. viscera lanianda 4, 457. capillos pectendos (zum Kämmen) 13, 738. terga Phoebo (sonnen) 4, 715. aurem, sein Ohr leihen, Gehör geben, zuhören: vocibus 7, 821. cantibus 5, 334. dictis 6, 1. ambagibus 3, 692. immotas aures mugitibus, ungerührt das Gebrüll anhören 15, 465; insbes. darbieten, preisgeben, dem Angriffe aussetzen: se 12, 101. praecordia 13, 476. artus 12, 489. pectora pugnae 10, 706. — 2) darreichen, geben, gewähren: epulas 15, 82. lumen 2, 332. lumina terris 15, 786. (mundo) 1, 10. umbras capiti 10, 111. sucos alumno 14, 631. alimenta furori 3, 479. lanas velamina (zur Hülle) 15, 119. materiam suo damno (zur eignen Vernichtung) 2, 213. iter, Bahn geben 5, 502. viam undis, Eingang gewähren 11, 515. alimenta parenti, verschaffen 8, 874. usum baculi, als Stab dienen 13, 782. levitas praebuit alas, der leichte Stoff gab die Flügel her 13, 606.

prae-cēdo, cessi, cessum, ĕre, vorangehen 11, 65. umbram ante pedes praecedere vidi 5, 614. fama praecessit ad aures, eilte voran 9, 137.

praeceps, cĭpĭtis (v. prae u. caput), mit dem Kopfe voran, kopfüber: alqm praecipitem mittere, häuptlings hinabwerfen 8, 251. immisso praeceps volatu, beschleunigten Flugs herabstürzend 4, 718; dah. a) von Eilenden, über Hals und Kopf, eiligst 3, 694. 7, 844. 12, 128. Boreas (Eurus), stürmend 2, 185. 11, 481. Nar, reißend 14, 330. nox fuit praeceps, verging schnell 9, 486. — b) von Localitäten, abschüssig, jäh: via 3, 207. fossa, tief 1, 97; subst. praeceps, *n.* jäher, abschüssiger Ort: si quid adhuc audax ex praecipitique petendum est, wenn noch ein kühnes Wagstück zu verrichten und etwas von jäher Höhe (mit Gefahr) zu holen ist (wie jenes Palladium aus der Burg) 13, 378. in praeceps, in die Tiefe, in den Abgrund 2, 69. 320. 13, 339.

praeceptum, i, *n.* Vorschrift, Lehre 8, 243. volandi 8, 208.

prae-cingo, nxi, nctum, ĕre, umgürten, umgeben: cervicem auro 14, 395. *part.* praecinctus, mit determinirendem *acc.*: caput (cornua) pinu, das Haupt (die Hörner) mit Fichtenzweig umwunden 1, 699. 14, 638.

praecĭpĭo, cēpi, ceptum, ĕre (prae u. capio), vorausnehmen: dona privignae (f. Hebe), männliche Jugend im Voraus (vor der Zeit) gewähren 9, 417. gaudia praecepta (sc. animo), schon in d. Vorstellung genossen 11, 310. — 2) vorschreiben, ermahnen, mit folg. ut 9, 654.

praecĭpĭto, āvi, ātum, āre (v. praeceps), jählings hinabstürzen: currum scopulis 15, 518; *pass.* praecipitari, medial, sich (jäh) hinabstürzen 7, 760. unda praecipitata cadit, stürzt sich jäh herab 11,

556. lux praecipitatur aquis (*dat.*), ſtürzt ſich in den Ocean (geht unter) 4, 92.

praecĭpŭē, vornehmlich, vorzüglich, beſonders 4, 551. 8, 726. 13, 805.

praecĭpŭus, a, um, vorzüglich, ausgezeichnet: decus 14, 833. Marte togāque 15, 747.

praeclūdo, si, sum, ĕre (claudo), verſchließen: januam leti 1, 662. iter, verſperren 14, 790. usum vocis, nehmen 2, 658.

praeconĭum, i, *n*. (v. praeco, „Herold, Ausrufer"), Rühmen, Lobpreiſung: *plur.* 12, 573.

*prae-consūmo, sumpsi, sumptum, ĕre, vorher verzehren, vorher aufreiben: vires 7, 489.

*prae-contrecto, āre, vorher betaſten: videndo, mit den Blicken 6, 478.

praecordĭa, ōrum, *n*. „Zwerchfell"; dah. meton. Bruſt, Herz 1, 549. 6, 251. 7, 559. 8, 608. 9, 172. 12, 140. 13, 476; als Sitz der Gefühle 2, 799. 4, 507. stolidae mentis, thöricht geſinnter Geiſt 11, 149.

*prae-corrumpo, rūpi, ruptum, ĕre, vorher beſtechen: alqm donis 14, 134. venit praecorrupta (*sc.* a Junone), im Voraus wider mich eingenommen, feindlich geſtimmt 9, 295.

praecŭtĭo, cussi, cussum, ĕre (quatio), voran ſchwingen: taedas 4, 759.

praeda, ae, *f*. Kriegsbeute 13, 485. übtrr. a) Beute (auf der Jagd, beim Fiſchfang), Fang 1, 534. 3, 246. 11, 27. 13, 936. animalia tutae praedae, gefahrlos zu erbeuten 10, 537. — b) Beute, Raub 2, 873. 3, 606. 4, 645. 8, 86. 13, 554. 14, 229. die geraubten Schätze 13, 200.

praedātŏr, ōris, *m*. Beutemacher, Räuber: ales Jovis (= aquila), räuberiſch 6, 516. — 2) Jäger: aprorum, Erleger 12, 306.

*prae-dēlasso, āre, vorher ermüden: incursus aquarum 11, 730.

prae-dīco, xi, ctum, ĕre, vorherſagen, (Künftiges) vorausverkündigen 13, 723. *part.* praedictus, angekündigt 15, 608.

praedīvĕs, ĭtis, ſehr reich: cornu, reich gefüllt 9, 91.

praedo, ōnis, *m*. Räuber: praedone marito non dignā est, ſie verdient nicht einen Räuber als Gemahl 5, 521.

praedūrus, a, um, ſehr hart 12, 349.

prae-ĕo, ĭvi u. ĭi, ĭtum, īre, vorausgehen 8, 693.

prae-fĕro, tŭli, lātum, ferre, vortragen, vorantragen: pompam 10, 219. — 2) bildl. für vorzüglicher halten, vorziehen,

den Vorzug geben: alqm alcui 4, 701. 5, 29. 6, 186 (ſ. nescio). se alcui 11, 321. gaudet se sibi praeferri 2, 430. sua acta paternis 15, 852. omnibus illis (incursibus) praetulit mittere 9, 153. *part.* praelatus, vorgezogen 13, 277. 8, 109. praelata puellis, ausgezeichnet vor 4, 56.

prae-fīgo, xi, xum, ĕre, vorn anheften, vorn anfügen: rostrum praefixum 4, 706; übrtr. vorn mit etwas verſehen: cornua ferro praefixa, eiſenbewaffnet 7, 112.

prae-fŏdĭo, fōdi, fossum, ĕre, vorher vergraben: aurum 13, 60.

praefractus, a, um, ſ. praefringo.

praefringo, frēgi, fractum, ĕre (frango), vorn abbrechen: pinus praefracta 12, 358.

praelātus, a, um, ſ. praefero.

praemĭum, i, *n*. Preis, Belohnung (nur *plur.*) 9, 257 (= nolet ei data esse praemia). 13, 16. victoris 10, 102. sceleris 8, 105. facti 4, 757 (ſ. et). adjecit opes, praemia sceleris, als einen zum Verbrechen verlockenden Preis 13, 433. ironiſch (= Strafe) cape praemia facti 8, 503. piae mentis 8, 767. — 2) Gewinn, Beute 6, 518. 13, 414. virginitatis raptae 3, 850.

prae-mŏnĕo, ŭi, ĭtum, ēre, „vorher erinnern"; dah. von Weiſſagungen, vorher anzeigen, prophezeien: nefas 15, 785.

praemŏnĭtŭs, ūs, *m*. Vorhererinnerung, warnendes Zeichen: deūm 15, 800.

prae-nosco, nōvi, nōtum, ĕre, vorher kennen lernen: famā alqm 12, 86.

praenuncĭus, a, um, vorher verkündigend: sibila 15, 670. verba praenuncia cladis 3, 191. fama praenuncia veri 15, 3.

praepĕs, ĭtis, *m*. u. *f*. (größerer) Vogel 13, 617. 14, 576. Jovis = aquila 4, 714. Medusaeus, Flügelroß (ſ. Pegasus) 5, 257.

prae-pōno, pŏsŭi, sĭtum, ĕre, „vorſetzen"; dah. 1) als Vorſteher über etwas ſetzen: Ilithyia parientibus praeposita, Vorſteherin der Gebärenden 9 283. — 2) vorziehen: alqm alcui 6, 170. 7, 42. 8, 137. 14, 336.

*prae-quĕror, questus sum, quĕri, vorher klagen: multa 4, 251.

praerĭpĭo, rĭpŭi, reptum, ĕre (prae u. rapio), etwas vorher entreißen, vorher nehmen (ehe es ein Anderer bekommt): gaudia praerepta (*sc.* a Mercurio), vor ihm geraubt 11, 310. — 2) gleichſam vor dem Munde wegreißen, entreißen: praerepta conjunx 5, 10.

prae-rumpo, rūpi, ruptum, ĕre, (vorn) abbrechen, abreißen: retinacula classis 14, 547. cratem 12, 370. *part.* **praeruptus**, als Adject., von Localitäten, abhängig, abschüssig, steil 1,568. 719. 15,704.

praesāgĭum, i, n. Ahnung, Vorempfindung (nur *plur.*) 6,510. 15, 439. 879. übtr. Weissagung, Prophezeiung 2,550.

praesāgus, a, um, vorausahnend: pectora 10,444; mit *gen.*: futuri 11,457. luctus 2,124; übtr. weissagend, prophetisch: verba 3,514.

praescĭus, a, um, vorherwissend, mit *gen.*: venturi (die Zukunft) 6,157. 9,418. leti 13, 162. imbris 6,231.

praesens, tis (eig. *part. v.* praesum), gegenwärtig, in Bezug auf Zeit: opus 3, 153; subst. *plur.* praesentia, *n.* der gegenwärtige Fall 6,401. — 2) in Bezug auf Ort, gegenwärtig, anwesend 7,83. 14, 727. qui praesens finiat, durch seine Gegenwart 15,646. in Person, persönlich 14, 692. ipse praesens 11,668. mündlich 9,602. kenntlich 15,536. praesente concilio, in Gegenwart, vor 14,812. vidi praesens, ich selbst, mit eigenen Augen 6, 320. 13,825. 14, 308; *compar.* praesentior, näher gegenwärtig 3,658. — 3) prägn. a) leibhaftig, wirklich: dea 14, 123. — b) von Göttern, sichtbar waltend, hülfreich 7,178. 15,622. — c) mächtig, wirksam: amor praesentior 13, 757.

praesentĭa, ae, *f.* Gegenwart: alcjus 12,4. — 2) (dichter.) Wirksamkeit, Kraft: praesentia veri 4, 612.

praesentĭo, sensi, sensum īre, vorher merken: adventum 1, 610. amorem, ahnen 10,404.

praesēpe, is, n. Krippe 7, 544. *plur.* 2, 120. 9,195.

praesēs, ĭdis, *m.* Vorsteher, Schutzherr, Herrscher 14,809. 10, 168 (= Apollo). tuta praeside deo, sicher durch den Schutz eines Gottes 1,594. quo praeside rerum, durch dessen Herrschaft über die Welt 15, 758. pinus orbata praeside, des Steuermannes 14, 88.

praesignis, e, sich auszeichnend (vor Andern), ausgezeichnet: crista 7,150. 3, 32. facie 12, 217. tempora cornu 15, 611. vittis et auro, geschmückt 15,131.

praestans, s. praesto.

prae-sto, stĭti, stātūrus, stāre, 1) „voranstehen"; dah. bildl. vorzüglicher sein, übertreffen, mit *dat.*: quid (= quantum) femineis tela virilia praestent 8, 392; mit *acc.*: cunctos 4,631; *part.* **praestans,** als Adject., vorzüglich, vortrefflich: praestanti forma corpora, von vorzüglicher Körpergestalt 9,452. praestantior 2,724. 3,54. 10,563. 11,525. praestantissimus formā 15,130. — 2) *trans.* Gewähr leisten für etwas, wofür einstehen: aequor nepotibus, sicher machen 11,748;

dah. a) geben, gewähren: praemia 8,105. nomina 10, 739. vocis iter 9, 369. usus alcui 4,524. sucos alumno 14,631. omnia 12, 203. — b) leisten: quantum tibi praestem 13,591. omnia 14,171. officia patri 7,337. vicem, die Stelle versehen 12, 381. favorem, beweisen 15, 682.

prae-stringo, inxi, ictum, ĕre, zuschnüren, umwinden 10, 495.

prae-strŭo, xi, ctum, ĕre, (vorn) verbauen, unzugänglich machen: portam fonte 14, 798.

*****prae-sŭo,** sŭi, sūtum, ĕre, „vorn benähen"; dah. vorn verhüllen: hasta praesuta foliis 11,9 (vgl. 3, 667).

praetempto, s. praetento.

prae-tendo, di, tum, ĕre, vorstrecken, entgegenhalten: cuspidem 3,83. tela 8, 341. 11,511. arma 12, 376. velamenta, vor sich halten 11, 279. — 2) etwas vor etwas vorziehen: vellus humero, über die Schulter decken 12,415.

prae-tento, āvi, ātum, āre, vor sich her betasten: silvas 14,189. — 2) vorher versuchen: vires 8, 7. pollice chordas, ein Vorspiel versuchen, präludiren 5, 339. sententiam, vorher erforschen 9, 589.

praetĕr, *praep. c. acc.* an ... vorbei, daneben ... vorbei 5,159. 14,359. 15, 701. praeter erant vecti, s. praetervehor. — 2) exclusiv, außer, ausgenommen 1, 96. 3, 591. 5,221. 6,287. 8,542. 9,491. 11, 404. 14, 664.

praetĕrĕā, *adv.* außerdem, überdies 4, 16. 7, 753.

praetĕr-ĕo, ĭi, u. īvi, ĭtum, īre, vorbeigehen, vorankommen 10, 668. alqm, jmd. überholen 2,160. 10,680. vorbeisegeln: Tarentum 15,51. has sedes 14, 101; bildl. a) Jemd. übergehen, unbeachtet lassen: alqm 8, 278. 11,646. — b) nicht erwähnen, (im Reden) übergehen 4, 284. 12,538 (f. dolor).

praeter-vĕhor, vectus sum, vĕhi, vorbeifahren: portus praeter erant vecti (Tmesis) 13, 713.

*****prae-tingo,** nxi, nctum, ĕre, vorher benetzen: semina praetincta veneno, giftgetränkt (weil es Zähne des vom Cadmus getödteten giftigen Drachen waren, welche Pallas dem Aeetes geschenkt hatte) 7, 123.

praevălĭdus, a, um, sehr stark 3, 219.

prae-verto, ti, sum, ĕre, zuvorkommen: praevertunt me fata 2, 657.

prae-vĭdĕo, vīdi, vīsum, ĕre, vorher erblicken 15,135 (in unda, im Wasser des Opferbeckens).

*****prae-vĭtĭo,** āvi, ātum, āre, vorher verderben: gurgitem 14, 55.

praevĭus, a, um, vorausgehend 11, 65. subst. praevia, ae, f. Vorgängerin: lucis 15, 190.

prātum, i, n. Wiese 1, 297. 13, 790. 924.

prĕcārĭus, a, um, erbettelt, erborgt: forma 9, 26.

prĕces, s. prex.

prĕcor, ātus sum, āri, bitten, flehen, beten: a) mit acc. der Sache, um etwas: id 7, 24. ista 7, 37. hoc 9, 548. alcui alqd, etw. Jemd. anwünschen 13, 48. — b) alqm, anflehen 1, 367. 15, 593. — c) mit folg. ut 9, 765. 10, 392. 11, 387. ne 5, 516. — d) mit bloßem *conjunct.* 9, 703. — e) parenthetisch eingeschoben: beim *imperat.* 1, 504. 3, 543. 4, 770. 5, 218. 281. 9, 775. 11, 133; beim *conjunct. optat.* 2, 597. 4, 575. 7, 620. 9, 503. 12, 121. 15, 861. — f) absol. 3, 721, 4, 237. 15, 870. precando, durch Bitten 2, 574. 6, 261. 11, 286. pro alquo 3, 614. verba precantia, Flehworte, Gebete 2, 482. 6, 164. 7, 590. 9, 159. verba precantum 12, 33.

prĕhendo u. syncop. **prendo**, di, sum, ĕre, ergreifen, fassen, packen: alqm 1, 705 (sibi = a se). 9, 317. 10, 58. 14, 203. dextram 7, 89. rudentem 3, 616. caesariem 12, 347. capillos 2, 476. comas 12, 223. ursos, aufgreifen 12, 353.

prĕmo, pressi, pressum, ĕre, 1) drücken, pressen: praecordia clipeo 12, 140. ora ore, küssen 10, 292. collum aratro, beschweren 7, 211. frontem fronte, entgegenstemmen 9, 45. grana ore, kauen 5, 538. frena dente (beißen in) 10, 704. colla (sc. jugo), kuren 4, 25; *part.* pressus, gedrückt 9, 56. 10, 258. 15, 694. pressa genu a poplite, sich das Knie mit der Kniekehle drückend 9, 299. equi pressi jugo, unter das Joch gespannt 1, 124. (colla, mit dem Halse) 12, 77. equi temone pressi, an den Wagen geschirrt 14, 819; bildl. pressus gravitate soporis, überwältigt 15, 21. — 2) übrtr. a) etwas mit seinem Körpergewichte belasten, drücken: jugera ventre 1, 459. limen 4, 449. tellurem genu 9, 61. terram, sich stützen auf 6, 347. terga lacertis, sich festhalten an 2, 9. arenam, beschreiten 8, 869; auf etwas sitzen: alqm 2, 869. terga equi 6, 223. 8, 34. 14, 343. sedilia 5, 317; auf etwas liegen, lehnen: gramen 10, 557. terras 7, 608. torum ore 10, 411. pharetram cervice 2, 421. puppim cervice 15, 698. hoc terrae quod premis, das Stück Land, worauf du liegst 5, 135; auf etwas stehen: terga 4, 719. axes 2, 148. caput pede, treten auf 8, 425. — b) etw. streifen, berühren: litora 14, 416. decimum signum premitur sidere, die Sonne tritt in das zehnte Zeichen (des Thierkreises), d. i. der zehnte Monat ist gekommen 9, 286. — c) festhalten: cornua tauri 9, 186. quicquid erit 11, 254. propositum, fast beharren auf 2, 104. — d) bedecken: terras caligine 7, 529. premit inguina cortex, umschließt 9, 353. lamina dapes, überzieht 11, 124. nox premitur tenebris, bedeckt sich 11, 521. humo pressus, bedeckt 15, 368. *pass.* premi, von etwas bedeckt werden, darunter liegen 1, 48 (premuntur sc. caelestibus zonis). 5, 351; *part.* pressus, versenkt: turres 1, 290. — e) drängen, zusetzen, verfolgen: alqm 5, 604. fortuna locorum premit atquem, lastet auf 4, 567. alqm criminibus 14, 401.

3) prägn. a) ausdrücken, auspressen: latices radice 14, 56. nubila 1, 268. — b) eindrücken: sagitta pressa est 12, 571. ferrum in gutture (einbohren) 3, 91. *part.* pressus, eingedrückt: aratrum 3, 104. vomer 11, 31. signa pedum 8, 332. — c) herabdrücken, niederdrücken: tellus (carina) pressa gravitate 1, 30. 15, 694. sidera pressa 1, 70. nullo premente 15, 242. currum, senken 2, 135. cervix pressa, gesenkt 11, 335. ara, tief liegend, gegen den Horizont gesenkt 2, 139 (s. ara). pars virorum pressa gurgite, versenkt, verschlungen 11, 558; bildl. herabdrücken, überwiegen: facta premant annos 7, 449. — d) zusammendrücken, zudrücken: fauces 12, 509. ora (schließen) 2, 283. 6, 294. *part.* pressus, zusammengedrückt: mentum 12, 141. pressus guttura, an der Kehle zusammengedrückt 9, 78; dah. einengen, einschränken: vicinia premunt humum 4, 636. luxuriem falce 14, 629. fretum litore pressum 14, 6. — e) unterdrücken, anhalten, hemmen: gradu presso, mit gehemmtem (langsamen) Schritte 3, 17. clamor pressus 1, 207. vocem (ore), verstummen, schweigen 9, 764. 14, 779. quique premit vocem, d. i. Harpocrates, Sohn des Osiris und der Isis, der Gott des Schweigens und der geheimnißvollen Naturkräfte, welcher den Finger auf den Mund haltend dargestellt wurde 9, 692. frena, straff anziehen 8, 37.

prendo, s. prehendo.

prenso, āre (prehenso), āvi, ātum, āre, anfassen: tumulos, umfassen 13, 424.

presso, āre (*intens. v.* premo), drücken: cineres ad pectora 8, 538. ubera manibus, melken 15, 472.

pressus, a, um, s. premo.

prĕtĭōsus, a, um, kostbar 1, 115. 8, 79.

prĕtĭum, i, n. „Werth, Preis" einer Sache; dah. übrtr. Preis, Belohnung, Lohn: laboris 4, 739. pugnae 9, 47. certaminis 13, 19. pro nocte 13, 253. objecta patebant pretio, durch den aufgefundenen

Lohn der Verrätherei (s. Palamedes) 13, 312; im üblen Sinne, Lohn, Vergeltung, Strafe 10, 572. amoris 10, 627. pro ausis 6, 84.

prex, prĕcis, *f.* (*nom.* und *gen. sing.* ungebräuchlich), die **Bitte**, das **Bitten**, **Gebet**: prece 1, 548. 6, 161. 483. 8, 271. 852. *plur.* preces, **Bitten**, **Gebet** 2, 397. 13, 89. preces adhibere 3, 376. admovere 6, 689. concipere 8, 682. 14, 365. precibus uti 6, 684. preces exaudire 13, 855. precibus annuere 8, 352. precibus moveri 1, 765. flecti 11, 439. vinci 9, 401. 6, 483. preces repellere 14, 377. spernere 1, 701. precibus repugnare 8, 73. — 2) **Verwünschung** 15, 505.

Priāmēīus, a, um, s. Priamus.

Priămīdēs, s. Priamus.

Priămus, i, *m.* Sohn des Laomedon, letzter König von Troja, wird bei Erstürmung der Stadt am Altar Juppiters im Vorhofe des königlichen Palastes von Pyrrhus, dem Sohne des Achilles, getödtet 11, 757. 12, 1. 607. 13, 201. 404. 409. 470. 520. 14, 474. - Dav. 1) **Priāmēīus**, a, um, **priameisch**, ... des **Priamus**: conjunx = Hecuba 13, 404. 513. — 2) **Priămīdēs**, ae, *m.* **Sohn des Priamus**, **Priamide** 13, 99. 723. 15, 438. *plur.* 13, 482.

Priāpus, i, *m.* Gott der Obstgärten u. Weinpflanzungen, dessen aus Holz geschnitztes rothbemaltes Bildniß mit einer Sichel in der Hand als Vogelscheuche diente 9, 347 (vergl. 14, 640).

prīdem, *adv.* **vorlängst**: jam pridem, schon längst 7, 277. 14, 758.

prīmītīae, ārum, *f.* die **Erstlinge**: frugum 8, 274. 10, 433.

prīmordĭum, i, *n.* **Uranfang, Ursprung** (nur *plur.*): gentis 5, 190. generis 15, 391. loci 15, 58. mundi 15, 67.

prīmō, *adv.* **anfangs, zuerst** 2, 444. 4, 681. 7, 280. 536. 11, 678. primo...mox, 1, 221. 2, 336. 860. 9, 142. 13, 607. 14, 518.

prīmum, *adv.* **anfangs, zuerst** 3, 112. primum...inde 11, 20. primum...deinde 5, 592. primum...mox 1, 577. 8, 504. 15, 555. — 2) **zum erstenmale, zuerst** 11, 39. 12, 526. 13, 641. tum primum 1, 119. 2, 171. 13, 960. 14, 576. tunc primum 10, 45. — 3) quum primum, sobald als 4, 292. 6, 48. 7, 659. ut primum, sobald als 6, 447. 11, 191. 14, 352. ubi primum, sobald als 14, 335. quam primum, sobald als möglich, ehestens 6, 501.

prīmus, a, um, s. prior.

princĭpĭum, i, *n.* **Anfang, Ursprung** 7, 518. doloris 7, 796. ab aevi principiis 2, 386. principio, im Anfange, anfangs 1, 34. 7, 528. principium ducere, die Abstammung herleiten 15, 706.

prĭŏr, ōris, *neutr.* prius (*superl.* primus), 1) der Zeit und Ordnung nach der erstere, erste (von zweien): hasta 8, 415. causa 15, 37 (s. causa). prior...hic = ille...hic 12, 442; zuerst, eher 1, 385. 3, 358. 4, 112. 5, 318. 13, 34. 14, 307; insbes. a) der frühere, vorige: aetas 9, 225. aevum 15, 228. anni, Vorzeit 8, 239. 15, 445. populus 1, 251. sedes 15, 158. ripa 15, 277. forma 3, 331. 9, 321. vultus 1, 738. natura prior, die vorige, d. i. die menschliche Natur 10, 67; subst. priores, die Früheren 7, 759. 8, 172. Vorfahren 10, 218. 15, 104. 146. 332. priora, *n.* das Frühere, die früheren Ereignisse 6, 316. 15, 775. — b) der **vordere**: unda 15, 182. partes 15, 378. — c) **vorzüglicher, wichtiger**: cura 11, 422. — 2) **primus**, a, um, der Zeit und Ordnung nach der erste, früheste, **zuerst**: signa 11, 466. flammae, eben angezündet 9, 159. anni, Jugendjahre, Jugend 7, 216. 8, 313. 9, 399. 12, 183. quum primus (= quum primum), sobald als 11, 278. primus sol, die ersten Sonnenstrahlen 9, 93. prima pugna, im Anfang des Kampfes 12, 242; insbes. a) örtlich, der **vorderste**: juga 4, 733. unda, am Ufer 11, 375. 2, 871. pedes, Vorderfüße 9, 319. artus, Fußspitzen 8, 398. prima via, der erste Theil des Weges 2, 63. aedes, der vordere Theil des Hauses, das Atrium 5, 284. primo saxo, am Rande des Felsens 4, 544. — b) v. Range, der **vornehmste, erste**: post regem 5, 97.

priscus, a, um, was vor Alters da war, **alt, alterthümlich**: Belus 4, 213. senes, der Vorzeit 10, 645. religio 10, 693. mos 15, 593. — 2) übtr. (= pristinus) **vormalig, früher**: cultores 7, 653. facundia 5, 677. nomen 14, 850.

pristīnus, a, um, **ehemalig, vorig**: mens 3, 203.

prĭŭs, *adv.* **eher, vorher, zuvor** 1, 190. 2, 609. 696. 14, 98. prius...quam, eher ...als, eher...als bis 7, 569. 11, 531. 12, 534. 14, 37. 523. — 2) **vorher, ehemals, früher** 1, 135. 2, 168. 218. 4, 603. 13, 396.

prīvigna, ae, *f.* **Stieftochter** 9, 416 (s. Hebe).

1. **prō** ob. **proh**, *interj.* o! ach! (zum Ausdruck der Verwunderung und Klage) 13, 758. pro superi, 6, 472. pro Venus 9, 482. pro Juppiter 11, 41. 13, 5.

2. **prō**, *praep. c. abl.*, 1) **vor**, d. h. einen Gegenstand im Rücken habend: clipeum pro classe tenere 13, 552; daß. a) (gleichsam vorangestellt zu Jemds. Beschützung) **zum Schutze für, zu Gunsten für, im Interesse, für**: pro domino loqui

13,138. pro fontibus interire 3, 545. pro populo cadere 13, 695. pro socio regno, zum Frommen unsrer gemeinschaftlichen Herrschaft 5,378; bei den Ausdrücken des Fürsorgens: timere pro alquo 9,241. laborare pro 15,816. anxius pro 1,182. intrepidus 9,107. favere pro parte = parti 5,152; des Fürbittens 3, 614. 6, 301. 7, 449. 13, 288. 14, 595. supplex pro 5, 493. 514. 11, 12; des Kämpfens 5, 151. 201. 8, 261. 13, 268. 352. 416. 596. — 2) zur Bezeichnung der Stellvertretung: a) anstatt, statt: 1, 42. 633. 706. 2, 99. 8, 805. 827. 11, 660. 13, 685. 14, 280. 15, 425. pro patre, statt daß der Vater ihn bei sich habe 13, 648. pro se, in seinem Namen 6, 508. — b) wie, so gut wie, als 1, 400. 10, 37. 12, 509. mora pro culpa est, gilt als Schuld 13, 300. omnia accipit pro stimulis, Alles was er sieht, nimmt er in sich auf als Stacheln 6, 480. — 3) der Vergeltung, des Aequivalents, zum Lohne für, für 2, 562. 750. 7, 739. 11, 204. 13, 94. 253. 371. 14,127. pro navibus *sc.* servatis 13,94. pro lumine adempto, zum Ersatz für 3,337. zur Strafe wofür 3,625. 6, 84. 10, 239. — 4) eines maßgebenden Verhältnisses, im Verhältniß zu, gemäß: pro corpore 4,412. 13,864. pro materia 3, 334. 10, 133. pro parte, nach Verhältniß des Theiles 11,287. pro se quisque, jeder für seinen Theil, jeder Einzelne 3, 642. — 5) der Veranlassung, für, wegen: pro nato (Androgeo) perempto 8, 58. pacta pro conjuge 14, 451. pro gnato, um den Sohn zu rächen 7, 482. pro conjuge, um mir die Gattin zu erkämpfen 5, 219.

proavītus, a, um, altväterlich, ahnherrlich: regna 13,416.

proavus, i, *m.* „Urgroßvater"; dah. übrtr. Ahnherr, Vorfahr 13,140.

probo, āvi, ātum, āre, prüfen, beurtheilen: alqd ab alqua re (nach) 14,323. — 2) für gut anerkennen, gut heißen, billigen 3,256. 9,258. 524. hoc 3,618. meliora 7, 20. factum 3, 629. carmina 6, 2. dicta 1, 244. 4, 42. 8, 616. alqm, Gefallen an Jemd. finden 12, 224. 13, 240. ipse probatur, findet Wohlgefallen an sich selber 3,425. loben: speciem 1, 613. artes 5, 271. ulmum 14, 662. — 3) als beifallswerth erscheinen lassen, annehmlich machen: causam 11, 449 (*sc.* ei); insbes. (durch Gründe) glaublich machen, beweisen, begründen 15, 499. crimen 13, 59. 15,37. pater esse probor, ich erweise mich als Vater 2,92. res probatae, erwirken 15, 361 ; (als wahr) bestätigen:

dictare 9, 127. exitus vocem probat (f. que) 3, 350.

prōbrum, i, *n.* „Schandthat"; insbes. Unzucht 10, 695.

Prōca, ae, *m.* König von Alba in Latium, Vater des Numitor und Amulius 14, 622.

prō-cēdo, cessi, cessum, ĕre, wohin vorschreiten ob. gehen: ad litus 13,533. in agros 2,685. obvium, entgegenkommen 7, 515. ab aula, herausschreiten 14, 46.

prōcella, ae, *f.* Sturm 11,484; übrtr. Kriegssturm 13, 656.

prōcĕres, um, *m.* die Vornehmsten, die Fürsten 4,764. 8, 21. 12,155. 13,126. die Väter des Senats 15, 616. 666.

prōcērus, a, um, schlank: arundo 13, 891. procerior alno 13,790.

Prŏchȳtē, ēs, *f.* Insel im tyrrhenischen Meere bei Unteritalien 14, 89.

prōcĭdo, ĭdi, ĕre (cado), (vorwärts) niederfallen 9, 650.

Procnē, f. Progne.

Prŏcris, is, *f.* Tochter des attischen Königs Erechtheus, Schwester der Orithyia, Gemahlin des Cephalus 7, 694. 842. *acc.* Procrin 7, 707. 712. 825. *voc.* Procrī 6, 682.

Prŏcrustēs, ae, *m.* (v. προκρούω, „ausrecken"), Beiname des attischen Räubers Polypemon, welcher die Reisenden auffing, sie auf ein Bett streckte und ihnen, wenn sie länger waren, die überragenden Glieder abhieb, wenn kürzer, sie bis zur Länge des Bettes ausreckte 7, 438.

prŏcŭl, adv. in der Ferne, fern, weit: a moenibus 5, 385. a patria 2, 323. hinc 11, 32. 15, 55. haud procul huic (quercui) 8,624; in einiger Entfernung 1,666. 2, 841. 5, 114. procul esse, fern sein 2, 458. 3, 519. procul este, haltet euch fern 13, 466. 10, 300. — 2) in die Ferne, fern weg, weit weg: procul jacere 4, 357. vade procul 4, 649. ire procul hinc 2, 464. 7, 255. 10, 341. omina procul pellere 15, 587. — 3) aus der Ferne, fern her, von fern 4, 99. 8, 809. 12, 50. procul hinc 7, 388. 14, 244.

prōculco, āvi, atum, āre (v. calco), niedertreten: segetes 8, 290. virum pedibus 12, 374.

prō-cumbo, cŭbŭi, cŭbĭtum, ĕre, (vorwärts) niederfallen, niedersinken, sich hinstrecken 1, 730. 3, 23. 414. terrā 2, 347. vultu in terram 14, 281. terrae, zur Erde 5,122. humi 1,375. ante pedes alcjus 10, 415. genibus (*dat.*) = ad genua alcjus 13,585; insbes. verwundet, sterbend niedersinken 12, 292. 457. 13, 282. manu alcjus 13, 262. von Gebäuden: solo, einstürzen 13, 176.

prō-curro, cŭcurri u. curri, cursum, ĕre, „vorlaufen"; daß. von Localitäten, vorragen, sich vorstrecken 11, 230.

prŏcus, i, m. Freier 4,795. 9,10. 14, 670.

prōdĕo, ĭi, ĭtum, īre (pro u. eo), hervorgehen, herauskommen: inde 5, 449; übrtr. a) zum Vorschein kommen: aurum prodierat 1, 142. — b) von Erhöhungen, hervortreten, herausstehen: tali prodibant 8, 808.

prōdĭgĭōsus, a, um, ungeheuerlich, wunderbar: atria 13, 968. cura veneris 9, 727.

prōdĭgĭum, i, n. Wunderzeichen, Wunder 6, 321. prodigia fratris et fratrem secuta, die Verwandlung des Bruders und die darauf folgenden Wunderereignisse 11, 411. — 2) Wundergebilde, Ungeheuer 13, 917.

prōdĭgus, a, um, reichlich hervorbringend, reich: tellus 15, 81.

prōdĭtĭo, ōnis, f. Verrätherei, Verrath 8, 56. 115.

prō-do, dĭdi, dĭtum, ĕre, hervorgeben: suspiria, ausstoßen 1, 656. ora Medusae, hervorbringen, zeigen 4, 656; insbes. a) hervorbringen, hervorsprießen lassen: fetum olivae 6, 81. — b) bekannt machen: factum, offenbaren 14, 741; daß. was verborgen bleiben soll, entdecken, verrathen: dedecus 11, 183. crimen vultu 2,447. insidias 13, 106. cuncta 13, 246. alqm 11, 192. alqm alcui 2, 704. se 2, 433. se hosti 14, 180. — c) (pflichtwidrig) preisgeben, an Jemd. od. etwas Verrath üben, verrathen: alqm 13, 67. Siphonon 7, 465. regna 7, 38. moenia 8, 126. rem Danaam 13, 59.

prō-dūco, xi, ctum, ĕre, hervorführen, herausführen: prolem a nido in aëra 8, 214. — 2) hervorlocken: alqm 13, 323. ignes ad flammas, das (glimmende) Feuer zur hellen Flamme anfachen 8, 643.

proelĭum, i, n. Kampf, Gefecht (nur plur.) 9, 4. 13, 210. inter Lapithas et Centauros 12, 537. proelia committere 12, 68. movere 14, 671. miscere 5, 156. in proelia ire 14, 545; übrtr. Streitigkeit, Streit 5, 307.

Proetĭdes, s. Proetus.

Proetus, i, m. Zwillingsbruder des Königs Acrisius, den er aus Argos vertreibt, wofür er vom Perseus in Stein verwandelt wird 5, 238. - Dav. Proetĭdes, um, f. die Töchter des Prötus, die Prötiden, welche als Verächterinnen des Bacchusdienstes mit Wahnsinn bestraft wurden, so daß sie sich für Kühe hielten: acc. Proetidas 15, 326.

prōfāno, āvi, ātum, āre, entheiligen, entweihen: festum 4, 390.

prōfānus, a, um, eig. außerhalb eines heiligen Ortes (fanum) befindlich, daß. in einen Gottesdienst nicht eingeweiht, uneingeweiht: oculi 3, 710. 7, 256; übrtr. a) gottlos, ruchlos 8, 840. 11, 413. mens 2, 833. manus 2, 755. — b) Unglück bedeutend: bubo 6, 431. avis, Unglücksvogel 5, 543.

prōfectō, adv. wahrlich, in der That 3, 320. 4, 323. 8, 72.

prōfectŭs, ūs, m. Erfolg: sine profectu 9, 50.

prō-fĕro, tŭli, lātum, ferre, hervorholen: torrem 8, 460. corpus ad auras, heraustragen 7, 252. caput, hervorstrecken 6, 372. — 2) „weiter tragen"; daß. ausdehnen, erweitern. imperium 5, 372.

prōfĭcĭo, fēci, fectum, ĕre (facio), ausrichten, bewirken: alqd 3, 262. 6, 41. nil 12, 84. brachia non profectura, die nichts ausrichten sollten 6, 261. 13, 411.

prōfĭciscor, fectus sum, cisci, sich aufmachen, ausziehen, abreisen: Sidone 4, 572. Tyria de gente profecti, die tyrischen Auswanderer 3, 35.

prōfĭtĕor, fessus sum, tēri (fateor), frei bekennen, gestehen: verum 9, 738. — 2) freiwillig anbieten, sich bereit erklären: se certare (= se certaturam esse) 5, 318.

prō-for, fātus sum, fāri, heraussagen, sprechen 9, 473. alcui 11, 290.

prōfŭgus, a, um, (fernhin) fliehend, flüchtig 1, 727. currus 15, 506. classis, zur Flucht sich anschickend 13, 229; insbes. landesflüchtig, heimathsflüchtig 3, 7. 4, 568. 9, 640. 11, 407. 14, 457.

prō-fundo, fūdi, fūsum, ĕre, ausgießen, vergießen: vinum in tura 13, 636. pass. profundi, sich ergießen, hervorströmen 8, 764; part. profusus, hervorströmend: lacrimae 7, 91. 9, 680. 11, 418.

prōfundus, a, um, tief: fornax 2, 229; subst. profundum, i, n. die Tiefe, das Meer 1, 331. 2, 267. 4, 537. 5, 439. 7, 65. 8, 592. 11, 197. 202. 791. 14, 223.

prōgĕnĭēs, ēi, f. „Stamm, Geschlecht"; daß. meton. a) Nachkommenschaft, Kinder 6, 155. — b) Abkömmling, Sprößling, Sohn 2, 34. 4, 3. 8, 242. 9, 246. 11, 754. 15, 750 (Augustus als Adoptivsohn Cäsars).

prōgĕnĭtōr, ōris, m. Stammvater, Ahnherr 11, 319.

prō-gigno, gĕnŭi, gĕnĭtum, ĕre, hervorbringen, erzeugen: alqm 8, 125. 9, 670.

Prognē, ēs, f. Tochter des attischen Königs Pandion, Schwester der Philomele, Gemahlin des thracischen Königs Tereus, schlachtet, um sich wegen der Untreue ihres

Gemahls zu rächen, ihren Sohn Itys und setzt ihn dem Vater als Speise vor, worauf sie in eine Schwalbe verwandelt wird 5, 428. 468. 563. 595. 619.

prōgrĕdĭor, gressus sum, grĕdi (gradior), herausschreiten: portā 8, 87.

prōh, s. pro (1.).

prŏhĭbĕo, ŭi, ĭtum, ēre (habeo), abhalten, zurückhalten, abwehren: alqm 3, 450. 6, 361. gurgite 2, 528. aquis 6, 349. urbe 15, 600. hac (Crete) 8, 119. enses 15, 777. — 2) verhindern, hindern: aditus 12, 66. accessus 14, 636. nefas 10, 322. plura 11, 708. utrumque 3, 47; mit *inf.* 2, 646. 5, 101. 7, 573. 717. 9, 59; mit *acc. c. inf.*: sentiri moram prohibent 8, 652. fata prohibebant Trojam capi 13, 339; insbes. mit Worten zu verhindern suchen, verbieten, verwehren: leges prohibent discedere 15, 28. omnibus prohibebar indulgere, ich wurde gewarnt 9, 595. alquo prohibente, trotz Jemds. Abwehr 5, 45. 15, 610.

prōĭcĭo, s. projicio.

prōjĭcĭo, jēci, jectum, ēre (jacio), hinwerfen, wegwerfen: tabellas 9, 575. habitus, abwerfen 13, 166. pudorem, ablegen 6, 545. cadavera projecta, hingestreckt 7, 602. — 2) fortjagen, forttreiben: alqm ab urbe 15, 504.

prōlēs, is, *f.* (v. pro u. oleo = olesco, wachsen), 1) Nachkomme, Sprößling, Kind, Sohn 2, 19. 367. 3, 520. 7, 437 (s. claviger). 7, 477. 8, 15 (s. Letoius). 9, 229. 13, 45. in prole = in Hyllo, Herculis filio 9, 274; Tochter 8, 90. 11, 761. 12, 189. gemina ob. gemella, Zwillingskinder, Zwillinge 6, 205. 9, 453. duplex, beide Söhne 7, 864; v. Thieren, Junges 4, 514. — 2) collectiv, Nachkommenschaft, Geschlecht 3, 531. Minyeïa, die Töchter des Minyas 4, 389; v. Thieren, die Jungen, junge Brut 8, 214; meton. Zeitalter: argentea 1, 114. aenea 1, 125.

Prōmēthīădēs, ae, *m.* Sohn des Prometheus, Promethide (s. Iapetus) d. i. Deucalion 1, 390.

prō-mĭnĕo, ŭi, ēre, hervorragen 6, 673. collis prominet in pontum 13, 778. coma in vultus, hängt ins Gesicht 13, 845.

promissum, s. promitto.

prō-mitto, īsi, issum, ēre, versprechen, verheißen, zusagen: alcui alqd 2, 259. 3, 457. 653. 13, 325. 14, 797. sibi reditus 11, 576. noli me tibi promittere, mich b. i. meine Rückkehr 11, 662; mit *acc. c. inf.* 6, 443; subst. *part.* promissum, i, *n.* das Versprochene, das Versprechen, die Zusage, Verheißung 2, 45. 11, 390. *plur.* 4, 472. 7, 322. 10, 430. promissa dare 2, 51. 7, 94.

promo, mpsi, mptum, ĕre (pro u. emo), hervornehmen, herausnehmen: tela e pharetra 1, 468. vultus, hervorstrecken 4, 242.

prōmontōrĭum, i, *n.* Vorgebirge: Minervae, in Campanien, mit einem Tempel der Minerva 15, 709 (viersylbig zu messen = promontorjum).

1. **promptus,** a, um, (*part. v.* promo, „herausgenommen"; dah.) 1) zur Hand, in Bereitschaft 3, 188 (s. ut); promptum est mit *inf.*, es ist leicht, es ist möglich, 3, 96. 13, 10. 14, 841. — 2) von Personen, geneigt, bereitwillig: promptior ad arma 1, 126.

2. **promptŭs,** ūs, *m.* das Bereitsein, die Bereitschaft: in promptu esse, leicht sein 2, 86. 13, 161.

prōnĕpōs, ōtis, *m.* Urenkel 10, 606. 13, 142.

prōnŭba, ae, *f.* Vorsteherin der Ehen: Juno 6, 428. 9, 762.

prōnus, a, um, 1) vorwärts sich neigend, vorwärts geneigt 1, 84. 376. vorwärts gestemmt 9, 44. vornüber 1, 508. 2, 477. 4, 579. 8, 379. genua, zur Erde gebeugt 3, 240; insbes. zu raschem Laufe vorwärts geneigt 6, 237. 10, 652. lepores, schnell laufend, flüchtig 10, 538. rates fert pronas, treibt zu raschem Laufe 14, 548. — 2) abwärts geneigt: pronus abit, stürzt sich hinab 11, 792. pronus lapsus, herabfahrend 14, 821. currus, abwärts rollend 5, 424; dah. a) von Localitäten, abschüssig, jäh: via 2, 67. — b) von Gestirnen, sich zum Untergange neigend 11, 257. — 3) bildl. Hang wozu habend, wozu geneigt: in venerem 5, 459.

prōpāgo, ĭnis, *f.* „Ableger, Senker" eines Gewächses; dah. übtr. Abkömmling, Sprößling 2, 38. 11, 312; collect. Geschlecht 1, 160.

prŏpĕ, *adv.* a) nahe: *compar.* propius 2, 41. 503. 11, 722. — b) von der Zeit, nahe: prope adesse, nahe bevorstehen 9, 674. — 3) beinahe, fast 13, 450. — 2) *praep. c. acc.*, in der Nähe von, nahe bei 6, 218. 10, 691. 11, 592. 13, 909. 14, 76. 15, 296.

prō-pello, pŭli, pulsum, ĕre, vor sich hinstrecken: silvam 8, 340. — 2) herabwerfen: alqm e scopulo in profundum 8, 593.

prōpensus, a, um (*part. v.* propendeo), „herabhangend, sich hinneigend"; dah. bildl. geneigt: favor 14, 706.

prŏpĕrē, *adv.* schleunig 6, 201.

prŏpĕro, āvi, ātum, āre, eilen, sich beeilen 1, 510. 2, 128. 3, 657. ad sedem

10, 33. quo 5, 599. sacris (= a sacris) 6, 200; mit *inf.* 4, 317. 7, 250. 10, 183. 11, 486. — 2) *trans.* beeilen, beschleunigen: amor est properatus, wurde beflügelt, trat in Kraft (durch den Pfeil Amors) 5, 396; *part.* properatus, beschleunigt: vox 3, 296. tabellae 9, 587. fata (Tod) 10, 31. arundo, schnell aufgesprossen 13, 891. gloria, im Fluge erworben 15, 748.

prŏpĕrus, a, um, **schleunig, eilend** 7, 647.

prŏpinquus, a, um, **nahe, benachbart** 6, 412. 12, 190; mit *dat.* 4, 296.

prŏpĭor, ōris, *neutr.* propius (*superl.* proximus, a, um), näher: spatium 12, 284. flamma 3, 272 (denn je näher sie dem Narcissus kommt, desto näher kommt sie der Flamme). propiora lumina ferre, eine größere Nähe des Lichtes ertragen 2, 22. propior alcui 2, 303. terris 4, 202. leto 7, 163. sceleri 10, 460; proximus, sehr nahe, der nächste, mit *dat.* 1, 64. 2, 173. via proxima leto 8, 399; subst. ein Nahestehender 11, 751; übrtr. a) der Zeit nach, näher: factum, näher liegend 6, 316. proximus, nächstfolgend, nächst: miles 14, 772. aurora 14, 228. vulnera 3, 233. victoria, der letzte 12, 164. — b) der Aehnlichkeit nach, näherkommend, näher: aetati meae 3, 541. mente 2, 369. proximus, sehr nahe kommend, sehr ähnlich 12, 398. 14, 509. — c) dem Range nach, näher: potestas proxima caelo (= potestati caeli), die zunächst steht 4, 533. — b) der Beziehung nach, näher: vinclum 9, 550. cura, sie näher berührend 13, 578.

prŏpĭus, s. prope.

Propoetĭdĕs, um, *f.* die Propötiden, die Töchter des Amathus auf Cypern, werden in Stein verwandelt, weil sie die Gottheit der Venus leugneten 10, 238. *acc.* Propoetidas 10, 221.

prō-pōno, pōsŭi, pŏsĭtum, ĕre, öffentlich ausstellen, aussetzen: arma 13, 150.— 2) bildl. sich vornehmen: *part.* propositus, vorgenommen, beschlossen, beabsichtigt: opus 3, 151. cursus 11, 446. munus 7, 276; subst. propositum, i, *n.* Vorsatz, Vorhaben 2, 104. 10, 405.

prŏpŏsĭtum, s. propono.

proprĭus, a, um, **ausschließlich angehörig, eigen:** vox 1, 638. undae 5, 638. solem fecit proprium, zum ausschließlichen Eigenthum 6, 350.

proptĕr, *praep. c. acc.* **nahe bei, hart an:** propter humum volitare 8, 258. — 2) übrtr. **wegen:** propter pondera 9, 437.

prŏpulsus, a, um, s. propello.

prōra, ae, *f.* **Vordertheil des Schiffes** 3, 617; meton. **Schiff** 14, 164.

Prōreus (zweisylbig), ĕi, *m.* ein tyrrhenischer Schiffer 3, 634.

prōrīpĭo, rĭpŭi, reptum, ĕre (rapio). hervorreißen, fortreißen: se, fortstürzen 14, 422.

prō-rumpo, rūpi, ruptum, ĕre, **hervorbrechen, hervorstürzen:** in mare 14, 448.

prō-scindo, scĭdi, scissum, ĕre, **aufreißen:** campum ferro (mit dem Pflugschar) 7, 119.

prōsecta, ōrum, *n.* (v. proseco, „abschneiden"), was vom Opferthiere zum Opfer abgeschnitten wurde, die Opfereingeweide 12, 152; überh. Eingeweide: lupi 7, 271.

prō-sĕquor, cūtus (quutus) sum, sĕqui, **begleiten, das Geleit geben:** alqm 4, 551. 13, 679.

Prōserpĭna, ae, *f.* Tochter des Juppiter und der Ceres, wird vom Pluto geraubt und zur Beherrscherin der Unterwelt gemacht (daß. Juno Averna 14, 114. regina Erebi 5, 543) 5, 391. 505. 530.

prōsĭlĭo, sĭlŭi u. sĭlĭi, sultum, īre (salio), **hervorspringen, hervoreilen** 6, 658. 11, 385. flumina prosiliunt, strömen hervor 15, 272. sanguis prosilit, schießt hervor 6, 260. — 2) **aufspringen** 7, 573. 12, 390.

prospecto, āvi, ātum, āre, (aus der Ferne) **auf etwas hinschauen, herabschauen:** pontum e puppi 3, 651. forum ab aede 15, 842.

prōspĭcĭo, exi, ectum, ĕre (specio), **aus der Ferne erblicken, etwas vor sich sehen:** lacum 6, 343. alqm 14, 753. hunc ponentem 8, 237. cetera mersa 8, 697. vos petere aequora 14, 179. — 2) **in die Ferne hinschauen, vor sich hinschauen:** a tumulo 3, 604. occasus, nach Westen 2, 190. fretum 11, 715. aequora 8, 573. Venus prospiciens, „die in die Ferne schauende Venus", die Statue der von der Venus in Stein verwandelten Anaxarete in Salamis 14, 761; insbes. v. Localitäten, die Aussicht wohin haben, nach einem Orte hin liegen: silva prospicit arva 8, 330. Tmolus prospiciens freta 11, 150. — 3) bildl. **vorsorgend nach etwas hinschauen, Vorsorge für etwas tragen:** in aetatem 15, 836.

prō-sterno, strāvi, strātum, ĕre, **zu Boden strecken:** alqm 8, 361. humi 5, 197. silvam, niederschmettern 7, 776.

prō-sum, prōfŭi, prodesse, **nützen, frommen:** alcui 1, 306. 2, 224. 5, 37. in causam („für") 13, 29; mit *dat. c. inf.:* armentis profuit fortibus esse, tapfer zu sein 8, 554. quid prodest mit *inf.* 11, 320. 13, 935.

prōtectus, a, um, ſ. protego.
prō-tégo, xi, ctum, ěre, bebecken: ora frondibus 3, 394; *part.* protéctus mit determinirenb. *acc.:* humeros, die Schultern (an den Schultern) bedeckt 2, 635. pectora 12, 351. protectus hominem equumque, ſich (damit) den Menſchen- und Pferdeleib bedeckend 12, 431. — 2) decken, ſchützen: alqm armis 8, 394. aegide 5, 46. pectore puppes 13, 93.
prō-tendo, di, tum, ěre, vor ſich hinſtrecken, ausſtrecken: bracchia in mare 14, 191. tela protenta 11, 511.
prō-těro, trīvi, trītum, ěre, niedertreten, zertreten: florentia arva 2, 791.
prŏtervus, a, um, unverſchämt, keck, frech: manus 5, 670. 12, 233. ora canum 14, 63. dicta 13, 233.
Prōtěsīlāus, i, *m.* ein theſſaliſcher Heerführer, der erſte Grieche, welcher bei der Landung in Troja fiel 12, 68.
Prōteus (zweiſylbig), ěi, *m.* ein weisſagender Meergott in der Nähe Aegyptens (Carpathius vates 11, 249), welcher die Gabe hatte, verſchiedene Geſtalten anzunehmen 11, 221. 255. 13, 918. *acc.* Proteǎ 2, 9. *voc.* Proteu 8, 731.
Prōthŏěnōr, ŏris, *m.* ein Cephene: *acc.* Prothoënorǎ 5, 98.
prōtīnǔs, *adv.* ſofort, ſogleich, ſtracks 1, 128. 2, 760. 5, 557.
prō-turbo, āvi, ātum, āre, fortſtoßen, forttreiben: alqm 3, 526. — 2) niederwerfen: silvas 3, 80.
prōvīdus, a, um, vorherſehend, vorausſehend, mit *gen.:* veri 12, 18. mens, der Zukunft kundig 7, 712.
prō-vŏlo, āvi, ātum, āre, hervorfliegen, hervorſtürzen 12, 462.
prō-volvo, volvi, volūtum, ěre, fortwälzen: nymphas in freta 8, 586.
proxĭmĭtās, ātis, *f.* nahe Verwandtſchaft 10, 340. 13, 154.
proxĭmus, a, um, ſ. propior.
prūdens, ntis (zuſammengezogen aus providens), mit Vorbedacht abſichtlich 3, 364. — 2) prägn. einſichtsvoll, verſtändig: senatus 15, 641.
prūdentĭa, ae, *f.* Einſicht, Klugheit; concret, aevi nostri, Weiſeſter 12, 178.
prŭīna, ae, *f.* Reif (nur *plur.*) 3, 488. 7, 268.
prŭīnōsus, a, um, voll Reif, bereift: herba 4, 82. tenebrae 5, 443.
pruna, ae, *f.* glühende Kohle 8, 524.
*prūnīcěus**, a, um, vom Pflaumenbaume: torris 12. 272.
prūnum, i, *n.* Pflaume 8, 675. 13, 817.
Prytǎnis, is, *m.* ein Kampfgenoſſe des lyciſchen Königs Sarpedon: *acc.* Prytanin 13, 258.

Wörterbuch zu Ovid's Metamorph. 5. Aufl.

Psǎmāthē, ēs, *f.* eine der Nereïden, gebar dem Aeacus den Phocus 11, 398.
Psěcǎs, ădis, *f.* eine Nymphe der Diana 3, 172.
Psōphĭs, ĭdis, *f.* Stadt Arcadiens am Erymanthus: *acc.* Psophidǎ 5, 607.
Ptěrělās, ae, *m.* (v. πτερόν, „der Geflügelte"), ein Hund des Actáon 3, 212.
pūbes, is, *f.* mannbare Mannſchaft, mannbare Jugend 7, 56.
publĭcus, a, um, das ganze Volk ob. den Staat betreffend: clades, des Staates 13, 506. causa 12, 29. commoda 13, 188. vota, öffentlich 7, 450. — 2) Allen gemein, gemeinſam: lux 2, 35. munera, als Gemeingut verliehen 6, 351.
pǔdět, ǔit, ēre, es erfüllt mit Scham, Jemd. ſchämt ſich: mit *acc.* der Perſon u. *inf.* 7, 617. 10, 217. pudet (*sc.* me), ich ſchäme mich 1, 758. 9, 31. 531. 13, 223. 14, 279 (ſ. et). pudet *sc.* eam, ſie ſchämt ſich 10, 371.
pŭdĭbundus, a, um, voll Scham, verſchämt 3, 393. 6, 604. 9, 568. 10, 421.
pŭdīcus, a, um, keuſch, züchtig: mores 7, 734. fides 7, 720. thalami 3, 282.
pǔdor, ōris, *m.* Schamgefühl, Scham 1, 618. 755. pudor est (mihi) mit *inf.*, ich ſchäme mich 14, 18. pudori est, gereicht zur Scham 7, 687. digna pudore, ſchamwürdige Dinge 13, 307; inöbeſ. a) Scheu vor Unrecht, Gewiſſenhaftigkeit 1, 129. — b) Schamhaftigkeit, Sittſamkeit, Keuſchheit 2, 450. 7, 145. 10, 241. 13, 480. pudorem projicere 6, 544. ponere 7, 567. pudorem rapere ob. auferre, die Unſchuld, die (jungfräuliche) Ehre rauben 1, 600. 6, 616. — 2) metonym. Urſache, Gegenſtand der Scham, Schande 2, 594. 9, 578. 11, 180. thalamis (*dat.*) Schandfleck für die Ehe b. i. der Minotaurus (ſ. Pasiphae) 8, 157. pudori esse, zur Schande gereichen 5, 526.
pǔella, ae, *f.* Mädchen, Jungfrau 2, 711. 4, 56. 10, 259.
pǔellārĭs, e, mädchenhaft, jungfräulich: candor 10, 594. studium, jugendlich 5, 393.
pǔer, ěri, *m.* Kind, Knabe (gewöhnlich bis zum 17ten Jahre) 3, 352. 9, 338. 398. 706. 791.
pǔěrīlis, e, jugendlich, kindlich: anni 2, 55. 5, 400. blanditiae 6, 626. tempus, Kindesalter 6, 719. vagitus, eines Kindes 15, 466. — 2) knabenartig: facies 8, 323. os, Knabengeſicht 10, 631.
pǔerpěra, ae, *f.* (puer u. pario), Wöchnerin, Kindbetterin 6, 337. 9, 313. — 2) adject. *plur. neutr.* die Niederkunft befördernd: verba 10, 411.
pugna, ae, *f.* Kampf, Gefecht 9, 34.

14

47. 12,355. 13,90. 14,462. certamen pugnae 12, 180. pugnam committere 5,75. quinquennis, die olympischen Wettkämpfe 14,325.

pugnax, ācis, ſtreitbar, kriegeriſch 13, 354; übrtr. widerſtrebend 4,358. ignis pugnax aquae, feindlich 1,432.

pugno, āvi, ātum, āre, kämpfen, ſtreiten 1, 142 (utroque = ferro et auro). manu 13,10. pro alquo 5,150. 201. 13, 416. de alqua re, um etwas 7,610. pugnatum est, es wurde gegen das Uebel angekämpft 7,526; übrtr. a) im Streite liegen, uneinig ſein, ſich bekämpfen: pugnat sententia secum 15, 27. mollia pugnant cum duris 1,20. frigida calidis (dichter. dativ. ſtatt cum calidis) 1, 19. — b) nach etwas ringen, ſich bemühen, ſtreben, mit inf. 1, 685. 2, 822. 5, 349. 7,772. 9,79. 351. 543. 11,703. in mea vulnera 7, 738 (ſ. in).

pugnus, i, m. Fauſt 3, 626.

pulcher, chra, chrum, ſtattlich, ſchön: virgo 9,9. facies 14, 827. recessus 14, 261. paratus 4,763. — 2) bildl. löblich, rühmlich: metus 11,389. vulnera pulchra loco, durch ihre Stelle (d. i. vorn auf der Bruſt) 13, 263; pulcherrimus, als Ehrenbenennung: der herrlichſte, trefflichſte 8,780. 12,574. 15,678.

pullus, a, um, dunkelfarbig, (ſchmutzig) ſchwarz: fetus 4,160. velamen 11,611; ſubſt. pullum. i, n. dunkle Farbe, Schwärze 11, 48.

pulmo, ōnis, m. Lunge 2,801. 6, 252. 12,372. plur. 9, 201.

pulso, āvi, ātum, āre, 1) ſtoßen, ſchlagen: clipeo ora 12, 133. pectora 12, 234. postes cuspide 2,767. repagula pedibus 2, 155. terras grandine 6, 692. delphines robora pulsant 1, 303. membra pulsant solum 4,133. fores, anklopfen 5. 448; von Fluthen, anſchlagen 1,42. 310. 11,508. 329; v. Thieren, ſtampfen: solum pede 7, 113. spatium, durchſtampfen 6, 487. campus equis pulsatus 6, 219. — 2) bildl. treiben: vecordia pulsat alqm 12, 228.

pulsus, a, um, ſ. pello.

pulvĕrĕus, a, um, voll Staub, ſtaubig: solum 7,113; — 2) Staub aufregend, ſtäubend: palla 6, 705.

pulvĕrŭlentus, a, um, voll Staub, ſtaubig: ostia 1, 256.

pulvīnăr, āris, n. Götterpolſter, auf welche bei Tempelfeſten die Bildniſſe der Götter geſtellt und mit vorgeſetzten Speiſen der Opfermahlzeit geehrt wurden: dignus altis pulvinaribus, d. i. der göttlichen Verehrung 14,627.

pulvis, eris, m. Staub 1,649. 8,528 14,136; meton. Rennbahn 7,542.

pūmex, ĭcis, m. Wimſtein 3,159. 10, 692. multicavus 8, 561.

pūnīcĕus und **poenīcĕus,** a, um, puniſch, phöniciſch: pomum, Granatapfel 5, 536. — 2) purpurfarben, roth 2, 607. 4, 127. 728. 12, 104. 13, 887. 14, 345.

Pūnĭcus, a, um, puniſch, phöniciſch: ſubſt. punicum, i, n. Granatapfel 10,737.

pūnĭo, īvi, ītum, īre, ſtrafen 9, 779 (quod non ego punior sc. concientiae furiis).

puppis, is, f. der hintere Theil des Schiffes mit dem Steuerruder, Hinterſchiff, Hinterverdeck, 11,464. 14,550; meton. Schiff 3,596. 5, 653. 7, 1. 492. 12,10. 13,93.

purgāmĕn, ĭnis, n. Reinigungsmittel, Sühnmittel (nur plur.): mentis 15,327. caedis 11, 409.

purgo, āvi, ātum, āre, reinigen, klären 13, 800. nefas, ſühnen 13, 952.

purpŭra, ae, f. "Purpurſchnecke"; dah. meton. a) Purpurfarbe (des Gewebes) 4, 398. — b) Purpurgewand 3,556. Purpurwolle 6, 61. Purpurhaar 8, 80.

purpŭrĕus, a, um, purpurfarbig, purpurn: vestis 2,23. flos 13,395. uva 13, 814. vitis 8, 676. crinis 8, 93. Aurora 3, 184. color 3, 485. — 2) meton. mit Purpur bekleidet 7,103. 8, 33.

pūrus, a, um, rein: unda 11,125. latex 7,327. aëre purior ignis 15, 243. aequor, unbefleckt (weil das Meer nach dem Glauben der Alten alles Unreine auswarf) 2,530. sacra, unbefleckte, d. i. geweihte Gefäße 2, 713. manus, zum Gebet gereinigt 9, 702. os, unbefleckt von gemeiner Koſt 15,397. vinum, unvermiſcht, lauter 7,594. orbis, hell, klar 4,348. gemma 2,856. — 2) übrtr. rein, d. i. frei von etwas: campus ab arboribus 3,709.

pūtātŏr, ōris, m. Beſchneider (der Bäume), Schnettler: vitis 14,649.

pŭter, tris, e, faulend, verweſend: viscus 15, 365. — 2) übrtr. mürbe: poma 7, 585.

pŭtĕus, i, m. (gegrabener) Brunnen 7, 568.

pŭto, āvi, ātum, āre, ſchätzen, dem Werthe nach anſchlagen: tanti, ſo hoch 10, 618. — 2) (als Ergebniß einer Berechnung) glauben, meinen: a) mit acc. c. inf. 1, 587. 8, 614. 13, 379. puta velle (sc. eam), denke dir 14, 488. (sc. te) 10, 354. putes, man möchte, ſollte glauben 1,242. 3, 453. 8, 191. 9, 38. 545. 10, 654. 11,84. 114. putares, man könnte (wohl) glauben 5,589. 6,104. 667. 7,82. 791.

8, 806. 11, 337. 14, 650. *pass.* putor mit *nom. c. inf.*, man glaubt, daß ich...: eus putatur meruisse 15, 112. putatur vidisse, soll gesehen haben 4, 171. 8, 385. — b) mit doppeltem *acc.*, wofür halten 6, 104. 14, 464. 759. meliora, für schöner 1, 502. turpe 13, 847. crimen placere, zu gefallen für ein Verbrechen halten 5, 584. facta puta, halte für gethan, es ist so gut als geschehen 4, 477. — c) parenthet. ut puto 8, 60. ut putat 3, 606. puto, vielleicht 15, 497. at puto (um einen Einwand einzuleiten), aber vielleicht 2, 566. 11, 425. (ironisch) 3, 266. 13, 523.

pŭtrĕfăcĭo, fēci, factum, ĕre, in Fäulniß übergehen lassen: *pass.* pŭtrĕfīo, factus sum, fīĕri, in Fäulniß übergehen 15, 389.

pŭtris, s. puter.

Pygmaeus, a, um, zum fabelhaften Zwergvolke der Pygmäen (πυγμαῖοι, „Däumlinge") in Aethiopien gehörig, **pygmäisch**: mater, d. i. Gerana (γέρανος, „Kranich") oder Oinoë, welche die Götter, besonders die Juno, verachtete und von ihrem Volke selbst als Göttin verehrt ward. Juno verwandelte sie deshalb in einen Kranich und stiftete Feindschaft zwischen den Pygmäen und diesem Vogel 6, 90.

Pygmălĭōn, ōnis, *m.* ein Bildhauer auf Cypern, auf dessen Bitten Venus einem von ihm verfertigten weiblichen Bildwerke von Elfenbein wirkliches Leben verlieh 10, 243.

Pўlĭus, a, um, s. Pylos.

Pўlŏs, i, *f.* Stadt in der Landschaft Elis im Peloponnes, Wohnsitz des Neleus 6, 418. *acc.* Pylōn 12, 550. = Dav. **Pўlĭus**, a, um, a) **pylisch**: agri, das Gebiet von Pylos 2, 648. *subst.* Pylius, i, *m.* der Pylier, d. i. Nestor 8, 365. 12, 537. 542. — b) **nestorisch**: anni, das Alter des Pyliers, d. i. des Nestor 15, 838 (s. aequo).

pўra, ae, *f.* (zum Anzünden bestimmter) Scheiterhaufen 9, 231. 14, 80.

Pўracmōs, i, *m.* ein Centaur: *acc.* Pyracmōn 12, 460.

Pўrămus, i, *m.* ein Jüngling aus Babylon, Liebhaber der Thisbe 4, 55. ff.

Pўrēneus (dreisylbig), ĕi, *m.* ein aus Thracien stammender Fürst zu Daulis in Phocis, welcher den Musen Gewalt anthun wollte und in dem Versuche, dem Fluge der Entfliehenden zu folgen, seinen Tod fand (eine sonst von keinem andern Schriftsteller erwähnte Sage) 5, 274. 287.

Pўrētus, i, *m.* ein Centaur 12, 449.

Pўrŏīs, entis, *m.* (πυρόεις, „der Feurige"), eines der Sonnenrosse 2, 153.

pўrōpus, i, *m.* eine Erzmischung aus Kupfer und Gold, **Goldbronce** 2, 2.

Pyrrha, ae, *f.* Tochter des Epimetheus (Epimethis 1, 390), Gemahlin des Deucalion 1, 350. 385.

Pyrrhus, i, *m.* Sohn des Achilles und der Deidamia (der Tochter des Königs Lycomedes von Scyros), mit dem Beinamen Neptolemos 13, 155.

Pythĭa, ōrum, *n.* die alle vier Jahre in Delphi zu Ehren des pythischen Apollo (s. Python) gefeierten Spiele 1, 447.

Pythōn, ōnis, *m.* der Drache, welcher das delphische Heiligthum bewachte, bis Apollo ihn tödtete, wovon er den Beinamen „der Pythische" erhielt 1, 438. *acc.* Pythonă 10, 460.

Q.

quā, *adv.* (eig. *abl.* v. qui), 1) wo 1, 15. 510. 581. 3, 12. 227. 568. 4, 726. 5, 290. 6, 255. 8, 670. 12, 125. auf welchem Wege 5, 651; insbes. a) so weit als 1, 187. 241. 7, 460. 15, 877. — b) in wie weit, in wie fern: qua debebat 9, 456. qua licuit 2, 105. 10, 164. qua potuit 8, 352. qua fas est 9, 510. qua tamen usque potest 3, 302. — 2) irgendwo 6, 233. — 3) auf welche Art, wie 2, 169. 12, 35.

quācumquĕ, s. quicumque.

quādrĭjŭgus, a, um, vierspännig: currus 9, 272; *subst.* quadrijugi, ōrum, *n.* Viergespann 2, 168.

quadrŭpĕdans, ntis, auf vier Füßen gehend, trabend 12, 450.

quădrŭpēs, ĕdis, vierfüßig, *subst.* Pferd, Roß 2, 84. 121. 4, 217. 6, 226. 15, 517; übtrt. auf Händen und Füßen gehend 15, 222.

quaero, sīvi, sītum, ĕre, 1) suchen: viam 10, 504. terras 1, 307. circum nubila 5, 623. alqm 3, 243. 5, 445. 15, 1. es quaesita mihi (= a me) 1, 653. filia quaesita matri (= a matre) 5, 439; insbes. a) zu erwerben suchen, erwerben: *subst. part.* quaesitum, i, *n.* das Erworbene 7, 657. erlangen, erreichen: nomen 6, 12. fuga salutem 14, 236 (mihi = a me). — b) vergebens suchen, vermissen: quaerit Boeotia Dircen 2, 239. — 2) bildl. suchen, nach etwas trachten: verba 6, 584. quod doleam 7, 720 (s. qui);

14*

inèbf. a) ʒu erlangen ſuchen, erſtreben,ſuchen, verlangen: in epulis epulas 8,832. honorem 13,95. titulum 10,602. victoriam 14,453. auxilium 1,368. moras 2,461. 11,461. decorem ab armis 12,90 (ſ. a). gloria quaeritur mihi (= a me) 9,56. pericula, ſich ʒuʒiehen 2,565. — b) berückſichtigen, worauf ſehen: honor spoliis quaeratur in istis, komme in Betracht bei 13,153. — c) (= requiro) erfordern, verlangen: res quaerit arbitrium duorum 9,505. — d) mit *inf.* (dichteriſch), wollen: si descendere quaeris 11,755. — e) forſchen, unterſuchen: unde sonent linguae 5,296. qua sit clementissimus amnis 9,117. ubi digiti sint 11,79. vestigia si qua supersint 11,693. si quaeras bene (genau) 3,141. — f) etwas wiſſen wollen, wonach fragen: alqd 1,250. 4,767. 5,16. 7,685. 10,440. 13,89. 14,165. 15,1. alqm, nach Ȝemb. fragen 6,564. alqd ab alquo, Ȝemb. um etwas fragen 2,567. a se se quaeri gaudens, daß man bei ihr ſelbſt nach ihr frage 8,863; mit abhäng. Frage 1,614. 2,512. 3,323. 753. 15,10; ſubſt. *part.* quaesitum, i, *n.* das Gefragte 4,794.

quālis, e, wie beſchaffen, was für ein, wie: a) *relat.* 2,14 (ſ. decet). 2,382. 3, 682. 12,50. 14,828. talis ... qualis 8, 50. 10,515. 14,768. 15,603. quantus et qualis, wie groß und herrlich 3,284. — b) *interrog.* 7,732. 9,590. 10,363. 11, 186.

quāliscumquĕ, qualĕcumque, wie auch immer beſchaffen (etwas ſein mag): qualiacumque vides, ſo wie du es eben (beſchaffen) ſiehſt 11,288. tollit qualescumque manus, wie ſie auch immer beſchaffen ſein mögen 2,487.

quăm, *adv.* 1) wie ſehr, wie: quam difficile est 2,447. quam felix 3,517. quam bene 9,488. quam male 15,463. quam nullum mihi sit damnum, wie für gar nichts ſollte mir ſein 14,197. quam nolim rata sit, wie ſehr wünſche ich daß nicht 9,475. quam ... tam non, wiewohl ... doch nicht 15,110. tam ... quam, ſ. tam. — 2) (nach Comparat. und Vergleichungswörtern) als 1,205. 2, 57. 13,96. malle ... quam 6,684. 9,467 (mavult se vocet B. quam sororem). 10,157. non (haud) secus ... quam 2,727. 6,456. 12,102. non (haud) aliter ... quam 2,623. 3,483. 661. aeque quam 10,186. alius ... quam 3,360. 9,237. 15,256. ante ... quam, ſ. ante. — 3) ʒur Verſtärkung des *superl.*: quam primum, ſobald als möglich 6,501.

quamlībet, *adv.* auch noch ſo (ſehr): quamlibet ignotae manus 10,119.

quamprīmum, *adv.* ſo bald als möglich 6,501.

quamquăm, *conj.* 1) conceſſiv, wiewohl, obgleich: mit folg. tamen 1,185. 7,165. 456. 9,247. 10,499; ohne tamen 3,578. 11,369; mit *conjunct.* 14,465. — 2) berichtigend, gleichwohl, doch 7,37. 8,575. 9,328. 12,500.

quamvīs, 1) *adv.* wie ſehr auch, auch noch ſo: quamvis distantia 5,54. oculi qu. iniqui 9,476. qu. junctus, wie nahe auch verwandt 2,368. des numen qu. parvum, wenn auch nur geringe 14,589. contingere qu. mitem, wie ſehr ʒahm er auch war 2,860. — 2) *conj.* a) wenn auch noch ſo, obgleich, obſchon: mit *conjunct.* 2,495. 6,154. 376. 7,207. 8,270. 852. 10,146. 12,41. 182; mit *indicat.* 2,177. 568. 3,170. 4,256. 269. 5,580. 6,490. 8,56. 814. 9,471. 11,87. 225. 761. 12,312. 15,599. quamvis ... tamen 1,686. 6,12. 9,125. 540. 11,718. 13, 883. quamvis tamen oderat, doch wie ſehr ſie auch haßte 2,782. — b) berichtigend, gleichwohl, doch 8,56. 575. 9,485. 13,463.

quandō, *adv.* ʒu irgend einer Ȝeit, einmal 11,24.

quandōcumquĕ, *adv.* wann es auch ſei (früher oder ſpäter) 6,544.

quandōquĭdem, da nämlich, da ja 5, 93. 9,115. 12,485.

quantus, a, um, wie groß: 1) *relat.* 4,657. 13,441. quantam (formam) capit ipsa, von der Größe, die ſie ſelbſt einnimmt 15,381. tantus ... quantus („wie, als") 3,44 (quanto *sc.* serpens est). 3,284 (ſ. qualis). 8,582. aprum quanto majores tauros non habet, womit verglichen 8,282; dav. quantum: a) ſubſt. wie viel, ſo viel als: tantum agri, quantum (als) 15,618. tantum aberat, quantum, ʒo weit als 8,695. quantum medii caeli, als mitten durch den Lufttraum 4, 709. in quantum quaeque secuta est, bis wie weit 11,71. tantus videbor, in quantum ..., ich werde in der Größe erſcheinen, bis ʒu welcher 15,662; *abl.* quanto, um wie viel 1,52. 464. 2,722. 8,750. 13,366. — b) *adverb.* in wie weit, in wie fern, ſoviel als: quantum reminiscor 13,642. quantum recordor 15,436. quantum suspicor 3,461. quantum ira sinit 6,167. quantum valeo 9, 360. 13,11. quantum modo femina possit 2,434. — 2) in der Frage und im Ausrufe: adspice sim quantus 13,842. quantum scelus sit 15,83; quantum, wie viel: quantum egi 2,520. quantum tibi praestem 13,591. quantum noxae 1,214. quantum noctis 6,472. quantum

est esse Jovis fratrem 5, 527; wie sehr: quantum distat 6, 273. 8, 439; emphatisch, wie wenig: quantum distat ab orba 6, 200. quantum est quod desit 9, 561. 15, 468. quantum erat ut sineres, was wäre es denn Großes gewesen 4, 74.
quārē, *adv.* aus welchem Grunde, weshalb 2, 512. 664. 4, 285. 14, 316. 664.
quartus, a, um, der vierte 7, 325. quarto, beim vierten Male 9, 51.
quăsī, *adv.* als wenn, wie wenn, gleichsam 1, 614. 9, 228. quasi corpus, einem Körper Ähnliches 11, 716.
quassus, a, um, s. quatio.
quātĕnus, *adv.* in Betracht daß, weil doch 8, 784. 14, 40.
quătĕr, *adv.* viermal 2, 344. quater deni, vierzig 7, 293. terque quaterque, s. ter.
quătĭo, quassum, ĕre, 1) schütteln, erschüttern: terras 15, 71. tecta 4, 402. quercum huc illuc 12, 329. Ide quatitur 12, 521; schwingen: hastam 5, 9. spicula 8, 375. venabula 8, 404. faces 3, 508. pennas 4, 677. lacertos 8, 227. — 2) zerschlagen: quassa cinnama, Stücke von Zimmet 15, 399.
quattŭŏr, vier 1, 118. 12, 15.
quĕ, *conj.* (dem Wort angehängt, welches angeknüpft werden soll), 1) und, verbindet nahe zusammengehörige Begriffe und Sätze: potentes clarique 1, 174. semina obruta sunt, pressique jugo gemuere juvenci 1, 124; insbes. a) um einen Begriff durch Verdoppelung zu steigern: penitus penitusque, tief und (immer) tiefer 2, 179. majus majusque 7, 639. longe longeque 4, 325. rursus rursusque 10, 288. jam jamque 11, 723. — b) um d. rasche Folge od. Wiederholung einer Handlung z. bezeichnen 1, 286. 2, 409. 4, 461. 5, 395. 595. 8, 163. 536. 10, 386. 12, 134. 14, 62. — c) que...et, sowohl...als auch 4, 739. 6, 414. 7, 251. 11, 387. 12, 94. 13, 32. Sätze verbindend 1, 29. 674. 4, 147. 5, 616. 7, 541. 8, 853. 11, 27. zwar...dennoch 4, 379. 10, 371; que...ac: satisque ac super 4, 429; que...usque, sowohl...als auch, nicht nur ...sondern auch, theils...theils (doch genügt meistens das einfache „und") 1, 130. 179. 430. 500. 769. 3, 529. 4, 9. 686. 766. 6, 460. 7, 89. 547. 656. 8, 586. 9, 108. 10, 485. 12, 459; wiewohl...dennoch: divesque miserque 11, 127. mortemque timens cupidusque moriri 14, 215; Sätze verbindend 7, 89. 8, 853. 11, 328; zur Subdivision (wo das Ganze bereits durch et oder que angeschlossen ist) 2, 131. 5, 284. 11, 649. 12, 468. 495. et semideique deique 14, 673. (fudi) et Alastoraque Chromiumque 13, 257. — 2) explicativ, und zwar 8, 748. 12, 500. 13, 198. 14, 438. 15, 245; dah. a) an einen weitern Ausdruck eine nähere Bestimmung (Exegese) anknüpfend (oft = „nämlich" oder „das heißt") 1, 171. 2, 78. 194. 3, 139. 260. 341. 4, 160. 6, 149. 664. 7, 411. 670. 8, 158. 488. 712. 10, 14. 434. 11, 645. 12, 142. 13, 375. 578. 678. 15, 7. 59. 352. 687. 691. 749; eine Apposition anschließend 2, 614. 5, 342. 6, 299. 14, 86. — b) ein Hendiadys bildend: in equam cognataque corpora vertor, in den verwandten Körper des Pferdes (weil ihr Vater als Centaur halb die Gestalt eines Pferdes hatte) 2, 663. exitus resque, der thatsächliche Ausgang 3, 350. pallor hiemsque, das Fahl des Winters 4, 436. dapes festumque, Festmahl 5, 113. locus requiesque, Obdach zur Ruhe 8, 628. per leves populos simulacraque = populos simulacrorum 10, 14. aestus mediusque dies, Hitze des Mittags 10, 126. fortuna domusque, Zustand des Hauses 10, 400. onus invidiaque, gehässige Last 12, 626. ignes rogique, flammende Scheiterhaufen 13, 687. letum poenaque, Tod der Rache 14, 217. abit in auras aëraque = in aërias auras 15, 247 (vergl. 9, 219). concilium Grajique patres = concilium Grajorum patrum 15, 645. ad facinus diramque caedem = ad facinus dirae caedis 15, 802. fretum Siculique angusta Pelori = fretum angustum S. Pelori 15, 706. — 3) die Negation des Satzes fortführend, noch, oder (= ve) 6, 153. 7, 783. 8, 257. 678. 10, 94. 13, 108. 919. 14, 32. nec...que...que, und (aber) weder...noch 2, 377. 4, 204. 9, 612. — 4) zur Anknüpfung von Entgegengesetztem, aber, doch 5, 670. 6, 250. 301. 13, 706. 14, 236; nach negativem Satze, sondern 1, 623. 725. 3, 309. 6, 368. 715. 7, 454. 8, 754. 793. 9, 265. 274. 11, 217. 12, 196. 294. 14, 384. 593. 632. 15, 252.
Anmerk. 1) que ans zweite Wort des Satzes gehängt 1, 389. 2, 89. 551. 3, 196. 4, 418. 579. 5, 139. 6, 507. 7, 204. 492. 8, 617. 680. 9, 551. 10, 133. 11, 131. 227. 264. 13, 79. 508. 14, 219. 595. 801. 15, 367. 570. 694; ans dritte Wort 9, 768; nicht an d. gehörige Wort 13, 329. 15, 255. lucoque foret quod numen in illo = et per numen quod foret in illo luco 7, 95. sociosque Hymenaeus ad ignes conveniunt = Hymenaeusque ad socios ignes 9, 796. turba volucrumque = inque turba volucrum 10, 144. sanctique sententia montis = et sententia sancti montis 11, 172. suoque Eetioneas sanguine Thebas = et E. The-

bas 12, 109. admiraturque colorem = admiratur et colorem 13, 913. nescio quoque... Coeo = et audete mihi praeferre T. L. satam nescio quo Coeo 6, 185 (f. nescio); an den vorausgestellten Nebensatz gehängt 1, 133. 139. 386. 491. 2, 173. 191. 233. 4, 119. 7, 79 (et crescere parva scintilla quae latuit). 7, 192. 196. 8, 219. 612. quoque = et ut eo, f. quo; statt an ait oder dixit an ein vorausgehendes Wort der directen Rede gehängt 1, 456. 735. 753. 2, 33. 642. 3, 644. 4, 337. 5, 195. 290. 327. 514. 6, 262. 281. 7, 487. 8, 203. 481. 559. 689. 719. 767. 9, 109. 10, 543. 640. 11, 323. 13, 445. 772. 874. 947. 14, 657. 15, 335. 543. — 2) que in der Arsis lang gemessen 1, 193. 3, 530. 4, 10. 5, 484. 7, 265. 8, 526. 10, 262. 308. 11, 36. 290. 13, 237. 258. — 3) que hypermetrisch gebraucht 4, 11. 780. 6, 507.

queo, īvi u. ĭi, ĭtum, īre, können: mit *inf.* 4, 248. 15, 2. 79.

quercŭs, ūs, *f.* Eiche 7, 623. 12, 328. 13, 716; meton. Eichenkranz 11, 158. die Bürgerkrone aus Eichenlaub an der Thüre des Palastes des Augustus auf dem palatinischen Berge mit der Inschrift: „ex senatus consulto ob cives servatos" 1, 563.

quěrella, ae, *f.* Klage, Wehklage 2, 342. 11, 420. positā querellā, ohne Klage 4, 233. querellas sistere 7, 711; übtr. Klagelaut der Thiere 3, 239. 4, 413. 11, 734.

quernus, a, um, von Eichen, eichen: stipes 8, 369. 12, 342. vimen 12, 436.

quĕror, questus sum, quĕri, Klage anstimmen, klagen 1, 637. 708; von Affen, winseln 14, 100; mit *acc.* klagend hören lassen, klagen: verba 9, 304. multa 4, 84. 8, 176. talia 13, 870. lyra queritur flebile (Trauergetön) 11, 52; prägn. a) beklagen, bedauern: parva 2, 214; mit *acc. c. inf.* 3, 245; um etwas klagen: fontes 13, 690. — b) sich beklagen, sich beschweren, über etwas klagen, mit *acc.* 3, 551. 5, 298. 8, 831. 10, 61. 15, 493; mit *acc. o. inf.* 3, 525. 7, 643. 9, 421. 700. 10, 76. de conjuge 10, 41. de fide (*sc.* a me laesa) 7, 829. cum alquo, gegen Jemd. Klage erheben, mit ihm hadern 1, 733. cum fatis 10, 724.

quěrŭlus, a, um, sanft klagend, sanft tönend: chordae 5, 339.

1. **questus**, a, um, f. queror.
2. **questŭs**, ūs, *m.* das Klagen, die Klage 4, 588. 9, 276. 370. 15, 489.

1. **quī**, quae, quŏd, *pron. interrog.*, welcher, was für einer: qui status 11, 492. casus 14, 162. causa 2, 33. quod sit admissum 1, 210. quo modo 1, 359. quo facto 12, 472; als Ausruf: quae non solacia dixit! d. i. alle erdenklichen 10, 132; subst. qui sit 11, 279. 15, 595. qui foret 11, 719. quae sit 1, 643. 14, 841. cujus fuerit, was für einem Manne er angehört habe 12, 620. quod cruoris = quantum cruoris 13, 482.

2. **quī**, quae, quŏd, *pron. indef.*, irgend einer: nisi quem (risum) movere dolores 2, 778. ne quod facinus restet 6, 539. si quas boves ire vidisti, etwelche 2, 699. (Die Form qua f. bei quis).

3. **quī**, quae, quŏd, *pron. relat.*, welcher, welche, welches; der, die, das; wer, was: 1) im Geschlechte auf das Prädicatspronom. bezogen 8, 100. — 2) quod im vorangestellten Relativsatze bezieht sich auf das Verbum des Hauptsatzes: quod licet 6, 203. 7, 147. quod non potuere vetare (*sc.* hoc erat) 4, 61. vergl. quod sinit 3, 377. quod abominor 9, 677. quod potuit, denn dies konnte sie 4, 684. quod potest, da er es ja kann, da es ja seine Sache ist 13, 220. — 3) das Geschlecht des Pronomens ad sensum gewählt 6, 89. 7, 131. 657. — 4) das Beziehungswort in den Relativsatz gezogen: et quae litora = et litora, quae 1, 63. vergl. 1, 106. 2, 173. 839. 4, 16. 6, 616. 7, 310. 9, 539. 14, 665. 687. per quae loca = per loca, per quae 3, 228. vergl. 11, 632. 14, 231. quas herbas = herbae, quas 14, 350. quos alios = alii, quos 8, 568. tu, quae arbor = tu arbor, quae 4, 158. quibus undis = undas, quibus 1, 342. quoque jugo = et jugum, quo 9, 647. quae jam patientia nostra est = ea patientia, quae jam nostra est, zufolge unsrer gegenwärtigen Mattherzigkeit 5, 373. — 5) das Epitheton des Beziehungswortes in den Relativsatz gezogen: aper, qui maximus errat = aper maximus, qui errat 3, 714; vergl. 4, 565. 10, 244. — 6) als vergleichender *abl.* beim *compar.* im Vergleich mit welchem (welcher) 3, 615. 5, 130. 381. 12, 405. 14, 623. — 7) bei der Ellipse des Verbums ist das *pron. relat.* häufig durch „wie" zu übersetzen 2, 72. 168. 10, 212. 11, 690. 13, 244. — 8) der Relativsatz in der obliquen Rede als coordinirter Hauptsatz und daher mit *acc. c. inf.* 4, 774. 14, 225. 231.

9) mit dem *conjunct. verbi:* a) um die Vorstellung eines Zweckes, einer Bestimmung auszudrücken: quae tutus spectes = ut ea tutus spectes 2, 149. quae (flumina) colat, unter quae fie zu bewohnen 2, 380. vergl. 3, 378. 6, 77. 9, 342. 13, 87. quae reddant, damit sie geben 5, 655. vergl. 8, 795. 9, 154. 11, 647. 13, 553.

quas (undas) perdant, daß sie (immer wieder) verlieren sollen 4, 463. vergl. 4, 499. 11, 574. 15, 613. in quem saeviat, gegen welchen er wüthen könne 14, 193. vergl. 3, 584. — b) um die Vorstellung einer Beschaffenheit und die Wirkung derselben auszudrücken: habeo quod sanet, was heilen kann (s. habeo) 10, 397. vergl. 1, 636. 3, 723. 7, 23. 13, 221. 14, 463. habebat quo loqueretur, wodurch sie sprechen konnte, ein Sprachwerkzeug 5, 467. quam (vocem) illa crederet, von der sie glauben konnte, daß sie 11, 671. quod (vale) jam vix acciperet, welches er kaum noch vernehmen konnte 10, 62. jam quod (corpus) cognoscere posset, schon so nahe, daß sie ihn erkennen konnte 11, 724; oft = „von der Art oder Beschaffenheit daß": clamor est qui canat 5, 4. vergl. 3, 345. 456. 4, 177. 290. 6, 713. 8, 322. 468. 9, 539. 10, 250. 12, 184. 616. 15, 281. 392. pater erat qui sperneret 8, 740. sunt qui, es giebt (solche) welche 9, 203. 740. 12, 25. 15, 78. 389. desunt qui lacriment 7, 611. nihil est quod non ausit 6, 465. vgl. 15, 177. quantum est quod desit 9, 561. 15, 468. statuo quaerere quod doleam, was mir Qual bringen sollte 7, 720. aetas habet non omnia quae fugiamus, nicht Alles was wir fliehen müssen, d. i. nicht bloß Uebles 6, 29. major sum quam cui possit, als daß mir könnte 6, 195. plura quam quae dictis comprendere in promptu sit 13, 160. digna fui cui ageret, daß er mir dankte 10, 681. qui me lacessas, daß du mich herausforderst 12, 228. quam vulneret, mich, welche verwunden darf 15, 759; in Attributivsätzen, die einem adjectiv. Attribute beigefügt sind : et quod dominari posset 1, 77. vergl. 2, 54. 763. 855. 5, 112. 7, 657. 9, 296. pondus erat leve nec quod cognoscere possent, und nicht so schwer daß 2, 161. vergl. 5, 382. 11, 570. 15, 208. — c) ut qui, s. ut. - (Anmerk. cui einsylbig gemessen 1, 557. 2, 185. 5, 368. 7, 665. 737. quis = quibus 2, 346. 3, 300. 6, 141. 7, 671. 11, 383.)

quĭă, *conjunct.* weil 1, 18. 2, 796. 3, 87; in obliquer Beziehung mit *conjunct.* 9, 622. 15, 112.

quicquăm, s. quisquam.

quicquid, quisquis.

quīcumquĕ, quaecumque, quodcumque, welcher (wer) nur immer, jeder welcher: quaecumque est causa videndi 5, 260. quicumque leones habitatis, all ihr Löwen, die ihr wohnt 4, 114. quodcumque habitabile tellus sustinet, alles bewohnte Land der Erde 15, 830. quaecumque feram mortalia, was ich noch Sterbliches an mir trage 13, 950. quocumque modo, wie nur immer 1, 628; subst. 2, 361. quicumque juvenum 1, 448. quaecumque harum 11, 76. quaecumque es, wer du auch seist 9, 312. 14, 378. quaecumque ea (est) 5, 217. dabitur quodcumque optaris 2, 102. quodcumque obstaret amori 8, 75. magnum (est) quodcumque paravi 6, 618. quodcumque potest fecisse videri 13, 236. quodcumque latet 15, 72. quaecumque fuerunt dicenda 2, 333. quaecumque jubes 4, 477. quaecumque obnoxia morti (sunt) 14, 600. - Dav. **quacumquĕ** (*abl. sc.* parte), wo nur immer 2, 791. 3, 570. 4, 28. 7, 282. quacumque vir est, an welchem Körpertheile sonst noch 12, 399.

quĭd, s. quis.

quīdam, quaedam, quoddam (subst. quiddam), 1) qualitativ unbestimmt, ein gewisser: quidam Myscelos 15, 19. quaedam culpa 9, 610. tempore quodam, einstmals 2, 552. forma quaedam, eine Art von Gestalt 1, 404. — 2) *plur.* quantitativ unbestimmt, einige 1, 426. 2, 13.

quīdĕm, *conj.* bekräftigend, gewiß, allerdings, ja (oder auch nur, besond. nach Pronominibus, durch stärkere Betonung des vorstehenden Wortes wiederzugeben) 3, 557. 9, 535. ille quidem 14, 188. quem quidem 3, 557. — 2) einräumend, zwar 9, 457. 11, 689. quidem... sed 1, 438. 2, 667. 855. 5, 506. 15, 74. quidem ... verum 9, 476. quidem... tamen 1, 209. 519. 13, 160. 751.

quĭēs, ētis, *f.* **Ruhe** (v. Arbeit, Mühen), Erholung 11, 623 (rerum, „aller Wesen"); insbes. a) Nachtruhe, Schlaf 3, 437. 7, 186. 8, 83. 828. 9, 469. 15, 188; meton. Ruheplatz 14, 52. — b) Ruhe, Stille 11, 602. 12, 48.

quĭēsco, ēvi, ētum, ēre, ausruhen, ruhen 2, 489. 11, 251.

quĭētus, a, um, ruhig, still: fretum, quod quietum... exasperat, welches aus seiner Ruhe... aufwühlt 5, 6.

quīlĭbet, quaelibet, quodlibet (subst. quidlibet), jeder beliebige, der erste der beste 1, 451. 15, 166. quilibet alter 2, 388.

quīn, *conjunct.* 1) consecutiv, (so) daß nicht, ohne daß, mit *conjunct.* 1, 60. 6, 96. 9, 72; nach Verben des Hinderns oder Widerstrebens, daß (oder *infin.* mit „zu") 7, 728. 13, 283. — 2) in auffordernden Fragen, warum nicht, mit *indicat.* 6, 539. 9, 745. quin tuta times, warum nicht auch Ungefährliches fürchten d. i. was hast du Furcht, wo Alles gefahrlos ist 7, 47. beim *imperat.*: quin adspice, so bedenke doch nur 7, 70. — 3) zur Bekräftigung, wirklich, fürwahr: quin etiam, ja sogar

5, 227. 14, 258. quin nunc quoque, ja auch jetzt noch 9, 290.
quīnī, ae, a je fünf 1, 742. 2, 670. ter ad quinos = ad ter quinos 3, 351.
quīnquĕ, fünf: bis quinque 8, 500. 579. 11, 96. ter quinque 2, 497. 8, 749.
quīnquennis, e, „fünfjährig"; übtr. (= quinquennalis, e) alle fünf Jahre gefeiert: pugna 14, 325.
quīnquennĭum, i, n. Zeit von fünf Jahren: duo, zehn Jahre 12, 584. tria, fünfzehn Jahre 4, 292 (fecit, „legte zurück").
quīntus, a, um, der fünfte 1, 46.
quīppĕ, nämlich, denn 2, 852. 9, 620. 11, 71. 495. 13, 360. 14, 91. 525. 15, 84. quippe ubi, denn wenn, nämlich wenn 1, 430.
Quīrīnus, i, m. (von dem sabinischen Worte curis = hasta, also der „Lanzenschwinger"), Beiname des Romulus nach seiner Vergötterung 14, 828. 834. 851. 862. genitor Quirini d. i. Mars 15, 863. turba ob. populos Quirini, das Volk des Quirinus, die Römer 14, 607. 15, 756. 572. – Dav. **Quīrīnus**, a, um, quirinisch: collis, der quirinalische Hügel in Rom, das Quirinal 14, 836.
Quīrīs, itis, m. eig. ein Bewohner der sabinischen Stadt Cures, „Quirit"; dah. Quirites, ium u. um, die Quiriten, Bezeichnung der Römer in staatsbürgerlicher Beziehung seit Vereinigung der Römer und Sabiner von Cures zu einer Gemeinde (während in militärischer Beziehung der Name Romani blieb) 15, 600; *sing*. collectiv 14, 823.
1. **quĭs**, quä, quĭd, *pron. indefin.* irgend einer, irgend wer: si quis 4, 354. 9, 256. 12, 186. 13, 469. ne quis 10, 583. cur quis 2, 518. si qua 9, 463. si quid 2, 300. 7, 68. 854 (f. per). 15, 879. ne quid 2, 402. *neutr. plur.* si qua 1, 502. 15, 477; adject. si quis amicus adest 5, 180. si quis deus affuit 7, 793. si quis casus referat 14, 192. si quis advena vidisset 10, 225. *femin*. si qua 1, 288. 4, 324. 5, 309. 378. 627. 6, 39. 9, 8. 55. 371. 383. 428. 12, 602. 13, 137. 14, 561. 15, 361. *neutr. plur*. si qua 10, 483. 11, 693.
2. **quĭs**, quĭd, *pron. interrog.* 1) wer? was? 12, 179. 14, 316. quisve, oder wer überhaupt 2, 437. cujus (sc. sit), wem angehöre 1, 613. 12, 620. quo consolante dolores, wer würde dich in deinem Schmerze trösten 1, 360. quid rerum geratur, was Alles 12, 62. quid tibi animi foret, wie würde dir zu Muthe sein 1, 358. vergl. 5, 626. 7, 582 (f. an). 14, 177. quid tibi cum fortibus armis, was hast du zu schaffen mit 1, 456. quid faciam, Formel der Verlegenheit, was soll ich thun 1, 617. 2, 187. 356. 3, 465. quid agat 5, 211. quid Jove majus habemus, d. i. was kommt Juppiters Macht gleich 2, 62. quid fore te (*abl.*) credas, was glaubst du wohl, wird aus dir werden 9, 75: quid als Prädicat, wenn nach dem Wesen oder der Bedeutung einer Person oder Sache gefragt wird: quid sis nata (als was) 9, 747. 12, 474. quid fuerim quid simque 2, 551. quid prius fuerint 4, 603. puid esset 2, 493. quid Hymen sit 1, 480. quid amor (sit) 4, 330. quid natura, quid deus esset 15, 68. quid rastra (sint), quid usus aratri 14, 2. — Insbes. **quid**, a) wie viel: quid cruoris 13, 482. quid praestent 8, 392. — b) wie? (bei nachdrucksvoller Frage) 13, 852. 15, 199. 285. 308. quid si, wie wenn 9, 149. wie erst wenn 1, 498. 9, 327. quid quod, eig. „was sagst du aber dazu daß", daß, bei steigernden Zusätzen: ja auch, noch mehr, nun aber 5, 528. 6, 475. 7, 62. 9, 595. 10, 616. 13, 223. 296. 14, 687. quid, quum, ferner als 9, 194. — c) weshalb? wozu? warum? 2, 100. 3, 97. 5, 371. 6, 687. 7, 734. 9, 143. 12, 502. 15, 829. — 2) adject. was für einer: quis furor 3, 531. clamor 3, 632. casus 4, 142. exitus 9, 726. deus 10, 611. usus 10, 651. quis ille locus 8, 573.
quĭsquam, quaequam, quidquam oder quicquam, quaequam, quidquam oder quicquam, irgend Einer, irgend Jemand, überhaupt Einer: a) mit Negation 2, 59. 12, 346. 13, 145. nec quicquam 11, 40. 13, 231. nec quicquam tale, nichts von der Art 2, 566. 13, 873. nec quicquam de tempore vitae, keine Minute des Lebens 11, 698. nec quicquam mit partitiv. *genit.*: nichts von, keine Spur von 1, 68. 9, 224. 14, 396; adject. quisquam vir 1, 322. quisquam deus 3, 336. — b) in Fragen mit verneinendem Sinne 5, 24. 7, 172. 10, 576 (cuiquam = a quoquam).
quĭsquĕ, quaeque, quidque u. adject. quodque, einer wie der andere, jeder 2, 58. anguipedum 1, 183. quaeque de ministris 14, 705; als Apposition eines *plur*. 1, 59. 507. 4, 80. 7, 575. 12, 224. quemque vocatos poscit opem, ruft jeden beim Namen und fordert Hülfe (von ihnen) 5, 212. nomine quemque vocatos exhortatur equos 5, 402. pro se quisque, jeder Einzelne 3, 642. quoque in folio 14, 269. nec species sua cuique manet = et nulli rei sua species manet 15, 252. tenuissima quaeque liquescunt, je die zartesten Theile 5, 431; quisque in den Relativsatz gezogen 4, 560. 7, 563. 11, 71. 543; ut quisque, je nachdem jeder:

corripitur flammis ut quaeque altissima tellus, je nachdem jeder Theil derselben der höchste war (überall zuerst, wo sie am höchsten ist) 2, 210. ut quaeque pia est, impia prima est, in dem Maße, in welchem jede kindliche Liebe besitzt 7, 339.
quisquīs, quidquid ob. quicquic u. abject. quodquod, wer nur auch, jeder welcher 2, 95. 4, 385. 11, 102. quisquis es, wer du auch seist 1, 679. 2, 692. 3, 454. 613. 8, 864. 11, 721. 12, 80. quisquis ille fuit 1, 32. 15, 104. quicquid erit 9, 699. 11, 254. 443. committat quicquid dolet, all ihren Kummer 10, 393. quicquid mortale creamur, so viel wir sterblich geboren sind 10, 18.
quīvīs, quaevis, quidvis u. abject. quodvis, jeder den man will, jeder beliebige: munus 2, 41.
quō, 1) als ablat. des Maßes beim comparat.: „um was", dah. je: mit folg. hoc („desto") 11, 437. 722. 14, 302; ohne demonstrat. Correlat 3, 372. 4, 64. 7, 563. 8, 834. 838. 10, 460. — 2) adv. wohin 2, 356. 8, 334. 640. 11, 594. 13, 215. quo postquam, nachdem dahin 3, 165. 8, 169. 331. quo simul, sobald als dahin 2, 19. 470. 4, 449. 7, 220. quo = in puerum 2, 470; in der Frage, wohin 3, 455. 633. quo labor 9, 520. quo feror 9, 509. 10, 320. quo = ad quae facinora 15, 469; übrtr. wozu 13, 516. quo haec (arma) Ithaco 13, 103. — 3) conjunct. mit conj. verbi, damit: quo cernam 13, 518; beim comparat. (= ut eo), damit desto 7, 309. 603. 10, 674. quoque = et ut eo 9, 433. quodque magis = et ut eo magis 1, 757. 3, 290. 448. 9, 336. 12, 174. 14, 695. quoque minus = et eo minus 2, 44. 8, 578. 620. 866.
quōcumquĕ, adv. wohin nur immer: durch Tmesis getrennt 7, 584.
quŏd, I) adv. „in Beziehung worauf"; dah. 1) **quodsi,** wenn also, wenn nun, aber wenn 1, 593. 2, 293. 5, 416. 7, 712. 10, 38. 633. 11, 439. 13, 95. quod nisi, wenn nun nicht 7, 350. 11, 241. quod quoniam, weil nun aber 10, 203. — 2) um etwas als Aeußerung oder Ansicht Andrer anzuführen, was das betrifft, wenn: quod sit spectabilis, wenn sie auch schön sei (nach) dem Urtheile Andrer) 7, 705. — II) conj. 1) des Grundes, weil 2, 613. 4, 202. 5, 517. 10, 80. 13, 34. 148; nach Verbis des Affecte und Affectsäußerungen, darüber daß, daß: dolet quod 5, 24. 8, 45. 11, 105. maeret quod 8, 518. miror quod 2, 859. 12, 166. 13, 915. gaudeo quod 9, 710. irascens quod 6, 269. gratulor quod 10, 306. grator quod 9, 245. reus est quod 13, 313. ei mihi, quod 1, 523. me miseram, quod 10, 334. — 2) zur Angabe einer Thatsache in Substantivsätzen, (der oder den Umstand) daß 5, 520. 7, 435. 8, 112. 9, 21. 779. 11, 431. 12, 81. 13, 135. 151. 846. 15, 751. meum est (es ist mein Werk) quod 13, 173. haud satis est quod 5, 22. 15, 127. adde quod 2, 70. 13, 117. 854. 14, 684. ille dedit quod, bewirkte daß 14, 174. officii quod, meiner Dienstleistung, (welche darin besteht) daß 2, 286. peccare putat quod, dadurch daß 9, 458. dafür daß 4, 77. 14, 172.
quodsī, s. quod.
quondăm, adv. „zu einer gewissen Zeit"; dah. 1) einstmals, ehemals 4, 281. 5, 146. 6, 88. 10, 70. 12, 244. 531. — 2) mit praes. von jeweiliger Wiederholung, zu Zeiten, zuweilen 8, 191. 9, 170.
quŏnĭăm, conj. weil denn (bekanntlich), eingestandener Maßen), da, ja 5, 178. 10, 630. 11, 696. 13, 159. quod quoniam, s. quod.
quŏquĕ, 1) adv. (dem betonten Worte nachgesetzt), auch: ipsa quoque tellus 1, 101; den ganzen Satz hervorhebend 11, 700; insbes. steigernd, selbst auch, sogar 1, 145. 292. 2, 60. 5, 569. 9, 434. 11, 435. 12, 283. 13, 62. tunc quoque, auch da noch 6, 393. (In freierer Stellung 1, 256. 292. 2, 396. 11, 47. 12, 403. 13, 63. 146. 277. 359.) — 2) abl. v. quisque — 3) = et quo, s. quo.
quŏt, adj. indecl., wie viele: tot ... quot („als") 14, 137. totidem ... quot 3, 384. 8, 588. 11, 538. 614; in der Frage, wie viele? 10, 346. 13, 823.
quŏtĭens (u. quoties), adv. wie oft: a) in der Frage 7, 734. — b) im Ausruf 3, 375. 7, 589. 10, 661. 14, 643. 15, 490. — c) relativ, wie oft, so oft als 3, 495. 4, 588. 6, 469. 481. 11, 566. quotiens ... totiens 3, 451. 10, 164.
quŏtus, a, um, der wievielste: pars 9, 69. quota pars illi rerum periere mearum, d. i. ein sehr kleiner Theil meiner Unterthanen waren die, welche umkamen 7, 622.
quŭm oder **cŭm,** conj. I) mit indicat. bezeichnet 1) ein der Zeit des Hauptsatzes vorangehendes Ereigniß, als, nachdem, wann 1, 533. 3, 704. 4, 714. 11, 433. 12, 278. 15, 358. 389; mit fut. exact. 2, 514. 6, 614. 698. 10, 36. 15, 448. 838. quum primum ob. quum primus, s. primum u. primus. — 2) etwas mit der Zeit des Hauptsatzes Gleichzeitiges, wenn, während, als 3, 130. 150. 500. 13, 256. quum tamen ille vivit adhuc, während doch 12, 592. nunc quum („wo") pereo 7, 855. tum quum 2, 651. 9, 596. 13, 592. tunc

quum 4,572. 13,349. 473. tempus erit quum (= quo) 14,147; baß. von wieder= kehrenden Handlungen ober Ereigniffen, fo oft als, (jebeśmal) wenn 1,630. 3,497. 6,693. 697. 7,808. 8,32. 469. 11,499. 12,51. 13,618. 15,65. — 3) beim logi= fchen Hauptfaße zur Einführung des Ge= wichtigen in ber Erzählung, ba: mit aoriftifchen *perfect.* 2,373. 4, 391. 695. 711. 5,477. 7,422. 8, 770. 9, 2. 10, 273. 735. 11,480. 12,169. 13,167. 600. mit vorhergehendem jam 1,599. 6,243. 440. 7,236. 8,223. 14,535. 15,508. vix ... quum 1,70. 9,686. 15,569. 843. vix ... quum subito 13,945; mit hiftor. *praes.* 2,418. 871. 3,3. 146. 6,520. 7,77. 491. 701. 8, 445. 9,649. 715. 796. 10, 639.

11, 98; mit *imperf.* 14, 583. — II) mit *conjunct.* 1) caufal, ba, weil 2, 488. 9, 440. 15,301. 307. — 2) conceffiv, ba boch, obgleich, während 1,59. 84. 197. 432. 2, 534. 3,444. 5,553. 9,549, 631. 10,661. 11,545. 13, 319. 14, 33. 672. 15,257. — 3) temporell in der Erzählung (b. i. nach *perfect.* oder hiftor. *praes.* des Haupt= faßes) mit *imperf.* und *plusqpf. conj.* (weil die Lateiner auch bergleichen Säße in einem Caufalnexus fich bachten) 1, 156. 219. 2,347. 572. 3,476. 4,66. 617. 5, 554. 665. 7,754. 8,713. 9,118. 11,340. 353. 13,441. 14,76. 228. tum quum pax esset 8,19. — 4) von wiederholten Hand= lungen mit *conj. iterativus*, fo oft als, wenn 1, 635. 3, 362.

R.

răbĭdus, a, um, wüthend, rafend 12, 494. ira 7,413.

răbĭes, ëi, *f.* Tollheit, Wuth (als Krankheit) 11, 369. Zorneswuth, Wildheit, Grimm 3, 567. 4,503. 9, 212. lupi 1, 234 (f. ipse). equorum 15, 521. canum, wü= thende Hunde 14,66. ventorum, Unge= ftüm 5,7.

*răcēmĭfer, ëra, ĕrum, Beeren tra= gend: uva 3,666. Bacchus, mit Trauben bekränzt 15,413.

răcēmus, i, *m.* Weinbeere 3,484.

rădĭo, āvi, ātum, āre, ftrahlen, fchim= mern: argenti lumine 2,4. postes radiare videntur (man fieht) 11,115. *part.* radians, ftrahlend: aurum 4,637. sidera 7,325. astra 9,272. galea radians ab auro 13,105. vellera 9, 720. *part.* radiatus, ftrahlend: lumina (Solis) 4,193.

rădĭus, ĭi, *m.* Speiche des Rades 2, 108. 317. — 2) Weberfchifschen 4, 275. 6, 132. *plur.* 6, 56. — 3) Strahl der Sonne 1, 62. 768. 2, 41. 4,82. 241. 247. 7, 411. 804. 9,795. 11,594. lunae 4, 99.

rădix, ĭcis, *m.* Wurzel (der Pflanze) 4, 126. 9,366. 14,292. radices agere 4, 254; insbef. Nettig 8, 666. — 2) übrtr. a) das Unterfte eines Gegenftandes: montis, Fuß 15, 548. — b) das, woran etwas feftfißt, die Wurzel: der Zunge 6,557. der Feder 2,583. Grund eines Felfens 14, 713.

rādo, si, sum, ere, "fchaben"; baß. übrtr. ftreifenb berühren, ftreifen: terra rasa squamis 3,75. freta sicco passu, brüberhin laufen 10, 654.

rāmāle, is, *n.* Zweigholz, Reifig: *plur.* 8, 644.

rāmōsus, a, um, aftreich, vieläftig: ilex 8,237. echidna 9, 73.

rāmus, i, *m.* Aft, Zweig 5,390. 8,410. 13, 812. olivae 7, 498; übrtr. Aft des Ge= weihes, Zacken 12, 268.

răna, ae, *f.* Frofch 6,381. viridis 15, 375.

răpax, ācis, reifend: undae 8, 550. ignis, wild um fich greifend 8, 837. — 2) räuberifch, raubgierig: Scylla 7, 65.

răpĭdus, a, um, reifend fchnell, reifend: flumen 2, 637. aequor 6, 399. undae 7, 6. 9, 104. venti, ftürmend 14, 764. aura 3, 209. orbis, rafch umgewälzt 2, 73. — 2) fchnell raffend, verzehrend: flamma 2, 123. 12,274. ignis 7, 326. sol 8, 225. — 3) übrtr. reifend, raubgierig: volucris 2, 716. agmen 3, 242,

răpīna, ae, *f.* Entraffung, Entrückung 14, 818. — 2) Raub 5, 492. 10, 28.

răpĭo, pŭi, ptum, ĕre, 1) fchnell er= raffen, haftig ergreifen: angues 4, 496. arma 2, 603. sarcula 11, 37. jacentes, aufraffen 8,361; insbef. a) (eilig) weg= reifen, losreifen: stipitem 8, 504. torrem ab aris 12, 271. funale ab aede 12, 247. repagula de posti 5, 120. hastam de vulnere 5,137. securim ab alquo, entreifen 8,754. antemnas, herunterreifen 11, 489. — b) eilig von bannen führen, entführen: alqm 6, 598. 14, 355. sublimis rapitur, fährt im Fluge empor 7, 222. quo te rapis, wohin enteilft du 11, 676. entrücken, entraffen: alqm per inania vento 2, 506. in patriam 6,311. inter nubila 9, 271. animam de corpore 15, 840. — c) fchnell in Befiß nehmen: alquam 4, 778 (f. et). — d) (dichter.) fchnell annehmen: colorem 7,289. vim monstri, schnell in sich aufnehmen 4, 745. flammam, schnell Feuer fangen 3, 374. incendia, schnell sich entzünden 15, 350. — 2) gewaltsam fortraffen, fortreißen: rapi per aequora ventis 14, 470. alqm (de) sinu matris 4, 517. 13, 450. penetralia 1, 287. currum per avia 2, 205. ventus carinam rapit 8, 471. membra, fortschleifen 15, 526. ventus rapit frondes arbore, stört herab 3, 730. rapimur, man reißt uns von hinnen 13, 420. caelum rapitur vertigine, wird fortgerissen 2, 70. alqm, (zur Bestrafung) fortschleppen 3, 694. linguam, ausreißen 6, 617. 632. lumen, rauben 13, 773 (altera rapuit *sc.* lumen, d. i. eine Andere hat mich geblendet) 13, 775; insbes. a) als Raub, Beute an sich reißen, rauben, entführen: alqm 5, 19. 520. 6, 464. 7, 704. 12, 225. 13, 202. sublimem, hoch in die Lüfte entführen 4, 363. rapi alcui = ab aliquo 5, 395. signum mediis ex hostibus 13, 337. faces de funere 6, 430. pudorem (alcui), rauben 1, 600. virginitatem 8, 850. humores, entziehen 2, 237; *part.* raptus, geraubt 3, 3. dea 5, 425. alcui = ab alquo 11, 756. conjunx = Proserpina 7, 249. Pergama, die entführten Heiligthümer Troja's 15, 442; subst. raptum, i, *n.* das Geraubte, der Raub: vivitur ex rapto, vom Raube 1, 144. vivit rapto 11, 291. — b) aus dem Leben wegraffen, tödten, vernichten 1, 311. 11, 22. — c) durch Verwandlung rauben, verwandeln: rapta facies, Verwandlung der Gestalt 9, 327. — 3) bildl. leidenschaftlich hinreißen, fortreißen: amore rapi 13, 946. quo te fiducia rapit 9, 121. quo rapior, wohin lasse ich mich fortreißen 8, 491.

rapto, āvi, ātum, āre, fortreißen, fortschleppen: alqm 2, 234. 12, 223.

raptor, ōris, *m.* Entführer, Räuber 5, 402. 6, 518. 710. maritae 12, 609. alieni honoris 8, 438; *adject.* raubgierig: lupus 10, 540.

raptus, ūs, *m.* das gewaltsame Abreißen: Inous, der Jno 3, 722.

rāresco, ĕre, sich verdünnen: in liquidas aquas 15, 246.

rāro, *adv.* selten 13, 117.

rārus, a, um, nicht dicht (sondern mit Zwischenräumen der Theile): cribrum, durchlöchert 13, 437; übtr. a) einzeln, wenig, selten: cani 8, 567. tela 12, 600. templa 13, 588. gratia 1, 145. herbae, spärlich 8, 800. adibat rarus (= raro) 11, 766. — b) selten (in seiner Art), ausgezeichnet: facie 14, 337. quercus rarissima ramis, von seltener Schönheit 7, 622.

rāsilis, e, (*v.* rado), geglättet, glatt: fibula 8, 318.

raster, s. rastrum.

rastrum, i, *n.* Harke, Hacke, Karst 1, 101. 2, 287. 13, 765. *plur.* rastra 14, 2. rastri 11, 36.

rătĭo, ōnis, *f.* „Berechnung"; dah. 1) Verfahrensart, Weise 4, 183. qua ratione, auf welche Weise, wie 1, 688. 4, 409. 13, 671. — 2) vernünftige Ueberlegung, Vernunft 7, 10. 14, 701. 15, 150.

rătis, is, *f.* Floß, Kahn, Schiff 1, 319. 7, 63. 8, 302. 11, 493. 13, 6. 15, 754.

rătus, a, um, s. reor.

raucus, a, um, rauh tönend, heiser: guttur 2, 484. vox 6, 377. garrulitas picarum 5, 678. stridor 8, 287. 14, 100. murmur 13, 567. 14, 280. — 2) dumpf tönend: os 5, 600. sonus 4, 391. mugitus 14, 409. unda, dumpf rauschend 11, 783.

rĕbellis, e, „Krieg erneuernd"; dah. aufrührerisch, empörerisch: Numidae 15, 754.

rĕbello, āvi, ātum, āre, den Kampf erneuern 9. 81. 13, 619.

rĕ-calfăcĭo (recalefacio), fēci, factum, ĕre, wieder warm machen: telum sanguine 8, 444.

rĕ-candesco, dŭi, ĕre, (wieder) weiß werden: recanduit unda, schäumte weiß auf 4, 530. — 2) (wieder) erglühen: solibus 1, 435. toto ore 7, 88; bildl. ira recanduit 3, 707.

rĕ-cēdo, cessi, cessum, ĕre, 1) zurückweichen, sich zurückziehen: ad auroram 1, 61. in tesca 7, 99. a telo 12, 359. nebulas recedere jussit 1, 609. vom abnehmenden Monde: luna recessit in orbes minimos 15, 312. zurückkehren 11, 216; insbes. von Oertlichkeiten, sich aus dem Gesichtskreise verlieren, (durch Entfernung einer Person scheinbar) zurückweichen 11, 466. mecum terra recedit (*sc.* ei), er entfernt sich von mir und meinem Lande 8, 139. — 2) sich entfernen: thalamo 9, 701. anima in ventos recessit, entwich 11, 43; bildl. entweichen, schwinden: recessit ira 12, 36. ardor 7, 76.

rĕcens, ntis, was noch nicht lange besteht (Gegensatz vetus), frisch, jung, neu: tellus 1, 80. limus 1, 424. diluvium 1, 434. latices 3, 601. serta 8, 723. herba 15, 202. foenum 14, 645. rami 9, 393. squama 9, 267. caedes 4, 96. sanguis 4, 504. thalami 7, 709. populi 7, 652. factum 1, 164 (f. vulgo). causa 3, 73. 260; so eben entstanden: ora 15, 557. alae 11, 737. visa, das eben gehabte Traumgesicht 15, 26. anima, eben vom Körper geschieden 8, 488. 15, 846. umbrae, Schatten Neuverstorbener 4, 434. 10, 48. quem partu recenti reddidit, welchen ... so eben geboren hat 15, 379. — 2) übrtr. an Kräften frisch, kräftig: virga 4, 744. equi, ausgeruht 2,63. arma, frisch geschärft 8,370.

rĕ-censeo, sŭi, sītum u. sum, ēre, (Stück für Stück) prüfend besichtigen, durchmustern: pisces ordine 13, 932; übrtr. aufzählen: Priamidas deploratos 13, 481.

rĕceptŭs, ūs, m. Rückzug: receptus canere (= receptui canere), zum Rückzuge blasen 1, 340.

recessus, ūs, m. das Zurückgehen, der Rückzug 1, 340; meton. a) der entfernte, versteckt liegende Theil eines Ortes, Höhlung, Vertiefung, Hintergrund 3, 157. 11, 592. gurgitis, Bucht 13, 902. — b) abgesonderter Ort 10, 691. inneres Gemach 1,177. 7, 670. 14, 261.

rĕcĭdo, cĭdi, cāsum, ĕre (cado), zurückfallen: in terram 10,180. in quem recidimus, in die wir zurücksinken 10, 18; bildl. von Uebeln, auf Jemd. zurückfallen, ihn treffen: quod in ipsam recidat 6, 212.

rĕcīdo, cīdi, cīsum, ĕre (caedo), abschneiden, abhauen: caput 9, 71 (de numero centum sc. capitum). barbam falce 13, 766. hastile recisum 7, 676. vulnus, ausschneiden 1, 191.

rĕcinctus, a, um, s. recingo.

rĕ-cingo, nxi, nctum, ĕre, losgürten, aufgürten: tunicas 1, 398. vestes 7, 182. pass. recingor medial, ich entgürte mich: recingitur anguem, sie löst sich die Schlange ab 4, 511.

rĕcĭpĭo, cēpi, ceptum, ĕre (capio), 1) „zurücknehmen"; dah. a) zurückbringen: se, sich wohin zurückbegeben: in altam Rhodopen 10, 77. — b) zurückbekommen, wiederbekommen: vitam herbis 15, 535. alquem 5, 572. 7, 159. 455. 11, 101. verba, (durchs Echo) zurückhalten 3, 384. se, sich erholen, sich sammeln, tota mente 5, 275. sich wiederfinden, se alium (als einen andern) 13, 959. — 2) (bei sich, in sich) aufnehmen: alqm 8, 629. 14, 220. hospitio 5, 658. in caelum 2, 529. caelo 6, 188. domo 13, 633. 15, 159. urbe 7, 516. 15,584. thalamo 9, 279. 14, 297. portubus 13, 709. inferna sede 3, 504. domibus 15, 159. currus medio cratere 5,424. sanguinem per membra 2, 652. fretum recipit flumina 8,835. flumina campo recepta 1,41. sidera in caelo recepta 2, 529. alqm tempo arisque recipere, als Gott in Tempeln u. an Altären verehren 14,608. deum recipere, den Gott in sich aufnehmen, d. i. zur Weissagung begeistert werden 14, 107. ossa frigus receperunt, Kälte durchdrang das Gebein 11, 417. sopor est receptus parte oculorum, bemächtigte sich 1, 686; insbes. in der Fechtersprache, den Hieb empfangen: hasta recipitur mediā nare, dringt ein 5, 138. dens receptus in talum, eingedrungen 10, 10.

rĕclīnĭs, e, zurückgelehnt, sich anlehnend 10, 558.

rĕclūdo, si, sum, ēre (claudo) aufschließen, öffnen: portam 8, 41. 14, 781. fores 7, 647. viam 14, 776. jugulum ense, durchbohren 7, 285; bildl. erschließen, offenbaren: Delphos meos 15, 144 (s. Delphi).

rĕ-cognosco, nōvi, nĭtum, ĕre, wieder erkennen: loca 11, 62.

rĕ-collĭgo, ēgi, ectum, ĕre, wieder sammeln, wieder bekommen: primos annos, wieder jung werden 7, 216. se, sich fassen, wieder Muth fassen 9, 745.

rĕ-cŏlo, cŏlŭi, cultum, ĕre, wieder bebauen: humum 5, 647.

rĕ-condo, dĭdi, dĭtum, ĕre, etwas „wohin zurücklegen, wegthun"; dah. prägn. verbergen, verstecken: opes 1, 139. caput strato 11, 649. reconditus antro 1, 583. nube 3, 273. silvā 4, 339. alvo, im Bauche begraben 12, 17. gladium lateri, tief einstoßen 12, 482. oculos, wieder schließen 4, 146.

rĕ-cordor, ātus, sum, āri, an etwas zurückdenken, einer Sache eingedenk sein: damna 15, 774. quantum recordor 15, 436. mit acc. c. inf. 13, 705.

rectŏr, ōris, m. „Lenker, Leiter"; insbes. Steuermann 2, 186. 6, 232. 11, 422. ratis 11, 493. — 2) übrtr. Beherrscher: populorum 7, 481. 12, 364. Seriphi 5, 242; vom Neptun: rector maris 11, 207. pelagi 1, 331. 4, 798; vom Juppiter: rector deum 13, 599. superum 1, 668. Olympi 2, 60. 9, 499. pater rectorque 2, 848. 9, 245. 15, 860.

rectus, a, um, 1) „gerade gerichtet"; dah. a) horizontal, gerade: limes 7, 782. acies 2, 776. in rectum, gerade aus 2, 715. — b) vertical, aufrecht, gerade: truncus 2, 822. 7, 640. trabe rectior exstat 3, 78. — 2) bildl. recht, sittlich gut: subst. rectum, i, n. das Rechte, die Tugend 1, 90. 7, 72.

rĕ-cŭbo, āre, zurückgelehnt liegen: sub alis olorinis 6, 109.

rĕcultus, a, um, s. recolo.

rĕcumbo, cŭbŭi, ĕre, sich zurücklehnen, sich niederlegen 9, 236. sulco, niedersinken 5, 539. cervix humero recumbit, sinkt auf die Schulter 10, 195.

rĕ-curro, curri, cursum, ĕre, zurücklaufen, zurückeilen: ad vatis fata 11, 38.

rĕcursŭs, ūs, m. Rückfahrt, Rückkehr 11, 454. plur. 6, 450. 9, 594 (s. velum).

rĕcurvo, āvi, ātum, āre, zurückkrümmen: undae recurvatae, rückwärts sich schlängelnd 2, 246.

rĕcurvus, a, um, rückwärts gebogen, gekrümmt: cornu 5, 327. puppis 8, 141. 11, 464. 15, 698. fibrae 14, 632. nexus hederae 3, 664.

rĕcūso, āvi, ātum, āre (v. causa), Einwendungen gegen etwas machen, sich einer Sache weigern: supplicium 10, 484. nihil est quod victa recusem, was ich verweigern würde 6, 25. mit *inf.* sich weigern, nicht wollen 1, 385. 10, 171. 14, 486. absol. 6, 51. — 2) zurückweisen, verschmähen: alimenta 8, 837. dominum 8, 848. sua bona, verleugnen 13, 139.

red-do, dĭdi, dĭtum, ĕre, 1) zurückgeben, wiedergeben: corpus genetrici 13, 472. flumina alveo 1, 423. vires amori 9, 154. vitam 15, 534. animam 8, 505. lumina, zurückwerfen, zurückstrahlen 2, 110. verba, nachsprechen 3, 361. redde hostem, bringe wieder her 13, 78. redditur mihi, sie giebt sich mir zurück 7, 752. redditus orbis erat, war wieder hergestellt 1, 348. in aëra reddi, wieder (an die Luft) emporkommen 11, 558. Erasinus redditur, kommt wieder zum Vorschein 15, 276; insbes. a) von sich geben: onus 10, 512. fretum, ausspeien 7, 64. alqm partu, gebären 15, 379. vitam, sterben 10, 203; zu hören geben, ertönen lassen: murmura 10, 702. vocem 15, 635. sonum 8, 770. 11, 601. 12, 52. stridorem, knarren 11, 608. motum, machen 6, 308. — b) nachbilden, ähnlich machen: faciem alcui 6, 122. — 2) dagegen geben, wiedergeben, zur Vergeltung geben: titulum 13, 372. gratiam 2, 563. 5, 15. messes 5, 656. vices, Gleiches mit Gleichem vergelten 14, 36; dah. a) erwiedern: notas 11, 466. sonitum 3, 498. omina votis 14, 272. voces 2, 695. oscula 10, 256. verba 9, 29. mutua dicta, Worte austauschen 8, 717. — b) (als Befragter) berichten: crimina 7, 795. — 3) geben (demjenigen, dem etwas gehört oder zukommt): honorem alcui 13, 272. aurum 13, 553. jura, Rechtssprüche ertheilen 13, 26. 14, 823. — 4) „etwas in verändertem Zustande zurückgeben"; dah. zu etwas machen, mit doppeltem *acc.* (des Objects und Prädicates) 8, 253. 12, 187. viscera... saxea, versteinern 15, 313. obscura reddita est forma, ward verdunkelt 3, 476.

rĕd-ĕo, ĭi, ĭtum, īre, 1) zurückgehen, zurückkehren: ad alqm 11, 728. ad regna 4, 511. in silvas 4, 103. in gyrum 7, 784. domum 10, 442. sub aequora 3, 684. a flumine 1, 588. colle 1, 698. amnes in fontes redeunt 7, 200. vela reditura, zur Rückkehr bereit 7, 664. Maeandros eodem rediens, zurückfließend 9, 451; insbes. a) von der Zeit, wiederkehren: redeunt Hyacinthia 10, 219. — b) von Gestirnen, wieder aufgehen, wieder erscheinen 10, 479. 14, 423. — 2) übrtr. wiederkehren, zurückkehren: mens redit 6, 531. 9, 583. 13, 958. 14, 519. forma 3, 331. humeri 1, 741. 14, 304. sensus 3, 631. somnus 9, 480. senectus in florem 7, 216. in veram faciem 4, 231. in annos 9, 431. in juvenem, sich wieder zum Jüngling umgestalten 14, 766 ; insbes. in der Rede oder Betrachtung zu etw. zurückkehren: ad praesentia 6, 401.

rĕdĭgo, ēgi, actum, ĕre (re u. ago), „zurückbringen"; dah. bildl. a) etwas in irgend eine Beschaffenheit bringen, zu etwas machen: in membra, in Glieder ordnen 1, 33. — b) der Zahl, dem Umfange nach herunterbringen: ad numerum duorum redigi 6, 199. ad minimum onus 14, 149.

rĕdĭmīcŭlum, i, *n.* (von redimio), Schmuckkette 10, 265.

rĕdĭmĭo, ĭi, ītum, īre, umwinden, umbinden, bekränzen: sertis 9, 238. *part.* redimitus mit determinirend. *acc.*: redimitus arundine crines, das Haar mit Schilf bekränzt 9, 3. tempora mitrā, die Schläfe mit einer Kopfbinde umhüllt 14, 654.

rĕdĭmo, ēmi, emptum, ĕre (re u. emo), erkaufen: auro jus sepulcri 13, 472. — 2) „loskaufen"; dah. befreien, retten: nec te tua forma redemit 12, 393.

rĕdĭtŭs, ūs, *m.* die Rückkehr, Heimkehr 5, 542. 13, 94. *plur.* 11, 576.

rĕd-ŏlĕo, ŭi, ēre, Duft verbreiten, duften 4, 393. 8, 675; mit *abl.* nach etwas duften 15, 80.

rĕ-dūco, xi, ctum, ĕre, 1) zurückbringen, zurückführen: alqm 13, 333. de classe 13, 229. lucem 3, 150. alqm a morte, vom Tode retten 14, 187; insbes. etwas in irgend eine Beschaffenheit bringen: in formam, Gestalt geben 15, 381. — 2) zurückziehen: plantas 6, 107. remos ad pectora 11, 461. clipeum (um auszuholen) 12, 132.

rĕduncus, a, um, einwärts gebogen, gekrümmt: rostrum 12, 562.

rĕfello, felli, ĕre (fallo), zurückweisen, widerlegen: opprobria 1, 759.

rĕ-fĕrĭo, īre, „zurückschlagen"; dah. poet. zurückstrahlen: Phoebus referitur imagine speculi 4, 349.

rĕ-fĕro, tŭli, lātum, ferre, 1) zurücktragen, zurückbringen, zurückführen: alqm 8, 446. 14, 192. 742. corpus 13, 283. arma 13, 122. nullo referente, ohne daß Jemb.

ihn zurückholt 7, 684. vina, wieder wegtragen 8, 672 (f. neque). spolium, heimbringen 4, 615. 9,188. caput, zurückwenden 3, 245. lumina eodem, wieder ebendahin richten 7, 790. aura refert talaria plantis, weht zurück 10, 591; *part.* relatus, zurückgetrieben, wieder (wohin) gelangt 14, 83; inobef. a) **zurückziehen**: os in se 2, 303. pedem, zurücklehren 2, 439. zurücktreten 15, 586. se, sich zurückziehen 4, 478. 14, 52. — b) **wieder hervorbringen**: antiquas figuras 1, 437. — c) **wiederholen**: voces 12, 47. verba geminata, nachbeten 15, 681. alqm, wiederholt nennen 11, 563; im Geiste wiederholen, sich etwas zurückrufen: alqd (mente) 1, 165. 15, 27. 451.
— d) **wiedergeben, nachahmen**: rictus Cyclopum 15, 93, formam, darstellen 15, 620. vultum, wieder zeigen 13, 443. — 2) (als Fund ob. Beute) mit zurückbringen, davontragen: balteus relatus (est) 9, 188.
— 3) „dagegen bringen"; dah. a) **dagegen geben**: honorem, zum Dank erstatten 2, 286. — b) **dagegen sagen, erwiedern**: dicta mutua nostris 1, 656. dicta talia 7, 481. 14, 28. verba 3, 462. talia 6, 330. nihil 3, 392. absol. 2, 35. 3, 387. 5, 337.
— 4) (wohin) **tragen, bringen**: digitos ad frontem, legen 15, 567. *pass.* referri, wohin verschlagen werden: vento ad oras 14, 77; dah. a) **hinterbringen, melden, berichten, erzählen** 4, 43. 7, 687. 9, 5. 346. 11, 352. 13, 747. 14, 279 (f. et). 310. 15,815. alicui sic 15, 11. alqd ad aures 4, 41. mandata 6, 449. 8, 810. 14, 831. audita 7, 825. dicta 9, 581. acta 2, 562. 13,956. facta 9,394. 14,696. verba obruta 11, 193. ficta 8, 614. vera 3, 659. 7, 704. carmen 5, 335. fata 9, 328. proelia 12, 537. causam 13, 747. casus 14, 473. gaudia 7, 797. labores 9, 277. amores 4, 170. exitium 6, 383. promissa 14, 19. digna relatu 4, 793. res horrenda relatu 15, 298. foedum relatu 9, 167. subst. *part.* relata, orum, *n.* Erzählung 6, 214. — b) **anführen, erwähnen, sagen**: sacra tori 7, 710. verba 1, 700. 13, 908. 14, 28; mit *acc. c. inf.* 4, 797. 7, 302. 9, 15. 12, 540. 13, 255. 14, 223. retulit esse pronepos = se esse pronepotem 13, 141; mit abhäng. Frage 7, 734. 11, 187. alqm, anführen, nennen 3, 225. 12, 450. — (Anmerk. *perfect.* hier nur rettuli).

rēfert, tŭlit, ferre (v. res u. fero), es liegt daran, es verschlägt 13, 268. nec refert requiras, und es ist gleichviel ob 8, 635.

rĕfĭcĭo, fēci, fectum, ĕre (facio), „wieder machen"; dah. körperlich wieder herstellen: alqm 13, 172 (f. Telephus).

erquicken 7, 818. refectus, sich wieder erholt habend 7, 827.

rĕ-flecto, xi, xum, ĕre, **zurückbeugen, zurückwenden**: oculos 7,341. reflectitur ungues longos, biegt sich um in lange Krallen, d. i. bekommt lange zurückgebogene Krallen 5, 547.

rĕ-flŭo, xi, xum, ĕre, **zurückfließen**: refluitque fluitque, fließt zurück und vorwärts 8, 163.

rĕflŭus, a, um, **zurückfluthend**: mare 7, 267.

rĕ-formo, āvi, ātum, āre, umgestalten, verwandeln: reformatus ora in primos annos, im Antlitz verjüngt 9, 399. dum, quod fuit ante, reformet, bis sie ihre erste Gestalt wieder annimmt 11, 254.

rĕ-fŏvĕo, fōvi, fōtum, ēre, **wieder erwärmen**: corpus 8, 536. alqm 10,187.

rĕfrīgĕro, āvi, ātum, āre, **abkühlen**: membra undā 13, 903.

rĕ-frīgesco, frixi, ĕre, **erkalten** 12, 422.

rĕ-fringo, frēgi, fractum, ĕre (frango), **erbrechen**: portas 6, 597. vestes, zerreißen 9, 208.

rĕ-fŭgĭo, fūgi, ĕre, **zurückweichen, entfliehen** 2, 443. 9, 206. — 2) *trans.* vor etwas fliehen: ora canum 14, 62. se 1, 641. oscula 1, 556. munera porrecta, zurückweichen vor 8, 95; bildl. etwas vermeiden: venerem 10, 79. contactus (accessus) viriles 7, 239. 14, 636.

rĕfŭgus, a, um, **rückweichend**: unda 10, 42.

rĕ-fundo, fūdi, fūsum, ĕre, **zurückgießen**: aequor in aequor 11, 488. — 2) sich ergießen machen; dah. *pass.* refundi, sich ergießen: fletu super ora refuso 11, 657.

rēgālis, e, **königlich, des Königs**: armentum 2, 842. domus 1, 171. tecta 3, 204. sceptrum 5, 422.

rēgālĭtĕr, *adv.* „königlich"; dah. übtr. herrisch, gebieterisch 2, 397.

rĕ-gĕro, gessi, gestum, ĕre, **zurücktragen**: tellus regesta, (in die Grube) zurückgeworfen 11, 188.

rĕgestus, a, um, f. regero.

rēgĭa, ae, *f.* f. regius, a, um.

rĕgīmĕn, ĭnis, *n.* Steuerruder 3, 593. 11, 552.

rēgīna, ae, *f.* Königin: deorum 2, 512. Erebi 5, 543.

rĕgĭo, ōnis, *f.* Gegend, Gebiet 1, 72. 2, 203. caeli, Himmelsraum 15, 62; *plur.* 6, 459. 7, 223. 10, 306. regionibus abesse, durch weite Räume entfernt sein 12, 41.

rēgĭus, a, um, **königlich, des Königs**: tecta 13, 638. conjunx 13, 483. progenies 11, 754. virgo 7, 21. ales, der Adler

ters 4,362; subst. re-
önigspalast, Hofburg 1,
abeo). 6,177. 7,452. 8,
olis 2, 1. Ditis 4,438.
98. — b) Königshaus,
Cadmi 4,470.
.tum, āre, König sein,
14, 620. in caelo 13,
: 13, 854. Tusco pro-
übrtr. die Oberhand ha-
regnat Erinys 1, 241.
oben. ardor edendi 8,
!, 221. *part.* regnatus,
: arva (parenti = a
Buthrotos (vati = a

1) Königthum, Herrschaft,
3. 8, 10. 498. 9, 49 (s.
t. 15, 485. *plur.* 7, 38.
brtr. Herrschaft, Gewalt
3, 758. mit *gen. objecti*,
humani generis 10, 35.
alqd regni est in car-
st 14, 20. — 2) meton.
66. triplex, d. i. Him-
Unterwelt 5, 368; *plur.*
2. 9, 18. 232. 11, 284.
regna mundi triformis
Unterwelt: vastum 13,
477. 14, 590. regna ina-
noena 4, 101. luce con-
vissima mundi 14, 111.
regnis, aus dem Reiche
) Todten 10, 486.

:ctum, ēre, richten, len-
m 7, 684. quadrupedes
qui 8, 34. flamina 1, 59.
:en: mores, regeln 15,
eren, beherrschen: alqm
opulos 2, 370. urbes 4,
ima d. i. Pluto 10, 47.
9, 434. *part.* regens,
r, Gebieter 1, 207.
cio.
jectum, ĕre (jacio), zu-
sen: vestem ex hume-
2, 582. 9, 32. colubras
pectora a se, abstoßen
verwerfen, verschmähen:
5. taedas 14, 677.
s sum, labi, zurückglei-
3, 616. 10, 57. 11, 619.
, gŭi, ĕre, ermatten 6,

n, s. refero.
ātum, āre, erweitern:
:81.
ectum, ĕre, wieder zu-
am, wieder aufwickeln 8,
— 2) einen Gegenstand

sprechend od. denkend wieder durchgehen:
labores sermone, wieder besprechen 4,
570.
rĕ-lĕvo, āvi, ātum, āre, in die Höhe
heben, aufrichten: corpus e terra 9, 318.
— 2) erleichtern: membra, ausruhen
lassen 8, 639. *pass.* (dichterisch) relevari,
entbunden werden 9, 675; bildl. a) ein
Uebel mildern, mindern, ihm abhelfen: fa-
mem 11, 129. sitim 6, 354. aestus 7,
815. laborem requie, durch Rast sich von
der Beschwerde erholen 15, 16. — b) er-
quicken: alqm dolentem, aufrichten, trösten
15, 496.
rĕlictus, a, um, s. relinquo.
rēligĭo, ōnis, *f.* Gottesverehrung, hei-
liger Dienst 10, 693.
rĕ-lĭgo, āvi, ātum, āre, anbinden, be-
festigen: alqm 4, 683. pinum in litore
14, 248. classem litore 13, 439. vincula
foribus 14, 735. funis religatus ab ag-
gere („an") 14, 445. religatus tempora
foeno, die Schläfe mit Heu umwunden
14, 645. religata (Andromeda) bracchia
ad cautes, mit den Armen gefesselt an
4, 672.
rĕ-linquo, līqui, lictum, ĕre, 1) (sich
entfernend) zurücklassen, wo lassen: crinem
in tumulo 13, 428. greges sub valle 11,
277. faces 1, 494. arma 11, 34 vela-
mina 4, 101. ossa confusa 12, 251. au-
rum relictum (*sc.* in Troja) 13, 552.
arma relicta (*sc.* a corpore) 12, 144.
limus in fronde relictus, zurückgeblieben
1, 347. quod cuique relictum est, was
jeder in der Heimath zurückgelassen hat
11, 543. membra relinqui videres, man
konnte sehen, wie die Glieder hängen blei-
ben 15, 526; insbef. a) sterbend zurück-
lassen, hinterlassen: arva 3, 585. nil 3,
590. vates ficta reliquerunt, haben über-
liefert 13, 734. — b) überlassen: bella
viris 12, 476. pinum diis, anheimgeben
2, 186. alqm poenae, preisgeben 7, 41.
leto 14, 217. — 2) verlassen, von Jemd.
oder einem Gegenstande sich trennen: alqm
10, 504. 11, 704. terga equi 14, 363. ter-
ras 1, 150. tecta 4, 86. 13, 421. tritum
spatium 2, 167. litus 2, 576. orbem
15, 869. pontum 11, 258. ista (diesen Ort)
4, 336 (s. cum). verba 1, 526 (s. cum).
lora abrupta 2, 315. vultus 10, 662. vi-
tam 13, 522. lumen vitale 14, 175. san-
guis relinquit alqm (v. Erbleichenden)
3, 39. color 10, 459. vita 11, 327. pavor
10, 66. rima pedes, schwand an den Füßen
14, 303. quod fuit ante, relictum est,
liegt hinter uns 15, 184; insbef. a) einen
Ort hinter sich lassen, liegen lassen, sich
von ihm entfernen 1, 598. 3, 649. 4, 293.
668. 5, 252. 7, 357. 8, 221. 9, 646. 10,

478. 11, 772, 14, 87. multum caeli post terga relictum (est), ein weiter Raum des Himmels liegt hinter ihm 2, 187. — b) im Stiche lassen, verlassen: alqm 8, 108. 119. 11, 704. 13, 71. 14, 178. poenae relinqui, preisgegeben werden 7, 41. 14, 217. cera reliquit manum, b. i. ging zu Ende für die Hand 9, 564; bildl. aufgeben, v. etw. abstehen: vota 9, 620. temptamenta (fide = fidei) 7, 727. gravitatem sceptri 2, 847. thalamos 10, 620. — 3) sein lassen, lassen: thalamum sine teste 4, 225. aras sine ture 8, 277. sacra infecta, unvollendet lassen 6, 202. tela, unbenutzt lassen 6, 687. fortuna intentata mihi (= a me) relinquitur, ich lasse unversucht 10, 585. Delo Cretaque relictis, mit Uebergehung, Hintansetzung von 15, 541. — 4) übrig lassen, lassen: vocem 4, 589. 14, 153. plura 6, 196. unam 6, 299. cornua 10, 236. posse queri, das Vermögen zu klagen 14, 100.

rĕ-lūcĕo, luxi, ēre, einen Wiederschein geben, wiederstrahlen 11, 617.

rĕ-lūcesco, luxi, ēre, wieder zu leuchten beginnen 14, 769. flamma reluxit, flammte wieder auf 7, 77.

rĕ-luctor, ātus sum, āri, widerstreben, dagegen ankämpfen 12, 264.

rĕ-mănĕo, mansi, mansum, ēre, zurückbleiben, bleiben 3, 477. remanet nitor 1, 552. corpus 3, 493. eadem natura 4, 750. vox 5, 563. nomen 8, 255. effigies 9, 263.

rĕ-mĕo, āvi, ātum, āre, zurückkehren 11, 632 (s. per). 15, 480. 569.

rēmex, ĭgis, m. (v. remus u. ago), Ruderer 13, 367. collect. 8, 103. velo et remige, mit Segeln und Rudern 6, 445.

rēmīgĭum, i, n. Ruderwerk; übrtr. die (rudernden) Flügel 8, 228 (vergl. 5, 558).

rĕmīniscor, sci, sich erinnern: Satyri 6, 383. acta 11, 714. quantum 13, 642. hunc se reminiscitur, seiner als eines solchen 7, 293; mit acc. c. inf. 1, 256.

rēmissus, a, um, s. remitto.

rĕ-mitto, mīsi, missum, ēre, 1) zurückschicken, zurücksenden: alqm alcui 6, 501. 7, 713. dona, erwiedern 13, 702. signa nutu (= nutui), erwiedern 3, 460. verba, zurückgeben, wiederhallen (vom Echo) 3, 378. 500; insbes. zurückwerfen: telum 5, 35. 95. — 2) von sich lassen, von sich geben: quicquid vesica remisit 15, 414. nebulas, ausdünsten 1, 604. stamen de ventre, herausspinnen 6, 144. — 3) Gespanntes nachlassen, loslassen, fahren lassen: lora 2, 200. frena 2, 191. 6, 228. junctas manus 9, 314. vincla 9, 315. tunicam, herabgleiten lassen 5, 399. poet. navi frena, das Steuer überlassen 2, 185; part. remissus, als Abject. a) matt, erschlafft: digiti 4, 229. — b) bildl. ausgelassen, muthwillig: joci 3, 319. — 4) bildl. zulassen, gestatten: quod natura remittit 10, 330. res dubitare remittit 11, 376.

rĕ-mōlĭor, ītus sum, īri, zurückdrängen, wegstoßen: pondera terrae 5, 354.

rĕ-mollesco, ēre, weich werden 10, 285. schmelzen 9, 662; bildl. erweicht werden, gerührt werden: precibus 1, 378.

rĕ-mollĭo, īvi, ītum, īre, weichlich machen: artus 4, 286.

*rĕmŏrāmĕn, ĭnis, n. Verzögerung, Hemmniß; plur. 3, 567.

rĕ-mŏror, ātus sum, āri, zögernd zurückbleiben, verbleiben 4, 137. — 2) trans. zurückhalten, aufhalten, verzögern: ituros 13, 220. iter (das Gehen) 11, 233. Tartara, b. i. den Hingang in die Unterwelt, den Tod 7, 276. part. remoratus, aufgehalten, verzögert 10, 671.

rĕmōtus, a, um, s. removeo.

rĕ-mŏvĕo, mōvi, mōtum, ēre, entfernen, wegschaffen, beseitigen: alqm 6, 649. 12, 535. nil gestum est Diomede remoto, ohne den Diomedes 13, 100. molem 1, 279. monstra 5, 216. nubes 3, 274. pudorem thalami 8, 157. dapes 8, 571. fata 13, 373. formam, ablegen 6, 43. tegumen 1, 674. 12, 91. manus ex oculis (womit sie ihr die Augen zudrücken wollten) 9, 390. comas a fronte ad aures, zurückstreichen 5, 488. mensa remota, nachdem die Tafel geräumt war 13, 676. oculos arcanis, abwenden von 7, 256. manus tactu, zurückhalten von 13, 467; entziehen: alqm ab armis, denen Kriege 13, 432. se ministerio sceleris, sich zurückziehen von 3, 645. a se onus invidiamque, sich der gehässigen Last entziehen 12, 626; part. remotus, entfernt: ab aula 11, 774. caeli regione 15, 62. pars domus (= penetralia), abgelegen 6, 638. — 2) verscheuchen, vertreiben: ignes nocturnos (= stellas) 4, 81. nimbos aquilone 1, 328. soporem 6, 493.

rĕ-mūgĭo, īre, dagegenbrüllen: ad verba, durch Brüllen antworten 1, 657.

Rēmŭlus, i, m. ein König von Alba in Latium 14, 616.

rēmus, i, m. Ruder: remos ducere 1, 294. reducere ad pectora 11, 462. subducere 11, 486. obvertere 3, 676. 11, 475. dextris (laevis) remis abducor litora, durch Rudern nach der rechten (linken) Seite, nach rechts (links) rudernd 3, 598. 15, 703; übrtr. von den Flügeln der Vögel: remi alarum 5, 558 (vergl. 8, 228).

rĕ-narro, āvi, ātum, āre, wieder erzählen: facta 5, 635. priora 6, 316 (f. a).

rĕ-nascor, nātus, sum, nasci, wieder geboren werden, wieder entstehen: de patrio corpore 15, 402. Lycus alio renascitur ore, kommt wieder hervor 15, 274.

rĕ-nīdĕo, ēre, glänzen: os renidens, (vor Freude) strahlend 8, 197.

***rĕnŏvāmen**, ĭnis, *n.* Erneuerung, neue Gestaltung 8, 729.

rĕ-nŏvo, āvi, ātum, āre, erneuern: agrum (durch Pflügen) 15, 125. ager non renovatus, ohne (nach einer Brache) neu bearbeitet worden zu sein 1, 110; bildl. erneuern: proelia 5, 156. luctus 14, 465. lacrimas 11, 472. annos 9, 425. aevum 7, 177. senectus renovata, verjüngt 7, 215.

rĕ-nŭo, ŭi, ĕre, „abwinken"; daher verneinen, mißbilligen 15, 649. renuente deo, ohne Zustimmung des Gottes (Amor) 8, 325.

rĕor, rătus, sum, rēri, „rechnen"; daher glauben, meinen, dafür halten: mit *acc. c. inf.* 1, 394. 4, 675. 13, 65. 497. 14, 203 (prensurum, erg. illum me). quid rear amplius, was soll ich noch weiter muthmaßen 10, 400; *part.* **ratus**, a, um, 1) glaubend 5, 203. 4, 545 (f. dubius). 14, 230. — 2) „ausgerechnet, durch Rechnung bestimmt"; daher a) zuverlässig, untrüglich, sicher: vox 3, 341. pignora 15, 683. — b) in Erfüllung gehend, gültig 9, 703. 475 (quam = quantopere). rata sit summa verborum, werde erfüllt 14, 815. rata facere verba, den Wunsch erfüllen 4, 387.

rĕpāgŭla, ōrum, *n.* Querbalken zum Verriegeln der Thüre, Thürriegel, Barren 2, 155. 5, 120. portae 14, 783.

rĕpandus, a, um, rückwärts gekrümmt 3, 680.

rĕpārābĭlis, e, ersetzbar: damnum 1, 379.

rĕ-păro, āvi, ātum, āre, wieder herstellen, wieder erneuern: populos 1, 363. feminam (das weibliche Geschlecht) 1, 413. figuras 15, 253. se 15, 392. vom Monde: cornua 1, 11; übrtr. stärken, kräftigen: membra (corpora) labori („für") 4, 216. 11, 625.

rĕ-pello, pŭli, pulsum, ĕre, zurücktreiben, vertreiben: 2, 817. 11, 333. a carinis 13, 273. ver repellit hiemem 10, 164. — 2) zurückstoßen, zurückschlagen: alqm 10, 527. 14, 296. repagula 2, 157. aras, umstoßen 9, 164. mensas 6, 661. tellurem, zurückdrängen 15, 292. vom Boden abstoßen, sich emporschwingen 2, 786. 4, 711. tellus repulsa est, das Land wich (den Fortrudernden) zurück 6, 512.

ictus cute, abprallen lassen 3, 64. fraxinus repulsa est, prallte ab 12, 124. aera aere repulsa, Erz angeschlagen an Erz, b. i. aneinandergeschlagene Metallbecken 3, 533. — 3) bildl. a) verhindern: facinus 15, 777. — b) abweisen: preces 14, 377. temptamina 7, 735; insbes. Jemds. Liebe zurückweisen, ihn verschmähen: alqm 9, 632. 10, 82. 13, 735. 860. - (*Perfect.* hier nur reppuli).

rĕ-pendo, di, sum, ĕre, „aufwägen"; daher bildl. a) als Vergeltung geben: neu nulla gratia facto rependatur, damit einiger Dank für den Dienst (für das Schweigen) gezahlt werde 2, 694. — b) vergelten: vitam servatae, die Rettung ihres Lebens 5, 15.

rĕpens, ntis, plötzlich: seditio 12, 61.

rĕpentē, *adv.* plötzlich 4, 402. 586.

rĕpentīnus, a, um, plötzlich: tumultus 5, 5.

rĕpercussus, a, um, f. repercutio.

rĕ-percŭtĭo, cussi, cussum, ĕre, zurückprallen machen: *part.* repercussus, a, um: a) zurückgeschnellt: orbis (= discus) 10, 184. — b) zurückgestrahlt: imago 3, 434. Phoebo repercusso, durch Zurückstrahlung der Sonne 2, 110. aes clipei, abspiegelnd 4, 783.

rĕpĕrĭo, pĕri, pertum, īre, wieder finden, auffinden, erfinden: natam 5, 518 (mihi = a me). membra 6, 408. aditum sibi, sich verschaffen 14, 653. non inventa luctus lenior eras reperta (= quam reperta), als jetzt nachdem du gefunden bist 1, 654. — 2) bildl. erfinden: fistulam 1, 687. serrae usum 8, 246. - (*Perfect.* hier nur repperi).

rĕ-pĕto, īvi u. ĭi, ītum, ĕre, 1) „wieder auf etwas zugehen"; daher a) wohin zurückgehen, zurückkehren, mit *acc.* des Ortes 3, 204. 5, 464 530. 9, 147. 10, 530. 11, 711. 14, 232. patrios muros (= Tirynthem) 9, 103. carinam 3, 604. frigus et umbras, wieder aufsuchen 7, 809. corpus, sich nahen 6, 562. terra nunquam repetenda mihi, das ich nie wieder betreten soll 13, 947. — b) alqm, Jemd. von neuem (mit Bitten) angehen 9, 616. 2) „zurückholen"; daher a) etwas wiederholt vornehmen, wiederholen, erneuern: opus 3, 151. aquas, wiederholt schöpfen 4, 463. munus, wieder vornehmen 12, 578. oscula non repetenda, die er nicht wiederholen sollte 8, 212; *part.* repetitus, wiederholt, erneuert: sors 8, 171 (f. Theseus). annus 6, 439. triennia 9, 642. nomen 14, 611. mortis imago, wiederholt dargestellt 10, 726. repetitum aevum poscere, Erneuerung der Lebenszeit 9, 423; adverb., zu wiederholten Malen,

Wörterbuch zu Ovid's Metamorph. 5. Aufl. 15

wiederholentlich, immer aufs Neue: repetita sibila 15, 684. pectora 5, 473. ilia 4, 734. vellera 6, 20. robora 8, 769. vulnus 12, 287. repetita nomina tenere, zum zweiten Mal führen 14, 611. — b) mündlich wiederholen, wieder besprechen: labores 4, 570. — c) in Gedanken etwas sich wiederholen, wieder überdenken, sich etwas zurückrufen: verba secum 1, 388. faciem 6, 491. speciem quietis 9, 472. — 3) herholen: suspiria, heraufholen (aus der Brust), ausstoßen 2, 125. 13, 739; bildl. in der Rede von wo ausholen, anfangen: ordine nunc repetam 7, 520.

rĕ-plĕo, ēvi, ētum, ēre, wieder anfüllen, wieder ausfüllen (was vorher leer war): venas sanguine 7, 334. corpus sucis 7, 287. vident cratera repleri, sich wieder füllen 8, 679. — 2) anfüllen, erfüllen: cornu pomis 9, 87. litora voce 1, 338. juga querelis 3, 239. corpora carne, sich sättigen 12, 156.

rĕ-pōno, pŏsŭi, pŏsĭtum, ēre, bei Seite legen, weglegen: tela 1, 259. telas 4, 10. figuras, ablegen 12, 557. — 2) hinsetzen, hinlegen: cunas aede 15, 407. colla in plumis 10, 269.

rĕ-porto, āvi, ātum, āre, „zurückbringen"; dah. wiederholen: audita verba (vom Echo) 3, 369.

rĕ-posco, ēre, zurückverlangen, wiederfordern: praedam 13, 200. arma 13, 180. regem 14, 401. — 2) wiederfordern: amissam virtutem 13, 235.

rĕ-prendo, (= reprehendo), di, sum, ēre, (ergreifend) zurückhalten, festhalten: membra reprensa 15, 526.

rĕprensus, a, um, s. reprendo.

rĕ-primo, pressi, pressum, ēre (premo), zurückdrücken: dolor ora repressit, schloß 6, 583; bildl. unterdrücken: gemitum virtute 9, 163. iram pudore 1, 755.

rĕ-pugno, āvi, ātum, āre, Widerstand leisten, widerstreben, widerstehen 3, 376. 7, 11. 11, 239. 15, 854. dictis 2, 103. amori 10, 319. precibus 8, 73. voto 1, 489. cervix repugnat habenis, sträubt sich gegen 2, 87.

rĕpulsa, ae, f. Zurückweisung, Abweisung, Verweigerung 3, 395. 9, 581. 12, 199. 13, 967. 15, 503. veneris, verweigerte Liebe 14, 42. repulsam pati 2, 97. 3, 289.

rĕpulsus, a, um, s. repello.

rĕ-purgo, āvi, ātum, āre, wieder reinigen: caelum, wieder heiter machen 5, 286; meton. reinigend wegschaffen: quicquid fuerat mortale 14, 603.

rĕquĭēs, ētis, f. (acc. requiem 1, 541. 3, 618. 4, 629. 642. 8, 628. 12, 146. abl. requiē 13, 317. 15, 16. 214.), Ruhe, Rast,

Erholung 8, 557. 628 (s. que). Pause 3, 618. amoris, Linderung 10, 377. labori, Erquickung gegen 7, 812.

rĕ-quĭesco, ēvi, ētum, ēre, ausruhen ruhen, rasten: herbā 3, 12. humo 10, 556. terrā Sabaea 10, 480. caelum requiescit in illo, ruht auf ihm 4, 662. vitis requiescit in ulmo, stützt sich auf 14, 665; insbes. im Grabe ruhen 4, 166.

rĕ-quīro, sīvi, sītum, ēre (quaero), 1) wieder suchen, auffuchen: alqm 4, 129. 8, 232. 635 (s. refert). artus 2, 336; prägn. vermissen: multos inde (= ex illis) 7, 515. — 2) nach etwas fragen, forschen: alqm 7, 521. alqd 2, 551. 2, 692. 4, 680. 10, 388. 13, 211. requiritur heres, es wird gefragt nach 13, 154; mit abhäng. Frage 3, 9. 7, 479. 757. 15, 6. 233; si requiris mit zu ergänzendem scito 14, 508.

rēs, rĕi, f. Ding, Sache, Gegenstand, Wesen 7, 275. amor est res credula 7, 826. copia rerum, der Vorräthe, Lebensmittel 8, 792. res quas possidet orbis, alle Schätze der Welt 7, 59; gen. rerum (wie im Griech. τῶν ὄντων) zur Verstärkung des superl.: pulcherrime rerum, allerschönster 8, 49. maxima rerum 13, 508. animalia fortissima rerum („die es giebt" od. „von allen") 12, 502. sors pessima rerum 14, 489; insbes. a) Begebenheit, Ereigniß, Vorfall 2, 591. 3, 511. 6, 319. 8, 725. 9, 397. 12, 185. 498. 13, 161. quid rerum geratur, was Alles vorgeht 12, 62. tabularia rerum, der Schicksale 15, 810. — b) Lage der Dinge, Sachlage, Verhältnisse 2, 89. 9, 750. 10, 354. 11, 376. res miserae, bedrängte Lage, Unglück 6, 575. 7, 614. 15, 632. secundae, glückliche Ereignisse, Glücksfälle 3, 138. — c) Besitzthum, Eigenthum 9, 122. pars rerum mearum, meines Besitzes an Unterthanen 6, 522. — d) Handlung, That 4, 641. 649. 12, 573. rem gerere 13, 104. res domi gestae 15, 748. — e) plur. Weltall, Welt 1, 79. 2, 395. summa rerum 2, 300. Erdkreis: mersae res 1, 380. potentia rerum 2, 259. (urbs) domina rerum 15, 447. caput rerum 15, 736. quo praeside rerum 15, 758 (s. praeses). — f) Macht, Staat, Herrschaft: Latina 14, 610. Romana 14, 809. Trojana 15, 437. plur. 6, 677. 7, 509. 9, 20. 15, 433. 578. — g) die Sache selbst, der Erfolg, die That 3, 350 (s. que). 368. 4, 550. 9, 127. 13, 383. 14, 385. — h) die Sache, d. i. das Interesse, das Heil, das Beste: Danaa 13, 59. plur. 13, 265. 326.

rē-scindo, scĭdi, scissum, ēre, wieder aufreißen: luctus, erneuern 12, 543. — 2) „zerreißen"; dah. ungültig machen, wie-

der aufheben: acta deum 14, 784. jussa Jovis 2, 677.
rĕ-scisco, īvi u. ĭi, ītum, ĕre, erfahren: furtum 2, 424.
rĕ-sēco, cŭi, ctum āre, abschneiden: capillos 11, 182. radices 7, 264. partem de tergore 8, 649.
*rĕ-sēmĭno, āre, „wieder säen"; daß. wieder erzeugen: se 15, 392.
*rĕ-sĕquor, cūtus (quutus) sum, sĕqui, „nachfolgen"; daß. Semb. in der Rede nachfolgen, d. i. antworten: alqm 6, 36. 8, 863. his contra 13, 749.
rĕ-sĕro, āvi, ātum, āre, aufschließen, öffnen: fores 10, 384. valvas 4, 762. moenia 8, 61. pectus 6, 663; bildl. eröffnen: oracula mentis 15, 145.
rĕservo, āvi, ātum, āre, aufbewahren, aufsparen: quaesita 7, 657. tibi se peritura reservant Pergama 13, 168.
rĕsĕs, ĭdis (v. resideo), „sitzen bleibend"; daß. unthätig, in Unthätigkeit versunken 14, 436.
rĕsīdĕo, sēdi, sessum, ēre (sedeo), sitzen: in ara 9, 310. in tergo 10, 124. in gremio 13, 787. antro 1, 575. monte 5, 364. inter natos 6, 301.
rĕsīdo, sēdi, ĕre, sich niederlassen, sich setzen 7, 671. 13, 780. medio agmine 7, 102. glebā 14, 659. qua parte („dort") 10, 88. — 2) übrtr. sich senken: aquae residunt 9, 95. flumina, senken sich unter die Erde 15, 272; bildl. sich legen: ardor resederat 7, 76.
rĕsĭlĭo, sĭlŭi, sultum, īre (salio), zurückspringen: in lacus 6, 374. sarissa resilit, prallt ab 12, 480. übrtr. in breve spatium, sich verkürzen 3, 677.
rĕsīmus, a, um, aufwärts gebogen: nares 14, 95.
rĕ-sisto, stĭti, ĕre, stehen bleiben, still stehen 1, 503. 2, 500. 6, 327. 15, 569. 691. — 2) Widerstand leisten, widerstehen: alcui 9, 191. ventis 15, 339. malo 1, 288. pesti 9, 200. sceleri 10, 322.
rĕsŏlūtus, a, um, s. resolvo.
rĕ-solvo, solvi, sŏlūtum, ĕre, Gebundenes oder Festes auflösen: cinctas vestes 1, 382. virginem catenis, losbinden, befreien 4, 738. fila, trennen 2, 654. humum in partes, trennen 8, 587. nubes resolvantur, öffnen sich 11, 516; part. resolutus, aufgelöst: tellus 15, 245. nubes 11, 516. vis mali resoluta flammis 9, 191; insbes. a) öffnen: ora sono (dat. „zur Rede") 13, 126. fauces in haec ipsa verba, nur eben zu diesen Worten 2, 232. jugulum mucrone, durchstechen 1, 227. ferro 6, 643. — b) auflösen, vertreiben: nebulas ventis 14, 400. — c) der Spannkraft berauben, abspannen: corpus (vom Schlafe) 7, 328. resolutus quiete 9, 469. in plenos somnos 7, 253. totis resoluta medullis, aufgelöst im innersten Marke 9, 484.
*rĕsŏnābĭlis, e, wiederhallend: echo 3, 358.
rĕ-sŏno, āvi, āre, wiederhallen, ertönen: resonant aera 4, 333. spectacula plausu 10, 668. aether latratibus 3, 231. regia turba 12, 214. resonantia saxa 8, 18. resonat telorum custos, klirrt 8, 320. camini resonant, prasseln 7, 106.
*rĕsŏnus, a, um, wiederhallend: voces 3, 496.
respergo, si, sum, ĕre (spargo), besprengen: aquis 14, 604.
respicĭo, exi, ectum, ĕre (specio), nach etwas zurückblicken, sich nach etwas umsehen: ad oras 11, 547; mit acc.: litus 2, 874. ortus 2, 190. alas nati 8, 216. aras 15, 686. alqm, nach Jemb. 3, 22. 5, 224. 11, 66. 14, 129. absol. zurückblicken, sich umsehen 3, 383. 4, 339. 12, 314. — 2) hinter sich erblicken: Cephison 7, 389. tantum (sc. viae) 11, 354. — 3) bildl. berücksichtigen, beachten, an etwas denken: aliorum casus 15, 494.
*respīrāmĕn, ĭnis, n. der Athemweg, die Luftröhre 12, 142 (s. que). plur. 2, 828 (s. et).
re-spondeo, di, sum, ēre, 1) antworten: alcui 2, 742. sono 3, 387. multa 11, 448. ripae respondent flebile, geben die Trauertöne zurück 11, 53. subst. part. responsum, i, n. „Antwort"; daß. von Sehern und Orakeln: Ausspruch, Weissagung 3, 340. 527. 13, 336. — 2) entsprechen, gemäß sein: alcui 12, 618.
responsum, s. respondeo.
re-stagno, āre, übertreten, austreten (von Gewässern): mare restagnans 11, 364.
restĭti, s. resisto u. resto.
restĭtŭo, ŭi, ūtum, ĕre (statuo), in den vorigen Stand setzen, wieder herstellen: fontes 2, 407. eum restituit, gab ihm seine frühere Natur wieder 11, 135.
re-sto, stĭti, āre, „stehen bleiben"; daß. 1) Widerstand leisten, widerstreben 3, 626. 7, 411. 13, 947. — 2) übrig bleiben, übrig sein 1, 365. 4, 581. 5, 437. 6, 539. 13, 516. de viginti 3, 688. de alquo 12, 615. 15, 767. pugnae, für den Kampf 5, 208. labori 1, 728. labor restat alcui 6, 486. unus dies restabat 9, 770. forma restabat, blieb mir anzunehmen übrig 9, 80. restant pericula, sind noch zu überstehen 14, 439. quid restant Athenae, was ist von Athen noch übrig 15, 430. pars restitit illi, verblieb ihm 14, 604. restat aliquid fatis, es fehlt noch etwas zum

Untergange 13, 379. restabat aliquid fatis, das Geschick war noch nicht ganz vertündigt 2, 655 (f. Chiron). mihi Pergama restant, für mich dauern die Leiden Pergamums noch fort 13, 507. restat, es ist noch übrig, mit folg. ut 2, 471; mit *inf.*: verba (*sc.* Panis) referre 1, 700.

rĕ-sūmo, mpsi, mptum, ĕre, wiedernehmen: pennas 4, 665. tabellas 9, 525. speciem, wieder annehmen 15, 743. — 2) wieder bekommen: vires, gewinnen 9, 59. 193.

rĕsŭpīnus, a, um, 1) zurückgelehnt, zurückgebeugt 15, 520. collum 1, 730 (f. arduus). pectus 12, 138 (f. impello). os, vorwärts gebeugt 3, 452. tulerat gressus resupina, das Haupt zurückgeworfen (als Zeichen des Stolzes) 6, 275. — 2) rücklings liegend, auf dem Rücken, rücklings 2, 267. 4, 121. 5, 84. 352. 12, 239. 324. alqm resupinum fundere, rücklings niederstrecken 13, 86.

rĕ-surgo, surrexi, surrectum, ĕre, sich wieder aufrichten, sich wieder erheben 5, 349. scintilla resurgit in veteres vires 7, 81. cornua (lunae) resurgunt, gehen wieder auf 2, 453. 8, 11.

*rĕ-suscĭto, āre, wieder erregen: iram 8, 474. 14, 495.

rĕ-tardo, āvi, ātum, āre, zurückhalten, hemmen: ora instantia cuspide 3, 82.

rēte, is, *n.* Netz (nur *plur.*): retia tendere 4, 513. 7, 701. 8, 331. ducere 13, 922. in retia agitare (agere) 3, 356. 13, 933.

rĕ-tĕgo, xi, ctum, ĕre, 1) aufdecken, entblößen, öffnen: pectus 13, 459. solum retegitur hiatu 5, 357. diem, erschließen 8, 1; bildl. aufdecken, offenbaren: commenta 13, 38. responsa deum 13, 336.— 2) wegreißen, entfernen: clipeum 12, 132.

rĕ-tempto, āvi, ātum, āre, wieder versuchen, noch einmal versuchen: fila 5, 117. verba 1, 746. preces 14, 382. viam leti 11, 792. refringere 9, 208.

rĕ-tendo, di, tum, ĕre, zurückspannen, abspannen: arcus 2, 419. 3, 166.

rĕtento, f. retempto.

rĕtentus, a, um, f. retendo u. retineo.

rĕ-texo, xŭi, xtum, ĕre, Gewebtes „wieder auftrennen"; dah. a) vom abnehmenden Monde: orbem, auflösen 7, 531. — b) rückgängig machen: properata fata (Tod) 10, 31. — c) rückwärts wiederholen: retexitur idem ordo (dieselbe Reihe von Verwandlungen) 15, 249.

rĕtĭcĕo, ŭi, ĕre (taceo), stillschweigen 1, 655. alcui, nicht antworten 3, 357; *trans.* verschweigen: dedecus 11, 185.

rĕtĭnācŭlum, i, *n.* (v. retineo), Halttau zum Anbinden der Schiffe am Gestade, (nur *plur.*) 14, 547. solvere 8, 102. 11, 712. 15, 696.

rĕtĭnĕo, tĭnŭi, tentum, ēre (teneo), 1) zurückhalten, festhalten: manum 5, 127. caesariem 12, 348. dominum 3, 235. volucres 14, 340. frena 2, 192. pedes, hemmen 2, 586. cuspis pulmone retenta est, blieb haften 12, 372. stirpes retentae, festgehalten 13, 635 (vergl. 6, 335); übrtr. einhalten, zurückhalten: manum 6, 35. manus ab ore alcjus 9, 576. lacrimas 1, 647. verba 10, 474. gaudia 12, 285. rabiem 3, 566. — 2) zurückhalten, bewahren, an sich behalten: semina caeli 1, 81. virgam 1, 675. alqm 15, 649. decus 3, 548. alquid animae 6, 644. figuram humanam, beibehalten 11, 175. pignora veteris formae, an sich tragen 7, 497.

rĕtorquĕo, torsi, tortum, ēre, zurückdrehen, zurückwenden: ora 4, 716. caput in terga 3, 68. oculos, wegwenden 10, 696. ora ad os, hinwenden 11, 163.

rĕ-tracto, āvi, ātum, āre, wieder betasten: sua vota 10, 288 (f. votum). — 2) bildl. wieder vornehmen, wieder überdenken: memorata secum 7, 714. fata domus 4, 569. vota 10, 370.

rĕtrăho, xi, ctum, ĕre, zurückziehen: alqm 13, 237. se ab ictu („vor") 3, 87.

rĕtrō, *adv.* rückwärts, hinterwärts, zurück 1, 529. 4, 656. 13, 324. colla retro dare, mit dem Halse zurückweichen 3, 88. retro ire 3, 91. 9, 349. 14, 231. retro redeunt, sie kehren in den früheren Zustand zurück 15, 249.

rĕtrōversus, a, um (v. verto), rückwärts gewendet 4, 656.

rĕ-tundo, tŭdi, tūsum, ĕre, (Scharfes) stumpf machen, abstumpfen: tela retusa cadunt 12, 496.

rĕus, i, *m.* u. rĕa, ae, *f.* (v. res, „Proceß", ein Angeklagter, eine Angeklagte 15, 38. 42. rea, die Beschuldigte 7, 741. alqm reum agere, anklagen: spretarum legum 15, 36. merui esse reus, ich verdiene angeklagt zu werden 13, 314.

rĕ-vĕho, xi, ctum, ĕre, zurückbringen: tela ad Grajos 13, 402.

rĕ-vello, velli, vulsum, ĕre, losreißen, abreißen, herausreißen: herbas radice (mit der Wurzel) 7, 226. vestem 9, 168. cornu a fronte 9, 86. silvas a silvis 8, 584. ferrum ex osse 5, 39. sudem osse 12, 300. saxum e monte 12, 341. limen tellure 12, 281. pinum dumo 12, 356. axem temone 2, 316. morte ab alquo revelli, getrennt werden 4, 152.

rĕvĕrentĭa, ae, *f.* (mit Scham verbundene) Scheu 7, 609. 10, 251. — 2) Achtung, Ehrfurcht, mit *gen. objecti*: mei vor mir 9, 123. nostri 9, 428. quorum, vor welchen 2, 510. famae, Rücksicht auf 7, 146. 9, 556.

re-vertor, versus sum, verti, zurückkehren: ad alqm 6, 563. ad limen 8, 167. in domos 8, 822. sub antra 13, 777. quo 8, 113. silva (= ex silva) 5, 585. Delphis 11, 303. inde 2, 714; (im Reden) ad mandata 6, 467.

re-vincio, vinxi, vinctum, īre, (rückwärts) anbinden: alqm 5, 22. ad saxa 11, 212. zonam de poste 10, 379.

rĕvīresco, vīrŭi, ĕre, wieder grünen 2, 408; übrtr. wieder jung werden 7, 305.

rĕ-vīvisco, vixi, ĕre, wieder aufleben: flamma revixit 7, 77.

*rĕvŏcābĭlis, e, was zurückgerufen werden kann, zurückrufbar: telum 6, 264.

*rĕvŏcāmĕn, ĭnis, n. die Zurückrufung: revocamina ista, deine Versuche mich zur Umkehr zu bringen 2, 596.

rĕ-vŏco, āvi, ātum, āre, zurückrufen: alqm 1, 503. fluctus 1, 335. artus in vivum calorem, Lebenswärme in die Glieder zurückrufen 4, 248. revocata (lumina) rettuleram, ich hatte sie zurückgezogen und hingewendet, d. i. ich hatte sie von neuem hingewendet 7, 789. revocatus, obgleich zurückgerufen (vom Morde) 11, 401. — 2) bildl. a) wieder erneuern: decus 3, 548. longum aevum 7, 177. — b) zurückziehen, zurückhalten: revocari signo 10, 452. — c) widerrufen, rückgängig machen: facta 9, 618.

rĕ-vŏlo, āvi, ātum, āre, zurückfliegen: ceratis alis 9, 742. telum revolat 7, 684.

rĕ-volvo, volvi, volūtum, ĕre, zurückrollen: revoluta est, sank zurück 10, 63. — 2) bildl. pass. revolvi medial, (mit seinen Gedanken) auf etwas verfallen: quid in ista revolvor, wie verfalle ich darauf? 10, 335.

rĕ-vŏmo, ŭi, ĕre, wieder ausspeien: carinas 13, 731.

rex, rēgis, m. König: superum 1, 251. 10, 155. divum 12, 561. aquarum 10, 606. aequoreus 8, 604. umbrarum 7, 249. silentum 5, 356. in rege pater est 13, 187 (f. in).

Rhădămanthus, i, m. Sohn Juppiters und der Europa, Bruder des Minos, einer der drei Richter in der Unterwelt 9, 436. acc. Rhadamanthon 9, 440.

Rhamūsĭa, ae, f. die Göttin von Rhamnus, d. i. die in dem attischen Flecken Rhamnus in einem berühmten Heiligthume verehrte Nemesis, die Rächerin jedes frevelhaften Uebermuthes 3, 406.

Rhamnūsĭs, ĭdis, f. = Rhamnusia 14, 694.

Rhănĭs, ĭdis, f. eine Nymphe im Gefolge der Diana 3, 171.

Rhēgĭŏn, ii, n. Stadt Unteritaliens an der sicilischen Meerenge 14, 5. 48.

Rhēnus, i, m. der Rhein 2, 258.

Rhēsus, i, m. ein König der Thracier und Bundesgenosse der Trojaner, war eben erst vom Marsche nach Troja angekommen, als Diomedes und Ulysses sich um zu kundschaften in der Nacht ins feindliche Lager schlichen. Hier fanden sie den Rhesus mit seinen zwölf Gefährten in tiefem Schlafe. Diomedes tödtete die schlafenden Männer, während Ulysses die durch ihre Schönheit und Schnelligkeit ausgezeichneten weißen Rosse des Rhesus losband, auf denen beide ins Lager der Griechen zurückeilten 13, 98. 249.

Rhexēnŏr, ŏris, m. ein Gefährte des Diomedes 14, 504.

Rhŏdănus, i, m. die Rhone in Gallien 2, 258.

Rhŏdĭus, a, um, f. Rhodos.

Rhŏdŏpē, ēs, f. ein Gebirge in Thracien, nach der Mythe ursprünglich die Schwester des Hämos (6, 87), aber nebst ihm zum Berge verwandelt 2, 222. 6, 589. 10, 77. - Dav. **Rhŏdŏpēĭus**, a, um, rhodopeisch, thracisch: vates ob. heros = Orpheus 10, 11. 50.

Rhŏdŏpēĭus, a, um, f. Rhodope.

Rhŏdŏs, i, f. 1) Insel an der Westküste Kleinasiens, dem Phöbus geheiligt: acc. Rhodon 7, 365. - Dav. **Rhŏdĭus**, a, um, rhodisch: classis 12, 574. — 2) Nymphe der Insel Rhodos, Geliebte des Helios (Apollo) 4, 204.

Rhoetēus, a, um, bei Rhöteum, Stadt und Vorgebirge in Troas am Hellespont, rhöteisch: profundum 11, 197.

Rhoetus, i, m. 1) ein Krieger des Phineus 5, 38. — 2) ein Centaur 12, 271. 285. 301.

.**rictŭs**, ūs, m. der geöffnete Mund, das aufgesperrte Maul, der Rachen: von Menschen, plur. 11, 126. 15, 93; von Thieren 1, 741. 2, 481. 6, 378. 13, 568. 14, 65. plur. für sing. 1, 640. 3, 74. 674. 4, 97. 11, 59. 367.

rīdĕo, rīsi, rīsum, ēre, 1) lächeln, lachen 2, 429. 4, 516. 5, 669. 9, 316; übrtr. ein lachendes oder schönes Aussehen haben, prangen: ridet ager coloribus 15, 205. — 2) trans. über etwas lachen, verlachen: verba 3, 514. lacrimas 3, 657.

rĭgĕo, ēre, steif sein, starr sein, starren: riget junctura genuum 2, 823. cervix 8. 284. rigent 14, 503. arva 11, 145. dona rigebant, erstarrten zu Gold 11, 122. — 2) übrtr. starr emporragen, emporstarren: riget Tmolus 11, 150. summa pars scopuli 4, 527. rigent moenia 6,

573. comae 3, 100. riget arbor nuda, ſtarrt kahl empor 13, 691.

rigesco, rĭgŭi, ĕre, **hart werden, erſtarren** 2, 364. 4, 555. 9, 357. 14, 564. corpora riguerunt, wurden zu Stein 5, 209.

rĭgĭdus, a, um, **ſtarr, ſteif, hart**: saxum 4, 518. silex 9, 225. 614. 11, 45. ensis 3, 118. cornu 9, 85. rostrum 5, 673. saetae 8, 428. 13, 846. capilli, ſtruppig 13, 765. manus, ſchwielig 14, 647. — 2) übtr. **emporragend, emporſtarrend**: mons 8, 797. capilli 10, 425. — 3) bildl. **hart, ſtreng, rauh**: parens 2, 813. Mars 8, 20. Sabini 14, 797.

rĭgo, āvi, ātum, āre, **bewäſſern, benetzen**: ora fletibus 11, 419.

rĭgŏr, ōris, m. **Starrheit, Härte** 4, 746. 10, 139. rigorem ponere 1, 401. 5, 430. 10, 283; insbeſ. ſtarre Kälte: Alpinus 14, 794.

rĭgŭus, a, um, **bewäſſert**: hortus 8, 646. 10, 190. 13, 797.

rīma, ae, f. **Spalte, Ritze** 2, 260. 11, 515. 13, 891. 14, 304 (f. relinquo). 15, 301. rimam agere 2, 211. 10, 512. ducere 4, 65.

rīpa, ae, f. **Ufer eines Fluſſes** 1, 39. 42, 2, 241. 637. 7, 199. stagni 6, 373.

Rĭpheus (zweiſylbig)), ĕi, m. **ein Centaur**: acc. Ripheă 12, 352.

rīsŭs, ūs, m. **das Lachen** 2, 778.

rītĕ, adv. 1) **nach gehörigem Religionsgebrauch** 13, 633. — 2) übtr. **geziemend, wie ſich's gebührt** 7, 798. 15, 144. mit Recht 3, 264. 14, 433.

rītŭs, ūs, m. **Religionsgebrauch, Ritus**: dei (Bacchi) 5, 591. sacrifici 15, 483. magicus 10, 398. — 2) im **Allg. Gebrauch, Sitte**: humani 9, 500. gentis Sabinae 15, 5; abl. ritu mit folg. gen. **nach Art, wie** 1, 695. 6, 717. 7, 258. 9, 89. 10, 536. 15, 222.

rīvus, i, m. **Bach** 2, 456. 5, 435. 8, 334. 11, 603. lacrimarum, Strom 9, 656.

rōbīgo, ſ. rubigo.

rōbur, ōris, n. 1) **hartes Holz, Kernholz** 10, 492. 503. pectus robora fiunt 11, 82. plur. **Stämme** 1, 303. 7, 204. 12, 515. 14, 391; insbeſ. **Eichenſtamm, Eiche** 3, 92. 6, 691. 7, 204. 8, 743. 748. 753. 12, 331. plur. für sing. 3, 94. 7, 632. 8, 769. 12, 329; meton. **eichenes Holzwerk** 5, 123. 14, 549. (eichene) Keule 12, 349. — 2) **Kraft, Stärke**: expers roboris 15, 202. juventae 9, 444. robora prioris aevi 15, 229. cernimus gentes assumere robora, erſtarken 15, 421. alqd est sui roboris, hat ſeine urſprüngliche Feſtigkeit 2, 404; concret, **Streitkräfte, Kriegsmacht** 7, 510. 14, 454.

rōbustus, a, um, **aus Hartholz**, eichen: repagula 5, 120; übtr. **kräftig**: aetas 15, 207. annus 15, 206.

rōdo, si, sum, ĕre, **benagen**: saxa 13, 691.

rŏgo, āvi, ātum, āre, **fragen**: mit abhäng. Fragſatze 1, 248. 6, 329. 523. 8, 53. 9, 2. 11, 290. 683; mit an 10, 220. causam rogatus, befragt um 5, 651. — 2) **bitten**: a) alqm 5, 223. 6, 263. pro alquo 6, 301. 11, 583. insbeſ. Jemb. um Liebe anflehen: pass. ſich (um Liebe) anflehen laſſen 14, 30. roger, ſoll ich mich anflehen laſſen 3, 465. — b) alqd, etwas bittend verlangen, um etwas bitten: currus 2, 47. lympham 5, 449. veniam 6, 33. auxilium 7, 90. 502. finem erroris 14, 484. terra mihi (= a me) rogata est 3, 653. roganda fuit sc. a matre, ſie mußte erbeten werden 5, 415; ſubſt. part. rogatum, i, n. **das Erbetene**: pertulit rogata, das um was ſie ihn gebeten hatte 6, 579. — c) alqm alqd, Jemd. um etwas bitten 3, 288. 14, 787. hoc estote rogati 4, 154. — d) mit folg. ut 1, 735. 4, 154. 6, 579. 13, 951; mit ne 2, 396. 7, 249. 11, 695 (rogabam sc. propter quod); mit bloßem conjunct. 1, 386. 3, 285. 4, 31. 6, 508. 12, 176. — f) mit acc. c. inf. 14, 138.

rŏgus, i, m. **Scheiterhaufen** 2, 619. 7, 610. 13, 610. plur. für sing. 4, 166. 11, 333.

Rōma, ae, f. **Rom an der Tiber in Latium** 15, 431. - Dav. **Rōmānus**, a, um, **römiſch** 1, 201. 14, 800. 837. 15, 877. res (Staat) 14, 809. urbs = Roma 14, 849. 15, 736. dux = M. Antonius 15, 826; ſubſt. Romanus, i. m. **Römer** 15, 637. 654.

Rōmānus, a, um, ſ. Roma.

Rōmĕthĭum, ii, n. **ein Ort in Unteritalien** (wahrſcheinlich corrumpirtes Wort) 15, 705.

Rōmŭlĕus, a, um, ſ. Romulus.

Rōmŭlus, i, m. **Sohn des Mars und der Jlia od. Rhea Silvia, einer Tochter des albaniſchen Königs Numitor, gründet mit ſeinem Zwillingsbruder Rom** 14, 799. 806. 15, 561. - Dav. **Rōmŭlĕus**, a, um, romuliſch, ... des Romulus: colles 14, 845. urbs 15, 625.

rŏro, āvi, ātum, āre, **Thau entſtehen laſſen, thauen**: Aurora rorat toto in orbe 13, 622. — 2) übtr. a) **träufeln, trieſen**: rorant pennae 1, 267. multa adspergine 3, 683. rorantes comae 5, 488. ora rorantia madidā barbā 1, 339. antra (loca) rorantia fontibus 3, 177. 14, 786. — b) trans. **träufeln laſſen**: aquae roratae, geſprengt 4, 480.

rōs, rōris, *m.* Thau 4, 263; übrtr. träufelnde Flüssigkeit, Wasser 3, 164. 5, 635. 11, 57. Thränen 10, 360. lacrimarum 14, 708. — 2) ros maris (= ros marinus), Rosmarin 12, 410.
rōsa, ae, *f.* Rose 2, 113. 12, 410.
rŏsārĭum, i, *n.* Rosengarten 15, 708.
rŏsĕus, a, um, rosenfarbig: os 7, 705.
rostrum, i, *n.* (v. rodo, also „Nagewerkzeug"), Schnabel 2, 376. 5, 545. 8, 147. 11, 735. Schnauze 1, 536. 3, 249. Rüssel (des Schweines) 8, 371. 10, 713. 14, 282. 15, 113; übrtr. Schiffsschnabel 4, 706.
rŏta, ae, *f.* Rad 2, 108. 133. 317. 15, 522; meton. Wagen 2, 139. 312. 3, 150. 6, 219. vincere rotā, im Wagenrennen 1, 448.
rŏto, āvi, ātum, āre, kreisförmig herumdrehen, wirbelnd schwingen: alqm 4, 518. 9, 217. ignem circum caput 12, 296. nives rotatae, gerollt 9, 221. poli rotati, die Umdrehung des Himmels 2, 74.
rŭbĕfăcĭo, fēci, factum, ĕre, röthen: sanguine saetas 8, 383. rubefactus cruore 12, 382. 13, 394.
rŭbens, f. rubeo.
rŭbĕo, ŭi, ēre, roth sein 3, 484. 15, 193. sanguine 11, 375. litora rubebant *sc.* sanguine 12, 71; *part.* rubens, roth, geröthet: luna 4, 332. digiti 2, 375. pomum 10, 101. palla cruore 4, 232. ferrum igne 12, 277. terga Tyrio suco 6, 222.
rŭber, bra, brum, roth: flamma 11, 368.
rŭbesco, rŭbŭi, ĕre, roth werden, sich röthen 2, 116. 3, 600. 13, 581. sanguine 11, 19.
rŭbētum, i, *n.* Brombeergesträuch 1, 105.
rŭbīgo, ĭnis, *f.* „Rost" am Metall; dah. Brand, Fäulniß der Zähne 2, 776. 8, 802.
rŭbor, ōris, *m.* die Röthe 4, 268. 7, 555. 6, 47. 8, 466. 13, 888. mixtus candore 3, 491. ruborem trahere 3, 482. 10, 594; insbes. schamhaftes Erröthen, Schamröthe 1, 484. 2, 450. 4, 329.
rŭdens, ntis, *m.* Schiffseil, Tau 3, 616; *plur.* Tauwerk 11, 474. 495.
rŭdis, e, unbearbeitet, ungeformt, roh: humus 5, 646. tellus 1, 87. 429. moles 1, 7. lana 6, 19. signa, aus dem Groben geformt 1, 406. textum, grob 8, 640; bildl. a) ungebildet, roh: miles 13, 290. — b) unkundig, ungewohnt: somni, schlaflos 7, 213; insbes. unbekannt mit der Liebe 9, 720. 10, 636.
rūga, ae, *f.* Runzel, Falte (der Haut) 3, 276. 7, 291. 14, 96. 15, 232.

rūgōsus, a, um, runzelig: cortex 7, 626. palma 8, 674.
rŭīna, ae, *f.* Sturz, Einsturz 10, 812; bildl. Untergang: patriae 8, 498; von Menschen: Untergang, Tod 1, 202. 6, 268.— 2) meton. *plur.* Trümmer, Ruinen 15, 424.
rūmŏr, ōris, *m.* Gerede, Sage, (unverbürgtes) Gerücht 10, 561. 11, 667. 12, 55 (f. commentus). facti 6, 147. — 2) Urtheil der Menge, Volksstimme 3, 253.
rumpo, rūpi, ruptum, ĕre, 1) zerreißen, zerbrechen, (gewaltsam) theilen: vestes 6, 131. sinum 10, 723. viscera 12, 391, nervos 12, 567. juncturas verticis ictu 12, 289. fauces, bersten machen 7, 203. guttura pugno, würgen 3, 627; spalten: humum 5, 639. aëra ictibus 4, 124. tumulum cacumine, durchbrechen 4, 255. humus late rupta, weit klaffend 13, 442. terra rupta, geborsten 5, 406. unda, zerplatzt, geborsten 11, 569. 15, 511. ungues rupti, zerspalten 10, 490; durchbohren: aes clipei 12, 96. loricam 12, 117. pectora telo 5, 36. praecordia (guttura) ferro 6, 251. 13, 476. 15, 465. colla securi, durchhauen 12, 249. — 2) hervorschlagen, hervorbrechen lassen: fontem 2, 257 (f. Pegasus). vocem carmine, die Stimme in ein Lied ausbrechen lassen, im Liede vernehmen lassen 10, 147. — 3) bildl. vernichten: decreta 15, 780. silentia sermone, unterbrechen 1, 208. voce 1, 384. 11, 598. moras, abbrechen (f. mora) 15, 583.
rŭo, ŭi, ŭtum (*part. fut.* rŭĭtūrus), ĕre, 1) rennen, (herbei=)eilen, (einher=, heran=, herbei=)stürzen 2, 167. 204. 3, 209. 8, 343. 11, 336. turba ruit 3, 529. 7, 475. 15, 730. impetus undae 11, 530. ruunt flumina per campos 1, 285; insbes. feindlich losstürzen, losstürmen: in alqm 3, 715. utro 5, 166. mortes ruere videntur 11, 538. ruit, er stürmt 12, 134. 494. 13, 83. — 2) herabstürzen, einstürzen; atria ruunt 2, 296. saxum ruiturum, der doch wieder hinabstürzen soll 4, 460. — 3) von heftiger Leidenschaft fortgerissen werden, sich überstürzen: ruit confusura fas nefasque, sie wird von heftiger Leidenschaft gedrängt Recht und Unrecht zu verwirren (keinen Unterschied zwischen Recht und Unrecht zu machen) 6, 586. quo ruitis, wohin treibt euch die Uebereilung 9, 429. in sua fata ruere, blindlings in sein Verderben rennen 6, 51.
rūpes, is, *f.* Felsenabhang, (abschüssiger) Fels 1, 719. 4, 114. 9, 211. 14, 160. Klippe 4, 733. 13, 786.
rūrĭcŏla, ae, *c.* das Feld bebauend: Phryges 11, 91. boves 4, 479; *sub.* Bebauer des Feldes (vom Stiere) 15, 124.

— 2) das Feld bewohnend: Fauni 6, 392.
*rūrĭgĕna, ae, c. auf dem Lande geboren: subst. Landmann 7, 765.
rursŭs u. rursŭm, adv. wiederum, von Neuem 3, 684. 7, 789. 8, 672. 11, 149. 14, 437. rursus rursusque 10, 288.
rūs, rūris, n. Land, Flur (im Gegensatz zur Stadt) 1, 232. 694. 2, 688. plur. rura, Fluren, Gefilde 3, 2. 7, 463. 11, 146. 13, 720. 15, 367. — 2) Ackerland, Feld 1, 694. 14, 627. 15, 617.
rustĭcus, a, um, ländlich: fistula 8, 191. numina, des Feldes 2, 192. turba, der Landleute 6, 348; subst. rusticus, Landmann 2, 699; meton. a) einfach, schlicht: ego rustica, voll ländlicher Einfalt 5, 583. — b) bäurisch, roh: convicia 14, 522.
rŭtĭlus, a, um, röthlich, goldgelb: ortus 2, 112. ignis 4, 403. 11, 436. flamma 12, 294. cruor 5, 83. capilli 2, 319. 635. 6, 715.
Rŭtŭli, ōrum, m. die Rutuler, eine altlatinische Völkerschaft, deren Hauptstadt Ardea in Latium war 14, 455. 528. sing. Rutulus, der Rutuler, d. i. Turnus, König der Rutuler 14, 567.

S.

Săbaeus, a, um, zur Stadt Saba im glücklichen Arabien gehörig, sabäisch 10, 480.
Săbīni, ōrum, m. die Sabiner, eine altitalische Völkerschaft, Grenznachbarn der Latiner 14, 775. 797. - Dav. Săbīnus, a, um, sabinisch: corpora 14, 800. gens 14, 832. 15, 4.
săcer, cra, crum, 1) einer Gottheit geweiht, gebeiligt, heilig: quercus Jovi 7, 623. cervus nymphis 10, 109. serpens 4, 571. ludi 1, 446. aedes 14, 315. arx Minervae 8, 250. fores 15, 407. postes 7, 602. gradus 8, 713. arvum Mavortis 7, 101. tus 14, 130. — 2) überh. von Allem, was auf die Person einer Gottheit Bezug hat, ihr angehört, von ihr herrührt, göttlich, heilig: corpus 4, 449. pondus 3, 621. os 14, 21. dextra 14, 276. aether (als Aufenthalt der Götter) 1, 254. domus (als Wohnsitz einer Gottheit) 11, 618. jugales 5, 661. sortes 1, 368. 11, 412. medicamen, wunderkräftig 2, 122; von Flüssen und Quellen als Aufenthaltsort der Wassergottheiten 2, 464. 5, 469. 573; von der Gottheit selbst: sacer Tmolus 11, 163. - Dav. subst. sacrum, i, n. a) jeder den Göttern geweihte Gegenstand, Heiligthum: plur. 7, 94. heilige Geräthe 2, 713. Götterbilder Heiligthümer 1, 287. 10, 696. 13, 624. (et sacra altera patrem, „und seinen Vater, ein zweites Heiligthum") 15, 625. — b) heilige Handlung, heiliger Dienst, Feier 6, 648. plur. 3, 530. 558. 576. 581. 4, 32. 10, 436. 13, 454. 15, 679. Dianae 15, 489. Bacchi 6, 587. Bacchea 3, 691. Bacchia 3, 518. Vermählungsfeier 9, 763. sacra jugalia 7, 700. tori, Hochzeitfest 7, 709; insbes. Opferhandlung, Opferdienst, Opfer 6, 291. 12, 33. 13, 461. plur. 2, 717. 10, 228. 399. furialia, Rachopfer 8, 482. sacra facere 3, 26. 7, 244. parare 9, 136. 12, 11. deos ad sacra vocare 8, 580; bacchantischer Cultus, Bacchusfeier: plur. 2, 223. 3, 574. 6, 588. 603. 11, 68. 94; Zauberopfer, Zauberwerk 14, 80. plur. 14, 311.
săcerdōs, dōtis, c. Priester 4, 4. 7, 593. 13, 703.
săcrārĭum, i, n. Ort wo Heiligthümer aufbewahrt werden, Capelle: plur. 10, 695.
săcrātus, a, um, f. sacro.
săcrĭfĭco, āvi, ātum, āre, opfern 14, 84.
*săcrĭfĭcus, a, um, zum Opfer gehörig: securis, Opferbeil 12, 249. dies 13, 590. ritus, Opfergebräuche 15, 483.
săcrĭlĕgus, a, um, „tempelräuberisch"; dah. übrtr. gottlos, verrucht 14, 539; subst. sacrilegus, i, m. ein Gottesverächter, Ruchloser 4, 23. 8, 792. 817. sacrilega 11, 41.
săcro, āvi, ātum, āre, einer Gottheit weihen, heiligen: cornu (sacrarunt sc. Copiae) 9, 88. aram Tonanti 11, 198. agrum 10, 646. — 2) als heilig verehren 15, 864. Erigone sacrata, als Sternbild (Virgo) verehrt 10, 451. part. sacratus, geheiligt, heilig: humus 15, 55. jura, unverletzlich 10, 321.
săcrum, f. sacer.
saeculum, u. zusammengezogen saeclum, i, n. 1) als Zeitdauer eines Menschengeschlechts, Menschenalter 7, 274. vitae 3, 444. 14, 395; meton. Zeitalter 8, 97. 15, 261. — 2) als längste Lebensdauer, Jahrhundert 4, 67. 6, 208. 14, 144. 15, 446. 878; personificirt 2, 26.
saepe, adv. oft 13, 389. saepe solebat 1, 639. 8, 17. 19. 13, 417; modo... saepe 4, 311. nunc... saepe 4, 315. 9, 767. saepe... saepe... modo... modo 8, 465; compar. saepius, öfter 4, 508. 685.
saepes, f. sepes.
saevĭo, ĭi, ĭtum, ĭre, wüthen, toben, rasen 2, 400. 8, 416. rabieque fameque

saevitia 11, 369. in aves 11, 345. in pecudes 8, 296. in genus hoc 13, 504. in umbram 4, 713; mit *infin.* 1, 200 (saevit = saeviit); übrtr. hiems saevit 13, 709. ira 14, 193.

saevītia, ae, *f.* Wuth, Grausamkeit 6, 688. 3, 306. 4, 550.

saevus, a, um, wüthend, wild, grimmig, grausam: a) von Thieren: lea 4, 102. fera 4, 404. 7, 387. canis 7, 64. — b) von Menschen 1, 126. 6, 581. 7, 53. — 9, 183. 199. 12, 219. 296. 13, 798. in alquo 4, 547; furchtbar (im Kampfe): Achilles 12, 582. Hector 13, 177. — c) von sachlichen u. abstracten Gegenständen: pontus 14, 439. pelagus 14, 559. ventus 12, 8. ignis 2, 313. manus 5, 477. dextra 7, 342. dens 15, 92. bellum 6, 464. mens 2, 470. ira 1, 453. 13, 858. rabies, tobend 5, 6; furchtbar, schrecklich, grausig: bracchia 2, 82. telum 12, 381. 14, 402. bipennis 8, 766. faces 10, 350. clades 7, 561. caedes 1, 161. vulnus 7, 849. 10, 131.

sāgax, ācis, von scharfen Sinnen, spürsam: (vom Hunde) 3, 207. anser (vermittelst ihres feinen Gehörs) 11, 599; übrtr. scharfsichtig: ventura videre 5, 146; (von einem Augur) in die Zukunft blickend 8, 316.

sāgitta, ae, *f.* Pfeil 6, 258. 9, 232. 13, 51. 501; des Cupido 1, 519. 5, 367.

sāgittifer, fera, ferum, Pfeile tragend: pharetra 1, 468.

sāl, sălis, *m. u. n.* (*plur.* sales), Salz 15, 286.

Sălāmīs, mīnis, *f.* Stadt auf der Insel Cypern, von Teucer, dem Sohne des Telamon, erbaut 14, 760.

Sălentīnus, a, um, *f.* Sallentinus. **sălictum**, i, *n.* (v. salix), Weidengebüsch, Weidicht: *plur.* 5, 590. 11, 363.

sălignus, a, um (v. salix), vom Weidenbaum, aus Weidenholz, weiden: lectus spondā (*sc.* saligna) pedibusque salignis (*abl. qualit.*) 8, 656. frons, Weidenlaub 9, 99.

sălĭo, ŭi, saltum, īre, springen, hüpfen 6, 381. pisces salientes (zappelnd) 3, 587. cauda colubrae salit 6, 559. venae saliunt, schlagen, pulsiren 10, 289. grando saliens 14, 543. pectora salientia, schlagend, pochend 8, 607. viscera (Herz) 6, 390.

sălix, ĭcis, *f.* Weide 13, 800. lenta 8, 336. curva 5, 594. amnicola 10, 96.

Sallentīnus, a, um, sallentinisch (v. calabrischen Volke der Sallentiner in Unteritalien) 15, 51.

Salmācīs, ĭdis, *f.* Quelle in Carien bei Halicarnassus 4, 286. 15, 319; die Nymphe derselben 4, 337. 347. *voc.* Salmaci 4, 306.

saltātŭs, ūs, *m.* das Tanzen, der Tanz: *plur.* 14, 637.

saltem, *adv.* wenigstens, zum wenigsten (als Gegensatz zu etwas weniger Ausführbarem) 2, 126. 390. 4, 334. 9, 281. 730. nunc saltem 11, 705.

1. **saltŭs**, ūs, *m.* (*v.* salio), Sprung 3, 42. 15, 377. saltum (saltus) dare, Sprung machen, springen 2, 165. 3, 599. 683. 4, 552. 11, 524. saltum facere 2, 314.

2. **saltŭs**, ūs, *m.* (verwandt mit ἄλσος), Waldgebirge, waldiges Bergthal (bes. als Weideplatz) 2, 498. 5, 578. Waldtrift 2, 689. 9, 47. 13, 872.

sălŭs, ūtis, *f.* Wohlfahrt, Wohl, Heil 3, 648. 6, 477. Rettung 1, 534. 7, 164. 564. 15, 438. fuga salutem quaerere 14, 236. — 2) insbes. das Jemd. (mündlich ob. schriftlich) gewünschte Wohlergehen, der Gruß: salutem afferre alcui, Jemd. begrüßen 6, 624. salutem alcui mittere, den Wunsch des Wohlergehens zusenden 9, 531. dicta acceptaque salute, nach Gruß und Gegengruß, nach gegenseitiger Begrüßung 14, 11. 271.

sălūtifer, fera, ferum, Heil bringend, Rettung bringend 2, 642. 15, 632. 744.

sălūto, āvi, ātum, āre, grüßen, begrüßen: alqm 4, 736. 6, 508. regem (mich als König) 7, 651. montes 3, 25. vox salutantum, die Stimme Grüßender (weil das Gekrächz der Elstern ähnlich klingt wie das griechische χαῖρε, „sei gegrüßt") 5, 295; insbes. zum Abschiede begrüßen, Abschied nehmend grüßen: domus 15, 687.

salvē (*imperat. v.* salveo), sei gegrüßt! Heil dir! 2, 428. 12, 530. 15, 581.

salvus, a, um, wohlbehalten, unverletzt: salva pietate, ohne Verletzung der Pflicht der Barmherzigkeit 15, 109.

Sămĭus, a, um, *f.* Samos.

Sămŏs, i, *f.* Insel an der Küste Joniens, Ephesus gegenüber, Geburtsland des Pythagoras, Hauptsitz des Cultus der Juno 8, 221. *acc.* Samon 15, 61. — Dav. **Samĭus**, a, um, samisch, subst. der Samier d. i. der Philosoph Pythagoras aus Samos (580—504 v. Chr.), welcher zu Croton in Unteritalien lehrte 15, 60. — 2) Insel des ionischen Meeres an der Westküste von Griechenland (gewöhnlich Same, später Cephalonia genannt): *acc.* Samon 13, 711.

sānābilis, e, heilbar: amor 1, 523.

sanctus, a, um, heilig, göttlich: dea 1, 372. deum genetrix 14, 536. Bubastis 9, 691. mons (Berggott) 11, 172. lucus 15, 793. ara 3, 733. flamma 6, 164. — 2) von Menschen, erhaben, edel 1, 76. con-

junx (= Livia, Mutter des Tiberius) 15, 836.

sanguĭnĕus, a, um, aus Blut bestehend, blutig: guttae, Blutstropfen 2, 360. 14, 408. — 2) blutbefleckt, blutig: manus 1, 143. lingua 3, 57. pectus 3, 125. — 3) mit Blutvergießen verbunden, blutig: caedes 13, 85.

sanguis, ĭnis, *m.* Blut (als Lebenssaft in den Adern) 2, 824. 5, 436. oris 10, 241. dapes cum sanguine, blutig 15, 87. corpus sine sanguine, blutlos 11, 736. color est sine sanguine 6, 304. letum sine sanguine, ohne Wunden 8, 518. sedit sine sanguine, erblaßt 7, 136. — 2) meton. a) Blutvergießen, Tödtung, Mord 1, 235. plebis 12, 602. Caesareus 1, 201. fraternus 11, 268. 13, 149 (s. Phocus). Cretaei sanguine tauri („wegen Erlegung") 7, 434. exiguo sanguine 12, 70. multo sanguine, unter vielem Blutvergießen 13, 256. Opferung, Opfertod 8, 265. 12, 28. 151. sanguine = morte filii 8, 476. — b) Geschlecht, Abkunft, Blut 9, 326 (s. alienus). 14, 698. maternus 2, 368. auctor sanguinis 12, 558. 13, 142. ordo sanguinis (Geschlechtsfolge) 13, 152. a sanguine Teucri principium ducere 13, 705. te de sanguine nostro fecit avum 14, 588. sanguine genitus 2, 90. cretus 5, 85. 13, 31. de sanguine Iuli natus, d. i. Augustus 15, 447. Blutsverwandtschaft 9, 466 (sanguinis = fratris et sororis). 13, 152. sanguine junctus, blutsverwandt 9, 498; concret: Abkömmling, Kind 5, 515. 13, 192. (sanguis mit langer Endsylbe 10, 459. 12, 127.)

sanĭēs, ēi, *f.* verdorbenes Blut 7, 338; übrtr. Geifer 4, 494.

sāno, āvi, ātum, āre, heilen: vulnera 14, 23. carmine et herbis 10, 397.

sānus, a, um, „gesund"; bildl. bei gesundem Verstande, vernünftig: sanior 7, 18. 9, 542. mens, gesunder Geist 8, 35. male sanus, nicht recht bei Sinnen, verblendet, rasend 3, 474. 4, 521. 9, 600; subst. sanus, i, *m.* ein Verständiger 7, 737.

săpĭens, ntis (*part. v.* sapio), verständig, weise: puella 10, 622. consilium 13, 433. subst. der Verständige 13, 354.

săpĭentĕr, *adv.* verständig, klug, weise 13, 377. *compar.* sapientius 2, 102.

săpĭo, ĭi, ĕre, „das Vermögen haben zu schmecken"; dah. bildl. Einsicht haben, verständig sein 14, 675.

sarcĭna, ae, *f.* „Bürde"; übrtr. Leibesbürde, Leibesfrucht 6, 224.

sarcŭlum, i, *n.* (kleine) Hacke, Gathacke 11, 36.

Sardes, ĭum, *f.* Hauptstadt Lydiens in Kleinasien, am Flusse Pactolus 11, 137. 152.

sărissa, ae, *f.* die lange macedonische Lanze 12, 466. 479.

Sarpēdōn, ŏnis, *m.* Sohn Juppiters und der Europa, Fürst der Lycier, Bundesgenosse der Trojaner, wird vom Patroclus getödtet 13, 255.

sat, s. satis.

sătellĕs, lĭtis, *m.* Trabant; collectiv, Gefolge 14, 354.

sătĭo, āvi, ātum, āre (v. satis), 1) sättigen: canes satiatae sanguine 3, 140. ignis satiatur odoribus 4, 759. fretum aquis 8, 836. famem caede boum, stillen 11, 371; bildl. sättigen, befriedigen: cor 6, 282. 9, 178. pectora luctu 6, 281. iram 3, 252. — 2) übersättigen: satiatus caedis, satt, überdrüssig des Mordes 7, 808.

sătĭs, abgekürzt săt (8, 24), hinreichend, hinlänglich, genügend: 1) als Adject.: quod satis esse populo potest 8, 833. poena satis est 11, 211. vulnus satis erat ad fata 6, 642. fortunam dies satis habuit 3, 149; satis est mit *inf.*, es genügt 1, 500. 8, 24. 14, 420. 590. mit *acc. c. inf.* 3, 283. 6, 502. 13, 319. mit *folg.* quod („daß") 5, 22. 15, 127. non satis est, nicht genug! 2, 358. 6, 363. idque satis fuerat, das hätte genug sein sollen = weiter hätte man nicht gehen sollen 15, 108. satis habere, sich begnügen 15, 4. — 2) als Subst. mit *gen.:* satis consilii 6, 40. satisque superque sacri, genug und übergenug des Opfers 6, 201. — 3) als Adverb. 5, 362. 10, 11. 145. satis gratus 14, 171. tutus 1, 196. aequus 11, 344. satisque ac super 4, 429.

sătum, i, *n.* s. sero.

sătŭr, ŭra, ŭrum, satt, gesättigt: capellae 15, 472. suco ambrosiae 2, 120.

Sāturnĭus, a, um, s. Saturnus.

Sāturnus, i, *m.* ursprünglich ein altitalischer Gott, später aber mit dem griechischen Kronos, dem Sohne des Uranos und der Gäa, identificirt und als solcher Vater des Juppiter, Neptunus, Pluto, der Juno, Ceres und Vesta. Er herrschte im goldenen Zeitalter über die Welt, wurde aber von seinen Kindern gestürzt und in den Tartarus gestoßen 1, 113. 6, 126. 9, 498. 15, 858. - Dav. **Sāturnĭus,** a, um, saturnisch: Juppiter 9, 242. Juno 4, 448. pater = Juppiter 1, 163. proles 14, 320; subst. Saturnius, i, *m.* Sohn des Saturnus, d. i. Juppiter 8, 703. Pluto 5, 420. Saturnia, ae, *f.* Tochter des Saturnus, d. i. Juno 1, 612. 722. 2, 435. 531. 3, 271. 333. 5, 330. 9, 176. 14, 782.

sătŭro, āvi, ātum, āre (v. satur), sättigen: leones caede saturati 10, 541. palla murice Tyrio saturata, reichlich gefärbt 11, 166.

sătus, a, um, f. sero.

Sătўri, ōrum, m. die Satyre, die beständigen Begleiter des Bacchus, später aber in der Vorstellung der Dichter den Faunen nahegerückt und als rohe Waldgötter mit Geißschwanz, Bockfüßen und spitzigen Ohren dargestellt 1,193. 692. 4, 25. 6,393. 11,89. 14,637; *sing.* 6,110. 383 (f. Marsyas).

saucĭus, a, um, verwundet, verletzt 2,361. vulneribus 12,206. morsu 11, 373. armo, am Bug 12,302. trabs saucia securi 10,373. tellus vomeribus 1, 102. glacies sole 2,808.

saxĕus, a, um, von Stein, felsig, steinern: scopulus 14,73. moles 12,283. illa saxea facta, zu Stein geworden 4, 557. stupuit ceu saxea, wie ein Steinbild 5,509. saxeum reddere alqd, versteinern 15,313.

saxĭfĭcus, a, um, in Stein verwandelnd, versteinernd: vultus Medusae 5, 217.

saxum, i, n. Felsblock, Fels 3,226. 4, 544. 6,76. 7,378. 11,340. 14,47. 15, 704. — 2) Steinblock, Stein 1,400. 11, 110. 13,567. 714. 14,184. parvum 12, 481; Grabstein 2,326. 8,539. — 3) steinerne Masse, Stein 2,830. 4,278. 752. 6, 309. 10, 67. saxo induruit 5, 233. saxa columnae 5, 160.

scăber, bra, brum, rauh, schäbig: fauces rubigine 8,802.

scālae, ārum, f. Leiter 14,650.

scĕlĕrātus, a, um, durch Frevel befleckt, entweiht: limina Thracum 13,628. sedes Scelerata, der Ort der Verdammniß in der Unterwelt (f. Orcus) 4, 456. — 2) frevelhaft, verrucht 1,127. pius et sceleratus eodem facto 3, 5. 9,408. sanguis 5, 293. viscera 4, 931. arma 5, 102. ensis 15, 776. munera 8, 94. amor habendi 1, 131; subst. Frevler 5, 37. 8, 497. 754.

scĕlĕtus, i, m. ausgetrockneter Körper, Skelet 10, 225.

scĕlŭs, ĕris, n. Frevel, Frevelthat, Verbrechen 3, 645. 6, 635. scelus facere 7, 340. frevelhaftes Wort 7, 172.

sceptrum, i, n. Herrscherstab, Scepter 1,178. 5,422. 7,103. *plur.* für *sing.* 1, 596. 3,265. 11,560; meton. Regierung, Herrschaft 2,847. 13,192. 14,570. 612. 15,585. sceptra loci 6,677. sceptrum tradere alcui 14, 619.

Schoenēĭus, a, um, schöneïsch: virgo, des böotischen Königs Schöneus Tochter Atalante 10, 660; subst. Schoeneïa, ae, f. = Atalante 10, 609.

scīlĭcĕt (zusammenges. aus sci-licet) *adv.* 1) natürlich, freilich, offenbar (zur Bestätigung dessen, was von selbst einleuchtend ist) 2, 90. 3,135. 6,434. 7, 792. scilicet plus est? fürwahr ist es denn mehr? 15, 752. sed scilicet, aber freilich 3, 135. 13,920; mit Bitterkeit und Ironie: freilich, nun ja 2, 471. 3, 647. 5, 22. 13, 288. 15, 91. scilicet vellem, ich würde ja doch wohl wollen 13, 460. — 2) nämlich 4, 341. 9, 346.

scindo, scĭdi, scissum, ĕre, (schlitzend) zerreißen, zertheilen, spalten: vestem 7, 848. 9,166. sinus 10,386. crinem 11, 683. nebulas 2,159. freta ictu, durchschneiden 11, 463. scinditur amnis, theilt sich 15, 739. fistula, berstet 4, 123. matres scissae capillos, mit zerrauftem Haar 8, 526. scissae cum veste capillos, sich Kleid und Haar zerreißend 4, 546.

scintilla, ae, f. Funke 7, 80.

scĭo, scīvi (ii), scītum, īre, Kenntniß von etwas haben, wissen: futura 3, 338; mit *acc. c. inf.* 2, 392. 13, 68. 15,142. scires, man konnte wahrnehmen 1,162. 6, 23; mit abhäng. Frage 2,170. 5, 520. — 2) erfahren: alqd 2, 615. 5, 472. 10, 413. 13, 672.

Scīrōn, ōnis, m. ein von Theseus getödteter Räuber auf der Küste von Megaris 7, 444.

scissus, a, um, f. scindo.

scītărĭer, f. scitor.

scītor, ātus, sum, āri, (*v. intens.* von scio), etwas wissen wollen, sich nach etwas erkundigen, wornach fragen: causam 2, 511. 741. omnia 2, 548. digna relatu 4, 793. de conjuge 10, 564. ab aliquo (alqd) 1,775. 10, 357. (*inf.* scitarier 2,741).

scītus, a, um (eig. *part.* v. scisco), erfahren, kundig: vadorum 9, 108.

scŏpŭlus, i, m. (weite Aussicht gewährende) Bergspitze, Felsen, Klippe 3, 226. 4,525. 5, 26. 9, 226. 14, 88. Mavortis (f. Mavors) 6, 70; als Sinnbild des Gefährlichen: auferor in scopulos 9, 593. der Gefühllosigkeit 13, 801. ferrum et scopulos in corde gestare 7, 33.

scorpĭus und **scorpĭŏs**, i, m. der Scorpion 15, 371; Sternbild des Scorpion am südlichen Himmel, welches zwischen dem Schützen u. der Jungfrau zwei Zwölftel des Thierkreises einnahm und dessen Scheeren später den Namen der "Wage" erhielten 2,196. *acc.* Scorpion 2, 83.

scrībo, psi, ptum, ĕre, schreiben: scripta fuerat soror d. i. das Wort "Schwester" 9, 528. subst. *part.* scriptum, i. n. Schrift: scripto imitari, in Schriftzeichen 10, 206.

scriptum, i, n. f. scribo.

scrŏbis, is, *m.* (u. *f.*) Grube 7, 243. *plur.* 11, 189.

scrūtor, ātus, sum, āri, erforschen: mentes deûm 15, 137.

sculpo, psi, ptum, ĕre, meißeln, schnitzeln: ebur 10, 248.

Scȳlăcēus, a, um, zu Scylaceum, einer griechischen Colonie in Unteritalien, gehörig, scylaceïsch: litora 15, 702.

Scylla, ae, *f.* 1) Tochter des Nisus, Königs in Megara, verrieth ihre Vaterstadt bei einer Belagerung an den König Minos von Creta dadurch, daß sie ein purpurnes Haar, welches ihr Vater auf seinem Kopfe trug, und an welches das Schicksal seiner Regierung geknüpft war, loeschnitt und dem Feinde überlieferte 8, 91. 104. — 2) eine durch ihre Brandung gefährliche Meerklippe zwischen Italien und Sicilien, der Charybdis gegenüber, nach der Mythe eine Nymphe, welche von der auf sie eifersüchtigen Circe in ein Meerungeheuer verwandelt worden war, an dessen Leibe sechs scheußliche Hunde hervorragen, durch die sie aus den vorbeisegelnden Schiffen Menschen raubt u. verschlingt 7, 65. 13, 730. 900. 14, 18. 39. 52. 70.

Scȳros, i, *f.* cycladische Insel des ägäischen Meeres, Euböa gegenüber, Sitz des Königs Lycomedes, bei welchem in Frauenkleider versteckt Achilles vor seiner Abholung nach Troja gelebt, und dessen Tochter Deidamia ihm den Pyrrhus (Neoptolemos) geboren hatte: *acc.*: Scyron 13, 156. 175.

Scȳthĭa, ae, *f.* Scythien, das Land der Scythen, umfaßte alle unbekannten nördlichen Länder in Europa und Asien von der Weichsel bis zum kaspischen Meere 1, 64. 2, 224. 8, 788. 797. - *Dav.* 1) **Scȳthĭcus**, a, um, scythisch 5, 649. 7, 407. 10, 588. 15, 285. Diana 14, 331 (s. Oresteus). — 2) **Scȳthĭs**, ĭdis, *f.* eine Scythin 15, 360.

Scȳthĭcus, a, um, s. Scythia.

Scȳthĭs, s. Scythia.

sē-cēdo, cessi, cessum, ĕre, abseits gehen 11, 185; weggehen, sich entfernen 6, 490. de coetu 2, 465. a corpore, sich trennen 3, 467.

sē-cerno, crēvi, crētum, ĕre, absondern, trennen: flores calathis 14, 267. caelum ab aëre 1, 23. stamen secernit arundo, hält auseinander 6, 55. - *Dav. part.* **secrētus**, als Adject., a) von Localitäten, abgeschieden, entlegen, einsam: montes 11, 765. silva 7, 75. litora 12, 196. pars domus 2, 737. *subst.* secretum, *i, n.* abgesonderter Ort: in secreta venire 13, 555. secreta nemorum, Einsamkeit der Wälder 1, 594. — b) bildl. geheim: artes 7, 138. secreta loqui (cum alquo), im Geheim mit Jemd. sprechen 4, 224. 9, 559. *subst.* secretum, i, *n.* Geheimniß 2, 556. 749.

sēcĭus, s. secus.

sĕco, cŭi, ctum, āre, schneiden, abschneiden: herbas 13, 930. partem de tergore 8, 650. capillos 3, 506; übtr. a) ritzen, verwunden: crura 1, 509. cortex sectus 9, 659. — b) theilen, scheiden, abgrenzen: congeriem 1, 33. caelum 1, 46. limes sectus est in obliquum, schneidet schräg hindurch 2, 130. — c) in der Bewegung durchschneiden, durchfurchen: fretum puppe 7, 1. 11, 479 (s. amplius). undae vada secantes, durchziehend 1, 370.

sēcrētus, a, um, s. secerno.

sectus, a, um, s. seco.

sĕcundus, a, um, (von sequor, „folgend"), 1) der nächste, zweite 1, 659. 10, 671. mensae, Nachtisch 8, 673. 9, 92; bildl. vom Werthe, geringer: tela secunda, zweiten Grades 3, 307. secundum· esse alcui, Jemd. nachstehen 13, 360. — 2) vom Wind und Wasser, „den Schiffenden folgend", d. i. begünstigend, günstig: flatus 13, 418. 14, 226. aestus 13, 630. 728; bildl. günstig, glücklich: clamor, Beifallsgeschrei 8, 420. tonitrus, Glück verkündend 7, 619. res, glückliche Umstände, Glück 3, 138.

*****sĕcūrĭfer**, ĕri, eine Streitaxt tragend 12, 460.

sĕcūris, is, *f.* (v. seco), Axt, Streitaxt: *acc.* securim 8, 397. *abl.* securi 3, 28. 8, 741. 754. 10, 372. 12, 249. 15, 126.

sēcūrus, a, um (v. se=sine u. cura), sorglos, furchtlos, ruhig 1, 100. 11, 423. artus 9, 240. gaudia 7, 455. beruhigt 7, 862. 9, 785. natā receptā 5, 572; mit *gen.* unbesorgt um etwas, ohne Furcht vor etwas: futuri 6, 137. suis (von sus) 7, 435. repulsae 12, 199; *object.* a) keine Furcht erregend: summa malorum secura (est), läßt unbesorgt 14, 490. — b) gefahrlos, sicher: aether 1, 151.

sēcŭs, (*comp.* sēcĭus), *adv.* anders, nicht so: non (haud) secus quam (zur Einführung einer Vergleichung), nicht anders als, ganz so wie 2, 727. 6, 455. 12, 102. 480. non (haud) secus ac 8, 162. 9, 40. 15, 180. *comp.* secius. anders: non secius sagittā, nicht langsamer als 10, 588. haud secius quam, nicht anders als 11, 534.

sĕd, *conj.* 1) um ein negatives Glied aufzuheben, sondern 5, 29. 9, 20. 11, 271. non tantum ... sed 1, 138. — 2) um ein affirmativ. Glied zu beschränken oder

zu berichtigen, aber, allein, doch 1, 240.
405. quidem ... sed 2, 823. 855. 3,
247. 5, 55. sed tamen 2, 290. 3, 395. 5,
234. 7, 730. 11, 688. 13, 278. 896. 15,
500; zuweilen wo ein negativer Conditionalsatz (mit nisi) erwartet wird 4, 61.
8, 366; sed enim, f. enim. — 3) bei
Einwürfen, aber 5, 333. 7, 43. 8, 46. 9,
508. 10, 629. — Anmerk. sed nachdrucksvoll wiederholt 1, 595. 5, 17. 507. 6, 612.
7, 718; postpositiv 3, 724. 5, 350. 6, 701.
7, 559. 8, 661. 9, 508. 11, 148. 12, 447.
14, 476.

sĕdĕo, sēdi, sessum, ēre, sitzen: in
solio 2, 23. in concilio 10, 144. solio 6,
650. sedibus 6, 73. recessu 1, 177. 14,
261. delphine 11, 237. humo 4, 261. ante
fores 4, 453. sedendo, beim Sitzen 2,
820; übtr. pallor in ore sedet 2, 775.
fronte sedent nebulae, lagern 1, 267;
inŏbes. müßig sitzen 10, 44. — 2) festsitzen:
sedet Ortygie 15, 337; dah. v. Waffen
und Hieben, tief eindringen, haften: in
pectore sedit hasta 15, 162. arcebat
plagam sedere, daß der Stoß sitze 3, 88.
sederunt ossa in cerebro, blieben stecken
12, 289.

sēdēs, is, f. Sitz 6, 72; inŏbes. a)
Wohnsitz, Behausung, Aufenthaltsort 1,
574. 15, 148 (f. et). caelestis 4, 447. inferna 3, 504. tenebrosa 5, 359. scelerata
4, 456. senatus = curia 15, 843; plur.
1, 218. 15, 35. 738. aethereae (= caelum)
2, 513. 5, 348. 15, 449. 839. infernae 4,
433. Stygiae 14, 155. silentum 15, 772.
patriae, Vaterland 15, 22; poet. vom
Körper als dem Wohnsitze der Seele 11,
788. 15, 159. — b) Stelle, Stätte 2, 846.
3, 539. 4, 73. 11, 555. sedes Erycis =
Sicilia 14, 83. sedes Lavini 15, 728. solidis sedibus, auf festem Boden 2, 147.

sēdi, f. sedeo u. sido.

sēdīle, is, n. Sessel, Sitz 5, 317. 8, 639.

sēdītīo, ōnis, f. Zwietracht, Aufruhr
9, 427. (als Person) 12, 61.

sēdo, āvi, ātum, āre, „zum Sitzen
bringen"; dah. bildl. beruhigen, stillen:
ventos 15, 349. sitim 3, 415. jejunia
carne 15, 83.

sē-dūco, xi, ctum, ĕre, bei Seite führen: alqm 2, 691. vina, bei Seite stellen
8, 673. part. seductus, als Adject., entfernt, entlegen: terra 4, 623. recessus
13, 902. — 2) absondern, trennen: castra,
sich in zwei Heere trennen 13, 611. seductus ab agmine, abgekommen 3, 379.
tellus seducta ab aethere, geschieden
1, 80.

sēdŭlĭtās, ātis, f. Emsigkeit, Diensteifer 10, 409.

sēdŭlus, a, um, emsig, geschäftig, diensteifrig 8, 640. 10, 438. apis 13, 928.

sĕgĕs, ĕtis, f. (aufwachsende) Saat 1,
137. 5, 482. 8, 290; poet. von Menschen,
die aus der Erde aufgewachsen sind 3,
110. 7, 30 (hostibus suae segetis, seiner
eigenen Saat, die er selbst gesäet hat).—
2) meton. Getreide 13, 653.

sĕgnis, e, säumig, langsam, lässig, träge
3, 246. 7, 770. mora 3, 563. acta, lässiges Treiben, Trägheit 12, 500 (sumus
quod ille fuit, nämlich Weiber).

sēlĭgo, ēgi, ectum, ĕre (lego), auslesen, auswählen: alqm sibi socium 14.
678.

sēmănĭmis, e, f. semianimis, e.

sĕmĕl, einmal, ein einzig Mal 2, 645.
8, 729. 14, 591. 844. non semel, mehr
als einmal 1, 692. quantum ire potest
sagitta semel missa, durch einmaligen
Schuß 8, 695; — 2) das tonlose „einmal" 5, 155. si semel 13, 101. ut semel,
sobald als 6, 511. quum semel, sobald
als 11, 433.

Sĕmĕlē, ēs, f. Tochter des Cadmus,
Mutter des Bacchus, wird von der eifersüchtigen Juno in Gestalt ihrer Amme
beredet, den Jupiter zu bitten, daß er
ihr in der Gestalt erscheine, in welcher er
die Königin des Himmels umarmt. Jupiter erscheint ihr nun als Donnergott,
und der Körper der Sterblichen zerfällt
in Asche (f. Bacchus) 3, 261. - Dav. **Sĕmĕlēĭus**, a, um, semeleisch: proles, d. i.
Bacchus 3, 520. 5, 329. 9, 641.

Sĕmĕlēĭus, a, um, f. Semele.

sēmĕn, ĭnis, n. Samen 1, 108. Dodonaeum 7, 623. plur. 4, 573. 5, 485. 646.
mortalia, Menschensaat 3, 105. divinum
1, 78. mortali semine cretus 15, 760.
genitus de semine Jovis 1, 748. semina
generantia ranas 15, 375. semen venae
11, 144. flammae, Stoff, Zunder 15, 347.
semina rerum, Zeugungsstoffe, Grundstoffe 1, 9. 419. — 2) metonym. Sprößling, Kind: plur. 2, 629. 10, 470.

sēmēsus, a, um, (semi u. edo), halbverzehrt: serpentes 2, 771. viscera 6,
664.

sēmĭănĭmis, e, (bei Ovid viersylbig
gemessen = semjanimis), halblebend, halbtodt 5, 105. 7, 577. 845. 14, 209.

*sēmĭ-căper, pri, m. Halbbock: Pan
14, 515.

*sēmĭcrĕmus, a, um, halbverbrannt:
stipes 12, 287.

sēmĭdĕus, i, m. Halbgott 1, 192. 14,
673.

sēmĭfer, ĕri (semi u. ferus), Halbthier
2, 633. 12, 406.

sēmĭhŏmo, ĭnis, m. Halbmensch 12,

536 (semihomines vierſylb. ʒu meſſen = semjhomines).

*sēmĭlăcer, ĕra, ĕrum, halbʒerriſſen, halbʒerfleiſcht 7, 344.

sēmĭmās, āris, *m.* Halbmann, Zwitter 4, 381. 12, 506.

sēmĭnex, ĕcis (*nom.* ungebräuchlich), halbtodt: artus, halb erkaltet 1, 228.

Sĕmīrămīs, ĭdis, *f.* Königin von Aſſyrien, Gemahlin u. Nachfolgerin des Ninus, Erbauerin der Mauern von Babylon 4, 58. - Dav. Sĕmīrămĭus, a, um, ſemiramiſch, ... der Semiramis 5, 85.

Sĕmīrămĭus, a, um, ſ. Semiramis.

sēmĭvĭr, ī, *m.* Halbmann, Zwitter 4, 386.

sempĕr, *adv.* immer, jederʒeit 1, 565. 4, 161.

sĕnātŭs, ūs, *m.* Rath der Alten, Senat 15, 590. 641. 843.

sĕnecta, ae, *f.* das hohe Alter, Greiſenalter 6, 500. 7, 2. 337. 9, 266. 437. 14, 148. matura 3, 347. longa 6, 37. 675. annosa 7, 237. occidua 15, 227. vina longae senectae 8, 672.

sĕnectŭs, ūtis, *f.* das hohe Alter, Greiſenalter 5, 27 (ſ. hic). 10, 396. annosa 13, 517. spatiosa 12, 186. aegra 14, 143.

sĕnex, sĕnis, alt, bejahrt: indigenae 15, 10. seniores anni, höheres Alter 15, 470. ſubſt. Alter, Greis 3, 515. 4, 26. senior, der Alte, Greis (eigentl. älter als Andere) 1, 645. 2, 702. 8, 715. 11, 646. 749. 12, 182. 540. 15, 229. 485. 838. judex, der greiſe Richter 11, 157.

sēnī, ae, a, je ſechs: bis seni, ʒwölf 8, 243; übtr. ſechs 12, 429.

sĕnīlis, e, greiſenhaft, greiſig: umbra 14, 117. gravitas 7, 478. vultus 8, 528. hiems 15, 212. anni, hohes Alter 7, 163. 13, 66. anima, des Greiſes 7, 250. genae 8, 210.

sĕnĭor, ſ. senex.

sensĭm, *adv.* allmählig 2, 870. 4, 254.

sensŭs, ūs, *m.* Empfindung, Gefühl 10, 499. mors caruit sensu 12, 325. — 2) Bewußtſein, Beſinnung 14, 178. *plur.* 3, 631. — 3) Sinn, Verſtand: ferarum 11, 43.

sententĭa, ae, *f.* Willensmeinung, Entſchluß 6, 41. 9, 517. 684. 11, 439. 15, 27. animi, Geſinnung 9, 588. sententia stat, es iſt feſt beſchloſſen 1, 243. — 2) ausgeſprochene Meinung, Ausſpruch 3, 322. 15, 648. Rath 13, 318; insbeſ. richterlicher Urtheilsſpruch, richterliche Entſcheidung 11, 172. 15, 47. sententiam ferre, fällen 15, 43 (ſ. tristis).

sentĭo, sensi, sensum, īre, fühlen, wahrnehmen, empfinden: sitim 14, 632. famem 8, 812. pondus 9, 273. oscula 10, 293. facta canum 3, 248; mit *acc. c. inf.* 1, 554. 604. 4, 555. 8, 416. obſcön: (Ceres) te sensit equum (als Hengſt) 6, 119. ſehen, bemerken: vitium 4, 68. adulterium 2, 545. furtum 2, 687. hören: murmur 5, 597. sibila 13, 785; poet. purpura quae sensit Tyrium aënum, der den thyriſchen Keſſel empfunden hat = der im tyr. Keſſel gefärbt worden iſt 6, 61; insbeſ. etwas Läſtiges (ʒum Schaden) fühlen, ſpüren, erfahren: sensimus hostem 13, 504 (tumulo, „im Grabe"). Pharsalia sentiet illum 15, 823. procellam 13, 656. opus hastae 12, 112 (ſ. Telephus). nova fata 11, 759. sentiet mihi vires esse 13, 864. quid cuspide possim 12, 595. quid dextera posset 12, 71. nec Tartara sentit, d. i. ſtirbt nicht 12, 619. — 2) bildl. geiſtig fühlen, empfinden: laetitiam 10, 443. amorem 10, 637. vulnera (amoris) 14, 771. moram 8, 653. officium 8, 489. ictus 4, 499. cetera 13, 957. sensit enim, erg. vim verborum, ſie verſteht ſie 10, 424. honores, Gefühl haben für, ʒu würdigen wiſſen 13, 287; wahrnehmen, bemerken, merken: fraudem 3, 651. curam 5, 557; mit *acc. c. inf.* 6, 630. 7, 858. 8, 862. 871. 9, 308; mit abhängiger Frage 10, 277. 346. 13, 762. sensit Jovem ingratum, denkt ſich Juppiters Undank 2, 488.

sentis, is, *m.* Dornſtrauch, Dorn 1, 509. hamati, hakige Dornen, d. i. Gedanken, die ſich wie Dornen im Herʒen feſthaken und es ſtacheln 2, 799.

sentus, a, um, dornig, rauh: loca 4, 436.

sē-păro, āvi, ātum, āre, abſondern, trennen: nos 3, 448. Aonios ab Oetaeis arvis 1, 313. (serpens) qui geminas Arctos separat 3, 45.

sĕpĕlĭo, īvi, (ĭi), pultum, īre, begraben, beſtatten: cinis sepultus 13, 615. 15, 370. ſubſt. sepultus, ein Begrabener 8, 235. 13, 503.

sēpēs, is, *f.* Ʒaun, Hecke 1, 493. 7, 186. 8, 258.

sē-pōno, pŏsŭi, pŏsĭtum, ĕre, „bei Seite legen"; dah. 1) abſondern, (ʒu beſonderem Gebrauche) auswählen: unam de sagittis 5, 381. — 2) entfernen: curas, verbannen 3, 319.

septĕm, ſieben 5, 537. 9, 292. 10, 74.

*septemflŭus, a, um, ſiebenfach ſtrömend, ſiebenarmig: Nilus 1, 422. 15, 763.

septemplex, ĭcis, ſiebenfach: Nilus, ſiebenarmig 5, 187. clipeus, ſiebenhäutig (aus ſiebenfach übereinander gelegten Rindshäuten) 13, 2.

septemtrĭo, ſ. trio.

septēni, ae, a, (je) ſieben 2, 682.

septĭmus, a, um, der siebente 4, 213. 6, 192.

*sĕpulcrālis, e, zum Grabe gehörig: arae, Todtenopferaltar (d. i. der Holzstoß, auf welchem Althäa das Leben des Sohnes als Todtenopfer für ihre Brüder opfern will) 8, 480.

sĕpulcrum, i, n. Grabstätte, Grab 2, 343. 13, 423. 15, 405. jus sepulcri, der Bestattung 13, 472. sepulcro condere 7, 618. 8, 234. simulacra functa sepulcris (s. fungor) 4, 435. 10, 14. — 2) Grabmal 9, 563. inane (= κενοτάφιον), zu Ehren derer, die in der Fremde gestorben waren 6, 568.

sĕquor, cūtus (quutus) sum, sĕqui, 1) folgen, nachgehen, begleiten: alqm 5, 157. 9, 786. alqm ad bella 7, 658. terga alcjus 3, 22. vestigia 1, 532. 3, 371. 10, 710. signa pedum 8, 232. avem oculis 12, 529. castra alcjus, sich Jemds. Partei anschließen, auf Jemds. Seite streiten 5, 128. neutra arma, keine Partei nehmen (neutral bleiben) 5, 91. curvamina ripae, verfolgen, hingehen an 9, 450. faciem loci secutus, nachgehend, d. i. gelockt von 3, 414. silvae carmina secutae, herbeigezogen vom Liede 11, 45. ne non (aura) sequeretur euntem, daß sie die Fahrt mir begünstige 9, 589. nubila sequentia traxit, zog hinter sich her 3, 299. — 2) feindlich, verfolgen: alqm 3, 716. 6, 666. 7, 769. 785. 13, 548. feras 2, 498. se sequiturque fugitque (s. Ixion) 4, 461. — 3) der Reihe od. Zeit nach folgen: nimbi sequuntur tonitrum 14, 542. gemitus (lacrimae) verba 8, 884. 9, 781. sequitur lux somni fugam 15, 664. ultima murmur 13, 123. vocem hasta 12, 82. res (b. That) dicta secuta est 4, 550. dicta (vota) fides 3, 527. 8, 711. breviore (pennā) longam sequente 8, 190. luna sequens, nächstfolgend 15, 197. prodigia fratrem secuta, die auf die Verwandlung des Bruders folgten 11, 410. — 4) prägn. leicht folgen, sich fügen: tactus, der Berührung nachgeben 4, 180. ducere fila sequentia, sich fortspinnende Fäden 14, 265. lana sua fila sequente, indem die Wolle dem aus ihr gezogenen Faden folgte 4, 54. sequitur ducentem (puerum) lacteus humor, fließt dem Saugenden 9, 358. lignum vix sequitur, läßt sich kaum herausziehen 12, 372.

5) bildl. a) Folge leisten, folgen: deum 15, 143. ventos, sich dem Winde überlassen, sich preisgeben 11, 695. exempla, befolgen 9, 555. (cur non) dat quod turba sequatur, ein Beispiel, welchem der Haufe folge 13, 221. zu Gebote stehen: verba sequuntur 1, 647. 11, 326. — b) einer Sache nachgeben, nach etwas streben, trachten: deteriora 7, 21. magna 7, 56. — c) etw. erreichen: spem 9, 738. frigus secutum est corpus, ergriff 2, 611.

sĕra, ae, f. hölzerner Thürriegel 8, 629. 14, 710.

sĕrēnus, a, um, heiter, hell: caelum 2, 321. caelo sereno, bei heiterm Himmel 1, 168.

sĕriēs, ēi, f. Reihe, Reihenfolge: malorum 4, 564. fati, der stetige Verlauf 15, 152; insbes. Geschlechtsreihe 13, 29.

Sĕrīphŏs, i, f. eine der cykladischen Inseln im ägäischen Meere 5, 242. acc. Seriphon 5, 251. 7, 464.

sĕrĭus, s. sero.

sermo, ōnis, m. Rede, (angeknüpftes) Gespräch 1, 683. 4, 39. 6, 448. 7, 674 (s. medius). sermonem captare 3, 279. in sermone esse, Gegenstand der Unterhaltung sein 12, 165. hoc sermone = his verbis 1, 208. — 2) die Rede der Menge, das Gerede: sermonibus occupat orbem, mit dem Gerede darüber 6, 147. vergl. 12, 56.

1. **sērō**, adv. spät: comp. serius 4, 105. 198. serius aut citius, früher oder später 10, 33. — 2) zu spät 2, 612.

2. **sĕro**, sēvi, sătum, ĕre, säen: sati dentes 7, 124; subst. part. sata, ōrum, n. Saaten 1, 286. — 2) übtr. hervorbringen, erzeugen: aetas sata est, entstand 1, 89; part. satus, entsprossen, erzeugt, geboren: ab imbre 4, 282. alquo, von Jemd. 1, 771. 11, 280. 320. 14, 611. aliquā 5, 141: 12, 93 (sed qui = sed eo qui). Lucifero genitore satus 11, 271. subst. satus alquo, Jemds. Sohn 1, 82. 751. 7, 665. 8, 363. 9, 233. 13, 123. nata alquo, Jemds. Tochter 6, 157. 185 (s. nescio). 7, 322. 14, 10. sati Curibus, die aus Cures Entstammten 14, 778. iterum satus, der zweimal Geborene (s. Bacchus) 4, 12.

serpens, ntis, m. u. f. „kriechendes Thier"; dah. insbes. Schlange 1, 439. 454. 3, 38. 98. 325. 545. 4, 571. 9, 69. 266. 15, 659. (fem. 1, 447. 2, 652. 772. 4, 362. 9, 694); das Sternbild. „Schlange" am Nordpol zwischen beiden Bären 2, 173 (vergl. 3, 45). — 2) geflügelter Drache 7, 350 (vergl. 7, 218). 8, 798 (vergl. 8, 795).

*serpentigĕna, ae, m. Schlangensprößling 7, 212.

serpo, psi, ptum, ĕre, kriechen, von Thieren 4, 600. 12, 13. 15, 689; dichter. von unvermerkt sich fortbewegenden Gegenständen: hederae serpunt 3, 665. liber serpit per colla, verbreitet sich über 9, 389. cancer, greift allmälig um sich 2,

826; von Flüssen, sich hinschlängeln 14, 598.
serra, ae, *f.* Säge 8,246.
serta, ōrum, *n.* (v. sĕro, rŭi, rtum, ēre, „aneinander reihen"), Blumengewinde, Kranz 2,867. 4,7. 760. 8,723. spicea, Ährenkränze 2,28. 10,433.
sērus, a, um, spät: vesper 4,415. crepuscula 1,219. lux 15,651. nepotes 6,138. (dies) serior nostro aevo, als mein Leben dauert 15,868. anni, Alter 6,29. 9,435. bellum, verzögert 13,403. fürs *adv.* 13,297. 15,384. — 2) zu spät, verspätet 13,297. sera ope 2,617.
servātŏr, ōris, *m.* Erretter, Erhalter: domus 4,737.
servātrix, īcis, *f.* Erretterin, Erhalterin 7,50.
servĭo, īvi (ĭi), ītum, īre, dienen, dienstbar sein, unterthan sein: alcui 13, 460. von Localitäten 1,516. 10,828. 831. — 2) Dienste erweisen: aegro, pflegen, warten 7,563. tibi serviet arbos, d. i. wird dir seine Früchte spenden 13,820.
servĭtĭum, i, *n.* Dienstbarkeit 3,16.
servo, āvi, ātum, āre, 1) retten, erhalten, unversehrt bewahren: alqm 4,703. 5,15. 24. 7,39. 56. 93. 380. 9,547. 14, 163. 381. 475. animam inertem (den Feigling) 13,76. animas duas in una 11,388. Capitolia 2,538. torris servatus, erhalten 8,459. bewahren, nicht verletzen: decus pudoris 13,480. jura jugalia 7,716. amorem 4. 270. 11,750; insbes. zu einem Zwecke aufbewahren, aufsparen: uvas 13,814. catulos dominae 13,837. tergus (suis) diu servatum 8, 649. signum 14,760. pars inde (= lactis) servatur bibenda, zum Trinken 13,830. quo me servas, wozu sparst du mich auf 13,517. servari ad (für) Herculeos arcus 12,309. uni servor, nur Einem bewahre ich mein Herz (meine Liebe) 7, 736. — 2) (bei sich, an sich) behalten, bewahren, beibehalten: easdem formas 15, 170. vestigia formae 1,237. 9,227. vestigia Jovis 9,265. corpus 11,405. saxum (die steinerne Beschaffenheit) 12,23. litus vestigia servat, zeigt die Fußstapfen 11, 232. servato nomine, indem der Name blieb 9,348. — 3) Acht haben auf etwas, schirmen, bewachen, hüten: greges 2,690. sedem 5,497. limen 10,383. confinia noctis 13,592. muros 12,148. aditus 8, 69. ignes (von den vestalischen Priesterinnen) 15,730. tradere vaccam servandam, zur Hut 1,624. pomaria servanda dare draconi 4, 647. nubem locumque, nicht aus den Augen lassen, bespähen 5, 631. formicae servantes suum callem, beobachtend, verfolgend 7, 626; absol.

Wache halten 1,627. 684. legum examina, die Gesetze sorglich prüfen 9,552.
sessĭlis, e, zum Sitzen geeignet: tergum (Centauri) 12,401.
sēta, ae, *f.* starkes Haar, Borste 8, 285. 428. 14,279. Zotteln 1,739.
sētĭger, ĕra, ĕrum, Borsten tragend, borstig: sus 10,549. pecus 14,289; subst. setiger, i, *m.* der Borstenträger = Eber 8,376 (f. opacus).
seu, f. sive.
sevērus, a, um, streng: virginitas 3, 254.
sē-vŏco, āvi, ātum, āre, bei Seite rufen: alqm 2,836.
sex, sechs 2,18. bis sex 6, 72. 571. 15, 39.
sexangŭlus, a, um, sechseckig: cera 15,382.
sextus, a, um, der sechste 15,700. sexta resurgebant cornua lunae, zum sechsten Male 8,11.
sī, *conj.* wenn, wofern, mit *indicat.* (bei einer rein objectiv ausgesprochenen Bedingung): si fors tulit 1,297. si patiemur 5, 377. si quaeris 9, 532. 11, 689. si dant (näml. wie du behauptest) 8,615; mit *conjunct.* (wenn die Bedingung rein subjectiv oder als bloß angenommener Fall ausgesprochen wird) 1, 175. 361. 2,829. 3,627. 10,190. 251. 579. 11,267. si quaeras 3,141. - Besondere Verbindungen: si forte, wenn etwa, f. fors; si quidem, ja 10,104. 11,219; si modo, wenn anders, f. modo; si quis, wenn etwa ein, wer (welcher) etwa 1, 288. 5,180. si quid, wenn noch etwas 1,502. 2,830. 13,377 (f. per); ellipt. si nihil amplius (*sc.* faciam) 9, 148. nisi si, f. nisi; quod si, f. quod. — 2) zur Begründung und Rechtfertigung des im Hauptsatze ausgesprochenen Urtheils, wenn anders, wenn nämlich 2, 36. 3,311. 5,519. 9,738. 12, 181. 13, 670. 733; dah. bei Bitten und Betheuerungen, wenn, wenn es wahr ist daß, so wahr als: si precibus numina remollescunt 1,377. si numina numen habetis 1, 545. si haec superi cernunt 6,542. si non falsa dicta loquuntur 7,615. si te coluique coloque 8, 350. si di dare cuncta potestis 10,274. si qua patetis numina confessis 10,483. si qua est tibi cura tuorum 12, 602. si di sunt, so wahr als Götter sind 13,49. — 3) dem causalen Begriffe sich nähernd, wenn, da ja: si femineo fuerat tibi Marte cadendum 12, 610. si jam mea filia non est (näml. digna praedone marito) 5,522. si quidem, sintemal 10, 104. 11,219. si tamen, da ja doch 4,537. — 4) concessiv, wenn

sibila — **Sidon** — 241

auch 9, 608. 11, 446. 13, 303. si non... tamen (doch wenigstens) 2, 328. 11, 706. si non... at 2, 293. 9, 123. — 5) in abhängigen Frage- und Zweifelsätzen, ob, ob etwa, im Falle daß: si queat 4, 248. si possit 10, 542. si sit illic 11, 678. vestigia si qua supersint 11, 693.
sībīla, ōrum, f. sibilus.
sībīlo, āre, zischen: von der Schlange 4, 589. vom glühenden Eisen im Wasser 12, 279.
sībīlus, i, m. das Zischen, Pfeifen, *plur.* sibila, von der Schlange: sibila dare, zischen 4, 494. 15. 684. mittere 3, 38. 15, 670; von der Hirtenflöte: pastoria 13, 785.
Sībylla, ae, *f.* (aus Σιός = Διός u. βουλή, „Gottesrathgerin"), eine weissagende Priesterin des Apollo zu Cumä in Unteritalien 14, 104. 154. 15, 712.
sīc, *adv.* auf solche Weise, so, also: sic opus est 1, 279. sic fata jubent 15, 584. soror non sic lugenda, d. i. nicht als eine Verstorbene, nicht mit Todtenfeier 6, 570. sic redis, in dieser Gestalt 11, 727. sic quoque, auch in dieser Gestalt 9, 80. 13, 896. sic est mea potestas, so steht es mit meiner Macht 3, 522. sic cetera sit fortis castrorum turba, so zum Verderben der eigenen Genossen 12, 285; insbes. a) bei Vergleichungen: velut ... sic 4, 708. sic ... ut 5, 604. ut ... sic, f. ut; ut non ... sic, wenn auch nicht ... doch 14, 509. — b) einen folgenden Gedanken einleitend, folgendermaßen, also: sic ait 4, 695. 8, 618. sic est affata 5, 255. 8, 89. 9, 325. sic *sc.* dixit 7, 164. — c) zur Angabe eines Beispieles, so, so zum Beispiel 9, 498. 15, 260. 273. 275. — d) zur Bezeichnung des Grades, so, so sehr 2, 613. 4, 132. 6, 154. 7, 733. 12, 401. sic omnes, so vollständig alle 13, 574. — e) zur Angabe der Folge, bei diesem Zustande, daher: sic erat instabilis tellus 1, 16. — f) bei Schwüren u. Wünschen, fo, d. i. so wahr ich wünsche daß: sic mare compositum tibi sit ... dic ubi sit 8, 857. vgl. 14, 763. sic deus artes adjuvet, ut nemo litore in isto constitit, so wahr ich wünsche, daß ... unterstützen möge, so gewiß hat niemand an diesem Gestade gestanden 8, 866. — g) einen Concessivsatz einschließend, **auch fo, dennoch**: si quoque fallebat (d. i. obgleich ihr Bogen nicht von Gold war) 1, 698. quam sic dolor ipse decebat (d. i. obgleich sie in Trauer versenkt war) 7, 733. sic tamen Dolona interimo, dessen ungeachtet, d. i. obgleich kein Loos mich nöthigte 13, 243.
Sicānia, ae, *f.* f. Sicanius.

Siēanīus, a, um, sicanisch, sicilisch 15, 279. subst. **Sicānīa**, ae, *f.* Sicanien, Sicilien (als Wohnsitz des aus Spanien eingewanderten Volksstammes der Sicanier) 5, 464. 495. 13, 724.
sicco, āvi, ātum, āre, trocknen: retia 11, 362. lina 13, 931. capillos (sole) 2, 12. 11, 770. siccata capillos, nachdem sie sich die Haare getrocknet hatte 5, 575. lacrimas 8, 469. 9, 395. genas 10, 362. vulnera 10, 187. herbas pruinosas (v. d. Sonne) 4, 82. amnes, austrocknen 2, 257. fontes siccati 13, 690. dea sidereo ab aestu siccata, ausgetrocknet, verschmachtend 6, 341.
siccus, a, um, trocken: litus 2, 870. arena 2, 262. 15, 268. navale 3, 661. cortex 8, 642. siccis pedibus super aequora decurrere 14, 50. sicco passu freta radere 10, 654. vox, vor Hitze trocken 2, 278. — 2) trocken machend, trocken: fervores 1, 119.
Sicēlīs, ĭdis, *f.* sicilisch: *acc.* Sicelidās nymphas 5, 412.
Sicŭlus, a, um, zum Lande der Siculer, einem Zweige der aus Spanien nach Sicilien eingewanderten Sicanier, gehörig, sicilisch 7, 65. 8, 283. 13, 770. 15, 706. 825 (Siculis undis: Sextus Pompejus, der Sohn des großen Pompejus, wurde bei Sicilien von Agrippa, dem Admiral Octavians, im Jahre 36 v. Chr. besiegt); terra, Sicilien 5, 361. 14, 7.
sicŭt, *adv.* so wie, gleichwie 10, 733; insbes. a) zur Bestätigung einer Behauptung, wie wirklich, wie in der That 12, 205. — b) zur Bezeichnung einer fortdauernden Beschaffenheit, so wie ich (er, sie) war: sicut inhaerebat 4, 370. sicut erant juncti 6, 244. sicut eram (sine vestibus) 5, 601. sicut erant (nudae) 3, 178. sicut erat sparsis capillis 6, 657. sicut erat (crine soluto) 13, 585.
Sicyōnĭus, a, um, aus Sicyon, einer Stadt Griechenlands am korinthischen Meerbusen 3, 216.
sidĕrĕus, a, um, 1) zu den Gestirnen gehörig, siderisch: ignes, Sterne 15, 665. conjunx, der sternentsprossene, d. i. Cephr als Sohn des Lucifer 11, 445; insbes. zur Sonne gehörig: ignes, Gluthen der Sonne 1, 779. aestus 6, 341. lux, Sonnenlicht 4, 169. — 2) gestirnt: caelum 10, 140. caput (Noctis) 15, 31.
sīdo, sēdi, ĕre, sich setzen, sich niederlassen 1, 682. 2, 814. 4, 95. 10, 575.
Sīdōn, ōnis, *f.* älteste Stadt in Phönicien, Vaterstadt des Cadmus 4, 572. - Dav. 1) **Sidōnĭs**, ĭdis, *f.* sidonisch: concha, die Purpurmuschel 10, 267. tellus, Phönicien 2, 840; subst. die Sidonierin,

Wörterbuch zu Ovid's Metamorph. 5. Aufl.

d. i. Dido, die Gründerin von Carthago 14, 80. — 2) **Sīdŏnĭus, a, um, ſīd niſch**: hospes = Cadmus 3, 129. comites, thebaniſch (weil die Thebaner aus Phönicien ſtammten) 4, 543.
Sīdŏnis, ſ. Sidon.
Sīdŏnĭus, a, um, ſ. Sidon.
sīdŭs, ēris, *n.* (verwandt mit εἶδος, „Bild"), 1) Sternbild, Geſtirn (als Himmelszeichen) 2, 507. 3, 594. 8, 178. ein einzelner Stern 14, 846. 15 749. insbeſ. die Sonne 1, 424. 9, 286. sidera solis 14, 172. *plur.* sidera, Geſtirne, Sterne 1, 71. 499. 2, 722. 5, 444. 7, 188. 15, 839. — 2) meton. a) Witterung: *plur.* 5, 484. grave sidus, ſtürmiſches Wetter 5, 281. — b) *plur.* sidera, Himmel 1, 153. 180. 5, 503. ad sidera, gen Himmel 1, 86. 731. 6, 368. 7, 580. 9, 175. 702. ad caelum et sidera 2, 487; bildl. vertice sidera tangere, unſterblichen Ruhm erlangen 7, 61. — 3) übrtr. Sterne = ſtrahlende Augen 4, 420 (vergl. 1, 499); von den Spiegeln des Pfauenſchwanzes 15, 385.
Sīgēĭus, a, um, ſ. Sigeus, a, um.
Sīgēus, a, um, u. **Sīgēīus, a, um,** zu Sigeum, Vorgebirge und Hafenſtadt in Troas, gehörig, ſigeiſch: litora 12, 71. 13, 3. profundum 11, 197.
sĭgillum, i, *n.* Bildchen 6, 86.
signĭfĭco, āvi, ātum, āre, anzeigen, andeuten, zu erkennen geben: quid velit 3, 643. luctum 13, 689; insbeſ. Zukünftiges verkünden 9, 495. 15, 576.
signo, āvi, ātum, āre, 1) mit einem Zeichen verſehen, bezeichnen, zeichnen: caelum curvamine 11, 590. saxum carmine 2, 326. lanugo signaverat malas 13, 754. nomina saxo (= in saxo), eingraben 8, 539. humum limite, abgrenzen 1, 136. alqm sanguine, blutig zeichnen 12, 125. pluma sanguine signata est 6, 670. ceram figuris, zu Geſtalten formen 15, 169. cruor signaverat herbam, hatte befleckt 10, 210; insbeſ. mit Siegel verſehen, verſiegeln 9, 566 (ſ. crimen). — 2) bezeichnen, anzeigen: fama signata loco est 14, 433.
signum, i, *n.* 1) Zeichen, Kennzeichen, Merkmal 15, 595. servitii 3, 16. caedis 4, 160. generis 7, 423. parentis 1, 764. laesi pudoris 2, 450. signa dare, durch Zeichen erkennen laſſen 1, 220; Spur: pedum 4, 544. 8, 333. 13, 548. vulnerum 12, 444; insbeſ. Wahrzeichen, Vorzeichen 7, 621. 9, 600. 15, 668. 782. pedis offensi 10, 452. — 2) das Zeichen, das man (mit Hand, Auge u. dgl.) giebt: signis loqui 4, 63. signa dare 5, 468. 11, 465; insbeſ. das zum Angriffe oder Rückzuge gegebene Zeichen, Signal: signa dare 1, 334. 3,

207. 705. 10, 652. — 3) durch Kunſt gearbeitetes Bild, Figur: eburneum 4, 355. Minervae (das Palladium) 13, 337. 381. surgere signa solent, die auf dem Theatervorhange befindlichen Bilder von Göttern und Heroen 3, 112. Bildwerk an Gefäßen 5, 81. 12, 235. 13, 700; insbeſ. Steinbild, Bildſäule 1, 406. 2, 831. 12, 398. 14, 759. 15, 671. deorum 13, 412. de marmore 5, 183. factum de marmore 14, 313. e marmore formatum 3, 419. — 4) Himmelszeichen des Thierkreiſes 2, 18. 197. 9, 286. bis sex 6, 571. duodena 13, 618.
sīlentĭum, i, *n.* Stillſchweigen, Stille: (nur *plur.*) 2, 700 (ſ. demo). 9, 692 (ſ. premo). 12, 48. muta 4, 433. 10, 53. noctis 7, 184. ruris 1, 232. vasti regni 10, 30. alta silentia agere 1, 349. silentia tenere 1, 206. rumpere 1, 208. 384. 11, 598.
Sīlēnus, i, *m.* der älteſte Satyr, Erzieher und beſtändiger Begleiter des Bacchus, dargeſtellt als glatzköpfiger vom Wein aufgeſchwemmter Alter, ſtets berauſcht und ſich kaum auf den Füßen oder auf ſeinem Eſel haltend (aber auch voll Weisheit und prophetiſcher Begeiſterung) 11, 90. 99. vgl. 4, 26.
sĭlĕo, ŭi, ēre, 1) ſtill ſein, ſchweigen, verſtummen 2, 450. 4, 274. 681. silent frondes 7, 187. cuncta 10, 446. nox silens 4, 84; insbeſ. ſubſt. *part.* silentes, die Schweigenden, d. i. a) die Schattenbilder der Unterwelt 13, 25. 15, 772. 797. rex silentum = Pluto 5, 356. — b) die Schüler des Pythagoras, denen während der fünf Jahre ihres Unterrichts Schweigen auferlegt war 15, 66. — 2) *trans.* verſchweigen: facta 12, 575.
sĭlex, ĭcis, *m.* (*fem.* 9, 614), hartes Geſtein, Kieſel 2, 706. 4, 781. 5, 199. 249. 7, 139. 11, 30. Kalkſtein 7, 107; als Bild der Unempfindlichkeit 9, 304. 614.
silva, ae, *f.* 1) Waldung, Wald: nemorosa 10, 687. fragosa 4, 778. dea silvarum = Diana 3, 163. Buſchwerk, Gehölz 4, 339. 7, 242. 8, 341. 11, 234. — 2) meton. Waldbäume 7, 676. 8, 776. 9, 235. *plur.* 3, 80. 12, 352. 508. 519. 523.
Silvānus, i, *m.* altitaliſcher Wald- und Hirtengott von derſelben Geſtalt wie der arkadiſche Pan (ſ. Pan) 14, 639. *plur.* Silvani, Waldgötter 1, 193. ✝
silvestris, e, im Walde befindlich, des Waldes: antra 13, 47. umbra 13, 815. baculum, wild gewachſen 2, 681.
Silvĭus, i, *m.* König von Alba in Latium, Nachfolger des Ascanius, Vater des Aeneas Silvius 14, 610.
sĭmĭlis, e, ähnlich: alcui 3, 652. 6, 622. 7, 254. simillimus signis 1, 406.

Simois — sino

:vo 15, 201. illi simillі-
32. gemini inter se si-
milem dat umbram, b.
ttten 10, 596.
, *m.* Fluß bei Troja, er=
Scamander 13, 324.
, **einfach** (der Zahl nach),
,4; dah. a) **einfach, Kunſt**=
9. — b) vom Gemüthe,
5, 535. animal 15, 121.
ātis, *f.* Natürlichkeit,
00.
v. zur Bezeichnung der
weier Handlungen oder
:icher Zeit, zugleich, zu=
i, 245. 7, 130. 10, 96. 12,
it uns) 8, 693. me quoque
bir) 11, 441. non simul
:)) 12, 699; simul mit cum
139. 11, 383. mit folg. et
: folg. que 5, 395. 12, 117.
: ... que 12, 431. simul
— 2) *conj.* ſobald als,
230. 2, 19. 470. 3, 177.
672. 769. 5, 471. 6, 252.
19. 9, 129. 11, 94. 616.
277. 15, 45. 577.
i. ſo bald als, mit *perf.*
285. 14, 349. 15, 398.
i, *n.* Abbild, Bildniß,
ur.) 2, 194. 5, 211. ho-
lraconis 7, 358. puellae
deorum ,10, 694. simu-
inquam, ich werde mein
npel) ablegen, um eine
;zunehmen 15, 658; ins=
ld 3, 432. — b) Schatten=
er Abgeschiedenen 4, 435.
14, 112. — c) Traum=
iaufragus). — d) Schein=
:, 404. inania, Dunstge=
ilde 3, 668.
, īnis, *n.* Nachahmung:
ngoris peragere 10, 727.
ris, *m.* Nachahmer: figu-
artifex).
ātum, āre, (*v.* similis),
'; dah. 1) **nachahmen**: ar-
uam 2, 668. alqm, die
annehmen 3, 275. 6, 26.
imulata, nachgeahmt 13,
inficit umbras, färbt mit
ichem) Schatten 10, 596;
n, darſtellen: corpus si-
3. simulat terram edere,
ervorſprießen laſſe 6, 80.
ine vorſtellen, ſich ſtellen
:, 697. discedere 4, 338.
c. furias) simulat, ver=
bacchiſchen Wahnſinn 6,
verſtellen 13, 299.

sincērus, a, um, „unverfälſcht, ächt";
dah. **unverſehrt, geſund**: corpus 12,100.
pars 1, 191; bildl. a) **unbefleckt, züchtig**:
Minerva 8, 664. — b) **ungemiſcht, unge**=
trübt: voluptas 7, 453.
1. **sĭnĕ,** *praep. c. abl.* **ohne** 9, 639 (ſ.
invisus). sine ulla requie 15, 214. sine
ictibus ullis 7, 598. auxilium mittat
sine se, ohne perſönliche Theilnahme 11,
387. sine me me pontus habet, d. i.
ohne daß ich im Meere liege 11, 701;
sine mit ſeinem *nomen* anſtatt eines ad=
jectiv. Attributes: valles sine flumine
2, 256. animal sine fraude 15, 120. pre-
tium sine fine, unbegrenzt 8, 306. spes
sine corpore, körperlos 3, 417. nomen
sine corpore 7, 830, silex sine sanguine,
blutlos 5, 249. 11, 736. letum sine san-
guine, unblutig 8, 518. vis sine pondere,
gewichtlos 1, 26. res sine nomine, un=
nennbar 7, 275. tumulos sine corpore,
ohne Leichnam, leer 11, 429. columbae
totae sine labe, ganz fleckenlos 2, 537.
sine pondere für den *dativ.* eines Ad=
ject. = pugnabant iis quae sine pon-
dere erant, mit Gewichtloſem 1, 20.
2. **sĭnĕ,** *imperat.* von sino.
singŭli, ae, a, einzeln: ſubſt. singula,
Einzelnes 9, 608. 11, 107.
singulto, āvi, ātum, āre, „ſchluchzen";
dah. **ausröcheln**: animam 5, 134.
singultŭs, ūs, *m.* das **Schluchzen** 11,
420. *plur.* 6, 509.
Sĭnis, is, *m.* („der Schädiger", von
σίνος, Schaden), ein Räuber auf der Ko=
rinthiſchen Landenge, welcher die Reiſen-
den, deren er ſich bemächtigen konnte, an
zwei herabgebeugte Fichten band und ſie
durch die wieder aufſchnellenden Bäume
zerreißen ließ. Theſeus überwältigte ihn
und tödtete ihn auf gleiche Weiſe 7, 440.
sĭnister, tra, trum, **links**: humerus
6, 405. rota sinisterior, zu weit links
(gelenkt) 2, 139. jugulo sinistro, an der
linken Seite des Halſes 12, 572. a parte
sinistra, links 2, 839; ſubſt. sinistra, ae,
f. die linke Hand, die Linke 2, 681. 4, 733.
7, 506. 12, 89. 347. 13, 111. 15, 655.
sĭno, sīvi, sĭtum, ĕre, 1) **niederlegen**:
davon nur noch *part.* **sĭtus,** a, um: a)
begraben, beſtattet 2, 327. — b) **als Ad**=
ject., gelegen: urbes exterius sitae 6,
420. — 2) **geſchehen laſſen, laſſen, geſtat**=
ten: hoc 7, 174 (non sinat, „würde wohl
nicht zulaſſen"). 13, 219 (non sinat, „er
laſſe nicht zu"). quod sinit, denn dies
geſtattet ſie 3, 377. mit *infin.* 4, 410. 8,
327. 10, 20. mit *acc. c. inf.* 1, 195. 630.
2, 149. 3, 89. 4, 41. 74. 5, 119. 6, 4. 7,
807. 10, 396. 11, 408. 15, 461. nunc sine,
erg. eum 5, 27. nunc sinitis capi, erg.

16*

penates 3, 540; mit *conj.*: nec sinit incipiat 3, 377. abſol. dum res sinit 2, 89. non ita fata sinunt 5, 534.

Sĭnŭessa, ae, *f.* Stadt im nördlichen Campanien 15, 715.

sĭnŭo, āvi, ātum, āre (v. sinus), bogenförmig krümmen: corpus in orbes 9, 64 (qui „als ſolche", d. i. als Schlange). crura tenuantur acumine 4, 580. vestes, werden bauſchig 2, 875. arcum sinuare, ſpannen 8, 30. 381. *pass.* sinuari medial, ſich krümmen: cornua lunae 3, 682. serpens in arcus 3, 42. cubiti in alas 14, 501. gurges sinuatus in arcus 14, 51. unda sinuata, gewölbt 11, 553.

sĭnŭōsus, a, um, bauſchig: vestis 5, 68.

sĭnŭs, ūs, *m.* bauſchige Rundung, Krümmung: von der Schlange, Windung 15, 689. 721. vom Gebirge, Thalgrund 5, 608; insbeſ. a) **Bauſch des Gewandes** vorn auf der Bruſt, **Buſengewand** 5, 393. 6, 338. 10, 722. 13, 426. 15, 848. *plur.* 1, 267. 2, 335. 4, 497. 596. 7, 814. 10, 386. 722; dah. als Körpertheil, **Buſen, Bruſt** 4, 516. 6, 359. 10, 558. 13, 450. 14, 743. — b) **Meerbuſen, Bucht** 11, 229. 13, 717. 14, 513. 15, 52.

Sĭphnŏs, i, *f.* eine der cycladiſchen Inſeln im ägäiſchen Meere: *acc.* Siphnon 7, 466.

Sĭpўlus, i, *m.* Berg in Lydien, Seitenzweig des Tmolus 6, 149. — 2) Sohn der Niobe 6, 231.

sĭquĭdĕm, da ja, fintemal 10, 104. 11, 219.

sĭquis, ſ. si.

Sīrēnes, um, *f.* Töchter des Flußgottes Acheloüs (Acheloides 5, 552) und der Muſe Melpomene, waren Geſpielinnen der Proſerpina, nach deren Raube ſie in der Art verwandelt wurden, daß der untere Theil des Leibes Vogelgeſtalt annahm, während ſie an Antlitz und Oberleib Jungfrauen blieben. Sie wohnten auf einer Inſel des Mittelmeeres und lockten durch ſüßen Geſang die Vorüberſchiffenden an ſich, um ſie zu verzehren. Es war ihnen aber beſtimmt, nur ſo lange zu leben, bis ein Schiff unberaubt vorbeiſegeln würde. Dies geſchah, als Ulyſſes auf den Rath der Circe ſeinen Gefährten die Ohren verſtopfte und ſich an dem Maſte ſeines Schiffes feſtbinden ließ. Sie ſtürzten ſich hierauf ins Meer, und der Leichnam der einen Sirene wurde an der Stelle der nach ihr benannten Stadt Parthenope (ſpäter Neapolis) ans Land geſpült 5, 555. 14, 88.

sisto, stĕti, stătum, ĕre, 1) ſtellen, hinſtellen: cratera 8, 669. victimam ante aras 15, 132. terra sistĕre, du wirſt ans Land geſetzt werden 3, 635. sistetur in illa ripa, wird ans andere Ufer gebracht werden 9, 109. modum sistere, ein Maß ſetzen: siste modum (erg. lacrimis), mäßige deine Thränen 15, 493; — 2) prägn. ſtillſtehen machen, zum Stehen bringen: flumina 7, 154. freta 7, 200; bildl. Einhalt thun, einſtellen, endigen: opus 3, 153. labores 5, 490. bellum 13, 803. querelas 7, 711. fletus 14, 835. — 3) *intr.* ſich ſtellen, Fuß faſſen 1, 307 (ſ. do).

sistrum, i, *n.* eine beim Iſisdienſte in Aegypten gebräuchliche Klapper, Iſisklapper 9, 693. 778. 784.

Sīsўphĭus, a, um, ſ. Sisyphus.

Sīsўphus, i, *m.* Sohn des Aeolus, Bruder des Athamas, König von Corinth, als grauſamer Räuber berüchtigt, weshalb ihn in der Unterwelt die Strafe traf, beſtändig ein Felsſtück an einem Berge in die Höhe wälzen zu müſſen, das ſofort wieder zurückrollte, ſobald es im Begriff war, den Gipfel zu erreichen 4, 460. 10, 44. *acc.* Sisyphon 4, 466. 13, 26. *Dav.* **Sīsўphĭus**, a, um, ſiſyphiſch: sanguine cretus Sisyphio, d. i. Ulyſſes, zu deſſen eigentlichem Vater eine Sage den Siſyphus machte 13, 32.

Sĭthōn, ōnis, *m.* ein Menſch, der Mannes- und Weibergeſtalt annehmen konnte (die Sage iſt ſonſt unbekannt) 4, 280.

Sĭthōnĭus, a, um, zum Volke der Sithonier im thraciſchen Cherſones gehörig, ſithoniſch 6, 588. 13, 571.

sĭtĭo, īvi (ĭi), ītum, īre, dürſten 9, 761. 14, 277.

sĭtis, is, *f.* Durſt: sitim sentire 14, 632. colligere 5, 446. sedare 3, 415. levare 15, 322. relevare 6, 354. exstinguere 7, 569. compescere 4, 102. deponere 4, 98; bildl. **Begierde, heftiges Verlangen** 3, 415. cruoris, **Blutdurſt** 13, 768.

1. **sĭtus**, a, um, ſ. sino.

2. **sĭtus**, ūs, *m.* (von sino), eig. der Schimmel oder Roſt, der an lange liegenden und unbenutzten Gegenſtänden ſich bildet; dah. überh. **Schmutz** 8, 802; insbeſ. die mißfarbige Runzelhaut des Alters 7, 290. *plur.* 7, 303.

sīve od. **seu**, *conj.* „oder wenn"; dah. sive ... sive 1) mit folg. Hauptſatze für jedes Glied, **wenn entweder ... oder wenn** 4, 321. 327. 639. 8, 25. 10, 397. 603. 11, 121. 14, 20. 15, 342 (sive est animal ... [Hauptſatz] mutare potest; sive venti cohibentur ... [Hauptſatz] relinquentur). — 2) **ſei es daß ... oder daß, mag nun ... oder mag**: mit *indicat.* 1, 78. 3, 46. 670. 4, 520. 6, 19. 22. 10, 80. 14, 26. 123. 15, 323; mit *conj.* 9, 712. 15, 156.

smărăgdus, i, *m.* der hellgrüne Edelſtein **Smaragd** 2, 24.

Smīlax, ăcis, *f.* die Geliebte des Crocos, wird in eine Stechwinde verwandelt 4, 283.

Smintheus (zweisylbig), ĕi, *m.* Beiname des Apollo von der Stadt Sminthe im trojanischen Gebiete: *acc.* Sminthea 12, 585.

sŏbŏlēs, s. suboles.

sŏcĕr, ĕri, *m.* Schwiegervater: Penelopes, d. i. Laërtes 8, 315. pater soceri futuri, der Sonnengott als Vater des Aectes 7, 96. alqm alcui socerum dare 9, 14. 13, 855; *plur.* soceri, Schwiegereltern 3, 132.

sŏcĭa, s. socius.

sŏcĭālis, e, „eine Verbindung betreffend"; dah. insbes. ehelich: amor 7, 800. foedera, Ehebund 14, 380.

sŏcĭo, āvi, ātum, āre, vereinigen, vergesellschaften: laborem, gemeinsam unternehmen 8, 546. cubilia cum alquo, theilen 10, 635. carmina nervis, den Gesang mit Saitenspiel begleiten 11, 5.

sŏcĭus, a, um, verbunden, verbündet, gemeinsam: classis 13, 352. regnum 5, 378. spes 13, 375. honor, Ehre der Genossenschaft 13, 949. ignes, hochzeitlich 9, 796. vites, um die Ulme sich schlingend, der Ulme vermählt 14, 662. — 2) *subst.* socius, i, *m.* Genosse, Gefährte, Theilnehmer 3, 51. 605. sacrorum 11, 94. generis, Verwandter 3, 259. tori, (Ehegenosse, Gemahl 14, 678. socia, ae, *f.* Theilnehmerin, Genossin: impietatis 4, 3. tori, Gattin 8, 521. 10, 268. generisque torique, d. i. Schwester und Gemahlin 1, 620.

sol, sōlis, *m.* Sonne, Sonnenlicht, Sonnenschein, 2, 331. 762. 6, 350. Sonnenhitze 3, 412. 5, 483. 6, 339. 14, 54. primus, Sonnenstrahl 9, 93. *plur.* soles, Sonnenstrahlen 1, 435. 6, 63. 13, 793. — 2) als *nom. propr.* Sol, der Sonnengott, Sohn des Titanen Hyperion (daher selbst Hyperion genannt 8, 564. 15, 406; s. auch Titan), später auch mit Apollo identificirt 1, 751. 2, 1. 394. 4, 170. 214. 14, 10. 346. 375. filia Solis = Pasiphae 9, 736.

sōlācĭum, i, *n.* Trost (nur *plur.*) 6, 413 (s. ad). 9, 7. mortis 5, 73. 191. 13, 598. leti 8, 773. solacia dicere 10, 132. 11, 329. adhibere menti 9, 654; insbes. Sühnopfer, Nachopfer für Getödtete 7, 483. mortis 11, 782. dummodo solacia sequar, d. i. dem als Sühnopfer für den Mord der Brüder getödteten Sohne 8, 510.

sōlāmĕn, ĭnis *n.* Trostmittel, Trost: mortis 12, 80.

sōlātĭum, s. solacium.

sŏlĕo, ĭtus, sum, ēre, pflegen, gewohnt sein, mit *infin.* 2, 845. 7, 270 (s. lupus). 12, 346; absol. ut soleo 2, 573. 448. *part.* solitus, als Adject., gewohnt, gewöhnlich: locus 4, 83. limes 8, 557. unda 3, 499. caedes 1, 234. labor 6, 240. timor 13, 78. virtus 9, 163. ira 3, 72. 6, 686. *subst.* solitum. i, *n.* das Gewöhnliche: solito formosior (als gewöhnlich) 7, 84. uberius solito 9, 105. velocius solito 14, 388.

sŏlĭdus, a, um, dicht (in seinen Theilen), fest, compact 1, 409. orbis 1, 31. tellus 15, 262. litus 11, 232. saxum 6, 573. moles 4, 773. cautes 12, 124. moenia 4, 646. tectum 3, 696. solidis sedibus, auf festem Boden 2, 147. tori, derb, stark 15, 230. trabes, dickstämmig 8, 551. ferrum, gediegen 9, 614. 15, 810. terra, hart 10, 180. 14, 49. dumus, dichtgewachsen 12, 356. — 2) übrtr. vollständig (d. i. nicht getheilt), ganz: imago (lunae) 7, 181. — 3) bildl. wahrhaft, fest: gratia 12, 576.

sŏlĭtus, a, um, s. soleo.

sŏlĭum, i, *n.* hoher Sitz, Thron 2, 24. 3, 273. 6, 650. 14, 262.

sollemnis, e (sollus = totus u. annus), „alljährlich wiederkehrend, jährlich gefeiert"; dah. übrtr. a) feierlich, festlich: fax 7, 49. solium 14, 262. — b) herkömmlich, üblich: verba 10, 4.

sollers (von sollus = totus u. ars), „geschickt"; dah. insbes. klug, listig, schlau 13, 37. astus 4, 776.

sollertĭa, ae, *f.* „Geschicklichkeit"; insbes. Klugheit, Erfindungsgeist, Scharfsinn 1, 391. 6, 575. 9, 741. 13, 327.

sollertĭus, *adv.* (*comp. v.* sollerter), geschickter 11, 635. 14, 624.

sollĭcĭto, āvi, ātum, āre, stark bewegen, erschüttern: tremoribus orbem 6, 699. stamina pollice, rühren 11, 170; bildl. a) beunruhigen: manes 6, 699. — b) (mit Bitten) bestürmen: alqm 4, 473. 9, 683. 14, 670. — c) verführen, verlocken: 4, 473. alqm datis 6, 463. fidem donis 7, 720.

sollĭcĭtus, a, um, „in Bewegung gesetzt"; dah. übrtr. a) eifrig: arma, eifrig geführt 14, 453. canes, unruhig 11, 509. — b) beunruhigt, bekümmert, beängstigt: pectus 2, 125. vox 10, 639. 14, 706. prece 8, 271. terrae 15, 786. senecta, sorgenvoll 6, 500; sollicitum, i, *n.* Sorgenvolles, Bekümmerniß 7, 454.

sōlor, ātus, sum, āri, Trost zusprechen, trösten: alqm 6, 292. 13, 747. pectus 11, 448. se imagine 5, 229. verba solantia, Trostworte 11, 685.

1. **sōlum**, *adv.* nur, allein: nec solum 6, 17. non solum ... sed et (verum ... etiam) 8, 755. 13, 817. 15, 456.

2. sŏlum, i, *n.* Grund od. Boden eines Gegenstandes: stagni 4, 298; inŝbef. a) Fußboden: marmoreum 15, 672. — b) Erdboden, Erdreich 1, 420. 2, 260. 420. 4, 134. 266. 5, 357. 7, 113. 206. 417. 11, 76. 14, 407. solo ponere 6, 246. solo procumbere 13, 176. — c) Land, Gegend, Ort 5, 496. 8, 789. vile, ärmlicher Fleck Erde 15, 428. natale, Geburtsland, Vaterland 7, 52. 8, 184. caeleste, Gefilde 1, 73.

sōlus, a, um, 1) allein, einzig 1, 351. solae Athenae 6, 421. solos homines imitatur 11, 638. sola Naiadum 4, 304. ex omnibus 5, 538. de modo viginti 3, 688. de tot votis 11, 582. prägn. verlassen, alleinstehend 1, 359. 593. 14, 217. — übrtr. von Localitäten, einsam, öde 2, 489. 3, 10. 394. 7, 819.

sŏlūtus, a, um, f. solvo.

solvo, solvi, sŏlūtum, ĕre, 1) Angebundenes ablösen, lösen, losbinden: catenas 3, 700 (f. nullus). retinacula 8, 102. 11, 712. 15, 696. funem 14, 445. rates 14, 86. nexus a pectore 9, 58. bracchia adducta 9, 52. bracchia a corpore, loslassen 11, 246. linguam ad jurgia, entfesseln, lösen 3, 261; bildl. a) eine Verbindlichkeit, Schuld lösen, abtragen: vota (alcui) 7, 652. 8, 153. 9, 708. dona, abzahlen 9, 794. gewähren: munera 11, 104. praemia 14, 811. poenas, erleiden 1, 209. — b) von Schuld befreien, losſprechen: alqm 15, 48. — 2) Verbundenes od. Geschlossenes auflösen, lösen: vittas 4, 6. crines 11, 682. 13, 584. ipsa erat solutis *sc.* capillis, trug das Haar gelöſt 3, 170. navem, zerscheitern 11, 664. pharetram, öffnen 5, 380. ora, den Mund aufthun (um zu reden) 9, 428. talibus verbis (*dat.*), zu folgenden Worten 15, 74. talibus modis 1, 181. ululatibus, zum Geheul 7, 191; insbef. schmelzen: nivem 2, 853. 8, 555. silices fornace, mürbe brennen 7, 107. in aëra solvi, sich auflösen 15, 845. coetum, auflöſen 13, 898. — 3) übrtr. gleichsam auflösen, abspannen, erschlaffen: homines quies solverat (von der Anspannung des Wachens löſen) 7, 186. solutus sopore, aufgelöst 8, 817. languore 11, 612. 648. annis aevoque, entkräftet 8, 712. zeugmatiſch: curas et corpora somnus solverat, hatte die Sorgen verscheucht und die Körper gelöst 10, 369. — 4) bildl. a) auflöſen, vergehen machen, aufheben: foedus 11, 743. soporem, vertreiben 3, 630. iras, aufgeben 9, 274. jejunia, brechen 5, 535. munera, wieder aufheben 11, 135. — b) erklärend lösen, enträthseln: carmina non intellecta ingeniis (*dat.* = ab ingeniis) priorum 7, 760.

somnĭfer, fĕra, fĕrum, Schlaf bringend, einschläfernd: virga 1, 672 (zur Sache vergl. 2, 735). — 2) übrtr. Tod bringend, tödtlich: venenum 9, 694.

somnĭum, ii, *n.* Traum: has quoque somni (= somnii) *sc.* esse, daß auch fie dem Traume angehören 7, 646. somnia videre 9, 475; personificirt Somnia, Traumgenien 11, 614. 617. 626. imagine Ceycis (*abl. qualitat.*), welche die Gestalt des Ceyx haben, von der Geſtalt des Ceyx 11, 588.

somnus, i, *m.* Schlaf: somnus venit in oculos 7, 155 (f. ignotus). habet alqm, hat ergriffen, fesselt 7, 329. 8, 84. tenet 4, 784. occupat 7, 634. solvit 10, 368. abit 7, 643. somnum petere 13, 676. dantur sua corpora somno 6, 489 (f. suus). somno gravis 1, 224. 3, 608. gravatus 5, 658. vinctus 11, 238. imago somni, Traum 7, 649. 8, 824. 9, 686. 13, 216. *plur.* 1, 685. 2, 735. 7, 153. 663. 11, 604. resolutus in somnos 7, 253. in somnis, im Schlafe, im Traume 15, 653. — 2) der Schlaf als mytholog. Person, ein Sohn der Nacht, Bruder des Todes, Vater der Traumgenien 11, 586. 593. 623. 647.

* sŏnābĭlis, e, klangreich: sistrum 9, 784.

sŏnĭtŭs, ūs, *m.* Schall, Geräusch, Getöſe 1, 573. 3, 498. pedum 5, 616. pharetrae 6, 230. sonitum dare 3, 37.

sŏno, ŭi, ĭtum, āre, 1) erschallen, ertönen, klingen 3, 550. 4, 393. 5, 297. 7, 110. nervus ab arcu, schwirrt 6, 286. fraxinus, klirrt 12, 123. frena sonantia 2, 121; rauſchen: sonat unda 8, 139. fons 3, 161. sonant carbasa 13, 419. pennae 5, 294. sorores (pennis) 13, 608. puppis, erdröhnt 11, 508. flamma, prasselt 9, 239. terra rasa squamis, raſſelt 3, 95; kniſtern: tura 15, 734. nervi 9, 174. colubrae, ziſchen 4, 492; mit *abl.* wovon erſchallen, ertönen 3, 703. 5, 204. 11, 496. 13, 892. ſtridore, knarren 11, 495. clangore, kreiſchen 12, 528. clamore sonant viri, toben 11, 495; mit adverbial. *acc.*: diversa sonare, verschieden tönen 10, 146. tale sonat populus, murmelt ſo 15, 605; *part.* sonans, ſchallend, ertönend: aes 12, 46. concha 1, 333. ictus 12, 375. fila sonantia 10, 89. spuma, ziſchend 11, 501. ora centum linguis sonantia, ſprechend 8, 532. — 2) *trans.* ertönen laſſen: te lyra sonabit, wird dich beſingen 10, 205. euhoe sonat, ruft Euhoë 4, 523. 6, 597.

sons, ntis, „ſchädlich"; dah. übrtr. ſtrafbar, ſchuldig: anima 6, 618. sanguis sons = sontis, des Schuldigen 13, 563. fraterno sanguine, des Brudermords ſchul-

big 11, 268; subst. Schuldiger, Misse-
thäter 2, 522. 10, 697.
sŏnus, i, *m.* Laut, Ton, Klang, Ge-
räusch: armorum 5,154. plangoris 14,
749. citharae 11,18. loquendi, Ton der
Sprache 11,636. sonum reddere (ertönen
lassen) 11,601. 12,51. dare 7,629. 12,
276. — 2) insbes. Ton der Stimme, die
Stimme 12,204. 14,429. 578. equae 2,
667. hominis 3,237. *plur.* 1,638; daß.
meton. (tönendes) Wort 3,378. 8,770.
concordi sono, einstimmig 5,664. medio
in sono, mitten im Sprechen 5,193. sol-
vit ora sono exspectato (*dat.*), zu der
erwarteten Rede 13,127.
sōpĭo, īvi, ītum, īre, betäuben, fest
einschläfern: draconem 7,149.213; *part.*
sopītus, in Schlaf versunken, vom Schlafe
betäubt 9,471. 11,251. 12,317.
sŏpŏr, ōris, *m.* Schlaftrunk 11,606.
— 2) (fester) Schlaf, Betäubung 1, 686.
715. 3,631. 6,493. 11,307. 677. 15,21.
321. regem altus sopor habebat, fesselte
7,667. alto sopore solutus 8,817. cor-
pora victa sopore 14,779.
sŏpōrĭfer, fĕra, fĕrum, Schlaf brin-
gend, einschläfernd: aula Somni 11, 586.
sorbĕo, ŭi, ēre, einschlürfen, verschlin-
gen: fretum 7,64. flumina sorbentur ab
ipsa (terra) 1,40. sorbent praecordia
flammae, verzehren 9,172.
sordĭdus, a, um, schmutzig, unsauber
2, 29. 8, 648.
sŏrŏr, oris, *f.* Schwester: Jovis 3, 266.
sorores, die Furien 4,471 (= sorores
nocte genitae 4, 451. vipereae 6, 662.
crinitae angue 10, 349). e tribus una
soror = una e Furiis 10,314. doctae,
die Musen 5,255. triplices ob. tres, die
Parzen 8,452. 15,808 (dieselb. veteres
sorores 15, 781). scripta fuerat soror,
d. i. das Wort „Schwester" 9,528. — 2)
(nahe) Verwandtin 1, 351 (Deucalion
und Pyrrha waren Geschwisterkinder).
sŏrōrĭus, a, um, schwesterlich: oscula
4, 334. 9, 539.
sors, tis, *f.* das Loos, welches gezogen
wird 2, 291. 13, 88. 242. 277. 14, 251.
sine sorte, ohne zu loosen 5, 318; meton.
a) der durchs Loos zugefallene Antheil,
das Erloste, das Loos 5,529. praedae,
Beutetheil 13, 485. tertia sors, die dritte
(durchs Loos bestimmte) Tributsendung
(s. Theseus) 8, 171. — b) Schicksal, Loos
2,56. 386. 3,551. 5, 272. 14, 489 (s. res);
insbes. das (von der Natur zugewiesene)
Geschlecht 3,329. feminea 6,680. al-
tera, das andere (weibliche) Geschlecht
9,676. — c) der (ursprünglich auf Loos-
täfelchen vom Fragenden gezogene) Orakel-
spruch, Götterspruch, Weissagung 1, 368.
381. 389. 3,130. 4, 643. 10, 567. 11,412.
13,184. 15, 436. 633. 647.
sortĭor, ītus, sum, īri, durchs Loos
erhalten: regna 8, 595; (dichter.) übrtr.
durchs Schicksal erhalten: parentes 9,493.
brevis spatium vitae 3,124. sortitus no-
vissima tempora Trojae, der bestimmt
war zu erleben 11, 758. flumina loco di-
stantes ripas sortita, die weit auseinan-
derstehende Ufer (von der Natur) erhal-
ten hatten 2, 241.
sospĕs, ĭtis, wohlbehalten, unversehrt,
gerettet 7, 40. 10, 401. 11, 580. cetera
sospes habet, im Uebrigen war er un-
versehrt 9, 99. laetatur sospite nato,
über die Erhaltung des Sohnes 7, 425.
sospite Scylla, so lange Scylla erhalten
bleibt, lebt 14, 39. 574. te sospite 15, 440.
spargo, si, sum, ĕre, 1) streuen, hin-
streuen, ausstreuen: flores 14, 266. agmen
in arvis 7, 638; sprengen: virus 14, 403.
soporem per terras 11, 607. latices huc
14,57. venenum pulmone, einspritzen 2,
801; einflößen: venenum 4, 520. jejunia
in venis 8, 820. sparsa in caelo mira-
cula, ausgestreut 2, 193; insbes. a) säen:
semina humo 5,647. dona Cereris per
agros 5, 655. dentes in agros 7,122.
per humum 4, 573. humi 3, 105. — b)
schleudern, schießen: fulmina in terras 1,
253. fulmina campis 10,151. tela per
Achivos 12, 600. — 2) auseinanderstreuen,
zerstreuen, umherstreuen: membra per
undas 13, 866. canes 8, 343. spargimur
(durch Sturm) 14,470. lacer spargĕre,
du wirst in Stücken zerstreut werden 3,
522. corpora, zerreißen 7,442. nomen
per urbes, verbreiten 8, 267; *part.* spar-
sus, auseinander gestreut, zerstreut: ossa
7, 444. crines per colla 3, 169. cervici-
bus 1, 542. Cyclades, zerstreut liegend 2,
264. — 3) bestreuen: alqm pulvere 9,
35. gramine 7, 152. nox caelum spar-
serat astris 11,309; besprengen, bespritzen:
sucis 6, 140. 14, 299. comas undis 3,
190. agros spumis 7,415. corpus ne-
ctare 4, 250. cruorem nectare 10, 732.
Phoebus sparserat litora (*sc.* lumine),
bestrahlte 14,416. *part.* sparsus, bespritzt:
caput 3,194. 5,544. caede 6, 657. rore
11,57. guttis 14, 408. concursibus un-
darum 15, 338. proleptisch: sparsas ve-
stes sanguine foedare (= ita ut spar-
sae sint), durch hervorspritzendes Blut
beflecken 7, 845; sparsus vultum ferru-
gine, das Antlitz bedeckt mit 15,790. spar-
sus tempora canis, an den Schläfen mit
Grauhaar gesprenkelt 8, 567. 15, 211. spar-
sae membra veneo, nachdem sie sich den
Leib besprengt haben 15, 539.

Spartānus, a, um, spartanisch 3, 208.
Spartē, ēs, f. Sparta, die Hauptstadt Laconiens im Peloponnes am Flusse Eurotas 6, 414. 10, 170. 217. 15, 426.
spătĭor, ātus sum, āri, herumspazieren, sich ergehen 2, 573. wandeln 4, 87. 11, 64. — 2) übtrt. sich ausbreiten: bracchia spatiantia 14, 629. alae spatiantes 4, 364.
spătĭōsus, a, um, von großem Umfange, groß, lang: corpus 3, 56. limes 15, 849. ulmus 14, 661. frons cornibus altis, breit 3, 20. mergus spatiosus in guttura (f. in) 11, 753. — 2) langdauernd, lang: aevum 8, 529. senectus 12, 186. vetustas 15, 623. bellum 13, 206.
spătĭum, i, n. 1) Strecke, Weite: viae 8, 794. in spatium, ins Weite 7, 783; insbef. (bestimmte, begrenzte) Laufbahn, Bahn 2, 168. 207. 417 (habebat, „hatte zurückgelegt"). Olympi 6, 487. — 2) Raum 1, 440. 2, 197. 802 (f. erro). 12, 284. spatio distare, (räumlich) 15, 244. spatio distante, in der Entfernung 11, 715; insbef. a) Zwischenraum, Entfernung 2, 26. 8, 248. 577. 10, 175. 11, 469. — b) Umfang, Größe, Länge 2, 517. 3, 677. oris et colli 2, 672. hostis 3, 95. dat spatium collo (verlängert) 3, 195. in spatium trahere, in die Länge ziehen 11, 176. — c) Räumlichkeit, Gemach 7, 670. — 3) Zeitraum, Zeit, Frist 1, 118. nascendi 1, 427. vitae 3, 124. 7, 173. juventae 15, 225. aevi 15, 874. ponendi 10, 163 in brevi spatio 1, 411. brevi spatio 7, 307. eodem spatio 10, 385. medio noctis spatio, um Mitternacht 9, 686.
spěcĭēs, ēi, f. das Ansehn: vulnus specie altius actum, als es den Anschein hatte 10, 528. in speciem mit folg. gen. = nach Art, ähnlich wie 3, 685. 15, 509. — 2) die äußere Erscheinung, Gestalt eines Gegenstandes 13, 964. 15, 199. 252 (f. quisque). orbis 1, 35. collis 15, 306. coronae 8, 181. hominis 7, 125. viri 12, 473. mortalis, Menschengestalt 8, 626. caelestis, Göttergestalt 15, 743; prägn. schöne Gestalt, Schönheit 7, 83. 682. vaccae 1, 612. — 3) concret. a) einzelne bestimmte Gestalt 1, 436. 15, 420. — b) Gestalt im Traume, Gesicht: viri 11, 677. quietis, Traumgesicht 9, 473.
spěcĭōsus, a, um, schön aussehend, schön: frons 3, 20. ulmus 14, 661. — 2) durch äußern Schein blendend, glänzend: damnum 11, 133. nomina 7, 69.
spectābĭlis, e, sichtbar: campus 3, 709. — 2) sehenswerth, ausgezeichnet, stattlich 6, 166. 7, 496. 705 (f. quod).
spectācŭlum, i. n. (nur plur.) Anblick, Schauspiel: praedae 3, 246. cursus 7, 780. — 2) Schauplatz 10, 668.

spectātŏr, ōris, m. Zuschauer: cursus 10, 575. operum multorum, Augenzeuge 12, 187.
spectātrix, īcis, f. Zuschauerin, Augenzeugin: fati 9, 359.
specto, āvi, ātum, āre, 1) schauen, sehen, erblicken: alqm 1, 770. 8, 855. spectabere serpens (als Schlange) 3, 98. opes 6, 181. urbes spectantur ab Isthmo 6, 420. collo pendere capillos 1, 497. hos volantes 11, 750. — 2) nach etwas hinschauen ob. blicken, etwas betrachten: alqm 4, 196. 5, 31. 8, 423. se (vultus) in aqua 3, 505. 13, 767. serpentem 3, 98. cultum 3, 609. praemia sua 6, 518. terras 6, 105. ora dei 4, 264. ictus suos 7, 341. inanes lacertos 15, 229. terram, erdwärts schauen, zur Erde gerichtet sein 1, 84. 10, 193. cacumine caelum 10, 140. luna spectat terras, bescheint 7, 181. consulit undas spectatas, in welche sie schaut 4, 312. spectare ad lumina 6, 767. in undam 3, 499. ad Io 1, 628; insbef. a) mit ansehen, zuschauen: certamina 8, 20. pugnam 14, 324 (f. Elis). pereuntem, wie er umkommt 7, 34; absol. spectant armenta 9, 48. te spectante, vor deinen Augen 5, 22. spectante juvenca 2, 623. multa spectata, viel Erlebtes 12, 183. — b) von Localitäten, wohin gerichtet sein, nach einer Gegend hin liegen: (terrae) quae spectant litora 15, 53. Peloros spectat Borean 13, 727. — 3) bildl. prüfen, erproben: spectemur agendo, lassen wir uns erproben, zeigen wir uns 13, 120; part. spectatus, bewährt, erprobt: virtus per labores 5, 243. dextra per ferrum, pietas per ignes 14, 109. harpe caede Medusae 5, 69. equo, zu Roß, als Reiter ausgezeichnet 8, 301.
spěcŭlor, ātus sum, āri, sich umsehen, umherspähen: in omnes partes 1, 667. — 2) trans. nach etwas umherspähen, erspähen, belauern 13, 247 (f. habeo). quid facerent 2, 557.
spěcŭlum, i, n. Spiegel 4, 349. 15, 232.
spěcŭs, ūs, m. Geklüft, Höhle 3, 29. 7, 409. 11, 235.
spēlunca, ae, f. Höhle, Grotte 10, 692. 11, 592.
Spercheïs, f. Sperchios.
Sperchīŏnĭdēs, f. Sperchios.
Sperchīos, i, m. ein auf dem Pindus entspringender Fluß Thessaliens, welcher bei Anticyra in den malischen Meerbusen fließt 1, 579. - Dav. 1) **Sperchēīs,** ĭdis, f. spercheïsch 2, 250. 7, 230. — 2) **Sperchīŏnĭdēs,** ae, m. ein Sohn des Flußgottes Sperchios, Sperchionide 5, 86.
sperno, sprēvi, sprētum, ĕre, verwer-

fen, verſchmähen, verachten: alqm 3,513. 4,390. 5,374. 14,35. consilium 6,30. praesagia 2,550. omen 2,597. amorem 7,375. preces (zurückweiſen) 1,701. 8, 852. deferri 9,117. gering achten: periculum 13,243. odium 14,493. flammas 9,249. part. spernendus, verächtlich: alcui 10,684.

spēro, āvi, ātum āre, (Gutes oder Schlimmes) von der Zukunft „erwarten"; dah. insbeſ. 1) ſich Hoffnung machen auf etwas, hoffen: alqd 10,345. quicquid 13, 18. praemia sibi 2,631. sedes aetherias 5,348. virginitatem 14,134. tenere 1,536. falli 7,832; part. speratus, gehofft: voluptas 2,862. gaudia 4,368. collum, erſehnt 3,389. cubilia 8,55. — 2) zu erwarten haben: pretium 6,84.

spēs, spĕi, f. Hoffnung: Trojae 13, 624. in spem laborare 15,367 (ſ. in). lotos floret in spem baccarum 9,341. videbis majora spe (als du hoffeſt) 7, 648; mit gen. objecti: spes salutis 7, 565. recursus 11,454. veneris 11,306. generi 1,659. votorum, auf Gewährung der Wünſche 9,534. spes inanes agitare 7,336. spem mortis concipere 6,554. spem Junonis capere, den Beſitz der Juno hoffen 12,506; mit acc. c. inf. 7, 304. 14,566. — 2) meton. worauf Hoffnung geſetzt wird, Gegenſtand der Hoffnung, Ziel der Hoffnung 2,719. 3,417. procorum 4,795. 9,10. spe potiri 11, 527. spes primae hominum, die Hoffnung werdender Menſchen 15,217. anni, die gehoffte Ernte 15,113.

spīca, ae, f. Aehre 8,292. 9,689.

spīcĕus, a, um, von Aehren: serta, Aehrengewinde 2,28. 10,433.

spīcŭlum, i, n. (nur plur.) Spitze, Stachel: crabronum 11,335. hastae 8, 375; meton. Pfeil 12,601. 13,54. plur. für sing. 12,606.

spīna, ae, f. Dorn 14,166; übrtr. a) Gräte 8,244. — b) Rückgrat 3,66. 672. 8,807. 14,553. 15,389. dichter. Rücken 6,380.

*****spīnĕus**, a, um, von Dornen: vincula, Dornengewinde 2,789.

spīnōsus, a, um, dornig, ſtachelich: herba 2,810.

spīra, ae, f. Windung, Krümmung der Schlange 3,77.

spīrāmentum, i, n. (v. spiro), Luftloch 15,343.

spīrĭtŭs, ūs, m. Luftzug, Hauch 7,820. — 2) das Athemholen, der Athem 12,517. 15,303; dah. prägn. Lebenshauch, Leben, Seele 6,294. 8,523. 9,617. 15,167.

spīro, āvi, ātum, āre, wehen, blaſen 7,532. 9,661. 11,481. — 2) Athem holen, athmen 14,172. viae spirandi, Luftausgänge 15,344. spirat pectore flamma, dampft hervor 8,356.

spisso, āvi, ātum, āre, dicht machen, verdichten: ignis spissatus 15,250.

spissus, a, um, dicht, dick: aër 1,23. nubes 5,621. caligo 7,528. grando 9, 222. liquor 12,438. sanguis, geronnen 11,367. litus, dichtbeſandet 15,718.

splendĕo, ēre, ſchimmernd glänzen: ferrum splendens 3,53.

splendesco, splendŭi, ēre, glänzend werden, erglänzen: succo olivae (weil vor Beginn der gymnaſtiſchen Uebungen der Körper mit Oel geſalbt wurde) 10,177.

splendĭdus, a, um, ſchimmernd, glänzend: venabula 8,419. crinis ostro 8,8. splendidior vitro 13,791. bracchia, goldſchimmernd 11,131.

spŏlĭo, āvi, ātum, āre, „entkleiden"; insbeſ. einen gefallenen Feind der Waffen berauben 12,143. 440. 13,114 (ſ. cur). — 2) überh. berauben: alqm crine 8, 86. sociis 14,71. penetralia donis 12, 246. arbor spoliabitur auro 4,644. part. spoliatus, beraubt 6,199. tegmine cerae 11,514. hiems spoliata capillos, der Haare beraubt 15,213.

spŏlĭum, i, n. die abgezogene Haut eines Thieres 3,81. 9,113; übrtr. a) die dem Feinde abgenommene Waffenbeute, plur. 8,154. 12,462; uneigentl. von den durch den Tod zurückgelaſſenen Waffen des Achilles 13,153. — b) überh. Beute, Raub 7,156. 8,87. 426 (ſ. jus). plur. 11,552. spolium viperei monstri, das erbeutete Haupt der Meduſa 4,615.

sponda, ae, f. Geſtell eines Sopha's 8,656.

spondĕo, spŏpondi, sponsum, ēre, feierlich verſprechen, geloben: recursus 6, 450. fidem 10,395 (erg. sed etiam opem ferre). officium amori 10,468. part. sponsus, verſprochen: ſubſt. sponsus, i, m. ein Verlobter 5,23. 229. sponsa, ae, f. Verlobte 4,326.

sponsa, ſ. spondeo.

sponsus, ſ. spondeo.

spontĕ (abl. v. ungebr. spons, freier Wille), aus eignem Antriebe, freiwillig: sponte tua 9,447. sponte sua 2,128. abſol. sponte 11,486. 15,62. — 2) ohne Jemds. Zuthun, von ſelbſt: sponte sua 1,90. 417. 3,699. 5,591. 7,541. 8,680. 15,555.

sprētŏr, ōris, m. Verächter: deorum 8,613.

spūma, ae, f. Schaum, Gäſcht: des Mundes 3,74. 8,288. 417. plur. 7,415. 11,367. 15,519; des Meeres 4,538 (ſ. Venus). 11,501; beim Knochen 7,263. 282.

spūmans, ntis (*part. v.* spumo), schäumend: rictus 4, 97. ora 6, 226. 8, 34. terga equi, schaumbedeckt 14, 363.

spūmĕus, a, um, schäumend: torrens 3, 571.

spūmĭger, gĕra, gĕrum, Schaum bei sich führend, schäumend: fons 11, 140.

spūmōsus, a, um, voll Schaum, schäumend: undae 1, 570.

spūto, āre (*intens. v.* spuo), ausspeien: dentes 12, 256.

squālĕo, ŭi, ēre, von etwas starren, mit etwas (wie mit einer Kruste) dicht bedeckt sein: tabo 2, 760. 15, 627. musco 1, 374. serpentibus 14, 411. ora squalentia, wustig (durch Schlangenhaare) 4, 656.

squālĭdus, a, um, „schmutzig"; dah. übrtr. in (schmutziger) Trauerkleidung, in Trauer gehüllt 10, 74. 15, 38. genitor, in Dunkel gehüllt (wie in ein Trauergewand) 2, 381.

squāma, ae, *f.* Schuppe 3, 63. 75. 675. 4, 45. 577. 9, 267. 15, 725.

squāmĕus, a, um, schuppig: membrana 7, 272.

squāmĭger, gĕra, gĕrum, Schuppen tragend, beschuppt: cervices (draconis) 4, 717.

squāmōsus, a, um, voll Schuppen, schuppig: orbes (serpentis) 3, 41.

Stābĭae, ārum, *f.* Stadt Campaniens in Unteritalien, wurde durch einen Ausbruch des Vesuv im J. 79. n. Chr. nebst den Städten Herculanum und Pompeji verschüttet 15, 711.

stăbŭlor, ātus sum, āri, im Stalle stehen, stallen 13, 822.

stăbŭlum, i, *n.* Stall, Viehhof, Gehöfte (nur *plur.*) 5, 627. 6, 521. 573. 596. 8, 553.

stagno, āvi, ātum āre, unter Wasser stehen, überschwemmt sein 1, 324. — 2) *trans.* unter Wasser setzen, überschwemmen: stagnata paludibus hument (erg. loca) 15, 269.

stagnum, i, *n.* jedes stehende Gewässer, Sumpf, Teich, Weiher, Landsee 1, 38. 2, 379. 4, 46. 297. 5, 406. 6, 320. 7, 381. 8, 624. 9, 340.

stāmĕn, ĭnis, *n.* der (aufrecht stehende) Aufzug des Gewebes, die Kette (durch welche beim Einschluß, subtemen, mit dem Weberschiffchen geschossen wurde) 4, 297. 6, 54; *plur.* 4, 275. 6, 57. 576; übrtr. a) der Faden beim Spinnen 4, 34. 179. 221. 12, 475. fatalia, Schicksalsfaden, Lebensfaden 8, 453. — b) Faden einer Spinne 6, 145. — c) Saite eines Instruments 11, 169.

stătĭo, ōnis, *f.* Kämpferstellung 9, 34.

— 2) Posten, Wacht 1, 627. caeli 2, 115.

stătŭo, ŭi, ūtum, ĕre, aufstellen, errichten: aras 7, 240. templa 14, 128. — 2) bildl. bei sich festsetzen, beschließen: sic 4, 661; mit *inf.* 7, 720. 13, 546. velle mori statuit 10, 132; mit *ut* 4, 84.

stătŭs, ūs, *m.* Stellung (des Körpers) 11, 169. — 2) bildl. Zustand, Stand, Lage 13, 594. rerum (des Reiches) 7, 509. qui sit status, wie die Lage der Dinge sei 11, 492.

stella, ae, *f.* Stern 2, 114. 205. 516. 7, 100. comans 15, 749.

stellans, ntis, (wie ein Stern) schimmernd, funkelnd: gemma 1, 723.

stellātus, a, um, mit Sternen besetzt; übrtr. Argus, mit Augen übersät 1, 664. stellatus corpora guttis, am Leibe mit Flecken getüpft 5, 461.

stĕrĭlis, e, unfruchtbar: ulvae 4, 299. tellus 8, 789. collis 14, 89; bildl. fruchtlos: amor, unerwiedert 1, 496.

sterno, strāvi, strātum, ĕre, 1) hinbreiten, hinstreuen: vestes 8, 658. virgas 4, 743. herbas 7, 254. torum, bereiten 6, 431; insbes. a) niederlegen: tauri in litore strati, gelagert, hingestreckt 11, 394. — b) gewaltsam niederstrecken, zu Boden strecken: alqm 1, 460. 5, 88. 128. 12, 74. 351. 453. 604. alqm arenā 9, 84. 10, 716. humi 2, 477. 12, 255. armentum 11, 372. nemus 8, 340. trabes 9, 209. fetus 8, 294. segetes 1, 272. moenia, (gänzlich) zerstören, schleifen 12, 550. vulgus erat stratum, lag niedergestreckt (durch die Pest) 7, 585. — 2) womit überdecken, bedecken: congeriem silvae vellere 9, 236. tellus strata est corporibus 14, 800. (pontus) sternitur spumisque sonantibus albet, bedeckt sich weiß mit zischendem Schaume 11, 501.

Sthĕnĕlēĭs, ĭdis, sthenelëisch: volucris = cycnus, der Schwan, weil in diesen Cycnus, der Sohn des ligurischen Königs Sthenelus, verwandelt worden war (s. 2, 367) 12, 581 (Merkel: Phaëthontida).

Sthĕnĕlēĭus, a, um, sthenelëisch: Eurystheus, als Sohn des Königs zu Mycenä Sthenelus (eines Sohnes des Perseus und der Andromeda) 9, 273. proles = Cycnus als Sohn des ligurischen Königs Sthenelus 2, 367.

Sticte, ēs, *f.* (v. στικτός, ή, όν, gefleckt, „die Gefleckte") ein Hund des Actäon 3, 217.

stillo, āvi, ātum, āre, träufeln, tröpfeln 1, 112. sparsi stillanti rore capilli 11, 57. — 2) *trans.* träufeln lassen: *part.* stillatus, geträufelt: de ramis 2, 364. cortice 10, 501.

stĭmŭlo, āvi, ātum, āre, „mit dem Stachel stechen"; bildl. stacheln, reizen 4, 430. 6, 550. stimulatus irā 4, 235.

stĭmŭlus, i, m. Treibstachel, Stachelstock (zum Antreiben der Zugthiere) 2, 399. plur. 2, 127. 14, 647; bildl. a) Stachel der Unruhe 1, 726. — b) Anreizungsmittel, Sporn 6, 480 (s. pro). stimulos adjicere alcui, Jemb. noch mehr anspornen 1, 244.

stīpĕs, ĭtis, m. Stamm, Baumstamm 1, 553. 2, 351. 9, 379. 15, 523. quernus 8, 369. — 2) Pfahl, Pflock: quernus, Keule 12, 342. Ast 7, 279. Brandscheit 5, 57. 8, 451. 504. 514. 12, 287. Stygius 10, 313.

stīpo, āvi, ātum, āre, „zusammenstopfen"; dah. dicht umgeben, umringen: stipatus comitum turbā 3, 186.

stĭpŭla, ae, f. Strohhalm, Stroh: plur. 8, 630. Stoppeln 1, 492.

stirps, pis, f. der (untere) Stamm eines Baumes 13, 635. 15, 525; übrtr. a) Stamm, aus welchem Jemb. entsprossen ist, Geschlecht 2, 633. 3, 543. nasci de stirpe alcjus 11, 312. humili de stirpe creatus 14, 699. caelesti stirpe creatus 1, 760. — b) Nachkommenschaft, Geschlecht 1, 159. 6, 402. virilis 13, 529. feminea (die Töchter des Aniuß) 13, 651. Sprößling 2, 757.

stīva, ae, f. Pflugsterze 8, 218.

sto, stěti, stătum, stāre, 1) stehen: in litore 8, 860. ante aram 12, 31. arce 5, 289. stat canum rabie, steht auf wüthenden Hunden 12, 66. stat super, oben auf dem Wagen 2, 151. stat quercus 8, 743. silva 3, 28. ara 6, 326. Ide sine frondibus 13, 325. stant sine ignibus arae 1, 374; bildl. ante oculos stare 12, 429. stat monitis contraria virtus 10, 709; inbes. a) in der Stellung eines Kämpfenden stehen 8, 91. in gradu 9, 43; dah. cum alquo, auf Jemds Seite stehen: stat mecum vota sororis, sind mit mir einverstanden 7, 54. — b) von Gebäuden, erbaut sein, stehen 3, 131. 11, 205. — c) aufrecht stehen, emporstehen: stant tela 4, 275. stant cristae 6, 672. setae 8, 286. comae 7, 631. hirta canities stetit rigidis capillis, die weißen Haare standen starr empor 10, 425. stant pectora celsa toris, steht hervor von Muskeln strotzend 12, 401; prolept. stantes aristas percurrere, so daß sie aufrecht stehen bleiben, ohne sie niederzutreten 10, 655. — 2) prägnant: a) stehen bleiben, still stehen, unbeweglich stehen: bos stetit 3, 20. stare nequit, kann nicht ruhen und rasten 13, 872. stetit aequore puppis 3, 660. ut staret altera pars (d. i. der eine Arm des Zirkels) 8, 249. lumina stant immota genis 6, 305. stantes aquae, ruhig, unbewegt 4, 732. stantia freta 7, 201. — b) von Geschossen, stecken bleiben, haften 5, 34. 132. 8, 415. 15, 562; bildl. aa) bei etwas festbleiben, beharren: pacto 2, 818. stat sententia, der Entschluß steht fest 1, 243. tradere patriam 8, 67. — bb) fortbestehen, fortdauern 3, 549. 4, 471. — cc) zu stehen kommen: magno, hoch, theuer 7, 487. 10, 547. 12, 69. 14, 493.

stŏlĭdus, a, um, albern, thöricht 5, 305. 13, 327. 774. mens 11, 149. lingua 13, 306. aures 11, 175. palma, aus Thorheit erstrebt 6, 50.

strāgēs, is, f. (v. sterno), das Niederwerfen, die Niederlage: canum 7, 536.

strāmĕn, ĭnis, n. (v. sterno), Stroh 5, 447. plur. 8, 701.

strātum, i, n. (v. sterno), „das Hingebreitete"; dah. a) Lager 7, 558. 11, 649. plur. 5, 34. 10, 267. — b) Pferdedecke 8, 33.

strātus, a, um, s. sterno.

*strēnŭĭtās, ātis, f. Regsamkeit (in Geschäften), Munterkeit 9, 320.

strēnŭus, a, um, regsam, thätig, hurtig: faciendis jussis (dat.) zum Vollziehen der Befehle 9, 307.

strĕpĭtŭs, ūs, m. Geräusch, Getöse, Lärm 7, 840. 11, 365. 650. 14, 215. 782. Rauschen 3, 569.

strīdĕo, di, ēre, u. strīdo, di, ēre, zischen, sausen, rauschen: stridit cruor 9, 171. pars (membrorum) veribus stridunt 6, 646. stridet ferrum 12, 279. stridens foramen 4, 123. spuma 8, 417. alae 4, 616. freto stridens, einherrauschend 13, 904.

strīdŏr, ōris, m. das Geräusch, Zischen, Pfeifen, Knarren: der Schlangen 9, 65. der Fledermäuse 4, 413. des versengten Blutes 12, 276. einer Thüre 11, 608. des Tauwerks 11, 495. das Kreischen der Affen 14, 100. das Grunzen des Schweines 8, 287.

strīdŭlus, a, um, knisternd: fax stridula fumo fuit 10, 6.

stringo, inxi, ictum, ēre, 1) streifen, leicht berühren: rostro vestigia (Füße) 1, 536. summas undas 11, 733. summum aequor stringitur aurā 4, 136; inbes. verletzend streifen, leicht verletzen: pedem dente 11, 776. — 2) „abstreifen"; dah. eine Waffe ziehen, zücken 3, 535. 7, 285. 333. 8, 207. 14, 296. 15, 800.

strix, ĭgis, f. Ohreule 7, 269.

Strŏphădes, um, f. zwei Inseln des ionischen Meeres, Aufenthaltsort der Harpyien 13, 709.

strŭo, xi, ctum, ēre, aufeinanderschichten, zusammenfügen: arbores in pyram 9, 231. montes ad sidera, aufeinan der thürmen 1, 153. structae avenae, verbundenes Rohr, Hirtenpfeife 1, 677. — 2) (künstlich) **aufführen, aufbauen, errichten**: theatrum 11, 25. moenia saxo 6, 573. atria pumice structa 8, 562; bildl. (Böses auf listige Weise) **anstiften**: insidias alcui, Nachstellungen bereiten 1, 198.

Strȳmōn, ŏnis, *m.* Fluß in Thracien, entspringt auf dem Hämus 2, 257.

stŭdĕo, ŭi, ēre, **sich eifrig bemühen**: alcui, Jemd. (thätlich) begünstigen, sich Jemds. eifrig annehmen 9, 426.

stŭdĭōsē, *adv.* eifrig: *compar.* studiosius 5, 578.

stŭdĭōsus, a, um, **sich einer Sache befleißigend, ihr eifrig ergeben, Freund** von etwas: fetus arborei 14, 625. nemorum 7, 675. equorum 14, 321.

stŭdĭum, i, *n.* **Eifer** wofür, **Begierde, Neigung** 4, 295. 5, 393. 6, 60. loquendi 5, 678. venandi 3, 413. eundi, des Verfolgens 8, 378. *plur.* 1, 199. — 2) (mit Eifer oder Vorliebe betriebene) **Beschäftigung, Lieblingsgeschäft, Gewerbe** 3, 589. 5, 267. 8, 865. 14. 634. Kunstfleiß 6, 12. *plur.* 1, 694. 7, 746. virilia 12, 208.

stultus, a, um, **thöricht**: ignes 9, 746.

stŭpĕfactus, a, um (*part. v.* stupefacio), **bestürzt** 9, 314.

stŭpĕo, ŭi, ēre, „**betroffen, verblüfft sein**"; dah. a) vor Furcht, Schrecken **stutzen, starren, betäubt sein** 2, 191. 5, 509 (f. ad). 11, 539. nece („wegen") 10, 64. — b) vor Verwunderung **stutzen, staunen** 3, 381. 4, 346. 676. 10, 287. 15, 553. stupuit Ixiqnis orbis, stockte (vor Staunen) 10, 42.

stuppĕus, a, um, **aus Werg**: retinacula classis 14, 547.

stŭprum, i, *n.* **Buhlschaft** 2, 529 (mercede stupri Apposition zu caelo).

Stȳgĭus, a, um, f. Styx.

Stymphālis, ĭdis, *f.* am See Stymphalos in Arcadien, **stymphalisch**: silva 5, 585. undae, der stymphalische See, woselbst Vögel hausten, die ihre ehernen Federn wie Pfeile abschießen konnten. Hercules scheuchte sie durch Klappern auf und erlegte sie 9, 187.

Stȳphĕlus, i, *m.* ein Centaur 12, 459.

Styx, ȳgis, *f.* ein Fluß in der Unterwelt, der sie neunmal umkreist und bei welchem die Götter ihren heiligsten Eid schwuren 4, 434. 12, 322; meton. Unterwelt: *acc.* Stygä 10, 13. 15, 154. - Dav.

Stȳgĭus, a, um, **zum Styx od. zur Unterwelt gehörig**: torrens 3, 290. aqua 3, 505. unda 2, 101. 3, 272. 10, 697. 11, 500. paludes 1, 737. sedes 14, 155. lucus 1, 189. vallis 6, 662. urbs 4, 437. manes 5, 115. 13, 465. stipes 10, 313. umbrae, Reich der Schatten 1, 139. nox, Unterwelt, sofern sie nicht von der Sonne beschienen wird 3, 695; insbes. a) zur bloßen Bezeichnung der tiefen Lage eines Gegenstandes, **unterirdisch**: gurges 5, 504. — b) zur Bezeichnung des Schauerlichen oder Verderblichen, **höllisch**: os 3, 76. bubo, Unheil verkündend 15, 791.

suādĕo, si, sum, ēre, zu etwas **rathen**, etwas **anrathen**: facinus 8, 90. nefas 1, 392. silentia 9, 692 (f. premo). viam, zur Abfahrt 13, 418; mit *inf.* 10, 688. 15, 650; mit ut 13, 315. pudor est qui suadeat illinc 1, 618.

sŭb, *praep.* I) *c. abl.* 1) unten an, (ganz) nahe bei (einem hohen Gegenstande), **unter**: sub montibus (moenibus) 1, 689. 13, 261. sub Atlante 4, 772. sub arbore 4, 95. sub aure 8, 382. sub arundine, unten am Rohr 1, 471. cannae sub arundine, unter, zwischen 8, 337. silva fuit tanto sub hac (quercu), war so viel niedriger als 8, 750; dah. a) **unter, unterhalb**: sub aqua 1, 301. sub terris 5, 504. sub utroque Phoebo 1, 338. sub Jove 4, 260 (f. Juppiter). altà sub terra, tief unter der Erde 1, 630. sub pondere cribri, unter dem im Siebe befindlichen Preßgewichte 12, 437. sub illo, unten an ihm 12, 399. mole sub ingenti rerum fundamina ponit, unter einem gewaltigen Bau, der sich darauf erheben wird, d. i. für einen gewaltigen Bau 15, 433. sub aequore mergere 13, 878. 948. 14, 548. — b) **unten in, innerhalb, in**: sub antris 4, 289. sub valle 11, 277. sub gurgite 5, 597. 15, 714. sub pectore 11, 225. sub ossibus 2, 410. sub inguine 10, 715. sub umbra, im Schatten 13, 815. — 2) *v. d.* Zeit: **während, bei**: primis sub annis, in früher Jugend 12, 183. 13, 596. sub die nitido, bei hellem Tage 1, 603. rege sub hoc, während seiner Herrschaft 14, 623. — b) **unmittelbar nach**: sub luce, nach Erscheinen des Morgenlichtes 1, 494. sub adventu favoni, bei 9, 661. sub nomine Bacchi, als sie den Namen Bacchus gehört hatte, bei Nennung des Namens Bacchus 4, 523. — 3) zur Bezeichnung einer Unterordnung, **unter**: sub ditione alcjus 14, 609. sub alquo, unter Jemds. Herrschaft 1, 114. 14, 458. terra sub Augusto est, ist unterthan 15, 860. sub rege pontus erat 4, 633. regia sub me domina est, ist mir als Herrin unterthan 6, 178. sub Hercule, unter Anführung des Hercules 13, 23. rapuere sub illo, unter ihm, mit ihm 13, 202. sub Iasone 7, 5. viri sub Diomede 14, 492. sud judice (vor) 13, 190. judice sub Tmolo, vor dem Schiedsgerichte des Tmolus 11, 156. — 4) eine Veranlassung anzeigend, **auf Veranlassung, in Folge von**: nullo sub indice 13, 34. vitam exhalare sub vulnere 5, 62. oculi sub nocte atra natantes, brechend in Todesnacht 5, 71. sub imagine somni, befangen von 8, 824; **unter, bei**: sub his tenebris 3, 525. perpetua sub nocte, in beständiger Blindheit 7, 2. sub illo igne, bei aller ihrer Liebesgluth 9, 464. — 5) von dem, worunter etwas sich verbirgt, **unter**: sub imagine 1, 213. 2, 37. 3, 250. 7, 360. 9, 480. 686. 13, 273. sub nomine 1, 410. 9, 558. sub numine 15, 546. agit sua vota sub illa, unter ihrem Namen d. i. sie vorschützend 6, 468.

II) *c. acc.* 1) örtlich: a) **nahe an** (einen höher ragenden Gegenstand), **unterhalb**: sub alvum 12, 389. sub imum pectus 4, 162. labi sub terras, unter der Erde fort 1, 189. usque sub Orchomenon, bis unter die Mauern von Orchomenos 5, 607. sub occasus, nach Westen hin 4, 626. — b) **unter, hinab zu**: sub Tartara mittere 11, 670. detrudere 12, 522. sub aequora 3, 684. 14, 601. sub antra reverti 13, 777. sub auras, (von unten) hinauf an die Lüfte 3, 296. 5, 641. 11, 184. 12, 525. — 2) **von der Zeit, gegen, um**: sub spatium 1, 426. sub noctem 4, 79. 11, 480. 13, 729.

subcresco, f. succresco.

sub-do, dĭdi, dĭtum, ĕre, **darunterthun, darunterlegen**: testam 8, 662. flammam (erg. pyrae) 9, 234. aequora equis, unterbreiten 4, 634. caput fonti, untertauchen 11, 141. se aquis 4, 722. Telchinas undis, versenken 7, 367. *part.* subditus, befindlich unter: vincla subdita mento 12, 141. carina subdita navigiis 14, 553. juga subdita radiis matutinis, liegend unter 1, 62.

sub-dūco, xi, ctum, ĕre, (v. unten) **in die Höhe ziehen**: remos, einziehen 11, 486. — 2) **darunter wegziehen**: tellure subducta, indem die Erde sich unter seinen Füßen öffnete (f. Callirhoe) 9, 406. se a vulnere, sich zurückziehen vor 7, 781; bildl. **entziehen**: faciem alcui 2, 661. vires 13, 61.

*****sub-ĕdo**, ēdi, ĕre, **von unten anfressen**: scopulum subederat unda, hatte unterhöhlt 11, 783.

sub-ĕo, ĭi, ĭtum, īre, 1) **unter etwas gehen**: umbra subit terras 11, 61. paludem, untertauchen 15, 358. foramina, hinunter dringen 6, 697; daher wohin **hineingehen**, einen Ort **betreten**: in latebras 4, 601. tecta 14, 250. domos 1, 121. penates 5, 650. casas 5, 282. antra 12, 417. atria 8, 562. nemus 2, 418. secreta nemorum 1, 594. quo, kommen 3, 165. hac, heranrudern 13, 728. tecta, zu Wohnhäusern fliegen 6, 669. venas, eindringen in 5, 437. thalamos, sich einschleichen in 3, 282; bildl. etw. **übernehmen** (besond. von leidenden Verhältnissen): poenam, erleiden, erdulden 5, 200. — 2) **herankommen, sich nähern**: subit ille, tritt heran 3, 648 (ans Steuer). 7, 115. nox subit, kommt heran 7, 634. lux 9, 93. tempus 4, 399. subit causa recens priori (causae), kommt hinzu 3, 259; bildl. **in die Gedanken kommen, vor die Seele treten, einfallen**: animum 7, 170. mentem 12, 472. absol. 12, 591. 15, 307. subeunt illi fratresque parensque 11, 542; mit *acc. c. inf.* 2, 755. — 3) **nachrücken, in die Stelle von etwas treten**: in quorum locum subiere fraudes 1, 130. pulchra subit facies 14, 827. furcas subiere columnae, traten an die Stelle 8, 700; überh. **nachfolgen, folgen**: subiit argentea proles 1, 114. Alba subit Latinum, folgte (in der Regierung) auf 14, 612.

subĭgo, ēgi, actum, ĕre (ago), „**untertreiben**"; **dah. unterwerfen, unterjochen**: gentes 11, 299. — 2) **durcharbeiten, bearbeiten**: vomere terram 11, 31. opus, (die zu verarbeitende Wolle) 6, 20.

subĭtō, *adv.* **plötzlich** 2, 535. 3, 96. 4, 391. 711.

subĭtus, a, um, **plötzlich**: morbus 7, 537. timor 2, 180. dolor 7, 826. ululatus 3, 179. tremor 3, 40; **plötzlich entstanden**: aquae 1, 315. fratres 3, 123. olor 7, 372. volucres 14, 508. praepetes 13, 617. radix 2, 349. pennae 5, 560. alae 11, 341.

subjecto, āre (*intens. v.* subjicio), **unter etwas legen**: manus 4, 359 (*sc.* subter bracchia pueri).

subjĭcĭo, jēci, jectum, ĕre (jacio), 1) **unter etw. werfen, legen, fügen**: ignem 1, 229. bracchia pallae, das Gewand auf die Arme nehmen 3, 167. manus est subjecta Peloro 5, 350. *part.* subjectus, darunter liegend, unter etwas befindlich (oft blos „unten, darunter" zu übersetzen): Ossa 1, 155. vineta 1, 298. arva 7, 638. 779. terga 13, 914. pectora 12, 117. undae (untergebreitet) 2, 68. 13, 438. magnis molibus subjectus 5, 347. oculis, vor Augen liegend 8, 573; bildl. **unterwerfen**: potentia herbarum subjecta (est) nobis, ist mir unterthan 1, 522. — 2) **an etwas anfügen**: pennae subjectae, angesetzt, angelegt 13, 718. terga, anhaftend 14, 66. bracchia subjecta sunt lacertis, die Unterarme schließen sich an die Oberarme 14, 304. bos subjectus aratro, angespannt 15, 618. culter subjectus, an die Kehle gesetzt 7, 599; bildl. **eingeben, einflößen**:

spem alcui 7, 304. — 3) (von unten) in die Höhe werfen: orbem (disci) in aëra 10, 184.

sub-jungo, nxi, nctum, ēre, zu etwas hinzufügen: carmina nervis, zu den Saiten anstimmen 5, 340.

sublīmis, e, emporragend, erhaben, hoch: cacumen montis 1, 666. tectum 14, 752. columna 2, 1. templa gradibus 7, 587; emporgerichtet 15, 673. os 1, 85. — 2) in der Höhe befindlich, hoch: via 1, 168. torus sublimis in ebeno 11, 610. puppis, hochschwebend 11, 503. agmen stellarum, hochwandelnd 11, 97. corpus humo sublime, (v. der Erde) emporgehoben 13, 283. sedens sublimis solio, hochsitzend 6, 650. 14, 262; insbes. in der Luft 5, 648. 8, 813. sublimem rapere alqm, durch die Luft 4, 363. 7, 222. se sublimis in auras attollit, hoch in die Lüfte 4, 721. sublimia membra ferre, sich in die Luft schwingen 12. 565; subst. sublime, is, n. die Höhe 8, 259. — 3) bildl. hochfahrend, stolz: sublimes animos habere, hohen Stolz besitzen 4, 421 (abl. natis, „auf, wegen").

sub-mergo, si, sum, ēre, untertauchen: membra palude 6, 371. submersus (in unda) 9, 593. 12, 279.

sub-mitto, mīsi, missum, ēre, niederlassen, senken: genu 4, 340. poplitem in terra 7, 191. latus (caput) in herba 3, 23. 502. part. submissus als Adject. gesenkt: vertex 8, 638. barba, herabhängend 6, 715; bildl. demüthig: vox 7, 90. — 2) „unter etwas thun"; daher bildl. unterordnen, nachsetzen: cannas citharae 11, 171. — 3) in die Höhe richten: manus submissae, flehend erhoben 5, 235.

sub-mŏvĕo, mōvi, mōtum, ēre, entfernen, wegdrängen, wegtreiben: alqm 1, 664. 5, 168. populum aris 6, 274. alqm orbe, ausstoßen 8, 97. pinus spatio submota, entrückt, entfernt 11, 469. ignes Phoebeos, abwehren 5, 389.

sub-necto, xŭi, xum, ēre, unten anbinden: velum antennis, um die Raaen wickeln 11, 483.

subnixus, a, um (v. nitor), „unter etwas sich stützend"; dah. sich unten anschließend an etwas: barba capillis, unterhalb 6, 715.

subŏlēs, is, f. (v. subolesco), Anwuchs, Nachkommenschaft 1, 251.

subp..., s. supp...

sub-rŭo, rŭi, rŭtum, ēre, „von unten einreißen"; bildl. untergraben, vernichten: senecta subruit robora 15, 228.

sub-scrībo, psi, ptum, ēre, (unten hin) aufschreiben, aufzeichnen: sepulcro 9, 563 (causa „als Urheber des Todes").

sub-sĕquor, cūtus sum, sĕqui, (unmittelbar) nachgehen, folgen 3, 17.

sub-sīdo, sēdi, sessum, ēre, sich niederlassen, niedersetzen: in ara 9, 297. obvia subsedit ligno, senkte sich dem Holze entgegen 10, 498. paulum subsedit, sank zurück 2, 277; übrtr. v. Leblosen, sich senken: vales subsidere jussit 1, 43. flumina subsidunt, fallen 1, 343. ebur subsidit digitis, senkt sich unter den Fingern ein, läßt sich drücken 10, 284.

sub-sisto, stĭti, ēre, „still stehen"; bildl. einhalten, innehalten: positis pars utraque substitit armis, hielt Ruhe 12, 147. substitit clamor, hörte auf 1, 207. — 2) wo bleiben, sich niederlassen 14, 158.

sub-sterno, strāvi, strātum, ēre, unterstreuen: casias 15, 399.

substrictus, a, um (part. v. substringo, „zusammenziehen"), mager, schmächtig: ilia 3, 216. crura 11, 752.

sub-sum, fŭi, esse, in der Nähe (von etwas) sein: silva subest 11, 234. templa mari subsunt 11, 359. — 2) unter etwas sein: collo pectora subsunt 12, 420 (quam, als wo). genualia poplitibus 10, 593.

subtēmĕn, ĭnis, n. (zusammengez. aus sub u. teximen), der Einschlag des Gewebes, welcher mit dem Weberschiffchen (radius) durch den Aufzug (stamen) durchgeschossen wird 6, 56.

subtĕr, praep. unterhalb, unter... hin: subter cavernas auferri 5, 502.

sub-texo, xŭi xtum, ēre, „unter etwas weben"; übrtr. vor etwas vorziehen: nubes patrio capiti (= Soli) 14, 368.

sub-trăho, xi, ctum, ēre, entziehen: se labori 13, 316.

sub-vĕho, xi, ctum, ēre, herauf- od. heranführen: agmina ponto 6, 422. pass. subvehi, hinauffahren 8, 796.

sub-vŏlo, āre, emporfliegen, auffliegen 11, 790. 14, 507. 577.

suc-cēdo, essi, essum, ēre 1) unter etwas gehen: aquae (hinabsteigen in) 11, 142. tectis (eintreten) 2, 766. 8, 549. — 2) herangehen, nahen; Danais, zum Heere der Danaer kommen 13, 134 (des Wortspiels wegen aber durch „folgen" zu überf.) — 3) vorrücken, einrücken: lignum in suras 11, 80. nostro honori successit, ist in meine Ehrenstelle getreten 2, 590, jussit nepotem in sua vota succedere, daß er in seinen eigenen Wunsch eintrete, d. i. die von ihm selbst begehrte Verbindung schließe 14, 227. annus succedit in quattuor species, tritt der Reihe nach ein 15, 199; dah. a) an die Stelle jemds. treten, ihm nachfolgen: alcui (als Herrscher) 14, 610. 15, 2. (als Erbe) 13,

succendo — **sum** — 255

133. — b) der Zeit nach folgen: ignibus diurnis 7,193. nocti 15,187. Aries succedit Pisci 10,165. post illas successit aēnea proles 1,125. tertius decimo successerat annus 9,714. — c) bildl. von Statten gehen, glücken, gelingen: alcui 2, 788. 6,484.
succendo, di, sum, ĕre, anzünden: templa 13,413. pinus ab Aetna („am") 5,442; bildl. entflammen: succensus cupidine 8,74.
successŏr, ōris, m. Nachfolger: studii 3,589. (sagittarum) Erbe 13,51 (f. utor). nostro (clipeo) novus est successor habendus, der unsrige muß einen neuen zum Nachfolger erhalten 13,119.
successus, ūs, m. der gute Fortgang, der glückliche Erfolg 6,130. 8,495. hominum 2, 781. ictus 8,384. caedis 12,298. 13, 85. pugnae 12,355. anni, Erträgnisse 8, 273 (f. plenus).
succīdo, cīdi, cīsum, ĕre (sub u. caedo), unten abschneiden: herbas 7,227. robur, umhauen 8, 752. poplitem, (von unten herauf) durchhauen 8,364.
*__succĭdŭus__, a, um, sinkend: poples 10,458.
suc-cingo, nxi, nctum, ĕre, aufgürten, aufschürzen: part. succinctus, aufgeschürzt: anus 8,660. nymphe 9,89. Diana 3,156. vestem succincta, mit aufgeschürztem Gewande 10, 536. pinus succincta comas, mit aufgebundenen Locken, d. i. nur am Scheitel belaubt 10,103. pineta succincta 15,603. — 2) mit etw. umgürten, umgeben: canibus succingitur alvum, ist am Leibe umgürtet mit ihr, 732.
suc-cresco, crēvi, crētum, ĕre, von unten heranwachsen: ab imo 9,352. — 2) nachwachsen: vident succrescere vina 8,680.
succumbo, cŭbŭi, cŭbĭtum, ĕre, „niederfallen"; dah. bildl. unterliegen, sich gewonnen geben: alcui 5,177. 13,856. vidit succubuisse oculos (somno), dem Schlafe erlegen sein 1,714. culpae, unterliegen 7,749.
suc-curro, curri, cursum, ĕre, zu Hülfe kommen, beistehen 6,209. miseris rebus 15,632.
succus, f. sucus.
succŭtĭo, cussi, cussum, ĕre (v. quatio), in die Höhe schütteln: currus alte succutitur, wird hoch emporgeworfen 2, 166.
sūcus, i, m. Saft: herbae 13,941. ambrosiae 2,120. corporis 3,397. (telluris) 2,211. olivi, Salböl 10,176.
sūdes, is, f. (im nom. ungebräuchlich) Pfahl 12,299.

sūdo, āvi, ātum, āre, schwitzen 4,707. tura, ausschwitzen 10, 308.
sūdŏr, ōris, m. Schweiß: caeruleus 9, 173. frigidus 5,632. veneni, Giftschweiß 2,198; bildl. Anstrengung, Schweiß 11,32.
suffĭcĭo, fēci, fectum, ĕre (sub u. facio), ausreichen, hinreichen: uni, für Einen 8,853. in tumulos, zu Gräbern 7,613. verba sufficiunt, stehen zu Gebote 4,588.
suf-fundo, fūdi, fūsum, ĕre, etwas womit untergießen, unterlaufen lassen, benetzen: lumina rore, die Augen netzen 10,360. lingua est suffusa veneno, ist unterlaufen, trieft 2,777. suffunditur rubore ora, wird im Antlitz übergossen 1, 484. (lupus) suffusus lumina rubra flammā, die Augen mit flammendem Roth unterlaufen 11,368.
sug-gĕro, gessi, gestum, ĕre, „herzutragen"; dah. darreichen, liefern: tellus alimenta suggerit 15,82.
sŭi (genit.), seiner, ihrer, 1) sich beziehend auf das Subject des Satzes: gravitate sui, durch die Schwere ihrer Natur, d. i. durch die ihr (der Erde) innewohnende Schwere 1,30. viget parte meliore sui, seines Wesens 9,269. immemor sui, seiner göttlichen Hoheit 10, 171; lecta sibi (= a se) parte 9,575. ipse sibi 3, 418. 7,773; se ipsa 9,752. 15, 392. per se, von selbst 1,102. 8,680. inter se, untereinander 1,389. 712, 12, 430; abl. se ipso 10,523 (f. formosus). a se 7,140. 9, 51. 12, 626. secum, mit sich, bei sich 1, 389. 7, 157. 8,87. 15, 233. secum sc. dixit 4,422. pro se (Astyanacte) 13,416. — 2) in abhängig obliquen Sätzen auf das Subject des regierenden Satzes 1, 386. 704. 6, 508. 7, 137. 9,863. 10,427. 14,462. 704. — 3) in directen Nebensätzen (wenn sie als bloßes Satzglied construirt sind) auf das Subject des Hauptsatzes: sibi postquam spiritus exit 6, 294. ut sibi narratur 7,827. quae sibi praelata est 14,42.
sulco, āvi, ātum, āre, furchen, durchfurchen: arenam 15, 726. aquas rostro 4, 707. cutem rugis, runzelig machen 3,276.
sulcus, i. m. Furche 1,123. 3,104. 107. 7, 539.
sulfur, sulfureus, f. sulphur, sulphureus.
sulphŭr, ŭris, n. Schwefel 5, 405. 7, 261. 14, 87. plur. lurida 14, 791. lutea 15,351. vivacia 3,374.
sulphŭrĕus, a, um, schwefelig: fornax 15,340.
sum, fŭi, esse, 1) verb. subst., sein, vorhanden sein, existiren, statt finden: quod erit fuitque estque 1, 517. cre-

dere esse deos 9, 204. post hunc fuit, lebte 14, 614; inŝbeſ. a) sunt qui (quae), eŝ giebt Leute (Dinge), welche..., mit *indicat.* 5, 42. 8, 730. mit *conjunct.* 9, 203. 12, 25. 15, 78. 317. 389. erit (aliquid) quod tibi gratus sim, durch etwas werde ich dir angenehm ſein 14, 722. est cur, es iſt Grund vorhanden, weŝhalb ... 2, 518. 8, 721. 13, 114. — b) in einem Zuſtande ſein, ſich befinden: in honoie esse 10, 170. labor in fine est 13, 373. fortuna domusque in cursu est 10, 401. locus est in crimine, die Schuld wird auf den Ort geſchoben 7, 576. mater in invidia est, iſt verhaßt 6, 403. esse in dubio 1, 396. 8, 45. 12, 522. in ambiguo 1, 537. 3, 253. in incerto 12, 419. — c) geſchehen: jurant sic fore 3, 639. — d) est mit folg. *inf.*, es iſt möglich: quod tangere non est 3, 478. quod illi fato contingere non est 2, 189. — e) mit *dat.* der Perſon, haben: sunt mihi semidei 1, 192. fallax est sollertia nobis 1, 391. vergl. 2, 146. 3, 675. 6, 40. 12, 166. 13, 286. 864. 15, 188.

2) *verb. copulativ.*, etwas oder wie ſein: a) mit *subst., adject.* ob. *pronom:* domus antra fuerunt 1, 121. virgo erit, wird Jungfrau bleiben 5, 377. quod fuimus 15, 215. vide quid fuerim 2, 551. meminere quid prius fuerint 4, 603. quid fore te credas (ſ. quis) 9, 75. unum erat omnia vulnus 15, 529. — b) mit *adverb.:* procul esse 6, 502. longe esse, weit entfernt ſein 10, 664. 11, 479. 794. — c) mit *gen. possess.*, Jemd. angehören 1, 613. 7, 646. 10, 358. 12, 620. 13, 102. 557. 15, 831. — d) mit *gen.* der Eigenſchaft: sui roboris esse, von der gewohnten Stärke 2, 404. vultus melioris esse (zeigen) 5, 501. est diversae artis, beſitzt eine verſchiedene Kunſtfertigkeit 11, 641. victoria erit invidiae non ferendae, wird von unerträglichem Haſſe begleitet ſein 10, 628. — e) mit elliptiſchem *gen.:* timidi est, kommt dem Furchtſamen zu 4, 115. pauperis est, iſt Sache des Armen 13, 824. haec credens esse timoris, daß dies Furcht ſei 10, 361. fatebor me muneris esse tui, daß mein Leben dein Geſchenk iſt 14, 125. est juris vestri, iſt euch unterthan, gehört euch zu 10, 37. 725. — f) mit *gen. pretii*, gelten, werth ſein: tanti est (ſ. tantus) 2, 424. 6, 386. 10, 310. 11, 779. est parvi (ſ. parvus) 4, 654. — g) alcui, Jemd. wofür gelten 6, 356. 8, 79. 9, 179. 181. 14, 124. erit pro vulnere pondus, wird die Wunde erſetzen 12, 509. — h) mit *dat.* des Zwecks, wozu gereichen, wozu dienen: dolori 1, 246. laetitiae 8, 430. pudori 5, 526. malo 2, 597. damno 10, 340. decori 13, 849. auxilio 12, 90 invidiae, zum Vorwurf gereichen 10, 731. odio esse, verhaßt ſein 2, 438. ferendo esse, im Stande ſein zu tragen 9, 685. esse oneri ferendo 15, 403. — i) mit *ablat.* der Eigenſchaft, haben: erat solutis capillis 3, 170. erat sparsis capillis 6, 657. - Davon *part.* **futurus**, a, um, künftig, zukünftig: tempus 15, 834. populus 3, 103. luctus, bevorſtehend 15, 782. scelus, welches geſchehen ſollte 8, 465. mors, drohend 13, 74; ſubſt. futurum, i, *n.* die Zukunft 6, 137. 9, 424. 11, 457. 13, 363. 15, 815. in futurum, für die Zukunft 1, 735; *plur.* futura 2, 660. 3, 338. 13, 722. futuri, die Nachkommen, Nachwelt 10, 684.

summa, ae, *f.* die Summe, das Ganze, der Inbegriff: meritorum 7, 166. certaminis, der geſammte Wettſtreit 5, 337. rerum, das Ganze der Welt, das Weltall 2, 300. verborum, Hauptinhalt 14, 815. summā omnia constant, ſeiner Geſammtheit nach 15, 258. — 2) das Hauptſächlichſte, Hauptſache, Hauptpunkt: malorum, das höchſte Maß der Leiden 14, 490. mali, Hauptſache des Unglücks 13, 673. dati sceptri, die übertragene Obergewalt 13, 192. gentis, höchſte Gewalt, Herrſchaft über 14, 622.

summitto, ſ. submitto.
summoveo, ſ. submoveo.
summus, a, um, ſ. superus.
sūmo, sumpsi, sumptum, ĕre (sub u. emo), 1) an ſich nehmen, nehmen, ergreifen: facem 4, 481. clipeum 8, 26. virgam (jaculum) manu 1, 672. 2, 414. pocula dextrā 7, 461. pocula parte 14, 284 (mihi=a me). fistulam 13, 784. arundinem 14, 651. anguem 4, 511. spolium 8, 426. grana de cortice 5, 537. coronam de fronte 8, 178. galeā dentes 7, 121. buccina sumitur illi (= ab illo) 1, 335. arma pro alquo, ergreifen 7, 482. 8, 261. aquas flumine, ſchöpfen 7, 189; inŝbeſ. a) zu ſich nehmen: haustus Bacchi 7, 450 (tibi, „dir Heil wünſchend, auf dein Wohl"). — b) anlegen, annehmen: vestem 13, 164. insignia 3, 286. alas 5, 288. figuras 12, 557. formam hominis 15, 556. speciem hominis 7, 125. os viri 5, 637. serta comā, Kränze ins Haar nehmen 4, 7. animos 3, 545. iras 2, 175. vires, ſammeln 11, 510. vires in cornua, die Kraft in d. Hörner legen 8, 882. — 2) annehmen, gewinnen, erhalten: aurum 2, 759. ventos 14, 226. alas 11, 337. pennas 4, 47. 6, 96. 13, 673. rigorem 10, 139. calorem 13, 605. temperiem 1, 430. momenta 10, 376. optima (arma) nunc sumat, der ſoll jetzt die beſten nehmen? 13, 40. pur-

gamina caedis ab aliquo, durch Jemb. von der Blutschuld gesühnt werden 11, 409. conamen ab hasta, den Ansatz mit der Lanze nehmen 8, 366. gaudia, geniessen 11, 310. laudem a (durch) crimine, sich erwerben 6, 474. temptamina, vornehmen, machen 3, 341. — 3) nehmen, wählen: alqm socerum 2, 526. alqm arbitrum de lite 3, 332.

sŭpĕr, 1) adv. obendarauf, darüber 4, 240. 7, 246. 9, 100. 12, 507 (f. superinvolvo). terga super obsita, auf seiner Oberfläche 4, 725. stat super, oben auf dem Wagen 2, 151; übrtr. a) überdies, obendrein, noch dazu 4, 705. 12, 206. 15, 308. — b) darüber, mehr: satisque ac super, genug und übergenug 4, 430. satisque superque 6, 201. — 2) *praep. c. acc.* (u. *abl.*): a) über, auf 1, 295. 2, 284. 720. 4, 617. 752. 5, 648. 10, 114. 11, 443. 568. 15, 733. super fluctus insistere 5, 558. super ripam consistere 6, 373. pendere super ramos 8, 723. vinum fundere s. aequora 11, 247. fletu super ora refuso 11, 657. tendens super aequora palmas 8, 849. se super pontum mittere, über das Meer 4, 529. se super aëra tollere, in die Luft hinauf 12, 518. super astra ferri 15, 875. postpositiv 1, 67. 2, 17. 5, 622. 10, 86. 14, 207. 15, 21. quem (lapidem) super 12, 138. — b) übrtr. v. Vorzuge, über, mehr als: super omnia, vor Allem 6, 526. 8, 677.

sŭpĕrātŏr, ōris, *m.* Ueberwinder: Gorgonis 4, 699.

sŭperbĭa, ae, *f.* Stolz, Uebermuth 3, 354. 6, 184.

sŭperbĭo, īre, stolz sein auf etwas: nomine 11, 218.

sŭperbus, a, um, stolz, übermüthig: mit *abl.* (auf, wegen) 1, 752. 2, 442. 7, 156. 9, 444. victo serpente, auf d. Besiegung der Schlange 1, 454. oculi superbi 6, 169. verba 14, 715. — 2) object. ruhmwürdig 13, 17.

sŭpĕr-ēmĭnĕo, ēre, über etw. hervorragen, übertragen: omnes 3, 182.

sŭpĕr-fundo, fūdi, fūsum, ĕre, darübergießen: lymphae superfusae, darüberströmend 2, 459.

sŭpĕri, ōrum, *m.* f. superus.

sŭpĕr-impōno, pŏsŭi, pŏsĭtum, ĕre, oben darauf legen: arundinem 9, 100. se 15, 400.

sŭpĕr-injĭcĭo, jēci, jectum, ĕre, darauf werfen oder legen: textum 8, 640.

*****sŭpĕr-invŏlvo,** volvi, vŏlūtum, ĕre, darüber wälzen: saxa 13, 507.

sŭpernus, a, um, „oben befindlich"; dah. himmlisch: numen 15, 128.

sŭpĕro, avi, ātum, āre, 1) *v. intr.* „darüber sein"; daß. 1) überwiegend sein: sonus superat, übertönt 5, 154. — 2) reichlich vorhanden sein: superat mihi miles et hosti, auch gegen den Feind 7, 510. — 3) übrig sein, übrig bleiben: superat saxum imagine serpentis (*abl. qualitatis,* „in der Gestalt der Schlange") 12, 23. tempora vitae superant 3, 470. — II) *trans.* 1) über etwas hervorragen, etwas übertragen: nubes 1, 317. mensura superat partes priores, übersteigt (f. posterus) 15, 378; bildl. a) übertreffen, zuvorthun, einen Vorzug haben vor Jemd.: alqm 13, 368. legendo 5, 394. amando 14, 641. currendo 7, 755. materiam superabat opus 2, 5. — b) überwinden, überwältigen, besiegen: alqm 5, 366. 12, 499. 13, 90. 390. angues 9, 67. virginem vi 6, 525. vires equorum 15, 521. bello superatus 12, 364. Troja superata 11, 215. superata cogor fateri = superata sum et cog. fat. me superatam esse 9, 545. magnum nomen superabitur 15, 825. dolores, überwinden 8, 517. fata 9, 430. exitium superabat opem 7, 527. superata jussa, siegreich ausgeführt 9, 15; absol. obsiegen 8, 63. pugnando 9, 30. — c) über etw. hinübergelangen: flumina (*sc.* nando), durchschwimmen 9, 115. retia saltu, darüber hinwegsetzen, überspringen 7, 767.

sŭperstĕs, ĭtis, darüber stehend, überragend: unda 11, 552. — 2) am Leben bleibend, überlebend 1, 351. 10, 485. quinque superstitibus (*abl. absol.*), indem nur fünf übrig blieben 3, 126.

sŭper-sum, fŭi, esse, übrig sein, übrig bleiben 4, 398. 6, 284. 11, 354. 377. 693. plus superest 5, 149. de bove nil superest 1, 743. dum aliquid superest de me 4, 584. si quid adhuc superest 2, 300. 13, 377 (f. per). non superesse, nicht mehr vorhanden sein 13, 564. quod rogis (*dat.*) superest, was aus dem Feuer (des Scheiterhaufens) übrig bleibt, dem Feuer entgeht 13, 166. superest mit *inf.*, es ist noch übrig (zu thun), es übrigt 7, 149. 14, 145. — 2) noch am Leben sein 1, 325. dolori, überleben, überdauern 11, 703.

sŭpĕrus, a, um, oben befindlich, oben; daß. von Allem, was auf od. über der Erde ist, im Gegensatze zum Unterirdischen: ignes 15, 248. domus deorum 4, 735. aurae, Lüfte des Himmels 3, 101. Lüfte der Oberwelt 5, 641. 10, 11 (f. aura). ora, Oberwelt 10, 26. dii, die Götter im Himmel 7, 853 (f. meus); subst. superi, die oberen Götter, die Oberen (im Gegensatz zu den Göttern der Unterwelt) 1, 170. 3, 307. 6, 270. 8, 688. 11, 640. 13, 70. 14, 292; *genit.* superum 1, 161. 251. 668. 2,

457. 3, 514. 5, 139. 10, 155. — *Superl.*
A) **suprēmus,** a, um, „oberſt, höchſt";
dah. übrtr. der letzte: osoula 6, 278. munus 10, 134. praemia 7, 376. vale, das letzte Lebewohl 6, 509. 10, 62; supremum als Adverb., zum letzten Male 12, 526; insbeſ. vom letzten Zeitpunkte des Lebens, der letzte: motus 7, 579. vultus 11, 517. lumina, zum letzten Male aufblickend 6, 246. vocat ore supremo, mit dem letzten Laute des Mundes 8, 521. ignes, Flammen des Scheiterhaufens 2, 620. 13, 583. suprema funera, letzte Ehre (der Beſtattung) 3, 137. — B) **summus,** a, um, der oberſte, höchſte: pars 4, 527. arx 1, 27. aether 1, 608. fastigium 2, 3. cacumen 2, 792. ora 3, 480; dah. a) partitiv: collum, der oberſte, höchſte Theil des Halſes 9, 77. vergl. latus 12, 572. aures 3, 195. pectora 11, 620. lacertus 6, 409. cervix 6, 235. inguina 8, 400. crater, Rand des Miſchkeſſels 13, 701. lacus 9, 335. malum, Spitze des Maſtes 11, 470. 15, 737. vergl. arbor 11, 476. ala 4, 562. taeda 3, 373. mons, höchſte Höhe des Berges 4, 659. Olympus 1, 212. turris 8, 40. caelum 11, 506. undae, Oberfläche des Waſſers 2, 457. 5, 470. 11, 733. vergl. gurges 6, 372. profundum 2, 267. aequor 4, 136. 712. 14, 50. tellus 2, 587. 10, 55. humus 2, 587. arena 2, 573. 10, 653. 701. 11, 231. tergum 2, 201. corpus 2, 235. 8, 382. artus 6, 387. ulmus, Wipfel der Ulme 1, 296. vergl. arbor 12, 15. silvae 1, 572. curvatura summae rotae, die Felgen oben am Rade 2, 107. summa vestis, das Gewand oben 8, 318. culmen summae turris, der oberſte Giebel des Thurms 5, 291. summa tenus alvo, bis zu Anfang des Unterleibes, d. i. mit dem Oberleibe 5, 413. — b) ſubſt. summum, i, *n.* der höchſte Theil, die oberſte Höhe 8, 695. montis 13, 909. in summo, auf der Höhe der Bahn 15, 194; *plur.* summa, das Oberſte 7, 278. die Höhe 2, 206. die Decke 8, 563. die oberen Theile des Körpers 9, 352. pedum, Spitze der Füße 4, 343. — 2) übrtr. a) der äußerſte, letzte: versus 9, 565. — b) vom Range, der höchſte 2, 280. 4, 756. 6, 89. 13, 27. 599.

sŭper-vĕnĭo, vēni, ventum, īre, darauf kommen, bedecken: terra supervenit crura 10, 490.

sŭper-vŏlo, āre, über etwas hinfliegen: orbem 4, 624.

sŭpīnus, a, um, zurückgebogen: manus, d. i. gegen die Bruſt zurückgebogen und mit der Fläche gen Himmel gekehrt (nach Sitte der Betenden) 8, 681.

sup-plĕo, plēvi, plētum, ēre, ausfüllen, anfüllen: rugas adjecto corpore 7, 291. vulnera lacrimis 4, 140. moenia, bevölkern 7, 628.

supplex, ĭcis, „die Kniee beugend"; dah. demüthig bittend, flehend 1, 635. 3, 8. pro patria 5, 493. pro conjuge 11, 400. pro ausis 11, 12. supplex peto 6, 352. 8, 271. 9, 413. supplex oro 6, 498. 7, 853. supplicem esse alcui, Jemd. anflehen 14, 374. veni tibi supplex pro sanguine mea, um dich anzuflehen 5, 514. turba supplex, ein Haufe Flehender, d. i. Angeklagter und ihrer Freunde 1, 92; ſubſt. ein flehentlich Bittender 8, 261. 13, 865; übrtr. manus 11, 279. vultus 5, 234. supplice voce rogare 2, 396. 6, 33.

supplĭcĭum, i, *n.* „das Niederknieen des Verbrechers zur Beſtrafung"; dah. (qualvolle) Strafe, Marter 5, 666. 10, 485. supplicium suum est, iſt ihre eigne Marter 2, 782.

supplĭco, āvi, ātum, āre, flehentlich bitten: alicui 6, 367.

sup-pōno, pŏsŭi, pŏsĭtum, ĕre, unter etwas legen ob. thun: sulphura fonti 14, 791. ignem herbis (aristis) 2, 810. 6, 456. cetera terrae 15, 370. manus carinis (zur Hülfe) 14, 561. dentes terrae, einſäen 3, 102. pectora fluminibus, untertauchen 13, 953. terga cavernis, anſtemmen 6, 698. tauros jugo, unterſpannen 7, 118. manus supposita, untergehalten 4, 777. vertice supposito portare, auf dem Kopfe tragen 2, 712. — 2) an die Stelle von etwas ſetzen, unterſchieben: venam lacrimis 9, 658. cervam 12, 34.

supprĭmo, pressi, pressum, ĕre, unterdrücken, zurückhalten, hemmen: fontes 15, 280. vocem 1, 715. 5, 193. fugam cum vita 11, 777. habenas aërii cursus, Halt machen auf der luftigen Fahrt 6, 709.

suprā, *adv.* oben darauf 3, 56. — 2) *praep. c. acc.* über, über... hin 1, 295. 331. 13, 955.

suprēmus, a, um, ſ. superus.

sūra, ae, *f.* Wade 11, 80.

surdus, a, um, „taub"; dah. übrtr. der nicht hören will, unempfindlich, taub 13, 804. mens, unempfänglich 9, 654.

surgo, surrexi, surrectum, ĕre (contrah. aus subrigo), 1) aufſtehen, ſich erheben 2, 820. 4, 456. 5, 77. solio 3, 273 (ſ. a). humo 2, 771. toro 9, 702. 12, 579. vom Nachtlager 10, 384. 11, 669. 13, 677. 15, 26; zum Reden 5, 338. surgit ad hos, um zu ihnen zu ſprechen 13, 2. — 2) emporſteigen, ſichtbar werden, ſich erheben: sol surgit eoo caelo 4, 197. nox ab aquis 4, 92. signa surgere solent 3, 112. humus surgit, tritt hervor 1, 345; insbeſ. a) entſtehen, aufſteigen: montes surgere jussit 1, 44. bulla surgere solet 10, 734.

nubila surgunt 8, 2. hervorwachsen 4, 255. 7, 284. 11, 190. 13, 891. — b) anwachsen, größer werden: fistula disparibus surgit avenis, steigt stufenweise an 8, 192; vom Meere: sich erheben, anschwellen, sich aufthürmen 14, 711. 15, 508.

Surrentīnus, a, um, von Surrentum, einer Küstenstadt Campaniens (am Golf von Neapel, jetzt Sorrento), surrentinisch 15, 710.

sūs, sŭis, c. Schwein 7, 435. 8, 648. 14, 286. 15, 112. setiger 10, 549. vulnificus 8, 359; Eber 8, 272. 10, 710.

suscĭpĭo, cēpi, ceptum, ĕre (sub u. capio), eine Thätigkeit oder Verpflichtung auf sich nehmen, übernehmen: vota, thun 9, 305. pro alquo 7, 450. bellum, unternehmen 14, 451. subst. partic. suscepta, orum, n. Beginnen, Unternehmung 11, 200.

sus-cĭto, āvi, ātum, āre, auftreiben, erwecken: ignes, anfachen 8, 642.

suspectus, a, um, s. suspicio.

sus-pendo, di, sum, ĕre, aufhängen: arcum 2, 440. piscem hamo 15, 101. alveus clavo suspensus ab ansa 8, 654. stamina telā, (perpendiculär) aufspannen 6, 576; bildl. schwebend, d. i. unsicher machen, in Ungewißheit hinhalten: animos 7, 308. — 2) in die Höhe bringen, erheben: primos in artus suspensus, emporgerichtet auf 8, 398.

suspĭcĭo, spexi, spectum, ĕre (sub u. specio), aufwärts schauen 5, 296; mit acc. aufschauen, emporblicken zu etwas: caelum 11, 506. ramos 14, 660. quae tuam matrem tellus a parte sinistra suspicit, d. i. Phönicien, weil es für den nach Süden gewandten Juppiter links unterhalb der Plejaden (zu denen Maja, die Mutter Mercurs, gehört) gelegen war 7, 840. — 2) „heimlich, mit Argwohn auf etwas sehen"; dah. beargwöhnen; part. **suspectus**, a, um, als Adject., Verdacht erregend, verdächtig: lacus ambiguis suspectus aquis 15, 333. non dare suspectum (est) 1, 618.

suspĭcor, ātus sum, āri, argwohnen, vermuthen 3, 461. mit acc. c. inf. 7, 646 (s. somnium).

*****suspīrātŭs**, ūs, m. das tiefe Athemholen, Seufzen 14, 129.

suspīrĭum, i, n. Seufzer, Aechzen (hier nur plur.): ima 2, 774. suspiria (pectore) ducere 1, 656. 10, 402. trahere 2, 753. repetere 2, 125. 13, 739. suspiria mota 9, 537 (s. nec).

suspīro, āvi, ātum, āre, tief aufathmen, seufzen 1, 707. 3, 280. 7, 480. ab imis pectoribus 2, 655.

sustĭnĕo, tĭnŭi, tentum, ĕre (teneo), 1) aufrecht halten, emporhalten, halten: artus ferulā (baculo) 4, 27. 6, 27. fidem 11, 168. arma praetenta 12, 376. axem humeris 2, 297. se 10, 193. uber, ertragen 13, 826 (Merkel: circumeant). cadentem, aufhalten 8, 149. se alis, sich schwebend erhalten 4, 411; bildl. etwas aushalten (nicht unterliegen), ertragen: aestus 2, 228. flammas 13, 8. labores 8, 500. 14, 479. pondere tantae molis 15, 2. iram 13, 385. currere 5, 609; insbes. a) alqm, Jemb. Stand halten, ihm Widerstand leisten 5, 162. 13, 88. 385. petentem, Jemds. Bitten widerstehen 14, 788. — b) mit inf. ertragen, über sich gewinnen, das Herz haben, wagen 4, 447. 6, 563. 606. 9, 439. 10, 47. 11, 322. 13, 528. 584. non ultra 1, 530. 6, 367. 11, 584. 14, 731. — 2) tragen, enthalten, haben: serpentem 4, 362. angues in pectore 4, 803. lapides 10, 71. quas (deas) sustinet aether 13, 587. quodcunque habitabile tellus 15, 831. — 3) zurückhalten, aufhalten: incursus 3, 82. partus 9, 300. animam fugientem 10, 188.

sus-tollo, ĕre, erheben: vultus ad aethera 13, 542.

sŭsurro, āre, flüstern, zischeln: aure, ins Ohr 3, 643.

*1. **sŭsurrus**, a, um, flüsternd: lingua 7, 825.

2. **sŭsurrus**, i, m. das Flüstern, Zischeln: plur. 12, 61.

sŭus, a, um, sein, ihr aufs Subject sich beziehend: irritamina sua (= sui) 12, 103; auf ein Object bezogen (wo es oft durch „sein (ihr) eigen" zu übersetzen ist) 1, 13. 96. 287. 2, 213. 215. 832. 3, 122. 4, 424. 8, 61. 558. 9, 732. 10, 326. 11, 164. 12, 109. 404. 13, 648. 849. 934. 15, 101. 115. 354 750; für ejus 8, 646. 15, 819. — 2) prägn. a) sein, d. i. eigen, eigenthümlich, gewöhnlich, natürlich 1, 17. 2, 224. 686. 7, 784 (s. impetus). 8, 466. 558. 9, 500. 10, 308. 450. 13, 606. sua quemque inscribit facies 6, 73. nulli sua mansit imago 14, 415. illi sua reddita forma est 8, 870. nec species sua cuique manet 15, 252. sui roboris esse, von der gewohnten Stärke 2, 403. congressus tulerunt sua verba, die übliche Begrüßung 7, 501. nec habent sua verba dolores, die geeigneten Worte 10, 506. ora non sua, nicht mehr das natürliche, menschliche 3, 203. jam suus, schon wieder in seiner eigentlichen Gestalt (nicht mehr entstellt), wieder er selbst 14, 166. heimlich, heimathlich: montes 1, 94. litora 1, 96. 6, 519. terra 7, 204. undae 6, 16. 13, 939. — b) sein, d. i. ihm (ihr) zukommend, gebührend: partem sua poena coercet 4, 446. sua vina Lyaeo libare 8, 274.

sacra tulere suam partem 12, 154. dantur somno sua corpora, auf die er (Nachts) ein Recht hat 6, 489. pars est sua laudis in illo (Tydide) 13, 351. — c) sein, d. i. geliebt (von verwandtschaftlichen Verhältnissen od. als Ausdruck der Zärtlichkeit) 3, 272. 363. 712. 5, 541. 7, 754. 9, 366. 797. 15, 844; von Lieblingsörtern 5, 364. 6, 15. 11, 86. 12, 491. volucris, Lieblingsvogel 1, 722. arbor, Lieblingsbaum 6, 102. — d) sein, b. i. günstig, geneigt, gnädig: vota suos habuere deos 4, 373. 10, 489. lintea orba suis ventis 13, 195. nos habebit suos, zu Kampfgenossen 15, 821. — e) sein, b. i. festgesetzt, bestimmt: complevit sua tempora 11, 311. 15, 817. — f) seiner (ihrer) selbst mächtig, bei Verstande, bei sich: vix sua erat 8, 35. — 3) subst. suum, i, n. das Seinige, Ihrige: nil sui, nichts Eigenes, kein eigenes Wesen 3, 435. sua, seine Tochter 8, 871. suus, ihr Sohn 3, 712. plur. sui, die Seinigen, Ihrigen: turba suorum, ihres gewöhnlichen Gefolges 9, 687. Nachbarn 8, 698.

Sȳbăris, is, 1) m. Fluß in Lucanien in Unteritalien 15, 315. — 2) f. Stadt an diesem Flusse, von Griechen gegründet: acc. Sybarin 15, 51.

Syēnītēs, ae, m. aus Syene, einer Stadt Oberägyptens 5, 74.

Symaethīs, ĭdis, f. zum Flusse Symäthus im östlichen Sicilien gehörig, symäthisch: nympha, die Tochter des Flußgottes Symäthus 13, 750.

Symaethīus, a, um, symäthisch (s. Symaethis): heros, b. i. Acis als Enkel des Symäthus 13, 879.

Symplēgădes, um, f. (συμπληγάς, „zusammenschlagend"), Name zweier Felsen am Eingange in den Pontus Eurinus (schwarzes Meer), welche, der Mythe zufolge, beständig zusammenschlugen und wieder auseinderfuhren 15, 338. vergl. 7, 62.

Syrinx, ngis, f. eine in Rohr verwandelte Nymphe: acc. Syringa 1, 691.

Syros, i, f. eine der cycladischen Inseln im ägäischen Meere: acc. Syron 7, 464.

Syrtis, is, f. die Syrte, eine der beiden durch Meerstrudel gefährlichen Sandbänke an der Nordküste Afrikas 8, 120.

T.

tăbella, ae, f. „Täfelchen"; insbes. a) Gedenktäfelchen, auf denen man von den Göttern empfangene Wohlthaten aufzeichnete oder bildlich darstellte 8, 744. — b) Schreibtäfelchen, Brief, plur. 9, 523. 571. 575. 587. 604. 14, 707.

tăbĕo, ŭi, ēre, nach und nach vergehen, hinschwinden 7, 541.

tābēs, is, f. das Dahinschwinden eines Körpers, Abzehrung, Verwesung 2, 807. 15, 156. — 2) „zergehende Flüssigkeit, unreine Gauche"; dah. insbes. giftige Feuchtigkeit, flüssiges Gift 2, 784. 9, 175. veneni 3, 49. 9, 130.

tābesco, tābŭi, ĕre, nach und nach vergehen, schmelzen, verwesen: tabuerant cerae 8, 227. corpora 15, 363; vor Trauer oder Liebesgram dahinschwinden 3, 445. 4, 259. luctibus 14, 432.

tăbŭla, ae, f. Tafel, Brett 11, 428; Gemälde 10, 516.

tăbŭlārĭum, i, n. Archiv (Ort zur Aufbewahrung schriftlicher Documente): tabularia rerum, Weltarchiv 15, 810.

tābum, i, n. verwesende Feuchtigkeit, Eiter 2, 760. 14, 190. Bluteiter 6, 646. — 2) abzehrende Krankheit, Hinschwinden 15, 627.

tăcĕo, ŭi, ĭtum, ēre, schweigen 4, 329 f. a). 8, 611; trans. über etwas schweigen, etwas verschweigen: amores 4, 276. alios 12, 552. 13, 177. nomen tacebitur aevo (= ab aevo) 10, 502; mit acc. c. inf. 12, 27.

tăcĭturnus, a, um, schweigend 3, 18. 8, 84.

tăcĭtus, a, um, stillschweigend, stumm, still 11, 189. umbrae 5, 191. pisces 4, 50. lupi 14, 778. mens 5, 427. 15, 26. vultus 3, 241. ira 6, 623. pudor 7, 743. affectus 7, 147; übrtr. geräuschlos, still: nox 9, 474. cursus 14, 601. leise: vox 9, 300. murmur 6, 203.

tactŭs, ūs, m. das Berühren, die Berührung 4, 180. 745. 11, 308. 13, 652. aquae 6, 106. virgineus, der Jungfrau 13, 466. arenae, Bestreuung 9, 36. viriles, ehelicher Umgang 10, 434.

taeda, ae, f. Kienholz, Kienfackel 3, 373. 8, 460. — 2) insbes. Brautfackel, Hochzeitfackel 1, 658. 4, 60 (s. coeo). 4, 758; dah. meton. Hochzeit, Vermählung 4, 326. 9, 722. 769. ducis Romani, d. i. die Vermählung mit Antonius (s. Aegyptius) 15, 826; plur. 1, 763. 14, 677. jugales 1, 483.

taedĭum, i, n. Ekel, Ueberdruß an etwas (nur plur.): mei 14, 718. vitae 10, 482. 625. belli 13, 213. laborum 14, 158.

Taenarides — **tango** 261

lecti 7, 572. taedia rei capere, sich etwas verdrießen lassen 9, 616.

Taenărīdēs, ae, m. der aus Tänarus, einer Stadt in Laconien, stammt, **Tänaride**, dichter. = Laconier 10, 183.

Taenărīus, a, um, **tänarisch** (s. Taenarides), dichter. = laconisch 2, 247. porta, Bergkluft des Vorgebirges Tänarus, wo ein Eingang in die Unterwelt sein sollte 10, 13.

Tăgēs, ētis, m. ein Enkel Juppiters, der einst in Etrurien beim Pflügen aus der Erde hervorstieg und die Etrusker die Weissagekunst lehrte: acc. Tagen 15, 558.

Tăgus, i, m. Fluß in Lusitanien, jetzt Tajo 2, 251.

tălāria, um, n. (v. talus), 1) bis auf die Knöchel reichendes Gewand 10, 591. — 2) geflügelte Sohlen, Flügelschuhe 2, 736. 4, 667. 730.

tălis, e, so beschaffen, solch, so: talis ... qualis 3, 285. 7, 650. tale quicquam, etwas dergleichen, so etwas 2, 566. 812. nil tale, nichts dergleichen 8, 440. 9, 479. 12, 202. talia dicens 3, 526. 9, 27. talibus atque aliis dictis 13, 675. 15, 479. talibus atque aliis *sc.* dictis 13, 228. — 2) auf Nachfolgendes bezogen, dieser, folgender: talibus modis 1, 181. 4, 54. vox 5, 307. 15, 657. sonus 8, 770. verba 1, 700. 15, 73. talibus (alloquitur, affatur), folgendermaßen 3, 728. 787. 11, 283. 13, 739. 14, 807. 15, 807.

tālus, i, m. der Knöchel am Fuße 4, 343. 8, 808. 10, 10.

tăm, adv. so sehr, so, bei Abject. und Adverb. 1, 551. 7, 822. tam meus est, gehört mir so nahe an (als Vater) 10, 339; tam ... quam, ebenso (sehr) ... als 4, 211. 613. 9, 681. 12, 220. so gewiß ... als 3, 659. 13, 334. non tam ... quam, nicht sowohl ... als, weniger ... als 3, 256. 9, 5. quam ... tam non, wiewohl ... doch nicht 15, 110.

Tămăsēus, a, um, zu Stadt Tamasus in Cypern gehörig, tamaseïsch 10, 644.

tămĕn, adv. doch, jedoch, dennoch, gleichwohl: a) im Nachsatze eines Concessiv- od. Bedingungssatzes: quamquam ... tamen 1, 185. 12, 84. quamvis ... tamen 1, 687. . 9, 125. quum ... tamen 6, 66. 11, 546. ut (gesetzt daß, wenn auch) ... tamen 2, 80. 9, 621. licet (licebit) ... tamen 2, 59. 4, 371. 8, 394. 13, 64. etsi ... tamen 3, 238. 4, 317. si ... tamen 1, 289. 2, 328. quidem ... tamen 6, 136. 9, 785. 13, 161. — b) mit Ergänzung eines concessiven Satzes aus dem Vorangehenden 1, 246 (obwohl sie Bestrafung forderten). 8, 513 (obgleich d. Name des Augur berühmt war). 3, 719 (obgleich er sich schuldig bekannte). vergl. 4, 411. 5, 149. 474. 6, 144. 7, 110. 9, 5. 13, 908. sic tamen 13, 243. et tamen 3, 359. 5, 373. 7, 237. sed tamen 7, 718. 8, 128. 10, 445. sed sic quoque tamen 13, 896 (s. sic). — c) tamen dem Nebensatze oder abhängigen Satze einverleibt 2, 782. 3, 494. 621. 6, 352. 7, 839. 8, 518. 13, 591. 14, 134. si tamen, s. si. — d) nach einem concessiv zu erklärenden Particip. od. Abject.: vitatum („obschon vermieden") 5, 68. cruore fluens 7, 343. visum 7, 494. credens 9, 446. cupiens 11, 185. saevior ... non scelerata tamen 1, 127. omnibus inferior ... diva tamen veni 13, 589. per confusa verba tamen ... 15, 607. in rege tamen pater est (s. in) 13, 187. — 2) ein Zugeständniß beschränkend, doch, doch wenigstens 6, 265. 8, 868. 11, 470. 706. 13, 55. 245. 13, 486. 740. et tamen 9, 505. sed tamen 4, 401. 5, 507. 6, 46. nec tamen 2, 14. doch endlich 2, 337; daß. häufig bei Uebergängen zu Neuem in der Erzählung 5, 200. 242. 551. 6, 150. 9, 326. 11, 67. 15, 391. 745. tamen ... at 9, 98. 13, 740.

tămquăm, adv. sowie, gleichwie 2, 360. 3, 241. reponit colla tamquam sensura, als ob er es fühlen könnte 10, 269. — 2) *conj.* gleich als wenn, als ob, mit *conjunct.* 3, 650. 4, 566. 5, 471. 6, 471. 7, 753. 11, 720. 13, 437. 545.

Tănăĭs, is, m. Fluß in Scythien (jetzt Don) 2, 242.

tandĕm, adv. doch endlich, endlich, zuletzt (von dem, was man längst erwartete) 1, 735. 7, 5. 391. 740. 8, 541. 687. 774. 11, 58. 741. creditur tandem, d. i. nach so langem Mißgeschick 1, 748. endlich einmal 9, 542. 14, 718. Rhodope tandem caritura 2, 222. jetzt wenigstens (d. i. wenn auch nicht früher) 9, 8.

tango, tĕtĭgi, tactum, ĕre, berühren, anrühren: alqd (manu) 2, 799. 5, 213. 11, 107. virgā 11, 308. aprum 8, 733. anguem 8, 733. alqm baculo 14, 387. quod tangere non est (s. sum) 3, 478. mensas superorum, Tischgenosse der Götter sein 6, 173. vertice sidera (s. sidus) 7, 61. (ab) aëre tacto, durch Berührung der Luft 4, 751. 14, 415. frondes frigore tactae 3, 729; insbes. a) berühren, um zu verzehren: corpora 7, 550. — b) benetzen 4, 286. 6, 140. 10, 732. 15, 314. aspergine 11, 498. — c) einen Ort berühren, betreten, wohin gelangen, wo anlangen: domum 4, 779. 6, 601. limina 10, 456. penates (Behausung) 8, 637. gradus templi 1, 375. litora (carinā) 6, 446. 15, 644. Nilum 1, 729. aetherias sedes 15, 839. lucum gradu 3, 36. portus 7, 158. sidera pennis (nahe kommen) 4, 789. aethera (als

Weihrauch) 4,251. nox tetigit metas 2, 143. — d) berühren, b. i. angränzen an: terga caput tangunt 6,379. templa tangentia litus 15,722. quod tangit idem est, b. i. jede Farbe gleicht der vorhergehenden und nachfolgenden 6,67. — 2) bildl. rühren, Eindruck machen, ergreifen: alqm 2,293. 527. 3,355. 4,164. 639. 7, 26. 9,425. 10,614. 13,965. 15,552. amor tangit pectus 9,720. fiducia animum 11, 430. ira deos, erfaßt 8,279. nec eas sua tangit origo, kümmert sie nicht (b. i. obgleich als Bäume auf Bergen aufgewachsen, lieben sie das Meer) 14,558. non tangeris exemplo, läßest dich nicht bewegen 14,667. *partic.* tactus, ergriffen: dolore 7,688. amore 8,184. cupidine 8,224. 10,636.

tanquam, f. tamquam.
Tantălĭdēs, f. Tantalus.
Tantălĭs, f. Tantalus.
Tantălus, i, *m.* 1) Sohn Juppiters, Vater des Pelops und der Niobe, Großvater des Atreus und Thyestes, König in Phrygien, wurde zum Tische der Götter zugelassen, weil er aber die Geheimnisse der Götter verrieth und, um ihre Allwissenheit zu prüfen, ihnen seinen Sohn Pelops zerstückt als Speise vorsetzte, in der Unterwelt zur Qual ewigen Durstes und Hungers verdammt, indem das Wasser des See's, in welchem er steht, verschwindet, so oft er sich bückt, um zu trinken, und die fruchtbeladenen Aeste, die über seinem Haupte hängen, entrückt werden, so oft er nach ihnen greift 4,458. 6,172. 10,41. - Dav. a) **Tantălĭdēs**, ae, m. Nachkomme des Tantalus, Tantalide: Agamemnon als Urenkel 12,626. — b) **Tantălĭs**, ĭdis, *f.* Tochter des Tantalus, Tantalide: Niobe 6,211. — 2) ein Sohn der Niobe 6,240.

tantum, adv. so sehr 13,368. — 2) nur, bloß 1,656. 2,355. 3,398. 7,239. 9,265. 13,365. 15,477 (f. perdo); beim Wunsche mit *conjunct.* 2,745. 9,557. 13, 462. tantum ne, nur daß nicht etwa 8, 54. 9,21. non tantum ... sed 13,318. non tantum ... verum etiam 13,343. 806. 15,317. non tantum ... sed 1,137.

tantummŏdō, *adv.* nur, bloß 1,675. 7,743. 12,85. 15,424.

tantus, a, um, 1) von solcher Größe, so groß, so bedeutend: mit correlat. quantus ("als") 3,44. 8,583. 15,661. vox, so stark 13,876; mit folg. ut 2,753. 3, 328. 9,288. 14,478; mit folg. absolutem Satze (statt mit ut) 5,400. 7,572. 10, 573; ohne Correlat: urbs 15,633. mundus 15,254. vir 5,192. 13,304. hospes 8,569. rex 15,2. victor 9,7. genus 1, 761. periculum 7,97. malum 1,288. facinus 13,310. cupido 8,74. dolor 1,661. fiducia 2,731. conjunx, so edel 3, 133. monstrum, so scheußlich 8,100. subst. tantus, ein so Edler 10, 604. 12,608. — 2) von solcher Menge, so viel: opes 13, 626. 15,91; insbef. a) *neutr.* tantum im *nom. u. acc.* so viel: tantum posse 7, 116. 14,34. valere 3,532. tantum odiis dabat 4,448. tantum aberat, so weit 4, 709. 8,695. quum Sol tantum respiceret, so viel Raum 11,354; mit *genit. partit.* so viel: tantum favillae 2, 284. ruris 15,617. sanguinis 15,423. spatii 1,440. juris 6,270. timoris 13,84. — b) tanti als *genit. pretii:* tanti esse, so viel werth sein, so viel gelten 2,659. 6, 386. 10,613. jurgia sunt tanti, sind so viel werth, d. i. es verlohnt sich sie zu ertragen 2,424. tanti putare, so hoch anschlagen 10,618. vincere non erat mihi tanti, ich wünschte nicht um so hohen Preis zu siegen 11,779. — c) *abl.* tanto, beim *comparat.* um so viel, um so, desto 1, 53. 465. 2,724. 8, 749 (f. sub). 11, 494. 14,657 (f. potens). tanto magis 5, 602.

tāpēte, is, *n.* Teppich 13, 638 (positis altis, "auf hochgebreiteten", d. i. auf hohe Polster gebreiteten; andere Lesart: positi tapetibus, "gelagert auf").

tardē, *adv.* langsam, säumig 4, 91. *compar.* tardius 12,305. — 2) spät 3, 234. tardius 10,674.

tardĭus, f. tarde.

tardo, āvi, ātum, āre, aufhalten, verzögern: alqm 13,283. tardatus vulnere 13,81. timore 4,529.

tardus, a, um, langsam, säumig: gravitate senili 7,478. aetate 8,686. vulnere 13,66. sermo 10,679. fuga 13,116. gradus 11,357. oculos tollens tarda gravitate, mit träger Mattigkeit 11, 618. dies, spät kommend 15,868. conamina tardae mortis (= tarda conamina mortis), verzögert 10,390. agrestes referunt tardi, zu spät 9,346; *subst.* tardi, die Langsamen 10,572. — 2) „langsam machend"; dah. bildl. (geistig) abstumpfend: vetustas 12,182.

Tărentum, i, *n.* Colonie der Lacedämonier in Unteritalien 15,50.

Tarpēja, ae, *f.* eine römische Jungfrau, welche den Sabinern unter Tatius verrätherisch den Zugang zum Capitol öffnete gegen das Versprechen, daß ihr das gegeben würde, was die Sabiner am linken Arme trügen (d. i. die goldenen Spangen). Die eindringenden Sabiner aber warfen sie mit ihren Schilden, die sie ebenfalls am linken Arme trugen, zu Tode 14,776. - Dav. **Tarpējus**, a, um, tar-

Tarpejus — Telemus

peitsch: arces, das Capitol in Rom mit dem Tempel des Juppiter 15, 866.
Tarpējus, a, um, f. Tarpeja.
Tartăra, ōrum, *n.* der Aufenthaltsort der Verdammten in der Unterwelt, der Tartarus (f. Orcus) 1, 113; daß. überh. die Unterwelt 2, 260. 5, 371. 423. 10, 21. 11, 670. 12, 523. der Tod 7, 276. 12, 619. - Dav. **Tartărĕus,** a, um, im Tartarus (befindlich): umbrae 6, 676. 12, 257.
Tartăreus, a, um, f. Tartara.
Tartessĭus, a, um, zur Stadt Tartessus am atlantischen Meere in Spanien gehörig, tartessisch: litora 14, 416.
Tătius, ĭi, *m.* König der Sabiner, wurde nach Vereinigung dieser mit den Römern Mitregent des Romulus und kam in einem Aufstande zu Lavinium um 14, 775. 804.
1. **Taurus,** i, *m.* Gebirge im östlichen Kleinasien 2, 217.
2. **taurus,** i, *m.* Stier, Ochs: corniger 15, 511. trux 7, 111. 8, 297. validus 9, 186 (f. Hercules). aeripedes tauri 7, 105; übrtr. das Sternbild „Stier" im Thierkreise 2, 80.
taxus, i, *f.* der Taxusbaum, Eibenbaum, dessen Beeren für ein heftiges Gift galten: funesta 4, 432.
Tāygĕtē, ēs, *f.* Tochter des Atlas, eine der Plejaden (f. Pleias) 3, 595.
Tectăphŏs, i, *m.* ein Lapithe: *acc.* Tectaphōn 12, 433.
tectum, i, *n.* Dach 6, 669. 12, 480. tecto detulit, vom Söller herab 8, 644. *plur.* für *sing.* 8, 701; meton. a) Zimmer, Gemach 14, 752. — b) Haus, Behausung, Gebäude 2, 136. 4, 86. 489. 5, 43. 281. *plur.* für *sing.* 1, 170. 218. 2, 20. 4, 405. 444. 7, 352. 8, 158. 667. 14, 250. regia 13, 638. regalia 3, 204 (f. et). 6, 614. solida, Gefängniß 3, 697.
tectus, a, um, f. tego.
Tĕgĕaeus, a, um, aus Tegea, einer Stadt Arcadiens im Peloponnes; *subst.* Tegeaea, ae, *f.* die Tegeäerin, d. i. Atalanta, Tochter des Jasus 8, 317. 380.
tegmĕn, f. tegimen.
tĕgĭmen (tĕgŭmen) u. **tegmĕn, ĭnis,** *n.* Decke, Bedeckung 3, 52. Leibesbedeckung 14, 166. Reisehut des Mercur 1, 672. 674. capitum, Helm 3, 108. officium tegminis, der deckenden Waffen 12, 92. cerae, das (die Ritze) verstopfenden Wachs 11, 514.
tĕgo, xi, ctum, ĕre, 1) decken, bedecken: pectora pelle 4, 6. vultus aegide 4, 800. cetera texerat aequor 1, 318. caelum tegit omnia 1, 5. solum herba 2, 420. ossa humus 15, 56. ebur fastigia 2, 3. frondes ramos tegebant 4, 638.

ore tegit oscula (die Lippen der Tochter) 13, 491. dulce tegere polentā, bestreuen 5, 450. coronā tegi, bekränzt werden 10, 598. galeā tegi, sich bedecken 3, 542; *part.* tectus, bedeckt: domus stipulis 8, 630. tempora pelle 12, 380. recessus pumice 10, 692. atria marmore, mit Marmor getäfelt 14, 260. caligine, eingehüllt in 2, 233. sol nubibus tectus 5, 570. antrum arboribus, beschattet 12, 212; *pass.* tegi mit *acc.* des Körpertheiles, sich bedecken: pectora pelle 4, 6. pectora tectus, die Brust bedeckt 11, 3. humeros 1, 332. malas 12, 291. vultum 1, 265. — 2) verbergend bedecken, verbergen: alqm 5, 624. Dianam corporibus 3, 181. oves silva tegit 13, 822. cera foetus 15, 382. aras nemus 7, 74. tegunt sidera nubes 10, 449; *part.* tectus, verborgen: gurges 15, 275. pondus 9, 288. tectus nubibus 6, 217. partes tegendae 13, 479; bildl. verbergen, verheimlichen: causam doloris 13, 748. furta sub fratremo nomine 9, 558. ignis tegitur 4, 64. amores tecti, heimlich 4, 191. adulter, verkappt 7, 741. — 3) schützend decken, schützen: alqm corpore 6, 299. jacentem 13, 75.
tĕgŭmen, f. tegimen.
tēla, ae, *f.* (zusammengez. von texela von texo), Gewebe 4, 275. 6, 69. 127. 145 (f. exerceo); meton. a) der Aufzug beim Gewebe (die aufgespannten Fäden), Werfte 6, 55. — b) Webstuhl 4, 10. 35. 6, 54. 576.
Tĕlămōn, ōnis, *m.* Sohn des Aeacus, des Königs von Aegina, Bruder des Peleus und Phocus, Vater des Ajax und Teucer. Weil er mit Peleus seinen Bruder Phocus getödtet hatte, wurde er von seinem Vater verbannt und begab sich nach der Insel Salamis, wo er die Tochter des dortigen Königs heirathete und nach dem Tode seines Schwiegervaters die Herrschaft übernahm 7, 476. 647. 669. 8, 309. 378. 11, 216. 13, 151. Telamone creatus (satus) = Ajax 12, 624. 13, 22. 123. 346. - Dav. 1) **Tĕlămōnĭădēs,** ae, *m.* Sohn des Telamon, Telamoniade, d. i. Ajax 13, 231. — 2) **Tĕlămōnĭus,** i, *m.* der Telamonier, d. i. Ajax 13, 194. 266. 321.
Tĕlămōnĭădēs, f. Telamon.
Tĕlămōnĭus, f. Telamon.
Telchīnes, um, *m.* die Telchinen, ein von Creta nach Rhodus ausgewandertes Geschlecht, als Erfinder der Metallarbeiten berühmt, aber auch als Zauberer berüchtigt, weshalb sie Juppiter im Meere umkommen ließ: *acc.* Telchinas 7, 365.
Tĕlĕbŏas, ae, *m.* ein Centaur 12, 441.
Tĕlĕmus, i, *m.* des Eurymedes Sohn, ein Augur 13, 770.

Telēphus, i, *m.* Sohn des Hercules und der Auge (der Tochter des Königs Aleus zu Tegea in Arcadien), Schwiegersohn und Nachfolger des Königs Teuthras in Mysien, wurde bei der Landung der Griechen in seinem Gebiete, ehe beide Parteien sich erkannten, durch Achilles Lanze verwundet und nach dem Ausspruche des Orakels von seiner schmerzlichen Wunde durch abgeschabten Rost derselben Lanze geheilt 12, 112. 13, 171.

Tēlestēs, is, *m.* ein Cretenser, Vater der Janthe 9, 717.

Tēlēthūsa, ae, *f.* Gemahlin des Ligdus, Mutter der Iphis 9, 682. 696. 766.

tellūs, ūris, *f.* die Erde (als Weltkörper und Element) 1, 12. 8, 98. 15, 342. 652. summa, Erdoberfläche 10, 55; dah. a) Erdreich, Erdboden, Erde 1, 102. 5, 76. 7, 243. 8, 702. 12, 281. 13, 394. 15, 81. multa tellure jacere, im Liegen ein weites Stück Boden bedecken 8, 422. — b) übrtr. Land, Landschaft, Gegend, Gebiet 1, 65. 2, 839. 3, 9. 637. 7, 53. 8, 235. 789. Delphica 1, 515. Aegyptia 5, 323. Phocaica 2, 569. Romana 14, 800; von Inseln: Circaea 15, 718. Aetnaea 8, 260. Cypria 10, 645. Chia 3, 597. — 2) die Göttin der Erde, die Tellus (f. Terra) 2, 272. 301. 7, 196.

tēlum, i, *n.* 1) Wurfwaffe, Geschoß, Speer, Lanze 2, 616. 3, 53. 5, 35. 95. 158. 6, 234. 7, 690. 11, 10. 12, 359. 495. volatile 7, 841. jaculabile 7, 680. *plur.* für *sing.* 12, 99. Pfeil 1, 443. 468. 2, 440. 605. 616. 5, 67. 366. 6, 234. 10, 311. 12, 601. 13, 401. *plur.* für *sing.* 6, 228. 290. tela armaque, Trutz- und Schutzwaffen, Waffen und Rüstung, Wehr und Waffen 9, 201 (vergl. 11, 378. 382. 511). — 2) überh. Waffe zur Verwundung und zum Angriff 3, 46. 109. 554. 5, 80. 6, 687. 7, 337. 8, 392. 444. 12, 265. 381. Schwert 3, 535. 13, 393. 693. uncum 4, 666. *plur.* für *sing.* 13, 537. Axt 8, 757. Opfermesser 13, 458. Horn 8, 883. Blitz (als Waffe Juppiters) 1, 259. 3, 307.

tēmĕrārĭus, a, um, unbedachtsam, unbesonnen, verwegen 4, 2. 5, 8. 10, 545. virtus 8, 407. bella 11, 13. tela, unüberlegt geschossen 2, 616.

tĕmĕro, āvi, ātum, āre, „unbesonnen behandeln"; dah. prägn. verunehren, entweihen, schänden, beflecken: cubile 2, 592. 15, 501. sacraria probro 10, 695. corpora dapibus 15, 75. lucos ferro 8, 742. fluvios venenis 7, 535. voluntas est temerata, ist entehrt 9, 627.

Tĕmesaeus, a, um, f. Temese.

Tĕmĕsē, ēs, *f.* Stadt in Bruttium in Unteritalien, berühmt durch Erzgruben 15,

707. - Dav. **Tĕmĕsaeus**, a, um, temesäisch: aera (als bloßes epitheton ornans) 7, 207.

tēmo, ōnis, *m.* Deichsel 2, 107. 10, 447. 11, 258. 14, 819.

Tempē, *n. plur. indecl.* (τὰ Τέμπη), das durch seine Naturschönheit berühmte, vom Peneos durchströmte Thal in Thessalien zwischen den Bergen Olympus und Ossa 1, 569. 7, 222; dah. überh. (romantische) Thalgegend, Thalgrund: Cycneia 7, 371.

tempĕrĭēs, ēi, *f.* gehörige Mischung 1, 430. — 2) milde Beschaffenheit, milde Temperatur 15, 211. aquarum 4, 344. gemäßigtes Klima 1, 51.

tempĕrĭus (*compar. v.* temperi), zeitiger, früher 4, 198.

tempĕro, āvi, ātum, āre, „gehörig einrichten"; dah. regeln, beherrschen, regieren: qui citharam nervis et nervis temperat arcus, d. i. Apollo 10, 108. orbem 1, 770. 15, 869. arces aetherias 15, 859. omnia luce 4, 169. aequor 12, 94 (sed qui = sed ab eo qui). undas cuspide 12, 580. ratem, lenken 13, 366.

tempestās, ātis, *f.* Zeitabschnitt, Zeit: illa tempestate 1, 183.

tempestīvus, a, um, (nach Zeit und Umständen) angemessen, geeignet für etwas, mit *dativ:* hora tempestiva narratibus 5, 500. caelo (reif für) 14, 584.

templum, i, *n.* geweihter Bezirk, heiliger Ort; dah. von der Curie des Pompejus 15, 801; insbes. Tempel 1, 375. 8, 711. 14, 837. *plur.* für *sing.* 5, 278. 7, 587. 10, 646. 686. 11, 359. 413. 578. 15, 666. 722.

*****temptāmĕn**, ĭnis, *n.* Probe, Versuch: fide (= fidei) 3, 341. — 2) Versuchung: *plur.* 7, 734.

temptāmentum, i, *n.* Probe, Versuch: temptamenta fide (= fidei) 7, 728. mortalia („der Menschen") 15, 629.

tempto, āvi, ātum, āre, betasten, befühlen: pectora 8, 608. 10, 282. venas pollice 10, 289. manus temptantes 10, 254; übrtr. a) nach etw. streben: thalamos 12, 193. — b) erproben, prüfen: fidem polliciti 11, 107. corpus ferro 12, 491. mit abhäng. Frage 10, 254. alqm. auf d. Probe stellen 9, 623. vires temptatae, erprobt 14, 22. — c) versuchen, probiren: chordas pollice 10, 145. habenas 2, 390. fugam 11, 77. factum 4, 747. talia 14, 37. cuncta 1, 190. verba temptata 11, 326. lacerti temptati, mit denen sie es (nämli. die Brust zu schlagen) versuchte 4, 555; mit *inf.* 1, 684. 2, 172. 3, 663. 4, 85. 554. 651. 5, 123. 6, 257. 7, 344. 11, 181. ve-

tempus

stis temptata revelli 9,168; abſol. einen Verſuch machen 1, 397. 9, 631. 10, 25. — d) einen Verſuch auf Jemd. machen, (durch Bitten) zu gewinnen ſuchen: alqm 15, 501. umbras non temptare, unverſucht laſſen 10, 12. precibus temptata, durch Bitten beſtürmt 11, 239.

tempŭs, ŏris, *n.* (v. τέμνω, ſchneiden), 1) Zeitabſchnitt, Zeit: puerile 6,719. medium 4, 167. 15, 226. noctis 8, 818. tempore parvo 6, 442. parvo in tempore 2, 668. 12, 512. tempore, mit d. Zeit 4, 60. tempus dare, Zeit (wozu) laſſen 5, 169. *plur.* 2, 575. 4, 40 (die Stunden). 5, 647. vitae 3, 469. senectae 3, 347. veris 1, 116. prima 13, 302. longa tempora lacrimarum 4, 695. materna, die Zeit der Schwangerſchaft 3, 312. venter complevit sua tempora, die gehörige Zeit 11, 311. eadem tempora damus, Lebensdauer 8, 454; übrtr. a) Zeitpunkt, Zeit: ab hoc tempore 13, 236. tempora taedae 9,722. 769. irae 1,724. poenae, Augenblick 9, 578. causa fuit melior tempore, der Zeit nach, d. i. hinſichtlich meiner ältern Anſprüche 5, 220; prägn. geeignete Zeit, d. rechte Zeitpunkt 2, 467. 9, 573. 612. pugnandi 13, 364. tempus est (adest) mit *infin.* 10, 657. 14, 808. — b) Zeitalter 1, 211. ad mea tempora 1, 4. — c) Zeitumſtände, Zeitverhältniſſe, Zeit 7, 511. 798. ſchlimme, verhängnißvolle Zeit, Lage 4, 693. tempore in illo, in jener Zeit der Drangſal 1, 314. motae tempore, durch das Wetter 5, 283. — 2) der Schlaf am Haupte, als Begrenzung des Angeſichts: laevum 5,116. *plur.* die Schläfe 1,451. 3, 275. 516. 5, 110. 6, 26. 8, 567. 11, 181. 12, 335. cava 2, 625. 7, 313. 10, 116. 11, 159. 12, 133.

tĕnax, ācis (v. teneo), feſthaltend: vinclum 11, 252. complexus, feſt 4, 377. bitumen, klebrig 9, 660; bildl. a) das Erworbene feſthaltend, behauptend: quaesiti 7, 657. — b) beharrlich in etwas: propositi 10, 405.

tendo, tĕtendi, tentum u. tensum, ĕre, 1) dehnen, ausſtrecken, ſpannen: arcum 2, 604. 5, 55. 12, 564. nervum 6, 243 retia 4, 513. 7, 701. 8, 331. vesicam 15, 304. habenas retro, rückwärts anziehen 15, 520. vincula, ſtraff ſpannen 7, 773. tendit onus matrem, dehnt aus 10, 506. gravitas uterum 9, 287. bracchia (ausſtrecken) 2, 477. 4, 517. 5, 176. 215. alcui (zu Jemd.) 1, 636. 3, 723. caelo (*dativ.*) gen Himmel 2, 580. 9, 210. in partes diversas 5, 419. ad caelum 9, 293. ad sidera 7, 188. membra ad sidera 7, 580. manus in undas 4, 556. in litora 11, 397. ad lumina solis

teneo 265

4, 238. ad alqm 11, 687. 726. palmas ad sidera 9,175. ad aethera 13, 411. super aequora 8, 849. tendi in alvum, ſich ſtrecken zu 4, 576. — 2) wohin richten: iter ad alqm 9, 547. — 3) *intrans.* ſich nach einer gewiſſen Richtung hin bewegen, ſeinen Weg wohin richten, wohin ſtreben: ad metam 15, 453. in lucem 15, 186. ad oras 10, 3. ad portus 15, 690. huc 10, 34.

tĕnĕbrae, ārum, *f.* Finſterniß, Dunkelheit: der Nacht 2, 144. 395. 4, 400. 7, 703. 8, 82. 11, 521. pruinosae 5, 443; übrtr. a) Blindheit, Finſterniß 3, 515. 525. — b) Nacht vor den Augen, Dunkel der Ohnmacht 2,181. ante oculos natant tenebrae 12, 136. — 2) Dunkel der Unterwelt, Unterwelt 15,154.

tĕnĕbrōsus, a, um, finſter dunkel: hiatus 7, 409. sedes 5, 359. Tartara 1, 113.

Tĕnĕdŏs, i, *f.* Inſel des ägäiſchen Meeres an der Küſte von Troja mit einem Heiligthum des Apollo Smintheus 1, 516. *acc.* Tenedon 12, 109. 13, 174.

tĕnĕo, tĕnŭi, tentum, ēre, 1) halten (in der Hand), haben: alqd (manu) 7, 676. 8, 182. 11, 113. 560. sceptra dextrā 3, 265. manum laevā 10, 455. herbas unguibus 9, 655. arma, tragen 3, 541. canes, (am Leitſeile) führen 10, 172. clipeum pro aliquo, Jemd. vertheidigen 13, 352. vulnus tenens, habend 7,842. vultus immotos 14, 593; meton. a) einen Ort erreichen, wohin gelangen: partem domus 6, 638. populos 6,710. portus 8, 5. ripam 9, 118. fretum 11, 257. litora 15, 13, Italiam 15, 701. Epiros tenetur 13, 721. fontes tenentur 15,713. — b) wohin halten, richten: oculos in se 2, 502. manus a pectore (von der Bruſt aus) 9, 13. lumina fixa in vultu, geheftet haben 7, 87; daß. *intrans.* (als Schiffsausdruck) auf einen Ort hinhalten, ſteuern: Diam 3, 690. Creten 13, 706. inter utrumque tene, halte die Richtung 2, 140. — 2) beſitzen, innehaben: templa 1, 750. 7, 588. 11, 361. arva 14, 459. locum et regna (Land und Herrſchaft) 13, 649. nomina 14, 611 (ſ. repeto). tenens quod amo, (im Beſitz deſſen) 7, 66. tellus tenet alqm, beherbergt 8, 260. tenuisse quicquid speravit, zu erhalten 13,17; insbeſ. a) eine Localität inne haben, einnehmen, beſetzt halten: murum 11, 536. tantum spatii 1, 440. Delphi mediam humum tenentes 15, 630. fretum tenet confinia 14,7. salix ima 8, 335. pallor hiemsque tenent loca (bedecken) 4, 436. astra solum caeleste 1, 73. ebur fastigia 2, 3. os rostrum (nimmt die Stelle des Mundes ein) 2' 376. saxum colla 2, 830. frondes caput

tener

9, 335. venti tenent aequora, nehmen ein 11, 433; daß. einen Ort bewohnen, wo weilen: loca 14,785. arces 15, 866. domos contiguas 4, 57. montes 14,674. arva 10, 109. rura 3, 2. thalamos 2,740. 9,146. antra 14, 516. Fama tenet (sc. illum locum) 12,43. atria turba tenet, erfüllt 12, 53. delphines tenent silvas, hausen in 1, 302. — b) in seiner Gewalt haben, beherrschen, behaupten: regna 5, 277. 10,15. 35. 11,284. caelum 2, 513. Delphos 9,332. confinia noctis 7, 706. sedes 14,511. currum 1,328. claustra, verwahrthalten 8,70. oracula, vorstehen 1,321. 3) festhalten: volucrem 11, 74. 243. radice teneri 4, 269. 14, 292. silvae tenent limum 1,347. navale tenet puppim 3, 661. hunc tenet, läßt nicht von sich 10, 533. gefaßt halten, fassen: leporem 1, 535. feram 7, 785. somnus ipsam tenebat, hielt sie gefesselt 4, 784. umfassen, umschlingen, umarmen: alqm 3, 450. 4, 358. 6,108. 7, 143. 10, 256. calamos 1, 706. colla lacertis 2,100. humeros 6, 476. templa 13,413; bildl. a) das Gemüth fesseln, einnehmen, sich bemächtigt haben alqm 4, 205. animos 4, 284. amando 12, 408. cura tenet alqm 9, 728. furor 3, 642. error 3,447. altera me captum tenet, hält mich gefesselt 14, 379. ardore teneri 9, 140. — b) binden, verpflichten: lege teneri, gebunden sein 10, 203. — c) ertappen, überführen: alqm 7, 742. — d) behaupten, durchsetzen: causam 13, 190. — e) schützen, vertheidigen: causam 8, 59. — 4) bewahren, (fortwährend) festhalten: nomen, beibehalten, behalten 10, 297. 502. 13, 897. 14, 626. nomen tenet (sc. mergus, Taucher) 11, 795. nomen puellae tenuisse (sc. calamos) 1, 712. signa caedis 4, 160. pacem, erhalten 11, 297. viam, den Weg innehalten 2, 79; bildl. an etwas festhalten, etwas beobachten: propositum 2, 104. silentia 1, 206. — 5) zurückhalten, festhalten, hemmen: alqm 1, 167. 2, 177. 11,78. 15, 308. torrentem 3, 570. naves ituras 12, 10. vela reditura 7, 664. vestigia 5, 198. tenuere manus (sc. a nobis), hielten zurück 13, 203. lacrimas 2,796. 7, 169. 13, 474. alqm sermone, aufhalten 3,364. ora, schließen 9, 515. vocem, d. Stimme an sich halten, schweigen 4, 168. 10,421. hemmen: fugam 1, 600. inceptos partus 9, 301. teneri, gefangen gehalten werden 6, 546; bildl. zurückhalten: iram 5, 420. te tenuit reverentia ne faceres 7, 146. coepta, mit dem Beginnen einhalten 8, 463.

tĕner, ĕra, ĕrum, zart, weich: herba 2, 851. 3, 23. 15, 14. rami 2, 359. aër, dünn 4, 616. balatus, schwach 7, 319; indes. jugendlich, zart, jung 3, 311. nymphae 11,153. mares 10, 84. proles 8, 214. haedus 13, 791. annus est tener vere novo 15, 201.

tĕnŏr, ōris, m. der ununterbrochene Fortgang, Lauf: placido tenore, in langsamer Folge 3, 113.

Tēnŏs, i, f eine der cycladischen Inseln im ägäischen Meere 7, 469.

tentāmĕn, tentamentum, tento, f. temptamen etc.

tentōrĭum, i, n. Zelt (nur plur.) 8, 43. 13, 249.

tentus, a, um, f. tendo.

tĕnŭis, e, dünn, zart, fein (nicht dicht od. dick): liber 1, 549. membrana 7, 272. rostrum 11, 735. pinna 4, 408. amictus 4, 104. aura 8, 179. 827. 14, 825. aër 15, 248. fumus 1, 571. aquae, dünne Wasserstrahlen 4,123. animae, luftig 14, 411. tenuissima cauda, der dünnste Theil des Schwanzes 4, 726. tenuissima quaeque, je die zartesten Theile 5, 431; übrtr. a) schmal, eng: rima 4, 65. limbus 6, 127. foramen 4,123. — b) klar, hell, lauter: undae 6, 351. geklärt 8, 558. nicht tief, seicht 3, 161. — c) in Ansehung der Wirkung, schwach: rubor 3, 482. sonus, leise 1, 708. 14,429. umbrae, sanfte Schattirungen 6, 62.

tĕnŭo, āvi, ātum, āre, schwach machen, verdünnen: auras 14, 399. artus in undas 15, 551. crura tenuantur tereti acumine 4, 580. vocem, schwächen 2, 373. vox et vocis via est tenuata, wurde geschwächt und ... verengt 14, 498. humor tenuatus, verdünnt 15, 246. luna tenuata, abnehmend 7, 531. — 2) vermindern, schwächen: vires 5, 374.

tĕnŭs, praep. c. abl. bis an: collo tenus 2, 275. 3, 182. talo tenus 4, 343. curvo tenus hamo 4, 720. summa tenus alvo 5, 413. poplite tenus 5, 593. pennis tenus 6, 258. media tenus alvo 13, 893. 14, 59. pectoribus tenus 15, 512. 673. hac ... tenus, f. hactenus.

tĕpĕo, ēre, lau od. warm sein: sanguine 5, 76. a caede 4, 163. sol tepens 3, 489. aurae, lau 1, 107; indes. Lebenswärme haben 10, 281.

tĕpesco, tĕpŭi, ĕre, lau oder warm werden: sole 1, 63. 3, 412.

tĕpĭdus, a, um, lauwarm, laulich, warm: cinis 8, 641. favilla 14, 575. lac 7, 247. 9, 339. aqua 8, 654. fletus 4, 674. ventus 7, 556. Paestum 15, 708. bildl. haud tepidi ignes, nicht laue Gluthen 11, 225; indes. Lebenswärme enthaltend, lebenswarm 9, 365.

tĕpŏr, ōris, m. milde Wärme, matte Gluth 2, 811.

tĕr, *adv.* dreimal 3, 351 (f. quini). ter quinque 2, 497. 8, 749. ter centum 14, 146. ter quater 4, 734. 6, 133. 12, 133. 14, 206. terque quaterque, drei bis viermal 1, 179. 2, 49. 9, 217. 12, 288. ter felix, überaus glücklich 8, 51; als bedeutungsvolle, geweihte Zahl 7, 153. 189. 261. 10, 279. 452. 13, 610. 14, 387. ter noviens 14, 58.

tĕrĕbro, āvi, ātum, āre, durchbohren, durchbrechen: auram 6, 260.

tĕrĕs, ĕtis, glattrund, rundgedreht, abgerundet: fusus 6, 22. virga 2, 375. lapillus 10, 260. von Körpertheilen, wie gedrechselt, rundlich: collum 10, 113. sura 11, 80. acumen 4, 580.

Tēreus (zweisylbig), ĕi, *m.* König in Thracien, Gemahl der Procne, wird in einen Wiedehopf verwandelt 6, 424. 650. *acc.* Terea 6, 615. 647. *voc.* Tereu 6, 497. *abl.* Tereo zweisylbig gemessen 6, 635. — 2) ein Centaur: *acc.* Terea 12, 353.

tergĕo u. **tergo,** si, sum, ēre u. ĕre, abwischen, abtrocknen: mensam 8, 663. manu lumina 13, 132; *part.* tersus als Adject., rein, sauber: plantae 2, 736.

tergum, i, *n.* Rücken, von Menschen u. Thieren; sol erat a tergo, stand mir im Rücken 5, 614. (post terga), hinter sich 1, 383. 394. 2, 187. 10, 670. tergum (terga) equi premere 8, 34. 14, 343. 6, 223. tergo marem pati (v. Thieren), sich bespringen lassen 15, 409 (vergl. tergo patrem ferre 10, 326); *plur.* für *sing.* 3, 22. 68. 575. 4, 715. 5, 161. 6, 698. 8, 34. 9, 102. terga fugae dare (praebere) oder bloß terga dare, die Flucht ergreifen, fliehen 5, 323. 12, 313. 13, 224. 237. terga conversa dare ob. terga vertere, sich zur Flucht wenden 13, 879. 8, 363. Cupido victa terga dabat, floh besiegt 7, 73. aetas felicior terga dedit, wandte den Rücken 14, 143. — 2) übrtr. a) die hintere Seite eines Gegenstandes, der Rücken: carinae accipiunt ventos a tergo, d. i. günstige Winde zur Abfahrt 12, 37. — b) abgezogene Haut, Fell 8, 429. leonis 6, 123. bovis 14, 225. capri 15, 305 (f. diripio). terga novena boum, neun Lagen Rindshaut (am Schilde) 12, 97.

tergus, ŏris, *n.* Rücken 5, 434. (suis) 8, 649. — 2) übrtr. abgezogene Haut: septem taurorum tergora gestare, den siebenhäutigen Schild (f. clipeus) 13, 347.

terni, ae, a, „je drei": dah. übrtr. a) drei: guttura 15, 22. ululatus, dreimalig 7, 190. — b) drei auf einmal, dreifach: latratus 7, 414.

tĕro, trīvi, trītum, ĕre, reiben: dentes in stipite, wetzen 8, 369. carinae terunt vineta, streifen 1, 298; insbes. einen Weg oft betreten: tritum spatium, gebahnt, gewöhnlich 2, 167. — 2) zerreiben: pabula 14, 44. unguibus herbas 9, 655. omnia trita simul 4, 504. — 3) abreiben, abnutzen: colla trita labore 15, 124. ferrum, abstumpfen 12, 167.

terra, ae, *f.* Erde, Land 1, 37. hoc terrae, dieses Stückchen Erde 5, 135. utraque terra, Osten und Westen 3, 152; *plur.* 1, 5. 14. 22. 150. 2, 6. 116. 15, 148. orbis terrarum, Erdkreis 2, 7. 8, 117. sub terras, unter der Erde hin 1, 189; insbes. a) Erdboden, Erdreich 1, 84. 364. 633. 2, 347. 3, 75. 6, 80. 7, 204. 8, 609. 10, 490. 11, 187. — b) festes Land, Land 2, 870. 11, 425. 466. 724. 13, 937. *plur.* feste Punkte, Flecke Landes 1, 307. — 2) Landschaft, (ein) Land 1, 314. 654. 3, 24. 635. 4, 620. 680. 5, 474. 481. 14, 164. 234. Sicula 5, 361. Ausonia 14, 7. Curetis 8, 153. Dodonis 13, 716. Asis 5, 648. 9, 448; *plur.* Land 2, 834. 14, 86. 243. 320. 15, 54. Stücke Landes 8, 577. — 3) die Erde als Göttin (bei den Griechen Gaea), Mutter der Titanen und Giganten 1, 157.

terrēnus, a, um, aus Erde bestehend, erdig, irden: pars 1, 408. faex 1, 68. fornax 7, 107. — 2) zur Erde gehörig: hiatus, Erdschlucht 15, 273. terrena petere, erdwärts fliegen 2, 730. numina, unterirdisch 7, 248.

terrĕo, ŭi, ĭtum, ēre, in Schrecken setzen, schrecken: alqm 2, 261. 4, 802. gentes nomine 9, 442. pectora 4, 201. mentem 1, 357. 5, 273. urbem tonitru 14, 817. muros 6, 423. agros latratu 7, 362. auras latratu 13, 406. loca fragore 11, 365. — 2) übrtr. scheuchen, jagen: alqm 1, 727. fures 14, 640 (f. Priapus). aves 11, 292. terruit fugatas (= ut fugerent), scheuchte sie in die Flucht 14, 518.

terrester, stris, stre, zu Lande: arma (Kämpfe) 14, 479.

terrĭbĭlis, e, Schrecken erregend, schrecklich: noverca 1, 147. equi 5, 421. vultus 1, 265. dextra 2, 61. cornu 12, 103. tuba 15, 784. sonus 12, 276.

terrĭfĭcus, a, um, Schrecken erregend: caesaries 1, 179.

terrĭgĕna, ae, *c.* aus der Erde entsprossen, Erdensohn: fratres 3, 118. feri 7, 36. Typhoëus 5, 325.

terror, ōris, *m.* der Schrecken 1, 202. 2, 398. 484. 3, 100. 13, 230; personificirt 4, 485. — 2) meton. was schreckt, Schreckniß 1, 440.

tersus, a, um, f. tergeo.

tertĭus, a, um, der dritte 9, 714. 13, 28 (f. a). tertius Titan, zum dritten Mal 10, 78.

tesca, ōrum, *n.* Haiden, Einöden 7, 99.
testa, ae, *f.* Scherbe 8, 662.
testātus, a, um, *f.* testor.
testis, is, *m.* u. *f.* Zeuge 1, 400. 2, 45. 5, 543. testem esse in foedera („für") 7, 46. Augenzeuge 4, 225. 9, 481. 13, 15.
testor, ātus sum, āri, „als Zeuge aussagen"; dah. übrtr. bekunden, darthun, bezeugen: gaudia dictis 6, 660. clamore 8, 420. cantu 8, 238. dolores gemitu 2, 486. quantum injuria possit 9, 151. verba nos testantia gratos 14, 307; *part.* testatus als Adject., bekannt, offenkundig: dedecus 2, 473. labores orbe testati 9, 277. — 2) als Zeugen anrufen: superos 2, 304. 6, 608. jusque fidemque 5, 44.
testūdo, ĭnis, *f.* „Schildkröte"; meton. Schildpatt 2, 737.
Tēthys, yos, *f.* Tochter des Uranos (Himmel) und der Gäa (Erde), Gemahlin des Oceanos, Mutter der Clymene 2, 69. 156. 11, 784. *acc.* Tethyn 2, 509. 9, 499. 13, 951.
Teucer, cri, *m.* 1) Sohn des Telamon und der Hesione, Bruder des Ajax, berühmt als Bogenschütze, ließ sich nach der Zerstörung Troja's, weil er ohne seinen Bruder nicht in die Heimath zurückkehren durfte, auf Cypern nieder und gründete dort ein neues Salamis 13, 157. 14, 698. — 2) Sohn des Scamander aus Creta, Eidam des Dardanus, erster König in Troja 13, 705. – Dav. **Teucrus,** a, um, teucrisch, trojanisch 14, 72; *subst.* **Teucri,** ōrum, *m.* die Trojaner 13, 705. 728.
Teucrus, a, um, *f.* Teucer.
Teucri, *f.* Teucer.
Teuthrantēus, a, um, (v. Teuthras, einem mythischen Könige in Mysien) teuthrantisch, mysisch: Caicus 2, 243.
texo, xŭi, xtum, ĕre, weben 6, 62. — 2) übrtr. zusammenfügen, flechten: flores 10, 123. cista de vimine texta 2, 554.
textum, i, *n.* Gewebe, Decke 8, 640. — 2) „Zusammengefügtes"; insbes. *plur.* texta, Balkenwerk, Gebälke des Schiffes 11, 524. 14, 531.
textus, a, um, *f.* texo.
thălămus, i, *m.* Gemach, Wohnzimmer 2, 738. 10, 703. *plur.* für *sing.* 2, 797. 4, 218. — 2) Schlafgemach 3, 282. 4, 225. 6, 432. 9, 701. 10, 456. *plur.* für *sing.* 8, 84. 817. 10, 649; dah. a) insbes. eheliches Schlafgemach, Ehebett, Ehelager 2, 526. 3, 267. 4, 328. 9, 279. 14, 297. *plur.* 7, 856. 9, 146. 12, 196. consors thalami, Gattin 10, 246. — b) meton. Vermählung, Ehe: alcjus, mit Jemd. 4, 420. 9, 507. *plur.* 1, 658. 6, 148. 700. 7, 709. 8, 157. 7, 801. 10, 571. 620. 11, 250. foedus thalami, Ehebund 7, 403. certamen thalami, Brautbewerbung 10, 317. thalami alieni orbis, Vermählung in einem fremden Lande 7, 22. temptasset thalamos illos, die Vermählung mit ihr 12, 193.
Thaumantēus, a, um, thaumantisch: virgo, d. i. Iris als Tochter des Thaumas, eines Sohnes des Pontus (Meer) und der Gäa (Erde) 14, 845.
Thaumantĭăs, ădis, *f.* die Thaumantiade, d. i. Iris (f. Thaumantēus) 4, 480.
Thaumantĭs, ĭdos, *f.* die Thaumantide, d. i. Iris (f. Thaumantēus) 11, 647.
Thaumās, antis, *m.* ein Centaur 12, 303.
thĕātrum, i, *n.* Theater 3, 111. utrimque structum, Amphitheater 11, 25; meton. Zuhörerschaft, Versammlung 11, 22.
Thēbae, ārum, *f.* 1) Hauptstadt Böotiens, von Cadmus gegründet 3, 131. 549. 553. 4, 416. 5, 253. 9, 403. 13, 692. Aoniae 7, 763. Oedipodioniae 15, 429. = Dav. **Thēbāis,** ĭdis, *f.* Thebanerin 6, 163. — 2) Stadt in Mysien, woselbst Eetion, der Vater der Andromache, König war, von Achilles zerstört 13, 173. Eëtioneae 12, 110.
Thēbāides, *f.* Thebae.
Thĕmis, ĭdis *f.* Tochter des Uranos und der Gäa, Göttin der Gerechtigkeit und gesetzlichen Ordnung, vor Apollo Vorsteherin des Orakels zu Delphi 7, 762. 9, 403. 419. Parnasia 4, 643. *(acc.* Themin 1, 321. *voc.* Themi 1, 379.)
Thērĭdāmās, ntis, *m.* (von θήρ und δαμάω, „Wildbändiger"), ein Hund des Actäon 3, 233.
Thermōdŏn, ntis, *m.* Fluß in Pontus in Kleinasien, an welchem die Amazonen wohnten 2, 249. – Dav. **Thermŏdontĭăcus,** a, um, thermodonteisch: bipennis, die Streitaxt der Amazonenkönigin Penthesilea, welche den Troern gegen die Griechen zu Hülfe kam und von Achilles besiegt wurde 12, 611. Thermodontiaco caelatus balteus auro, das goldne Wehrgehäng der Amazonenkönigin Hippolyte, welches ihr Hercules auf Befehl des Eurystheus abnahm 9, 189.
Thermōdontĭăcus, a, um, *f.* Thermodon.
Thērōn, ntis, *m.* (von θηράω, „der Wildjäger"), ein Hund des Actäon 3, 211.
Thersēs, ae, *m.* ein Thebaner, Gastfreund des Priesterfürsten Anius auf Delos 13, 682.
Thersītēs, ae, *m.* ein Grieche im Heere vor Troja, bekannt durch seine Häßlichkeit und Unverschämtheit. Als Juppiter, um den Achilles am Agamemnon zu rächen, diesen durch einen Traum zu einem neuen

Angriffe auf Troja angeregt hatte (13, 216 ff.), rieth Agamemnon, welcher die Stimmung des Heeres erfahren wollte, zur Rückkehr nach Griechenland. Fast Alle stimmten bei, und nur die kluge Beredtsamkeit des Ulysses vermochte sie zurückzuhalten. Am meisten drang Thersides auf Heimkehr und schmähte dabei die Fürsten so heftig, daß Ulysses im Zorn ihn mit dem Scepter über den Rücken hieb 13, 233.

Thescĕlus, i, *m.* ein Kampfgenosse des Phineus 6, 182.

Thesēĭus, a, um, f. Theseus.

Thēsēus, a, um, f. Theseus.

Thēseus (zweisylbig), ĕi, *m.* Sohn des athenischen Königs Aegeus (nach anderer Sage Sohn des Neptunus) und der Aethra, der Tochter des trözenischen Königs Pittheus (dah. Aegides 8, 599. 12, 343. Cecropides 8, 550. Neptunius heros 9, 1), wurde bei seinem Großvater geboren und erzogen. Im Alter von 16 Jahren zog er nach Athen und kam dort an, als eben die dritte Sendung (tertia sors 8, 171) von sieben Knaben und sieben Mädchen nach Creta abgehen sollte, um dort dem Minotaurus (f. Pasiphäe) vorgeworfen zu werden, ein Tribut, welchen König Minos von Creta den Athenern auferlegt hatte, nachdem sie wegen Ermordung seines Sohnes (f. Androgeos) von ihm mit Krieg überzogen und besiegt worden waren. Theseus schloß sich dem Zuge nach Creta an und tödtete dort den Minotaurus (f. Minois) 7, 404. 421. 8, 303. 546. 12, 227. 359. 15, 856. *gen.* Theseōs 8, 268. *acc.* Theseă 8, 726. 12, 356. *voc.* Theseu 7, 433. - Dav. 1) **Thēsēĭus**, a, um, theseïsch: heros, d. i. Hippolytus, der Sohn des Theseus 14, 492. — 2) **Thēseus**, a, um, theseïsch, des Theseus: laus 8, 263.

Thespĭās, ădis, *f.* nach Thespiä gehörig, einer Stadt Böotiens am Helicon, wo der Sitz des alten Musencultus war, thespisch: deae, die Musen 5, 310.

Thessălis, ĭdis, *f.* eine Thessalierin 12, 190.

Thessălus, a, um, zur griechischen Landschaft Thessalien gehörig, thessalisch: Tempe 7, 222; subst. Thessalus, i, *m.* der Thessalier, d. i. Erysichthon 8, 768.

Thestĭădēs, f. Thestius.

Thestĭās, f. Thestius.

Thestĭus, i, *m.* Sohn des Agenor, Vater der Leda, Althäa, des Plerippus und Toreus, König in Aetolien 8, 487. - Dav. 1) **Thestĭădēs**, ae, *m.* Sohn des Thestius, Thestiade: *plur.* Thestiadae = Plerippus und Toreus, welche vom Meleagros, dem Sohne ihrer Schwester, getödtet wurden 3, 304. 434. — 2) **Thestĭās**, ădis, *f.* Tochter des Thestius, Thestiade, d. i. Althäa 8, 452. 473.

Thestŏrĭdēs, ae, *m.* Sohn des Thestor, Thestoride, d. i. Calchas, der Seher der Griechen im Heere vor Troja 12, 19. 27.

Thĕtis, ĭdis, *f.* eine der Nereïden (Tochter des Nereus u. der Doris, dah. Nereïs 11, 259. aequorea 11, 226), Gemahlin des Peleus, Mutter des Achilles 11, 221. 264. 400. *voc.* Thetĭ 11, 237.

Thisbaeus, a, um, thisbeïsch, d. i. von Thisbe, einer Küstenstadt Böotiens, deren Umgegend reich an wilden Tauben war: columbae Thisbaeae (als epitheton ornans) 11, 300.

Thisbē, ēs, *f.* ein babylonisches Mädchen, die Geliebte des Pyramus 4, 55.

Thŏactēs, ae, *m.* der Waffenträger des äthiopischen Königs Cepheus 5, 147.

Thŏās, ntis, *m.* König auf der Insel Lemnos, Vater der Hypsipyle 13, 399 (f. Hypsipyle).

Thŏōn, ōnis, *m.* ein Troer, welcher vom Ulysses getödtet wird: *acc.* Thoona 13, 259.

Thŏus, i, *m.* (v. θοός, „der Schnelle") Name eines Hundes 3, 220.

Thrāces, um, *m.* die Thracier, eine nordöstlich von Griechenland um das Gebirge Hämus herumwohnende Völkerschaft 6, 682. 10, 83. 13, 436. 565. 628; *sing.* Thrax, ein Thracier: equi Thracis, des thracischen Königs Diomedes, welcher vier Rosse besaß, denen er alle Fremden zum Fraße vorwarf 9, 194. — Dav. 1) **Thrācĭa**, ae, u. **Thrēcē**, ēs, *f.* die Landschaft Thracien 6, 435. 7, 223. — 2) **Thrācĭus**, a, um, thracisch: Orpheus 11, 99. *subst.* Thracius, a, um, der Thracier, d. i. Tereus 6, 661. — 3) **Thrēĭcĭus**, a, um, thracisch 5, 267. 6, 87. 424. 13, 439. 537. vates = Orpheus 11, 2.

Thrācĭus, a, um, f. Thraces.

Thrax, f. Thraces.

Thrēcē, ēs, f. Thraces.

Thrēĭcĭus, a, um, f. Thraces.

Thūrīnus, a, um, thurinisch: sinus, der Meerbusen Unteritaliens, an welchem die an der Stelle des zerstörten Sybaris erbaute Stadt Thurii lag 15, 52.

thus, f. tus.

Thȳbris, ĭdis, *m.* (poet. Form für Tiberis), der Tiberfluß in Latium 14, 427. 448. 15, 432. 624 (f. insula). *acc.* Thybrin 2, 259.

Thyestēus, a, um, thyesteïsch: mensae, thyesteïsches, d. i. greuelvolles Mahl, weil Thyestes, Sohn des Pelops, vom Fleische seiner beiden Söhne aß, die sein Bruder Atreus, um eine zugefügte Schmach zu rächen, getödtet u. dem Vater als Speise vorgesetzt hatte 15, 462.

thymum, i, *n.* und **thymus**, i, *m.* Thymian, Quendel 15, 80.

Thyōneus (dreisylb.), ĕi, *m.* Beiname des Bacchus von seiner Mutter Semele, die unter dem Namen Thyone verehrt wurde 4, 13.

thyrsus, i, *m.* der mit Epheu oder Weinlaub umwundene, an seinem obern Ende in einen Fichtenzapfen auslaufende Thyrsusstab, Zeichen des bacchischen Dienstes 3, 542. 712. 4, 7. 9, 641. 11, 28.

tiāra, ae, *f.* die Tiara, eine morgenländische Kopfbedeckung, bestehend aus einer oben schmälern, unten breitern Mütze mit Bändern, welche beide Ohren bedeckte und unter dem Kinn gebunden wurde: *plur.* 11, 181.

1. **Tībĕrīnus**, i, *m.* ein König von Alba in Latium, nach welchem der Fluß Tiber (früher Albula), in dem er ertrank, seinen Namen erhielt 14, 614.

2. **Tībĕrīnus**, a, um, zum Fluß Tiber gehörig, tiberinisch, des Tiber: ostia 15, 728.

tībĭa, ae, *f.* eig. „Schienbein"; dah. meton. die (gerade auslaufende ursprüngl. beinerne) Pfeife, Flöte 4, 761. 6, 386. longa multifori buxi („aus") 12, 158. adunco (infracto) cornu, die phrygische Schalmei, die einen krummen Hornansatz zur Verstärkung des Schalles hatte 3, 533. 4, 392. 11, 16.

Tībris, s. Thybris.

tignum, i, *n.* Balken 4, 179. 8, 648.

tigris, is u. ĭdis, *f.* (u. *m.*) Tigerthier, Tiger 5, 164. maculosa 11, 245. Gangetica 6, 637. *plur.* tigres 1, 305. 3, 668. Armeniae 8, 121. 15, 86; als Bild der Grausamkeit 7, 32. 9, 613. — 2) Name eines Hundes des Actäon 3, 217.

tĭlĭa, āe, *f.* Linde 8, 620. molis 10, 92.

tĭmĕo, ŭi, ēre, fürchten, (vor etwas) in Furcht sein: do pignora timendo, durch meine Furcht 2, 91. timetur, man ist in Furcht 10, 374. timere pro alquo 9, 241. alcui (für Jemd. besorgt sein) 8, 213. alqm 1, 623. 2, 691. 8, 71. 10, 542. 11, 406. Styga 15, 154. ignes 14, 531. fata 8, 442. iram numinis 6, 314. fraudem 7, 45. mortem 14, 215. crimen 13, 303. thalamos, scheuen 9, 507; leones aliis timendi, furchtbar 10, 703; mit folg. ne („daß"): 1, 254. 2, 444. 7, 16. 10, 584; mit *inf.*, sich scheuen 1, 593. 745. 12, 246. 14, 180. dixisse 1, 176. tetigisse 8, 733.

tĭmĭdē, *adv.* furchtsam, schüchtern 1, 746. 9, 215. 10, 274 (mit dixit zu verb.).

tĭmĭdus, a, um, furchtsam, schüchtern, verzagt, scheu 4, 115 (s. sum). os 5, 234. sinistra 13, 111. plantae 6, 107. cursus 1, 525. vota 9, 546. non timida fide, mit furchtloser Zuversicht 9, 792. timidus deorum, gottesfürchtig 5, 100.

Tīmōlus, s. Tmolus.

tĭmŏr, ōris, *m.* Furcht, Befürchtung, Besorgniß 10, 361 (s. sum). pavidus 7, 630. mortis 7, 604. mihi fit timor, mir kommt Furcht an 2, 56. timorem ponere 10, 408; Timores personificirt 12, 60. — 2) meton. was Furcht verursacht, der Schrecken 13, 84. Phrygum 12, 612. deorum 3, 291 (s. et). loca plena timoris 10, 29.

tĭnĕa, ae, *f.* Raupe: agrestis 15, 373.

tinguo (tingo), nxi, nctum, ĕre, 1) benetzen, befeuchten, mit einer Flüssigkeit tränken: cultros sanguine 7, 599. ora cruore 14, 237. alqd lacrimis 9, 567. 2, 621. fontem medicamine, vergiften 4, 388. *part.* tinctus, benetzt, getränkt: sanguine 4, 107. 5, 293. — 2) eintauchen: pedis vestigia 5, 592. vestigia in undis 4, 343. faces in fossa 7, 260. corpora lymphis (flumine) 2, 459. 12, 413. (in) aequore tingui 2, 172. 530. lamina tincta lacu 9, 171. Phoebus tinguet equos in aequore 15, 419. India Gange tinguitur, die Indier baden sich im Ganges 4, 21. pinus aequore tinguitur, taucht in See 11, 455. — 3) färben: lanas murice 6, 9. mora puniceo colore 4, 127. vis aurea tinxit flumen 11, 142; *part.* tinctus, gefärbt: ebur 4, 332. strata conchā 10, 267. manus (habenae) ferrugine 2, 798. 5, 404.

tinnītŭs, ūs, *m.* das Klingen, Geklirr (nur *plur.*) 5, 204. 6, 589. 14, 536 (s. aes).

tinnŭlus, a, um, klingend, schallend: aera 4, 393.

tīnus, i, *f.* der lorbeerartige Schneeball (ein Baum) 10, 98.

Tīrĕsĭās, ae, *m.* der Vater der Manto, ein berühmter Seher in Theben, wurde von der Juno mit Blindheit bestraft, weil er ihr in einem Streite gegen Juppiter Unrecht gegeben hatte 3, 323. 6, 157.

Tīrynthĭus, a, um, aus Tiryns, einer Stadt im Peloponnes, wo Hercules erzogen worden war, tirynthisch: heros, d. i. Hercules 7, 410. tela, die Pfeile des Hercules 13, 401. *subst.* Tirynthius, i, *m.* der Tirynthier, d. i. Hercules 9, 66. 268. 12, 564. Tirynthia, ae, *f.* die Tirynthierin, d. i. Alkmene, des Hercules Mutter 6, 112.

Tīsĭphŏnē, ēs, *f.* (v. τίω u. φόνος: „Rächerin des Mordes") eine der Furien 4, 474. 481.

Tītān, ānis, *m.* 1) ein Titane: Titanen hießen die Kinder des Uranos (Himmels) u. der Gäa (Erde); es waren sechs Söhne: Saturnus (Kronos), Hyperion, Cöus, Crius, Oceanus, Japetus; und sechs Töchter: Rhea, Phöbe, Themis, Tethys, Mnemosyne, Thia. Von ihrer Mutter gegen den Uranos aufgewiegelt, bemächtigten sie sich der Weltregierung, und es begann auf Erden das goldene Zeitalter des Saturnus. Als dieser wiederum von Juppiter und seinen Geschwistern entthront worden war, wurden die Titanen in den Tartarus gestürzt (f. 1, 113). — 2) Beiname des Sonnengottes (Sol, Helios) als Sohn des Titanen Hyperion 1, 10. 2, 118. 6, 438. 10, 79. 174. 11, 257. = Dav. a) **Tītānĭus**, a, um, *titanisch:* subst. Titania, ae, *f.* Titanide, d. i. Pyrrha als Enkelin des Titanen Japetus 1, 395; Diana als Enkelin des Titanen Cöus (von Seiten ihrer Mutter Latona) 3, 173; Latona 6, 346; Circe als Tochter des Sonnengottes 14, 382. 438. — b) **Tītānĭăcus**, a, um, titanisch: dracones, welche Medea von ihrem Großvater, dem Sonnengotte, erhalten hatte 7, 398. — c) **Tītānĭs**, ĭdis, *f.* die Titanide, d. i. Latona: acc. Titanida 6, 185; Circe: *gen.* Titanidos 13, 968. acc. Titanida 14, 376. voc. Titani 14, 14.

tĭtŭbo, āvi, ātum, āre, wanken, taumeln, (von Betrunkenen) 3, 608. 4, 26 (f. Silenus) 11, 90. 15, 331.

tĭtŭlus, i, *m.* Aufschrift, Inschrift 9, 793. — 2) übrtr. „ehrenvolle Benennung"; dah. Ehre, Ruhm, Auszeichnung 10, 602. 12, 334. 13, 372. servatae pubis 7, 56. praedae, Beuteruhm 4, 645. Orphei triumphi, der ehrenvolle Triumphzug des Orpheus 11, 22 (a. Lesart: theatri, ehrende Zuhörerschaft). *plur.* 8, 433. 15, 855. ruhmvolle Thaten 7, 448.

Tĭtyŏs, i, *m.* ein riesenhafter Sohn der Erde, welchen Juppiter wegen einer der Latona zugefügten Beleidigung in den Tartarus geschleudert hatte, wo er auf der Erde ausgestreckt lag, und zwei Geier fortwährend an seiner immer wieder nachwachsenden Leber nagten 4, 457.

Tlēpŏlĕmus, i, *m.* Sohn des Hercules und der Astyoche, Anführer der Rhodier vor Troja 12, 537.

Tmōlus u. **Tĭmōlus**, i, *m.* ein Gebirge Lydiens in Kleinasien 2, 217. 6, 15. 11, 86. 151. 194. als Berggott 11, 156. 164.

tōfus, i, *m.* der Tuffstein, eine poröse, leicht zerbröckelnde Steinart: *plur.* 3, 160. 8, 561 (f. nec).

tŏga, ae, *f.* das weißwollene Oberkleid der Römer zur Friedenszeit, die Toga; dah. meton. Marte togaque praecipuus, im Krieg und Frieden 15, 746.

tŏlĕro, āvi, ātum, āre, ertragen, aushalten: vaporem 2, 301. vim vaporis 11, 630. labores 9, 289. 15, 121. cursus 5, 610.

tollo, sustŭli, sublātum, ĕre, 1) in die Höhe heben, aufheben: securim 8, 397. arcus 9, 118. aurum 10, 667. cratera manibus 5, 82. molarem dextrā 3, 60. saxum humo 11, 110. limen in humeros 12, 282. manus (frontem) ad caelum 2, 487. 3, 20. bracchia caelo (zum Himmel empor) 13, 668. palmas (vultus) ad sidera 1, 86. 6, 368. caput fonte, erheben 5, 574. sua corpora alte (v. Vogel) 8, 256. aulaea, aufziehen 3, 111. oculos (lumina) ad alqm, aufschlagen 11, 619. 13, 126. 14, 840. alqm, aufrichten 9, 653. alqm gremio, auf den Schooß heben 10, 406. alqm alis, emportragen 11, 341. sublatus in aëra pennis 7, 354. alqm in caerula caeli, erhöhen 14, 814; se humo, sich erheben 7, 640. se super aequora in auras 2, 266. se super aëra 12, 519. se alis, sich emporschwingen 2, 708; *pass.* tolli, sich erheben: humo 2, 587. soll tollitur terrā imā 15, 192. tollor eo, ich steige hinauf 7, 780; insbes. a) ein Kind aufziehen (v. Vater, der das neugeborne ihm zu Füßen gelegte Kind aufhob, wenn er es anerkannte u. großziehen wollte) 9, 699. — d) aufnehmen (z. B. ins Schiff): me tolle simul, nimm mich mit dir 11, 441. — 2) etwas von seinem Orte aufheben, entfernen, wegschaffen: lina 3, 153. retia 15, 474. vultus Medusae 5, 217. turis acervos, einsammeln, ernt n 5, 131; bildl. entfernen, beseitigen: clivum 8, 663. crimina 13, 437. solantia tollite verba, weg mit tröstenden Worten 11, 685. tolle moras, ohne Verzug! 13, 556. zeugmat. ipsosque nefasque sustulit, entrückte sie und verhinderte (dadurch) die Frevelthat (des Muttermordes) 2, 506.

Tŏnans, f. tono.

tondĕo, tŏtondi, tonsum, ēre, scheeren, abscheeren: capillum 8, 151 (f. Ciris). arbos tonsa comam, am Haupthaare verschnitten (nach Art Trauernder) 11, 47.

tŏnĭtrŭs, ūs, *m.* u. **tŏnĭtrŭum**, i, *n.* Donner 14, 542. *abl.* tonitru 7, 619. 14, 817. *plur.* tonitrua 1, 55. 12, 52. tonitrus 2, 308. 3, 301. tonitribus 11, 496.

tŏno, ŭi, āre, donnern 15, 70; subst. *part.* Tonans, ntis, *m.* Donnerer, Don-

nergott, d. i. Juppiter 1, 170. 2, 466. 11, 198.
tonsus, a, um f. tondeo.
tōphus, f. tofus.
tormentum, i, n. (v. torqueo), Marterwerkzeug 3, 695. bildl. tormenta doloris, Marter 14, 716. — 2) Wurfmaschine, Schleudermaschine, grobes Geschütz 3, 549. 9, 218. 14, 183.
torōsus, a, um (v. torus), muskelig, fleischig: colla 7, 429.
torpĕo, ŭi, ēre, starr sein, erstarren 5, 196. 13, 541.
torpŏr, ōris, m. Erstarrung 1, 548.
torquĕo, torsi, tortum, ēre, 1) drehen, winden: stamina pollice 12, 475. orbes (von der Schlange) 3, 42. caelum sidera torquet, dreht um, wälzt um 2, 71; part. tortus, gewunden: anguis, 2, 138. 4, 483. radix 11, 70. retinacula, gedreht 15, 696. — 2) beim Schleudern herumdrehen, schleudern, schwingen: hastam in alqm 5, 137. 7, 132. jaculum 12, 323. 385. cornum 8, 407. tela 12, 99. hastilia 8, 28 (torserat = si torserat). plumbum 4, 709. silices 11, 30. — 3) „auf der Folter die Glieder verdrehen"; dah. martern, peinigen 11, 130.
torrens, ntis, „brausend, fluthend"; dah. subst. masc. Wildwasser, Gießbach, Sturzbach 3, 568. 8, 555. Stygius 3, 291.
torrĕo, torrŭi, tostum, ēre, rösten, braten: artus 1, 229. part. tostus, gebraten: caro 12, 155. gedörrt: polenta 5, 450. hordea tosti grani, gedörrte Gerste 14, 273. frux, geröstetes Getreide, Brod 11, 120. crines, versengt 2, 283; insbef. v. Krankheiten, ausdörren, verbrennen: viscera torrentur 7, 554. 8, 516.
torris, is, m. brennendes Scheit, Feuerbrand 8, 457. 512. 12, 272.
torsi, f. torqueo.
tortīlis, e, gewunden: buccina 1, 336. piscis, gekrümmt 13, 915.
tortus, a, um, f. torqueo.
tŏrus, i, m. jede schwellende Erhöhung, Wulst; dah. 1) der fleischige Theil am thierischen Körper, Muskel 2, 854. 12, 402. 14, 283. 15, 230. die Wampen (des Stieres) 9, 82. — 2) Pfühl, Polster 8, 655. 10, 281. 11, 472. 610. — 3) Lagerstätte, Lager, Bett 1, 633. 7, 332. 9, 687. 10, 556. 11, 655. 15, 654. toro surgere 9, 702; insbef. a) Ehebett 4, 174. 6, 431. socius tori, Ehegenosse, Gatte 14, 678. socia (consors) tori, Ehegenossin, Gattin 1, 620. 319. meton. Ehe 1, 353. 590. sacra tori (Hochzeitsfest) 7, 709. torum promittere 7, 91. — b) Speiselager, Speisesopha 5, 34. plur. 12, 326. discumbere toris 8, 565. 12, 155. surgere toris 12, 579. — c) Leichenbett, Bahre 6, 289. 9, 503.
torvus, a, um, schrecklich blickend, finster, zornig, wild: vultus 2, 270 (f. cum). 13, 3. 542. oculi 5, 92. torvis (erg. oculis aus adspicit) 6, 34. lumen 2, 752. 5, 241. 9, 27. acies 4, 464. juvencus 6, 115. 10, 237. taurus 8, 132. Diana, erzürnt 6, 415. — 2) im guten Sinne, männlich ernst, streng: vultus 13, 844. facies 15, 586.
tostus, a, um, f. torreo.
tŏt, indecl. so viel, so viele: de tot milibus 1, 325. e tot ac tantis bonis 2, 96. tot peremptis 10, 623. tot caesis 12, 213. mit vorhergehend. quot 14, 138. — 2) beschränkend, nur soviele 9, 29.
tŏtīdĕm, indecl. ebenso viel, ebenso viele 1, 45. 2, 18. 5, 311. totidem... totidem 5, 567. totidem... quot („als") 3, 384. 8, 588. 11, 537. 614.
tŏtīens, adv. so vielmal, so oft 1, 606. 2, 604. 9, 451. 13, 385. 489. quotiens... totiens 3, 452. 10, 166.
tōtus, a, um, 1) ganz (d. i. ungetheilt): orbis 1, 203. agmen 2, 449. in tota, an der ganzen Gestalt 4, 796. de tota, von der ganzen Gestalt 5, 431. tota in urbe 7, 452. in tota Haemonia 2, 542. toto in orbe 1, 6. toto caelo 1, 71. toto saltu 9, 47. domo tota 11, 609. tota Cypro 10, 270; völlig, ganz und gar: signa 3, 114. aquae 9, 95. dentes 10, 715. columbae totae sine labe 2, 537. totus nigrior, am ganzen Leibe 12, 402. — 2) all, sämmtlich: terrae 1, 253. montes 13, 785. membra 6, 371. carbasa 11, 746. vires 10, 658. totis ossibus, in Mark und Gebein 14, 700.
Toxeus (zweisylb.), ĕi, m. Sohn des Thestius, Bruder der Althäa, Oheim des Meleagros: acc. Toxeă 8, 441.
trăbĕātus, a, um, mit der Trabea (dem Staatsmantel der Könige) bekleidet 14, 828.
trabs, ăbis, f. Balken 3, 78. — 2) übrtr. Baumstamm, Baum 3, 570. 7, 441. 8, 329. 9, 209. 10, 373. 11, 360. 642. 12, 511. 14, 239. 360.
Trăchās, antis, f. Stadt im südlichen Latium in der Nähe der pomptinischen Sümpfe 15, 717.
Trăchīn, inis, f. Stadt in Thessalien am Oeta, in welcher Hercules zuletzt lebte, daher Herculea genannt 11, 627. = Dav. **Trăchīnius**, a, um, trachinisch 11, 269. 502. heros, d. i. Ceyr, König von Trachin 11, 351; subst. Trachinius, i, m. der Trachinier, d. i. Ceyr 11, 282.
Trăchīnius, a, um, f. Trachin.
tracto, āvi, ātum, āre (intens. v.

traho), ziehen, schleppen: alqm comis, an den Haaren 13, 410. — 2) betasten, berühren: sua pericla, mit seiner eigenen Gefahr tändeln 8, 196. ceram pollice, bearbeiten 10, 285.

tractŭs, ūs, m. das Ziehen, der Zug: squamae 15, 725. vellera mollire longo tractu 6, 21. ferri longo tractu per aëra, in langer Linie 2, 320. — 2) Richtung, Strich 1, 59.

trādo, dĭdi, dĭtum, ĕre (trans u. do), 1) übergeben, überliefern: alcui alqd 7, 754. 9, 155 (f. luctus). 14, 620. alqm 3, 575. 8, 872. Creten habendam, zum Wohnort 15, 541. loca alcui libera, zu ungestörtem Besitze lassen 4, 337; insbes. a) zur Obhut übergeben, anvertrauen: alqm alcui 9, 111. vaccam servandam, zur Bewachung 1, 624. progeniem docendam 8, 241. — b) auf ungerechte Weise übergeben, preisgeben, ausliefern: patrium caput 8, 94. penates 8, 91. terras feris populandas, zur Verwüstung 1, 249. — 2) bildl. lehrend mittheilen, lehren, in etwas unterweisen: artem 3, 588. orgia 11, 93. praecepta volandi 8, 209. signa parentis 1, 764.

trādūco, xi, ctum, ĕre (trans u. duco), hinüberführen, hinführen: gentem ad artes pacis 15, 484.

trăho, traxi, ctum, ĕre, 1) ziehen, schleppen, schleifen, zerren: gestamina 13, 116. alqm 6, 600. 9, 83. ad regem 11, 92. in stabula 6, 521. in arma (in d. Krieg) 13, 39. per freta trahi 7, 67. 8, 142. circa Pergama 12, 591. currus tractus cervice draconum, gezogen 7, 218; daß. a) wohin ziehen, wozu veranlassen, wozu verlocken: alqm in facinus (zur Unthat) 4, 471. quo trahat impetus illam 2, 356. me trahit nova vis, reißt mich fort 7, 19. sic me mea fata trahebant, verlockte mich 7, 816. diversa trahunt nomina pectus, ziehen nach verschiedenen Seiten 8, 464. tractus amore 8, 184. cupidine 8, 224. — b) beziehen auf: crimen in se, auf sich nehmen 10, 68 (constr. et non aliter quam Olenos qui etc.). nomen in urbem, übertragen 15, 57. — 2) mit sich ziehen, mit sich führen, mit sich fortreißen: matres 13, 414. greges secum 11, 276. stabula 8, 553. arenam (v. Flusse) 15, 714. caelum trahit sidera 2, 71. — 3) insbes. nach sich ziehen, mit sich fortziehen, hinter sich herziehen, nachschleppen: nubila 3, 299. pallam per cacumina 6, 705. sua viscera terrā 12, 390. crinem (v. Kometen) 15, 849. tantum timoris 13, 84. crepuscula trahunt noctem, führt herauf 1, 219; übrtr. a) mit fortziehen (ins Verderben): ne pars sincera

Wörterbuch zu Ovid's Metamorph. 5. Aufl.

trahatur, vom Uebel ergriffen werde 1, 191. zeugmat. trahat spem patris patriaeque ruinam, ziehe mit in die Vernichtung... und ziehe nach sich 8, 498. — b) als Folge sich ziehen, verursachen: pudorem 9, 579. moram 9, 767. — 4) einziehen, an sich ziehen: elementa 1, 29. aquas (beim Schwimmen) 5, 595. amnem gutture, einschlürfen 15, 330. auras ore, einathmen 2, 230; übrtr. annehmen: faciem 1, 412. naturam 5, 205. squamam 3, 675. figuram lapidis 3, 399. colorem 2, 236. 14, 393. ruborem 3, 482. 10, 595. aeternum est quod a me traxit 9, 252. nomen ab re od. alquo, bekommen 4, 291. 8, 230. 10, 223. nomen trahunt a vespere (näml. vespertiliones, Fledermäuse) 4, 415. in exemplum trahere, zum Muster nehmen 8, 245. bildl. ignes, Feuer fangen (durch Liebe) 4, 675. calorem, von Liebesgluth erfaßt werden 11, 305. — 5) abziehen, wegziehen: vestem 9, 167. stabula, fortreißen 8, 553. errore trahi (sc. a recta via), abgelenkt werden 2, 79. — 6) niederziehen, herabziehen: alqm 9, 318. lunam, herabbannen (durch Zauberei) 7, 207. — 7) herausziehen: telum 6, 257. 290. de corpore 5, 95. lignum 12, 371. ferrum e vulnere 4, 120. a vulnere 2, 606. dona de vulnere 7, 846. viscera, ausreißen 13, 865. 15, 525. suspiria, ausstoßen 2, 753. gemitus e corde 11, 709. — 8) zusammenziehen, anziehen: vincla galeae 12, 141. — 9) in die Länge ziehen, ausdehnen: pedum digitos 11, 72. aures in spatium (in die Länge) 11, 176. lanam (vellera), krämpeln 2, 411. 14, 265. pensa, spinnen 13, 511; übrtr. v. d. Zeit, (langsam) hinbringen, hinziehen: noctem sermone 12, 159. bellum per duo quinquennia 12, 584. senectam sub nocte, hinschleppen 7, 2.

trājĭcĭo, jēci, jectum, ĕre (trans u. jacio), hinüberwerfen, hinüberbringen: bildl. arbitrium litis in omnes, übertragen 12, 628. — 2) werfend, stechend durchbohren 1, 473. 2, 605. 4, 571. 5, 108. 6, 244. 9, 128. 11, 325. trajectus terga, am Rücken durchbohrt 9, 102.

trāmēs, ĭtis, m. Querweg, Pfad 10, 53. 14, 120.

trans, praep. c. acc. jenseits, über... hinaus: alqd trans ripam mittere, auf das jenseitige Ufer 9, 114.

transcrībo, psi, ptum, ĕre, (transscribo), als Guthaben auf Jemd. umschreiben, übertragen: daß. spatium vitae alcui, zulegen 7, 173.

trans-curro, curri, cursum, ĕre, vorüberlaufen: praeter oculos 14, 359.

trans-ĕo, ĭi (ĭvi), ĭtum, īre, 1) hin-

18

übergehen: e feris in humana corpora transit spiritus 15, 167. blanditiae transire solebant, hinüberzugelangen 4, 70; übersetzen (über den Styr) 10, 72; daß. a) in etwas übergehen: annus in aestatem transit 15, 206. vitium in lumina mentis 4, 201; insbes. sich in etw. umwandeln: in humum 11, 643. in figuras 8, 730. in aëra 15, 250. — b) zu etwas übergehen, wozu schreiten: ad opus palaestrae 6, 241. in iram, in Zorn ausbrechen 8, 106. ad alqm, sich (feindlich) gegen Jemd. wenden 12, 290. — 2) *trans.* a) überschreiten, über etwas gehen: Maenala 1, 216. lina plagarum, darüber weg setzen 7, 768. bildl. spatium vitae, durchlaufen, durchleben 15, 226. — b) an etwas vorbeigehen, vorbeipassiren: templa 10, 688. Aethiopas 1, 779. moenia, vorbeifahren 7, 368. alqm, zuvorkommen, voraneilen 10, 661. 672.

trans-fĕro, tŭli, lātum, ferre, hinüberbringen od. schaffen: penetrale in sedes 15, 34. Phorcynida in partem illam, wenden 5, 230. bella, hinüber gelangen lassen 12, 25. Aetna translata, versetzt (*sc.* in meine Brust) 13, 868; bildl. a) übertragen, wohin wenden: odium in socios a pellice 3, 258. amorem in mares 10, 84. — b) versetzen, verwandeln: alqd in species novas 15, 420. huc 15, 258.

*****transformis**, e, seine Gestalt verändernd, wandelbar: corpora 8, 871.

trans-formo, āvi, ātum, āre, umgestalten, verwandeln: membra in juvencos 10, 237. alqd in segetem 13, 654. in scopulum 14, 74.

transĭtŭs, ūs, *m.* Uebergang, Durchgang: datus est verbis ad aures 4, 77; bildl. Uebergang der Farben 6, 66. Uebergang in eine andre Gestalt: in undas 5, 434. quo transitus inde paratur, wohin (d. i. bis zu welcher Entartung) wird es von da kommen? 15, 469.

trans-lūcĕo, ēre, durchscheinen 4, 354.

trans-mitto, mīsi, missum, ĕre, durch einen Raum setzen, durchseilen: quantum caeli funda transmittere potest, so weit die Schleuder durch die Luft fliegt 4, 710.

transscrĭbo, s. transcribo.

transtrum, i, *n.* Ruderbank, *plur.* 14, 534.

trĕmĕbundus, a, um, zitternd: membra 4, 133.

trĕmendus, a, um, s. tremo.

trĕmesco (tremisco), ĕre, erzittern, erbeben 7, 205. 637. 14, 214.

trĕmo, ŭi, ĕre, zittern, erzittern: tremuere manus 8, 211. postes 4, 486. tremit tellus 5, 356. aequor 4, 136. tremens anus 8, 660. passus 3, 276. sagitta 6, 235. tela 12, 98; *trans.* vor etw. zittern, etwas fürchten: offensam Junonem 2, 519. illi sua vita tremenda est, ist für sie furchtbar 13, 464; *part.* tremendus, schrecklich, furchtbar 3, 577.

trĕmŏr, ōris, *m.* das Zittern, Beben (vor Furcht, Schreck), die Furcht 2, 276. 3, 40. 14, 210; personific. 8, 790. — 2) Erderschütterung, Erdbeben: *plur.* 6, 699. 15, 798. orbis 15, 271.

trĕmŭlus, a, um, zitternd: arundo 8, 217. 11, 190. cannae 6, 326. palma 15, 396. motus 8, 375. horror 9, 345. gradus 14, 143. passus 15, 212. manus 10, 414. vestes, flatternd 2, 875.

trĕpĭdo, āvi, ātum, āre, „trippeln"; daß. 1) in zitternder, unruhiger Bewegung sein, zitternd sich hin und her bewegen 6, 296. zappeln (vom gefangenen Vogel) 11, 75. trepidare praecordia sensi, unruhig werden 13, 945. trepidat pectus, zittert, klopft 1, 554. 2, 66. zucken: trepidant artus 14, 196. trepidantia exta 15, 576. trepidante penna, mit ängstlichem Flügelschlag 1, 506. 5, 605. trepidantibus alis 7, 382. — 2) beunruhigt sein, in Furcht sein, zittern 1, 251. 11, 534. trepidans 8, 363. 9, 576. 12, 338. sonus 14, 739. prolept. ne dies trepidantes terreat umbras = terreat ut trepident 5, 358.

trĕpĭdus, a, um, „trippelnd"; daß. 1) in unruhiger Bewegung sein: motus 8, 607. fletus 4, 674. venae, zuckend 6, 389. unda, aufwallend 12, 279. pectus, pochend 3, 125. vultus, unstät 4, 485. — 2) ängstlich, angstvoll, (vor Angst) zitternd 2, 194. 3, 717. 5, 175. 6, 522. 9, 211. columba 5, 606. os 5, 231. pes 4, 100. Trachinus trepidi oris (*genit. qualit.*), bebenden Anlitzes 11, 351. cervus, schüchtern, scheu 3, 356.

trēs, tria, drei 3, 34. 7, 596. latratus, dreifach 4, 450.

trĭbŭlus, i, *m.* Burzeldorn, ein stachliches Unkraut 5, 485. 13, 803.

trĭbŭo, bŭi, būtum, ĕre, zutheilen, gewähren, spenden 5, 225. dona 9, 402. turis honorem 14, 128. me tribuente, von meiner Hand, als Gabe von mir 2, 45. nomen sibi (beilegen) 5, 89. vocabula monti, dem Namen ertheilen 14, 621.

trĭbūtum, i, *n.* Abgabe, Tribut 8, 263.

trĭceps, ĭpĭtis (tres u. caput), dreiköpfig: Hecate 7, 194.

*****trĭcuspĭs**, ĭdis, dreispitzig: telum, Dreizack (= tridens) 1, 330.

trĭdens, ntis, drei Zähne habend; daß. subst. *masc.* der Dreizack, die Waffe u. das Scepter des Neptunus 1, 283. 6, 75.

tridentifer, ĕri, *m.* Träger des Dreizacks, d. i. Neptunus 8, 595.

tridentiger, ĕri, *m.* Führer des Dreizacks, d. i. Neptunus 11, 202.

triennĭa, ium, *n.* das (alle drei Jahre gefeierte) Bacchusfest (= sacra trieterica) 9, 642.

triĕtērĭcus, a, um (τριετηρικός), was alle drei Jahre geschieht: sacra, das alle drei Jahre auf dem Cithäron gefeierte Bacchusfest 6, 587.

trifīdus, a, um (v. findo), dreifach gespalten: flamma, d. i. der Blitz 2, 325.

trifōrmis, e, dreigestaltig: dea (s. Hecate) 7, 94. 177. mundus (als Erde, Meer u. Himmel) 15, 859. vgl. 12, 40.

Trīnăcrĭa, ae, *f.* ältester Name der Insel Sicilien, von ihren drei Vorgebirgen (τρεῖς ἄκραι) 5, 476. - Dav. **Trĭnăcris**, ĭdis, *f.* trinacrisch, sicilisch: insula 5, 347.

Trīnăcris, s. Trinacria.

trĭo, ōnis, *m.* der „Dreschochse"; dah. übrtr. Triones (gewöhnlich) septem Triones od. Septemtriones, das Sternbild des Wagens (oder das Gestirn des großen u. kleinen Bären) am nördlichen Himmel, welches man sich als einen von fünf Sternen gebildeten Wagen mit zwei vorgespannten Zugochsen dachte 2, 171. 528. 10, 446. Von Septemtriones gebildeter *sing.* Septemtrio = Nordgegend, Norden 1, 64.

Trĭŏpēis, ĭdis, *f.* die Triopeerin, d. i. Mestra, als Enkeltochter des thessalischen Königs Triopas: *acc.* Triopeida 8, 872.

Trĭŏpēius, ĭi, *m.* der Triopeer, d. i. Erysichthon, als Sohn des thessalischen Königs Triopas 8, 751.

triplex, ĭcis, dreifältig, dreifach: forma 9, 185. mundus, dreitheilig (als Erde, Meer u. Himmel) 12, 40. regnum (als Himmel, Meer u. Unterwelt) 5, 368. cuspis, Dreizack 12, 594; *plur. poet.* drei, von drei zusammengehörenden Gegenständen: Minyeides 4, 425. Sorores od. deae 2, 654. poenarum deae 8, 481.

Triptŏlĕmus, i, *m.* Sohn des Königs Keleos in der attischen Stadt Eleusis, verbreitete auf Befehl der Ceres den Ackerbau 5, 646.

tristis, e, 1) traurig, betrübt 5, 506. os 11, 459. vox 7, 517. dicta, Trauerworte 8, 534; übrtr. a) **traurig** v. Ansehn, unfreundlich: domus 2, 763. locus 7, 452. solum 8, 789. imago ponti 11, 427. imago solis, trübe 15, 785. nubila, finster 6, 690. vulnus, kläglich 3, 57. 10, 187. 15, 92. — b) übelgelaunt: non tristis, heiter gestimmt 4, 187. sera, unerbittlich 14, 710. — 2) *object.* betrübend, schmerzlich, traurig: munus 9, 4. supplicium 10, 484. jus sepulcri 13, 472. letum 15, 762. fata 10, 163. casus 14, 473. omen 15, 791. indicium 1, 650. officium 12, 4. facinus, gräßlich 6, 623. verderblich: morbus 7, 601. medicamen 6, 140. sententia, Verdammungsurtheil 15. 43.

tristitĭa, ae, *f.* Traurigkeit, Betrübniß 9, 397.

trisulcus, a, um, „dreifurchig"; übrtr. dreistrahlig: ignes 2, 848.

trĭtĭcĕus, a, um, von Weizen: messis, Weizenernte 5, 486.

Trītōn, ōnis, *m.* Sohn des Neptunus und der Amphitrite, ein Meergott, der den Oberkörper eines Mannes hat und unten in einen Fisch endigt. Als Herold Neptuns bläst er auf einer gewundenen Muschel 13, 919. *acc.* Tritona 1, 333. 2, 8.

Trītōnĭa, ae, *f.* Beiname der Pallas vom Waldbache Triton bei Alalkomenä in Böotien (dem ältesten Sitze ihrer Verehrung), nach späterer Deutung vom libyschen See Triton in Afrika, wo sie geboren sein soll 2, 783. 5, 250. 270. 6, 1.

Trītōnĭăcus, a, um, 1) tritoniacisch: palus, der See Triton bei Palene in Thracien 15, 358. — 2) die Tritonia betreffend, tritoniatisch (s. Tritonia): arundo, die von der Pallas erfundene Flöte 6, 384.

Trītōnis, ĭdis und ĭdos, *f.* der Tritonia (Pallas) angehörig, tritonisch (s. Tritonia): arx, die der Pallas heilige Burg von Athen 2, 794. urbs, d. i. Athen 5, 645; *subst.* = Tritonia d. i. Pallas: *acc.* Tritonida 3, 127. arces Tritonidos, die Pallasburg in Athen 8, 547.

trītus, a, um, *f.* tero.

trĭumpho, āvi, ātum, āre, triumphiren, frohlocken 6, 283.

trĭumphus, i, *m.* Triumphzug (eines siegreichen Feldherrn), Triumph 13, 252. 15, 747. Orphćus 11, 22 (s. titulus); canere triumphum, den Triumphruf („io triumphe!") ertönen lassen 1, 560; bildl. triumphos moliri 14, 719.

Trivĭa, ae, *f.* Beiname der auf Scheidewegen (in triviis) gespenstisch waltenden Hecate 2, 416.

Trōas, ădis, s. Troja.

Trōes, s. Troja.

Troezēn, ēnis, *f.* Stadt an der Ostküste von Argolis im Peloponnes 6, 418. *acc.* Troezena 15, 296. 506. - Dav. **Troezēnĭus**, a, um, trözenisch: heros 8, 566.

Troezēnĭus, a, um, s. Troezen.

Trōja, ae, *f.* die Stadt Troja im nordwestlichen Kleinasien unfern des Hellespont (nach dem phrygischen Könige Tros, dem

Sohne des Erichthonius, Enkel des Dardanus und Vaters des Ilus, Assarakus und Ganymedes, benannt) 11, 757. 12, 20. 13, 169. 197. 15, 770; die Mauern derselben von Neptunus und Apollo erbaut 11, 199. 12, 25. 587; vom Hercules erobert 11, 215. 13, 23; von den Griechen belagert und zerstört 13, 404. 577. 623. 15, 424. - Dav. 1) **Trōas**, ădis, f. trojanisch: subst. die Trojanerin, b. i. Hecuba: acc. Troada 13, 566. plur. Troades, die Trojanerinnen 13, 421. 481. 534. 538. — 2) Trōes, um, m. (v. sing. Tros, ōis), die Troer, Trojaner 12, 67. 13, 91. 343. 375. 14, 245. acc. Troas 13, 269. 274. 572. — 3) **Trōjānus**, a, um, trojanisch 8, 365. 9, 232. 13, 23. 54. 336. 14, 75. 220. 455. 15, 160. 437; subst. Trojanus, i, m. der Trojaner, b. i. Aeneas 14, 110. plur. die Trojaner 13, 702. — 4) Trōĭcus, a, um, troisch: corpora 12, 604. Vesta 15, 703. — 5) Trōĭus, a, um, troisch: Aeneas 14, 156. heros, b. i. Aesacus 11, 773.
Trōjānus, a, um, f. Troja.
Trōĭcus, a, um, f. Troja.
Trōĭus, a, um, f. Troja.
trŭcŭlentus, a, um, grimmig, wild 13, 558. 803.
trunco, āvi, ātum, āre (von truncus), stutzen, beschneiden: olus foliis, abblatten 8, 647.
1. truncus, a, um, eines oder mehrer Theile beraubt, verstümmelt: inguina 14, 67. membra carinae 11, 560. frons (des Hornes beraubt) 9, 1. (proleptisch) 9, 86. corpus, gliederlos 3, 680. trunca disjectis vulnera membris, die durch Abreißen der Hände wunden Stumpfe 4, 724. animalia trunca suis numeris, unvollständig in ihren Theilen (Gliedern) 1, 428. ranae truncae pedibus, ohne Füße (als Kaulpadden) 15, 376.
2. truncus, i, m. „Strunk"; dah. 1) Baumstamm (ohne Rücksicht auf Aeste und Krone) 2, 358. 4, 365. 8, 346. 9, 361. 14, 115. — 2) übtr. Rumpf 2, 822. 7, 640.
trux, ūcis (verwandt mit atrox), wild, grimmig: von Thieren 3, 211. 7, 111. 8, 297. 9, 81. 10, 715. Eurus, rauh, schaurig 15, 603.
tū, du 3, 98. cura tui 14, 724. tĭbī 1, 204. 2, 84. 88. tĭbī 1, 769. 5, 491. 15, 441. tē 1, 559. plur. vōs 3, 546. vōbīs 2, 289.
tūba, ae, f. gerade ausgehendes Blasinstrument mit trichterförmiger Oeffnung am untern Ende, Trompete, Tuba 1, 98. 3, 535. 10, 652. 15, 784.
tŭbĕr, ĕris, n. Auswuchs am Körper, Buckel 8, 808.
tŭbĭcĕn, ĭnis, m. (v. tuba u. cano), Trompeter 3, 705.

tŭĕor, tŭĭtus sum, ēri, ins Auge fassen, anschauen, betrachten: caelum 1, 85. terram 10, 389. corpus 11, 722. alqm 5, 92. 6, 621. erblicken: nescio quid 11, 715. — 2) prägn. unter Aufsicht nehmen, wahren: delubra 8, 707. alqm 6, 499. commissa 2, 558; dah. insbes. a) schützen, vertheidigen: litus 12, 66. castra 14, 455. regna 13, 416. quercum 1, 563. causam armis 8, 59. dextra cornua, decken 8, 360. — b) erhalten, ernähren: pecus natum in homines tuendos 15, 116.
tŭm, adv. 1) dann, da: tum ... quum 2, 651. 9, 282. si ... tum 7, 32. tum vero, da nun, nunmehr 2, 227. 4, 346. 6, 314. 9, 635. da vollends 2, 621. 3, 72. 4, 416. 7, 323. 685. 14, 485. tum denique, da erst 3, 629. 7, 86. 857. 9, 60. tum demum 13, 391. — 2) von der Vergangenheit, damals 2, 237. 13, 921. 14, 474. tum, quum 2, 756. 6, 149. 7, 364. tum primum, da zuerst 1, 119. 2, 171. tum quoque 5, 56. 14, 369. 737. auch da noch 13, 571. — 3) alsdann, hierauf 1, 36. 2, 122. 3, 650. 7, 121. 13, 890. 15, 685.
tŭmēfăcio, fēci, factum, ĕre, schwellen machen, aufschwellen: humum 15, 303. pontus tumefactus, angeschwollen 11, 518.
tŭmĕo, ŭi, ēre, geschwollen sein, strotzen: tumet lingua 7, 556. venter 10, 505. corpus veneno 3, 33. orbis genuum 8, 805. guttur venis 3, 73. colla toris 14, 283. Achelous imbre tumens, regengeschwollen 8, 549. uvae tumentes, schwellend 14, 661. spumae, aufwallend 7, 263. — 2) bildl. vor Stolz sich aufblähen, stolz worauf sein: Pontus Mithridateis nominibus tumens 15, 755.
tŭmesco, mŭi, ĕre, aufschwellen, anschwellen: colla tumescunt 6, 377. guttura 3, 73. freta ventis 1, 36.
tŭmĭdus, a, um, schwellend, aufschwellend, geschwollen, strotzend: uva 15, 77. aequor 14, 544. profundum 11, 202. aquae 14, 4. fluctus 11, 480. dickleibig: Python 1, 460. phoce 7, 389. echidnae, giftgeschwollen 10, 313; bildl. a) leidenschaftlich aufwallend, aufbrausend: ira 2, 602. 8, 437. 13, 459. — b) von Stolz geschwellt, aufgeblasen, stolz 8, 396. imagine genitoris 1, 754. successu 8, 495.
tŭmŏr, ōris, m. Geschwulst, Erhöhung: loci 15, 305.
tŭmŭlo, āvi, ātum, āre, mit einem Grabhügel bedecken, begraben 7, 361. 8, 710. 11, 565. 15, 57. quam tumulavit alumnus, meton. für den Ort, wo sie von Aeneas begraben wurde (f. Cajeta) 15, 716.
tŭmultŭs, ūs, m. Lärm, Getöse 11, 384. aetherii, Donnergetöse 3, 308; insbes.

tumulus — tutus

Waffenlärm, (plötzlicher) **Kriegsüberfall** 5, 5. 15, 794.
tŭmŭlus, i, *m.* **Erdhaufen, Hügel** 1, 309. 15, 296. arenae 4, 240; insbes. **Grabhügel** 2, 326. 13, 452. tumulus nomen habens, d. i. **Kenotaphium** (leerer Grabhügel mit bloßer Aufschrift für in der Ferne Gestorbene) 12, 2; dasselbe ist tumulus sine corpore 11, 429. tumulo solatia posco, d. i. für die Manen des Getödteten 7, 483.
tunc, *adv.* **alsdann, dann** 2, 68. 4, 320. 5, 318. 15, 202. — 2) **damals, da** 8, 239. 9, 443. 12, 445. 13, 349. 473. 14, 177. tunc quoque 1, 338. 4, 315; auch damals schon 6, 393; auch jetzt noch 6, 403; auch da noch 6, 393. tunc denique, jetzt erst 5, 210. 471. jam tunc, schon jetzt (nach seiner Geburt) 3, 345.
tundo, tŭtŭdi, tunsum u. tūsum, ĕre, **schlagen**: pectora 8, 535. humum 5, 293.
tŭnĭca, ae, *f.* das kurzärmliche Unterkleid der Römer (sowohl der Männer als Frauen), die **Tunica** 1, 398. *plur.* für *sing.* 5, 399.
turba, ae, *f.* 1) (untergeordnete) **Menge, Haufe, Schwarm, Schaar** 3, 122. 529. comitum 3, 186. 6, 165. procorum 10, 568. matrumque patrumque 15, 730. supplex 1, 92. rustica 6, 348. linigera, die ägyptischen Isispriester 1, 747. turba nocet, die Menge der Werfenden 8, 390. **Volk** 14, 222. Quirini 14, 607. terrarum, das ganze Volk d. Erde 1, 355; ironisch von der Zweizahl 6, 200; v. Thieren 13, 939. canum 4, 723. ferarum 11, 44. volucrum 5, 301. 10, 144 (f. que); von unpersönlichen Gegenständen: arborum 10, 106. rotarum, Getümmel 6, 219. turbā voracior est, durch die Masse des Stoffs 8, 839. — 2) **Getümmel, Gewühl** 12, 214. sacri, Opfergewühl 12, 33.
turbĭdus, a, um, **unruhig, stürmisch**: seditio 9, 427.
*****turbĭnĕus,** a, um (von turbo, inis), **kreisförmig sich bewegend, wirbelnd**: vertex 8, 556.
1. turbo, āvi, ātum, āre, 1) in **Unordnung bringen, in Verwirrung bringen, verwirren**: capillos 8, 859. turbatus capillos, verwirrten Haares 4, 474 (f. ut). convivia, stören 12, 222. festa 4, 33. notas viarum, unkenntlich machen 8, 160. mare (aequor), aufwühlen, unruhig machen 7, 154. 14, 545; insbes. eine Flüssigkeit trüben 3, 410. 475. 6, 364. flumen imbre turbatum 13, 889. — 2) bildl. a) **verwirren**: omnia (alle menschliche Ordnung) 6, 537. — b) außer Fassung bringen, **beunruhigen, bestürzt machen**: alqm 12, 134. omine 9, 572. metu 15, 517;

part. turbatus, beunruhigt, bestürzt, geschreckt 2, 176. specie viri 11, 677. imagine facti 8, 96. turbatus pectora, beunruhigt im Herzen 11, 411.
2. **turbo,** ĭnis, *m.* **Wirbel, Wirbelwind, Windsbraut** 11, 551. venti 6, 310; bildl. miserarum rerum, Sturm des Unglücks 7, 614. — 2) **kreisförmige Windung** 1, 336.
tūrĕus, a, um (tus), **von Weihrauch**: virga, Weihrauchstaude 4, 255.
turgĕo, rsi, ēre, **von Säften strotzen** 15, 203.
Turnus, i, *m.* **König der Rutuler** zu Ardea in Latium, welchem vor der Ankunft des Aeneas in Italien die Lavinia, die Tochter des Königs Latinus, verlobt gewesen war. Als diese nun dem Aeneas als Gattin zufiel, führt er Krieg gegen diesen und fällt von der Hand seines Gegners 14, 451. 530. 573. 15, 773.
turpis, e, **von Aussehn häßlich, garstig** 13, 847. muscus 1, 373. hydri 4, 801; bildl. **häßlich, schmählich, schimpflich**: pudor 11, 180. linguae 6, 374. optat fieri turpis, Schimpf zu erleiden 4, 188. turpe est, *mit inf.* 5, 315. 9, 6. 13, 308. *mit acc. c. inf.* 9, 16. turpe habetur 10, 325.
turpĭtĕr, *adv.* **schimpflich** 4, 187.
turris, is, *f.* **Thurm** 3, 61. 4, 48. 5, 291. 8, 358. 11, 392. 13, 415; übrtr. **hohes Gebäude, Burg** 1, 290. 8, 14. 40.
turrītus, a, um, **mit Thürmen versehen, bethürmt**: mater, d. i. Cybele, welche mit einer Thurmkrone dargestellt wurde (als Symbol der Erde mit ihren Städten, f. Cybeleius) 10, 696.
tūs (thus), tūris, *n.* **Weihrauch** 5, 131. 7, 592. 10, 681. 13, 703. 14, 130. 15, 594. *plur.* 2, 289. 7, 161. tura ferre ob. dare (alcui) 1, 249. 3, 733. 4, 11. 6, 161. 7, 589. 10, 681. 11, 577.
Tuscus, a, um, 1) **tuscisch, etrurisch,** d. i. zu den Tuskern oder Etruskern in Italien gehörig: profundum, das Meer zwischen der Westküste von Italien und Sicilien 14, 223. flumen, der Tiber (im Lande der Tusker entspringend und frühere Grenze gegen Latium) 14, 615. — 2) = **tyrrhenisch, lydisch** (f. Tyrrhenia): urbs 3, 624.
tūtēla, ae, *f.* der **Schutz** 2, 563; concret **Beschützer, Hüter**: templi 8, 711. prorae, Lenker des Vorderschiffs, Untersteuermann (proreta) 3, 617. Pelasgi nominis, Hort der Pelasger 12, 612.
tūtō, *adv.* **sicher, ohne Gefahr** 11, 66.
tūtus, a, um, **geschützt, sicher, gesichert** 1, 93. 5, 272. tuto mari (*abl. abs.*), bei sicherem Meere 9, 591. medio tutissimus ibis 2, 137. munimine tutus 4, 773. loco

8,368. 13,912. eo 14,293. jaculo, hinreichend ausgerüstet 7,808. tutus ab aliquo, sicher, gesichert vor Jemd. 1,144. 8, 316. a ferro 13,498. tutum facere alqm, Jemd. schützen, sichern 6, 194. 7, 134. — 2) ſicher, gefahrlos 10, 537 (ſ. praeda). via 11, 747. voluntas 2, 53. audacia 10, 544. tutior est requies 8, 557. tutum est, es ist sicher 8, 423. tutius est, es führt sicherer zum Ziele 13, 9. ſubſt. tuta, orum, *n.* Ungefährliches 7, 47 (ſ. quin). sicherer Ort, Zufluchtsort 10, 714.

tŭus, a, um, dein: non sum tuus 14, 378. ista tua est 1,464; für den *genit. objecti:* quis tuus usus erat 13, 211; nachdrucksvoll: dein eigen 2, 294. 4, 148. 5, 371. 8, 503; ſubſt. tui, orum, *m.* die Deinigen: pietas tuorum = Romanorum 1, 204.

Tyănēĭus, a, um, aus Tyana, in Cappadocien 8, 719 (Merkel mit zweifelhafter Lesart Thineïus).

Tydīdēs, ae, *m.* Sohn des Tydeus, Tydide, d. i. Diomedes, der Enkel des Königs Deneus in Calydon 12, 622. 13, 68. 239. 350. Er verwundete vor Troja die Venus, als sie ihrem Sohne Aeneas im Gefechte zu Hülfe kam 15, 769.

Tymōlus, ſ. Tmolus.

tympănum, i, *n.* Handpauke, Handtrommel, mit hohlem, halbrund gewölbtem Schallboden, wie unſre Keſſelpauke, (nur *plur.*) 3, 537. 4, 29. 391. 11, 17. 12, 481.

Tyndărĭdae, ārum, *m.* die Tyndariden, die Zwillingssöhne des spartanischen Königs Tyndareus und der Leda, Castor und Pollux, ersterer als Pferdebändiger und Wagenlenker (12, 401), letzterer als Faustkämpfer berühmt, später unter dem Namen der Zwillinge oder Dioskuren unter die Sterne versetzt 8, 301.

Tyndărĭs, ĭdis, *f.* die Tyndarine, d. i. Helena, Tochter des spartanischen Königs Tyndareus (nach anderer Sage des Juppiter) und der Leda 15, 233.

Tўphoeus (dreisylbig), ĕi, *m.* der rieſige Sohn der Gäa und des Tartaros, mit hundert feuersprühenden Drachenköpfen, stritt mit Juppiter um die Weltherrschaft und die Götter flohen vor ihm, als er den Himmel stürmte, nach Aegypten, wo sie sich in Thiergestalten bargen. Doch überwand ihn Juppiter durch seine Blitze und begrub ihn unter den Aetna in Sicilien: *acc.* Typhoëa 5, 321. 325. 348 (dreisylbig gemeſſen durch Synizeſis 3, 303).

tўrannis, ĭdis, *f.* Gewaltherrschaft, Zwingherrschaft 15, 61 (des Polycrates).

tўrannus, i, *m.* Herrscher, Gebieter 1, 218. 276. 11, 203. 278. imus (infernus), der Unterwelt, d. i. Pluto 4, 444. 5, 508; insbeſ. in einem Freistaate: Zwingherr, uſurpator 15, 602.

Tўrŏs, a, um, ſ. Tyros.

Tўrŏs, i, *f.* See- und Handelsstadt in Phönicien, seit der Zerstörung durch Nebukadnezar auf einer Insel nahe an der Küste wieder aufgebaut, berühmt durch ihre Purpurfärbereien 15, 288. *acc.* Tyron 3, 539. - *Dav.* Tўrĭus, a, um, tyriſch: virgines 2, 845. gens 3, 35. pellex, d. i. Europa, die von Juppiter nach Creta entführte Tochter des phönicischen Königs Agenor, Schwester des Cadmus 3, 258. murex 11, 166. ostrum 10, 211. succus 6, 222. aënum 6, 61; meton. purpurn: flores 5, 390. chlamys 5, 51. color, Purpurfarbe 9, 340.

Tyrrhēnĭa, ae, *f.* das Land der Tyrrhener, eines pelasgischen Volkes, welches aus Lydien nach Italien auswanderte und dort das Stammvolk der Etrusker wurde; dah. = Etrurien in Mittelitalien 14, 452.

Tyrrhēnus, a, um, tyrrheniſch (ſ. Tyrrhenia): gens 3, 576 (gemeint sind die pelasgischen Tyrrhener in Lydien). corpora, tyrrheniſche Männer 4, 23; ſubſt. Tyrrhenus, i, *m.* Tyrrhener 3, 696. etruscisch: arator 15, 553. gens 15, 577; aequora, das tyrrhenische oder etruscische Meer auf der südwestlichen Seite Italiens 14, 8.

U.

1. ūbĕr, ĕris, reich an etwas, fruchtbar: arbor uberrima pomis 4, 89. aetas uberior 15, 208. — 2) reichlich (vorhanden): aquae 3, 31. amnis, wasserreich 9, 105 (ſ. soleo).

2. ūbĕr, ĕris, *n.* die nährende Brust, das Euter 4, 324. 9, 358. 13, 826. 15, 117. lactantia ubera 6, 342. 7, 321.

ŭbĭ, *adv.* wo 1, 307. illic, ubi 1, 294. 2, 516; in der Frage 2, 233. 8, 499. 13, 340; auf eine Person bezogen: habet Iolen, ubi ponat questus, bei welcher, in deren Brust sie ihre Klagen niederlegen kann 9, 276. — 2) übrtr. v. d. Zeit, a) wann, als, sobald als, mit *praes.* 3, 111. 7, 107. 10, 373. mit *fut.* 15, 352. mit *perf.* 1, 32. 177. 3, 600. 4, 165. 7, 128. 251. 11, 466. 14, 101. 768. ubi primum, sobald als 14, 335. — b) wann, so oft als, mit *plusqpf.* 2, 412. 4, 71. 5, 444. 11, 116. 512.

ŭbĭcumquĕ, *adv.* wo nur immer 7, 736.

ŭbīquĕ, *adv.* überall 1, 214. 4, 418. 760.

ūdus, a, um (zusammengezogen aus uvidus), feucht, naß, arena 3, 599. paludes 1, 418. capilli 5, 440. barba 11, 655.

ulciscor, ultus sum, cisci, für Jemd. Rache nehmen, ihn rächen: alqm 8, 442. 12, 576. 603. duos (= te et me) 14, 36. ultus parentem parente, den Vater an der Mutter (f. Callirhoë) 9, 407. se, sich rächen 7, 397. — 2) Rache nehmen wegen etwas, etwas ahnden, strafen: necem alcjus 7, 458. laesum pudorem 7, 751. nefas 8, 483. ignes matris 10, 524; absol. sich rächen 11, 194. 13, 546.

Ŭlixēs, is u. ëi, *m.* Sohn des Laertes und der Antiklea (nach späterer Sage Sohn des Sisyphus, Enkel des Aeolus, von der Antiklea vor ihrer Vermählung mit Laertes geboren, vergl. 13, 32), Gemahl der Penelope, König von Ithaka, wollte seiner Gemahlin und seines jungen Sohnes wegen am Zuge nach Troja nicht Theil nehmen und stellte sich närrisch, indem er einen Ochsen und einen Esel vor den Pflug spannte und Salz säete. Aber Palamedes zwang ihn dadurch sich zu verrathen, daß er ihm seinen kleinen Sohn Telemach in die Furche legte (13, 36). Er zog nun mit zwölf Schiffen nach Troja, fand den Achilles in Schyros auf und brachte ihn zum Heere (13, 162 ff., f. Achilles). Mit Menelaos war er als Gesandter in Troja und forderte die Zurückgabe der Helena (13, 200); mit Diomedes raubte er das Bild der Pallas aus Troja (13, 337) und holte den Philoctetes mit den Pfeilen des Hercules von Lemnos (13, 399). Nach Beendigung des Krieges kehrte er erst im zehnten Jahre nach langen Irrfahrten in seine Heimath zurück 13, 6. 485. 773. 14, 290. *gen.* Ulixis 13, 304. 712. 14, 180. Ulixēi 14, 159. 671. *acc.* Ulixen 13, 55. 65. 14, 71. 192. 241. *voc.* Ulixe 13, 83.

ullus, a, um, irgend ein: in negativen Sätzen 1, 101. 3, 585. 4, 441. 796. 5, 381. sine vestibus ullis 11, 654. requie sine ulla 15, 214. sine ullis arboribus 15, 296. *subst.* ulla 1, 323. 7, 341. *dat.* ulli 2, 174; in hypothetischen Sätzen 6, 441. 503. 548. 7, 336. *subst.* ab ullo 12, 181; im Fragesatze 8, 76. 13, 460.

ulmus, i, *f.* Ulmbaum, Ulme (bei den Römern besonders zum Hinaufziehen der Weinreben gebraucht) 1, 296. 2, 557. 10, 100. 14, 661. 665.

ulna, ae, *f.* „Ellbogen"; dah. 1) meton. Arm 7, 847. 8, 818. 9, 652. 11, 63. — 2) übrtr. Elle (als Längenmaß) 8, 748.

ultĕrĭŏr, ōris, *neutr.* ulterius, weiter hinaus, weiter entfernt: sol habebat ulterius medio spatium, hatte mehr als die Hälfte der Bahn zurückgelegt 2, 417; dah. *superl.* **ultĭmus**, a, um, der entfernteste, äußerste, letzte (im Raum) 1, 728. 2, 517; partitiv: via, der äußerste, letzte Theil des Weges 2, 67. vergl. ultima tellus 4, 632. inguina, der unterste Theil der Weichen 13, 915. radix, der hinterste Theil 6, 557; subst. *neutr.* ultima, der äußerste Rand 1, 31. 3, 708. stagni 4, 300. die äußersten Farben (die erste und letzte) 6, 68. — 2) übrtr. a) der Zeit und Reihenfolge nach der letzte, zuletzt 6, 261. 298. 13, 36. 422. 14, 426. dies 3, 135. proles 1, 127. domus 10, 34. vox 3, 499. dicta 9, 126. vota 10, 488. ardor 14, 682. dolor 13, 494. concordia 13, 875. manum ultimam imponere 8, 200. 13, 403. ultima caelestum, zuletzt von den Himmlischen 1, 150; subst. *neutr.* ultima, die letzten Worte 13, 124. — b) dem Grade nach der äußerste, höchste, größte: ardor 9, 562. ultima pati, das Aeußerste, Aergste 14, 483. decertare in ultima, bis aufs Aeußerste 14, 803.

ultĕrĭus, f. ulterior u. ultra.

ultĭmus, a, um, f. ulterior.

ultŏr, ōris, *m.* Rächer, Bestrafer 14, 290. 8, 281. mortis 3, 58. praereptae conjugis 5, 10. caedis 15, 821. nex ultoris, b. i. des Alcmäon (f. Callirhoë) 9, 415; adject. rächend, strafend 14, 693. 750. 15, 115.

ultrā, *adv.* jenseits 5, 186. *comp.* ulterius, weiter 2, 872; übrtr. a) von der Zeit, weiter, länger: non (haud) ultra 1, 530. 668. 4, 730. 5, 420. 6, 367. 11, 583. 12, 355. non ulterius 2, 302. 3, 487. 6, 52. 9, 290. 11, 630. 12, 132. 344. 15, 615. — b) vom Maße, weiter, mehr 10, 345. 400. 14, 487. nil ultra 10, 344. 14, 730. non ulterius 12, 575. ulterius justo rogabat, mehr als recht ist, zu dringend 6, 470.

ultrix, īcis, *f.* „Rächerin"; adject. rächend: undae 3, 190.

ultrō, *adv.* von freien Stücken, unaufgefordert, von selbst 2, 566. 3, 458. 7, 605. 15, 480. ultro poteras rogari, zuerst 14, 30. vergl. 14, 799.

ultus, a, um, f. ulciscor.

ŭlŭlātŭs, ūs, *m.* Geheul, Geschrei 5

153. *plur.* 3, 179. 7, 190. 14, 405. der Bacchantinnen 3, 528. 706. 11, 17.

ŭlŭlo, āvi, ātum, āre, heulen 3, 725. 4, 404. 9, 643 (ululasse = ululare). 13, 571. 15, 797.

ulva, ae, *f.* Sumpfgras, Schilf 4, 299. 8, 336. 655. palustres 14, 103. grata paludibus 6, 345.

umbra, ae, *f.* 1) Schatten (eines körperlichen Gegenstandes): arboris 4, 88. nemoris 5, 336. viri 4, 713. 5, 615. arborea 10, 129. silvestris 13, 815. aestiva 13, 793. umbras dare 5, 591. 15, 564. fecerat sol exiguas (minimas) umbras (um Mittag) 3, 50. 14, 54. dies medius rerum contraxerat umbras 3, 144; insbes. (poet.) Dunkelheit, Finsterniß 11, 549. 15, 652 (verb. telluris mit orbi). umbrae caliginis 4, 455. — 2) in der Malerei, Schattirung, Schatten 6, 62. — 3) Schattenbild, Scheinbild (im Gegensatze des Wirklichen): corpus putat esse, quod umbra est 3, 417. praedae 14, 362. imaginis 3, 434. Schein: mendax pietatis 9, 460. — 4) Geist der Abgeschiedenen in der Unterwelt, Schattenbild, Schatten 4, 434. 5, 358. 10, 48. 11, 61. 688. 13, 449. conjugis 11, 660. Hectoris 12, 591. Anchisae 14, 117. umbrae silentum 15, 797. gelidae 8, 496. exsangues 4, 443. tacitae 5, 191. consanguineae (= fratrum) 8, 476; *plur.* umbrae: a) für *sing.* (wie manes) 1, 387. 3, 720. 6, 541. 9, 410. — b) das Reich der Schatten, die Unterwelt 10, 12. Stygiae 1, 139. Tartareae 6, 676. 12, 257. rex (dominus) umbrarum 7, 249. 10, 16.

umbrōsus, a, um, schattenreich, beschattet, schattig: arx 1, 648. templa 11, 360. Ida 11, 762. silva 1, 693. nemus 7, 75.

umquam, s. unquam.

ūnā, *adv.* zugleich, zusammen 2, 781. 4, 28. 691. 8, 299. 10, 99. 11, 441. 676. 725. 12, 416. 14, 63. 15, 60. una cum 6, 714. 11, 684. stabat una, daneben 8, 195.

uncus, a, um, eingebogen, gekrümmt (wie ein Haken), hakig: hamus 15, 476. telum (= harpe) 4, 666. aratrum 5, 341. 7, 210. dens 7, 150. cauda 15, 371.

unda, ae, *f.* Welle, Woge 1, 95. 11, 496. 15, 181. aequorea 12, 580. *sing.* collectiv 8, 139. 11, 783. aequoris 13, 779. — 2) *meton.* (*sing.* u. *plur.*) Wasser, Gewässer, Fluth, Meer 1, 16. 2, 8. 290. 3, 36. 161. 4, 463. 8, 457. 737. 11, 117. fontis 4, 98. flumineae 14, 599. 15, 565. fluviales 1, 82. caelestes 11, 519. expers undaeque cibique 4, 262. in liquida unda, im Wasser des Opferbeckens 15, 135.

undĕ, *adv.* von woher, woher 1, 667. 774. 2, 65. 307. 12, 41. 13, 415. unde redibam = a qua 7, 718; in der Frage 1, 613. 5, 297. — 2) causal, wovon, woher, weßhalb 4, 620. 5, 327. 10, 223. 14, 338. 626; in der Frage 4, 285. 5, 552. 9, 508. 15, 624. unde datum, von wem 7, 686.

undĕcĭmus, a, um, der elfte: Lucifer, zum elften Male 11, 98.

undīquĕ, *adv.* von allen Seiten, von überall her 1, 568. 2, 232. 5, 150.

ungo (unguo), nxi, nctum, ĕre, salben: odore 14, 606. lacrimis 15, 514.

unguis, is, *m.* Nagel am Finger und an der Zehe 2, 670. 5, 430. 671. 8, 800. 9, 655. 11, 79; *meton.* Zehe 1, 742. 10, 490. 11, 342. — 2) von Thieren, Klaue, Kralle, Tatze 2, 479. 4, 717. 5, 547. 6, 530. 10, 540. 699. 12, 563.

ungŭla, a, *f.* Klaue 1, 742. Huf der Pferde 2, 671. 5, 257. 6, 220.

ūnĭcŏlŏr, ōris, einfarbig 11, 611.

ūnĭcus, a, um, der einzige, alleinige 8, 684. 12, 169. 13, 853. unica volucris, der einzige seiner Art 8, 239. 12, 531. fuit unica matri, die einzige Tochter 9, 329. — 2) ausgezeichnet, einzig 3, 454.

unquăm, *adv.* jemals, je, in negativen und Bedingungssätzen 3, 386. 8, 582. 709. 837. 10, 409 13, 929. 15, 197.

ūnus, a, um, *gen.* unīus (unĭus 13, 425), eine (einer), eine, ein (eines): unus de populo 3, 116. e senioribus 15, 10. pars una ducum = unus ducum 13, 51 (vergl. 2, 426. 5, 577. 9, 20). in unum, in Eins 4, 579. dolor unius, des Einen (*sc.* Menelai) 13, 181. unus ... alter 3, 165. 6, 87. — 2) einzig, allein, nur 1, 552. 583. 3, 269. 647. 6, 648. 11, 174. 13, 241. 385. ∙ 15, 392. hoc unum 2, 98. 3, 591. id unum (*sc.* quod frater es) 9, 494. una (quercus) nemus, sie allein (schon) ein Wald 8, 744. una celeberrima, vor Allen 1, 691. et virginem et unam superat, die hülflose Jungfrau 6, 524. — 3) ein und derselbe, der nämliche 1, 721. 2, 13. 846. 4, 166. 10, 33. uno ore, einstimmig 12, 241. in unum confundere (in Eins) 4, 472. — 4) als *pron. indefin.* irgend einer, ein 1, 227. 4, 767 (quaerenti unus narrat, s. jedoch Lyncides). 6, 578.

Ŭrănĭē, ēs, *f.* (Ουρανίη, „die Himmlische"), eine der Musen 5, 260.

urbs, bis, *f.* (von orbis), Stadt: Stygia 4, 437. Romana 14, 849. 15, 736. Romulea 15, 625; insbes. Urbs, die Stadt Rom 14, 774. 15, 487. 584. 594. 600. 744. 798. 801. — 2) *meton.* Stadt = Bewohner der Stadt 6, 412. 11, 535.

urgnĕo (urgĕo), ursi, ĕre, drücken,

urna belasten: insula (saxum) urguet alqm 5,347. 13,26; bildl. a) **belästigen, bedrängen, keine Ruhe lassen**: famulas laboribus 4,35. — b) **eifrig betreiben**: opus 4,390. — 2) **drängen, drängend fortstoßen**: saxum 4,460. unda urguet priorem undam 15,182. **hart verfolgen** 5,606. 11,774; bildl. opus urguet, drängt 8,328.

urna, ae, *f.* **Wassergefäß, Urne** 3,37. 172. 10,43. 13,534; übtr. **Loosurne** 15, 44. **Aschenkrug, Graburne** 4,166. 11,706. 12,616. 14,441.

ūro, ussi, ustum, ĕre, **anbrennen, entzünden, verbrennen**: picem 14,533. arbor uritur 2,212. 9,374. guttura usta, entzündet 7,110; **von der Sonnenhitze, versengen** 1,119. 4,194. 6,339. 7,815; **vom Durste**: guttur, austrocknen 11,130; bildl. a) **durch Leidenschaften entzünden, entflammen**: vom Zorn 4,278. vom Neide 2,809. von der Liebe 7,803. 9,624. 731. *pass.* uri, **in Liebe erglühen, in Liebe entbrannt sein**, 1,496. 3,430. 13,763. 867. amore 3,464. igne 4,195. uri in alquo 7,22 (s. in). — b) **peinigen, verzehren**: uritur ab illa flamma 8,516.

ursa, ae, *f.* **Bärin, Bär** 2,485. 494. 12,319. 13,803. 836. 14,255. 15,379.

ursus, i, *m.* **Bär** 2,494. 7,546. 10, 540. 13,353. 15,87.

usquăm, *adv.* **irgendwo** 1,586. 11, 680. 12,41. **irgendwohin** 4,553.

usquē, *adv.* 1) **in einem fort, fortwährend** 3,91. 6,555. 9,682. 10,7; mit Präpos., **bis...nach, bis...hin**: ad imum usque solum 4,298. ad Paeonas usque 5,313. usque sub Orchomenon 5,607. — 2) **in so weit**: qua usque potest, in wie weit es kann 3,302. usque...ut, in so weit...daß d. i. so genau...daß 15, 660. usque adeo, bis zu dem Grade, so sehr 5,396. 6,67. 438. 14,152. usque adeo nulla est sincera voluptas, so wenig ist eine Freude ungetrübt 7,453.

ustus, a, um, s. uro.

ūsūrus, a, um, s. utor.

ūsŭs, ūs, *m.* 1) **Gebrauch, Anwendung** 5,111. 7,99. vocis 2,658. 3,367. oris 3, 359. linguae 5,562. verborum 14,98. luminis 4,775. aquarum 6,349. precum 6,689. serrae 8,246. aratri 14,2. equorum, das Tummeln 3,554. si das hujus nominus usum, wenn du den Gebrauch des Namens Vater gestattest 2,36. cera fit utilis usu, durch die Behandlung 10, 286. usum baculi praebere, als Stab dienen 13,782. verti in corporis usum, um als Fleisch zu dienen, in Fleisch 1,408. in usum spinae = in spinam 14,553. in usum partis, für den Gebrauch, zum Ersatz des Theiles 6,410; insbes. a) **der öftere Gebrauch**: morem fecerat usus, die öftere Wiederholung 2,345. — b) **die (durch öftern Gebrauch gewonnene) Erfahrung** 6, 29. 15,365. — c) **vertrauter Umgang**: conjugis 10,565. — d) **der einstweilige Genuß, Nießbrauch**: pro munere poscimus usum 10,37. — 2) **Nutzen, Vortheil** 14,268. *plur.* 4,524. usus in alqa re = alcjus rei 2,332. 7,681. 10,651. 737. 13,654. quis tuus usus erat, wozu warst du brauchbar 13,211. — 3) **nöthiger Gebrauch, Bedürfniß** 13,215. sine militis usu, ohne des Kriegers zu bedürfen 1,99.

ūsus, a, um, s. utor.

ŭt od. **ŭtī**, I) *adv.* 1) **wo**: utque aether, tellus illic et pontus et aër 1, 15. — 2) **sowie, wie**: ut fit 6,316. ut opportuit 7,729. ut puto 8,10. non ut soror amavit 9,456; wie, d. i. „in derselben Stellung wie" 4,556. 558. ut erat, wie er gerade war 11,60. 12,22; wie er ging und stand, ohne Weiteres 9,113. ut quisque s. quisque; insbes. a) **vergleichend: wie, gleichwie** 3,419. 4,362. 5,389. 13,845. ita...ut 2,184. sic...ut 5,605. ut...sic 1,47. 492. 2,163. 3,704. 4,440. 714. 5,164. 7,79. ut...non aliter 8,470. 9,641. — b) **in concessiver Satzverbindung**: ut...sic, zwar...aber doch, wiewohl...doch 1,370. 404. 3,188. 4,131. ut non...sic, wenn auch nicht...doch 14,509. — c) **zur Angabe von Beispielen, wie, zum Beispiel** 8,731. — d) **im Ausrufe: wie sehr, wie** 9,484. — e) **zur Angabe einer indirecten Frage, wie** 4,47. 279. 6,110. 123. 13,826. — f) **in den Causalbegriff übergehend, wie, da, weil, denn**: ut memor 2,378. ut vacuis et inobservatus in herbis 4,341. ut radium tenebat 6,132. ut erat spretor 8,612. ut dolor collegerat rabiem 9,212. ut aderat 10,277. proximus ut steterat 12, 258. ut jacuit resupinus 12,32'. ut rudis 10,636. ut erat impatiens 13,3. ut erat circumdata ponto, umgeben nämlich wie sie war 2,272. ut erat pronus, denn er saß vorwärts geneigt 6,237. ut erat turbata capillos amictu, schüttelte ihre Haare, denn sie trug sie verworren 4,474. ut qui, da ja, da nämlich 1,605. — 3) **bei Zeitverhältnissen, als, nachdem, sobald als**: mit *perf.* u. *praes. histor.* 1,163. 207. 268. 324. 375. 2,116. 178. 198. 3,104. 4,121. 131. 5,34. 7,83. 564. 827. 8,809. 9,11. 10,145. 11,471. 12, 152. 13,435. 15,232. ut poterat videri 11,469. ut primum, sobald als 6,447: 11, 191. 14, 352. — II) *conjunct.* mit *conjunctiv.* 1) **zur Bezeichnung einer factischen oder vorgestellten Wirkung, daß**:

facere ut 13, 886. 15, 8. 841. efficere ut 4, 180. restat ut 2, 472. monere ut 8, 203. orare ut 1, 704. petere ut 6, 352. statuere 4, 84. pacisci ut 4, 703. este rogati ut non invideatis 4, 156. — 2) zur Bezeichnung einer Folge, daß, sodaß 2, 537. 4, 379. 751. 7, 583. 8, 195. 248. — 3) zur Bezeichnung einer Absicht, daß, damit, um zu 1, 94. 6, 83. 249. 10, 20. 13, 447. 932. 15, 857. — 4) concessiv, gesetzt daß, wenn auch 2, 79. 5, 527. 6, 196. 7, 27. 9, 68. 620. 628. 753. 754. 14, 175.

ŭtĕr, utra, utrum, gen. utrīus, welcher von beiden 9, 548.

ŭterquĕ, utraque, utrumque, jeder von beiden, beide 1, 375. (mit plur. verbi) 6, 59. plaga 1, 50. domus 4, 66. parens, beide Eltern, Vater und Mutter 4, 387. 13, 147. Venus, Liebesgenuß beider Geschlechter 3, 323. mare (tellus), zu beiden Seiten 7, 395. 11, 479. Phoebus idem distat utraque terra, von Osten und Westen 3, 151 (s. idem). sub utroque Phoebo, unter der aufgehenden und unter der untergehenden Sonne, im Osten und Westen 1, 338. ab utroque Oceano, am westlichen und östlichen Ocean 15, 829. pedes ab utraque parte, beide Füße 4, 666. Victoria volat inter utrumque, d. i. zwischen Minos und Nisus 8, 13. circumspice utrumque *sc.* polum 2, 294. inter utrumque, dazwischen 2, 140. 8, 206. bellum pugnat utroque = ferro et auro 1, 142. *plur.* utraque bracchia 1, 766.

ŭtĕrus, i, *m.* Unterleib, Bauch 2, 354. 463. 14, 67. — 2) insbes. Mutterleib, Mutterschooß 2, 629. 3, 269. 344. 8, 133. 490. 9, 280. 287. 315 (s. potens). 10, 470. 495. onus uteri, Leibesfrucht 10, 481. pars uteri nostri, meines Leibesgens 5, 192.

ŭtī, s. ut.

ŭtĭlis, e, brauchbar, tüchtig, tauglich, mit *dat.* (wozu) 10, 93. 13, 362. 14, 321. utilis pedibus (*ablat.*), tüchtig im Lauf 3, 212. — 2) dienlich, ersprießlich, vortheilhaft: facit utile vinci, macht die Niederlage zum Heil 8, 56. fuit utile mihi, es wäre mir gut gewesen 11, 697. non utilis, verderblich 2, 549. 15, 103.

ūtĭlĭtās, ātis, *f.* Nutzen, Vortheil: populi 13, 191. latet utilitas, was frommt, zum Heile gereicht 6, 438.

ūtĭlĭtĕr, *adv.* mit Nutzen, zum Nutzen 13, 206. alcui 15, 452. sis visus utiliter, zum Heil und Segen 15, 679.

ŭtĭnām, *adv.* des Wunsches, daß doch, wenn doch, möchte doch: mit *praes. conjunt.* 1, 363; mit *imperf. conjunct.* 2, 51. 93. 435. 3, 549. 7, 519. 10, 202. 629. 11, 288. 14, 669. 15, 495. o tinam 3, 467. utinam modo 5, 344; mit *plusqpf. conjunct.* 6, 540. 7, 693. 13, 43. o utinam 8, 501.

ūtor, ūsus sum, ūti, Gebrauch machen von etwas, etwas gebrauchen, anwenden, sich einer Sache bedienen, mit *abl.*: domo 8, 559. ense 13, 388. loris 2, 127. hospitio 15, 724. precibus 6, 684. exemplis 15, 857. hortamine 1, 278. consiliis 2, 146. viribus 9, 110. 10, 658. 14, 546. utar in hoc (Cygno) isdem (manu et hasta) 12, 121. ventis (benutzen) 13, 419. armorum viribus, Waffengewalt anwenden 13, 657. amoribus, der Liebe sich hingeben 4, 259. sauguine (vergießen) 13, 457. male uti, mißbrauchen 7, 440. male usurus, welcher übel anwenden sollte 11, 102. si (cuspis) nimiis viribus usa non foret, nicht versehen gewesen wäre 8, 347. — 2) sich einer Sache erfreuen, etw. genießen oder haben: successibus pugnae 12, 355. qua quum tellus erit usa, wird genossen haben 14, 448. quo sagittae successore utuntur, welchen die Pfeile zum Erben haben 13, 52.

ŭtrimquĕ, *adv.* von beiden Seiten, auf beiden Seiten 2, 196. 9, 90. 11, 25. Titan distabat pari spatio utrimque (= a veniente et acta nocte), von beiden (Bezeichnung der Mittagszeit) 10, 175.

ŭtrō, *adv.* nach welcher von beiden Seiten: nescit utro ruat 5, 166.

ŭtrōquĕ, *adv.* nach beiden Seiten 5, 166. 10, 376.

ūva, ae, *f.* Traube 2, 29. 3, 666. 4, 14. 398. 13, 813. 14, 661. 15, 77.

V.

vacca, ae, *f.* Kuh 1, 612. 4, 755. 12, 151. 13, 871.

văco, āvi, ātum, āre, 1) leer sein: ostia pulverulenta vacant, sind wasserleer und staubig 2, 256; mit *abl.* ohne etwas sein: igne 2, 764. anima, unbeseelt sein 11, 643. custode, unbewacht sein 2, 422. ora vacent epulis, möge sich solcher Speise enthalten 15, 478. urnis vacarunt, rasteten mit den Eimern 10, 43. — 2) übrtr. a) unbeschäftigt sein: petiit horamque animumque vacantem, die Stunde, wo sein Geist unbeschäftigt war 9, 612. — b) unpers. vacat, es ist Zeit od Muße vŏrhanden, es ist vergönnt, mit folg. *inf.* 5, 334. 6, 585. 10, 387. 12, 345. 13, 576.

văcŭus, a, um, leer, ledig, ohne etwas: venae 7, 334. 8, 820. herbae, freigeworden, verlassen (von der Nymphe) 4, 341. cera, unbeschrieben 9, 522. lectus (*sc.* marito), einsam 11, 471. ebur vacuum ense 4, 148. agri vacui cultoribus 7, 653. 11, 35. lectus vacuus conjuge 10, 437; vacuus metu 4, 582. 10, 117. onere adsueto 2, 165. criminis, schuldlos 6, 541; inēbes. a) unbeschäftigt, müßig 3, 319. aures 4, 41. 12, 56. — b) verwittwet, ledig: subst. vacua, ae, *f.* Wittwe 14, 831. — c) frei von Liebe, von keiner Liebe erfüllt: pectus 1, 520. — d) von Localitäten, frei, weit: arvum 1, 533. 4, 714. aurae 6, 398. 12, 469. 15, 220. — e) unnütz, vergeblich: morsus 7, 786.

vādo, si, ĕre, gehen 3, 702. procul 4. 649. ad alqm 13, 551. ad amnem 11, 137.

vădum, i, *n.* seichte Stelle eines Gewässers, Furth: (nur *plur.*) 3, 19. 9, 108; übrtr. Grund des Gewässers, Flußbett 1, 370.

vāgĭo, īvi (ĭi), ītum, īre, wimmern 10, 513.

vāgītŭs, ūs, *m.* das Gewimmer: vagitus edere 15, 466.

văgor, ātus sum, āri, umherschweifen, umherziehen 5, 363. 11, 24. per lustra 3, 146. per herbas 10, 9. per agros 10, 477. caecis limitibus 14, 370. milia rumorum vagantur 12, 54. indefletae vagantur animae, irren ruhelos umher 7, 611. omnis imago formatur vagans, wandelbar 15, 178.

văgus, a, um, umherschweifend, unstät, flüchtig 11, 408. 14, 680. volucris 1, 308. 14, 340. unda 8, 595. gradus 7, 184. fama 8, 267. aura 8, 197. fulmina, fliegend 1, 596. crines, flatternd 2, 673. errores, unstät irrender Wahn 4, 502. — 2) bildl. unbeständig, schwankend: turba 13, 221. rumores, unbestimmt 11, 667.

vălens, ntis, stark, kräftig 3, 211. 9, 72. 13, 562. 15, 207. 225. membris 9, 108. flamma, mächtig 9, 239; übrtr. wirksam: causa ad letum 5, 174.

vălentĭŭs, *adv.* (*compar. v.* valenter), stärker: spirare 11, 481.

vălĕo, ŭi, ĭtum, ēre, gesund sein, sich wohl befinden: at valet Eurystheus, ist wohl auf, ist oben auf 9, 203; daß. *imperat.* vale als Abschiedsgruß: lebe wohl! 2, 363. 13, 420. vale dicere 4, 79. 8, 717. 11, 460. dictoque vale, vale inquit et Echo 3, 501. supremum vale dicere 6, 509. 10, 62. — 2) kräftig sein, stark sein 12, 108. in pondera („für") 13, 286. parum, zu schwach wirken 7, 137. dextra valuit tot caesis, hat sich durch Tödtung so Vieler stark erwiesen 12, 114; mit *inf.* (physisch) im Stande sein, vermögen, stark genug sein 2, 60. 192. 7, 577. 9, 360. 12, 101. 13, 393. 15, 318. quantum valuere (*sc.* sequi) 4, 543. — 3) übrtr. Macht haben, vermögen; tantum 3, 533. quantum in acie valeo 13, 12. quid furor valeat 4, 429. milite, stark sein an Streitern 7, 457. causā valet, im Punkte des Rechtes ist er überlegen 8, 59. res Romana valet, ist fest gegründet 14, 809. valere rogando, mit Bitten durchdringen 2, 183. preces (vota) valent, bringen durch, finden Erhörung 13, 89. 128; mit *inf.* etwas zu thun im Stande sein, vermögen 9, 434. 13, 311. 15, 548. quicquid valuere *sc.* dare 9, 756.

vălĭdus, a, um, kraftvoll, kräftig, stark: Atlas 15, 149. hostis 12, 511. taurus 7, 538. 9, 186. dextra 8, 404. lacertus 5, 422. 9, 223. 12, 368. arma 6, 678. ictus 3, 64; heftig: venti 6, 310. aestus 14, 352. ignis 7, 9; von Medicamenten, wirksam, kräftig: medicamen 7, 262. 15, 533. succus 7, 316. venenum 7, 123.

vallis, is, *f.* Thalgrund, Thal 1, 43. 3, 155. Stygia 6, 662. Avernae, Thäler der Unterwelt 10, 52; *plur.* für *sing.* 2, 761. 6, 344. 9, 664.

vallum, i, *n.* mit Pallisaden versehener Wall, Pallisaden 8, 286.

valvae, ārum,*f.* die Thorflügel, Doppelthür 1, 172. 4, 185. 762. bifores 2, 4.

vānus, a, um, „nichts enthaltend, leer", daß. bildl. 1) eitel, nichtig, gehaltlos, grundlos: metus 9, 248. laetitia 12, 60. fiducia 9, 121. spes 14, 364. vox auguris 3, 349. omen 2, 597. dulcedo 5, 308. crimen 7, 829. somnia 11, 614. nomina, leer 15, 154. verba 13, 263. numen, Wahngott 3, 559. — 2) ohne Wirkung, erfolglos, vergeblich: preces 9, 682. convicia 9, 303. cuspis vana fuit 8, 346. votorum pars, unerfüllt 9, 755; als *adv.* zu übersetzen 7, 786. 8, 825. 13, 49. 15, 518. — 3) von Personen: a) leichtsinnig, thöricht 14, 138. — b) lügnerisch: non vanus, wahrheitsliebend 8, 721.

văpor, ōris, *m.* Dampf, Dunst 2, 283. 301. 11, 630; insbes. a) dampfendes Feuer 14, 793. *plur.* 7, 105. — b) Wärme, Hitze 1, 432. solis 10, 126. 3, 152.

vărĭo, āvi, ātum, āre, abwechselnd gestalten, verändern: comas positu 2, 412. faciem 15, 255. figuras 11, 241. variari in formas, sich wechselnd gestalten 12, 559. sprenkeln: variabant tempora cani 12, 465. variari guttis, sich sprenkeln 4,

578. — 2) *intr.* wechseln, verschieden sein: sententia variat 15, 648. manus variat, trifft mit verschiedenem Erfolge 8, 414.

vărĭus, a, um, **mannigfarbig, buntfarbig, bunt**: serpens 6, 114. anguis 4, 619. guttae 5, 461. flores 5, 390. 10, 123. racemi 3, 484. colores 1, 270. varius coloribus 9, 691 14, 267. caelum, mit Gestirnen bunt besäet, 2, 193. — 2) in Ansehung der Beschaffenheit, **mannigfaltig, verschiedenartig**: ferae 3, 143. viae 8, 161. formae 11, 613. figurae 15, 172. modi 10, 146. incursus 9, 152. sermo 4, 39. 9, 419. vulnus 10, 375.

vārus, a, um, **auswärts gebogen**, cornua 12, 382. manus 9, 33.

vastātŏr, ōris, m. **Verheerer, Verwüster** 9, 192; adject. **verheerend**: ferus 11, 395.

vastĭus, adv. (compar. v. vaste), **ungeheurer, gewaltiger** 11, 530 (f. decimus).

vasto, āvi, ātum, āre, **verwüsten, verheeren**: litora 8, 6.

vastus, a, um, „verödet, wüst"; dah. übtr. **unermeßlich, ungeheuer, gewaltig**: mundus 13, 110. Olympus 2, 60. regnum 10, 30. insula 5, 346. saxa 14, 184. molimen 15, 809. iter 14, 438. impes 3, 79. clamor 12, 494. ferae 2, 194. belua 11, 366. draco 4, 647. quem (cratera) vastum vastior ipse sustulit, diesen gewaltigen, er selbst noch gewaltiger, hob er empor 12, 236; bildl. ira 10, 551. potentia 2, 520.

vātēs, is, m. u. f. **Weissager, Seher** 3, 511. 9, 407 (f. Callirhoë). 11, 249. 13, 320. 774. 15, 435. fatidicus 3, 348. Dardanius ob. Phrygius, d. i. Helenus, Sohn des Priamus 13, 335. 720. Seherin 14, 129. — 2) der gottbegeisterte Sänger, Dichter 10, 12. 11, 2. 8. 89. 13, 733. 15, 155. 282. 622. 867. 879. sacrorum (der Festfeier) 11, 68. vates obscura, die dunkle Sängerin d. i. die Sphinx (f. Laiades) 7, 761.

vātĭcĭnor, ātus sum, āri (vates u. cano), **weissagen, prophezeien** 4, 9. 8, 773; insbes. als Seher ermahnen, warnen 6, 159. 15, 174.

vātĭcĭnus, a, um, **weissagerisch, prophetisch**: furores 2, 640.

vĕ, enklitische Partikel (abgekürzt aus vel), **oder, oder auch** (wenn die Wahl zwischen mehreren Dingen freigelassen wird); verbindet a) Wörter 1, 448. 614. 5, 23. 6, 330. 8, 218. 10, 202. 11, 554. quisve, oder wer überhaupt 2, 437; nach vorhergehender Negation durch „noch" zu übersetzen 3, 409. 585. 5, 218. 6, 96. 9, 614. 12, 158. 13, 927. — b) Sätze 1, 508. 3, 455. 4, 442. 7, 42. 12, 51. 207. 13, 227. 15, 351. utve 4, 365. 9, 660. 661. 12, 437. 15, 560. — c) correlat. ve... ve = vel... vel (doch wird gewöhnlich nur das ve des zweiten Gliedes übersetzt) 1, 693. 12, 410. 13, 238. 14, 162; mit vorausgehender Negation, weder... noch 8, 296. 11, 493. 594. 599. 12, 27. 14, 185. 15, 215.

vēcordĭa, ae, f. **Verstandlosigkeit, Wahnsinn** 12, 227.

vēcors, dis, **verstandlos, wahnwitzig** 5, 291.

vectis, is, m. (v. veho), **Hebestange** 12, 452.

vecto, āvi, ātum, āre (*intens.* v. veho), **tragen**: equis vectari, reiten 8, 374.

vectus, a, um, f. veho.

vĕho, vexi, ctum, ĕre, (fortbewegend) **führen, tragen**: prora (carina) vehit alqm 14, 164. 241. 561. unda leones 1, 304. quod aurum vehit Tagus, mit sich führt 2, 251. *pass.* vehi, getragen werden: nube 15, 149; dah. insbes. (*sc.* curru od. navi) fahren 5, 644. 649. 13, 713 (f. praetervehor); pisce, reiten 2, 13; *part.* vectus, fahrend 3, 538. 11, 194. rate 1, 319. curru 5, 360. 10, 717.

vĕl, conj. (eig. imperat. v. volo), 1) **oder** (wenn eine Annahme der freien Wahl überlassen bleibt) 2, 145. 8, 41. 10, 303. 15, 601. vel... vel, entweder... oder 1, 494. 2, 544. 4, 306. 5, 311. 6, 441. aut... vel 1, 546. 9, 624. — 2) **steigernd, auch sogar, selbst** 6, 276. 642. 7, 25. auch nur, wenigstens doch 4, 75.

vēlāmĕn, ĭnis, n. **Hülle, Gewand** 3, 192. 11, 611. *plur.* 4, 345. 5, 594. 6, 566. 9, 132. 11, 589. 14, 45. **Schleier** 4, 101.

vēlāmentum, i, n. „Hülle"; insbes. *plur.* der mit wollenen Binden umwundene Oelzweig, welchen Schutzflehende vor sich hertrugen, **Bittzeichen** 11, 279.

vēlĭfer, fera, ferum, **Segel tragend**: carina 15, 719.

vello, velli u. vulsi, vulsum, ĕre, **abrupfen**: herbas 8, 800.

vellŭs, ĕris, n. **die abgeschorene Wolle**: *plur.* 6, 21. 14, 264. — 2) meton. **Schaffell, Vließ**: Phrixea 7, 7. vellera nitido radiantia villo, das goldene Vließ (f. Helle) 6, 720. guttura velleris atri, schwarzwollige Kehle 7, 244; dah. übtr. **Thierhaut, Fell**: maculosum 3, 197. Nemeaeum 9, 235. vellera cervina 6, 593. ferina 11, 4. ferarum 12, 415. leonum 12, 430.

vēlo, āvi, ātum, āre (v. velum), **verhüllen, einhüllen, bedecken**: caput 1, 382. cornua lauro 15, 592. torum vestibus 8, 657. tempora tiaris 10, 691. favilla velat prunam 8, 524. jubae velant colla 10, 699. 13, 848. velatus nebula 12, 598. hasta frondibus velata, umwunden 3, 667. velatus tempora vitta, an den Schläfen umhüllt 5, 110. — 2) insbef. bekleiden: corpus vellere 3, 197. alqm pennis 8, 253. velari avibus, sich in Vogelfedern kleiden 13, 53. velari corpora plumis, d. i. sich in Vögel verwandeln 15, 357. velatus corpora veste, den Leib gehüllt in 10, 432. villo 14, 97.

vēlōcĭtĕr, *adv.* schnell, rasch 4, 509. 11, 586. *compar.* velocius 3, 209. 10, 583. 14, 388.

vēlōcĭus, f. velociter.

vēlox, ōcis, geschwind, rasch, schnell: equi 8, 554 (f. prosum). pes 1, 551. crura 1, 306. alae 4, 724. ingenium 8, 254. nihil est annis velocius 10, 520.

vēlum, i, *n.* (aus vehulum v. veho), 1) Segel 3, 665. 13, 224 (f. inhonestus). velo et remige portus intrat 6, 445. vela (ventis) dare, (wohin) die Segel spannen, absegeln 1, 132. 3, 639 (carinae ist *genit.*). 7, 40. 8, 175. 13, 401. 14, 437. 15, 177. vela ventis negare, die Segel einziehen 11, 487. vela deducere 3, 663. antemnis velum subnectere 11, 483; bildl. non habent mea vela recursus, d. i. mein Beginnen kann nicht rückgängig gemacht werden 9, 594; *meton.* Schiff 7, 664. — 2) übrtr. Decke, Vorhang 5, 389. 10, 595.

vĕlŭt u. vĕlŭtī, *adv.* gleichwie, ebenso wie, wie 1, 483. 2, 229. 6, 636. 8, 286. 12, 124; insbef. bei Anführung von Gleichnissen: velut ... sic 4, 706. veluti quum 6, 231. 7, 585. 13, 602. veluti qui 12, 248. — 2) bei bildlichen Ausdrücken, gleichsam 2, 117. 9, 695. 11, 11. 503. 532. — 3) gleich als wenn, wie wenn, mit folg. *conjunct.* 3, 630. 4, 596. 12, 115; lumina veluti lacrimantia, wie wenn sie weinten 13, 132. velut absentem clamant, als ob er abwesend wäre 3, 244. in vultu veluti tum denique viso, als wenn sie es jetzt erst erblickt hätte 7, 86. veluti praesaga, als wenn sie ahnte 11, 457.

vēna, ae, *f.* Blutader, Ader 2, 824. 3, 73. 5, 436. 7, 334. 8, 820; insbef. Schlagader, Pulsader 6, 307. 390. 10, 289; übrtr. a) Wasserader, Wassercanal 6, 397. 9, 657. fontis 14, 788. 792. — b) Metallader 11, 144. aveum pejoris venae, von schlechterem Metall 1, 128. Ader im Stein 4, 410.

vēnābŭlum, i, *n.* Jagdspieß (nur *plur.* für *sing.*) 8, 404. 419. 9, 205. 10, 713. 12, 453.

vēnātrix, īcis, *f.* Jägerin 2, 492. (überf. „die ehemalige Jägerin“).

vēnātus, ūs, *m.* Jagd, Waidwerk 2, 454. 3, 163. *plur.* 4, 302. 307.

vendo, dĭdi, dĭtum ĕre, (venum-do), verkaufen 8, 848.

vĕnēfĭcus, a, um, giftmischerisch, bezaubernd: verba 14, 365; *subst.* venefica, ae, *f.* Giftmischerin, Zauberin 7, 316.

vĕnēnātus, a, um, „vergiftet“; dah. übrtr. mit Zauberkraft versehen: virga, Zauberstab 14, 413.

vĕnēnĭfer, fĕra, fĕrum, Gift enthaltend, giftig: palatum 3, 85.

vĕnēnum, i, *n.* Gift 2, 198. 3, 33. 9, 171. *plur.* 7, 394 (f. Medea). 535. 9, 694. — 2) Zaubertrank, Zaubermittel 14, 55. 403. 15, 359.

vĕnĕrābĭlis, e, verehrungswürdig, ehrwürdig: onus 13, 625.

vĕnĕror, ātus sum, āri, mit religiöser Scheu verehren, anbeten: alqm 14, 170. numen 5, 279. 6, 44. 203. 315. 15, 680; *part.* venerandus, verehrungswürdig 4, 22.

vĕnĭa, ae, *f.* Vergünstigung, Gnade 10, 38. 11, 401. — 2) Nachsicht, Verzeihung, Vergebung: veniam dare, verzeihen 1, 386. 3, 614. 6, 33. 11, 132. veniam rogare 6. 32 (dictis, „für“). orare 7, 748. 8, 683,

Vĕnĭlĭa, ae, *f.* Gemahlin des Janus, Mutter der Nymphe Canens 14, 334.

vĕnĭo, vēni, ventum, īre, 1) kommen: ad ripas 1, 639. ad matrem 6, 620. in loca 4, 111. ad certamen 11, 156. ad oscula 9, 386. in arma, zum Kriege 13, 34. ponto 5, 18. veniunt carinae 13, 769. fluctus 11, 538. aurae venientes 11, 477. undae venturae 8, 164. somnus venit in oculos 7, 155. lignum veniens, heraufwachsend 10, 497. lignum venit sine acumine, kam an 8, 354. jaculum venit de parte sinistra 12, 420. telum veniens 12, 359. vox veniebat ab ramis, erscholl 5, 295. fulmen ab ore venit, haucht 8, 289. cortex in verba, drängt sich zwischen die Worte 2, 363. hiems in pectora, drang ein 2, 827. sonus ad aures 14, 750. fama leti tibi ventura est, soll kommen 14, 726. ad facinus venit illa suum, um ihre Greuelthat auszuführen 10, 448. ad solitas artes venire, Zuflucht nehmen zu 11, 241. monstra ferarum in juvenes veniunt, überkommen die Jünglinge, d. i. die Jünglinge werden verwandelt 14, 415. — 2) übrtr. a) von der Zeit, kommen, erscheinen, herannahen: venit festa dies 10, 271. hora 5, 499. senectus 14, 143. nox veniens 10, 174. Aurora, aufgehend 5, 440. venientia fata, herannahend 7, 605; dah. *part.* venturus, bevorstehend, zukünftig: fata 15, 577. 799. luctus 5, 549. letum 12, 162. nepotes 15, 835; *subst.* venturum, i, *n.* die Zukunft 6, 157. 9, 418. *plur.* 5, 146. — b) in einen Zustand kommen, gerathen: ad ferrum, zum eisernen Zeitalter 15, 260. in partem rei

venire, an etwas Theil haben 5, 270. 7, 564. — c) zukommen, zu Theil werden: dum veniat sperata voluptas 2, 862. umbra loco venit 10, 90. — d) in der Rede auf etwas kommen: ad nomen Jovis 3, 280. — e) kommen, entstehen: seris venit usus ab annis 6, 29. miseris venit solertia rebus 6, 575.

vēnor, ātus sum, āri, jagen 2, 427. 3, 413. venatum ire 7, 805. metu venantum fugit, aus Furcht vor den Jägern 2, 492.

venter, tris, m. Bauch, Leib 1, 459. 6, 144 (f. habeo). 6, 380. 8, 805; als Sitz des Magens 8, 843. 15, 95. 173. als Sitz der Leibesfrucht 9, 685. 10, 505. 11, 311.

ventus, i, m. Wind 1, 56. 4, 663. 11, 491. 15, 70. venti verba ferunt inania 8, 134.

Venŭlus. i, m. ein Abgesandter des Königs Turnus an Diomedes 14, 457. 512.

Venŭs, ĕris, f. die Göttin der Liebe, Tochter Juppiters und der Meergöttin Dione, nach anderer Mythe aus dem Schaume des Meeres geboren (f. 4, 537), daher auch Anadyomene, Aphrodite, Aphrogeneia genannt, Gemahlin des Vulcanus, Mutter des Cupido (1, 463. 5, 364. 9, 482). Dem Mars gebar sie die Harmonia (3, 132, war daher Großmutter der Ino 4, 531), und dem Trojaner Anchises den Aeneas (9, 424. 14, 572. 15, 762). Ihr Liebling ist Adonis (10, 524). Im Kriege der Griechen gegen die Trojaner begünstigt sie die letztern und wird vom Diomedes verwundet, als sie dem Aeneas zu Hülfe kam (14, 478). Sie fährt auf einem mit Schwänen oder Tauben bespannten Wagen (10, 717. 14, 597. 15, 386). Ihre Beinamen f. u. Erycina, Cytherea, Idalie. — 2) meton. Liebe, Liebesbund, Liebesgenuß 3, 323 (f. uterque). 4, 258. 6, 460. 9, 141. 553. 639. 728. 739. 10, 324. 434. 11, 306. 12, 198. 13, 875. 14, 42. 141. 380. 634. feminea 10, 80.

veprēs, is, m. Dornbusch 5, 628.

vēr, vēris, n. Frühling, Lenz 1, 107. 10, 165. 15, 206; als mytholog. Person 2, 27; bildl. ver aetatis 10, 85.

verbēnae, ārum, f. heilige Kräuter (besonders Zweige von Lorbeer, Myrthe, Rosmarin) zu religiösen Handlungen 7, 242.

verbĕr, bĕris, n. Geißel, Peitsche 2, 399. 14, 821. Schleuderriemen 7, 777. — 2) Schlag: virgae 14, 300. remorum 3, 662.

verbĕro, āvi, ātum, āre, schlagen, hauen: costas ense 4, 727.

verbum, i, n. Wort 7, 501 (f. suus).

verba dicere 6, 368. loqui 3, 717. edere 5, 105. dare 6, 164. 9, 159. concipere 10, 291. jacere 15, 780. reddere 9, 29. referre 1, 700. 11, 193. verbis minoribus uti, bescheidener reden 6, 151. verbis et carmine, durch Beschwörungsworte 7, 203. usus verborum, der Sprache 14, 99.

vērē, adv. der Wahrheit gemäß, in Wahrheit 8, 131. 322.

vĕrēcundus, a, um, sittsam, schamhaft: rubor 1, 484. vultus 14, 840.

vĕrendus, a, um, f. vereor.

vĕrĕor, ĭtus sum, ēri, scheuen, scheue Ehrfurcht haben, Scheu haben vor Jemd. oder etwas; alqm 13, 858. tactum aquae 6, 106; mit inf. sich scheuen 4, 627. 9, 288; part. verendus, verehrungswürdig, ehrwürdig 4, 540. 9, 270. — 2) fürchten, befürchten: pejora 1, 587. nihil 7, 67. mit inf. 10, 287. mit folg. ne 2, 69.

verno, āre, Frühling machen: humus vernat, kleidet sich in Grün des Frühlings 7, 284.

vernus, a, um, zum Frühling gehörig, des Frühlings: flores 5, 554. frigus 14, 763.

vērō, adv. (postpositiv) „in Wahrheit, in der That"; dah. steigernd, vollends, gar: tum vero 2, 621. 3, 72. 4, 416. 7, 323. 685. 14, 485. — 2) als bekräftigende Partikel, besonders beim Uebergange zu etwas Wichtigem, (in der That) aber 2, 178. 518. 4, 107. 7, 89. 8, 828. tum vero, nunmehr aber, da nun 2, 227. 5, 41. 6, 313. 9, 635. 10, 290. 11, 121. 12, 128. 15, 803.

verro, verri, versum, ĕre, schleifen, (am Boden) schleppen: caesariem per aequora 13, 961. canitiem in sanguine 13, 492. arenas ex imo, herauffegen 11, 499. — 2) fegen, worüber hinschleifen: humum (pallā) 6, 706. 11, 166. caudā arenas 10, 701.

verso, āvi, ātum, āre (intens. v. verto), 1) hin und her drehen, herumdrehen: ova favillā 8, 667. manum 12, 493. corpora in orbem 8, 416. gramen, wenden 14, 646. se, sich wälzen 4, 723; drehen: cardinem 4, 93. stamina pollice 4, 34. fusum 4, 221. 6, 22. lumina, verdrehen 5, 134. 6, 247. 7, 579. versat rivus arenas, treibt um, rollt 2, 456. versatus, umgerührt 4, 505. 7, 279. — 2) bildl. mit Jemd. fein wechselvolles Spiel treiben: alqm 13, 646.

1. **versus,** a, um, f. verto.

2. **versŭs,** ūs, m. Zeile (im Schreiben) 9, 565.

versūtus, a, um, gewandt, schlau 11, 312.

vertex ob. **vortex,** ĭcis, *m.* (v. verto), eig. was sich dreht ob. herumgedreht wird; dah. 1) **Wirbel des Wassers, Strudel** 5, 587. 8, 556. 9, 106. — 2) **Wirbel des Kopfes, Scheitel** 4, 558. 6, 672. 8, 9. 12, 288. 13, 107. a vertice, scheitelrecht 14, 54; meton. **Kopf, Haupt** 5, 84. 8, 638. portabant sacra vertice supposito, d. i. auf dem Kopfe 2, 712. vertice sidera tangere (f. sidus) 7, 61. — 3) **Spitze, Gipfel eines Baumes, Berges** u. dgl. 1, 316. 4, 731. 6, 204. 7, 702. 10, 103. 11, 4. 339. 12, 412. 13, 911. 14, 535.

vertīgo, ĭnis, *f.* **Umdrehung, Umschwung:** caeli 2, 70. ponti, **Wirbel, Strudel** 11, 548.

verto, ti, sum, ĕre, 1) nach anderer Richtung wenden, umwenden: pedem 8, 869. gradum 4, 338. habenas 8, 813. iter. (den Flug) 2, 730. terga (sich zur Flucht wenden) 8, 364. luminis orbem ad alqm 2, 752. vultus in alqm 7, 111. in domum 11, 547. harpen in alqm 5, 69. jaculum ab illo (apro) in fatum latrantis (zum Verderben) 8, 412. armentum ad litora, treiben 2, 842. venenum in pectus, gießen 4, 506. amnes vertuntur supra caput, strömen zusammen 13, 955; *pass.* verti, **sich wenden**: ad alqm 4, 270. 12, 737. ad vultus sororis 6, 630. in alqm, gegen Jemd. (feindl.) 1, 235. 11, 23. 12, 603. in agmina 5, 161. Maeander ad mare versus, hinfließend 8, 165. Pachyros est versa ad austros, ist gelegen nach....hin 13, 725. insbef. a) wegwenden, abwenden: vultum 6, 642. lumina 5, 232. — b) herumdrehen, (hin u. her) drehen: cardinem 11, 608. 14, 782. — c) (das Oberste zu unterst) kehren, umwenden: glebas 1, 425. 5, 477. urnam, umstürzen 15, 45. — d) (Stehendes gewaltsam) umstürzen, umwerfen: robora 6, 691. alqm, niederwerfen 12, 139 (f. impello). — 2) übrtr. wenden, hinwenden: ingenium (animum) ad alqd 13, 188. 15, 832. crimine verso (sc. in me), indem sie die Schuld auf mich wälzte 15, 502. alqm in suos vultus, die Bewunderung Jemds. auf sein Antlitz ziehen 14, 327. verti, sich wenden: in amorem poena 8, 450. ad jaculi opem 7, 787. ante ora verti, vor Augen schweben 5, 275. — insbef. **verändern, wandeln, verwandeln:** alqm 4, 423. mentem 11, 422. in alqd 1, 160. 2, 216. 4, 50. 594. 5, 545. *pass.* verti, **sich verwandeln** 1, 408. 2, 535. 3, 674. 5, 5. 11. 5, 568. 8, 700. 14, 549. 15, 420. fortuna versa est, hat sich geändert 15, 261. alite verti (in einen Vogel) 10, 157. squamis (in Schuppen) 4, 45. versa forma (figura), **Verwandlung** 4, 604. 10, 234.

versi vultus, d. verwandelte Antlitz 9, 348.

Vertumnus, i, *m.* der Gott des Wandels und Wechsels in der Natur und der Jahreszeiten 14, 642.

vĕrū, ūs, *n.* **Bratspieß** 6, 646.

vērŭm, *conj.* in Wahrheit aber, jedoch aber 5, 177. 8, 69. 9, 478. 11, 548. 15, 477; nach einer Negation: sondern 5, 526. 13, 464. non solum (non tantum)... verum etiam 13, 818. 15, 457. 13, 344. 807. 15, 318.

vērumtămĕn, *conj.* gleichwohl, doch aber 5, 465.

vērus, a, um, **wahr, wirklich, ächt:** imago 14, 323. furor 13, 43. amores 10, 439. fletus 11, 672. parens 1, 764. pater 9, 24. dei 4, 272. taurus 6, 104. volucris 13, 607. crimina, begründet 14, 401; subst. verum, i, *n.* das Wahre, die Wahrheit 1, 129. 223. 3, 660. 4, 612. 5, 16. infamia minor est vero, bleibt hinter der Wirklichkeit zurück 1, 215. vera dicere 13, 95. loqui 10, 20. referre 5, 271. fateri 9, 53. veris addere falsa 9, 138. — 2) übrtr. **vernunftgemäß, recht:** subst. verum, n. das Rechte 7, 92. — b) **Wahrheit verkündend, wahrhaftig, wahr**: fama 5, 262. os 10, 209. promissa 15, 18.

vēsānus, a, um, **wahnsinnig** 14, 422.

vescor, vesci, sich durch etwas nähren, etwas als Speise genießen, mit *ablat.* 15, 467. audetis vesci (*sc.* vinctima) 15, 139; *absol.* schmausen 6, 651.

vēsīca, ae, *f.* **Harnblase** 15, 304. 414.

vespĕr, ĕris (u. ĕri), *m.* **Abendzeit, Abend** 4, 415. — 2) **Abendland, Westen** 1, 63.

Vesta, ae, *f.* Tochter des Saturnus und der Rhea, Schwester des Juppiter, Schutzgöttin der Häuslichkeit und des (auf die Familie gegründeten) Staatsverbandes, somit Wächterin der bürgerlichen Eintracht und Sicherheit. Aeneas brachte ihr Bild mit von Troja (Troica Vesta 15, 731), und Numa versetzte es von Lavinium nach Rom, wo es später in das Palladium, die Wohnung des Augustus, gebracht wurde (15, 865). Das Verlöschen des heiligen Feuers, welches der Göttin von jungfräulichen Priesterinnen (Vestalinnen) beständig unterhalten wurde, galt als Vorbedeutung großer Unglücksfälle für den Staat 15, 778.

vester, stra, strum, **euer** 2, 296. 13, 128. plaga vestra, der euch trifft 3, 328.

vestīgium, i, *n.* (hier nur *plur.*) 1) der auftretende Fuß, Fußsohle 1, 536. 2, 852. 4, 343. 5, 198. 592. 8, 570. pedis 2, 852. 871; vestigia flectere, seine Schritte wohin richten 1, 372. ferre (ponere), schreiten 2, 21. 14, 49. ponere clivo, hinanklimmen 8, 694. — 2) Fußtritt, Fußtapfe, Spur 3, 17. 4, 515. 5, 630. 6, 560. 7, 775. 8, 861. 11, 232. 14, 259. vestigia facere, Schritte machen 14, 284. vestigia alcjs sequi 1, 532. 3, 371. 4, 515. vom Wild: Fährte 4, 105. 10, 710; dah. überh. Spur von etwas, Kennzeichen 11, 693. rotae 2, 133. formae 1, 237. 9, 227. Jovis 9, 265. damni 5, 476. currus, Trümmer 2, 318. — 3) Standort, Stätte: sua post vestigia, hinter sich 1, 399.

vestīgo, āre, aufspüren, aufsuchen: viros 3, 52.

vestĭo, īvi (ii), ītum, īre, bekleiden: penna latus vestit 2, 376.

vestis, is, *f.* Kleid, Gewand 2, 23. 6, 59 (f. cingo). Schleier 4, 107. vestes induere (indui) 11, 575. 6, 568. 7, 182. — 2) Decke, Teppich 8, 657. 12, 104. — 3) Gewebe 4, 395. *plur.* 6, 131. 581.

vĕtĭtus, a, um, f. veto.

rĕto, ŭi, ĭtum, āre, verbieten, widerrathen, nicht erlauben, nicht lassen: a) mit *acc.* der Sache: quod non potuere vetare (*sc.* hoc erat) 4, 61. *part.* vetitus, verboten: cibus 15, 138. ardor 9, 502. concubitus 10, 353. aequor, ihnen untersagt (weil das Bärengestirn nie untergeht, d. i., nach Vorstellung der Alten, nie ins Meer taucht) 2, 172. *subst.* vetitum, i, *n.* das Verbotene 10, 435. — b) mit *acc.* der Person und *inf. act.* 1, 251. 489. 2, 521. 632. 3, 548. 10, 362; dah. *pass.* vetor, mir wird verboten, man verbietet mir 2, 657. 15, 616. — c) mit *acc. c. inf. pass.* 15, 852. — d) absol. 6, 348. res ipsa vetat 10, 354.

vĕtŭs, ĕris, 1) was schon lange Zeit besteht, alt, nicht jung: silva 3, 28. urbs 14, 233. ruinae 15, 424. ara 6, 326. casa 8, 699. stipes 7, 279. vestis 8, 658. cruor 7, 286. cicatrix 12, 444. simulacra veterum deorum = vetera simulacra deorum 10, 694. Sorores (= Parcae), altehrwürdig 15, 781. Camenae 14, 434. humor, lange zurückgeblieben 1, 417. anni, greisig 9, 421. — 2) was früher da war, alt, vormalig, ehemalig, früher: forma 1, 237. figura 4, 409. Cerambus 7, 353. ministra 9, 324. rapina 10, 28. honores 7, 543. sensus 10, 499. amores 5, 576. vires 7, 81. infamia 3, 707. aetas 15, 96. aevum, die Vorzeit 15, 11. argumentum, aus alter Zeit 6, 69. coloni, der Vorzeit 6, 318. 15, 289. viri 13, 400. subst. veteres, die Alten 7, 392.

vĕtustās, ātis, *f.* das hohe Alter einer Person oder Sache 12, 182. 14, 695. —
2) das Alterthum, die Vorzeit 1, 400. 15, 623. — 3) Länge der Zeit, Alter 1, 445. 7, 446. 15, 156. 234. 872.

vĕtustus, a, um, alt (d. i. nicht jung oder neu): silva 6, 521. lucus 8, 742. 11, 360. sors 4, 642.

vexo, āvi, ātum, āre (*intens.* v. veho), stark bewegen, schütteln: venti nubila vexant, jagen hin und her 11, 435.

vĭa, ae, *f.* 1) Weg, Bahn, Straße 1, 168. 2, 63. 7, 547. arcis 14, 776. viam carpere 3, 12. 8, 208. viam facere, Bahn geben 5, 423. viam undis praebere 11, 515. vix est via vocis in illis (faucibus), kaum findet die Stimme einen Weg hindurch 6, 355; insbes. Gang, Canal: spirandi 15, 344. vitales 2, 828. vocis, Kehle 14, 498. — 2) Weg, Reise 2, 33. 5, 253. 6, 322. 11, 424. 13, 316. 418. maris, Meerfahrt 11, 747. — 3) bildl. Weg, Mittel: leti 11, 792. via proxima leto 8, 399.

vĭātŏr, ōris, *m.* Wanderer 1, 493.

vĭbro, āvi, ātum, āre, sich zitternd bewegen, zucken: tres vibrant linguae 3, 34; dah. (in Folge davon) blitzen, funkeln: tela vibrantia 8, 342. 12, 79. — 2) *trans.* in zitternde Bewegung setzen: vestes, flattern machen 1, 528. vibratā linguā, mit zuckender Zunge, züngelnd 15, 684; dah. übtr. schwingen: spicula 8, 374. fulmina 2, 308.

vĭcīnĭa, ae, *f.* Nachbarschaft 4, 59. solis 8, 225; meton. Nachbarn, Nachbarschaft 8, 689. mit *plur. verbi* 2, 688. 4, 636.

vĭcīnus, a, um, benachbart, in der Nähe befindlich: juventus 7, 765. fons 4, 98. amnis Sardibus 11, 137. domus viae 14, 748; subst. vicina, ōrum, *n.* die benachbarten Gegenden, die Nachbarschaft 1, 573.

vĭcis (*genit.*) *f.* Wechsel, Abwechselung: his vicibus agitur puppis 11, 502. vicem (vices) peragere (f. perago) 4, 218. 15, 238. in vicem (in vices), wechselsweise, wechselseitig, abwechselnd 6, 631. 8, 474. 9, 525. 12, 161. gegenseitig 4, 72. seinerseits 4, 191. 9, 36. per vices, abwechselnd 4, 40. suis vicibus, wenn die Reihe an sie kam, abwechselnd 1, 626. vices reddere, Gleiches mit Gleichem vergelten 14, 36. — insbes. a) Wechsel des Schicksals, Loos: vices alternare, das Geschlecht wechseln 15, 409. — b) Stellvertretung: vicem teli praestare, die Stelle einer Waffe vertreten 11, 381.

victĭma, ae, *f.* Opferthier, Schlachtopfer 7, 162. 597. 8, 763. 15, 130. 794.

victŏr, ōris, *m.* Sieger, Besieger 9, 415 (f. Callirhoë). alcjs 12, 150. 608;

abject. ſiegreich 3, 56. 8, 445. 486. 13, 414. nach glücklicher Jagd 7, 836.

victōrĭa, ae, *f.* Sieg 8, 110. Trojae („über") 13, 348. regni, der über die Herrſchaft entſcheidende Sieg 9, 49; als mythologiſche Perſon die Göttin des Sieges (dargeſtellt mit Flügeln und einem Lorbeerkranze in der Hand) 8, 13.

victrix, īcis, *f.* Siegerin 11, 553; abject. ſiegend, ſiegreich: inimica 6, 283. dextra 8, 421. manus 4, 740. rates 15, 754. victricia arma 14, 572. fulmina 10, 151.

victŭs, ūs, *m.* Nahrung, Koſt: inopi victu, bei dürftiger Nahrung 1, 312. *plur.* victus priorum 15, 104.

vĭdĕo, vīdi, vīsum, ēre, 1) ſehen, erblicken: alqm 13, 874. alqd 3, 5. 18. 7, 587. 11, 70. lucem, leben 9, 779. somnia, Traumgeſichte haben 9, 475; mit *acc. c. inf.* 1, 325. 713. 2, 116. 3, 569. 8, 552. 15, 262; mit *acc. c. partic.* 1, 455. 2, 199. 599. 5, 363. 441. 7, 400. 11, 466. 12, 327. 13, 417. 580. 14, 183. 424; mit folg. quum 13, 223. 14, 181. videres, man konnte ſehen 4, 559. 5, 429. 6, 296. 9, 209. 11, 126. 15, 527. *pass.* videri, geſehen werden, erblickt werden, erſcheinen 3, 400. 5, 505. 7, 639. 8, 735. 9, 296. 14, 727. 15, 538. 661. colles exire videntur, man ſieht 1, 343. 404. 2, 11. 4, 402. 8, 687. 11, 115. videri alcui = ab alquo 3, 192. 4, 514. 5, 395. 8, 852. 10, 632. 13, 197. 14, 18. 245. qui nunc sum videor, man ſieht mich in meiner gegenwärtigen Geſtalt 8, 881. sis visus utiliter, ſei uns zum Heil erſchienen 15, 678. tu visus Enipeus, in der Geſtalt des Enipeus 6, 116; *part.* visus, geſehen, erblickt 2, 778. 3, 416. visi caelestes, ſichtbare 6, 170. *ſubſt. plur.* visa, ōrum, *n.* Traumgeſichte 7, 643. 9, 495. 703. 768. 15, 27. *part.* videndus, ſichtbar 10, 650. 14, 152; insbeſ. a) ſehen, erleben, Zeuge von etwas ſein (beſ. von traurigen Ereigniſſen): busta conjugis 8, 710. ostenta 4, 565. victricia arma 14, 573. tempora senectae 3, 347. centum messes 14, 146. nil dolentius 4, 246. tellus vidit prolem Vulcani occumbere 7, 437. — b) einen Ort ſehen, ſich ihm nähern, wohin kommen: Arctos 4, 625. domos 5, 260. moenia 13, 641. sagittae iterum visurae regna Trojana, welche ſehen ſollten 9, 232. an einem Orte vorbeikommen 7, 371. 13, 714. — 2) beſchauen, anſehen: alqm 2, 32. 4, 465. 6, 478. 7, 34. Tartara 10, 20. funus 14, 751. alqm, beſuchen 6, 444.

3) übrtr. a) ſehen, einſehen, wahrnehmen: meliora 7, 20. vorausſehen: nimium 3, 525. ventura 5, 146. sua fata 6, 639. molimina rerum 15, 578. — b) zuſehen, erwägen, überlegen: vide quid fuerim 2, 551. cui sis nupta 6, 634. quid nata (sis) 12, 474. viderit, er mag zuſehen, was er thue, b. i. meinetwegen geſchehe was da will 9, 519. 10, 624. — c) im Auge haben, ſich um etwas bekümmern: mortalia facta 14, 729. — d) *pass.* vĭdĕor, vīsus sum, ēri, als *depon.* den Schein haben, ſcheinen: aa) mit *nomin. subjecti* u. *inf.* 4, 686. 7, 637. 8, 149. 513. 13, 236. ego videor (*sc.* tibi) posse transcribere 7, 173. cuspis visa est haesura, ſchien haften zu wollen 8, 348; bah. mit beigefügtem *nomin. praedicati*, wofür gehalten werden, wofür gelten 1, 621. 3, 352. 9, 462. — bb) videor mihi, es bedünkt mich, es kommt mir vor als ob ich, ich wähne, ich glaube daß ich..., 6, 528. 9, 56. 429. si non sibi visa fuisset (*sc.* felicissima) wenn ſie ſich nicht dafür gehalten hätte 6, 156; auch bloß videor = mihi videor 7, 645. 650. 722. 838. 8, 812. 9, 470. 13, 868. pelex sibi visa sororis, ſich dünkend 6, 606. idem factura videbar, ich gedachte das Gleiche zu thun 9, 343. quicquid factura videtur, alles was ſie zu thun gedenkt 9, 526. — cc) *impers.* videtur mihi, es dünkt mir gut, ich beſchließe: visum est (ei) delere sororem (das Wort „Schweſter") 9, 528. sic visum superis, ſo war der Wille der Oberen 1, 366. non ita dis visum est 7, 699.

vĭgĕo, ŭi, ēre, lebenskräftig ſein, leben: parte sui meliore 9, 269. fama viget 7, 58. flamma gulae, lodert fort 8, 845. — 2) in blühendem Zuſtande ſein, blühen: viguere Mycenae 15, 426.

vĭgĭl, ĭlis, wachſam, wach, munter: ales (der Hahn) 11, 597. Aurora 2, 112. custodia 12, 148. vox 2, 538. ſubſt. Wächter 13, 370; bildl. cura, immer wach, rege 3, 396. raſtlos 15, 65.

vĭgĭlax, ācis, immer wach: curae 2, 779.

vĭgĭlo, āvi, ātum, āre, wach ſein, wachen 1, 687; *part.* vigilans 7, 643. 9, 469. 479.

vīgintī, zwanzig 3, 687.

vĭgor, ōris, *m.* Lebenskraft, Lebensfriſche 3, 492. 9, 790. 10, 194. 12, 397. 16, 369. ingenii, Regſamkeit 8, 254.

vīlis, e, „wohlfeil"; dah. übrtr. werthlos, gering, ärmlich: vestis 8, 658. 859. solum 15, 428. merita 13, 101. cura sit tibi vilior, habe für dich geringeren Werth 5, 517.

villa, ae, *f.* Landhaus, Meierhof 1, 295. 8, 684.

villōsus, a, um, zottig, haarig: pellis

12,319. ursa 13,836. guttura colubris, umzottet 10,21.

villus, i, *m.* zottiges Haar, Zottel 6, 720 (f. vellus). 14,97. *plur.* 1,236. 2, 478. 3,218. 11,176. 396.

vīmĕn, ĭnis, *n.* (v. vieo, flechten), was zum Flechten dient, **Ruthe, Gerte, Weide** 2, 554. 4, 752. 6, 345. 8, 337. 15, 563. *sing.* collectiv. Weidengebüsch 3,29; meton. Flechtwerk: quernum (Milchfeige) 12,436.

vincĭo, vinxi, vinctum, īre, 1) binden, anbinden: bullam loris 10,115. telam jugo 6,55. verbinden: virgas cortice 1, 122. vellera inter se 12,430. bracchia ex uno nodo 8, 248 (f. ex); inebef. fesseln: alqm 3, 563. 4,694. 10, 22. catenis 15, 601. coronis 11,91. somno vinctus 11, 238. — 2) umwinden: boves vincti cornua vittis, an den Hörnern umwunden 7,429. caput lauro vinctus, das Haupt mit Lorbeer umkränzt 11, 165.

vinclum, f. vinculum.

vinco, vīci, victum, ĕre, 1) Sieger sein, siegen, (im Kampfe, Wettstreite u. dgl.) 1, 449. 5,216. 6,425. loquendo 9, 30; *transit.* besiegen, überwinden, bewältigen, bezwingen: alqm 8, 56. 12,609. serpentem 1,454. taurum 7, 374. Pergama 13, 349. Oriens tibi (= a te) victus (est) 4, 20. alqm certamine 5, 301. 12, 304. arundine 6, 384. voce 5, 311. lumina canendo 1, 684. fata 2, 617. 15, 799. rationem 7, 11. dolor vincit virum 13, 386. copia famem 8, 793. rex patrem (f. pater) 12, 30. vinci malis 9, 164. cupidine 15,173. amore 1,619; *part.* victus, besiegt, überwältigt: nubes 5,571. victa terga dare (besiegt fliehen) 7, 73. sopore 14,779. nitore dei 4, 233. pudore 7,743. metu 13,663. luctu, gebeugt 4,565. labore, erschöpft 1,544. — 2) übrtr. a) besiegen, umstimmen, erweichen: alqm 9,616. 11, 11. 12, 32. precibus vinci 1, 378. 6, 483. 9, 401. carmine 10,45. sententia vincit mentem, bestimmt 9, 517. alqm tympana vincunt, reißen mit sich fort 3,537. victus libidine, fortgerissen 9, 625. cupidine 14, 229. — b) der Eigenschaft nach übertreffen: alqm 15, 851. 856. cunctos fuga 13,115. eloquio Nestora 13,63. matrem 4, 211. dracones 9,68. opus 4,178. acta patris 11, 223. ferrum 6, 612. — c) siegen, seinen Zweck erreichen, gewonnenes Spiel haben 11,779. vicimus! 4,356. 6, 513. 10,443.

vinctus, a, um, f. vincio.

vincŭlum od. **vinclum,** i, n. 1) Band, Fessel 11,252. *plur.* 1,631. 4,681. 8,332. spinea, Dornengewinde 2, 790. laquei, Schlinge des Seils 14, 735. galeae, Helmband 12,141. vincla pedibus demere, die Jagdstiefeln, Cothurnen 3,168. digitorum, die umklammernden Finger 9, 77. levor vinclis remissis, als die verschlungenen Finger sich lösten 9, 315. — 2) übrtr. Bindemittel: cerae, vincula pennarum 8, 226. — 3) bildl. Band: vinclo propiore ligari cum alquo 9, 550.

vindex, ĭcis, *m.* u. *f.* Schützer 7,214. 12,233. terrae 9, 241. — 2) Rächer, Bestrafer: parentis (des Ahnen) 5, 237. sus vindex Dianae 8, 272. nullo vindice, ohne Bestrafer 1, 89. abject. rächend: flamma 1, 230.

vindĭco, āvi, ātum, āre, in Anspruch nehmen, sich etwas aneignen: urbem 6,77. — 2) etwas oder Jemb. in seinen eigentlichen Zustand setzen: faciem, wieder herstellen 2, 523; dah. übrh. befreien, retten: alqm 11, 213. a crimine, in Schutz nehmen gegen 10, 312. — 3) rächen: serpentem 4, 574.

vindicta, ae, *f.* Rache, Strafe 1,210. 12,8.

vīnētum, i, *n.* Weinpflanzung, Weinberg 1, 298. 11, 86.

vīnum, i, *n.* Wein: purum 7,594. *plur.* 8,274. 680. 9, 160. 12, 242. 15,323. mera 15,331. non longae senectae 8, 672. — 2) meton. das Weintrinken: Elpenor nimii vini, trunksüchtig 14,252.

vĭŏla, ae, *f.* Viole, Veilchen 4, 268. 5, 392. 10, 190. 12, 410.

vĭŏlentĭa, ae, *f.* Ungestüm, Wildheit: vultus 1, 238.

vĭŏlentus, a, um, gewaltthätig, unbändig, ungestüm, heftig 2,253. 9,121. 13,801. propago 1,162. leo 2,81. aper 8, 338. 733. ignis 1, 747, ira 8, 106. verba 3, 717. arma, gewaltsam 9,543. tela 11, 382.

vĭŏlo, āvi, ātum, āre, gewaltsam behandeln, verletzen, verwunden: alqm misso thyrso 3, 712. ferro 5, 226. vulnere 13, 279. corpora ictu 3, 325. silvam (nemus) securi 3, 28. 8, 741. — 2) bildl. freventlich beflecken, entweihen: pinum 3,621; dah. alqm, beleidigen, kränken 4, 613. 10, 485. 12, 229.

vīpĕra, ae, *f.* Viper, Natter 10, 24.

vīpĕrĕus, a, um, von Vipern oder Schlangen: dentes 3,103. 7,122. carnes 2, 769. fauces 7, 203. nodi 4,491. pennae, die geflügelten Drachen 7,391. — 2) Schlangen an sich habend: monstrum, das schlangenhaarige Ungeheuer, d. i. das Haupt der Medusa 4,615. Sorores, die schlangenhaarigen Schwestern, die Furien 6, 662.

vir, vĭri, *m.* Mann: a) rücksichtlich des Geschlechts 1, 323. 3, 326. 4, 280. 380. 682.

7,745. 12,500. femina virque timent 6,314. — b) rückſichtlich des Alters 3,549. 9,417. 13,397. — c) rückſichtlich des Charakters: Mann, tapfrer Mann, Held 5,192. 13,304. 386. 15,758. — d) Ehemann, Gatte 1,146. 479. 660. 6,11. 179. 440. 649. 7,41. 8,327. 9,157. 363. 401. 11, 579. 677. 688. 13,489. 509. — e) Mann, Menſch 7,270. 11,293. 12,400. *plur.* 1, 286. Bewohner 2,15. 4,767. 13,430. 15,422. Unterthanen 6,426. — f) Kriegsmann: *plur.* Krieger, Mannſchaft 7,669. 11,528. 14,464. 492.

virāgo, ĭnis, *f.* mannhafte Jungfrau, Heldenjungfrau: flava 6,130. belli metuenda, d. i. Pallas 2,765.

Virbĭus, ĭi, *m.* (v. vir u. bis), Beiname des Hippolytus nach ſeiner Wiederbelebung durch Aesculap (ſ. Hippolytus) 13,544.

vĭrĕo, ŭi, ēre, grün ſein, grünen: lucus viret 14,837. virere felle 2,777. squamā 9,267. *part.* virens, grünend, grün: herba 4,301. buxus 10,97. fronde virens, grünbelaubt 11,27. 108. auro virens, von Gold grünlich ſchimmernd 4,637.

vīres, ſ. vis.

vīresco, vĭrŭi, ēre, grün werden 4,394.

virga, ae, *f.* (dünner) Zweig, Reis 3, 29. 4,742. 11,109. turea 4,254. Stengel 10,191. viscata, Leimruthe 15,474; insbeſ. a) Pfropfreis, Setzling 14,630. — b) Zauberruthe, Zauberstab 1,675. 2,736. 819. 14,278. somnifera 1,671. movens soporem 11,307. medicata 1,716. venenata 14,413.

virgĭnĕus, a, um, jungfräulich: facies 8,323. forma 3,607. vultus 5,563. 10, 631. sanguis 12,28. lusus 14,556. dolor 5,401. timor 10,361. Helicon (als Muſenſitz) 2,219. 5,254. tactus (der Jungfrau) 13,467. ope virginea, mit Hülfe einer Jungfrau, d. i. der Ariadne (ſ. Minois) 8,172. favilla, die Aſche der Jungfrauen 13,697. volucres, die Harpyien (ſ. Phineus) 7,4.

virgĭnĭtās, ātis, *f.* Jungfrauſchaft 1, 487. 695. virginitatem rapere alcui 7,850.

virgo, ĭnis, *f.* Jungfrau, Mädchen 2, 868. 13,451. virgo Astraea 1,149; insbeſ. virgo = Pallas 2,579. 14,468. bellica 4,754. abject. jungfräulich: dea = Diana 12,28.

virgultum, i, *n.* Geſträuch, Gebüſch 14,349.

vĭrĭdis, e, grün: herba 3,502. caespes 10,166. ilex 1,112. silva 3,324. ripa 2, 371. rana 15,375; als Farbe der Meergottheiten 2,12. 5,575. 9,32. viridis ferrugine, roſtgrün 13,959.

vĭrīlis, e, männlich: vox 4,382. stirps 13,529. studia 12,208. animus 13,165. vultus, des Mannes 3,189. coetus, der Männer 3,403. tactus 10,434. manus, Männerhände 13,466.

virtūs, ūtis, *f.* „Mannheit"; dah. Tüchtigkeit, Trefflichkeit, Vorzüglichkeit 7,27. 10,607. 616. Verdienſt 13,153. 14,113. Aeneia, Tugendhaftigkeit 14,581; insbeſ. a) Stärke, Kraft 9,62. herbarum 14,357. virtus in frondibus est 15,205. — b) Standhaftigkeit, ſtandhafter Muth 8,517. 9,163. — c) kriegeriſcher Muth, Heldentugend, Tapferkeit 4,703. 5,243. 269. 8, 387. 10, 707. 11, 343. 12, 159. 13, 21. 235. 446.

vīrus, i, *n.* giftige Feuchtigkeit, Gift 2,800. 4,501. 9,158. 11,776. 14,403.

vīs, *f.* (in *sing.* nur vim und vi, *plur.* vires), 1) Kraft, Stärke, Gewalt 6,690. 12,465. ventorum 15,299. vaporis 11, 631. fontis 4,287. mali (des Giftes) 9, 161. nocendi 5,457. monstri, d. i. die verſteinernde Kraft 4,745. aurea, die goldserzeugende Kraft 11,142. vis meri, ſtarker Wein 14,274. ignea vis caeli, der feurige Aether 1,26 (ſ. sine). *plur.* vires, Kräfte -(beſond. des Körpers) 7,440. 573. 11, 343 (ſ. magnus). 12,502. 13,286. 15, 221. equorum 2,392. standi 13,80. volandi 12,568. austri 12,510. ignis 2, 280. tormenti 14,183. herbarum 14,22. 69. armorum, Waffengewalt 13,657. mentis, des Zorns 12,369. avitae, die Natur des Großvaters 13,886. — 2) feindliche Gewalt, Gewaltthat 1,131. 4,651. 14, 635. per vim 6,608. 12,223. vi 6,525. 701. sine vi 11,270. vim parare 2,576. vim ferre 14,402. vim alcjus pati 9, 332. 12,197. — 3) meton. Menge, Maſſe: vires effundite vestras, eure Waſſermaſſen 1,278. bitumineae 15,350; insbeſ. a) Streitkräfte 7,459. 489. 508. 8,7. 13, 61. 14. 454. 461. 528. — b) vires, Mittel, Vermögen 9,677.

viscatus, a, um, mit Vogelleim beſtrichen: virga, Leimruthe 15,474.

viscus, ĕris, *n.* 1) Eingeweide (ſowohl die edleren, Herz, Lunge, Leber, als die unedlern, Magen, Gedärme): *sing.* 6,290 (erg. suos). *plur.* 7,601. 8,803. 12,390. 13,865. 14,194. 15,525; insbeſ. a) Herz 4,113. salientia viscera 6,390. — b) Magen 8,829. 846. 15,462. — c) Mutterleib, Mutterſchooß 15,219. gravidae telluris 7,128. — 2) übrtr. Fleiſch 15, 365. *plur.* 4,424. 6,664. 15,88. — 3) meton. a) das eigne Fleiſch und Blut, das eigne Kind 5,18. 6,651. 8,478. 10,465. — b) Eingeweide, d. i. das Innere eines Gegenſtandes: terrae 1,138. 2,274.

vīso, si, sum, ĕre (*intens. v.* video), ſehen, ſchauen (beſonb. anſtaunend): pompas 1, 561. me sorori mitte visendam, zum Beſuche 6, 441. — 2) aufſuchen, beſuchen: aulam Somni 11, 586. peregrinum orbem 1, 94. sororem 6, 476.

vīsum, i, *n.* „Erſcheinung"; insbeſ. im Traume: Traumgeſicht 7, 643. 9, 495. 703. 768. 15, 27.

vīsŭs, ūs, *m.* das Sehen, der Blick 7, 366. visus humani 15, 64. notare visu, mit den Augen 15, 660. miserabile visu, Mitleid erregender Anblick 13, 422. — 2) meton. Anblick, Erſcheinung 4, 232.

vīta, ae, *f.* das Leben: vita frui 1, 585. vitam longius ducere 11, 702. vitam exhalare 5, 62. fundere 2, 610. 'relinquere 13, 522. vita relinquit alqm 11, 327. — 2) Lebenswandel, Lebensweiſe 4, 445. 9, 672.

vītālis, e, zum Leben gehörig, Lebens-...: lumen 14, 175. crinis 8, 85. viae 2, 828.

vĭtĭo, āvi, ātum, āre, verletzen, verderben, beſchädigen: polos 2, 295. salibus vitiari 15, 286. auras (odoribus), verpeſten 7, 548. 15, 626. omnia visu, behexen 7, 366. virginem, ſchänden 4, 798. *part.* vitiatus, verletzt, verdorben: plumbum 4, 122. partes 2, 826. venae 5, 436. omnia vitiata dentibus aevi, benagt 15, 235, semina fecit vitiata, machte daß verdarb 5, 480. proleptiſch: vitiatas inficit auras, verdarb durch Verpeſtung 3, 76.

vītis, is, *f.* Weinrebe, Weinranke 14, 662. 665. pampineae 10, 100. purpurrae 8, 676. albae 13, 800. Weinlaubkranz 6, 592.

vĭtĭum, i, *n.* Schaden, Fehler, Mangel 4, 67. Verderbniß 7, 533. animi, Mangel an Muth 5, 195. mentis, krankhafter Zuſtand 4, 200. — 2) bildl. Fehler, Laſter 6, 460. 10, 244. alimenta vitiorum suorum, ihres giftigen Gemüthes 2, 769.

vīto, āvi, ātum, āre, meiden, vermeiden, ausweichen: lupos 10, 541. jaculum 12, 385. telum 5, 68 (ſ. tamen). scopulum 14, 74. patriamque iramque parentis 3, 8. imbrem 5, 282. ignes ac lumina 4, 406, pocula 14, 288. certamina 6, 42. connubia alcjs 11, 226. pericula, entgehen 4, 130.

vĭtrĕus, a, um, „gläſern"; daſ. kriſtallhell, durchſichtig: undae 5, 48.

vĭtrum, i, *n.* Glas 13, 791. clarum 4, 355.

vitta, ae, *f.* Binde, beſond. Kopfbinde der Prieſter 5, 110. 13, 643. 15, 676; Kopfſchmuck der freigebornen Frauen 1, 477. 2, 413. crinalis 4, 6. 5, 617. 9, 771; Stirnbinde der Opferthiere, Opferbinde 7, 429. 15, 131; an geweihten Bäumen 8, 744.

vittātus, a, um, mit einer Binde verſehen: vacca 12, 151.

vĭtŭlus, i, *m.* junges Rind, Kalb 4, 756. 15, 464. lactens 2, 624. lactans 10, 227.

vīvax, ācis, lang lebend: cervus 3, 194. 7, 273. Sibylla 10, 104. anus, lebensꞏzähe 13, 519. anima, zähes Leben 12, 508; übrtr. aconita, von zäher Dauer 6, 418. — 2) lebenskräftig: solum 1, 420. gramen, belebend 7, 232. sulphura, ſchnell aufflammend 3, 374.

vīvo, vixi, victum, ĕre, am Leben ſein, Leben haben, leben 1, 429. 12, 593. 15, 342. centum annos 12, 187. tertia aetas vivitur (*sc.* a me) 12, 188. noch zucken: pectus 15, 136. membra 14, 194. — 2) prägn. fortleben, fortdauern: famā 15, 879. animae vivunt 15, 159. gloria vivit 12, 617. sonus est, qui vivit in illa 3, 401. — 3) übrtr. a) wovon leben, das Leben friſten, mit *ablat.*: gramine 15, 84. fruge 15, 394. leto alterius vivit amantis 15, 90. rapto, vom Raube 11, 291. ex rapto vivitur 1, 144. — b) irgendwie leben, ſein Leben zubringen: caelebs vivebat 10, 246. viximus innocuae 9, 373. mecum, vermählt mit mir 10, 626. — c) irgendwo leben, ſich aufhalten: in antris 3, 394. per silvas 10, 568.

vīvus, a, um, lebendig, lebend 10, 566. onus 10, 512. caro 15, 380 (ſ. male). sanguis 5, 436. membra, noch zuckend 6, 644. viscera 13, 865. 15, 525. calor, Lebensꞏwärme 4, 248; übrtr. a) von Pflanzen, friſchſproſſend, lebendig: caespes 4, 300. arundo 13, 891. virga, ſaftvoll 4, 744. — b) v. Gewäſſern, fließend, lebendig: fons 3, 27. — c) v. Steinen, die noch nicht durch Menſchenhand zugerichtet ſind, lebendig, natürlich 3, 159. 5, 317. 7, 204. 13, 810. saxum viva radice tenetur 14, 713.

vix, *adv.* mit genauer Noth, mit Mühe, kaum 1, 58. 3, 71. 609. 5, 548. 6, 35. 8, 167. 9, 57. 14, 510. vix jam, kaum noch 2, 863. 4, 350. — 2) von der Zeit, kaum noch, kaum 1, 548; mit folg. quum („da") im logiſchen Hauptſatze 1, 69. 13, 944. 15, 669. 843; mit folgend. et 7, 774. ohne folgend. quum im logiſchen Hauptſatze 2, 47. 3, 14. 8, 142. 14, 753.

vŏcābŭlum, i, *n.* Benennung, Name: *plur.* 14, 621.

vŏcālis, e, tönend, redend, ſingend: ora 5, 232. 11, 8. muri 8, 14. nymphe, plaudernd 3, 357. terra quercu suā vocalis, weisſagend (ſ. Dodonis) 13, 716. carmen vocale, Geſang 11, 317.

vŏco, āvi, ātum, āre, 1) rufen: nomen 7, 822. alqm nomine, beim Namen 5, 212. 402. 13, 68. Paeana, „io Pāan" rufen, d. i. den Jubelgesang anstimmen 14, 720; insbes. a) herbeirufen, rufen: alqm 1, 333. 669. 10, 48. qui vocat Auroram (d. i. Lucifer) 11, 296. venientia fata 7, 605. concilium, berufen 1, 167. — b) zu Hülfe herbeirufen, anrufen, anflehen, eine Gottheit 2, 578. 5, 304. 9, 282. 294. 10, 507. — c) rufen, einladen: deos ad sacra 8, 265. 580. Hymenaeus vocatur (*sc.* ad nuptias) 10, 3. ad pocula vocatus 14, 294. quo vocat ira, sequemur, wohin uns der Zorn treibt 5, 668. sanguinem in summa corpora vocare, auf die Oberfläche der Körper treiben 2, 235. — 2) nennen, benennen, mit doppeltem *acc.*: alquam ... matrem 6, 633. sorores ... timidas 2, 559. Mnemonidas ... felices 5, 267. terras ... ingratas 5, 475. vix ea nostra voco 13, 141. si reperire vocas amittere certius 5, 519; *pass.* vocari mit doppelt. *nominat.*, genannt werden, heißen 3, 264. 4, 456. 8, 150. 11, 223. 14, 246. quod amare vocatur 7, 13. nasci vocatur incipere esse aliud 15, 255. ut mihi (= a me) felices sint illi vocati 14, 480.

vŏlātīlis, e, „fliegend"; dah. übrtr. flüchtig, schnell: telum 7, 841; bildl. flüchtig, vergänglich: aetas 10, 519.

vŏlātŭs, ūs, *m.* Fliegen, der Flug 8, 223. 12, 527. 13, 611. immissus 4, 718.

vŏlĭto, āvi, ātum, āre (*intens. v.* volo), hin und her fliegen, herumflattern 8, 258. 14, 411.

1. **vŏlo**, āvi, ātum, āre, fliegen 4, 415. 6, 708. 8, 13. 206. 12, 16; übrtr. a) von Dingen, die durch die Luft oder in der Höhe sich schnell bewegen, fliegen: tela volant 5, 158. pocula missa 12, 243. plumbum 2, 728. moles 8, 357. favilla 13, 604. jaculum volans 8, 353. — b) von jeder schnellen Bewegung, eilen, fliegen: passu alite 10, 587.

2. **vŏlo**, vŏlŭi, velle, wollen, wünschen: mit *inf.* 2, 395. 746. 4, 586. velle mori statuit 10, 132. vellet habuisse sagittas 3, 188; mit *acc. c. inf.* 7, 793. 14, 126; mit *acc. pronom.*: quid 3, 643. 4, 470. 9, 526. 10, 278. quod 15, 502. quod vellet (näml. wenn es geschehen könnte) 4, 470. eadem 14, 28; vellem mit bloßem *conjunct.* 3, 468. 472. 9, 491. 532. 735. 10, 355. 11, 696. 13, 462. 14, 482; absol. equi volentes (*sc.* properare), die eifrigen 2, 128. — 2) wollen, einwilligen: tu modo, diva, velis 5, 527. — 3) wollen, verordnen, bestimmen: sic vos voluistis 13, 597. di meliora velint 7, 37 (f. bonus). — 4) lieber wollen: servire 13, 460. — 5) zu bedeuten haben: vota quid illa velint 10, 278. quid vult sibi noctis imago? 9, 474.

vŏlūbĭlis, e (*v.* volvo), kreisend, rollend: aurum (der goldne Apfel) 10, 667. nexus, ringelnd 3, 41.

vŏlūbĭlĭtās, ātis, *f.* „kreisende Bewegung"; dah. meton. Rundung: capitis 12, 434 (f. latus).

vŏlŭcer, cris, cre, geflügelt: Cupido 9, 482. natus (d. i. Cupido) 5, 364. equi 2, 153. 4, 245. equus (d. i. Pegasus) 6, 120. dracones 7, 218; subst. volucris, is, *f.* Vogel 1, 75. 5, 549. 6, 95. 119. 7, 536. vaga 1, 308. 14, 340. fluminea 2, 253. virgineae 7, 4 (f. Phineus). Junonis, der Pfau 15, 385. Phaëthontis 12, 581. — 2) übrtr. flüchtig, geflügelt: classis 7, 460. sagitta 9, 102. aura 13, 807. nebulae 1, 602. animae 15, 457. (Anmerk. vŏlŭcris gemessen 1, 602. 2, 589. 3, 409. 5, 364. 484. 6, 717. 7, 549. 13, 607.)

vŏlūmĕn, ĭnis, *n.* (von volvo), Umdrehung, Wirbel 2, 71. fumi 13, 601. — 2) Windung der Schlange 4, 600 (f. jungo). 15, 721.

vŏluntās, ātis, *f.* Wille, Verlangen, Wunsch 2, 53. 9, 627. est audire voluntas 12, 177. Vorhaben 9, 598. — 2) prägn. guter Wille, Gutwilligkeit 8, 678.

vŏluptās, ātis, *f.* Vergnügen, Genuß, Lust 7, 453. 817. 9, 243. patris sui, Freude 13, 751; insbes. Liebesgenuß, Wollust 2, 862. 3, 321. 4, 327. 9, 481.

Volturnus, i, *m.* Fluß Campaniens in Unteritalien 15, 715.

vŏlūto, āvi, ātum, āre (*intens.* von volvo), „herumwälzen"; dah. bildl. a) in Umlauf setzen, verbreiten: verba confusa 12, 55. — b) hin und her überlegen, erwägen: verba sortis secum 1, 389.

volvo, volvi, vŏlūtum, ĕre, wälzen, rollen, wirbeln: undae volvunt saxa 8, 551. arenas 15, 279. pectora volventia flammas 7, 19. 109. volvitur Ixion, wird (ans Rad geschmiedet) umgewälzt 4, 461. in praeceps, wird herabgewirbelt 2, 320. per colla, stürzt herab 6, 238. *pass.* volvi, rollen, sich wälzen, von Flüssen 1, 282. 2) übrtr. v. d. Zeit, reflex. volvere, umrollen: annus volvens (περιπλόμενος), der Kreislauf des Jahres 5, 565.

vōmĕr, ĕris, *m.* Pflugschar 1, 102. 11, 31.

vŏmo, ŭi, ĭtum, ĕre, ausspeien, von sich geben 2, 119. 4, 494. 729. 5, 83. 353. 12, 239. 14, 212.

vŏrāgo, ĭnis, *f.* Schlund, (bodenlose) Tiefe: ventris 8, 843.

vŏrax, ācis, Alles verschlingend, ge-

fräßig: venter 15, 94. ignis voracior 8, 839.

vŏro, āvi, ātum, āre, **verschlingen**: Charybdis vorat carinas 13, 731.

vortex, s. vertex.

vōs, s. tu.

vōtīvus, a, um, als **Weihgeschenk dargebracht**: cornua votivi cervi = cornua votiva cervi 12, 267.

vōtum, i, n. (v. voveo), 1) **Gelübde** 2, 186. 11, 540. vota suscipere 7, 449. 9, 305. solvere (deo) 7, 652. 8, 152. 9, 708. ex voto, in Folge eines Gelübdes 10, 687; dah. meton. das (damit verbundene) **Gebet, Flehen** 1, 221. 4, 164. 10, 278. 11, 661. 14, 489. potens votum 8, 745. vota concipere 7, 593. — 2) **Wunsch, Verlangen** 1, 489. 2, 89. 3, 468. 4, 373 (f. suus). 7, 54. 8, 711. 9, 620. 10, 370. 11, 227. 12, 199. 201. 14, 272. multum est in vota, für die Erfüllung meiner Wünsche 9, 629. nescia voti (was sie wünschen soll) 10, 481. munera voto majora, die jeden Wunsch übersteigen 13, 651. vota animo fovere 7, 633. agere (betreiben) 6, 468 (f. sub). relinquere (aufgeben) 9, 620. meton. das **Gewünschte**, der **Wunsch**: voti potens 8, 80. 409 (f. potens). voto potiri 9, 313. 11, 265. 13, 251. vota coloni, die Hoffnungen des Landmannes 1, 273. 8, 291. mea vota, der Gegenstand meiner Wünsche 6, 513. sua vota 10, 288.

vōtus, a, um, s. voveo.

vŏvĕo, vōvi, vōtum, ēre, einem Gotte (als Gabe) geloben, weihen: dona 9, 794. victima vota 7, 162. sanguis votus, Opferblut 8, 265. sacra Jovi vota 9, 137. — 2) (innig) **wünschen**: alqd 11, 128. 12, 200. sortem meam, daß mich das Loos träfe 13, 88. mit folg. ut 9, 675. 14, 35.

vox, vōcis, f. 1) **Stimme** 1, 561. 3, 96. 6, 355. 14, 498. magna (laut) 3, 382. ingens 8, 432. murmura parvae vocis, leises Gemurmel 12, 49. vocem emittere 4, 412. supprimere 1, 715. premere 9, 692. 764. 14, 779. tenere 4, 168. 10, 421; insbes. a) laute **Stimme, Rufen, Geschrei** 2, 538. 3, 703. 8, 432. femineae 3, 536. 4, 29. voces, **Klagelaute** 9, 165. — b) **Stimme, Gesang** 3, 619. 11, 11. citharam cum voce movere, mit begleitendem Gesange 5, 112. carmina vocum, Liedergesang 12, 157. — c) **Wort, Aeußerung, Rede** 3, 296. 5, 192. 307. 10, 365. 12, 82. Befehl 11, 585. 13, 218. Bescheid, Antwort 7, 8. Ausspruch 3, 341. 349. sollicita 10, 639. 14, 706. ficta, Erdichtung 9, 55. temeraria facta est vox mea (meine Zusage) tua (durch deine Bitte) 2, 51. voce, mit Worten 1, 244. 5, 223. durch Aufmunterung 13, 235. durch Zuträgerei 2, 565. durch Vertrag 5, 28. favorem praestare et mente et voce, mit Herz und Mund 15, 682; plur. voces, **Worte, Rede** 3, 369. 5, 509. 6, 39. 7, 821. 9, 674. 13, 586. voces dare, 9, 584. pectore emittere 15, 657. reddere, erwiedern 2, 695. — 2) **Laut, Ton, Klang** 1, 338. 678. 709. 12. 42. 47.

Vulcānĭus, a, um, s. Vulcanus.

Vulcānus, i, m. Sohn Juppiters u. der Juno, Gemahl der Venus, Gott des Feuers und Verfertiger kunstreicher Metallarbeiten (dah. Mulciber 2, 5. 9, 263. 423): proles Vulcani, d. i. Periphetes, ein berüchtigter Räuber, welcher eine eiserne Keule als Waffe führte 7, 437. — 2) meton. **Feuerflamme, Feuer** 7, 104. 9, 251. - Dav. **Vulcānĭus**, a, um, vulcanisch: Lemnos, weil der Gott dort vorzugsweise verehrt wurde 13, 313 (vergl. Lemnicola 2, 757). munera, Geschenk des Vulcan 2, 106.

vulgāris, e, **gewöhnlich, alltäglich**: taedae 14, 677. fabula, allbekannt 4, 53.

vulgātus, a, um, s. vulgo.

vulgo, āvi, ātum, āre, **allgemein machen**: corpora cum forma (= et formam), Jedem preisgeben 10, 240; part. vulgatus, **gewöhnlich, alltäglich**: munera 13, 831. — 2) **unter die Leute bringen, ruchbar machen**: adulterium 4, 236. mit acc. c. inf.: corpora edita (esse) fungis 7, 393; part. vulgatus, **allgemein bekannt**: amores 4, 276. fertilitas vulgata per orbem 5, 481. gramen mutato corpore Glauci, durch die Verwandlung des Glaucus 7, 233. convivia nondum vulgata recenti facto, noch unbekannt wegen der Neuheit des Ereignisses 1, 164.

vulgus, i, n. 1) der **große Haufe**, die **große Menge**, das **Volk** 1, 220. 6, 402. 7, 585. 15, 607. indoctum 5, 308. mortale, die Sterblichen 11, 640; insbes. im Gegensatze zu den Herrschenden: vulgus proceresque 3, 530. 8, 526. patres et medium vulgus 7, 432; im Gegensatze zu den Anführern, die Menge, das Heer 13, 1. 123. Kriegsrotte 5, 41. Jagdgefolge 14, 412. — 2) übrtr. **Menge, Haufe**: veniunt leve vulgus euntque 12, 53.

vulnĕro, āvi, atum, āre, **verwunden**: 1, 717. 15, 769. armentum 11, 372.

vulnĭfĭcus, a, um, **Wunden machend, verwundend**: sus 8, 359. telum 2, 504.

vulnŭs, ĕris, n. 1) **Wunde, Verletzung** 3, 724 (f. truncus). 7, 842 (f. teneo). leve 8, 346. grave 4, 721. acerbum 5, 62. saevum 10, 131. crudele 13, 531. triste 3, 57. tristia vulnera mandere, jämmerlich zerschnittene Fleischstücke 15, 93. vulnus facere 3, 232. 8, 376. 761. dare (alcui) 1, 458. 13, 693. 14, 392. ferre alcui 4, 498. accipere 12, 305. pati 6, 297. 13, 391. ferre, davontragen, empfangen 12, 313. übrtr. vulnus saxi, klaffender Spalt 6, 76. — 2) meton. a) was Wunden macht, verwundender Streich 7, 383. 595. 12, 171. 287. Stoß 12, 104. Biß 3, 84. 7, 782. falcis, Hieb, Schnitt 9, 383. aratri, Verwundung 2, 286. — b) Werkzeug, was Wunden macht, Geschoß 9, 126. — 3) bildl. a) Schaden, Wunde 1, 190. — b) Wunde der Seele, Schmerz, Kummer, Trauer 5, 426. 7, 739 (f. pugno). 13, 599. Kränkung 2, 515. schmerzliche Gemüthsbewegung 10, 375; insbes. Liebeswunde 1, 520. 4, 207. 9, 540. 585. 721. 14, 23. 771.

Vulturnus, f. Volturnus.

vultŭs, ūs, m. Gesicht als Ausdruck der Empfindungen, Gesichtszüge, Miene 1, 238. 2, 858, 3, 418. 5, 206. 234. 8, 468. 9, 237. 10, 631. 11, 636. 690. durus 9, 260. mollis 10, 609. boni, freundlich 8, 677. melior (heiterer) 5, 501. 7, 862. vultum fingere 4, 319. vultus componere 13, 767; emphat. heitre Miene 2, 601; zornige Miene 13, 443. — 2) übrtr. a) Gesicht, Antlitz 1, 265. 2, 21. 270 (f. cum). 3, 112. 185. 4, 94. 5, 563. 7, 86. 9, 680. 10, 194. 11, 739. 12, 348. 14, 281. *plur. für sing.* 1, 86. 2, 275. 330. 4, 141. 144. 5, 59. 217. 8, 528. 9, 96. 13, 845. 14, 199. — b) Blick 3, 241. 5, 30. 13, 350. supremi vultus 11, 547. vultum figere in aliquo 10, 601. vultus tollere ad sidera 1, 731. vultum demittere 7, 133. 10, 367. — 3) meton. das Aussehen, die Gestalt: Eumenidum 9, 410. virilis 8, 853. naturae 1, 6. lunae 14, 367. *plur. für sing.* 1, 611. 738. 2, 523. 7, 270. 9, 348.

X.

Xanthus, i, m. Fluß bei Troja, auch Skamander genannt, welchen Vulcan auf Geheiß der Juno in Brand setzte, um den Achilles vor ihm zu retten 2, 245. 9, 646.

Z.

Zanclaeus, a, um, f. Zancle.
Zanclē, ēs, f. früherer Name der Stadt Messana in Sicilien 14, 5. 15, 290. - Dav. 1) **Zanclaeus**, a, um, zancläisch: arena 13, 729. — 2) **Zanclēīus**, a, um, zancläisch: saxa 14, 47.

zĕphȳrus, i, m. der (für Italien milde) Westwind 1, 64. 108. 13, 726. — 2) dichterisch überh. (sanfter) Wind 15, 700.

Zētēs, ae, m. der geflügelte Sohn des Boreas, Bruder des Calais, einer der Argonauten 6, 716.

zmăragdus, f. smaragdus.

zōna, ae, f. Gürtel 5, 470. 10, 379; übrtr. Erdgürtel 1, 46. 2, 131.

Druck von Wilh. Riemschneider. Hannover.